reinhardt

Joachim Merchel (Hg.)

Handbuch
Allgemeiner Sozialer Dienst (ASD)

2., aktualisierte und erweiterte Auflage
Mit 32 Abbildungen und 7 Tabellen

Mit Beiträgen von Marie-Luise Conen, Sonja Enders, Kerstin Feldhoff, Christine Gerber, Ingrid Gissel-Palkovich, Peter Hammerschmidt, Luise Hartwig, Eva Keil, Adam Khalaf, Benjamin Landes, Maria Lüttringhaus, Joachim Merchel, Thomas Meysen, Jutta Möllers, Sybille Nonninger, Hildegard Pamme, Wolfgang Rüting, Eric van Santen, Hans-Jürgen Schimke, Reinhold Schone, Christian Schrapper, Hubertus Schröer, Herbert Schubert, Mike Seckinger, Britta Tammen, Wolfgang Tenhaken, Uwe Uhlendorff, Ulrike Urban-Stahl, Dirk Waschull, Peter-Ulrich Wendt und Renate Zwicker-Pelzer

Ernst Reinhardt Verlag München Basel

Prof. Dr. *Joachim Merchel*, Dipl.-Pädagoge, lehrt „Organisation und Management in der Sozialen Arbeit" an der FH Münster, Fachbereich Sozialwesen.

Bibliografische Information der Deutschen Nationalbibliothek

Die Deutsche Nationalbibliothek verzeichnet diese Publikation in der Deutschen Nationalbibliografie; detaillierte bibliografische Daten sind im Internet über <http://dnb.d-nb.de> abrufbar.
ISBN 978-3-497-02529-9 (Print)
ISBN 978-3-497-60194-3 (E-Book)

© 2015 by Ernst Reinhardt, GmbH & Co KG, Verlag, München

Dieses Werk, einschließlich aller seiner Teile, ist urheberrechtlich geschützt. Jede Verwertung außerhalb der engen Grenzen des Urheberrechtsgesetzes ist ohne schriftliche Zustimmung der Ernst Reinhardt GmbH & Co KG, München, unzulässig und strafbar. Das gilt insbesondere für Vervielfältigungen, Übersetzungen in andere Sprachen, Mikroverfilmungen und für die Einspeicherung und Verarbeitung in elektronischen Systemen.

Printed in Germany
Satz: Arnold & Domnick, Leipzig

Ernst Reinhardt Verlag, Kemnatenstr. 46, D-80639 München
Net: www.reinhardt-verlag.de E-Mail: info@reinhardt-verlag.de

Inhalt

Einleitung: Der „Allgemeine Soziale Dienst (ASD)" als Gegenstand eines Handbuchs – ein Beitrag zur Anerkennung der Bedeutung und der Professionalität eines Handlungsfeldes 1
    Von Joachim Merchel

I Geschichte des ASD 9

1 Zur Entstehungsgeschichte des ASD – von den Anfängen bis in die 1970er Jahre 10
    Von Peter Hammerschmidt und Uwe Uhlendorff
1.1 Zur Vorgeschichte des ASD – von den Anfängen der kommunalen Sozialverwaltung bis zum Ende des Kaiserreichs 11
1.1.1 Soziale Dienste und die Armenfürsorge 11
1.1.2 Die Anfänge und Entwicklung der kommunalen Sozialverwaltung in der ersten Hälfte des 19. Jahrhunderts 12
1.1.3 Das Elberfelder System und das Straßburger System 14
1.1.4 Die „Sociale Ausgestaltung der Fürsorge" 16
1.2 Zur Herausbildung der Familienfürsorge im Weimarer Wohlfahrtsstaat und ihre Fortentwicklung bis zu den 1960er Jahren 17
1.2.1 Die Entfaltung der kommunalen Sozialverwaltung im Weimarer Wohlfahrtsstaat 17
1.2.2 Die Familienfürsorge als neues Organisationsmodell 19
1.2.3 Strukturprobleme der sozialen Außendienste – Versuche einer Professionalisierung 25
1.2.4 Die Familienfürsorge während der NS-Zeit 27
1.2.5 Die Familienfürsorge in der Nachkriegszeit 27
1.3 Von der Familienfürsorge zum ASD in den 1970er Jahren 28

II Organisation/Organisationsformen 33

2 Organisatorische Verortung des ASD 34
    Von Benjamin Landes und Eva Keil
2.1 Grundlagen der Organisation 34
2.2 Rechtliche Gestaltungsvorgaben zur Organisation 36
2.2.1 Aufbauorganisation 36
2.2.2 Ablauforganisation 37
2.2.3 Dienstrecht 37
2.3 Die Verwaltung des ASD 39
2.3.1 Der ASD in der Gesamtverwaltung 39
2.3.2 Die Binnenorganisation des ASD 41
2.4 Anbindung an die lokale Fachpolitik 44

3 Organisationsgestaltung im ASD 47
    Von Joachim Merchel
3.1 Zur Notwendigkeit von Organisationsgestaltung 48
3.1.1 Handlungsprogramme 49
3.1.2 Strukturen 52

3.1.3	Leitung 54	
3.2	Organisation im ASD: Themen mit Entscheidungsbedarf 55	
3.2.1	Generalisierte und spezialisierte Organisationsweisen 55	
3.2.2	Arbeitsteilung und Modalitäten der Kooperation 57	
3.2.3	Zentralität versus Dezentralität von Strukturen 58	
3.2.4	Handhabung der sozialräumlichen Ausrichtung 60	
3.2.5	Leitungsverantwortung und gruppenbezogene Teamorganisation 60	
3.3	Informalität und Organisationskultur als Dimension bei der Organisationsgestaltung im ASD 60	
3.3.1	Informalität in Organisationen 61	
3.3.2	Organisationskultur 62	
3.3.3	Zur Beeinflussbarkeit von Organisationskultur 63	

4 **Teamstrukturen und Leitung im ASD**   65
Von Joachim Merchel

4.1	Notwendigkeit und Zweck von Teambildung im ASD 66
4.2	Produktivität von Teams (auch) als Ergebnis von Strukturierung 69
4.3	Leitungsfunktionen für die Gestaltung von Teamarbeit 70
4.4	Teamleitungskompetenz als Bestandteil eines umfassenden Leitungskonzepts 72

III Rechtliche Grundlagen für die Arbeit des ASD   77

5 **ASD-Arbeit und Verwaltungsverfahren**   78
Von Dirk Waschull

5.1	Prinzipien und Perspektiven des Sozialverwaltungsverfahrens 78
5.2	Maßgebliche Rechtsquellen 80
5.3	Relevante Verfahrenssituationen 80
5.3.1	Beginn des Verwaltungsverfahrens 80
5.3.2	Bearbeitungsfristen 81
5.3.3	Aufklärung des Sachverhalts 82
5.3.4	Sozialdatenschutz 83
5.3.5	Entscheidungsergebnisse 84
5.4	Rechte der Verfahrensbeteiligten 86
5.4.1	Vertretung durch einen Bevollmächtigten 86
5.4.2	Akteneinsichtsrecht 87
5.4.3	Anhörung 87

6 **Kinder- und Jugendhilfe (SGB VIII)**   88
Von Sybille Nonninger und Thomas Meysen

6.1	Das Handlungsfeld des ASD im Jugendamt 88
6.2	Der ASD als Berater 89
6.3	Der ASD als „Mittler" von Leistungen 90
6.3.1	Einleitung einer Hilfe durch eindeutige Willensbekundung 90
6.3.2	Partizipative Entscheidungsprozesse 90
6.3.3	Wunsch- und Wahlrecht bei Auswahl von Einrichtungen und Diensten (§ 5 SGB VIII) 91
6.3.4	Hilfeplanung nach § 36 SGB VIII als Kernauftrag 91
6.3.5	Leistungsentscheidung – Leistungsgewährung 93
6.3.6	Individualisierbare Leistungen vor §§ 27 ff. SGB VIII 93
6.3.7	Leistungen der Hilfe zur Erziehung (§§ 27 ff. SGB VIII), der Eingliederungshilfe für seelische behinderte Kinder und Jugendliche (§ 35a SGB VIII) und Hilfe für junge Volljährige (§ 41 SGB VIII) 93

6.4	Der ASD als Motor der Schutzmaßnahmen bei Kindeswohlgefährdung	98
6.4.1	Leistungsorientierung und Schutzauftrag	98
6.4.2	Schutz vor Übergriffen im Rahmen der Hilfegewährung	99
6.4.3	Verfahren zum Schutzauftrag bei Kindeswohlgefährdung (§ 8a SGB VIII)	99
6.4.5	Inobhutnahme von Kindern und Jugendlichen (§ 42 SGB VIII)	100
6.5	Die Aufgabenwahrnehmung unterstützende Aufgaben	102

7 Grundsicherungsrecht und Sozialhilfe   105
Von Britta Tammen

7.1	Das SGB II – Grundsicherung für Arbeitsuchende	106
7.1.1	Zuständigkeit und Adressatenkreis	106
7.1.2	Leistungen zur Eingliederung in Arbeit	108
7.1.3	Leistungen zur Abdeckung des täglichen Lebensbedarfs nach dem SGB II	110
7.1.4	Hilfebedürftigkeit	114
7.1.5	Sanktionen	115
7.2	SGB XII – Sozialhilfe	115
7.2.1	Adressatenkreis und Zuständigkeit	115
7.2.2	Hilfe zum Lebensunterhalt	116
7.2.3	Leistungen der Grundsicherung im Alter und bei Erwerbsminderung	117
7.2.4	Hilfebedürftigkeit	117
7.2.5	Hilfen in besonderen Lebenslagen	119

8 Familienrecht und familiengerichtliches Verfahren (FamFG)   123
Von Thomas Meysen und Sybille Nonninger

8.1	Familienrecht im ASD	123
8.2	Beratung und Unterstützung in Familienkonflikten	124
8.2.1	Trennungs- und Scheidungsberatung (§ 17 SGB VIII)	124
8.2.2	Beratung und Unterstützung bei Umgangskontakten (§ 18 Abs. 3 SGB VIII)	125
8.3	Anrufung des Familiengerichts bei Kindeswohlgefährdung (§ 8a Abs. 2, § 42 Abs. 3 SGB VIII)	126
8.4	Mitwirkung im familiengerichtlichen Verfahren (§ 50 SGB VIII)	127
8.4.1	Hilfeauftrag überlagert Unterstützung für das Familiengericht	127
8.4.2	Trennung und Scheidung, Übertragung der gemeinsamen elterlichen Sorge (§ 155 Abs. 2, §§ 156, 162 FamFG)	127
8.4.3	Kindeswohlgefährdung (§ 155 Abs. 2, §§ 157, 162 FamFG)	128
8.4.4	Gewaltschutz- und Ehewohnungssachen (§§ 205, 213 FamFG)	130
8.4.5	Abstammungssachen (§ 176 FamFG)	130
8.5	Perspektive: Koordination und Kooperation in Rollenklarheit	131
8.5.1	Familiengericht	131
8.5.2	Jugendamt	131
8.5.3	Die anderen Akteure	132

9 ASD-Tätigkeit und strafrechtliche Verantwortung   134
Von Thomas Meysen und Sybille Nonninger

9.1	Garantenstellung als Sinnbild für Erfolgsdruck	134
9.2	Differenzierte Wahrnehmung der professionellen Verantwortung	135
9.3	Logik strafrechtlicher Verantwortung	135
9.4	Sicherheit durch fachliche Standards oder Standardisierungen?	137
9.5	Rechtliche Bewertung und reale Bedrohung	137

IV Methodische Anforderungen und Arbeitsweisen im ASD 139

A Übergreifende methodische Anforderungen 141

10 Zwischen Hilfe und Kontrolle – der ASD im Spannungsfeld zwischen Dienstleistung und Schutzauftrag bei Kindeswohlgefährdung 142
Von Reinhold Schone
10.1 Ausgangspunkt: Der Auftrag der Jugendhilfe 143
10.2 Rolle und Funktion des ASD 145
10.3 Hilfe und Schutz als Auftrag und Aufgaben im Handlungsfeld der Hilfen zur Erziehung 147
10.4 Zum Umgang mit der Ambivalenz 152

11 **ASD als interkultureller Sozialer Dienst** 155
Von Hubertus Schröer
11.1 Zur Funktion des ASD 155
11.2 Vom Umgang mit Vielfalt 157
11.3 Kinder, Jugendliche und Familien mit Migrationshintergrund 158
11.3.1 Migration als Familienprojekt 158
11.3.2 Kulturelle Transformation 158
11.3.3 Unterschiedliche Lebenslagen 159
11.3.4 Rolle ethnischer Communities 159
11.3.5 Sozialisation in Migrantenfamilien 159
11.3.6 Zusammenfassung 160
11.4 Interkulturelle Orientierung und Öffnung des ASD 160
11.4.1 Historische Bezüge 160
11.4.2 Interkulturalität 161
11.4.3 Interkulturelle Orientierung 161
11.4.4 Interkulturelle Öffnung 161
11.4.5 Interkulturelle Kompetenz 162
11.5 Konsequenzen für die Praxis 163
11.5.1 Einzelfallorientierte Arbeit 164
11.5.2 Fallübergreifende Arbeit 166
11.5.3 Infrastrukturbezogene Arbeit 167

12 **ASD und Gender** 168
Von Kerstin Feldhoff und Luise Hartwig
12.1 ASD und Gender: Ausgangslage und Fragestellung 168
12.1.1 § 9 Abs. 3 SGB VIII 169
12.1.2 Gender Mainstreaming 169
12.2 ASD und Familie 169
12.3 Alleinerziehende: prekäre Lebenslage von Müttern und Kindern 170
12.4 ASD und das Handlungsfeld „Gewalt in der Familie" 171
12.4.1 Wie reagieren Jungen, wie reagieren Mädchen auf häusliche Gewalt? 172
12.4.2 Häusliche Gewalt als „gewichtiger Anhaltspunkt" für eine Kindeswohlgefährdung 173
12.4.3 Welche Perspektiven bietet die Kooperation von Frauen- und Jugendhilfe 174
12.4.4 Rolle und Aufgabe des ASD bei Gewalt gegen Frauen in der Familie 175
12.5 Geschlechtergerechte Hilfeplanung 178
12.5.1 Problemlagen 179
12.5.2 Gestaltung des Verfahrens 180
12.5.3 Hilfearrangements 181
12.6 Personal im ASD: hoher Frauenanteil und geschlechtsspezifische Hierarchisierung 181

B Methodische Anforderungen in spezifischen Handlungsbereichen des ASD 185

13 Hilfeplanung 186
Von Joachim Merchel
- 13.1 Hilfeplanung als dauerhafte Entwicklungsaufgabe für den ASD 187
- 13.2 Gesetzliche Verfahrensanforderungen 188
- 13.2.1 Mitwirkung der Adressaten 189
- 13.2.2 Zusammenwirken mehrerer Fachkräfte 191
- 13.2.3 Kontinuierlichkeit der Hilfeplanung 192
- 13.2.4 Hilfeplanung bei der Eingliederungshilfe für seelisch behinderte Kinder und Jugendliche (§ 35a SGB VIII) 193
- 13.3 Weitere fachliche Anforderungen 194
- 13.4 Hilfeplanung und Ressourcensteuerung 196
- 13.5 Hilfeplanung in Spannung zu anderen methodischen Vorgehensweisen? 197

14 *Sozialpädagogische Diagnosen und sozialpädagogisches Fallverstehen* 199
Von Christian Schrapper
- 14.1 Sozialpädagogische Diagnostik und Fallverstehen und ihre Bedeutung für die Arbeit im ASD 200
- 14.2 Herausforderungen sozialpädagogischer Diagnose- und Verstehensarbeit im ASD 202
- 14.3 Methodisches Vorgehen für sozialpädagogische Diagnosen und Fallverstehen 202
- 14.3.1 Themen und Fragestellungen 203
- 14.3.2 Instrumente und Vorgehensweisen 203
- 14.3.3 Zwischenfazit 206
- 14.3.4 Diagnostik unter Zeitdruck? 207
- 14.4 Schwierigkeiten bei der Umsetzung sozialpädagogisch verstehender Diagnostik im ASD 207

15 Case Management im ASD 209
Von Ingrid Gissel-Palkovich
- 15.1 Einbindung von CM in das Methodenspektrum 209
- 15.2 Herkunft und Entwicklung von CM 210
- 15.3 CM als Fall- und Systemsteuerung 210
- 15.3.1 Fallsteuerung 210
- 15.3.2 Systemsteuerung 213
- 15.4 Die Funktion der Leitungskräfte im CM 214
- 15.5 Bedeutung von CM für den ASD 215
- 15.6 Kritische Erfolgsfaktoren 216
- 15.6.1 Zergliederung von Leistungsprozessen 216
- 15.6.2 CM (auch) als Beratung, Fallbegleitung oder (nur) Fallvermittlung? 216
- 15.6.3 Autonomie der Fachkräfte und Standardisierungsgrad von CM 217

16 Beratung im Allgemeinen Sozialen Dienst 218
Von Renate Zwicker-Pelzer
- 16.1 Orte von Beratung im ASD 219
- 16.2 Die Besonderheit von Beratung als Dienstleistung 220
- 16.3 Merkmale von Beratung 221
- 16.3.1 Äußere Ordnung 221
- 16.3.2 Innere Ordnung 221
- 16.3.3 Ziel- und Auftragsklärung 222
- 16.3.4 Veränderungen brauchen Zeit 223
- 16.3.5 Vertrauensschutz 223

16.3.6	Grenzen erkennen und Überleitung in andere Hilfen ermöglichen	224
16.3.7	Umgang mit dem Druck zu schnellen Entscheidungen	224
16.4	Beratung als zirkulärer Prozess von Diagnostizieren, Hypothesenbildung und Intervention	224

17 Trennungs- und Scheidungsberatung sowie Zusammenarbeit mit dem Familiengericht gemäß FamFG   228
Von Wolfgang Rüting

17.1	Trennung und Scheidung als gesellschaftliche Realität – Gestaltungsaufgabe für die Jugendhilfe (ASD)	229
17.2	Psychosoziale Dimensionen des Trennungs- und Scheidungskonfliktes in Familien	230
17.3	Zur Praxis der Trennungs- und Scheidungsberatung	232
17.4	Das Verfahren in Kindschaftssachen § 151 ff. FamFG – Chancen zur Schlichtung und Entwicklung	234
17.5	Die Zusammenarbeit des Jugendamtes mit dem Familiengericht im Netzwerk der Verantwortungsträger	235

18 Begleiteter Umgang   237
Von Jutta Möllers

18.1	Rechtliche Ausgangslage	238
18.2	Begleiteter Umgang als Jugendhilfeangebot	239
18.2.1	Ziele des begleiteten Umgangs	239
18.2.2	Leistungsformen der Umgangsbegleitung	240
18.2.3	Phasen des begleiteten Umgangs	242
18.2.4	Leistungsbezogene Fallsteuerung durch das Jugendamt	243
18.2.5	Organisationsformen des begleiteten Umgangs	244
18.3	Das aktive Jugendamt im familiengerichtlichen Verfahren – Rolle und Funktion	245
18.4	Kooperation der am begleiteten Umgang beteiligten Institutionen – Verantwortungsgemeinschaft für das Kind	246

19 Hausbesuche   247
Von Ulrike Urban-Stahl

19.1	„Hausbesuch" oder „Heimsuchung"?	248
19.2	Die „Haltung" der Fachkraft beim Hausbesuch	248
19.3	Informationsgewinnung und Beziehungsgestaltung	249
19.4	Ambivalenzen des Hausbesuchs	250
19.5	Rechtliche Aspekte von Hausbesuchen	251
19.6	Methodische und organisatorische Aspekte	253
19.6.1	Die Begründung von Hausbesuchen	253
19.6.2	Vorbereitung von Hausbesuchen	254
19.6.3	Durchführung	254
19.6.4	Nachbereitung und Reflexion	255
19.7	Qualitätssicherung von Hausbesuchen	255
19.8	Der Hausbesuch als Kontrollinstrument? Zur Notwendigkeit der fachlichen Qualifizierung	255

20 Krisenintervention und Inobhutnahme   257
Christine Gerber

20.1	Krisenintervention	257
20.1.1	Belastungen und Risiken	257
20.1.2	Interventionen in der Krise	258

20.2	Inobhutnahme 259
20.2.1	Entscheidung zur Inobhutnahme 259
20.2.2	Vorbereitung einer Inobhutnahme 261
20.2.3	Durchführung einer Inobhutnahme 262
20.2.4	Während der Unterbringung 265

21 Berichte / Dokumentation / Aktenführung 268
Von Hans-Jürgen Schimke

21.1	Die Dokumentation als Grundlage und Inhalt der Akte 269
21.2	Die Aktenführung in sozialen Diensten 270
21.3	Die gutachtliche Stellungnahme im ASD 273

22 Einschätzung von Gefährdungsrisiken im Kontext möglicher Kindeswohlgefährdung 277
Von Reinhold Schone

22.1	Rechtlicher Ausgangspunkt 278
22.2	Kindeswohl und Kindeswohlgefährdung als auslegungsbedürftige Begriffe 279
22.3	Bezugspunkte des Bewertungsprozesses zur Feststellung von Kindeswohlgefährdung 280
22.4	„Gefährdungsrisiko": zum Verhältnis von Risiko und Gefahr 281
22.5	Beurteilung von Gefährdungsrisiken 282
22.5.1	Instrumente zur Einschätzung von Gefährdungsrisiken 282
22.5.2	Zusammenwirken mehrere Fachkräfte 283
22.5.3	Beteiligung von Eltern und Kindern / Jugendlichen an der Einschätzung von Gefährdungssituationen 284
22.6	Fazit 285

23 „Unmotivierte" und unfreiwillige Klienten im ASD 286
Von Marie-Luise Conen

23.1	Einflussnahme 287
23.2	Autonomie und Widerstand 288
23.3	Motivation 288
23.4	Freiwilligkeit – Hoffnung auf Veränderungen 289
23.5	Veränderungsdruck und Zwang 291
23.6	Das Dreieck Fachkraft – Klient – ASD-Mitarbeiter 292
23.6.1	Rolle der beauftragten Fachkraft 292
23.6.2	Rolle der Klienten 293
23.6.3	Rolle des ASD-Mitarbeiters 294
23.7	Effektivität 296

24 Fachkonzept Sozialraumorientierung: Grundlagen und Methoden der fallunspezifischen und fallübergreifenden Arbeit 298
Von Maria Lüttringhaus

24.1	Das Fachkonzept Sozialraumorientierung 299
24.1.1	Sozialraumorientierung als Eckpfeiler der Ressourcenorientierung 300
24.1.2	Drei Eckpunkte für die Umsetzung der Sozialraumorientierung: fallunspezifische Arbeit, fallübergreifende Arbeit, Netzwerkarbeit 301
24.2	Der Fall im Feld: Es kommt darauf an, was man daraus macht! 303

25 Unterstützung des beruflichen Handelns durch den Einsatz von Informationstechnologien 309
Von Wolfgang Tenhaken

25.1	Informationstechnologie – Begriffsbestimmung 310
25.2	Technologienutzung im Sozialwesen – eine kurze historische Einordnung 310

25.3	Zur IT-Infrastruktur Sozialer Organisationen	310
25.4	Die zentralen Funktionen von IT im Sozialwesen	311
25.5	Anforderungen an Technologieunterstützung im ASD heute	312
25.5.1	IT-gestützte Kommunikation	313
25.5.2	Aufgaben- und Zeitmanagement	313
25.5.3	Fallsteuerung und Prozesssteuerung	313
25.5.4	Dokumentation	315
25.5.5	Fallevaluation	315
25.5.6	Sach- & Finanzcontrolling	316
25.5.7	Planung und Steuerung	316
25.6	Technologiennutzung im ASD und Datenschutz	316
25.7	Zukünftige Anforderungen an Technologieunterstützung im ASD	317
25.8	Fazit	317

26 Fachliches Handeln und Finanzsteuerung 319
Von Joachim Merchel

26.1	Kostenentwicklung im Bereich der Hilfen zur Erziehung	320
26.2	Zur Steuerbarkeit bei den Erziehungshilfen	321
26.3	Ansatzpunkte für Steuerung	322
26.4	Sozialraumbudget, wirkungsorientierte Finanzierung, Wettbewerb: Potenziale und Nebenwirkungen	326

V ASD als Teil der kommunalen Infrastruktur 329

27 Der ASD im Kontext kommunaler Sozialpolitik 330
Peter-Ulrich Wendt

27.1	Sozialpolitische Rahmung	331
27.2	Konsequenzen für die Soziale Arbeit und den ASD	336

28 ASD und Sozialraumkonzepte 342
Von Herbert Schubert

28.1	Definitionen: Sozialraum und Sozialraumorientierung	343
28.1.1	Sozialraum	343
28.1.2	Sozialraumorientierung	344
28.2	Exemplarische Sozialraumkonzepte	347
28.3	Praktische Perspektiven auf die Sozialraumarbeit des ASD	349
28.3.1	Sozialraumpraxis in der Perspektive der Fachkräfte	349
28.3.2	Reorganisationsprinzipien der Sozialraumorientierung	351

29 Kooperation im ASD 353
Von Eric van Santen und Mike Seckinger

29.1	Warum ist Kooperation für den ASD notwendig?	354
29.2	Interinstitutionelle Kooperation und ihre Definition	355
29.3	Der Kooperationsdiskurs	355
29.4	Interinstitutionelle Kooperation und der ASD	356
29.4.1	Kooperation des ASD innerhalb der Kinder- und Jugendhilfe	358
29.4.2	Kooperationspartner des ASD bezogen auf § 8a SGB VIII	359
29.4.3	Hilfeplanverfahren als Ort der Kooperation	361
29.5	Voraussetzungen für Kooperationen	363
29.5.1	Klärung von Erwartungen und Ressourcen	363
29.5.2	Ergebnissicherung	363

29.5.3	Systematische Rückkopplung	364
29.5.4	Doppelte Zielkongruenz und multiple Adhärenz	364
29.5.5	Wissen über die Kooperationspartner	365
29.5.6	Vertrauensbildung	366
29.5.7	Zeitliche und persönliche Kontinuität	367
29.5.8	Institutionelle Verankerung der Kooperation	367
29.5.9	Erkennbares Kooperationsprofil	368
30	**ASD und Jugendhilfeplanung – der Allgemeine Sozialdienst als Subjekt und als Objekt der Planung kommunaler Jugendhilfe** 369	
	Von Reinhold Schone	
30.1	Jugendhilfeplanung: Worum geht es?	370
30.2	Berührungspunkte: Warum ist der ASD für die Jugendhilfeplanung so zentral?	371
30.3	ASD als Sensor für soziale Problemlagen und Impulsgeber für Infrastrukturgestaltung	372
30.4	ASD als Planungsinstanz für die Hilfen zur Erziehung	373
30.5	Der ASD als Gegenstand der Jugendhilfeplanung	375
30.6	Anforderungen an die Planungsorganisation	377

VI Mitarbeiter im ASD 379

31	**Anforderungen und Belastungen der Fachkräfte im ASD** 380	
	Von Joachim Merchel	
31.1	Zum Begriff Arbeitsbelastung	381
31.2	Hinweise zu quantitativen Aspekten der Arbeitsbelastung im ASD	384
31.3	Die qualitative Dimension von Arbeitsbelastung im ASD	386
31.4	Umgang mit Arbeitsbelastungen der ASD-Fachkräfte als Leitungsaufgabe	388
32	**Personalmanagement und Qualität der Arbeit des ASD** 391	
	Von Joachim Merchel	
32.1	Zur Bedeutung von Personalmanagement bei sozialen Dienstleistungen	392
32.2	Personal als entscheidender Qualitätsfaktor im ASD	394
32.3	Zum Begriff Personalmanagement	396
32.4	Zur Praxis des Personalmanagements im ASD	398
33	**Personalbemessung im bzw. für den ASD** 399	
	Von Adam Khalaf	
33.1	Warum Personalbemessung?	401
33.2	Vorstellung und Diskussion gängiger Verfahren der Personalbemessung	403
33.2.1	Varianten mit einer einzelnen Messgröße	403
33.2.2	Varianten mit mehreren Messgrößen	404
33.2.3	Zeitbasierte Modelle	405
33.3	Fazit	406
34	**Personalentwicklung im ASD** 408	
	Von Hildegard Pamme	
34.1	Generelle Maßnahmen der Personalentwicklung	409
34.1.1	Personalbeschaffung und Personalauswahl	409
34.1.2	Einarbeitung	410
34.1.3	Fort- und Weiterbildungen	411
34.2	Arbeitsfeldbezogene Maßnahmen der Personalentwicklung	412
34.2.1	Kollegiale Beratung	412

34.2.2   Supervision und Coaching   413
34.3   Personalentwicklungsmaßnahmen aus betriebswirtschaftlichen Managementmodellen   414
34.3.1   Zielvereinbarungen mit Mitarbeitern / Teams   415
34.3.2   Mitarbeiterentwicklungsgespräche   415
34.3.3   Leistungsorientierte Bezahlung (LOB)   415

VII Der ASD im Licht der Öffentlichkeit   417

35   **Jugendamt und ASD in den Medien** – zwischen Überforderung und Untätigkeit?   418
            Von Sonja Enders
35.1   Zwischen gefühlten Annahmen und empirischen Befunden   419
35.2   Wie öffentlich ist das Jugendamt?   424
35.3   Wer oder was ist die relevante Öffentlichkeit aus Sicht der Jugendämter?   425
35.4   Öffentlichkeitsarbeit als Marketingstrategie oder als eine zentrale Gestaltungsaufgabe?   426
35.5   Öffentlichkeitsarbeit in Krisen   428
35.6   Was braucht es für eine fachlich profilierte Öffentlichkeitsarbeit?   429
35.7   Hinweise zu einer ‚guten' Öffentlichkeitsarbeit   430

VIII Qualität und Qualitätsentwicklung im ASD   431

36   **Qualitätsmanagement und Organisationslernen: Zur Förderung von Lernbereitschaft und Entwicklungsfähigkeit im ASD**   432
            Von Joachim Merchel
36.1   Qualität und organisationale Lernbereitschaft – bedeutsame Themen für den ASD   433
36.2   Qualitätsentwicklung im ASD   434
36.2.1   Verfahrensstandardisierung   435
36.2.2   Systematisierte Selbstbewertung   436
36.2.3   Systematisierter Vergleich mit anderen ASD   437
36.2.4   An Qualitätskriterien ausgerichtete Evaluationen   438
36.3   Der ASD als lernbereite und lernfähige Organisation   439

37   **Qualitätskriterien: Was macht einen „guten ASD" aus?**   442
            Von Joachim Merchel
37.1   Fallbezogene Aktivitäten   445
37.1.1   Strukturqualität   445
37.1.2   Prozessqualität   445
37.1.3   Ergebnisqualität   447
37.2   Organisationsbezogene Aktivitäten   447
37.2.1   Strukturqualität   447
37.2.2   Prozessqualität   448
37.2.3   Ergebnisqualität   449
37.3   Umweltbezogene Aktivitäten   450
37.3.1   Strukturqualität   450
37.3.2   Prozessqualität   450
37.3.3   Ergebnisqualität   451

Literatur   452

Autorinnen und Autoren   480

Sachregister   483

Einleitung: Der „Allgemeine Soziale Dienst (ASD)" als Gegenstand eines Handbuchs – ein Beitrag zur Anerkennung der Bedeutung und der Professionalität eines Handlungsfeldes

Von Joachim Merchel

Betrachtet man die Veröffentlichungen zum „Allgemeinen Sozialen Dienst" (ASD), so ist man erstaunt: Während in den letzten Jahren der ASD sich insbesondere vor dem Hintergrund der fehlgelaufenen Kinderschutzfälle und der damit einsetzenden Kinderschutzdebatten einer relativ großen Aufmerksamkeit in der Fachöffentlichkeit sicher sein kann, war das fachliche und fachpolitische Interesse, das dem ASD entgegengebracht wurde, in den vorherigen Jahren gering. Es hat zwar vielfältige Veröffentlichungen gegeben zu methodischen Aspekten (Hilfeplanung, kollegiale Beratung, Trennungs- und Scheidungsberatung, Case Management etc.), die auch in die Arbeit des ASD hineinragten, aber selten wurde der ASD als „Ganzheit" in Blick genommen mit seinen vielfältigen Facetten der Organisationsmodalitäten, der fachlichen Anforderungen und methodischen Vorgehensweisen, der Herausbildung von professionellen Haltungen und Arbeitsweisen seiner Mitarbeiter, der Kooperationsbezüge zu anderen Organisationen u. a. m. Man war sich bewusst, dass es in der Kommunalverwaltung eine Organisationseinheit gab, die sich aus den Traditionen der kommunalen Armenpflege und später vor allem aus der Familienfürsorge, dem Außendienst des Jugendamtes, entwickelt hatte. Aber man hat diesem Dienst keine besondere Aufmerksamkeit gewidmet, die Frage seiner professionellen Ausgestaltung wurde nur wenig diskutiert.

Dies änderte sich nachdrücklich erst mit dem Beginn der Kinderschutzdebatten, ausgelöst durch das „Osnabrücker Verfahren" (Mörsberger/Restemeier 1997) und in der Folge durch die intensiven Diskussionen zu weiteren „fehlgelaufenen" Kinderschutzfällen. Doch das „Osnabrücker Verfahren" wurde noch weniger unter der Frage diskutiert, wie sich ein Jugendamt bzw. ein ASD organisatorisch und fachlich auf die Erfüllung der Schutzaufgaben einzustellen habe, sondern eher unter dem Aspekt der strafrechtlichen Verantwortlichkeit und des Risikos, dem die einzelne Fachkraft bei ihren beruflichen Aufgaben ausgesetzt sei (Deutscher Verein/AGJ 2001, Bringewat 1997). Erst allmählich gerieten die fachlichen und organisationsbezogenen Anforderungen an das Jugendamt bzw. den ASD bei der Gewährleistung eines angemessenen Kinderschutzes in den Blick – eine Perspektive, die dann im Gefolge weiterer zu Tode gekommener Kinder intensiver und differenzierter diskutiert wurde. Mit der Hervorhebung, dass bei den „fehlgelaufenen" Kinderschutzfällen nicht nur die Qualifikationen und das Handeln der jeweiligen Mitarbeiter überprüft werden dürfen, sondern gleichermaßen die Organisationsverantwortung des Jugendamtes zur Debatte steht (ISS 2012), wurden nun auch Aufgaben, Organisationsmodalitäten und Handlungsweisen im ASD intensiver analysiert und diskutiert. Zugespitzt formuliert: Bedauerlicherweise löste erst der Tod von Kindern eine breite und intensive fachliche Beschäftigung mit dem ASD aus.

Obwohl der ASD, dem bisweilen der Status eines „Basisdienstes" der Sozialen Arbeit zugesprochen wurde (Greese 1994, 45), eine erhebliche Bedeutung hat für eine gute Leistungsgewährung und Leistungsgestaltung in der Sozialen Arbeit und obwohl – vor allem im Zuge der Diskussionen um Kindeswohlgefährdung/Kindesschutz – der ASD verstärkt in den Fokus der fachpolitischen (und zum Teil auch öffentlichen) Aufmerksamkeit gerückt ist, existieren bisher nur einige Veröffentlichungen, die den Stand des Fachwissens über den ASD, seine Aufgabenbereiche und seine Handlungsansätze dokumentieren. Die wenigen Buchveröffentlichungen zum ASD stammen vorwiegend aus der ersten Hälfte der 1990er Jahre (Krieger 1994, Textor 1994, Greese et al. 1993, ISA 1991). Weitere Veröffentlichungen zum ASD entstanden erst in jüngerer Zeit: neben einigen Beiträgen in Fachzeitschriften insbesondere das vom ISS (2011) herausgegebene Buch, das eine erste allgemeine Orientierung bietet, und der als „Lehrbuch" konzipierte Band von Gissel-Palkovich (2011a). Anders als in anderen Handlungsfeldern der Sozialen Arbeit kann man im Hinblick auf den ASD wahrlich nicht von einer zur Unübersichtlichkeit neigenden Literaturlage sprechen. Das relativ geringe Interesse, das dem ASD in der Fachöffentlichkeit über eine längere Zeit entgegengebracht wurde, lässt sich beispielhaft auch daran ablesen, dass im „Handbuch Soziale Arbeit", das den Anspruch erhebt, „den gegenwärtigen Stand der Entwicklung in der theoretischen Diskussion, der Forschung und der Praxis der Sozialen Arbeit" zu präsentieren (Otto/Thiersch 2011, V), ein Beitrag zum ASD, der noch bis zur 3. Auflage im Handbuch enthalten war (Greese 2005), in der 4. Auflage nicht mehr zu lesen ist.

Die Herausgabe des vorliegenden Handbuchs zum ASD folgt dem Motiv, ein umfassendes Werk vorzulegen, in dem die verschiedenen, für den ASD relevanten fachlichen und damit verknüpften organisationsbezogenen Aspekte zusammengefasst dargestellt werden. Ein solches Handbuch entspringt gleichermaßen dem Bestreben, den mittlerweile erreichten fachlichen Entwicklungsstand des Handlungsfeldes ASD zum Ausdruck zu bringen, sowie dem Anliegen, mit einer Zusammenfügung des Wissensstandes über den ASD Impulse für eine fachliche Weiterentwicklung und eine qualitative Stabilisierung des Praxisfeldes ASD zu geben. Das Handbuch zum ASD spiegelt also zum einen die fachliche Bedeutung dieses Handlungsbereichs der Sozialen Arbeit wider und will zum anderen einen Beitrag leisten zur Festigung dieser Bedeutung, indem es Anregungen zur professionellen Selbstverständigung der Akteure in diesem Handlungsfeld und Anstöße zur Weiterentwicklung in der praktischen Ausgestaltung der jeweiligen regionalen ASD vermittelt.

Angesichts der Vielfalt der Bezeichnungen und Organisationsmodalitäten sowie des variablen Aufgabenspektrums des ASD haben sich verschiedene Versuche, über Organisationsempfehlungen (KGSt 1975 und 1982) oder über Profildefinitionen (Deutscher Verein für öffentliche und private Fürsorge 2002a) dem „Organisationstypus ASD" ein größeres Maß an Einheitlichkeit zu verschaffen, nur sehr begrenzt als erfolgreich erwiesen. Dem entspricht, dass auch die fachpolitische Repräsentation des ASD durch einen Fachverband erst spät einsetzte: Die Gründung der Bundesarbeitsgemeinschaft Allgemeiner Sozialer Dienst/Kommunaler Sozialer Dienst (BAG ASD/KSD) erfolgte erst im September 2008 (www.bag-asd.de; 14.02.2014). In fast allen anderen Arbeitsfeldern der Sozialen Arbeit bestehen demgegenüber seit langer Zeit Fachverbände, die sich um die fachpolitische Interessenvertretung des jeweiligen Handlungsfeldes bemühen. Beim ASD führten erst die mit den Kinderschutzdebatten intensivierte öffentliche Wahrnehmung und die allmähliche Konsolidierung des Handlungsfeldes dazu, dass trotz der regionalen Unterschiedlichkeiten ein Fachverband entstand, der sich die weitere Profilierung und fachpolitische Interessenvertretung des ASD zur Aufgabe gemacht hat.

Zur Definition: Was ist ein ASD?

In den bisherigen Ausführungen wurde so getan, als sei für alle Akteure in der Sozialen Arbeit, für die Kooperationspartner, mit denen der ASD zu tun hat, und nicht zuletzt für alle Leser dieses Handbuchs klar, was „der ASD" ist. Angesichts der organisatorischen Vielfalt des ASD und der verschiedenartigen Begriffe, mit denen dieser Dienst in Kommunalverwaltungen belegt wird, kann man jedoch nicht von einem einheitlichen Begriffsverständnis ausgehen. Schon die Namen, die diesem Dienst zugeordnet werden, können für Verwirrung sorgen: Die Rede ist nicht nur vom ASD, sondern auch vom KSD (Kommunaler Sozialdienst), manchmal nur vom Sozialdienst oder Kinder- und Jugendhilfedienst, manchmal vom Bürgerbüro oder Sozialbürgerhaus u. a. m. Neben diesen unterschiedlichen Begrifflichkeiten findet man verschiedene organisatorische Zuordnungen in der Kommunalverwaltung: in der Regel die Zuordnung zum Jugendamt, das aber wiederum in verschiedenen Organisationsmodalitäten auftaucht (als Fachbereich oder als Amt, mehr oder weniger verkoppelt mit weiteren Aufgabenbereichen außerhalb oder am Rande der Jugendhilfe), in einigen Fällen auch dem Fachbereich Soziales oder Sozialamt zugeordnet oder als eine relativ selbstständige Organisationseinheit (analog einem Amt) organisiert. Noch vielfältiger wird es, wenn der ASD anhand seiner Aufgaben eingegrenzt werden soll: Der Schwerpunkt der ASD-Aufgaben liegt in der Kinder- und Jugendhilfe, aber ob noch weitere Aufgaben aus anderen Handlungsbereichen hinzukommen (Altenhilfe, Behindertenhilfe, sozialpsychiatrische Versorgung) und welche Dienste als Spezialdienst organisiert sind (z. B. Jugendgerichtshilfe, Pflegekinderdienst, Vormundschaften / Pflegschaften) oder dem ASD zugeordnet sind, kann örtlich verschiedenartig geregelt werden.

Dies alles führt zu der Schwierigkeit, die Übersicht zu behalten und das zu definieren, was „den ASD" ausmacht. Der immer wieder eingebrachte Hinweis „jeder ASD ist anders" spiegelt die Erfahrungen zur Unterschiedlichkeit dessen wider, was mit dem Begriff ASD umfasst werden kann. Trotz aller Unterschiedlichkeit können *einige markante Merkmale, die den ASD ausmachen,* festgehalten werden (vgl. auch Gissel-Palkovich 2011b, Müller 2008):

- Der Begriff ASD kennzeichnet eine **Verwaltungseinheit innerhalb einer kommunalen Behörde**. Als Bestandteil der Kommunalverwaltung – in der Regel des Jugendamtes – (Pluto et al. 2007, 48 ff.) wirkt der ASD an der infrastrukturellen Gewährleistungsverantwortung des Trägers der öffentlichen Jugendhilfe (§ 79 SGB VIII) mit. Eine eigene Rechtsgrundlage für die Organisationsweise eines ASD existiert nicht; mit welchen Aufgaben bzw. Aufgabenkombinationen ein ASD versehen und in welcher administrativen Zuordnung der ASD organisiert wird, unterliegt der jeweiligen kommunalen Entscheidungshoheit.
- Der ASD ist in der Regel **bezirklich (an Sozialräumen oder an administrativ festgelegten Regionen)** ausgerichtet. Die Verteilung der Zuständigkeiten an Teams oder an einzelne ASD-Mitarbeiter erfolgt nach räumlichen Bezirken.
- Ein **Aufgabenschwerpunkt** des ASD liegt bei der **Kinder- und Jugendhilfe**, wodurch die Zugehörigkeit zum Jugendamt begründbar ist, denn für Aufgaben der Kinder- und Jugendhilfe muss dem zweigliedrigen Jugendamt die Verantwortung zugewiesen sein (§ 70 Abs. 1 SGB VIII).
- Beim ASD handelt es sich um ein eher **generalistisch ausgerichtetes Arbeitsfeld**; denn mit dem Adjektiv „allgemein" wird verdeutlicht, dass der ASD eine erste Anlaufstelle bei vielfältigen und noch nicht genau strukturierten Problemsituationen von Bürgern ist. Der ASD vermittelt auf der Grundlage einer fachlichen Kenntnis zu den regional vorhandenen Hilfeangeboten zielgerichtete Hilfen und verschafft einen Zugang zu sozialen Unterstützungsmöglichkeiten.
- Mit dem **Etikett des Allgemeinen** unterscheidet sich der ASD von Besonderen Sozialen Diensten, da diese sich entweder auf vorher definierte Ausschnitte bzw. Aufgaben beschränken (Jugendgerichtshilfe, Vormundschaften / Pflegschaften) oder sie zwar organisatorisch Bestandteil des öffentlichen Trägers sind, aber in ihrem Aufgabenzuschnitt bereits auf der Grundlage vorheriger Hilfe-Entscheidungen – anders als der ASD in der Funktion eines fachlich fundierten „Leistungsverteilers" – als Leistungserbringer fungieren (z. B. Pflegekinderdienst, ambulante Hilfen in Trägerschaft des Jugendamtes).
- Entsprechend der Aufgabenzuordnung an den ASD steht methodisch die **Einzelfallarbeit im Mittelpunkt**. Dies schließt fallübergreifende und fallunabhängige Tätigkeiten nicht aus, erfordert diese sogar, um in individuellen Lebenssituationen von Adressaten auf geeignete Hilfe- und Unterstützungsmöglichkeiten zurückgreifen zu können. Aber auch solche zunächst vom Einzelfall als abgelöst erscheinenden Tätigkeiten sind letztlich immer auf Problembewältigungspotenziale ausgerichtet, die für den Einzelfall eingesetzt werden.
- Der ASD fungiert nicht nur als ein Ansprechpartner für Bürger (insbesondere Kinder, Jugendliche, Eltern / teile), sondern er muss auch das **staatliche Wächteramt zur Abwendung von Gefahren für das Wohl von Kindern und Jugendlichen** wahrnehmen. Hierbei muss er neben den Unterstützungen für Eltern (reaktiv und präventiv) auch kontrollierend und eingreifend handeln. Dadurch wird das Bild, das sich die Öffentlichkeit vom Jugendamt bzw. vom ASD macht, stark geprägt.

An diesen Merkmalen ausgerichtet lässt sich folgende *Arbeitsdefinition zum ASD* zugrunde legen:

Der ASD ist ein bezirklich organisierter Dienst innerhalb der Kommunalverwaltung, der als eine erste Anlaufstelle bei schwierigen Lebenssituationen von Bürgern einen Hilfebedarf analysiert und den Betroffenen einen zielgerichteten Zugang zu sozialen Hilfen verschafft. In seinem Aufgabenschwerpunkt der Kinder- und Jugendhilfe nimmt der ASD die dem staatlichen Wächteramt entsprechenden Aufgaben der Kontrolle/des Eingriffs und der Unterstützung zur Abwendung einer Gefährdung des Wohls von Kindern/Jugendlichen wahr. Seine Aufgaben bestehen vor allem in der einzelfallbezogenen Steuerung von Hilfen, die ergänzt werden durch Aktivitäten, die eine angemessene Infrastruktur von Hilfemöglichkeiten bewirken sollen.

Diese Arbeitsdefinition spiegelt die wesentlichen Strukturmerkmale wider, die das Handlungsfeld prägen und die für alle Organisationseinheiten des öffentlichen Trägers, die mit dem Begriff ASD oder einem ähnlich gelagerten Begriff gekennzeichnet werden, zutreffen und die insofern – bei aller Unterschiedlichkeit in Begriffen und regionalen

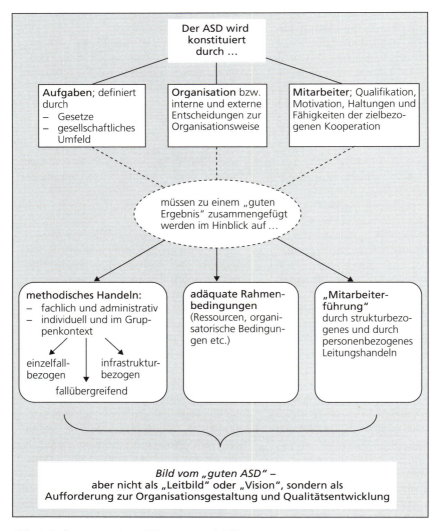

Abb. 1: Bedingungen zur Herausbildung „guter Arbeit" im ASD

Organisationsweisen – den Kern des ASD ausmachen. An dieser Stelle sei betont, dass es sich hier um einen Dienst innerhalb der Kommunalverwaltung handelt, mit dem der öffentliche Träger seiner Gewährleistungsverantwortung (einzelfallbezogen und – vermittelt – infrastrukturbezogen) gerecht wird, und ausdrücklich nicht diejenigen Dienste bei Regionalgliederungen von Wohlfahrtsverbänden gemeint sind, die gelegentlich unter der Bezeichnung „Allgemeiner Sozialer Dienst" oder einem ähnlichen Etikett tätig sind.

Man kann darüber streiten, ob es angesichts der nicht delegierbaren Gewährleistungsverantwortung des öffentlichen Trägers sinnvoll ist, Teile der ASD-Aufgaben an freie Träger zu delegieren (und dann Modalitäten zu finden, wie der öffentliche Träger im Einzelfall seiner Verantwortung wieder gerecht werden kann). Da die Kernaufgaben des ASD die Gestaltungsaufgaben des öffentlichen Trägers ansprechen, bleiben die wenigen Konstellationen, in denen ein wohlfahrtsverbandlicher Träger unter dem Etikett ASD Aufgaben zugewiesen bekommen und übernommen hat, hier unberücksichtigt.

Zum Konzept des Handbuchs

Das vorliegende Handbuch stellt den Wissensstand über den ASD zusammenfassend, aber auch dem Gegenstand angemessen differenziert dar und erörtert und begründet auf dieser Basis die Entwicklungsperspektiven des ASD. Die in diesem Buch dargelegten Aspekte sind für das Verständnis der Institution ASD, ihre Handlungsweisen und Entwicklungsperspektiven bedeutsam: Geschichte, Organisation / Organisationsformen, gesetzliche Anforderungen und Aufgabenbereiche, gesellschaftliche und sozialpolitische Einbindung, Konzepte und methodische Handlungsweisen, Qualitätskriterien und Qualitätsentwicklung. Dem inhaltlichen Aufbau des Handbuchs, der Auswahl der thematischen Bereiche und der einzelnen Beiträge liegt ein Verständnis zugrunde, das in Abbildung 1 zusammengefasst ist.

Mit dem Schaubild (→ Abb. 1) ist das Gefüge gekennzeichnet, innerhalb dessen sich eine „gute Arbeit" im ASD oder ein „guter ASD" herausbilden kann. Der ASD wird konstituiert durch drei zentrale Elemente:

- die **Aufgaben**, die zum einen durch Gesetze und zum anderen durch Anforderungen aus seinem gesellschaftlichen Umfeld definiert sind. Die Anforderungen durch das gesellschaftliche Umfeld resultieren aus der Sozialpolitik, aus den Kooperationsbezügen mit anderen Institutionen / Organisationen, aus den Anforderungen der Leistungsadressaten. Um sie angemessen zu verstehen, ist es hilfreich, sich die geschichtlichen Wurzeln und die bisherigen Entwicklungsverläufe des ASD bewusst zu machen.

- die **Organisationsmodalitäten**, in die der ASD eingebunden ist (äußere Organisationsmodalitäten) und die er sich selbst zur angemessenen Bewältigung seiner Aufgaben gestaltet (innere Organisationsmodalitäten).

- die **Mitarbeiter**, durch die der ASD gegenüber den Leistungsadressaten und gegenüber anderen Organisationen / Institutionen ein „Gesicht" erhält und von deren Qualifikation, Motivation, Haltungen die konkrete Leistungserbringung bzw. Aufgabenbearbeitung im ASD wesentlich abhängt.

Diese drei Konstitutionselemente bilden den Rahmen für das Entstehen eines fachlich guten Handelns, einer guten Leistungserbringung im ASD. Damit eine gute Leistung im ASD zustande kommt, bedarf es der Verarbeitung der Konstitutionselemente im Hinblick auf drei für die Leistungserstellung maßgebliche Prozesselemente:

- **Konzipierung, kontinuierliche Aufrechterhaltung und Förderung fachlich angemessener methodischer Handlungsweisen:** Methodische Handlungsweisen im ASD müssen sowohl einzelfallbezogen als auch fallübergreifend und im Hinblick auf eine Einflussnahme auf die Infrastruktur der regionalen Hilfen implementiert und kontinuierlich beobachtet, bewertet, mit Impulsen zur Weiterentwicklung versehen werden. Methodische Handlungsweisen, die dem „Stand der fachlichen Kunst" entsprechen und den jeweiligen Bedingungen in einem ASD angepasst werden, werden sowohl von den einzelnen Fachkräften als auch im Gruppenkontext (Team) realisiert. Die Einflussnahme auf das methodische Handeln erfolgt zum einen in fachlicher (sozialarbeiterischer) Hinsicht und zum anderen mit Blick auf die administrativen Verfahrensweisen und auf deren Auswirkungen auf das fachliche Handeln.

- **Herstellung und Gewährleistung adäquater organisatorischer Rahmenbedingungen:** Die organisatorischen Rahmenbedingungen richten sich einerseits auf die Bereitstellung der finanziellen, räumlichen und sachlichen Ressourcen, die für erforderlich gehalten werden, um fachlich angemessenes Handeln erzeugen und aufrechterhalten zu können. Andererseits geht es um die Gestaltung von Organisationsstrukturen, die eine verlässliche Leistungserstellung erzeugen, sowie um eine Organisationskultur, die fachlich sinnhafte Interaktionen im ASD zu fördern vermag.
- **Beobachtung und Förderung der Mitarbeiterpotenziale:** Da der ASD personenbezogene (Dienst-)Leistungen erzeugen soll und die Qualität solcher Leistungen von einem gelingenden koproduktiven Interaktionsprozess zwischen Leistungsadressat und ASD-Mitarbeiter abhängt, kommt der Qualifikation, der Motivation und Haltung der Mitarbeiter eine entscheidende Bedeutung zu – mit der Folge, dass Mitarbeiterführung im Sinne einer Beobachtung und Förderung der Mitarbeiterpotenziale als ein elementarer Bestandteil guter Leistungserstellung im ASD gewertet werden muss. Mitarbeiterführung gehört zu den Aufgaben der Leitung (der ASD-Leitung und der Amtsleitung) und bezieht sich sowohl in personenbezogenen Interaktionen auf einzelne Mitarbeiter als auch auf die Gestaltung von strukturellen Bedingungen, die das Verhalten der Einzelnen prägen und herausfordern sollen.

Durch die genauere Betrachtung der Konstitutionselemente und deren Verarbeitung in den für die Leistungserstellung maßgeblichen Prozessbereichen entsteht ein Bild von einem als „gut" angesehenen ASD mit entsprechenden Qualitätskriterien, die für weitere Fachdiskurse orientierende Richtungen angeben, welche in die Debatte aufgenommen und kritisch verarbeitet werden sollten. Das so konstruierte Bild von einem „guten ASD" sollte nicht missverstanden werden als ein „Leitbild" oder eine „Vision", wie sie in vielen Konzepten zur Organisationsentwicklung propagiert werden, jedoch häufig weniger gelebt werden als vielmehr – in schönen Formulierungen glattgebügelt – in Aktenordnern abgelegt und vor allem an Feiertagen und zu Legitimationszwecken (häufig bei Konflikten) hervorgeholt und funktionalisiert werden. Das „Bild von einem guten ASD" sollte als eine fachliche Folie betrachtet werden, vor der der konkrete Zustand eines bestimmten ASD eingeordnet und im Diskurs bewertet werden kann. Mithilfe einer solchen Einordnung und Bewertung können konkrete Ansatzpunkte zur Organisationsgestaltung, Organisationsveränderung und Qualitätsentwicklung in einem ASD gefunden und praktisch genutzt werden. Die skizzierte Vorstellung von einer Herausbildung „guter Arbeit" im ASD bildet die Grundlage für die Struktur des Handbuchs:

1. Im **ersten Teil** wird eine geschichtliche Einordnung des ASD vorgenommen, die einen historischen Zugang ermöglichen soll zum Verstehen aktueller organisationsbezogener, sozialpolitischer und methodischer Fragestellungen zum ASD.
2. Der **zweite Teil** beschäftigt sich mit dem Organisationscharakter des ASD. Hier geht es um grundlegende Organisationsentscheidungen zur Verortung des ASD in der Kommunalverwaltung sowie um Fragen der Organisationsgestaltung innerhalb des ASD: um Organisationsstrukturen und Organisationskulturen, in denen sich die Leistungserstellung im ASD ereignet, und um Anforderungen an Teamgestaltung und an Steuerung durch Leitung.
3. Der **dritte Teil** thematisiert die gesetzlichen Aufgabenbereiche des ASD und Regelungen für die Arbeit des ASD im Sozialgesetzbuch. Es werden aus den einzelnen Rechtsbereichen diejenigen gesetzlichen Grundlagen dargelegt und erläutert, die für eine Tätigkeit des ASD von Bedeutung sind und in denen sich Anforderungen an den ASD dokumentieren.
4. Der **vierte Teil** ist der umfangreichste des Handbuchs und unterteilt in zwei Abschnitte: Erläuterungen zu generellen methodischen Orientierungen, die in allen Handlungsfeldern des ASD eine prägende Bedeutung haben (sollten), und Erörterungen zu spezifischen Handlungsfeldern mit ihren jeweiligen methodischen Anforderungen. Es werden die methodischen Anforderungen gekennzeichnet, die sich an die Akteure im ASD richten; es werden Verfahren benannt, in denen diese Anforderungen bearbeitet werden; und es werden Konstellationen erläutert, die die Umsetzung der methodischen Anforderungen als schwierig und fachlich herausfordernd erscheinen lassen.
5. Im **fünften Teil** des Handbuchs steht der ASD in seiner Einbindung in die kommunale Infrastruktur im Mittelpunkt. Der ASD übernimmt eine Funk-

tion in der kommunalen Sozialpolitik, und als Teil des Jugendamtes beteiligt er sich an Aufgaben der Jugendhilfeplanung. Der ASD bewegt sich in der kommunalen Infrastruktur und wirkt als Gestaltungsakteur durch seine vielfältigen Kooperationsbezüge mit anderen Organisationen innerhalb und außerhalb der Jugendhilfe sowie durch seine Einflussnahme auf die Entwicklungsdynamiken in Sozialräumen.

6. Die Bedeutung der Mitarbeiter, die spezifischen Belastungspotenziale der ASD-Tätigkeit und die daraus folgenden Anforderungen an das Personalmanagement im ASD sind Gegenstand des **sechsten Teils**. Die Thematisierung von Personalmanagement-Aufgaben in einem eigenen Handbuch-Teil soll die zentrale strategische Bedeutung dieses in der Vergangenheit zumeist vernachlässigten Aspekts in der Steuerung des ASD hervorheben.

7. Im **siebten Teil** des Handbuchs wird ein Problemkomplex bearbeitet, der insbesondere in den Debatten zum Kinderschutz ins Bewusstsein getreten ist, der aber in der Diskussion „Jugendamt zwischen Dienstleistung und Kontrollbehörde" schon lange eine Herausforderung darstellt: das schwierige Verhältnis zwischen Jugendamt und Öffentlichkeit bzw. die Probleme des Jugendamtes, ein angemessenes Bild oder ein angemessenes Image in der Öffentlichkeit zu erzeugen. Zu einem „guten ASD" gehört auch, der Öffentlichkeit die elementaren Aufgaben und Handlungsweisen adäquat zu vermitteln und somit ein Bild des ASD zu erzeugen, das eine generelle Akzeptanz des ASD sowohl in der Öffentlichkeit als auch bei potenziellen Leistungsadressaten ermöglicht.

8. Der abschließende **achte Teil** widmet sich den Entwicklungsperspektiven des ASD und damit zum einen der Frage, was einen „guten ASD" ausmacht, also der Frage nach den Qualitätskriterien, die in den Beiträgen des Handbuchs bereits zum Ausdruck gebracht wurden und die abschließend zu einem Gesamtbild zusammengeführt werden, und zum anderen den Verfahrensweisen, mit deren Hilfe sich ein ASD lernbereit und entwicklungsfähig halten kann, durch die er sich also gleichermaßen als eine verlässlich handelnde, kalkulierbare wie auch lernfähige und entwicklungsoffene Organisation erweisen kann, die Qualität nicht nur „absichert", sondern als kontinuierlichen Entwicklungsprozess begreift und gestaltet.

Der Herausgeber verfolgt mit diesem Handbuch neben dem zentralen Motiv – Beitrag zur Profilierung und Professionalisierung des ASD durch einen umfassenden Überblick – einen Nebenzweck: Das Handbuch kann (und sollte) *auch* als ein Beitrag zu einem *fachlich profilierten Sozialmanagement* gelesen werden.

Im Unterschied zu rein betriebswirtschaftlichen Managementvorstellungen (die teilweise in Veröffentlichungen zu Management in Non-Profit-Organisationen propagiert werden), sollte das Sozialmanagement von einer integrierten Managementperspektive geprägt sein, bei der die Besonderheiten der fachlichen Aufgaben und der Gegebenheiten in einem Handlungsfeld Eingang finden in die verschiedenen Steuerungsüberlegungen und Strategien des Managements (Merchel 2009c, 66 ff.). In dem Handbuch finden sich Aussagen zu allen Steuerungsbereichen, die das Management prägen: fachliche Steuerung, ökonomische Steuerung, organisationsbezogene Steuerung, mitarbeiterbezogene Steuerung, Steuerung der Bezüge zur Umwelt. Hinzu kommen Beiträge zur rechtlichen Dimension, die in die Steuerung des ASD hineinwirken, und Aussagen zu ethischen Erwägungen bei der Arbeit des ASD (z. B. zum Thema Schutz / Kontrolle, zu Hausbesuchen etc.). Das Handbuch verdeutlicht auf diese Weise beispielhaft, welche Anforderungen im Handlungsfeld Soziale Arbeit an das Steuerungs- und somit Managementhandeln gestellt werden und im Management bewältigt werden müssen.

Damit ist mit der Herausgabe des Handbuchs ASD der Anspruch verbunden, gleichsam als „Nebeneffekt" auch einen Beitrag zu einem handlungsfeldorientierten *Sozial*management, zu einem mit fachlichen Ansprüchen rückgekoppelten und für die Profession Soziale Arbeit tragfähigen Management zu leisten.

Hinweis zur „Handhabung der Geschlechterfrage" in der Schreibweise

Weil das Binnen-I oder Schrägstrichlösungen den Lesefluss genauso hemmen wie eine kontinuierliches Verwenden beider Geschlechter in den entsprechenden Substantiven (Mitarbeiterinnen und Mitarbeiter, der Klient und / oder die Klientin, etc.) und weil geschlechtsneutrale Begriffe (Fachkraft, Fachkräfte, Leitungsperson etc.) sich nicht immer finden lassen bzw. nicht immer sinnvoll eingesetzt werden können, wird in dem Handbuch in der Regel die grammatikalisch männliche Form benutzt, wobei damit ein bestimmter Typus bezeichnet wird und nicht ein bestimmtes Geschlecht gemeint ist. Trotz der formal männlichen Form wird jeweils ein Typus angesprochen, und es sind selbstverständlich Mitarbeiterinnen und Mitarbeiter, Männer und Frauen, Mädchen und Jungen, Sozialarbeiterinnen und Sozialarbeiter, Richterinnen und Richter etc. gemeint. Beide Geschlechter sind immer mitzudenken!

Zur zweiten Auflage:

Erfreulicherweise hat das „Handbuch Allgemeiner Sozialer Dienst" in Fachkreisen eine gute Resonanz gefunden, sodass bereits nach einem relativ kurzen Zeitraum eine zweite Auflage erscheinen kann. In dieser zweiten Auflage ist ein Beitrag neu in das „Handbuch ASD" aufgenommen worden: der Beitrag „Krisenintervention / Inobhutnahme" von Christine Gerber (Kapitel 20). Hier bestand in der ersten Auflage eine Lücke, die dank der Bereitschaft von Christine Gerber, relativ kurzfristig einen entsprechenden Beitrag zu verfassen, geschlossen werden konnte. Ansonsten sind die Beiträge weitgehend inhaltlich gleich geblieben im Vergleich zur ersten Auflage; es sind lediglich kleinere Fehler ausgebügelt worden, und an einigen Stellen wurden Aktualisierungen vorgenommen. Autorinnen und Autoren und der Herausgeber hoffen, dass dem „Handbuch ASD" weiterhin Interesse entgegengebracht wird und dass von dem Handbuch ein kleiner, andere ähnliche Anstöße verstärkender, hoffentlich nicht ganz wirkungsloser Impuls zur qualitativen Weiterentwicklung dieses wichtigen Handlungsfeldes der Sozialen Arbeit ausgehen möge.

I Geschichte des ASD

1 Zur Entstehungsgeschichte des ASD – von den Anfängen bis in die 1970er Jahre

Von Peter Hammerschmidt und Uwe Uhlendorff

- Soziale Arbeit als unmittelbare Betreuung unterstützungsbedürftiger Armer oblag seit Beginn des 19. Jahrhunderts kommunal organisierten ehrenamtlichen Kräften, die dann mit dem Elberfelder System für kleinräumig zugeschnittene Quartiere zuständig waren.
- Mit dem Straßburger System etablierten die Kommunen nach der Jahrhundertwende dann einen hauptamtlichen Innendienst für die administrativen und entscheidungsbezogenen Aufgaben. Die damit bestehenden Strukturen bestanden in der Weimarer Republik fort, auch wenn die sozioökonomischen und soziokulturellen Voraussetzungen für dieses Ehrenamt zunehmend erodierten.
- Mit der FaFü als unmittelbare Vorläuferorganisation des ASD traten dann ab den 1920er Jahren fürsorgerisch ausgebildete hauptamtliche Kräfte neben die ehrenamtlichen, um sie dann im Verlauf mehrerer Jahrzehnte weitgehend zu ersetzen. Im Ergebnis erbte damit die berufliche Fürsorge/Sozialarbeit die Nicht-Entscheidungsbefugnis des Straßburger Armenpflegers, der Dualismus von Haupt- und Ehrenamt transformierte sich zum Dualismus von Innen- und Außendienst.
- Denkbar und sinnvoll wurde ein allgemeiner Außendienst erst mit Entfaltung kommunaler Sozialpolitik, der Etablierung sozialer kommunaler Ämter – Jugendamt, Fürsorgeamt, Gesundheitsamt, Wohnungsamt, Erwerbslosenamt – auf der einen und einer Vielzahl spezialisierter (Besonderer) Sozialer Dienste auf der anderen Seite, als drittes, verbindendes Element in der „kommunalen Apparatur der öffentlichen Hilfe" (Vogel 1966). Das war mit dem Ausbau des Weimarer Wohlfahrtsstaates gegeben. Die Betreuung einer Familie durch mehrere unverbunden nebeneinander tätige Außendienstmitarbeiter verschiedener Ämter mit speziellen Aufgaben, das zeigte sich in den 1920er Jahren rasch, war weder fachlich (fürsorgerisch, sozialarbeiterisch) angemessen noch fiskalisch effizient. Dies war dann die Geburtsstunde der FaFü als gemeinsamer, allgemeiner Außendienst mehrerer Ämter.
- Erst in den 1970er Jahren erfolgte die Ersetzung der FaFü durch den ASD, der sich mit der Zusammenlegung von Innen- und Außendienst bei gleichzeitiger Dezentralisation, d. h. der Übertragung von Entscheidungskompetenzen auf die Sozialarbeiter/Sozialpädagogen, in einem zentralen Merkmal von der tradierten FaFü unterscheidet. Die Spannungen und Widersprüchlichkeiten zwischen Verwaltungs- und sozialen Fachkräften, zwischen Innen- und Außendienst, zwischen der vorrangig konditionalprogrammiert arbeitenden Bürokratie und dem vorrangig zweckprogrammierten Handeln professioneller Sozialer Arbeit wurden damit in die Organisationsform ASD und damit auch in die Soziale Arbeit verlagert (Müller/Otto 1980b, 24; Ortmann 2008). Professionelle Autonomie und Kompetenz haben ihren Preis.

Der Allgemeine Soziale Dienst (im Folgenden: ASD) ist eine Organisationsform der kommunalen Sozialverwaltung. Seine konkrete Ausgestaltung – und ob es ihn überhaupt gibt – legt jede Kommune selbst fest, denn die Kommunen verfügen im Rahmen ihrer Selbstverwaltung über Organisationshoheit. Insofern sind empirische Feststellungen über den ASD schwierig.

Möglich und historisch sinnvoll wurde der ASD erst mit Entfaltung kommunaler Sozialpolitik. Ein gemeinsamer, allgemeiner sozialer (Außen-)Dienst setzt voraus, dass es mehrere kommunale Stellen/Ämter gibt, die für die Gewährung sozialer Rechte sowie auch für die Einrichtung sozialer Dienste zuständig zeichnen, und dass sich ein Angebot an besonderen, sozialen Dienstleistungen ausdifferenziert hat. In Deutschland war dies vor allem seit der wilhelminischen Zeit und hier zunächst nur in den Groß- und Industriestädten gegeben. Eine dementsprechende flächendeckende Etablierung sozialer kommunaler Ämter – Jugendamt, Fürsorgeamt, Gesundheitsamt, Wohnungsamt, Erwerbslosenamt – und sozialer Dienste erfolgt im Deutschen Reich erst im Kontext des verfassungsmäßig vorgesehenen Ausbaus des Wohlfahrtsstaates und durch das Weimarer Fürsorgerecht. Die Betreuung einer Familie durch mehrere unverbunden nebeneinander tätige Außendienstmitarbeiter verschiedener Ämter mit speziellen Aufgaben, das zeigte sich nach Inkrafttreten des Weimarer Fürsorgerechts Mitte der 1920er Jahre rasch, war weder fachlich (fürsorgerisch, sozialarbeiterisch) angemessen noch fiskalisch effizient. Dies war die Geburtsstunde des ASD, damals noch unter dem Namen Familienfürsorge (FaFü), als gemeinsamer, allgemeiner Außendienst mehrerer Ämter. Ein Charakteristikum des ASD, die Dezentralisation, war seinerzeit indes noch nicht gegeben und erfolgte erst in den 1970er Jahren. Dies ist insofern bemerkenswert, als eine Dezentralisation früher schon in der (Armen-)Fürsorge von den Kommunen in ihren Armenordnungen verankert und auch praktisch angewandt wurde. Das Mitte des 19. Jahrhunderts praktizierte Modell dafür war das „Elberfelder System", das über das Quartiersprinzip hinaus einige weitere Grundprinzipien der Fürsorge und Sozialarbeit formulierte, die auch heute noch als gültig angesehen werden (Besuchsprinzip, Individualisierungsprinzip). Für die hier vorgelegte Darstellung folgt daraus, dass neben der Familienfürsorge (→ 1.1) und dieser vorangestellt auch die Organisation der Armenpflege vor der Zeit des Deutschen Kaiserreichs sowie die sich daneben etablierenden besonderen sozialen Dienste (→ 1.2) als Teil der Geschichte des ASD thematisiert werden, bevor dann die Weiterentwicklung der Familienfürsorge bis zu ihrer Neuorganisation in den 1970er Jahren skizziert wird (→ 1.3).

1.1 Zur Vorgeschichte des ASD – von den Anfängen der kommunalen Sozialverwaltung bis zum Ende des Kaiserreichs

1.1.1 Soziale Dienste und die Armenfürsorge

Soziale Dienste wurzeln in der kommunalen Armenfürsorge und damit im Kern der kommunalen Sozialverwaltung. Die Armenfürsorge als öffentliche Zuständigkeit für Menschen, denen es ansonsten nicht möglich war, ihre Existenz zu sichern, entstand im Übergang zur Neuzeit.
Kodifiziert wurde eine solche Verpflichtung zunächst in allgemeinen Regelungswerken, zuerst in der Reichspolizeiordnung von 1530 und später im Allgemeinen Landrecht für die Preußischen Staaten von 1794. Armen- und Arbeitshäuser waren im 17. und 18. Jahrhundert die dominante Form der Armenfürsorge, das änderte sich im 19. Jahrhundert. Zu dieser Zeit erließen die einzelnen deutschen Staaten auch spezielle Armenpflegegesetze (z. B. Bayern 1816, Preußen 1842). Mit der Armenfürsorge reklamierte der Staat keine exklusive Zuständigkeit für Arme, im Gegenteil: Vorgelagerte Sicherungsmöglichkeiten – familiäre und ständische Hilfe, private Unterstützung usw. – sollten vorrangig genutzt werden. Armenfürsorge war Ausfallbürge, ihr Prinzip das der Nachrangigkeit. Zur Nachrangigkeit gehört auch die Arbeitspflicht. Deshalb ist für die Armenfürsorge immer die Unterscheidung zwischen arbeitsfähigen und arbeitsunfähigen Armen zentral sowie damit einhergehend die strenge Prüfung von Arbeitsfähig- und -willigkeit sowie die Ausgrenzung sogenannter unwürdiger Armer. Der Bezug von Armenfürsorgeleistungen sollte unbequem sein; unbequemer als Lohnarbeit zu ungünstigen Bedingungen. Weil Unterstützungsleistungen ohne (direkte) Gegenleistung grundsätzlich geeignet sind, als Alternative zur gesellschaftlich geforderten (Lohn-)Arbeit zu dienen, sind in ihrer rechtlichen wie faktischen Ausgestaltung „Sicherungen" eingebaut. Neben den schon genannten Elementen – Nachrangigkeit, Arbeitspflicht, Ausgrenzung „Unwürdiger" – gehören hierzu die Ausrichtung auf das Minimum der Existenzsicherung, eine dis-

ziplinierende Ausgestaltung und ein persönliches Einwirken als Einheit von Hilfe und Kontrolle, Erziehung und Repression.

So wenig es auch unserem heutigen, positiv konnotierten Verständnis von sozialen Dienstleistungen entsprechen mag: Die persönliche, erzieherische, disziplinierende Einwirkung auf fürsorgebedürftige Menschen als Voraussetzung und Teil der Hilfegewährung bildete die Keimzelle sozialer Dienstleistungen, und ihre Organisation war der Kern und Ausgangspunkt sozialer Dienste und der kommunalen Sozialverwaltung (Hammerschmidt 2012, 2010a, 2011).

1.1.2 Die Anfänge und Entwicklung der kommunalen Sozialverwaltung in der ersten Hälfte des 19. Jahrhunderts

Die preußische Städteordnung von 1808 gilt als Gründungsdokument der modernen kommunalen Selbstverwaltung in Deutschland (zunächst nur in Preußen). Mit ihr räumte der preußische Staat den preußischen Städten kommunale Selbstverwaltungsrechte ein und schrieb sie ihnen aber auch vor (Krebsbach 1970).

Die Idee der kommunalen Selbstverwaltung wurzelte im seinerzeit modernen Aufklärungsdenken sowie in der bürgerlichen Revolution und konnte darüber hinaus an sehr viel ältere Traditionen stadtbürgerlicher Freiheiten anknüpfen (Thamer 2000, 290). Ihre Umsetzung war Teil der später sogenannten Stein-Hardenbergschen Reformen, die den Weg zu einer bürgerlich-liberalen Gesellschaft auf industriekapitalistischer Grundlage ebneten (Koselleck 1989, Bogumil / Holtkamp 2006, 15–18).

Die preußische (steinsche) Städteordnung sah eine zu wählende Stadtverordnetenversammlung als Beschlussorgan und einen Magistrat als ausführendes Organ vor, der fortan nicht mehr staatlich eingesetzt, sondern von der Stadtverordnetenversammlung zu wählen war. Für bestimmte Aufgaben sollten Deputationen eingerichtet werden, in denen Stadtverordnete unter Vorsitz eines Magistratsmitglieds die laufenden Angelegenheiten der Städte eigenverantwortlich zu erledigen hatten. Nur die zeitlich befristet (für sechs bis zwölf Jahre) bestallten Mitglieder des Magistrats erhielten eine Entlohnung, ansonsten waren die städtischen Aufgaben ehrenamtlich zu leisten. Die Selbstverwaltung hatte einen doppelten Preis: einerseits die praktische Mitwirkung an der Gestaltung und Verwaltung der städtischen Angelegenheiten und das Aufbringen der dafür erforderlichen Finanzmittel durch das städtische Bürgertum selbst. Andererseits entfiel die vormalige staatliche Finanzierung. In den 1820er und 1830er Jahren folgten die übrigen deutschen Staaten dem preußischen Vorbild und führten durch Städteordnungen und Kommunalverfassungen kommunale Selbstverwaltungsrechte für das Bürgertum ein.

Die Armenfürsorge gehörte neben dem Bau-, Straßen- und Schulwesen von Beginn an zum Kernbereich der kommunalen Selbstverwaltung. Eine öffentliche Zuständigkeit für Arme hatte zuvor schon das Allgemeine Landrecht für die Preußischen Staaten (ALR) von 1794 kodifiziert. Mit der vorher genannten Städteordnung übertrug der Staat die öffentliche Verpflichtung, „für die Ernährung ihrer verarmten Mitglieder und Einwohner [zu] sorgen" (ALR § 10 i. V. m. § 1 II 19), auf die kommunale Selbstverwaltung. Konkrete staatliche Vorgaben für die Erfüllung der gemeindlichen Pflicht zur Armenfürsorge formulierte der Staat nicht; nur die Einrichtung von Armendeputationen (Städteordnung § 179 c) war obligatorisch; sie bildeten den Kern und Ausgangspunkt der kommunalen Sozialverwaltung.

Eine spezialrechtliche Grundlage erhielten die Kommunen mit dem preußischen *Armenpflegegesetz vom 31. Dez. 1842,* das als armenrechtliche Flankierung der am selben Tag eingeführten allgemeinen Niederlassungsfreiheit und zum Ausgleich der Armenlasten diente. Bis dahin herrschte das Heimatprinzip vor, d. h. zur Unterstützung eines Verarmten war diejenige Gemeinde verpflichtet, in der ein Verarmter geboren worden war. Im Verarmungsfall war der Arme dorthin „zurückzuschaffen" (ALR § 5 II 19). Vor dem Hintergrund der enormen Binnenwanderungen ab den 1820er Jahren vom Land in die nun entstehenden städtischen industriellen Ballungszentren hieß das auch, dass die Städte von ihren neuen Einwohnern in Form von Steuern und Abgaben profitierten, ohne im Verarmungsfall in der Pflicht zu sein, während umgekehrt die meist ärmlichen Herkunftsgemeinden aus den Wegzuggebieten ohne Ausgleich die Risiken von Arbeitsunfähigkeit, Arbeitslosigkeit und generell Verarmung ihrer vormaligen Einwohner zu schultern hatten. Das mit dem Armenpflegegesetz von 1842 begründete Unterstützungswohnsitzprinzip änderte dies. Nicht mehr der Heimatort war auf Lebenszeit im Bedarfsfall für einen (ehemaligen) Einwohner verantwortlich, sondern der Ort (Ortsarmenverband), an dem ein Hilfsbedürftiger in der Regel durch einen dreijährigen Aufenthalt einen sogenannten Unterstützungswohnsitz erworben hatte (Hammerschmidt 2010b, 857f., Schinkel 1963).

Die Kommunen konnten die Unterstützung der Armen in Form der geschlossenen Fürsorge, d. h. durch Unterbringung in Armenhäusern oder sonstigen Anstalten, oder als offene Fürsorge vornehmen. Wegen der vergleichsweise hohen Kosten machten die Kommunen von dieser neuen armenrechtlichen Möglichkeit der geschlossenen Armenfürsorge – jenseits der durchaus geschätzten Androhung – wenig Gebrauch, sie favorisierten die offene Fürsorge (vgl. Sachße/Tennstedt 1998, 244 ff.; Rumpelt/Luppe 1923; Hammerschmidt 2010b, 858 f.). Die offene Armenfürsorge der Kommunen war in den ersten Jahrzehnten des 19. Jahrhunderts aufgrund der weitgehenden Gestaltungsfreiheit in Verbindung mit den höchst unterschiedlichen lokalen Verhältnissen unüberschaubar uneinheitlich. Das änderte sich allmählich im Verlauf der 1860er Jahre, denn viele Städte orientierten sich nun bei der (Re-)Organisation der offenen Armenfürsorge an der Armenordnung der

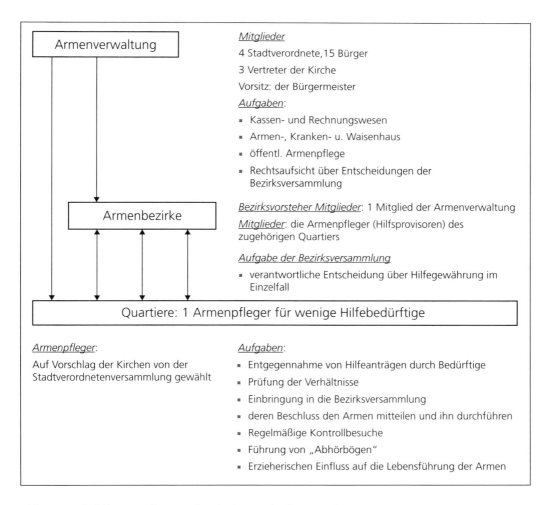

Abb. 1: Das Elberfelder System der Armenpflege (Hering/Münchmeier 2000, 32)

jungen Industriestadt Elberfeld vom 9. Juli 1852, die es deshalb im Folgenden gesondert darzustellen gilt.

1.1.3 Das Elberfelder System und das Straßburger System

Unter dem Elberfelder System (→ Abb. 1) versteht man eine kommunale Organisationsform ehrenamtlich durchgeführter Armenfürsorge in der zweiten Hälfte des 19. Jahrhunderts nach dem Vorbild der Armenordnung der Stadt Elberfeld.
Danach wurde die Stadt in zehn Bezirke und jeder Bezirk wiederum in 14 bis 15 Quartiere eingeteilt. Die Armenpflege in den Quartieren wurde von ehrenamtlichen Armenpflegern durchgeführt. Ihnen war der ehrenamtliche Bezirksvorsteher übergeordnet, der die Bezirksversammlung leitete, an der alle Armenpfleger des jeweiligen Bezirks teilnahmen. Wie Abbildung 1 zu entnehmen, stand an der Spitze der kommunalen Armenfürsorge die Armenverwaltung, ein öffentlicher Ausschuss, der sich aus Stadtverordneten sowie gewählten Bürgern und dem Oberbürgermeister zusammensetzte und der für Rechtsaufsicht, Rechnungswesen und Etataufstellung zuständig war. Die Beantragung von Armenfürsorge erfolgte über den zuständigen Armenpfleger, der den Antrag des Bittstellers prüfte und der Bezirksversammlung mit einem Vorschlag zur Abstimmung vorlegte. Jeder Armenpfleger betreute maximal vier Arme bzw. Familien. Aufgabe des Armenpflegers war es, bei seinen in der Regel vierzehntägigen Besuchen (Besuchsprinzip) in detaillierten Fragebögen die vorgefundenen wirtschaftlichen Verhältnisse, die individuelle Notlage und den individuellen Bedarf festzustellen (Individualisierungsprinzip). Dabei sollte auf das Verhalten der Betroffenen kontrolliert und erzieherisch eingewirkt werden. Auf dieser Grundlage wurde entschieden, ob – und wenn ja – und in welcher Form eine um Unterstützung nachsuchende Person Leistungen erhalten sollte. Das Armengeld wurde den Bedürftigen direkt vom Armenpfleger ausgezahlt. Die Armenpfleger bemühten sich um die Vermittlung von Arbeit für die Arbeitsfähigen. Wer eine angebotene Arbeit ablehnte, erhielt keine Leistung und wurde der Polizei gemeldet. Innerhalb der hier erstmalig praktizierten Arbeitsteilung zwischen Innen- und Außendienst oblag dem bürokratisch rationalisierten Innendienst die zentrale Erfassung der im Außendienst erhobenen entscheidungsrelevanten Daten.

Dem Elberfelder System (→ Abb. 1) lagen vier Prinzipien zugrunde: die Individualisierung der Unterstützungsleistung, die Dezentralisierung der Entscheidungskompetenz, die Durchführung der öffentlichen Armenfürsorge durch ehrenamtliches Personal und die Festlegung der Zuständigkeit nach räumlichen Gesichtspunkten (Sachße 1986, 36 ff.; Böhmert 1886, 49–96; Münsterberg 1903). Das Elberfelder System wurde im Zuge der Reformen der kommunalen Armenfürsorge von zahlreichen deutschen Städten teilweise in abgewandelter Form eingeführt und dann später, nach der Jahrhundertwende, zunehmend vom Straßburger System (→ Abb. 2) abgelöst.
Bei dem Letzteren handelt es sich um eine kommunale Organisationsform der Armenfürsorge, die sich zu Beginn des 20. Jahrhunderts nach dem Vorbild der Stadt Straßburg insbesondere in Großstädten durchsetzte und sowohl von ehrenamtlichen als auch von hauptamtlichen Armenpflegern organisiert wurde. Das Straßburger System (→ Abb. 2) bestand aus drei Organen:

1. An der Spitze stand der **Armenrat**, der vom Bürgermeister und acht vom Gemeinderat gewählten ehrenamtlichen Mitgliedern gebildet wurde. Er war für die Einteilung und Abgrenzung der Armenbezirke, für die Ernennung der Armenpfleger sowie für die Einstellung der besoldeten Beamten, für Grundsatzentscheidungen und Rechnungsführung zuständig.
2. Ihm zur Seite stand das **Armenamt**, das hauptberufliche Kräfte (Berufsarmenpfleger) beschäftigte. Es nahm die Unterstützungsanträge entgegen und zahlte das Armengeld aus.
3. Die **Bezirkskommission** setzte sich aus **acht Mitgliedern** (Armenpfleger aus dem Bezirk) zusammen, den Vorsitz übernahm ein ehrenamtliches Mitglied des Armenrates. Für jeden Bezirk war eine gewisse Anzahl Armenpfleger für die Durchführung der Armenpflege zuständig.

Nachdem der Antrag auf Unterstützung beim Armenamt eingegangen war, erstellte der zuständige Berufsarmenpfleger, nachdem er Informationen eingeholt hatte, eine Stellungnahme. Auf deren

Grundlage entschied die Bezirkskommission über die Gewährung der Unterstützung. Sie entschied auch, ob es sich um eine längerfristige Unterstützung oder um eine kurzfristige Maßnahme handelte. Im letzten Fall wurde ein ehrenamtlicher Pfleger bestellt, im ersten ein hauptamtlicher mit dem Fall betraut. Die Zuweisung der Armenpflegschaft erfolgte nicht wie beim Elberfelder System (→ Abb. 1) nach räumlichen, sondern nach fachlichen Kriterien, d. h. entsprechend der Art des Notstandes wurde ein geeigneter Pfleger bestimmt. Im Unterschied zum Elberfelder System wurde auf eine Einteilung der Zuständigkeitsbereiche der Armenpfleger in Stadtquartiere verzichtet. Neben ehrenamtlichen waren auch hauptamtliche Kräfte tätig. Das Straßburger System (→ Abb. 2) war ein erster Schritt hin zur Verberuflichung der Sozialen Arbeit.

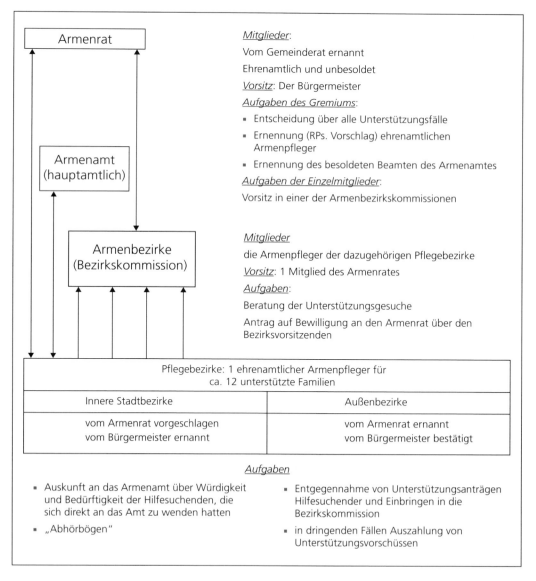

Abb. 2: Das Straßburger System der Armenpflege (Hering / Münchmeier 2000, 32)

1.1.4 Die „Sociale Ausgestaltung der Fürsorge"

Die im letzten Abschnitt beschriebenen Formen der Armenfürsorge bildeten den Kern der „Socialen Fürsorge".
Die „Sociale Fürsorge" war Bestandteil kommunaler Sozialpolitik, die im Zuge der Industrialisierung und Verstädterung auf die planmäßige, öffentliche Gestaltung der Lebensbedingungen und die Integration der armen Bevölkerungsschichten (proletarische Unterschicht) abzielte. Unter „Socialer Ausgestaltung der Fürsorge" verstand man die Ergänzung der Armenfürsorge durch zusätzliche präventive Maßnahmen. „Sociale Fürsorge" umfasste zu Beginn des 20. Jahrhunderts sowohl die Armenfürsorge als auch die neu entstandenen Bereiche, die sich herausgebildet hatten: die Gesundheits-, die Kinder- und Jugend-, die Erwerbslosen- und die Wohnungsfürsorge (Hammerschmidt/Tennstedt 2010a). In den Großstädten ging man mehr und mehr dazu über, diese als eigenständige Fürsorgebereiche von spezialisierten städtischen Verwaltungsabteilungen zu organisieren, wie z. B. die Jugendfürsorge, deren Entwicklung im Folgenden kurz dargestellt werden soll.
Im Zeitraum von 1871 bis 1910 erfolgte eine starke Ausweitung der Jugendfürsorgeaufgaben (Sachße/Tennstedt 1988, 29–36; Uhlendorff 2003, 41–74). Bewirkt wurde sie zum einen Teil durch Reichs- und Landesgesetze, die z. B. Fürsorgeerziehung bei straffällig gewordenen bzw. verwahrlosten Jugendlichen vorsahen oder Amtsvormundschaft gegenüber unehelichen Kindern vorschrieben. Das Reichsstrafgesetzbuch von 1871 und das Inkrafttreten des Bürgerlichen Gesetzbuches am 1.1.1900 hatten eine Verabschiedung zahlreicher Ländergesetze zur Folge; dies waren u. a. die ersten Jugendfürsorgegesetze (Uhlendorff 2003, 54 ff.; Hammerschmidt 2005a). Einen weiteren Schwerpunkt der kommunalen Jugendfürsorge bildete die sogenannte Aufsicht über die in fremde Pflege gegebenen Kinder (Pflegekinder). Das Großherzogtum Hessen war eines der ersten Länder, das ein 1878 Gesetz zur Beaufsichtigung von Pflegekindern verabschiedete; andere Länder folgten dem Beispiel (Uhlendorff 2003, 69 ff.). Das Betätigungsfeld wurde im Lauf der Zeit – besonders zwischen 1880 und 1910 – nicht nur erheblich ausgeweitet; im gleichen Zeitraum wurde die Jugendfürsorge in einigen Städten, die später eine Vorbildfunktion hatten (wie Hamburg und Mainz), aus der Armenfürsorge ausdifferenziert, d. h. ausgegliedert (Uhlendorff 1998, 2003, 95 ff.). Hier entstanden die ersten eigenständigen Jugendfürsorgebehörden, in denen nach und nach alle wichtigen Jugendfürsorgeaufgaben zentralisiert wurden. Um 1910 gab es schon die ersten Jugendämter, die sich zwar noch nicht als solche bezeichneten (wie die Mainzer Zentrale für öffentliche Jugendfürsorge oder die Hamburgische Behörde für öffentliche Jugendfürsorge), aber fast das gesamte Spektrum der Aufgaben innehatten, die das spätere Reichsjugendwohlfahrtsgesetz vorsah (Uhlendorff 2003, 196 ff.).
Die städtischen Jugendfürsorgebehörden organisierten eigene Außendienste. Die Hauptaufgabe dieser Außendienste war die Überwachung der in öffentliche Pflege gegebenen Kinder. Die Pflegekinderaufsicht führen (nach dem Erlass der Pflegekindergesetze in den einzelnen Staaten) zunächst ehrenamtliche Kräfte durch (sogenannte Aufsichtsdamen). Nach der Jahrhundertwende setzten die Kommunen (wie z. B. in Mainz und Hamburg) verstärkt hauptamtliches Personal (Krankenschwestern) ein (Uhlendorff 2003, 121 ff.). Sie besuchten die Pflegefamilien in regelmäßigen Abständen (in der Regel einmal pro Monat), erstatten über jeden Fall Bericht und übergaben das Pflegegeld. Sie waren auch im Zusammenwirken mit weiteren Fachkräften (Amtsarzt) für die Begutachtung von Familien zuständig, die eine Aufnahme von Pflegekindern beantragten. Im Unterschied zu den Armenpflegern waren die Entscheidungsspielräume des Aufsichtspersonals sehr gering. Die Entscheidungen (z. B. darüber, ob ein Kind in einer Pflegefamilie oder im Waisenhaus untergebracht werden soll, oder über die Herausnahme aus der Pflegefamilie, oder die Beendigung des Pflegeverhältnisses) entschieden die Jugendfürsorgebehörden (im Zusammenwirken von städtischen Verwaltungsbeamten, Amtsärzten, Lehrern und delegierten Bürgern).
Auch für den Bereich der Gesundheitsfürsorge konstituierten einige Städte (und Landkreise) um die Jahrhundertwende eigene Verwaltungsabteilungen, die oft schon als Gesundheitsamt bezeichnet wurden. Sie übernahmen Aufgaben der Säuglingspflege, Tuberkulosenfürsorge und Maßnahmen zur Bekämpfung von Geschlechtskrankheiten. Die Leitung

dieser Tätigkeiten oblag Amtsärzten, die Ausführung zum größten Teil beruflichen Pflegerinnen. Im Kontext der im ersten Jahrzehnt des 20. Jahrhunderts entstandenen Säuglingsfürsorgestellen (auch Mütterberatungsstellen) und Tuberkulosefürsorgestellen bildete sich eine Innen- und Außendienststruktur heraus (Sachße/Tennstedt 1988, 30 f.).

Zusammenfassend lässt sich feststellen, dass sich in einer Reihe von Großstädten bis 1918 eigenständige Fürsorgebereiche mit speziellen dafür zuständigen Ämtern (Armenamt, Jugendamt, Gesundheitsamt, Wohnungsamt) und eigenen sozialen Außendiensten entwickelt hatten. Ende des Ersten Weltkrieges gab es die ersten Bestrebungen einer organisatorischen Vereinheitlichung kommunaler Fürsorge und der Zusammenlegung der fürsorgerischen Außendienste im Rahmen des Wohlfahrtsamtes. Ein Beispiel hierfür war die Stadt Frankfurt (Sachße 2003, 201 ff.).

1.2 Zur Herausbildung der Familienfürsorge im Weimarer Wohlfahrtsstaat und ihre Fortentwicklung bis zu den 1960er Jahren

1.2.1 Die Entfaltung der kommunalen Sozialverwaltung im Weimarer Wohlfahrtsstaat

Wie für Gesellschaft, Staat und Wirtschaft insgesamt, so brachten die November-Revolution und die aus ihr hervorgehende Weimarer Republik für die kommunale Sozialverwaltung gravierende Veränderungen.

Die Weimarer Reichsverfassung (WRV) vom 11. August 1919 verankerte den Wohlfahrtsstaat als politische Kompromissformel, und sie zählte eine Fülle konkreter sozialer Rechte auf. Das neue Reich avancierte zur fürsorgepolitischen Zentralinstanz mit rechtlichen, finanziellen und administrativen Mitteln (Mäding 1985, 92–105; Sachße/Tennstedt 1988, 145 f.). Diese neuen Kompetenzen nutzend gestaltete das Reich das Fürsorgerecht um; es schuf das Weimarer Fürsorgerecht. Dessen Kernbestand, das Reichsjugendwohlfahrtsgesetz (RJWG) und die Reichsfürsorgepflichtverordnung (RFV), traten Anfang 1924 in Kraft.

Mit dem 1922 verabschiedeten Reichsjugendwohlfahrtsgesetz (RJWG) schuf der Reichstag ein gänzlich neues Gesetz, dessen Kernaufgaben sich indes schon vorher in der Fürsorgepraxis herausgebildet und als zerstreute rechtliche Einzelregelungen existiert hatten. Neu war das programmatisch formulierte Recht des Kindes auf Erziehung (§ 1) und der Versuch, alle bestehenden besonderen sozialen Regelungen für Minderjährige in einem (reichs-) einheitlichen Gesetz zusammenzufassen und die Gewährleistungsverantwortung einer gesonderten Organisation zu übertragen. Es sah die Einrichtung von Jugendämtern und Landesjugendämtern zur Durchführung der RJWG-Aufgaben vor. Die Kommunen (Städte/Landkreise) fungierten in der Regel als örtliche Träger; die Landesjugendämter und Fürsorgeerziehungsbehörden wurden landesrechtlich unterschiedlich geregelt. Hatten vordem schon viele Großstädte Jugendämter geschaffen, so erfolgte nun ein flächendeckender Ausbau.

Anders als das RJWG wurde die Reichsfürsorgepflichtverordnung (RFV) nicht vom Reichstag verabschiedet, sondern per Notverordnung. Sie vereinte eine Reihe von Personengruppen, für die wenige Jahre zuvor gesonderte Fürsorgegesetze geschaffen worden waren, namentlich die Fürsorge für Kriegsgeschädigte und -hinterbliebene, für Rentenempfänger, für Kleinrentner und ihnen Gleichgestellte (§ 1). Aufgabe der Fürsorge war es demnach, Hilfsbedürftigen den notwendigen Lebensunterhalt zu gewähren (§ 1). Die die RFV ergänzenden Reichsgrundsätze über Voraussetzung, Art und Maß der öffentlichen Fürsorge (RGr) unterschieden vier Gruppen von Hilfsbedürftigen:

1. die „normale" Klientel der bisherigen Armenfürsorge; sie erhielten den nunmehr weiter gefassten notwendigen Lebensunterhalt,
2. Klein-, Sozialrentner und ihnen Gleichstehende, bei deren Leistungsbemessung ihre früheren Lebensverhältnisse berücksichtigt werden sollten (§§ 14–17),
3. Kriegsgeschädigte und -hinterbliebende; sie sollten wenigstens die Rücksichten erfahren, die auch den Kleinrentnern gewährt werden (§§ 18 ff.),
4. „Arbeitsscheue" und Menschen, die sich „offenbar unwirtschaftlich verhalten" (§ 13); bei diesen sollten die Leistungsvoraussetzung aufs Strengste geprüft und nur „das zur Fristung des Lebens Unerlässliche" zugestanden werden.

Damit formulierte der Gesetzgeber bis dato ungewöhnlich detaillierte Vorgaben, die die Entscheidungsspielräume für die kommunale Selbstverwaltung einschränkten. Gleichzeitig wälzte das Reich die Verantwortung für eine große Zahl hilfsbedürftiger Personen – die unter 2 und 3 aufgezählten – und dementsprechende Fürsorgekosten auf die Kommunen ab (Sachße/Tennstedt 1988, 142–152, 173–184; Hammerschmidt/Tennstedt 2010a, 82 f.).

Die RFV schrieb keine besondere Verwaltungsbehörde vor. Gleichwohl setzte sich in den kommunalen Selbstverwaltungen verstärkt nun der seit den 1880er Jahren begonnene Trend zur Schaffung besonderer Ämter fort. Wo vormals Armenämter existierten, firmierten sie fortan unter dem Namen Fürsorgeamt oder Wohlfahrtsamt, wobei die letzte Bezeichnung auch schon im Kaiserreich verwendet worden war. Dabei konnten sich hinter diesen Bezeichnungen sowohl einfache Ausführungsbehörden für die Pflichtaufgaben gemäß RFV/RGr als auch große und differenzierte Verwaltungsapparate verbergen, die für sämtliche soziale Aufgaben der Kommunen verantwortlich zeichneten (Roth 1999, 45–51, 92–109; Hammerschmidt/Tennstedt 2010a, 83).

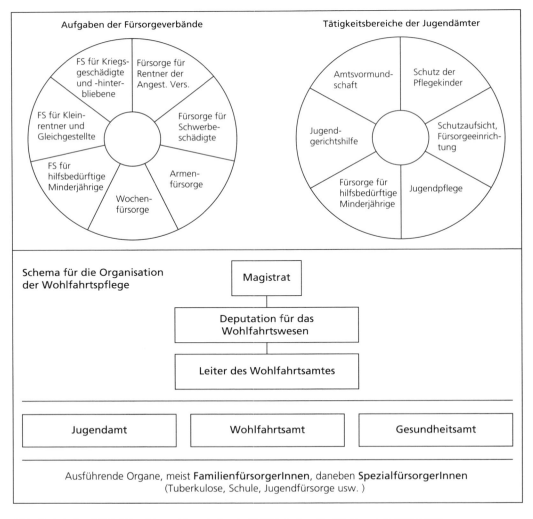

Abb. 3: Aufgaben, Tätigkeitsbereiche und Organisation der Wohlfahrtspflege (Sachße/Tennstedt 1988, 148 f.)

Die Gesundheitsfürsorge erhielt während der Weimarer Zeit keine analoge Verrechtlichung. Gleichwohl war und blieb die Gesundheitsfürsorge ein großer und wichtiger Arbeitsbereich der Kommunen, für den auch immer mehr Großstädte eigenständige Gesundheitsämter einrichteten (Labisch/Tennstedt 1985, 361). Ähnliches ist über die Wohnungs- und die Erwerbslosenfürsorge zu berichten, auch wenn die Kommunen hier seltener eigenständige Ämter neben den drei „klassischen" etablierten, sondern diese Arbeitsbereiche häufiger als Abteilungen innerhalb der Wohlfahrts- bzw. Fürsorgeämter verankerten (→ Abb. 3; Sachße/Tennstedt 1988, 94–99, 138–142; Zielinski 1997, 92–94).
Im Hinblick auf die Organisation der sozialen Ämter lassen sich vier Typen unterscheiden (Roth 1999, 91):

1. Wohlfahrtsamt (alle Aufgaben in einem Amt),
2. Wohlfahrtsamt (inkl. Jugendamt) und separates Gesundheitsamt,
3. Wohlfahrtsamt und separates Jugendamt,
4. Selbständiges Wohlfahrts-, Jugend- und Gesundheitsamt.

Für die hier im Zentrum stehende Frage nach der Organisation sozialer Dienste ist generell festzuhalten, dass neben dem nahezu flächendeckenden Ausbau der drei klassischen sozialen Ämter der Kommunen – Wohlfahrts-/Fürsorgeamt, Jugendamt, Gesundheitsamt – und teilweise Wohnungsfürsorge- und Erwerbslosenfürsorgeämtern auch eine umfassende, ausdifferenzierte Infrastruktur an sozialen Einrichtungen und Diensten, also in heutiger Terminologie *besondere soziale Dienste* entstanden. Dieser Ausbau folgte verfassungs- und fürsorgerechtlichen Aufgabenzuweisungen und Vorgaben. Er wurde aber auch durch das fürsorgerechtlich verankerte Subsidiaritätsprinzip (grundlegend zum Subsidiaritätsprinzip: Sachße 2003; knapp und zur rechtlichen Weiterwicklung im Jahre 1961: Hammerschmidt 2005b) und die auf dieser Grundlage ausgetragene Konkurrenz zwischen kommunalen und freigemeinnützigen Trägern (und auch zwischen den freigemeinnützigen, jeweils weltanschaulich ausgerichteten Trägern und Verbänden) forciert (Hammerschmidt 2003, 76–92; Aner/Hammerschmidt 2010, 88–91; Hammerschmidt 2011). Für die Kommunen als örtliche Kosten- und Gewährleistungsträger stellte sich damit die Frage nach einer rationalen und effizienten Organisation der gewachsenen Fülle von (sozialen) Aufgaben. Eine Antwort auf diese Frage war die Schaffung einer Familienfürsorge (FaFü) als Organisationsform, die nachstehend vorzustellen ist.

1.2.2 Die Familienfürsorge als neues Organisationsmodell

In den Fachdiskussionen über die Familienfürsorge (FaFü) wurden seit den 1920er Jahren unter dieser Bezeichnung insbesondere zweierlei Dinge benannt, die sich als zwei Perspektiven auf ein und denselben Gegenstand verstehen lassen: Familienfürsorge als Methode und Prinzip der Fürsorge (a) und als Verwaltungsorganisation (b). Die Fachdiskussionen zu den dann vielfach einsetzenden praktischen Reformanstrengungen der Kommunen konzentrierten sich zunehmend auf den Aspekt der Verwaltungsorganisation.

Für die Familienfürsorge als Methode und Prinzip plädierten vor allem aus der bürgerlichen Frauenbewegung stammende Fachleute. Die wohl prominenteste Vertreterin dieser Orientierung, Marie Baum, führte in einer Studie aus dem Jahr 1927 dazu aus:

„Bei der Durchführung der Fürsorge wird nicht eine Einzelnot, nicht Schicksal oder Schuld des Individuums, sondern grundsätzlich die Gesamtlage der Familie zum Ausgangspunkt der Prüfung und Erstellung des Heilplans gemacht" (Baum 1927a, 34).

Und weiter:

„Die verschiedenen spezialistisch (*sic*) bearbeiteten Zweige der Wirtschafts-, Gesundheits- und Erziehungsfürsorge sollen zur Vermeidung von Überschneidungen und Doppelbetreuungen, vor allem aber im Interesse der in Fürsorge stehenden Familien selbst so zusammengefasst werden, dass diese sich nur an eine Stelle zu wenden braucht und die nach einheitlichem Plan vorbereitete Hilfe von einer Seite an sie herangetragen wird" (Baum 1927a, 46).

Zur Untermauerung ihrer Forderung zitiert Marie Baum z. B. die Düsseldorfer Verwaltungsstatistiken, aus denen sich ergab, dass etwas weniger als ein Viertel der Fürsorgeklienten nur von einem, der Großteil der Fürsorgeklienten aber von zwei und drei kommunalen Ämtern gleichzeitig betreut wurde (Baum 1927a, 47). Baum verband dann das fachliche mit einem fiskalischen Argument:

„Dass heute […] noch Städte im gleichen Stadtgebiet vier Sorten von Fürsorgerinnen arbeiten lassen, ist nicht nur im Hinblick auf die Rücksichtnahme den Betreuten gegenüber, sondern auch vom ökonomischen Gesichtspunkt aus unverständlich" (Baum 1927a, 46).

An diese Feststellungen anknüpfend forderte sie eine Verwaltungsorganisation, bei der die FaFü (als Methode und Prinzip) als *Einheitsfürsorge* bzw. als *Bezirksfürsorge* (FaFü als Verwaltungsorganisation) so zu implementieren sei, dass sie als gemeinsamer Außendienst der kommunalen, sozialen Ämter und als (erste) Anlaufstelle für alle Fürsorgeklienten dienen konnte. Eine Idealvorstellung davon, wie die FaFü sein sollte, legte sie später in einem Handbuchartikel in Form einer Definition dar:

„Bezirksfamilienfürsorge ist die in einem bestimmten geographischen Bereich in der Form der einheitlichen und nach den Methoden der Familienfürsorge durchgeführten Wohlfahrtspflege, die je nach Lage des Einzelfalls zu Maßnahmen der Wirtschafts-, Gesundheits- oder Erziehungsfürsorge greifen, offene, halboffene oder geschlossene Fürsorge vermitteln, vorbeugenden, heilenden oder rettenden Charakter annehmen kann, und die in all ihren Schritten bewusst auf die Stärkung der in der Familie liegenden Pflege- und Erziehungskräfte abzielt" (Baum 1929, 225).

Unstrittig waren diese Vorstellungen auch in fürsorgerischen Fachkreisen nicht. So kritisierte Christian Jasper Klumker die übersehene Gefahr, dass die Jugendhilfe mit ihrer eben erst nach langem Ringen erreichten reichsgesetzlichen Verankerung und Vereinheitlichung einschließlich des obligaten Jugendamtes nunmehr zugunsten einer allgemeinen Familienfürsorge zurückgedrängt werde (Hellinger 1929, 119 ff.; Wex 1929, 72 f.; Kühn 1994, 34). Und generell, dass eine allgemeine, nicht spezifische Familienfürsorge die qualitativ anspruchsvollen und auch innerhalb der drei großen Fürsorgebereiche zum Teil stark spezialisierten Sonderfürsorgen verdrängen und damit zu einem Qualitätsverlust der fürsorgerischen Hilfe führen würde (Simons 1927, 135 f.; Kühn 1994, 34).

Ein Grundproblem Sozialer Arbeit, die Frage nach Generalisierung versus Spezialisierung der Tätigkeit (und Ausbildung), trat hier deutlich zu Tage. Die erste staatlich anerkannte Ausbildungsordnung für die Soziale Arbeit war die preußische Prüfungsordnung für soziale Frauenschulen vom 22. Oktober 1920, die eine Reihe anderer Länder dann in den folgenden Jahren übernahmen. Hier war im zweiten der beiden Ausbildungsjahre zwischen einem der drei folgenden Schwerpunkte zu wählen: Gesundheits-, Erziehungs- sowie Allgemeine und Wirtschaftsfürsorge. Die preußische Ausbildungsordnung diente 1931 auch als Grundlage für eine reichsrechtliche Regelung (grundlegend zur Ausbildungsgeschichte der Sozialen Arbeit: Sachße 1986, 252–255; Tennstedt 2004; umfassend: Amthor 2003; Kruse 2004; knapper: Kruse 2010; knapp: Hammerschmidt 2010a, 35 f.; immer noch lesenswert: Koblank 1961). Einig waren sich dagegen Baum und Klumker bei einer anderen Grundfrage der Sozialen Arbeit, nämlich beim Verhältnis von Innen- und Außendienst. Diese Trennung, bei der die sozialpädagogisch qualifizierten Fachkräfte (meist Frauen) die Betreuung leisteten, Entscheidungen aber vom pädagogisch ungeschulten Verwaltungspersonal des Innendienstes (meist Männern) getroffen wurden, kritisierten beide entschieden. Baum benennt drei zweckmäßig Lösungswege für dieses Problem:

- die Bindung des Sachbearbeiters des Innendienstes an Anträge (Entscheidungen) des Außendienstes,
- die Übertragung der Sachbearbeitung an den Außendienst,
- die Besetzung des Innendienstes mit fachlich geschulten „gleichgerichteten Kräften" (Baum 1927a, 119).

Die FaFü als Organisationsform sozialer Hilfen setzte sich ab Mitte der 1920er Jahre auf breiter Front im Deutschen Reich durch und das besonders in den Landkreisen. Nach Angaben von Kracht (1926, 763) hatten 216 von 279 preußischen Landkreisen eine FaFü aufgebaut, in den übrigen deutschen Ländern verhielte es sich ähnlich. Von Großstädten (über 100.000 Einwohner) hatten dagegen nur etwas mehr als die Hälfte eine einheitliche Außenfürsorge eingerichtet (Deutscher Städtetag 1926). Denn die von Baum beschriebenen Sachverhalte, wie insbesondere die unrationelle Mehrfachbetreuung und die mit dem Ausbau des Weimarer Wohlfahrtsstaates auftauchenden neuen Schnittstellenprobleme, erschienen den Verantwortlichen der Kommunen evident (Roth 1999, 71 ff.). Die inhaltlich-fachliche Ausgestaltung der FaFü war indes höchst uneinheitlich. Auch die organisatorische Gestaltung, Einbettung, Zuordnungen und Kompetenzausstattung wiesen eine große Bandbreite an Modellen und Varianten auf. Noch unübersichtlicher gestaltete sich das Bild durch die innerhalb kurzer Zeiträume durchgeführten Neuorganisationen der Sozialverwaltungen, insbesondere in den Städten. Generell lässt sich dennoch festhalten, dass sich die FaFü als allgemeine Fürsorge vergleichsweise reibungslos in den Landkreisen realisieren ließ, weil und insofern hier meist ausgebaute Spezialfürsorgen fehlten (Baum 1927a, 69; Vogel 1966, 129 f.; Sachße/Tennstedt 1988, 200). Ein Modell der städtischen Fürsorgeorganisation bestand darin, einen gemeinsamen Außendienst für alle klassischen Ämter einzurichten (→ Abb. 4).

Dieses Modell existierte in mehreren Varianten: Die FaFü konnte gemeinsam von allen drei Ämtern getragen werden oder aber von einem der drei, wobei dann die jeweils anderen Ämter ihre Aufgaben an die FaFü delegierten. In beiden Varianten – im ersten mehr, im zweiten weniger, vor allem, wenn die Ämter demselben Dezernat unterstanden – blieb aber das Grundproblem bestehen: dass es nicht „leicht […] ist, mehreren Herren zu dienen" (Baum 1927a, 57), zumal eine Reihe von Kompetenz- und Abgrenzungsproblemen zwischen den Ämtern bestand. Die Ausdifferenzierung der Jugendämter und Gesundheitsämter aus den Armenämtern folgten unterschiedlichen Logiken: Zeichneten die Armen- später Fürsorgeämter für die Bearbeitung von wie auch immer definierten Armutslagen zuständig, so war die Tätigkeit der Gesundheitsämter auf einen spezifischen Problembereich, Gesundheit und Krankheit, und die der Jugendämter auf eine bestimmt Altersgruppe, junge Menschen, ausgerichtet. Überschneidungen bei den Adressaten der drei Ämter waren damit grundsätzlich möglich und praktisch häufig gegeben. Zwar nicht die Lösung des Problems der FaFü, mehreren Herren zu dienen, aber ein aus professionspolitischer Perspektive besseres Modell bestand

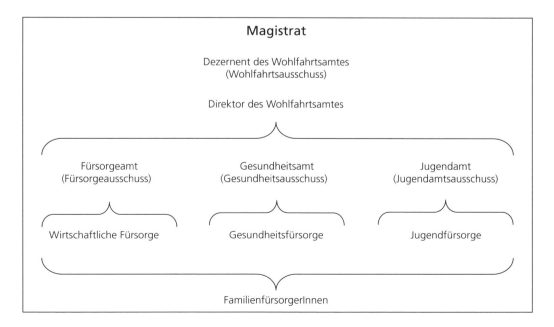

Abb. 4: Organisation der kommunalen Fürsorge (Wex 1929, 82)

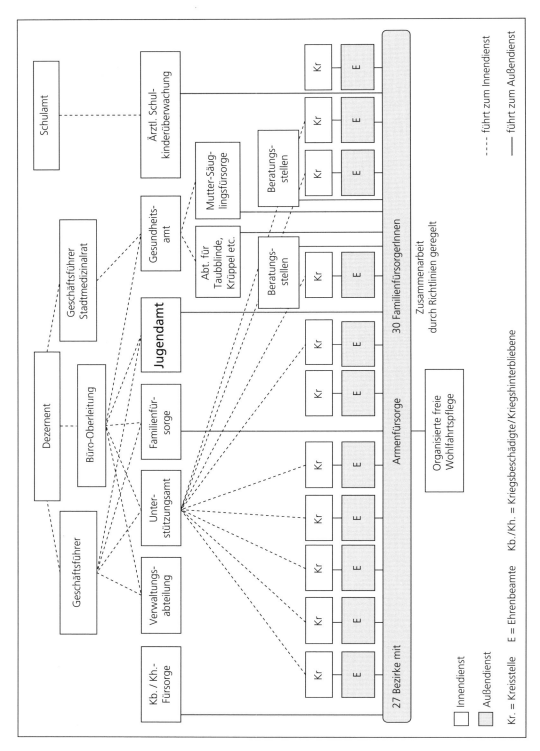

Abb. 5: Die Organisation des Wohlfahrts-und Gesundheitsamtes in Düsseldorf 1926 (Baum 1927a, 58)

1 Zur Entstehungsgeschichte des ASD – von den Anfängen bis in die 1970er Jahre

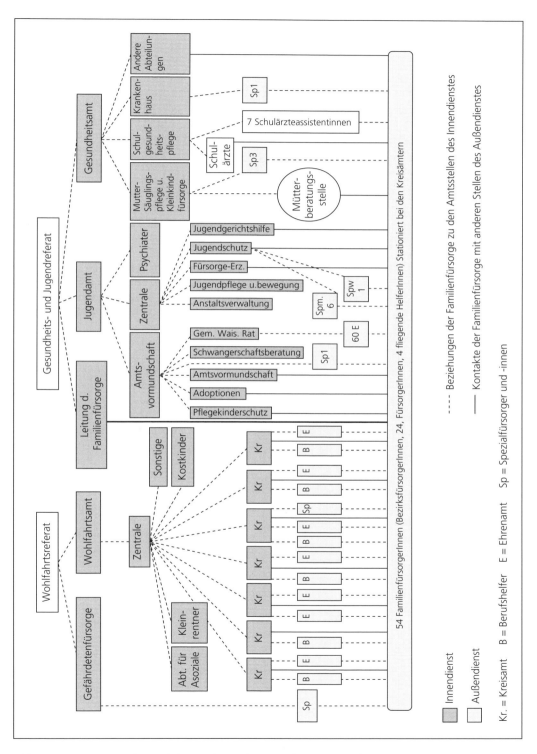

Abb. 6: Organisation in Nürnberg nach dem Stand vom Februar 1927 (Baum 1927a, 59)

in der Anhebung der FaFü „auf Augenhöhe." Das war etwa in Düsseldorf ab 1926 (→ Abb. 5) etwas später auch in Nürnberg und, wenn mit anderer Bezeichnung, in Frankfurt der Fall. Hier war die Familienfürsorge als Amt mit Zuständigkeit für die Außenfürsorge neben den anderen sozialen Ämtern unter einem gemeinsamen Dezernat angesiedelt. (Das Fürsorgeamt wird in Abbildung 5 übrigens nicht ausgewiesen, es wurde aufgeteilt. Für die klassische Fürsorgeklientel zeichnete das Unterstützungsamt zuständig, während unter der Bezeichnung Kb-Kh-Fürsorge die neuen Klienten der gehobenen Fürsorge betreut wurden. Jugend- und Gesundheitsamt sind unter ihren herkömmlichen Bezeichnungen ausgewiesen.) Eine weitere Variante bestand in einer FaFü-Leitung auf Abteilungsebene meist innerhalb des Wohlfahrtsamtes, so etwa in Hamburg (Baum 1927a, 57–108; Ollendorff 1927, 146). Baum begrüßte dies auch als „fachliche Durchdringung des Innendienstes" (Baum 1927a, 65).

Als Zwischenresümee lässt sich festhalten: Die unmittelbare Betreuung unterstützungsbedürftiger Armer oblag seit Beginn des 19. Jahrhunderts kommunal organisierten ehrenamtlichen Kräften, die dann mit dem Elberfelder System für kleinräumig zugeschnittene Quartiere zuständig waren. Mit dem Straßburger System etablierten die Kommunen nach der Jahrhundertwende einen hauptamtlichen Innendienst für die administrativen und entscheidungsbezogenen Aufgaben. Die damit bestehenden Strukturen bestanden in der Weimarer Republik fort, auch wenn die sozioökonomischen und soziokulturellen Voraussetzungen für dieses Ehrenamt zunehmend erodierten (Aner/Hammerschmidt 2010, 85 f.). Mit der FaFü traten ab den 1920er Jahren fürsorgerisch ausgebildete hauptamtliche Kräfte neben die Ehrenamtlichen, um sie dann im Verlauf mehrerer Jahrzehnte weitgehend zu ersetzen. Letztlich erbte damit die berufliche Fürsorge die Nicht-Entscheidungsbefugnis des Straßburger Armenpflegers, der Dualismus von Haupt- und Ehrenamt transformierte sich zum Dualismus von Innen- und Außendienst (Sachße/Tennstedt 1988, 201). Was die Familienfürsorgerinnen von den Ehrenamtlichen in dieser Zeit noch unterschied, war ihre stärkere Einbindung in die Verwaltungsstrukturen. In Großstädten geschah die Einbindung der FaFü meist in die regelmäßig ausgebauten regionalisierten Strukturen unterhalb der zentralen Ämter (am Beispiel von Nürnberg → Abb. 6). Kreisstellen oder Bezirksämter waren häufige Bezeichnungen dafür. Diese Kreisstellen umfassten, je nach Anzahl der Kreisstellen selbst und der Größe der Stadt, regelmäßig mehrere Bezirke (oder Quartiere/Reviere), wobei für jeden Bezirk eine, manchmal auch zwei Familienfürsorgerinnen (Bezirksfamilienfürsorgerinnen oder kurz: Bezirksfürsorgerinnen) sowie 30 bis 40 (wie in Düsseldorf) ehrenamtliche Armenpfleger tätig waren. Dabei setzte sich die Tendenz durch, die ehrenamtlichen Mitarbeiter auf Hilfs- und Zuarbeiten für die Familienfürsorgerinnen zu beschränken (Sachße/Tennstedt 1988, 190).

Unberührt von der Hierarchiestufe, die die FaFü in der kommunalen Sozialverwaltung einnehmen konnte, oder anders formuliert, ob die FaFü mit einem eigenen Verwaltungsüberbau verankert wurde, blieben zwei andere zentrale Relationen für die FaFü: ihr Verhältnis zu den Spezialfürsorgen (zu den Varianten vgl. Simons 1927, 137 ff.; Ollendorff 1927, 143–146). und zu den ehrenamtlichen Kräften. Maria Baum (1927a, 48) nutzte hier den Vergleich mit Haus- und Spezialärzten und wünschte, der FaFü „die Entscheidung dafür [zu] überlassen, ob und inwieweit sie gebotene spezialistische Hilfe des Amtes selbst oder die Mitarbeit außeramtlicher Hilfskräfte in Anspruch nehmen will" (Baum 1929, 226). Aus zeitgenössischen Darstellungen und Organigrammen ergibt sich zwar, dass neben der flächendeckend als Außenfürsorge eingeführten FaFü im großen und steigenden Umfang spezialisierte Sonderfürsorgen bestanden. Wie aber die Zuweisung der Klienten erfolgte, bleibt indes vielfach unklar. Allerdings existieren starke Hinweise, dass auch diesbezüglich dieselbe Praxis herrschte wie bei der Gewährung materieller Hilfen: Den Fürsorgerinnen, das ergab eine Umfrage des Deutschen Städtetages von 1924, wurde in der Regel nur ein Vorschlagsrecht eingeräumt, die gültigen Entscheidungen trafen die Verwaltungskräfte des Innendienstes (Sachße/Tennstedt 1988, 200; Kühn 1994, 33). Die Steuerungsmöglichkeiten der FaFü waren damit selbst innerhalb der kommunalen Sozialverwaltung bestenfalls höchst beschränkt, ganz zu schweigen vom Außenverhältnis, wo das kodifizierte Subsidiaritätsprinzip (Sachße 2003, 15–37; Hammerschmidt 2005b) den freigemeinnützigen Einrichtungen und Diensten Eigenständigkeit verbürgte, wozu dann auch ein direkter Zugang zu den Klienten gehörte.

1.2.3 Strukturprobleme der sozialen Außendienste – Versuche einer Professionalisierung

Die sozialen Außendienste (der Familienfürsorge bzw. der Jugendämter) befanden sich in vielen Städten in der Mitte der 1920er Jahre in einer strukturellen bzw. personellen Krise. Sie lässt sich mit zwei Stichworten bezeichnen: psychischer Zusammenbruch der Mitarbeiterinnen und Legitimationskrise.

In den Großstädten wie Hamburg (aber auch Nürnberg) brach zwischen 1924 und 1926 der Mitarbeiterinnenstab der Außendienste buchstäblich zusammen. Dies wird beispielsweise in dem Tagebuch der Fürsorgerin Hedwig Stieve, die beim Außendienst des Nürnberger Wohlfahrtsamtes arbeitete, sehr anschaulich beschrieben (Stieve 1983). Die Arbeitsbedingungen in Hamburg waren ähnlich schwierig. Aufschluss gibt eine ausführliche Schrift von Wilhelm Hertz über den Außendienst des Hamburger Jugendamtes aus dem Jahr 1926. Jugendamtsleiter Hertz beschreibt hier sehr detailliert die Befindlichkeiten der im Außendienst beschäftigten Frauen: Sie fühlten sich seelisch überfordert und litten unter einem andauernden schlechten Gewissen:

„ ... die Gewissenhaftigkeit des Personals und der ständige Anblick der Not und des Kinderelends, der kein Liegenlassen oder Verschieben der Arbeit duldet, hat zu einer erschreckenden Überstreckung der Arbeitszeit geführt" (zitiert nach Uhlendorff 2003, 399).

Die einzelnen Mitarbeiterinnen leisteten bis zu 13 Stunden täglich ihre Arbeit und nötigten sich aus ihrer Verantwortung heraus einen Arbeitseinsatz ab, der oft bis an die Grenzen der physischen und psychischen Belastbarkeit gehe. Das war sicherlich nicht übertrieben. Liest man das Tagebuch von Hedwig Stieve (1983), so wird das Berufsproblem der Sozialarbeiterinnen deutlich. Die Schwierigkeiten der Außendienstmitarbeiterinnen umfassten von ihrem ganzen Spektrum her zwei Phänomene, die uns heute als Helfersyndrom und – häufig als Folge davon – Burn-out-Syndrom bekannt sind.

Die Krise der sozialen Außendienste in der Weimarer Zeit gründete aber nicht nur in der Arbeitsüberlastung der Fürsorgerinnen und in den angesichts von Massennotlagen (zu) geringen kommunalen Fürsorgemitteln, sie hatte auch eine berufspezifische Dimension. Die (sehr hoch gesteckten) Ansprüche und (zum Teil eher diffusen) Vorstellungen der Fürsorgerinnen an bzw. von ihrem Beruf, die auch von den sozialen Frauenschulen genährt wurden, standen in einem schmerzlichen Kontrast zum beruflichen Alltag (Uhlendorff 2003, 400; Hammerschmidt 2010a, 38 f.). Daraus resultieren für die Fürsorgerinnen, wie auch zeitgenössische Erfahrungsberichte anschaulich zeigen, Sinnkrisen.

Allerdings gab es Versuche einer pragmatischen Wende und der Neuorientierung der Sozialen Arbeit in den Außendiensten nach 1925. Seitdem bemühten sich einflussreiche Verwaltungsbeamte und Fachkräfte, die Soziale Arbeit zu professionalisieren.

Professionalisierung des Außendienstes am Beispiel des Jugendamtes Hamburg

In Hamburg gab es Versuche einer Professionalisierung Sozialer Arbeit, die von der Verwaltungsspitze (Direktor Hertz und von der Regierungsrätin im Jugendamt Bertha Paulsen) und von den Fürsorgerinnen an der Basis in dieser Richtung unternommen wurden (Uhlendorff 2003, 398 ff.).

Man versuchte, die Arbeit im Außendienst stärker als *methodische Fallarbeit* anzulegen. Einen Orientierungsrahmen dazu bildete die 1926 von Alice Salomon veröffentlichte Schrift „Soziale Diagnose". Das Buch kann als Versuch gesehen werden, einer neuen Berufsgruppe, den Fürsorgerinnen und Sozialbeamten in den Jugend- und Wohlfahrtsämtern, eine Methode an die Hand zu geben, mit deren Hilfe sie die soziale und wirtschaftliche Situation einer notleidenden Familie erkennen und einen sogenannten Hilfsplan entwickeln konnten. Die Rezeption des Buches zog auch an Hamburg nicht vorbei. Hertz resümierte in einem Aufsatz in der Jugendamtszeitschrift „Jugend- und Volkswohl", dass die Arbeit der Fürsorgerinnen ein Wissen erfordere,

„… nämlich Kenntnis der sozialen Zusammenhänge und der einzelnen Verhältnisse, der Psychologie und die Fähigkeit der allgemeinen Menschenkenntnis; mit diesen Hilfsmitteln muss das Jugendamt eine sozialpädagogische Diagnose des einzelnen Falles aufstellen und einen Erziehungsplan entwerfen" (Hertz zitiert nach Uhlendorff 2003, 405).

Hiermit nahm Wilhelm Hertz einen Diagnosetyp vorweg, der sich in den 1970er Jahren als psychosoziale Diagnose im ASD einbürgerte.
Aus zwei Gründen gelang die Umsetzung des methodischen Konzepts in der Praxis nur zögerlich. Es fehlte eine Leitdisziplin, die den Ansatz fachlich fundierte – Alice Salomon klagte selbst darüber, dass die Psychologie bisher nur wenig Eingang in der Fürsorge gefunden hätte (Salomon 1926, 61). Zum anderen wurden die Bemühungen von den männlichen Mitarbeitern des Innendienstes blockiert. Die Frauen waren aufgrund ihrer Ausbildung den männlichen Kollegen und Vorgesetzten fachlich überlegen. Hertz schrieb dazu Folgendes:

„Die Maßnahmen der ‚offenen Fürsorge', abhängig von den Berichten der Außendienstorgane und der verständnisvollen Vorarbeit im Büro, erfordern eine Umstellung des ‚Verwaltungsbeamten' in den ‚Sozialbeamten'. Der weibliche Außendienst, dessen Träger, soweit sie in den letzten Jahren eingestellt wurden, die Ausbildung der Sozialen Frauenschule genossen haben, vermag einen Hinweis auf das Wesentliche dieses Vorgangs zu geben. Die Aufgabe der Berichte ist es, nicht nur einfache Angaben über äußere Lebensverhältnisse zu machen, sondern eine ‚soziale Diagnose' der Familie und des Minderjährigen zu stellen, einen fürsorgerischen Plan für die Heilung der Schäden und die Abwendung der Gefahren kurz zu zeichnen. Das ‚seelische Porträt' des Minderjährigen und seiner Eltern zu erfassen, ist in der Tat eine Aufgabe, die nur bei starker Vertiefung in soziologisch-psychologische Einzelheiten gelingen kann. Die Bearbeitung des Stoffes im Büro erfordert die gleiche Fähigkeit vertiefter Auffassung und Beurteilung" (Hertz zitiert nach Uhlendorff 2003, 409).

Dass es infolge dieser Konfrontation zu Blockierungen kam, ist sehr wahrscheinlich.
Ein *zweiter Reformansatz* war die Dezentralisierung der Jugendhilfe. Mit dem Ausbau der offenen Jugendfürsorge war eine partielle Dezentralisierung des Jugendamts verbunden. Sie wurde zum ersten Mal Anfang 1926 von der Hamburger Jugendbehörde erwogen und im gleichen Jahr auch probeweise umgesetzt (Uhlendorff 2003, 408). In anderen Städten wie Frankfurt a. M. und Berlin war diese Organisationsform schon eine Selbstverständlichkeit: Die Stadt Frankfurt hatte im Jahr 1923 sogenannte Kreisstellen als Außenstellen des Wohlfahrtsamts gebildet; in der Reichshauptstadt existierten bereits Bezirksjugendämter (Sachße 2003, 205 ff.). Angeregt durch die beiden Vorbilder errichtete das Jugendamt Hamburg im Jahr 1926 zunächst versuchsweise in zwei Stadtteilen (Rothenburgsort und Winterhude) Geschäftsstellen. Die Aufgaben der Jugendwohlfahrtsstellen waren vielseitig: Organisation der ehrenamtlichen Arbeit (insbesondere Anwerben und Betreuen der Vormünder), Verteilung und Führung der Schutzaufsichten, Bearbeitung von Anträgen auf Fürsorgeerziehung, Aufsicht über die im Bezirk untergebrachten Kleinkinder. Zu den Aufgaben der Fürsorgerinnen zählte auch die soziale Diagnose (Uhlendorff 2003, 408). Die Bezirksstellen waren gleichzeitig auch Jugendberatungsstellen. 1930 verfügte das Jugendamt bereits in drei Stadtteilen über Bezirksstellen, neben den beiden genannten Bezirken auch in St. Pauli. Die Bezirksstellen nahmen auch Aufgaben des Innendienstes wahr.
Befriedigend war die Arbeit auch insofern, als es gelang, eine enge Zusammenarbeit mit Schulen, Krippen, Tagesheimen und Horten aufzubauen und mit privaten Organisationen vor Ort zu kooperieren. Dass der Prozess nicht einfach war, geht aus den Berichten hervor. Besonders die in den Geschäftsstellen arbeitenden Beamten mussten einen Lernprozess nachholen, den die Fürsorgerinnen längst vollzogen hatten. Hier kam es zu Konflikten zwischen dem männlichen und dem weiblichen Personal. Die Jugendamtsleitung versuchte, den Konflikt durch eine Schulung des männlichen Personals zu entschärfen: Da die Einrichtung einer Fortbildungsanstalt, einer „sozialen Männerschule" noch nicht verwirklicht war, wurde mit Genehmigung des Senats ein viermonatiger Nachschulungskurs für Beamte und Angestellte der Jugendbehörde eingerichtet (Staatsarchiv Hamburg, Jahresbericht der Verwaltungsbehörden der Freien und Hansestadt Hamburg 1927, 418).
Das, was ab 1925 von Wilhelm Hertz und Bertha Paulsen aber auch von engagierten mittleren Verwaltungsbeamten und den Fürsorgerinnen

vorangetrieben wurde, war der Versuch einer Professionalisierung der Sozialen Arbeit – Professionalisierung im Sinne einer Untermauerung der Arbeit mit wissenschaftlichen Theorien sowie einer Fundierung der sozialpädagogischen Arbeit in Methoden der Gruppen- bzw. Einzelfallarbeit. Allerdings wurde dieser einsetzende Prozess nicht nur aufgrund der strukturellen Probleme, sondern auch durch die Wirtschaftskrise und den Nationalsozialismus nicht weiter fortgesetzt.

1.2.4 Die Familienfürsorge während der NS-Zeit

Am Folgenreichsten für die inhaltliche Tätigkeit und die Organisation der FaFü während der NS-Zeit waren das am 3. Juli 1934 verabschiedete „Gesetzes über die Vereinheitlichung des Gesundheitswesens" (GVG) und die drei darauf bezogenen Durchführungsverordnungen (Labisch/Tennstedt 1985; Sachße/Tennstedt 1992, 166–177). Die NS-Regierung intendierte mit dieser Rechtssetzung die Überwindung des Dualismus zwischen staatlicher Medizinalaufsicht und kommunaler Gesundheitsfürsorge durch Verstaatlichung und durch einen flächendeckenden Ausbau des öffentlichen Gesundheitsdienstes als Erfassungs- und Selektionsapparat für die rassenpolitisch und rassenhygienisch ausgerichtete Gesellschafts-, Sozial- und Wohlfahrtspolitik. Das gelang zwar nur eingeschränkt, gleichwohl führte das GVG zur Aufwertung vormaliger Gesundheitsabteilungen in den kommunalen Sozialverwaltungen zu eigenständigen Ämtern und zur Einrichtung vieler neuer Gesundheitsämter (vgl. Labisch/Tennstedt 1985, 311–312, 317, 371). Zudem ist für die NS-Zeit ein erheblicher Ausbau sozialer Einrichtungen und Dienste zu verzeichnen. Wichtigster Träger war dabei die neugeschaffene „Nationalsozialistische Volkswohlfahrt. e. V." (NSV), der Wohlfahrtsverband der NSDAP (vgl. Hansen 1991; Sachße/Tennstedt 1992; Hammerschmidt 1999). Inhaltlich verstärkte sich während der NS-Zeit die vordem schon gegebene starke gesundheitsfürsorgerische Ausrichtung der Tätigkeit der FaFü wie der Wohlfahrtspflege weiter, dies allerdings nunmehr unter rassenhygienischen Vorzeichen, bei denen es galt, die „Erbgesunden" (stärker) zu fördern (positive Eugenik) – hier reklamierten die NSV und HJ (Allein-)Zuständigkeit – und die „Erbkranken" oder „Minderwertigen" zurückzudrängen (negative Eugenik; vgl. Hammerschmidt 1999, 33–53, 125–131, 230–240; Sachße/Tennstedt 1992, 166–177). Siedelten nach 1933 auch mehr Kommunen die FaFü beim Gesundheitsamt an, so blieb ihre organisatorische Einbindung weiterhin uneinheitlich. Mit den neuen staatlichen Gesundheitsämtern traten sogar noch zwei neue Varianten hinzu. Zum einen war es möglich, dass zwei Fürsorgerinnen – eine Gesundheitsfürsorgerin des staatlichen Gesundheitsamtes und eine Fürsorgerin (Volkspflegerin) der kommunalen Ämter – gemeinsam die FaFü-Tätigkeit für einen Bezirk erledigten. In diesem Fall unterstanden sie bezüglich der gesundheitsfürsorgerischen Aufgaben dem Amtsarzt und bezüglich der übrigen Aufgaben dem Leiter des Wohlfahrts- und Jugendamtes. Die zweite Variante bestand darin, dass das staatliche Gesundheitsamt den Kommunen ihre Gesundheitsfürsorgerinnen für den Außendienst (FaFü) zur Verfügung stellten (gemäß § 15 der 1. DVO vom 6. Febr. 1935 zum GVG vom 3. Juli 1934, RGBl. I; 179; Kühn 1994, 52 f.).

1.2.5 Die Familienfürsorge in der Nachkriegszeit

Bei allen Umbrüchen der staatlichen Ordnung überdauerten die Grundstrukturen der kommunalen Sozialverwaltungen und selbst des Fürsorgerechts die Epochengrenzen bis in die 1960er Jahre und teilweise weit darüber hinaus (Grunow 2001, 845 f.; Roth 1999, 170 f.). Die für die Organisationsform FaFü wichtigen Verschiebungen können deshalb hier nur knapp aufgeführt werden.
Auf Veranlassung der Besatzungsmächte wurden die als NS-Gedankengut betrachteten Elemente des GVG und ihrer Durchführungsverordnungen beseitigt. Ansonsten bestanden die Regelungen fort, wenn auch nicht als Bundes-, so doch als Landesrecht. Neben den drei Stadtstaaten verfügten die Flächenstaaten Hessen, Schleswig-Holstein, Niedersachsen (teilweise) und NRW die Kommunalisierung der Gesundheitsämter. Die häufige Anbindung der FaFü an die Gesundheitsämter blieb dadurch erhalten. Dennoch erlitten die Gesundheitsämter im Verlauf der 1950er Jahren einen Aufgaben- (zugunsten der niedergelassenen Ärzte)

und Funktionsverlust (Kühn 1994, 64 ff., 72; Ortmann 1994, 173 f.).
Die Jugendämter dagegen erlebten durch die RJWG-Novellen von 1953 und vor allem von 1961 eine organisatorische Aufwertung (mehr selbstständige Jugendämter) und einen Schub der Verfachlichung, der besonders ab der zweiten Hälfte der 1960er Jahre eine starke Dynamik annahm. Dennoch blieb das Reformgesetz von 1961 deutlich hinter dem Stand der Fachdiskussion zurück (Kreft / Lukas et al. 1990, 317–321; Kühn 1994, 59 f., 68–71). Weitergehende fachliche Reformüberlegungen gingen während des Gesetzgebungsverfahrens im Subsidiaritätsstreit, der Frage nach der Ausweitung des bedingten Vorrangs der freigemeinnützigen vor den kommunalen Trägern der Jugend- und Sozialhilfe bis hin zur Funktionssperre, unter (Hammerschmidt 2005a, 350–363).
Am innovativsten fiel demgegenüber die Reform des Fürsorgerechts aus. Das vormals getrennte formelle und materielle Recht fasste das Bundessozialhilfegesetz (BSHG) zusammen. Neben die materiellen Leistungen zur Sicherung des Lebensunterhalts, die jetzt unter „Hilfe zum Lebensunterhalt" firmierten, trat nunmehr eine zweite, gehobene Hilfeart, die „Hilfen in besonderen Lebenslagen". Für sie galten andere, im Hinblick auf die Klienten günstigere Leistungsvoraussetzungen und Maßstäbe, die häufig die Form sozialer Dienstleistungen annahmen (Tennstedt 2003, Rz. 76; Hammerschmidt / Tennstedt 2010b). In Verbindung mit der insgesamt vorbeugend und fördernd konzipierten Ausrichtung des BSHG und vor dem Hintergrund des Bedeutungsrückgangs der (klassischen) Fürsorge für die materielle Mindestsicherung infolge des langanhaltenden Wirtschaftsbooms und des Ausbaus der vorgelagerter Sozialversicherungs- und Sozialversorgungsleistungen führte dies zu einer Expansion mehr oder weniger stark spezialisierter sozialer Dienste (Tennstedt 2003; Roth 1999, 175–179).
Die FaFü blieb bis in die 1960er Jahre mit all ihren schon geschilderten Problemen und in ihrer Vielgestaltigkeit mit ihren Grundcharakteristika bestehen. Einzig der rapide Rückgang der Mitwirkung ehrenamtlicher Kräfte, der in den 1950er Jahre zu registrieren war und sich dann fortsetzte, markiert eine nennenswerte Differenz. Eine grundlegende organisatorische Änderung erfolgte erst im Rahmen einer Reformdiskussion, die ab Ende der 1960er Jahre unter der Bezeichnung „Neuorganisation sozialer Dienste" geführt wurde.

1.3 Von der Familienfürsorge zum ASD in den 1970er Jahren

„… die heutige Wirklichkeit der ‚Familienfürsorge' ist … so uneinheitlich, daß der Name schlechterdings nicht Spezifisches mehr aussagt: …", so Martin Rudolf Vogel (1966, 131) in seiner vielbeachteten Abhandlung aus dem Jahr 1966, die als Ausgangspunkt einer langanhaltenden Reformdiskussion betrachtet werden kann: Sie führte etwas später unter dem Etikett „Neuorganisation sozialer Dienste" zunächst zur modellhaften Erprobung neuer Organisationsformen, und dann ab etwa Mitte der 1970er Jahre zur flächendeckenden Einführung des ASD. Vogels auch heute noch lesenswerte Arbeit analysierte und reflektierte, gestützt auf eine breite empirische Basis (Gunzert 1959; Vogel 1960), die Grundfragen und Grundprobleme der kommunalen Sozialverwaltung, um dann schließlich die Aufhebung der Trennung von Innen- und Außendienst und die Implementierung einer Matrixorganisation zu fordern (Ortmann 1994, 181).
Movens für die 1969 / 1970 einsetzende „Modellbewegung" (André 1994, 146) war dabei keineswegs bloß die Uneinheitlichkeit der FaFü bzw. ihres Bildes. Mehrere Sachverhalte erzeugten zeitlich verschachtelt einen Reformdruck auch zur Neuorganisation sozialer Dienste, die hier nur knapp aufzuzählen sind:

- Mit der Novelle des JWG von 1961 erschien die Anbindung der FaFü an eine andere Behörde als an das Jugendamt zunehmend rechtlich bedenklich (Deutscher Städtetag 1969).
- Von der Studentenbewegung und generell der gesellschaftlichen Aufbruchstimmung mitgetragen, forderten die nunmehr akademisch gebildeten und professionalisierten Sozialarbeiter die Anpassung der überkommenen bürokratischen Strukturen und Handlungsabläufe an fachliche Erfordernisse und Standards.
- Die wirtschaftlichen Einbrüche 1966 / 67 und 1973 / 74 reduzierten auch die Kommunalfinanzen und veranlassten Kommunalpolitik und Kommunalverwaltung, über Maßnahmen zu rationellerer

und effizienterer Verwaltungsarbeit nachzudenken (Kühn 1980; Roth 1999, 222–225).
- Schließlich erforderten die Gebietsreformen, mit denen zur gleichen Zeit die Zahl der Gemeinden erheblich vermindert wurde (zwischen 1968 und 1978 von 24.278 auf 8.514, Bogumil / Holtkamp 2006, 34), ohnehin eine Anpassung der kommunalen (Sozial-)Verwaltung.

Das erste – und von der Sache her am weitesten gehende – Modellprojekt in einer langen Reihe erprobte der Trierer Jugend- und Sozialdezernent Paul Kreutzer ab 1969. Bei diesem Trierer Modell (auch: Kreutzer-Modell) nahm je ein Sozialarbeiter in kleinteilig zugeschnittenen Bezirken (6.000 Einwohner) alle Aufgaben der Sozial- und Jugendhilfe wahr, ihm oblag eine umfassende Fallverantwortung und Entscheidungskompetenz. Die Verwaltungsmitarbeiter waren an seine Entscheidungen gebunden. D. h., mit dem Trierer Modell war eine tatsächliche Dezentralisation gegeben. Auch die Entscheidung über wirtschaftliche Hilfen gemäß BSHG gestand Kreutzer (in der ersten Modellphase) den Sozialarbeitern zu (Kreutzer 1969; Kreutzer 1970, 108 f.; Kreutzer 1975; Kreutzer 1981; Kühn 1980, 97; Kühn 1994, 93 f., 109; André 1994, 146; Roth 1999, 231 f.).

Weitere Modellprojekte folgten wenig später in anderen Mittelstädten, ab 1973 auch in Großstädten und Landkreisen. Die Konzeptionen und die (Zwischen-)Ergebnisse der Modellprojekte flossen in eine breite Fachdiskussion ein und wurden dort zu Handlungs- und Neuorganisationsempfehlungen verdichtet.

Das Zentrum der Diskussion bildete der Deutsche Verein für öffentliche und private Fürsorge (DV). Besonders wirkungsmächtig zeigte sich daneben die Kommunale Gemeinschaftsstelle für Verwaltungsvereinfachung (KGSt) mit ihren auf praktische administrative Umsetzbarkeit ausgerichteten Berichten und Empfehlungen. Zum Teil mit diesen Kreisen verbunden, zum Teil aber auch daneben, führten Jugendhilfefachleute ähnliche Diskussionen, die aber weniger die kommunale Sozialadministration als Ganzes, sondern unter fachlicher Perspektive das Jugendamt und die Jugendhilfe in den Blick nahmen. Wie schon Klumker in der 1920er Jahren beklagten sie die unzureichende Fachlichkeit und die Randständigkeit der Jugendhilfe, was dann auch seinen Niederschlag im Dritten Jugendbericht (BMJFG 1972, 39–44, 79 ff.; vgl. Kreft / Lukas et.al 1990) fand. Mit der Akademisierung der sozialen Berufe durch die Errichtung von Fachhochschulen für Sozialarbeit und mit der Einrichtung von Diplomstudiengängen für Erziehungswissenschaften mit dem Schwerpunkt Sozialpädagogik ab Anfang der 1970er Jahre traten jetzt auch Vertreter der Sozialen Arbeit selbst (in Gewerkschaften und beruflichen Fachverbänden organisierte Sozialarbeiter sowie die neuen Hochschullehrer) in den Kreis der Diskutanten. Sie verstärkten die fachlichen Aspekte in der Diskussion und vertraten daneben selbstredend auch berufspolitische und Professionalisierungsinteressen (Müller / Otto 1980a; Müller / Otto 1980b; Kühn 1980). Die teilweise recht weitverzweigten und mit anderen fachlichen und disziplinären Diskursen verbundenen Diskussionen, Kontroversen und Aushandlungen nachzuzeichnen, ist hier nicht der Ort. Hier können nur die wichtigsten (Zwischen-)Ergebnisse aufgeführt werden.

Das wichtigste praktische Ergebnis der Reformdiskussion war die Etablierung eines neuen Organisationsmodells – das ASD-Modell –, das dann in den 1970er Jahren von den meisten Kommunen unter Anpassung an die jeweiligen örtlichen Gegebenheiten mehr oder weniger „rein" umgesetzt wurde. Eine wichtige Blaupause dafür bildete der KGSt-Bericht 6 / 1975 „Organisation des Jugendamtes: Allgemeiner Sozialdienst" vom 15. April 1975, in dem die Erfahrungen einer Fülle von Modellversuchen der Vorjahre eingeflossen waren. Die KGSt empfahl (wie zuvor schon Vogel 1966 und auch der DV – Deutscher Verein 1983) den Kommunen, die Zusammenlegung von Innen- und Außendienst. Mit diesem zentralen Strukturmerkmal unterschied sich der ASD von der überkommenen FaFü so deutlich, dass es gerechtfertigt erscheint, von einem neuen ASD-Modell zu sprechen. Die Sozialarbeit erhielt zugleich die bis dahin vorenthaltene Entscheidungskompetenz (Dezentralisation), die schon Maria Baum und Christian Jasper Klumker in den 1920er Jahren gefordert hatten (→ Tab. 1).

Eine wichtige Voraussetzung dafür schufen die neuen Fachhochschulen, die ihren Studierenden das erforderliche Fachwissen in den Bereichen Recht, Organisation und Verwaltung vermittelten. Darüber hinaus plädierte der KGST-Bericht für eine möglichst umfassende Zuständigkeit des ASD, für seine Angliederung als Abteilung ans Jugendamt bei gleichzeitiger Ansiedlung in den Stadtteilen bzw. Bezirken (Dekonzentration) und schließlich für seine Zuständigkeit für die Feststellung des Tatbestandes der Hilfsbedürftigkeit. Letzteres bedeutete, dem ASD auch eine Regiefunktion gegenüber den Besonderen Sozialen Diensten einzuräumen.

Wie sich aus Tabelle 2 ergibt, wurde in den folgenden Jahren der ASD sehr umfassend eingeführt, umfassender als die FaFü in den Jahrzehnten zuvor.

In nur gut 5 % der Kommunen bestand kein ASD; seine Verankerung im Jugendamt war mit 78 % deutlich höher als die der FaFü zuvor beim Gesundheitsamt. Im Ergebnis führte diese Lösung zu einer Aufwertung der Jugendhilfe und ihrer Verfachlichung, während gleichzeitig gesundheitliche Fragen in den Hintergrund traten.

Der skizzierte Zuschnitt des ASD-Modells korrespondierte mit einer stark generalistisch ausgerichteten Sozialen Arbeit, was alsbald die Anstellungsträger wie auch die Fachkräfte selbst

Tab. 1: Organisationsformen sozialer Hilfen

	Elberfelder System (ab 1853)	Straßburger System (ab 1905)	FaFü Modell (ab den 1920er Jahren)	ASD Modell (ab den 1970er Jahren)
unmittelbare Betreuung der Hilfebedürftigen	ehrenamtlicher Armenpfleger	ehrenamtlicher Armenpfleger	ehrenamtlicher Armenpfleger und hauptamtliche FürsorgerIn	hauptamtliche FürsorgerIn/SozialarbeiterIn
Eignungsvoraussetzung	Lebenserfahrung	Lebenserfahrung	Lebenserfahrung/ Fachausbildung	Fachausbildung/ Studium
Entscheidungsmacht über Betreuung und materielle Leistungen	(Bezirks-) Versammlung der ehren-amtlichen Armenpfleger	Hauptamtliche im Armenamt (Innendienst)	Hauptamtliche im Amt (Innendienst)	beim im ASD „aufgehobenen", integrierter Innen- u. Außendienst (Dezentralisation)
Verwaltung	Ehrenamtlich	Hauptamtlich	Hauptamtlich	Hauptamtlich
Kontrollorgan	ehrenamtliche Armenverwaltung	ehrenamtlicher Armenrat	kommunale Vertretungskörperschaft (Dezernat, Magistrat)	kommunale Vertretungskörperschaft

Tab. 2: Zuordnung der FaFü bzw. des ASD (Kreft/Lukas et al. 1990, 318; BMJFG 1972, 44; Vogel 1966, 76)

	1958/59 in %	1968/69 in %	1988/90 in %
Jugendamt	4,8	10,4	78,0
Jugend- und Gesundheitsamt	3,1		0,0
Jugend- und Sozialamt (Fürsorgeamt)	1,5		1,6
Jugend-, Gesundheits- u. Sozialamt	11,1		0,0
Gesundheitsamt	39,8	43,9	0,7
Sozialamt (Fürsorgeamt)	9,2	9,6	4,6
Sonstiges Amt	0,8		2,3
FaFü/ASD selbständiges Amt	3,3	4,8	7,2
keine FaFü/kein ASD	26,2	31,3	5,2

problematisierten. Um bei Aufrechterhaltung des „generalistisch" angelegten ASD dennoch die als erforderlich betrachtete Spezialisierung erreichen zu können, setzte sich ab Ende der 1970er Jahre Teamarbeit in der Fallbearbeitung durch, in die dann auch – früheren Überlegungen entsprechend – Verwaltungsfachkräfte einbezogen wurden (Ortmann 1994, 182; André 1994, 147 f.; Kühn 1994, 93–116). Die Fachdiskussionen zur Organisation kommunaler Sozialverwaltung und Sozialer Arbeit waren damit dennoch nicht abgeschlossen. Sie gingen weiter, bis sie dann durch ein neues betriebswirtschaftliches KGSt-Konzept, das „Neue Steuerungsmodell", in neue Bahnen gelenkt wurden, die aber nicht mehr Gegenstand dieses Beitrages sind.

II Organisation / Organisationsformen

2 Organisatorische Verortung des ASD

Von Benjamin Landes und Eva Keil

- Als Teil der Kommunalverwaltung ist das Jugendamt rechtlichen Gestaltungsvorgaben unterworfen.
- Das Dienstrecht der öffentlichen Verwaltung schreibt dem ASD eine Vielzahl von Verordnungen und Rechtsvorschriften vor, etwa Dienstanweisungen oder Fach- und Dienstaufsicht.
- Bedingt durch Aufgabenzuordnung und kommunale Gestaltungshoheit existiert eine Vielzahl heterogener Organisationsvarianten.
- Bei der Spezialisierung einzelner Dienste im ASD können Schnittstellen entstehen, die beispielsweise hinsichtlich der Informationsweitergabe riskant sind.
- Aufgrund der gesetzlich festgelegten Zweigliedrigkeit steht neben der Jugendamtsverwaltung der Jugendhilfeausschuss als zentrales Steuerungs- und Beteiligungsgremium.

„Die Gestaltung von Sozialverwaltung hat sich bewusst zu sein, dass sie die öffentliche Gewalt betrifft. [...] Jenseits inhaltlicher Ziele – etwa der Hilfe zur Selbsthilfe – ist sie gewährend, verwehrend, anordnend oder eingreifend tätig und übt damit schlicht Macht aus, was man als administratives Elend des sozialstaatlichen Postulats begreifen könnte" (Trube 2001, 5).

Der ASD ist Teil des Jugendamtes, welches wiederum Teil der Stadt- oder Kreisverwaltung ist. Damit ordnet er sich in einen Organisationstyp ein, der bestimmten Regeln und Gestaltungseigenheiten unterliegt. Die wichtigsten sollen in diesem Beitrag beschrieben werden, wobei sich viele der einführenden Informationen auf das Jugendamt bzw. die Gesamtverwaltung beziehen; der ASD ist dann jeweils mit betroffen.

Um die organisatorische Verortung des ASD zu beschreiben, werden zunächst einige thematische Grundlagen dargestellt und Begriffe definiert. Die rechtlichen Gestaltungsvorgaben als Teil von Kommunalverwaltungen sind vielfältig und werden in einem eigenen Abschnitt zusammengefasst. Gemäß der gesetzlich vorgegeben Zweigliedrigkeit des Jugendamtes wird die Organisation des ASD im Folgenden getrennt unter Verwaltungsgesichtspunkten und aus Sicht des Jugendhilfeausschusses erläutert.

2.1 Grundlagen der Organisation

Um die Organisation des Allgemeinen Sozialen Dienstes (ASD) verstehen und beschreiben zu können, wird zunächst zwischen Aufbau- und Ablauforganisation unterschieden:

- Die **Aufbauorganisation** beschreibt die Gliederung in Bereiche oder Abteilungen (vertikal) sowie Über- und Unterstellungen (horizontal). Sie stellt die Hierarchie dar und wird üblicherweise in Organigrammen (→ Abb. 1) abgebildet. Kleinste Einheit ist die Stelle. In den folgenden Abschnitten werden wir die rechtlichen Grundlagen der Aufbauorganisation des ASD und die tatsächliche Umsetzung betrachten.
- Die **Ablauforganisation** ist der Abbildung 2 zu entnehmen und beschreibt die Reihenfolge der Leistungserstellung. Sie orientiert sich explizit nicht an der Hierarchie, sondern konkret an dem Nutzer oder der Dienstleistung. Die Darstellung erfolgt mittels Prozessnotationen, z. B. Flussdiagrammen. Kleinste Einheit ist die Tätigkeit. Wir werden in diesem Beitrag nur kurz auf rechtliche Vorgaben zu Leistungsprozessen im ASD eingehen, da sich die vielfältigen inhaltlichen Aspekte an vielen anderen Stellen im Handbuch wiederfinden.

Mit Aufbau- und Ablauforganisation lässt sich bereits der größte Teil der formalen Gestaltungsmerkmale eines ASD beschreiben. Wie dies vor Ort verwirklicht wird, ist Teil der *kommunalen Gestaltungshoheit*, die in Artikel 28, Absatz 2 GG festgeschrieben ist:

„Den Gemeinden muss das Recht gewährleistet sein, alle Angelegenheiten der örtlichen Gemeinschaft im Rahmen der Gesetze in eigener Verantwortung zu regeln. Auch die Gemeindeverbände haben im Rahmen ihres gesetzlichen Aufgabenbereiches nach Maßgabe der Gesetze das Recht der Selbstverwaltung. Die Gewährleistung der Selbstverwaltung umfasst auch die Grundlagen der finanziellen Eigenverantwortung; [...]" (Artikel 28, Absatz 2 GG).

Das SGB VIII schreibt den Landkreisen und kreisfreien Städten die Verantwortung für die Errichtung eines Jugendamtes, mithin eines ASD, zu. Zusätzlich ermöglichen einige Länder, bspw. Nordrhein-Westfalen, auch kreisangehörigen Städten die Einrichtung eigener Jugendämter, wodurch aktuell in der Bundesrepublik rund 630 Jugendämter existieren. Die kommunale Gestaltungshoheit führte dabei zu einer Vielzahl von Organisationsvarianten, sodass trotz einheitlicher Gesetzgebung sehr unterschiedliche Aufbau- und Ablauforganisationen existieren. Das deutsche Jugendinstitut liefert dazu einige Schlaglichter:

- 80 % der deutschen Jugendämter verfügten 2004 über einen Sozialen Dienst, der ausschließlich für Aufgaben und Leistungen nach dem KJHG zuständig war.
- 20 % der Jugendämter verfügten über einen ASD,

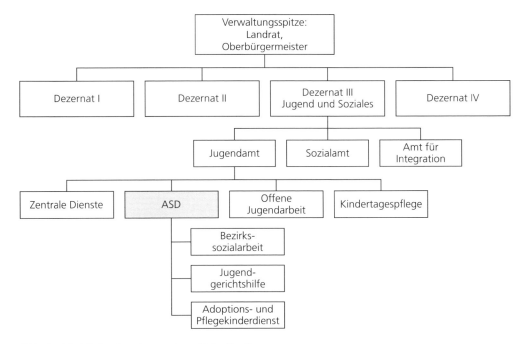

Abb. 1: Beispielhaftes Organigramm einer mittelgroßen Kommune

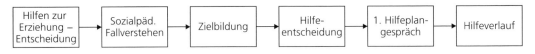

Abb. 2: Ablauforganisatorische Darstellung eines Hilfeplanverfahrens

- der zudem für Leistungen der Sozialhilfe und der Gesundheitsfürsorge zuständig war.
- In 70 % der ASD lag die Fach- und Dienstaufsicht vollständig bei der Jugendamtsleitung; wurden nur Aufgaben nach dem KJHG erfüllt, so lag sie zu 91 % bei der Jugendamtsleitung.
- 63 % der Sozialen Dienste hatten Formen der Dezentralisierung realisiert, am häufigsten als Außenstellen.
- 52 % der ASD arbeiteten ausnahmslos einzelfallbezogen, 14 % sozialraumorientiert und 34 % in Mischformen (Pluto et al. 2007, 59 ff.; Seckinger et al. 2008, 16 f.).

Neben dieser Gemengelage wirken sich weitere Entwicklungen in der Gesamtverwaltung immer wieder auf den Allgemeinen Sozialen Dienst aus. Zwei auch für den ASD bedeutsame Trends in der Organisation von Verwaltung stellen die *Neue Steuerung* und die Einführung des *doppischen Rechnungswesens* dar. Unter *Neue Steuerung* versammelt sich eine Vielzahl von Maßnahmen, die ab Mitte der 1990er Jahre die Effektivität und Effizienz von Verwaltungen verbessern sollten. Der Inhalt wird meist mit den folgenden fünf Schlagworten zusammengefasst:

- **Kontraktmanagement** als Steuerung über Leistungsvereinbarungen und Verträge,
- **Dezentralisierung und Delegation** von Verantwortung als kombinierte Steuerung über Inhalte und Geld,
- **Definition** von Produkten als **outputorientierte Steuerung**,
- **Budgetierung** als haushaltstechnisches Steuerungsinstrument,
- **Controlling und Berichtswesen** als Steuerung über Rechenschafts- und Rechnungslegung.

Das Schlagwort *Neue Steuerung* taucht in den Diskussionen um moderne Organisationsgestaltung kaum mehr auf, die genannten Prinzipien haben sich aber im Wesentlichen durchgesetzt und sind in unterschiedlichem Maße umgesetzt worden. Dabei ist zwischen konzeptionellen Grundgedanken und konkreten Maßnahmen zu trennen. Während erstere weiterhin zu den zentralen Postulaten von Verwaltungssteuerung zählen, waren letztere aus fachlicher Sicht für den ASD teilweise befremdlich und sind letztlich folgenlos durchgeführt worden.

Das *doppische Rechnungswesen* löst seit Mitte der 2000er Jahre das kameralistische Rechnungswesen ab. Eine Erläuterung der Änderung wäre für dieses Handbuch unangemessen. Insbesondere für die Leitungskräfte im ASD ändern sich aber einige wichtige Dinge. So wird die Steuerung des Bereichs über monetäre und nichtmonetäre Produktkennzahlen verstärkt und eine interne Leistungsverrechnung angestrebt. Dadurch werden den Produkten des Jugendamtes Gemeinkosten (etwa Kosten für IT, Miete, Heizung und den Chauffeur des OB) anteilig zugerechnet.

2.2 Rechtliche Gestaltungsvorgaben zur Organisation

2.2.1 Aufbauorganisation

Wie bereits dargestellt, ist der ASD zumeist eine Abteilung des Jugendamts und somit auch Teil der Verwaltungsbehörde. Die formale Rechtsgrundlage bildet daher das Verwaltungsrecht, ein Teilgebiet des öffentlichen Rechts, und hier insbesondere das Sozialrecht (→ Kapitel 5, 6 und 7). Zwar existiert für die Organisation des ASD als solchen keine Rechtsgrundlage, und die Formen variieren zwischen den Gebietskörperschaften, als Sachgebiet oder Abteilung des Jugendamts gelten jedoch auch für ihn vielfältige (kommunale) Vorgaben mit erheblichen Auswirkungen auf Organisationsgestaltung und -prozesse.

Einfluss auf die Aufbauorganisation hat beispielsweise § 70 SGB VIII, der die sogenannte *Zweigliedrigkeit* vorschreibt. Demnach werden die Aufgaben des Jugendamts von der Verwaltung und dem Jugendhilfeausschuss wahrgenommen. Der Jugendhilfeausschuss ist nicht nur Teil des Jugendamts, sondern das übergeordnete Gremium, in dem auch Verwaltungsbeschlüsse gefasst werden. Diese haben wiederum Auswirkungen auf die Arbeit im ASD. Auf diese Besonderheit im Vergleich zu allen anderen kommunalen Ämtern, die Aufgaben des Jugendhilfeausschusses und seine Verknüpfungen mit dem ASD wird im Abschnitt „Anbindung an die lokale Fachpolitik" ausführlich eingegangen.

Das im Grundgesetz garantierte Recht der kommunalen Organisationshoheit ermöglicht es den Kommunen, eigene Behörden oder Dienststellen einzurichten und inhaltlich zu organisieren, sofern keine vorrangigen Gesetzesregelungen existieren. Auch für die Organisation der Jugendamtsverwaltung sehen Bundes- und Ländergesetze meist keine ausführlichen Regelungen vor. Üblicherweise beruhen die Strukturen auf den klassischen Verwaltungsprinzipien: Es besteht eine *vertikale Hierarchie* von der Verwaltungsspitze über die Dezernats- und Amtsebene bis hin zu Abteilungen, Fachbereichen und Sachgebieten, die wiederum in Gruppen und Teams gegliedert sein können. Die Grundeinheit ist dabei die *Stelle,* zumeist mit einem festen und nicht personengebundenen Zuständigkeitsbereich. Die Basis hierfür bildet mit § 71 SGB VIII eine der wenigen bundeseinheitlichen Vorgaben: Das *Fachkräftegebot* besagt, dass die Träger der öffentlichen Jugendhilfe für die jeweiligen Aufgaben geeignete und entsprechend ausgebildete bzw. besonders erfahrene Personen bei den Jugendämtern beschäftigen sollen. Hauptberuflich sind daher beim ASD in der Regel Diplom-Sozialarbeiter, Diplom-Sozialpädagogen und Diplom-Pädagogen beschäftigt. Betrachtet man ausgehend von dieser kleinsten Organisationseinheit eine mögliche Rangfolge, wird schnell die steile Hierarchie deutlich: So ist beispielsweise Frau Meyer, die in Team Süd für die Bezirkssozialarbeit zuständig ist, ihrem Teamleiter untergeordnet. Dessen Vorgesetzte ist die Sachgebietsleiterin für Bezirkssozialarbeit. Sie wiederum ist dem Abteilungsleiter des ASD unterstellt. Seine Vorgesetzte, die Amtsleiterin im Jugendamt, untersteht dem Leiter des Dezernats Jugend und Soziales und so weiter. Vertreter der *Neuen Steuerung* plädieren für eine flache Hierarchie mit so wenig Organisationsstufen wie möglich. Vorteile seien z. B. die Straffung des Arbeitsgangs, die Verkürzung des Dienstwegs, Minderung von Informationsverzerrung sowie erhebliche Einsparpotenziale (Trube 2001, 7).

2.2.2 Ablauforganisation

Grundsätzlich ist die Ablauforganisation rechtlich wesentlich weniger reglementiert als die Aufbauorganisation. Maßgeblich für den ASD ist hier das SGB X „Verwaltungsverfahren", worin dieses für alle Sozialsysteme beschrieben ist. Trotz hoher pädagogischer und einzelfallorientierter Anteile ist ASD-Handeln immer Verwaltungshandeln. Dementsprechend müssen einige Grundsätze beachtet werden, insbesondere:

- Bescheidung von förmlichen Anträgen,
- Aktenförmigkeit,
- Möglichkeit von Widerspruchsverfahren.

Das Verwaltungsverfahren beschreibt lediglich formelle Gestaltungsvorgaben für die Abläufe, welche die Wahrnehmung der Rechtsansprüche der Bürger gegenüber dem Staat und seiner Verwaltung sicherstellen sollen. Aussagen zu qualitativen Standards und zu den Inhalten der Abläufe werden gemeinhin vom Gesetzgeber nicht gemacht. Das SGB VIII bildet hier eine Ausnahme, indem in den §§ 36 und 8a Vorgaben zur Durchführung enthalten sind. (→ Kapitel 13 und 21)

2.2.3 Dienstrecht

Dienstrecht ist ein Sammelbegriff für eine Vielzahl von Regelungen, Rechtsvorschriften und Verordnungen, die den öffentlichen Dienst betreffen. Einige für den ASD relevante Vorgaben werden folgend erläutert.

Der *Dienstweg* stellt die Verbindung zur Weitergabe von Informationen und Weisungen zwischen den einzelnen Ebenen dar. Der vertikale Dienstweg bezeichnet die Kommunikation mit übergeordneten Instanzen oder niedrigeren Stellen. Da nur der Vorgesetzte Weisungen an die jeweils untergeordnete Stufe erteilen darf, müssen Informationen ‚von ganz oben' über alle Zwischeninstanzen laufen. Der horizontale Dienstweg wird in der Kommunikation zwischen gleichgeordneten Stellen genommen, beispielsweise zwischen Abteilungen im selben Amt, aber auch zwischen Abteilungen in verschiedenen Ämtern. Die Art der Mitteilung kann wie folgt unterteilt werden:

- (schlichte) Informationen, z. B. Berichte über Besprechungen,
- Vorlagen ‚nach oben', z. B. weisungsgemäße Stellungnahmen,
- Anrufungen der untergeordneten Stelle aus eigener Initiative, z. B. um Zustimmung für Vorschläge zu erhalten,
- förmliche Beteiligung in der horizontalen Kommunikation, z. B. Anhörungen als Gelegenheit zur

Stellungnahme oder Mitzeichnungen um die Zustimmung zu Maßnahmen einzuholen,
- Weisungen, also Anweisungen und Befehle ‚nach unten' (Krems 2009, 32 f.).

Solche *Dienstanweisungen* (DA) sind verbindliche Arbeitsaufträge, beispielsweise zu Aktenführung, Schriftverkehr oder Sprechstunden. Sie regeln die Art und Weise der Aufgabenerfüllung und legen Standards fest, begründen jedoch anders als Verwaltungsakte keinen Rechtsanspruch außerhalb der Behörde. Als Steuerungsinstrument, z. B. in den Hilfen zur Erziehung, sollen Dienstanweisungen einen Beitrag zur fachlich wirksamen, prozessorientierten und auch kostenbewussten Hilfegestaltung liefern. Das folgende Beispiel gibt eine einfache Anleitung wieder. Andere Dienstanweisungen, etwa zum Umgang mit Fällen von Kindeswohlgefährdung, können sehr umfangreich sein.

▪▪▪▪ Beispiel Dienstanweisung

5 Dezernat für Jugend und Soziales
51 Jugendamt
51.1 Sachgebiet Soziale Dienste

**Dienstanweisung
zur Regelung des Falleingangs**

An die Mitarbeiter
der Abteilung 51.1 Soziale Dienste

Bei jeder Beratung über eine Leistung hat der/die Fallverantwortliche die sachliche und örtliche Zuständigkeit zu prüfen.

Diese Dienstanweisung tritt am 30.06.2012 in Kraft.

Gez.

Amtsleiter ▪▪▪▪

Die Dienstanweisung ist eine Form der *Verwaltungsvorschrift*. Andere sind gesetzesauslegende Verwaltungsvorschriften (Auslegungsrichtlinien) und ermessenslenkende Verwaltungsvorschriften (Ermessensrichtlinien). Sie dienen der Steuerung des Handelns und Verhaltens in der alltäglichen Arbeit, sind aber auch stets präsente Vereinfachungen abstrakter und vager Gesetzestexte für die Mitarbeiter.

In Verwaltungsvorschriften wird vielfach eine *Aktenmäßigkeit des Vorgangs* oder eine aktenmäßige Dokumentation verlangt. Dieses Verwaltungsprinzip besagt, dass „Stand und Entwicklung der Vorgangsbearbeitung [...] jederzeit (im Rahmen der Aufbewahrungsfristen) aus den elektronisch oder in Papierform geführten Akten nachvollziehbar sein" müssen (§ 12 Abs. 2 Gemeinsame Geschäftsordnung der Bundesministerien). Ziel ist es, objektive und mitarbeiterunabhängige Auskunft über das Verwaltungshandeln zu gewährleisten, wobei je nach Zweck der Aktenanlage unterschiedliche Dokumente und Vorgänge enthalten sein können. Dies sollte intern festgelegt und auch mit Stellen außerhalb der Behörde geklärt sein, beispielsweise wenn Akten vom Gericht angefordert werden. Zur Vereinfachung sowie zur Gewährleistung von Vollständigkeit und Transparenz wird meist die Nutzung von Formblättern verlangt. Eine Akte für ein Kind, das Hilfen zur Erziehung erhält, kann beispielsweise umfassen: Formulare mit Stammdaten, Dokumentationen von Situationsanalyse und Diagnostik, Gesprächs- und Fallbesprechungsprotokolle, Hilfepläne und Entwicklungsberichte. Nach § 25 SGB X haben die Betroffenen ein Recht, die Akte einzusehen (wenn nicht die berechtigten Interessen Dritter gefährdet werden). Zum Schutz ihrer Sozialdaten schreiben §§ 61–68 SGB X Bedingungen zur Erhebung, Speicherung, Verarbeitung, Übermittlung und Löschung vor.

Neben der Gewährleistung von Einsicht und Datenschutz hat das *Führen von Akten* in Behörden weitere Funktionen:

- als Beweismittel in Gerichtsverfahren,
- zur Gewährleistung der weiteren Bearbeitung bei Zuständigkeitswechsel oder im Vertretungsfall,
- als Bestandteil der Qualitätssicherung (Rückverfolgbarkeit),
- als Mittel zur Selbstevaluation und Kontrolle der Aufgabenerfüllung und -ausführung.

Den Erlass von Anleitungen und die Überwachung des so gesteuerten Verwaltungshandelns bezeichnet man als *Fachaufsicht*. Sie wird von der jeweils vorgesetzten Stelle ausgeübt und dient der Überprüfung von Recht- und Zweckmäßigkeit. Überträgt der Träger der öffentlichen Jugendhilfe, also das Jugendamt, gem. § 76 SGB VIII die Wahrnehmung anderer (hoheitlicher) Aufgaben auf einen freien Träger der Jugendhilfe, so bleibt der Träger der öffentliche Jugendhilfe in der Verantwortung für die ordnungsgemäße und effektive Erfüllung dieser Aufgaben und übt dafür die Fachaufsicht gegenüber dem freien Träger aus.

Anders als bei der Fachaufsicht stehen bei der *Dienstaufsicht* keine inhaltlichen Aspekte im Vordergrund, sondern die Kontrolle der ordnungsgemäßen Pflichterfüllung. Eine sogenannte Dienstaufsichtsbeschwerde kann formlos beim Vorgesetzten eines Amtsinhabers eingereicht werden. Sie ist auf das persönliche (Fehl-)Verhalten des Betreffenden ausgerichtet und nicht auf die Angemessenheit einer Maßnahme oder dergleichen. Außerdem soll mit Hilfe der Dienstaufsicht die angemessene Ausstattung mit Sachmitteln und Personal in den untergeordneten Stellen gewährleistet werden.

Die dahingehende Ausrüstung ist immer auch eine Frage der *Haushaltsgestaltung,* denn als Teil der Kommunalverwaltung nimmt neben gesetzlichen Regelungen auch die Kommunalpolitik Einfluss auf den ASD. Endgültige Entscheidungen über Angelegenheiten der Jugendhilfeverwaltung treffen Kommunalparlament und Jugendhilfeausschuss (siehe dazu Abschnitt „Anbindung an die lokale Fachpolitik"). Zwar gibt es einen rechtlichen Anspruch auf Hilfen zur Erziehung und somit auch auf ihre Finanzierung, aufgrund der prekären Finanzlage vieler Kommunen steigt der Druck zum Sparen jedoch auch in den ASD (→ Kapitel 25).

Es soll hier nicht außer Acht gelassen werden, dass neben dieser formalen, offiziellen Struktur auch eine *inoffizielle Organisationsgestaltung* existiert. Sie ist oft maßgeblicher und prägender für die Arbeitsabläufe und zeichnet für die vielfältigen Unterschiede in ASD verantwortlich, die immer wieder empirisch bestätigt werden. Diese Struktur besteht aus den Beziehungen der Mitarbeiter untereinander, den ‚kurzen Drähten' oder dem ‚Abklären mit einem Anruf'. Insbesondere den ASD kennzeichnet oft eine sehr individuelle Arbeitskultur, die recht resistent gegenüber formalen Gestaltungsversuchen sein kann (Landes 2010, 142).

2.3 Die Verwaltung des ASD

Nachdem wir uns mit der Beschreibung von organisatorischen Grundlagen und rechtlichen Vorgaben bisher eher auf der Ebene formaler Rahmensetzung bewegt haben, erfolgt nun der Versuch einer Beschreibung von tatsächlichen Gegebenheiten, quasi der ‚Phänotypen'. Die Landschaft der 630 Jugendämter ist sehr heterogen, sodass die aufgeführten Beispiele lediglich eine gewisse Organisationsrichtung wiedergeben.

2.3.1 Der ASD in der Gesamtverwaltung

Die Einrichtung eines ASD hat sich insgesamt in der Bundesrepublik durchgesetzt. Die aufbauorganisatorische Ausgestaltung ist unterschiedlich und hängt unter anderem mit der Aufgabenzuordnung zusammen. Verkürzt: Wenn ausschließlich Aufgaben der Jugendhilfe wahrgenommen werden, liegt die komplette Einordnung ins Jugendamt nahe. Dies ist wegen des meist vorhandenen Schwerpunkts in diesem Bereich der Normalfall.

Die am häufigsten anzutreffenden Varianten sind folgende:

- **Der ASD als Teil des Jugendamtes:** Der Normalfall unter den Varianten zeichnet sich durch komplette Zuordnung zum Jugendamt aus. Hierarchisch gibt es eine Jugendamtsleitung, der unter anderem eine ASD-Leitung unterstellt ist. Voraussetzung ist das Vorhandensein eines ‚alleinstehenden' Jugendamtes.
- **Der ASD als Teil anderer Ämter oder Fachbereiche:** Häufiger als die Zuordnung zu einem gänzlich anderen Amt (bspw. Sozial- oder Gesundheitsamt) ist die Bildung einer eigenen Organisationseinheit in einem gemischten Amt, dann häufiger Fachbereich genannt. So kann der ASD beispielsweise neben dem Sozialamt und den Besonderen Diensten innerhalb eines Fachbereichs Jugend, Familie und Soziales stehen.
- **Der ASD als Teil von dezentralen Einheiten:** Insbesondere in großen Städten und Landkreisen haben sich dezentrale Organisationsformen entwickelt, die in Verwaltungsaußenstellen mehrere Funktionen neben dem Jugendamt zusammenfassen, üblicherweise Aufgaben der Sozialhilfe, der Ausländerberatung, der Arbeitsverwaltung bis hin

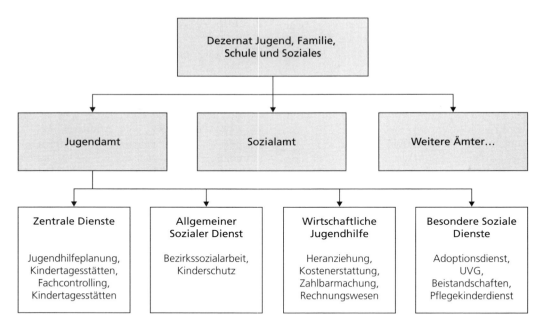

Abb. 3: Aufbauorganisation eines ‚herkömmlichen' Jugendamtes (UVG=Unterhaltsvorschussgesetz)

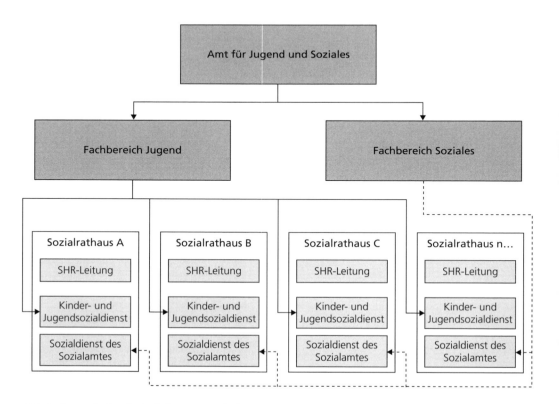

Abb. 4: Dezentrale Organisation in Form von Sozialrathäusern

zum Zulassungswesen. Diese Einheiten haben eine eigene Regionalleitung; die Zuordnung von Fach- und Dienstaufsicht ist durchaus strittig.

- **Der ASD als eigenes Amt:** Die oft bereits seit sehr langer Zeit bestehenden eigenständigen ASD-Ämter sind gewissermaßen im Aussterben begriffen. Sie bestanden neben dem Jugendamt und übten Aufgaben aus unterschiedlichen Rechtskreisen aus.

▪▪▪▪ Praxisbeispiel 1: Aufbauorganisation eines ‚herkömmlichen' Jugendamtes

Das Organigramm zum ersten Praxisbeispiel – dargestellt in Abbildung 3 – zeigt eine typische Einbindung des ASD in die Gesamtverwaltung. In einem Dezernat mit Sozialamt und weiteren Ämtern findet sich das Jugendamt, welches sich wiederum in „Zentrale Dienste", „Allgemeiner Sozialer Dienst", „Wirtschaftliche Jugendhilfe" und „Besondere Soziale Dienste" unterteilt. Fach- und Dienstaufsicht ist gemäß der Hierarchie linear organisiert. Die Aufgabenzuteilung ist beispielhaft. Dieser Aufbau ist in unterschiedlichen Variationen in vielen Landkreisen und Städten unterschiedlicher Größe zu finden. ▪▪▪▪

▪▪▪▪ Praxisbeispiel 2: Dezentrale Organisation von Jugendämtern

In größeren Städten steht die Jugendhilfeverwaltung vor der Herausforderung, bürgernahe und steuerbare Einheiten zu schaffen. In den einwohnerstärksten deutschen Metropolen Berlin und Hamburg existieren deshalb eigenständige Jugendämter in den verschiedenen Stadtteilen/Bezirken, die jeweils der überörtlichen Organisation der Stadtstaaten unterstellt sind. Jedes dieser Bezirksjugendämter hat für sich Großstadtformat. Städte wie München oder Frankfurt am Main haben dezentrale Einheiten gebildet, die ähnlich dem zweiten Praxisbeispiel funktionieren. In über das Stadtgebiet verteilen Sozialrathäusern (so die Bezeichnung in Frankfurt) gibt es unterschiedliche soziale Dienste, darunter den ASD (→ Abb. 4). Die Dienstaufsicht unterliegt oftmals der Leitung des Sozialrathauses, die Fachaufsicht liegt beim Fachamt. Es besteht in diesem Sinne eine geteilte Hierarchie mit eigenen Herausforderungen. ▪▪▪▪

2.3.2 Die Binnenorganisation des ASD

Wie Abbildung 5 zu entnehmen, entsteht die Binnenorganisation des ASD oftmals unabhängig von der Einordnung des ASD in die Gesamtverwaltung und folgt eigenen, meist durchaus fachlichen Fragestellungen. Gewichtige Einflussfaktoren sind dabei die Größe des Jugendamtsbezirkes und die Einwohnerzahl. In kleineren Kommunen ist meist ein einfacher Aufbau vorhanden, in dem der ASD für sehr viele Aufgaben zuständig ist und lediglich regionale Teams bestehen. Jeder Sozialarbeiter bearbeitet alle Fälle eines regional begrenzten Bezirks. ASD, die Fälle nach dem Buchstabenprinzip verteilen, gibt es vermutlich nicht mehr.

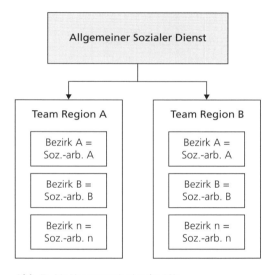

Abb. 5: Die Binnenorganisation des ASD

Eine neuere Entwicklung geht mit der Auflösung der Bezirke und der Stärkung des Teamprinzips einher. Hier sind mindestens drei Sozialarbeiter für eine größere Region gemeinsam zuständig. Der fachliche Vorteil liegt in der Entindividualisierung der alltäglichen Arbeit und in der Möglichkeit, Belastung gleichmäßiger zu verteilen.

Wenn die ASD größer sind, stellt sich die Frage nach der Spezialisierung einzelner Dienste. Gründe dafür können zum Beispiel sein:

- **Fachliche Qualifizierung:** Beispielsweise im Pflegekinderwesen oder dem Adoptionswesen unterscheidet sich die Arbeitsweise oder das

Know-how von der klassischen Bezirkssozialarbeit. Eine Bündelung kann hier eine höhere Qualität schaffen und verhindern, dass diese Sonderaufgaben im alltäglichen Geschäft unterrepräsentiert sind.
- **Entlastung des ASD:** Die Arbeit im Bezirk ist komplex, sodass es sich anbietet, gut abgrenzbare Aufgabenbereiche wie die Jugendgerichtshilfe in separate Organisationseinheiten zu verlagern, wenn sich die Belastungsfrage stellt.

Insgesamt scheint die Frage nach der stärkeren Generalisierung oder Spezialisierung in gewissem Maße auch einem ‚fachlichen Zeitgeist' zu unterliegen. In jüngster Zeit werden verstärkt wieder Aufgaben vom ASD abgespalten. Dabei sind zwei neuere Formen der Spezialdienste relevant geworden:

- **Eingangsberatung:** Alle Neufälle (ggf. in einem Stadtteil, einer Region) werden von einem zentralen Dienst angenommen und beraten. Nur Fälle mit einem besonderen Hilfebedarf werden an die Bezirkssozialarbeit oder an spezialisierte Schwerpunktdienste (HzE, Trennungsberatung, Jugendgerichtshilfe etc.) weitergeleitet. In diesem Zusammenhang wird häufig von „Front Office" (Eingangsberatung) und „Back Office" (Fallbearbeitung) gesprochen. Letztendlich werden unterschiedliche ablauforganisatorische Schritte in der Aufbauorganisation abgebildet. Vorteile dieser Spielart sind die Entlastung der Fallbearbeitung von den ‚einfachen' Fällen und die Möglichkeit, die Eingangsberatung für ihre Aufgabe speziell zu schulen. Das Modell ist aber sowohl organisatorisch (viele Schnittstellen, hoher Steuerungsaufwand) als auch fachlich (ggf. mehrere Beziehungswechsel, häufiges Erläutern des Anliegens) riskant.
- Im Rahmen der Kinderschutzdiskussion der letzten Jahre sind vermehrt **Fachstellen für die Bearbeitung von Gefährdungsmeldungen** eingerichtet worden (z.T. als „Task Force", Stabsstellen oder eigene Dienste): Dabei spielten sowohl Entlastungs- wie auch Qualifizierungsgründe eine Rolle. Die Dienste sind entweder ausschließlich oder im Tandem mit dem zuständigen Bezirkssozialarbeiter für die Bewertung gewichtiger Anzeichen auf Gefährdung, Risiko- und Sicherheitseinschätzung in Verdachtsfällen zuständig. Die Verantwortung wechselt nach Abklärung der Akutsituation oftmals komplett in den Bezirk.

Spezialisierung bedeutet in den allermeisten Fällen eine aufbauorganisatorische Trennung von Abläufen: Es entstehen *Schnittstellen*. Um daraus Nahtstellen zu machen, müssen in Einzelfällen oder regelmäßig Informationen, Klienten, Dokumente usw. übergeben werden. Diese Aufgabe ist oftmals nicht trivial, wie es am Beispiel des Pflegekinderdienstes (PKD) erläutert werden soll. Es gibt hier besonders viele Varianten der Schnittstellengestaltung, von denen einige in der Praxis qualitativ durchaus zweifelhaft sind.

Typischerweise ist dem PKD die aufwendige Akquise und Schulung der Pflegeeltern zugeordnet. Die erste fachlich und organisatorisch kritische Frage stellt sich, wenn zu einem gegebenen Fall Pflegeeltern ausgesucht werden sollen, die für dieses Kind geeignet und passend sind. Wird dies nicht gut gelöst, werden in einer Vielzahl von Fällen Fremdplatzierungen vorgenommen, die alle Beteiligten belasten. Die zweite organisatorisch schwierige Frage betrifft die Fallverantwortung für Pflegeverhältnisse. Wird diese im ASD belassen, droht eine Vernachlässigung in der Betreuung der ‚Laien-Leistungserbringer'. Wechselt sie in den PKD, entsteht für eine Hilfeart eine Art Parallel-ASD mit allen Implikationen. Wird die Fallverantwortung getrennt zwischen ASD (Herkunftssystem) und PKD (Pflegeelternsystem), droht ein schwelender struktureller Konflikt. Es wird beispielhaft deutlich, dass Schnittstellen organisatorisch regelmäßig unangenehm sind. Für die Spezialisierung von Aufgaben sollten deshalb gute Gründe bestehen.

▪▪▪▪ **Praxisbeispiel 3: Binnenorganisation eines herkömmlichen Jugendamts**

Das Organigramm in Abbildung 6 zeigt die Aufbauorganisation eines moderat spezialisierten ASD. Die Aufgaben der Jugendgerichtshilfe und des Adoptions- und Pflegekinderwesens sind in eigene Sachgebiete ausgelagert. Daneben bestehen drei oder mehr Teams der Bezirkssozialarbeit. Dienst- und Fachaufsicht sind vertikal linear zugeordnet. ▪▪▪▪

▪▪▪▪ **Praxisbeispiel 4: Binnenorganisation in einem sehr spezialisierten ASD**

Das Organigramm zeigt einen ASD mit einem ‚modernen' Front-/Backoffice-Konzept (→ Abb. 7). Auf der ersten Ebene sind wiederum Jugendgerichtshilfe und Adoptions-

und Pflegekinderdienst in eigenen Sachgebieten organisiert. Der soziale Dienst ist dezentral aufgestellt. Hilfesuchende begegnen in ihrer regionalen Beratungsstelle (Hamburg: Soziales Dienstleistungszentrum) zunächst der Eingangsberatung, in der eine Erstberatung stattfindet. Wenn sich das Anliegen dadurch nicht erledigt, erfolgt eine Weiterleitung an die zuständige Bezirkssozialarbeit. Falls gewichtige Anzeichen auf eine Gefährdung des Kin-

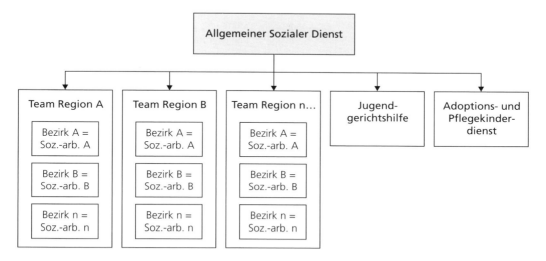

Abb. 6: Binnenorganisation eines herkömmlichen Jugendamts

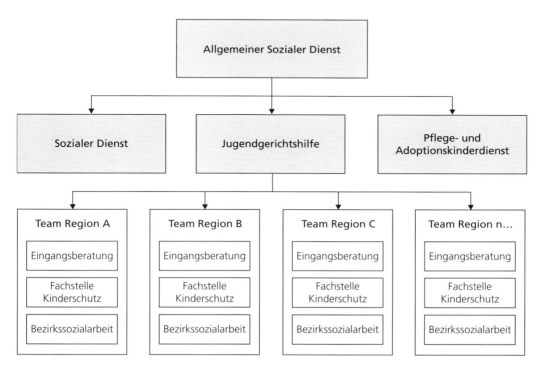

Abb. 7: Binnenorganisation in einem sehr spezialisierten ASD

deswohls im Raum stehen, übernimmt die Fachstelle Kindesschutz den Fall zur Risiko- und Sicherheitsabklärung. Die Dienstaufsicht über die Systembestandteile hat der direkte Vorgesetzte, hier Sachgebietsleitung. Das ist in der Praxis nicht selbstverständlich. Es existieren zahlreiche Modelle, bei denen die Fachaufsicht eine Hierarchieebene höher oder im Sinne einer Matrixorganisation bspw. einer Teamleitung Kindesschutz zugeordnet ist. ▪▪▪▪

2.4 Anbindung an die lokale Fachpolitik

Es wurde bereits die gesetzlich festgelegte *Zweigliedrigkeit* des Jugendamts angesprochen: § 70 SGB VIII sieht vor, dass die Aufgaben des Jugendamts durch den Jugendhilfeausschuss und die Verwaltung des Jugendamts wahrgenommen werden. Schon in der Weimarer Republik war im damaligen Reichsjugendwohlfahrtsgesetz (1922) verankert, dass im Jugendwohlfahrtsausschuss öffentliche und freie Träger zusammenwirken sollten, um die Jugendhilfe zu planen und auszugestalten. Im Jahr 1961 wurde das RJWG zum Jugendwohlfahrtsgesetz novelliert und erklärend dazu festgehalten:

„Die Institution des Jugendwohlfahrtsausschusses sollte gerade im Jugendamt eine echte Demokratie verwirklichen und die Mitverantwortung für die Erziehung der Jugend den Bürgern übertragen, die durch freie Mitarbeit am Gemeinwohl Gemeinsinn bewiesen haben" (Begründung des Gesetzentwurfes durch die Bundesregierung; BT-Ds. I / 3641–1953).

In der alltäglichen Verwendung des Begriffs Jugendamt wird der besondere Umstand, dass es aus Verwaltung *und* Ausschuss besteht, oft nicht wahrgenommen.
Bundesrechtliche Regelungen zum Jugendhilfeausschuss finden sich in § 71 SGB VIII. Hier sind *Mitgliedschaft* und Aufgaben festgelegt: Demnach stammen stimmberechtigte Mitglieder zu drei Fünfteln aus der Vertretungskörperschaft des Trägers der öffentlichen Jugendhilfe, oder es sind von ihr Frauen und Männer zu wählen, die in der Jugendhilfe erfahren sind. Unter Vertretungskörperschaft versteht man die Vertretung der Bevölkerung auf kommunaler Ebene, also Kreistag, Stadt- oder Gemeinderat. Die übrigen zwei Fünftel werden ebenfalls von der Vertretungskörperschaft gewählt, jedoch auf Vorschlag der freien Träger (§ 71 Abs. 1 SGB VIII). Mitglieder von freien Trägern können also auch Teil des Jugendamts sein und die Jugendhilfepolitik mitbestimmen. *Kernaufgaben* der Jugendhilfeausschüsse werden umrissen mit

- Erörterung aller Problemlagen junger Menschen und ihrer Familien,
- Anregungen und Vorschläge für die Weiterentwicklung der Jugendhilfe,
- Jugendhilfeplanung, sowie
- Förderung der freien Jugendhilfe (§ 71 Abs. 2 SGB VIII).

Innerhalb dieser Aufgaben (und im Rahmen der Vorgaben der Vertretungskörperschaft) hat der Jugendhilfeausschuss das Beschlussrecht. Wenn es um die Belange der Jugendhilfe geht, soll er vor Beschlüssen der Vertretungskörperschaft angehört werden (§ 71 SGB VIII Abs. 3).
Nach § 71 Abs. 5 hat ein Jugendhilfeausschuss zudem die Möglichkeit, *beratende Mitglieder* zu berufen, die ihr Fachwissen einbringen und den Ausschuss bei der Steuerung der Kinder- und Jugendhilfe unterstützen können (→ Abb. 8). Sie sind nicht stimmberechtigt, können jedoch zur Entscheidungsfindung beitragen und bestimmte Zielgruppen der Kinder- und Jugendhilfe, wie Mädchen, ausländische oder behinderte Kinder und Jugendliche repräsentieren. Auch ASD-Fachkräfte, also Angehörige der Jugendamtsverwaltung, können beratende Mitglieder des Jugendhilfeausschusses sein. Das Bundesgesetz gibt hier keine genauen Vorgaben und verweist auf das Landesrecht.

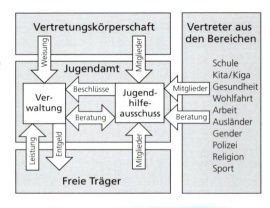

Abb. 8: Zusammensetzung und Wechselwirkungen des Jugendhilfeausschusses

Eine ausgewogene Zusammensetzung aus Vertretungskörperschaft, Repräsentanten von freien Trägern, Wohlfahrt, Schule etc. garantiert, dass die Vertretung aller Interessen gewahrt bleibt und der Jugendhilfeausschuss nicht zu sehr parteipolitisch beeinflusst wird. Zudem sind die Sitzungen öffentlich, wenn nicht dadurch das Wohl der Allgemeinheit, berechtigte Interessen einzelner Personen oder schutzbedürftiger Gruppen beeinträchtigt wird.
Wie bereits geschildert, gibt § 71 SGB VIII Abs. 5 vor, dass genauere Regelungen zur Zusammensetzung der Jugendhilfeausschüsse auf *landesrechtlicher Ebene* festgelegt sein sollen. Dort kann demnach z. B. geregelt sein, ob der Leiter der Jugendamtsverwaltung oder der Leiter der Gebietskörperschaft stimmberechtigt sind. Die Länder kommen der Aufforderung mit den Ausführungsgesetzen zum Kinder- und Jugendhilfegesetz (KJHG) nach. Um nicht den Rahmen dieser Einführung zu sprengen, sollen im Folgenden nur beispielhafte Unterschiede genannt werden (ausführliche, allerdings etwas ältere Auflistung bei Münder / Ottenberg 1999):

- **Zahl der Mitglieder:** Die Zahl der Mitglieder muss sich immer durch fünf teilen lassen (Verhältnis drei Fünftel zu zwei Fünftel). So gibt es in bayrischen Jugendhilfeausschüssen höchsten 15 stimmberechtigte Mitglieder, höchstens 20 in Städten mit mehr als 150.000 Einwohnern und höchstens 30 in Städten mit mehr als 1.000.000 Einwohnern. In Niedersachsen hingegen ist die Anzahl auf 10 oder 15 beschränkt, in Hessen soll sie 25 nicht überschreiten.
- **Zusammensetzung der stimmberechtigten Mitglieder:** Die drei Fünftel nach § 71 Abs. 1 Nr. 1 können in der Regel aus der Vertretungskörperschaft oder aus in der Jugendhilfe erfahrenen Männern und Frauen oder aus beidem zusammengesetzt sein. Nur das Berliner Ausführungsgesetz schreibt vor, dass alle (neun) Mitglieder der Vertretungskörperschaft angehören müssen. Bezüglich der Erfahrung benannter Frauen und Männer haben die Vertretungskörperschaften einen relativ großen Ermessensraum, gegebenenfalls muss diese aber nachgewiesen werden können.
- **Bei der Wahl der Mitglieder auf Vorschlag der freien Träger** (zwei Fünftel) sind auch Wünsche von Wohlfahrts- und Jugendverbänden zu berücksichtigen. In Bremen beispielsweise müssen in den Vorschlägen je zwei ihrer Vertreter berücksichtigt werden, in Sachsen eine angemessene Anzahl ehrenamtlich Tätiger. Generell müssen die freien Träger ihren Wirkungskreis im Bereich des öffentlichen Trägers der Jugendhilfe haben. Es darf jedoch keine Beschränkung auf alteingesessene Träger stattfinden, alle müssen zur Abgabe von Vorschlägen aufgefordert werden.
- In fast allen Bundesländern ist die **Beachtung eines gerechten Geschlechterverhältnisses** geregelt: Frauen und Männer sollen zu gleichen Teilen berücksichtigt werden. Sonstige persönliche Voraussetzungen der Mitglieder sind z. B. die Volljährigkeit, der Wohnsitz und die deutsche Staatsangehörigkeit.
- **Zusammensetzung der beratenden Mitglieder:** Die Vertreter aus unterschiedlichen Bereichen (→ Abb. 8) können im Gegensatz zu stimmberechtigten Mitgliedern auch minderjährig sein, einen Status als Ausländer haben oder ihren Wohnsitz außerhalb des Wirkungskreises des öffentlichen Trägers der Jugendhilfe haben. In den meisten Ländern (11) wird eine Gleichstellungsbeauftragte oder in der Mädchenarbeit erfahrene Frau verlangt, in vielen (6) eine Interessenvertretung ausländischer Kinder- und Jugendlicher und in einigen (3) eine Vertretung des Kindes- und Elterninteresses.

Neben Gesetzen auf Bundes- und Länderebene regelt auch das *kommunale Recht* die Verfahrensweisen im Jugendhilfeausschuss. Dazu gehören etwa die Bestimmung der Vorsitzenden, Beschlussfähigkeit, Stimmberechtigung und Befangenheit, Unterausschüsse oder die Bekanntgabe von Beschlüssen. Häufig haben die Jugendhilfeausschüsse zudem (selbst beschlossene) Geschäftsordnungen. Grundsätzlich gilt der Vorrang des Jugendhilfeausschusses gegenüber der Verwaltung des Jugendamts und somit des ASD. Er kann Entscheidungen in allen Angelegenheiten der Kinder- und Jugendhilfe treffen und Maßnahmen der Verwaltung entscheidend beeinflussen. Damit kommt dem Jugendhilfeausschuss die Funktion eines *zentralen Steuerungs- und Beteiligungsgremiums* zu (BAGLJÄ 2008).

In der Funktion als Steuerungs- und Beteiligungsgremium zeigen sich *Bezüge zwischen dem Jugendhilfeausschuss und dem ASD*. Exemplarisch sollen zwei von Merchel beschriebene Ansatzpunkte erwähnt werden (Merchel 2010c, 4 ff.):

Mit der *Anregung eines kommunalen Evaluations-*

konzepts kann der Jugendhilfeausschuss dazu beitragen, dass etwa Hilfen zur Erziehung zielführend und wirkungsorientiert eingesetzt werden. Die Notwendigkeit solcher Konzepte wird angesichts schwieriger Finanzlagen in den Kommunen immer bedeutender. Dazu gehört die Vermittlung entsprechender Qualifikationen genauso wie die Schaffung dazu notwendiger zeitlicher sowie personeller Ressourcen und die Etablierung einer selbstverständlichen Evaluationskultur.

Da der Jugendhilfeausschuss die Funktion eines Vorgesetzten für die Jugendamtsverwaltung erfüllt, ist er auch in der Verantwortung für ihre Aufgabengestaltung. Dazu nötig ist z. B. eine *Intensivierung des Personalmanagements im ASD* (→ Kapitel 33 bis 36). Die hohen quantitativen und qualitativen Anforderungen an die ASD-Mitarbeiter werden in den kommenden Jahren kontinuierlich zunehmen. Der Jugendhilfeausschuss kann gezielt dazu beitragen, Überlastungen vorzubeugen, indem er Konzepte zur Personalentwicklung ausarbeitet oder Fortbildungen initiiert.

3 Organisationsgestaltung im ASD

Von Joachim Merchel

- Der ASD als Organisation muss eine verlässliche Leistungserbringung gewährleisten. Die Organisation darf nicht das Urteil aufkommen lassen, sie sei in ihrer Leistungserbringung abhängig von personellen Zufälligkeiten (Motivation, persönliche Neigungen, mehr oder weniger vorhandene fachliche Fähigkeiten der Mitarbeiter).
- Die Organisation versucht, diese Gewährleistungsanforderung umzusetzen durch Festlegung von Strukturen sowie durch Installierung, Umsetzung und Weiterentwicklung von Handlungsprogrammen.
- Handlungsprogramme im ASD sind nicht allein ein Ergebnis organisationsinterner Prozesse. Sie stehen auch in einem Bezug zu institutionalisierten (formell definierten und im Common Sense der bedeutsamen Bezugsgruppen sich äußernden) Erwartungen aus ihrer Umwelt.
- Formale Strukturbildung im ASD wirkt entlastend für die Mitarbeiter – unter zwei Voraussetzungen: (a) Strukturen müssen transparent sein; (b) den Organisationseinheiten, die durch ihre Aufgaben im unmittelbaren Kontakt mit den Leistungsadressaten stehen, muss ein gewisses Maß an situationsangemessener Entscheidungsautonomie zugestanden werden (Verknüpfung von Strukturelementen der eher engen mit solchen der eher losen Kopplung).
- Handlungsprogramme und Strukturen zu einer möglichst verlässlichen Aufgabenerfüllung in einer Organisation stellen sich nicht von selbst oder allein in der Dynamik des Zusammenwirkens der Organisationsmitglieder her. Zur Gewährleistung der Handlungsfähigkeit von Organisationen ist ein eigener, transparent definierter und positional verankerter Steuerungsmechanismus erforderlich: Leitung.
- In jedem ASD stehen einige elementare Organisationsfragen an, zu denen Entscheidungen getroffen werden müssen und deren Umsetzung beobachtet/reflektiert werden muss. Insbesondere zu den Themen: generalisierte versus spezialisierte Organisationsweisen für die Aufgabenbewältigung; Arbeitsteilung und Kooperationsmodalitäten innerhalb der Gesamtorganisation; Grad der Autonomie dezentraler Organisationseinheiten versus Einbindung in eine einheitliche Organisationsstruktur bzw. in das einheitliche Organisationsgebilde Amt; grundsätzliche Handhabung und Art der sozialräumlichen Ausrichtung; Leitungsverantwortung und gruppenbezogene Teamorganisation.
- In klientennah arbeitenden Organisationen wie dem ASD müssen informelle Regelungen und Strukturen herausgebildet werden, um die Ungewissheiten, um das, was nicht vorhersehbar oder so individuell ist, dass man es nicht in formalen Regeln erfassen kann, zu bewältigen. Informelle Strukturen und Regeln, die verbindlichen Charakter entwickeln können, haben die Funktion einer Anpassungsleistung der Organisationsmitglieder an situativ gegebene Ungewissheiten.
- Organisationskultur ist ein für das Organisationsleben im ASD elementarer Faktor, der nicht nur für die Motivation, das Sichwohlfühlen der Mitarbeiter in einer Organisation bedeutsam ist, sondern auch unmittelbare Auswirkungen auf die Qualität der Leistungserbringung, das fachliche Handeln hat. Organisationskultur stellt einen wichtigen Sozialisationsfaktor für alle Organisationsmitglieder dar, sie prägt deren Verhalten, deren Blick auf Aufgaben und Anforderungen, deren Interpretation der formalen Strukturen und Vorgaben sowie deren Umgang mit diesen.
- Organisationskultur kann als die „Mentalität" einer Organisation bezeichnet werden: Es handelt sich um kollektive Orientierungen, die das Wahr-

nehmen, Denken, Fühlen und Handeln der Organisationsmitglieder beeinflussen. Organisationskultur mit ihrer Tiefenstruktur hat ihre eigene Entstehungs- und Prozesslogik. Sie lässt sich nicht in einem mechanistischen Sinne beliebig und zielgerichtet gestalten oder manipulieren. Die eigene Entstehungs- und Wirkungslogik von Organisationskultur muss verstanden werden, und auf dieser Basis können Impulse gesetzt und deren Wirkungen reflexiv in einem kontinuierlichen Prozess bearbeitet werden.

Die Unterschiedlichkeit der Organisationsformen und der Handlungsweisen, in denen in ASD der Städte, Kreise und kreisangehörigen Gemeinden Aufgaben definiert und realisiert werden, macht deutlich, dass in jedem ASD Fragen der Arbeitsweise und der Strukturen anders beantwortet werden. Die Suche nach *dem* Modell, mit dem ein ASD sich ‚gut aufstellt', muss scheitern, denn jeder ASD markiert eine Organisationsweise, in der die örtlichen Akteure die nach ihren jeweiligen inneren und äußeren Bedingungen ‚sinnvolle' Form des Arbeitens gefunden haben. Jeder ASD stellt eine Form dar, in der die örtlichen Akteure die an sie gestellten Anforderungen in ihrer jeweils örtlich und organisational erzeugten Logik verarbeiten. Diese Organisationsweise mag aus verschiedenen Perspektiven von Organisationsmitgliedern oder von außen kritisiert oder für gut befunden werden: Zunächst ist zu konstatieren, dass ein ASD eine Konstellation gefunden hat, die vor dem Hintergrund seiner Geschichte und für seine inneren und äußeren Konstellationen Sinn zugesprochen bekommen hat, also als sinnvoll angesehen wird. Auch wenn es ein elementarer Kunstfehler der Organisationsberatung wäre, wollte man ein übergreifendes Modell der Organisation für den ASD entwerfen (Wimmer 2004), so sollte man sich doch einige Themen und Fragestellungen vor Augen führen, auf die ein ASD bei der Suche nach einer angemessenen Organisationsgestaltung Antworten finden muss. Zur Kennzeichnung solcher Themen werden in diesem Beitrag zunächst einige Anmerkungen zur Notwendigkeit und zu den grundlegenden Modalitäten von Organisationsgestaltung gemacht (→ 3.1). In einem zweiten Schritt werden einige Aspekte der Organisationsweise thematisiert, zu denen in jedem ASD Entscheidungen getroffen werden müssen (→ 3.2); dabei werden Gesichtspunkte aufgeführt und begründet, an denen sich Entscheidungen ausrichten sollten, ohne jedoch bestimmte inhaltliche Entscheidungsplädoyers vorgeben zu wollen oder zu können. Da in den ersten beiden Kapiteln viel über Regelungen zu Verfahren und Strukturen die Rede ist, muss in einem dritten Schritt eine wichtige Dimension erörtert werden, deren Vernachlässigung für die Organisationsgestaltung im ASD sträflich wäre: Informalität und Organisationskultur (→ 3.3). Diese Dimension ist ein elementarer Bestandteil der Prozessdynamik und somit des Organisationslebens. Gerade weil man diesen Teil des Organisationslebens nicht „in den Griff bekommen" kann, und weil sich darin zeigt, in welcher Form und mit welchen Ergebnissen die Impulse zu Handlungsprogrammen und Strukturen verarbeitet werden, bedarf diese Dimension der Aufmerksamkeit im Rahmen der Beobachtung und Gestaltung der „Organisation ASD".

3.1 Zur Notwendigkeit von Organisationsgestaltung

Der ASD hat im Gefüge der kommunalen Sozialverwaltung bestimmte rechtlich kodifizierte und durch sozial- bzw. jugendhilfepolitische Entscheidungen markierte Aufgaben zu erfüllen. Die Erfüllung dieser Aufgaben muss (a) in kalkulierbarer Weise erfolgen, (b) kontinuierlich gewährleistet werden und (c) auf der Grundlage des fachlichen Kenntnisstandes, also nach den „Regeln der fachlichen Kunst" in einer professionell legitimierbaren Form realisiert werden. Die Aufgabenerfüllung darf nicht ausschließlich von personellen Zufälligkeiten abhängen. Die Leistungserbringung im ASD darf nicht willkürlich oder zufällig und auch nicht abhängig erscheinen von den Motivationen, persönlichen Neigungen und den mehr oder weniger ausgeprägten Fähigkeiten eines Mitarbeiters oder einer Mitarbeitergruppe, an den oder die ein Hilfesuchender oder der Mitarbeiter einer kooperierenden Organisation gerade gerät.
Sicherlich sind subjektive Faktoren bei der Leistungserstellung bedeutsam, und sicherlich ist da-

her jede Aufgabenerfüllung bis zu einem gewissen Grad von den Eigenheiten der Person bestimmt, die für die Organisation tätig wird, jedoch muss die Organisation die Relevanz solcher persönlicher Eigenheiten begrenzen. Die Organisation selbst wird zum Adressaten der Ansprüche, nicht in erster Linie die einzelnen Mitarbeiter. Die Organisation muss für einen akzeptierbaren Stand der Leistungserbringung Sorge tragen. Wenn Adressaten des Organisationshandelns auf die Frage nach Art und Qualität der von der Organisation erbrachten Leistungen antworten: „Na ja, es kommt drauf an, an wen man gerade gerät …", dann gerät die Organisation unter Legitimationsdruck: Es wird dann fraglich, ob und wie die Organisation die an sie gerichtete Anforderung einer verlässlichen, qualitativ angemessenen und kontinuierlichen Leistungserbringung in befriedigender Weise zu erfüllen vermag.

Wie versucht eine Organisation, diese an sie gerichtete Gewährleistungsanforderung umzusetzen? Die Organisation

- definiert **Handlungsprogramme** und
- schafft **Strukturen**,

mit deren Hilfe sie eine einigermaßen berechenbare Bearbeitung der Ziele und Leistungsanforderungen durch die Organisationsmitglieder hervorrufen will (Böttcher / Merchel 2010, 50 ff.). In *Handlungsprogrammen* wird der methodische Teil der Leistungserbringung zu regeln versucht. Die Organisation entwickelt und gibt Verfahrensweisen vor, die als besonders geeignet für das Erreichen der Organisationsziele und für eine akzeptierbare Leistungserbringung angesehen werden. In *Organisationsstrukturen* sollen die Zuständigkeiten und die Kooperationsmechanismen geregelt werden, innerhalb derer die Organisationsmitglieder ihre Arbeit aufteilen und Aufgaben bearbeiten; damit wird den einzelnen Organisationsmitgliedern eine bestimmte Position innerhalb der Organisation zugewiesen, mit der ihr Aufgabenbereich, ihre hierarchische Stellung und die daraus resultierenden Entscheidungskompetenzen sowie ihre Kooperationsverpflichtungen innerhalb der Organisation und mit außerhalb stehenden Organisationen definiert werden.

Durch Handlungsprogramme und Organisationsstrukturen werden die Organisationsmitglieder in die Organisation eingebunden, sie werden zu einem den Zielen der Organisation und den an diese gerichteten Anforderungen entsprechenden relativ „stabilen Verhalten" geführt (Abraham / Büschges 2004, 131). Zumindest werden auf diese Weise Verhaltensanforderungen für die Mitarbeiter definiert, die ihnen Orientierung geben sollen und andererseits auch zur Legitimation von Verhaltensweisen und ggf. zur Sanktionierung von Verhalten herangezogen werden können.

Die Organisation installiert nicht nur Handlungsprogramme und Organisationsstrukturen, sie muss auch Sorge tragen für deren kontinuierliche Umsetzung (handeln die Mitarbeiter entsprechend den Verfahren und Strukturen?), für deren kontinuierliche Überprüfung (entsprechen sie noch den Anforderungen? Bringen sie die gewollten Effekte?) und ggf. für deren Weiterentwicklung (müssen sie verändert werden? Wie können solche Veränderungen mit möglichst geringen Störungen für die alltäglichen Handlungsverläufe und für die Leistungsfähigkeit der Organisation realisiert werden?). Damit Handlungsprogramme und Strukturen installiert, umgesetzt und reflektiert weiterentwickelt werden, müssen Positionen geschaffen werden, die diese Aufgaben in besonderer Weise wahrnehmen und die legitimiert sind, entsprechende Impulse in die Organisation zu geben, die von den anderen Organisationsmitgliedern nicht ohne Weiteres negiert werden können. Dies geschieht über die Installierung von *Leitung*: Leitungspersonen, denen (a) eine besondere Verantwortung für die Organisation zugesprochen wird und die (b) zur Wahrnehmung dieser Verantwortung mit einem gewissen Maß an Macht ausgestattet werden. In der Struktur erfolgt also eine vertikale Ausdifferenzierung: Hierarchie als Mechanismus zur Installierung von Programmen und Strukturen sowie zu deren Umsetzung im Alltag der Organisation und zu deren reflektierten Weiterentwicklung.

3.1.1 Handlungsprogramme

Mit der Erarbeitung von Handlungsprogrammen schafft sich eine Organisation Instrumente, mit deren Hilfe sie sich in die Lage versetzt, die Umsetzung ihrer Organisationsziele und die Realisierung der an sie gestellten Anforderungen bewusst und mit einem höheren Grad an Verlässlichkeit zu fördern. Mithilfe von Handlungsprogrammen soll ein Zustand erreicht werden, bei dem das Realisieren von Organisationszielen und das Erfüllen von Anforderungen nicht primär dem Zufall überlassen bleiben, sondern möglichst verlässlich kalkulierbar werden. Handlungsprogramme treten auf in Form von Konzeptionen, Regeln fachlichen Handelns, mündlichen und / oder schriftlichen Regelsetzungen, als selbstverständlich angesehene Verhaltenspflichten, festgelegten Abfolgen von Methoden und Arbeitsschritten etc. Ein Handlungsprogramm „macht aus individuellem Handeln organisiertes und schafft ein hohes Maß an Berechenbarkeit von Arbeitsabläufen" (Girschner 1990, 126 f.).

Im ASD sind solche Handlungsprogramme u. a. formale Dienstanweisungen, Konzepte und festgelegte Handlungsabläufe für bestimmte elementare Prozesse (Hilfeplanung, Handeln bei Meldungen zu möglichen Kindeswohlgefährdungen, Abläufe bei der Mitwirkung in Verfahren vor dem Familiengericht etc.), aber auch informelle Regelungen (z. B. zum Verhalten bei kollegialen Beratungen, zum Umgang mit Beschwerden von Eltern oder von freien Trägern, zum Verhalten in plötzlich auftretenden Vertretungssituationen). Neben diesen gehören aber auch zu den Handlungsprogrammen in den ASD eingeführte Wahrnehmungs- und Interpretationsmuster, die für das Handeln der ASD-Mitarbeiter eine prägende Wirkung haben. Solche schwer fassbaren, aber für das Handeln im ASD hoch wirksamen Muster der Interpretation, der Sinnstiftung und der Wahrnehmungs- und Verhaltenssteuerung, werden von Klatetzki (1998, 63 ff.) mit dem Begriff der *praktischen Ideologie* charakterisiert.

„Eine praktische Ideologie ist ein relativ kohärentes System, bestehend aus emotional besetzten Vorstellungen, Werten und Normen, das Personen gemeinsam ist, sie zusammenbindet und ihnen hilft, ihrer Umwelt Sinn zu verleihen. Ideologien verbinden Vorstellungen über Ursache-Wirkungsrelationen mit Präferenzen für bestimmte Ziele und Resultate und mit Erwartungen im Hinblick auf richtiges Verhalten" (Klatetzki 1998, 63).

Wenn etwa im ASD alle Mitarbeiter eine Weiterbildung in systemischer Familienberatung durchlaufen haben, so werden sie in ihrer Sicht auf die Probleme, mit denen die Organisation konfrontiert wird, stark durch die mit dieser Ausbildung einhergehenden „praktischen Ideologien" geprägt. In einem solchen ASD werden vermutlich andere Interpretationsmuster erzeugt als in einem ASD, dessen Mitarbeiter unterschiedliche methodische Fortbildungen absolviert haben bzw. bisher kaum an Fortbildungen teilgenommen haben oder sich an lerntheoretischen bzw. verhaltensmodifikatorischen oder tiefenpsychologischen Modellen ausrichten. Mit den „praktischen Ideologien" wird die Realität von den Organisationsmitgliedern sinnhaft strukturiert und damit für Organisationshandeln bearbeitbar gemacht. Je mehr die „praktischen Ideologien" von den Organisationsmitgliedern als gemeinsame Sicht auf die Realität geteilt und anerkannt werden, desto stärker kann auf explizite Vorschriften und Regeln verzichtet werden. In den Handlungsprogrammen werden auch die Modalitäten sichtbar, mit denen in einer Organisation schwierige Spannungsfelder (z. B. die Spannung zwischen Hilfe und Kontrolle, zwischen dem Rechtsanspruch auf Hilfen und den knappen Finanzmitteln) wahrgenommen und bearbeitet werden sollen.

Handlungsprogramme entstehen sowohl durch bewusstes Herbeiführen durch die Leitung (Anweisungen, Erarbeiten von Konzeptionen oder Ablaufmustern in Arbeitsgruppen mit Mitarbeitern, Inhouse-Fortbildungen etc.) als auch implizit durch allmähliche Herausbildung von Wahrnehmungs- und Handlungsmustern, die eine für die Organisationsmitglieder prägende und normierende Kraft entfalten. Handlungsprogramme können aber nicht nur in der Betrachtung interner Prozesse erklärt werden; sie stehen auch in einem Wechselverhältnis zur Umwelt einer Organisation und werden bisweilen unmittelbar durch die Umwelt geprägt. Dies ist insbesondere dann der Fall, wenn die Umwelt ein besonderes politisches Steuerungsinteresse gegenüber der Organisation präsentiert und zur Geltung zu bringen versucht. Die Umwelt vertraut dann nicht mehr einzig darauf, dass die Organisation die formulierten Aufträge autonom und kompetent in eigene Handlungsprogramme umsetzt, sondern Umweltakteure nehmen in mehr oder weniger präziser und machtvoller Form Einfluss auf die Handlungsprogramme; so z. B. in der Anforderung an Jugendämter, in Vereinbarungen mit freien Trägern sicherzustellen, dass diese mit entsprechenden Handlungsanforderungen in den Schutzauftrag bei Kindeswohlgefährdung eingebunden werden (§ 8a Abs. 4 SGB VIII) oder in den Regelungen im Bundeskinderschutzgesetz, dass bei Meldungen zu möglichen Kindeswohlgefährdungen in der Regel ein Hausbesuch zu erfolgen hat (§ 8a Abs. 1 SGB VIII) oder dass beim Umzug einer vom Jugendamt betreuten Familie eine persönliche Übergabe des Falles an das neu zuständige Jugendamt erfolgen soll (§ 86c Abs. 2 SGB VIII).

Doch nicht nur solche direkten Vorgaben aus der Umwelt beeinflussen die Handlungsprogramme des ASD. Einfluss üben auch solche Sinngebungen in der kulturellen und sozialen Umwelt des ASD aus, die als ‚allgemein anerkannt' institutionalisiert sind und denen sich der ASD kaum entziehen kann, wenn er nicht Legitimitätseinbußen erleiden will. Da Organisationen auf Unterstützung und Anerkennung ihrer Umwelt angewiesen sind, müssen sie sich so positionieren und solche internen Muster ausbilden, dass sie die erforderliche Legitimität in ihrer Umwelt erlangen und beibehalten können. Werthaltungen und kulturelle Praktiken aus der Umwelt werden aufgegriffen und in die internen Normen, Regelungen und Handlungsweisen eingebaut. Als ‚vernünftig' gelten dann solche Struktur- und Handlungsmuster für die Organisation, die mit Bezug auf institutionalisierte Sinngebungen in der Umwelt legitimiert werden können (Walgenbach 2002; Merkens 2011; Drepper 2010). Viele Handlungsmuster und Veränderungen in Organisationen werden vor dem Hintergrund eines Motivs der Konformität mit externen, ‚institutionellen' Erwartungen herausgebildet. Sie stehen in Verbindung zu Erwartungen im Umfeld einer Organisation, also zu dem, was sich im ‚Common Sense' des jeweiligen Bezugsfeldes (z.B. in der Profession, bei einem Großteil der Jugendämter, bei Fachorganisationen in der Jugendhilfe; vgl. Peter 2010) als allgemein akzeptiert, als vermeintlich vernünftig herausgebildet hat. So kann es sich z.B. kein ASD leisten, den Anspruch einer „kollegialen Fallberatung" zu negieren oder ein „fachliches Controlling" abzulehnen. In ähnlicher Weise ist der Anspruch, „sozialraumorientiert" zu arbeiten, mittlerweile ohne eine Gefahr der Einbuße an Legitimation kaum mehr zurückzuweisen.

Die Bedeutung institutionalisierter Erwartungen für den ASD lässt sich gut nachvollziehen an der Art, in der das Thema Kinderschutz zur Entscheidungsprämisse für Organisationsgestaltung geworden ist. Mit den öffentlichen Debatten zum Kinderschutz wurde die Forderung nach Verbindlichkeit des Handelns im Jugendamt, nach Ausrichtung an vorgegebenen Programmen (Richtlinien, Checklisten, Diagnosebögen etc.) ein größerer Stellenwert zugeordnet im Sinne einer „Absicherung des Risikos" bei Leitung und Mitarbeitern. In Untersuchungen wie z.B. der von Krone et al. (2009), deren Datenerhebung in der „Vor-Kevin-Ära" (2005/2006) vorgenommen wurde, spielte die Risikoabsicherung bei Kindeswohlgefährdung noch kaum eine Rolle; die interviewten Personen stellten primär die Bewältigung des Kostenanstiegs mit Mitteln der Verwaltungsmodernisierung und des Sozialraumbudgets in den Mittelpunkt der Steuerungsanforderungen an den ASD. Mit dem Aufkommen der Kinderschutzdebatten erfolgte hier eine deutliche Ausweitung in Richtung „Steuerung fachlichen Handelns und Risikoreduzierung durch verbindliche Programme".

Ob ein ASD tatsächlich und in allen Organisationsteilen nach den in Konzepten präsentierten Mustern handelt, ist jedoch nicht immer garantiert. Hier kann es durchaus zu einem Auseinanderfallen kommen zwischen äußerlicher Legitimationsfassade und widersprüchlichem realem Organisationshandeln. *Talk* und *Action* sind häufig nicht identisch. Während auf der Ebene des *Talk* eine symbolische Integration der Erwartungen der Umwelt vollzogen wird (z.B. im Vokabular der „Sozialraumorientierung"), kann auf der Ebene der *Action* in einer abgestuften Widersprüchlichkeit des Handelns eine praktische Distanzierung von den institutionalisierten Erwartungen erfolgen (Schaefers 2002, 839) z.B. reduziert auf die äußerliche Anwesenheit eines ASD-Vertreters bei „Sozialraumkonferenzen". Oder es werden Handlungen umetikettiert (wenn z.B. aus der Fallberatung eine „Selbstevaluation" oder aus dem Teamgespräch ein „Qualitätszirkel" wird); auf diese Weise kann man der Legitimationsanforderung Folge leisten, ohne die tradierte Praxis nachdrücklich zu verändern. Einige in der Sozialen Arbeit gängige Vokabeln laden aufgrund ihrer semantischen Unbestimmtheit zu einer solchen Funktionalisierung geradezu ein (so z.B. die Vokabel „Vernetzung" oder auch – in ihrer alltäglichen Verwendung leider – die Vokabel „kollegiale Beratung").

Für den ASD wie für die meisten Organisationen

Sozialer Arbeit stellen sich bei der Herausbildung von Handlungsprogrammen drei grundlegende Probleme:

- Einerseits sollen durch die Vorgabe von Verfahren spezifische Formen der Aufgabenerledigung und des Umgangs mit Problemen verbindlich gemacht werden. Andererseits müssen die Anliegen und die Lebenssituationen der Adressaten so individuell und spezifisch bearbeitet werden, dass eine verallgemeinernde Standardisierung, bei der individuelle Besonderheiten eines Falles aus dem Blick geraten, vermieden wird. Verbindlichkeit des Vorgehens und individualisierte Bearbeitung müssen in den Handlungsprogrammen miteinander vereinbart werden.
- Mit dem Problem der Individualisierung, die in Spannung steht zum Anspruch der Verbindlichkeit von Handlungsprogrammen, geht das Problem der strukturellen Unsicherheit einher, mit dem die ASD-Mitarbeiter konfrontiert sind. ASD-Mitarbeiter müssen häufig handeln, obwohl die Lebenssituation und die darin enthaltenen Schwierigkeiten der Adressaten noch nicht ausreichend verstanden sind, und sie müssen Methoden einsetzen, deren Erfolgsaussichten nicht klar kalkulierbar sind. Die Organisation kann das Unsicherheitsproblem nicht einfach auf die Organisationsmitglieder (ASD-Mitarbeiter) verlagern, weil diese damit überfordert (allein gelassen) würden, die Qualität der Aufgabenerledigung litte und die Leistungsfähigkeit des ASD insgesamt in Zweifel geriete. Andererseits kann durch die Proklamation von Handlungsprogrammen nicht der Eindruck erzeugt werden, man könne damit das Strukturproblem der Unsicherheit „in den Griff bekommen". Es bleibt nur die Möglichkeit, die strukturelle Unsicherheit durch Verfahren (z. B. zur sozialpädagogischen Diagnostik; → Kapitel 14) bearbeitbar zu machen und Reflexionsverfahren einzusetzen (z. B. Evaluation oder Qualitätsentwicklung; → Kapitel 36), wodurch das Unsicherheitsproblem methodisch entdramatisiert, aber selbstverständlich wegen seine strukturellen Charakters nicht ausgeschaltet werden kann. Es geht also um die Erzeugung angemessener und reflektierter Erwartungen, die Handlungsprogrammen im ASD entgegengebracht werden.
- Die Akteure in Organisationen neigen dazu, Handlungsprogramme im Verlauf ihrer Anwendung zur Routine werden zu lassen, verbunden mit der Gefahr, dass Verfahrensschritte in einer äußerlichen Routine „abgehandelt" werden, ohne dabei die mit den Programmelementen verbundenen Sinngehalte zu realisieren. Beispiel: Stadien einer kollegialen Beratung (vgl. Schattenhofer/Thiesmeier 2001, 68 f.) werden formal durchlaufen, ohne dass der Sinn solcher Ablaufstadien, nämlich das Erzeugen von Perspektivenvielfalt sowie eine Trennung zwischen Problemverstehen und Maßnahme-Erörterung, realisiert wird. Oder: Der Hilfeplan soll – als Zeichen für Adressatenbeteiligung – vom Jugendlichen und von Elternteilen unterschrieben werden, ohne dass am Ende eine Einschätzung darüber erfolgt, ob die Adressaten sich tatsächlich im Prozess als ernst genommen und als beteiligt empfunden haben. Die Umsetzung von Handlungsprogrammen muss also immer daraufhin beobachtet und bewertet werden, ob die angezielte Verbindlichkeit und Regelhaftigkeit in Gefahr gerät, in äußerliche Routinehaftigkeit abzugleiten, ob also der mit dem Handlungsprogramm angestrebte Sinn im Bewusstsein der Akteure vorhanden ist und deren Handeln tatsächlich prägt.

3.1.2 Strukturen

Ein ASD bildet Strukturen aus, mit deren Hilfe die auf Aufgabenerfüllung und Organisationsziele ausgerichteten Handlungsprogramme in einer möglichst kalkulierbaren und verlässlichen Weise umgesetzt werden können. Mithilfe der Strukturbildung versucht die Organisation zu gewährleisten, dass

- die zur Erreichung der Organisationsziele erforderlichen Aufgaben definiert und bestimmten Organisationsmitgliedern zur Erledigung zugeordnet werden;
- die unterschiedlichen Tätigkeiten miteinander koordiniert werden;
- die zur Aufgabenerledigung notwendige Kooperation stattfindet;
- verbindliche Entscheidungen getroffen und dass Weisungen legitimiert ausgesprochen werden.

Strukturen dienen somit als Regelung zur Arbeitsteilung und als Instrument der Koordination und geregelten Kooperation sowie als Instrument zur Kontrolle individueller und gruppenbezogener Akteure. Zur Steuerung einer Organisation über

Strukturbildung gehört ebenfalls die Zuordnung von Verantwortung: In der Organisationsstruktur wird geregelt, welche Organisationsmitglieder für welche Teilbereiche, in welchem Umfang und in welcher spezifischen Weise Verantwortung zu tragen und entsprechend ihrer Verantwortung ihre Verhaltensweisen zu legitimieren haben.

Ein wesentliches Charakteristikum von Strukturbildung ist Formalisierung. Durch Formalisierung versuchen Organisationen, sich von wechselnden Mitgliedern und den vielfältigen individuellen Eigenschaften ihrer Mitglieder weitgehend unabhängig zu machen. Mit dem Mittel der Formalisierung sollen die Strukturen und Abläufe regelhaft gestaltet werden – mit der erhofften Wirkung einer größeren Kalkulierbarkeit und Prognostizierbarkeit der Leistungserbringung. Die Anfälligkeit der Organisation für individuell verursachte, zufällig auftretende oder durch Personenwechsel bedingte Störungen soll durch Formalisierung reduziert werden. Eine Struktur ist in dem Maße formalisiert,

„in dem die Regeln, die das Verhalten der Beteiligten steuern, genau und explizit formuliert sind und in dem Rollen und Rollenbeziehungen unabhängig von den persönlichen Eigenschaften derjenigen, die bestimmte Positionen in der Struktur innehaben, vorgegeben sind" (Scott 1986, 95).

Die Hauptdimensionen der formalen Strukturbildung in Organisationen sind (Preisendörfer 2005, 67 ff.):

- **Arbeitsteilung:** Zuordnung der unterschiedlichen Aufgaben und Verrichtungen;
- **Koordination / Integration:** Aufeinander-Abstimmen und ggf. Zusammenfügen der verschiedenen Teilaufgaben;
- **Hierarchie:** Regelung und positionale Zuordnung von Entscheidungs- und Kontrollbefugnissen;
- **Delegation:** Grad der (teil-)autonomen Handlungs- und Entscheidungsfähigkeit einzelner Organisationsteile;
- **Formalisierung:** Grad der Verschriftlichung von Regeln.

Strukturbildung in Organisationen kann Organisationsmitglieder entlasten, weil Orientierungen vorhanden sind, an denen die Personen ihr Verhalten ausrichten können, und weil Zuständigkeiten und Kooperationsanforderungen nicht immer wieder neu ausgehandelt und strategisch ausgerichtet werden müssen. Um eine solche Entlastungswirkung zu erreichen, muss die Organisationsstruktur ein möglichst hohes Maß an Transparenz aufweisen. Mit dem Grundsatz der Transparenz ist zum einen die Anforderung gemeint, dass im Prinzip alle Organisationsmitglieder (und wichtige Kooperationspartner außerhalb der Organisation) Kenntnis von den formalen Regelungen und ihrer Bedeutung haben sollten, und zum anderen, dass der sachliche Regelungsgehalt eines Strukturelements möglichst eindeutig sein soll.

Ein Beispiel für einen Verstoß gegen diesen Grundsatz ist die Ambivalenz, mit der in einigen Organisationen die Position eines „Teamkoordinators" geschaffen wird. Hier entsteht dann Intransparenz, wenn Leitungsrollen auf der Teamebene nicht ausdrücklich und offen mit Leitungserwartungen verknüpft und die entsprechenden Rolleninhaber nicht deutlich als Leitungspersonen etikettiert werden, sondern wenn aus Gründen einer egalitären Ideologie oder aus personenbezogenen Rücksichtnahmen „Koordinationsfunktionen" proklamiert werden. Die Proklamation einer diffusen Rolle der „Koordination" bleibt intransparent, weil damit implizit Steuerungsanforderungen verbunden werden, ohne dass man der damit betrauten Person ein positionell abgesichertes Steuerungspotenzial zuspricht. Die mit der Koordination betraute Person muss die strukturelle Intransparenz durch ihr persönliches Verhalten irgendwie auszugleichen versuchen, wobei die jeweils gefundene Balance immer prekär bleibt, weil sie durch die anderen Organisationsmitglieder (z. B. Teammitglieder) stets problemlos angreifbar ist. Wenn in ASD von Koordinatoren die Rede ist, so liegt der Verdacht mangelnder Transparenz und partiell unklarer Leitungsstrukturen nahe. Ähnliche Verstöße gegen den Grundsatz der Transparenz liegen vor, wenn z. B. undeutlich bleibt, welche Entscheidungsbefugnisse einer Teamleitung gegeben sind und bei welchen Entscheidungen die Abteilungsleitung einzubeziehen ist, oder bei welchen Entscheidungen die Abteilungsleitung beratend hinzuzuziehen ist und bei welchen Sachverhalten die Letztentscheidung bei der Abteilungsleitung liegt.

In welchem Umfang Strukturbildung über Formalisierung Stabilität bringen kann und ob nicht durch starke Formalisierung auch Probleme (z. B.

im Hinblick auf Motivation und Kreativität der Organisationsmitglieder) erzeugt werden, wäre zu diskutieren insbesondere im Hinblick auf die spezifischen Ziele und Handlungsprogramme von Organisationen. Dies ist insbesondere für Organisationen in der Sozialen Arbeit wie etwa den ASD von Bedeutung, weil hier bei der Aufgabenerfüllung personenbezogene Anteile als eine der Grundlagen für gelingende soziale Leistungen zu aktivieren sind. Wenn die Leistung der Organisation in der unmittelbaren Koproduktion mit dem Leistungsadressaten gestaltet werden muss und wenn darüber hinaus im Hinblick auf Lebensweltnähe und Sozialräumlichkeit dezentrale Strukturen installiert werden, muss den einzelnen ASD-Teams in der formalen Struktur ein größeres Maß an eigener Entscheidungskompetenz zugestanden werden; eine genaue zentrale Steuerung über formale Struktur ist dann nur begrenzt möglich. Vielfach wird es im ASD solcher Organisationssysteme bedürfen, die sich dem Typus der „losen Koppelung" annähern (Weick 1995, 163 ff.) oder zumindest Anteile der „losen Koppelung" mit Steuerungsmechanismen einer engeren Ankoppelung verbinden (Böwer / Wolff 2011): Die dezentralen Organisationseinheiten sind über Regelsysteme in die Gesamtorganisation eingebunden, jedoch ermöglichen diese Verknüpfungen einen relativ hohen Anteil an eigenen situations- und problemangemessenen Entscheidungen, die sich rechtfertigen müssen vor dem Hintergrund der übergreifenden Regelsysteme und die – im günstigen Fall – über gemeinsame Reflexionsmechanismen mit der Gesamtorganisation verkoppelt sind.

Eine wichtige Variable bei der Ausgestaltung der Organisationsstruktur ist in der Größe einer Organisation zu sehen. Mit zunehmender Größe einer Organisation nehmen die Überschaubarkeit und die Kontrollierbarkeit der Interaktions-, Kommunikations- und Entscheidungsprozesse ab, und es besteht die Tendenz, die fehlende Überschaubarkeit und interaktionelle Kontrollierbarkeit durch formale Strukturierungs- und Kontrollmechanismen zu kompensieren. Kleinere und kleine Organisationen hingegen können Entscheidungen und Absprachen stärker in interaktiven Zusammenhängen treffen, wodurch formalisierte Regelungen in weitaus geringerem Maße erforderlich werden.

3.1.3 Leitung

Handlungsprogramme und Strukturen zu einer möglichst verlässlichen Aufgabenerfüllung in einer Organisation stellen sich nicht von selbst oder allein durch die Dynamik des Zusammenwirkens der Organisationsmitglieder her bzw. dann, wenn sie bisweilen entstehen, ist nicht ohne weiteres gewährleistet, dass sie aufgabenadäquat gestaltet sind. Ziele und Leistungsbereiche müssen vor dem Hintergrund der Anforderungen der Umwelt definiert und für einzelne Organisationssegmente und Akteure konkretisiert werden, individuelle Handlungen von Organisationsakteuren müssen im Hinblick auf eine angemessene Leistungserbringung strukturiert und koordiniert werden, Organisationsmitglieder müssen zu einem spezifischen Handeln motiviert und befähigt werden, Modalitäten der strukturierten Bewertung zum Handeln und zu seinen Ergebnissen müssen installiert werden, die Realisierung von Handlungsanforderungen muss überwacht und reflektiert werden und vieles andere mehr.

Zur Gewährleistung der Handlungsfähigkeit von Organisationen ist ein eigener, transparent definierter und positional verankerter Steuerungsmechanismus erforderlich: Leitung (→ Kapitel 4). Die Funktionen von Leitung bestehen darin,

- für eine verlässliche und kompetente Aufgabenerledigung zu sorgen,
- innerorganisatorisch personelle (qualifikatorische und motivationale) und organisationale Grundlagen (Arbeitsteilung, Kooperation, Kommunikationsformen, Handlungsprogramme) für eine gelingende Aufgabenerfüllung zu gewährleisten,
- Reflexion zu ermöglichen und in der Organisation herauszufordern sowie auf diese Weise über Mechanismen des organisationalen Lernens Weiterentwicklungen der Organisation anzustoßen,
- Außenbezüge zur relevanten Umwelt der Organisation herzustellen und zu gestalten sowie eine kontinuierliche Beobachtung der Vorgänge in der Umwelt und eine Bewertung dieser Vorgänge im Hinblick auf deren Relevanz für die eigene Organisation zu gewährleisten (Merchel 2010b, 30 ff. und 2010a).

Die Realisierung dieser Steuerungsfunktionen darf nicht dem Zufall überlassen bleiben, sie muss organisatorisch verlässlich verankert und personell zugeordnet werden. Eine Organisation muss also Leitung installieren, Leitungsaufgaben definieren und diese Leitungsaufgaben bestimmten Organisationsmitgliedern zuordnen. Dabei kommt der Leitung eine Prozessverantwortung zu: Leitung muss dafür Sorge tragen, dass die für die Leistungserstellung und die Zielerreichung der Organisation erforderlichen Prozesse umgesetzt werden. Leitung muss nicht „alles selbst machen", aber sie muss gewährleisten, dass die genannten Funktionen realisiert werden. Auch die Modalitäten, unter denen die Leitungsfunktion praktiziert wird, können sich unterscheiden: Sie können eher dominant oder eher partizipativ sein, sie können Entscheidungen eher verkünden oder eher werbend kommunikativ vermitteln, sie können eher konfrontierend oder eher Anteil nehmend sein, sie können die Mitarbeiter eher funktionsbezogen oder eher als „ganze Person" ansprechen etc. Je nach Situation in einem ASD können unterschiedliche Leitungsmodalitäten angemessen sein, es kommt aber darauf an, dass die Leitungsfunktionen erfüllt werden und keine markanten Leitungslücken entstehen.

3.2 Organisation im ASD: Themen mit Entscheidungsbedarf

In jedem ASD stehen einige elementare Organisationsfragen an, zu denen (a) Entscheidungen getroffen werden müssen und zu denen (b) die Entscheidungen aufgrund ihrer Bedeutung für eine adäquate Leistungserstellung kontinuierlich umgesetzt und in ihrer Umsetzung beobachtet / reflektiert werden müssen. Dies sind insbesondere:

- generalisierte versus spezialisierte Organisationsweisen für die Aufgabenbewältigung;
- Arbeitsteilung und Kooperationsmodalitäten innerhalb der Gesamtorganisation (in der Regel: Jugendamt);
- Zentralität versus Dezentralität von Strukturen (Entscheidungen, Programme, Verantwortlichkeit) bzw. Grad der Autonomie dezentraler Organisationseinheiten versus Einbindung in eine einheitliche Organisationsstruktur bzw. in das einheitliche Organisationsgebilde Amt;
- grundsätzliche Handhabung und Art der sozialräumlichen Ausrichtung;
- Leitungsverantwortung und gruppenbezogene Teamorganisation; Zuordnung von Verantwortung und Entscheidungsmacht.

Zu diesen Aspekten der Organisationsgestaltung im ASD sollen im Folgenden einige Gesichtspunkte benannt werden, die bei Entscheidungen bedacht werden sollten, ohne jedoch bestimmte inhaltliche Entscheidungsoptionen vorgeben zu wollen.

3.2.1 Generalisierte und spezialisierte Organisationsweisen

Der Begriff *Allgemeiner* Sozialer Dienst (auch in der Variante des *Kommunalen* Sozialdienstes) weist zunächst auf einen hohen Generalisierungsgrad der Aufgaben und der Aufgabenbearbeitung hin: Bearbeitet werden sollen die Probleme und Leistungsanfragen, die zunächst noch kaum spezifiziert sind und die daher noch nicht einem spezifischen Dienst oder Organisationssegment zur Bearbeitung zugewiesen werden können. Es werden relativ komplexe und bisweilen unspezifische Probleme an den ASD herangetragen, die noch der Abklärung bedürfen. Für solche Probleme erscheint auf den ersten Blick eine generalisierte Organisationsform angemessen, die wenige Spezialisierungen organisatorisch verankert. Allerdings besteht die Schwierigkeit, dass eine zu breite Generalisierung auf Begrenzungen in der Verarbeitungskapazität der betroffenen Organisationsmitglieder trifft. Generalisierung bedeutet für die Organisationsmitglieder Komplexitätsausweitung, die nur bis zu einem gewissen Grad bewältigbar erscheint. Daher stellt sich die Frage, auf welche Weise die Komplexität der Aufgaben begrenzt und damit bewältigbar gemacht bzw. gehalten werden kann.

Eine erste Antwort auf dieses Problem ist bereits in der Entwicklung der Aufgaben des ASD erkennbar: Entgegen historischen Situationen und Interpretationen, die den Begriff des *Allgemeinen* relativ weit interpretiert haben und dem ASD ein umfassendes Aufgabenbündel aus verschiedenen sozialen Bereichen, für verschiedene Lebensaltersgruppen und soziale Problemsituationen zugewiesen haben (→ Kapitel 1; Deutscher Verein 2002a), hat sich mittlerweile eine Schwerpunktsetzung bzw. eine weitgehende Begrenzung auf

Aufgaben gem. SGB VIII mit der folgerichtigen Zuordnung des ASD zum Jugendamt durchgesetzt (Pluto et al. 2007, 58 ff.). Die Jugendhilfeaufgaben bilden den Schwerpunkt der ASD-Aufgaben, was nicht ausschließt, dass dem ASD an dem einen oder anderen Ort weitere Aufgaben aus anderen Bereichen zugeordnet werden, die aber in der Regel sein Aufgabenprofil nicht in besonderer Weise prägen.

Eine weitere Stufe in der Komplexitätsbegrenzung beim ASD ist zu beobachten: In einigen ASD werden Aufgaben, die bisher zum Aufgabenbereich des ASD zählten oder die zunächst als dem ASD zugehörig organisiert worden waren, vom ASD abgetrennt und in eigene Organisationseinheiten (teil-)verselbständigt. Dazu gehören z. B. die Herauslösung des Falleingangs und der Fallverteilung, die Installierung von Kinderschutz- oder Krisendiensten und eines eigenen Dienstes für *Frühe Hilfen* (einschließlich eines Neugeborenenbesuchsdienstes). Bisweilen wird dort, wo die Aufgaben der Jugendgerichtshilfe noch durch den ASD wahrgenommen wurden, eine Zuordnung dieser Aufgaben zu einem Spezialdienst geplant. Die Entscheidungen zur organisatorischen Ausdifferenzierung von Aufgaben in Spezialdienste erfolgen nicht nur vor dem Hintergrund der sachbezogenen Frage, welche Aufgabenkomplexität ein ASD bewältigen kann und an welchen Stellen Spezialaufgaben abgetrennt werden können, sondern auch zum Zweck eines auf die Mitarbeiter gerichteten Überlastungsmanagements. Durch Begrenzung der Aufgabenkomplexität soll eine Konzentration der Mitarbeiter auf bestimmte Aufgabenbündel ermöglicht und zumindest das Belastungsmoment der Aufgabenbreite reduziert werden. In diesem Zusammenhang steht auch die Tendenz in einigen ASD, einen Teil der sozialpädagogischen Diagnose nach außen zu geben (an Beratungsstellen, sozialpädagogisch-psychologische Sachverständige oder an Heime angeschlossene Diagnosegruppen; vgl. Merchel et al. 2012, 105 f.). So nachvollziehbar solche Organisationsmodalitäten unter dem Aspekt des Belastungsmanagements sein können und so positiv spezialisierte Kenntnisse und Vorgehensweisen bei der effektiven Bearbeitung bestimmter Aufgaben sein können, so genau sollten aber auch die damit einhergehenden fachlichen Probleme und organisationalen Risiken bedacht werden:

- die Tendenz, ganzheitliche sozialpädagogische Sichtweisen allmählich als weniger bedeutsam erscheinen zu lassen;
- das Anwachsen von Schnittstellen und die damit verbundene Notwendigkeit erweiterter innerorganisationaler Kooperationen und eines Schnittstellenmanagements, um die Folgen der Ausdifferenzierung zu begrenzen (→ Kapitel 2);
- die Tendenz, dass sich die einzelnen Organisationseinheiten fachlich und organisatorisch verselbständigen sowie eigene Wahrnehmungsmuster und Handlungsmodalitäten („eigenes Profil") entwickeln, die die Kommunikation zwischen verschiedenen Spezialdiensten und ASD erschweren.

Wird also im Hinblick auf die Bewältigung von Aufgabenkomplexität und Belastung über eine Ausdifferenzierung von Spezialdiensten nachgedacht, so sollten auch die möglichen Nebenwirkungen und organisationale Möglichkeiten zur Begrenzung bzw. zum Umgang mit diesen Nebenwirkungen in den Blick genommen werden.

Folgende Dienste, die in vielen Jugendämtern neben dem ASD existieren, sind bei den vorangegangenen Ausführungen ausdrücklich nicht gemeint: der Pflegekinderdienst, die Adoptionsvermittlung und die Amtsvormundschaft. Die drei Dienste erfüllen Aufgaben, die nicht zum Kern der ASD-Aufgaben gehören:

- Der **Pflegekinderdienst** erbringt, ähnlich wie die anderen Träger und Einrichtungen in der Erziehungshilfe, Leistungen als Folge von auf Hilfeplanung gegründeten Entscheidungen. Hilfeplanung und darauf ausgerichtete Entscheidungen sind Aufgaben des ASD, nicht aber die Erbringung der darauf folgenden Leistung; die Leistungserbringer haben bei der kontinuierlichen Fortschreibung des Hilfeplans eine andere Funktion als der die Hilfen koordinierende ASD (→ Kapitel 13).
- Die **Adoptionsvermittlung** ist angesichts ihres fachlichen Gehalts ebenfalls eher als eine Leistung anzusehen und weniger als Koordination von Hilfen (auch wenn sie rechtlich im SGB VIII den „anderen Aufgaben" und nicht den „Leistungen" zugeordnet ist). Sie steht entweder außerhalb der Hilfen zur Erziehung (dem „traditionellen" Feld des ASD), oder sie ist Folge einer im Rahmen der Hilfeplanung erfolgten Prüfung (§§ 36 Abs. 1 SGB VIII).

- Die **Amtsvormundschaft** ist eine Aufgabe, die für einen Minderjährigen wahrgenommen wird. Die einzelnen Mitarbeiter des Jugendamtes, denen die Aufgabe gem. § 55 Abs. 1 SGB VIII übertragen wird, wirken als gesetzliche Vertreter des Minderjährigen. Mit dieser Funktion haben sie u. a. bei Hilfen zur Erziehung und bei der Hilfeplanung eine eigenständige Position, die sich markant von den Aufgaben des ASD in der Hilfeplanung unterscheidet.

Wenn die drei genannten Aufgaben nicht als Spezialaufgaben im Jugendamt organisiert wären, sondern vom ASD erledigt würden, wäre kritisch zu hinterfragen, in welcher Weise die dann auftretenden Rollendiffusionen bewältigt werden. Die Realisierung dieser Aufgaben im ASD wäre mit einer Intransparenz der Rollen verbunden, die sich nachteilig für die beteiligten Adressaten auswirken können. Hier ist also eine Abtrennung der Aufgaben vom ASD mit einer entsprechenden Zuweisung der Aufgaben an Personen mit diesen Spezialfunktionen sachlich zu präferieren.

3.2.2 Arbeitsteilung und Modalitäten der Kooperation

Je arbeitsteiliger in einer Organisation die Aufgaben erledigt werden, desto größer ist die Notwendigkeit, über Kooperationsmodalitäten für eine möglichst widerspruchsfreie und koordinierte Gesamtleistungserbringung zu sorgen. Die Zusammenführung arbeitsteilig erbrachter Leistungsbestandteile darf nicht nur den einzelnen Organisationsmitgliedern allein überlassen bleiben (mit einem Appell an die Individuen zur Zusammenarbeit), sondern sie muss in den Organisationsabläufen verankert werden: durch Verfahrensbestimmungen (Ablauforganisation), bei denen Anlässe, Orte und Modalitäten der Kooperation geregelt werden, sowie durch Gestaltung eines für die Kooperation förderlichen Organisationsklimas. Im ASD zu entscheiden ist also,

- welche Formen der Arbeitsteilung angesichts der spezifischen organisationalen und personellen Verhältnisse in einem ASD angemessen sind;
- über welche Verfahren ein Zusammenfügen der Leistungsbestandteile erfolgen soll;
- wer mit wem an welchen Stellen zu welchen Aufgabenbestandteilen in welcher Weise kooperieren bzw. Absprachen treffen soll;
- bei wem die Zuständigkeit für die Beobachtung und Bewertung der Kooperationsmodalitäten liegt und wer Störungen in der Kooperation zu bearbeiten bzw. in die Bearbeitungsabläufe einzubringen hat.

Die Regelungen zu Arbeitsteilung und Kooperation innerhalb der Organisation hat entsprechend den Modi der Arbeitsteilung mehrere Bezugspunkte:

- Die räumliche Arbeitsteilung (Formen der Dezentralisierung) erfordert eine Kooperation verschiedener räumlich differenzierter ASD-Teams z. B. bei teamübergreifenden Vorgehensweisen oder zur Wahrung relativ einheitlicher Handlungsweisen.
- Die fachliche Arbeitsteilung in den Teams erfordert die Kooperation zwischen den verschiedenen Teams.
- Die Arbeitsteilung zwischen den ASD und Spezialdiensten oder zwischen ASD und dem administrativ wirtschaftlichen Sachgebiet („Wirtschaftliche Jugendhilfe") verlangt geregelte Kooperationsmodalitäten zwischen verschiedenen, nach Sach-Aufgaben differenzierten Organisationssegmenten innerhalb eines Amtes.

Ein Teil der durch Arbeitsteilung notwendig werdenden Kooperationsmodalitäten kann durch transparente Verfahrensvorgaben geregelt werden. Ein anderer genauso bedeutsamer Teil des Gelingens von Kooperation vollzieht sich im informellen Bereich dessen, was als *Organisationsklima* oder *Organisationskultur* bezeichnet wird (→ 3.3). Bei Entscheidungen zur Arbeitsteilung und Regelung von Kooperation muss dieser informelle Aspekt mitbedacht werden: Ob sich die formalen Kooperationsregelungen in der Organisation faktisch und entsprechend ihrem Sinn realisieren lassen, ob und welche Formen und Orte der Kooperation für welche Kooperationsaufgaben sinnvoll sind, wie sich für die Kooperation günstige Kommunikationsformen entwickeln lassen, auf welche Weise Störungen in der Kommunikation beobachtet, ausgewertet und zur Sprache gebracht werden können etc.

3.2.3 Zentralität versus Dezentralität von Strukturen

Die Zentralität oder Dezentralität von Strukturen markiert einen elementaren Entscheidungs- und Bewertungsvorgang bei der Organisationsgestaltung im ASD. Zur Entscheidung steht der Grad der Autonomie dezentraler Organisationseinheiten im Spannungsverhältnis zur Einbindung in eine einheitliche Organisationsstruktur bzw. in das einheitliche Organisationsgebilde Amt.

Für Organisationen, die wie der ASD soziale Dienstleistungen erbringen, ist ein Verhältnis der einzelnen Organisationsteile zueinander als angemessen anzusehen, bei dem „eine intelligente Kombination von Handlungsspielräumen und verbindlichen Regeln, von enger und loser Kopplung *zugleich*" realisiert wird (Böwer/Wolff 2011, 144). Der Vorteil loser Kopplung der einzelnen Organisationsteile (ASD-Teams mit regionaler Zuständigkeit) liegt darin, dass schneller und flexibler auf dezentral beobachtete Verhältnisse und Anforderungen reagiert werden kann und Motivation und Kreativität der Organisationsmitglieder aufgrund der ihren Organisationsteilen zugestandenen partiellen Handlungsautonomie wachsen. Nachteile eines Systems der losen Kopplung bestehen in dem Risiko,

- dass die Organisationsteile zu wenig an die Gesamtorganisation angekoppelt sind und daher die Steuerbarkeit der Gesamtorganisation eingeschränkt wird;
- dass sich die einzelnen Organisationsteile abschotten und dadurch selbstgenügsam werden bis hin zur mangelnden Bereitschaft, Innovationsimpulse aus der Gesamtorganisation an sich heranzulassen;
- dass die Organisationsteile Fehler und Mängel nicht mehr kommunizieren und diese für die Gesamtorganisation erst dann sichtbar werden, wenn sie bereits bedrohliche Ausmaße angenommen und markant schwerer zu bearbeiten sind (zum Konzept der losen Kopplung bei sozialen Dienstleistungsorganisationen vgl. Wolff 2010).

Für den ASD bedeutet dies, dass Zentralität und Dezentralität von Strukturen und Handlungsprogrammen gleichermaßen in den Blick zu nehmen und zueinander korrespondierend in eine Balance zu bringen sind. Einerseits müssen ASD-Teams in die Lage versetzt werden, in dem sozialen Raum, für den sie zuständig sind, ihre Arbeit zu organisieren, die regionalen Anforderungen wahrzunehmen und angemessen auf diese reagieren zu können. Andererseits muss die Gesamtorganisation (in der Regel das Jugendamt) dafür Sorge tragen, dass die einzelnen Organisationssegmente (ASD-Teams) in ein Gesamtkonzept eingebunden bleiben und von der Umwelt als Teil der Gesamtorganisation wahrgenommen werden. Das Jugendamt darf nicht so dezentralisiert sein, dass es in der Wahrnehmung seiner Umwelt in verschiedene „Teil-Jugendämter" zerfällt. Ferner ist durch die Gesamtorganisation zu gewährleisten,

- dass ausreichend Reflexionsimpulse in die einzelnen Teams vermittelt werden;
- dass in der Zentrale eine ausreichende Wahrnehmung zu Modalitäten und zur Qualität der Aufgabenerfüllung in den dezentralen Organisationseinheiten ermöglicht wird und
- dass dezentral entstehende Informationen und Beobachtungen, die für die Steuerung der Gesamtorganisation von Bedeutung sind, auch dort ankommen und dort verarbeitet werden.

Erforderlich ist also eine möglichst für alle Beteiligte transparente Definition des Autonomiegrades dezentraler Organisationseinheiten bei gleichzeitiger Einbindung dieser Einheiten in ein relativ einheitliches Organisationsgebilde ASD bzw. Amt. Die Widersprüchlichkeit von Zentralität (enge Kopplung) und Dezentralität (lose Kopplung) kann nicht aufgelöst werden und markiert besondere Anforderungen an die Leitung des ASD (→ Kapitel 4). Die Widersprüchlichkeit wird noch drängender dadurch, dass sie innerhalb des Organisationstypus Verwaltung gehandhabt werden muss, dessen Organisationskultur traditionell durch den Modus der engen Kopplung geprägt ist (zur Organisationskultur von Verwaltungsorganisationen vgl. Faust 2003, 89 ff.).

Die Ausgestaltung des skizzierten Widerspruchs erfolgt – neben der hier besonders bedeutsamen Ebene der Organisationskultur (→ 3.3) – vor allem durch entsprechende Festlegungen von Strukturen (einschließlich der Zuordnungen von Entscheidungsmacht) und durch die Definition von einheitlichen Vorgehensweisen (Handlungsprogrammen). Im Hinblick auf die Struktur ist speziell zu klären,

- wie ein Team personell zusammengesetzt ist (Anzahl und Qualifikationen der Mitarbeiter);
- wie die Leitung eines Teams geregelt ist und insbesondere mit welchen Verantwortlichkeiten und Befugnissen die Leitung auf der Teamebene im Vergleich zur höheren Leitungsebene ausgestattet ist;
- welche räumlichen und sachlichen Zuständigkeiten dem Team zugeordnet sind;
- welche Entscheidungen im Team getroffen werden können und welche Entscheidungen höheren Hierarchie-Ebenen zugeordnet sind bzw. bei welchen Entscheidungen höhere Hierarchie-Ebenen zur Beratung oder zur Information hinzuzuziehen sind;
- bei welchen Angelegenheiten welche Kommunikationskanäle in welcher Form zu nutzen sind (zur Informationsaufnahme und zur Informationsweitergabe);
- auf welche Weise die Teams ihre Rechenschaftspflicht gegenüber der Gesamtorganisation handhaben.

Durch solche Strukturentscheidungen wird ein für die Beteiligten transparenter und kalkulierbarer Rahmen geschaffen, innerhalb dessen in den ASD-Teams die Arbeit organisiert werden kann. Damit kann Problemen, die mit Dezentralisierung einhergehen, begegnet werden: insbesondere der Überlastung durch erhöhte und erweiterte Kommunikationsanforderungen und der Gefahr einer Verantwortungsdiffusion durch ungeklärte Zuständigkeiten.

Auf der Ebene der Verfahren (Handlungsprogramme) soll eine Anbindung der dezentralen Organisationseinheiten über gemeinsame methodische Vorgehensweisen erreicht werden und über die Kontrolle, ob und in welcher Weise die definierten Verfahren von den Mitarbeitern eingehalten werden. Hier prägen insbesondere Dienstanweisungen, Checklisten, standardisierte Verfahren (z. B. Vorgehen bei der Hilfeplanung oder bei Meldungen von möglicher Kindeswohlgefährdung) die Praxis im ASD.

Bei einer solchen Verhaltenssteuerung der Mitarbeiter über Verhaltensstandardisierung sind Ambivalenzen zu bedenken. Einerseits sind solche Programme erforderlich, um das Verhalten der Mitarbeiter an verbindlichen Organisationsentscheidungen auszurichten (z. B. im Hinblick auf eine bestimmte fachliche Qualität des Vorgehens oder für das Einhalten von administrativen Anforderungen); der ASD erhält durch gemeinsame Handlungsprogramme ein identifizierbares Profil und wird von außen nicht primär durch personelle Zufälligkeiten wahrgenommen. Andererseits sind auch risikohaften Nebenwirkungen solcher Verfahrensstandardisierungen zu beachten:

- die Gefahr einer „Kategorisierung des Denkens, d.h., bei Entscheidungen wird weniger nach Handlungsalternativen gesucht" (Neubauer/Rosemann 2006, 19);
- die Gewöhnung an Regelkonstruktionen: Neue Probleme ziehen neue Regelkonstruktionen nach sich mit der Folge, dass der Regelkatalog ausgeweitet wird bis hin zur Unübersichtlichkeit und zu einer damit einhergehenden Negierung durch die Mitarbeiter;
- die Orientierung an der Einhaltung von Regeln und weniger an der Bewältigung von Aufgaben (Zielverschiebung bei den Organisationszielen; vgl. Neubauer/Rosemann 2006, 19ff.).

Auch beim Justieren des Kopplungsgrades durch Vorgabe von Verfahrensmodalitäten und Verfahrensstandardisierungen ist also wiederum mit einem Widerspruch umzugehen: der Notwendigkeit einer eher engen Kopplung durch Vorgaben einerseits und der Beachtung ihrer möglichen problematischen Nebenfolgen andererseits, was auf die Anforderung verweist, lose und enge Kopplungsmodalitäten *zugleich* zu praktizieren, sie aufeinander abzustimmen und die Dynamik dieser Balance kontinuierlich zu beobachten. Ob die in den letzten Jahren zu beobachtende Tendenz – die ASD mithilfe einer größeren Regeldichte, also mit Modalitäten einer eher engen Kopplung zu steuern (Diagnosebögen, genauere Verfahrensanweisungen, Checklisten etc.; vgl. Seckinger et al. 2008; Böwer/Wolff 2011) – die erforderliche Balance zu halten vermag, wird man kritisch beobachten müssen. Dabei wird insbesondere zu beachten sein, ob damit eine Regelfixierung Einzug hält, die die Grundlagen für die Herausbildung einer wachen situationsbezogenen Achtsamkeit, wie sie insbesondere für Aufgaben des Kinderschutzes erforderlich ist (Böwer 2008; Merchel 2008a, 111ff.), unterläuft.

3.2.4 Handhabung der sozialräumlichen Ausrichtung

Sozialraumbezogenes Arbeiten ist mittlerweile zum proklamierten Standard der ASD-Arbeit geworden (→ Kapitel 28). Kein ASD kommt heute in seinem Konzept ohne irgendeine Variante von Sozialraumorientierung aus, wenn er sich nicht fachlich delegitimieren will. Im Hinblick auf Organisationsgestaltung erfordert eine Ausrichtung auf den Sozialraum zwei Entscheidungen:

- Es bedarf der Installierung dezentraler Strukturen mit einer begrenzten relativen Autonomie einzelner ASD-Teams (→ 3.2.3), damit diese mit eigenen Handlungsstrategien im Sozialraum bzw. in einer bestimmten Region reagieren bzw. auf diese Einfluss nehmen können.
- Angesichts der Vieldeutigkeit und der inhaltlichen Unbestimmtheit, mit der mittlerweile das Etikett Sozialraumorientierung benutzt wird (Merchel 2008c), muss entschieden werden, mit welchen Programmelementen die Sozialraumorientierung in dem jeweiligen ASD-Konzept verbunden sein soll: ob allein methodisch auf den Einbezug fallunabhängiger und fallübergreifender Arbeit ausgerichtet (→ Kapitel 24); ob in Verbindung mit der finanziellen Steuerung eines Sozialraumbudgets; ob lediglich als Aufmerksamkeitsetikett für eine verstärkte Ausrichtung an Kooperation und Vernetzung mit anderen Organisationen in der Region (→ Kapitel 29); ob als Chiffre für das Bemühen, auf Träger der Erziehungshilfen Druck auszuüben in Richtung Flexibilisierung o. a. m. Wenn eine Steuerung mithilfe von Sozialraumbudgets beabsichtigt wird (→ Kapitel 26), müssen Entscheidungen getroffen werden, ob trägerübergreifende Teams realisiert werden sollen oder ob die Steuerung allein vom ASD-Team ausgehen soll und welche Hilfebereiche (nur ambulante Hilfen oder gesamter Bereich der Erziehungshilfen) vom Budget erfasst werden sollen. Wenn die Steuerung in trägerübergreifenden Teams erfolgen soll, müssen Abläufe und Mechanismen festgelegt werden, die den unterschiedlichen Rollen der Beteiligten (öffentlicher Träger als Gewährleistungsträger – freier Träger als Leistungserbringer; Merchel 2008c, 45f.) gerecht werden.

3.2.5 Leitungsverantwortung und gruppenbezogene Teamorganisation

In 3.1.3 und an weiteren Stellen dieses Beitrags ist bereits die Notwendigkeit einer transparenten Leitung angesprochen worden. Organisationsentscheidungen zur Leitung im ASD müssen insbesondere getroffen werden:

- zum Aufgabenprofil der ASD-Leitung in Abgrenzung zur höheren und nächstniedrigeren Leitungsebene;
- zu der Frage, ob Leitung im ASD lediglich aus einer Gesamt-ASD-Leitung besteht oder ob auch in den Teams eine Teamleitung installiert wird;
- bei der Installierung von Teamleitung zur Abgrenzung der Aufgaben zwischen ASD-Leitung und Teamleitung sowie zum jeweiligen Umfang der Verantwortlichkeit und der Entscheidungskompetenzen;
- zu Modalitäten der Kommunikation und Verknüpfung zwischen den einzelnen Leitungsebenen (→ Kapitel 4).

3.3 Informalität und Organisationskultur als Dimension bei der Organisationsgestaltung im ASD

Beim Stichwort Gestaltung wird häufig vornehmlich (bisweilen gar ausschließlich) das „gut Fassbare", über formale Regeln und Strukturen vermeintlich Manipulierbare angesprochen. Vielfältige Erfahrungen und Alltagswissen zeigen aber: Vieles verläuft in Organisationen über das, was von formellen Regelungen nicht erfasst wird, was gegen formale Strukturen verstößt, was über allmählich verfestigte Gewohnheiten der Organisationsmitglieder und durch informelle Absprachen geregelt wird. Diese Dimension des Informellen, der Gewohnheiten, der persönlichen Eigenheiten und der spontan erscheinenden Absprachen ist für das Verstehen und für die Gestaltung einer Organisation höchst bedeutsam,

- weil sie Bestandteil des realen Organisationslebens ist und die Organisationsmitglieder in ihrem Verhalten markant beeinflusst;
- weil sie – neben möglichen Störelementen – Potenziale bereithält, die eine adäquate Leistungser-

bringung fördern, indem sie zur Motivation der Organisationsmitglieder beiträgt, ein differenziertes Vorgehen in von Regeln nicht erfassten und nicht erfassbaren Situationen ermöglicht etc.

Daher sollen in diesem Kapitel einige Aussagen zu Informalität und Organisationskultur angefügt werden, um die Aufmerksamkeit auf diese Dimension zu lenken, entsprechende Beobachtungen zu ermöglichen und herauszufordern (denn: „Man sieht nur, was man weiß …")

3.3.1 Informalität in Organisationen

Organisationen, deren primäre Aufgaben in einer direkten Auseinandersetzung mit Personen und deren wechselnden Problemen liegt, können ihre Aufgaben nicht allein auf der Grundlage von formellen Strukturen und mehr oder weniger standardisierten Handlungsprogrammen produktiv bearbeiten.

Für eine gute Bearbeitung der vielfältigen, häufig kaum vorhersehbaren Probleme und Anforderungen sind sie darauf angewiesen, ein höheres Maß an Spielraum für Vorgehen und Entscheidungen auf den unteren Ebenen zu belassen, also dort, wo „die eigentliche Arbeit gemacht wird". Das, was sich dann als informelle Strukturbildung auf den unteren Ebenen herausbildet, darf jedoch nicht mit reduzierter Verbindlichkeit gleichgesetzt werden. Auch informelle Regelungen schaffen für die Organisation einen Zusammenhalt, und die Verstöße gegen informelle Regeln und Strukturen können gleichermaßen intensiv sanktioniert werden wie die Verstöße gegen formelle Strukturen – dies dann allerdings eher mit informellen Sanktionsmechanismen (von kollegialer Kritik bis hin zur Randständigkeit in einem Team). Gerade in klientennah arbeitenden Organisationen wie dem ASD müssen informelle Regelungen und Strukturen herausgebildet werden, um die Ungewissheiten, um das, was nicht vorhersehbar oder so individuell ist, dass man es nicht in formalen Regeln erfassen kann, zu bewältigen. Informelle Strukturen und Regeln haben auch die Funktion einer Anpassungsleistung der Organisationsmitglieder an situativ gegebene Ungewissheiten.

Luhmann hat die Funktionalität der informellen Dimension bei den Organisationsstrukturen in dem eingängigen Begriff der „brauchbaren Illegalität" kenntlich gemacht (Luhmann 1964, 304 ff.). Damit ist ein Verhalten gemeint, das in den formalen Regeln der Organisation nicht nur keine Grundlage findet, sondern es sogar partiell verletzt, also „illegal" ist, das aber in seinen Effekten der Organisation nützt. Es geht um eine „Grauzone funktionaler Regelverletzung" (Schreyögg 2003, 421), bei der die formale Struktur einerseits als legitime Erwartung akzeptiert wird, aber gleichzeitig ein Verstoß gegen diese Regeln in einem gewissen Umfang und in gewissen Situationen als nützlich angesehen und daher von Sanktionen verschont wird. Schwierig wird der Umgang mit „brauchbarer Illegalität". Zum einen muss sie unterschieden werden von „unbrauchbarer" Illegalität, die sanktioniert wird. Zum anderen muss „zulässige" Illegalität in ihrem Umfang und im Hinblick auf Situationen eingegrenzt werden, weil ansonsten die formale Ordnung ins Wanken geriete. Diese Form der Eingrenzung kann wiederum nicht formalisiert werden, weil man nicht „formale Regeln zur Umgehung formaler Strukturen" entwerfen kann, ohne diese formalen Strukturen zu delegitimieren. Somit können die Modalitäten der Eingrenzungen von zulässiger, weil „brauchbarer" Illegalität wiederum nur informell in Geltung gesetzt und praktiziert werden.

Festzuhalten ist die Erkenntnis, dass insbesondere klientennah arbeitende Organisationen wie der ASD zur effektiven Leistungserfüllung und Bestandssicherung neben einem Ordnung verleihenden organisationalen Grundgerüst zusätzlicher inoffizieller Regelsysteme bedürfen.

> „Somit besteht an der Basis einer jeden Organisation eine funktionale Paradoxie: Die formale Ordnung kann nur so funktionieren, dass sie vieles von dem, was sie offiziell ausschließt, doch zulässt, ja zulassen muss, jedenfalls bis zu einem gewissen Grade" (Schreyögg 2003, 425).

Auch hier ergibt sich wiederum die schwierige Aufgabe des Balance-Haltens oder zugespitzt formuliert: des Paradoxie-Managements (Grunwald 2006). Die Leitung des ASD muss mit widersprüchlichen Strukturierungsmodi umgehen und kann diese Widersprüche nicht zu einer Seite hin auflösen. Und da Balancen immer instabil und situativ schwierig zu handhaben sind, benötigt Leitung gute Beobachtungs- und Reflexionsmöglichkeiten, um die Paradoxien und deren Auswirkung verfolgen und das darauf bezogene eigene Leitungsverhalten reflektieren zu können.

3.3.2 Organisationskultur

Die Organisationskultur ist häufig ein gar nicht oder zu wenig beachteter Faktor, der nicht nur für die Motivation, das Sichwohlfühlen der Mitarbeiter in einer Organisation bedeutsam ist, sondern auch unmittelbare Auswirkungen auf die Qualität der Leistungserbringung, das fachliche Handeln hat. Organisationskultur stellt einen wichtigen Sozialisationsfaktor für alle Organisationsmitglieder dar, sie prägt deren Verhalten, deren Blick auf Aufgaben und Anforderungen, deren Interpretation der formalen Strukturen und Vorgaben sowie deren Umgang mit diesen. Ob z. B. die Verpflichtung zur kollegialen Fallberatung inhaltlich ernst genommen oder formal „abgearbeitet" wird, wie Meldungen aus Schulen oder von Nachbarn zu möglichen Kindeswohlgefährdungen interpretiert und in Handlungen überführt werden, wie mit der Divergenz von umfassenden Hilfe-Anforderungen und Spardruck umgegangen wird, welche Konstellationen in der Lebenssituation eines Kindes als mehr oder weniger „dramatisch" angesehen werden, ob vermeintliche Fehler im Handeln von Kollegen offen im Team angesprochen oder eher verschwiegen werden sollen – solche und weitere Aspekte innerhalb der Organisation Jugendamt, die für eine effektive Aufgabenbewältigung von großer Bedeutung sind, zielen auf Organisationskultur und damit auf eine Ebene des Organisationslebens, die sowohl für die Analyse, aber auch für die Organisationsgestaltung schwerer zugänglich ist als die zumeist beachteten formalen Strukturen (weitere Beispiele und zum Folgenden vgl. Merchel 2007a).

Organisationskultur gilt als ein Sammelbegriff für die implizit wirkende Realität in Organisationen: Grundannahmen, Werte, Verhaltensmuster, Normen (Schein 2003; Franzpötter 1997; Lang et al. 2001; Baitsch / Nagel 2009). Organisationskultur kann als die „Mentalität" einer Organisation bezeichnet werden: Es handelt sich um kollektive Orientierungen, die das Wahrnehmen, Denken, Fühlen und Handeln der Organisationsmitglieder beeinflussen. Eine Organisationskultur äußert sich nicht nur in beobachtbaren Sachverhalten auf der Symbolebene (z. B. Kleidungsgewohnheiten, Logo, Rituale und Zeremonien, Jargon o. ä.) und auf der Ebene der erkennbaren Verhaltensregeln. Für das fachliche Handeln entscheidend ist darüber hinaus die „mentale Tiefenstruktur": Grundannahmen, die eine Art Weltbild innerhalb der Organisation ausmachen. Dies manifestiert sich in meist unausgesprochenen, häufig kaum bewussten Vorstellungen z. B. über das, was als wahr zu gelten hat (z. B. ob bei Divergenzen in der Hilfeplanung der Kompromiss oder das Expertenurteil letztlich die Wahrheitsinstanz darstellt), oder in Vorstellungen über Zeit (z. B. Auffassungen über „Rechtzeitigkeit" eines Eingreifens) oder in Vorstellungen zur Art der zwischenmenschlichen Beziehungen (z. B. im Hinblick auf die „richtige" Ordnung sozialer Beziehungen in Familien oder bezogen auf die Zulässigkeit des Zeigens von Emotionen im Arbeitsprozess) u. a. m. Ein Beispiel zur Veranschaulichung: Wir kennen in vielen Jugendämtern Mitarbeitergruppen, die sich als „Kinderfreunde" bei der Wahrnehmung von Familienkonflikten schnell auf die Seite der Kinder schlagen und dementsprechend schneller für Aktivitäten zur Herausnahme des Kindes aus der Familie plädieren, und andere Mitarbeitergruppen, die eher eine Haltung von „Familienfreunden" herausgebildet haben und viel länger und intensiver auf Bemühungen zur Aufrechterhaltung des familiären Lebensrahmens setzen. Solche Haltungen werden vielfach fachlich „untermauert", aber sie sind über das Fachliche hinaus in Werten und in Emotionen verankert, können also als Ausdruck von Grundannahmen interpretiert werden.

Organisationskulturen werden aufrecht erhalten durch Sozialisationsprozesse; sie werden von den Mitgliedern in der Regel nicht bewusst gelernt, sondern die neuen Mitglieder wachsen hinein in eine Reihe von Haltungen, Denk- und Handlungsmustern, die ihnen verdeutlichen, wie sie sich entsprechend den organisationskulturellen Vorgaben zu verhalten haben und welchen normativen Annahmen sie folgen sollten.

Je komplexer Organisationen strukturiert sind, desto größer ist die Wahrscheinlichkeit, dass sich „Teilkulturen" ausdifferenzieren. Eine solche Ausdifferenzierung vollzieht sich in Organisationen mit großer Unterschiedlichkeit von Aufgaben und entsprechendem professionellen Hintergrund sowie dann, wenn sich einzelne Organisationsteile relativ eigenständig innerhalb der Gesamtorganisation bewegen können. Bei solchen Bedingungen ist damit zu rechnen, dass sich einzelne „Teilkulturen" herausbilden. Solche „multiplen Kulturen" innerhalb einer Organisationskultur entstehen insbesondere dann, wenn die „Gesamt-Organisationskultur" relativ schwach ausgebildet ist und wenig normative Vorgaben enthält bzw. die normativen Vorgaben nicht ausreichend in Geltung gesetzt werden. Vor allem Organisationen mit dezentralen Strukturen bieten günstige Bedingungen für die Herausbildung solcher „Teilkulturen". In Jugendämtern ist mit „multiplen Kulturen" zu rechnen: Eine sozialraumnahe Strukturierung der Erziehungshilfe und der ASD-Tätigkeit fördert das Entstehen solcher Teilkulturen ebenso wie die Abteilungsstrukturen, die in der Regel entsprechend den verschiedenen Aufgabenblöcken des SGB VIII gebildet werden (Jugendarbeit, Kindertageseinrichtungen, Erziehungshilfe). Solche Teilkulturen können die Kommunikation und Kooperation zwischen den verschiedenen Organisationssegmenten erschweren; zumindest muss bei der Gestaltung von Kommunikation mit ihnen gerechnet werden, und zwar sowohl mit ihren Potenzialen (Perspektivenerweiterung) als auch mit ihren Risiken (Probleme des Verstehens bzw. der Verständigung).

Angesichts der diesem Kapitel zugrunde liegenden praktischen Absicht der Organisationsgestaltung im ASD stellt sich die Frage, ob und ggf. auf welche Weise Informalität und Organisationskultur intentional zu beeinflussen bzw. zielgerichtet zu steuern sind.

3.3.3 Zur Beeinflussbarkeit von Organisationskultur

Angesichts ihrer Tiefenstruktur lässt sich Organisationskultur nicht in einem mechanistischen Sinne beliebig und zielgerichtet gestalten oder manipulieren. Organisationskultur hat ihre eigene Entstehungslogik. Bemühungen zur Beeinflussung von Organisationskulturen setzen voraus, dass man sie in ihren Bestandteilen und Mechanismen zu verstehen versucht, dass man auf dieser Grundlage Impulse im Sinne eines Korrektur- bzw. Veränderungsprozesses zu setzen versucht, daraufhin die Effekte dieser Impulse sensibel beobachtet und aus diesen Beobachtungen Schlüsse für weitere Impulssetzungen zieht.

„Organisatorische Bedeutungswelten führen ein ‚Eigenleben', sie können zwar vom Management beeinflusst, angeregt, stimuliert, irritiert etc. werden, aber sie entziehen sich prinzipiell *direkter* Manipulation" (Franzpötter 1997, 14; Hervorhebung J.M.).

Die eigene Entstehungs- und Wirkungslogik von Organisationskultur muss verstanden werden, und auf dieser Basis können Impulse gesetzt und deren Wirkungen reflexiv in einem kontinuierlichen Prozess bearbeitet werden (Klimecki/Probst 1990). Organisationskultur ist nicht ohne Weiteres intentional „herstellbar". Erforderlich ist eine sensible Beobachtung organisationskultureller Phänomene und Prozesse im ASD – mit dem Bewusstsein und der Akzeptanz der Tatsache, dass Organisationskultur nur begrenzt und kaum zielgenau steuerbar ist. Organisationskultur mit ihren mannigfaltigen Erscheinungsweisen und Äußerungsformen bildet sich in längeren Prozessen heraus. Auf der Grundlage von Beobachtungen gesetzte Impulse zur allmählichen Veränderung von Organisationskultur benötigen längere Zeit- und Entwicklungsphasen. Die Beachtung des Charakters von Organisationskultur dämpft die Illusion einer kurzfristigen technischen Machbarkeit. Dennoch darf dies nicht als ein Argument dafür herangezogen werden, die Kulturebene bei der Beobachtung und Interpretation von Prozessen und bei der Organisationsgestaltung im ASD außer Acht zu lassen.

Ein elementares Problem beim Bemühen, angemessene Steuerungserwartungen zur Organisationskultur herauszubilden, sollte jedoch nicht unterschlagen werden: die Spannung zwischen dem emergenten Charakter von Organisationskultur und dem traditionellen Selbstbild von Verwaltung sowie die mit diesem Bild einhergehenden Steuerungserwartungen von Politik und Verwaltungsspitze. Das „offizielle" Bild der Verwaltung, gleichsam die „offiziell" von Politik und Verwaltungsspitze „gewünschte" Organisationskultur, richtet sich stärker auf Formalität, auf Nachvollziehbarkeit von Verwaltungsakten, auf vermeintlich eindeutige und rechtlich nachprüfbare Verfahren. Dem liegt implizit das Bild von „Organisation als Maschine" zugrunde, bei dem die Organisationsmitglieder einzelne Teile bilden, die durch ihr

„richtiges" Verhalten die Maschine am Laufen halten müssen und deren wohlgeordnetes und kalkulierbares Verhalten die angemessene Funktionsweise dieser „Organisationsmaschine" verlässlich sicherstellen soll (Morgan 1997; Preisendörfer 2005, 95 ff.). In ein solches „offizielles", am Bürokratie-Modell orientiertes Bild passt die relative Diffusität des Konstrukts Organisationskultur nicht hinein. Der Rekurs auf Organisationskultur würde die in einer Verwaltung vorherrschende Vorstellung von „Machbarkeit" – verstanden als Möglichkeit der verlässlichen intentionalen Organisationssteuerung durch direkte Intervention – ins Wanken bringen. Aber gerade dieses „den Laden in den Griff bekommen und im Griff behalten" wird von Verwaltungsspitze und Politik erwartet. Das Diffuse und die Tiefenstruktur von Organisationskultur sind nicht in Übereinstimmung zu bringen mit den simplen Erwartungen und Anforderungen einer Organisationssteuerung durch direkte Intervention – wobei solche Erwartungen nicht nur aufseiten der Verwaltungsspitze und der Politik, sondern auch als Selbstanspruch in der Haltung der Leitungspersonen selbst zu beobachten sind. Die stärkere Beachtung des Organisationskulturellen könnte also in Spannung geraten zu den Steuerungserwartungen bei Politik und Verwaltungsspitze, was – zumindest in der „offiziellen" Sichtweise – als Ausweichen vor den vermeintlichen Funktionserfordernissen der Leitung einer Organisation erscheinen könnte.

Doch auch wenn eine kurzfristige Machbarkeit als Illusion einzuordnen ist, so kann dies nicht mit der Konsequenz verbunden sein, das Organisationskulturelle bei der Organisationsgestaltung an den Rand zu schieben. Zum einen würde damit eine wesentliche Dimension der Organisationsrealität im ASD aus dem Bewusstsein und aus der Beobachtung herausgehalten. Zum Zweiten sollte man sich nicht der Illusion hingeben, dass mit den Mitteln der formalen Strukturbildung und der Definition von Handlungsprogrammen eine Organisation wie der ASD intentional und zielgenau gesteuert werden könnte. Und zum Dritten besteht Organisationsgestaltung aus mehr als aus Versuchen der Steuerung über Strukturen und Handlungsprogramme: Nämlich darüber hinaus aus Versuchen, mithilfe von aus der Beobachtung und reflektierenden Verarbeitung erzeugten Impulsen das Organisationssystem ASD in eine bestimmte Richtung anzustoßen – allerdings im Bewusstsein, dass die Impulse im ASD in einer nicht geplanten und möglicherweise überraschenden Form verarbeitet werden können, was wiederum Anlass geben kann zu erneuten Steuerungsimpulsen, deren Verarbeitung wiederum beobachtet und bewertet werden muss usw. In einem solchen Sinn von Organisationsgestaltung kann und sollte auch die Organisationskultur Teil eines reflektierenden Steuerungsvorgehens im ASD sein (zur Grundlage eines solchen „zurückhaltenden" Steuerungsverständnisses s. Beiträge in Wimmer et al. 2009).

4 Teamstrukturen und Leitung im ASD

Von Joachim Merchel

- Auch wenn die Aufgabenstruktur im ASD zunächst in der individualisierten Arbeit am Einzelfall besteht, so bedarf es für eine qualifizierte Aufgabenbewältigung der Teamarbeit: Eine fachlich qualifizierte Arbeit an Einzelfällen ist auf eine Erweiterung von Wahrnehmungen, Deutungsmustern und Interpretation angewiesen, um kompetent mit der in der Aufgabenstruktur enthaltenen Unsicherheit umgehen zu können; soziale Infrastruktur muss beobachtet und in Interorganisationsbeziehungen mitgestaltet werden.
- Eine realistische Einschätzung zum Sinn und zu den Potenzialen von Teamarbeit darf die problematischen Aspekte in der Entwicklungsdynamik von Teams nicht aussparen: Tendenzen zur Abschottung gegenüber anderen Teilen der Organisation, Reduktion von Vielfalt durch Angleichung mentaler Modelle, Erstarrung in Routinen. Eine zu große Stabilität von Teams wird zu einem Risikofaktor.
- Teams sind nicht an sich gut, sondern damit sie gut werden und den ihnen enthaltenen Sinn entfalten können, müssen sie strukturiert und durch kontinuierliche Entwicklungsimpulse angeregt werden.
- Damit Teams gut werden, bedarf es (a) eines Klimas der akzeptierten Differenz, (b) der Beobachtung der Gruppendynamik in Teams und darauf ausgerichteter Gestaltungsimpulse sowie (c) einer Strukturierung der Arbeitsabläufe und Arbeitsweisen.
- Teamarbeit und Leitung in Teams sind keine Gegensätze. Vielmehr bedarf es der Realisierung von (in der Regel personell eindeutig zugeordneten) Leitungsfunktionen, damit die für eine produktive Teamarbeit notwendigen Strukturierungsleistungen kontinuierlich und verlässlich erbracht werden.
- Teamleitung ist nicht allein als ein formal-hierarchisches Strukturelement zu betrachten. Im Mittelpunkt stehen inhaltliche Gestaltungsaufgaben, die sich zu fünf Aufgabenbereichen bündeln lassen: Koordination / Organisation, Kommunikation / Moderation / Integration / Motivierung, Repräsentation, Konfliktmanagement, Reflexionsförderung.
- Teamleitung ist Bestandteil einer Leitungsstruktur im Jugendamt / ASD, in der elementare Funktionen realisiert werden müssen: organisationsbezogene Strukturierung, Beobachtung und Gestaltung der Bezüge der Organisation zu ihrer Umwelt, Reflexion in Gang setzen und gewährleisten. Leitung realisiert sich in personenbezogenen und strukturbezogenen Leitungsaktivitäten.
- Damit Leitung kompetent gestaltet werden kann, bedarf es in den unterschiedlichen Steuerungsbereichen (fachlich, finanziell, organisationsbezogen, mitarbeiterbezogen, umweltbezogen) der Herausbildung von (a) Analyse und Planungskompetenzen, (b) Interaktions- und Kommunikationskompetenzen sowie (c) Reflexions- und Evaluationskompetenzen.

In Punkt 3.2.3 ist die Anforderung angesprochen worden, das Verhältnis von Zentralität und Dezentralität im ASD zu regeln. Dies ist erforderlich zum einen als Konsequenz aus der Notwendigkeit von Arbeitsteilung: Nicht alles ist von einer Zentrale aus zu steuern, mit einer Fixierung auf eine Zentrale wäre die Steuerungskomplexität im ASD nicht adäquat zu bewältigen. Zum anderen resultiert der Einbezug dezentraler Organisationseinheiten in die Steuerung des ASD aus der erforderlichen Lebensweltnähe der Problembearbeitungen: Je individueller und je lebensweltnäher die Probleme der Leistungsadressaten bearbeitet werden müssen, desto flexibler müssen dezentrale, näher an die Lebenswelt der Adressaten heranreichende Organisationssegmente agieren können. Die notwendige Dezentralisierung der Strukturen erfolgt in (teil-) autonomen Arbeitsgruppen, die in der Sozialen Arbeit (auch im ASD) als Team bezeichnet werden. Diese Teams müssen in festzulegenden Modalitäten an die Gesamtorganisation angekoppelt bzw. mit den anderen Organisationssegmenten verknüpft werden (→ Kapitel 3).

Allein das Zusammenfügen mehrerer Organisationsmitglieder zu einer Gruppe und die Etikettierung dieses Zusammenschlusses als Team garantiert jedoch noch keine Produktivität dieser Organisationsform. Damit aus einer Addition verschiedener Organisationsmitglieder ein Team wird und damit diese Teams als Teile einer Organisation produktive Wirkung entfalten können, müssen mehrere Voraussetzungen realisiert werden:

- Die Notwendigkeit, Bedeutung und Zwecke der Teambildung im ASD müssen geklärt sein. Der Sinn dieses Organisationsmodus muss den Beteiligten deutlich sein und kontinuierlich präsent gehalten werden. Das Motto allein „Team ist immer gut" ist nicht tragfähig, um in Handlungsfeldern, in denen die einzelfallbezogene Arbeit im Mittelpunkt steht, Teamarbeit als Arbeitsform aufrechtzuerhalten (→ 4.1).
- Es müssen Strukturierungsleistungen erbracht werden, damit die vom Team erwartete Produktivität auch über einen längeren Zeitraum realisiert werden kann (→ 4.2).
- Für die Teamgestaltung müssen Leitungsfunktionen konturiert, den Beteiligten verdeutlicht und personell geregelt werden (→ 4.3).
- Die teambezogenen Leitungsfunktionen müssen in ein Gesamtverständnis von Leitung in der Organisation (Jugendamt/ASD) und in eine Gesamtleitungsstruktur eingebettet und mit einem Bild von Leitungskompetenz verknüpft werden, das eine Grundlage bilden kann für die Personalrekrutierung, Aufgabendefinition und Personalentwicklung für Leitungspersonen (→ 4.4).

Damit ist ein umfassendes Themenspektrum benannt, dessen vielfältige thematische Nuancen im Rahmen dieses Beitrags erläutert, aber letztlich nur thesenhaft behandelt werden können; die notwendige Begrenzung auf das Thesenhafte betrifft vor allem 4.4; hier wird auf ausführlichere und differenzierte Darstellungen an anderen Stellen verwiesen (Merchel 2010b).

4.1 Notwendigkeit und Zweck von Teambildung im ASD

Will man Team definieren, so wird man in der Fachliteratur mit verschiedenen Definitionsversuchen konfrontiert, in denen sowohl deskriptive Merkmale als auch normative Erwartungen und Zuschreibungen enthalten sind. Weitgehende Einigkeit besteht darin, dass ein Team mehr darstellt als eine Ansammlung von Einzelakteuren und mit diesem Begriff ein Modus der zielbezogenen Zusammenarbeit verbunden ist. So definiert Schattenhofer ein Team als eine über einen längeren Zeitraum bestehende

„Arbeitsgruppe, deren Mitglieder zusammenarbeiten müssen, um die gemeinsame Aufgabe bearbeiten und das damit verbundene Ziel erreichen zu können" (Schattenhofer 2004, 106).

Schon bei der von Schattenhofer zugefügten Merkmalsbeschreibung wird man sich im Hinblick auf eine konkrete Arbeitsgruppe darüber streiten können, ab welchem Grad der Ausprägung man von einem Team sprechen sollte:

„Dabei ist nur dann sinnvoll, von einem Team zu sprechen, wenn die kooperierenden Menschen über einen gewissen Handlungsspielraum verfügen, in dem sie die Belange, die mit ihrer Aufgabe und ihrer Zusammenarbeit verbunden sind, selbst planen, entscheiden und ausführen können" (Schattenhofer 2004, 106).

Bereits hier deutet sich eine normative Ebene an, die bei der Definition in den Empfehlungen des Deutschen Vereins noch deutlicher zum Ausdruck kommt:

„Ein Team ist eine innerhalb der Organisation institutionalisierte Gruppe von Organisationsmitgliedern, die zur Erfüllung gemeinsamer komplexer Aufgaben gleichberechtigt und unmittelbar zusammenarbeiten. Sie beraten und/oder entscheiden gemeinsam über die Art der Zielerreichung und verantworten die Ergebnisse ihrer Arbeit als Gruppe" (Deutscher Verein 2002b, 13).

Noch normativer formulieren Grunwald / Steinbacher:

„Ein Team wird definiert als eine Gruppe von Mitarbeiterinnen und Mitarbeitern, die in einer Organisation für einen geschlossenen Arbeitsprozess verantwortlich ist und die das Ergebnis ihrer Arbeit als Produkt oder Dienstleistung an einen internen oder externen Empfänger liefert. Unter einem Team wird – gewissermaßen idealtypisch – eine besondere Arbeitsgruppe verstanden, die sich dadurch auszeichnet, dass eine in Zahl und Qualifikation optimale Mitgliederzusammensetzung mit Hilfe von Synergie-Effekten eine außerordentliche Leistungsfähigkeit erreicht ..." (Grunwald / Steinbacher 2007, 177).

Das, was die Autoren hier mit dem Zusatz „gewissermaßen idealtypisch" als normative Elemente einführen, wird im Anschluss an die zitierte Passage in weiteren Sätzen charakterisiert: selbstverantwortliches Arbeiten, Klima der Offenheit und des Vertrauens, Wirgefühl, aufrichtiges Diskutieren unterschiedlicher Sichtweisen etc.

Die Liste verschiedener Definitionen des Teambegriffs mit ihren unterschiedlichen deskriptiven und normativen Definitionselementen ließe sich erheblich erweitern. Festzuhalten angesichts dieser Definitionsbreite sind zwei Aspekte:

- Team ist mehr als eine Zusammenfügen von Organisationsmitgliedern, sondern eine für einen längeren Zeitraum geschaffene Sozialgestalt, die mit Blick auf ein Organisationsziel und mit der Erwartung eines im Vergleich zu den Einzelpersonen höheren Leistungspotenzials eingesetzt wird und die eine Dynamik aufweist, die zu beobachten ist und die – in welcher Intensität auch immer – der Gestaltung durch Impulse bedarf.
- Mit der Teamdefinition verbinden sich unterschiedliche normative Zuschreibungen: von der einfachen Funktionalität (mehrere, auf längere Dauer und auf ein Ziel hin zusammenarbeitende Organisationsmitglieder) bis hin zu Merkmalen, die einem bestimmten gewünschten Typus von Team entsprechen (gleichberechtigte Zusammenarbeit, Klima der Offenheit und des Vertrauens, gemeinsames Verantworten etc.). Häufig gehen explizite Erwartungen an die spezielle soziale Form und an die Leistungsfähigkeit in die Definition ein. Mit einer solchen normativen Aufladung muss man auch in der Praxis der Sozialen Arbeit und im ASD rech-

nen: Allein die Verwendung des Wortes Team wird mit bestimmten normativen Assoziationen verknüpft, wodurch die Teamvokabel für die Beteiligten eine bestimmte Erwartungsnote erhält – vielfach für unterschiedliche Beteiligte verschiedene Erwartungsnoten.

Damit die Zusammenarbeit in einem Team von den Organisationsmitgliedern als sinnhaft erlebt wird, muss „ein genügendes Maß an direkter Zusammenarbeit bei der Leistungserstellung erforderlich" sein (Voigt 2007, 157); „z. B. bei der arbeits- und funktionsteiligen Lösung komplexer Problemstellungen, bei der man aufgabenübergreifend oder fachlich interdisziplinär aufeinander angewiesen ist" (Voigt 2007, 157). Die Aufgabenstruktur im ASD ist auf den ersten Blick jedoch einzelfallbezogen: Im Mittelpunkt steht die Bearbeitung von sogenannten Fällen, wodurch eine individualisierte Arbeitsstruktur präferiert wird. Einzelfallarbeit ist zunächst individuelles Handeln mit entsprechender individueller Fallverantwortung. Das Zusammenbinden in Teams muss zunächst gleichsam gegen diese Aufgabenstruktur organisiert und in der Folge aufrechterhalten werden. Das „Gemeinsame" als aufgabenbezogene Grundlage für Teamstrukturen muss eigens definiert, in den Köpfen der Akteure verankert und durch bewusstes Handeln aufrechterhalten werden. Angesichts der auf Einzelfälle ausgerichteten Arbeitsstruktur ist für den ASD der Teamgedanke gar nicht so selbstverständlich, wie er bisweilen (z. B. Deutscher Verein 2002b) proklamiert wird.

Auch wenn die Aufgabenstruktur im ASD zunächst in der individualisierten Arbeit am Einzelfall besteht, so bedarf es für eine qualifizierte Aufgabenbewältigung vor allem aus zwei Gründen der Teamarbeit:

1. Die Arbeit an den Einzelfällen ist in kompetenter Weise nicht ausschließlich als individualisierte Arbeit zu erledigen, sie bedarf dringend des Fachdiskurses im Team – sicherlich vor allem, aber nicht nur bei „schwierigen Fällen", sondern als generelles Arbeitsprinzip. Wahrnehmungen, Interpretationen und Deutungen von Lebenssituationen der Adressaten sind immer subjektiv geprägt und bedürfen der Korrektur und der Erweiterung durch andere Wahrnehmungsperspektiven. Ferner sind die Anforderungen so spannungsreich (Unterstüt-

zung – Kontrolle, beteiligungsorientiert – fachlich eigenständig, ressourcenorientiert – defizitorientiert etc.), dass es eines Teamrahmens bedarf, in dem die einzelnen Fachkraft beraten, korrigiert, zur Reflexion angeregt werden kann (→ Kapitel 13 und 14; Schrapper/Thiesmeier 2004). Gerade bei Aufgaben, die mit einem hohen Grad an Unsicherheit belegt sind und daher ein hohes Belastungspotenzial aufweisen, kann Teamarbeit gute Wirkung entfalten als Teil eines fachbezogenen „Belastungsmanagements" (→ Kapitel 31).
2. Zur Gewährleistung einer guten einzelfallbezogenen Arbeit besteht eine gemeinsame Aufgabe der Fachkräfte darin, die soziale Infrastruktur und ihre Entwicklung zu beobachten (→ Kapitel 24 und 28) sowie kontinuierlich Interorganisationsbeziehungen zu gestalten (→ Kapitel 29). Diese Aufgabe lässt sich nur als eine koordinierte Gemeinschaftsaufgabe realisieren und bedarf der beständigen Zusammenarbeit in Teams.

Diese beiden Aufgaben stellen den Kristallisationspunkt für Teamarbeit dar. An ihnen muss die Sinnhaftigkeit von Teamarbeit für die ASD-Mitarbeiter erlebbar sein. Wenn hier der Sinn von Teamarbeit nicht als Beitrag zur qualitativen Aufgabenerledigung im ASD konstituiert werden kann, bleibt Teamarbeit ein äußere Hülle, ein Ort zur gegenseitigen Absprache von Arbeitsschritten (organisatorische Koordination) und zur Herstellung einer emotional-sozialen Bezugsgruppe für die ASD-Mitarbeiter. Sicherlich ist das Team auch bedeutsam als Verankerungspunkt für Personen in Organisationen, als Verortung von Zugehörigkeit. Aber allein diese Funktion wäre nicht tragfähig, wenn sie nicht mit einem aufgabenbezogenen Sinn verknüpft werden könnte.

Ein Team kann dann aufgabenbezogen produktiv werden, wenn die Teamprozesse gleichermaßen Differenzierung wie Integration ermöglichen und fördern: Differenzierung als Erzeugen, Aufrechterhalten und Nutzen von Unterschiedlichkeit sowie Integration als Bezugnahme auf etwas Gemeinsames (Aufgaben, Ziele, fachliche Anliegen, Regeln etc.; Schattenhofer/Velmering 2004, 15). Gerade weil die im ASD zu treffenden Entscheidungen mit einem hohen Maß an Unsicherheit (im Hinblick auf Problemerfassung *und* auf Wege der Problemlösung) verbunden sind, bedarf es einer Perspektiverweiterung, also einer bewusst geförderten und gepflegten Erzeugung von Differenzen, die nur im Rahmen von Teamarbeit hergestellt werden kann.

Ein Problem bei der Erzeugung und Aufrechterhaltung eines Sinns von Teamarbeit im ASD besteht zum einen in der äußerlichen, aber letztlich bewusstlosen Selbstverständlichkeit, mit der das Team in der Sozialen Arbeit hochgeschätzt wird („Team ist immer gut!"), zum anderen im Überladen des Teamprinzips mit zu hohen Erwartungen („Das Team wird es schon richten, die Probleme lösen!") – so wie beispielhaft in den Empfehlungen des Deutschen Vereins:

„Ziel von Teamarbeit ist es insbesondere, komplexe Beratungs- und Entscheidungsprozesse zu qualifizieren, indem Fachlichkeit gebündelt, Kreativität entwickelt, Ressourcen ausgeschöpft und Wirtschaftlichkeit unterstützt wird. Zu den Funktionen der Teamarbeit zählen Förderung der Organisationskultur, Strukturierung von Entscheidungsabläufen, Förderung von Betroffenenbeteiligung" (Deutscher Verein 2002b, 8).

Teamstruktur wird hier Hebel zur Lösung der zentralen Organisationsprobleme im ASD: von der fachlichen Entscheidung über die Finanzsteuerung (Wirtschaftlichkeit) und die Organisationskultur bis hin zum komplexen Problem einer wirksamen Adressatenbeteiligung. Eine solche Sicht überhöht die Erwartungen an Teams und birgt die Gefahr, andere wichtige Steuerungsmechanismen zu vernachlässigen.

Zu einer realistischen Einschätzung der Potenziale von Teamarbeit gehören auch die Wahrnehmung und Würdigung von problematischen Entwicklungsdynamiken. Eine solche besteht in der Neigung von Teams, sich gegenüber der sie umgebenden Organisation zu verselbständigen, sich abzuschotten, selbstgenügsam zu werden – insbesondere dann, wenn sie eher lose an die Gesamtorganisation angekoppelt sind (Böwer/Wolff 2011, 144f.). Die hier zum Ausdruck kommende Tendenz zur Stabilisierung von Teams wird gestützt durch den Mechanismus, dass sich mit zunehmender Lebensdauer von Teams die „mentalen Modelle" einander annähern: „gemeinsame Vorstellungen davon, was das Ziel einer Arbeitsaufgabe ist und welches das beste Vorgehen zu ihrer Erledigung sei" (Edding 2007, 93; vgl. Dutke/Wick 2009). Die Folge einer solchen Dynamik der Vereinheitlichung von Denkmustern sind von Klatetzki (2001) beschrieben worden als „Symptome des Gruppendenkens", die die beabsichtigte Perspektivenerweiterung durch Differenz konterkarieren: allmähliche Vereinheitlichung von Denkweisen, Rationalisierungen gegenüber abweichenden Interpretationen und Meinungen, Neigung zur Selbstzensur bei Gruppenmitgliedern, Stereotypisierung von Meinungsgegnern. Eine zu große Stabilität von Teams kann als ein Risikofaktor gelten: Solche Teams neigen zur Erstarrung in Routinen, und je größer das Miteinander-vertrautsein in Teams ist, desto schwerer sind sie irritierbar. „Störbarkeit ist aber eine Bedingung erfolgreichen Arbeitens. Denn die Störung führt zur Metakommunikation" (Edding 2007, 99f.). Das Potenzial der Perspektivenerweiterung durch Differenz stößt also auf einen möglichen gegenteiligen Effekt: die begrenzte Produktivität durch „mentale Vereinheitlichung" und Gruppendruck mit der Folge wenig differenzierender Wahrnehmungsmuster.

Die Ambivalenz der Teamdynamik zwischen Integration mit der Folge einer selbstgenügsamen Abschottung und einer unproduktiven Routinehaftigkeit einerseits und der Differenz mit den Potenzialen der Perspektivenerweiterung und des fachlich produktiven Umgangs mit Unsicherheit andererseits zeigt die Notwendigkeit von Strukturierungsleistungen. Produktivität in Teams stellt sich nicht von selbst her, sie wird nicht schon „automatisch" mit der Sozialform Gruppe/Team mitgeliefert, ist dieser nicht inhärent. Teams sind nicht ‚an sich' gut, sondern damit sie ‚gut' werden und den ihnen enthaltenen Sinn entfalten können, müssen sie strukturiert und durch kontinuierliche Entwicklungsimpulse angeregt werden (zur Programmatik und zu Konzepten der Teamentwicklung vgl. u.a. Schiersmann/Thiel 2009, 225ff.; am Beispiel der kollegialen Fallberatung im Team Pothmann/Wilk 2008a und 2009).

4.2 Produktivität von Teams (auch) als Ergebnis von Strukturierung

In den vorangegangenen Ausführungen ist ein Aspekt der Teamdynamik bereits genannt worden, der Beobachtung und Steuerung erforderlich macht: die *Tendenz zur Erstarrung, Abschottung, Routinehaftigkeit und Vereinheitlichung*. Damit Differenz und Störbarkeit in Teams erzeugt und aufrechterhalten werden, muss für Irritationen und Impulse in den Teams gesorgt werden. Dass im Team ein Klima der akzeptierten Differenz vorhanden ist, ist nicht selbstverständlich und muss immer wieder beobachtet und angeregt werden. In diesem Zusammenhang ist auch über eine maßvolle personelle Fluktuation in Teams nachzudenken. Eine lange Zusammenarbeit der gleichen Personen in einem Team ist einerseits ein Stabilitätsfaktor für die Teammitglieder und mag zu einer schnelleren Bearbeitung von Aufgaben führen. Andererseits ist Stabilität ein Risikofaktor: Empirische Untersuchungen zeigen eine Reduzierung der sachlichen Leistungsfähigkeit bei Teams bei mehr als dreijähriger gemeinsamer Tätigkeit (Edding 2007, 96), und zu große Stabilität vermindert Flexibilität und Offenheit. Zu überlegen wäre somit, in welchen Zeitzyklen und in welchem Umfang ein Wechsel in der Teamzusammensetzung anzustreben wäre.

Ein zweiter Bereich, der Steuerungsleistungen erforderlich macht, ist die *Gruppendynamik in Teams*. Teams sind lebendige Systeme, in denen verschiedene Personen mit ihren individuellen Eigenarten aufeinander treffen, durch ihre Zusammenarbeit einen gemeinsamen Systemrahmen (Team) konstituieren und dabei die von der Gesamtorganisation gesetzten Rahmenbedingungen verarbeiten. Hierbei ereignen sich gruppendynamische Prozesse, die neben ihren produktiven Potenzialen (Integration, Kreativität etc.) auch störende oder ambivalente Dynamiken mit sich bringen, so u.a.

- Überlagerung der Sacharbeit durch persönlich geprägte Konflikte;
- Konkurrenz versus Kooperation;
- Gruppendruck mit Bewertungsangst und Bewertungstabus;
- persönliche, zum Teil dominant wirkende Darstellungsbedürfnisse einzelner Gruppenmitglieder;
- Selbstdarstellung mit dem Bemühen, konsistent auf andere zu wirken, und mit der Schwierigkeit, einmal geäußerte Meinungen zu revidieren;
- Zugehörigkeit/Anpassung versus Randständigkeit;
- Gleichheit versus Rollendifferenz;
- Herauszögern von Entscheidungen bei für die Gruppe unangenehmen oder bedrohlichen Themen.

Ohne eine sensible Beobachtung der Dynamik und ohne darauf ausgerichtete Steuerungsimpulse werden sich störende oder ambivalente Dynamiken in einer Weise entfalten, die die Arbeitsfähigkeit des Teams stark beeinträchtigen können.

Ein dritter Steuerungskomplex liegt in der *sachbezogenen Strukturierung der Arbeit zur Gewährleistung eines gewissen Maßes an Effektivität der Abläufe und Arbeitsweisen*. In diesen Komplex der Strukturierungsleistungen fallen insbesondere:

- die **Festlegung der Teamgröße**. Dabei sind Ergebnisse der Gruppenforschung, die auf eine optimale Größe von fünf bis neun Teammitgliedern verweisen, zu verknüpfen mit der Frage, bei welcher Teamgröße die Aufgaben und sachlich legitimierten Verfahrensvorgaben (kollegiale Beratung, Vertretung bei Krankheit und Urlaub, Hausbesuche zu zweit bei Meldungen zu möglicher Kindeswohlgefährdung etc.) zu realisieren sind;
- **Definition von (regionalen und fachlichen) Zuständigkeiten**. Absprache und personelle Verteilung von fachlichen Vertiefungsgebieten als inneres Strukturelement (interne Fachberatung) für qualitatives Arbeiten im Team, wobei solche Vertiefungsgebiete (Deutscher Verein 2002b, 47, 66 f.) dynamisch überprüft und verändert werden können;
- **konkrete Modalitäten der Arbeitsaufteilung** (u. a. Fallverteilung, Verfahren bei Überlastung einzelner Fachkräfte etc.) und **Zusammenführung / Koordination**;
- **Überprüfung, ob Arbeitsabsprachen eingehalten** wurden;
- **Sitzungsleitung / Sitzungsmoderation**;
- **Vermittlung / Kontakt / Absprachen zu anderen Organisationseinheiten** in der Gesamtorganisation (Jugendamt / ASD);
- **Vertretung des Teams** nach außen.

Erfolgen solche sachbezogenen Strukturierungen nicht oder in einem zu geringen Umfang oder in einer nicht ausreichend transparenten Weise, drohen Effektivitätseinbußen – mit negativen Auswirkungen auf die Gruppendynamik (Unzufriedenheit der Teammitglieder, vermehrte Konflikte, Rückzug einzelner Teammitglieder etc.).

Dass die erforderlichen Strukturierungsleistungen in den drei genannten Bereichen stattfinden, darf nicht dem Zufall überlassen werden, sondern muss personell zugeordnet werden: Über eine transparente Aufgabenbeschreibung und Regelung der Leitungsfunktion muss die Voraussetzung dafür geschaffen werden, dass die teambezogenen Steuerungsaktivitäten der Beobachtung, Impulsgebung und Auswertung der Aufnahme solcher Impulse kontinuierlich und einigermaßen verlässlich erfolgen können.

Zu den notwendigen Strukturierungsleistungen, die von der Gesamtorganisation (Jugendamt / ASD) zu realisieren sind, gehört auch die Entscheidung über und die Zuordnung von Verantwortungsbereichen, innerhalb derer die Teams eigene Entscheidungen treffen dürfen und sollen. Es muss transparent definiert werden, wofür Teams zuständig sind und was von Teams (bzw. von der entsprechenden Teamleitung) eigenständig verantwortet werden soll, für welche Entscheidungen Beratungen oder Zustimmungen von hierarchisch übergeordneten oder gleich geordneten Stellen einzuholen sind und bei welchen Fragen das Team lediglich eine beratende Funktion für Entscheidungsträger hat: im fachlichen Bereich, beim Einsatz personeller Ressourcen, in organisatorischen Fragen, in Budgetfragen (z. B. in Bezug auf das Budget für Hilfen zur Erziehung). Bei diesen, von der Gesamtorganisation vorzunehmenden Strukturierungsleistungen ist zum einen der Grundsatz der Transparenz zu beachten: Die Entscheidungsräume des Teams müssen nachvollziehbar und relativ eindeutig abgegrenzt und begründet sein. Zum anderen sollte der Grundsatz gelten, dass die Motivation und die Ernsthaftigkeit, mit der Mitarbeiter in einem Team zusammenarbeiten, in einem Wechselverhältnis stehen zu den zugestandenen Entscheidungsmöglichkeiten und zu der damit gegebenen Verantwortung. Ein Team, das wenig selbst entscheiden kann, wird vermutlich mehr Schwierigkeiten im Zusammenwachsen als Team haben als ein Team, dem größere Entscheidungspotenziale zugetraut werden und bei dem die Teamitglieder den Eindruck haben, dass es bei ihrer Zusammenarbeit „um etwas geht".

4.3 Leitungsfunktionen für die Gestaltung von Teamarbeit

Teamarbeit und Leitung werden bisweilen als Gegensätze, zumindest als Spannungselemente angesehen: Team wird assoziiert mit egalitären und Leitung mit hierarchischen Strukturen. Leitung bildet bei solchen Vorstellungen den Gegenpart zum

Teamgedanken. Eine solche Gegenüberstellung erzeugt eine widersprüchliche und intransparente Haltung zu Leitung. Sie ist problematisch, weil ein Team zur Herstellung und Aufrechterhaltung seiner Arbeitsfähigkeit Struktur benötigt und weil solche Strukturierungsleistungen kontinuierlich und verlässlich erbracht werden müssen. Ohne solche Strukturierungsleistungen gerät eine Arbeitsgruppe in Gefahr, als „Ansammlung von Menschen" kaum zielgerichtet arbeitsfähig zu werden. Wahrzunehmen ist also eine *Leitungsfunktion* der kontinuierlichen Strukturierung und Steuerung der Teamarbeit. Diese Funktion wird in der Regel eher dann verlässlich realisiert, wenn sie nicht im Team aufgeteilt oder abwechselnd von verschiedenen Teammitgliedern übernommen wird, sondern einer Person zugeordnet wird. Denn auf der Basis einer solchen personellen Zuordnung kann der entsprechende Funktionsträger ein spezifisches Rollenbild herausarbeiten, auf dessen Grundlage er wirken kann und das für die anderen Teammitglieder kalkulierbar ist. Ein zentrales Element dieses Rollenbildes liegt in der Übernahme einer persönlichen *Gestaltungsverantwortung* für das Geschehen und die Dynamik im Team.

Wenn die Leitungsfunktion im Team nicht einer Person zugeordnet wird und demgegenüber das Egalitäre einer Teamstruktur in den Mittelpunkt gestellt wird, gehen Organisationen ein hohes Risiko ein: das Risiko der Überlastung der einzelnen Team-Mitglieder (sowohl im Hinblick auf deren Kompetenz als auch im Hinblick auf den Aufgabenumfang, denn die Funktionen müssen wahrgenommen werden) sowie das Risiko der mangelnden Transparenz von Leitungsaufgaben und der mangelnd transparenten Übernahme dieser Aufgaben. Wenn Verantwortlichkeiten nicht mehr personell eindeutig zugeordnet sind, besteht die Gefahr der Intransparenz und der reduzierten Kontrollierbarkeit von Aufgabenwahrnehmung. Hinzu kommt bei Teams ohne personelle zugeordnete Leitungsfunktionen, dass sich im Prozess implizite, informelle Leitungsmechanismen ergeben, die jedoch höchst anfällig sind für Störungen: Sie sind zwar faktisch vorhanden und wirksam, dürfen aber nicht explizit werden, weil dadurch die offizielle Egalitätsnorm ins Wanken gebracht würde. Es bleibt Intransparenz in der Rollenstruktur als Folge einer Differenz zwischen dem Normativen (Egalitätsnorm) und der Faktizität (Realität einer informellen Leitung). Mit dem weitgehenden Verzicht auf eindeutige und zeitlich überdauernde personenbezogene Zuordnungen von Leitungsverantwortung in Teams wird ein großes Vertrauen in die Selbststeuerungspotenziale von Organisationseinheiten gesetzt, das schnell in eine Überforderung des Teams oder in Effektivitätseinbußen mündet.

Leitung hat in der Wahrnehmung ihrer Gestaltungsfunktion komplexitätsreduzierende und damit entlastende Wirkungen für Teams. Mitarbeiter in Teams müssen nicht immer wieder erneut bestimmte Abläufe festlegen, mühsame Versuche der gegenseitigen sozialen Kontrolle installieren, Anforderungen neu interpretieren etc., sondern durch die Strukturierungsleistungen der Leitung werden sie entlastet und frei für die Entfaltung von Selbstorganisation zur Bewältigung ihrer komplexen sachbezogenen Aufgaben. ASD-Teams werden auch belastet und bisweilen überlastet, wenn Leitungsverantwortlichkeit nicht wahrgenommen wird und Entscheidungen entweder nicht getroffen oder ins Team abgeschoben werden. Wichtig ist also eine transparente und verlässliche Übertragung von Leitungsfunktionen an eine Person (Teamleitung), damit die Teamdynamik nicht durch zusätzliche Aufgaben für die einzelnen Teammitglieder und durch mit Intransparenz einhergehendes Konfliktpotenzial belastet wird. Die Art, in der die Leitungsfunktion gehandhabt wird, wird im Team in der Regel eher partizipativ sein müssen, um die in einer Gruppenkonstellation enthaltenen Leistungspotenziale entfalten zu können; dies ändert jedoch nichts an der Anforderung, dass die für das Team erforderlichen Strukturierungsleistungen von der Leitungsperson erbracht werden und die Verantwortung für die Gestaltung des Teamgeschehens akzeptiert und verlässlich wahrgenommen wird.

Die Aufgaben einer Teamleitung im ASD bündeln Grunwald/Steinbacher (2007, 189 ff.) zu vier Bereichen, die ergänzt werden durch die Aufgabe der Reflexionsförderung. Im vorangegangenen Kapitel ist die Tendenz in länger in gleicher oder ähnlicher Zusammensetzung arbeitenden Teams besprochen worden, sich abzuschotten, selbstgenügsam zu werden, mentale Muster der Gruppenmitglieder einander anzunähern, nach unhinterfragten Routinen zu arbeiten. Um solche Tendenzen aufmerksam zu beobachten und um produktive Irritationen und Reflexionsimpulse setzen zu können, sollte Leitung die erforderliche Distanz einnehmen können;

daher wird hier *Reflexionsförderung* als ein eigenes (fünftes) Aufgabenbündel für Leitung benannt. Die Teamleitung verfügt über den Vorteil, einerseits nah am Team zu sein und somit einschätzen zu können, welche Impulse wohl vom Team verarbeitet und somit produktiv aufgenommen werden könnten; andererseits ermöglich die Position der Teamleitung, dass diese sich gleichsam „an den Rand des Geschehens" stellt und beobachten kann, zumindest dann, wenn dies in dem Rollenbild und in den an sie herangetragenen Aufgaben vermittelt wird. Somit ergeben sich für Teamleitung folgende Aufgabenbereiche:

- **Koordination/Organisation:** für eine sachbezogene Aufgabenerledigung sorgen, Aufgabenverteilung im Team organisieren, zeitliche Abläufe koordinieren, für eine angemessene Einarbeitung neuer Mitarbeiter sorgen, Regelungen für Modalitäten der Teamberatung konstituieren, Entscheidungen in einem transparenten Zuständigkeitsrahmen treffen etc.;
- **Kommunikation, Moderation, Integration, Motivierung:** für einen angemessenen Informationsfluss im Team sorgen, Gruppendynamik im Team beobachten und ggf. Impulse geben, Moderation von Sitzungen und anderen Prozessverläufen, Kompetenzen von Teammitgliedern beobachten/einschätzen und Impulse zu deren Weiterentwicklung geben, ASD-Fachkräfte fachlich und in ihren Arbeitsabläufen beraten bzw. Beratungsmöglichkeiten eröffnen etc.;
- **Repräsentation:** Vertretung des Teams nach außen (gegenüber anderen Organisationseinheiten und gegenüber kooperierenden Organisationen), Vermittler zwischen der Gesamtorganisation (Jugendamt/ASD) und Team/Teammitgliedern, Einspeisen und Verarbeiten der Erwartungen der Gesamtorganisation und kooperierender Organisationen an das Team;
- **Konfliktmanagement:** Wahrnehmung und Moderation von (latenten und offenen) Teamkonflikten, Bearbeitung von Konflikten mit der Gesamtorganisation, Moderation/Unterstützung von Regelungen bei Konflikten zwischen einzelnen Teammitgliedern und Personen/Organisationen außerhalb des Teams;
- **Reflexionsförderung:** Realisierung des Sinngehalts von Regelungen und Absprachen beobachten, für Überprüfung/Irritationen von Routinen und für fachliche Reflexionsimpulse sorgen, Ergebnisse der Arbeit überprüfen und diese Überprüfung in einen Reflexionsdiskurs im Team einbringen.

Betrachtet man diese Aufgaben für Teamleitung, so wird erkennbar, dass Leitung (auch Teamleitung) eine wichtige inhaltliche Funktion innerhalb und für Organisationen sowie in Organisationsteilen darstellt, die eben nicht nur formal-hierarchisch zu interpretieren ist. Neben ihrem formal-hierarchischen Element erstreckt sich die Gestaltungs- und Steuerungsfunktion von Leitung gleichermaßen auf die inhaltlichen Aspekte der Arbeit im ASD (z. B. bei der Strukturierung der kollegialen Fallberatung im Team; vgl. Pothmann/Wilk 2009, 70 ff.), auf die Modalitäten des Zusammenarbeitens im Team und auf die Gestaltung der Bezüge zwischen dem Team und seiner Umwelt innerhalb und außerhalb der Gesamtorganisation (Jugendamt/ASD). Ohne eine personell verortete und funktionierende Leitung läuft eine Team Gefahr, dass notwendige Entscheidungen nicht mehr getroffen werden, der innere Zusammenhalt des Teams sich allmählich auflöst, sich das Team möglicherweise allmählich von den an es gerichtete Anforderungen entfernt und das im Team erforderliche Maß an Störung bzw. Irritation und Reflexivität nicht ausgebildet werden kann.

4.4 Teamleitungskompetenz als Bestandteil eines umfassenden Leitungskonzepts

Leitung für den ASD und für die einzelnen Teams im ASD hat *inhaltliche Steuerungsfunktionen*, die zur Herstellung und Aufrechterhaltung der Leistungsfähigkeit des ASD wahrgenommen werden müssen (Merchel 2010b, 31 f.):

- **organisationsbezogene Strukturierungsfunktionen:** Leitung hat die Funktion und die Verantwortung, zum einen für die aufgaben- und zielgerechte Ausrichtung der Einzelhandlungen innerhalb der Organisation und zum anderen für den inneren Zusammenhalt der Organisation Sorge zu tragen. In diesem organisationsinternen Bereich geht es um Ziele, Ressourceneinsatz, Regeln, Abläufe, Kommunikations- und Entscheidungsstrukturen etc. sowie um sogenannte weiche Faktoren

wie Motivation, Kooperation, Binnenklima, informelle Beziehungen etc.
- **Beobachtung und Gestaltung der Bezüge der Organisation (Jugendamt, ASD) zu ihrer Umwelt:** Aus der Umwelt bezieht die Organisation einerseits ihre Aufträge bzw. ihre Aufgaben und andererseits die für ihre Handlungsfähigkeit wichtigen materiellen, personellen und legitimatorischen Ressourcen. Daher müssen die Beobachtung und die Einflussnahme auf die Umwelt (Verwaltung, Politik, andere Organisationen innerhalb und außerhalb der Jugendhilfe, „öffentliche Meinung") als Steuerungsaufgabe organisatorisch verankert werden.
- **In-Gang-Setzen und Gewährleisten von Reflexion:** Da der ASD in einer dynamischen Umwelt existiert und auch permanent innere organisationsdynamische Prozessen herausbildet, muss dafür Sorge getragen werden, dass sowohl die inneren Vorgänge im ASD (und im Jugendamt) als auch die Außenbezüge zum Gegenstand von Reflexion werden. Reflexion und Planung als eine von der Leitung wahrzunehmende, für den Organisationserhalt elementare Funktion heißt,

„gleichviel ob durch Irritation von außen oder durch selbstinduzierte Unterbrechung, innezuhalten im alltäglichen, ‚unbewussten' Handeln, heißt zu interpunktieren, eine Pause einzulegen und zu fragen, welchen Sinn es macht, so weiterzuhandeln" (Vogel 1991, 53).

Dass dies in der Organisation geschehen kann und tatsächlich geschieht, gehört zur Funktion von Leitung.

Leitung ist eine Strukturierungsleistung, die Handlungen von Organisationsmitgliedern, also von Individuen, aufeinander abstimmt und diese auf die Aufgaben und Ziele der Organisation ausrichtet. Um diese Strukturierungsleistung erbringen zu können, bedarf es

- **personenbezogener Leitungsaktivitäten**, mit denen die einzelnen Organisationsmitglieder unmittelbar beeinflusst werden sollen;
- **strukturbezogener Leitungsaktivitäten** (Festlegen von Strukturen, Abläufen, Verfahrensregeln etc.), durch die die Organisationsmitglieder Orientierung erhalten, Verhaltenssicherheit erlangen und Formen der Selbstorganisation entwickeln können.

Leitung muss für die Bedingungen und die Prozesse sorgen, die für eine effektive und fachgerechte Leistungserbringung erforderlich sind: Entscheidungen, Reflexion, verlässliche Arbeitsabläufe, leistungsförderliche informelle Umgangsweisen. Und dies, ohne dass im Jugendamt das Missverständnis erzeugt wird bzw. existiert, Leitung sei insbesondere dann gut, wenn sie „ihren Laden im Griff hat". Eine solche steuerungsoptimistische Erwartung würde die Eigendynamik in komplexen Systemen, wie Organisationen sie darstellen, verkennen und die Möglichkeiten zur gezielten Beeinflussung solcher Dynamiken durch Leitungshandeln überschätzen (Merchel 2010b, 22 ff.; Wimmer 2009). Teamleitung im ASD sollte somit Bestandteil sein

a. eines spezifischen, im Jugendamt geteilten Konzepts zur Funktion und zu den Aufgaben von Leitung,
b. einer vertikal und horizontal verknüpften Leitungsstruktur (je nach Größe des ASD unterschiedlich ausdifferenziert), in der jede Leitungsebene ihre spezifischen, transparent definierten und aufeinander bezogenen Leitungsaufgaben zugeordnet bekommt.

Die Personen der Teamleitungen und die Personen auf anderen Leitungsebenen benötigen Kompetenzen, um die Leitungsfunktionen gut ausüben zu können. In den elementaren Steuerungsbereichen einer Organisation (fachliche Steuerung, finanzbezogene Steuerung, organisationsbezogene Steuerung, mitarbeiterbezogene Steuerung, Gestaltung der Bezüge zur Umwelt; Merchel 2010a, 23 f.) müssen Fähigkeiten im Hinblick auf drei Kompetenzmuster entwickelt werden (zum Folgenden vgl. Merchel 2010a, 22 ff.):

- **Analyse- und Planungskompetenz:** Für die Steuerung des ASD und im ASD bedarf es der Kompetenz, Vorgänge in der Organisation und in der Umwelt der Organisation zu analysieren und auf der Grundlage dieser Analyse zielbezogene Handlungsschritte zur weiteren Entwicklung der Organisation zu entwerfen.
- **Interaktions- und Kommunikationskompetenz:** Die Kompetenz zur Kommunikation mit Mitarbeitern, Interessenträgern und Akteuren in Verwaltung, Politik und anderen Kooperationspart-

nern ist für die Handlungsmöglichkeiten des ASD von zentraler Bedeutung.
- **Reflexions- und Evaluationskompetenz:** Die Fähigkeit zur Reflexion und zur Evaluation des Geschehens in der Organisation stellt gerade für Leitungspersonen unter zwei Gesichtspunkten eine hervorgehobene Anforderung dar: Zum einen müssen Leitungspersonen die Mitarbeiter methodisch anleiten können, um effektive, zum Teil irritierende und dadurch anregungsreiche und weiterentwickelnde Reflexionen und Kommunikationsprozesse zur Geltung zu bringen; zum anderen liegt in der größeren Distanz zum Alltagsgeschehen, die die Position Leitung im Vergleich zu den stärker in den Einrichtungsalltag verwobenen Mitarbeitern mit sich bringt, ein besonderes Reflexionspotenzial.

Neben Fähigkeiten in diesen Kompetenzbereichen müssen sich Leitungspersonen mit verschiedenen Aspekten ihrer Leitungsrolle auseinandersetzen. Gerade weil Leitungspersonen mit den ihnen zugestandenen Gestaltungsräumen und einem auf ihnen lastenden Verantwortungsdruck gleichermaßen umgehen müssen, weil sie sich dabei bisweilen in einer relativ „einsamen" Position befinden können, bedarf es der Herausbildung der Fähigkeit und der Möglichkeiten zur Selbstreflexion im Hinblick auf die eigene Rollengestaltung, auf die eigene Haltung, auf persönliche Spannungen und Empfindungen im Kontext der Leitungsrolle. Solche Aspekte, die bedeutsam sind für eine kompetente Ausgestaltung der Leitungsrolle, sind u. a.:

- **die aktive und aktivierende Haltung der Leitungsperson zu ihrer Leitungsaufgabe:** Wenn, wie das bisweilen in der Sozialen Arbeit der Fall ist, auf eine „konsequent dezentralisierte Eigenverantwortung" der Mitarbeiter gesetzt und damit implizit die spezifische Leitungsfunktion in ihrem Stellenwert marginalisiert wird, gerät die Leitungsperson in Gefahr, nicht ausreichend ihren aktiven Beitrag zum Entdecken und Aufgreifen von Problemstellungen, zum strukturierten Anstoßen von Problemlösungen, zum Kontrollieren und Weiterentwickeln der Art der Aufgabenbewältigung wahrzunehmen.
- **die Fähigkeit zur Selbstreflexion:** Gerade weil Leitungspersonen sich gleichermaßen in Strukturen bewegen, in der Interaktion mit konkreten Menschen stehen und weil sie sich selbst als Teil dieser Strukturen verstehen müssen, bedarf es einer beachtlichen Reflexions- und Selbstreflexionsleistung. Nur so kann die Systemstruktur einigermaßen verstanden und können Steuerungsimpulse sensibel austariert werden. Leitungspersonen müssen nicht nur das „System Organisation" mit seinen Handlungs- und Reaktionsmustern beobachten, sondern in diese Beobachtungen auch sich selbst als in die Interaktionsdynamik eingebunden betrachten.
- **die Herausbildung einer reflektierten Haltung zum Phänomen der Unsicherheit** innerhalb der Organisationsgestaltung sowie die **Herausbildung einer Haltung der Bescheidenheit** hinsichtlich des Steuerungsanspruchs, ohne dass eine solche Bescheidenheit in eine faktische Verweigerung von Leitungshandeln einmündet: „Management ist die Fähigkeit, mit Ungewissheit auf eine Art und Weise umzugehen, die diese bearbeitbar macht, ohne das Ergebnis mit Gewissheit zu verwechseln" (Baecker 1994, 9). Es bedarf einer balancierenden Haltung, bei der Bescheidenheit hinsichtlich der Steuerungserwartungen sich produktiv verbindet mit der Bereitschaft zur aktiven Gestaltung über reflektierte Leitungsimpulse, die in die Organisation eingebracht werden.
- **der reflektierte Umgang mit Macht und Verantwortung:** Macht bildet sowohl in ihrer organisationsbezogenen als auch in ihrer personenbezogenen Dimension ein wichtiges Element in der Ausstattung von Leitungspositionen und markiert ein Medium, in dem sich Leitungshandeln vollzieht. Die Frage, wie eine Leitungsperson mit dieser Ausstattung umgeht (autoritär übersteigernd, angstvoll nivellierend etc.) oder wie eine Leitungsperson die mit der positionalen Macht verbundene Tendenz zur sozialen Vereinsamung innerhalb der Organisation verarbeiten kann, ist für das Bild einer „guten Leitung" bedeutsam. Ebenso wichtig ist die persönliche Stellung zum Phänomen Verantwortung (verstanden als sozialer und moralischer Verpflichtungsgrad), das die Leitung aufgrund ihrer Position nicht negieren kann.

Wenn man die Leitungskompetenzen zu den verschiedenen Steuerungsbereichen genauer markieren will, so muss bei den unterschiedlichen Leitungsebenen (untere, mittlere, obere Leitungsebene; z. B. Teamleitung, Abteilungsleitung, Amtsleitung) differenziert werden. So ist in größeren

ASD auf einer unteren Leitungsebene (Teamleitung) die Verantwortung für die Fallbearbeitung viel stärker präsent als auf den Ebenen der Abteilungs- oder der Amtsleitung. Demgegenüber wird die Verantwortung für das System mit ansteigender Verortung von Leitung in der Hierarchie immer prägender. Trotz der im Grundsatz erforderlichen Kompetenzen auf allen Leitungsebenen ergeben sich dadurch auf den verschiedenen Hierarchie-Ebenen des Jugendamts bzw. des ASD verschieden dimensionierte Anforderungsprofile, die entsprechend den gegebenen Aufgaben in verschiedenartige Kompetenzprofile „übersetzt" werden müssen. Im Rahmen der Personalentwicklung (→ Kapitel 34) muss in der Personalverwaltung dafür Sorge getragen werden, dass

- ein angemessenes Funktionsverständnis von Leitung auf den verschiedenen Organisationsebenen entsteht und am Leben gehalten wird;
- Bedingungen und Angebote geschaffen werden, die der Herausbildung der für Leitung erforderlichen Kompetenzen förderlich sind;
- die Leitungspersonen bei der Realisierung ihrer vielfältigen Gestaltungs- und Reflexionsaufgaben und bei der Ausgestaltung ihrer bisweilen nicht einfach zu handhabenden Rolle durch Leitungssupervision und Coaching unterstützt werden.

III Rechtliche Grundlagen für die Arbeit des ASD

5 ASD-Arbeit und Verwaltungsverfahren

Von Dirk Waschull

- Das legislative Leitbild des Sozialverwaltungsverfahrensrechts wird von dem Ziel bestimmt, (potenziell) Leistungsberechtigten den zügigen Zugang zu Sozialleistungen zu erleichtern. Der Klient, der regelmäßig sozialrechtlicher Laie ist, soll keine Nachteile erleiden, wenn er sich im ausdifferenzierten Sozialleistungssystem nicht auskennt. Vor diesem Hintergrund können Anträge formlos und auch in einer nicht deutschen Sprache wirksam gestellt werden; eine Antragstellung beim unzuständigen Sozialleistungsträger ist möglich (und wird so behandelt, also wäre sie beim zuständigen Sozialleistungsträger vorgenommen worden). Außerdem werden sogenannte Verfahrensfehler (auch) der Klienten regelmäßig geheilt bzw. sind unbeachtlich, sodass auch im Verwaltungsverfahren von einem Primat des materiellen Rechts auszugehen ist („dienende Funktion des Verfahrensrechts"); eine Ausnahme kann aufseiten des Jugendamts allenfalls für die im Kinder- und Jugendhilferecht häufigen Ermessensentscheidungen („Ermessensfehlerlehre") angenommen werden.
- Das Jugendamt als Sozialleistungsträger ist regelmäßig für die Ermittlung des maßgebenden Sachverhalts zuständig, allerdings stellt das Hilfeplangespräch eine spezielle Form der Mitwirkung des Klienten (und sonstiger Personen) dar und der Hilfeplan selbst ist nach überwiegender Ansicht eine verbindliche Entscheidung durch das Jugendamt.
- Dem legislativen Leitbild entspricht es außerdem, dass auch der effektive Rechtsschutz gegen verbindliche Entscheidungen des Jugendamts „niedrigschwellig" möglich ist: kein Anwaltszwang, keine Verfahrenskosten, es gilt das Verschlechterungsverbot und es besteht Formfreiheit von Widerspruch und Klage. Umgekehrt ist das Vertrauen des Klienten auf die Verbindlichkeit eines für ihn günstigen Verwaltungsakts geschützt, sodass dieser – bei unverändertem Sachverhalt und (ggf. auch aus Unwissenheit resultierender) Redlichkeit des Klienten – Bestand haben muss.
- Die den Klienten stärkende Absicht des Gesetzgebers kommt auch darin zum Ausdruck, dass dieser als Beteiligter am Verwaltungsverfahren Subjekt des Verfahrens ist und Rechte geltend machen kann (Bestellung eines Bevollmächtigten, Recht auf Erscheinen mit einem Beistand, Akteneinsichtsrecht und Anhörungspflicht des Jugendamts).
- Schließlich kommt dem Datenschutz eine für das Sozialverwaltungsverfahren wichtige Funktion zu. Im Verwaltungsverfahren des Jugendamts sind „anvertraute Daten" besonders geschützt (deshalb hat z. B. der „Informantenschutz" regelmäßig Vorrang) und eine Weitergabe kommt nur in Betracht, wenn es für diesen Eingriff in das „Grundrecht auf Datenschutz" eine legitimierende Rechtsgrundlage in einem Gesetz gibt.

5.1 Prinzipien und Perspektiven des Sozialverwaltungsverfahrens

Der ASD ist *Behörde* im Sinne von § 1 Abs. 2 SGB X, da er Aufgaben der öffentlichen Verwaltung wahrnimmt. Der ASD unterliegt damit – anders als freie Träger – den Regelungen des Sozialverwaltungsverfahrensrechts (Waschull 2011b, § 1 Rdn. 10).

Das Verwaltungsverfahren ist auch für den ASD eine „Umschaltstation von der normativen in die faktische Geltung des Rechts" (Wallerath 2009, B 12 Rdn. 3) und wird damit zugleich zum „Verwirklichungsmodus materiellen Verwaltungsrechts"

(Hoffmann-Riem 2002, 21 f.). Das Bundesverfassungsgericht spricht zwar von der nur „dienenden Funktion" des Verfahrensrechts (BVerfGE 83, 366; 88, 118); für den ASD ist vor diesem Hintergrund von einem Primat des materiellen Kinder- und Jugendhilferechts auszugehen. Aber die gerade in diesem Sozialrechtsgebiet zahlreichen Ermessensermächtigungen und unbestimmten Rechtsbegriffe (Waschull 2011c, Rdn. 1263; Waschull 2011d, 1506 ff.), welche die materiellrechtliche Prägung „verdünnen", führen im Handlungsfeld des ASD zu einer „Prozeduralisierung der Problembewältigung" (vgl. Waschull 2011a, Rdn. 25).

Sozialverwaltung begegnet uns in der Praxis in erster Linie als *Sozialleistungsverwaltung* und vor diesem Hintergrund ist auch das Sozialverwaltungsverfahrensrecht primär auf die *Ermöglichung von Sozialleistungen* gerichtet. Angesichts eines sehr ausdifferenzierten und komplexen Sozialleistungssystems einerseits und der realen Gefahr, dass Klienten und Leistungsberechtigte sich im Zuständigkeits- und Verfahrensdickicht verfangen könnten, will das Sozialverwaltungsverfahrensrecht andererseits die Klienten bei der Realisierung möglicher Sozialleistungen stärken (Waschull 2008, § 1 Rdn. 14 „grundrechtliche Gewährsfunktion"; vgl. BVerfGE 74, 94; BVerwGE 75, 230). Das geschieht im Wesentlichen auf dreierlei Art und Weise:

- niedrigschwelliger Zugang zum Sozialleistungssystem,
- Verfahrenslast liegt beim Sozialleistungsträger und nicht bei den Klienten sowie
- Verfahrensrechte der Klienten.

Ingesamt spiegelt sich damit im Normtext auch eine Haltung des Gesetzgebers wider, die es rechtfertigt, von einem *fürsorglichen Verfahrensrecht* zu sprechen. In diesem Zusammenhang ist auch die Ermöglichung eines *effektiven Rechtsschutzes* zu nennen (Art. 19 Abs. 4 GG), der die besondere Bedarfslage der Klienten zu berücksichtigen versucht. Allerdings ist der ASD nicht nur als Leistungsverwaltung tätig, sondern kann auch ordnungsbehördlich und damit als *Eingriffsverwaltung* handeln (z. B. Kindeswohlgefährdungen: § 8a SGB VIII, §§ 1666, 1666a BGB). In diesen speziellen Verfahrenssituationen besteht die Funktion des Sozialverwaltungsverfahrensrechts vor allem darin, zwischen den schutzbedürftigen Rechtsgütern der Kinder und Jugendlichen (Kindeswohl) einerseits und dem berechtigten Interessen der Eltern und sonstiger Dritter (Elternrecht auf Erziehung gem. Art. 6 Abs. 2 Satz 1 GG, Datenschutz) einen *verhältnismäßigen Ausgleich* zu erreichen (Waschull 2009, § 7 Rdn. 250 ff.).

Aus *Sicht des ASD* stellen die Regelungen des Sozialverwaltungsverfahrensrechts *objektives Recht* dar, das bei Durchführung des Verfahrens beachtet muss. Soweit es sich – z. B. beim Akteneinsichtsrecht nach § 25 SGB X – zugleich um *subjektive Rechtspositionen* der Klienten handelt, können Verstöße jedoch nur zusammen mit Einwänden gegen die eigentliche Leistungsentscheidung geltend gemacht werden (Rechtsgedanke des § 44a VwGO; BVerfG NJW 1991, 415). Verstöße gegen das Verfahrensrecht allein rechtfertigen eine Aufhebung bzw. Korrektur von Entscheidungen des ASD regelmäßig nicht (vgl. § 42 Satz 1 SGB X; Ausnahme: Verstoß gegen die Anhörungspflicht gem. § 24 SGB X, § 42 Satz 2 SGB X; ein unterbliebenes oder fehlerhaftes Hilfeplanverfahren kann die Rechtswidrigkeit des Entscheidung begründen).

▪▪▪▪ Die Bewilligung von wirtschaftlicher Jugendhilfe war fehlerhaft und soll korrigiert werden. In diesem Verfahren wird dem Betroffenen die Akteneinsicht verwehrt und – obwohl ein Bevollmächtigter bestellt war – nur unmittelbar mit dem Klienten kommuniziert. Wenn der dann ergehende Korrekturbescheid inhaltlich rechtmäßig ist, haben die beiden Verstöße gegen das Verwaltungsverfahrensrecht keine rechtlichen Konsequenzen. ▪▪▪▪

Die verfahrensrechtlichen Regelungen können gleichwohl als „*Magna Charta*" *fachlicher Standards im Verwaltungshandeln* verstanden werden. Insoweit ist auch zu beachten, dass der ASD als staatlicher Leistungsträger und Behörde im Sinne von § 2 Abs. 1 SGB X nicht (Antrags-)Gegner der Klienten ist. Der ASD ist „*Herr des Verfahrens*" (Waschull 2011c, Rdn. 1493) und hat sich um eine objektive und gerechte Verfahrensgestaltung zu bemühen (vgl. insbesondere: §§ 20 Abs. 2, 17, 9 SGB X).

5.2 Maßgebliche Rechtsquellen

Das *Sozialverwaltungsverfahrensrecht* ist hauptsächlich im *SGB X* geregelt („Grundgesetz des Sozialverwaltungsverfahrens"). Daneben gibt es ergänzende Regelungen im SGB I (z. B. § 16 SGB I) und im SGB IV (z. B. § 19 SGB IV). Da dieser Normenbestand aber für alle Sozialrechtsbereiche gilt, muss er gemäß § 37 SGB I zurücktreten, wenn das SGB VIII speziellere Regelungen trifft (vgl. z. B. für den Sozialdatenschutz die §§ 61 ff. SGB VIII, für den Hilfeplan § 36 SGB VIII oder auch für die Beteiligung von Kindern und Jugendlichen § 8 SGB VIII). Der europarechtliche Normenbestand zum Sozialverwaltungsverfahrensrecht (vgl. Waschull 2011a, Rdn. 34) dürfte indes in der Praxis des ASD kaum Bedeutung haben.
Allerdings ist das Sozialverwaltungsverfahren nicht das einzige Verfahren, mit dem sich der ASD in der Praxis konfrontiert sieht. Hier sind gem. § 50 SGB VIII insbesondere die *familiengerichtlichen Verfahren* zu nennen, die sich nach dem FamFG (z. B. die Sorgerechtsverfahren i. S. v. § 151 Ziff. 1 FamFG, vgl. OLG Frankfurt FamRZ 2010, 1094) richten und dem ASD namentlich bei den sogenannten „anderen Aufgaben der Jugendhilfe" in zahlreichen Situationen eine aktive Beteiligtenrolle zuweisen (vgl. den Überblick bei Kunkel 2010, 183 ff.). Um solche dem Verwaltungsverfahren zum Teil ähnliche Verfahren geht es in diesem Beitrag nicht.

5.3 Relevante Verfahrenssituationen

Wenn und soweit der ASD Leistungen der Jugendhilfe gewähren will oder diese wieder aufheben bzw. abändern möchte, ist das nur im Rahmen eines *Verwaltungsverfahrens* gem. § 8 SGB X möglich (*Numerus clausus der Handlungsformen*). In diesem Kontext stellt sich die Frage, wie das Verfahren in Gang gesetzt werden kann (→ 5.3.1), welche Maßstäbe bei der Durchführung zu beachten sind (→ 5.3.2) und welche spezifischen Anforderungen an das Verfahrensende gestellt werden (→ 5.3.3); in diesem Zusammenhang ist auch ein kurzer Blick auf den Rechtsschutz zu werfen (→ 5.3.4). Anschließend sollen die Verfahrensrechte der Verfahrensbeteiligten näher beleuchtet werden (→ 5.3.5).

5.3.1 Beginn des Verwaltungsverfahrens

Am Beginn des Verwaltungsverfahrens im Leistungsrecht des SGB VIII steht der *Antrag* (BVerwG JAmt 2008, 600; vgl. hierzu auch: § 18 SGB I, § 19 SGB I); ein Handeln „von Amts wegen" kommt im SGB VIII nur bei den sonstigen Aufgaben in Betracht. Der Antrag hat dabei eine *doppelte Funktion*, denn er setzt nicht nur das Verwaltungsverfahren in Gang, sondern markiert auch den frühesten Zeitpunkt, zu dem die Leistungsgewährung in Betracht kommt (Grundsatz: *keine rückwirkende Leistungsgewährung*); vor diesem Hintergrund dient eine möglichst frühe Antragstellung der Wahrung eigener Interessen (Obliegenheit) und eine späte Antragstellung kann einen (teilweisen) Anspruchsverlust bedeuten.
Hinweis: Wenn der ASD vergisst, einen Klienten im Rahmen der Beratung (vgl. u. a. § 14 SGB I, §§ 17, 18, 28, 51, 52 SGB VIII) auf einen möglichen Leistungsanspruch hinzuweisen und dieser deshalb die Antragstellung unterlässt, kann u. U. *§ 28 SGB X* zur Anwendung kommen, der eine rückwirkende Antragstellung von bis zu einem Jahr ermöglicht. Ferner kann der von der Rechtsprechung entwickelte sogenannte *sozialrechtliche Herstellungsanspruch* (SH) zum Tragen kommen (so BSG SGb 2005, 236; bejaht in einem Fall: LSG Sachsen Urt. v. 11.10.2001 L 2 BL 2/99; krit. zur Anwendbarkeit des SH im Rahmen des SGB VIII: OVG Berlin-Brandenburg ZFSH/SGB 2006, 302), wonach der falsch Beratende so gestellt wird, als wäre er ordentlich beraten worden und hätte den erforderlichen Antrag gestellt. Hier kommt eine Rückwirkung der Leistung von bis zu vier Jahren in Betracht (§ 44 Abs. 4 SGB X, hierzu: BSG Breith 2009, 168 = SozR 4-1300 § 44 Nr. 12). Angesichts der Bedeutung des Antrags gibt es eine Reihe von Erleichterungen, die für einen *niedrigschwelligen Zugang zum Leistungssystem* sorgen sollen:

- Die Antragstellung ist formlos möglich (Bsp.: „Ich habe Hunger, bitte hilf mir!") und kann sich sogar **konkludent** aus dem Verhalten des Klienten ergeben (vgl. § 17 SGB I, § 9 SGB X). Der ASD ist verpflichtet, auf sachdienliche Antragstellung und Ergänzung etwaiger unvollständiger Angaben hinzuwirken (§ 16 Abs. 3 SGB I; vgl. VG Würzburg, Beschl. v. 1.3.2010 – W 3 E 10.152: für einen Fall der Hilfen zur Erziehung). Selbst das **Umdeuten** (§ 43 SGB X) eines ausdrücklich gestellten Antrags kommt in Betracht (aber i.d.R. nicht bei der Vertretung durch einen Fachanwalt für Sozialrecht: Bay VGH Beschl. v. 16.3.2007 – 12 CE 07.310). Das **Ausfüllen eines Antragsformulars** ist jedenfalls in keinem Fall Voraussetzung für eine wirksame Antragstellung. Zwar darf der ASD Antragsformulare verwenden (vgl. § 17 Abs. 1 Ziff. 3 SGB I), aber der Gesetzgeber hat die Ausfüllpflicht als Mitwirkungspflicht ausgestaltet (§ 60 Abs. 2 SGB I); diese setzt ein Verwaltungsverfahren voraus, das aber durch die Antragstellung erst eröffnet wird (Waschull 2011d, Verwaltungsverfahren Rdn. 1496).

- Anträge können wirksam auch beim **unzuständigen Sozialleistungsträger** gestellt werden (§ 16 SGB I). Daraus folgt, dass die nicht unübliche **Verwaltungspraxis**, Klienten bei eigener Unzuständigkeit auf eine Antragstellung beim zuständigen Sozialleistungsträger zu verweisen, rechtswidrig ist. Der unzuständige Träger muss den Antrag an den zuständigen weiterleiten (§ 16 Abs. 2 Satz 1 SGB I). Als Antragstellungsdatum gilt dann der Zeitpunkt des Antragseingangs beim unzuständigen Sozialleistungsträger (§ 16 Abs. 2 Satz 1 SGB I). **Hinweis:** Ändert sich die örtliche Zuständigkeit des Jugendamtes im Verlaufe der Leistungsgewährung, so muss **§ 86c SGB VIII** beachtet werden, wonach das bisherige Jugendamt zuständig bleibt, bis das zuständig gewordene Jugendamt die Leistung fortsetzt. Unter bestimmten Voraussetzungen kommt auch eine **vorläufige Handlungspflicht** trotz Unzuständigkeit in Betracht (§ 86d SGB VIII; vgl. auch § 43 SGB I). In § 35a-SGB-VIII-Fällen muss schließlich beachtet werden, dass der ASD innerhalb von **zwei Wochen** nach Eingang des Antrags feststellen muss, ob er nach dem für ihn geltenden Leistungsgesetz für die Leistung zuständig ist; versäumt er diese Frist, wird er zuständig (§ 14 SGB IX; vgl. zum Zweck dieser Regelung: vgl. BT.-Drs. 14/5074 S. 102).
- Anträge können wirksam auch in jeder **nicht deutschen Sprache** gestellt werden (§ 19 Abs. 4 SGB X). Sofern der Leistungsträger die Sprache versteht (weil z. B. ein Mitarbeiter den Antrag übersetzen kann) oder die vom Antragsteller verlangte Übersetzung fristgerecht eingeht, gilt als Zeitpunkt der Antragstellung der Eingang des Antrags in fremder Sprache (§ 19 Abs. 4 Satz 1 SGB X).

5.3.2 Bearbeitungsfristen

Wenn das Verwaltungsverfahren begonnen hat, stellt sich die Frage, wie lange der ASD Zeit hat, den jeweiligen Antrag zu bearbeiten. Selbstverständlich ist das zunächst von *inhaltlichen Kriterien* abhängig, aber die zunehmende *Arbeitsverdichtung* auch im ASD wirft die Frage auf, ob das Recht eine Entscheidung innerhalb einer bestimmten formellen Frist verlangt. In anderen Verwaltungsbereichen sind Bearbeitungs- bzw. *Entscheidungsfristen* nicht selten (vgl. für das öffentliche Bauordnungsrecht z. B. im vereinfachten bauordnungsrechtlichem Genehmigungsverfahren: § 68 Abs. 5 BauO NW). Auch im Sozialrecht gibt es eine Reihe von Genehmigungs- bzw. Zustimmungsfiktionen bei Ablauf bestimmter Fristen (vgl. § 88 Abs. 5 Satz 2, § 91 Abs. 3 Satz 2 SGB IX; § 17 Abs. 2 Satz 2 SGB XI; § 110 Abs. 2 Satz 5 SGB V).

Hinweis: Davon zu unterscheiden ist die Frage, welche Folgen es haben kann, wenn durch eine nicht rechtzeitige oder falsche Verwaltungsentscheidung ein Schaden eintritt. Hier kann es zum einen zu einer zivilrechtlichen Haftung der Mitarbeiter kommen, die durch eine Berufshaftpflichtversicherung aufgefangen werden kann. Zum anderen kann eine strafrechtliche Verantwortung zu gegenwärtigen sein (z. B. in Form einer Körperverletzung durch Unterlassen, da regelmäßig eine Garantenstellung besteht), für die es keinen Versicherungsschutz gibt.

Eine rechtliche Regelung, die dem ASD eine explizite Bearbeitungsfrist vorgibt, gibt es nicht. Dennoch ergibt sich ein zeitlicher Rahmen mittelbar aus der Untätigkeitsklage nach § 75 VwGO sowie aus den Regelungen über den vorläufigen Rechtschutz gem. §§ 80 ff., 123 VwGO.

Unter einer *Untätigkeitsklage* versteht man, dass – auf Betreiben des Antragstellers – das *Gericht* über den gestellten Leistungsantrag entscheidet, wenn der ASD ohne „zureichenden Grund" über den Antrag nicht in „angemessener Frist" entschieden hat. Das Gesetz sieht in der Regel als *angemessen* eine Frist von *drei Monaten* nach Antragstellung an (§ 75 Satz 2 VwGO). Rechtsanwälte drohen oft erfolgreich mit der Erhebung einer Untätigkeitsklage, um eine zügigere Bearbeitung zu erreichen.

Hinweis: Ein zureichender Grund für eine Entscheidungsverzögerung liegt z. B. vor, wenn die

Ermittlungen des Sachverhalts länger dauern, weil bspw. ein ärztliches Sachverständigengutachten eingeholt werden muss, das noch nicht vorliegt. Eine Überlastung von Mitarbeitern (z. B.: die Zahl der zu betreuenden Fälle ist durch den krankheitsbedingten Ausfall eines Kollegen gestiegen) ist jedoch regelmäßig unerheblich, da den ASD insofern ein Organisationsverschulden trifft (zur Abwendung zivilrechtlicher Haftung oder strafrechtlicher Verantwortung empfiehlt sich eine Überlastungsanzeige an den Dienstvorgesetzten).

Allerdings können auch drei Monate eine für den Einzelfall zu lange Bearbeitungsfrist darstellen. Deshalb kann das Verwaltungsgericht auf Antrag in *eilbedürftigen Fällen* (vgl. *Sächs OVG* Beschl. v. 17.9.2010 – 1 D 170/10: verneint für die Gewährung eines Integrationshelfers, wenn das Kind keine selbst verletztenden Tendenzen zeigt) eine *Einstweilige Anordnung gem. § 123 VwGO* erlassen, welche die *vorläufige Gewährung der beantragten Leistungen* (z. T. kommt es auch zu einer sogenannten „Vorwegnahme der Hauptsache", wenn die Leistungsgewährung nicht mehr rückgängig gemacht werden kann: vgl. *SG Fulda* Beschl. v. 30.3.3011 – S 3 R 85/11 ER für eine stationäre Drogentherapie) zum Gegenstand hat. Das angerufene Gericht kann und muss in diesen Fällen notfalls binnen Tagesfrist entscheiden.

Das kommt selbst dann in Betracht, wenn – anders als bei der Untätigkeitsklage – ein Antrag an das Jugendamt noch gar nicht gestellt wurde (vgl. OVG Saarl NVwZ-RR 2010, 239 für einen Fall der Hilfen zur Erziehung).

5.3.3 Aufklärung des Sachverhalts

Im Sozialverwaltungsverfahren geht es in erster Linie um die *Prüfung der Anspruchsvoraussetzungen* für die jeweilige Leistung. Dabei steht die Feststellung des für den Anspruch relevanten *tatsächlichen Sachverhalts* im Vordergrund; der Auslegung einer Rechtsnorm kommt dabei zumeist geringe Bedeutung zu (vgl. z. B. OVG Saarland NVwZ-RR 2010, 239 für einen Fall der Hilfen zur Erziehung). Zur Feststellung des Sachverhalts gehört auch die Überprüfung des *Wahrheitsgehalts* von Sachverhaltsinformationen.

Für die Beschaffung der Sachverhaltsinformationen gibt es in der Rechtsordnung grundsätzlich zwei Systeme, den Beibringungsgrundsatz und den Amtsermittlungsgrundsatz. Der *Beibringungsgrundsatz*, der im Zivilprozess herrscht, bedeutet, dass die entscheidende Instanz nur aufgrund der Informationen entscheidet, die ihr von den Beteiligten vorgelegt wurden. Die *Sachverhaltslast* liegt hier bei den Beteiligten, die wissen müssen, welches die *rechtlich erheblichen Sachverhaltsinformationen* sind.

Der *Amtsermittlungsgrundsatz*, der das Sozialverwaltungsverfahrensrecht prägt, weist dem ASD die Pflicht zu, selbst den relevanten Sachverhalt von Amts wegen zu ermitteln (§ 20 Abs. 1 Satz 1 SGB X). Der ASD ist dabei an das Vorbringen des Antragstellers nicht gebunden und bestimmt selbst Art und Umfang der Ermittlungen (§ 20 Abs. 1 Satz 2 SGB X).

Allerdings ist bei diesem Modell wichtig, dass der ASD nicht Antrags*gegner* ist (auch wenn er in der Praxis gelegentlich als „Gegner" empfunden wird), er ist überhaupt kein Beteiligter im Sinne des § 12 SGB X, sondern Träger bzw. *„Herr des Verfahrens"* und hat dabei eine eher mit dem Gericht vergleichbare Rolle inne (Rixen/Waschull 2011, § 12 Rdn. 4). § 20 Abs. 2 SGB X bestätigt dieses Rollenverständnis, indem der ASD alle bedeutsamen, auch die für die Beteiligten günstigen Umstände, berücksichtigen muss (§ 20 Abs. 2 SGB X). Die Sachverhaltsermittlung müssen *ergebnisoffen* sein (BSG Breith 2003, 691; Rixen/Waschull 2011, § 20 Rdn. 2) und der konkrete Amtswalter ist zur *unparteiischen Amtsausübung* verpflichtet (vgl. § 17 Abs. 1 Satz 1 SGB X).

Die Mittel, derer sich der ASD zur Aufklärung des Sachverhalts bedienen darf, entsprechen weitgehend denen in gerichtlichen Verfahren (vgl. § 21 SGB X); hierbei kann zudem *Amtshilfe* gem. §§ 3 ff. SGB X durch andere Behörden in Betracht kommen (vgl. z. B. VGH Bad.-Württ. JAmt 2004, 546: Feststellung des gewöhnlichen Aufenthaltsorts zu Klärung der örtlichen Zuständigkeit). Allerdings sollen im Rahmen der Amtsermittlung durch den ASD die Beteiligten bei der Ermittlung des Sachverhalts *mitwirken*, insbesondere die ihnen bekannten Tatsachen und Beweismittel angeben (§ 20 Abs. 2 SGB X). Eine weitergehende Pflicht kann sich aus den *§§ 60 ff. SGB I* ergeben.

Grundsätzlich bleibt aber festzuhalten, dass die Ermittlungslast – hier kann auch von einer sogenannten *subjektiven Beweislast* gesprochen werden – beim ASD liegt und eine zumutbare (vgl. § 65 SGB I) Mitwirkung des Antragstellers nur dann in Betracht kommen soll, wenn andernfalls die „Aufklärung des Sachverhalts erheblich erschwert" werden würde (§ 66 Abs. 1 Satz 1 SGB I); auf diese Weise soll vermieden werden, dass der ASD in einen Zustand der *„Beweisnot"* (sogenannte Nonliquet-Lage; non liquet: es ist nicht klar; weder der Tatsachenvortrag der einen noch der anderen Seite kann bewiesen werden) gerät.

Dem Antragsteller muss allerdings bewusst sein, dass er zwar nicht die subjektive, wohl aber die sogenannte *objektive Beweislast* trägt (z. T. wird von „materieller Beweislast" gesprochen: Bay LSG Urt. v. 25.11.2008, L 5 KR 192/06), d. h. es geht zu seinen Lasten, wenn ein für ihn günstiger Umstand (z. B. eine Anspruchsvoraussetzung) nicht nachgewiesen werden kann (vgl. BSG Beschl. v. 8.11.2005, B 1 KR 18/04 R).

Hinweis: Aus dem Vorstehenden folgt, dass die Mitwirkung auch dann opportun sein kann, wenn sie nicht einer Rechtspflicht entspricht.

Die Feststellung des Sachverhalts und dessen Bewertung werden im Bereich des Kinder- und Jugendhilferechts durch die Besonderheit geprägt, dass es sich um einen *„kooperativen pädagogischen Entscheidungsprozess unter Mitwirkung des Kindes bzw. des Jugendlichen und mehrerer Fachkräfte handelt"* (OVG NRW Beschl. v. 18.7.2008, 12 E 1047/07; OVG Rheinl-Pfalz JAmt 2007, 365). Dieser Entscheidungsprozess erhebt nicht den Anspruch objektiver Richtigkeit, sondern versucht eine *angemessene Lösung zur Bewältigung der festgestellten Belastungssituation* zu finden, die fachlich vertretbar und nachvollziehbar sein muss. Dem JA steht insoweit ein *Beurteilungsspielraum* zu (Münder 1991, 292; Kador 2010, § 36 Rdn. 14, wohl auch: Wiesner 2011, § 36 Rdn. 50; dagegen Kunkel 2010, Rdn. 152). Die verwaltungsgerichtliche Kontrolle hat sich deshalb darauf zu beschränken, ob *allgemeingültige fachliche Maßstäbe beachtet worden sind, keine sachfremden Erwägungen eingeflossen sind* und die Leistungsadressaten in umfassender Weise beteiligt wurden (vgl. BVerwGE 109, 155; OVG Rheinl-Pfalz NJW 2007, 1993; OVG Schleswig NDV-RD 2006, 105; OVG NW FEVS 54, 21; aA: VGH Bad.-Württ. FEVS 53, 371; kritisch: Hinrichs 2006, 377). Die Leistungsentscheidung ist daher rechtswidrig, wenn ein Hilfeplanverfahren nicht durchgeführt wurde, obwohl die Hilfe voraussichtlich für längere Zeit zu leisten ist (vgl. Bay VGH Urt. v. 20.10.2010, 12 B 09.2956).

5.3.4 Sozialdatenschutz

Der Sozialdatenschutz ist insbesondere bei der Sachverhaltsermittlung und bei der Gewährung von Akteneinsicht praktisch relevant. Mit dem Begriff *Sozialdatenschutz* ist gemeint, dass es sich um eine *grundrechtliche Schutzposition* handelt (Art. 2 Abs. 1, 1 Abs. 1 GG), in die nur dann und auch nur insoweit durch staatliches Handeln eingegriffen werden darf, als es dafür eine gesetzliche Grundlage gibt (grundrechtlicher Gesetzesvorbehalt: BVerfGE 65, 1; BVerfG NJW 2001, 884). Das einfachgesetzliche Datenschutzrecht ist vor diesem Hintergrund ein *staatliches Eingriffsrecht*, das für die Sozialverwaltung im Allgemeinen in den § 35 SGB I i. V. m. §§ 67 ff. SGB X und für das Jugendamt im Besonderen (d. h.: vorrangig) in den §§ 61–68 SGB VIII geregelt ist (§ 37 SGB I).

Soweit ein Handeln der *Einrichtungen und Dienste der Träger der freien Jugendhilfe* im Raum stehen, gelten diese Regelungen nicht, sondern sie unterliegen dem Bundesdatenschutzgesetz (§ 1 Abs. 2 Ziff 3 BDSG). Allerdings müssen die freien Träger den Datenschutz in entsprechender Weise gewährleisten (§ 61 Abs. 4 SGB VIII; hierzu krit. Wilmers-Rauschert 2004, 14 ff.).

Sozialdaten sind Einzelangaben über persönliche oder sachliche Verhältnisse einer bestimmten oder bestimmbaren natürlichen Person (Betroffener), die von einer in § 35 SGB I genannten Stelle im Hinblick auf ihre Aufgaben nach diesem Gesetzbuch erhoben, verarbeitet oder genutzt werden (vgl. § 67 Abs. 1 Satz 1 SGB X). Relevant sind insbesondere die *Datenerhebung* sowie die *Weitergabe von Sozialdaten*:

- Die jeweils erforderlichen Daten (z. B. für die Leistungsgewährung) sollen beim **Betroffenen** (i. d. R. dem Leistungsberechtigten oder -betroffenen) erhoben werden und dürfen, wenn das nicht möglich bzw. sinnvoll ist (z. B. zur Überprüfung des Wahrheitsgehalts von Angaben des Antragstellers, bei Erstattungsansprüchen oder in Fällen des § 8a SGB VIII), auch bei anderen Personen erhoben werden (§ 62 SGB VIII, vgl. auch § 67a SGB X).
- Die **Übermittlung von Sozialdaten** ist beson-

ders kritisch, weil sich hier zum einen die Gefährdung persönlicher Daten durch deren einfache Transportierbarkeit leicht realisieren kann (Gurlit DVBl 2003, 1119) und zum anderen der handelnde Sozialarbeiter auch strafrechtlich zur Verantwortung gezogen werden kann, wenn er solche Privatgeheimnisse offenbart (§ 203 Abs. 1 Ziff. 5 StGB). **Hinweis:** Das umfassende strafrechtliche Verbot, Privatgeheimnisse unbefugt zu offenbaren, reduziert sich nach § 53 Abs. 1 Satz 1 StPO im Strafprozess auf ein Zeugnisverweigerungsrecht für Kinder- und Jugendlichenpsychotherapeuten, Mitglieder oder Beauftragte einer anerkannten Beratungsstelle nach den §§ 3 und 8 des Schwangerschaftskonfliktgesetzes sowie auf Berater für Fragen der Betäubungsmittelabhängigkeit in einer Beratungsstelle, die eine Behörde oder eine Körperschaft, Anstalt oder Stiftung des öffentlichen Rechts anerkannt oder bei sich eingerichtet hat – jeweils über das, was ihnen in dieser Eigenschaft anvertraut worden oder bekannt geworden ist.
- Eine Übermittlung liegt nicht vor, wenn Sozialdaten **innerhalb der speichernden Stelle** weitergeleitet werden (Umkehrschluss aus § 64 Abs. 2a SGB VIII; vgl. auch OVG NW NJW 1990, 1867); dann handelt es sich allerdings um eine **Datennutzung** (vgl. § 67 Abs. 7 SGB X), die ebenfalls nur zweckgebunden zulässig ist.
- Wenn das Jugendamt als Amtspfleger, **Amtsvormund,** Beistand und Gegenvormund tätig ist, gilt für den Schutz von Sozialdaten nur § 68 SGB X (§ 61 Abs. 2 SGB VIII).
- Die erhobenen Daten dürfen zunächst **nur für die Zwecke übermittelt werden, zu denen sie erhoben wurden** (§ 64 Abs. 1 SGB VIII; vgl. auch § 69 Abs. 1 SGB X; Bsp.: Übermittlung der Daten an das neu zuständig gewordene Jugendamt; Übermittlung von Sozialdaten an einen Arzt, bei dem z. B. in Fällen des § 35a Abs. 1a SGB VIII eine Stellungnahme eingeholt werden soll), soweit dadurch der Erfolg einer zu gewährenden Leistung nicht in Frage gestellt wird (Bsp.: Über den Antrag des 16-jährigen auf einen Drogenentzug – vgl. zur Antragstellungsbefugnis: § 36 Abs. 1 Satz 1 SGB I –, der Hilfe zur Erziehung nach § 35 SGB VIII erhält und somit Leistungen der Krankenhilfe nach § 40 SGB VIII beanspruchen kann, müssen die Personensorgeberechtigten nicht informiert werden, wenn der Antragsteller das nicht will und andernfalls den Entzug nicht durchführen würde – „Ermessensreduzierung auf Null" von § 36 Abs. 1 Satz 2 SGB I). Für **anvertraute Daten** in der persönlichen und erzieherischen Hilfe gelten besondere Anforderungen (§ 65 SGB VIII).
- Daneben kommt eine Übermittlung von **Sozialdaten in weiteren, gesetzlich ausdrücklich geregelten Fällen** in Betracht, insbesondere: bei Verletzung der Unterhaltspflicht (§ 74 Ziff. 1a, 2a SGB X), **zur Erfüllung von Aufgaben der Polizeibehörden, der Staatsanwaltschaften** und Gerichte, der Behörden der Gefahrabwehr, der Justizvollzugsanstalten oder zur Durchsetzung von öffentlich-rechtlichen Ansprüchen in Höhe von mindestens 600,– € (§ 68 SGB X) sowie in den Fällen des *§ 71 SGB X* (z. B. zur Abwendung geplanter Straftaten nach § 138 StGB).
- Die Entscheidung über eine Preisgabe des als Sozialdatum geschützten Namens eines **Behördeninformanten** an den betreffenden Leistungsempfänger im Wege der Auskunftserteilung erfordert eine Güterabwägung zwischen den in § 83 Abs. 4 SGB X genannten Geheimhaltungsinteressen und dem Auskunftsinteresse des Betroffenen. Nach der Rechtsprechung des **BVerwG** überwiegt das Geheimhaltungsinteresse eines Behördeninformanten, wenn keine Anhaltspunkte dafür vorliegen, dass der Informant wider besseres Wissen oder leichtfertig falsche Behauptungen aufgestellt hat (BVerwG NJW 2004, 1543 = ZFSH/SGB 2004, 178). Zum gleichen Ergebnis kommt man i.d.R., wenn man auf die Voraussetzungen gem. § 65 Abs. 1 SGB VIII abstellt (VG Oldenburg JAmt 2010, 152; ebenso für das Informationsinteresse eines nicht sorgeberechtigten Vaters: OVG NW JAmt 2008, 389).

5.3.5 Entscheidungsergebnisse

Das Verwaltungsverfahren wird durch Erlass eines *Bescheides* oder Abschluss eines öffentlich-rechtlichen Vertrags beendet (§ 8 SGB X). Der Abschluss eines *öffentlichen Vertrags* ist im Leistungsrecht allerdings selten, weil es sich regelmäßig nicht um *Ermessensleistungen* handelt (§ 53 Abs. 2 SGB X i. V. m. § 38 SGB I § 32 SGB I; vgl. auch § 32 SGB I); der öffentlich-rechtliche Vertrag hat allerdings Bedeutung im Leistungserbringerrecht (vgl. § 78b SGB VIII).

Hinweis: Nach überwiegender Ansicht stellen auch die Instrumente moderner Binnensteuerung wie z. B. Zielvereinbarungen keine öffentlich-rechtlichen Verträge dar, weil es an der erforderlichen Außenwirkung fehlt (Schmidt 2008, 760).

Liegt eine Leistungsbewilligung vor, so ist diese für alle Beteiligten und den ASD *verbindlich bzw. bestandskräftig*, sofern nicht innerhalb eines Monats ein Beteiligter einen Rechtsbehelf einlegt; der ASD muss hingegen seine nachträglichen Korrekturbemühungen an den engen Voraussetzungen der §§ 45–51 SGB X messen lassen (vgl. hierzu Waschull 2011b, Vor §§ 44-51 Rdn.1 ff.).

Hinweis: Eine am jugendhilferechtlichen Bewilligungsverfahren nicht beteiligte Person hat allerdings im Falle ihrer Heranziehung zu einem Kostenbeitrag nach den §§ 91 ff. SGB VIII die Möglichkeit, Einwendungen gegen die Rechtmäßigkeit der bewilligten Jugendhilfemaßnahme vorzubringen (vgl. VGH Bad.-Württ. Urt. v. 17.3.2011, 12 S 2823/08).

Diese Verbindlichkeit des Bewilligungsbescheids wirkt sich insbesondere bei deren *Rechtswidrigkeit* aus. Stellt der ASD fest, dass die bewilligte Leistung aus seiner Sicht den intendierten Zweck verfehlt, weil die Bedarfssituation falsch eingeschätzt wurde, so kann die Bewilligung nicht einfach aufgehoben oder geändert werden; vielmehr kann sich der Leistungsberechtigte in der Regel auf *Vertrauensschutz* berufen (§ 45 Abs. 2 SGB X), was den ASD zur Weitergewährung der Leistung verpflichtet.

Hinweis: Anders liegt der Fall, wenn sich die Hilfesituation ändert und deshalb die Leistung nicht mehr erforderlich erscheint. Dann kommt eine Leistungsaufhebung oder -anpassung nach § 48 SGB X in Betracht.

Nebenbestimmungen (§ 32 SGB X), welche es zuließen, die Bewilligung von Leistungen z. B. an bestimmte Bedingungen zu knüpfen (z. B. an eine Mitwirkung oder einen „Leistungserfolg"), sieht das SGB VIII für das Leistungsrecht nicht vor (vgl. aber §§ 43 Abs. 3 Satz 2, 45 Abs. 2 SGB VIII).

Eine Besonderheit liegt in der *Parallelität von Hilfeplan- und Sozialverwaltungsverfahren* begründet. Der Hilfeplan selbst stellt allerdings keinen Bescheid dar und ist gem. § 44 VwGO nicht isoliert anfechtbar (OVG NW Beschl. v. 17.3.2009 – 12 A 3019/08). Fehler im Hilfeplanverfahren können aber den Bewilligungsbescheid „infizieren" und dessen Rechtswidrigkeit begründen.

Rechtswidrigkeit bedeutet, dass der Bescheid anfechtbar ist; von der Rechtswidrigkeit ist die sogenannte *Nichtigkeit* eines Bescheides zu unterscheiden. Unter Nichtigkeit ist zu verstehen, dass der Bescheid keinerlei Rechtsfolgen zeitigt, also „unwirksam" ist (§ 39 Abs. 3 SGB X) und deshalb auch nicht durch einen Rechtsbehelfs angegriffen werden kann und muss (hierzu Waschull 2011b, § 40 Rdn. 2); hier kommt nur die *Feststellung der Nichtigkeit* in Betracht (§ 40 Abs. 5 SGB X). Nichtigkeit kommt nur bei *gravierenden Verfahrens- und Bescheidfehlern* in Betracht (§ 40 Abs. 1 und 2 SGB X) und stellt in der Praxis die Ausnahme dar. Entscheidet z. B. das örtlich *unzuständige Jugendamt* über einen Leistungsantrag, so ist der Bewilligungsbescheid aufgrund dieses Verfahrensfehlers nicht nichtig (vgl. § 40 Abs. 3 Ziff. 1 SGB X; VG Augsburg Beschl. v. 26.8.2009 – Au 3 E 09.1150). Im Übrigen können Verfahrens- und Formfehler, die nicht zur Nichtigkeit führen, *nachträglich geheilt* werden (§ 41 SGB X), indem z. B. der bisher fehlende Leistungsantrag nachträglich gestellt wird (§ 41 Abs. 1 Ziff. 1 SGB X). Hier wirkt es sich allerdings aus, dass diese Regelung durch das *Hilfeplanverfahren* nach § 36 SGB VIII als für den ASD typische Verfahrensregelung überlagert wird, denn die nach § 41 Abs. 1 Ziff. 2 und 3 SGB X an sich nachholbare Begründung (§ 35 SGB X) und Anhörung (§ 24 SGB X) findet im Hilfeplanverfahren statt, welches aber nicht nachgeholt werden kann (vgl. auch für die Anhörung allg.: § 42 Satz 2 SGB X), sodass die Entscheidungen aufzuheben sind.

Gegen rechtswidrige Bescheide des ASD ist als ordentlicher Rechtsbehelf in der Regel der *Widerspruch* (sogenanntes Vorverfahren, §§ 68 ff. VwGO) statthaft bzw. zwingend vorgeschrieben. In einigen Bundesländern wurde allerdings u. a. für das Kinder- und Jugendhilferecht das *Widerspruchsverfahren abgeschafft* (vgl. z. B. § 110 Abs. 1 JustG NW; in Bayern besteht ein Wahlrecht: Art. 15 Abs. 1 Satz 1 Nr 4 AG VwGO Bayern), sodass gleich Klage zu erheben ist. Hat der Widerspruch Erfolg, ergeht ein *Abhilfebescheid*, hat er keinen Erfolg, erlässt der ASD einen sogenannten Widerspruchsbescheid. Gegen den *Widerspruchsbescheid* ist *Klage* an das örtlich zuständige Verwaltungsgericht zulässig. Gegen das Urteil des VG ist – unter bestimmten Voraussetzungen – *Berufung* an das OVG bzw. den VGH möglich; gegen das Urteil

von OVG / VGH kann u. U. noch eine *Revision* an das BVerwG in Betracht kommen.
Für das Widerspruchs- und das Klageverfahren gilt übereinstimmend folgendes: Die Rechtsbehelfsfrist beträgt jeweils einen Monat (§§ 70 Abs. 1 Satz 1, 74, 124a Abs. 2 VwGO), es besteht kein Anwaltszwang (argumentum e contrario § 67 Abs. 4 VwGO), und der Rechtsbehelf kann formlos eingelegt werden (vgl. §§ 70 Abs 1 Satz 1, 82 VwGO), ggf. mündlich zu Protokoll der Geschäftsstelle des jeweiligen Verfahrensträgers (§§ 81 Abs. 1 Satz 1 VwGO).

Daneben sind für den Betroffenen aber noch folgende Informationen wichtig, um einen Rechtsbehelf auch tatsächlich einzulegen *(implizite Fragen)*:

- Der Betroffene kann sich nicht verschlechtern (**reformatio in peius**), d. h. selbst dann, wenn im Rechtsbehelfsverfahren herauskommt, dass z. B. die wirtschaftliche Jugendhilfe (§ 39 SGB VIII) noch niedriger oder gar nicht hätte gewährt werden dürfen, bleibt es bei der im Bescheid ausgesprochenen Rechtsfolge.
- Die Verfahren sind **kostenlos**; nur wenn der Betroffene einen Rechtsanwalt hinzuzieht und das Verfahren verliert, muss er die Anwaltskosten tragen (Ausnahme: *Beratungshilfe* nach dem BerHG oder Prozesskostenhilfe nach § 166 VwGO i. V. m. §§ 114 ff. ZPO).
- Es besteht nicht nur kein Anwaltszwang, sondern der Betroffene hat oft auch **tatsächlich keine Nachteile**, wenn er das Verfahren allein betreibt (Gründe: Amtsermittlungsgrundsatz und manchmal die Nähe der Gerichte zu den „Naturparteien").
- Anders als bei **Dienstaufsichtsbeschwerden** (bzw. Befangenheitsanträgen, vgl. § 17 SGB X) nehmen Sachbearbeiter es in der Regel nicht persönlich, wenn Rechtsbehelfe erhoben werden, da nicht die Art und Weise der Amtsausübung des einzelnen angegriffen wird, sondern die oft durch die Organisation (ASD) mittels Verwaltungsvorschriften vorgegebene Normauslegung oder die Würdigung eines konkreten Sachverhalts. Bisweilen regen Mitarbeiter des Leistungsträgers die Einlegung eines Rechtsbehelfs sogar an.

5.4 Rechte der Verfahrensbeteiligten

5.4.1 Vertretung durch einen Bevollmächtigten

Wenn Soziale Arbeit eine *„Menschenrechtsprofession"* (Staub-Bernasconi) ist, dann kommt den Rechten der Verfahrensbeteiligten (zum Beteiligtenbegriff vgl. § 12 SGB X) besondere Bedeutung zu. Hierzu gehört zunächst, dass sich jeder im Verwaltungsverfahren durch einen *Bevollmächtigten*, der seine *Vollmacht* auf Verlangen allerdings *schriftlich nachweisen* muss (§ 13 Abs. 1 Satz 2 SGB X), vertreten lassen kann (§ 13 Abs. 1 Satz 1 SGB X). Hierbei handelt es sich um eine *gewillkürte Stellvertretung*, die von der gesetzlichen Stellvertretung (Elterliche Sorge, §§ 1626, 1629 BGB; Betreuung, §§ 1896 ff. BGB) zu unterscheiden ist.

Der Beteiligte wird durch die Bevollmächtigung nicht aus dem Verfahren ausgeschlossen (Rixen / Waschull 2011, § 13 Rdn. 9), und *höchstpersönliche Verfahrenshandlungen* bilden stets eine Kompetenzgrenze des Bevollmächtigten (Rixen / Waschull 2011, § 13 Rdn. 12). Vor diesem Hintergrund kann sich der ASD auch bei Bevollmächtigungen direkt an den Beteiligten selbst wenden (§ 13 Abs. 3 Satz 2 SGB X), um mit ihm den Hilfebedarf im Rahmen eines Hilfeplanverfahrens zu erörtern.

Hinweis: Insoweit ist auch zu beachten, dass die konkrete Gestaltung des Hilfeplanverfahrens dem ASD bzw. seinen Sachwaltern als „Herren des Verfahrens" obliegt; die Bevollmächtigten müssen diese Kompetenz beachten. Andernfalls dürfte zwar eine sog Zurückweisung des Bevollmächtigten (§ 13 Abs. 6 SGB X) – insbesondere bei Rechtsanwälten – regelmäßig ausscheiden (Rixen / Waschull 2011, § 13 Rdn. 29 f.), aber der ASD kann ggf. von seinem Hausrecht Gebrauch machen.

Von Bevollmächtigten sind *Beistände* zu unterscheiden (§ 13 Abs. 4 SGB X), die zwar keine Vertretungsmacht haben, aber bei Verhandlungen und Besprechungen anwesend sein dürfen, um den Beteiligten sprachlich, fachlich und emotional zu unterstützen. Der Beteiligte muss sich allerdings Äußerungen seines Beistandes zurechnen lassen, sofern er nicht umgehend widerspricht (§ 13 Abs. 4 Satz 2 SGB X).

5.4.2 Akteneinsichtsrecht

Das Akteneinsichtsrecht (§ 25 SGB X) steht jedem Beteiligten im Verwaltungsverfahren zu. Es hat die Funktion, „Waffengleichheit" und „Transparenz" bzw. „Aktenöffentlichkeit" herzustellen und weist eine Nähe zum Anspruch auf „rechtliches Gehör" auf (vgl. BSG SozR 3-1300 § 25 SGB X Nr. 3; Bay VGH NVwZ 1999, 889); deshalb stellt § 25 Abs. 1 Satz 1 SGB X (Erforderlichkeit) in der Praxis keine zusätzliche Hürde dar. Die datenschutzrechtlichen Interessen der Beteiligten oder Dritter sind aber zu beachten, z. B. durch Schwärzen bestimmter Daten oder das Herausnehmen bestimmter Schriftstücke (§ 25 Abs. 3 SGB X; vgl. hierzu allg. OVG NW Breith 2006, 904).

Das Akteneinsichtsrecht besteht indes nur für die *Dauer des Verwaltungsverfahrens*, endet also mit der konkreten Leistungsbewilligung. Über Akteneinsichtsgesuche außerhalb eines Verwaltungsverfahrens oder durch Dritte, die nicht Beteiligte des Verfahrens sind, entscheidet die Verwaltung nach *Ermessen* (BVerwGE 67, 300; 69, 278; BVerwG NJW 2004, 1543). Ein dafür erforderliches *rechtliches Interesse* auf Akteneinsicht wird angenommen, wenn durch den Inhalt der Akte das *Recht auf Selbstbestimmung* und die personale Würde des Einsichtsuchenden berührt ist (BVerfG NJW 2006, 1116: bejaht für sensible Gesundheitsdaten des um Auskunft Ersuchenden; Bay VGH Beschl. v. 24.1.2011, 12 C 10.2834).

Hinweis: Diese Voraussetzungen dürften allerdings für Verwaltungsvorgänge des ASD kaum vorliegen, weil die Anforderungen nach § 65 SGB VIII zu beachten sind. Ferner wird als Grundlage der staatlich intendierten effektiven Hilfeerbringung im Interesse des Hilfebedürftigen die besondere vertrauensvolle Personalbeziehung zwischen den Fachkräften des Jugendamtes einerseits sowie Leistungsberechtigten und sonstigen Dritten andererseits, die den Fachkräften Sozialdaten anvertraut haben, angesehen; diese wird in der Abwägung regelmäßig als höherwertig bewertet werden (vgl. OVG NW JAmt 2008, 389).

Das Akteneinsichtsrecht setzt notwendig voraus, dass die maßgeblichen Verwaltungsvorgänge in der Verwaltungsakte auch *sachgerecht dokumentiert* sind (LSG NW Urt v 5.2.2010, L 8 AL 66/08). Allerdings ist zu beachten, dass sich das Akteneinsichtsrecht nicht auf *Entscheidungsentwürfe* und *vorbereitende Arbeiten* erstreckt (Aktenvermerke, Gesprächsnotizen etc, § 25 Abs. 1 Satz 2 SGB X), sodass das Führen einer sogenannten zweiten *Handakte* danach nicht rechtswidrig ist.

Akteneinsicht wird grundsätzlich in den *Räumen des ASD* durch das Ermöglichen der Einsicht in die Akten gewährt (vgl. die Einschränkungen bei Angaben zu gesundheitlichen Verhältnissen: § 25 Abs. 2 SGB X); ein *Übersenden* an den um Akteneinsicht Ersuchenden ist nicht zulässig, auch nicht – anders als in gerichtlichen Verfahren – an *bevollmächtigte Rechtsanwälte* (§ 25 Abs. 4 Satz 1 SGB X). Die Verwaltungsakte darf aber kopiert werden (§ 25 Abs. 5 SGB X).

5.4.3 Anhörung

Die Anhörung nach § 24 SGB X soll den Berechtigten vor „*Überraschungsentscheidungen*" schützen und kommt nur bei „*eingreifenden Entscheidungen*" der Verwaltung in Betracht, also bei Entscheidungen, die eine Bewilligung aufheben oder reduzieren sollen (z. B. Einstellung der bewilligten Hilfe zur Erziehung). Die Bedeutung der Anhörung im Sozialverwaltungsverfahren zeigt sich in § 42 Satz 2 SGB X, wonach die unterbliebene Anhörung der einzige Verfahrensfehler ist, der für sich genommen zur Bescheidaufhebung führt (Waschull 2011b, § 42 Rdn. 16).

Allerdings wird im Zuständigkeitsbereich des ASD die die Anhörungspflicht nach § 24 SGB X durch das *Hilfeplanverfahren* nach § 36 Abs. 2 SGB VIII überlagert; die Rechtsfolgen sind freilich identisch. Denn würde z. B. die Hilfe zur Erziehung eingestellt, ohne zuvor den pädagogischen, kooperativen Entscheidungsprozess unter Beteiligung des Kindes bzw. des Jugendlichen sowie des Personensorgeberechtigten durchgeführt zu haben, so würde die Entscheidung allein deswegen aufgehoben; eine nachträgliche Heilung dürfte – anders als nach § 41 Abs. 1 Ziff. 3 SGB X vorgesehen (hierzu ausführlich: Waschull 2011, § 41 Rdn. 15 ff.) – hier nicht möglich sein.

6 Kinder- und Jugendhilfe (SGB VIII)

Von Sybille Nonninger und Thomas Meysen

6.1 Das Handlungsfeld des ASD im Jugendamt

- Der ASD ist gemäß der im SGB VIII definierten Aufgaben nicht die „Jugendhilfepolizei", sondern eher der „Hausarzt". Er ist nicht nur unmittelbar in der Beratung und Hilfeleistung aktiv, sondern begleitet und koordiniert die Hilfen Dritter und arbeitet mit diesen Dritten zum Wohl der Klienten partnerschaftlich zusammen.
- Nach dem Gesetz sind Leistung und Eingriff zwar spannungsreiche, aber dennoch untrennbar miteinander verbundene Instrumente des ASD zur Umsetzung seines Auftrags.
- Auch das Verfahren bei einer möglichen Gefährdung des Kindeswohls nach § 8a SGB VIII trennt den Schutzauftrag nicht von dem Hilfeauftrag und dem Leistungsangebot.
- Nicht nur bezogen auf die Eltern, sondern auch in der Ausgestaltung der Hilfe für die jungen Menschen orientiert sich das SGB VIII an der fachlichen Erkenntnis, dass die Betroffenen für den Hilfeprozess gewonnen werden müssen, wenn die Hilfe wirksam sein soll, und dass repressive Maßnahmen den wirksamen Kindesschutz sowie die Verfolgung des Kindeswohls erschweren.
- Damit Hilfe wirksam werden kann, verzichtet das Gesetz auf eine Schuldzuweisung an die Personensorgeberechtigten und definiert sie als anspruchsberechtigte Subjekte im Prozess der Erbringung von Leistungen zum Wohl der Kinder und Jugendlichen.
- Die Partizipation der Betroffenen und die respektvolle, ihre Autonomie achtende Zusammenarbeit mit diesen sind rechtlich verbindliche Grundsätze für den ASD.
- Die Orientierung am Wohl der Kinder und an ihrem Schutz hört für das Gesetz nicht mit dem Kleinkindalter auf. Der ASD ist insoweit gleichermaßen dem Wohl der Jugendlichen und jungen Volljährigen verpflichtet.
- Für die wirksame Erfüllung des Schutzauftrags ist das bedarfsgerechte Leistungsangebot essenziell. Außerdem braucht der ASD ausreichend Ressourcen zur verantwortlichen Verfolgung der Hilfeprozesse unter dem Aspekt der Gewährleistung des Kindeswohls.

Zentrale Rechtsgrundlage für die Arbeit des ASD in der Kinder- und Jugendhilfe ist das Achte Buch Sozialgesetzbuch (SGB VIII). Es nimmt allerdings nicht ausdrücklich Bezug auf eine Organisationseinheit ASD, sondern nur auf das Jugendamt als zuständige Behörde des Trägers der öffentlichen Jugendhilfe. Neben der Beratung in allgemeinen Fragen der Erziehung ist die Erziehungshilfe wesentlicher Kristallisationspunkt der ASD-Aufgaben.

Bei der Neuordnung des Kinder- und Jugendhilferechts stand die Zusammenfassung aller Erziehungshilfeformen als Leistung auf der Ebene des örtlichen Jugendamtes im Mittelpunkt. Dem ASD war dabei eine besondere Rolle als Mittler zwischen Leistungsberechtigten und Leistungserbringern zugedacht. Dies gilt auch für den ambulanten Bereich, soweit er nicht niedrigschwellig, also ohne vorherige Entscheidung des ASD über die Leistungsgewährung zugänglich ist. Als Leistungsanbieter ist der ASD selbst heute fast nur noch im Beratungsbereich tätig.

Jenseits der klassischen Sozialleistungen erwachsen dem ASD aus dem SGB VIII Aufgaben zum Schutz von Kindern und Jugendlichen. Entsprechende Schutzmaßnahmen sind dabei nicht unabhängig von leistungsbezogenen Aufgaben des Jugendamtes zu sehen. Es würde dem Konzept des Kinder– und Jugendhilferechts nicht entsprechen, getrennte, „zweispurige" Zuständigkeiten für Leistung und Eingriff einzuführen (vgl. BT-Drs. 11/5948, 66). In der Vorschrift zum Schutzauftrag bei Kindeswohlgefährdung wird ausdrücklich klargestellt: Die Gefährdungseinschätzung zwischen Fachkräften und mit den Beteiligten in der Familie steht in untrennbarem Zusammenhang mit dem Anbieten von Leistungen (§ 8a Abs. 1 SGB VIII; Wiesner/Wiesner 2011, § 8a SGB VIII Rdnr. 30a). Demnach sind folgende *Kernaufgaben der Kinder- und Jugendhilfe für den ASD* auszumachen:

- formlose Beratung in allgemeinen Fragen der Erziehung und Entwicklung junger Menschen (§ 16 Abs. 2 Nr. 2 SGB VIII) und Beratung Minderjähriger (§ 8 Abs. 2 und 3 SGB VIII)
- Beratung und Unterstützung im Zusammenhang mit Partnerschaftskonflikten, Trennung und Scheidung (§§ 17, 18 Abs. 3 SGB VIII)
- Gewährung von Leistungen nach dem SGB VIII
  1. Mutter/Vater-Kind-Einrichtungen und andere individualisierbare Leistungen (§§ 19, 20, 21 SGB VIII)
  2. Hilfe zur Erziehung (§ 27 ff. SGB VIII)
  3. Eingliederungshilfe (§ 35a SGB VIII)
  4. Hilfe bzw. Nachbetreuung für junge Volljährige (§ 41 SGB VIII)
  5. Annexleistung (§§ 39 und 40 SGB VIII)
- Hilfeplanung (§ 36 und § 36a SGB VIII)
- Elternarbeit (§ 37 Abs. 1 SGB VIII)
- Wahrnehmung des Schutzauftrags bei Kindeswohlgefährdung (§ 8a SGB VIII)
- Inobhutnahme von Kindern und Jugendlichen (§ 42 SGB VIII)
- Mitwirkung in Verfahren vor den Familiengerichten (§ 50 SGB VIII)

Zu diesen Kernaufgaben aus dem Katalog nach § 2 SGB VIII treten *unterstützende Aufgaben,* die nicht im Sinne einer Leistung oder anderen Aufgabe unmittelbar an Eltern bzw. Personensorgeberechtigte und Kinder gerichtet sind. Dazu gehört die Mitwirkung an den statistischen Erhebungen (§§ 98 ff. SGB VIII, an Vereinbarungen (§ 36a Abs. 2 Satz 2, §§ 77 und 78a ff. SGB VIII), an der Qualitätsentwicklung (§ 79a SGB VIII) sowie an der Jugendhilfeplanung (§ 80 SGB VIII) einschließlich des Einmischungsauftrags zu Gunsten positiver Lebensbedingungen für junge Menschen und ihre Familien und einer kinder- und familienfreundlichen Umwelt (§ 1 Abs. 3 Nr. 4 SGB VIII), außerdem die Zusammenarbeit mit anderen Stellen und öffentlichen Einrichtungen (§ 81 SGB VIII).

Aus der vorgegebenen Zielsetzung und den Verfahrensvorschriften ergibt sich, dass der wirksame Schutz der Minderjährigen und die Wirksamkeit der Hilfe oberste Richtschnur für die organisatorische Ausgestaltung der Aufgabenwahrnehmung des ASD sein müssen. Insbesondere ist sicherzustellen, dass die fachlichen Entscheidungen zum Leistungsangebot und zur Aufgabenwahrnehmung nicht durch Kostenentscheidungen konterkariert werden. Insoweit ist für die enge Zusammenarbeit von Fachdienst und wirtschaftlicher Jugendhilfe Sorge zu tragen.

Aus der Verpflichtung zur Inobhutnahme (§ 42 SGB VIII) folgt für das Jugendamt die Pflicht sicherzustellen, dass rund um die Uhr eine oder mehrere dafür qualifizierte Fachkräfte des Jugendamts zu erreichen sind (die Gesetzesbegründung [BT-Drs. 11/5948, 80] spricht auch den Bereitschaftsdienst an). Soweit die Aufgaben dem ASD zugewiesen sind, hat er dies zu gewährleisten.

Aus den Vorschriften zur Jugendhilfeplanung (§ 80 SGB VIII) sowie zur Statistik (§§ 98 ff. SGB VII) folgt für den ASD die Pflicht zum Aufbau einer Geschäftsstatistik als Datenquelle. Im Hinblick auf die Vermeidung von Fehlerquellen sollten beide Statistiken unmittelbar aus elektronisch gestützten Falldaten generiert werden (→ Kapitel 25).

6.2 Der ASD als Berater

§ 16 Abs. 2 Nr. 2 SGB VIII bildet die Rechtsgrundlage für die sogenannte formlose Beratung durch den ASD. Die Spezifizierung als allgemeine Beratung hebt sie ab von der Erziehungsberatung nach § 28 SGB VIII, sonstiger Beratung im Kontext einer Erziehungshilfe sowie von spezifischen Beratungsformen nach §§ 17 sowie 18 SGB VIII. Typisch für die formlose Beratung ist, dass sie nicht notwendigerweise in eine weitere Leistungsgewährung mündet. Insoweit wird ggf. kein förmlicher Fall daraus, wird keine Akte angelegt.

Die Grundlage für die Beratung von Kindern und Jugendlichen ergibt sich aus § 8 SGB VIII. Sie sind entsprechend ihrem Entwicklungsstand an allen sie betreffenden Entscheidungen des Jugendamts zu beteiligen und in geeigneter Weise auf ihre Rechte hinzuweisen (§ 8 Abs. 1 SGB VIII). Außerdem haben sie das Recht, sich in allen Angelegenheiten der Erziehung und Entwicklung von sich aus an das Jugendamt zu wenden (§ 8 Abs. 2 SGB VIII) und haben Anspruch auf Beratung ohne Kenntnis der Personensorgeberechtigten, wenn die Beratung aufgrund einer Not- und Konfliktlage erforderlich ist (§ 8 Abs. 3 SGB VIII).

6.3 Der ASD als „Mittler" von Leistungen

6.3.1 Einleitung einer Hilfe durch eindeutige Willensbekundung

Leistungen der Kinder- und Jugendhilfe erfordern keinen förmlichen Antrag. Zwar werden auf den Einzelfall zugeschnittene Leistungen in der Regel erst durch Antrag des oder der Leistungsberechtigten eingeleitet, aber wenn dem öffentlichen Träger bzw. einer Fachkraft des ASD Tatsachen bekannt werden, die als Leistungsvoraussetzung gelten können, müsste sie den Bedarf von Amts wegen feststellen(§ 20 SGB X: Untersuchungsgrundsatz, vgl. Wiesner / Wiesner 2011, vor §§ 11 ff. SGB VIII Rdnr. 29). Das bedeutet nicht, dass die Leistung von Amts wegen gewährt werden dürfte. Zur Hilfeleistung bedarf es einer eindeutigen Willensbekundung der Leistungsberechtigten, dass sie die Hilfe in Anspruch nehmen wollen (Wiesner / Schmid-Obkirchner 2011, § 27 SGB VIII Rdnr.26), aus Perspektive des Sozialverwaltungsrechts dürfte es sich dabei um einen – auch formlos gültigen – Antrag handeln (Münder et al. / Tammen / Trenczek 2013, § 27 Rdnr.44).

Jugendliche nach vollendetem 15. Lebensjahr haben gemäß § 36 SGB I ein selbstständiges Antragsrecht für Sozialleistungen. Es gilt zunächst für jene Leistungen, für die sie selbst anspruchsberechtigt sind, wie bspw. für die Eingliederungshilfe nach § 35a SGB VIII. Bezogen auf die Erziehungshilfe können sie dieses Recht nur als Antrag, den Personensorgeberechtigten eine Erziehungshilfe anzubieten, einlösen (Kunkel / Kunkel / Kepert 2014, § 36 Rdnr.15).

6.3.2 Partizipative Entscheidungsprozesse

Im Verantwortungsbereich des ASD geht es im Kern immer um individuelle pädagogische Unterstützung. Als wichtiges Handlungsprinzip ist der Jugendhilfe dabei die Beteiligung der Betroffenen vorgegeben. Die allgemeinen Regelungen (§§ 5, 8, 9 SGB VIII) werden spezifiziert für die Erziehungshilfe in § 36 SGB VIII zur Mitwirkung bei der Hilfeplanung.

Die Beteiligung der Personensorgeberechtigten und ihr Mitwirkungsrecht erwächst aus der elterlichen Erziehungsverantwortung nach Art. 6 Abs. 2 GG. Die Hilfe nach dem SGB VIII ist vor diesem Hintergrund konsequent als Unterstützung für die Eltern zum Wohl der Kinder konzipiert. Die Beteiligung der Personensorgeberechtigten wie der jungen Volljährigen (als Anspruchsberechtigte) ist zudem durch das Recht auf individuelle und eigenverantwortliche Lebensgestaltung nach Art. 2 Abs. 1 i.V. mit Art. 1 Abs. 1 GG begründet. Letzteres führt im Kontext der Sozialleistungssysteme zu der Verpflichtung, die Beziehung zwischen Leistungsträger und Leistungsadressat kooperativ zu gestalten (Wiesner / Wiesner 2011, vor §§ 11 ff. Rdnr.37). In der Jugendhilfe hat der darin zum Ausdruck kommende Subjektstatus des Leistungsberechtigten bzw. des Leistungsempfängers einen besonderen fachlichen Stellenwert. Der Unterstützungsbedarf lässt sich ohne Beteiligung der Betroffenen nur unvollkommen feststellen. Die Geeignetheit einer pädagogischen Unterstützungsform hängt nicht zuletzt davon ab, ob sie von dem jeweiligen Betroffenen angesichts seines biographischen Hintergrunds und seiner persönlichen Voraussetzungen angenommen werden kann, ob er oder sie erfolgreich in selbsttätige Veränderung umsetzen kann.

Das SGB VIII verzichtet mit Blick auf den grundgesetzlichen Vorrang der elterlichen Erziehungsverantwortung darauf, Kindern und Jugendlichen ein eigenständiges Recht auf Leistungen der Erziehungshilfe einzuräumen. Kinder und Jugendliche sind jedoch entsprechend ihrem Entwicklungsstand an allen sie betreffenden (Einzelfall-)Entscheidungen zu beteiligen (§ 8 Abs. 1 SGB VIII). Für die Beurteilung des Entwicklungsstands sind keine allgemeingültigen Maßstäbe vorgegeben, auch keine Altersgrenzen. Form und Umfang der Beteiligung sind dem Stand der Einsichtsfähigkeit anzupassen. Die wachsende Fähigkeit und das wachsende Bedürfnis des Kindes oder Jugendlichen zu selbstständigem, verantwortungsbewusstem Handeln bei der Ausgestaltung der Leistung und der Erfüllung der Aufgaben sind zu berücksichtigen (§ 9 SGB VIII, § 1626 Abs. 2 BGB).

Zwar ist die Mitwirkung der Leistungsadressaten sehr wichtig für den Erfolg einer Leistung, aber Ziel der Leistung ist letztlich immer das Wohl des Kindes. Deshalb kann die Leistung nicht grundsätzlich von einer gewünschten Form der Mitwirkung der Leistungsberechtigten bzw. Leistungsempfänger abhängig gemacht werden. Die Jugendhilfe hat die mangelnde Mitwirkungsbereitschaft als Teil bzw. Ausdruck des zu bearbeitenden Problems zu sehen und auch so zu behandeln. In Übereinstimmung mit dem Beteiligungsprinzip muss im entsprechenden Fall deshalb die Motivierung und Befähigung zur Mitwirkung als Ziel mit aufgenommen werden.

6.3.3 Wunsch- und Wahlrecht bei Auswahl von Einrichtungen und Diensten (§ 5 SGB VIII)

Das Wunsch und Wahlrecht (§ 5 SGB VIII) bezieht sich auf den Zeitpunkt nach der Entscheidung der Fachkraft über die geeignete und notwendige Hilfeart und auf die Wahl zwischen Einrichtungen und Diensten verschiedener Träger (Münder et al. / Münder 2013, § 5 Rdnr. 10). Das kann heißen, den Leistungserbringer mitbestimmen oder zwischen verschiedenen Angeboten eines Trägers wählen zu können (Wiesner / Wiesner 2011, § 5 Rdnr. 9). Damit wird ein Zusammenhang hergestellt zur Berücksichtigung der Grundrichtung der elterlichen Erziehung sowie ihrer weltanschaulichen und kulturellen Orientierung (§ 9 SGB VIII). Darüber hinaus haben die Leistungsberechtigten das Recht, Wünsche zur Gestaltung der Hilfe zu äußern. Es bezieht sich in der Regel auf das „Wie" der Hilfe, auf die Art der Hilfe nur, falls mehrere Arten gleichermaßen geeignet sind, um den Hilfebedarf zu decken (Wiesner / Wiesner 2011, § 5 Rdnr. 11).

Der ASD hat die Leistungsberechtigten auf das Wunsch- und Wahlrecht hinzuweisen (§ 5 Abs. 1 Satz 2 SGB VIII) und dessen Verwirklichung zu unterstützen. Die Entscheidungsprozesse sind adressatengerecht zu gestalten. Das berührt auch die Art und Weise, wie das Hilfeplangespräch geführt wird, wie mögliche Alternativen vorgestellt werden. Der Wahl und dem Wunsch der Leistungsberechtigten nach § 5 SGB VIII (als „Muss-Bestimmung" nahezu gleichlautend in § 36 SGB VIII zum Hilfeplan) soll allerdings nur entsprochen werden, wenn dies nicht mit unverhältnismäßigen Mehrkosten verbunden ist. Die Verhältnismäßigkeit von Mehrkosten ist im Einzelfall zu bestimmen. Einschlägige Kommentierungen (Münder et al. / Münder 2013, § 5 Rdnr. 24; Wiesner / Wiesner 2011, § 5 Rdnr. 16; Kunkel / Schindler 2014, § 5 SGB VIII Rdnr. 14) verweisen auf die Praxis der Sozialhilfe, in der eine Überschreitung von bis zu 20 % jedenfalls als verhältnismäßig angesehen wird. Die Beurteilung dessen, was als unverhältnismäßig gelten kann, muss aber immer im Einzelfall erfolgen und auch Ziel und Inhalt der Leistung wertend einbeziehen (BVerwG FEVS°45, 413 zu § 3 BSHG).

6.3.4 Hilfeplanung nach § 36 SGB VIII als Kernauftrag

Der ASD muss den Personensorgeberechtigten und das Kind oder den Jugendlichen (bzw. den jungen Volljährigen) vor der Entscheidung über die Inanspruchnahme einer Hilfe und vor einer notwendigen Änderung von Art und Umfang der Hilfe beraten und auf die möglichen Folgen für die Entwicklung hinweisen. Des Weiteren sind diese Personen bei der Auswahl der Einrichtung oder der Pflegestelle zu beteiligen, wenn Hilfe außerhalb der eigenen Familie erforderlich ist. Eltern und Kinder sollen sich nicht als „Opfer einer Maßnahme des Jugendamts verstehen, sondern als Entscheidungsbeteiligte, deren Beitrag wesentlich für den Erfolg der erzieherischen Hilfe ist" (BT-Drs. 11/5948, 73). Der Hilfeplan soll deshalb zusammen mit dem Personensorgeberechtigten und dem Kind oder Jugendlichen erstellt werden (§ 36 Abs. 2 SGB VIII); daraus ergibt sich ein subjektiver

Anspruch auf Mitwirkung (Wabnitz 2005, 209). Die Beteiligung nicht sorgeberechtigter Elternteile ist nicht ausdrücklich vorgesehen. Über deren Einbeziehung bzw. über Art und Umfang ihrer Beteiligung ist unter der Perspektive des Kindeswohls und mit Blick auf die Willensäußerung des Kindes nach Lage des Einzelfalls zu entscheiden (Wiesner/Schmid-Obkirchner 2011, §36 SGB VIII Rdnr.20). Neben der Beteiligung der Leistungsadressaten bildet die Vorschrift, dass die fachliche Entscheidung über die geeignete und notwendige Hilfeart im Zusammenwirken mehrerer Fachkräfte zu treffen ist (§36 Abs.2 Satz 1 SGB VIII), die zweite elementare Verfahrensvorschrift zur Hilfeplanung. Daraus kann nicht gefolgert werden, dass die fachliche Verantwortung an ein Team abgegeben werden könnte. Die Letztverantwortung verbleibt bei der fallzuständigen Fachkraft (→ Kapitel 13).

Der Prozess der Entscheidungsfindung und seine Ergebnisse sind zwar der fachlichen Beratung durch den Vorgesetzten und insoweit auch der Fachaufsicht zugänglich. Praktiken, nach denen sich Vorgesetzte (Abteilungsleiter, Jugendamtsleiter, Dezernenten oder Landräte) ggf. sogar aus fachfremden Erwägungen ein generelles Letztentscheidungsrecht vorbehalten, sind mit den Grundsätzen der Hilfeplanung nicht vereinbar und insofern rechtswidrig (Wiesner/Schmid-Obkirchner 2011, §36 Rdnr.66). Entsprechend problematisch ist auch ein Vorbehalt anderer Dienste wie der wirtschaftlichen Jugendhilfe. Die Auswahl der Hilfeart hat sich ausschließlich an pädagogischen Gesichtspunkten zu orientieren (siehe Begründung zum heutigen §27 SGB VIII, BT-Drs. 11/5948, 67).

Der Hilfeplan ist Grundlage für die Ausgestaltung der Hilfe. Seine Aufstellung ist erforderlich, wenn die Hilfe voraussichtlich für längere Zeit zu leisten ist (§36 Abs.2 Satz 2 SGB VIII). Neben den Leistungsadressaten sind vor allem in der Phase der Ausgestaltung Mitarbeiter von Diensten oder Einrichtungen bzw. andere Personen, die bei der Durchführung der Hilfe tätig werden (sollen), zu beteiligen (§36 Abs.2 Satz 3 SGB VIII). Er dokumentiert die zentralen Ergebnisse der Hilfeplanung. Er soll Feststellungen enthalten über den Bedarf (die Benennung von Zielen), die zu gewährende Art der Hilfe sowie über die notwendigen Leistungen (§36 Abs.2 Satz 2 SGB VIII). Der Hilfeplan ist nicht identisch mit dem Leistungsbescheid. Letzterer übersetzt die fachliche Entscheidung in eine verwaltungsmäßige Form, um damit für Leistungsträger und Leistungsempfänger eine rechtsverbindliche Leistungsgrundlage zu schaffen.

Im Rahmen der regelmäßigen (mindestens halbjährlichen, vgl. Wiesner/Schmid-Obkirchner 2011, §36, Rdnr.84) Hilfeplanfortschreibung ist mit den Betroffenen und der Einrichtung bzw. den Personen, die die Hilfe erbringen, zu überprüfen, ob die gewählte Hilfe weiterhin geeignet und notwendig ist (§36 Abs.2 Satz 2 SGB VIII).

Wenn Eingliederungshilfe nach §35a SGB VIII zu leisten ist, soll bei Aufstellung und Fortschreibung bzw. Änderung des Hilfeplans jener Gutachter beteiligt werden, der die Stellungnahme nach §35a Abs.1a SGB VIII zur möglichen Abweichung der seelischen Gesundheit des jungen Menschen von der alterstypischen Norm abgegeben hat.

Im Ausland kann eine Hilfe nur durchgeführt werden, wenn bei den betroffenen jungen Menschen keine seelische Störung mit Krankheitswert vorliegt. Wenn die Hilfedurchführung im Ausland erwogen wird, ist deshalb vor der Entscheidung eine gutachterliche Stellungnahme zur seelischen Gesundheit erforderlich. Sie soll von einer kinder- und jugendpsychotherapeutisch oder -psychiatrisch qualifizierten Fachkraft (§35a Abs.1a SGB VIII) erbracht werden.

Der Vorrang des fachlichen Charakters der Entscheidungsfindung nach §36 SGB VIII gilt auch für die verwaltungsgerichtliche Kontrolle. Die Kontrolle erstreckt sich zum Beispiel darauf, ob allgemein gültige fachliche Maßstäbe beachtet wurden, ob keine sachfremden Erwägungen, wie beispielsweise Kostengesichtspunkte, ausschlaggebend waren und ob die Leistungsadressaten in der gebotenen Weise beteiligt wurden. Entsprechend kann die erfolgreiche Klage eines Leistungsberechtigten gegen eine Hilfeentscheidung nicht in die gerichtliche Verpflichtung zur Gewährung der begehrten Leistung münden, sondern nur in eine Aufhebung der Entscheidung und die Verpflichtung zur erneuten Durchführung des Entscheidungsprozesses, ggf. durch eine andere Fachkraft (Wiesner/Schmid-Obkirchner 2011, §36 SGB VIII Rdnr.66).

Bei einer längerfristig zu leistenden Hilfe ist zu prüfen, ob für das betreffende Kind die Annahme als Kind (d.h. die Adoption) in Betracht kommt (§36 Abs.1 Satz 2 SGB VIII). Auch dieser Auftrag richtet sich an die Fachkraft des ASD. Soweit Perspektiven für eine Adoption erkennbar sind, arbeitet sie mit der örtlichen Adoptionsstelle zusammen.

6.3.5 Leistungsentscheidung – Leistungsgewährung

Die Leistungsentscheidung ist eine zentrale Aufgabe des ASD. Bei der Gewährung etlicher Leistungen nach SGB VIII behält sich das Jugendamt die Entscheidung hierüber vor (§ 36a Abs. 1 SGB VIII). Zuständig sind die fallverantwortlichen Fachkräfte im ASD. Einer förmlichen Entscheidung des ASD bedarf es bei Leistungen der Hilfe zur Erziehung nach §§ 27 ff. SGB VIII, und ggf. bei anderen auf den individuellen Bedarf zugeschnittenen Leistungen, familienbezogene Hilfen aus dem Kontext der Förderung der Familienerziehung oder Integrationshilfen der Jugendsozialarbeit. Der Leistungsbescheid an den Bürger beinhaltet indirekt die Zusage zur Übernahme der Kosten für das ausgewählte Angebot (eines freien Trägers). Bei der Auswahl von Trägern bzw. Personen, für deren Leistungserbringung sie die Kostenübernahme bewilligt, trägt die ASD-Fachkraft auch Verantwortung dafür,

- dass die ausgewählten Träger von Einrichtungen oder sonstigen betreuten Wohnformen eine *Betriebserlaubnis nach § 45 SGB VIII* besitzen;
- dass, soweit Einzelpersonen die Leistung erbringen, deren fachliche und persönliche Eignung gegeben ist, was u.a. auf der Basis eines **erweiterten Führungszeugnisses** nach § 30a Bundeszentralregistergesetz nachzuweisen ist.

Die Entscheidung über die im Einzelfall geeignete und notwendige Jugendhilfeleistung liegt beim Jugendamt bzw. beim ASD. Zur Kostenübernahme für selbst beschaffte Leistungen ist der öffentliche Träger nur unter den Voraussetzungen des § 36a Abs. 3 SGB VIII verpflichtet. Danach muss der öffentliche Träger vor der Selbstbeschaffung über den Hilfebedarf in Kenntnis gesetzt worden sein (falls das dem Leistungsberechtigten unmöglich war, so gilt alternativ die Mitteilungspflicht unmittelbar nach Wegfall des Hinderungsgrunds), die Voraussetzungen für die Gewährung der Hilfe müssen vorgelegen haben und die Bedarfsdeckung darf keinen zeitlichen Aufschub geduldet haben (keinen Aufschub bis zur Entscheidung über die Leistungsgewährung bzw. der Entscheidung über ein Rechtsmittel gegen eine unrechtmäßige Versagung der Leistung).

6.3.6 Individualisierbare Leistungen vor §§ 27 ff. SGB VIII

Der ASD kann grundsätzlich für alle Hilfeleistungen nach dem SGB VIII als zuständig erachtet werden, die einer ausdrücklichen Leistungsentscheidung des öffentlichen Trägers im Einzelfall bedürfen. Im Vorfeld der expliziten „Hilfen" gehören dazu auch bestimmte Angebote der Jugendsozialarbeit nach § 13 SGB VIII sowie der Förderung der Erziehung nach §§ 19–21 SGB VIII (gemeinsame Wohnformen für Mütter/Väter und Kinder, Betreuung und Versorgung des Kindes in Notsituationen, Unterstützung bei notwendiger Unterbringung zur Erfüllung der Schulpflicht), soweit diese über eine Einzelfallentscheidung zugänglich gemacht werden.

6.3.7 Leistungen der Hilfe zur Erziehung (§§ 27 ff. SGB VIII), der Eingliederungshilfe für seelische behinderte Kinder und Jugendliche (§ 35a SGB VIII) und Hilfe für junge Volljährige (§ 41 SGB VIII)

Auf Leistungen der Hilfe zur Erziehung (§§ 27 ff. SGB VIII), der Eingliederungshilfe für Kinder und Jugendliche mit seelischer Behinderung (§ 35a SGB VIII) und für die Hilfe für junge Volljährige (§ 41 SGB VIII) haben Personensorgeberechtigte bzw. junge Menschen unter bestimmten Voraussetzungen einen Rechtsanspruch. Die Feststellung des Anspruchs dem Grund nach (Tatbestandsvoraussetzungen) und die Herausarbeitung der im Einzelfall notwendigen und geeigneten Hilfe gehören zu den Kernaufgaben des ASD. Das hierfür bedeutsame Verfahren der Hilfeplanung ist in § 36 SGB VIII geregelt. Die Auswahl der Hilfeart hat sich ausschließlich an pädagogischen Gesichtspunkten, insbesondere am erzieherischen Bedarf im Einzelfall zu orientieren.

Für Leistungen der Hilfe zur Erziehung sind die Personensorgeberechtigten anspruchsberechtigt. Für Leistungen der Eingliederungshilfe ist der junge Mensch anspruchsberechtigt, er wird jedenfalls bis zum vollendeten 15. Lebensjahr von den Personensorgeberechtigten in der Wahrnehmung seiner Interessen vertreten (§ 36 SGB I). Bei der Hilfe für junge Volljährige nach § 41 SGB VIII sind diese selbst anspruchsberechtigt.

Hilfe zur Erziehung (§§ 27 ff. SGB VIII)

Leistungsvoraussetzung für eine Hilfe zur Erziehung ist die Feststellung, dass eine dem Wohl des Kindes entsprechende Erziehung nicht gewährleistet ist. Wenn die Hilfe für dessen Entwicklung geeignet und notwendig ist, hat das Jugendamt Hilfe zur Erziehung zu gewähren. Mit dem Bezug auf die mangelnde Gewährleistung des Kindeswohls als Leistungsvoraussetzung soll aber keine Schuldzuweisung oder Stigmatisierung der Betroffenen einhergehen. Die Begründung zum Gesetz geht vielmehr davon aus, dass ein entsprechender Hilfebedarf angesichts des gesellschaftlichen Wandels zur Normalität von Familien gehört (BT-Drs.11/5948, 68). Auf eine differenzierte Festschreibung von auf das Kind bezogenen Merkmalen für die Feststellung der mangelnden Gewährleistung des Kindeswohls (wie „Entwicklungsstörung") wird verzichtet, um zu vermeiden, dass den Kindern damit auch die Ursache zugeschrieben würde.

Die Bedarfslagen unterliegen dem gesellschaftlichen Wandel, zudem muss dem spezifischen Bedarf jedes Einzelfalls Rechnung getragen werden. Von daher verbietet sich eine abschließende Festschreibung der Hilfe (BT-Drs. 11/5948, 69). Die Prototypen nach den §§ 28–35a SGB VIII sind Bezugspunkte für die Konkretisierung der Hilfe. Der ASD hat ggf. die Aufgabe, auf dieser Basis eine im Einzelfall passende, unkonventionelle, im Gesetz nicht beschriebene Leistung (Münder et al./Tammen/Trencek 2013, vor §§ 27–41 Rdnr.13) zu entwickeln und gemeinsam mit den Fachkräften der wirtschaftlichen Jugendhilfe deren rechtliche und finanzielle Verortung zu begründen.

Die im SGB VIII genannte Palette der Erziehungshilfen als Bezugspunkte für eine Konkretisierung der Hilfe umfasst folgende *Hilfeformen*:

- **Erziehungsberatung (§ 28 SGB VIII)**: Die Erziehungsberatung gehört zu jenen ambulanten Leistungen, die ohne vorherige Einschaltung des Jugendamtes und damit des ASD niedrigschwellig zugänglich gemacht werden sollen (§ 36a Abs. 2 SGB VIII). Die einzelfallbezogene Beteiligung des ASD im Rahmen einer Hilfeplanung ist nur erforderlich, wenn der Kontakt zur Beratungsstelle sich längerfristig gestaltet und weitergehende Hilfen erforderlich oder sinnvoll scheinen, beispielsweise in Form eines Übergangs in eine Therapie. Die Beteiligung des ASD erfolgt dann auch unter der Perspektive einer Art „Verbraucherschutzfunktion" sowie zur Abklärung möglicherweise gegebener zusätzlicher Hilfebedarfe.
- **Soziale Gruppenarbeit (§ 29 SGB VIII)**: Soziale Gruppenarbeit ist eine ambulante Erziehungshilfe von vergleichsweise geringer Eingriffsintensität. Das Angebot basiert auf einer Gruppe gleichaltriger älterer Kinder und Jugendlicher und soll Prozesse des sozialen Lernens anstoßen. Das Angebotsspektrum ist geprägt durch projektorientierte erlebnispädagogische Ansätze. Sie setzt eine grundlegende Gruppenfähigkeit voraus.
- **Erziehungsbeistand, Betreuungshelfer (§ 30 SGB VIII)**: Der Erziehungsbeistand oder Betreuungshelfer bietet sich im Rahmen einer ambulanten Hilfe ergänzend zu den Eltern als Bezugsperson für das Kind, den Jugendlichen bzw. den jungen Volljährigen an. Die Leistung richtet sich an die jungen Menschen, wobei die Einbeziehung der Eltern bzw. Personensorgeberechtigten aufgrund der elternnahen Funktion des Beistands oder Betreuungshelfers vor allem bei jüngeren Adressaten unerlässlich ist. Der Erziehungsbeistand/Betreuungshelfer soll ein längerfristiges sozialpädagogisches Beratungs- und Betreuungsverhältnis aufbauen. Er soll dem jungen Menschen zur Erfahrung von Wertschätzung und Anerkennung verhelfen, ihm den Blick für seine Stärken öffnen und ihn ermutigen, aktiv an seiner persönlichen Entwicklung zu arbeiten.
- **Sozialpädagogische Familienhilfe (§ 31 SGB VIII)**: Sozialpädagogische Familienhilfe (SPFH) ist eine sehr eingriffsintensive ambulante Erziehungshilfe. Sie findet durch eine Fachkraft in der Familie statt. Mit ihrem frühzeitigen Einsatz soll in geeigneten Fällen versucht werden, das Selbsthilfepotential der Familie so zu stärken, dass sie die Erziehung wieder (weitgehend) selbststän-

dig übernehmen kann. Sie richtet sich an die gesamte Familie und erfordert die Bereitschaft zur Öffnung der Privatsphäre und zur Mitarbeit der Familienmitglieder. Die Prüfung, ob diese Voraussetzungen für eine SPFH gegeben sind, obliegt der ASD-Fachkraft. Das Spektrum der intensiven ganzheitlichen Betreuung und Begleitung der SPFH reicht von praktischer Hilfe über Anleitung, Beratung und modellhaftes Handeln bis hin zur Mediation oder zu (familien-)therapeutisch inspirierten Aktivitäten. Die konkreten Formen sind abhängig vom Einzelfall und den situativen Erfordernissen (Goerdeler et al / Nonninger, § 31 Rdnr. 3 ff.). Es ist sicherzustellen, dass die SPFH-Fachkräfte die erforderliche Qualifikation (einschließlich Fortbildung und Supervision) und persönliche Eignung mitbringen, dass die Vertraulichkeit gewahrt und die Grundsätze des § 8a SGB VIII zum Schutz von Kindern und Jugendlichen eingehalten werden.
- **Erziehung in der Tagesgruppe (§ 32 SGB VIII):** Erziehung in der Tagesgruppe ist eine teilstationäre gruppenbasierte Hilfe. Leistungsempfänger sind primär die Kinder oder Jugendlichen, Elternarbeit ist jedoch Teil der Hilfe. Durch zeitweilige Entlastung von einem Teil familiärer Konflikte und durch pädagogische Unterstützung der Kinder bzw. Jugendlichen soll deren Verbleib in der Familie sichergestellt werden. Als wesentliche Ansatzpunkte für die Zielerreichung sind im Gesetz „Soziales Lernen in der Gruppe", „Begleitung der schulischen Förderung" und „Elternarbeit" genannt. Dem Anspruch der Hilfe entspricht auch eine Ausdehnung der Hilfe auf schulfreie Zeiten.
- **Vollzeitpflege (§ 33 SGB VIII):** Vollzeitpflege ist eine Hilfe über Tag und Nacht in einer anderen als der Herkunftsfamilie (stationäre Leistung). Die Hilfe richtet sich überwiegend an Kinder, darüber hinaus an Jugendliche, die einen überschaubaren und stabilen persönlichen Bezugsrahmen brauchen. Vollzeitpflege wird überwiegend von pädagogischen Laien geleistet. Für besonders entwicklungsbeeinträchtigte Kinder sind fachlich entsprechend qualifizierte Pflegeeltern zu vermitteln. Die Wirkung der Vollzeitpflege beruht auf dem privaten familialen Charakter und der dadurch ermöglichten dichten persönlichen Bindung. Ihr Erfolg hängt von einem gelingenden Beziehungsaufbau ab sowie davon, dass die Pflegeeltern in der Lage sind, sich auf die besonderen Anforderungen ihres Pflegekindes einzustellen. Die Prüfung, ob Vollzeitpflege für ein Kind geeignet ist, stellt besondere Anforderungen an die Fachkraft des ASD. Sie muss im Blick halten, wie schwierig es für Kinder ist, sich auf ein neues familiäres Beziehungsgefüge einzustellen und reflektieren, welche Ressourcen auf der Hilfeseite erforderlich sind, um dem Kind wirkungsvoll helfen und das erweiterte Familiensystem ausreichend unterstützen zu können. Da die Hilfe in einem privaten Setting stattfindet, sind die Möglichkeiten der Qualitätskontrolle während der Hilfedurchführung begrenzt. Die Auswahl der Pflegefamilie birgt deshalb unter dem Gesichtspunkt des Kindesschutzes eine hohe Verantwortung. Die ausgewählten Pflegeeltern müssen auch in der Lage sein, eine funktionierende Arbeitsbeziehung zu den Herkunftseltern aufzubauen und Konkurrenz mit diesen zu vermeiden. Der ASD ist insoweit auch „Sachwalter" des Rechts des Kindes auf Kontakt zu seinen Herkunftseltern. **Erziehungsstellen** sind ggf. besonders ausgestattete Pflegefamilien mit in der Regel durch fachliche Qualifikation oder Erfahrung besonders geeigneten Pflegepersonen. Die Leistungsgewährung erfolgt uneinheitlich, teilweise wird die Erziehungsstelle auch als Leistung nach § 34 SGB VIII gewährt. Es handelt sich aber stets um Pflegefamilie im Sinne des § 44 Abs. 1 SGB VIII (BVerwG JAmt 2011, 605).
- **Heimerziehung, sonstige betreute Wohnform (§ 34 SGB VIII):** Hilfe zur Erziehung über Tag und Nacht in einer Einrichtung (Heimerziehung) oder sonstigen betreuten Wohnform bietet Minderjährigen (oder jungen Volljährigen) einen Lebensort außerhalb ihrer Familien. Die betreute Wohngemeinschaft oder das Einzelwohnen gehören zu den sonstigen betreuten Wohnformen. Sie sind auf Ablösung von der Familie sowie auf eine Verringerung der Betreuungsintensität angelegt und verlangen den jungen Menschen entsprechend mehr Eigenverantwortung für die Alltagsbewältigung ab. Auch die familienähnlichen Erziehungsstellen gehören, soweit sie dem § 34 SGB VIII zugeordnet werden, zu den sonstigen betreuten Wohnformen. Hilfe nach § 34 SGB VIII verbindet das Alltagsleben konzeptionell mit den erforderlichen pädagogischen und therapeutischen Hilfen zu einer ganzheitlichen Entwicklungsförderung. Das Gesetz gibt drei alternative Zielperspektiven vor, unter denen der ASD mit Blick auf das Alter, den Entwicklungsstand des Kindes oder Jugendlichen sowie auf die Pro-

gnosen für die Verbesserung der Erziehungsmöglichkeiten in der Herkunftsfamilie zu entscheiden hat: Bei entsprechenden Voraussetzungen soll die Rückkehr in die Herkunftsfamilie angestrebt werden. In diesem Fall muss auf Veränderungen der Erziehungsbedingungen in der Familie hingearbeitet werden (§ 37 Abs. 1 Satz 2 SGB VIII). Sind die Bedingungen für eine Rückkehr in die Familie nicht gegeben, soll die Hilfe auf die Erziehung in einer anderen als der Herkunftsfamilie vorbereiten oder eine auf Dauer angelegte selbstständige Lebensform bieten und auf ein selbstständiges Leben vorbereiten. Die Fachkraft des ASD hat darauf zu achten, dass für das in der Hilfeplanung zur Diskussion stehende Angebot eine Betriebserlaubnis vorliegt. Bei der Auswahl der Einrichtung bzw. der sonstigen betreuten Wohnform sowie bei der Begleitung des Hilfeprozesses hat die Fachkraft des ASD deshalb eine besondere Verantwortung. Schließlich geht es für den jungen Menschen um ein neues soziales Bezugssystem, das sein Leben umfassend bestimmen wird. Das spezifische Hilfesetting nach § 34 SGB VIII muss den Möglichkeiten des betreffenden jungen Menschen entsprechen und muss eine produktive soziale Dynamik erwarten lassen. Kinder und Jugendliche sowie ggf. ihre Eltern und junge Erwachsene werden nach §§ 91 ff. SGB VIII zu den Kosten der Hilfe herangezogen. Für junge Menschen heißt das etwa, dass sie ihre Ausbildungsvergütung einbringen müssen. Die ASD-Fachkraft hat mit dafür Sorge zu tragen, dass die Kostenheranziehung so gestaltet wird, dass der Hilfeerfolg nicht beeinträchtigt wird bzw. dass Leistungen, die mit der Heranziehung korrespondieren, entsprechend gewährt werden (u. a. Taschengeld).

- **Intensive sozialpädagogische Einzelbetreuung (§ 35 SGB VIII):** Intensive sozialpädagogische Einzelbetreuung wird in der Regel in Verbindung mit einer geeigneten Wohnmöglichkeit angeboten. Jedenfalls wird sie außerhalb der Familie erbracht. Sie setzt in der Lebenswelt der jungen Menschen an, ggf. auch auf der Straße. Die Situation der Betroffenen kann im Einzelfall eine Betreuung rund um die Uhr erfordern. Die Hilfe kann auch als Alternative zu einrichtungsbezogenen Maßnahmen nach dem Jugendstrafrecht (§ 71 Abs. 2 bzw. § 72 Abs. 4 JGG) betrachtet werden, wenn die Leistung vom Jugendamt aufgrund einer Hilfeplanung als geeignet und erforderlich erkannt ist (§ 36a Abs. 1 SGB VIII). Geeignet ist die Hilfe für junge Menschen, die sich den altersüblichen Sozialisationsinstanzen (Familie, Schule, Ausbildungs- und Berufswelt) weitgehend entzogen haben und ausgegrenzt am Rande der Gesellschaft leben, ggf. unter dem Einfluss einer sie gefährdenden Subkultur (BT-Drs. 11/5948, 72). Auch junge Menschen, die aufgrund ihres persönlichen Entwicklungsstands und ihrer besonderen Unterstützungsbedürftigkeit im Anforderungssystem des SGB II scheitern, sind ggf. der Zielgruppe des § 35 SGB VIII zuzurechnen (Kunkel/Nonninger 2014, § 35, Rdnr. 12). Durch die umfassende sozialpädagogische Betreuung unter Einschluss beispielsweise auch erlebnispädagogischer Angebote sollen die jungen Menschen persönlich stabilisiert und zur elementaren Regelung ihres Alltags befähigt sowie für weitergehende gesellschaftliche Anforderungen, wie sie eine gruppenbezogene Hilfe darstellt, ansprechbar gemacht werden. Jugendliche sowie ggf. ihre Eltern und junge Volljährige werden nach den §§ 91 ff. SGB VIII zu den Kosten der Hilfe herangezogen. Wenn die Hilfe ganz oder teilweise im Ausland erbracht werden soll, muss durch Gutachten ausgeschlossen sein, dass der junge Mensch unter einer seelischen Störung mit Krankheitswert leidet. Im Ausland soll die Hilfe zudem nur erbracht werden, wenn dies nach der Hilfeplanung zur Zielerreichung im Einzelfall erforderlich ist, und dann ausschließlich von Trägern, die im Inland über eine Betriebserlaubnis verfügen. Mit der Offenheit des Hilfesettings und der zugleich gegebenen Intensität der Hilfe geht auch eine erhöhte Anforderung an die Begleitung des Hilfeprozesses durch den ASD einher.

Eingliederungshilfe (§ 35a SGB VIII)

§ 35a SGB VIII macht Eingliederungshilfen für seelisch behinderte oder von einer seelischen Behinderung bedrohte jungen Menschen zum Bestandteil der Kinder- und Jugendhilfe und damit das Jugendamt zum Rehabilitationsträger (§ 6 Abs. 1 Nr. 6 SGB IX). Der ASD hat insoweit auch Aufgaben des Rehabilitationsträgers nach dem SGB IX zu erfüllen, was besondere Anforderungen mit sich bringt, etwa bei der Klärung der sachlichen Zuständigkeit (§ 14 SGB IX):

- Klärung der Zuständigkeit binnen zwei Wochen nach Antragseingang bzw. dem Tag der Kenntnisnahme des Rehabilitationsbedarfs, ggf. Weiterleitung an zuständigen Träger,
- Leistungsentscheidung innerhalb von drei Wochen nach Antragseingang,
- bei Erforderlichkeit eines Gutachtens zwei Wochen nach Eingang des Gutachtens.

Leistungsberechtigt sind Kinder und Jugendliche bzw. junge Volljährige (in Verbindung mit § 41 SGB VIII). Sie werden jedenfalls bis sie im sozialrechtlichen Sinne handlungsfähig sind (ab dem vollendeten 15. Lebensjahr) von den Eltern bzw. Personensorgeberechtigten vertreten, nach Volljährigkeit möglicherweise durch einen Betreuer. Die Feststellung einer seelischen Behinderung des jungen Menschen setzt nach dem zweigliedrigen Behinderungsbegriff (§ 2 Abs. 1 SGB IX) voraus, dass

- seine seelische Gesundheit vom alterstypischen Zustand abweicht und dies mit hoher Wahrscheinlichkeit länger als sechs Monate der Fall sein wird und
- daher die Teilhabe des betreffenden jungen Menschen am Leben der Gesellschaft beeinträchtigt ist.

Eine drohende seelische Behinderung liegt vor, wenn eine Teilhabebeeinträchtigung nach fachlicher Erkenntnis mit hoher Wahrscheinlichkeit zu erwarten ist.

Das Gutachten zur seelischen Störung, also der Abweichung der seelischen Gesundheit vom alterstypischen Zustand, ist von einem Arzt für Kinder- und Jugendpsychiatrie bzw. Kinder- und Jugendpsychotherapie, einem Kinder- und Jugendpsychotherapeuten bzw. einem einschlägig erfahrenen Arzt oder psychologischen Psychotherapeuten zu erstellen (§ 35a Abs. 1a Satz 1 SGB VIII). Es wird durch das Jugendamt, also den ASD eingeholt. Für die Auswahl der Gutachter gilt folgendes Verfahren: Nach § 14 Abs. 5 Satz 3 SGB IX benennt der Rehabilitationsträger den Leistungsberechtigten in der Regel drei möglichst wohnortnahe Sachverständige unter Berücksichtigung bestehender sozialmedizinischer Dienste. Aus diesen Vorschlägen können die Leistungsberechtigten den Gutachter wählen. Der Gutachter soll unabhängig sein. Er soll keinem Dienst oder keiner Einrichtung angehören, die nachfolgend die Hilfe erbringen wird.

Ist eine psychische Störung festgestellt, obliegt es dem ASD zu prüfen, ob damit eine eingetretene oder drohende Beeinträchtigung der Teilhabe verbunden ist. Bei der Feststellung der Teilhabebeeinträchtigung wird Bezug genommen auf die aktive selbstständige und altersgemäße Beteiligung am Leben der Gemeinschaft, von der Familie über den Freundeskreis bis hin zu Institutionen wie Kindertagesstätten, Schule, Ausbildung oder Beruf. Besonders wichtig für die Beurteilung ist die Perspektive der Betroffenen, ihr Selbstbild, ihr Selbstwertgefühl und ihre Wahrnehmung der Situation, darüber hinaus die Sicht der Eltern sowie des relevanten sozialen Umfelds (Goerdeler et al / Nonninger, § 35a Rdnr. 9). Die Feststellung der seelischen Behinderung ist im vollen Umfang der gerichtlichen Prüfung zugänglich (anders die Entscheidung über die geeignete Hilfeart, die nur bezüglich der Einhaltung von Verfahrensstandards gerichtlich überprüft werden kann).

Die Leistungspalette ist in § 35a Abs. 2 SGB VIII typisierend beschrieben. Sie reicht von ambulanten über teilstationäre Hilfen und Hilfe durch geeignete Pflegepersonen bis hin zu stationären Leistungen. Für die weitere Ausgestaltung sind die einschlägigen Rechtsvorschriften für die Rehabilitation im SGB IX und XII maßgeblich (§ 35a Abs. 3 SGB VIII i.V. mit §§ 53 Abs. 3 und 4 Satz 1 sowie 54, 56 und 57 SGB XII). Hilfe zur Erziehung kann mit der Hilfe nach § 35a SGB VIII kombiniert werden. Im entsprechenden Fall sollen Einrichtungen, Dienste oder Personen ausgewählt werden, die den Erfordernissen beider Hilfebedarfe Rechnung tragen können.

Hilfe bzw. Nachbetreuung für junge Volljährige (§ 41 SGB VIII)

Hilfe für junge Volljährige (bis zur Vollendung des 21. Lebensjahres, im Einzelfall darüber hinaus, längstens bis zur Vollendung des 27. Lebensjahres) schließt an das Leistungsspektrum der Erziehungshilfe bzw. der Eingliederungshilfe für seelisch behinderte Kinder und Jugendliche an, soweit die Anwendung der Hilfeform nicht spezifisch auf Minderjährige begrenzt ist. Die Hilfe umfasst die erforderlichen pädagogischen und therapeutischen Leistungen und bei Bedarf auch sozialpädagogische Ausbildungs- und Beschäftigungsmaßnahmen im

Sinne des § 13 Abs. 2 SGB VIII. Die Vorschriften zur Ausgestaltung der Hilfe nach § 27 Abs. 3 und 4 SGB VIII, zur Hilfeplanung und zu Annexleistungen für die Sicherung des Unterhalts und die Krankenhilfe gelten entsprechend.

Die Hilfe ist unter den gegebenen Voraussetzungen auch als Ersthilfe zu leisten und nicht, wie fälschlicherweise oft unterstellt wird, ausschließlich als Weiterführung einer Erziehungshilfemaßnahme über die Volljährigkeit hinaus. Außerdem schreibt § 41 Abs. 3 SGB VIII Beratung und Unterstützung nach Beendigung der jeweiligen Hilfe vor.

Die Herausarbeitung des für die Hilfegewährung maßgeblichen Unterstützungsbedarfs stellt besondere Anforderungen an die Fachkräfte des ASD, da die gesetzlichen Vorschriften allgemein bleiben. Indiz für einen entsprechenden Unterstützungsbedarf ist das Scheitern an altersgemäßen Entwicklungsaufgaben, sind Schwierigkeiten bei der Bewältigung alltagspraktischer Anforderungen und Probleme mit der eigenverantwortlichen Steuerung des Handelns (s.a. Goerdeler et al. / Nonninger, § 41 Rdnr. 2). Für die Leistungsgewährung ist eine Prognose bezüglich der Zielerreichung bedeutsam. Ausreichend für die Konstituierung eines Leistungsbedarfs ist „jede Aussicht auf eine spürbare Verbesserung und Förderung der Persönlichkeitsentwicklung des jungen Volljährigen und seiner Fähigkeit zu eigenverantwortlicher Lebensführung innerhalb des der Hilfegewährung zugänglichen Zeitraums, der nicht mit der Vollendung des 21. Lebensjahres abgeschlossen sein muss" (BVerwG ZfJ 2000, 191).

Es läuft dem Leistungszweck zuwider, den Zugang zur Leistung von besonderen Mitwirkungspflichten abhängig zu machen, da die mangelnde Fähigkeit zur Selbststeuerung ein Indiz für das Vorliegen des Hilfebedarfs im Sinne von § 41 SGB VIII ist. Motivierung und Befähigung der Betroffenen zur verantwortlichen Mitwirkung an der Hilfe sind Ziele der Leistung und nicht deren Voraussetzung.

6.4 Der ASD als Motor der Schutzmaßnahmen bei Kindeswohlgefährdung

6.4.1 Leistungsorientierung und Schutzauftrag

Mit der Einführung der Vorschrift zum Schutzauftrag bei Kindeswohlgefährdung (§ 8a SGB VIII) wurde der Schutzauftrag des öffentlichen Trägers gegenüber Kindern und Jugendlichen konkretisiert. Der Sache nach hat der Auftrag immer bestanden. Im SGB VIII fand er seit 1991 zum einen Ausdruck in Gestalt des Rechtsanspruchs auf Erziehungshilfe für die Personensorgeberechtigten und zum andern in der Verpflichtung des Jugendamts, das Familiengericht anzurufen, wenn dies zur Abwendung einer Kindeswohlgefährdung erforderlich ist, und ein Kind in Obhut zu nehmen, wenn es akut gefährdet ist und erforderliche Hilfen nicht in Anspruch genommen werden oder wenn die Hilfe nicht ausreicht, um die Gefährdung abzuwenden. Mit der Leistungsorientierung des SGB VIII sollte die Ausgangsbasis für den Schutzauftrag nachhaltig verbessert werden. Hinter dem rechtsstaatlichen Bild vom anspruchsberechtigten Klienten, dem auf Augenhöhe zu begegnen ist, steht die fachliche Vorgabe des respektvollen, ressourcenorientierten Zugangs zu den Adressaten, hier den Eltern bzw. Personensorgeberechtigten und den jungen Menschen. Das vertrauensvolle Verhältnis zu den Betroffenen verbessert die Möglichkeiten zum wirksamen Schutz der Kinder und Jugendlichen, so die dem KJHG zugrunde liegende Grundannahme. Der starke Akzent auf der Leistungsorientierung führte allerdings zu Unsicherheiten über die Aufgaben der Kinder- und Jugendhilfe bei der Wahrnehmung des Schutzauftrags.

Mit der Einführung des § 8a SGB VIII wird nun eine der zentralen Aufgaben des ASD auch gesetzlich beschrieben. Es ist jetzt deutlich, dass die Unterstützung der Eltern zum Wohl des Kindes von der Leistungsform in eine Intervention ohne Einverständnis oder gegen den Willen der Beteiligten in der Familie übergehen muss, wenn die Gefährdung des Kindeswohls anders nicht abzuwenden ist. Das Handeln des ASD ist auch in diesem Fall nicht gegen die Eltern gerichtet, sondern weiterhin konsequent am Kindeswohl orientiert.

In konfliktreichen Konstellationen kann die (zeitweilige) Trennung der Kinder von den Eltern die beste Hilfe für beide sein. Das SGB VIII schreibt auch dann vor, die Eltern-Kind-Beziehung zu achten und ihre Aufrechterhaltung zu fördern. Das gilt selbst unter den Vorzeichen eines vom ASD angeregten Sorgerechtsentzugs oder einer Inobhutnahme. Insofern ist auch das in § 8a Abs. 1 bis 3 SGB VIII vorgeschriebene Verfahren zum Schutz der Kinder darauf ausgerichtet, Hilfe gemeinsam mit den Kindern, Jugendlichen und ihren Eltern zu gestalten.

6.4.2 Schutz vor Übergriffen im Rahmen der Hilfegewährung

Durch die Arbeit der Runden Tische „Sexueller Kindesmissbrauch" und „Heimerziehung in den 1950er und 1960er Jahren" wurde deutlich, wie wichtig es ist, den Schutzauftrag auch im Kontext einer Hilfegewährung aktiv auszufüllen. Soweit es um ambulante Hilfen geht, trägt das Jugendamt zunächst Verantwortung für die Auswahl der Träger und eine Mitverantwortung für die Art der Ausgestaltung der Hilfe. Neben einer kritischen Aufmerksamkeit während der Begleitung der Leistungserbringung ist es Aufgabe des ASD, darauf zu achten, ob in den Vereinbarungen mit den Trägern darauf hingewirkt ist, dass diese ihre Verantwortung gegenüber dem Minderjährigen fachgerecht wahrnehmen und dass sie institutionalisierte Beschwerdeverfahren, kritische kollegiale Begleitung sowie Supervision für die Mitarbeiter sicherstellen. Wenn das Jugendamt die Fachkräfte selbst führt (Honorarkräfte, Selbstständige) muss die entsprechende Qualitätssicherung im Jugendamt verankert werden. Vergleichbares gilt für die Begleitung von Pflegefamilien im Hilfeprozess.

Der Schutzauftrag des Jugendamts gilt auch, wenn die Hilfe in einer Einrichtung durchgeführt wird, die eine Betriebserlaubnis hat. Die Betriebserlaubnisbehörde kann mit ihrem Instrumentarium in der Regel nur die fallübergreifenden konzeptionellen und strukturellen Aspekte auf Gefährdungspotenziale hin prüfen. Die alltäglichen Prozesse in der Einrichtung und insbesondere die Entwicklungen im Einzelfall sind ihm nicht zugänglich. Das Jugendamt hat demgegenüber im Rahmen seiner Fallverantwortung Einblick in den Umgang mit dem jungen Menschen, kann seine Entwicklung verfolgen und mit ihm auch konkrete Probleme, sei es mit dem Personal einer Einrichtung oder mit anderen Betreuten, ansprechen.

6.4.3 Verfahren zum Schutzauftrag bei Kindeswohlgefährdung (§ 8a SGB VIII)

Die Vorschriften nach § 8a SGB VIII stellen den Versuch dar, einen besonders sensiblen Bereich professionellen sozialpädagogischen Handelns im Jugendamt rechtlich zu fixieren. Die Vorschrift richtet sich vor allem an den ASD, aber auch an alle anderen Dienste und Einrichtungen bzw. Fachkräfte des Jugendamts. Ihnen fällt die Aufgabe zu, die gesetzliche Verfahrensvorgabe durch situationsadäquate Anwendung in fachgerechter Weise zu flexibilisieren und sie so zum Bestandteil einer Kinderschutzkultur im Jugendamt zu machen.

Im Einzelnen präzisiert die Vorschrift, dass das Jugendamt, vor allem der ASD, von Amts wegen tätig wird, wenn ihm gewichtige Anhaltspunkte für eine Kindeswohlgefährdung bekannt werden. Bei Vorliegen gewichtiger Anhaltspunkte für eine Gefährdung des Kindeswohls ist es zunächst seine Aufgabe, die potenzielle Gefährdung einzuschätzen. Dabei ist das Zusammenwirken mehrerer Fachkräfte verpflichtend. Unter der Voraussetzung, dass dadurch der wirksame Schutz des Kindes oder Jugendlichen nicht in Frage gestellt wird, sind die Personensorgeberechtigten sowie das Kind oder der Jugendliche in die Gefährdungseinschätzung einzubeziehen. Sofern dies nach fachlicher Einschätzung erforderlich ist, soll sich der ASD einen unmittelbaren Eindruck von dem Kind und seiner persönlichen Umgebung verschaffen (§ 8a Abs. 1 Satz 2 SGB VIII).

Der Auftrag zur Gefährdungseinschätzung beinhaltet weitere Herausforderungen für den ASD (→ Kapitel 22): Zunächst bedarf es einer abstrakten Verständigung im Team darüber, was als gewichtiger Anhaltspunkt für eine Kindeswohlgefährdung anzusehen ist, um den Aufmerksamkeitshorizont näher zu bestimmen. In der Praxis der kollegialen Gefährdungseinschätzung sind dann zwei gegenläufige Perspektiven zu vereinen: Zum einen geht es um eine Verständigung über Beurteilungskriterien und Bewertungen, zum anderen darum, das kritische Potenzial einer kollegialen Beratung nicht durch Konsensdruck zu neutralisieren, sondern im Sinne des Gesetzes zur Erweiterung der Perspektive einzusetzen (→ Kapitel 13).

Das Jugendamt hat den Erziehungsberechtigten von Amts wegen Hilfe anzubieten, wenn es die Hilfe für geeignet und erforderlich hält, die (potenzielle) Gefährdung abzuwenden (§ 8a Abs. 1 Satz 3 SGB VIII). Damit wird die Verpflichtung zu einem offensiven aufsuchenden Hilfeangebot noch einmal ausdrücklich betont. Wenn das offensive Angebot nicht angenommen wird, die Erziehungsberechtigten nicht bereit oder nicht in der Lage sind, an der Einschätzung der Gefährdung mitzuwirken, oder eine festgestellte Gefährdung nicht einvernehmlich mit den Personensorgeberechtigten abgewendet werden kann, hat das Jugendamt bzw. der ASD das Familiengericht anzurufen (§ 8a Abs. 2 SGB VIII). Bei dringender Gefahr, also wenn eine familiengerichtliche Entscheidung nicht abgewartet werden kann, ist der ASD verpflichtet, unmittelbar selbst tätig zu werden (§ 8a Abs. 2 Satz 2 SGB VIII). Das Kind oder der Jugendliche ist dann zu seinem Schutz in Obhut zu nehmen (§ 42 SGB VIII).

Wenn zur Abwendung der Gefährdung andere Leistungsträger, Einrichtungen der Gesundheitshilfe oder die Polizei tätig werden müssen, hat das Jugendamt bzw. der ASD darauf hinzuwirken, dass die entsprechenden Institutionen von den Erziehungsberechtigten in Anspruch genommen werden (§ 8a Abs. 3 Satz 1 SGB VIII). Wenn zur Abwendung der Gefährdung ein unmittelbarer Handlungsbedarf durch die genannten Institutionen besteht und die Personensorge- bzw. die Erziehungsberechtigten selbst nicht entsprechend tätig werden, hat das Jugendamt sie einzuschalten (§ 8a Abs. 3 Satz 2 SGB VIII).

§ 8a SGB VIII gilt für freie Träger nicht unmittelbar. Deshalb verpflichtet § 8a Abs. 4 SGB VIII den öffentlichen Träger zu Vereinbarungen mit den freien Trägern. Sie haben das Ziel, den freien Trägern zu vergleichbarer Aufmerksamkeit für mögliche Kindeswohlgefährdungen zu verpflichten, ebenso dazu, eine Gefährdungseinschätzung vorzunehmen, dies unter Hinzuziehung einer insoweit erfahrenen Fachkraft zu tun und auf die Inanspruchnahme von Hilfe hinzuwirken, wenn diese erforderlich erscheint. Mit der Aushandlung und dem Abschluss der Vereinbarungen selbst wird der ASD weniger befasst sein. Als insoweit erfahrene Fachkraft sollten ASD-Fachkräfte nur bedingt herangezogen werden, da dies im entsprechenden Verfahrensstadium ggf. zu einer problematischen Diffusion von Verantwortlichkeiten führen könnte (DIJuF 2007).

Der ASD ist allerdings über eine vermutete Gefährdung zu informieren, wenn das Werben um Inanspruchnahme der zur Gefährdungsabwendung für erforderlich gehaltenen weitergehenden Hilfen nicht erfolgreich war und die Gefährdung nicht anders abgewendet werden kann (§ 8a Abs. 4 Satz 2 SGB VIII). Aus dieser Informationspflicht des freien Trägers erwächst dem ASD die Aufgabe, selbst die erforderlichen weiteren Handlungsschritte zur Gefährdungseinschätzung und ggf. zur Abwendung der Gefährdung einzuleiten. Da der ASD in diesen Fällen als Dritter zwischen Leistungserbringer und Klienten tritt, bedarf es einer besonderen Behutsamkeit im Umgang mit der Mitteilung und den damit verbundenen Informationen. Selbst wenn im gegebenen Moment das Hilfeangebot des freien Trägers die Gefährdungssituation nicht abwenden konnte, ist die vertrauensvolle Beziehung des Adressaten zum Leistungserbringer weiterhin wichtig, um perspektivisch den Schutz des Kindes stärken und auch die Personensorgeberechtigten dafür gewinnen zu können.

6.4.5 Inobhutnahme von Kindern und Jugendlichen (§ 42 SGB VIII)

Die Verpflichtung und gleichzeitig Ermächtigung des Jugendamts zur Inobhutnahme ergibt sich aus § 42 SGB VIII. Er beschreibt eine hoheitliche Aufgabe, die in der Praxis traditionell dem ASD zugewiesen ist. Die Verantwortung für ihre Durchführung verbleibt selbst dann beim Jugendamt bzw. ASD, wenn freie Träger daran beteiligt werden oder ihnen die Aufgabe zur Ausführung übertragen wird (§ 76 Abs. 2 SGB VIII). Deshalb ist der ASD auch in entsprechende Vereinbarungen mit freien Trägern verantwortlich einzubeziehen. Es bedarf einer Abstimmung der Arbeitsweisen zwischen den Fachkräften des ASD und den Fachkräften der freien Träger. *Inobhutnahme* umfasst die unmittelbare Verantwortungsübernahme für den Schutz von Kindern und Jugendlichen durch

- die Wegnahme von einer Person, soweit eine akute Kindeswohlgefährdung besteht,

- die Bestimmung des Aufenthaltsortes für den Zeitraum der Inobhutnahme und deren unmittelbare konkrete Durchsetzung (Befugnis, ein Kind oder einen Jugendlichen bei einer geeigneten Person, in einer geeigneten Einrichtung oder sonstigen betreuten Wohnform vorläufig unterzubringen) sowie
- die umfassende Verantwortung für das Wohl des Minderjährigen während der Dauer der Inobhutnahme (einschließlich der Sicherung des notwendigen Unterhalts und der Krankenhilfe und aller ggf. erforderlicher kindeswohlrelevanter Rechtshandlungen) und
- ggf. die Einleitung eines Hilfeplanverfahrens zur Klärung der bedarfsgerechten Anschlusshilfe.

Die Inobhutnahme endet mit der Übergabe der Minderjährigen an die Personensorge- oder Erziehungsberechtigten bzw. mit der Entscheidung über die Gewährung einer Anschlusshilfe nach dem Sozialgesetzbuch.

Die Inobhutnahme stellt im Handlungsrepertoire des Jugendamts die Maßnahme mit der höchsten Eingriffsintensität in die Autonomie einer Familie dar. Die Kompetenz dazu ist Ausdruck der Zuweisung von Aufgaben des staatlichen Wächteramts (Art. 6 Abs. 2 Satz 2 GG) an ASD-Mitarbeiter. Deshalb ist es folgerichtig, sie bei diesem Fachdienst des öffentlichen Trägers zu verorten. Zu betonen ist jedoch, dass die Wegnahme nur dann erfolgt, wenn es keine Alternative für die Abwendung der Gefährdung gibt und wenn mit den Personensorgeberechtigten kein Einvernehmen bezüglich der Inobhutnahme sowie einer nachfolgenden Hilfe zu erzielen ist.

Das Gesetz weist dem ASD auch die Entscheidung darüber zu, ob eine akute Selbst- oder Fremdgefährdung vorliegt und ob bzw. in welchem Umfang diese ggf. freiheitsentziehende Maßnahmen im Rahmen der Inobhutnahme erforderlich macht. Es ermächtigt den ASD, unter den gegebenen Bedingungen kurzfristig solche Maßnahmen eigenmächtig umzusetzen (§ 42 Abs. 5 SGB VIII). Die Ermächtigung erstreckt sich zeitlich maximal bis zum Ablauf des Folgetages nach Beginn der Maßnahme, ohne gerichtliche Entscheidung ist sie spätestens dann aufzuheben. Die Inobhutnahme wird ausgelöst durch

- die entsprechende Bitte eines Kindes oder Jugendlichen,
- eine dringende Gefahr für das Wohl des Kindes oder Jugendlichen, der nicht mit der Einwilligung der Personensorgeberechtigten in eine den Schutz gewährleistende Hilfe begegnet werden kann, oder
- durch die Tatsache, dass ein ausländischer Minderjähriger unbegleitet nach Deutschland kommt und sich hier weder Personensorgeberechtigte noch sonstige Erziehungsberechtigte aufhalten.

Der ASD bleibt selbst in Extremsituationen, in denen Intervention nötig ist, auf die Hilfefunktion konzentriert. Die Inobhutnahme ist ausgerichtet auf die Situationsklärung und die Überleitung in eine dem Hilfebedarf entsprechende und den Schutz der Minderjährigen verbürgende Hilfe. Jede Einschränkung von Rechten der Betroffenen obliegt dem Familiengericht.

Sollte die Anwendung von Zwang bei einer Inobhutnahme erforderlich sein, hat der ASD die dazu befugten Stellen, z. B. die Polizei einzuschalten (§ 42 Abs. 6 SGB VIII). Die Notwendigkeit einer gut abgestimmten Zusammenarbeit des ASD mit Gericht und Polizei wird auch hier deutlich.

Anlass und Tragweite der Inobhutnahme nach § 42 SGB VIII begründen für den ASD die Verpflichtung, eine 24-Stunden-Bereitschaft zu gewährleisten.

Widersprechen die Personensorgeberechtigten bzw. Erziehungsberechtigten der Inobhutnahme, sind ihnen die Minderjährigen umgehend zu übergeben, soweit nach Einschätzung des ASD keine Gefährdung für diese besteht bzw. die Personensorge- oder Erziehungsberechtigten bereit und in der Lage sind, die Gefährdung abzuwenden. Ist dagegen eine akute Gefährdungslage gegeben, muss der ASD umgehend das Familiengericht anrufen, um eine Entscheidung über die Einschränkung der elterlichen Rechte herbeizuführen. Das gilt auch, wenn die Eltern nicht erreichbar sind. Für unbegleitete ausländische Minderjährige hat der ASD beim Familiengericht umgehend die Bestellung eines Vormunds anzustoßen (§ 42 Abs. 3 SGB VIII). Mit der Inobhutnahme sind spezifische Verpflichtungen des ASD gegenüber den betroffenen Kindern und Jugendlichen verbunden. Die Klärung der Situation, die zur Inobhutnahme geführt hat, ist zusammen mit dem Kind oder Jugendlichen vorzunehmen. Ihm sind Möglichkeiten der Hilfe und Unterstützung aufzuzeigen, und es ist ihm Gelegenheit einzuräumen, eine Person seines Vertrauens zu benachrichtigen (§ 42 Abs. 2 SGB VIII). Verpflichtungen gegenüber den Personensorgeberechtigten reichen von der Berücksichtigung ihres mutmaßlichen Willens bei Rechtshandlungen, die in ihrer Abwesenheit zum Wohl des Kindes ggf. notwendig sind, über die unverzügliche Benachrichtigung von der Inobhutnahme (ausgenommen in Fällen der Inobhutnahme unbegleitet nach Deutschland eingereister ausländischer Minderjähriger) bis zur Verpflichtung, die Gefährdung mit ihnen einzuschätzen (§ 42 Abs. 3 SGB VIII).

Diese Beteiligungsvorschriften unterstreichen, dass auch in der Krise die Perspektive der Betroffenen nicht außen vor bleiben darf. Der Fachdienst hat sie in seine Entscheidung einzubeziehen, die Entscheidungsmacht und damit auch die Verantwortung liegt bei ihm. Soweit die Inobhutnahme auf Bitten der Minderjährigen hin erfolgt oder soweit es um unbegleitet eingereiste ausländische Minderjährige geht, kann die Entscheidung von einer Fachkraft allein getroffen werden. In den übrigen Fällen ist in Anwendung der hier einschlägigen Verfahrensvorschrift des § 8a Abs. 1 SGB VIII die Qualifizierung der Entscheidung durch eine kollegiale Beratung auch bei der hier in Rede stehenden Eilentscheidung von besonderer Bedeutung.

6.5 Die Aufgabenwahrnehmung unterstützende Aufgaben

Zu den Kernaufgaben des ASD aus dem Katalog nach § 2 SGB VIII treten unterstützende Aufgaben, die nicht im Sinne einer Leistung oder anderen Aufgabe unmittelbar an Eltern bzw. Personensorgeberechtigte und Kinder gerichtet sind:

Mitwirkung an Vereinbarungen mit Trägern der freien Jugendhilfe

Die Mitwirkung an den Vereinbarungen mit Trägern der freien Jugendhilfe nach § 36a Abs. 2 Satz 2 SGB VIII, nach § 77 SGB VIII und §§ 78a ff. SGB VIII steht in engem Zusammenhang mit der Planungsbeteiligung des ASD. Die Fachkräfte können den spezifischen örtlichen Bedarf vor dem Hintergrund der Einzelfallarbeit gut einschätzen, sie wissen um die kritischen Faktoren für die Qualität der Leistung und können ihre Erfahrung nicht zuletzt im Dienste einer bedarfsgerechteren Ausgestaltung des Angebots in Vereinbarungen einbringen. Wohnortnahe stationäre Angebote sind wichtig, damit im Rahmen einer stationären Hilfe die Kontakte in der Familie und im sozialen Umfeld so weit wie möglich erhalten werden können und zudem die bruchlose Überleitung der Hilfen nach § 34 SGB VIII in andere, weniger intensive Hilfen erleichtert wird.

Mitwirkung an den statistischen Erhebungen (§§ 98 ff. SGB VIII)

Die Mitwirkung an den statistischen Erhebungen nach §§ 98 ff. SGB VIII ist eine Aufgabe, die in ihrer Bedeutung für die Arbeit des ASD häufig unterschätzt wird. Die Ergebnisse der Pflichtstatistik werden auch ohne Zutun des ASD als Basis für die Einschätzung der Leistungen des ASD etwa im Vergleich zu anderen Jugendämtern genutzt. Insoweit ist es grundsätzlich problematisch, wenn die Angaben nicht stimmig sind. Wenn sie lückenhaft oder falsch sind, taugen die Daten auch wenig für die Belange des ASD selbst, nicht als Basis für die fachliche Selbstreflexion und nicht als Grundlage für die Beteiligung an der Infrastrukturplanung der Jugendhilfe.

Die Fachkräfte sind selbst „Herr" der Daten oder sollten es sein. Dezentral geführte manuell oder teilautomatisiert ausgefüllte Statistiken sind als notorische Fehlerquellen bekannt. Insofern kann aus der Vorgabe der Pflichtstatistik die Verpflichtung herausgelesen werden, die automatische Generierung einer Geschäftsstatistik für den ASD und der entsprechenden Pflichtstatistiken auf die Grundlage einer DV-gestützten Fallakte zu stellen (→Kapitel 25).

Mitwirkung an der Jugendhilfeplanung nach § 80 SGB VIII

Der örtliche öffentliche Träger hat für seinen räumlichen Zuständigkeitsbereich eine bedarfsgerechte Jugendhilfeinfrastruktur zu gewährleisten. Voraussetzung dafür ist die Kenntnis der Bedarfslage. Der ASD verfügt über wichtige Erkenntnisse zur sozialräumlichen Verteilung von Problemlagen und Ressourcen. Diese sollten regelmäßig in sozialräumliche Diskurse eingebracht werden können. Außerdem hat der ASD einen guten Überblick, welche Hilfeangebote übers Jahr erforderlich gewesen wären, aber fehlen, welche sich bewährt haben und ausgebaut werden müssten. Dabei geht es um die gesamte Angebotsstruktur der Jugendhilfe im Sozialraum (→ Kapitel 30).

Mitwirkung am gesellschaftlichen Einmischungsauftrag

Durch die Einzelfalltätigkeit hat der ASD Erkenntnisse zur der Typik der Problemlagen im Sozialraum und zu Veränderungsnotwendigkeiten. Er sollte sie für die Kinder- und Jugendpolitik des Öffentlichen Trägers fruchtbar machen und sie im Sinne von § 1 Abs. 3 Nr. 4 SGB VIII einbringen können in ein Engagement zugunsten positiver Lebensbedingungen für junge Menschen und ihre Familien sowie einer kinder- und familienfreundlichen Gestaltung des Sozialraums, sei es im Kontext von Arbeitsgemeinschaften nach § 78 SGB VIII, in lokalen Planungskonferenzen oder in Gremien zur Zusammenarbeit nach § 81 SGB VIII.

ASD als Initiator und zentraler Akteur von Kooperation

Die Rolle des ASD ist in seiner umfassenden Mittlerfunktion der des Hausarztes im Gesundheitssystem vergleichbar. Der ASD berät, identifiziert Probleme, erarbeitet Ansatzpunkte für die Hilfe, vermittelt den Kontakt zwischen Leistungsberechtigtem und Leistungserbringer, verfolgt den Hilfeverlauf und koordiniert die Maßnahmen. Die Leistung selbst wird vorrangig von freien Trägern erbracht. Gleichwohl ist der ASD nicht Auftraggeber der Leistung im engeren Sinne. § 4 Abs. 1 SGB VIII schreibt dem Jugendamt die partnerschaftliche Zusammenarbeit mit den freien Trägern vor und sichert diesen die Freiheit in Organisation und Aufgabendurchführung. Da die Gesamtverantwortung für die Aufgabenwahrnehmung aber beim öffentlichen Träger verbleibt, ist der ASD auf eine enge partnerschaftliche Zusammenarbeit mit dem freien Träger verwiesen. Das gilt für die Hilfe im Einzelfall ebenso wie im Rahmen der Ausgestaltung des örtlichen Hilfeangebotes.

Die Kernaufgaben des ASD im Einzelfall beinhalten vielfältige Kooperationsbeziehungen zu Institutionen außerhalb der Jugendhilfe, aus denen ebenfalls die Notwendigkeit zu einer fallübergreifenden Abstimmung erwächst. Die Bestimmungen des Bundeskinderschutzgesetzes sehen den ASD als Partner zahlreicher, für den Kindesschutz relevanter gesellschaftlicher Institutionen in den verschiedenen örtlichen Netzwerken zum Kindesschutz (§ 3 Gesetz zur Kooperation und Information im Kinderschutz [KKG]); im Kontext der Jugendsozialarbeit werden Schulverwaltung, Bundesagentur für Arbeit, Träger betrieblicher und außerbetrieblicher Ausbildung sowie Träger von Beschäftigungsangeboten als Partner genannt. Im Übrigen hat er mit den Institutionen zusammenzuarbeiten, die in § 81 SGB VIII benannt sind (→ Kapitel 29).

Einige Institutionen, zu denen Kooperationsbeziehungen zu gestalten für den ASD besonders bedeutsam ist, sind hier herausgehoben:

- § 3 KKG und die darin vorgegebene örtliche Netzwerkstruktur für den Kindesschutz hat die **Zusammenarbeit mit den Einrichtungen der Pädiatrie und der Gesundheitshilfe** im Kontext der frühen Kindheit in den Blickpunkt gerückt. Der ASD ist auf die Unterstützung der medizinischen Fachkräfte bei Fällen einer vermuteten Kindeswohlgefährdung angewiesen. Er ist seinerseits für Gesundheitsberufe wie Hebammen, Ärzte und Kinderärzte ein wichtiger Ansprechpartner, wenn es um Hilfsmöglichkeiten geht. Einzelfallübergreifend geht es darum, Hilfsangebote für Familien bekannt zu machen und Verfahrenswege des Kindesschutzes abzusprechen.
- Die **Schule** spielt in der Lebenswelt der jungen Menschen eine wichtige Rolle. Viele Familienprobleme, mit denen der ASD konfrontiert wird, haben einen Bezug zur Schule. Sie muss deshalb ggf. dafür gewonnen werden, an der Hilfeplanung mitzuwirken und den Hilfeprozess zu unterstützen. Die Schule ist in ihrem Alltagsbetrieb mit Problemen junger Menschen befasst, die sie zum ASD führen. Der ASD sorgt für Hilfeangebote im Schulalltag, bietet sich allgemein als Ansprechpartner in Fragen der Kindeswohlgefährdung an und vermittelt in Einzelfällen Fachberatung durch insoweit erfahrene Fachkräfte (§ 4 KKG). Fallübergreifend arbeitet der ASD mit der Schule zusammen in Arbeitsgemeinschaften nach § 78 SGB VIII bzw. im Netzwerk für den Kindesschutz (§ 3 KKG). Nachdem die Un-

Behindertenrechtskonvention die Inklusion junger Menschen mit Behinderung in die Regelschule vorsieht, hat auch die Schnittstelle von Eingliederungshilfe nach § 35a SGB VIII und Schule an Bedeutung gewonnen. Nur durch eine enge Kooperation kann sie sachgerecht ausgestaltet werden. Das gilt im Einzelfall wie für die Schaffung der fallübergreifenden strukturellen Voraussetzungen der Inklusion.

- Die **Zusammenarbeit des ASD mit der Kinder- und Jugendpsychiatrie** ist bedingt durch Schnittmengen hinsichtlich der Zielgruppe und der zu bearbeitenden Probleme sowie durch ein jeweils aufeinander verweisendes Handlungsrepertoire. Im Rahmen der Hilfe nach § 35a SGB VIII ist die Kinder- und Jugendpsychiatrie gutachterlich an der Feststellung der Leistungsvoraussetzungen und entsprechend auch an der Hilfeplanung sowie der Fortschreibung der Hilfepläne beteiligt (§ 36 Abs. 3 SGB VIII). Darüber hinaus gibt es in akuten Krisen junger Menschen viele Berührungspunkte: Manchmal wird eher zufällig eine der beiden Institutionen um Hilfe ersucht wird, manchmal wendet sich der ASD hilfesuchend an die Experten der Kinder- und Jugendpsychiatrie oder die Kinder- und Jugendpsychiatrie will im Einzelfall den Übergang in das Leistungssystem der Jugendhilfe gesichert sehen. Zwischen den Partnern sind Fragen der Zuständigkeit und der Verfahrenswege sowie das wechselseitige Problemverständnis und die Handlungsmöglichkeiten zu klären.
- ASD und **Polizei** sind insbesondere im Kontext der Krisenintervention auf eine enge Zusammenarbeit angewiesen. Dabei geht es u. a. um unterschiedliche Aspekte der Kindeswohlgefährdung. Sie reichen von der Eskalation der Lage von Kindern in Familien über Gefährdungen, denen junge Menschen sich selbst, ggf. auch in der Öffentlichkeit, aussetzen bis hin zu fremdgefährdenden Grenzüberschreitungen durch junge Menschen. Die Polizei gibt aufgegriffene Minderjährige beim ASD in Obhut, der ASD braucht ggf. die Hilfe der Polizei bei der Krisenintervention, insbesondere wenn sie mit Zwangsmitteln durchgeführt werden muss. § 81 SGB VIII gibt dem Jugendamt auch hier vor, einzelfallübergreifend zu kooperieren, um Handlungsauftrag und Handlungsmöglichkeiten zu klären und Verfahren für die Zusammenarbeit im Einzelfall zu vereinbaren.
- Die Notwendigkeit der Zusammenarbeit des ASD mit dem **Familiengericht** ist durch die Reform des Kindschaftsrechts nachdrücklich unterstrichen worden. Die rechtlichen Vorgaben für die Zusammenarbeit im familiengerichtlichen Verfahren enthalten jedoch viele offene Fragen. Insoweit ist durch wechselseitige Verständnisklärung und Vereinbarung sicherzustellen, dass die Perspektive der Jugendhilfe auf das Kindeswohl und die spezifische Arbeitsweise beim Familiengericht ausreichend Berücksichtigung finden und dass die Verfahrensweise mit den Bestimmungen des § 36a SGB VIII korrespondiert (→ Kapitel 6, 8, 9 und 17). Der ASD sollte hier von sich aus die Initiative ergreifen, da seine Arbeitsbedingungen erschwert sind, wenn die Zusammenarbeit im Einzelfall nicht geklärt ist.
- Weitgehend Option bleibt bisher offenbar für viele ASD die **Zusammenarbeit mit der Bundesagentur für Arbeit** und **den Jobcentern**. Sie ist aber außerordentlich wichtig, da das Agieren dieser Institutionen einen ähnlich großen Einfluss auf die Lebenssituation und die Perspektiven junger Menschen hat wie die Schule. Um die Möglichkeiten der beruflichen Integration im Einzelfall (auf der Basis von §§ 13, 31, 34, 35, 35a oder 41 SGB VIII) verbessern zu können, bedarf es auch hier einer dichteren fallübergreifenden Zusammenarbeit, so wie sie § 81 SGB VIII explizit vorsieht.

7 Grundsicherungsrecht und Sozialhilfe

Von Britta Tammen

- Die wesentlichen bedürftigkeitsabhängigen Sozialleistungen außerhalb spezieller Regelungsbereiche werden auf der Grundlage des SGB II und des SGB XII erbracht.
- Als Leistung zur Sicherstellung des Lebensunterhalts für erwerbsfähige Personen wird Arbeitslosengeld II nach dem SGB II gewährt.
- Für nicht erwerbsfähige Personen ist die Grundsicherung im Alter oder bei Erwerbsminderung nach dem SGB XII vorrangig; ansonsten wird Sozialgeld nach dem SGB II erbracht, wenn die hilfebedürftige Person mit einer erwerbsfähigen leistungsberechtigten Person in Bedarfsgemeinschaft lebt, oder Hilfe zum Lebensunterhalt nach dem SGB XII, wenn keine solche Bedarfsgemeinschaft gegeben ist.
- Die Leistungen zur Sicherstellung des Lebensunterhalts nach dem SGB II und SGB XII setzen sich insbesondere zusammen aus dem pauschalierten Regelbedarf, eventuellen Mehrbedarfen und den angemessenen Kosten für Unterkunft und Heizung; es können einmalige Bedarfe und Bedarfe für Bildung und Teilhabe hinzukommen.
- Unter dem Prinzip „Fördern und Fordern" werden auf der Grundlage des SGB II neben den Leistungen zur Sicherstellung des Lebensunterhalts Eingliederungsleistungen erbracht mit dem Ziel, die hilfebedürftige Person in den ersten Arbeitsmarkt einzugliedern.
- Das SGB XII enthält neben den Leistungen zur Sicherstellung des Lebensunterhalts eine Reihe verschiedener Leistungen für Menschen in speziellen Lebenslagen, die unterschiedliche Bedarfe abdecken.

Die wesentlichen bedürftigkeitsabhängigen Sozialleistungen außerhalb spezieller Regelungsbereiche wie der Ausbildungsförderung oder den Leistungen des Asylbewerberleistungsgesetzes sind im SGB II (Grundsicherung für Arbeitsuchende) und im SGB XII (Sozialhilfe) geregelt. Die Leistungen liegen (zumindest teilweise) in kommunaler Trägerschaft, sodass sie den Aufgabenbereich des ASD betreffen können.

Beide Gesetze traten zum 01.01.2005 im Rahmen des Vierten Gesetzes für moderne Dienstleistungen am Arbeitsmarkt in Kraft und sind damit die jüngsten Bücher des Sozialgesetzbuchs. Sie beruhen auf dem Bericht der sogenannten Hartz-Kommission, weshalb sich umgangssprachlich der Begriff *Hartz IV* für die Reform und auch die Leistungen nach dem SGB II durchgesetzt hat. Seit Inkrafttreten der Regelungen hat es zahlreiche Gesetzesänderungen gegeben.

Das SGB II und das SGB XII gewähren materielle Leistungen zur Sicherstellung des Lebensunterhalts, wobei sie sich an unterschiedliche Adressatenkreise richten. Hierbei besteht durchgängig strukturelle Identität, da dieselben Prinzipien Anwendung finden. In beiden Gesetzen gelten die Prinzipien der Bedürftigkeit (§ 9 SGB II / § 19 SGB XII), der Bedarfsdeckung durch pauschale Regelbedarfe bzw. Regelsätze (§ 20 SGB II / § 28 SGB XII) und der nur ausnahmsweisen Zulassung ergänzender Leistungen (§§ 21, 24 SGB II / §§ 30, 31 SGB XII), der Anrechnung von Einkommen und Vermögen (§§ 11 ff. SGB II / §§ 82, 90 SGB XII) sowie des Übergangs von Ansprüchen gegen Dritte (§ 33 SGB II / §§ 93, 94 SGB XII). Zusammensetzung und Höhe der Leistungen zur Sicherstellung des Lebensunterhalts bemessen sich anhand nahezu identischer Kriterien. Auf der Grundlage des SGB II werden zur Abdeckung des

Lebensunterhalts *Arbeitslosengeld II* und *Sozialgeld* gewährt, auf der Basis des SGB XII *Grundsicherung im Alter und bei Erwerbsminderung* und *Hilfe zum Lebensunterhalt*. Neben diesen materiellen Leistungen beinhalten beide Gesetze jeweils weitere Leistungsbereiche, die sich voneinander unterscheiden. Das SGB II, das sich an Arbeitsuchende richtet, beinhaltet ein breites Spektrum von Leistungen zur *Eingliederung in Arbeit*. Demgegenüber deckt die Sozialhilfe mit einer Reihe gänzlich unterschiedlicher Leistungen für Personen in *speziellen Lebenslagen* wie etwa Krankheit, Pflegebedürftigkeit oder Behinderung die Bedarfe, die nicht über vorrangige Sozialleistungen insbesondere der Sozialversicherungen abgedeckt werden.

7.1 Das SGB II – Grundsicherung für Arbeitsuchende

7.1.1 Zuständigkeit und Adressatenkreis

Die *Trägerschaft* der Grundsicherung für Arbeitsuchende liegt in der Regel nach § 6 Abs. 1 SGB II für einen Teil der Aufgaben bei der Bundesanstalt für Arbeit und für einen anderen Teil bei den kreisfreien Städten und Landkreisen als kommunale Träger. Die Zuständigkeit der kommunalen Träger betrifft in erster Linie die Unterkunftskosten nach § 22 SGB II. Daneben sind sie zuständig für einige der wenigen im Gesetz enthaltenen Leistungen zum Lebensunterhalt, die neben den laufenden Leistungen erbracht werden (§ 24 Abs. 3 SGB II). Zudem betrifft die Zuständigkeit einen Teil der Leistungen für Auszubildende (§ 27 Abs. 3 SGB II). Darüber hinaus sind sie verantwortlich für die kommunalen Eingliederungsleistungen (§ 16a SGB II) und für das sogenannte Bildungspaket (§ 28 SGB II). Die übrigen Aufgaben nach dem SGB II fallen in den Zuständigkeitsbereich der Bundesagentur für Arbeit. Die beiden Träger bilden nun in den meisten Kommunen jeweils eine gemeinsame Einrichtung (bis 2010: Arbeitsgemeinschaft – ARGE), die die Aufgaben nach dem SGB II wahrnimmt (§ 44b SGB II). Es besteht jedoch auch die Möglichkeit, dass Kommunen auf Antrag eine Zulassung als sogenannte Optionskommune erhalten und den gesamten Aufgabenbereich des SGB II ohne Einbezug der Bundesagentur für Arbeit übernehmen (§ 6a SGB II). Derzeit (2014) bestehen bereits über 100 Optionskommunen. Die gemeinsamen Einrichtungen nach § 44b SGB II und die zugelassenen kommunalen Träger nach § 6a SGB II führen die Bezeichnung *Jobcenter* (§ 6d SGB II).

Der Name des SGB II – Grundsicherung für Arbeitsuchende – lässt bereits erkennen, dass es um Leistungen für Personen geht, die auf der Suche nach einer Beschäftigung zum Zweck der Erwerbstätigkeit sind. Grundvoraussetzung hierfür ist, dass die betreffenden Personen erwerbsfähig sind. Die Voraussetzungen dafür, dass jemand anspruchsberechtigt nach dem SGB II ist, sind in § 7 SGB II aufgeführt. Folgende Voraussetzungen müssen nach § 7 Abs. 1 SGB II gegeben sein, damit eine erwerbsfähige Person leistungsberechtigt ist:

- Das 15. Lebensjahr muss vollendet, das Eintrittsalter für die Regelaltersrente nach der Gesetzlichen Rentenversicherung (derzeit Vollendung des 65. Lebensjahrs plus drei Monate) darf noch nicht erreicht sein.
- Erwerbsfähigkeit muss gegeben sein, d.h. die Person muss in der Lage sein, mindestens drei Stunden täglich unter den üblichen Bedingungen des allgemeinen Arbeitsmarktes erwerbstätig zu sein und muss hierzu auch berechtigt sein (§ 8 SGB II), was bei Personen ohne deutsche Staatsangehörigkeit speziell zu prüfen ist.
- Hilfebedürftigkeit muss gegeben sein, d.h. die Person darf nicht in der Lage sein, ihren Lebensunterhalt aus eigenem Einkommen oder Vermögen zu bestreiten bzw. durch Einkommen oder Vermögen dritter Personen, insbesondere der Partnerin bzw. des Partners oder der Eltern, mit denen eine Bedarfsgemeinschaft vorliegt.
- Der gewöhnliche Aufenthalt der Person muss in der Bundesrepublik Deutschland sein. Einzelne Personengruppen ohne deutsche Staatsangehörigkeit sind aus der Leistungsberechtigung ausgeschlossen.

Liegen diese Voraussetzungen vor, so ist die Person eine „*erwerbsfähige leistungsberechtigte Person*" im Sinne des Gesetzes und vom Grundsatz her anspruchsberechtigt. Über diesen Personenkreis hinaus können nach § 7 Abs. 2 SGB II auch Personen in den Anwendungsbereich des SGB II fallen, die eine oder mehrere der genannten Voraussetzungen nicht erfüllen. Dies gilt allerdings nur, wenn sie mit (zumindest) einer erwerbsfähigen leistungsberechtigten Person in einer Bedarfsgemeinschaft leben. In dem Fall werden sie hierdurch mit in den Bereich des SGB II gezogen. Für Personen, die das Eintrittsalter für die Regelaltersrente nach dem SGB VI bereits erreicht haben oder dauerhaft voll erwerbsgemindert sind, gilt dies jedoch nicht. Für diesen Personenkreis ist die Grundsicherung im Alter und bei Erwerbsminderung nach §§ 41 ff. SGB XII auch dann vorrangig, wenn die hilfebedürftige Person mit erwerbsfähigen Leistungsberechtigten in Bedarfsgemeinschaft lebt. Ansonsten sind stets die Leistungen des SGB II vorrangig. Was die Sicherstellung des Lebensunterhalts angeht, sind sie für den genannten Personenkreis auch abschließend. Neben Leistungen des SGB II oder im Fall der Kürzung dieser Leistungen im Wege von Sanktionen kann nicht ergänzend Sozialhilfe zur Abdeckung des laufenden Lebensunterhalts in Anspruch genommen werden (§ 5 Abs. 2 SGB II). Sozialhilfeleistungen zur Sicherstellung des täglichen Lebensunterhalts in Form von Hilfe zum Lebensunterhalt kommen dagegen für (vorübergehend) nicht erwerbsfähige Hilfebedürftige in Frage, die nicht mit einer erwerbsfähigen leistungsberechtigten Person in Bedarfsgemeinschaft leben (zum Anwendungsbereich der Hilfe zum Lebensunterhalt vgl. Berlit 2013b, Rz. 83 ff.). Leistungen des SGB II sind in der Regel ausgeschlossen für Auszubildende, deren Ausbildung im Rahmen des Bundesausbildungsförderungsgesetzes oder der §§ 60–62 des SGB III dem Grunde nach förderungsfähig ist (§ 7 Abs. 5 SGB II; vgl. Peters 2013, Rz. 36 ff.).

Der Begriff *Bedarfsgemeinschaft* ist von besonderer Bedeutung für Ansprüche nach dem SGB II. Zum einen werden Personen, die in Bedarfsgemeinschaft mit einer oder einem erwerbsfähigen Leistungsberechtigten leben, u. U. nach § 7 Abs. 2 SGB II mit in den Leistungsbereich des SGB II einbezogen. Zum anderen werden innerhalb einer Bedarfsgemeinschaft entweder wechselseitig oder auch einseitig Einkommen und Vermögen anderer Mitglieder bei der Frage berücksichtigt, ob eine Person hilfebedürftig ist. § 7 Abs. 3 i. V. m. Abs. 3a SGB II regelt, welche Personen miteinander eine Bedarfsgemeinschaft bilden:

- Nach § 7 Abs. 3 Nr. 1 ist dies zunächst die oder der **erwerbsfähige Leistungsberechtigte** nach Absatz 1. Ohne diese Person wäre der Anwendungsbereich des Gesetzes gar nicht eröffnet, sie ist also gesetzessystematisch der „Kern" der Bedarfsgemeinschaft.
- Zur Bedarfsgemeinschaft gehören aus der Perspektive eines unverheirateten erwerbsfähigen Kindes, welches das 25. Lebensjahr noch nicht vollendet hat, nach Nr. 2 auch die im Haushalt lebenden **Eltern** oder der im Haushalt lebende Elternteil und dessen im Haushalt lebende Partnerin oder Partner.
- Nach Nr. 3 gehört auch die Partnerin oder der **Partner** der erwerbsfähigen leistungsberechtigten Person zur Bedarfsgemeinschaft. Dies ist der nicht dauernd getrennt lebenden Ehegatte oder Lebenspartner bzw. die Lebenspartnerin (i.S.d. LPartG) oder eine Person, die mit der erwerbsfähigen leistungsberechtigten Person in einem gemeinsamen Haushalt so zusammenlebt, dass nach verständiger Würdigung der wechselseitige Wille anzunehmen ist, Verantwortung füreinander zu tragen und füreinander einzustehen. Gemeint sind damit eheähnliche oder lebenspartnerschaftsähnliche (also gleichgeschlechtliche) Formen des Zusammenlebens.
- Nach § 7 Abs. 3 Nr. 4 SGB II schließlich zählen zur Bedarfsgemeinschaft auch die dem Haushalt angehörenden unverheirateten **Kinder** der in den Nummern 1 bis 3 genannten Personen, wenn sie das 25. Lebensjahr noch nicht vollendet haben, soweit sie die Leistungen zur Sicherung ihres Lebensunterhalts nicht aus eigenem Einkommen oder Vermögen beschaffen können.

In einer Grundsatzentscheidung hat das Bundesverfassungsgericht 1992 den Begriff der eheähnlichen Gemeinschaft dahingehend definiert, dass eine solche nur vorliegt, wenn zwischen den Partnern so enge Bindungen bestehen, dass von ihnen ein gegenseitiges Einstehen in den Not- und Wechselfällen des Lebens erwartet werden kann im Sinne einer *Verantwortungs- und Einstehensgemeinschaft* (BVerfGE 87, 234). Um die Beweislage für die Träger zu verbessern, trifft das Gesetz in § 7 Abs. 3a SGB II eine Regelung dazu, anhand welcher Indizien ein wechselseitiger Wille vermutet wird, Verantwortung füreinander zu tragen und füreinander einzustehen. Diese gesetzliche Vermutung kann von den Betroffenen widerlegt werden, was sich aber aufgrund der schwierigen Nachweisbarkeit innerer Motivationen und u. U. stillschweigend getroffener Vereinbarungen der Beteiligten sehr schwer realisieren lassen dürfte. Ausreichend ist laut Gesetzesbegründung nicht die Behauptung, dass der Vermutenstatbestand nicht erfüllt sei; erforderlich ist vielmehr, dass die Betroffenen darlegen und nachweisen, dass alle Kriterien des § 7 Abs. 3a SGB II nicht erfüllt werden bzw. die Vermutung durch andere Umstände entkräftet wird. Zudem ist es laut Gesetzesbegründung nicht ausgeschlossen, dass auch, wenn die gesetzliche Vermutung nicht greift, andere, in § 7 Abs. 3a SGB II nicht genannte äußere Tatsachen das Vorliegen einer Einstehensgemeinschaft begründen können. Dies ist vom zuständigen Leistungsträger unter Würdigung aller Umstände von Amts wegen zu prüfen und zu entscheiden (BT-Ds 16 / 1410, 19 f.; ausführlich Trenczek et al. 2014, 511 ff.).

Im Zusammenhang mit der Prüfung, ob eine Einstehensgemeinschaft gegeben ist, werden oft Hausbesuche durchgeführt. Nach § 6 Abs. 1 Satz 2, 2. Halbsatz SGB II haben die Träger einen Außendienst zur Bekämpfung von Leistungsmissbrauch einzurichten. Eine seiner wesentlichen Aufgaben liegt in der Sachverhaltsermittlung, indem er die Anspruchsvoraussetzungen in den Fällen zu überprüfen hat, in denen eine Entscheidung nach Aktenlage nicht möglich ist (BT-Ds 16 / 1410, 45). Schwerpunktmäßig bezieht sich dies auf die Überprüfung des Einkommens und Vermögens und die Mitglieder der Bedarfsgemeinschaft. In diesem Zusammenhang ermitteln die Bedarfs- oder Sachverhaltsermittler des Außendienstes im Rahmen der Hausbesuche Indizien, die Aufschluss über den Charakter des Zusammenlebens geben könnten; dies können etwa die gemeinsame Nutzung von Wohnräumen sein, das Einkaufen, gemeinsames Kochen oder Waschen der Wäsche oder das Vorhandensein von Kleidung oder sonstigen persönlichen Gegenständen der Partnerin oder des Partners in der Wohnung, obwohl diese Person unter einer abweichenden Adresse behördlich gemeldet ist. Der Hausbesuch ist eine Form der Inaugenscheinnahme als Beweismittel zur Sachverhaltsaufklärung (§ 21 Abs. 1 Nr. 4 SGB X). Es besteht in diesem Zusammenhang keine Rechtsgrundlage für ein Betreten der Wohnung gegen den Willen der Betroffenen. Allerdings besteht die Möglichkeit, die Leistung zu versagen, wenn das Jobcenter seiner Pflicht zur Sachverhaltsaufklärung nach § 20 SGB X nicht auf andere Weise nachkommen kann und somit der in Frage stehende Bedarf nicht feststellbar ist (Münder / Armborst 2011, Anhang Verfahren Rz. 18 ff.).

Leben Verwandte oder Verschwägerte gemeinsam in einem Haushalt, ohne die Kriterien der Bedarfsgemeinschaft zu erfüllen, so bilden sie eine *Haushaltsgemeinschaft* (§ 9 Abs. 5 SGB II). Es wird dann vermutet, dass die hilfebedürftige Person von den Verwandten oder Verschwägerten unterstützt wird, soweit das nach deren Einkommen und Vermögen vermutet werden kann (vgl. dazu § 1 Abs. 2 ALG II V). Hier ist der Maßstab deutlich großzügiger als innerhalb der Bedarfsgemeinschaft, was den Einsatz des Einkommens angeht. Zudem lässt sich die gesetzliche Vermutung durch die Betroffenen widerlegen.

7.1.2 Leistungen zur Eingliederung in Arbeit

Das SGB II steht unter dem Motto „Fördern und Fordern". Zweck der Grundsicherung ist es, die Arbeitsuchenden unter Einsatz der modernisierten Instrumente der Arbeitsvermittlung primär in den ersten Arbeitsmarkt einzugliedern (Berlit 2013c, Rz. 5.). Der Grundsatz des *Förderns* beinhaltet, dass die Träger der Leistungen nach dem SGB II erwerbsfähige Leistungsberechtigte umfassend mit dem Ziel der Eingliederung in Arbeit unterstützen (§ 14 SGB II). Im SGB II selbst liegen dazu in den §§ 16 ff. verschiedene eigenständige Regelungen vor (vgl. Thie 2013). Hinsichtlich der einzelnen Leistungen wird darüber hinaus auf Vorschriften des SGB III verwiesen. Nach § 14 SGB II soll die Agentur für Arbeit eine persönliche Ansprechpartnerin bzw. einen *persönlichen Ansprechpartner* für jede erwerbsfähige leistungsberechtigte Person und für die mit ihm in einer Bedarfsgemeinschaft lebenden Personen benennen. Diese Regelung soll ein kompetentes Fallmanagement sicherstellen, ein Vertrauensverhältnis zwischen den Betroffenen und der jeweiligen Fachkraft des zuständigen Trägers fördern und der Effizienz der Betreuung dienen (BT-Drs. 15 / 1516, 54).

Zentrales Instrument der Eingliederung ist die *Eingliederungsvereinbarung*, die zwischen dem Jobcenter und der erwerbsfähigen leistungsberechtigten

Person abgeschlossen werden soll. Darin sollen die für die Eingliederung erforderlichen Leistungen, die erforderlichen Eigenbemühungen sowie sonstige Leistungen vereinbart werden, die die betroffene Person zu beantragen hat (§ 15 SGB II). Die Eingliederungsvereinbarung gilt jeweils für sechs Monate und ist dann zu überprüfen und erforderlichenfalls zu verändern. Wenn keine Eingliederungsvereinbarung zustande kommt, sollen die für die Eingliederungsvereinbarung vorgesehenen Regelungen per Verwaltungsakt erfolgen (§ 15 Abs. 1 Satz 6 SGB II), d. h. der zuständige Träger kann seine Vorstellungen auch ohne Zustimmung der leistungsberechtigten Person durchsetzen. Der Aspekt der Unfreiwilligkeit wird noch dadurch verstärkt, dass die Weigerung, die in einer Eingliederungsvereinbarung oder dem diese ersetzenden Verwaltungsakt festgelegten Pflichten zu erfüllen, eine Pflichtverletzung darstellt und mit Sanktionen belegt wird (§ 31 Abs. 1 Nr. 1 i. V. m. § 31a SGB II). Erwerbsfähigen Personen, die innerhalb der letzten zwei Jahre laufende Geldleistungen zur Sicherung des Lebensunterhalts weder nach dem SGB II noch nach dem SGB III bezogen haben, soll bei der Beantragung von Leistungen nach diesem Buch unverzüglich ein sogenanntes *Sofortangebot* unterbreitet werden (§ 15a SGB II). Durch die frühzeitige Unterbreitung von Eingliederungsangeboten soll Hilfebedürftigkeit vermieden bzw. einer länger andauernden Zeit der Hilfebedürftigkeit vorgebeugt sowie die Bereitschaft der hilfebedürftigen Person zur Arbeitsaufnahme überprüft werden (Trenczek et al. 2014, 541). In § 3 Abs. 2 und Abs. 2a SGB II ist eine ähnliche Verpflichtung zur unverzüglichen Vermittlung darüber hinaus gegenüber Personen vor Vollendung des 25. Lebensjahrs und nach Vollendung des 58. Lebensjahrs geregelt.

§ 16 Abs. 1 SGB II verpflichtet den zuständigen Träger, Ausbildungs- und Arbeitsvermittlung für die erwerbsfähigen Hilfebedürftigen nach § 35 SGB III durchzuführen. Im Übrigen verweist die Vorschrift auf die wesentlichen weiteren *Eingliederungsleistungen* des SGB III, die im Rahmen des SGB II als Ermessensleistungen erbracht werden können. Von besonders großer praktischer Bedeutung sind die Leistungen zur Aktivierung und beruflichen Eingliederung nach §§ 44 ff. SGB III, dabei vor allem die Förderung durch das Vermittlungsbudget nach § 44 SGB III. Auf dieser Basis können z. B. Bewerbungskosten oder Reisekosten im Zusammenhang mit Vorstellungsgesprächen übernommen werden.

Darüber hinaus können nach §§ 16a bis 16g SGB II weitere Leistungen erbracht werden, die für die Eingliederung der erwerbsfähigen Leistungsberechtigten in das Erwerbsleben erforderlich sind. Hier sind in den letzten Jahren mehrere Eingliederungsleistungen modifiziert worden bzw. neu hinzugekommen. Zu den weiteren Leistungen gehören zunächst die Betreuung minderjähriger oder behinderter Kinder oder die häusliche Pflege von Angehörigen, die Schuldnerberatung, die psychosoziale Betreuung und die Suchtberatung als *kommunale Eingliederungsleistungen* (§ 16a SGB II). Eine spezifische Eingliederungsleistung des SGB II ist zudem das *Einstiegsgeld* nach § 16b SGB II, das bei Aufnahme einer sozialversicherungspflichtigen oder selbstständigen Tätigkeit erbracht werden kann. Bei der Aufnahme oder Ausübung einer selbstständigen Tätigkeit können Leistungen zur *Eingliederung von Selbständigen* nach § 16c SGB II erbracht werden.

Weitere spezielle Eingliederungsleistungen sind die in § 16d SGB II geregelten *Arbeitsgelegenheiten.* Diese sollen für erwerbsfähige Hilfebedürftige, die keine Arbeit finden können, geschaffen werden. Es muss sich hierbei um Arbeiten handeln, die zusätzlich durchgeführt werden, die im öffentlichen Interesse liegen und wettbewerbsneutral sind (im Einzelnen vgl. Thie 2013 Rz. 64 ff.). Umgangssprachlich sind die Arbeitsgelegenheiten als „Ein-Euro-Jobs" bekannt, da den teilnehmenden Personen kein Lohn oder Ähnliches gezahlt wird, sondern eine geringe Aufwandsentschädigung, die in der Praxis bei etwa 1 bis 2,50 € pro Stunde liegt. Die Leistungsberechtigten haben Anspruch auf eine Aufwandsentschädigung, die den entstandenen Aufwand etwa durch Fahrtkosten oder häufige Reinigung der Kleidung tatsächlich abdeckt. Es ist jedoch nicht erforderlich, dass darüber hinaus Geld zur freien Verfügung der Hilfebedürftigen übrig bleibt. Nach dem Zweck der Arbeitsgelegenheit stellt sie eine Leistung an die Betroffenen dar, die diesen bei der (Wieder-)Eingliederung ins Arbeitsleben dienen soll. Es handelt sich nicht um eine Arbeitsleistung der Hilfebedürftigen, die – wenn auch auf geringem Niveau oder auch nur symbolisch – in irgendeiner Weise zu entlohnen wäre. Aufgrund einer erheblichen Kürzung der Mittel für die Eingliederungsleistungen und der zeitlichen

Begrenzung von Arbeitsgelegenheiten im Wege der sog. „Instrumentenreform" im Jahr 2012 hat sich die Anzahl der durchgeführten Arbeitsgelegenheiten in den letzten Jahren deutlich reduziert.

§ 16e SGB II regelt Leistungen zur *Förderung von Arbeitsverhältnissen*. Auf dieser Grundlage können Arbeitgeberinnen und Arbeitgeber, die eine erwerbsfähige leistungsberechtigte Person mit Vermittlungshemmnissen beschäftigen, einen Beschäftigungszuschuss erhalten, um die zu erwartende Minderleistung auszugleichen. Nach § 16f SGB II kann die Agentur für Arbeit bis zu 10 % der Eingliederungsmittel für *freie Leistungen* einsetzen, die den Zielen und Grundsätzen des SGB II entsprechen müssen. § 16g SGB II sieht die Möglichkeit vor, eine bereits angelaufene Maßnahme zur Eingliederung auch dann weiter zu fördern, wenn die Hilfebedürftigkeit der betroffenen Person zwischenzeitlich weggefallen ist. Damit soll verhindert werden, dass erfolgreich verlaufende Maßnahmen beendet werden müssen, wenn die Teilnehmerin oder der Teilnehmer etwa durch die Begründung einer Bedarfsgemeinschaft mit einer Partnerin bzw. einem Partner mit höherem Einkommen oder Vermögen nicht länger hilfebedürftig ist. Die weitere Förderung soll in diesem Fall jedoch als Darlehen erfolgen.

7.1.3 Leistungen zur Abdeckung des täglichen Lebensbedarfs nach dem SGB II

Im Rahmen des SGB II gibt es zwei Leistungen zur Abdeckung des täglichen Lebensunterhalts. Die erwerbsfähigen Leistungsberechtigten erhalten *Arbeitslosengeld II* nach § 19 Abs. 1 Satz 1 SGB II, und die nicht erwerbsfähigen Leistungsberechtigten, die mit ihnen in einer Bedarfsgemeinschaft leben, erhalten *Sozialgeld* nach § 19 Abs. 1 Satz 2 SGB II. Die Zusammensetzung und Bemessung beider Leistungen ist vom Grunde her identisch.

Voraussetzung für den Anspruch ist jeweils, dass Hilfebedürftigkeit besteht, d. h. dass die jeweilige Person ihren Lebensunterhalt nicht aus eigenen Kräften und Mitteln sichern kann. Der Bedarf, der die Höhe des erforderlichen Lebensunterhalts nach dem SGB II und damit letztlich auch die Höhe der Leistung bestimmt, setzt sich zusammen aus

- dem Regelbedarf zur Sicherung des Lebensunterhalts nach § 20 SGB II und § 23 für das Sozialgeld,
- möglichem Mehrbedarf nach § 21 SGB II,
- Leistungen für Unterkunft und Heizung nach § 22 SGB II,
- möglichen Bedarfen, die im Wege der abweichenden Erbringung von Leistungen nach § 24 SGB II zu erbringen sind, und
- möglichen Bedarfen für Bildung und Teilhabe nach § 28 SGB II.

Die Sicherung des Lebensunterhalts erfolgt im Wesentlichen über den pauschalierten *Regelbedarf* nach § 20 SGB II. Dieser macht in der Regel den weitaus größten Posten innerhalb des Arbeitslosengeldes II und des Sozialgeldes aus. In Absatz 1 werden in nicht abschließender Form die Bedarfe aufgeführt, die aus dem Regelbedarf zu decken sind. Dies sind die Kosten für Ernährung, Kleidung, Körperpflege, Hausrat, Haushaltsenergie (ohne Heizkosten- und Warmwasseranteile), Bedarfe des täglichen Lebens und in vertretbarem Umfang Beziehungen zur Umwelt und Teilnahme am kulturellen Leben. Je nach Alter und Haushaltszugehörigkeit wird der Regelbedarf in unterschiedlicher Höhe gezahlt, wobei Berechnungsmaßstab immer der Regelbedarf einer alleinstehenden Person ist.

Der Regelbedarf wurde zu Beginn des Jahres 2011 neu bemessen, nachdem das Bundesverfassungsgericht die bisherige Regelleistung im Jahr 2010 für verfassungswidrig erklärt hatte. Dem Gesetzgeber wurde eine Frist bis zum 31.12.2010 eingeräumt, um eine verfassungskonforme Neuregelung zu treffen. Die Neuregelung trat mit dem Gesetz zur Ermittlung von Regelbedarfen und zur Änderung des Zweiten und Zwölften Buches Sozialgesetzbuch (*Regelbedarfsermittlungsgesetz* – RBEG) schließlich am 24.3.2011 rückwirkend zum 1.1.2011 in Kraft. Das RBEG regelt die Bemessung sowohl der Regelleistung nach dem SGB II als auch der Regelsätze nach dem SGB XII. Die Ermittlung der Regelbedarfe erfolgt auf der Grundlage von Sonderauswertungen zur Einkommens- und Verbrauchsstichprobe aus dem Jahr 2008 (Art. 1 § 1ff. RBEG). Es wird dabei differenziert zwischen Einpersonenhaushalten und Familienhaushalten, in denen Paare mit einem Kind leben. Die Haushalte werden jeweils nach ihrem Nettoeinkommen geschichtet. Als Referenzgruppe für die Ermittlung der Regelbedarfe werden bei den Einpersonenhaushalten die unteren 15 %, bei den Familienhaushalten die unteren 20 % berücksichtigt. Dabei werden Haushalte, die im Erhebungszeitraum zur Sicherstellung des Lebensunterhalts ausschließlich Grundsicherung im Alter oder bei Erwerbsminderung oder Hilfe zum Lebensunterhalt nach dem SGB XII bzw. Arbeitslosengeld II und Sozialgeld nach dem SGB II bezogen haben, nicht in die Referenzgruppe einbezogen.

Von den Verbrauchsausgaben der Haushalte der Referenzgruppen sind je nach Art der Ausgaben, die in 12 Abteilungen untergliedert werden, unterschiedliche Anteile regelbedarfsrelevant. Dabei wird wiederum differenziert zwischen Einpersonenhaushalten und Familienhaushalten. Für die Familienhaushalte wird zudem hinsichtlich der regelbedarfsrelevanten Beträge für Minderjährige zwischen verschiedenen Altersgruppen unterschieden (→ Tab. 1). Der höchste monatliche Betrag ergibt sich dabei durchgängig für die Abteilung der Lebensmittel und alkoholfreien Getränke. Hier liegt der Betrag für den Einpersonenhaushalt bei 128,45 €. Alkoholhaltige Getränke und Tabakwaren sind nicht mehr regelbedarfsrelevant, ihr Verbrauch durch die Referenzgruppen fließt also nicht mehr in die Regelleistung ein (zur Begründung s. BT-Ds 17/3404, 53, 54).

Das Bundesverfassungsgericht hatte in seiner Entscheidung zur Verfassungswidrigkeit der Bemessung der Regelleistung vom Februar 2010 gerügt, dass Ausgaben für Bildung und außerschulischen Unterricht in Sport und musischen Fächern in der Regelleistung bis 2010 keine Berücksichtigung gefunden hatten (BVerfG 9.2.2010 – 1 BvL 1/09, Absatz-Nr. 180 ff.). Der Gesetzgeber hat sich bei der Neuregelung dafür entschieden, die betreffenden Ausgaben nicht in die Regelleistung einzubeziehen, sondern gesondert über das zum 1.4.2011 in Kraft getretene sogenannte Bildungspaket Leistungsansprüche für Minderjährige und junge Volljährige zu gewähren, die das 25. Lebensjahr noch nicht vollendet haben.

Die Entwicklung der Höhe der Regelleistung war bis Ende des Jahres 2010 an die fast jährlich stattfindende Änderung des aktuellen Rentenwerts geknüpft; auch diese Regelung hielt der Überprüfung durch das Bundesverfassungsgericht nicht stand

Tab. 1: Regelbedarfsstufen

Regelbedarfsstufe	Leistungsberechtigte	Höhe des monatlichen Regelbedarfs nach § 8 RBEG	Regelbedarf 2013	Regelbedarf 2014	Regelbedarf 2015
1	alleinstehende oder alleinerziehende Leistungsberechtigte	364 €	382 €	391 €	399 €
2	zwei erwachsene Leistungsberechtigte, die als Ehegatten, Lebenspartner, in eheähnlicher oder lebenspartnerschaftsähnlicher Gemeinschaft einen gemeinsamen Haushalt führen	328 €	345 €	353 €	360 €
3	erwachsene Leistungsberechtigte, die keinen eigenen Haushalt führen, weil sie im Haushalt anderer Personen leben	291 €	306 €	313 €	320 €
4	Jugendliche vom Beginn des 15. bis zur Vollendung des 18. Lebensjahres	275 €	289 €	296 €	302 €
5	Kinder vom Beginn des siebten bis zur Vollendung des 14. Lebensjahres	242 €	255 €	261 €	267 €
6	Kinder bis zur Vollendung des sechsten Lebensjahres	213 €	219 €		234 €

(BVerfG 9.2.2010–1 BvL 1/09, Absatz-Nr. 184). Vom 1.1.2012 an werden nun die Regelbedarfe jeweils zum 1.1. eines Jahres anhand eines Mischindexes fortgeschrieben, der sich zu 70% aus der Preisentwicklung und zu 30% aus der Nettolohnentwicklung zusammensetzt. Das Gesetz verweist hier in § 20 Abs. 5 SGB II auf die Regelung des § 28a SGB XII, der die Einzelheiten der Fortschreibung regelt. Eine Anhebung des Regelbedarfs ist zuletzt (Stand 2014) zum 1. Januar 2014 erfolgt. Leben mehrere Personen in einer Bedarfsgemeinschaft, so verringert sich der Betrag des individuellen Regelbedarfs. Auch Personen unter 25 Jahren, die ohne Zusicherung des Trägers umgezogen sind, erhalten – selbst wenn sie nun alleinstehend oder alleinerziehend sind – nur 80% des Regelbedarfs. Um einen im Sinne des Leistungsrechts des SGB II unzulässigen Umzug nicht zu privilegieren, erhalten sie den Regelbedarf, der ihnen auch zustünde, wenn sie weiterhin bei ihren Eltern oder einem Elternteil wohnten. Es ergeben sich damit bezogen auf die Jahre 2013 bis 2015 für die verschiedenen Personengruppen die in Tabelle 1 ersichtlichen Regelbedarfe.

Für verschiedene Personengruppen, deren Lebensbedarf über die pauschalen Inhalte des Regelbedarfs hinausgeht, besteht nach § 21 SGB II ein *Mehrbedarf*. Dies betrifft

- **schwangere** Frauen nach der 12. Schwangerschaftswoche (§ 21 Abs. 2 SGB II).
- **alleinerziehende** Personen (§ 21 Abs. 3 SGB II). Leben noch weitere volljährige Personen im Haushalt, so ist entscheidend, dass diese an der Pflege und Erziehung des Kindes nicht oder nur in geringem Umfang mitwirken (Münder/Münder 2011, § 21 Rz. 8 ff.).
- erwerbsfähige Leistungsberechtigte mit **Behinderung**, wenn sie spezielle Hilfen im Zusammenhang mit dem Arbeitsleben oder der Ausbildung erhalten (§ 21 Abs. 4 SGB II). Die in den Absätzen 2–4 genannten Personengruppen erhalten zur Abdeckung des Mehrbedarfs jeweils einen bestimmten Prozentsatz der Regelleistung.
- Hilfebedürftige, die aus medizinischen Gründen einer kostenaufwendigen Ernährung bedürfen (§ 21 Abs. 5 SGB II). Sie erhalten einen Mehrbedarf in angemessener Höhe (**Krankenkostzulage**). In Frage kommt dies etwa bei sog. verzehrenden Erkrankungen wie Krebs, AIDS oder Multipler Sklerose, bei Niereninsuffizienz und Zöliakie, in der Regel jedoch nicht (mehr) bei Diabetes (Trenczek et al. 2014, 531 f.). Für die einzelnen Krankheiten gibt es Regelwerte des Deutschen Vereins für öffentliche und private Fürsorge, der anhand ernährungswissenschaftlicher Untersuchungen die Differenz zwischen dem Ernährungsanteil der sozialhilferechtlichen Regelsätze und dem notwendigen Ernährungsaufwand bei der jeweiligen Erkrankung ermittelt und entsprechende Empfehlungen erarbeitet hat (DV 2008).
- Personen, bei denen **unabweisbare** laufende untypische **Bedarfe** vorliegen (§ 21 Abs. 6 SGB II). Dies können etwa Gesundheitskosten sein oder Kosten, die durch die Ausübung des Umgangsrechts entstehen.
- Mehrbedarf für die Erzeugung von **Warmwasser**, das in der Unterkunft dezentral erzeugt wird (§ 21 Abs. 7 SGB II). Wird das Warmwasser vom Vermieter zentral bereitgestellt, so werden die Kosten im Rahmen der Unterkunftskosten nach § 22 SGB II übernommen.

Im Rahmen des Arbeitslosengeldes II und des Sozialgeldes werden nach § 22 SGB II auch Leistungen für *Unterkunft und Heizung* erbracht. Diese werden in Höhe der tatsächlichen Aufwendungen erbracht, soweit diese angemessen sind (§ 22 Abs. 1 SGB II). Die Frage der Angemessenheit der Wohnungskosten richtet sich nach der Wohnfläche und dem Mietzins bzw. den Aufwendungen für eine Immobilie. Es gibt aufgrund der regionalen Unterschiede auf dem Wohnungsmarkt keine bundeseinheitlichen Richtwerte. Üblicherweise geben die Kommunen Richtlinien heraus, die über die im Regelfall angemessenen Unterkunftskosten Auskunft geben.

■■■■ Nach Informationen des Landkreises Mecklenburgische Seenplatte (www.mecklenburgische-seenplatte.de) etwa sind zur **Prüfung der Angemessenheit der Leistungen** der Unterkunft (Gesamtmiete abzüglich Heizkosten) für Antragsteller mit Wohnsitz in der Stadt Neubrandenburg **nachfolgende Richtwerte** in Anwendung zu bringen: Für 1 Person bis max. 300 €, für 2 Personen bis max. 350,50 €, für 3 Personen bis max. 419,50 €, für 4 Personen bis max. 498,50 € und für 5 Personen bis max. 569 €. ■■■■

Seit dem 1.1.2011 besteht die Möglichkeit, dass die Kreise und kreisfreien Städte aufgrund einer Ermächtigung des jeweiligen Bundeslandes die Höhe der Unterkunftskosten durch Satzung bestimmen. Hierbei kann auch ein Pauschalbetrag zur Abdeckung der Unterkunftskosten festgelegt werden (§§ 22a f. SGB II).

Sind die Unterkunftskosten zu hoch, so sind sie so lange zu übernehmen, wie es den Personen nicht zuzumuten ist, die Kosten durch Umzug oder (Unter-)Vermietung zu senken, in der Regel jedoch für längstens sechs Monate. Sowohl bei der Frage der Angemessenheit der Kosten als auch bei der Frage der Zumutbarkeit eines Umzugs sind die Besonderheiten des Einzelfalls zu berücksichtigen, wobei etwa Krankheit oder Behinderung einer leistungsberechtigten Person eine Rolle spielen können. Wäre ein Wohnungswechsel unwirtschaftlich, muss keine Absenkung der an sich unangemessenen Kosten verlangt werden. Nach § 22 Abs. 4 SGB II sollen die Leistungsberechtigten vor Abschluss eines Vertrages über eine neue Unterkunft die Zusicherung des für die Leistungserbringung bisher örtlich zuständigen kommunalen Trägers zu den Aufwendungen für die neue Unterkunft einholen. Dabei ist der kommunale Träger zur Zusicherung verpflichtet, wenn der Umzug erforderlich ist und die Aufwendungen für die neue Unterkunft angemessen sind. Im Falle eines nicht erforderlichen Umzugs, der zu erhöhten Unterkunftskosten führt, werden die Leistungen anschließend nur in der bisherigen Höhe erbracht (§ 22 Abs. 1 SGB II). Verschärfte Anforderungen bestehen für Personen unter 25 Jahren. Wenn sie umziehen, werden ihnen nach § 22 Abs. 5 SGB II Leistungen für Unterkunft und Heizung für die Zeit nach einem Umzug bis zur Vollendung des 25. Lebensjahres nur erbracht, wenn der kommunale Träger dies vor Abschluss des Vertrages über die Unterkunft zugesichert hat. Der kommunale Träger ist zur Zusicherung verpflichtet, wenn die betroffene Person aus schwerwiegenden sozialen Gründen nicht auf die Wohnung der Eltern oder eines Elternteils verwiesen werden kann, der Bezug der Unterkunft zur Eingliederung in den Arbeitsmarkt erforderlich ist oder ein sonstiger, ähnlich schwerwiegender Grund vorliegt. Schwerwiegende Gründe im Sinne dieser Vorschrift können etwa gravierende Auseinandersetzungen innerhalb der Familie, eine Suchterkrankung eines Elternteils oder des jungen Menschen oder die bevorstehende Geburt eines eigenen Kindes sein. Zur Einschätzung der vorgetragenen Gründe wird teilweise von den Jobcentern eine Stellungnahme des Jugendamts zur Situation in der Familie erbeten.

Nur in Ausnahmefällen dürfen die Unterkunftskosten ohne Einwilligung der Betroffenen direkt an den Vermieter gezahlt werden. Eine solche Maßnahme setzt konkrete Anhaltspunkte voraus, dass die zweckentsprechende Verwendung der Mittel durch die Leistungsberechtigten nicht sichergestellt ist (§ 22 Abs. 7 SGB II; vgl. BT-Ds 17/3404, 99).

Wohnungsbeschaffungskosten, Umzugskosten und Mietkaution können nach § 22 Abs. 6 SGB II nach vorheriger Zusicherung durch den zuständigen Träger übernommen werden. Werden Unterkunfts- und Heizungskosten übernommen, so können auch Schulden übernommen werden (§ 22 Abs. 8 SGB II). Um Wohnungslosigkeit zu verhindern, sind die Gerichte verpflichtet, dem zuständigen Träger Mitteilung zu machen, wenn eine Räumungsklage wegen Mietrückständen eingeht.

Neben den laufenden Bedarfen kommen auch *einmalige Bedarfe* in Frage. Dies betrifft vor allem Leistungen für die Erstausstattung der Wohnung – nicht für Ersatz einzelner fehlender bzw. defekter Gegenstände – einschließlich der Haushaltsgeräte, eine Erstausstattung für Bekleidung, Erstausstattung bei Schwangerschaft und Geburt, die Kosten für Anschaffung und Reparaturen von orthopädischen Schuhen, die Reparaturen von therapeutischen Geräten und Ausrüstungen sowie die Miete von therapeutischen Geräten (§ 24 Abs. 3 SGB II). Ansonsten muss bei unabweisbarem Bedarf, der nicht aus Rücklagen gedeckt werden kann, ein *Darlehen* geleistet werden (24 Abs. 1 SGB II).

Bei Personen, die das 25. Lebensjahr noch nicht vollendet haben, werden nach §§ 28 ff. SGB II *Bedarfe für Bildung und Teilhabe* neben dem Regelbedarf gesondert berücksichtigt. Bei Schülerinnen und Schülern sowie Kindern in Kindertageseinrichtungen werden die tatsächlichen Aufwendungen anerkannt für Schulausflüge und Klassenfahrten im Rahmen der schulrechtlichen Bestimmungen. Zudem werden für die Ausstattung mit persönlichem Schulbedarf insgesamt 100 € jährlich berücksichtigt. Erforderlichenfalls werden auch die Fahrtkosten zur Schule übernommen. Darüber hinaus wird bei Schülern im Bedarfsfall eine angemessene Lernförderung berücksichtigt, soweit diese geeignet und zusätzlich erforderlich ist, um die nach den schulrechtlichen Bestimmungen festgelegten wesentlichen Lernziele zu erreichen (Versetzung in die nächste Klassenstufe oder Schulabschluss). Bei Teilnahme an einer gemeinschaftlichen Mittagsverpflegung werden die entstehenden Mehraufwendungen sowohl für Schülerinnen und Schüler als auch für Kinder vor Schuleintritt in Kindertageseinrichtungen oder Kindertagespflege anerkannt.

Bei Leistungsberechtigten bis zur Vollendung des 18. Lebensjahres wird ein Bedarf zur Teilhabe am sozialen und kulturellen Leben in der Gemeinschaft in Höhe von insgesamt 10 € monatlich berücksichtigt für Mitgliedsbeiträge in den Bereichen Sport, Spiel, Kultur und Geselligkeit, für Unterricht in künstlerischen Fächern (z. B. Musikunterricht), für vergleichbare angeleitete Aktivitäten der kulturellen Bildung und für die Teilnahme an Freizeiten. Die Leistungen zur Deckung der Bedarfe werden nach § 29 SGB II überwiegend durch Sach- und Dienstleistungen erbracht, insbesondere in Form von personalisierten Gutscheinen oder Direktzahlungen an Anbieter von Leistungen zur Deckung dieser Bedarfe. In welcher Form dies geschieht, ist durch die Kommune zu entscheiden. Die Leistungen für Bildung und Teilhabe werden auch jungen Menschen gewährt, die Sozialgeld, Sozialhilfe, den Kinderzuschlag nach § 6a BKGG oder Wohngeld beziehen.

Zu den Leistungen für Empfänger von Arbeitslosengeld II zählt auch die Zahlung von *Sozialversicherungsbeiträgen* für die Gesetzliche Krankenversicherung (§ 5 Abs. 1 Nr. 2a i. V. m. § 251 Abs. 4 SGB V) und die Soziale Pflegeversicherung (§ 20 Abs. 2a i. V. m. § 59 Abs. 1 SGB XI i. V. m. § 251 SGB V). Die Beiträge werden unmittelbar vom zuständigen Träger an die Sozialversicherungsträger gezahlt. In Ausnahmefällen wird stattdessen ein Zuschuss zu entsprechenden freiwilligen Versicherungen gezahlt (§ 26 SGB II). Beiträge für die gesetzliche Rentenversicherung werden für die Leistungsempfänger seit Beginn des Jahres 2011 nicht mehr gezahlt.

7.1.4 Hilfebedürftigkeit

Der individuell ermittelte Bedarf wird im Wege von Arbeitslosengeld II bzw. Sozialgeld gedeckt, wenn und soweit die betroffene Person *hilfebedürftig* ist. Dies ist gegeben, wenn es nicht möglich ist, den Bedarf aus eigenen Kräften und Mitteln zu decken (§ 9 Abs. 1 SGB II). In diesem Zusammenhang ist insbesondere entscheidend, ob ausreichendes Einkommen (§§ 11 ff. SGB II) oder Vermögen (§ 12 SGB II) vorhanden ist. Sofern *Einkommen* aus Erwerbstätigkeit vorliegt, sind neben Steuern, Sozialversicherungsbeiträgen u. ä. Freibeträge abzuziehen, damit der Anreiz zur Erwerbstätigkeit nicht verloren geht (§ 11b SGB II). Ansonsten ist, von wenigen Ausnahmen abgesehen, das gesamte Einkommen auf den Bedarf anzurechnen. Das Kindergeld ist dem Kind beim Einkommen anzurechnen, soweit es für dessen Lebensunterhalt benötigt wird (§ 11 Abs. 1 S. 4 SGB II). Der Rest ist ggf. beim empfangsberechtigten Elternteil anzurechnen. Vom Grundsatz her ist auch das gesamte verwertbare *Vermögen* einzusetzen. Eine Reihe von Vermögensgegenständen ist jedoch geschützt und muss nicht verwertet werden. Dies sind vor allem angemessener Hausrat, ein angemessenes selbst bewohntes Hausgrundstück, ein angemessenes Kraftfahrzeug für jeden in der Bedarfsgemeinschaft lebende erwerbsfähige Person (in der Regel bis zu einem Wert von 7.500 €) und Gegenstände, deren Einsatz für die Betroffenen eine besondere Härte bedeuten würde (§ 12 Abs. 3 SGB II). Darüber hinaus gibt es verschiedene Freibeträge, die nicht eingesetzt werden müssen. Hier sind besonders wichtig der Grundfreibetrag von 150 € pro Lebensjahr für jede in der Bedarfsgemeinschaft lebende volljährige Person und deren Partnerin oder Partner sowie 3.100 € pro hilfebedürftigem Kind und der Freibetrag für notwendige Anschaffungen in Höhe von 750 € pro leistungsberechtigter Person. Zudem gibt es der Höhe nach beschränkte Freibeträge für Vermögen, das zur Alterssicherung angelegt ist (§ 12 Abs. 2 SGB II).

Einzusetzen sind zunächst das Einkommen und das Vermögen der um Hilfe nachfragenden Person selbst. Darüber hinaus können aber auch Einkommen und Vermögen von Personen angerechnet werden, mit denen diese in Bedarfsgemeinschaft lebt. Nach § 9 Abs. 2 SGB II sind auch das Einkommen und das Vermögen der Partnerin bzw. des Partners zu berücksichtigen. Bei unverheirateten Personen, die das 25. Lebensjahr noch nicht vollendet haben und die mit ihren Eltern oder einem Elternteil in einer Bedarfsgemeinschaft leben und die die Leistungen zur Sicherung ihres Lebensunterhalts nicht aus ihrem eigenen Einkommen oder Vermögen beschaffen können, sind auch das Einkommen und das Vermögen der Eltern oder des Elternteils und dessen in Bedarfsgemeinschaft lebenden Partnerin oder Partners zu berücksichtigen. Einkommen und Vermögen der Eltern werden jedoch nicht für eine Person herangezogen, die schwanger ist oder ihr leibliches Kind bis zur Vollendung des sechsten Lebensjahrs betreut (§ 9 Abs. 3 SGB II). Dieses Prinzip gilt durchgängig bei bedürftigkeitsabhängigen Sozialleistungen.

Ansprüche der leistungsberechtigten Person gegen Dritte gehen auf den zuständigen Träger über, der diese in Höhe der erbrachten Leistung geltend machen kann. Bei Unterhaltsansprüchen den Eltern gegenüber gilt dies jedoch nur für Personen vor Vollendung des 25. Lebensjahrs (§ 33 SGB II)

7.1.5 Sanktionen

Entsprechend dem Motto „Fördern und Fordern" ist die Förderung im Wege der Grundsicherung für Arbeitsuchende daran geknüpft, dass die Betroffen alle Möglichkeiten zur Beendigung oder Verringerung der Hilfebedürftigkeit ausschöpfen (§ 2 SGB II). Werden in diesem Zusammenhang keine ausreichenden Bemühungen angestellt, kommt es zu Sanktionen in Form von u. U. mehrstufigen *Kürzungen der Leistung* (§§ 31 ff. SGB II). Die Kürzungen treten insbesondere ein, wenn die leistungsberechtigte Person sich weigert, die in der Eingliederungsvereinbarung festgelegten Pflichten zu erfüllen, eine zumutbare (§ 10 SGB II) Arbeit, Ausbildung, Arbeitsgelegenheit etc. aufzunehmen oder fortzuführen, oder wenn sie eine zumutbare Maßnahme zur Eingliederung in Arbeit abgebrochen oder Anlass für den Abbruch gegeben hat (§ 31 Abs. 1 SGB II). Es kommt außerdem zu Kürzungen, wenn Hilfebedürftige ihr Einkommen oder Vermögen bewusst vermindert haben, um Leistungen zu beziehen, wenn Leistungsberechtigte sich unwirtschaftlich verhalten, oder wenn Betroffene an sich Anspruch auf Arbeitslosengeld nach dem SGB III haben, aber eine Sperrzeit besteht (§ 31 Abs. 2 SGB II). Voraussetzung für eine Sanktion ist immer, dass die leistungsberechtigte Person keinen wichtigen Grund für ihr Verhalten hat und dass sie Kenntnis über die Rechtsfolgen ihres Verhaltens hat. Die Sanktion besteht in einer Absenkung der Leistung (§ 31a SGB II), die bei mehreren Verstößen bis zu 100 % betragen kann. Kommt es zu einer Absenkung der Leistung um mehr als 30 % des für im Einzelfall maßgebenden Regelbedarfs, so kann der zuständige Träger Sachleistungen (insbesondere Gutscheine zum Erwerb von Lebensmitteln) erbringen. Die Sanktionen sind für den Personenkreis der unter 25-jährigen deutlich gravierender ausgestaltet als für andere Leistungsempfänger.

7.2 SGB XII – Sozialhilfe

Die Sozialhilfe ist seit Beginn des Jahres 2005 im SGB XII geregelt. Die letzte bedeutende Änderung des Gesetzes ist durch das Gesetz zur Ermittlung von Regelbedarfen und zur Änderung des Zweiten und Zwölften Buches Sozialgesetzbuch (RBEG) vom 24.3.2011 erfolgt, mit dem – ebenso wie im SGB II – die Regelbedarfe neu festgelegt wurden.

7.2.1 Adressatenkreis und Zuständigkeit

Die *Träger* der Sozialhilfe sind nach § 3 SGB XII auf örtlicher Ebene die Kreise und die kreisfreien Städte, sofern nicht durch Landesrecht etwas anderes bestimmt wird. Daneben gibt es überörtliche Träger, die von den Ländern bestimmt werden.

Das Leistungsspektrum des SGB XII (§ 8 SGB XII) teilt sich in mehrere Bereiche auf, die sich in zwei Gruppen unterscheiden lassen: Im dritten und vierten Kapitel werden mit der Hilfe zum Lebensunterhalt und der Grundsicherung im Alter und bei Erwerbsminderung die *Leistungen zur Sicherung des Lebensunterhalts* für diejenigen Personen geregelt, die nicht in den Anwendungsbereich des SGB II fallen. Vom fünften bis zum neunten Kapitel werden Leistungen für Personen in *besonderen Lebenslagen* geregelt, die völlig unterschiedliche Bedarfe mit sich bringen.

Ein verfahrensrechtliches Instrument zur Beteiligung und Mitwirkung der Betroffenen an der Leistungsgestaltung im Rahmen des SGB XII ist die *Leistungsabsprache* nach § 12 SGB XII. Soweit erforderlich, ist ein Förderplan zu erstellen und in die Leistungsabsprache einzubeziehen. Sofern Leistungen im Hinblick auf die sie tragenden Ziele zu überprüfen sind, kann dies in der Leistungsabsprache näher festgelegt werden. Die Leistungsabsprache soll regelmäßig gemeinsam überprüft und fortgeschrieben werden.

7.2.2 Hilfe zum Lebensunterhalt

Im dritten Kapitel ist in den §§ 27 ff. SGB XII die Hilfe zum Lebensunterhalt geregelt. Vorrangig sind sowohl die Leistungen des SGB II (§ 21 SGB XII) als auch die Grundsicherung im Alter und bei Erwerbsminderung in den §§ 41 ff. SGB XII (§ 19 Abs. 2 Satz 2 SGB XII). Die Hilfe zum Lebensunterhalt ist damit eine Art Auffangbecken für die wenigen Personenkreise, die unter keine der genannten anderen Leistungen fallen. Infrage kommen damit in erster Linie Minderjährige unter 15 Jahren, die nicht mit einer erwerbsfähigen leistungsberechtigten Person in einer Bedarfsgemeinschaft leben und deren Unterhalt auch nicht durch die Jugendhilfe sichergestellt wird, und Personen, die das 15. Lebensjahr bereits vollendet haben und vorübergehend voll erwerbsgemindert sind.

Der notwendige Lebensbedarf im Rahmen der Hilfe zum Lebensunterhalt wird in § 27a SGB XII bestimmt. Er umfasst dieselben Bedarfstatbestände wie die parallele Regelung der §§ 19 Abs. 1, 20 Abs. 1 SGB II (→ 7.1.3). Gemäß § 27a Abs. 2 und 3 SGB XII wird der gesamte Bedarf des notwendigen Lebensunterhalts außerhalb von Einrichtungen mit Ausnahme der zusätzlichen Bedarfe (§§ 30 ff. SGB XII), der Leistungen für Bildung und Teilhabe (§ 34 SGB XII) und von Leistungen für Unterkunft und Heizung (§§ 35 ff. SGB XII) nach *Regelsätzen* erbracht. Mit dem Regelsatz wird der Regelbedarf erbracht, der mit dem RBEG vom 24.3.2011 identisch zum Regelbedarf im Rahmen des SGB II festgelegt wurde. Die Bedarfe werden aber abweichend vom Regelsatz festgelegt, wenn im Einzelfall ein Bedarf ganz oder teilweise anderweitig gedeckt ist oder unabweisbar seiner Höhe nach erheblich von einem durchschnittlichen Bedarf abweicht (§ 27a Abs. 4 SGB XII). Ebenso wie im SGB II setzt sich der Bedarf also aus einem pauschalen Betrag zusammen – im SGB XII dem Regelsatz zur Abdeckung des Regelbedarfs –, zu dem eventuelle zusätzliche Bedarfe und die Kosten für Unterkunft und Heizung hinzukommen. Der notwendige Lebensunterhalt in Einrichtungen bemisst sich nach der speziellen Regelung des § 27b SGB XII.

Ebenso wie bei der Grundsicherung für Arbeitsuchende in § 21 SGB II sieht die Sozialhilfe in § 30 SGB XII *Mehrbedarfe* für Personen vor, die aufgrund besonderer Umstände ihren Bedarf nicht aus den Regelsätzen decken können. Die Mehrbedarfstatbestände sind überwiegend identisch mit denen des SGB II. Darüber hinaus erhalten nach § 30 Abs. 1 SGB XII Personen einen Mehrbedarf, die die Altersgrenze für die Regelaltersrente erreicht haben oder voll erwerbsgemindert nach dem SGB VI sind und einen Schwerbehindertenausweis mit dem Merkzeichen G besitzen. Durch diesen Mehrbedarf sollen z. B. erhöhte Aufwendungen für die Pflege von Kontakten, Aufmerksamkeiten für gelegentliche Hilfeleistungen von Bekannten oder zusätzliches Fahrgeld aufgrund der verminderten Beweglichkeit abgedeckt werden (Münder et al. / Münder 2008, § 30 Rz. 8).

§ 31 SGB XII regelt die Gewährung *einmaliger Bedarfe*. Die Vorschrift ist inhaltlich identisch mit § 24 Abs. 3 SGB II (→ 7.1.3). Ebenso wie das SGB II sieht auch das SGB XII vor, dass *Darlehen* gewährt werden, wenn ein unabweisbarer Bedarf besteht, der eigentlich aus dem Regelsatz zu decken wäre, für den im konkreten Einzelfall aber keine Mittel zur Verfügung stehen (§ 37 SGB XII).

Nach § 32 SGB XII sind für einzelne Personenkreise auch *Kranken- und Pflegeversicherungsbeiträge* zu übernehmen. Um die Voraussetzungen eines Anspruchs auf eine angemessene Alterssicherung oder auf ein angemessenes Sterbegeld zu erfüllen, können die erforderlichen Kosten nach § 33 SGB XII übernommen werden.

Die Leistungen für *Unterkunft und Heizung* werden in § 35 SGB XII geregelt. Die Vorschrift ist inhaltlich in den Grundzügen der Regelung des § 22 SGB II ähnlich (→ 7.1.3). Auch hier werden die Unterkunftskosten erbracht, soweit sie angemessen sind, was von den regionalen Verhältnissen abhängt. Vor Abschluss eines neuen Mietvertrags ist der zuständige Träger über die maßgeblichen Umstände, d. h. in erster Linie über die Kosten, in Kenntnis zu setzen. Allerdings enthält § 35 SGB XII – wie das SGB XII insgesamt – im Gegensatz zu § 22 SGB II keine spezielle Regelung für

Personen unter 25 Jahren, die den Auszug aus dem Elternhaus erschwert. § 35a SGB XII regelt – soweit vorhanden – die Anwendbarkeit von Satzungen nach §§ 22a f. SGB II.

Auch im Rahmen des SGB XII werden parallel zum SGB II Leistungen zur *Bildung und Teilhabe* erbracht (§ 34 SGB XII; → 7.1.3).

Ebenso wie das SGB II sieht auch das SGB XII bei der Hilfe zum Lebensunterhalt *Sanktionen* bei Pflichtverletzungen der Leistungsempfänger vor. Nach § 39a SGB XII vermindert sich die maßgebende Regelbedarfsstufe in einer ersten Stufe um bis zu 25 %, bei wiederholter Ablehnung in weiteren Stufen um jeweils bis zu 25 %, wenn Leistungsberechtigte entgegen ihrer Verpflichtung die Aufnahme einer Tätigkeit oder die Teilnahme an einer erforderlichen Vorbereitung ablehnen. Die Leistungsberechtigten sind vorher entsprechend zu belehren. Die praktische Relevanz dieser Regelung ist allerdings gering, da die Leistungsempfänger nach dem SGB XII ohnehin gar keiner oder allenfalls einer geringfügigen Tätigkeit nachgehen können bzw. dürfen. Wären sie erwerbsfähig, würden sie in den Anwendungsbereich des SGB II fallen. Nach § 26 Abs. 1 SGB XII soll die Leistung bis auf das zum Lebensunterhalt Unerlässliche eingeschränkt werden bei volljährigen Leistungsberechtigten, die ihr Einkommen oder Vermögen vermindert haben in der Absicht, die Voraussetzungen für die Gewährung oder Erhöhung der Leistung herbeizuführen, und bei Leistungsberechtigten, die trotz Belehrung ihr unwirtschaftliches Verhalten fortsetzen.

7.2.3 Leistungen der Grundsicherung im Alter und bei Erwerbsminderung

Das vierte Kapitel regelt in den §§ 41 ff. SGB XII die Grundsicherung im Alter und bei Erwerbsminderung (ausführlich Berlit 2013b Rz. 77 ff.). Damit stehen im SGB XII zwei unterschiedliche Leistungen für die Sicherung des Lebensunterhalts in selbstständigen Kapiteln nebeneinander, die inhaltlich nahezu identisch sind.

Anspruchsberechtigt sind nach § 41 Abs. 1 SGB XII Personen mit gewöhnlichem Aufenthalt im Inland, die entweder die dem Eintrittsalter in die Regelaltersrente entsprechende *Altersgrenze* nach § 41 Abs. 2 erreicht oder das 18. Lebensjahr vollendet haben, unabhängig von der jeweiligen Arbeitsmarktlage *voll erwerbsgemindert* im Sinne des § 43 Abs. 2 SGB VI sind und bei denen unwahrscheinlich ist, dass die volle Erwerbsminderung behoben werden kann. Bei Vorliegen der Voraussetzungen besteht ein Rechtsanspruch auf die Leistung. Die Feststellung der dauerhaften vollen Erwerbsminderung im Sinne des § 41 Abs. 1 Nr. 2 SGB XII erfolgt nach § 45 SGB XII in der Regel durch den zuständigen Träger der Rentenversicherung. Ausgeschlossen ist der Anspruch nach § 41 Abs. 3 SGB XII für Personen, die in den letzten zehn Jahren ihre Bedürftigkeit vorsätzlich oder grob fahrlässig herbeigeführt haben. Für diesen Personenkreis ist stattdessen die Hilfe zum Lebensunterhalt einschlägig.

Vom Umfang der Leistung her verweist § 42 SGB XII auf die Hilfe zum Lebensunterhalt. Allerdings gibt es einige Unterschiede zwischen den beiden Leistungen. Ein wesentlicher Unterschied liegt darin, dass die Grundsicherung im Alter und bei Erwerbsminderung im Gegensatz zu den sonstigen Sozialhilfeleistungen nicht bei Kenntnis des Trägers von der Bedarfssituation einsetzt, sondern die Leistung nach § 41 Abs. 1 letzter Halbsatz SGB XII auf Antrag gewährt wird. Allerdings haben die Träger der Rentenversicherung nach § 46 SGB XII Informations- und Beratungspflichten und müssen Personen mit geringer Rentenhöhe Antragsformulare zuleiten, damit die Hilfebedürftigen einen Antrag nicht aus Unkenntnis über die bestehenden Ansprüche unterlassen. Nach § 44 Abs. 1 SGB XII wird die Leistung in der Regel für zwölf Monate bewilligt, während die Hilfe zum Lebensunterhalt quasi täglich erneut regelungsbedürftig ist und für kürzere Zeiträume bewilligt wird. Unterschiede ergeben sich auch hinsichtlich der Vermutung der Bedarfsdeckung innerhalb einer Haushaltsgemeinschaft, der Leistungsgewährung für Personen, für die der sofortige Einsatz vorhandenen Vermögens nicht möglich ist oder eine Härte bedeuten würde, und hinsichtlich des Übergangs von Unterhaltsansprüchen der Leistungsberechtigten gegenüber ihren Kindern und Eltern (→ 7.2.4).

7.2.4 Hilfebedürftigkeit

Der Einsatz des Einkommens und des Vermögens bei der Hilfe zum Lebensunterhalt sowie der Grundsicherung im Alter und bei Erwerbsminderung erfolgt von den Grundzügen her parallel zu den Regelungen im SGB II.

§ 82 SGB XII regelt den Begriff des *Einkommens* und die vom Einkommen abzusetzenden Beträge im Wesentlichen parallel zu § 11 SGB II (→ 7.1.4). Auch nach dem Recht der Sozialhilfe gehören gemäß § 82 Abs. 1 SGB XII zum Einkommen grundsätzlich alle Einnahmen mit Ausnahme der Leistungen nach dem SGB XII selbst, einzelner Leistungen nach dem Bundesversorgungsgesetz und entsprechenden Gesetzen sowie der Renten oder Beihilfen nach dem Bundesentschädigungsgesetz. Das Kindergeld ist auch hier dem Kind beim Einkommen anzurechnen, soweit es für dessen Lebensunterhalt benötigt wird (§ 82 Abs. 1 S. 3 SGB XII). Nach § 82 Abs. 2 SGB XII sind verschiedene Beträge vom Einkommen abzusetzen, also nicht anzurechnen. Dies sind wie im SGB II in erster Linie Steuern, Sozialversicherungsbeträge, u. U. Beiträge zu öffentlichen oder privaten Versicherungen oder ähnlichen Einrichtungen, geförderte Altersvorsorgebeiträge bis zu einer Höchstgrenze, Werbungskosten sowie Arbeitsförderungsgeld nach dem SGB IX. Nach § 82 Abs. 3 SGB XII ist zudem für erwerbstätige Personen bei der Hilfe zum Lebensunterhalt und Grundsicherung im Alter und bei Erwerbsminderung ein Freibetrag abzusetzen.

Der Einsatz des *Vermögens* wird in § 90 SGB XII geregelt. Ebenso wie im SGB II ist vom Grundsatz her nach § 90 Abs. 1 SGB XII das gesamte verwertbare Vermögen einzusetzen. In Absatz 2 und 3 findet sich eine Auflistung von Vermögensgegenständen, die abweichend von diesem Grundsatz nicht einzusetzen sind, etwa Kapital einer staatlich geförderten Altersvorsorge, Gegenstände von künstlerischem oder wissenschaftlichen Interesse, Erbstücke und ein angemessenes Hausgrundstück (sogenanntes *Schonvermögen*). Für kleinere Barbeträge oder sonstige Geldwerte besteht ein Freibetrag, wobei eine besondere Notlage der nachfragenden Person zu berücksichtigen ist. Die kleineren Barbeträge werden konkretisiert durch die Verordnung zur Durchführung des § 90 Abs. 2 Nr. 9 SGB XII (DVO). Die Freibeträge sind durchweg deutlich niedriger als im Rahmen des SGB II. Nach § 90 Abs. 3 SGB XII darf die Sozialhilfe zudem nicht vom Einsatz oder von der Verwertung eines Vermögens abhängig gemacht werden, soweit dies für die Person, die das Vermögen einzusetzen hat, und für ihre unterhaltsberechtigten Angehörigen eine Härte bedeuten würde (insbesondere Erschwerung einer angemessenen Altersicherung). Eine weitere Einschränkung bei der Vermögensanrechnung trifft § 92 SGB XII für Menschen mit Behinderung, die stationär untergebracht sind (ausführlich zum Vermögenseinsatz vgl. Meßling/Sartorius 2013b, Rz. 96 ff.).

Einzusetzen sind auch hier zur Abwendung der Hilfebedürftigkeit nicht nur Einkommen und Vermögen der um Sozialhilfe nachfragenden Person, sondern u. U. auch das der Angehörigen. Das SGB XII verwendet – anders als das SGB II – nicht den Begriff „Bedarfsgemeinschaft". Der Sache nach geht jedoch auch das Sozialhilferecht bei zusammenlebenden Angehörigen von einer Einsatzgemeinschaft oder einer Haushaltsgemeinschaft aus. § 27 SGB XII regelt, ohne dies ausdrücklich so zu bezeichnen, wer zur *Einsatzgemeinschaft* gehört. Bei nicht getrennt lebenden Ehegatten oder Lebenspartnerinnen bzw. Lebenspartnern sind nach § 27 Abs. 2 SGB XII das Einkommen und Vermögen beider Personen gemeinsam zu berücksichtigen; gehören minderjährige unverheiratete Kinder dem Haushalt ihrer Eltern oder eines Elternteils an und können sie den notwendigen Lebensunterhalt aus ihrem Einkommen und Vermögen nicht beschaffen, sind auch das Einkommen und das Vermögen der Eltern oder des Elternteils zu berücksichtigen. Im Unterschied zum SGB II ist damit das Einkommen und Vermögen der Partnerin oder des Partners eines Elternteils, mit dem ein Kind zusammenlebt, nicht für das Kind anzurechnen. Entsprechend den Regelungen im SGB II werden nach § 19 Abs. 4 SGB XII Einkommen und Vermögen der Eltern nicht für eine Person herangezogen, die schwanger ist oder ihr leibliches Kind bis zur Vollendung des sechsten Lebensjahrs betreut. Zudem sind die dem Haushalt angehörenden volljährigen Kinder unter 25 Jahren nicht zur Einsatzgemeinschaft der Eltern oder eines Elternteils zu zählen. Nach § 20 SGB XII dürfen Personen, die in eheähnlicher oder lebenspartnerschaftsähnlicher Gemeinschaft leben, nicht besser gestellt werden als Ehepartner. Damit sind auch eheähnliche und gleichgeschlechtliche Einstandsgemeinschaften in die Einsatzgemeinschaft einbezogen.

§ 39 SGB XII regelt die *Haushaltsgemeinschaft*. Lebt eine Person, die Sozialhilfe beansprucht, mit anderen Personen zusammen, so wird vermutet, dass sie gemeinsam wirtschaften (Haushaltsgemeinschaft) und dass sie von ihnen Leistungen zum Lebensunterhalt erhält, soweit dies nach deren Einkommen und Vermögen erwartet werden kann. Die Vorschrift geht zunächst insofern über die Regelung in § 9 Abs. 5 SGB II hinaus, als die Haushaltsgemeinschaft hier nicht auf Personen beschränkt ist, die miteinander verwandt oder verschwägert sind, sondern alle Personen erfasst, die zusammenleben. Zudem wird nach § 39 SGB XII bei Zusammenleben automatisch von Gesetzes wegen vermutet, dass eine Wohn- und Wirtschaftsgemeinschaft besteht. Unter dieser Voraussetzung greift dann ebenso wie bei § 9 Abs. 5 SGB II die gesetzliche Vermutung, dass die hilfebedürftige Person von den anderen Personen der Haushaltsgemeinschaft unterstützt wird. Beide Vermutungen lassen sich von den Betroffenen widerlegen, was auch hier nicht ganz einfach ist. Diese Regelung betrifft z. B. auch Kinder im Verhältnis zu ihren Stiefeltern unabhängig von der Frage, ob die Partnerin oder der Partner mit dem Elternteil des Kindes verheiratet ist. Nicht erfasst sind wiederum Personen, die schwanger sind oder ihr leibliches Kind bis zur Vollendung seines 6. Lebensjahres betreuen und mit ihren Eltern oder einem Elternteil zusammenleben. Zudem sind auch Personen nicht erfasst, die im Sinne des § 53 SGB XII eine Behinderung haben oder im Sinne des § 61 SGB XII pflegebedürftig sind und von in Satz 1 genannten Personen betreut werden. Die Unterstützung der ansonsten hilfebedürftigen Person kann nur vermutet werden, wenn ein deutlich über dem Bedarf der Hilfe zum Lebensunterhalt liegendes Einkommen vorliegt (BVerwGE 59, 294). Die Vermutung der Unterstützung innerhalb einer Haushaltsgemeinschaft ist nach § 43 Abs. 1 SGB XII bei der Grundsicherung im Alter und bei Erwerbsminderung nicht anzuwenden.

Unterhaltsansprüche und sonstige *Ansprüche* der leistungsberechtigten Person gehen für den Zeitraum des Leistungsbezugs bis zur Höhe der geleisteten Aufwendungen kraft Gesetzes auf den Sozialhilfeträger über. Bei Verwandten betrifft dies nur Unterhaltsansprüche gegen Verwandte ersten Grades. Bei den sonstigen Ansprüchen ist oft der Rückforderungsanspruch des verarmten Schenkers nach §§ 528 ff. BGB relevant. Er kommt zum Tragen, wenn die hilfebedürftige Person innerhalb der vergangenen zehn Jahre eine Schenkung getätigt hat. In der Praxis betrifft dies insbesondere die Schenkung von Immobilien an Kinder oder sonstige Verwandte.

Sonderregelungen bestehen für die Grundsicherung im Alter und bei Erwerbsminderung. Nach § 43 Abs. 2 SGB XII bleiben Unterhaltsansprüche der Leistungsberechtigten gegen ihre Kinder und Eltern unberücksichtigt, wenn deren jährliches Gesamteinkommen 100.000 € nicht überschreitet. Es wird von Gesetzes wegen zunächst vermutet, dass dieser Betrag nicht überschritten wird. Der Sinn dieser Regelung liegt darin, auch den Lebensunterhalt von Personen sicherzustellen, die ansonsten u. U. auf Leistungen verzichten würden, weil sie den Rückgriff des Sozialhilfeträgers auf ihre Kinder oder Eltern fürchteten.

7.2.5 Hilfen in besonderen Lebenslagen

Die Kapitel fünf bis neun enthalten Leistungen, die im Geltungsbereich des BSHG als „Hilfen in besonderen Lebenslagen" überschrieben waren und die dies auch ohne entsprechende Bezeichnung im SGB XII der Sache nach heute noch sind. Hier finden sich Hilfen zur Gesundheit, Eingliederungshilfen für behinderte Menschen, Hilfe zur Pflege, Hilfe zur Überwindung besonderer sozialer Schwierigkeiten und Hilfen in anderen Lebenslagen. Die Hilfen in besonderen Lebenslagen unterscheiden sich von der Hilfe zum Lebensunterhalt und der Grundsicherung dadurch, dass Hilfe in besonderen Bedarfssituationen erbracht werden, die über die Abdeckung des allgemeinen Lebensunterhalts hinausgehen und auch nicht voraussetzen, dass die betroffene Person Leistungen zum Lebensunterhalt im Rahmen der Sozialhilfe erhält. Auch diese Hilfen sind bedürftigkeitsabhängig, jedoch sind an den Einsatz vorhandenen Einkommens geringere Anforderungen gestellt als bei der Hilfe zum Lebensunterhalt und der Grundsicherung im Alter und bei Erwerbsminderung. Ferner bestehen beim Vermögen geringfügig höhere Freibeträge.

Im fünften Kapitel sind in den §§ 47 ff. SGB XII *Hilfen zur Gesundheit* geregelt (ausführlich Wrackmeyer/Schoene 2013 Rz. 33 ff.). Da mittlerweile nahezu die gesamte Bevölkerung in die Versicherungspflicht in der gesetzlichen Krankenversicherung einbezogen ist, sofern keine Absicherung im Krankheitsfall von anderer Seite besteht, sind die Regelungen nicht mehr von hoher praktischer

Relevanz. Es bleibt nur eine sehr geringe Anzahl von Personen übrig, für die im Krankheitsfall nicht unter irgendeiner Konstellation die Krankenversicherungen zuständig sind. Für diese greift dann die Hilfe zur Gesundheit. Inhaltlich umfasst die Hilfe vorbeugende Gesundheitshilfe (§ 47 SGB XII), Hilfe bei Krankheit (§ 48 SGB XII), Hilfe zur Familienplanung (§ 49 SGB XII), Hilfe bei Schwangerschaft und Mutterschaft (§ 50 SGB XII) und Hilfe bei Sterilisation (§ 51 SGB XII). Nach § 52 Abs. 1 SGB XII entsprechen die Hilfen nach den §§ 47–51 SGB XII den Leistungen der gesetzlichen Krankenversicherung. Die leistungsberechtigten Personen können ebenso wie die Mitglieder der gesetzlichen Krankenversicherung den Arzt, Zahnarzt oder das Krankenhaus frei wählen.

Die *Eingliederungshilfe für behinderte Menschen* ist im sechsten Kapitel in den §§ 53 ff. SGB XII geregelt (ausführlich Krutzki 2013a Rz. 61 ff.). In vielen anderen Leistungsgesetzen sind ebenfalls Leistungen für Menschen mit Behinderung vorgesehen, die aufgrund des Nachrangprinzips der Sozialhilfe vorrangig zum Tragen kommen. Abgrenzungs- und Zuständigkeitsfragen sind daher vielfach problematisch. Die Eingliederungshilfe hat nach § 53 Abs. 3 SGB XII eine doppelte Zielsetzung: Zum einen soll eine drohende Behinderung abgewendet werden, und eine bereits bestehende Behinderung oder deren Folgen soll beseitigt oder gemildert werden. Zudem soll die betroffene Person in die Gesellschaft eingegliedert werden. Für die Diagnose einer Behinderung ist zunächst die Einschätzung des Krankheitsbildes anhand der Internationalen Klassifikation für Krankheiten der WHO – ICD 10 – maßgeblich (http://www.dimdi.de/static/de/klassi/icd-10-gm/kodesuche/onlinefassungen/htmlgm2014/index.htm, 22.1.2014). In einer nächsten Stufe ist zu klären, ob und inwieweit durch das diagnostizierte Krankheitsbild die Teilhabe am Leben in der Gemeinschaft beeinträchtigt wird. Für die Frage, welche Lebensbereiche auf mögliche Teilhabebeeinträchtigungen hin untersucht werden sollen, kann die Internationale Klassifikation der Funktionsfähigkeit, Behinderung und Gesundheit (ICF) als Orientierung dienen (http://www.dimdi.de/dynamic/de/klassi/downloadcenter/icf/endfassung/icf_endfassung-2005-10-01.pdf, 22.1.2014). Hier werden z. B. Kommunikation, Mobilität, Selbstversorgung, häusliches Leben, Bildung und Arbeit genannt (Münder et al./Bieritz-Harder 2008, § 53

Rz. 5 ff.). In der Verordnung nach § 60 SGB XII (Eingliederungshilfe-VO) ist in den §§ 1, 2 und 3 im Einzelnen ausgeführt, welche Personenkreise als körperlich, geistig oder seelisch behindert anzusehen sind. Bei manchen Störungsbildern kann eine eindeutige Zuordnung als Behinderung schwierig sein. Die Leistungen der Eingliederungshilfe werden in § 54 SGB XII recht allgemein aufgeführt. Nach § 54 Abs. 1 SGB XII sind Leistungen der Eingliederungshilfe zunächst verschiedene Leistungen nach dem SGB IX. Im Einzelnen wird hier verwiesen auf § 26 (medizinische Rehabilitation), § 33 (Teilhabe am Arbeitsleben), § 41 (anerkannte Werkstatt für behinderte Menschen) und § 55 SGB IX (Teilhabe am Leben in der Gemeinschaft). Daneben beinhalten die Leistungen insbesondere Hilfen zu einer angemessenen Schulbildung, Hilfe zur schulischen Ausbildung für einen angemessenen Beruf einschließlich des Besuchs einer Hochschule, Hilfe zur Ausbildung für eine sonstige angemessene Tätigkeit, Hilfe in vergleichbaren sonstigen Beschäftigungsstätten nach § 56 SGB XII (vergleichbar mit der Werkstatt für Behinderte), nachgehende Hilfe zur Sicherung der Wirksamkeit der ärztlichen und ärztlich verordneten Leistungen und zur Sicherung der Teilhabe der behinderten Menschen am Arbeitsleben. Die Leistungen zur medizinischen Rehabilitation und zur Teilhabe am Arbeitsleben entsprechen dabei jeweils den Rehabilitationsleistungen der gesetzlichen Krankenversicherung oder der Bundesagentur für Arbeit. Deutlich differenzierter wird das vielfältige Leistungsspektrum der Eingliederungshilfe in der Eingliederungs-VO dargestellt.

Nach § 58 SGB XII ist ein Gesamtplan zur Durchführung der einzelnen Leistungen aufzustellen. § 57 SGB XII ermöglicht die Leistungserbringung im Wege eines trägerübergreifenden persönlichen Budgets. Damit soll den Rehabilitationsträgern die Möglichkeit eröffnet werden, gemeinsam mit anderen Trägern Komplexleistungen zu erbringen. Ziel ist es, den Menschen mit Behinderung ein selbstbestimmtes Leben zu ermöglichen.

Im siebten Kapitel ist in den §§ 61 ff. SGB XII die *Hilfe zur Pflege* geregelt (ausführlich Krutzki 2013b, Rz. 5 ff.). Sie kommt für Personen zum Tragen, die nicht in den Anwendungsbereich der Pflegeversicherung fallen, und für solche, die zwar Leistungen der gesetzlichen Pflegeversicherung oder entsprechender privater Versicherungen erhalten, deren Bedarf dadurch aber nicht abgedeckt wird. Im Gegensatz zur Pflegeversicherung, die nur der Entlastung der Betroffenen dient und den Pflegebedarf nur fragmentarisch abdeckt, hat die Sozialhilfe aufgrund des Bedarfsdeckungsgrundsatzes den gesamten Bedarf sicherzustellen, macht dies allerdings vom vorrangigen Einsatz von eigenen Mitteln der pflegebedürftigen Person und ihrer Angehörigen abhängig. Bei der Entscheidung über das Ausmaß der bestehenden Hilfebedürftigkeit ist der Sozialhilfeträger an die Entscheidung der Pflegekasse gebunden (§ 62 SGB XII). Es finden nach § 61 Abs. 6 SGB XII auch Verordnungen und Richtlinien nach dem SGB XI, die Rahmenverträge und Bundesempfehlungen über die pflegerische Versorgung nach § 75 SGB XI und die Vereinbarungen über die Qualitätssicherung nach § 80 SGB XI zur näheren Bestimmung des Begriffs der Pflegebedürftigkeit, des Inhalts der Pflegeleistung, der Unterkunft und Verpflegung und zur Abgrenzung, Höhe und Anpassung der Pflegegelder nach § 64 SGB XII entsprechende Anwendung.

Die Hilfe zur Pflege umfasst nach § 61 Abs. 2 SGB XII häusliche Pflege, Hilfsmittel, teilstationäre Pflege, Kurzzeitpflege und stationäre Pflege. Der Inhalt der Leistungen nach Satz 1 bestimmt sich nach den Regelungen der Pflegeversicherung für die in § 28 Abs. 1 Nr. 1, 5 bis 8 des SGB XI aufgeführten Leistungen. Im Gegensatz zur Pflegeversicherung sind sie jedoch nicht der Höhe nach beschränkt, sondern müssen das notwendige Maß der Pflege abdecken.

Das achte Kapitel regelt in §§ 67 ff. SGB XII die *Hilfe zur Überwindung besonderer sozialer Schwierigkeiten* (ausführlich Trenk-Hinterberger 2013). Die Hilfe setzt an Problembündelungen an, die ihre Ursachen in komplexen Wirkungszusammenhängen von Beeinträchtigungen der individuellen Lebensführung und den Beziehungen zum sozialen Umfeld haben. § 67 SGB XII benennt den Kreis der Leistungsberechtigten. Es handelt sich um Personen, bei denen besondere Lebensverhältnisse mit sozialen Schwierigkeiten verbunden sind. Ihnen sind Leistungen zur Überwindung dieser Schwierigkeiten zu erbringen, wenn sie aus eigener Kraft hierzu nicht fähig sind.

Als besondere Lebensverhältnisse kommen nach § 1 Abs. 2 der Verordnung zur Durchführung der Hilfe zur Überwindung besonderer sozialer Schwierigkeiten (DVO) fehlender oder nicht ausreichender Wohnraum, ungesicherte wirtschaftliche Lebensgrundlage, gewaltgeprägte Lebensumstände, Entlassung aus einer geschlossenen Anstalt oder vergleichbare nachteilige Umstände in Frage (zu möglichen Fallgruppen vgl. auch Münder et al./Roscher 2008, § 67 Rz. 6 ff.).

Im Zusammenhang mit den besonderen Lebensverhältnissen müssen auch soziale Schwierigkeiten bestehen. Nach § 1 Abs. 3 DVO liegen soziale Schwierigkeiten vor, wenn ein Leben in der Gemeinschaft durch ausgrenzendes Verhalten des Hilfesuchenden oder eines Dritten wesentlich eingeschränkt ist, insbesondere im Zusammenhang mit der Erhaltung oder Beschaffung einer Wohnung, der Erlangung oder Sicherung eines Arbeitsplatzes, mit familiären oder anderen sozialen Beziehungen oder mit Straffälligkeit. Die Schwierigkeiten liegen hier also in der Interaktion mit dem sozialen Umfeld. So vielfältig wie die möglichen Problemlagen sind auch die in Frage kommenden Hilfen (§ 68 Abs. 1 SGB XII). §§ 2 ff. DVO beschreiben in detaillierterer Weise Art und Umfang der Maßnahmen (ausführlich Trenk-Hinterberger 2013, Rz. 19 ff.). Zur Durchführung der erforderlichen Maßnahmen ist in geeigneten Fällen nach § 68 Abs. 1 Satz 2 SGB XII ein Gesamtplan zu erstellen.

Das neunte Kapitel regelt in den §§ 70 ff. SGB XII *Hilfe in anderen Lebenslagen.* Hier werden Hilfen für völlig unterschiedliche Lebensbereiche aufgeführt. Im Einzelnen sind dies:

- die **Hilfe zur Weiterführung des Haushalts** (§ 70 SGB XII). Sie wird erbracht, wenn die bislang maßgeblich für den Haushalt verantwortliche Person ausfällt und die Fortsetzung des Haushalts geboten ist, d. h. wenn die ansonsten drohende Auflösung sozialpädagogisch nicht zu vertreten wäre. Vergleichbare und vorrangige Regelungen enthalten § 38 SGB V und § 20 SGB VIII.
- die **Altenhilfe** (§ 71 SGB XII). Das Ziel der Hilfe ist die Erhaltung der Möglichkeit, am Gemeinschaftsleben teilzunehmen. Eine nicht abschließende Aufzählung der in Frage kommenden Leistungen regelt § 71 Abs. 2 SGB XII. Danach kommen insbesondere Leistungen zu einer Betätigung und zum gesellschaftlichen Engagement, Leistungen bei der Beschaffung und zur Erhaltung einer bedarfsgerechten Wohnung, Beratung und Unterstützung in allen Fragen der Aufnahme in eine Einrichtung in Frage, aber etwa auch Leistungen zum Besuch von

Veranstaltungen oder Einrichtungen, die der Geselligkeit, der Unterhaltung, der Bildung oder den kulturellen Bedürfnissen alter Menschen dienen. Beispiele für Leistungen der Altenhilfe sind Unterhaltungsnachmittage oder Ausflugsfahrten, materielle Hilfen zur altersgerechten Ausstattung der Wohnung, Fahrtkostenzuschüsse für Besuche bei nahestehenden Personen und Beratung in allen relevanten Fragen (Münder et al./Münder 2008, § 71 Rz. 18 ff.).
- die **Blindenhilfe** (§ 72 SGB XII). Sie wird – ebenfalls nachrangig – zum Ausgleich der durch die Blindheit bedingten Mehraufwendungen gewährt. Leistungen der Pflegeversicherung sind teilweise anzurechnen. Die Blindenhilfe beträgt derzeit (Mai 2014) für blinde Menschen nach Vollendung des 18. Lebensjahres 629,99 € monatlich, für blinde Menschen, die das 18. Lebensjahr noch nicht vollendet haben, 315,54 € monatlich.
- die **Hilfe in sonstigen Lebenslagen** (§ 73 SGB XII). Die Vorschrift soll eine flexible Reaktion auf anderweitig nicht erfasste Bedarfslagen ermöglichen. Ihre Bedeutung ist gering, da sich zu den meisten denkbaren Bedarfslagen Regelungen in speziellen Leistungsgesetzen oder explizit im SGB XII befinden.
- die Übernahme der **Bestattungskosten** (§ 74 SGB XII). Die Leistung kommt zum Tragen, soweit den hierzu Verpflichteten (zumeist den Erben) nicht zugemutet werden kann, die Kosten zu tragen. Die Vorschrift soll eine der Würde des Verstorbenen entsprechende Bestattung sicherstellen.

Der *Einsatz eigener Mittel* und die Verpflichtungen anderer sind bei den Hilfen in besonderen Lebenslagen abweichend von der Hilfe zum Lebensunterhalt und der Grundsicherung im Alter und bei Erwerbsminderung geregelt. Unterschiede bestehen diesbezüglich auch zwischen den einzelnen Leistungen in besonderen Lebenslagen.

Im Gegensatz zu den Hilfen des dritten und vierten Kapitels ist bei den Hilfen des fünften bis neunten Kapitels nicht das gesamte vorhandene Einkommen einzusetzen. Damit soll sichergestellt werden, dass die Leistungsberechtigten der Hilfen in besonderen Lebenslagen einen Lebensstandard oberhalb des Standards der Hilfe zum Lebensunterhalt oder der Grundsicherung im Alter und bei Erwerbsminderung halten können. Der Einsatz des Einkommens richtet sich nach einer *Einkommensgrenze*, die in § 85 SGB XII geregelt wird. Nach § 85 Abs. 1 SGB XII ist der Einsatz des Einkommens nicht zuzumuten, wenn das monatliche Einkommen der um Sozialhilfe nachfragenden Person und ggf. der Partnerin oder des Partners zusammen eine Einkommensgrenze nicht übersteigt, die sich zusammensetzt aus einem Grundbetrag in Höhe des Zweifachen der Regelbedarfsstufe 1, d. h. des Regelbedarfs einer alleinstehenden oder alleinerziehenden Person (Bezeichnung bis Ende 2010: Eckregelsatz), den angemessenen Kosten der Unterkunft und ggf. einem Familienzuschlag (ausführlich Meßling/Sartorius 2013a, Rz. 185 ff.). Der Einsatz des Einkommens unterhalb der Einkommensgrenze kann – von wenigen in § 88 SGB XII genannten Ausnahmefällen abgesehen – nicht verlangt werden. Soweit das zu berücksichtigende Einkommen die Einkommensgrenze übersteigt, ist der Einsatz nach § 87 Abs. 1 SGB XII in angemessenem Umfang zuzumuten, wobei insbesondere die Art des Bedarfs, die Schwere einer Behinderung oder Pflegebedürftigkeit, die Höhe der erforderlichen Aufwendungen sowie ihre Dauer und besondere Belastungen der Betroffenen zu berücksichtigen sind (Münder et al./Schoch 2008, § 87 Rz. 5 ff.). Für einige Personengruppen trifft das Gesetz präzisere Regelungen.

Der Einsatz des *Vermögens* ist bei den Hilfen in besonderen Lebenslagen im Wesentlichen parallel zu der Hilfe zum Lebensunterhalt und der Grundsicherung im Alter und bei Erwerbsminderung geregelt. Eine Abweichung besteht allerdings bei der Höhe des kleineren Barbetrags nach § 90 Abs. 2 Nr. 9 SGB XII. Nach § 1 Abs. 1b DVO ist der Grundbetrag des geschützten Barbetrags von 1.600 € auf 2.600 € erhöht. Hinzu kommt ein Betrag von 256 € für jede Person, die von der um Sozialhilfe nachfragenden Person überwiegend unterhalten wird. Der geschützte Barbetrag erhöht sich zudem nach § 1 Abs. 1 Satz 2 DVO bei der Blindenhilfe und dem Pflegegeld für Schwerstpflegebedürftige, wenn beide Partnerinnen bzw. Partner oder bei Minderjährigen beide Elternteile blind oder pflegebedürftig sind.

Auch bei den Hilfen in den Kapiteln fünf bis neun kommt es zum Übergang von Unterhaltsansprüchen und sonstigen Ansprüchen der Hilfebedürftigen auf den Träger der Sozialhilfe (§ 94 SGB XII). Es gibt jedoch Einschränkungen bei pflegebedürftigen Personen und solchen mit Behinderung.

8 Familienrecht und familiengerichtliches Verfahren (FamFG)

Von Thomas Meysen und Sybille Nonninger

- Familienrechtliche Regelungen im SGB VIII und im BGB wirken in vielfältiger Weise in die Arbeit des ASD hinein.
- Der gesetzliche Auftrag zur Beratung und Unterstützung in Familienkonflikten richtet sich primär auf die Ausgestaltung der Familienbeziehungen und die Erarbeitung einvernehmlicher Konzepte zur Wahrnehmung der elterlichen Verantwortung bei Getrenntleben.
- Bei der Ausgestaltung des Umgangsrechts haben Umgangsberechtigte einen Anspruch auf Beratung und Unterstützung. Der ASD soll vermitteln und in geeigneten Fällen Hilfestellung geben, wenn es darum geht, Auskunft über die persönlichen Verhältnisse des Kindes zu erlangen, wenn Umgangskontakte hergestellt werden sollen oder wenn gerichtliche bzw. vereinbarte Umgangsregelungen umzusetzen sind. Das Jugendamt hat im Konflikt der Erwachsenen darauf zu achten, dass das Kindeswohl im Blick bleibt und hat ggf. eine familiengerichtliche Entscheidung zu initiieren.
- Das Jugendamt ist verpflichtet, das Familiengericht anzurufen, wenn die Personensorgeberechtigten eine Mitwirkung bei der Einschätzung einer möglichen Kindeswohlgefährdung verweigern oder wenn die ASD-Fachkräfte bei der Wahrnehmung des Schutzauftrags trotz sozialpädagogischen Einwirkens auf die Personensorgeberechtigten dem Kind oder Jugendlichen keinen ausreichenden Zugang zu den benötigten Hilfen verschaffen können.
- Weil die Anrufung des Familiengerichts eine massive Intervention darstellt, die weitere sozialpädagogische Bemühungen belastet, müssen die ASD-Fachkräfte zunächst sozialpädagogisch einwirken, um die Beteiligten in der Familie für eine gemeinsame Gefährdungseinschätzung zu gewinnen.
- Das Jugendamt wirkt in gerichtlichen Verfahren vor dem Familiengericht mit. Die Mitwirkungsaufgabe richtet sich zum einen auf die fachliche Unterstützung des Familiengerichts und zum anderen ist sie Bestandteil des Hilfeauftrags nach dem SGB VIII. Sie steht somit unter der Prämisse, für die Beteiligten in der Familie hilfreich zu wirken, ihnen vor, während und nach dem Verfahren vor Gericht transparent als helfende Institution zur Verfügung zu stehen.
- Im familiengerichtlichen Verfahren sind neben den Familienmitgliedern mehrere professionelle Akteure tätig, die je eigene Aufgaben und Funktionen erfüllen und spezifische Rollen einnehmen. Als Grundlage für ein koordiniertes Handeln im Einzelfall sollen sie in fallübergreifenden Absprachemodalitäten Grundsätze für eine verbindliche Zusammenarbeit vereinbaren.

8.1 Familienrecht im ASD

Die Wertungen des Familienrechts spielen in vielfältiger Weise in die Arbeit des ASD hinein. Die Regelungen hierzu finden sich nicht im Kinder- und Jugendhilferecht des Sozialgesetzbuchs Achtes Buch (SGB VIII), sondern im Familienrecht des Bürgerlichen Gesetzbuchs (BGB). Hierzu einige Beispiele:

- Anspruchsberechtigt für Leistungen der Hilfe zur Erziehung sind diejenigen, denen die elterliche Sorge zusteht, also die Personensorgeberechtigten (§ 27 Abs. 1 SGB VIII, § 1626 Abs. 1 BGB).

- Ist ein Kind gefährdet und nehmen die Personensorgeberechtigten die erforderlichen Hilfen zur Abwendung der Gefährdung nicht in Anspruch, so ruft der ASD das Familiengericht an, das ggf. die elterliche Sorge oder Teile davon entzieht, damit ein Vormund oder ein Ergänzungspfleger die notwendigen Leistungen zur Hilfe für das Kind oder den/die Jugendlichen beantragen kann (§ 8a Abs. 2 SGB VIII, § 1666 Abs. 1 BGB).
- Wird ein Kind in Obhut genommen, ist die Situation mit den Personensorgeberechtigten zu klären. Widersprechen diese und verlangen damit die Herausgabe ihres Kindes, ist das Jugendamt verpflichtet, das Familiengericht anzurufen (§ 42 Abs. 3 SGB VIII, § 1632 Abs. 1 BGB).
- Bei der Hilfeplanung für die Leistung in einer Pflegefamilie oder in einem Heim ist die Regelung des Umgangsrechts der Eltern mit ihrem Kind, aber häufig auch der Großeltern oder anderer Bezugspersonen, regelmäßig wichtiger Bestandteil (§ 36 Abs. 2 SGB VIII, §§ 1684, 1685 BGB).
- Lebt das Kind nicht mehr im elterlichen Haushalt, bestimmt das Familienrecht, welche Entscheidungen für das Kind durch die Pflegeeltern oder die Erzieher im Heim getroffen werden können, und der ASD berät und vermittelt bei Konflikten (§ 38 SGB VIII, § 1688 BGB).

Wenn die Beteiligten in der Familie über ihre Beziehungen zueinander streiten, etwa über das Sorgerecht, den Umgang oder die Abstammung, berät und unterstützt der ASD sie in Fragen der Partnerschaft, Trennung und Scheidung (§ 17 SGB VIII) sowie der Ausübung des Umgangsrechts (§ 18 Abs. 3 SGB VIII; → Kapitel 17). Hat ein Familienkonflikt, der die Person des Kindes betrifft, den Weg zum Familiengericht gefunden, wirkt der ASD als zuständige Stelle im Jugendamt am familiengerichtlichen Verfahren mit (§ 50 SGB VIII, §§ 162, 176, 205, 213 FamFG; zu Einführungen in das Familienrecht für soziale Berufe s. Marx 2011; Münder/Ernst 2009; Wabnitz 2014).

8.2 Beratung und Unterstützung in Familienkonflikten

Der ASD berät Familien. In vielen von ihnen gibt es Konflikte zwischen den Erwachsenen um ihre Rechtsstellung im Verhältnis zum Kind. Solche Konflikte belasten das Kind oder betreffen sein Wohl. Wenn Eltern sich nach einem gemeinsamen Zusammenleben mit dem Kind trennen, getrennt leben oder sich (haben) scheiden lassen, stellen sich die Fragen der Beziehung zum Kind, der Verantwortlichkeiten und Rechte als Eltern(teil) neu. Aber auch, wenn ein Elternteil nicht von Geburt des Kindes an mit diesem zusammenlebt, sind die elterliche Sorge und der Umgang, die Anfechtung der Vaterschaft, die Durchführung eines Vaterschaftstests oder die Namensgebung jeweils Themen, über die es Streit geben kann. Damit ist dann der ASD konfrontiert.

Die Beratung im Zusammenhang mit Trennung und Scheidung durch den ASD kann verschieden initiiert sein. Sie kann sich während eines laufenden Hilfeprozesses, etwa im Rahmen der Gewährung von Hilfe zur Erziehung, ergeben, kann von den Eltern und/oder dem Kind selbst nachgesucht sein oder durch ein anhängiges familiengerichtliches Verfahren und die Mitwirkung des Jugendamts hieran angestoßen werden.

8.2.1 Trennungs- und Scheidungsberatung (§ 17 SGB VIII)

Mütter und Väter haben nach § 17 Abs. 1 SGB VIII „Anspruch auf Beratung in Fragen der Partnerschaft, wenn sie für ein Kind oder einen Jugendlichen zu sorgen haben oder tatsächlich sorgen. Die Beratung soll helfen, ein partnerschaftliches Zusammenleben in der Familie aufzubauen, Konflikte und Krisen in der Familie zu bewältigen und/oder im Fall der Trennung oder Scheidung die Bedingungen für eine dem Wohl des Kindes oder des Jugendlichen förderliche Wahrnehmung der Elternverantwortung zu schaffen." Der Beratungsauftrag des ASD wird somit in Bezug auf die beschriebenen Lebenssituationen konkretisiert. Im Fall der Trennung oder Scheidung wird er ergänzt um einen Anspruch der Eltern auf Unterstützung bei der Entwicklung eines einvernehmlichen Konzepts für die Wahrnehmung der elterlichen Sorge; hieran sind die Kinder angemessen zu beteiligen (§ 17 Abs. 2 SGB VIII).

Die gesetzliche Konkretisierung der Beratungsinhalte geht zurück auf die Kindschaftsrechtsreform 1998. Deren zentrales Ziel war die Stärkung der Elternautonomie. Dadurch sollte mit Unterstützung von Beratungshilfe die Zahl der familiengerichtlichen Interventionen in die Entscheidungskompetenzen der Eltern reduziert werden (Bundestags-Drucksache 13/8511, 81). Die Trennungs- und Scheidungsberatung richtet seitdem ihr Hauptaugenmerk nicht (mehr) auf die Entscheidungsfindung im familiengerichtlichen Verfahren, sondern zunehmend auf die Ausgestaltung der Familienbeziehungen und die Erarbeitung einvernehmlicher Konzepte zur Wahrnehmung der elterlichen Verantwortung bei Getrenntleben (Münder et al./Proksch 2009, § 17 Rdnr. 5).

Ausgangspunkt der Beratung ist das Fortbestehen der gemeinsamen elterlichen Verantwortung auch nach Trennung und Scheidung. Die Beratung soll die Eltern befähigen, die aktuelle und künftige Gestaltung ihrer elterlichen Verantwortung als bewusste, möglichst einvernehmliche Entscheidung zu treffen, bei der die Interessen und Bedürfnisse ihrer Kinder gesehen und berücksichtigt werden. In der Praxis werden eskalierte Konflikte nicht selten in das Familienrecht projiziert, und zwar auf die Frage der alleinigen oder gemeinsamen elterlichen Sorge.

De facto geht es bei Getrenntleben der Eltern im Laufe der Kindheit nur um sehr wenige Entscheidungen, die wegen ihrer erheblichen Bedeutung für das Kind von den Eltern gemeinsam zu treffen sind (z. B. Wahl von Kindertageseinrichtung und Schule, planbare Operationen oder gravierende medizinische Eingriffe). Für alle anderen Angelegenheiten weist das Recht dem betreuenden Elternteil die Befugnis zur alleinigen Entscheidung zu (§ 1687 Abs. 1 BGB). Beim Streit um die alleinige oder gemeinsame elterliche Sorge geht es daher meist weniger um die Sache, sondern die Eltern verbinden andere emotionale oder symbolische Dinge mit ihren Anträgen bei Gericht. Rechtlich geht es um Folgendes:

- Bestand gemeinsame elterliche Sorge, so wird die alleinige elterliche Sorge nur übertragen, wenn der eine Elternteil einem entsprechenden Antrag des anderen zustimmt oder wenn dies dem Wohl des Kindes am besten entspricht (§ 1671 Abs. 2 BGB). Die Rechtsprechung hat die Hürden hierfür hoch gesteckt. Die Aufhebung der gemeinsamen Sorge setzt voraus, dass die Kooperationsfähigkeit und Kooperationswilligkeit der Eltern soweit gestört ist, dass sich dies nachhaltig negativ auf das Kind auswirkt. Aber auch Loyalitätskonflikte des Kindes, Gleichgültigkeit eines Elternteils, große räumliche Entfernung zwischen den Eltern, Ungeeignetheit zur Pflege und Erziehung, Alkoholabhängigkeit, Drogenkonsum oder Gewaltanwendung gegen den anderen Elternteil sind Faktoren, die von den Gerichten zu prüfen sind (Kaiser et al./Rakete-Dombek 2010, § 1671 Rdnr. 9 ff.).

- Hat die nicht verheiratete Mutter die alleinige elterliche Sorge inne, so kann Streit darüber entstehen, wenn der Vater mit sorgeberechtigt sein möchte und die Mutter dies ablehnt. Hier können Mütter und Väter die Übertragung der gemeinsamen elterlichen Sorge beim Familiengericht beantragen, wenn die Übertragung dem Kindeswohl nicht widerspricht (§ 1626a Abs. 2 BGB). Mit der gewählten Schwelle stellt das Gesetz sicher, dass die Belange des Kindes maßgeblich Berücksichtigung finden, jedoch die Zugangsvoraussetzungen zur gemeinsamen Sorge nicht zu hoch angesetzt werden. Widerspricht ein Elternteil der Übertragung mit substanziellen Argumenten, wird der ASD ins familiengerichtliche Verfahren einbezogen (§ 155a Abs. 4 FamFG).

8.2.2 Beratung und Unterstützung bei Umgangskontakten (§ 18 Abs. 3 SGB VIII)

Leben Eltern getrennt, aktualisieren sich bei der Frage nach den Kontakten zwischen dem Kind und seinem getrennt lebenden Elternteil viele Gefühle – bei allen Beteiligten im Familiensystem. Verlustängste, Verletzung, Wut, Resignation wirken in die Suche nach Regelungen über den Umgang hinein, Konflikte auf der Paarebene belasten die Elternebene, verhindern Einvernehmen und eine angemessene Berücksichtigung der Bedürfnisse der Kinder.

Lebt das Kind von seinen Eltern getrennt, weil es in einem Heim oder einer Pflegefamilie untergebracht ist, ist ebenso zu klären, ob und wenn ja, in welcher Häufigkeit und unter welchen Umständen Umgangskontakte stattfinden sollen und können. Bei Traumatisierungen oder anderen Belastungen eines Kindes bzw. Jugendlichen sind seine Schutzbedürfnisse zu berücksichtigen.

Ein Umgangsrecht haben auch Großeltern, ehemalige Pflegeeltern oder andere enge Bezugspersonen in einer sozial-familiären Beziehung zum Kind; eine solche liegt vor, wenn die Bezugsperson tatsächliche Verantwortung für das Kind trägt oder getragen hat, also vor allem längere Zeit mit dem Kind in häuslicher Gemeinschaft zusammengelebt hat (§ 1685 BGB). Allerdings ist deren Rechtsposition insoweit schwächer, als Kontakte vom Familiengericht nur angeordnet werden können, wenn sie dem Kindeswohl dienen.

Kommt es zu Streitigkeiten über das Ob und Wie von Umgangskontakten, gibt das Familienrecht Leitlinien vor: „Das Kind hat das Recht auf Umgang mit jedem Elternteil; jeder Elternteil ist zum Umgang mit dem Kind verpflichtet und berechtigt" (§ 1684 Abs. 1 BGB). Diesem Recht des Kindes und dem Pflichtrecht der Eltern hat der Gesetzgeber eine hoch normative Wertung mit auf den Weg gegeben: „Zum Wohl des Kindes gehört in der Regel der Umgang mit beiden Elternteilen" (§ 1626 Abs. 3 BGB). Diese Setzung ist prägend auch für fachliches Handeln in der Kinder- und Jugendhilfe.

Umgangsberechtigte haben einen Anspruch auf Beratung und Unterstützung bei der Ausübung des Umgangsrechts (→ Kapitel 18). Wahrgenommen wird die Aufgabe von Beratungsstellen und eben auch vom ASD. Das Jugendamt soll vermitteln und in geeigneten Fällen Hilfestellung geben, wenn es darum geht, Auskunft über die persönlichen Verhältnisse des Kindes zu erlangen, Umgangskontakte herzustellen oder gerichtliche bzw. vereinbarte Umgangsregelungen umzusetzen (§ 18 Abs. 3 SGB VIII). Hierzu gehört der begleitete Umgang, eine Leistung, die zwar seltener vom ASD erbracht wird, aber über deren Gewährung er sich mitunter die Entscheidung vorbehält. Das Familiengericht kann begleiteten Umgang nur anordnen, wenn ein mitwirkungsbereiter Dritter vorhanden ist, also meist, wenn die Finanzierung durch den Träger der öffentlichen Jugendhilfe gesichert ist (§ 1684 Abs. 4 Satz 3 und 4 BGB).

Vorübergehend kann eine Umgangsbegleitung (und damit eine Einschränkung des Umgangsrechts) oder ein Umgangsausschluss familiengerichtlich angeordnet werden, wenn dies zum Wohl des Kindes erforderlich ist (§ 1684 Abs. 4 Satz 1 BGB). Das Jugendamt kann hierüber zwar nicht entscheiden, aber es hat im Konflikt der Erwachsenen darauf zu achten, dass das Kindeswohl im Blick bleibt und ggf. eine familiengerichtliche Entscheidung zu initiieren. Wäre das Kindeswohl gefährdet, wenn (unbegleitete) Umgangskontakte stattfinden, ist auch eine Einschränkung oder ein Ausschluss für längere Zeit oder sogar auf Dauer zulässig (§ 1684 Abs. 4 Satz 2 BGB).

8.3 Anrufung des Familiengerichts bei Kindeswohlgefährdung (§ 8a Abs. 2, § 42 Abs. 3 SGB VIII)

Gelingt es den Fachkräften im ASD bei der Wahrnehmung des Schutzauftrags nicht, dem Kind oder Jugendlichen ausreichenden Zugang zu den benötigten Hilfen zu verschaffen, weil die Personensorge- und / oder Erziehungsberechtigten trotz sozialpädagogisch-beraterischer Bemühungen nicht bereit oder in der Lage sind, die Gefährdung (durch Inanspruchnahme der Hilfe oder anderweitig) abzuwenden, so ist das Jugendamt verpflichtet, das Familiengericht anzurufen (§ 8a Abs. 2 Satz 1 Halbs. 1 SGB VIII; ausführlich → Kapitel 8 und 22).

Die Anrufung hat den Hintergrund, dass das Jugendamt grundsätzlich nicht befugt ist, in die elterlichen Rechte einzugreifen; diese Befugnis hat nur das Familiengericht. Eine Ausnahme sieht die Rechtsordnung ausschließlich dann vor, wenn eine dringende Gefahr für ein Kind oder einen Jugendlichen besteht und die Entscheidung des Gerichts nicht abgewartet werden kann. In diesem Fall ist das Jugendamt verpflichtet, das Kind oder den Jugendlichen in Obhut zu nehmen (§ 8a Abs. 2 Satz 2, § 42 SGB VIII). Die Personensorge- und Erziehungsberechtigten sind aber auch hier unverzüglich über die Inobhutnahme zu informieren. Widersprechen sie der Inobhutnahme, ist ihnen ihr Kind entweder wieder zu übergeben oder es ist – erneut verwendet das Gesetz diesen Begriff – „unverzüglich" das Familiengericht anzurufen, damit dieses die erforderlichen Maßnahmen zum Wohl des Kindes oder Jugendlichen ergreift (§ 42 Abs. 3 SGB VIII).

Nicht nur, wenn der ASD eine Kindeswohlgefährdung feststellt und die Eltern oder anderen Erziehungsberechtigten für deren Abwendung nicht zu gewinnen sind, kann das Familiengericht angerufen werden, sondern auch, wenn eine Gefährdungseinschätzung mangels Mitwirkung der Beteiligten in der Familie nicht gelingt (§ 8a Abs. 2 Satz 1 Halbs. 2 SGB VIII). Das Familiengericht ist dann seinerseits aufgefordert, im Rahmen des Amtsermittlungsgrundsatzes (§ 26 FamFG) die eigenen Möglichkeiten zur Klärung der Situation des Kindes einzusetzen. Die Anrufung macht somit vor allem dann Sinn, wenn die Befugnisse des Familiengerichts zu Herstellung von Verbindlichkeit tatsächlich verbesserte Chancen für die Gefährdungseinschätzung erwarten lassen.

Nicht zuletzt weil eine Anrufung des Familiengerichts von den Beteiligten in der Familie als massive Misstrauensbekundung aufgefasst wird, sind die Fachkräfte im ASD gehalten, zunächst die sozialpädagogischen Möglichkeiten einzusetzen, um die Beteiligten in der Familie für die gemeinsame Gefährdungseinschätzung zu gewinnen. Die Gefährdungseinschätzung ist Bestandteil eines professionellen Diagnose- und Verstehensprozesses (→ Kapitel 14) und Eltern wirken auch dann daran mit, wenn sie die Situation beschönigen oder anders erklären als die Fachkräfte. Steigt das Jugendamt zu schnell aus der Hilfebeziehung aus – so fragil und konfliktbelastet sie auch sein mag – und bedient es sich einer „Leihautorität", sind die Möglichkeiten des eigenen Wirkens strukturell geschwächt. Vor einer Anrufung des Familiengerichts zur weiteren Klärung der potenziellen Gefährdungssituation oder zur Initiierung einer Mitwirkungsbereitschaft ist daher zu reflektieren, was die Fachkräfte des ASD sich von der Anrufung versprechen.

8.4 Mitwirkung im familiengerichtlichen Verfahren (§ 50 SGB VIII)

8.4.1 Hilfeauftrag überlagert Unterstützung für das Familiengericht

Bei „allen Maßnahmen, die die Sorge für die Person von Kindern und Jugendlichen betreffen", unterstützt das Jugendamt das Familiengericht, so der Wortlaut des Gesetzes (§ 50 Abs. 1 Satz 1 SGB VIII). Firmierte diese Aufgabe in der Zeit vor dem KJHG 1990/1991 unter dem Begriff „Familiengerichtshilfe", so findet sich dieser heute nur noch in sehr wenigen Jugendämtern. Er suggeriert eine den Gerichten dienende Institution. Mit dieser Tradition hat der Gesetzgeber aber bewusst gebrochen. Das SGB VIII spricht stattdessen von „Mitwirkung im familiengerichtlichen Verfahren" und unterstreicht damit die eigenständige Position gegenüber dem Gericht (Bundestags-Drucksache 11/5948, 84). Die Mitwirkungsaufgabe ist integraler Bestandteil des allgemeinen Hilfeauftrags (§ 1 SGB VIII). Die „Unterstützung" des Familiengerichts steht somit unter der Prämisse, für die Beteiligten in der Familie hilfreich zu wirken, die Hilfeadressaten nicht an das Familiengericht zu verraten, sondern das Jugendamt hat ihnen vor, während und nach dem Verfahren vor Gericht transparent als helfende Institution zur Verfügung zu stehen (Wiesner/Mörsberger/Wapler 2011, Vor § 50 Rdnr. 2 ff.; Kunkel/Röchling 2011, § 50 Rdnr. 3 ff.).

8.4.2 Trennung und Scheidung, Übertragung der gemeinsamen elterlichen Sorge (§ 155 Abs. 2, §§ 155a, 156, 162 FamFG)

Wird beim Familiengericht ein Verfahren anhängig, weil sich die Eltern nach Trennung und/oder Scheidung über die elterliche Sorge, die Übertragung der gemeinsamen elterlichen Sorge oder den Umgang streiten, so wird der ASD hierüber informiert, in Verfahren zur Übertragung der gemeinsamen elterlichen Sorge allerdings nur, wenn ein Elternteil substanziell etwas vorträgt, was für die Beibehaltung der alleinigen elterlichen Sorge der nicht mit dem Vater verheirateten Mutter spricht (§ 155a Abs. 4 FamFG). Er hat die Aufgabe, im Verfahren mitzuwirken. Wenn es um den Aufenthalt des Kindes, den Umgang oder die Herausgabe des Kindes geht, beraumt das Familiengericht spätestens einen Monat nach Beginn des Verfahrens einen Erörterungstermin an und hört in diesem das Jugendamt an. Die zuständige Fachkraft aus dem ASD soll dabei über den Stand des Beratungsprozesses berichten, insbesondere erzieherische und soziale Gesichtspunkte zur Entwicklung des Kindes einbringen, über angebotene und erbrachte Leistungen unterrichten und auf weitere Möglichkeiten der Hilfe hinweisen (§ 50 Abs. 2 SGB VIII). Der Gesetzgeber geht von einer mündlichen Information während der Erörterung vor Gericht aus, schließt schriftliche Stellungnahmen aber auch nicht aus (Bundestags-Drucksache 16/6308, 236). In Kindschaftssachen im Zusammenhang mit

Trennung und Scheidung sowie gemeinsamer / alleiniger elterlicher Sorge sind die streitenden Familien dem Jugendamt häufiger vorher nicht bekannt. In der kurzen Zeit bis zum sogenannten frühen Termin werden sich die Fachkräfte im ASD daher um Kontakt mit allen in den Konflikt involvierten Beteiligten aus der Familie bemühen, die jeweilige Sichtweise zur Kenntnis nehmen und insbesondere die Kinder und Jugendlichen über ihre Rechte im Verfahren informieren (§ 8 Abs. 1 Satz 2 SGB VIII).

Beim frühen Termin ist die Informationslage über den Konflikt häufig dünn, das Zusammenkommen bei Gericht hat daher die primäre Funktion eines Sortierens und Sondierens. Die juristische Kompetenz wird hierbei strukturell und mit gesetzlich angeordneter Verbindlichkeit kombiniert mit der sozialpädagogischen Fachlichkeit des ASD. Es geht darum, sich einen Überblick zu den Gründen zu verschaffen: Welche Konflikte hindern die Beteiligten in der Familie daran, ihre Geschicke eigenständig zu regeln? Wie kann den Bedürfnissen des Kindes vorläufig Rechnung getragen werden? Mit welchen Schritten können die Eltern dazu motiviert werden, die Elternautonomie zurückzugewinnen und sich wieder unabhängig zu machen von den Professionellen? Mit der Verfahrensbeschleunigung soll das kindliche Zeitempfinden berücksichtigt werden. Funktion des frühen Termins ist die Deeskalation des Konflikts sowie eine erste Perspektiventwicklung für Wege aus dem bis zum Gericht eskalierten Streit (Meysen / Meysen 2014, § 155 Rdnr. 9 ff.).

Hierzu soll das Familiengericht, wenn dies dem Kindeswohl nicht widerspricht, auf ein Einvernehmen der Beteiligten hinwirken und vor allem auf Möglichkeiten der Beratung durch die Beratungsstellen und -dienste der Träger der Kinder- und Jugendhilfe hinweisen. Gegenüber vermittlungs- und beratungsunwilligen Eltern, deren Konfliktverhalten krasse erzieherische und sonstige Unvereinbarkeiten mit dem Kindeswohl aufweist, kann das Familiengericht die Beratung auch anordnen und demjenigen Kosten auferlegen, der für ein Scheitern verantwortlich ist (§ 156 Abs. 1, § 81 Abs. 2 Nr. 5 FamFG). Im frühen Termin soll mit den Beteiligten und dem Jugendamt erörtert werden, ob sich die Beteiligten vorläufig auf eine einvernehmliche Regelung zu den streitigen Fragen einigen können oder, wenn dies nicht möglich oder ausreichend erscheint, ob eine einstweilige Anordnung ergehen soll (§ 156 Abs. 3 FamFG).

Der im Verfahren und beim Termin mitwirkende ASD bringt bei einer solchen familiengerichtlichen Initiierung von Beratung die sozialpädagogische Kompetenz insoweit ein, als er mögliche Beratungsgegenstände identifiziert, Einschätzungen zu den Modalitäten abgibt, insbesondere ob methodisch eine gemeinsame oder getrennte Beratung angezeigt erscheint und wer sinnvollerweise einzubeziehen ist. Der ASD übernimmt die Aufgabe der Trennungs- und Scheidungsberatung nach §§ 17, 18 Abs. 3 SGB VIII teilweise selbst. Wenn mehr als eine bestimmte Anzahl von Beratungsterminen erforderlich wird, vermitteln viele Jugendämter die Beteiligten aus der Familie an die Dienste einer Beratungsstelle.

Auch das Jugendamt kann in den Verfahren wegen Trennung und Scheidung die formelle Beteiligung am Verfahren beantragen (§ 162 Abs. 2 FamFG). Dies hat unter anderem zur Folge, dass ein Einvernehmen zwischen den Beteiligten aus der Familie nur dann gerichtlich gebilligt werden kann, wenn das Jugendamt zustimmt (§ 156 Abs. 2 FamFG).

Unabhängig von der Beteiligtenstellung des Jugendamts sind diesem alle Entscheidungen bekannt zu machen und es kann gegen familiengerichtliche Beschlüsse Beschwerde einlegen (§ 162 Abs. 3 FamFG).

8.4.3 Kindeswohlgefährdung (§ 155 Abs. 2, §§ 157, 162 FamFG)

Verfahren, deren Gegenstand eine Gefährdung des Kindeswohls und die teilweise oder vollständige Entziehung des Sorgerechts bzw. andere Eingriffe in die elterliche Sorge oder die Genehmigung bzw. Anordnung einer freiheitsentziehenden Unterbringung sind, werden in der großen Mehrzahl über eine Anrufung des Familiengericht durch das Jugendamt initiiert (§ 8a Abs. 2 SGB VIII). Das Jugendamt leitet sie – außer in besonders dringenden, akuten Fällen – in der Regel über eine ausführliche schriftliche Stellungnahme ein, in der es die Situation des Kindes in seiner Familie schildert und insbesondere über die angebotenen und erbrachten Leistungen berichtet (→ Kapitel 21). Eine Ausnahme stellen insoweit Verfahren dar, in denen Pflegeeltern den Erlass einer Verbleibensanordnung begehren, weil eine Herausnahme des Kindes aus der Pflegefamilie das Wohl des Kindes oder Jugendlichen gefährden würde (§ 1632 Abs. 4 BGB). In diesen Fällen hat das Jugendamt regelmäßig intensive Kontakte zu den Beteiligten im erweiterten Familiensystem und gibt über die Einschätzungen daher ebenfalls eine Stellungnahme ab (§ 50 Abs. 2 SGB VIII).

Auch die Verfahren wegen Kindeswohlgefährdung hat das Familiengericht beschleunigt zu betreiben und spätestens nach einem Monat einen Erörterungstermin anzuberaumen (§ 155 Abs. 1 und 2 FamFG). Häufig wird jedoch angezeigt sein, zeitnaher zu terminieren, insbesondere wenn eine (potenzielle) Gefährdung schnellstmöglichen Schutz erfordert oder wenn kleinere Kinder vom Jugendamt in Obhut genommen wurden und die Perspektive zu klären ist. In jedem Fall hat das Familiengericht unverzüglich den Erlass einer einstweiligen Anordnung zu prüfen (§ 157 Abs. 3 FamFG). Dies gilt auch, wenn das Kind oder der Jugendliche im Rahmen einer Inobhutnahme untergebracht ist und die Personensorgeberechtigten dieser widersprechen. Dann ist der weitere vorläufige Verbleib in der Schutzstelle zu regeln über einen (teilweisen) Entzug der elterlichen Sorge und die Übertragung derselben auf einen Vormund / Ergänzungspfleger.

Seit 2008 wird mit dem Gesetz zur Erleichterung familiengerichtlicher Maßnahmen bei Gefährdung des Kindeswohls das Paradigma der frühzeitig(er)en Anrufung des Familiengerichts ausgegeben (Bundestags-Drucksache 16 / 6815). Die Fachkräfte im ASD des Jugendamts sollen hierüber die familiengerichtlichen Möglichkeiten zur Verhinderung einer Trennung des Kindes von seinen Eltern bzw. zur Vermeidung eines (teilweisen) Sorgerechtsentzugs nutzen. Folgende Funktionen dieser frühzeitigen Anrufung können unterschieden werden:

- **Klärungsfunktion:** Diese betrifft Fälle, in denen die Zugänge des Jugendamts zur Familie nicht ausreichen, um eine potenzielle Kindeswohlgefährdung ausreichend einschätzen zu können, und in denen die Möglichkeiten des Familiengerichts zur Sachverhaltsaufklärung den benötigten Erkenntnisgewinn versprechen.
- **Initiierungs- und Unterstützungsfunktion:** In Fällen, in denen das Wohl des Kindes in der Familie insbesondere auch deshalb gefährdet ist, weil die Personensorge- und Erziehungsberechtigten die zur Abwendung benötigten Hilfen nicht in Anspruch nehmen, soll das Familiengericht seine Autorität nutzen, die Kooperation der Beteiligten im Familiensystem mit dem Jugendamt und anderen helfenden Stellen, auch aus der Gesundheitshilfe, zu befördern. Es soll Hilfeprozesse initiieren und stützen.
- **Warnfunktion:** Insbesondere aus Kreisen der Justiz wird mit der frühzeitigen Anrufung auch die Hoffnung verknüpft, dass den Eltern damit der Ernst der Lage aufgezeigt werde und sie zu einem kindeswohlförderlichen Verhalten angehalten werden könnten.

Der ASD nutzt die erweiterten Möglichkeiten einer frühzeitigen Anrufung des Familiengerichts, wie die Statistiken zeigen, ausgesprochen offensiv. In etlichen Fällen können damit Klärungs- und Hilfeprozesse tatsächlich unterstützt werden. Allerdings muss ein solches Vorgehen gut auf mögliche Eigeninteressen hin reflektiert werden. Dient die Anrufung vor allen Dingen der eigenen Absicherung gegen den Vorwurf von Versäumnissen, kann sie im Widerspruch stehen mit der Suche nach der hilfreichsten Methode zur Sicherstellung von Schutz und Hilfe. Insbesondere sind bei der Entscheidung, das Familiengericht anzurufen, nicht intendierte negative Effekte zu berücksichtigen. Dazu zählt die teilweise begrenzte Wirksamkeit und Wirkdauer einer gerichtlichen Mahnung, vor allem, wenn sie nur zu Scheinanpassung sowie kurzfristiger Verhaltensmodifikation führt und damit den benötigten Schutz verzögert, statt ihn beschleunigt herbeizuführen. Auch ist bei der Entscheidung des ASD einzubeziehen, welche Wirkung die Einschaltung des Familiengerichts auf den zukünftigen Vertrauensaufbau und die Hilfebeziehung hat, denn für diese ist es entscheidend, dass sich die Adressaten auf Hilfe einlassen und Veränderungen erarbeiten.

Auch in Verfahren wegen einer Gefährdung des Kindeswohls hat das Familiengericht das Jugendamt anzuhören, kann das Jugendamt die formelle Beteiligtenstellung beantragen und Beschwerde gegen eine familiengerichtliche Entscheidung einlegen (§ 162 FamFG).

Das Familiengericht hat einen Eingriff in die elterliche Sorge nach § 1666 BGB („kindesschutzrechtliche Maßnahme") in regelmäßigen Zeitabständen zu überprüfen und aufzuheben, wenn eine Gefahr für das Wohl des Kindes oder des Jugendlichen nicht mehr besteht oder die Erforderlichkeit der Maßnahme entfallen ist (§ 1696 Abs. 2 BGB, § 166 Abs. 2 FamFG). Sieht das Familiengericht nach einer Anrufung durch das Jugendamt von Maßnahmen zum Schutz eines Kindes ab, so soll es die Entscheidung in angemessenem Zeitabstand, in der Regel nach drei Monaten, überprüfen (§ 166 Abs. 3 FamFG). Der ASD hat daher in der Folge einer wegen Kindeswohlgefährdung beim Familiengericht erörterten Kindschaftssache in regelmäßigem Abstand über den Fortgang des Hilfeprozesses zu berichten, insbesondere von sich aus das Familiengericht wieder zu involvieren, wenn dessen erneutes Tätigwerden – zum Schutz oder zur Aufhebung der Schutzmaßnahmen – angezeigt erscheint.

8.4.4 Gewaltschutz- und Ehewohnungssachen (§§ 205, 213 FamFG)

Die Mitwirkungsaufgabe des Jugendamts bezieht sich auch auf weitere Verfahrensgegenstände. Während in Adoptionssachen die betreffenden Spezialdienste mitwirken (§§ 194, 195 FamFG, § 51 SGB VIII; hierzu Wiesner/Oberloskamp 2011, § 51), wird bei familiengerichtlichen Streitigkeiten in Folge von Partnerschaftsgewalt oder bei einer streitigen Zuweisung der (ehemaligen) Ehewohnung regelmäßig der ASD mit der Aufgabe betraut sein, wenn Kinder mit den am Verfahren beteiligten Erwachsenen zusammenleben (→ Kapitel 12). Geht es in einem Verfahren um die Zuweisung der Ehewohnung, ist das Wohl des Kindes von der Entscheidung regelmäßig erheblich betroffen. Die Anhörung des Jugendamts (§ 205 FamFG) beinhaltet auch die Funktion, auf einen die Person des Kindes unmittelbar betreffenden schwerwiegenden Familienkonflikt aufmerksam zu machen. Der ASD hat sich im Rahmen seines allgemeinen Beratungsauftrags einen Eindruck von der Situation des Kindes zu verschaffen und kann gegebenenfalls an die Mitwirkungsaufgabe mit dem Angebot weitergehender Hilfen anknüpfen.
In Gewaltschutzsachen, in denen ein Elternteil wegen Gewalt des Partners eine Schutzanordnung oder eine Wohnungszuweisung beantragt, soll das Familiengericht ebenfalls das Jugendamt anhören, wenn Kinder in dem Haushalt leben. Ist die Anhörung wegen einer besonderen Eilbedürftigkeit unterblieben, ist sie unverzüglich nachzuholen. Dem Jugendamt ist die Entscheidung mitzuteilen und es hat das Recht zur Beschwerde (§ 213 FamFG). Miterlebte Partnerschaftsgewalt stellt einen hoch signifikanten Hinweis auf eine potenzielle Gefährdung des Kindeswohls dar. Sie geht zudem vermehrt mit körperlicher oder psychischer Gewalt gegen das Kind oder mit dessen Vernachlässigung einher. Insoweit ist die Mitteilung an das Jugendamt über die Anhängigkeit eines entsprechenden Verfahrens regelmäßig zugleich ein gewichtiger Anhaltspunkt für eine Kindeswohlgefährdung. Dieser Mitteilung hat der ASD im Rahmen seines allgemeinen Schutzauftrags daher nachzugehen, er hat mit den Beteiligten in der Familie in eine Klärung der potenziellen Gefährdung einzutreten, im Zusammenwirken mit mehreren Fachkräften eine Einschätzung zur Situation des Kindes oder Jugendlichen vorzunehmen und die erforderlichen Hilfen anzubieten (§ 8a Abs. 1 SGB VIII). Wird vom Familiengericht eine Schutzanordnung und/oder Wohnungszuweisung ausgesprochen, so sind alle Beteiligten im (ehemals) gewaltbelasteten Familiensystem – auch der Täter – Adressaten des ASD. Mit ihnen sind Perspektiven für ein gewaltfreies, förderliches Aufwachsen des Kindes zu entwickeln.

8.4.5 Abstammungssachen (§ 176 FamFG)

Der ASD wirkt auch in bestimmten Abstammungssachen mit. In einigen Verfahren zur Anfechtung der Vaterschaft stellen Einschätzungen zur psycho-sozialen Situation in der Familie eine Grundlage für die familiengerichtliche Entscheidung dar. In folgenden zwei Konstellationen soll das Jugendamt angehört werden:

- Das Kind wird während einer Ehe geboren und der Ehemann gilt daher kraft Gesetzes als Vater des Kindes. Ein außenstehender Mann kann die Vaterschaft nur anfechten, wenn er glaubhaft macht, der Mutter während der Empfängniszeit beigewohnt zu haben (§ 1600 Abs. 1 Nr. 2 BGB).
- Mit der Vaterschaftsanerkennung wurden die Voraussetzungen für die Einreise oder den erlaubten Aufenthalt des Kindes oder eines Elternteils geschaffen (§ 1600 Abs. 1 Nr. 5 BGB).

In beiden Fällen ist eine Vaterschaftsanfechtung unzulässig, wenn zwischen dem rechtlichen (aber möglicherweise nicht biologischen) Vater und dem Kind eine sozial-familiäre Beziehung besteht oder jemals bestanden hat (§ 1600 Abs. 2 und 3 BGB). Dieser Frage soll das Jugendamt nachgehen und Aussagen zur Beziehung zwischen (rechtlichem) Vater und Kind treffen. Die Belastungen in der Familie sind bei Anhängigkeit solcher Anfechtungsverfahren in der Regel deutlich erhöht. Bei der Anfechtung wegen vermuteter Erschleichung einer Aufenthaltserlaubnis durch die Vaterschaftsanerkennung droht die Abschiebung von Mutter und Kind, weil das Kind die deutsche Staatsangehörigkeit verliert, oder die Abschiebung des ausländischen (Schein-)Vaters. Der ASD erhält über die Mitwirkungsaufgabe auch die Möglichkeit, sich der Familie, ihren Problemen und ihrem potenziellen Hilfebedarf anzunehmen.

In einer weiteren Anfechtungsvariante kann das Jugendamt angehört werden, wenn ein Elternteil als gesetzlicher Vertreter die Vaterschaft im Namen des Kindes anficht. Dahinter steht der Gedanke, dass ein von Eltern initiierter Vaterverlust den Interessen des Kindes zuwiderlaufen kann.

8.5 Perspektive: Koordination und Kooperation in Rollenklarheit

Im familiengerichtlichen Verfahren sind neben den Beteiligten aus den Familien mehrere professionelle Akteure aktiv (ausführlich Meysen et al. 2009, Teil A):

- Familiengericht,
- Jugendamt,
- Rechtsanwälte,
- Verfahrensbeistände,
- (psychologische) Sachverständige,
- Beratungsstellen und Mediatoren.

Alle erfüllen je eigene Aufgaben und Funktionen und nehmen bestimmte Rollen ein. Damit sie im Einzelfall ihr Handeln koordinieren und dabei das Kindeswohl nicht aus dem Blick verlieren, sollen sie in fallübergreifenden Netzwerken „die Grundsätze für eine verbindliche Zusammenarbeit in Vereinbarungen festlegen" (§ 3 Gesetz zur Kooperation und Information im Kinderschutz, KKG).

8.5.1 Familiengericht

Im Konzert der Kooperationspartner beim familiengerichtlichen Verfahren nimmt das Familiengericht eine besondere Stellung ein. Die richterliche Unabhängigkeit ist ein hohes Gut, daher kann es bei der Behandlung des Einzelfalls keine Absprachen an den Beteiligten (aus der Familie) vorbei geben. Davon abgesehen ist mittlerweile allgemein anerkannt, dass Jugendamt und Familiengericht eine Verantwortungsgemeinschaft zur Sicherung des Kindeswohls bilden. Auch die Familienrichter sind daher in fallübergreifende Kooperationskreise und lokale Netzwerke eingebunden. Sie gehören ausdrücklich und selbstverständlich dazu (§ 3 Abs. 2 KKG). In den Arbeitskreisen treffen sie mit den anderen Akteuren allgemeine Absprachen über die Verfahrensabläufe, tauschen sich über die jeweiligen Aufgaben und Funktionen sowie über das Wechselspiel bei der Wahrnehmung des staatlichen Wächteramts aus, bilden sich gemeinsam und ggf. auch gegenseitig fort.

8.5.2 Jugendamt

Das Jugendamt hat im familiengerichtlichen Verfahren verschiedene Rollen. Der ASD selbst tritt in drei verschiedenen Rollen auf:

- Die Aufgabe der Mitwirkung im familiengerichtlichen Verfahren ist eine eigene, sogenannte „andere Aufgabe" im Kinder- und Jugendhilferecht (§ 2 Abs. 3 Nr. 6 SGB VIII). Zu ihr gehört die Anrufung des Familiengerichts bei Gefährdung des Kindeswohls (§ 8a Abs. 2, § 42 Abs. 3 SGB VIII) und die allgemeine Mitwirkung. Der ASD bringt die sozialpädagogische Expertise in familiengerichtliche Verfahren ein, welche die Person des Kindes betreffen, er wird vom Familiengericht angehört, ihm werden die Entscheidungen mitgeteilt, er hat das Recht, Beschwerde einzulegen und insbesondere in Kindschaftssachen (elterliche Sorge, Umgangsrecht etc.) kann er eine formelle Beteiligtenstellung im Verfahren beantragen.
- Daneben bringt der ASD die Rolle des Jugendamts als Sozialleistungsträger ein. Er sichert die sozialpädagogische Fachlichkeit bei der Entscheidung über die Gewährung von Leistungen, etwa hinsichtlich der Geeignetheit eines begleiteten Um-

gangs zur Vermeidung einer Gefährdung während der Kontakte. Er tritt im Verfahren auch dann in seiner Rolle als Sozialleistungsträger auf, wenn die Personensorgeberechtigten wegen einer (potenziellen) Kindeswohlgefährdung zur Inanspruchnahme einer sozialpädagogischen Familienhilfe, einer Mutter/Vater-Kind-Einrichtung oder einer anderen ambulanten oder teilstationären Hilfen angehalten bzw. familiengerichtlich verpflichtet werden sollen. Der frühe Termin in Kindschaftssachen wegen Trennung und Scheidung sowie vor allem Kindeswohlgefährdung heißt für die Arbeit im ASD, dass vor dem Termin bei Gericht auch die mögliche Gewährung von Leistungen im Zusammenwirken mehrerer Fachkräfte vorbereitet wird, damit in der Anhörung vor Gericht mit den Beteiligten aus der Familie entsprechende Absprachen getroffen werden können.
- Der ASD ist regelmäßig auch Leistungserbringer, er führt die Sozialleistung, auf welche die Beteiligten in der Familie Anspruch haben, z.T. selbst aus. Insbesondere die Beratung und Unterstützung in Fragen der Partnerschaft, Trennung und Scheidung und bei der Ausübung des Umgangsrechts (§§ 17, 18 Abs. 3 SGB VIII) wird häufig vom ASD selbst durchgeführt.

Neben den Fachkräften aus dem ASD treten auch andere Akteure aus dem Jugendamt im Verfahren auf. Der Amtsvormund bzw. Amtspfleger vertritt das Kind als sein gesetzlicher Vertreter, etwa wenn es um Fragen des Umgangs oder der elterlichen Sorge geht. Als Beistand ist das Jugendamt gesetzlicher Vertreter des Kindes in Sachen Vaterschaftsfeststellung und Kindesunterhalt. Das Gesetz schließt bei der Wahrnehmung dieser Aufgaben eine Personalunion mit Fachkräften des ASD aus (§ 16 Abs. 1 SGB X).

Die unterschiedlichen Rollen, in welchen das Jugendamt, aber auch die Fachkräfte des ASD selbst im familiengerichtlichen Verfahren auftreten, sind für die Betroffenen in den Familien nicht immer leicht zu verstehen. Sie zu erklären und Transparenz über das Handeln des Jugendamts herzustellen, ist daher eine Beratungsaufgabe vor allem auch des ASD.

8.5.3 Die anderen Akteure

Wenn dies zur Wahrnehmung der Interessen des Kindes im Verfahren erforderlich ist, bestellt das Familiengericht für das Kind einen **Verfahrensbeistand**. Dies geschieht vor allem in Konstellationen, in denen das Interesse des Kindes im wesentlichen Gegensatz zu dem der Eltern steht bzw. stehen könnte, in Verfahren wegen Kindeswohlgefährdung, Aufenthaltswechsel, Herausgabe, Verbleibensanordnung, Ausschluss oder wesentlicher Beschränkung des Umgangsrechts (§ 158 Abs. 1 und 2 FamFG). Aufgabe der Verfahrensbeistände ist, das Kind über Gegenstand, Ablauf und möglichen Ausgang des Verfahrens in geeigneter Weise zu informieren, seine Interessen festzustellen und in das Verfahren einzubringen. Das Familiengericht kann die Bestellung auch auf das Führen von Gesprächen mit den Eltern und die Mitwirkung am Zustandekommen einer einvernehmlichen Regelung erstrecken (§ 158 Abs. 4 FamFG). In jedem Fall redet der Verfahrensbeistand aber mit dem Kind oder Jugendlichen und bringt nicht nur den von diesem geäußerten Willen ein, sondern nimmt Stellung zu den aus seiner Sicht wohlverstandenen Interessen (Münder et al./Trenczek 2009, Anh. § 50 Rdnr. 77 ff.; Münder/Ernst 2013, 174 ff.).

Beratungsstellen ergänzen das Angebot der Jugendämter bei der Erbringung von Leistungen der Beratung und Unterstützung bei Trennung und Scheidung. Im Kontext von Kindeswohlgefährdung sind zunehmend nicht nur spezialisierte, sondern auch allgemeine Erziehungsberatungsstellen aktiv, die Beteiligten aus der Familie bei der Klärung und Bewältigung ihrer individuellen familienbezogenen Probleme und der zugrunde liegenden Faktoren zu beraten (§ 28 SGB VIII). Teilweise haben Jugendämter den Beratungsstellen auch die Aufgabe der Mitwirkung im familiengerichtlichen Verfahren wegen Trennung und Scheidung übertragen. Diese nehmen dann vor allem die frühen Termine im Gericht wahr (§§ 50, 76 Abs. 2 SGB VIII; Bundeskonferenz für Erziehungsberatung 2010).

Steht in Frage, ob ein Kind gefährdet ist, ob sein Wohl eine Einschränkung der Umgangskontakte erforderlich macht, ob die eine oder andere Regelung der elterlichen Sorge dem Kindeswohl besser dient etc., kann das Familiengericht einen **psychologischen Sachverständigen** bestellen. Dieser bringt seine berufsspezifische Sachkunde ein und beantwortet die vom Gericht gestellten Fragen auf der Basis zeitgemäßer, wissenschaftlich und methodisch anerkannter Analysen. Das Familiengericht kann anordnen, dass der Sachverständige bei der Erstellung des Gutachtens auch auf die Herstellung des Einvernehmens zwischen den Beteiligten hinwirken soll (§ 163 FamFG; Meysen/Balloff et al. 2009, Teil A Rdnr. 74 ff.).

Die Beteiligten aus den Familien, aber auch das Jugendamt können zu ihrer Vertretung **Rechtsanwälte** mandatieren. Anwaltszwang besteht in Kindschaftssachen allerdings nicht (§ 10 FamFG). Aus Sicht des ASD werden Rechtsanwälte häufiger als streitverschärfend wahrgenommen, und es besteht eine Zurückhaltung, sie in die Beratungs- und Hilfeplanungsprozesse einzubeziehen. Wenn der ASD allerdings den Beteiligten die Möglichkeit einräumt, mit ihren Verfahrensbevollmächtigten die Ergebnisse der Beratung und Hilfeplanung reflektieren zu können, bevor Entscheidungen getroffen werden, kann dies die einvernehmlichen Regelungen und die Zufriedenheit mit ihnen stärken.

9 ASD-Tätigkeit und strafrechtliche Verantwortung

Von Thomas Meysen und Sybille Nonninger

- Haben Leitungs- oder Fachkräfte Aufgaben zur Sicherung des Kindeswohls und kommt es zur Verletzung von Rechtsgütern wie Leben oder Gesundheit bei den betreffenden Kindern oder Jugendlichen, so kann sich bei Pflichtverletzungen eine strafrechtliche Verantwortung aufgrund eines Unterlassens ergeben.
- Eine strafrechtliche Verantwortung kann die ASD-Fachkraft dann treffen, wenn sie nach dem SGB VIII befugt und gleichzeitig verpflichtet war einzuschreiten und wenn sie dies rechtswidrig unterlassen hat. Maßgeblich für die nachträgliche Beurteilung der Rechtmäßigkeit des sozialpädagogisch-fachlichen Handelns ist dabei, wie sich der Hilfefall für die zuständige Fachkraft zu dem Zeitpunkt dargestellt hat, an dem das vermeintlich erforderliche Handeln ausgeblieben ist. Eine strafrechtliche Verantwortung ergibt sich nur dann, wenn die Gefahr für das Kind bei rechtmäßigem bzw. ordnungsgemäßem Handeln mit an Sicherheit grenzender Wahrscheinlichkeit hätte abgewendet werden können.
- Pflichten der ASD-Fachkräfte werden nicht durch die Fachkräfte der freien Träger abgelöst. Auch ist es nicht möglich, Garantenstellung oder Garantenpflichten vom Jugendamt auf Träger der freien Jugendhilfe zu „übertragen" oder umgekehrt sich beim Träger der freien Jugendhilfe von einer solchen loszusagen.
- Die reale Bedrohung ist in Anbetracht der äußerst geringen Zahl der Fälle strafrechtlicher Verfolgung gemessen an den in der Kinder- und Jugendhilfe tätigen Fachkräfte als eher marginal zu bezeichnen. Die vielfach tiefgehend und undifferenziert empfundenen Ängste vor dem Staatsanwalt unter dem Stichwort „Garantenpflicht" entsprechen nicht den tatsächlichen Gefahren.
- Die beste Absicherung dagegen, strafrechtlich belangt zu werden, ist die Schärfung der eigenen Fachlichkeit. Zu deren Aufrechterhaltung und Weiterentwicklung bedarf es auch der entsprechenden Unterstützung durch die Organisation, der die Fachkraft angehört: Strukturen der Teamarbeit, Räume für fallübergreifende Diskurse, Supervision und Fortbildung für das Team wie für die einzelne Fachkraft.

9.1 Garantenstellung als Sinnbild für Erfolgsdruck

Durch verschiedene gerichtliche Entscheidungen seit Mitte der 1990er Jahre wurde in der Kinder- und Jugendhilfe eine Debatte um die strafrechtliche Relevanz sozialarbeiterischen Handelns ausgelöst (LG Osnabrück 6.3.1996, 22 Ns VII 124/95; OLG Oldenburg 2.9.1996, Ss 249/96; OLG Stuttgart 28.5.1998, 1 Ws 78/98). Die Diskussion fand in der Literatur eine lebhafte Fortsetzung (Mörsberger/Restemeier 1997; Schrapper 1997; Bringewat 1997, 1998, 2000, 2006; Meysen 2001, 2006; Salgo 2001; Wiesner 2004; Albrecht 2004). Korrespondierend dazu war in der Gesellschaft eine Verschiebung der Erwartungen an professionelle Arbeit im Kinderschutz zu beobachten: von solidarischer Hilfe für vielfach belastete Kinder und Familien hin zur Kontrolle abweichenden Verhaltens. Das Klima beim Schutz von Kindern und Jugendlichen ist dadurch rauer geworden für eine fachlich differenzierte Kinder- und Jugendhilfe.

So mag es nicht verwundern, wenn die strafrechtliche Verantwortung unter den Stichworten „Garantenstellung" oder „Garantenpflicht" zum Synonym geworden ist für das innere Schwanken der Kinder- und Jugendhilfe zwischen Selbstbewusstsein und Angst. Sie setzt sich selbst unter Erfolgsdruck, denn sie will gefährdeten Kindern und Jugendlichen helfen. Doch auch der Erwartungsdruck von außen ist gewachsen. Die Anteilnahme in Öffentlichkeit und Politik an der Arbeit im Kinderschutz ist zwar gestiegen. Hierzu in Missverhältnis stehen aber bislang sehr häufig die nicht ausreichenden Investitionen in die Kinderschutzorganisationen, damit diese ihren Aufgaben personell nachkommen und mit der zu Recht gewünschten Qualität kompetent erfüllen können. Die Finanznot der Kommunen erfasst auch die Soziale Arbeit und erhöht die Arbeitsverdichtung und -überbelastung nicht zuletzt auch im ASD (→ Kapitel 31). Zur Angst um das Kind und die Ohnmacht als Helfer gesellt sich daher die Angst um die eigene Person. Drohende Strafe wird so zu kränkendem Misstrauen gegenüber Helfern, die doch das ihnen Mögliche tun, um Kindern, Jugendlichen und Familien in Krisen zu helfen (Kohaupt 2003).

9.2 Differenzierte Wahrnehmung der professionellen Verantwortung

Um mit den beschriebenen spannungsvollen Zuschreibungen und Erwartungen einen Umgang zu finden, ist es hilfreich, in dem vielschichtigen Gestrüpp von Verantwortlichkeiten Handlungssicherheit (zurück) zu erlangen oder zu bewahren. Dabei ist es wichtig, zwischen den unterschiedlichen Formen der Verantwortung im Bereich des professionellen Kinderschutzes zu differenzieren und den Verantwortungsgehalt sowie den jeweiligen Adressaten und die Tragweite der Verantwortung einordnen zu können (nach Meysen 2006):

- **Verantwortung der staatlichen Gemeinschaft als Wächter** über die Pflege und Erziehung der Eltern (Art. 6 Abs. 2 Satz 2 GG): Adressat des sogenannten staatlichen Wächteramts aus dem Grundgesetz ist der Gesetzgeber. Dieser hat staatlichen Institutionen Aufgaben zum Schutz von Kindern und Jugendlichen zuzuweisen. Dem ist er gegenüber Jugendämtern, Familiengerichten, Polizei, Kinder- und Jugendschutzbehörden, Gesundheitsämtern und etlichen anderen Behörden nachgekommen.
- **Verantwortung von Leitung zur Sicherung des Kindeswohls**: In den Kommunalverwaltungen und bei den Trägern der freien Jugendhilfe ist es Aufgabe der Leitung, auf den unterschiedlichen Ebenen die notwendigen organisatorischen Vorkehrungen zu treffen und die erforderlichen sachlichen wie personellen Ressourcen zur Verfügung zu stellen, damit die gesetzlich zugewiesenen oder vertraglich übernommenen Aufgaben zum Schutz von Kindern und Jugendlichen erfüllt werden können.
- **Verantwortung der zuständigen Fachkraft zur Sicherung des Kindeswohls**: Aufgrund amts- bzw. organisationsinterner Geschäftsverteilung sind den einzelnen Fachkräften konkrete Hilfeaufgaben nach dem SGB VIII übertragen, oder sie haben solche übernommen. Hierbei haben sie entsprechend den Vorgaben des Schutzauftrags in § 8a SGB VIII ihren Beitrag zur Sicherung des Kindeswohls zu leisten.
- **Verantwortung des Arbeitgebers gegenüber den Arbeitnehmern und umgekehrt**: Im Rahmen des Beamten- oder Angestelltenverhältnisses treffen den Dienstherrn gegenüber seinen Mitarbeitern besondere Fürsorgepflichten. Dem korrelieren Treuepflichten seitens der Arbeitnehmer.
- **Strafrechtliche Verantwortung**: Haben Leitungs- oder Fachkräfte Aufgaben zur Sicherung des Kindeswohls und kommt es zur Verletzung von Rechtsgütern wie Leben oder Gesundheit bei den betreffenden Kindern oder Jugendlichen, so kann sich bei Pflichtverletzungen eine strafrechtliche Verantwortung aufgrund eines Unterlassens ergeben.

9.3 Logik strafrechtlicher Verantwortung

Eine der Funktionen des Rechts ist es, Verantwortlichkeiten möglichst konturiert und abgrenzbar zuzuweisen. Im Kontext von Fallverantwortung im Kinderschutz ist das Empfinden bei den Fachkräften in der Kinder- und Jugendhilfe (häufig aber auch bei den Familienrichtern) das einer Kulmination in der eigenen Person („alle Verantwortung lastet jetzt auf mir" oder „mich trifft die Letztverantwortung"). Der Befund bei einer Analyse der rechtlichen Zuordnung vermag dieses Gefühl indes nicht bestätigen (Mörsberger 2013a, 22).

Strafrechtlich geht es immer nur um die persönliche Vorwerfbarkeit gegenüber einer zum Handeln verpflichteten Person, nicht um die institutionelle Verantwortung des Trägers bzw. Arbeitgebers. Bei der Frage nach möglicher strafrechtlicher Relevanz sozialarbeiterischen Handelns im Kinderschutz ist nicht die Verletzung von Rechtspflichten gemeint, die jeden Bürger treffen (z. B. die unterlassene Hilfeleistung, § 323c Strafgesetzbuch), sondern vorwerfbar unterlassenes Tätigwerden trotz einer Pflicht zu aktivem Handeln zum Schutz der betroffenen Kinder oder Jugendlichen. Ein solches Unterlassen ist nach der deutschen Rechtsordnung nur ausnahmsweise strafbar, und zwar dann, wenn eine besondere Pflicht zum Tätigwerden bestand (§ 13 Strafgesetzbuch).

Fachkräfte, die im ASD Aufgaben nach dem SGB VIII wahrnehmen, übernehmen im Rahmen der beschriebenen und von § 8a SGB VIII kenntlich gemachten Grenzen Aufgaben zum Schutz von Kindern und Jugendlichen oder bekommen solche übertragen. Sie haben somit nach der Terminologie des Strafrechts aufgrund ihrer beruflichen Stellung grundsätzlich eine Garantenstellung inne (anschaulich Mörsberger 2013b, 65 ff.; Theißen / Schindler 2012, 16 ff.). In der konkreten Hilfe verdichtet sich diese durch die besondere Beziehung zum Klientel ggf. zu einer so bezeichneten Garantenpflicht (umfassend hierzu Bringewat 1998). Diese betrifft also die tatsächlichen Umstände der Hilfebeziehung des Helfers zu dem zu schützenden Rechtsgut (zum Kind oder Jugendlichen). Die Begrifflichkeit darf dabei jedoch nicht zu der sprachlichen Verwechslung führen, dass die Fachkräfte beim Helfen eine Garantie für den Schutz von Kindern und Jugendlichen übernähmen bzw. eine solche gesetzlich zugeschrieben bekämen. Solche Garantien kann niemand geben, und sie sind rechtlich auch nicht verlangt.

Im ASD ist Jugendhilfe Verwaltungshandeln. Ein solches kann nicht strafbar sein, wenn es rechtmäßig erfolgt. Die Rechtmäßigkeit wiederum richtet sich bei der Wahrnehmung der übertragenen Aufgaben ausschließlich nach der sozialpädagogischen Fachlichkeit im rechtlichen Rahmen des SGB VIII und in Bezug auf die Wahrnehmung der jeweils übertragenen Aufgaben. Weder kann noch darf oder gar muss eine Fachkraft im ASD uneingeschränkt alles tun, um Gefahren von einem Kind oder Jugendlichen abzuwenden. Voraussetzung für den Vorwurf unterlassenen Tätigwerdens ist folglich, dass der Fachkraft die Mittel zur Verfügung standen, die Schädigung abzuwenden, und sie auch dazu verpflichtet war, diese zu ergreifen. Im ASD richten sich Befugnis und Pflicht nach den Vorgaben des SGB VIII im Rahmen der dienstlichen Aufgaben. Dem ASD stehen zum Beispiel die Eingriffsmöglichkeiten einer Inobhutnahme (§ 42 SGB VIII) oder der Anrufung des Familiengerichts (§ 8a Abs. 2 Satz 1 SGB VIII) zu. Im Übrigen ist der Familie die „Herrschaft über den Geschehensablauf" zu belassen.

Folglich kann eine strafrechtliche Verantwortung die Fachkraft – bei Vorliegen der zahlreichen weiteren Strafbarkeitsvoraussetzungen – allenfalls dann treffen, wenn sie nach dem SGB VIII befugt und gleichzeitig verpflichtet war einzuschreiten und wenn sie dies rechtswidrig unterlassen hat.

Maßgeblich für die nachträgliche Beurteilung der Rechtmäßigkeit des sozialpädagogisch-fachlichen Handelns ist allein, wie sich der Hilfefall für die zuständige Fachkraft zu dem Zeitpunkt dargestellt hat, an dem das vermeintlich erforderliche Handeln ausgeblieben ist („Ex-ante-Sicht"). Spätere Erkenntnisse dürfen ihr nicht vorgehalten werden.

Entsprach das Handeln einer ASD-Fachkraft im Einzelfall nicht den fachlichen Anforderungen aus dem SGB VIII, so ergibt sich eine strafrechtliche Verantwortung nur dann, wenn sich die Gefahr für das Kind bei rechtmäßigem bzw. ordnungsgemäßem Handeln mit an Sicherheit grenzender Wahrscheinlichkeit nicht verwirklicht hätte. Durch fachliches Handeln, zu dem die Fachkräfte verpflichtet und in der Lage waren, hätte der nötige Schutz also garantiert sicherzustellen gewesen sein müssen. Da es von außen nur bedingt steuerbar ist, wie Eltern ihre Eigenverantwortung wahrnehmen, werden solche „Garantien" nur in Ausnahmefällen anzunehmen sein. So hätte beispielsweise durch eine Anrufung des Familiengerichts der Schutz des Kindes garantiert sicherzustellen gewesen sein müssen. Davon kann in Anbetracht der Unabhängigkeit der Familiengerichte bei ihrer Entscheidungsfindung nur in extremen Ausnahmefällen mit Bestimmtheit ausgegangen werden.

Pflichten der ASD-Fachkräfte werden nicht durch die Fachkräfte der freien Träger abgelöst. Auch ist es nicht möglich, Garantenstellung oder Garantenpflichten vom Jugendamt auf Träger der freien Jugendhilfe zu „übertragen" oder umgekehrt sich beim Träger der freien Jugendhilfe von einer solchen loszusagen. In der Kooperation verbleiben jedem die ihn gesetzlich oder vertraglich treffenden Verantwortlichkeiten. Das Strafrecht bewertet Verhalten nur im Nachhinein. Es wird u. a. geprüft, ob eine Pflicht verletzt wurde oder nicht. Von den übertragenen oder übernommenen Pflichten ist indes keine Freizeichnung möglich, weder für das Jugendamt noch für Träger der freien Jugendhilfe (OLG Oldenburg 2.9.1996, Ss 249/96).

Dass die Strafverfolgungsbehörden bei entsprechenden Hinweisen auch gegenüber Fachkräften der Kinder- und Jugendhilfe Ermittlungen anstellen, ist zwar einerseits für die betroffenen Fachkräfte und Kinderschutzorganisationen im Einzelfall höchst belastend, aber andererseits rechtsstaatlich unverzichtbare Grundbedingung für die Glaubwürdigkeit und das Vertrauen in das Handeln der Strafverfolgungsbehörden (Bringewat 2007). Von diesen muss die Gesellschaft erwarten können, dass sie dem Verdacht auf Straftaten unabhängig vom Ansehen der Person und des Arbeitskontextes nachgehen. Entscheidend ist daher nicht, dass die Strafbarkeit des Handelns in der Kinder- und Jugendhilfe überhaupt geprüft wird, sondern dass hierbei die Emotionen, die Misshandlung, Vernachlässigung und sexueller Missbrauch von Kindern oder Jugendlichen auch in der Strafjustiz und bei der Polizei auslösen, den Blick für die rechtlichen Implikationen nicht zu versperren. Und für die Fachkräfte im ASD ist wichtig, dass sie von ihrem Arbeitgeber und im Kollegenkreis gestützt werden, um die hoch belastende, für alle Beteiligten schwierige Zeit, den hohen politischen und oft auch medialen Druck mit Solidarität bewältigen zu können. In der Folge sollte der Arbeitgeber den beteiligten Fachkräften die Möglichkeit zu einer nachbetrachtenden Fallanalyse und damit zu einem (selbst)kritischen Lernprozess einräumen (Munro 2011; Biesel 2011; Fegert et al. 2008).

9.4 Sicherheit durch fachliche Standards oder Standardisierungen?

Es gehört zur Profession von Fachkräften in der Kinder- und Jugendhilfe, Verantwortung zur Sicherung des Wohls von Kindern und Jugendlichen zu übernehmen und zu tragen. Im Bewusstsein, hierbei für ein Fehlverhalten zumindest hypothetisch strafrechtlich zur Verantwortung gezogen werden zu können, kann dies jedoch leicht zur Belastung werden. Auch deshalb haben sich insbesondere die Jugendämter seit etwa dem Jahr 2000 intensiv an die Beschreibung der fachlichen Standards und die Erarbeitung von Standardisierungen in der Kinderschutzarbeit gemacht. Diese wurden in einem Forschungsprojekt „Kindeswohlgefährdung nach § 1666 BGB und Allgemeiner Sozialer Dienst (ASD)" zusammengetragen und bewertet (siehe www.dji.de/asd).

Durch solche Standardisierungen sollen strukturelle und verfahrensmäßige Versäumnisse und daraus möglicherweise erwachsende Risiken auch für die ASD-Fachkraft im Einzelfall vermindert werden. Eine übertriebene Standardisierung gefährdet jedoch zugleich die Qualität des Schutzes von Kindern und Jugendlichen (→ Kapitel 22). Sie lenkt ab von zentralen Gesichtspunkten: Das Ringen um das Vertrauen und die Mitwirkung der Eltern, die qualifizierte kollegiale Beratung und Einschätzung im Team, die fachlich fundierte Verantwortungsübernahme zum Wohl des Kindes als wesentliche inhaltliche Basis für den aktiven Kindesschutz. Die regelhafte Delegation der sozialpädagogisch-fachlichen Entscheidung im Einzelfall an Dienstvorschriften erhöht nicht nur das Risiko für die Kinder und Jugendlichen, sondern damit auch für die Fachkräfte (Munro 2010). Die Verantwortung bleibt nämlich in jedem Fall bei der einzelnen ASD-Fachkraft (zur strafrechtlichen Relevanz von solchen Standardisierungen DIJuF 2005).

9.5 Rechtliche Bewertung und reale Bedrohung

Die Auseinandersetzung der Juristen um die Strafbarkeitsrisiken in der Sozialen Arbeit hat mittlerweile eine zunehmende Versachlichung erfahren. Eine umfassende rechtswissenschaftliche und zugleich rechtsvergleichende Untersuchung der bisher veröffentlichten Strafurteile sowie der Literaturmeinungen zur Frage potenzieller Strafbarkeit von Fachkräften in der Kinder- und Jugendhilfe geht mit der deutschen Praxis in einer für Sozialarbeiter beruhigenden Weise kritisch „ins Gericht". Sie kommt zu dem Schluss, dass es sich bei den vereinzelten Verurteilungen um eine allein auf eine wissende Nachbetrachtung abstellende „Erfolgshaftung" handele. Diese würde „Sozialpolitik durch Kriminalpolitik ersetzen und im Übrigen angesichts des seltenen Ereignisses schwerer Misshandlungsfolgen auch Zufallsstrafrecht darstellen" (Albrecht 2004, 183, 227). Die reale Bedrohung ist in Anbetracht der äußerst geringen Zahl der Fälle strafrechtlicher Verfolgung gemessen an den in der Kinder- und Jugendhilfe tätigen Fachkräften – auch und gerade im Vergleich mit anderen helfenden Berufsgruppen – als äußerst gering zu bezeichnen. Ob diese Erkenntnis im ASD von der einzelnen Fachkraft wahrgenommen werden und sich dann auf das persönliche Empfinden einer potenziellen strafrechtlichen Bedrohung auswirken kann, hängt entscheidend davon ab, wie sie persönlich meint, ihre Verantwortung für den Schutz von Kindern und Jugendlichen im ASD tragen zu können. Ein differenzierter Blick auf das Empfinden von Verantwortung und Druck in der Arbeit dürfte hier am ehesten geeignet sein, bei der Suche nach Entlastung einen Anknüpfungspunkt zu finden. Die Ängste vor dem Staatsanwalt unter dem Stichwort „Garantenpflicht" sind insoweit jedenfalls nur begrenzt mit den tatsächlichen Gefahren rückgekoppelt (Mörsberger 2013a und 2013b). Insgesamt wird sich jede Fachkraft im ASD fragen müssen, inwieweit sie sich im Wissen um die mögliche strafrechtliche Verantwortung den eigenen Ängsten hingibt, sich bei der Arbeit in der Familie imaginär vom Staatsanwalt über die Schultern schauen lässt und in eine Absicherungsmentalität gegen mögliche eigene Risiken verfällt, anstatt ihre Wahrnehmungen in Bezug auf das Wohl des Kindes zu schärfen. Wenn es nicht gelingt, die gedankliche Präsenz des Staatsanwalts in ihrer Schreibtisch-Schublade im Jugendamt zu lassen, erhöht sich im Zweifel die Selbstgefährdung für die Fachkraft. Denn die beste Absicherung dagegen, strafrechtlich belangt zu werden, ist die Schärfung der eigenen Fachlichkeit. Zu deren Aufrechterhaltung und Weiterentwicklung bedarf es auch der entsprechenden Unterstützung durch die Organisation, der die Fachkraft angehört: Erforderlich sind Strukturen, die zeitnahes Handeln und Teamarbeit ermöglichen, sind Räume für Absicherung in fallübergreifenden Diskursen ebenso wie regelmäßiger Supervision und Fortbildung, für das Team wie für die einzelne Fachkraft. Hat die Fachkraft nach den Regeln der Kunst gehandelt, kann sie sich, wenn einem Kind oder Jugendlichen doch einmal etwas zustößt und die Staatsanwaltschaft Ermittlungen anstellt, auf die fachliche Arbeitsweise berufen und sich dadurch entlasten.

IV Methodische Anforderungen und Arbeitsweisen im ASD

A Übergreifende methodische Anforderungen

10 Zwischen Hilfe und Kontrolle – der ASD im Spannungsfeld zwischen Dienstleistung und Schutzauftrag bei Kindeswohlgefährdung

Von Reinhold Schone

- Hoheitliches Handeln ist seit jeher Aufgabe des Jugendamtes und des ASD und ständiger Begleiter einer Programmatik, die im Zuge einer Profilierung der Dienstleistungsorientierung der Jugendhilfe nach außen häufig allein in Form von Hilfe- und Dienstleistung erkennbar werden sollte. Allerdings wohnt jedem Hilfeversprechen ein Kontrollaspekt inne. Alle in diesem Zusammenhang erbrachten, rechtlich begründeten Leistungen müssen kontrolliert werden hinsichtlich ihrer Notwendigkeit und Geeignetheit, aber auch hinsichtlich ihrer Wirkungen bezogen auf den Schutz des Kindes. Insbesondere Letzteres schließt auch die Kontrolle von (verändertem) Erziehungsverhalten von Eltern bzw. veränderten Erziehungsbedingungen des Kindes unmittelbar ein.
- Eine solche Kontrolle ist an entsprechende Hilfsmöglichkeiten und konkrete Hilfsangebote gekoppelt. Nur wenn die Jugendhilfe auch für die Familie begehbare Auswege aus der Gefährdungssituation des Kindes/der Kinder aufzeigt und konkret anbietet, ist Kontrolle gerechtfertigt (Schrapper 2008a, 469). Ohne solche Angebote wären kontrollierende Aktivitäten in der durch Grundrechte geschützten Privatsphäre der Familie nicht zulässig und verkämen zu reiner Repression (Schone 2008, 14). Dies erfordert besondere Aufmerksamkeit in Kommunen, wo sich die aktuelle Diskussion über die Gestaltung des Schutzauftrags mit einer Verengung der Spielräume auf der Leistungsseite aufgrund defizitärer kommunaler Haushaltslagen schneidet.
- Insbesondere im Zusammenhang mit Kontrollaufgaben ist es erforderlich, dass sich der ASD selbst in der Wahrnehmung dieser Aufgaben einer angemessen Kontrolle unterzieht (Merchel 2007b).
- „Kontrolle muss daher strukturell wie methodisch in ‚Gegenkontrolle' eingebunden werden und für alle Beteiligten hinsichtlich der Ziele, Kriterien und Verfahren transparent sein. Rechtlich verankerte und praktisch wirksame Beteiligungs- und Mitwirkungsrechte, Datenschutzrechte und gerichtliche Überprüfbarkeit von Leistungsentscheidungen sowie ein gutes ‚Beschwerdewesen' sind Bausteine einer im KJHG verankerten ‚Gegenkontrolle'. Denn auch die ‚Kontrolleure' brauchen ein sie kontrollierendes Gegenüber, institutionell und professionell, um sich sowohl vor Allmachtsphantasien wie vor Ohnmachts- und Überlastungsgefühlen zu schützen beziehungsweise geschützt zu werden" (Schrapper 2008a, 469 f.).
- Erziehungshilfe findet oft in Zwangskontexten unterschiedlicher Intensität und Dichte statt. Ziel der Jugendhilfe muss es sein, diese Zwangskontexte durch Vertrauensbildung und Partnerschaft zu minimieren. Eine verstärkte Betonung des Schutzauftrags und damit verbundene Kontrollaktivitäten sollten dieses Vertrauen möglichst nicht aufs Spiel setzen, damit sich Ängste bei der Inanspruchnahme von Hilfen – quasi als Nebenfolge dieser Diskussion – nicht verstärken.
- Die Perspektiven auf angemessene Hilfe und wirksamen Schutz können dann verbessert werden, wenn das Jugendamt als hilfreicher und stützender Partner auch wahrgenommen und in der Folge auch angenommen wird. Eine verstärkte Wahrnehmung des Jugendamtes als Kontrollbehörde – und damit ein Rückfall in Zeiten weit vor dem Kinder-

und Jugendhilfegesetz – könnte gerade bei den Familien, die mit ihren Erziehungsaufgaben überfordert sind und die sich dieser Überforderung schämen, eher Rückzugs- und Abschottungstendenzen auslösen, was im Hinblick auf eine breite Durchsetzung des Kinderschutzes fatale Folgen hätte.
- Die Betroffenen (Familien wie Kinder) unterhalb der sehr sorgfältig im Einzelfall zu definierenden Schwelle einer Kindeswohlgefährdung müssen das Recht haben, sich den Aktivitäten des ASD zu entziehen. Das oft erhobene Postulat der „Partizipation" bedeutet auch, dass die Betroffenen selbst bestimmen können müssen, wo sie sich fremder Hilfe und Unterstützung bedienen wollen und wo sie eigene Handlungs- und Lösungsstrategien realisieren wollen, auch wenn diese den Sozialarbeitern des ASD nicht gefallen.

Die Jugendhilfe in Deutschland ist dadurch gekennzeichnet, dass Leistungen zur Förderung, Unterstützung und Hilfe für Kinder, Jugendliche und Familien und hoheitliche Aufgaben zum Schutz von Kindern und Jugendlichen in einem Gesetzeswerk (Kinder- und Jugendhilfegesetz – SGB VIII) gemeinsam geregelt sind und der Gesetzgeber die Wahrnehmung dieser Aufgaben im Sinne der Einheit der Jugendhilfe beim öffentlichen Träger in einer Organisation, dem Jugendamt, bündelt.

Oberstes Ziel aller Jugendhilfeaktivitäten ist es, junge Menschen in ihrer individuellen und sozialen Entwicklung zu fördern sowie Kinder und Jugendliche vor Gefahren für ihr Wohl zu schützen und damit dazu beizutragen, dass ihr Recht auf eine Erziehung zu einer eigenständigen und gemeinschaftsfähigen Persönlichkeit (§ 1 SGB VIII) eingelöst wird. Aufgaben, die im Zusammenhang mit konkreten individuellen Hilfe- und Unterstützungsbedarfen von jungen Menschen und Familien stehen oder die den Schutz von Kindern und Jugendlichen vor Gefahren für ihr Wohl betreffen, werden dabei im Jugendamt vom ASD als Bezirkssozialdienst wahrgenommen. Damit wächst dem ASD im Rahmen der Jugendhilfe eine spezifische Rolle im Spannungsfeld zwischen „Sozialleistung" und „Ordnungstätigkeit" (Münder / Tammen 2002) zu.

10.1 Ausgangspunkt: Der Auftrag der Jugendhilfe

Unter dem Schlagwort des Doppelmandates von Hilfe und Kontrolle wird schon immer diskutiert, dass Jugendhilfe einerseits helfend, fördernd, beratend, unterstützend für Kinder, Jugendliche und Familien tätig werden muss, um individuelle oder soziale Krisen und Problemlagen überwinden zu helfen, und dass sie andererseits eingreifend tätig werden muss, wenn das Wohl von Kindern und Jugendlichen gefährdet ist und die Eltern nicht – auch nicht mit öffentlicher Hilfe – bereit oder in der Lage sind, diese Gefährdungen von ihren Kindern abzuwenden (Müller 2001, S. 33 ff.). Auch mit der Deklarierung der Jugendhilfe als personenbezogene soziale Dienstleistung und mit der damit verbundenen Vorstellung des Wandels vom fürsorglich umlagerten Klienten zum souveränen und aufgeklärt agierenden Kunden ist die Thematisierung des Verhältnisses von Hilfe und Kontrolle nicht obsolet geworden, ebenso wenig wie das mit diesem Begriffspaar skizzierte Spannungsverhältnis, welches das sozialpädagogische Handeln in der Praxis der Jugendhilfe begleitet. Dies ergibt sich aus der Besonderheit von Eltern-Kind-Verhältnissen und aus der spezifischen sorgerechtlich untermauerten (altersmäßig allerdings variierenden) Abhängigkeit von minderjährigen Kindern von elterlichen Pflege-, Betreuungs- und Erziehungsleistungen. Es geht also darum, einerseits die Eltern dabei zu unterstützen, die Pflege und Erziehung ihrer Kinder nach eigenen Vorstellungen und in eigener Verantwortung sicherzustellen, andererseits gleichzeitig dafür Sorge zu tragen, dass dies nicht zum Schaden von Kindern geschieht (Art. 6 Abs. 2 GG; § 2 SGB VIII).

Es ist dabei nicht Aufgabe der Jugendhilfe, dafür zu sorgen, dass ein Kind eine bestimmte Erziehung erhält – elterliches Erziehungsverhalten kann und darf unterschiedlichen Weltanschauungen, Erziehungsphilosophien oder Wertvorstellungen unterliegen –, sie hat aber zu gewährleisten, dass ein bestimmtes Niveau der Daseinsfürsorge für das Kind nicht unterschritten wird. Dieses Niveau wird mit dem Begriff der Kindeswohlgefährdung beschrieben, welcher damit zum Maßstab staatlichen Handelns und ggf. des Eingriffs in das Elternrecht wird.

Bereits in der Leitnorm des § 1 Abs. 3 SGB VIII wird als schwieriger gesetzlicher Auftrag der Jugendhilfe formuliert, dass es gleichermaßen Aufgabe der Jugendhilfe ist, Eltern und andere Erziehungsberechtigte bei der Erziehung zu beraten und zu unterstützen und Kinder und Jugendliche vor Gefahren für ihr Wohl zu schützen. Vor dem Hintergrund dieser Ausgangslage sind die einzelnen Leistungen und Aufgaben der Jugendhilfe im SGB VIII normiert. Dabei lassen sich die geforderten Aktivitäten zur Verwirklichung der Rechte von jungen Menschen und ihren Eltern prinzipiell als dreistufiges System darstellen:

1. Für alle Kinder, Jugendlichen und Familien sollen zunächst einmal im Rahmen allgemeiner Förderangebote Beratungs-, Unterstützungs- und Entlastungsangebote zur Verfügung gestellt werden. Zu solchen Angeboten der allgemeinen Jugend- und Familienförderung gehören insbesondere Angebote von Kindertageseinrichtungen und Tagespflege, der Jugendarbeit und Jugendsozialarbeit oder der Familienbildung und -beratung.
2. Für Familien in spezifischen Krisen- und Belastungssituationen gilt es darüber hinaus, ein besonderes Angebot zur Krisenbewältigung (z. B. Beratung bei Problemen der Trennung und Scheidung, Betreuung und Versorgung des Kindes in Notsituationen, Hilfe zur Erziehung) bereitzuhalten und im Einzelfall, wenn eine dem Wohl des Kindes entsprechende Erziehung nicht gewährleistet ist, „notwendige und geeignete" Hilfen zu entwickeln und anzubieten.
3. Wenn dennoch das Kindeswohl – trotz der Angebote und Leistungen der Jugendhilfe – gefährdet ist, müssen die Fachkräfte der Jugendhilfe im Rahmen der Ausübung des staatlichen Wächteramtes (z. B. durch Inobhutnahme von Kindern und Jugendlichen) die Existenzrechte des Kindes ggf. auch gegen den Willen der Eltern durchsetzen und sichern.

Die Tätigkeit des ASD bewegt sich in der Praxis zumeist auf den Handlungsebenen 2 und 3. Hier bestimmt die ständige Suche nach adäquaten Hilfs- und Unterstützungsangeboten für Familien die Diskussion ebenso wie die Frage und z. T. die Sorge, ob das Wohl der betroffenen Kinder oder Jugendlichen tatsächlich hinreichend gesichert ist. Dabei hat der ASD den Auftrag, dort wo Hilfebedarf entsteht, aktiv tätig zu werden und nicht zu warten, bis Eltern von sich aus in der Lage sind, um Hilfe nachzusuchen. Dies setzt eine intensivere Kenntnis der konkreten Lebensumstände der Menschen voraus, die sich bei einer bezirklichen Organisation am besten herstellen bzw. gewährleisten lässt. Der ASD befindet sich daher nicht nur im Spannungsfeld von Elternunterstützung und Kindesschutz, sondern er hat schon im Vorfeld konkreter Fallbearbeitung das Verhältnis zwischen offensiver (präventiver) Arbeit einerseits und Konflikt- und Krisenbewältigung andererseits zu bestimmen.

Angesichts des nicht eindeutig bestimmbaren Kindeswohl-Begriffs und eines gesetzlichen Regelwerks, welches aufgrund dieser Problematik Generalklauseln und unbestimmte Rechtsbegriffe verwendet und auf präzise Definitionen und Bestimmungen verzichten muss (Münder et al. 2006, 100 ff.), stellt sich die Frage, mit welchen Mitteln und Methoden der ASD diesen Handlungsauftrag umsetzt. Hohe inhaltliche Interpretationsspielräume auf der einen Seite und geringe Verfahrensstandardisierungen auf der anderen Seite konstituieren ein Handlungsfeld, in dem es – im Vergleich zu anderen Rechtsgebieten – nur sehr wenig formelle und klar beschriebene Regelungen gibt (Münder et al. 2000). Dabei kann sich keiner der im Feld tätigen Fachkräfte dem Tätigkeitsimperativ zur Wahrnehmung des staatlichen Wächteramtes entziehen, zumal die gesellschaftliche Erwartung an diese Akteure, gesellschaftliche Minimalnormen im Hinblick auf den Schutz von Kindern auch durchzusetzen, sehr hoch ist.

Hierbei ist das Verhältnis von Hilfe und Kontrolle immer wieder neu zu justieren – sei es, dass implizite Veränderungen im fachlichen Handeln und in der Wahrnehmung der professionellen Rolle von Sozialpädagogen expliziert und zur Diskussion gestellt werden müssen, sei es, dass sich gesellschaftliche Erwartungshaltungen verändern, die nicht ohne Einfluss auf diesen Bereich öffentlicher Daseinsgestaltung bleiben (können). Dennoch blieben die Konsequenzen dieser Diskussion für das professionelle Handeln bislang eher allgemein und die theoretischen und praktischen Folgerungen zumeist diffus (Urban 2004, 10).

10.2 Rolle und Funktion des ASD

Der ASD ist die zentrale Instanz kommunaler Sozialleistungen (nicht nur) für Familien mit Kindern. Als Basis-Sozialdienst der Kommunen ist er zumeist nach dem Territorialprinzip organisiert, sodass jeweils eine Fachkraft des ASD für ein bestimmtes Einzugsgebiet zuständig ist. Ansprüche von Bürgern nach dem SGB VIII werden über die Fachkräfte des ASD an die Kommune transportiert. Gleichzeitig ist der ASD im Rahmen seines gesetzlichen Auftrags verpflichtet, bei einer bestehenden Kindeswohlgefährdung geeignete Maßnahmen zur Abwehr dieser Gefahr zu ergreifen. Es ist daher sinnvoll, dass sich beim ASD zu einem erheblichen Teil Entscheidungskompetenzen für die Hilfeentwicklung und Hilfegewährung bündeln. Er wird damit zu einer Schlüsselinstanz für einen problemangemessenen Zugang zu und Umgang mit Familien und Kindern in Problemsituationen. Den Adressaten der Jugendhilfe tritt der ASD in drei möglichen, im Alltag manchmal ineinander übergehenden, aber analytisch deutlich zu trennenden Funktionen gegenüber (→ Abb. 1, Schone 2008): Als eigenständige *Beratungsinstanz* im Netzwerk der Hilfen bietet der ASD für Eltern und Kinder Rat und Unterstützung bei vielfältigen Fragen und Problemen an. Er ist eine erste Anlaufstelle zur Beratung für Hilfesuchende, wobei ein Kontakt oft allerdings erst im Krisenfall zustande kommt. Diese erste Beratung kann von einem einmaligen Gespräch mit ggf. anschließendem Verweis auf andere Instanzen bis hin zu längerfristigen Beratungen zur Klärung von Problem- und Konfliktlagen reichen, ohne dass andere Dienste eingeschaltet werden müssen. Hier erbringt der ASD unmittelbare sozialpädagogische Dienstleistungen. Als *Entscheidungs- und Vermittlungsinstanz* zu speziellen oder intensiveren Hilfsangeboten entscheidet der ASD insbesondere über das Vorliegen von Rechtsansprüchen von Familien und ihren Kindern auf Hilfen zur Erziehung. Er handelt mit den Adressaten die notwendigen und geeigneten Hilfen aus (die sowohl fachlich angemessen sind, als auch von den Adressaten als gangbare Lösungswege angesehen werden). Er verschafft auf dieser Basis Zugänge der Adressaten zu sozialpädagogischen Dienstleistern und legt die fachlichen Grundlagen für die Finanzierung dieser Hilfsangebote. Als *Wächterinstanz* über das Kindeswohl schließlich hat der ASD den Auftrag, den Schutz von Kindern und Jugendlichen vor Gefahren für ihr Wohl sicherzustellen und Hilfen bzw. Leistungen für Kinder und Jugendliche ggf. auch gegen den Willen der Eltern (durch Inobhutnahme und/oder durch Einschaltung des Gerichts) durchzusetzen, wenn das Kind oder der Jugendliche andernfalls Schaden nehmen würde. Aufgabe des ASD ist es hier u. a., gegenüber dem Gericht den Nachweis des Vorliegens einer Kindeswohlgefährdung zu erbringen und notwendige sozialpädagogische Leistungen zu definieren.

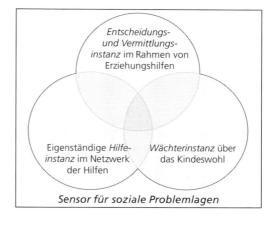

Abb. 1: Funktionen des ASD

Zu den in Abbildung 1 dargestellten drei direkt handlungsbezogenen Funktionen gesellt sich als vierte (für Adressaten eher unsichtbare) Funktion die des *Sensors für soziale Lebens- und Problemlagen*. Im ASD laufen Informationen über junge Menschen und ihre Familien in Krisensituationen zusammen. Hier können die Informationen registriert und gebündelt werden. Damit ist der ASD so etwas wie ein Seismograf für Problemlagen in einer Kommune. Mit dieser Funktion verbindet sich eine Erwartung, die zwar heute nicht mehr so oft ausgesprochen wird, die aber mit dem ASD als Bezirkssozialdienst verknüpft ist. Unter dem Stichwort Prävention soll der ASD – wie es der KGSt-Bericht 6/75 noch ausdrückt – „die Ursachen bestehender und voraussichtlich entstehender Notsituationen erkennen und zu ihrer Beseitigung bzw. Verhinderung durch rechtzeitige und vorbeugende Hilfen beitragen" (KGST 1975). Dies entspricht der Aufgabe nach § 1 Abs. 3, Punkt 4 SGB VIII, dazu beizutragen, „positive Lebensbedingungen für junge Menschen und ihre Familien und eine kinder- und familienfreundliche Umwelt zu erhalten oder zu schaffen". Prävention in diesem Sinne setzt die Kenntnis des Bezirks als Sozialraum voraus und beinhaltet eine Einschätzung zur Wirksamkeit bestehender Angebote in der sozialen Infrastruktur des Bezirks – vom informellen Jugendtreff bis zum organisierten Vereinsleben. Sie realisiert sich sowohl in unmittelbar sozialraumbezogenem Handeln als auch über die intensive Beteiligung des ASD an der Jugendhilfeplanung (→ Kapitel 30).

Kennzeichnend für die Arbeit des ASD ist dabei die Heterogenität möglicher Problemlagen: Erziehungsprobleme, Drogen- und Alkoholkonsum, Trennung und Scheidung, Schulprobleme, Delinquenz, Vernachlässigung, Misshandlung, Wohnungsprobleme, materielle Not, Integrationsprobleme u. a. m. Es gibt eine enorme und sehr diffuse Bandbreite von Problemen, die Gegenstand des Handelns des ASD werden können. Zentrale Adressaten des ASD sind Familien, die aufgrund unterschiedlicher Faktoren auf Unterstützung und Hilfe angewiesen sind. Dabei spielen Armutslagen, Bildungsferne, Krankheit / Behinderung und / oder Sucht der Eltern oft eine erhebliche Rolle. Diese Konstellationen und Lebenslagen, die sich oft eigener Steuerungsmöglichkeiten der Eltern entziehen, machen Unterstützungs-, Hilfs- und Kompensationsangebote und ggf. Schutzinterventionen durch die öffentliche Jugendhilfe erforderlich, um den Kindern Chancen auf gesellschaftliche Teilhabe zu erhalten oder zu erschließen.

Die in dieser Aufgabenbeschreibung skizzierte Koppelung von Hilfe und Kontrolle betrifft in besonderer Weise die Bereiche, für die im Gesetz unter der Überschrift „andere Aufgaben" auch Mitwirkungspflichten des Jugendamtes in jugend- und familiengerichtlichen Verfahren als hoheitliche Aufgaben normiert sind. Diese zeichnen sich dadurch aus, dass sie im Unterschied zu den Leistungen der Jugendhilfe grundsätzlich nicht zur Disposition der Betroffenen stehen, sondern das Jugendamt bezogen auf diese Aufgaben von Amts wegen tätig wird.

Hier ist zunächst der Bereich der *Trennung und Scheidung* von Eltern minderjähriger Kinder zu nennen. Das Jugendamt (und hier oft der ASD) ist dabei zunächst einmal im Rahmen beratender Tätigkeit nach § 17 SGB VIII (Beratung in Fragen von Partnerschaft, Trennung und Scheidung) tätig. Die Eltern haben auf diese Leistung einen Rechtsanspruch. Häufig ist dieser Bereich aber an freie Träger delegiert, die diese Leistung z. B. im Rahmen von Ehe- und Familienberatungsstellen oder Erziehungsberatungsstellen erbringen. Ziel ist es auch im Falle von Trennung und Scheidung ein einvernehmliches Konzept für die elterliche Sorge gegenüber den Kindern zu erarbeiten, wobei die Beibehaltung der gemeinsamen Sorge beider Elternteile der Regelfall sein sollte und in der Praxis auch ist. Das Gesetz sieht allerdings gleichfalls vor, dass – wenn dies nicht gelingt – das Jugendamt in hoheitlicher Aufgabenerfüllung im Rahmen strittiger Sorgerechtsentscheidungen durch gutachtliche Stellungnahmen zum Sorgerecht mitwirkt (§ 50 SGB VIII; Oberloskamp et al. 2009). Insbesondere wenn es dabei um Stellungnahmen zur zukünftigen Gestaltung des Sorgerechts geht, wird der Kontrollauftrag zum Wohle des Kindes evident.

Auch im Bereich der *Jugendgerichtshilfe* ist der Konnex von Hilfe und Kontrolle virulent. Das Jugendamt fungiert auch in diesem Feld auf der einen Seite als Unterstützer und Berater der Jugendlichen und jungen Erwachsenen; auf der anderen Seite hat es nach § 52 SGB VIII aber auch hier die Aufgabe der Mitwirkung in Verfahren nach dem Jugendgerichtsgesetz (JGG). Unter anderem hat es dabei auch jugendgerichtliche Stellungnahmen zu fertigen, die das Gericht zur Bestimmung von (Straf-) Maßnahmen heranziehen kann. Außerdem kann nach § 38 JGG die Überwachung von jugendrichterlichen Sanktionen (z. B. Arbeitsauflagen) an die Jugendgerichtshilfe übertragen werden (Münder et al. 2006, 693). Insofern ergibt sich auch in diesem Bereich ein nicht unerhebliches Spannungsfeld zwischen der Hilfe und Unterstützung für junge Menschen auf der einen und der Mitwirkung in jugendgerichtlichen Verfahren auf der anderen Seite. Der ASD ist allerdings in vielen Kommunen von dieser Aufgabe entlastet, weil die Aufgaben der Jugendgerichtshilfe häufig durch Spezialdienste der Jugendämter wahrgenommen werden.

Der dritte und für den ASD zentrale Bereich ist der *Schutzauftrag bei Kindeswohlgefährdung* (und auch hier die Mitwirkung in entsprechenden Verfahren vor dem Familiengericht). Dieser Bereich ist originärer Bestandteil des ASD. Da er fast immer mit einer Notwendigkeit der Installierung von Hilfen zur Erziehung einhergeht, ist er in seinen

Beratungs- und Kontrollanteilen nicht teilbar und daher auch nur ganz begrenzt delegierbar. Der Einbezug freier Träger in diese Aufgabe nach § 8a Abs. 2 SGB VIII stellt keine solche Delegation dar, da es hier vor allem um erhöhte Aufmerksamkeit der Fachkräfte freier Träger gegenüber potenziellen Gefährdungslagen von Kindern und Jugendlichen geht, eine wirkungsvolle Gefährdungsabwehr (durch Hilfen zur Erziehung) aber zumeist den Einbezug des ASD erfordert.

Die – durch das Gesetz normierte – explizite Gleichzeitigkeit von Hilfe und Kontrolle lässt sich also für verschiedene Handlungsfelder des ASD konstatieren.

„Sozialpädagoginnen und Sozialarbeiter sind in vielen Arbeitsfeldern gefordert, in mehrfacher Hinsicht folgenreiche Einschätzungen zu treffen: Sie begründen oder verweigern damit sozialstaatliche Leistungen, ermöglichen Schutz vor Gefahren und Bedrohung oder lösen massive Eingriffe in die Privatsphäre von Menschen aus. Nicht selten sind die genannten Aspekte sozialpädagogischer Einschätzungen komplex und widersprüchlich miteinander verwoben" (Schrapper 2005a, 127).

Im Unterschied zu den meisten anderen helfenden Professionen und auch teilweise im Unterschied zu Fachkräften der Sozialen Arbeit in anderen Einrichtungen und Diensten kann der ASD fast nie allein im Klientenauftrag handeln, sondern sein Handeln wird stets durch die staatliche Funktionszuschreibung der Wächterfunktion über das Kindeswohl beeinflusst. Galuske bemerkt hierzu:

„In der Praxis besteht hier die Gefahr, dass die Autonomie des Klienten solange gewahrt bleibt, wie er den Interventionszielen und der Interventionspraxis der SozialpädagogIn nicht widerspricht und ‚mitzieht'. Widersetzt er sich allerdings den ‚in guter Absicht' inszenierten Hilfeleistungen, so liegen Interpretationen wie ‚nicht erziehungsfähig', ‚mangelnde Einsichtsfähigkeit', ‚fehlender Wille zur gemeinsamen Problemlösung' etc. nur allzu nah und der Schritt zum Eingriff auch gegen die expliziten Wünsche des Klienten wird vollzogen, weil man ja ‚das Beste' für den Klienten beabsichtigt. Letztlich ist der Klient Klient, weil er hilfsbedürftig ist, weil er nicht in der Lage ist, sein Leben selbst in den Griff zu bekommen, seine Sache selbst zu besorgen. Könnte er in diesem Sinne kompetent entscheiden, so bedürfte er der Hilfe der Sozialen Arbeit nicht. Folglich ist eine ‚stellvertretende Entscheidung'

notwendig. Um solchen alltäglichen Strategien der Konfliktreduktion vorzubeugen, bedarf es der methodischen Sicherung der Klientenrechte und damit der Autonomie der Lebenspraxis" (Galuske 1998, 47).

Der ASD muss daher sorgsam darauf achten, Transparenz in seine Vorgänge zu bringen und den Aspekt des Kontrollhandelns, der nicht von dem der Hilfeerbringung zu trennen ist, im Sinne eines ausbalancierten Systems von Hilfe und Kontrolle (AGJ 2010) auch gegenüber den Adressaten zu vermitteln.

10.3 Hilfe und Schutz als Auftrag und Aufgaben im Handlungsfeld der Hilfen zur Erziehung

Das zentrale Instrument zur Gewährleistung einer dem Wohl des Kindes entsprechenden Erziehung und damit implizit auch zur Abwehr von Gefährdungsmomenten für das Kindeswohl sind die im SGB VIII normierten Hilfen zur Erziehung (§§ 27 ff. SGB VIII). Bei Vorliegen entsprechender Voraussetzungen besteht für die Personensorgeberechtigten ein Rechtsanspruch bzw. für das Jugendamt eine Leistungsverpflichtung.

Dabei ist der Handlungsauftrag an den ASD hochkomplex. Er muss in der Lage sein – bei z. T. nur begrenzten Einblicken in die Situation –, schwierige Zusammenhänge und Wechselwirkungen problematischer Lebensbedingungen von Kindern wahrzunehmen und zu verstehen, um auf dieser Grundlage überhaupt ein Bild von der Lebenssituation der Familie zu gewinnen, das es ihm erlaubt, geeignete Strategien für die Förderung, Hilfe und Unterstützung zur Gewährleistung des Kindeswohls zu entwickeln. Solche Strategien sind immer auch davon abhängig, wie

- einerseits die Veränderungsbereitschaft und Lernfähigkeit der Familie / einzelner Familienmitglieder und
- andererseits der Problemdruck und die Belastbarkeit der Kinder wahrgenommen und eingeschätzt wird.

Dabei sind solche Wahrnehmungen und Einschätzungen wiederum in hohem Maß beeinflusst durch die Person der Fachkraft selbst, ihre eigenen Erfahrungen sowie ihre Fähigkeit, das Leiden anderer zu erkennen und erkanntes Leiden zu ertragen. Aus der Mischung dieser oft diffusen, zumeist nur teilweise mit Daten und Fakten unterlegbaren Eindrücke, Wahrnehmungen und Einschätzungen sind von ASD-Fachkräften Entscheidungen zu treffen, die z. T. gravierende Auswirkungen auf die Familie und ihre Mitglieder haben können. Das Ganze geschieht vor dem Hintergrund, dass objektive und verallgemeinerbare Maßstäbe zur Beurteilung von Lebenslagen nicht zur Verfügung stehen und alle Einschätzungen, die getroffen werden müssen, zwangsläufig normativ sind.

In diesem – zugegeben höchst unpräzisen – Rahmen müssen Fachkräfte der Jugendhilfe – hier speziell des ASD – angemessene Beurteilungskriterien erarbeiten und Handlungsformen entwickeln. Bezogen auf die Handlungsstrategien der ASD-Fachkräfte gibt es dabei zwei zentrale Orientierungspunkte: Zum einen stellt sich die Frage, ob es sich bei der Problematik um eine „bloß" defizitäre Lebens- und Erziehungssituation handelt, die einen Rechtsanspruch auf Hilfe zur Erziehung nach § 27 SGB VIII („[...] wenn eine dem Wohl des Kindes oder des Jugendlichen entsprechende Erziehung nicht gewährleistet ist") auslöst oder ob die Situation eine Kindeswohl gefährdende Dimension (eine erhebliche Schädigung droht mit hoher Wahrscheinlichkeit) hat, die einen Eingriff nach § 8a Abs. 3 SGB VIII erforderlich macht. (Zur Differenzierung der Nicht-Gewährleistung einer dem Wohl des Kindes entsprechenden Erziehung nach § 27 SGB VIII und einer Gefährdung des Kindeswohls nach § 8a Abs. 3 SGB VIII bzw. nach § 1666 BGB vgl. u. a. Münder et al. 2006, 394 f.) Zum anderen stellt sich die Frage, ob die Eltern zur Mitwirkung an Lösungsstrategien bereit und / oder in der Lage sind oder ob sie sich solchen Hilfsangeboten (für sich und das Kind) verschließen – aus welchen Gründen auch immer. Die Tabelle 1 macht diesen Zusammenhang deutlich (vgl. hierzu und zu den folgenden Ausführungen auch Schone 2008).

Fallkonstellation A

Die Fallgruppe A markiert die idealtypische Situation, dass Eltern, die eine dem Wohl des Kindes entsprechende Erziehung allein und ohne Hilfe nicht sicherstellen können, einen Antrag auf Erziehungshilfe im Jugendamt stellen. Da im SGB VIII ein zwingendes Antragserfordernis nicht vorgeschrieben ist, darf und muss das Jugendamt von Amts wegen tätig werden, sobald ihm Anhaltspunkte für das Vorliegen eines Hilfebedarfs bekannt werden (Münder et al. 2006, 1104). Allerdings kann eine Hilfe zur Erziehung nur dann gewährt werden, wenn die Leistungsberechtigten damit zumindest einverstanden sind.

„Das Vorliegen der Tatbestandsvoraussetzungen begründet für den Jugendhilfeträger die Rechtspflicht zur Erbringung von Hilfen zur Erziehung. Formelle Anträge sind nicht notwendig [...]. Allerdings darf den Leistungsberechtigten nicht eine von den Fachkräften für sinnvoll erachtete Hilfe zur Erziehung aufgenötigt werden. Rechtspositionen erlangt der öffentliche Träger beim Vorliegen der Tatbestandsvoraussetzungen nicht. So steht ihm insbesondere kein eigenständiges Erziehungsrecht zu [...]" (Münder et al. 2006, 396 f.).

Hier wird Jugendhilfe im klassischen Sinne als Dienstleistung abgerufen. Solange keine Gefährdung des Kindeswohls im Raum steht, beschränkt

Tab. 1: Konstellationen bei der Beurteilung von Kindeswohlgefährdung: Nicht-Gewährleistung / Gefährdung des Kindeswohls und Fähigkeit / Bereitschaft der Eltern zur Annahme von Hilfe (zur Erziehung)

	Eine dem Wohl des Kindes oder Jugendlichen entsprechende Erziehung ist **nicht gewährleistet** (§ 27 SGB VIII).	Das Wohl des Kindes oder Jugendlichen ist **gefährdet** (§§ 8a SGB VIII und 1666 BGB).
Eltern wollen und können Hilfe (zur Erziehung) **annehmen**.	A	B
Eltern wollen und/oder können Hilfe (zur Erziehung) **nicht annehmen**.	C	D

sich der Kontrollauftrag des Jugendamtes darauf, gemeinsam mit den Adressaten den erzieherischen Bedarf zu definieren und die Anspruchsgrundlagen zu klären. In dieser Konstellation ist das Jugendamt noch am ehesten Partner der Familie bei der Überwindung schwieriger Erziehungssituationen. Das gilt auch, wenn es notwendig wird, vorübergehend oder auf Dauer einen neuen Lebensort (Pflegefamilie / Heim) für Kinder / Jugendliche zu gewährleisten.

Fallkonstellation B

Die Fallgruppe B markiert eine Situation, in der das Wohl der Kinder (bei ausbleibenden Hilfsangeboten) als gefährdet anzusehen wäre. Jedoch löst diese Gefährdung in der Praxis keinen Eingriffsimpuls aus, da Eltern ihre Bereitschaft und ihre Fähigkeit zeigen, die Situation des Kindes oder Jugendlichen mit Unterstützung des Jugendamtes zu verbessern. Eine Hauptaufgabe der ASD-Fachkräfte ist hierbei die Motivationsarbeit und das Hinwirken auf Inanspruchnahme bestimmter Hilfeleistungen.

Allerdings gelingt dies in solchen Fällen oft nur unter dem Druck der Lebensverhältnisse und u. U. durch von den Fachkräften zusätzlich ausgeübten Druck der angekündigten Einbeziehung des Gerichts. Hier entsteht auch bei einer angenommenen Kindeswohlgefährdung nicht selten eine gezwungen „freiwillige" Basis der Zusammenarbeit mit den Eltern. Die Ankündigung der Einbeziehung des Gerichts – sofern sie als realistische Maßnahme tatsächlich im Raum steht und keine „leere Drohung" darstellt – ist aus der Sicht der sozialpädagogischen Fachlichkeit die Offenlegung von möglichen zukünftigen Handlungsoptionen. Werden die Eltern mit solchen Prämissen konfrontiert, ist es möglich, dass sie einer Hilfe zur Erziehung zustimmen, ohne dass dies jedoch noch einer positiven Einlösung eines Rechtsanspruchs gleichkäme. In solchen Fällen dient ihnen die Annahme der Hilfe eher zur Abwendung eines möglichen und in den Folgen für sie oft unüberschaubaren Eingriffs. Auch wenn Eltern ihre „Zustimmung" oder „Einwilligung" zu einer Hilfe geben, ist in solchen Situationen die Rechtskonstruktion des § 27 SGB VIII (Hilfen zur Erziehung) de facto nur noch eine formale Hülle. Der Charakter der Hilfe hat (für die Eltern) oft schon einen informellen Eingriffscharakter angenommen. Gerade im Grenzbereich zur Kindeswohlgefährdung werden die durch die Lebenslage des Kindes begründeten Rechtsansprüche auf Hilfen zur Erziehung häufiger stellvertretend durch die Fachkräfte der Jugendhilfe und seltener durch überforderte, zurückhaltende, reservierte oder abweisende Eltern formuliert, was durchaus zur Folge haben kann, dass die dann realisierten Hilfsangebote von den Eltern eigentlich nicht gewollt, sondern z. T. nur geduldet oder gar erduldet werden. Hieraus kann sich in der Praxis eine merkwürdig paradoxe Kommunikation zwischen Sozialarbeitern und Eltern entwickeln, die die geforderte Beteiligung und Mitwirkung der Betroffenen im Hilfeplanverfahren nahezu unmöglich macht.

Die Folgerung daraus ist, dass der Handlungsauftrag der Fachkräfte von Anfang an in beiden Teilen – Leistungsaspekt und Schutz- und Kontrollaspekte – gegenüber den Eltern thematisiert werden muss, sobald die Einschätzung besteht, dass das Kind gefährdet ist. Schone et al. (1997) weisen in ihrer Vernachlässigungsstudie darauf hin, dass immer, wenn dieses im Umgang mit Eltern umgesetzt wurde, damit eine klarere Kommunikation und letztlich ein Akzeptanzgewinn der ASD-Fachkräfte in ihrer Doppelrolle als Unterstützer der Familie und Schützer der Kinder verbunden war. Konkret bedeutet dies, dass es zunächst im Rahmen der kollegialen Beratung und dann auch gegenüber den Familien notwendig ist, den Doppelcharakter der eigenen Rolle zu thematisieren, damit er sich nicht unter der Hand durchsetzt und mögliche Hilfeansätze zunichte macht.

Besonders in Gefährdungssituationen von kleinen Kindern, in denen nicht davon auszugehen ist, dass diese sich selbst aktiv Gehör verschaffen können, müssen Hilfeplanungsprozesse immer auch unter dem Aspekt gestaltet und geplant werden, welche Wirkungen von den eingeleiteten Hilfen erwartet werden und wer, wann, wo und wie oft diese Wirkungen kontrolliert. Jedes Hilfekonzept bedarf somit im Falle einer (identifizierten und benannten!) Kindeswohlgefährdung neben des auf den Einzelfall abgestimmten Leistungskonzepts (Hilfen zur Erziehung) auch eines auf die Gefährdungsabwehr gerichteten Schutz- und Kontrollkonzepts, welches sowohl für Eltern als auch für den ASD die notwendige Verbindlichkeit und Eindeutigkeit herstellt. Leistungskonzept und Schutzkonzept sind gleichermaßen Bestandteile einer umfassenden Hilfeplanung bei Familien, in denen das Wohl der Kinder gefährdet ist. Dass auch das Schutzkonzept Teil (und nicht Antipode) des Hilfekonzepts ist, ergibt sich daraus, dass ein solches Schutzkonzept gerade dazu dient, die Hilfe gegenüber dem Kind auch dann sicherzustellen, wenn Eltern nicht (mehr) in der Lage sind, Hilfen anzunehmen und damit Gefährdungen für das Kind abzuwenden. Insofern haben auch das Schutzkonzept und ein daraus ggf. resultierender Eingriff ins Elternrecht einen Hilfe- und Leistungscharakter gegenüber dem Kind (Schone 2002).

Ein solches Schutz- und Kontrollkonzept muss dann – besonders im Kontext ambulanter Hilfen, die im Privatbereich der Familie angesiedelt werden (z. B. SPFH) – genau und verlässlich definieren, was Gegenstand der Kontrolle ist. Hier stellen sich hohe Anforderungen auch an die Beteiligung der Adressaten, die im Rahmen der Hilfeplanung ausdrücklich nicht nur in die Festlegung von Hilfezielen, sondern auch in die Fixierung von Kontrollgegenständen und Kontrollmodalitäten einzubinden sind. Sowohl die Professionalität der SPFH als auch der Respekt gegenüber den Adressaten der Hilfe verbieten es, allgemeine und diffuse Kontrollaufträge an die Fachkräfte der SPFH zu richten und auf diese Weise (selbst unkontrolliert) in die Privatsphäre von Familien vorzudringen.

Im Zuge einer so verstandenen Hilfe- und Schutzplanung können und müssen Kriterien eines nicht gewährleisteten und eines gefährdeten Kindeswohls thematisiert werden. In diesem Zuge kann den Eltern schon deutlich gemacht werden, dass sich das staatliche Wächteramt nicht auf Kontrolle und Eingriff ihnen gegenüber reduziert, sondern dass es darum geht, die Kinder vor Gefahren zu schützen und damit letztlich auch die Eltern davor zu bewahren, wissentlich oder unwissentlich ihrem Kind Schaden zuzufügen. Den Eltern werden Vorschläge gemacht, und es werden verbindliche Absprachen getroffen, wie sie – mit externer Unterstützung – die Erziehung, den Umgang, die Versorgung und das Zusammenleben mit ihren Kindern gestalten können.

Diese Maßgaben werden von den Helfern (des ASD und der eingebundenen freien Träger) stetig entsprechend des Schutz- und Kontrollkonzepts auf Einhaltung und Fortentwicklung hin kontrolliert. Diese Kontrolle gewährleistet den größtmöglichen Schutz des Kindes und signalisiert zugleich den Eltern, dass die Helfer an positiven Entwicklungen auch tatsächlich interessiert sind, und dass ein Unterschreiten der definierten basalen Versorgungsleistungen im Interesse des Kindes nicht hingenommen werden kann.

Mit Bezug auf Schuster (1997) und Petko (2004) macht Klaus Wolf für die Sozialpädagogische Familienhilfe deutlich, dass solche direktiven und kontrollierenden Interventionen durchaus mit Eltern selbst vereinbart werden können und bei fairer Aushandlung auf Akzeptanz treffen. Zu solchen fairen Regelungen gehören u. a.:

- Beschränkung des Kontrollauftrages auf abgrenzbare Bereiche;
- gemeinsame Planung der Interventions- und Kontrollelemente mit den Eltern;
- Vereinbarungen über Reduzierungen der Kontrolle im Verlauf der Hilfe;
- Einbindung der Helferzusagen in das Kontrollkonzept (Kontrolle der Helfern durch die Eltern; Wolf, K. o. J., 3 f.)

Fallkonstellation C

Die Fallgruppe C kennzeichnet die Familien, die trotz vorliegender Rechtsansprüche keine Hilfen zur Erziehung in Anspruch nehmen wollen und die dazu auch nicht gezwungen werden können. Es bleibt den Eltern – solange keine Gefährdungsschwelle überschritten wird – überlassen, zu entscheiden, ob sie Hilfen annehmen wollen oder nicht, auch dann, wenn die Lebenssituation der Kinder / Jugendlichen objektiv als defizitär und belastend anzusehen ist und geeignete Mittel zur Änderung dieser Situation bereitstünden. Ein solches Verhalten der Eltern ist durch das Elternrecht abgedeckt, nach dem die Eltern selbst die Erziehung ihrer Kinder bestimmen können.

Vom ASD können Hilfsangebote (unterhalb der Schwelle einer Kindeswohlgefährdung) nicht aufgezwungen werden, da die Gesellschaft unterschiedliche Lebensentwürfe von Eltern und damit verbundene Erziehungsvorstellungen zu akzeptieren hat und Eltern somit selbst darüber befinden können, welche Belastungen sie ihren Kindern zumuten wollen und wo sie auf Hilfe zurückgreifen möchten. Eine Verpflichtung, Hilfen in Anspruch zu nehmen, wenn eine dem Wohl des Kindes entsprechende Erziehung nicht gewährleistet ist, gibt es nicht. Es bedarf hierzu einer eindeutigen Willensbekundung der Personensorgeberechtigten. „Gewährt das Jugendamt Hilfe zur Erziehung gegen den Willen der Eltern, so ist die Hilfe rechtswidrig" (Wiesner 2006, 415).

Im Interesse der Gewährleistung eines dem Wohl des Kindes entsprechenden Erziehung bleibt es aber ein offensiver Handlungsauftrag des Jugendamtes, bei defizitären, besonders belastenden Lebenssituationen von Kindern, bei den Eltern darum zu werben, Förder- und Hilfsangebote für ihre Kinder anzunehmen. Es hat aber letztlich zu akzeptieren, wenn Eltern solche Angebote ausschlagen. Erst die Einschätzung einer Kindeswohlgefährdung erlaubt es dem Jugendamt und verlangt vom Jugendamt, auch gegen den Willen von Eltern und ggf. auch unter Zwang gegenüber den Eltern den Schutz der Kinder sicherzustellen (Inobhutnahme, Anrufung des Familiengerichts).

Genau an dieser Stelle eröffnet sich das zentrale Problem sozialpädagogischer Praxis im ASD. Auch wenn die Anspruchsvoraussetzungen eindeutig sind, sind Eltern eben nicht allein dadurch schon gewillt und in der Lage, Hilfen in Anspruch zu nehmen. Dann stehen die Fachkräfte des Jugendamtes vor einer schwierigen Situation, da sie – unterhalb einer nachweisbaren Gefährdung – nicht ohne Bereitschaft zur Mitarbeit oder zumindest ohne Zustimmung der Eltern tätig werden können. Sie müssen im Interesse der Verbesserung der Situation der Kinder Motivationsarbeit bei den Eltern leisten, da es ihr sozialpädagogischer Auftrag nicht – wie im Bereich anderer Sozialgesetze – zulässt, dass sie tatenlos warten, bis Eltern ihre Rechtsansprüche aus eigener Kraft und Motivation geltend machen. Hier hat sich der ASD immer auch zu fragen, ob und wie gut er Adressaten über Leistungsansprüche informiert und inwieweit eine mögliche Ablehnung von Unterstützungsangeboten auf die Unwilligkeit der Adressaten oder auf die Unangemessenheit der Angebote zurückgeht.

Insbesondere in dieser Situation wird die Doppelrolle des ASD evident. Sein Auftrag gebietet es ihm, bei den Eltern um die Inanspruchnahme von Hilfen zu werben – dies umso mehr, je defizitärer die Erziehungssituation eingeschätzt wird. Allerdings wird solches Werben nur dann Erfolg haben, wenn das Angebot aus Sicht der Eltern auch wirklich für sie attraktiv ist. Hier steht und fällt sozialpädagogischer Erfolg mit der Frage der Ausstattung der sozialen Dienste, aber auch mit der Professionalität, dem Selbstverständnis, der Souveränität und letztlich dem Rückgrat von Sozialarbeitern, notwendige und für die Familien akzeptable Hilfen im Amt zu entwickeln und (z. B. gegen Sparimpulse der Kommunen) auch durchzusetzen.

Gleichzeitig ist in diesem Prozess des Werbens erhöhte Aufmerksamkeit und Kontrolle erforderlich im Hinblick auf die Frage, ob sich die Situation des Kindes zu einer Gefährdungslage verschärft, die ein Tätigwerden auch gegen den Willen der Eltern erforderlich macht. Das zentrale Mittel der behördlichen Kontrolle sind in einer solchen Situation Hausbesuche bei den Familien. Die vielfältigen professionellen Fragen, die sich mit diesen Hausbesuchen verbinden (Zielstellung, Gesprächsführung, angekündigt oder unangekündigt, Inaugenscheinnahme von Kindern etc.) machen in jedem Fall – obwohl (noch) keine Hilfe zur Erziehung realisiert wird – permanente kollegiale Beratung und ggf. Supervision notwendig. Dies nicht nur, um den Anforderungen nach § 8a SGB VIII zur Risikoeinschätzung genüge zu tun, sondern vielmehr, um gemeinsam zu reflektieren, welche Hilfsangebote für die Familie attraktiv sein könnten und um die Gratwanderung zwischen dem Unterbreiten von Hilfe- und Unterstützungsangeboten und Kontrolle des Kindeswohls professionell bewältigen zu können (→ Kapitel 19).

In dieses Bild passt auch das von Münder et al. (2000) herausgearbeitete Ergebnis, dass nur in seltenen Fällen plötzlich auftretende oder erkannte Gefahren zur Einschaltung des Gerichts führen, sondern in drei Vierteln der Fälle die Familien dem Jugendamt seit mindestens einem halben Jahr und in über einem Drittel der Fälle seit mindestens einem Jahr bekannt sind. In den allermeisten Fällen handelt es sich bei der Einschaltung des Gerichts um sich zuspitzende Gefährdungssituationen oder um endgültig fehlgeschlagene pädagogische Bemühungen (Münder et al. 2000, 118, 149).

Fallkonstellation D

Fallgruppe D schließlich spiegelt die Definition in § 1666 BGB wider. Eine nachweisbare Gefährdung des Kindeswohls führt bei gleichzeitiger

Verweigerung oder Unfähigkeit der Eltern, Hilfen in Anspruch zu nehmen, zur Verpflichtung des Jugendamtes, das Gericht einzuschalten. Dies wird bei den gegebenen Voraussetzungen die für die Hilfeleistung relevanten Teilrechte elterlicher Sorge entziehen und sie auf andere, im Sinne des Kindeswohls entscheidungsfähige Personen (Vormünder/Pfleger) übertragen. Diese können dann im Rahmen ihres Wirkungskreises alle notwendigen Schritte unternehmen, um für das Kind/den Jugendlichen notwendige und geeignete Hilfen zu realisieren. Durch die Übertragung von Sorgerechten auf handlungsfähige und handlungsbereite Vormünder und Pfleger entsteht eine Konstellation, die der Fallgruppe A bzw. B entspricht, mit dem Unterschied, dass statt der Eltern die Vormünder/Pfleger zu den anspruchsberechtigten Personen werden.

Hier kommt das klassische Kontrollkonzept des staatlichen Wächteramtes zum Zuge, welches unter Berufung auf § 1666 BGB durch Anrufung des Gerichts und im Rahmen staatlicher Eingriffe in das Sorgerecht von Eltern versucht, für Minderjährige den erforderlichen Schutz bei Kindeswohlgefährdungen sicherzustellen. Grundlage eines solchen Sorgerechtsverfahrens sind die aus Kontrollaktivitäten zusammengetragenen Fakten und die dokumentierten Entwicklungen einer Fallsituation, die zu der dringenden Hypothese einer Kindeswohlgefährdung verdichtet wurden.

Die Neuregelung im BGB zur Erleichterung familiengerichtlicher Maßnahmen bei Gefährdung des Kindeswohls hat 2009 die erst im Jahr 1980 in § 1666 BGB aufgenommenen Tatsachenmerkmale bzw. Gefährdungsursachen (missbräuchliche Ausübung der elterlichen Sorge, Vernachlässigung des Kindes, unverschuldetes Versagen der Eltern, das Verhalten eines Dritten) ersatzlos gestrichen. Dadurch soll der Blick ausschließlich auf das Wohl des Kindes/Jugendlichen gerichtet werden und sich nicht länger auf mögliches elterliches Fehlverhalten fixieren. Außerdem sieht das Gesetz in § 1666 Abs. 3 BGB eine Konkretisierung auch früher schon möglicher (Münder et al. 2000) Rechtsfolgen vor. Ebenso werden im neu formulierten Familienverfahrensgesetz (FamFG; als Nachfolgegesetz des FGG) ein Vorrang- und Beschleunigungsgebot und eine besondere Rolle der Richter bei der Erörterung der Kindeswohlgefährdung verankert (→ Kapitel 8).

Damit wird einerseits die Schwelle der Eingriffsbefugnisse des Staates gesenkt; andererseits erwachsen daraus aber auch neue Interpretationsspielräume und -notwendigkeiten. Es bleibt jedoch dabei, dass das Gericht „erforderliche Maßnahmen" nur dann und insoweit treffen darf, als die Eltern nicht gewillt oder nicht in der Lage sind, zur Abwehr der Gefahr des Kindeswohls beizutragen. Ferner dürfen nach der in § 1666a BGB enthaltenen Subsidiaritätsklausel nur als letztes Mittel Anordnungen getroffen werden, mit denen eine Trennung des Kindes von der Elternfamilie verbunden ist. Vorrangig zu prüfen sind zunächst andere geeignete Maßnahmen der Gefahrenabwehr, auch öffentliche Hilfen. Die Entziehung der gesamten Personensorge ist nur zulässig, wenn andere Maßnahmen erfolglos geblieben sind oder wenn anzunehmen ist, dass sie zur Abwehr der Gefahr nicht ausreichen (§ 1666a Abs. 2 BGB).

10.4 Zum Umgang mit der Ambivalenz

Das hier vorgestellte Schema mit den vier Fallkonstellationen ist natürlich stark vereinfachend und erfüllt einzig den Zweck, einen analytischen Zugang zur Problematik des Verhältnisses von Hilfe und Kontrolle im Handeln des ASD zu finden. Nicht geeignet ist das Modell, um es als „Schublade" zur Einordnung von Fällen zu nutzen. Dafür sind Lebenssituationen von Familien und Kindern viel zu wechselhaft und umfassen gleichzeitig unterschiedliche Dimensionen (körperliche Situation, emotionale Situation, geistige Situation) und hierin wiederum unzählige Ausprägungen, als dass solche Schubladen zur Falleinordnung taugen könnten.

Gleichwohl wird es von einzelnen Autoren für die Praxis in den Jugendämtern für sinnvoll gehalten, die Fälle, mit denen der ASD zu tun hat, je nach Gefährdungseinschätzung bestimmten Klassifikationstypen zuzuordnen. So definieren Lüttringhaus/Streich (2010, 123 ff.) einen „Freiwilligenbereich", einen „Graubereich" und einen „Gefährdungsbereich", denen die Fälle eines ASD zugeordnet werden sollen. Der sogenannte „Freiwilligenbereich" ist dadurch charakterisiert, dass die Adressaten sich freiwillig im Kontakt mit dem Jugendamt befinden und dieser Kontakt jederzeit wieder beendet werden kann, ohne dass negative

Handlungskonsequenzen durch den ASD drohen. Der sogenannte „Graubereich" wird als „Klärungsbereich" (Lüttringhaus / Streich 2010, 126) definiert, in dem es zu überprüfen gilt, ob Sachverhalte im Leben der Familie / des Kindes einem Gefährdungsbereich zugeordnet werden können. Ebenfalls diesem Bereich zuzuordnen sind Fälle, in denen es „Anzeichen einer drohenden Kindeswohlgefährdung" (Lüttringhaus / Streich 2010, 126) gibt. Beim sogenannten „Gefährdungsbereich" „[…] ist geklärt, dass gegenwärtig gewichtige Anhaltspunkte für eine Kindeswohlgefährdung in den relevanten Bereichen des Kinderschutzes vorliegen. Hier werden Auflagen erteilt bzw. Anordnungen gegeben" (Lüttringhaus / Streich 2010, 127). Für alle drei Bereiche werden spezifische Vorgehensweisen für das Handeln des ASD vorgeschlagen.

Auch wenn diese Kategorisierung inzwischen von vielen Jugendämtern verwendet wird, bleibt ihr Nutzen ungewiss. Zum einen liegen die Begriffe auf verschiedenen Ebenen (Freiwilligkeit und Gefährdung schließen sich nicht aus; Grau kennzeichnet als Farbton das gesamte Spektrum zwischen Weiß und Schwarz), zum anderen kommt zu der Ungewissheit bezüglich der Einschätzung des Falles auch noch die Ungewissheit durch den Zwang, den jeweiligen Fall in das Schema einordnen zu müssen (wobei Grau wegen seines universalen Spektrums nie ganz falsch sein kann).

Unter der Überschrift „Wenn sich die Fälle nicht eindeutig zuordnen lassen?" führt Gerber (2011) unter Bezugnahme auf das ebenfalls häufig verwendete Ampelschema aus:

„Vor allem in Fällen, die sich auf der Grenze zwischen ‚rot' und ‚grün' bewegen, kann es sein, dass die Bewertung der Situation im Einzelfall mit jedem Kontakt mit der Familie oder mit jeder neuen Information in Frage gestellt wird. Ist das Kind schon gefährdet oder ist ‚nur' eine Erziehung zum Wohle des Kindes nicht gesichert? Diese Fälle einem Graubereich zuzuordnen sichert zwar deren Kategorisierung, hilft jedoch in der Ambivalenz und Unsicherheit in der Fallbearbeitung nicht weiter. […] Wenn sich Fälle nicht eindeutig zuordnen lassen, ist es nicht hilfreich, sie in einem Graubereich ‚abzulegen'. Dies birgt die Gefahr, dass sich die Unklarheit und Ambivalenz des Falles eher verfestigen. Stattdessen brauchen die Fachkräfte sowohl die Möglichkeit, kurzfristig und ggf. in kurzen Abständen Fälle mit Kolleginnen und Kollegen oder Vorgesetzten zu reflektieren als auch kollegiale Strukturen, die die Fachkräfte darin unterstützen, die Unsicherheit und Ambivalenz auszuhalten und mit ihr verantwortungsvoll umzugehen" (Gerber 2011, 320 f.).

Ähnlich Kritisches lässt sich auch zu dem häufiger verwendeten Ampelsystem (Grün, Gelb, Rot) sagen. So anschaulich und faszinierend das Bild des Ampelsystems auch auf den ersten Blick ist, so ist doch sehr zweifelhaft, ob sich soziale Situationen in die komplexitätsreduzierende Symbolik einer Straßenampel mit umspringenden Farben zwängen lassen. Wenn man die zugrunde liegende Farbenlehre (Grün, Gelb, Rot) zur Einordnung von Gefährdungssituationen nehmen wollte, würde es sich um ein einziges Licht handeln, welches übergangslos von Grün auf Gelb und dann von Gelb auf Rot wechseln würde. Die Grenzen des Handelns ergäben sich dann eben nicht eindeutig, sondern müssen immer wieder im Einzelfall im bewertenden Diskurs durch die handelnden Akteure festgestellt werden. Es ist eben nie eindeutig Grün oder Gelb, sondern immer etwas dazwischen. Gäbe es – in der Rückübertragung dieser Situation auf den Straßenverkehr – eine Straßenampel mit nur einem Licht, wo sich Farben kontinuierlich im Übergang verändern, käme der Verkehr alsbald zum Erliegen, weil an jeder Kreuzung intensive Diskussionen (Aushandlungen) zwischen den Fahrzeugführern erfolgen müssten, ob die Farbe des Lichtes noch als Grün oder schon als Gelb oder gar als Rot zu interpretieren ist und wer daraufhin nun fahren dürfe und wer nicht.

Soziale Arbeit im Zusammenhang mit einer Kindeswohlgefährdung – so die Quintessenz aus diesen Überlegungen – findet auf einem Kontinuum statt, wobei Jugendhilfe als sozialpädagogische Dienstleistung für Familien (Eltern und Kinder) die eine Seite und der Eingriff zum Schutz der Kinder die andere Seite des Kontinuums ausmachen. Das Besondere ist, dass die beiden Aufgaben nicht eindeutig voneinander zu trennen sind und nicht zwei verschiedene, in sich kohärente Aufgaben- und Arbeitsformen repräsentieren. So steht auch die Gewährung von Jugendhilfeleistungen als Dienstleistung mitunter schon in einem eindeutigen Zwangskontext (Kähler 2013) – nämlich dann, wenn Eltern Hilfe erst dann annehmen, wenn sie entweder durch äußeren Druck (von Schule, Kindergarten, Nachbarn, Verwandten) dazu gezwungen werden, oder wenn sie durch den Hinweis auf gerichtliche Maßnahmen durch die Fachkräfte des Jugendamtes selbst einer „freiwilligen" Hilfe zustimmen. Wenn zu dem inneren Druck durch nicht bewältigte Lebensverhältnisse der beschriebene äußere Druck hinzukommt und Eltern in dieser Situation „resignieren" und einer Hilfe durch das Jugendamt – bis hin zur Fremdunterbringung der Kinder – zustimmen, lässt sich der Zwangskontext allein dadurch beschreiben, dass den betroffenen Eltern de facto die Rolle des „autonomen Kunden" nicht offen steht, da ihnen die entscheidende Wahlmöglichkeit (nämlich nicht Kunde sein zu wollen) fehlt.

Auf der anderen Seite des Kontinuums sind aber auch Eingriffstätigkeiten zum Schutz von Kindern nicht immer eindeutig als ausschließliche Zwangstätigkeit zu charakterisieren.

„Es gilt für Jugendamt und Gericht stets die Maxime des ‚subsidiären Eingriffs'. Also selbst im Zwangskontext des gerichtlichen Verfahrens gilt ein stetes Bemühen der Gewinnung von Eltern, zumindest Teile der elterlichen Sorge selbst verantwortungsvoll wahrzunehmen. So stellt ein Entzug des Aufenthaltsbestimmungsrechts zwar einen extremen Eingriff in elterliche Rechte dar, andererseits bedeutet er aber auch, dass die Eltern die ihnen verbleibenden Sorgerechte nach ihren Vorstellungen weiterhin realisieren können sollen. Bezogen auf die verbleibenden Sorgerechte muss das Jugendamt mit den Eltern in eine Diskussion eintreten, die im Prinzip – wenn auch unter der Prämisse des erfolgten massiven Eingriffs – wieder durch eine eher ‚freiwillige' Mitarbeit der Eltern zu charakterisieren wäre" (Schone/Hensen 2011, 25 f.).

Bei alledem sind Mangel- und Gefährdungssituationen von Kindern nicht statisch. Die Grenzlinien sind oszillierend und unscharf. Auch wechseln Situationen zum Teil schnell und substanziell. So zeigt sich zum Beispiel bei psychisch kranken Eltern nicht selten ein phasenhafter Verlauf der Krankheit, der dazu führt, dass Eltern zu bestimmten Zeiten hervorragend in der Lage sind, ihre Kinder zu erziehen, und zu anderen Zeiten sich Defizite bis hin zu Gefährdungslagen entwickeln können.

Es lässt sich festhalten, dass sich in der Tätigkeit des ASD im Kontext einer potenziellen Kindeswohlgefährdung kundenorientierte Dienstleistungsaufgaben und wächterorientierte Eingriffsaufgaben auf einem Kontinuum übergangslos miteinander verzahnen und verschränken. Nicht selten sind die genannten Aspekte sozialpädagogischer Einschätzungen komplex und widersprüchlich miteinander verwoben. Dabei ist es für die einzelnen Fachkräfte – wie für das System als Ganzes – erforderlich, immer wieder eine neue sensible Balance zu finden zwischen geduldigem Werben um Eltern und entschlossenem Handeln (ggf. auch gegen den Willen der Eltern), wenn Gefahren für Kinder nicht anders zu beheben sind.

11 ASD als interkultureller Sozialer Dienst

Von Hubertus Schröer

- Gute, professionelle Soziale Arbeit des ASD ist eine sozialräumlich und lebensweltlich orientierte Arbeit. Zu betonen, dass sie immer auch migrationssensible, interkulturelle Arbeit sein muss, heißt daran zu erinnern, dass zu den vertrauten beruflichen Kompetenzen, Methoden und Standards neue, mit Vielfalt reflexiv verfahrende Kompetenzen hinzukommen. Kompetenz in dem Verständnis, Menschen zu befähigen, „Wesenszusammenhänge der heutigen Welt zu erkennen und die bestehende Wirklichkeit unter dem Gesichtspunkt ihrer notwendigen Umgestaltung der praktischen Kritik zu unterziehen" (Negt 1994, 283, zitiert nach Fischer 2011, 337).
- Zugangshindernisse zu den Angeboten der sozialen Dienste sind oft auch kulturell geprägt. Sich damit und den eigenen Prägungen, Vorurteilen und Grenzen selbstreflexiv auseinanderzusetzen, bedeutet, Ausgrenzungen zu verhindern, zur Gleichbehandlung beizutragen und soziale Gerechtigkeit verwirklichen zu helfen.
- Kulturelle Vielfalt prägt die Soziale Arbeit und ist entsprechend konzeptionell, methodisch oder auch strukturell zu berücksichtigen. Eine „gute" Soziale Arbeit würde die Aspekte von Vielfalt ganz selbstverständlich im Arbeitsalltag aufnehmen (und somit diesen Beitrag überflüssig machen).
- Das ist bisher noch eher die Ausnahme. Das belegen selbst jüngere Veröffentlichungen zu den Aufgaben des Allgemeinen Sozialdienstes (ISS 2011), in älteren Darstellungen aus den 1990er Jahren ist interkulturelle Arbeit ohnehin noch kein Thema. Querschnittsaufgaben wie Gender Mainstreaming, Interkulturelle Öffnung oder die Inklusion von Menschen mit Handicaps kommen fast nicht vor.
- Es soll deshalb im Folgenden dargelegt werden, wie sehr Vielfalt zu einer Herausforderung für die Soziale Arbeit und damit für Methoden und Strukturen auch des ASD geworden ist. Ausgehend von seiner Funktion als zentraler Erfolgsfaktor für das Gelingen sozialer Hilfen (→ 11.1) wird zunächst ein Perspektivenwechsel im Umgang mit Vielfalt skizziert (→ 11.2). Nach einer kurzen Darstellung der Situation von Familien mit Migrationshintergrund und deren kultureller Transformation im Integrationsprozess (→ 11.3) wird das Thema der interkulturellen Orientierung und Öffnung entfaltet (→ 11.4), das als neues Paradigma Veränderungen des ASD als Organisation erfordert. Abschließend sollen noch beispielhaft Konsequenzen für die Praxis aufgezeigt und an einzelnen Schlüsselprozessen und Standards die neuen Qualitäten eines interkulturellen Sozialen Dienstes verdeutlicht werden (→ 11.5).

11.1 Zur Funktion des ASD

Der Allgemeine Sozialdienst ist nach dem in diesem Band vertretenen Verständnis eine durch ihre Mitarbeiterschaft geprägte Organisation, die Aufgaben zu erfüllen hat, die durch Gesetz, kommunale Geschäftsverteilung oder gesellschaftliche Anforderungen definiert sind. Unabhängig von den jeweiligen kommunalen Organisationsformen, die wegen fehlender rechtlicher Grundlagen und mangels überregionaler Vereinbarungen sehr unterschiedlich ausgestaltet sind, finden sich als überwiegende Schwerpunkte des ASD-Profils Aufgaben der Kinder- und Jugendhilfe. Zum Teil umfassen seine Tätigkeiten auch psychosoziale, wirtschaftliche oder wohn-bezogene Hilfen für Erwachsene und Senioren. In diesem Verständnis „ganzheitlicher Zuständigkeit" ist also der ASD für alle sozialpädagogischen Aufgaben zuständig, soweit nicht spezielle Dienste eingerichtet sind.

Das Grundkonzept des ASD ist das Prinzip der Generalisierung, „um möglichst viele Aufgaben zu bündeln und den Hilfesuchenden eine rundum kompetente Person gegenüberzustellen" (Landes 2010, 144). Ergänzend ist organisatorisches Grundprinzip die regionale Zuständigkeit als Bezirkssozialarbeit, die eine sozialräumliche und damit lebensweltorientierte Arbeit als aktuell fachliche Paradigmen ermöglicht. Um Fragen nach der interkulturellen Öffnung des sozialen Hilfesystems und des ASD als Organisation beantworten zu können, soll eine knappe Skizze seiner Funktion ausreichen:

- Der ASD ist die kommunale Institution, die ganzheitlich für alle Lebenslagen zumindest von Kindern, Jugendlichen und Familien zuständig ist, zum Teil sogar für alle Menschen in praktisch allen Lebenslagen.
- Der ASD ist mit seiner regionalen Zuständigkeit die Einrichtung im Lebensraum der Menschen, die die räumlichen, institutionellen und persönlichen Ressourcen der Hilfesuchenden kennt und kompetent zusammenführen kann.
- Der ASD ist mit seiner rechtlichen und fachlichen Verantwortung der Dienst, der beratend, schützend, unterstützend, vermittelnd, entscheidend und kontrollierend tätig wird, der Macht hat und ausübt und der zentral für den Erfolg gelingender Hilfeprozesse ist.

Diesen Aufgaben wird das deutsche Hilfesystem bis heute nicht gerecht, wenn man davon ausgeht, dass es für alle Bürger in gleicher Lebenslage die gleiche Verantwortung trägt. Es gibt deutliche Benachteiligungen, wenn man – insbesondere vor dem Hintergrund der sozialen und ökonomischen Situation – die Versorgung der deutschen und nicht deutschen Bevölkerung vergleicht. Eine Benachteiligung, die sich zum Teil noch unter geschlechtsspezifischen Gesichtspunkten verschärft.

Die Daten zur Inanspruchnahme der Kinder- und Jugendhilfe durch Migranten sind nicht befriedigend. Die Ergebnisse der JULE-Studie (Baur et al.1998) zeichnen auch heute noch ein tendenziell richtiges Bild: „Erzieherische Hilfen für junge MigrantInnen unterscheiden sich von denen deutscher Mädchen und Jungen vor allem aufgrund ihrer kurzen Dauer, ihres häufigen Zustandekommens in aktuellen Krisensituationen und ihrer geringeren Wirksamkeit" resümiert Finkel (2000, 60) die Studie. Ausländische Mädchen sind, wie Mädchen insgesamt, deutlich unterrepräsentiert. Vor der Inanspruchnahme werden Mädchen und Jungen aus Migrationsfamilien seltener in anderen Einrichtungen der Jugendhilfe betreut als deutsche Kinder, vorläufige Schutzmaßnahmen in Jugendschutzstellen finden dafür fast doppelt so häufig statt (Finkel 2000, 61). Sie sind bei Beginn der Hilfen im Durchschnitt älter als junge Menschen deutscher Nationalität, die Hilfen kommen häufig aufgrund eigener Initiative zustande. Das gilt insbesondere für Mädchen. Die Hilfen dauern für junge Migrantinnen und Migranten deutlich kürzer, ebenso deutlich werden mehr Hilfeangebote von den jungen Menschen selbst beendet (Finkel 2000, 62). Entsprechend sind die Erfolge: So profitieren junge Migrantinnen und Migranten um etwa 10 % weniger von den Hilfen als die deutsche Vergleichsgruppe (Finkel 2000, 63).

Allerdings hat sich die Versorgungsquote junger Menschen mit Migrationshintergrund in den letzten Jahren ihrem Anteil an der Bevölkerung angenähert. In einer Sonderauswertung für das Jahr 2008 hat das Statistische Bundesamt festgestellt, dass Kinder, Jugendliche und junge Volljährige mit Migrationshintergrund bis zum Alter von 26 Jahren insgesamt entsprechend ihrem Anteil von 22 % Hilfen zur Erziehung erhalten (Lehmann / Kolvenbach, 2010). Wenn man aber allein die Minderjährigen betrachtet, dann ergibt sich wegen des geringeren Anteils junger Volljähriger, dass die Minderjährigen insgesamt unterrepräsentiert sind. Ein Effekt, der sich für bestimmte Hilfeformen wie Eingliederungshilfe, Erziehungsberatung und Vollzeitpflege noch deutlich verschärft, während sie in den flexiblen Hilfen, der intensiven sozialpädagogischen Einzelbetreuung oder der sozialen Gruppenarbeit überrepräsentiert sind (Deutscher Verein 2010, 17). Diese Daten verweisen darauf, dass es auch dem ASD noch nicht ausreichend gelingt, alle Familien entsprechend ihren Bedarfen zu erreichen. Das ist kein Vorwurf an die engagierten Mitarbeiter, sondern resümiert die Geschlossenheit des deutschen Hilfesystems gegenüber Familien mit Migrationshintergrund und verweist auf die Notwendigkeit organisatorischer Veränderungen im Sinne einer interkulturellen Öffnung.

11.2 Vom Umgang mit Vielfalt

Gute Soziale Arbeit war schon immer „kulturelle Übersetzungsarbeit" (Staub-Bernasconi 1995, 303). Sie hat vermittelt zwischen sozialen Klassen und Schichten, zwischen Jugend- und Erwachsenenwelten, zwischen Weiblichkeits- und Männlichkeitskulturen oder auch zwischen Organisation und Lebenswelt.

Die Antworten auf die Herausforderungen durch Vielfalt waren in der Vergangenheit eher Vereinheitlichung, Homogenisierung und Assimilation (zum Folgenden Schöer 2009, 203). Die Heterogenität der sozialen Lebenswelt, die unterschiedlichen Voraussetzungen in pädagogischen Handlungsfeldern sowie die Diversität von Mitarbeiterschaft und Klientenerwartungen in sozialen Diensten wurden als individuelle, auf den Einzelfall bezogene Herausforderungen begriffen und beantwortet. Abweichendes, auch originelles Verhalten sollte durch Soziale Arbeit verhindert, Anpassung an gesellschaftliche Normalitätsvorstellungen erreicht werden. Pädagogische Institutionen wie Schule zielten darauf, Kinder und Jugendliche unabhängig von Geschlecht, Herkunft und sonstigen Unterschieden durch eine gleichförmige Lernorganisation in ein nivellierendes System einzupassen.

Vielfalt erfuhr also keine prinzipielle Anerkennung und Wertschätzung. Schon gar nicht wurden die Konstruktionsmechanismen der sozialen Herstellung von Differenz einer kritischen Reflexion unterzogen. Angleichung, Einebnung, Assimilation waren die Zielhorizonte, die Strategien im Umgang mit Vielfalt bestimmt haben.

Dieser Einstellung entsprach zum Teil das Konzept der „Ausländersozialarbeit", das schon begrifflich die Gefahr beinhaltete, Migranten per se als Zielgruppe Sozialer Arbeit anzusehen. Überdies verschwamm im Begriff die Vielfalt potenzieller Adressaten. Der Ansatz war noch stark defizitorientiert und einem kompensatorischen Verständnis verhaftet. Organisatorisch waren es häufig Sonderdienste, denen diese Zielgruppen übereignet wurden.

Gesellschaftlichen Veränderungen durch Individualisierung und Pluralisierung, die Erfolge der verschiedenen Emanzipationsbewegungen, aber auch die Auseinandersetzung mit Diversity Management haben eine neue Sicht auf Vielfalt und Verschiedenheit zur Folge. Anpassung und Assimilation an vermeintliche Normalitätsvorstellungen sind dysfunktional.

Aus dem Vielfalt-Paradigma ergeben sich neue Kompetenzanforderungen an Organisationen und an Menschen mit – im weitesten Sinn – gesellschaftlicher Verantwortung, was gerade für die Soziale Arbeit gilt. Diese neue Kompetenz soll als Vielfaltskompetenz bezeichnet werden, als Fähigkeit der organisatorischen und individuellen Bewältigung von sich ständig wandelnden Anforderungen und Aufgaben. Elemente dieser Kompetenz sind etwa der Umgang mit Ambivalenz, also mit Uneindeutigkeiten, die Ambiguitätstoleranz, also das Aushalten von Ungewissheit und Fremdheit, die Fähigkeit zum Perspektivenwechsel und zur Flexibilität, die Einsicht in die Notwendigkeit reflexiven Handelns, das Denken in Zusammenhängen und eine ausgeprägte Analysefähigkeit. Die zu bewältigende Herausforderung ist dabei, in und trotz dieser Vielfalt seinen Kohärenzsinn zu bewahren, in seinem Leben und Arbeiten weiterhin Sinn zu sehen.

Mit dieser neuen Sichtweise korrespondiert das Konzept der „interkulturellen Arbeit", das ressourcenorientiert ansetzt und neben den zugewanderten Minderheiten besonders die Mehrheitsgesellschaft und ihre Institutionen in den Blick nimmt.

Vielfalt kennzeichnet auch die Menschen, die zugewandert sind. Es gibt nicht *die* Menschen mit Migrationshintergrund. Sie unterscheiden sich vielfältig nach ethnischer Herkunft, sozialer Lage, rechtlichem Status und vielen anderen Merkmalen. Diese eher soziodemographischen Faktoren reichen nicht mehr aus, wenn Kinder- und Jugendhilfe lebensweltorientiert versucht, Familien „wirklich zu verstehen und zu erreichen" (Merkle 2011, 83). Dafür bietet die Lebensweltforschung mit ihrem Milieu-Ansatz eine Grundlage. Ausgehend von Wertorientierungen, Lebensstilen, sozialen Lagen und weiteren Faktoren werden „Gruppen Gleichgesinnter" zusammengefasst, die sich hinsichtlich dieser Dimensionen ähneln.

„Im Gegensatz zu sozialen Schichten beschreiben die Sinus-Milieus real existierenden Subkulturen unserer Gesellschaft mit gemeinsamen Sinn- und Kommunikationszusammenhängen in ihrer Alltagswelt und sind somit ein lebensechtes Abbild der gesellschaftlichen Strukturen" (Merkle 2011, 84).

Nach solchen Milieu-Studien für die deutsche Mehrheitsbevölkerung liegen jetzt auch Untersuchungen über Migranten-Milieus vor. Das ist wegen der Separierung von Einheimischen und Migranten nicht unumstritten, bringt aber doch wichtige Anregungen. Es gilt: „*Das* Migranten Milieu gibt es nicht!" (Merkle 2011, 83). Auf die einzelnen Milieus kann hier nicht weiter eingegangen werden. Im Ergebnis findet sich eine Vielfalt von Lebensauffassungen und Lebensweisen, die sich „weniger nach ethnischer Herkunft und sozialer Lage als vielmehr nach ihren Wertvorstellungen, Lebensstilen und ästhetischen Vorlieben" unterscheiden. Deshalb „kann man weder von der Herkunftskultur auf das Milieu schließen noch kann man vom Milieu auf die Herkunftskultur schließen" (Merkle 2011, 88).

Das bedeutet für die Soziale Arbeit, ihre Vorstellungen von Zielgruppenorientierung einer Revision zu unterziehen und zu verstehen, dass man sich Familien mit Migrationshintergrund nicht mit dem einzig richtigen Ansatz nähern kann, sondern dass sehr individuelle Handlungsstrategien zu entwickeln sind. Das setzt Wissen voraus.

11.3 Kinder, Jugendliche und Familien mit Migrationshintergrund

Familien mit Migrationshintergrund sind anders – anders als viele Deutsche und damit auch sozialpädagogische Fachkräfte meinen. Das Bild der „ausländischen Familie" ist noch immer stark geprägt von Defiziten, Belastungen, Benachteiligungen und hohen Hilfebedarfen. Diese Sicht hat sich über die Jahrzehnte der Ausländerbeschäftigung und Zuwanderungsgeschichte nicht tiefgreifend verändert. Zugleich ist die Forschungslage zum Thema Familien mit Migrationshintergrund noch immer unbefriedigend (Fischer / Springer 2011, 11). Für Anamnese und Diagnostik in sozialpädagogischen Hilfeprozessen ist es unabdingbar, Kenntnisse zu haben über die Bedeutung von Migration und deren Auswirkungen auf die Familie. Dazu gehört auch die Fähigkeit, Migration und Integrationsprozesse zu rekonstruieren und auf ihr Potenzial für eine ressourcenorientierte Soziale Arbeit hin zu analysieren.

11.3.1 Migration als Familienprojekt

Ausführlich mit dem Thema „Familien ausländischer Herkunft in Deutschland" hat sich erstmals der Sechste Familienbericht (BMFSFJ 2000) beschäftigt. Darin ist bereits vieles herausgearbeitet, was inzwischen Kenntnisstand der Disziplin, aber noch nicht ausreichend Basis der Profession ist. Wichtig ist zunächst, sich bewusst zu machen, dass Auswanderung in der Regel keine individuelle Entscheidung ist, sondern ein „familiales Migrationsprojekt, […] das sich über Jahre und Jahrzehnte erstrecken kann und in das zumeist transnationale Netzwerke involviert sind" (BMFSFJ 2000, 5). Das heißt, dass die Potenziale der gesamten Familie und Verwandtschaft, auch über mehrere Generationen hinweg, von hoher Bedeutung sind, dass in Form von Pendelmigration direkte Beziehungen zwischen Herkunfts- und Aufnahmegesellschaft über Jahre bestehen bleiben und dass transnationale Netzwerke und deren soziale Beziehungen eine besondere Form sozialen Kapitals darstellen. Mit dieser „Herausbildung neuer transnationaler Räume" (Pries 2011, 32) bekommt der sozialräumliche Ansatz Sozialer Arbeit eine völlig neue Dimension, worauf Soziale Arbeit sich einstellen muss.

11.3.2 Kulturelle Transformation

Kultur soll hier mit Georg Auernheimer verstanden werden als

„Orientierungssystem, das unser Wahrnehmen, Bewerten und Handeln steuert, das Repertoire an Kommunikations- und Repräsentationsmitteln, mit denen wir uns verständigen, darstellen, Vorstellungen bilden" (Auernheimer 1999, 28).

Kultur kann vereinfacht gefasst werden als die Spielregeln, die unser Zusammenleben bestimmen. Mit der Migration ändern sich diese Regeln tiefgreifend, alte Sicherheiten gelten nicht mehr. Der Prozess der Migration bedeutet eine radikale Veränderung der Lebensverhältnisse für die Betroffenen. Sie leben als Minderheit in einer fremden Welt, in der die vertrauten Regeln und Repräsentationsmittel, allen voran die Sprache, keine Geltung mehr haben (Handschuck 2008a, 37). Familien in der Migration erbringen enorme Anpassungsleistungen im Prozess der Wanderung, durch die räumliche Veränderung, in der Auseinandersetzung mit neuen Orientierungssystemen und in der Transmission von Kultur im Generationenverhältnis und in einer neuen „Traditionsbildung" (Filsinger 2011, 61).

Für die Soziale Arbeit hat das zur Folge, dass die Leistungen und Fähigkeiten zu rekonstruieren und als Ressourcen fruchtbar zu machen sind, die Familien in der und durch die Wanderung erbracht haben. Sie haben eine Vision entwickelt, haben Hoffnungen gehabt und Mut gezeigt. Sie haben Strategien für den Umgang mit neuen Herausforderungen und Veränderungen entwickelt. Die dafür notwendigen Kompetenzen können Anknüpfungspunkte sein für ressourcenorientierte Sozialarbeit des ASD. Das setzt Anerkennung dieser Leistungen und Hilfe zur Selbstanerkennung voraus.

11.3.3 Unterschiedliche Lebenslagen

Immer noch kann es passieren, dass allein der Ausländerstatus als Beschreibungs- und Unterscheidungsmerkmal hergenommen wird für eine Familie mit Migrationshintergrund. Schon der Sechste Familienbericht hat versucht, der Heterogenität der Migrantenfamilien Rechnung zu tragen, und hat die Mehrdimensionalität ihrer Lebenslagen in folgenden Dimensionen beschrieben: Migrationserfahrung, aufenthaltsrechtlicher Status, Zugehörigkeit zu einer Minorität, Platzierung in sozialen Ungerechtigkeitsstrukturen, nationale und ethnische Zusammensetzung und Migrationsmotivation (BMFSFJ 2000, 6). Letzteres lässt sich in Typen der familiären Migration unterscheiden, die Pries so beschreibt: die individuelle Migration aus familiären Gründen, die Familienzusammenführung, mitreisende Familienangehörige, Migration zur Familienbildung (Pries 2011, 29). Ebenso wichtig für die sozialpädagogische Arbeit sind Fragen nach dem „generationalen Status der Familienmitglieder", also danach, wer wo geboren und aufgewachsen ist, wer in welchem Alter immigriert ist (Leyendecker 2011, 244).

11.3.4 Rolle ethnischer Communities

Migration als Familienprojekt verweist auch darauf, dass Ressourcen der gesamten Familie zur Verfügung gestellt werden, insbesondere von Familienmitgliedern, die schon gewandert sind und im Einwanderungsland sich selbst, ihre materiellen Ressourcen und individuellen Erfahrung zur Verfügung stellen. Diese Familienmitglieder und vorausgegangene Einwanderergenerationen haben ein Netzwerk persönlicher und institutioneller Beziehungen geknüpft, das, wie in allen Einwanderungsländern feststellbar, die Neuankömmlinge auffängt. Dafür sind unterschiedliche Begriffe geprägt worden wie „Einwandererkolonie" (Heckmann 1981) oder „Ethnic Communities" (Nauck 2007). Sehr früh wurde die Funktion dieser „Gemeinden" als eine Form der „Binnenintegration" (Elwert 1982) bezeichnet. Das beschreibt eine Struktur von Beziehungen, die zum Teil vom Heimatland mitgebracht oder hier weiter entwickelt worden sind und die dazu beitragen, dass Menschen ihr Leben angesichts der Herausforderungen, Unsicherheiten und Fremdheitserfahrungen meistern können. Die Community dient zumindest als Durchgangsstation, bietet Vertrautes im Fremden, fungiert als Brücke in die neue Gesellschaft. Waren die Strukturen zu Anfang stark von politischen Parteien, Kirchen und Glaubensgemeinschaften oder Kulturvereinen geprägt, sind es heute Frauengruppen, Elternvereine, Sportvereine, aber auch Moschee-Gemeinden, die diese Aufgaben übernommen haben. Zum Teil hat auch die lokale ethnische Ökonomie eine binnenintegratorische Funktion.

Soziale Arbeit muss Kenntnis haben von diesen Strukturen, sollte Kontakte pflegen zu den Communities und ihren Ressourcen, kann sie nutzen im Einzelfall und muss sie pflegen als wichtigen Teil der kommunalen Infrastruktur.

11.3.5 Sozialisation in Migrantenfamilien

Nach den Darlegungen zur Vielfalt von Familien mit Migrationshintergrund verbietet es sich von selbst, allgemeine und gültige Aussagen zur Erziehung in diesen Familien machen zu wollen. Wer sich dazu differenzierter informieren will, wird sich um die entsprechende Fachliteratur bemühen müssen. Deshalb nur einige wenige Überlegungen dazu, wobei die zitierten Autoren hilfreich sind für eine weitere Vertiefung.

Für eine gute Soziale Arbeit ist es wichtig, sich immer wieder zu verdeutlichen, dass die Sozialisation der Kinder nicht zu verstehen ist ohne Berücksichtigung der Besonderheiten der je individuellen Familie – und hier vor dem Hintergrund des je verschiedenen Migrationsprozesses. Dazu gehört beispielsweise die Beachtung der Herkunftskultur, die eher kollektivistisch oder individualistisch geprägt sein kann. Dabei spielt eine Rolle die Herkunft vom Land oder aus der Stadt. So können Erziehungsstile und -ziele bestimmt sein von Prägung und Herkunft – müssen es aber nicht. Auf jeden Fall ist zu beachten, dass eine bruchlose Übertragung von Erziehungsstilen, wie sie bei uns selbstverständlich erscheinen, problematisch ist (Uslucan 2011, 252) und eine Aushandlung über eine akzeptierte Differenz von Erziehung in der Herkunftsfamilie und beispielsweise in der Kindertagesstätte, Pflegefamilie oder im Heim sinnvoll sein kann.

Zu berücksichtigen ist, dass es sehr unterschiedliche Vorstellungen gibt von der Rolle der Familie und von Institutionen wie Kindertagesstätte, Schule oder ASD für den Prozess der Erziehung. Erwartet man in Deutschland eine Mitwirkung im Sinne einer Koproduktion, wäre es in anderen Ländern (wie zum Beispiel der Türkei) ein Übergriff, weil Institutionen wie Eltern davon ausgehen, dass es Aufgabe der Institution ist, Lerninhalte und Erziehungsziele eigenständig umzusetzen. Deshalb wäre es völlig falsch und ein großes Missverständnis, diesen (insbesondere türkischstämmigen Familien) zu unterstellen, sie würden der Bildung ihrer Kinder zu wenig Bedeutung zumessen. Im Gegenteil: „Die Wertschätzung von Bildung ist vielmehr ein besonderes Kennzeichen der türkischen Kultur" (Leyendecker 2011, 244). Hier geht es in besonderem Maße um Verständigung und Aushandlung eines gemeinsamen Vorgehens.

11.3.6 Zusammenfassung

Eine differenzierte Auseinandersetzung mit den Sozialisationsleistungen von Familien mit Migrationshintergrund ist eine wesentliche Voraussetzung für das Gelingen von Hilfeprozessen der Sozialen Arbeit. Der ASD als Schlüsselinstitution im Netz sozialer Dienstleistungen muss die dafür notwendige Kenntnis haben: Migration ist eine Familienprojekt, Migration beeinflusst die Familienbeziehungen, Familie in der Migration entwickelt starke intergenerative Beziehungen und wirkt als Solidaritätspotenzial. Diese Potenziale „können als Bewältigungsressourcen im Akkulturations- und Integrationsprozess gedeutet werden" (Filsinger 2011, 59). Eine weitere wichtige Ressource stellen die Migranten-Communities dar.

Aufgabe von Organisations- und Personalentwicklung im ASD ist es somit, die Mitarbeiterschaft für diese Herausforderungen zu qualifizieren, interkulturelle Kompetenz zu vermitteln und Strukturen so zu verändern, dass Zugangsbarrieren für Migrantenfamilien beseitigt werden.

11.4 Interkulturelle Orientierung und Öffnung des ASD

11.4.1 Historische Bezüge

Interkulturalität als neues Paradigma für soziales und pädagogisches Handeln in der Einwanderungsgesellschaft ist das Ergebnis der (selbst-)kritischen Auseinandersetzung der Sozialen Arbeit mit Ausländerarbeit und Ausländerpädagogik und ihrer Institutionalisierung in den Sonderdiensten der Verbände (zum Folgenden Schröer 2011, 307 ff.). Die interkulturelle Programmatik fand ihren ersten Ausdruck in der Forderung von Hinz-Rommel (1994) nach „interkultureller Kompetenz" als einem neuen Anforderungsprofil für die Soziale Arbeit. Mit den „Empfehlungen zur interkulturellen Öffnung sozialer Dienste" (Barwig/Hinz-Rommel 1995) sollten daraus Konsequenzen auf institutioneller Ebene gezogen werden, die sich die damalige Beauftragte der Bundesregierung für die Belange der Ausländer zu eigen gemacht hat. Seit diesem Zeitpunkt steht das Thema interkulturelle Öffnung sozialer und pädagogischer Institutionen auf der fachpolitischen Agenda.

Das Thema Interkulturalität hat derzeit Konjunktur. Den Nationalen Integrationsplan der Bundesregierung (Die Bundesregierung 2007) durchziehen Selbstverpflichtungen zahlreicher gesellschaftlicher Institutionen und Organisationen zur interkulturellen Öffnung. Allen voran die kommunalen Spitzenverbände, deren Mitgliedskommunen vielerorts sich zu Öffnungsprozesse bekennen. Das ist allerdings bisher nicht ausreichend in der Tiefe der Organisationen angekommen.

11.4.2 Interkulturalität

Interkulturalität bezeichnet nach einem weiten Verständnis das Verhältnis zwischen unterschiedlichen Lebensformen. Interkulturalität reduziert sich nicht auf das Verhältnis von Deutschen und Zugewanderten und umfasst Unterschiede des Geschlechts, des Alters, der Religion, der sexuellen Orientierung, der körperlichen Ausstattung, der sozioökonomischen Lage, aber auch Unterschiede zwischen verschiedenen Betriebs- und Verwaltungskulturen. Insoweit sind Menschen beständig an Aushandlungsprozessen *zwischen* unterschiedlichen kulturellen Orientierungen beteiligt (Gemende et al. 1999, 13).

11.4.3 Interkulturelle Orientierung

Interkulturelle Orientierung geht Öffnungsprozessen voraus, reicht über diese hinaus und bedeutet eine Veränderung von Haltungen. Interkulturelle Orientierung soll als

„eine sozialpolitische Haltung von Personen beziehungsweise Institutionen verstanden werden, die anerkennt, dass unterschiedliche Gruppen mit unterschiedlichen Interessen in einer Stadtgesellschaft leben und dass diese Gruppen sich in ihren Kommunikations- und Repräsentationsmittels unterscheiden" (Handschuck/Schröer 2002, 512).

Interkulturelle Orientierung zielt also auf Anerkennung und bildet damit die Grundlage dafür, dass Gruppen und Individuen ihre jeweiligen Interessen vertreten, dass die Beteiligten eine selbstreflexive Haltung gegenüber der eigenen Kultur einnehmen können und dass dadurch eine gleichberechtigte Begegnung ermöglicht wird. Auf dieser Basis bietet interkulturelle Orientierung die Chance, das Verhältnis zwischen Mehrheit und Minderheit und die damit verbundene Definitionsmacht und die ungleiche Verteilung von Ressourcen zum Thema zu machen. Interkulturelle Orientierung kann zusammenfassend als strategische Ausrichtung verstanden werden, die sich in der Vision einer Organisation, im Leitbild beispielsweise einer Kommune oder eines Verbandes niederschlägt, die sich in den jeweiligen Zielen konkretisiert und die eine Organisation auf die Querschnittsaufgabe interkultureller Öffnung verbindlich verpflichtet. Eine solche Haltung als verinnerlichte Einstellung von Offenheit und Anerkennung gegenüber Differenz und Diversität ist ein langfristiger und reflexiver Lern- und Erfahrungsprozess, der nur in einer lernenden Organisation erfolgreich sein wird.

„Orientierung" hat darüber hinaus auch begriffliche Konnotationen, die sehr schön verdeutlichen, worum es bei der strategischen Ausrichtung geht. Orientierung bedeutet einmal eine Ausrichtung der Wahrnehmung, verweist damit auf Sensibilität gegenüber Unterschieden, fordert auf zur Akzeptanz von Unterschiedlichkeit und erwartet Aufmerksamkeit gegenüber Machtasymmetrien. Orientierung bedeutet auch eine geistige Einstellung von Personen und Institutionen und beschreibt damit die sozialpolitische Haltung, die Soziale Arbeit prägt: beispielsweise Anerkennung und Wertschätzung gegenüber Differenz und Diversität oder das Streben nach sozialer Gerechtigkeit, Gleichbehandlung und Teilhabe. Und Orientierung bedeutet schlicht Kenntnis des Weges, wofür man Kenntnisse erwerben und Kompetenzen haben muss.

11.4.4 Interkulturelle Öffnung

Interkulturelle Öffnung ist dann die Konsequenz einer solchen neuen Orientierung, die handelnde Umsetzung der strategischen Ausrichtung einer Organisation, und bedeutet Veränderung der Organisation (Handschuck/Schröer 2002, 513). Ein Nachdenken über „Öffnung" führt zu weiteren Konnotationen (Handschuck 2008a, 28 ff.): Öffnung setzt Geschlossenheit voraus. Geschlossenheit geht auf bewusste oder unbewusste Ausgrenzungsmechanismen zurück. Damit sind Interessen verbunden und somit Machtfragen. Konflikte sind vorprogrammiert, es kann Gewinner und Verlierer geben. Öffnung beinhaltet einen aktiven Prozess und eine bewusste Strategie, die diese Phänomene berücksichtigen muss. In diesem Begriff liegt das paradigmatisch Neue, nämlich die selbstkritische

Analyse der herrschenden Strukturen in den Systemen der Sozialen Arbeit, der Bildung, der Gesundheit und anderer Bereiche. Das Konzept der interkulturellen Öffnung war ein Gegenentwurf zum traditionellen Verständnis von Integration, das Anstrengungen im Wesentlichen von den Migranten erwartete, das in der Regel Assimilation meinte, das die deutsche Mehrheitsbevölkerung weitgehend ausblendete und die Strukturen deutscher Institutionen unangetastet ließ. Öffnung in diesem Verständnis zielt auf einen tiefgreifenden Kulturwandel, ist also Organisationsveränderung. Mit dem Paradigma der interkulturellen Öffnung sind wesentliche Paradigmenwechsel verbunden: Eine Blickerweiterung von der verengten Sicht auf Minderheiten hin zur Mehrheitsgesellschaft; die Verabschiedung der Defizitorientierung zugunsten einer Ressourcenorientierung in der interkulturellen Arbeit; schließlich die Erweiterung der Veränderungsperspektive von den handelnden Personen auf die Organisation als Rahmenbedingung des Handelns.

Wenn man sich die Dienste und Einrichtungen, die für die Versorgung der Bürgerinnen und Bürger zuständig sind, kritisch anschaut, lassen sich vielfältige Barrieren für die Zugänglichkeit zu diesen Dienstleistungen für Menschen mit Migrationshintergrund analysieren. Insbesondere Gaitanides (2006, 225 f.) hat diese Stolpersteine und Zugangsbarrieren immer wieder kritisiert. Zugangshindernisse für Menschen mit Migrationshintergrund sind insbesondere:

- Sprachbarrieren,
- keine muttersprachlichen Fachkräfte,
- fehlende Informationen über die Angebote,
- kulturell geprägte Interpretationsmuster der Klientel,
- Stolz, Zurückhaltung, Skepsis, Leidensbereitschaft,
- Ängste vor ausländerrechtlichen Konsequenzen,
- spezialisierte und parzellierte Zuständigkeiten,
- Komm-Struktur und bürokratische Arbeitsweise.

Als Zugangsbarrieren durch deutsche Fachkräfte erweisen sich:

- ethnozentristische Missverständnisse und Vorurteile,
- Stereotypisierungen und Kulturalisierungen,
- Fremdheitsängste und Verunsicherung,
- fehlende interkulturelle Kommunikationskompetenz,
- Gleichbehandlung von Ungleichem,
- Überforderungsgefühl und Kompetenzverlustängste,
- Beharren auf eingespielten Wissens- und Handlungsroutinen.

Interkulturelle Öffnung soll diese Strukturen mit ihren Ausschließungen verändern. Dazu gehört die interkulturelle Qualifizierung des Personals durch Aus-, Fort- und Weiterbildung und die Einstellung von Fachkräften mit Migrationshintergrund. Und diese Veränderungsprozesse sind als kontinuierliche Aufgabe zu verstehen. Interkulturelle Öffnung ist demnach als Organisations-, Personal- und Qualitätsentwicklung zu konzipieren, worüber in Literatur und Praxis weitgehend Einigkeit besteht. Interkulturelle Öffnung kann zusammenfassend verstanden werden

„als ein bewusst gestalteter Prozess, der (selbst-)reflexive Lern- und Veränderungsprozesse von und zwischen unterschiedlichen Menschen, Lebensweisen und Organisationsformen ermöglicht, wodurch Zugangsbarrieren und Abgrenzungsmechanismen in den zu öffnenden Organisationen abgebaut werden und Anerkennung ermöglicht wird" (Schröer 2007a, 83).

Ein wichtiges Element dieser kritischen Reflexion ist es auch, in der Sozialen Arbeit nicht nationale, ethnische oder religiöse Zugehörigkeiten zu konstruieren und damit soziale Probleme oder ökonomische Benachteiligung zu ethnisieren und zu kulturalisieren. Vor einer solchen Gefahr warnt Hamburger, weil sie „kulturelle Identifikationen in einem Maße verstärkt, dass neue Probleme entstehen und Konflikte verschärft werden" (Hamburger 1999a, 38). Er fordert, nicht beabsichtigte Wirkungen und Folgen einer interkulturell orientierten Arbeit zu berücksichtigen und damit zu einer „reflexiven Interkulturalität" zu kommen.

11.4.5 Interkulturelle Kompetenz

Bei der Vermittlung interkultureller Kompetenz geht es schließlich um die Veränderung der Mitarbeiter. Den schwierigen Begriff der interkulturellen Kompetenz etablierte Wolfgang Hinz-Rommel

(1994) mit seiner Veröffentlichung: „Interkulturelle Kompetenz. Ein neues Anforderungsprofil für die soziale Arbeit". Viele Kritiker lehnen den Begriff interkulturelle Kompetenz ab, da er Machtasymmetrien verschleiere und kulturalisierende Aspekte beinhalte. Bis heute gibt es keine einheitliche Definition des Begriffes interkulturelle Kompetenz.

Stefan Gaitanides stellte schon Mitte der 1990er Jahre einen Katalog zusammen, was unter interkultureller Kompetenz zu verstehen sei. In einer aktuellen Veröffentlichung (Gaitanides 2006, 223) umfasst der Katalog 21 Kategorien und beinhaltet kognitive Kompetenzen und Handlungskompetenzen wie Empathie, Ambiguitätstoleranz und kommunikative Fähigkeiten. Veronika Fischer formuliert:

„Interkulturelle Kompetenz als Schlüsselqualifikation umfasst: Kenntnisse, Fähigkeiten, Fertigkeiten und Haltungen, die auf kognitiver, emotionaler und psychomotorischer Ebene den Umgang mit kultureller Vielfalt ermöglichen" (Fischer 2005, 36).

Anknüpfend am Interkulturellen Kompetenzmodell von Darla D. Deardorff schlägt die Bertelsmann Stiftung folgende Definition vor:

„Interkulturelle Kompetenz beschreibt die Kompetenz, auf Grundlage bestimmter Haltungen und Einstellungen sowie besonderer Handlungs- und Reflexionsfähigkeiten in interkulturellen Situationen effektiv und angemessen zu interagieren" (Bertelsmann Stiftung 2006, 5).

An dem Modell von Deardorff ist positiv hervorzuheben, dass es sich um ein Prozessmodell handelt und dass es wirkungsanalytisch aufgebaut ist. Das Prozessmodell setzt an Haltungen und Einstellungen an, hier werden u. a. Respekt, Ambiguitätstoleranz und Unvoreingenommenheit als Haltungen benannt, die es (weiter) zu entwickeln gilt. Darauf bauen Wissen und Verständnis auf, die mit der Fähigkeit der kulturellen Selbstreflexion und mit einem dynamischen Kulturverständnis einhergehen. Daraus resultieren als interne Wirkungen eine Relativierung ethnozentrischer Sichtweisen, Flexibilität und Empathie. Als externe Wirkungen sind eine effektive und angemessene Kommunikation und ein entsprechendes Verhalten in interkulturellen Situationen feststellbar. Diese Wirkungen entfalten eine Dynamik, indem sie wiederum die Haltungen und Einstellungen verändern, das Wissen und Verständnis erweitern und in einen zirkulären Prozess der Erweiterung interkultureller Kompetenz münden (Bertelsmann Stiftung 2006, 7).

Konkret geht es darum, dass die Mitarbeiter des ASD befähigt sind, in Beratungs- und Hilfeprozessen die eingangs dargestellten Herausforderungen für Familien mit Migrationshintergrund durch den kulturellen Wandel wahrzunehmen und bewusst gestalten zu helfen. Das beinhaltet eine selbstreflexive Auseinandersetzung mit der eigenen kulturellen Orientierung und den damit verbundenen Konstruktionen von Wirklichkeit. Es gilt, das eigene Konzept von Wirklichkeit als eine Möglichkeit unter mehreren zu sehen und so kulturelle Unterschiede wahrzunehmen und auszuhalten. Mit dieser Fähigkeit ist es möglich, unterschiedliche Konzepte lösungsorientiert in Beziehung zu setzen und auszuhandeln. Damit wird es erleichtert, interkulturelle Verständigung sicherzustellen: durch die Fähigkeit Verständnis zu entwickeln (Empathiefähigkeit, Ambiguitätstoleranz, Rollendistanz), durch die Fähigkeit zu verstehen (Wissen über Migrationsgeschichte, kulturelle Transformation, Lebenslagen von Migranten, interkulturelle Kompetenz), durch die Fähigkeit, sich durch Dialog und Aushandlung auf neue Lösungen und Spielregeln zu verständigen (Handschuck / Klawe 2010, 51 ff.).

11.5 Konsequenzen für die Praxis

Im Mittelpunkt der vielfältigen Aufgaben des ASD steht die Auseinandersetzung mit Hilfebedarfen von Kindern, Jugendlichen und ihren Familien. Es geht um die Bearbeitung von Einzelfällen. Dabei bewegen sich die Fachkräfte

„in einem Spannungsfeld von Beraten und Informieren, Moderieren und Vermitteln, Begleiten und Unterstützen, aber auch Konfrontieren und Formulieren eigener Standpunkte und Normen sowie Kontrollieren und Eingreifen. […] Mit dem Falleingang bzw. Erstkontakt beginnt ein Definitionsprozess hinsichtlich der Einschätzung von Problemlagen, zur Verfügung stehender oder notwendiger Ressourcen und möglicher Lösungen. [Es] […] hinterlässt der erste Kontakt wichtige Eindrücke und Anfangsannahmen, die häufig auf persönlichen Vorerfahrungen, Entscheidungs- und Handlungsroutinen über Ursachen und mögliche Begründungen basieren. Der fachliche Zugang ist geprägt durch die individuellen Wahrnehmungen der Fachkräfte, ihr fachliches Selbstverständnis und die damit zusammenhängenden Wertorientierungen. Daneben spielen die Strukturen, Konzepte und Arbeitsweisen im ASD eine wesentliche Rolle" (Poller/Weigel 2010, 57).

Aus dieser prägnanten Skizzierung der kulturellen Gebundenheit von Organisation und Mitarbeiterschaft wird noch einmal die interkulturelle Herausforderung deutlich, die Menschen anderer Herkunft für Strukturen und Personen deutscher Institutionen bedeuten. Und es gilt erst recht, was die Autoren generell für den ASD und seine Klientel postulieren: „Entscheidend in dieser Situation ist, in welchem Maße andere, ungewohnte, den Routinen entzogene Wahrnehmungen aufgenommen werden und in die Deutungsmuster einfließen" (Poller/Weigel 2010, 58). Eine interkulturelle Sensibilisierung sozialer Dienste fördert damit nicht nur die Qualifizierung gegenüber Menschen mit Migrationshintergrund. Sie ist ein Beitrag insgesamt zur Professionalisierung des ASD.

11.5.1 Einzelfallorientierte Arbeit

Neben der Beratung in Erziehungs- und Familienfragen steht die Fallverantwortung bei den Hilfen zur Erziehung im Mittelpunkt der Arbeit des ASD. Am Beispiel der Hilfeplanung nach § 36 SGB VIII soll deutlich gemacht werden, was interkulturelle Öffnung für den ASD bedeutet. Dieses Verfahren zur Prüfung, Konkretisierung und Vereinbarung über sozialrechtlich festgelegte Leistungsansprüche mit den Aspekten „Mitwirkung" von Eltern und Kindern sowie „Zusammenwirken" unterschiedlicher Fachkräfte in Form eines Aushandlungsprozesses steht paradigmatisch für gelingende oder misslingende Öffnungsprozesse. Bis Mitte der 2000er Jahre lässt sich feststellen, dass von einer migrationssensiblen Gestaltung dieses zentralen Verfahrens keine Rede sein kann (Kappel et al. 2004). Seitdem gibt es immer wieder Projekte, um Familien mit Angeboten zu unterstützen und das Hilfeplanverfahren interkulturell zu öffnen. Zu verblüffend übereinstimmenden Ergebnissen kommen etwa ein Modellprojekt in München (Landeshauptstadt München/Sozialreferat 2008) und ein Forschungsprojekt in Berlin (Straßburger/Bestmann 2008). Zielführend ist es, Zugangsbarrieren zu analysieren und Schlüsselprozesse zu identifizieren, also jene Aktivitäten, die für die Zielerreichung unabdingbar sind. Dafür sind dann interkulturelle Standards festzulegen. Am Beispiel der Hilfeplanung lassen sich etwa folgende Zugangsbarrieren und Schüsselprozesse benennen.

(Erst-)Kontaktaufnahme

Die Gestaltung des ersten Kontaktes ist entscheidend für das Gelingen des Hilfeprozesses. Als Quellen des Misslingens finden sich bei den Hilfe suchenden Familien Ängste, schlechte Erfahrung mit deutschen Behörden, Vorbehalte, Scham vor der Preisgabe von Familieninterna oder die Unkenntnis des deutschen Hilfesystems. Die deutschen Fachkräfte sehen häufig jeden ähnlich gelagerten Fall gleich, legen Maßstäbe der Mehrheitsgesellschaft und ihrer eigenen Sozialisation an, folgen Handlungsroutinen auf der Basis fachlicher Wertorientierungen und übersehen strukturelle Benachteiligungen durch rechtliche Diskriminierung, ökonomische Einschränkungen, politische Rechtlosigkeit und soziale Schlechterstellung.

Faktoren des Gelingens sind grundsätzlich Haltungen wie Respekt, Wertschätzung und Anerkennung. Es gilt, eine Ebene der gleichberechtigten Begegnung herzustellen. Dafür kann es hilfreich sein, einen anderen Ort als das Büro für den Erstkontakt zu wählen, also die Familie aufzusuchen. Orte der Begegnung im Amt sollten von Ausstrahlung, Sitzordnung und Atmosphäre her ein Gelingen der Kommunikation begünstigen. Sich Zeit zu nehmen ist eine wesentliche Grundlage für das Gelingen der Zusammenarbeit. Die Begrüßung, ein reflektiertes Verhalten bei Mimik und Gesten, der kompetente Umgang mit Namen (Handschuck/Schröer 2011) und eine einfache, verständliche Sprache sind weitere Erfolgsfaktoren.

Kommunikation und Information

Eine wesentliche Quelle des Misslingens ist die fehlende Verständigung, wofür es viele Gründe geben kann, nicht allein sprachliche. Das fängt mit einem kulturell unterschiedlichen Verständnis von Hilfe an, sodass trotz gleicher Begrifflichkeit divergierende Vorstellungen das Gespräch prägen. Das gilt ähnlich für die Funktion sozialer Dienste, die in vielen Ländern zumindest in dieser Form unbekannt sind. Erschwerend kommt ein differenziertes und formalisiertes Hilfesystem dazu, das schon vielen deutschen Hilfesuchenden eher fremd ist. Wenig förderlich ist ferner die noch immer monokulturelle Ausrichtung der Jugendhilfeinstitutionen.

Faktoren des Gelingens sind die Bereitschaft der Fachkräfte zu einer kultursensiblen Interaktion, die eine gewisse Kommunikations- und interkulturelle Handlungskompetenz voraussetzt und entsprechender Fortbildungsmaßnahmen bedarf. Eine auch zeitlich ausführliche Kommunikation, die beispielhafte Umschreibung zentraler Begriffe wie Hilfe, Hilfeplan, Hilfen zur Erziehung oder Kontrakt sind dafür notwendig. Wesentlich für Vertrauensbildung und kompetente Aushandlungsprozesse sind muttersprachliche Fachkräfte. Hilfreich sind Übersetzungshilfen und Handreichungen. Da trotz gemeinsamer deutscher Sprache und scheinbaren Verständnisses in komplexen Prozessen dennoch manchmal keine Verständigung aufkommt, ist zu regeln, wann Sprach- und Kulturmittler eingesetzt werden können.

Sozialpädagogische Diagnose

Zum Misslingen kann beitragen, dass es Familien mit Migrationshintergrund noch weniger als deutsche gewohnt sind, fremde Menschen in ihr Familiensystem eindringen zu lassen. Tabus, Ehrvorstellungen und Befremdungen erschweren eine detaillierte Diagnostik. Wirkliches Fallverstehen, also ein Verständnis dafür, was Menschen mit Migrationshintergrund prägt, beschäftigt, belastet, was sie wollen und was sie brauchen, ist mit Routineverfahren häufig nicht zu erfassen. Die Kulturalisierung und Ethnisierung, also die Erklärung von Verhaltensweisen mit ethnisch-kulturell-religiösen Besonderheiten statt mit rechtlichen, sozialen oder ökonomischen Ursachen, sind eine große Gefahr.

Faktoren des Gelingens sind somit die sorgfältige Erhebung auch von migrationsspezifischen Daten und die dafür notwendige Qualifizierung der fachlichen Handreichungen, also beispielsweise die migrationssensible Formulierung der sogenannten W-Fragen. Dazu gehören etwa Fragen nach dem Geburtsort der Eltern, nach den Daten der Einreise in Deutschland, nach dem Einreisealter der Kinder, nach dem Entscheidungsprozess für diese Auswanderung. Ferner sind es Fragen zur Pendelmigration, zum Aufenthaltsstatus, zur Familiensprache, zum religiösen Hintergrund, nach wichtigen Verwandten in anderen Ländern. Die Differenziertheit von Familien mit Migrationshintergrund verlangt über die migrationsspezifischen Fragen nach Ethnie und Nationalität hinaus im Sinne von Intersektionalität auch zu berücksichtigen, welche Rolle Milieu, Geschlecht, sexuelle Orientierung und weitere Faktoren spielen. Als besonders geeignete methodische Ansätze gegenüber Familien mit Migrationshintergrund haben sich das Genogramm, eine ethnographische Haltung, die Übernahme neuer Perspektiven durch Wechsel des Standpunktes sowie Netzwerk- und Ressourcenkarten erwiesen. Zu berücksichtigen sind dabei über den Sozialraum, ja das Bundesgebiet hinausreichende plurilokale Fallkonstellationen. Für die Analyse der spezifischen Netzwerke und Ressourcen bedarf es entsprechender Arbeitshilfen. Weiterführende Fragen finden sich in einschlägigen Veröffentlichungen (Straßburger / Bestmann 2008, 27 f.).

Wunsch- und Wahlrecht

Eine besondere Quelle für Missverständnisse ist das partizipative, auf Koproduktion angelegte Verfahren der Hilfeplanung mit ihrer Auftrags- und Zielklärung. Viele Menschen mit Migrationshintergrund verbinden mit dem Staat eher Repression als Hilfe, haben Ämter auch in Deutschland als gefährlich erfahren, gehen aus von einer strengen Trennung zwischen öffentlichen Institutionen und privater Sphäre. Beteiligung und Mitwirkung, das Recht der Wahl sind nicht von selbst verständlich. Gelingen kann das nur, wenn ein interkultureller Aushandlungsprozess zustande kommt, wenn wirklich gemeinsam Lösungen gesucht, wenn Mitarbeit tatsächlich als „Arbeit", als Verpflichtung vermittelt werden kann. Hier stehen wieder Verständnis und Verständigung im Vordergrund, müssen eingängige Bilder gefunden und kultursensible Beteiligungsformen erprobt werden. Dafür sind Handreichungen, Mitarbeitende mit Migrationshintergrund oder Kulturvermittler als Brückenpersonen hilfreich. Ein wesentlicher Faktor ist der Datenschutz. Auf die Schweigepflicht, die

Vertraulichkeit und eventuelle Ausnahmen gegenüber der Ausländerbehörde umfassend und überzeugend hinzuweisen, ist ein wichtiger Faktor des Gelingens.

Interdisziplinäre Teamkonferenz

Die jeweilige Teamkonferenz (regionales Fachteam) läuft Gefahr, ihrer Aufgabe nicht gerecht zu werden, wenn interkulturelle Aspekte und migrationsbezogene Tatsachen nicht ausreichend Berücksichtigung finden. Das ist besonders dann der Fall, wenn ausschließlich Vertreter der Mehrheitsgesellschaft nach ihren Maßstäben und Erfahrungen, ihren traditionellen Deutungs- und Wissensbeständen sowie Wertvorstellungen ohne Reflexion ihrer Vorannahmen zu fachlichen Lösungen kommen wollen.

In der jeweiligen Konferenz sind deshalb die Routinen, Standards oder Arbeitshilfen des Hilfesystems selbsreflexiv auf ihre Kulturgebundenheit zu befragen. Über den üblichen Kreis von Fachkräften hinaus sind interkulturelle Impulsgeber zu berücksichtigen. Dabei kann sich herausstellen, dass es bei der Auswahl der geeigneten Hilfen auch ein Gesichtspunkt sein kann, ob eine Hilfe dem Hilfeverständnis der Familie mit Migrationshintergrund mehr entgegenkommt als eine andere. Das gilt etwa für die sozialpädagogische Familienhilfe, die durch Geh-Struktur, intensive Begleitung und verständnisvollen Zugang einer Mentalität entspricht, die auf persönliche Ansprache und Vertrauen setzt (Zacharaki 2011, 382). Noch mehr auf die Passfähigkeit zu achten ist bei der Begründung von Pflegeverhältnissen, wo zunächst unvereinbare Lebenswelten aufeinander prallen können und interkulturelle Informationen und Begleitung unabdingbaren sind (Kumbier / Oske 2010, 108).

11.5.2 Fallübergreifende Arbeit

Eine ressourcenorientierte Soziale Arbeit setzt immer am Willen der Personen an und richtet ihren Blick auf deren Ressourcen. Ebenso wichtig sind die Ressourcen des sozialen Umfeldes – von der Familie über den sozialen Raum bis zu übergreifenden Ressourcen. Für Kinder, Jugendliche und Familien sind das die normalen Angebote im Lebensumfeld: Sportverbände, Jugendverbände, Kirchengemeinden, Selbsthilfestrukturen, Stadtteilaktivitäten, ehrenamtliches Engagement. Dazu gehören die niedrigschwelligen Angebote der Kinder- und Jugendhilfe wie Kindertagesbetreuung, Familienbildung, Mutter-Kind-Gruppen, Mehrgenerationenhäuser oder aufsuchende Sprach- und Bildungsangebote. Von diesen Strukturen und ihren Möglichkeiten als Unterstützungsressourcen im jeweiligen Fall haben die Fachkräfte des ASD in der Regel Kenntnis.

Das gilt sehr viel weniger für Ressourcen aus dem Umfeld von Personen mit Migrationshintergrund und kaum für fallübergreifende Ressourcen der migrantischen Strukturen. Es ist künftig ein Teil der fallübergreifenden Arbeit, die Vernetzungs- und Kooperationsstrukturen der Migranten zu berücksichtigen. Das heißt, Kenntnis zu erwerben über diese Strukturen sowie die ethnischen Communities und ihre Ressourcen wahrzunehmen, zu unterstützen und zu nutzen. Eine hilfreiche Brücke in diese Netzwerke hinein können die Migrationsdienste der Wohlfahrtsverbände als Kooperationspartner bilden.

Ein wesentliches Element jeder Fallanalyse ist deshalb die Frage, welche Ressourcen Familie, Verwandte, Freunde und Bekannte für Lösungsansätze einbringen können. Dort, wo Familie noch intakt ist, hat sie Hilfs- und Schutzfunktion, ist sie bereit, Stabilisierung zu gewährleisten, Erziehungsfragen aufzugreifen und aktiver Teil eventuell notwendiger Unterstützungs- und Hilfemaßnahmen zu sein. Wenn die Familie diese Funktion nicht erfüllen kann oder selbst Teil der Problemkonstellationen ist, muss die Frage nach den Ressourcen des sozialen Raums gestellt werden, der Lebenslage und Lebenswelt von Familien mit Migrationshintergrund prägt. Es ist schon darauf verwiesen worden, dass dabei auch transnationale Räume eine Rolle spielen können und entsprechend zu berücksichtigen sind. Die ethnischen Communities und ihre Selbstorganisationen haben eine Brückenfunktion zwischen Migranten-Gemeinden und Aufnahmegesellschaft. Sie bieten als landsmannschaftliche Traditionsvereine, als Kulturvereine für Tanz, Musik oder Literatur, als Eltern- und Bildungsvereine, als Frauen- und Seniorengruppen, als Kirchen- oder Moschee-Gemeinden, als Unterstützungs- und Serviceorganisationen für Übersetzungen, Behördengänge,

Kinderbetreuung und Ähnliches vielfältige Angebote bei Problemen des Alltags.

11.5.3 Infrastrukturbezogene Arbeit

Auch wenn es zunächst eine zusätzliche Belastung für die Fachkräfte des ASD sein mag, bringt der aufsuchende Kontakt zu den ethnischen Communities, die Pflege der Beziehung, die Unterstützung und Förderung von Selbsthilfe und bürgerschaftlichem Engagement, ja auch die Qualifizierung und Bildung von Multiplikatoren auf Dauer eine Entlastung und zusätzliche Unterstützung der eigenen Arbeit.

Es wird deutlich: Die Grenzen zwischen fallübergreifender und fallunspezifischer, auf den Sozialraum bezogener Arbeit sind gerade im Feld der interkulturellen Arbeit fließend. Viele der migrantischen Ressourcen, die für die fallübergreifende Arbeit zu mobilisieren wären, sind den Fachkräften noch nicht ausreichend bekannt. Sie müssen erst entdeckt, kontaktiert, erhalten und gepflegt, bisweilen auch gefördert, manchmal sogar erst (mit-) aufgebaut werden. Das werden deutschstämmige Fachkräfte allein nicht können. Dafür können Kolleginnen mit Migrationshintergrund hilfreiche Brückenpersonen sein. Es sollte aber auch der Kontakt zu Schlüsselpersonen aus den bekannten Organisationen gesucht werden: Vorsitzende von Elternvereinen, Funktionäre von Sportvereinen, Imame der Stadtteil-Moscheen. Solche Kontakte dürfen nicht einmalig, fallbezogen bleiben. Sie brauchen Kontinuität und Pflege, um Kenntnisse zu erwerben, Vertrauen aufzubauen und Netzwerke zu knüpfen. Dazu gehört es, die dafür geeigneten Organisationen in die vorhandenen Kooperationsstrukturen und sozialen Netze zu integrieren. Es ist sinnvoll, die Multiplikatoren der Communities beispielsweise in die regelmäßig tagenden Sozialraum-Konferenzen einzubeziehen und den Moscheeverein, den Elternverein oder sonstige Repräsentanten einzuladen. Im Vorfeld sollte über Ziele, Funktionen und Abläufe informiert werden, um die Befremdung über deutsche Organisationsroutinen möglichst gering zu halten.

Diese Organisationen und ihre Vertreterinnen sind dann auch Informationsquellen und Partnerinnen bei der Analyse von Bedarfen und Versorgungslücken sowie der Entwicklung von Angeboten im Vorfeld von potentiellen Problemen. Es gibt inzwischen sehr geeignete und einfache Instrumente wie Nutzerinnen-Befragungen, um die Zufriedenheit mit der Qualität von sozialen Dienstleistungen zu erforschen und Erwartungslücken zu schließen (Handschuck 2008b, 143 ff.). Orte zum Andocken sind Institutionen, wo Kinder, Jugendliche oder Familien mit Migrationshintergrund regelmäßig und ohne Schwellenangst anzutreffen sind, also etwa Kindergärten, Freizeiteinrichtungen oder Schulen. Es hat sich bewährt, wenn der ASD Außensprechstunden in solchen Institutionen anbietet und das Fachpersonal als Vermittler zu den migrantischen Besuchern fungiert.

12 ASD und Gender

Von Kerstin Feldhoff und Luise Hartwig

- Kinder brauchen für gelingendes Aufwachsen Frauen und Männer, (soziale) Mütter und (soziale) Väter in ihrem engen Bezugssystem.
- Der ASD ist gefährdet, soziale Notlagen mit dem Mittel erzieherische Hilfen zu individualisieren und zu pädagogisieren.
- Kinder sind von häuslicher Gewalt immer mit betroffen: Ohne Frauenschutz gibt es keinen Kinderschutz.
- Die Fachkräfte des ASD sollten ihre Mitwirkung in familiengerichtlichen Verfahren mit dem Hintergrund der Partnergewalt aktiv wahrnehmen und ihre sozialpädagogische Fachlichkeit im Interesse eines effektiven Kinder- und Frauenschutzes schon in Verfahren nach dem Gewaltschutzgesetz einbringen.
- In Verfahren um Sorge- und Umgangsrecht sind die verfahrensrechtlichen Gebote von Beschleunigung und Einvernehmen im Einzelfall kritisch zu überprüfen, inwieweit sie zur nachhaltigen Gewährleistung des Kindeswohls beitragen können.
- Partnergewalt ist stets von Beginn an im Elterngespräch zu thematisieren und muss bei Stellungnahmen im Hinblick auf mögliche Kindeswohlgefährdung berücksichtigt werden, indem sich die Fachkräfte in Bezug auf Alleinsorge und Umgangsausschluss klar positionieren.
- Familienorientierte Hilfen benötigen neben dem Blick auf die Familie als Ganzes einen Blick auf die einzelnen Individuen, auf beide Geschlechter.
- Gender Mainstreaming bedeutet in der Ausgestaltung der Hilfen: Mädchen die Hälfte der Berufe, Jungen die Hälfte der Familie.
- Auch die Soziale Arbeit im ASD ist von typischen Attributen gekennzeichnet: ein hoher Frauenanteil, der mit einem überproportionalen Anteil von Männern in Leitungsfunktionen einhergeht, und eine Bezahlung der Arbeit mit Klienten, die im Verhältnis zu anderen Tätigkeiten mit FH-Abschluss unterbewertet ist.

12.1 ASD und Gender: Ausgangslage und Fragestellung

Das Thema wird bislang weder auf Fachtagungen oder wissenschaftlichen Kongressen zum Thema ASD aufgegriffen, noch spielt es in wissenschaftlichen Veröffentlichungen oder in aktuellen Forschungsprojekten eine Rolle. Ein Stand der Forschung zum Thema *ASD und Gender* kann somit zu Beginn des Beitrags nicht referiert werden, er ist nicht existent. Das Thema Gender erschließt sich bislang eher implizit im ASD und weniger entlang der Aufgabenbereiche. Die Perspektive Gender wird im Folgenden aufgegriffen, um sowohl die Lebenslage der Nutzerinnen und Nutzer des ASD zu beschreiben (Mütter und Väter, Mädchen und Jungen), als auch dezidiert geschlechtsbezogene Handlungsfelder des ASD zu analysieren. Dies erfolgt exemplarisch für den Aufgabenbereich Gewalt in der Familie, und hier im Kontext des Gewaltschutzgesetzes und Konflikten im Sorge- und Umgangsrecht. Sodann werden professionelle Handlungsstrategien im Sinne der Geschlechterdifferenzierung und Geschlechtergerechtigkeit unterschieden (Hilfeplanung), und schließlich die Akteurinnen und Akteure, die Mitarbeiterinnen und Mitarbeiter des ASD in den Blick genommen. Diese Vorgehensweise hat das Ziel, den Diskurs zum ASD und darüber hinaus die Praxis des ASD im Hinblick auf Geschlechtergerechtigkeit zu sensibilisieren und zu qualifizieren.

Neben Familie und Schule ist die Jugendhilfe die dritte Sozialisationsinstanz in der Gesellschaft. Der ASD plant, steuert und gestaltet Sozialisationsprozesse von Kindern, Jugendlichen und Familien in ihrem jeweiligen Umfeld (Sozialraum) mit dem Ziel, gesellschaftliche Teilhabe für diejenigen zu erreichen, die dazu mit eigenen Mitteln nicht oder nur eingeschränkt in der Lage sind. Die Mitarbeiterinnen und Mitarbeiter des ASD sind hierzu vielfältig beratend tätig: in der Erziehungshilfe, bei Trennung und Scheidung, im Schwangerschaftskonflikt, im Kinderschutz und in der Jugendgerichtshilfe. Welche Rolle spielt es hier, ob der Beratende ein Mann oder eine Frau ist, die Ratsuchenden Mütter oder Väter, Mädchen oder Jungen? Des Weiteren stellt sich die Frage, ob die Kategorie Geschlecht ein besonderes Merkmal für die Analyse von Ausgrenzung darstellt und somit eine spezifische geschlechtergerechte Gestaltung von Leistungen der Jugendhilfe erfordert.

12.1.1 § 9 Abs. 3 SGB VIII

Den Auftrag zur Gestaltung von verbesserter Geschlechtergerechtigkeit hat der Gesetzgeber für die Jugendhilfe mit Einführung des SGB VIII im Oktober 1990 in den neuen und im Januar 1991 in den alten Bundesländern rechtlich verankert. § 9 Abs. 3 SGB VIII schreibt fest, dass bei allen Aktivitäten der Kinder- und Jugendhilfe „die unterschiedlichen Lebenslagen von Mädchen und Jungen zu berücksichtigen, Benachteiligungen abzubauen und die Gleichberechtigung von Mädchen und Jungen zu fördern" sind. Mit dieser Generalklausel wird dem Umstand Rechnung getragen, dass trotz gesetzlich verbriefter Gleichberechtigung der Geschlechter die Lebens- und Problemlagen von Mädchen und Jungen, Frauen und Männern differieren. Insbesondere die Frauenbewegung prangerte die Ausblendung der Themen Gewalt gegen Frauen und Mädchen im sozialen Nahraum, geschlechtsspezifische Arbeitsteilung, mangelnde Selbstbestimmung und autonome Existenzsicherung von Frauen und Mädchen an. Vor diesem Hintergrund fand eine grundlegende fachliche Neuorientierung in einzelnen Bereichen der Jugendhilfe statt (offene Kinder- und Jugendarbeit; Erziehungshilfen), die das Ziel einer geschlechtergerechten Jugendhilfe verfolgt. Die in § 9 Abs. 3 SGB VIII angelegte geschlechterdifferenzierende Perspektive wird durch das europäische Konzept des Gender Mainstreaming ergänzt und mit dem Amsterdamer Vertrag 1999 rechtlich bindend.

12.1.2 Gender Mainstreaming

Mit dem Konzept des Gender Mainstreaming wird eine Top-down-Strategie zur Prüfung aller jugendhilferelevanten Vorhaben in Bezug auf ihre Auswirkungen auf das jeweilige Geschlecht eingeführt. Diese bezieht sich von der Erhebung von Daten zu Lebenslagen von Mädchen und Jungen, Müttern und Vätern, über die geschlechtsbezogene Nutzung von Angeboten bis zu der Personalplanung bei Trägern und Einrichtungen. Sie schließt die Überprüfung einer geschlechtergerechten Ressourcenverteilung (Gender Budget) ein.

Für den ASD bedeutet dies, eine geschlechtsbezogene Bedarfserhebung aufzustellen, pädagogische Programme und Maßnahmen geschlechtsbezogen zu planen, durchzuführen und zu evaluieren, Weiterbildungen für Mitarbeiterinnen und Mitarbeiter, sogenannte Gendertrainings, durchzuführen und in der Personalentwicklung darauf zu achten, dass beide Geschlec hter auf allen Ebenen angemessen vertreten sind. Im gesamten Arbeitsfeld und in der Personalwirtschaft gilt es, traditionelle Rollenmuster aufzuheben. Die Steuerung dieses Prozesses gehört zu den Leitungsaufgaben in den Jugendämtern (Bereswill / Ehlert 2011).

12.2 ASD und Familie

Familie ist traditionell das Leitbild für den ASD, und sie ist Zielgruppe vielfältiger Leistungen. Ehe und Familie stehen unter dem besonderen Schutz des Staates. Die Privatheit von Familie ist Schutz und Gefahr zugleich: Schutz vor staatlicher Intervention, Gefahr von interpersonaler Gewalt, Ausbeutung und Unterdrückung. Das gesellschaftlich geprägte Bild von Familie, der sogenannten Normalfamilie im Sinne der Vater-Mutter-Kind(er)-Familie, und die Herkunftsfamilie im Kontakt mit dem ASD klaffen weit auseinander. Nun ist diese Kluft nicht primär auf individuelles Versagen der

Akteurinnen und Akteure zurückzuführen, sondern auf gesellschaftliche Bedingungen, die die Schere zwischen Arm und Reich größer werden lassen, die die Vereinbarkeit von Familie und Beruf unzureichend regeln, die eine Flexibilisierung von Arbeitszeit und Arbeitsort erfordern u. v. m. Diese Rahmenbedingungen erschweren eine geschlechtergerechte Aufgabenverteilung in Familien nicht nur zwischen Müttern und Vätern, sondern auch zwischen Mädchen und Jungen, die in Orientierung an den Erwachsenen als Vorbild geschlechtsbezogene Rollenmuster vielfältig übernehmen.

Mit welchen Familien arbeitet der ASD nun insbesondere? Wer sind die Nutzerinnen und Nutzer der Dienstleistung Jugendhilfe? Die Lebenslage der Adressaten des ASD spiegelt in Bezug auf das Einkommen, den Bildungsstand, die Ethnien, den Wohnort und Wohnraum etc. nicht den Durchschnitt der Bevölkerung wider. Familien in prekären Lebenslagen stehen überproportional in Kontakt mit dem ASD. Sie zeigen in besonderer Weise die Kehrseite geschlechtsspezifischer Arbeitsteilung als Ursache für unzureichende Gleichstellung von Frauen in der Gesellschaft (Geißler 2006, 319). Hier stellt sich die Frage: Wie können Mitarbeiterinnen und Mitarbeiter des ASD für die Gestaltung geschlechtergerechter Prozesse, Aufgaben und Angebote gewonnen werden?

Bislang hat bei der Ausgestaltung der Jugendhilfe eine kritische Auseinandersetzung mit tradierten Geschlechtsrollen in Familien und Chancen zu ihrer Überwindung wenig Beachtung gefunden. Die Familie gilt als Maßstab für sie unterstützende, ergänzende und im Notfall ersetzende Maßnahmen gemäß Kinder- und Jugendhilfegesetz. Sie ist ein normatives Konstrukt. Die Programmatik öffentlichen Helfens orientiert sich am Erhalt der Funktionsfähigkeit der Familie und leitet daraus Erfolgskriterien ab, die wiederum das Fachsystem der Jugendhilfe, hier besonders das Jugendamt, legitimieren (Hensen / Schone 2009, 149).

Nach wie vor leisten Frauen den größten Teil versorgender und betreuender Tätigkeiten für Kinder und alte Menschen in Familien. Die gesellschaftliche Verteilung dieser ‚Sorgetätigkeit' wird in der Frauen- und Geschlechterforschung mit dem Begriff bzw. Konzept von ‚Care' diskutiert (Brückner 2009). Frauen mit kleinen Kindern arbeiten vorrangig in Teilzeit, sind im Hauptberuf Mutter und im Nebenberuf Zuverdienerin. Dadurch haben sie kein eigenes existenzsicherndes Einkommen und leben in ökonomischer Abhängigkeit von dem Partner. Der geringe Anteil von Männern in Erziehungszeit, die die sogenannten Vätermonate nehmen, deutet auf die Zählebigkeit der tradierten Rollenbilder hin. Das Binnengefüge in Familien scheint nur begrenzt durch politische Strategien steuerbar zu sein.

Soziale Arbeit hat es zum einen vielfältig und überproportional mit Familien zu tun, die in irgendeiner Art an den gesellschaftlichen Anforderungen an Familie gescheitert sind: personell, strukturell oder finanziell. In diesen Familien sind Familienmitglieder in der Wahrnehmung ihrer Aufgaben überlastet oder überfordert. Verlässliche und fürsorgende Beziehungen sind nur temporär und mit wechselnden Personen vorhanden. Zum anderen entsprechen sie nicht dem Bild der ‚Normalfamilie', der bürgerlichen Kleinfamilie im Sinne der ‚Vater-Mutter-leibliche(s)-Kind(er)-Familie'; vielmehr handelt es sich häufig um Restfamilien, Alleinerziehende, neu zusammengesetzte Familien, Patenfamilien, Patchworkfamilien, Ergänzungsfamilien, gleichgeschlechtliche Lebensgemeinschaften mit Kind. Im Bereich der Erzieherischen Hilfen zeigt sich, dass im Jahr 2006 40 % der neu begonnenen Hilfen für Kinder unter 6 Jahren Kinder aus Alleinerziehendenfamilien betrafen, obwohl nur 12 % aller Kinder bei Alleinerziehenden leben (Fendrich / Pothmann 2009, 166). Diese Zahlen deuten auf die überproportionale Belastung von Alleinerziehenden und die unzureichende soziale Infrastruktur hin.

12.3 Alleinerziehende: prekäre Lebenslage von Müttern und Kindern

Die Lebenssituation Alleinerziehender ist oft gekennzeichnet durch soziale Isolation, materielle Armut, wenig Zeit für eigene Regeneration, für Freunde und Hobbys, ein stets schlechtes Gewissen den Kindern gegenüber, den Druck, alles oder vieles alleine bewältigen zu müssen und damit für viele Fragen des Alltags keinen Ansprechpartner zu haben. Zu der Herausforderung, allein für die Familie und die Kinder sorgen zu müssen, allein Geld verdienen zu müssen, kommt die Angst hinzu, auch allein für mögliche Fehlentwicklungen der

Kinder verantwortlich zu sein. Alleinerziehende Eltern haben im Vergleich zu Familien mit zwei Erziehenden eine dreimal so hohe Wahrscheinlichkeit, Hilfen zur Erziehung zu erhalten; bei familienunterstützenden und -ergänzenden Hilfen (ohne Erziehungsberatung) ist der Wert viermal so hoch; bei familienersetzenden Hilfen wie Pflegefamilien und Heimerziehung sogar fünfmal. Von den Alleinerziehenden, die eine Hilfe zur Erziehung erhalten, sind 72 % zugleich Empfängerinnen von Transfergeld (Rauschenbach et al. 2009, 9 f.). Diese Zahlen belegen sowohl den generellen Unterstützungsbedarf in Einelternfamilien als auch den Zusammenhang von prekärer Lebenslage und erzieherischem Bedarf. Sie zeigen zudem, dass materielle Armut von Müttern zu einer „Erziehungsarmut" (Rauschenbach et al. 2009, 10) bei den Kindern führen kann.

In dieser Situation trifft die Mitarbeiterin des ASD auf die Mutter und versucht, mit erzieherischen Hilfen Unterstützung zu leisten. Eine zweite Frau greift der Mutter unter die Arme. Der ressourcenorientierte Blick, der die Kompetenzen der Alleinerziehenden in den Mittelpunkt stellt, bis hin zu der Herausstellung des emanzipatorischen Werts, wenn die Mutter der „Herr im Haus" ist, zeitigt aber eine gravierende Nichtbeachtung der prekären Lebenslage vieler Alleinerziehender. Insoweit müssten die Handlungskonzepte zur Arbeit mit Alleinerziehenden (zeitliche) Entlastung für die Mütter bereitstellen, Kooperationsstrukturen mit der ARGE und den Kindertagesstätten ausbauen und grundsätzlich die Ressourcenerschließung im Sozialraum fördern (Lüttringhaus 2010; → Kapitel 23), um der familialen Isolation entgegenzuwirken und die einzelfallbezogene Hilfegewährung in den Kontext der strukturellen Benachteiligung von alleinerziehenden Frauen zu stellen sowie Ressourcen im Sozialraum zu erschließen.

Die Perspektive der Kinder in Einelternfamilien, die eingeschränkte Orientierung an Frauen und Männern im Prozess des Aufwachsens, wird in der Forschung bislang nur untergeordnet behandelt. Das Kindschaftsrecht nimmt dies in den Blick, indem der Zugang zu Vätern und Müttern ermöglicht werden soll. Allerdings führt dies nicht nur im Falle häuslicher Gewalt zu einem Loyalitätskonflikt der Kinder, der allein durch eine Regelung der Besuchskontakte für die Kinder nicht zu bewältigen ist.

12.4 ASD und das Handlungsfeld „Gewalt in der Familie"

Der ASD ist bei dem Thema „Gewalt in der Familie" grundsätzlich mit dem Aufgabenfeld ‚Kinderschutz' befasst. Die Dynamiken häuslicher Gewalt betreffen alle Familienmitglieder, vom Säugling bis zu den Großeltern. Häusliche Gewalt ist zunächst Partnerschaftsgewalt, d. h. in aller Regel: Männergewalt gegen Frauen. Insoweit hat die Jugendhilfe damit wenig zu tun. Um Gewalt in der Partnerschaft kümmern sich Frauenberatungsstellen, Frauennotrufe, Frauenhäuser und jüngst auch Männerberatungsstellen sowie Polizei und Justiz. Leben Kinder in einer gewaltbelasteten Familie, kommt die Jugendhilfe als „Wächter" über das Kindeswohl ins Spiel: Partnerschaftsgewalt ist grundsätzlich als Indikation für eine mögliche Kindeswohlgefährdung in Betracht zu ziehen, und zwar aus zwei Gründen:

1. Kinder, die fortgesetzt Partnergewalt beobachten und damit indirekt miterleben müssen, sind Teilnehmende an der Gewaltsituation. Sie lernen Gewalt als Konfliktlösungsmodell kennen, erleben die Mutter als gedemütigt, misshandelt, verachtet, schwach, verzweifelt; den Vater, Stiefvater oder Freund der Mutter als aggressiv, gewalttätig, frauenverachtend, unberechenbar. Erst jüngst wird in der Jugendhilfe auch ein Augenmerk auf die Kinder geworfen, die fortgesetzt Partnergewalt beobachten müssen (Kavemann / Kreyssig 2013).
2. Partnerschaftsgewalt und Gewalt gegen Mädchen und Jungen treten in gewaltbelasteten Familien in wechselnden, sich gegenseitig beeinflussenden Ausprägungen und Erscheinungsformen auf. Bei Gewalt auf der Partnerebene werden Kinder zu 30–60 % ebenfalls misshandelt oder sexuell ausgebeutet (Kindler / Drechsel 2003).

Nun erstaunt angesichts des umfangreichen Aus- und Umbaus der Jugendhilfe für einen wirksameren Kinder- und Jugendschutz, dass das Thema „Kinder als Opfer von Partnergewalt" zwar oft in der Frauenhilfe, aber nur randständig in der Jugendhilfe anzutreffen ist. So ist die Arbeit mit Kindern in Frauenhäusern mit vielfältigen Konzepten beschrieben, durchgeführt und evaluiert worden, während Gruppen für Kinder mit Gewalterfahrungen in der Jugendhilfe ein Schattendasein führen.

Dabei wäre es kein Problem, Angebote in Analogie zu den Gruppen für Trennungs- und Scheidungskinder in der Jugendhilfe vorzuhalten. Gerade weil Kenntnisse über die Sozialschädlichkeit innerfamilialer Gewalt und ihre intergenerationale Übertragung vorliegen. Struck resümiert: „Wenn es häusliche Gewalt gibt und Kinder im Haus sind, dann ist eine Gefährdungslage für das Kindeswohl gegeben!" (Struck 2007, 60).

Wer Gewalt in der Kindheit erfährt oder Gewalthandlungen beiwohnt, reinszeniert häufig nicht nur im Erwachsenenalter gewaltvolle Beziehungen, sondern häufig schon im Kindes- und Jugendalter. Gewalteskalationen unter männlichen Jugendlichen, die einen typischen Hintergrund z. B. für Erziehungshilfen gemäß §§ 27 ff SGB VIII darstellen, sind oft Ausdruck von Gewalterfahrungen im frühen Kindesalter. Selbstverletzendes, autoaggressives Verhalten und Essstörungen bei Mädchen können ein Zeichen für erfahrene Gewalt sein. Personale Gewalterfahrungen haben folgenschwere, lang andauernde Auswirkungen auf die Entwicklung von Kindern und Jugendlichen. Was Mädchen und Jungen gemeinsam ist, ist die Erfahrung tiefgreifender Beziehungsstörungen, die Erschütterung kindlichen Urvertrauens, die sich gerade bei der Identitätsbildung im Jugendalter oft in sogenanntem abweichendem Verhalten niederschlägt.

Kinder sind von Partnergewalt immer mit betroffen. Sie haben ein Recht auf eigenständige Unterstützung, losgelöst vom Konflikt auf der Elternebene. Die im SGB VIII angelegte Verschränkung von Elternrecht und Kindeswohl führt bei innerfamilialer Gewalt häufig zur Problemverkennung und zu unzureichender Unterstützung der Kinder. Innerfamiliale Gewalt ist in der Regel mit einer grundlegenden Rollendiffusion verbunden; generationale Schranken werden durchbrochen; Kinder übernehmen Verantwortung für den Erhalt des familialen Systems etc. In dieser Situation gilt es, eine eigenständige Unterstützung für die Mädchen und Jungen zu finden, die die Sicherheit der Mutter nicht gefährden darf (Kavemann 2000). Auch wenn mit § 8a SGB VIII der „Familienlastigkeit" des KJHG zugunsten des Schutzes des Individuums ein wenig Einhalt geboten wurde, hilft dies den Kindern als Opfern von Partnergewalt bislang wenig, weil sie zunächst keine äußeren Symptome zeigen und, insbesondere die Mädchen, überangepasst und in Verantwortung für die Mutter und die jüngeren Geschwister reagieren. Sie sind oft satt und sauber, im Kindergarten und in der Schule unauffällig, sodass eine Kindeswohlgefährdung nicht vordergründig ins Auge springt.

Angesichts von rund 40.000 Frauen und ebenso vielen Kindern, die jährlich in Frauenhäusern Schutz suchen, steht nicht zuletzt aufgrund der Anzahl betroffener Frauen und Kinder ein umfängliches Phänomen zur Bearbeitung auch in der Jugendhilfe an. Etwa 40.000 Kinder werden in Frauenhäusern in „Obhut" genommen. Das sind etwas mehr als in der Jugendhilfe (2010: 36.300; destatis 2011). Etwa die Hälfte von ihnen sind selbst Gewaltopfer.

12.4.1 Wie reagieren Jungen, wie reagieren Mädchen auf häusliche Gewalt?

Geschlechtliche Unterschiede werden in der Diskussion um das Phänomen häusliche Gewalt häufig nur zur Ursachenanalyse herangezogen. An den unterschiedlichen Folgen und Bewältigungsstrategien der Mädchen und Jungen wird deutlich, dass nicht nur spezielle Messverfahren für die Folgen, die speziell auf die Geschlechter abgestimmt sind, durchaus notwendig sind, sondern auch geschlechtsspezifische Interventionsmaßnahmen. Untersuchungsergebnisse zeigen, dass sich die Auswirkungen der Gewalterfahrungen bei Jungen und Mädchen unterscheiden, auch wenn sie vergleichbar fatale Folgen haben (zum Folgenden s. auch Hartwig/Hensen 2008, 45 f.).

Da es sich bei Gewalt im innerfamilialen Bereich um eine meist lang andauernde und stark belastende Situation für die betroffenen Kinder handelt, sind vereinzelte Bewältigungs- und Überlebensstrategien aus der Geschlechterforschung durchaus übertragbar: Mädchen neigen demnach mehr zu nach innen gerichteten Strategien. Innerer Rückzug und Abschottung, autoaggressives Verhalten und Anorexie als massivste Form der Essstörungen kann man als „typisch" weibliche Verhaltensweisen in derartigen Stresssituationen betrachten. In Maßnahmen der Jugendhilfe fallen diese Mädchen durch Prostitution oder Drogenkonsum oder als Trebegängerinnen auf, die die Flucht von zu Hause und aus traditionellen weiblichen Rollen als einzigen Ausweg sehen. Mädchen, die innerfamiliale

Gewalt erfahren, sind hochgradig gefährdet, auch außerfamilial Opfer zu werden und erneut auf gewaltbereite Freunde zu treffen (Hartwig 1990).

Jungen zeigen eher nach außen gerichtete Verhaltensweisen, wie körperliche Auseinandersetzungen, Gewaltinszenierungen, Austesten körperlicher Grenzen, Schul- und Leistungsprobleme und übermäßige Orientierung an sozialen Bezugssystemen außerhalb von Schule und Familie. Sie reagieren mit erhöhter Gewaltbereitschaft und sind gefährdet, selbst Täter zu werden (Hartwig/Hensen 2008, 45). Eine kleinere Gruppe reagiert mit depressiven Verstimmungen und/oder exzessivem Mediengebrauch.

12.4.2 Häusliche Gewalt als „gewichtiger Anhaltspunkt" für eine Kindeswohlgefährdung

Aus den kurzen vorangegangenen Ausführungen sollte deutlich geworden sein, dass das Vorliegen von häuslicher Gewalt – zumal dann, wenn sich die Frauen mit ihren Kindern in ein Frauenhaus flüchten – immer ein gewichtiger Anhaltspunkt für eine Kindeswohlgefährdung darstellt. Dies bedeutet zwar nicht automatisch, dass tatsächlich eine Kindeswohlgefährdung besteht, allerdings erfordert es die fachliche Sorgfaltspflicht, hier eine Risikoeinschätzung nach den Kriterien des § 8a SGB VIII vorzunehmen (kollegiale Beratung, Einbezug der Personensorgeberechtigten [hier der Mutter] und der Minderjährigen in den Prozess der Risikoabschätzung). Es ist notwendig, Risiken entweder fachlich begründet auszuschließen, Hilfsangebote zur Abwendung von Risiken zu vereinbaren oder ggf. zum Schutz des Kindes weiterführende Maßnahmen zu ergreifen. Dies gilt selbstverständlich für alle Hilfen zur Erziehung, sollte sich aber auch als Standard in den entsprechenden Institutionen der Frauenhilfe (insbesondere Frauenhäusern) entwickeln.

Da Frauenhäuser keine Jugendhilfeeinrichtungen sind und sie nur in Einzelfällen als Träger der Jugendhilfe anerkannt sind, schließt das Jugendamt mit ihnen auch keine Vereinbarung gemäß § 8a SGB VIII. Dennoch sollte das Verfahren zum Vorgehen im Kinderschutz durch selbstverpflichtende Erklärungen verbindlich geregelt werden.

Der Kinderschutz in Frauenhäusern blickt dabei auf eine lange fachliche Qualitätsentwicklung zurück im Hinblick auf Traumabearbeitung, geschlechtergerechte Angebote, Stärkung der Mutter-Kind-Bindung etc. Die Kenntnisse zur Arbeit mit Kindern als Opfer von Partnergewalt sind vorhanden, aber das „Setting" richtet sich bislang ausschließlich an der Verweildauer der Mutter im Frauenhaus aus. Kinder erleben bisweilen über Jahre den Wechsel zwischen der häuslichen Gewaltsituation und der Unterbringung im Frauenhaus. Eine Kontinuität in ihrer Unterstützung fehlt oft. Hier wären feste Kooperationsstrukturen von Frauenschutz und Jugendhilfe notwendig, um den Kindern eigenständige Unterstützungsleistung unabhängig von den Aufenthalten im Frauenhaus zukommen zu lassen.

Geht man von der oben beschriebenen Gefährdungslage für das Kindeswohl bei häuslicher Gewalt aus, so kommen grundsätzlich alle Hilfen zur Erziehung bei Kindern als Opfer von Partnergewalt in Betracht. Die freien Träger der Jugendhilfe und ihre Mitarbeiterinnen und Mitarbeiter müssen allerdings für das Arbeitsfeld häusliche Gewalt qualifiziert sein. Das Thema Gewalt gegen Frauen und Kinder erfordert eine Auseinandersetzung in der Jugendhilfe, die Frauen nicht nur als Mütter, sondern im Falle häuslicher Gewalt auch als Opfer sieht, und dies sorgsam in die Hilfe- und Schutzplanung einfließen lässt. Dies gilt umso mehr in Familien mit Migrationshintergrund, in denen häusliche Gewalt bisweilen dem kulturellen Habitus zugerechnet wird und damit indirekt toleriert wird (Toprak 2009).

Häusliche Gewalt taucht selten in Hilfeplanungen als Begründung für erzieherische Hilfen auf, die auf der freiwilligen Beantragung der Mütter oder Eltern beruhen. Im Gegensatz dazu wird innerfamiliale Gewalt deutlich bei den Sorgerechtsentscheidungen benannt, bei denen die Jugendhilfe das staatliches Wächteramt wahrnimmt (Münder et al. 2000). Innovative Jugendhilfe, wie sie im Konzept der Lebensweltorientierung dargestellt wird, soll angebotsorientiert und ressourcenstärkend und nicht mehr intervenierend vermittelt werden. Genau an dieser Stelle zeigen sich gravierende Probleme für die Soziale Arbeit. Eine auf Hilfeorientierung, Mitwirkung der Betroffenen und Aushandlung gründende sozialpädagogische Maßnahme setzt voraus, dass es ein Problembewusstsein der Betroffenen, also der antragsberechtigten Eltern gibt, was bei innerfamilialer Gewalt meist nur rudimentär der Fall ist.

Frauen als Opfer von Gewalt können häufig die eigenen Kinder nicht schützen, leben erneut mit Partnern zusammen, die sie erniedrigen; d.h. sie sind in besonderer Weise gefährdet, eine „Opferkarriere" zu beginnen. Diese Erkenntnis verlangt nach geschlechtsspezifisch strukturierten und ausgestalteten Hilfeformen, wie sie in Ansätzen der Mädchen- und Jungenarbeit wie der Frauen- und jüngst auch Männerberatung umgesetzt werden (Hartwig/Muhlak 2006; Bentheim/Sturzenhecker 2006).

Die Familienorientierung der Hilfeformen gemäß §§ 27ff SGB VIII, die die Verschränkung des Elternrechts mit dem Kindeswohl generell als gegeben ansieht, erschwert gerade in Fällen innerfamilialer Gewalt eine an den Bedürfnissen der Opfer orientierte Hilfe. Die Eltern als Leistungsbezieher und Garanten für das Kindeswohl stehen als Verursacher des Problems der innerfamilialen Gewalt in der Gefahr, entweder Hilfen gar nicht erst anzunehmen (Münder 2001) oder aber als Hilfeempfänger nicht zur Verantwortung gezogen zu werden. Hier geht es nicht um mehr Strafverfolgung, sondern um eine Hilfeplanung, die auch nach den Ursachen von Fehlentwicklungen von Kindern fragt, die Frauen in ihrem Unvermögen, Kinder zu schützen, nach eigenen Opfererfahrungen befragt und Hilfebedarf nicht nur nach aktuellen Momentaufnahmen des familialen Alltags begründet.

12.4.3 Welche Perspektiven bietet die Kooperation von Frauen- und Jugendhilfe

Wie können Zugangswege für von Gewalt betroffene Frauen und Kinder in die Jugendhilfe geebnet werden? Die Polizei müsste grundsätzlich dem Jugendamt melden, wenn in Fällen häuslicher Gewalt Kinder mit betroffen sind. Das Frauenhaus müsste dem Jugendamt melden, wenn eine Frau mit ihren Kindern zu dem Gewalttäter zurückkehrt. Der ASD müsste offene Sprechstunden im Frauenhaus oder der Frauen(haus)beratung anbieten, um den Frauen einen niedrigschwelligen Kontakt zur Jugendhilfe zu ermöglichen. Ebenso sind Arbeitskreise der Jugendämter in der Region mit Frauenhäusern hilfreich.

Faktisch erbringen Frauenhäuser Leistungen nach dem SGB VIII, auch wenn sie nicht auf dieser Grundlage finanziert werden. Die Frage des Kostenträgers darf die Kinder aber nicht zum Spielball zwischen den Systemen werden lassen. Gerade aktuell werden gute Kooperationsstrukturen zwischen Gesundheitswesen, Justiz, Polizei und Jugendhilfe im Kinderschutz aufgebaut, da darf die Frauenhilfe nicht fehlen. Eine Verzahnung des Frauenschutzes und des Kinderschutzes im Frauenhaus mit der Jugendhilfe ist dringend geboten (→ Kapitel 29).

Häusliche Gewalt geht auch von Müttern aus, die ihre Kinder misshandeln oder aus Überforderung vernachlässigen. Mütter sind in einer akuten Krise der Partnerschaft manchmal so sehr mit sich beschäftigt, dass sie dringend der Entlastung bei der Erziehung der Kinder bedürfen. Sie befürchten ferner eine Intervention des Jugendamtes, weil sie keine „schlechte Mutter" sein möchten. Hier stehen Mitarbeiterinnen aus Frauenhäusern in dem Dilemma, nicht gegen den Willen der Mütter eine eigenständige Unterstützung und Betreuung für das Kind beim Jugendamt beantragen zu können. Anderseits ist gerade bei lange währenden Trennungen in gewaltbelasteten Beziehungen, die sich bisweilen über Jahre hinziehen und zahlreiche Frauenhausaufenthalte beinhalten, aus der Perspektive der Kinder eine Kooperation mit der Jugendhilfe erforderlich, damit die Kinder eigenständige Unterstützung erhalten. Eine weiterreichende Vernetzung der Frauenhausarbeit mit den ambulanten Diensten des Jugendamtes ist hier dringend geboten. Auch die Frauenhausberatung kann eine vermittelnde Funktion zwischen Frauenhilfe und Jugendhilfe einnehmen.

Neben den Regelangeboten der Jugendhilfe (Kindertageseinrichtungen, Angebote der Schulsozialarbeit etc.), die bei gewaltbelasteten Familien auch sekundärpräventiv wirken können, sind der Ausbau flankierender Maßnahmen wie Gruppen für Trennungs- und Scheidungskinder und eigenständige Hilfsangebote für die Kinder in den Familien dringend geboten, z.B. Erziehungsbeistand für das Kind und SPFH für die Mutter. Traumatisierungen bei Kindern sind über eine Erziehungsberatung oder Trennungs- und Scheidungsberatung für die Mutter oder die Eltern selten zu lindern.

Es bedarf einer Geschlechtsspezifizierung der Hilfen und Angebote für Kinder und Jugendliche, dies auch im Hinblick auf Sekundärprävention (Hartwig 2001). Die gemischtgeschlechtliche Unterbringung von Mädchen aus akuten Gewaltsituationen mit männlichen Gewalttätern in Jugendschutzstellen stellt eine extreme Gefährdung für Mädchen und Jungen dar. Sie erschwert darüber hinaus eine Krisenklärung für Mädchen wie Jungen.

12.4.4 Rolle und Aufgabe des ASD bei Gewalt gegen Frauen in der Familie

Interventionsmöglichkeiten bei Partnergewalt

Gemäß §§ 1 und 2 Gewaltschutzgesetz (GewSchG) können die Familiengerichte bei Partnergewalt dem Opfer die gemeinsame Wohnung einstweilen zuweisen und Schutzanordnungen erlassen. Dazu zählen Kontakt- und Näherungsverbote wie z. B. das Verbot, sich in einem bestimmten Umfang der Wohnung aufzuhalten (Schumacher 2002, 648). Die beispielhaft aufgezählten Schutzanordnungen stehen unter dem Vorbehalt, dass ein Verbot dann nicht verhängt werden kann, wenn der Täter zur „Wahrnehmung berechtigter Interessen" dagegen verstoßen darf. Die Situationen, in denen z. B. gegen Kontaktverbote verstoßen werden darf, müssen in der gerichtlichen Anordnung konkret bezeichnet werden; dazu zählt nach der Begründung des Gesetzgebers u. a. die Durchführung von Umgangskontakten (BT-Drs. 14/5429, 29). Bei Zuwiderhandlungen des Täters gegen die Wohnungszuweisung oder Schutzanordnungen kann ggf. unmittelbarer Zwang gegen den Täter angewandt werden (Hohloch 2008, 430). Verstöße gegen Anordnungen nach §§ 1,2 GewSchG werden darüber hinaus als Straftat verfolgt (§ 4 GewSchG). Der zivilrechtliche Schutz durch das Gewaltschutzgesetz wird durch spezielle Eingriffsbefugnisse der Polizei verstärkt (Kay 2005, 28). In akuten Gewalt- und Gefahrensituationen kann die Polizei den Täter für mehrere Tage der Wohnung verweisen und ein Rückkehrverbot aussprechen. Die Gefahrenprognose trifft allein die Polizei. Ein Widerspruch des Opfers oder sein Verzicht auf die polizeiliche Maßnahme ist unbeachtlich.
Die Polizei stellt in solchen Fällen Strafantrag, meist wegen Körperverletzung, damit unabhängig von einem Strafantrag der verletzten Frau (§§ 223, 230, 77 StGB) ein Ermittlungsverfahren eingeleitet wird. Der Polizeieinsatz ist eine erste kurzfristige Krisenintervention mit dem Ziel, akute Auseinandersetzungen zu entschärfen. Den betroffenen Frauen soll ein geschützter Raum verschafft werden, in dem sie ohne das Risiko von Gewalttätigkeiten Entscheidungen über ihre künftige Lebensführung sowie über die Inanspruchnahme zivilrechtlichen Schutzes nach dem Gewaltschutzgesetz treffen können (BVerfG NJW 2002, 2225). Damit die in dieser Situation notwendige Beratung und Unterstützung erfolgt, informiert die Polizei vor Ort über Beratungsangebote und gibt den Namen mit Einverständnis der Betroffenen an Beratungsstellen weiter (§ 34a Abs. 4 PolG NW). Außerdem wird in der Regel der ASD informiert, wenn die Polizei bei ihrem Einsatz Kinder des Paares in der Wohnung antrifft.

Trennungs- und Scheidungsberatung bei Partnergewalt

Gemeinsame elterliche Sorge und einvernehmlich gestaltete kontinuierliche Umgangskontakte sind Leitbilder des Kindschaftsrechts. Im Kontext von Trennungs- und Scheidungsberatung wie auch in Stellungnahmen vor dem Familiengericht haben die Fachkräfte des ASD in Fällen häuslicher Gewalt sorgfältig abzuwägen, inwieweit sie diesem Ideal der „gemeinsamen Elternschaft" Rechnung tragen können (→ Kapitel 17). Denn „gemeinsame Elternschaft" erfordert Kooperationsfähigkeit und -bereitschaft der Eltern, eine tragfähige soziale Beziehung und ein Mindestmaß an Übereinstimmung in zentralen Belangen des Kindes. Das Kindschaftsrecht kennt jedoch nicht den Rechtsgrundsatz, der gemeinsamen Sorge gegenüber der alleinigen Sorge stets Vorrang einzuräumen. Auch gibt es keine gesetzlich veranlasste Vermutung, dass die gemeinsame Sorge nach der Trennung der Eltern im Zweifel die für das Kind beste Form der Wahrnehmung elterlicher Verantwortung sei (BVerfG v. 18.12.2003–1 BvR 1140/03; BGH v. 29.9.1999–XII ZB 3/99). Weil sorgerechtliche Entscheidungen entscheidenden Einfluss auf das Leben des Kindes haben, ist das Kind in der Regel anzuhören (§ 159 FamFG); das BVerfG betont die Bedeutung der Kindesaussagen in Bezug auf Bindung und Beziehung zu den einzelnen Elternteilen (BVerfG v. 18.5.2009 – 1 BvR 142/09).
Ein möglichst ununterbrochener Umgang soll die Bindung des Kindes an beide Elternteile erhalten

und stärken. Die Frage der Umgangsgestaltung betrifft Kinder in ihrem Lebensalltag nachhaltig. Für Hochkonfliktpaare ist die Gestaltung einvernehmlicher Umgangsregelungen eine besondere Herausforderung, v. a. im Zusammenhang mit Partnergewalt. Eine professionelle Beratung hat das Kindeswohl in den Mittelpunkt zu stellen – jenseits formaler Rechtspositionen des Umgang begehrenden Elternteils. Der das Kind ständig betreuende Elternteil ist zwar verpflichtet, Umgangkontakte aktiv zu fördern und zu unterstützen (§ 1684 Abs. 2 BGB). Wird diese „Wohlverhaltenspflicht" dauerhaft und erheblich verletzt, kann das Familiengericht zur Durchführung der Umgangskontakte sogar einen Umgangspfleger einsetzen(§ 1684 Abs. 3 Satz 3–6 BGB). Jedoch ist im Rahmen der Beratung zu beachten: Kinder haben das Recht, nicht aber die Pflicht zum Umgang (§ 1684 Abs. 1 BGB); Umgang darf nicht durch unmittelbaren Zwang gegen ein Kind durchgesetzt werden (§ 90 Abs. 2 Satz 1 FamFG). Ein Widerspruch des Kindes gegen Umgang ist hinsichtlich der Ursachen sorgfältig zu explorieren (Zitelmann 2007, 147; Kindler / Reinhold 2007, 291; Gerber 2013, 71). Einer Empfehlung der Fachkräfte des ASD, aus Gründen des Kindeswohls Umgang befristet auszuschließen, wird von Familiengerichten gefolgt werden, wenn erzwungener Umgang ein Risikofaktor für das Kindeswohl ist (Fieseler / Herborth 2010, 294; OLG Hamm FamRZ 2000, 45; 2009, 1419; OLG Koblenz FamRZ 2004, 288; OLG Saarbrücken v. 09.04.2006–9 UF 8 / 06).

Haltungen des ASD in Verfahren nach dem Gewaltschutzgesetz

Einen ersten Zugang zu den Familien erhalten die Fachkräfte des ASD durch die Information der Polizei über ihren Einsatz und die ausgesprochenen Wegweisungen. Außerdem weisen Neuregelungen zum Verfahren nach dem Gewaltschutzgesetz dem ASD eine aktive Rolle zu. Bei Anträgen auf Wohnungszuweisung soll das Familiengericht den ASD anhören, wenn Kinder im Haushalt leben. Jede Entscheidung über die Zuweisung der Wohnung – positiv wie negativ – ist dem ASD mitzuteilen, der dagegen Beschwerde einlegen kann (§ 213 FamFG). Stellt der ASD einen entsprechenden Antrag, ist er in jedem Fall am Verfahren zu beteiligen (§ 212 FamFG), mit der Folge, dass u. a. durch eigene Anträge Einfluss genommen werden kann. In der Anhörung ist die Gewalt zu thematisieren, auf die negativen Folgen für das Kindeswohl hinzuweisen und das Ergebnis einer Risikoabschätzung nach § 8 a SGB VIII vorzutragen. In Abstimmung mit der Mutter können eigene Anträge zur Regelung des Sorge- und Umgangsrechts gestellt werden; diese können u. a. die Anregung enthalten, das Gericht möge dem Vater vor der Zusage des Umgangs die Teilnahme an einem sozialen Trainingskurs, einem Antigewalttraining o. Ä. auferlegen. Selbst wenn diese Auflagen nicht mit Zwangsmitteln durchgesetzt werden können, sind sie ein klares Signal des Gerichts und des ASD an die Täter, dass sie ihr Verhalten ändern müssen und Gewalt als Kindeswohlgefährdung nicht toleriert wird (Ehinger 2006, 172; Gerber 2013, 71). Die Fachkräfte können auch beantragen, den Vater aus der Wohnung zu verweisen (§ 1666 a Abs. 1 Satz 2 BGB). Sie können weiter die getrennte Anhörung von Elternteilen und Kindern anregen und begleiten, damit die Mutter und die Kinder nicht in Gegenwart des Täters, sondern in einem geschützten Raum aussagen können. Im Rahmen des Kinderschutzes sollten die Fachkräfte diese rechtlichen Möglichkeiten verstärkt nutzen.

Haltungen des ASD in Bezug auf fortgesetzte gemeinsame Elternschaft

Das Ideal der „fortgesetzten" Elternschaft beruht auf einem idealtypischen Elternbild: konsens- und kommunikationsfähig, gleichberechtigt auf Augenhöhe kooperierend, sich verantwortlich dem Kindeswohl verpflichtet fühlen. Dieses Leitbild verfolgen auch die Neuregelungen zum Verfahrensrecht, das Vorrang- und Beschleunigungsgebot (§ 155 FamFG) sowie die Betonung der Konfliktvermeidung und Konsensförderung (§ 156 FamFG).
Das Vorrang- und Beschleunigungsgebot wird vom Kindeswohl geprägt und begrenzt (BT-Drs. 16 / 6815, 16; Trenczek 2009, 97, 101); zudem ist der Schutzzweck des Gewaltschutzgesetzes zu beachten. Eine Durchführung einer gemeinsamen Verhandlung unmittelbar nach der Trennung trägt dem Schutz- und Sicherheitsbedürfnis der Frauen wie Kinder vielfach nicht Rechnung. Insbesondere ist sorgfältig zu klären, ob es zur Fortsetzung

oder Eskalation von Gewalt bei der Durchführung von Umgangskontakten kommt. Die betroffenen Frauen und Kinder müssen Raum und Zeit erhalten, sich zu stabilisieren, um über das Erlebte sprechen zu können.

Der ASD muss im Interesse des Kindeswohls deren Lebenssituation einschließlich Gewalterfahrung hinreichend explorieren, um mit Jungen und Mädchen am Kindeswohl orientierte, geschlechterspezifische Konzepte für Beratung und Unterstützung sowie für elterliche Sorge und Umgang zu entwickeln (Nothhafft 2008, 12 ff; Fichtner 2009, 43 f.; Balloff 2006, 289; Gerber 2013, 77). Er hat daher die Aufgabe, ggf. gegenüber dem Familiengericht für eine „Entschleunigung" des Verfahrens zu sorgen, damit schon im ersten Termin die Gewalttaten und ihre Folgen für die die Kinder betreuenden Frauen und die Kinder selber fundiert thematisiert werden können. Daneben hat er darauf zu achten, dass dieser Termin so gestaltet wird, dass es nicht zu einer Retraumatisierung der Frauen sowie der Kinder im Zuge einer eventuellen Kindesanhörung kommt. Danach kann im Rahmen von Hilfen zur Erziehung mit den Kindern eine geschützte Aufarbeitung stattfinden (Kindler / Reinhold 2007, 291; Nothhafft 2008, 13; Zitelmann 2007, 147).

Schon der Gesetzeswortlaut des § 156 Abs. 1 FamFG stellt klar, dass es nicht ein Einvernehmen „um jeden Preis" geben darf. Denn das „Hinwirken auf Einvernehmen" stößt da an seine Grenze „wo es dem Kindeswohl widerspricht" (Trenczek 2009, 97, 102; Gerber 2013, 77). Wenn sich der Konflikt der Eltern verselbstständigt hat, wenn die Mutter wegen erlebter Gewalt nicht in der Lage ist, eigenverantwortlich und auf Augenhöhe mit (Ex-)Partner, ASD und Familiengericht Konzepte für Sorge- und Umgangsrecht zu entwickeln, besteht die Gefahr, dass sich unterdrückende Strukturen und Machtungleichgewicht der Partnerschaft nach der Trennung fortsetzen (Hornikel 2013, 55, 60 f.; Nothhafft 2008, 14). Damit werden die Frauen in ihrer Erziehungs- und Fürsorgefähigkeit weiter verunsichert und können ihren Kindern keine selbstbewusste und sichere Mutter sein (Heinke 2008, 271, 274; Goldbeck 2013, 131). Die Frauen dürfen nicht als „Problem" behandelt werden und als würden sie sich einer „vernünftigen", einvernehmlichen Lösung „ungerechtfertigt" widersetzen. Der ASD hat eine Mutter, die Gewalt in der Beziehung zum Vater erlebt hat, sensibel und behutsam zu stärken und diese notwendige Unterstützung als Hilfe zur Sicherung des Kindeswohls an das Familiengericht zu vermitteln. Er hat seine fachliche Einschätzung, dass auch miterlebte Gewalt eine Kindeswohlgefährdung ist, dem Familiengericht mitzuteilen. Deshalb müssen die Fachkräfte Frauen stärken, die eine einvernehmliche Regelung – jedenfalls zu einem bestimmten Zeitpunkt – ablehnen, wenn dies aus Gründen des Frauen- und Kinderschutzes notwendig ist. Die Fachkräfte haben deutlich zu machen, dass die vom Vater ausgeübte Gewalt Zweifel an der Erziehungsfähigkeit erzeugt, dass das Verhalten zu ändern ist und Verantwortung für die Gewalttaten übernommen werden muss. Die Stabilisierung der Frauen und die Stärkung ihrer Beziehung zu den Kindern hat Priorität; erst dann kann eine tragfähige Lösung auf der Paarebene zum Wohl der Kinder entwickelt werden (Kindler / Reinhold 2007, 291; Kindler 2013, 111; Goldbeck 2013, 131). In diesen Fällen hat der ASD darauf hinzuwirken, dass das Familiengericht eine einstweilige Regelung zum Umgang trifft, die den Schutzinteressen der Frau und dem Kindeswohl entspricht (§ 156 Abs. 3 Satz 1 FamFG). Wenn es das Kindeswohl gebietet, hat der ASD in seiner Stellungnahme klar Position für einen Umgangsausschluss zu beziehen (Vergho 2007, 296, 300; Gerber, 2013, 77). Die notwendige Kindesanhörung ist durch geeignete Hilfe zu begleiten (§ 156 Abs. 3 Satz 3 FamFG). Durch die einstweilige Anordnung wird – jedenfalls für eine gewisse Zeit – Rechtssicherheit geschaffen; diese Zeit ist für Beratung und Unterstützung – ggf. in zunächst getrennten Beratungssettings – zu nutzen, um langfristige tragfähige Lösungen zu entwickeln, die die Interessen und Rechte aller, vor allem der Kinder wahren (Nothhafft 2008, 18; Salgo 2008, 174).

Haltungen des ASD bei Anträgen auf alleinige Sorge und Umgangsausschluss

Negative Folgen für das Kindeswohl durch das Miterleben von Partnergewalt lassen sich nachweisen (Nothhafft 2008, 32; Kindler 2007, 53; Goldbeck 2013, 131). Dennoch wird in Sorge- und Umgangsverfahren Partnergewalt nicht ausreichend konsequent thematisiert. Die Gewalt wird häufig als „Paarproblem" gewertet, das die Elternbeziehung zu den Kindern nicht berührt und damit der Fortsetzung gemeinsamer Elternschaft nicht im Wege steht. Es gibt keine einheitliche Überzeugung und Praxis der Familiengerichte, dem von Gewalt betroffenen Elternteil in der Regel die alleinige Sorge zuzusprechen und das Umgangsrecht zumindest zeitweise auszusetzen (Will 2004, 233; Rabe 2007, 125, 132; z. B. OLG Saarbrücken v.9.4.2006–9 UF 8/06). Nur in Einzelfällen werden Gewalttätigkeit und aggressives Verhalten des Vaters „bei der Bewertung der Erziehungseignung berücksichtigt" (OLG Köln v. 8.2.2011–4 UF 233/10; AG Bremen v. 23.1.2007–61 F 2747/02; OLG Köln v.23.03.2005–4 UF 119/04; BVerfG 2004, 260).

Eine rechtstatsächliche Untersuchung zum Gewaltschutzgesetz aus dem Jahr 2005, also noch vor Geltung des §8 a SGB VIII, hat gezeigt, dass Mitarbeiterinnen von Frauenhäusern und Beratungsstellen sowie Anwältinnen deutliche Kritik an der Haltung der Jugendämter in eben diesen Verfahren üben. Diese würden, so die Expertinnen, die Strategie verfolgen, die Familie auf Kosten des Opfers und der Kinder zusammenhalten zu wollen. Umgang mit den bei der Partnerin lebenden Kindern werde kritiklos befürwortet, und die Gefahren für die Frauen würden nicht gesehen. Es fehle an differenzierten Umgangsempfehlungen für Familiengerichte. Diese wie auch die Fachkräfte im ASD reflektierten die Divergenz zwischen Schutz vor Gewalt und Sorge- und Umgangrechten nicht ausreichend (Rupp 2005, 84 ff.; Feldhoff/Hansbauer 2007, 217). Fachkräfte des ASD müssen in ihren familiengerichtlichen Stellungnahmen zum Sorge- und Umgangsrecht eines gewalttätigen Vaters stärker als bisher dessen Erziehungsfähigkeit und Fähigkeit zur Kooperation mit der Mutter prüfen und beurteilen (Salgo 2008, 174; Nothhafft 2008, 16 ff.; Vergho 2007, 296, 299). Eine frauengerechte und kindeswohlangemessene Mitwirkung der Fachkräfte in familiengerichtlichen Verfahren sollte daher folgende Aspekte berücksichtigen:

- Schon in ersten Beratungskontakten im Kontext der Trennung der Eltern haben die Fachkräfte behutsam und sensibel Partnergewalt zu thematisieren, wenn es dafür – ggf. subtile – Anhaltspunkte gibt. Sie müssen daran mitwirken, dass Gewalt nicht länger tabuisiert wird.
- Es gilt klarzustellen, dass das Aufwachsen in einem von Gewalt geprägten Familiensystem bzw. das Miterleben von Gewalt an der Mutter ein Indiz für eine Gefährdung des Kindeswohls ist.
- Damit wird der Schutzauftrag des §8 a SGB VIII ausgelöst; das Ergebnis der Beurteilung der Gefährdung des Kindeswohls durch mittelbare Gewalt ist von den Fachkräften in das Verfahren einzubringen.
- Es ist klarzustellen, dass das „Recht" des Vaters auf Sorge und Umgang durch das Kindeswohl begrenzt ist und sich in erster Linie als „Verantwortung" darstellt.
- Das Schutzbedürfnis der betroffenen Mütter ist zu akzeptieren; in keinem Fall darf durch Hinweis auf die „Wohlverhaltenspflicht" und die mögliche Einsetzung eines Umgangspflegers Druck ausgeübt werden, um eine einvernehmliche Regelung zu erzielen.
- Es ist klarzustellen, dass die Übernahme elterlicher Sorge und Umgang voraussetzen, dass der Misshandler seine Bereitschaft und Fähigkeit zur Übernahme der Verantwortung für die Gewalt und zur Änderung seines Verhaltens durch die Annahme entsprechender täterbezogener Angebote unter Beweis stellt.
- Das Leitbild der gemeinsamen Sorge ist zu hinterfragen. Die Fachkräfte haben klar Stellung zu beziehen, ob es im Einzelfall bei der gemeinsamen Sorge bleiben kann.
- In Bezug auf Umgang ist entgegen der Grundannahme des Gesetzes in jedem Einzelfall zu prüfen und ggf. zu verneinen, dass der Umgang mit einem gewalttätigen Vater dem Kindeswohl dient (Nothhafft 2008, 21; Kostka 2008, 69, 72). Die Umgangsverweigerung des Kindes ist ernst zu nehmen und nicht mit Hinweis auf „Vaterrechte" zu bagatellisieren.
- Wegen des gesteigerten Gewaltrisikos in Trennungssituationen hat der ASD an Überlegungen zur Gestaltung der Umgangskontakte mitzuwirken; der Schutz der Frauen und Kinder hat hierbei höchste Priorität.

12.5 Geschlechtergerechte Hilfeplanung

Hilfeplanung (§36 SGB VIII) ist ein zentrales Steuerungsinstrument des ASD (→ Kapitel 13). Sie

bietet als Handlungskonzept einen Arbeitsansatz zur Realisierung größerer Geschlechtergerechtigkeit in der Jugendhilfe. Um diesen Aspekt soll es im Folgenden gehen. Ausgehend von den Ergebnissen einer Expertise zur geschlechtergerechten Hilfeplanung im Rahmen des Modellprogramms zur Fortentwicklung des Hilfeplanverfahrens (Hartwig/Kriener 2004) werden Ansätze für die Qualifizierung des Verfahrens vorgestellt.
Problemlagen von Kindern, Jugendlichen und Familien weisen dezidiert geschlechtsbezogene Determinanten auf:

1. Die fachliche Perspektive, in der ein „Fall" im „Feld" (Sozialraum) wahrgenommen, verstanden und eingeschätzt wird, ist anzureichern durch eine geschlechtsbezogene Dimension.
2. Im Verfahren selbst geht es um die kommunikative Ausgestaltung, die Aushandlung mit Mädchen und Jungen, Vätern und Müttern. Hier ist eine zentrale Frage, wie Betroffenenbeteiligung mit allen für den Fall bedeutenden Personen beider Geschlechter zu realisieren ist.
3. Schließlich geht es in einem dritten Schritt um die geschlechtergerechte Ausgestaltung von Hilfen.

12.5.1 Problemlagen

Mädchenprobleme sind überwiegend Familienprobleme (Hartwig 2004). Wenn Eltern und hier insbesondere die Mütter nicht ausreichend die Familienversorgung sicherstellen können, sind es häufiger die Mädchen, die zu Versorgungsleistungen anderer Familienmitglieder herangezogen und im Hinblick auf häusliche Tätigkeiten stärker reglementiert werden als Jungen (Böhnisch 2010; Hartwig 2004). Wollen Mädchen stärker eigene Interessen verfolgen, kommt es nicht selten zu Konflikten, die einen Hauptgrund professioneller Interventionen darstellen (BMFSFJ 1998).
Spezifische Problemlagen von Mädchen, die Hilfen und Maßnahmen der Jugendhilfe begründen, sind durch verschiedene Studien belegt (Finkel 2000). Geschlechtsspezifische Problematiken der Mädchen, welche erzieherische Maßnahmen in Anspruch nehmen, werden von Hartwig (2004) und Bitzan (2004) bestätigt. Hier werden familiale Problemlagen, Beziehungskonflikte, Gewalterfahrungen innerhalb der Familie, selbstgefährdendes und -verletzendes Verhalten, Essstörungen, Suizidalität, Prostitution, Tablettenmissbrauch sowie Schwangerschaften im Teenageralter genannt (Hartwig 2004; Bitzan 2004). Jens Pothmann und Agathe Wilk betonen bezüglich der geschlechtsspezifischen Bedingtheit von Hilfeanlässen bei Mädchen Familienprobleme:

„Beziehungsprobleme, gemeint sind damit vor allem auch die zwischen Eltern und Kindern, sind nicht nur Hauptursache für professionelle Interventionen oder Dienstleistungen, sie werden für Mädchen auch durchweg häufiger als Ursache genannt als bei Jungen" (Pothmann/Wilk 2008b, 172).

Betrachtet man also die Problemlagen, die Maßnahmen begründen, so wird erkennbar, dass „bei Mädchen eher familienbezogene Gründe eine Hilfe generieren" (Bitzan 2004, 470). Die Problembeschreibungen basieren damit auf den Erwartungen und Anforderungen an die Mädchen, welche wiederum an den traditionellen Geschlechtsbildern orientiert sind (Kriener/Hartwig 1997).
Jungenprobleme bestehen demgegenüber aus Schulscheitern und Aggression, Hyperaktivität, Versagensängsten, Statussuche und Kampf um Anerkennung, Kriminalität, extensivem Medienkonsum, unzureichenden Konfliktlösungsstrategien. Jungen begegnen belastenden Lebenssituationen mit nach außen gerichteten Verhaltensweisen. Die Strategien der Jungen beziehen sich auf körperliche Auseinandersetzung, Gewaltinszenierungen, Mutproben, Schuleschwänzen, Peer-Group-Orientierung und zunehmend auch Rückzug und Depression. Die Situation der Jungen wird von den öffentlichen Trägern der Jugendhilfe zunächst vor dem Hintergrund ihrer Leistungssituation in Schule und Ausbildung und in Bezug auf ihr Legalverhalten betrachtet. Sie unterliegen aufgrund ihres vermehrten Aufenthalts im öffentlichen Raum verstärkt der Beobachtung durch die Öffentlichkeit und der sozialen Kontrolle (Behnisch 2008, 172 f.; Blandow 2009).
Die Gewährungspraxis für Hilfen zur Erziehung bei über 6-jährigen Kindern und bei Jugendlichen spiegelt die geschlechtsbezogenen Problemlagen wider. Jungen sind in allen ambulanten erzieherischen Hilfen deutlich und in den stationären Hilfen überrepräsentiert. Finkel (2000) verweist bezüglich des vergleichsweise höheren Alters der

weiblichen Adressaten der *stationären* Unterbringung auf der einen Seite auf die (zumeist in der Pubertät auftretenden) Differenzen im weiblichen Lebenszusammenhang. Auf der anderen Seite benennt sie die unterschiedlichen Formen der Konfliktbewältigung von Mädchen und Jungen, welche wiederum mit typischen professionellen Handlungsmustern (Reaktionen auf die mädchentypischen Konfliktbewältigungsstrukturen) einhergehen (Finkel 2000; vgl. auch Bitzan 2004).

Als prägnant erscheint in diesem Zusammenhang, dass Jungen um ca. 18 % (vgl. Bronner/Behnisch 2007, 38) häufiger erzieherische Hilfen in Anspruch nehmen als Mädchen. Setzt man diese Zahlen mit den Bewältigungsstrategien in Zusammenhang, kann gedeutet werden, dass Jungen aufgrund ihres auffälligen Bewältigungshandelns eher von der Jugendhilfe wahrgenommen werden als Mädchen. Auch dies ist eine Erklärung dafür, dass die Mädchen älter sind, wenn sie eine Erziehungshilfe beginnen (Statistisches Bundesamt 2011; Bronner/Behnisch 2007; Hartwig 2004).

Die späte Einschaltung der erzieherischen Hilfen bedeutet für die Mädchen, dass sie sich bereits in einer Situation befinden, welche eine Unterbringung außerhalb der Familie notwendig erscheinen lässt und somit eine Unterstützung in Form einer ambulanten Maßnahme ausgeschlossen wird. Diese Situation spiegelt sich statistisch darin, dass in ambulanten Hilfesettings der erzieherischen Hilfen in allen Altersgruppen weibliche Kinder und Jugendliche in der Unterzahl sind (Pothmann/Wilk 2008).

Die Konzepte der Jugendhilfe, welche zur Bearbeitung der Problemlagen von Mädchen und Jungen vorgeschlagen werden, sind durch die Orientierung an Geschlechterrollen geprägt (Hartwig 2004). Die Erwartung an die Rolle der Jungen bezieht sich auf die Einmündung in eine Erwerbsbiografie. Die Erwartungshaltung bei Mädchen umfasst darüber hinaus die Durchführung von reproduktiver Arbeit im Haushalt. Diese schlägt sich z. B. in der häufigen Betreuung von Mädchen in der eigenen Wohnung nieder (Statistisches Bundesamt: Jugendhilfestatistik 2011). In diesem Zusammenhang wird deutlich, dass mit der Gewährung einer speziellen Hilfe zur Erziehung für Mädchen und Jungen an ihren Sozialcharakteren angeknüpft wird.

Die hier deutlich werdende Familialisierung der Jugendhilfe (Hartwig 1990; Hartwig/Kriener 2007) unterbindet eine kritische Durchleuchtung der tradierten Geschlechterrollen innerhalb der Familie. Stattdessen stellt die Familie den Maßstab für eine Gewährung einer Hilfe zur Erziehung dar. Diese Familienorientierung wirkt erschwerend auf eine Befreiung der Mädchen aus gewaltvollen und restriktiven Beziehungen. Aufgrund des späten Angebotes einer Hilfe zur Erziehung ist nicht gewährleistet, dass die Mädchen zeitnah erreicht werden. Die „verdeckten" Problemlagen von Mädchen im familialen Bereich und ihre Bindung an Aufgaben in der Familie lassen vermuten, dass es sich hier auch um eine unzureichende Aufmerksamkeit für die realen Problemlagen von Mädchen handelt.

12.5.2 Gestaltung des Verfahrens

Über Einflüsse und Auswirkungen des Geschlechts auf den Prozess der Hilfeplanung gibt es außer einer im Rahmen eines Bundesprojekts zur Hilfeplanung erstellten Expertise (Hartwig/Kriener 2004) keine wissenschaftlichen Erkenntnisse. In der Explorativstudie (Hartwig/Kriener 2005) wurde deutlich, dass das Alter eines Kindes oder Jugendlichen eine bedeutsame Rolle in der Praxis der Hilfeplanung spielt, nicht aber das Geschlecht, bzw. dass das Geschlecht nur bei spezifischen Themen wie sexuelle Gewalt, Prostitution und interkulturelle Konflikte bei Mädchen, aggressives Verhalten und Gewalttätigkeit bei Jungen, in die Reflexion einbezogen wird. Entsprechend selten geht es in der Hilfeplanung um die Bewältigung geschlechtsspezifischer Identitätsbildung als Sozialisationsaufgabe oder um geschlechtstypisches Verhalten als Bewältigungsmuster in prekären Lebenslagen. Auch die Möglichkeit von geschlechtsuntypischen Verhaltensoptionen wird nicht in Erwägung gezogen. Vorherrschend ist die Orientierung an real verfügbaren Angeboten (z. B. Mädchenhaus; Gruppe für gewalttätige Jungen).

Bemängelt wird die fehlende Präsenz von Männern in der Hilfeplanung. Es fehlen die Väter ebenso wie männliche Mitarbeiter im ASD, um ein geschlechtergerechtes Setting herzustellen. Es fehlen darüber hinaus Männer als Betreuungspersonen für Jungen, was angesichts der Überrepräsentanz von Jungen im Bereich der Hilfen zur Erziehung ein verstärktes Problem darstellen.

Die Kommunikation im Aushandlungsprozess

wird von den sozialen Fachkräften geschlechtsbezogen differenziert. Die Kommunikationsformen der Mädchen und Mütter scheinen für die sozialen Fachkräfte anschlussfähiger zu sein als die der Jungen und, sofern sie anwesend sind, die der Väter. Für Hilfeplangespräche sind typisch weiblich konnotierte Fähigkeiten und Kompetenzen hilfreich: Es geht um private, hoch belastete Themen, Selbstreflexion steht im Mittelpunkt, die Kommunikation geschieht ausschließlich verbal; es sind nur Mitarbeiterinnen zugegen. Dieses Setting ist für Jungen und Väter wenig einladend. Sind Väter körperlich anwesend, werden sie wenig einbezogen, und es wird ihnen leicht die Rolle des Problemverursachers/Täters zugewiesen, der dem Jungen oder dem Mädchen nichts mehr zu bieten hat. Die faktische oder inszenierte Vaterabwesenheit setzt sich möglicherweise in der Einschätzung der Fachkräfte fort, die die familialen Täter- und Opferrollen in ihrer Fallbearbeitung verstärken und gelegentlich selbst zu polarisierenden Fallbesprechungen neigen. Diese kann insbesondere für die Jungen zu einer Problemverstärkung führen (Hartwig/Kriener 2004).

12.5.3 Hilfearrangements

Der ASD sollte stärker in die Erörterung möglicher Hilfearrangements einbeziehen, dass Regelangebote der Erziehungshilfe koedukativ sind bei einer Überzahl von Jungen bei den Bewohnern und einer Überrepräsentanz von Frauen bei den sozialen Fachkräften. Das kann zu einer Problemverstärkung für Mädchen und Jungen führen, wenn einerseits die Umgangsformen deutlich von einem männlichen Habitus bestimmt werden und andererseits männliche Mitarbeiter als Bezugspersonen rar sind. Zudem sind die Möglichkeiten eingeschränkt, geschlechterreflexive Pädagogik umzusetzen.
Geschlechterdifferenzierte Angebote richten sich mehrheitlich an Mädchen (Mädchenwohngruppen, Mädchenhäuser) und seltener an Jungen (z. B. Spezialgruppen für sexuelle Gewalttäter). Diese Spezialgruppen sind problemspezifisch und führen zu einem regionalen Problemexport, bei dem wenig mit den Ressourcen des Herkunftsmilieus gearbeitet werden kann. Zudem ist die Problemspezifizierung wenig geeignet, an neuen Frauen- und Männerbildern zu arbeiten. Es gilt, die Hilfen an den Biografien und Lebenslagen der Mädchen und Jungen und ggf. ihren Familien auszurichten und weniger, die Adressaten an bestehende Angebote der Träger anzupassen (Tenhaken 2005; Peters et al. 1998). Zur geschlechtergerechten Qualifizierung der Maßnahmen ist es unabdingbar, dass Sozialpädagoginnen und Sozialarbeiter mit ihrer Geschlechtsrolle und ihrer Lebensgeschichte Gegenerfahrungen anbieten, indem sie ihre Geschlechtsrolle anders ausfüllen, als die Mädchen und Jungen dies in ihren Herkunftmilieus erfahren haben. Zur Realisierung solcher Vorhaben sind Gendertrainings unverzichtbar.

12.6 Personal im ASD: hoher Frauenanteil und geschlechterspezifische Hierarchisierung

In einem Beitrag zu „ASD und Gender" ist zum Schluss der Blick auf geschlechterspezifische Zusammensetzung, Bezahlung und berufliche Entwicklungen im ASD zu richten. Denn die feministische Berufsforschung hat gezeigt, dass an die Kategorie Geschlecht hierarchische Zuweisungs- und Zuschreibungsprozesse der Berufe und Arbeitsplätze geknüpft werden (Wetterer 1995; Teubner 2008). Anders ausgedrückt: Geschlecht ist eine Ordnungskategorie im Berufssystem, das sich noch immer in Berufe teilen lässt, in denen Frauen zahlenmäßig dominieren, und Berufe, in denen vor allem Männer vertreten sind (horizontale Segregation; Gender Datenreport 2005, 125 ff.). Grenzziehungen erfolgen durch geschlechterspezifische Konstruktionen von Berufsbildern, die bestimmten Berufen ein bestimmtes Geschlecht zuschreiben, wobei historisch betrachtet „Geschlechtswechsel" von Berufen nachzuweisen sind (Wetterer 1995; Brandt/Conelißen 2004). Dabei geht die Feminisierung eines Berufs mit Status- und Ansehensverlusten einher (Teubner 2008).
Im Vergleich zu männerdominierten Berufen zeigen sich zudem deutliche Verdienstnachteile (Bothfeld et al. 2005, 241, 255 ff.; Sachverständigenkommission 2011, 119 f.). Auch innerhalb von Berufen lassen sich trotz gleicher Qualifikation unterschiedliche frauen- bzw. männerdominierte

Arbeitsbereiche identifizieren, die häufig eine Hierarchie zugunsten der Männer in Bezug auf Bezahlung und sozialen Status aufweisen (vertikale Hierarchie). Männer verdienen auch in Frauenberufen deutlich mehr als Frauen. Im Berufsverlauf entwickeln sich die Einkommen von Männern trotz gleicher Qualifikation und weiterer vergleichbarer Parameter wie Studienerfolg und Beschäftigungsumfang deutlich besser als die der Frauen. Auch in vergleichbaren Führungspositionen erhalten Frauen ein geringeres Gehalt (Sachverständigenkommission 2011, 119 f.; Wüst / Burkart 2010).

Soziale Arbeit ist in historischer Dimension, in personeller Zusammensetzung und gesellschaftlicher Konnotierung als typischer Frauenberuf zu bezeichnen (Brückner 2000; Maurer 2001; Rerrich 2010). Die historischen Entwicklungslinien der Sozialen Arbeit zeigen die Verbundenheit mit der bürgerlichen Frauenbewegung und ihrem Konzept der „geistigen Mütterlichkeit". Diese historischen Wurzeln sind trotz ihrer Wegweisungen zu einer Verberuflichung der Sozialen Arbeit eine große Hypothek für Bestrebungen zu Verwissenschaftlichung und Professionalisierung. Denn die hier begründete verfestigte weibliche Codierung akzentuiert bis heute eine Abwertung als „Semi-Profession", der unterstellt wird, dass ihre Ausübung weniger wissenschaftlich fundiertes Fachwissen und –können und stattdessen vermeintlich „natürlich weibliche" Eigenschaften erfordert (Maurer 2001; Brückner 2008; Heite 2010). Wie bei anderen Frauenberufen des personellen Dienstleistungssektors ist damit ein Abwertung im sozialen Status und im Entgelt verbunden (Friese / Thiessen 2003; Feldhoff 2006).

Für eine „weibliche" Prägung der Sozialen Arbeit sprechen noch immer die Zahlen. Nach der Statistik der Bundesanstalt für Arbeit beträgt der Frauenanteil in der Berufsordnung 861 (Sozialarbeiter / innen, Sozialpfleger / innen, Fürsorger, Erziehungsberater, Familienpfleger, Dorfhelfer, Jugend-, Altenpfleger) konstant 80 % (IAB: Berufe im Spiegel der Statistik). In der Kinder- und Jugendhilfe liegt ihr Anteil, v. a. wegen der zu 97 % weiblichen Beschäftigten in Kindertagesstätten, sogar bei 88 %, ohne diesen Bereich bei 69 % (Züchner / Cloos 2010, 947 f.). Im zweitgrößten Aufgabenbereich der Hilfen zur Erziehung beträgt der Frauenanteil 70 % (Rauschenbach et al. 2010, 58). Die Anteile von Männern und Frauen im Berufsfeld ASD sind den Ergebnissen einer bundesweiten Untersuchung zum Personalmanagement im ASD zu entnehmen:

„Männer sind unter den ASD-Fachkräften stark unterrepräsentiert. […] Der Mindestanteil der Frauen beträgt 34 %, es sind aber auch ASD in der Stichprobe, welche zu 100 % weibliche Fachkräfte beschäftigen. Der Mittelwert der Frauenquote im ASD beträgt 73 %. Auf einen Mann kommen im Durchschnitt also fast 3 Frauen. Lediglich in vier ASD unserer Stichprobe (= ca. 1,7 %) sind mehr Männer als Frauen beschäftigt. In weiteren neun ASD ist das Verhältnis annähernd ausgeglichen. Anders sieht das bei den Leitungspersonen aus: Hier besteht ein wesentlich höherer Männeranteil von ca. 55 %. Bedenkt man, dass die ASD-Leitungen häufig direkt aus den im jeweiligen ASD tätigen Fachkräften rekrutiert werden, so liegt das Missverhältnis auf der Hand. […] Die Möglichkeiten, für einen Ausgleich über einen gewissen Zeitraum hinweg bewusst mehr Männer einzustellen, sind begrenzt. Der Blick in die Hochschulen legt die Vermutung nahe, dass es einen deutlichen Überhang von Frauen bei den Studierenden der Sozialen Arbeit gibt. In den Interviews wurde übereinstimmend geäußert, dass es bundesweit an geeigneten männlichen Bewerbern fehlte" (Merchel et al. 2012, 156).

Diese Studie wie auch eine andere (Soziale Dienste Berlin-Brandenburg e.V. 2011) zeigen dieselben Tendenzen: Ein hoher Frauenanteil an Beschäftigten, der sich nicht in einer proportionalen Beteiligung an Führungspositionen widerspiegelt, verbunden mit ungleicher Bezahlung trotz formal gleicher Qualifikation im selben Arbeitsfeld und flächendeckender tariflicher Bindung an den Tarifvertrag im öffentlichen Dienst (TVöD).

Auch die Umstellung vom BAT auf den TVöD mit der neuen Entgeltordnung für den Sozial- und Erziehungsdienst zum 01.11.2009 hat nicht zu einer Aufwertung der Sozialen Arbeit insgesamt und besonders in den Arbeitsfeldern geführt, die direkt mit Klienten arbeiten. Daran hat auch die neue Entgeltgruppe S 14 für Beschäftigte im ASD kaum etwas geändert. Die Verdienstunterschiede innerhalb Sozialer Arbeit zwischen Frauen und Männern bleiben konstant, weil nur Führungspositionen – überwiegend in Männerhand – höhere Bezahlung ermöglichen.

Darüber hinaus bleiben auch die erheblichen Verdienstunterschiede zu eher männlich konnotierten

Technik- und Wirtschaftsberufen vergleichbarer Qualifikationsebenen (z. B. FH-Abschluss) bestehen. Diese sind vor allem eine Folge der diskriminierenden Nicht- bzw. Minderbewertung der Arbeitsanforderungen Sozialer Arbeit im direkten Kontakt mit Klienten (Gender Datenreport 2005, 185; Beese 2007, 100; Ziegler et al. 2010, 313 ff.). Für den Sozial- und Erziehungsdienst gibt es noch immer keine diskriminierungsfreien Bewertungskriterien, die die Tätigkeit im ASD abbilden würden. Verantwortung für Kinder und ihre Eltern, Treffen selbständiger Entscheidungen im Kontext von Kindeswohlgefährdung, Verfügen über Zusammenhangs- und Verweisungswissen, der Umgang mit Behörden und Gerichten, aber auch Einfühlungsvermögen und Teamarbeit werden nicht bewertet, aber den Fachkräften des ASD abverlangt (Feldhoff 2006; Kühnlein 2007).

In diesem Kontext kommen Prozesse der Umorganisation Sozialer Arbeit scheinbar einer Aufwertung entgegen. Fürsorgliches Handeln, d. h. Soziale Arbeit „mit Menschen", wird primär betriebswirtschaftlichen, zweckrational ausgerichteten Strategien gegenübergestellt. Politisch gewollte Rahmenbedingungen erzeugen Legitimationsdruck in Bezug auf den „Ertrag" bei gleichzeitiger Reduktion der finanziellen Mittel und Betonung des Auftrags der „Aktivierung der Eigenverantwortung der Klienten". In Teilen differenziert sich Soziale Arbeit in ausführende personenbezogene Beratungs- und Fürsorgetätigkeiten und dispositive Managementaufgaben bei gleichzeitiger Polarisierung der Qualifikationsanforderungen und Beschäftigungsbedingungen aus (Dahme / Wohlfahrt 2007; Buestrich / Wohlfahrt 2008). Professionalisierung und (Status-)Aufwertung Sozialer Arbeit wird durch die Betonung „geschlechtsneutraler" bzw. männlich konnotierter Merkmale wie leistungsstark, effizient, kundenorientiert und outputorientiert angestrebt. Es besteht die Gefahr, dass diese Bestrebungen wiederum mit geschlechtsspezifisch hierarchischen Zuweisungen von Arbeitsbereichen und Positionen einhergehen, indem „männliche" Managementtätigkeit „weiblich-unprofessioneller" Arbeit mit Klienten dichotom gegenüber gestellt wird (Klein / Wulf-Schnabel 2007; Heite 2010). Damit würde die Abwertung der klientenbezogenen Tätigkeiten verfestigt bzw. legitimiert. Soziale Arbeit als professionelle Gewährung sozialer Rechte darf indes nicht als „weibliche Fürsorge" oder als „männliches Sozialmanagement" geschlechterspezifisch attribuiert und hierarchisiert werden (Heite 2010; Brückner 2008; Friese / Thiessen 2003).

B Methodische Anforderungen in spezifischen Handlungsbereichen des ASD

13 Hilfeplanung

Von Joachim Merchel

- Mit den Regelungen zur Hilfeplanung in § 36 SGB VIII hat der Gesetzgeber ein fachlich anspruchsvolles und inhaltlich komplexes Entwicklungsprogramm in den ASD eingebracht. Mit der Bündelung von fachlichen, organisationsbezogenen und finanziellen Aspekten der Hilfe-Entscheidung und Hilfegestaltung enthält die Realisierung von Hilfeplanung dynamische Potenziale, die die Implementation und Handhabung einer angemessenen Hilfeplanung zu einem „Dauerprojekt des ASD" machen.
- Ausgangspunkt für die Hilfegestaltung sind (a) die Feststellung eines Mangelzustands („etwas fehlt") und (b) die Suche einer Antwort auf die Frage, welche Hilfe als Antwort auf diesen Mangelzustand und vor dem Hintergrund der Lebenssituation des Kindes/Jugendlichen „geeignet und notwendig ist" (§ 27 Abs. 1 SGB VIII).
- Um zu einer Entscheidung darüber zu gelangen, welches die „richtige Hilfe" ist, müssen drei Verfahrenselemente fachlich kompetent ausgestaltet werden: Zusammenwirken mehrerer Fachkräfte (kollegiale Beratung), Beteiligung der Personensorgeberechtigten und des Kindes/Jugendlichen, Kontinuierlichkeit der Hilfeplanung. Alle drei Verfahrenselemente sind mit fachlichen Herausforderungen an die ASD-Fachkräfte und an die Organisationsgestaltung im ASD verbunden.
- Die Fähigkeit und die Bereitschaft der Adressaten zur Beteiligung können nicht ohne Weiteres vorausgesetzt werden, sondern deren Herausbildung muss als eine sozialpädagogische Aufgabe innerhalb der Hilfeplanung verstanden werden. Zur Realisierung von Adressatenbeteiligung bedarf es neben kommunikativer Kompetenzen und neben einer Sensibilität für methodische Arrangements insbesondere einer beteiligungsförderlichen Haltung der Fachkräfte, bei der nicht das formale Beteiligungsangebot, sondern Beteiligung als sozialpädagogische Aufgabe im Mittelpunkt steht.
- Die Komplexität der bei der Hilfeplanung zutage tretenden Aufgaben und der dabei einzubeziehenden Gesichtspunkte macht ein Zusammenwirken im Team (kollegiale Beratung) dringend erforderlich. Gruppenorientierte Beratungs- und Entscheidungsverfahren müssen in der Organisation abgesichert sowie methodisch gestaltet und durch Leitungspersonen kompetent moderiert werden. Durch Teamberatung soll die letztliche fachliche Verantwortung der fallzuständigen Fachkraft nicht außer Kraft gesetzt werden.
- Hilfeplanung ist ein prozesshaftes und daher kontinuierliches Geschehen. Zum einen ist regelmäßig zu prüfen, ob die ursprünglichen Annahmen sich als tragfähig erwiesen haben, in welcher Weise die realisierte Hilfeform sich ausgewirkt hat, ob neue Ziele und Aufgaben für die Beteiligten formuliert werden müssen. Zum anderen gehört es zu den Charakteristika von prozesshaften Abläufen, dass sich Ziele und Zeitbezüge zu bestimmten Zeitpunkten eines Hilfeprozesses verändern und einer Revision unterzogen werden müssen.
- Werden im Rahmen der Hilfeplanung Hinweise auf eine mögliche manifeste oder drohende seelische Behinderung erkennbar, ist ein entsprechender Facharzt oder ein Kinder- und Jugendpsychotherapeut zu beteiligen. Durch die Regelungen in §§ 35a/36 SGB VIII sind die Rollen der einzelnen Beteiligten geklärt: Die Entscheidung über die angemessene Hilfe ist kooperativ mit unterschiedlichen Beteiligten zu erarbeiten, aber letztlich wird sie getroffen in Zuständigkeit des Jugendamtes bzw. des ASD.
- Die Erarbeitung von Zielen und zeitlichen Perspektiven für die Hilfen sind wichtig, um für alle Beteiligten Transparenz herzustellen und damit eine

der Grundlagen für Beteiligung zu schaffen. Ziele zu entwickeln bedeutet für die Adressaten eine hohe Anforderung, für manche eine Überforderung. Dennoch ist dies sozialpädagogisch notwendig, weil damit eine Chance zur Persönlichkeitsentwicklung der Adressaten verbunden ist.
- In der bei der Hilfeplanung notwendigen Kooperation mit anderen Institutionen tauchen in der Regel Probleme auf. Diese sollten jedoch nicht personalisiert werden, sondern die Divergenzen sollten als Ausdruck verschiedener Organisationszwecke und daraus resultierender Wahrnehmungsmuster interpretiert werden.
- Die Organisation muss Regelungen finden, die es den Fachkräften ermöglichen, ihre Entscheidungen in dem Bewusstsein um die vorhandenen Ressourcen zu treffen und die Aushandlung der erforderlichen Ressourcen an die fachliche Entscheidungspraxis zu koppeln. Dazu bedarf es (a) des systematisierten Einbezugs von Kostenfolgen in die entscheidungsorientierten Beratungen im Team, (b) der Installierung einer integrierten Fach- und Finanzverantwortung auf der Ebene regionalisierter Teams (mit entsprechenden Leitungsstrukturen) und (c) einer bedarfsentsprechenden, differenzierten und flexiblen Angebotsstruktur, die einen zielgerechten einzelfallbezogenen Einsatz von Hilfen ermöglicht.

13.1 Hilfeplanung als dauerhafte Entwicklungsaufgabe für den ASD

Die Hilfeplanung gem. § 36 SGB VIII gehört zu den elementaren Anforderungen an die Fachkräfte im ASD und an die Leitung des ASD, die den fachlichen und organisationalen Rahmen schaffen und gewährleisten muss, damit Hilfeplanung entsprechend den gesetzlichen Anforderungen und entsprechend dem mittlerweile erreichten fachlichen Diskussionsstand realisiert werden kann.

Die gesetzlichen Regelungen zur Hilfeplanung können als eines der zukunftsweisenden Kernelemente verstanden werden, mit denen der Gesetzgeber einen fachlichen Reformimpuls in der Praxis der Kinder- und Jugendhilfe eingebracht hat. Dementsprechend wurde seit der ersten Hälfte der 1990er Jahre eine Fülle von Entwicklungsprojekten zur Gestaltung und Verbesserung der Hilfeplanung in Jugendämtern durchgeführt; in vielen fachlichen Empfehlungen (vgl. Deutscher Verein 1994/1996 und 2006) und in Fachveröffentlichungen (vgl. Schmid 2004; Schwabe 2005a; Merchel 2006) wurden die rechtlichen, fachlichen und organisationsbezogenen Implikationen des § 36 SGB VIII eingehend erörtert und mit Gestaltungsvorschlägen versehen.

Die Tatsache, dass sich die Diskussionen und Projekte zur Qualifizierung der Erziehungshilfe-Entscheidungen und der Prozessgestaltung bei den Hilfen zur Erziehung über einen solch langen Zeitraum erstrecken und aktuell weiterhin andauern, zeigt den intensiven Herausforderungscharakter, der mit diesen Regelungen verbunden war und fortdauert. Die Hilfeplanung trifft den Kern des Verhältnisses zwischen Profession, Adressaten, Organisation (Jugendamt/ASD) und politisch-administrativen Rahmenbedingungen (Finanzsteuerung; Gestaltung der Zusammenarbeit zwischen Jugendamt, Leistungserbringern und weiteren Institutionen). In der Hilfeplanung bündeln sich die fachlichen, organisationsbezogenen und finanziellen Aspekte der Hilfegestaltung. Dies macht Hilfeplanung zu einer besonders komplexen und immer wieder sich neu ergebenden Aufgabe, deren Lösung angesichts der damit verbundenen Dynamiken nie „ganz fertig" sein kann. Die Hilfeplanung, die ein ASD für sich entwickelt hat, spiegelt die Art wider, die für die jeweilige Situation eines Jugendamtes fachlich und organisatorisch angemessen erscheint. Angesichts von Veränderungen in den Bedingungen innerhalb der Kommunalverwaltung und des Jugendamtes, in den Lebenssituationen der Adressaten, in den politischen Anforderungen und in den Anforderungen relevanter anderer Institutionen kann sich die Notwendigkeit ergeben, die Verfahren zur Hilfeplanung zu überprüfen und ggf. zu modifizieren. Hinzu kommt, dass ein ASD zwar von den Erfahrungen anderer ASD lernen und sich anregen lassen kann – aber in jedem ASD müssen Verfahren entwickelt werden, die für die jeweiligen Verhältnisse passen, und in jedem ASD müssen sich die Mitarbeiter die Verfahren immer wieder neu aneignen. Insofern muss letztendlich jeder ASD die Hilfeplanung „für sich erfinden" und angesichts der Erfahrungen und Beobachtungen von Veränderungen auch in gewissen Zeitabständen „für sich wieder neu erfinden". Hilfeplanung wird zu einem dynamischen Vorgang der Entwicklung und kontinuierlichen Aneignung von fachlichen, organisationalen und politisch-administrativen Verfahren: Das macht das Komplizierte, aber auch das Herausfordernde aus, wodurch die Hilfeplanung zu einem kontinuierlichen Entwicklungsimpuls für die Jugendhilfe (und somit auch für den ASD) wird. Hilfeplanung bleibt eine dauerhafte Entwicklungsanforderung in der Erziehungshilfe und insbesondere für den ASD, der hier die zentrale Gestaltungsposition einnimmt und auszufüllen hat. Die kontinuierliche Überprüfung und Weiterentwicklung der Hilfeplanung bleibt deswegen ein Dauerthema im ASD, weil die fachliche und organisatorische Umsetzung nicht „ein für alle Mal" realisiert und als „abgeschlossen" angesehen werden kann und weil mittlerweile an mehreren Orten Verfahren in der Jugendhilfe eingeführt wurden, die Irritationen in die konzeptionellen Überlegungen zur Hilfeplanung bringen.

Im Folgenden werden einige Eckpunkte benannt, an denen sich Jugendämter bzw. ASD bei der Bearbeitung der „Daueraufgabe Hilfeplanung" ausrichten sollten (unter Einbezug der Darstellungen in Merchel 2006 und 2011). Dabei werden gesetzliche und damit verknüpfte fachliche Anforderungen skizziert (→ 13.2) und weitere fachliche Ansprüche, die als (Zwischen-)Ergebnis der umfangreichen Fachdiskussionen an den ASD herangetragen werden (→ 13.3). Eine rechtlich und fachlich verantwortbare Hilfeplanung kann nur dann zur Geltung gebracht werden, wenn die ASD-Mitarbeiter auf die entsprechenden infrastrukturellen und finanziellen Ressourcen zurückgreifen können; das Thema *Ressourcensteuerung* darf somit nicht aus den Prozessen der Hilfeplanung herausgehalten werden (→ 13.4). Neben diesen Ausführungen, die die Komplexität und damit die Dauerhaftigkeit der *Entwicklungsaufgabe Hilfeplanung* verdeutlichen, werden in einem abschließenden Abschnitt andere mittlerweile diskutierte und teilweise praktizierte Verfahren mit Irritationsauswirkungen auf die Hilfeplanung skizzenartig beleuchtet (→ 13.5).

Wenn im Folgenden von Hilfeplanung die Rede ist, dann ist damit der *gesamte Prozess* der Konstituierung einer Hilfe gemeint: von der Problemwahrnehmung über das Fallverstehen und eine darauf aufbauende Hilfe-Entscheidung bis hin zu den verschiedenen Stadien der Fortschreibung des Hilfeplans. Hilfeplanung wird hier prozesshaft verstanden und nicht begrenzt auf das singuläre Ereignis eines *Hilfeplangesprächs*, bei dem die Beteiligten sich auf ein bestimmtes Hilfe-Arrangement einigen und dies in einem Dokument (Hilfeplan) niederschreiben. Die nachfolgenden Ausführungen beschränken sich auf Hilfeplanung bei den Hilfen zur Erziehung (§ 36 SGB VIII) als Schwerpunkt der Aufgaben im ASD. Spezifische Aspekte und Differenzierungen bei der Hilfeplanung im Kontext psychosozialer Arbeit mit Erwachsenen (Menschen mit Behinderungen oder mit psychischen Einschränkungen; vgl. Haselmann 2010; Schreiber 2010), die in dem einen oder anderen ASD mit einer breiteren Aufgabenstellung möglicherweise ebenfalls angesprochen sind, werden hier nicht berücksichtigt.

13.2 Gesetzliche Verfahrensanforderungen

Im SGB VIII werden die Hilfen zur Erziehung definiert als Leistungsangebote für Situationen, in denen eine Familie ohne eine pädagogische Hilfe von außen eine dem Wohl des Kindes angemessene Erziehung nicht gewährleisten kann (→ Kapitel 6). Ausgangspunkt für eine Gewährung öffentlicher Hilfe ist – trotz aller methodischen Hinweise auf eine Ressourcenorientierung bei der Konzipierung der Hilfe (→ Kapitel 24) – immer die Darstellung eines Mangelzustandes. Die Zuerkennung eines Hilfebedarfs ist an die Feststellung gebunden, dass „etwas fehlt" (Brumlik / Keckeisen 1976 / 2000) und vollzieht sich aus drei Perspektiven:

- aus der **Perspektive der Fachkräfte**, die ein Defizit, einen Mangelzustand feststellen, das oder den es zu beheben gilt;
- aus der **Perspektive der Adressaten**, die gleichermaßen einen Mangelzustand (Not, Problem, Leiden o. ä.) empfinden wie vielfach eine – wenn auch diffuse – Vorstellung davon haben, wie es besser sein könnte;
- aus der **Perspektive der Gesellschaft**, die einen Mangelzustand als Abweichung von einem Bild der Normalität definiert und daher Aktivitäten der sozialen Kontrolle oder der sozialen Integration in Gang setzt.

Bei der „Bearbeitung" dieses Mangels, also bei der Gestaltung des weiteren Hilfeverlaufs, wird man methodisch stärker die Ressourcen der Adressaten in den Blick nehmen. Jedoch macht es die notwendige Defizitdefinition bei der Konstituierung des Hilfebedarfs schwer, im weiteren Prozess der Hilfegestaltung von der Defizitperspektive Distanz zu nehmen und den Ressourcenblick zu intensivieren (Merchel 2002).

Wenn festgestellt worden ist, dass ohne eine pädagogische Hilfe eine dem Wohl des Kindes oder des Jugendlichen entsprechende Erziehung nicht gewährleistet ist und somit ein genereller Rechtsanspruch auf eine Hilfe zur Erziehung besteht, muss ein Prozess einsetzen, in dem der allgemeine Rechtsanspruch auf Hilfe im Hinblick auf Art und Umfang der Hilfe konkretisiert wird. Da für die Entscheidung über die „richtige" Hilfe, also über diejenige Hilfe, die für die Entwicklung des Kindes oder Jugendlichen „geeignet und notwendig" (§ 27, Abs. 1 SGB VIII) ist, keine eindeutigen materiellen Kriterien vorgegeben werden können, bleibt für eine einzelfallbezogene Normkonkretisierung der Weg über rechtliche Vorgaben zu den Verfahrensweisen, mit denen eine korrekte Anwendung der Normen erreicht werden soll. Dafür werden in § 36 SGB VIII – neben der Beratung des Personensorgeberechtigten und des Kindes / Jugendlichen – drei Verfahrensanforderungen hervorgehoben:

- Entscheidung im Zusammenwirken mehrerer Fachkräfte,
- Einbeziehung der Personensorgeberechtigten und der Kinder / Jugendlichen in den Prozess der Erarbeitung eines Hilfeplans,
- Kontinuierlichkeit der Hilfeplanung.

Am Ende des Prozesses der Hilfeplanung steht der Hilfeplan als Dokument, in dem die Ergebnisse der Hilfeplanung festgehalten werden. Der Hilfeplan gibt Auskunft über den erzieherischen Bedarf, über die geeignete und daher zu gewährende Art der Hilfe und über die dementsprechend notwendigen Leistungen.

13.2.1 Mitwirkung der Adressaten

Eine Hilfe zur Erziehung kann nur dann Erfolg versprechend sein, wenn die Adressaten sich der Hilfe nicht verweigern, sondern sie aktiv mitgestalten. Dabei gilt es, die Fähigkeit und die Bereitschaft der Adressaten zur Beteiligung nicht vorauszusetzen, sondern deren Herausbildung als eine sozialpädagogische Aufgabe innerhalb der Hilfeplanung zu verstehen. Dadurch wird die Hilfeplanung unter fachlichen Gesichtspunkten zu einem Bestandteil des Hilfeprozesses. Bereits in der Hilfeplanung wird der Tatsache Rechnung getragen, dass eine auf Erfolgserwartung ausgerichtete Hilfeleistung sich nur als koproduktives Geschehen gestalten lässt. Das Herstellen gelingender Kommunikation mit den Adressaten wird zu einer elementaren Anforderung an diejenigen Fachkräfte, die das Verfahren auszugestalten haben.

Die Anforderung, die Adressaten der Hilfe im Prozess der Hilfeplanung umfassend zu beraten und ihnen Möglichkeiten der folgenreichen Mitwirkung zu eröffnen, ist gleichermaßen einsichtig wie schwierig zu realisieren. Die Schwierigkeiten lassen sich zu drei Komplexen bündeln:

- **die strukturelle Ambivalenz der Jugendhilfe in der Spannung von Hilfe und Eingriff** (→ Kapitel 10). Neben Beratung und Unterstützung hat die Jugendhilfe auch einen Schutzauftrag, der immer auch das Interaktionselement Eingreifen beinhaltet. Dies kann nicht ohne Wirkung bleiben für die Interaktionen zwischen Jugendamtsmitarbeitern und Adressaten.
- **die mit dieser institutionellen Einbindung einhergehenden Macht-Asymmetrien.** Die Adressaten erleben das, was die ASD-Mitarbeiter als Hilfe präsentieren, vielfach als weitaus ambivalenter: auch als Situationen der Bevormundung, bei denen die ASD-Mitarbeiter einen durch Amt und Professionalität gefestigten Macht-Status einnehmen.
- **Kompetenzprobleme aufseiten der Kinder, Jugendlichen und Eltern**. In der Praxis erweisen sich die Adressaten aus der Sicht der Fachkräfte bisweilen als nicht hinreichend „beteiligungstauglich" (Schwabe 2000): Sie sagen nicht genau, was sie wollen, bzw. sie formulieren es nicht in der Sprache, die Fachkräfte sozialpädagogisch verarbeiten können, sie halten sich häufig nicht an ge-

troffene Vereinbarungen, sie schwanken zwischen äußerem sich Einlassen und realer Akzeptanz einer Hilfe, Kinder/Jugendliche lehnen Hilfeplanungsgespräche als „großes und nutzloses Palaver" ab bzw. sitzen die Gesprächszeit vorwiegend ab u.a. m. Die Adressaten erleben die Verhandlung über „ihre Defizite" als einen markanten Statusunterschied in den Interaktionen, und sie sind auch mit den in der Jugendhilfe vorherrschenden Kommunikationsformen und Entscheidungsmechanismen nicht ausreichend vertraut.

Die Frage, wie die „eigentlich unlösbare Aufgabe" einer nicht nur formalen, sondern auch interaktiv tatsächlich umfassend realisierten Adressatenbeteiligung zu lösen ist, bleibt weiterhin eine Daueraufgabe (Gragert 2007). Nimmt man noch hinzu, dass zur Beteiligung das Schließen von zielorientierten Kontrakten gehört und dass dies mit Personen geschehen soll, die eine solche Anforderung angesichts ihrer bisherigen Lebensweise meist eher vermeiden wollen (Schwabe 2005a), so wird vollends nachvollziehbar, dass und warum eine umfassende Adressatenbeteiligung ein Vorhaben darstellt, das die ASD-Fachkräfte vor erhebliche Herausforderungen stellt. Da aber eine solche Beteiligung für eine koproduktive Leistung wie die Hilfe zur Erziehung konstitutiv ist, dürfen die Bemühungen zur Herstellung von Beteiligung nicht nachlassen, und dies bedeutet: immer wieder konzipieren, beobachten, evaluieren, auswerten, weiterentwickeln – ein kontinuierlicher Verbesserungsprozess.

Zur Realisierung von Adressatenbeteiligung bedarf es einer beteiligungsförderlichen Haltung der Fachkräfte, bei der nicht das formale Beteiligungsangebot, sondern Beteiligung als sozialpädagogische Aufgabe im Mittelpunkt steht: Formale Beteiligung ohne ein ernsthaftes Eingehen auf die Lebenssituation der Adressaten und ohne eine entsprechende innere Haltung der Fachkräfte ist unsinnig. Ferner sollten die ASD-Fachkräfte auf einige beteiligungsförderliche Bedingungen achten:

- **Herstellen von Transparenz** hinsichtlich der Ziele, Bewertungsmodalitäten für den Hilfeverlauf, Anforderungen an die verschiedenen Beteiligten, zeitlichen Perspektiven und Kontrollmodalitäten während des Hilfeprozesses.
- **ein möglichst wenig formalisierter Rahmen:** Formalität des Verfahrens und des Kommunikationsrahmens erschweren eine offene Kommunikation mit den Adressaten. Formulare, Einladungsbriefe und Zusammensetzung von Gesprächsrunden sollten im Hinblick auf ihre Beteiligung begrenzende Wirkung untersucht werden.
- **geeignete Gesprächsatmosphäre,** damit ein problemangemessenes Gespräch überhaupt entstehen kann: Angesprochen sind Fragen der Raumgestaltung (Gestaltung der Büros, eigene Räume für Hilfeplanungsgespräche) und die Bereitschaft, Gespräche möglicherweise auch in Räumen außerhalb des Amtes (evtl. an Orten im Lebensfeld der Adressaten) stattfinden zu lassen.
- **differenzierende Beteiligung von Familienmitgliedern:** Wenn Fachkräfte von einer Beteiligung der Familie sprechen, deutet dies in der Regel auf einen methodischen Fehler hin. Die Unterschiede zwischen einzelnen Familienmitgliedern, deren Sicht auf ein Problem, ihre Interessen und Kommunikationsformen werden nicht ausreichend beachtet. Die Familie ist hinsichtlich der Beteiligungsanforderung ein Abstraktum und lässt sich nicht als ein eigenes Subjekt im Beteiligungsprozess fassen. Beteiligt werden können nur einzelne Personen (Vater, Mutter, Lebenspartner von Vater oder Mutter, Großvater, Großmutter, Bruder oder Schwester des Jugendlichen, das Kind/der Jugendliche etc.) mit ihren jeweiligen Verschiedenartigkeiten. Kinder und Jugendliche haben ein eigenes, von ihren Eltern unabhängiges Recht auf Beteiligung. Das Arrangement der Beteiligung für ein Kind oder einen Jugendlichen muss seine individuelle Situation berücksichtigen sowie seinem Entwicklungsstand und seinen jeweiligen Fähigkeiten entsprechen. Voraussetzung für eine annähernd gelingende Beteiligung der Kinder, Jugendlichen und Eltern bei der Hilfeplanung ist, dass die ASD-Fachkräfte Beteiligung nicht primär als ein formelles Verfahren verstehen, das „ohne Ansehen der Person" für alle in Geltung gesetzt und auf diese Weise „abgehakt" wird. In jedem Fall muss Beteiligung immer wieder neu hergestellt werden. Welche Handlungsweise die Beteiligungsanforderung tatsächlich realisieren hilft, muss bei jedem Kind/Jugendlichen und bei jedem Elternteil neu erkundet werden.

13.2.2 Zusammenwirken mehrerer Fachkräfte

Die Komplexität der Probleme des Einzelfalls, dementsprechend die Differenziertheit der Lösungsmöglichkeiten und die Komplexität der in die fachliche Beurteilung des Einzelfalls einwirkenden Faktoren (Finanzressourcen, Trägerkonstellationen, fallübergreifende sozialräumliche Verhältnisse etc.) können nur in einem Gruppenkontext bewältigt werden, bei dem die Erkenntnisse und Kompetenzen verschiedener Personen zu einem produktiven Reflexions-, Entscheidungs- und Kontrollprozess zusammengeführt werden (→ Kapitel 4 und 14). Das Aushalten der Spannungen zwischen den persönlichen Wertepräferenzen der einzelnen Fachkräfte, den Anforderungen der Adressaten, den unterschiedlichen fachlichen Interpretationsmöglichkeiten und nicht zuletzt den begrenzten verfügbaren Ressourcen kann nicht von einer einzelnen Person erfolgreich bewältigt werden. Damit die einzelne Fachkraft in diesem Spannungsfeld nicht untergeht, braucht sie die Gruppe in doppelter Hinsicht: zur Unterstützung und als Korrektiv gegenüber den begrenzten Wahrnehmungsmöglichkeiten und Wertepräferenzen der einzelnen Fachkraft. In einem produktiven sich Einlassen auf kollegiale Beratungsvorgänge besteht eine der zentralen Herausforderungen an die Professionalität der jeweils fallzuständigen Fachkraft: Die Fachkraft muss die Fähigkeit herausbilden, „die Relativität ihrer eigenen Standpunkte zu beobachten, ohne dabei selbst standpunktlos zu werden" (Müller 2004, 52).

Gruppenorientierte Entscheidungsverfahren müssen zum einen organisatorisch abgesichert sein, um sie gegenüber zufälligen Konstellationen etwas unabhängiger und verlässlicher zu machen. Zum anderen bedürfen sie einer methodischen Ausgestaltung und einer fachlich und gruppendynamisch kompetenten Prägung durch Leitung, denn kompetente kollegiale Beratung stellt sich nicht allein durch das Aufeinandertreffen von Fachkräften her. Die Verfahrensanforderung des Zusammenwirkens mehrerer Fachkräfte bewirkt jedoch nicht automatisch einen Rationalitätsgewinn bei Entscheidungsprozessen: Anpassungsdruck durch eingeschliffene Denkmuster und gruppendynamische Prozesse können dazu führen, dass im Team die erforderliche Perspektivenvielfalt nicht zum Tragen kommt (→ Kapitel 4). Hier bedarf der Herausbildung und Aufrechterhaltung einer für die Hilfeplanung förderlichen Teamkultur: ein gemeinsames Grundverständnis von den Aufgaben und vom fachlichen Vorgehen bei gleichzeitiger Diversität hinsichtlich der „mentalen Modelle" (Dutke/Wick 2009) der Teammitglieder. Es sollte „kein mentales Modell *der* Gruppe" geben, das gleichsam zur Leitnorm des Gruppendenkens wird, sondern eine Grundstruktur, die eine gemeinsame Bezugnahme der verschiedenen Wahrnehmungs- und Interpretationsmuster der einzelnen Teammitglieder zulässt und herausfordert. Gemeinsame Verständnisgrundlagen als Kommunikationsbasis, die eine Perspektivenvielfalt durch die Teammitglieder nicht ausschließen, sondern herausfordern: Auf eine solche Balance ist zu achten. Besonders in lange zusammenarbeitenden Teams besteht die Gefahr, dass Differenzen verloren gehen und dadurch die Qualität des Fallverstehens (als Grundlage für Entscheidungen) abnimmt.

Das Teamhandeln sollte eingebettet sein in eine Organisationskultur, bei der im Rahmen von Teamarbeit Irritationen nicht nur zugelassen, sondern auch positiv gewürdigt werden, bei der die Norm gelebt wird, dass auch zunächst als „abseitig" oder „störend" empfundenes Denken akzeptiert und in seinen produktiven Potenzialen gewürdigt wird. Dies ist durch verschiedene methodische Arrangements der kollegialen Beratung (Schrapper/Thiesmeier 2004) und in unterschiedlichen Kommunikationsstrukturen (Pothmann/Wilk 2009) realisierbar. Es ist darauf zu achten, dass der Sinn der kollegialen Beratung – insbesondere die Trennung zwischen Problemwahrnehmung und Maßnahme-Erörterung sowie die Förderung der Interpretationsvielfalt in diesen beiden Schwerpunkten der Beratung – ausreichend im Blick bleibt. Ein routinisiertes Vorgehen nach vorgegebenen Ablaufschemata gefährdet den Sinnbezug der kollegialen Beratung.

Trotz der großen Bedeutung der kollegialen Beratung im Team kann nicht von einer Teamentscheidung gesprochen werden, bzw. das Verfahren darf nicht in Richtung Teamentscheidung verstanden und geprägt werden. Vergegenwärtigt man sich die Notwendigkeit der Verkoppelung von Verantwortung und Entscheidung und erkennt man die große Verantwortung, die den Fachkräften bei der Gestaltung der Aushandlungen mit den Adressaten zukommt, so kann nur eine solche Verfahrensweise akzeptiert werden, die auch die letztliche Entscheidungsmöglichkeit für eine erzieherische Hilfe in die Interaktionen zwischen einzelner Fachkraft und Adressaten verlagert. Die Teamberatungen müssen ein verbindlicher und ernsthaft betriebener Bestandteil eines fachlich qualifizierten Entscheidungsprozesses bleiben bzw. werden. Teamberatungen können jedoch nicht die individuelle Verantwortlichkeit der einzelnen Fachkraft für die Gestaltung eines konkreten Hilfeprozesses ersetzen. Hilfeplanung als Aushandlungsprozess zwischen Personen benötigt Transparenz und Verlässlichkeit, die nicht herzustellen sind, wenn die Fachkraft ihren Status immer mit dem Hinweis auf mögliche andersartige Entscheidungen eines für die Adressaten anonymen Teams relativieren muss. Für die Entscheidung, in welchen Organisationsformen die kollegiale Beratung zu verankern ist (im ASD-Team oder in einer eigenen, vom Alltagsteam des ASD abgehobenen Beratungs- oder Hilfekonferenz), ist zu beachten, dass die Akzeptanz der kollegialen Beratung durch die Fachkräfte abnimmt, je weiter das Beratungsteam von alltäglichen Arbeitszusammenhängen entfernt ist. Muss man mit seinem „Fall" zur Beratung in eine Gruppe von Menschen, mit denen man im Alltag keine selbstverständlich eingeübte Kooperation entwickelt hat, so intensiviert sich die Gefahr, dass die Beratungsgruppe nicht als Hilfe akzeptiert wird, sondern als ein störender Fremdkörper bei der Entscheidungsfindung erlebt wird, als ein Gremium, vor dem man sich behaupten und mit seiner Entscheidung bestehen zu müssen glaubt. Dadurch würde das Beratungsteam zu einer Art „Prüfungskommission" und nicht zu einem Ort der fachlichen Hilfe für die Fachkraft und der fachlichen Qualifizierung des Entscheidungsprozesses. Gerade Fachkräfte mit einem „expertentumorientierten beruflichen Selbstkonzept" empfinden die Anforderungen zur kollegialen Beratung eher „als Infragestellung der eigenen Fachlichkeit und als unangemessene Kontrolle" (Urban 2004, 202); eine solche Haltung würde durch die Dynamik in einem alltagsfernen Beratungsgremium zementiert.

13.2.3 Kontinuierlichkeit der Hilfeplanung

Die in § 36 Abs. 2 SGB VIII geforderte Kontinuierlichkeit der Hilfeplanung ist begründet aus den Eigenheiten sozialpädagogischer Entscheidungen. Wenn Entscheidungen in der Sozialpädagogik nie mit einer letztlichen Gewissheit verbunden sein können, sondern aufgrund ihrer strukturellen Unsicherheit trotz Sorgfalt und fachlicher Kompetenz bei der Urteilsbildung immer tastenden Charakter haben, so muss die regelmäßige Überprüfung der einzelfallbezogenen Hypothesen zu einem zentralen Bestandteil des Hilfeprozesses werden. Zum einen ist regelmäßig zu prüfen, ob die ursprünglichen Annahmen sich als tragfähig erwiesen haben, in welcher Weise die realisierte Hilfeform sich ausgewirkt hat, ob neue Ziele und Aufgaben für die Beteiligten formuliert werden müssen. Zum anderen gehört es zu den Charakteristika von prozesshaften Abläufen, dass sich Ziele und Zeitbezüge zu bestimmten Zeitpunkten eines Hilfeprozesses verändern und einer Revision unterzogen werden müssen.

Der Verweis auf den Prozesscharakter von Hilfen zur Erziehung kann jedoch nicht darüber hinwegtäuschen, dass trotz der generellen Unsicherheit sozialpädagogischer Entscheidungen die Fachkräfte Prognose-Entscheidungen treffen müssen, und zwar nicht nur im Hinblick auf eine zu erwartende Wirkung von Hilfe-Arrangements, sondern auch im Hinblick auf zeitliche Perspektiven der Hilfe. Die Fachkräfte stehen somit vor einem Dilemma: Auf der einen Seite sollen sie eine prognostische Entscheidung in der Grundsatzfrage bei der Anbahnung von Pflegeverhältnissen treffen (auf Dauer oder auf Zeit?), auf der anderen Seite müssen sie dem prozesshaften Geschehen in der Erziehungshilfe Rechnung tragen, indem sie einkalkulieren, dass sie zu einem bestimmten Stadium des Hilfeprozesses nicht alle Bedingungen ausreichend würdigen können, dass sich andere Entwicklungen als angenommen vollziehen können, dass die Beteiligten sich anders verhalten als prognostiziert usw. Insofern ist zu konstatieren, dass in vielen Fällen die in einem anfänglichen Prozessstadium zur Entscheidung anstehende Grundsatzfrage, ob es sich um eine befristete Hilfe oder um eine dauerhafte Hilfe handelt, noch nicht befriedigend beantwortet werden kann. Aus diesem Dilemma zwischen prognostischer Entscheidung zur Grundsatzfrage einerseits und Beachtung des prozesshaften Charakters der Hilfe andererseits gibt es keinen Ausweg. Der Hilfeprozess muss an der Anforderung ausgerichtet werden, die für alle Beteiligten belastende Unsicherheit in einem transparenten Prozessablauf sukzessiv und auf eine dem Zeiterleben des Kindes angemessene Weise zu reduzieren.

Die bisweilen anzutreffende Praxis, bei der mit der Übernahme einer Hilfe durch eine Einrichtung auch der gesamte Fall und die Verantwortung für diesen Fall an eine Einrichtung oder einen Dienst gegeben werden, ist weder rechtlich noch fachlich angemessen. Rechtlich ist damit die Hilfe gewährende Funktion des Trägers der öffentlichen Jugendhilfe umgangen. Fachlich ist eine solche Praxis deswegen abzulehnen, weil damit die wichtige Funktion des Jugendamtes als „dritter Partner" bei der Bewertung des Hilfeverlaufs an den Rand gedrängt würde. Für die Qualität der Reflexion zum Verlauf der Hilfe ist es bedeutsam, dass nicht nur die an der praktischen Umsetzung der Hilfe unmittelbar Beteiligten einbezogen sind, sondern auch solche Fachpersonen, die mit dem Fall vertraut sind, aber doch distanzierter zum unmittelbaren Hilfegeschehen stehen und sich mit einer institutionellen Legitimation folgenreich in die Erörterungen zum Hilfeverlauf einbringen können. Die Fachkräfte des ASD als „distanziertere Dritte" haben somit eine wesentliche Funktion für eine qualitative Evaluation des Hilfeverlaufs. Die Verantwortlichkeit für die Fortschreibung des Hilfeplans muss genauso wie die Verantwortlichkeit für die Erstellung des Hilfeplans beim ASD liegen. Dies trifft auch dann zu, wenn Fachdienste in Trägerschaft des Jugendamtes (Erziehungsbeistandschaft, Pflegekinderdienst, SPFH) die Hilfeleistung übernommen haben. Auch in solchen Fällen muss die Verantwortung für die weitere Hilfeplan-Fortschreibung im ASD verbleiben, während das mit der Hilfeleistung beauftragte Sachgebiet sich in der gleichen Rolle befindet wie sonst eine Einrichtung in freier Trägerschaft.

13.2.4 Hilfeplanung bei der Eingliederungshilfe für seelisch behinderte Kinder und Jugendliche (§ 35a SGB VIII)

Werden im Rahmen der Hilfeplanung Hinweise auf eine mögliche manifeste oder drohende seelische Behinderung erkennbar, ist gem. § 35a Abs. 1a SGB VIII eine Stellungnahme einzuholen von einem Arzt der Kinder- und Jugendpsychiatrie oder –psychotherapie, von einem Kinder- oder Jugendpsychotherapeuten oder von einem Arzt oder einem Psychotherapeuten, der über besondere Erfahrungen auf dem Gebiet seelischer Störungen bei Kindern und Jugendlichen verfügt. Der Arzt oder Psychotherapeut, der die Stellungnahme abgegeben hat, soll an der Hilfeplanung beteiligt werden (§ 36 Abs. 3 SGB VIII).

Durch die Regelungen in §§ 35a / 36 SGB VIII sind die Rollen der einzelnen Beteiligten geklärt: Die Entscheidung über die die angemessene Hilfe ist kooperativ mit unterschiedlichen Beteiligten zu erarbeiten, aber letztlich wird sie getroffen in Zuständigkeit des Jugendamtes bzw. des ASD (Pies / Schrapper 2004). In der ärztlichen oder psychotherapeutischen Stellungnahme geht es um die Frage, ob bei dem Kind oder Jugendlichen Beeinträchtigungen vorhanden sind, die auf eine Beeinträchtigung der seelischen Gesundheit mit einer wahrscheinlichen Dauer von mehr als sechs Monaten hinweisen. Die Stellungnahme dient dazu, im Rahmen der Hilfeplanung kompetenter beraten und einschätzen zu können, wie weit die Teilhabe des Kindes oder Jugendlichen am Leben in der Gesellschaft beeinträchtigt ist oder in welcher Weise eine solche Beeinträchtigung zu erwarten ist und welcher erzieherische Bedarf daraus resultiert.

Es wäre falsch, würde man die Stellungnahme wie ein ärztliches Gutachten verwenden, mit dem die Entscheidung für eine angemessene Hilfe bereits deutlich vorgeprägt wäre. Die Entscheidung und die weitere Konkretisierung und Fortschreibung des Hilfeplans erfolgen unter Einbeziehung der Person, die die ärztliche bzw. psychotherapeutische Stellungnahme abgegeben hat (§ 36, Abs. 3 SGB VIII), aber es bedarf einer Bewertung der Schlussfolgerungen unter sozialpädagogischen Gesichtspunkten in der Zuständigkeit des Jugendamtes / ASD. Da eine solche Rollendefinition in sonstigen Arbeitszusammenhängen von Medizinern und Psychotherapeuten eher ungewöhnlich ist, bedarf es bei der Hilfeplanung für Hilfen im Kontext von § 35a KJHG einer besonderen Sensibilität, um die Rolle des beteiligten Arztes bzw. Psychotherapeuten bewusst zu halten und im Gesamtgeschehen angemessen platzieren zu können.

13.3 Weitere fachliche Anforderungen

Neben den in 13.2 skizzierten elementaren Anforderungen, die in § 36 SGB VIII explizit formuliert sind, sind in einzelnen Bestimmungen des SGB VIII weitere implizite fachliche Ansprüche aufgeführt, die bei der Hilfeplanung zu berücksichtigen sind und die sich in den entsprechenden fachlichen Debattenbeiträgen herauskristallisiert haben. Diese Aspekte können hier nur kurz skizziert werden.

Entscheidungen zwischen fachlichem Urteil (Diagnose) und Aushandlung

Die Gegenüberstellung, ob es sich bei der Entscheidung zu der Frage, welche Hilfe „geeignet und notwendig" (§ 27 SGB VIII) ist, eher um einen Vorgang der fachlichen Feststellung („Diagnose") oder um einen Vorgang des Einbringens und Abwägens unterschiedlicher Sichtweisen („Aushandlung") handelt (Merchel 2006, 48 ff.), kann als mittlerweile überwunden gelten.
In der Debatte zu einer „sozialpädagogischen Diagnostik" haben sich verschiedene Ansätze herauskristallisiert: von eher klassifikatorisch ausgerichteten Verfahren, bei denen aufgrund von Zuordnungen bestimmter vorgegebener Faktoren- und Indikatorenbündel ein „Bedarf" an Hilfen zur Erziehung entschieden werden soll (Bayerisches Landesjugendamt 2001), bis hin zu Modalitäten eines rekonstruktiven, hermeneutisch inspirierten diagnostischen Fallverstehens (Schrapper 2004/2010; Uhlendorff 2010; vgl. Heiner 2004). Das, was in der Jugendhilfe mittlerweile unter dem Diagnostik-Begriff firmiert, ist höchst unterschiedlich: von relativ simplen „Ampel-Checklisten", bei denen vor allem im Bereich des Kinderschutzes das Gefährdungsrisiko eingeschätzt werden soll durch die Zuordnung von roten, grünen und gelben Symbolfarben bei bestimmten Lebensverhältnissen, bis hin zu differenzierten und aufwendigeren Verfahren des Fallverstehens. Mit welchen fachlichen Zugängen ein Hilfebedarf rekonstruiert und in welchen diagnostisch geprägten Verfahren ein Aushandlungsprozess fachlich qualifiziert werden kann und wie sich eine solche „sozialpädagogische Verstehensdiagnostik" in den Alltag des ASD einfügen lässt, muss im ASD im Hinblick auf eine fachlich tragfähige und im Alltag praktizierbare Weiterentwicklung der Hilfeplanung erörtert werden. Der Diagnosebegriff scheint für die Soziale Arbeit noch nicht so konturiert zu sein, dass man damit schon im Hinblick auf Unterscheidungen arbeiten könnte. Die „Diagnostik-Debatte" in der Sozialen Arbeit hat dafür gesorgt, dass (a) die Bedeutung von fachlichen Erkenntniskategorien für die Aushandlungsprozesse in der Hilfeplanung ins Bewusstsein gehoben und (b) ein Diagnostik-Verständnis der Sozialen Arbeit in den Blick gerückt wurde, das sich von der Logik eines naturwissenschaftlich geprägten Diagnose-Verständnis abhebt (vgl. Beiträge in Archiv für Wissenschaft und Praxis der sozialen Arbeit 4/2010; Zeitschrift für Sozialpädagogik 1/2011). Methodische Vorgehensweisen einer spezifisch sozialpädagogischen Diagnostik müssen allerdings noch entwickelt und diskutiert werden ebenso wie die Frage, wie Verfahren einer komplexeren, sozialpädagogisch angemessenen Diagnostik in den ASD-Alltag Eingang finden können, ohne dass Diagnostik reduziert wird auf simple und deswegen verführerische, aber fachlich wenig taugliche Checklisten mit einfacher „Ampel"-Automatik.

Zeit- und Zielbezug der Hilfeplanung

Hilfe zur Erziehung ist zu verstehen als eine „zeit- und zielgerichtete pädagogische und ggf. therapeutische Intervention" (Wiesner/Schmid-Obkirchner 2011, Vor § 27, Rdnr. 17). Den zukünftigen, mit einer Hilfe zu erreichenden Zustand zu benennen, also Ziele zu konstruieren und sie explizit zu machen, ist wichtig

- zur Herstellung von Transparenz für alle Beteiligten im Hinblick auf das, was mit einer Hilfe erreicht werden soll;
- zur Ermöglichung von Beteiligung der Adressaten, denn nur bei transparenten Zielen und bei dem Erleben, dass ihre eigenen Vorstellungen und Ziele in das Aushandlungsgeschehen eingehen, wird ihre Rolle als „Koproduzenten" der Hilfe realisierbar;
- zur Steuerung des Ressourceneinsatzes, weil die Effektivität einer Maßnahme nur unter Bezugnahme auf ein Ziel kalkuliert werden kann;
- zur Überprüfung des Hilfeverlaufs und seiner (Zwischen-)Ergebnisse.

Darüber hinaus wird der Zielkonstruktion und einer damit verbundenen zeitlichen Dimensionierung eine hervorgehobene Bedeutung zugesprochen im Rahmen einer stärker auf die Überprüfung von „Wirkungen" ausgerichteten Leistungssteuerung: Die Hilfen sollen mit der Angabe von möglichst präzisen operationalisierten Zielen und einer Zeitdimension versehen werden, wodurch eine genauere Einschätzung der Wirksamkeit einer Maßnahme möglich werden soll (zur Debatte um Wirkungsorientierung und Evidenzbasierung vgl. Otto 2007; Otto et al. 2010; Peters 2009).

Bei der Aushandlung von Zielen befinden sich die Adressaten in einer schwierigen Situation. Die Anforderung der Zielentwicklung bedeutet für die meisten Adressaten „eine Konfrontation mit Ansprüchen […], die für sie ungewohnt sind und denen sie weder sofort noch ganz gewachsen sind" (Schwabe 2005a, 100). Das Benennen und Aushandeln von Zielen ist ein mühsamer Prozess des sich Bewusstmachens dessen, was man will, und des sich Orientierens in den eigenen widersprüchlichen Wünschen und Vorstellungen. Der Umgang mit der zeitlichen Perspektive von Zielen widerspricht der spontanen und aktuell bedürfnisorientierten Lebensweise vieler Adressaten. Da Ziele in der Hilfeplanung mit vertragsähnlichen Folgen und Verpflichtungen für die Beteiligten verbunden sind, scheuen Personen vor solchen Folgen zurück, oder sie neigen zu einer äußerlichen Zustimmung zu den Zielen, ohne dass die Folgen ernst genommen werden. Mangelnde Verbindlichkeit bildet häufig gerade einen Problemkomplex im Leben der Adressaten, der die Notwendigkeit einer Hilfe zur Erziehung begründet. Trotz dieser Schwierigkeiten führt an der Notwendigkeit einer Zielkonstruktion unter Beteiligung der Adressaten kein Weg vorbei, wenn die Hilfeplanung auf Erfolgsoptionen ausgerichtet werden soll. Die Chance zur Persönlichkeitsentwicklung der Adressaten ist verbunden mit der

„abenteuerlichen Unternehmung, dass man mit Personen Kontrakte schließen muss, die nicht kontraktfähig sind; man muss es trotzdem tun, weil sie sonst nicht kontraktfähig werden" (Schwabe 2005b, 229; vgl. methodische Hinweise bei Schwabe 2005a).

Einbeziehung anderer Organisationen

Sowohl bei der Konstituierung einer Hilfe als auch in der Bewertung und ggf. Modifikation im weiteren Hilfeplanungsprozess müssen die Fachkräfte des Jugendamtes mit anderen Institutionen kooperieren: insbesondere mit Einrichtungen und Diensten der Jugendhilfe, mit Schulen, mit Einrichtungen der Kinder- und Jugendpsychiatrie, mit Familiengerichten. Solche Kooperationen zwischen Institutionen sind umso störanfälliger, je deutlicher die jeweils kooperierende Organisation einem Institutionsbereich angehört, der sich außerhalb der Jugendhilfe bewegt und auf einem eigenen Professionsverständnis gründet. Somit werden sich die Fachkräfte des Jugendamtes noch einigermaßen gut – trotz möglicher Divergenzen in den Organisationsinteressen – mit den leistungserbringenden Einrichtungen und Diensten der Erziehungshilfe verständigen können. Schwieriger wird es mit den Schulen, mit den Gerichten, mit der Kinder- und Jugendpsychiatrie, die aufgrund ihrer Aufgaben und aufgrund ihres professionellen Alltags andere Wahrnehmungs- und Bewertungsmuster entwickeln als der ASD (→ Kapitel 29).

Die im Kontext der Hilfeplanung zutage tretenden Kooperationsprobleme zwischen Organisationen werden vielfach personalisiert und den beteiligten Personen der jeweils anderen Institution wahlweise als fachliche Unfähigkeit, mentale Beschränktheit oder persönliche Unwilligkeit zugeschrieben. Stattdessen kommt es darauf an, die vorhandenen Divergenzen als Ausdruck verschiedener Organisationszwecke und daraus resultierender Wahrnehmungsmuster zu interpretieren. Bei einer solchen Sichtweise kann es normal angesehen werden, dass z. B. Lehrer (oder Ärzte und Therapeuten) und ASD-Mitarbeiter die Lebenssituation und die Problemlagen eines Kindes/Jugendlichen unterschiedlich wahrnehmen und interpretieren sowie dementsprechend möglicherweise unterschiedliche Schwerpunktsetzungen im Hinblick auf eine angemessene Hilfe favorisieren. Solche Unterschiedlichkeiten müssen als Ausdruck verschiedener Organisationszwecke akzeptiert werden; sie können auch als eine Bereicherung im Sinne einer multiperspektivischen Sichtweise auf einen Fall genutzt werden. Erst dadurch ergibt sich die Grundlage für eine angemessene Kooperation. Hinzu kommen bisweilen unzureichend kommunizierte gegenseitige Erwartungen, bei denen deutliche Divergenzen zum Ausdruck kommen in den Auffassungen von den Zuständigkeiten, Aufgaben und Leistungsmöglichkeiten des jeweils Anderen.

Zur Vermeidung solcher Kooperationsschwierigkeiten kommt es zum einen darauf an, Störungen, die bei der Hilfeplanung deutlich werden, möglichst früh im Prozess wahrzunehmen und zu klären. Zum anderen liegt ein wesentlicher Ansatzpunkt, um die Wahrscheinlichkeit von Kooperationsstörungen in der Hilfeplanung zu reduzieren, im Herstellen von Rollentransparenz gleich zu Beginn der Kooperation: Die ASD-Mitarbeiter müssen von Beginn an verdeutlichen, in welcher Rolle sie die ärztlichen und therapeutischen Institutionen und Personen oder die Schulen ansprechen und welche Erwartungen mit der Anfrage um Stellungnahme und Mitwirkung verbunden sind. Die ASD-Fachkräfte müssen sich der jeweiligen Rollen bewusst sein und darauf achten, dass sie nicht durch unklare Signale Intransparenz erzeugen und dadurch unbeabsichtigt einen Teil der unangemessenen Haltungen bei Akteuren und die daraus entstehenden Kooperationsprobleme miterzeugen.

Umgang mit geschlechtsspezifischen und mit kulturellen Differenzen

Gerade bei der Hilfeplanung als dem Verfahren, bei dem eine Hilfe auf der Grundlage eines Verstehens der Lebenssituation der Adressaten basiert und damit der Eingang in eine Hilfe konstituiert werden soll, bedarf es einer differenzierenden Interpretation unter geschlechtsspezifischen Gesichtspunkten sowie einer kultursensiblen Wahrnehmung und Vorgehensweise. Bei der Hilfeplanung geht es nicht nur um eine gelingende Kommunikation mit Kindern / Jugendlichen, Eltern(-teilen) und weiteren Familienmitgliedern, sondern um Kommunikation mit Mädchen und Jungen, Müttern und Vätern sowie mit Menschen mit deutschen und nicht deutschen Traditionen, Gewohnheiten und Lebenszusammenhängen. Darauf ist das methodische Vorgehen bei der Hilfeplanung auszurichten (→ Kapitel 11 und 12). Die ASD-Fachkräfte erleben häufig ihre Grenzen bei der Hilfeplanung insbesondere mit Personen, die in anderen Kulturen ihre Wurzeln haben. Die implizit angenommene „interkulturelle Neutralität des Hilfeplanverfahrens" (Kappel et al. 2004, 48) bricht sich an kulturspezifischen Differenzen in Wahrnehmungen und Handlungsformen. Hier sind sicherlich an einigen Stellen differenzierte Ansätze zum Vorgehen gefunden worden, sie sind aber gewiß noch nicht ausreichend in der Jugendhilfe durchgesetzt.

13.4 Hilfeplanung und Ressourcensteuerung

In den fachlichen und administrativen Anforderungen an Hilfeplanung kommt ein enger sachlicher Zusammenhang von Entscheidung und fachlicher Verantwortung zum Ausdruck: Beide sind strukturell so miteinander zu verkoppeln, dass keine Entscheidung ohne Verantwortung, aber auch keine Verantwortung ohne die Möglichkeit zur Entscheidung erfolgt. Da jede fachliche Entscheidung auch mit der Inanspruchnahme von finanziellen und personellen Ressourcen verbunden ist, darf sich der Grundsatz der Koppelung von Entscheidung und Verantwortung nicht auf den fachlichen Aspekt beschränken, sondern muss den verantwortlichen Umgang mit Ressourcen einbeziehen. Dies zielt auf die organisatorische Zusammenführung von Fachverantwortung und Ressourcenverantwortung. Es müssen Organisationsregelungen gefunden werden, in denen Fachkräfte ihre fachlichen Entscheidungen im Bewusstsein über die vorhandenen Ressourcen treffen und die Aushandlung über die erforderlichen Ressourcen an die fachliche Entscheidungspraxis angekoppelt ist (→ Kapitel 26).

Für die ASD-Fachkräfte bedeutet dies, dass der Finanzrahmen – weil er Teil der Realität ist, mit der der ASD umgehen muss – nicht völlig als illegitimer Aspekt aus dem Entscheidungskontext ausgeblendet werden darf. Insofern ergibt sich die Frage nach der Gestaltung einer fachlich wie ressourcenmäßig gleichermaßen tragfähigen Entscheidungspraxis. Die zu bewältigende Spannung wird z.B. von Wiesner charakterisiert als Anforderung an die ASD-Mitarbeiter, dass sie „Sensibilität entwickeln für die finanziellen Folgen ihrer Entscheidungen, ohne freilich damit die fachliche Legitimation ihrer Entscheidungen zur Disposition zu stellen" (Wiesner 2005, 22). Eine verantwortliche Hilfeplanung kann die Spannung zwischen diesen beiden Aspekten nicht einfach dadurch umgehen, dass man sie zu einer Seite hin auflöst. Zum Umgang mit diesem Spannungsverhältnis haben sich drei Handlungsanforderungen als perspektivisch angemessen erwiesen:

- der systematisierte Einbezug von Kostenfolgen in die entscheidungsorientierten Beratungen im Team – dies erfordert ein zeitnahes, für Steuerungszwecke aussagefähiges Rechnungswesen und entsprechende technikgestützte Verfahren zur Bewirtschaftung von Haushaltsstellen (→ Kapitel 25);
- die Installierung einer integrierten Fach- und Finanzverantwortung auf der Ebene regionalisierter Teams (mit entsprechenden Leitungsstrukturen) – dies erfordert die Aushandlung und Handhabung teambezogener (und damit sozialraumbezogener) Budgets sowie Regelungen zu einem zwischen Team und ASD- bzw. Jugendamtsleitung erfolgenden Controlling (→ Kapitel 26);
- das Schaffen einer bedarfsentsprechenden, differenzierten und flexiblen Angebotsstruktur, die einen zielgerechten einzelfallbezogenen Einsatz von Hilfen ermöglicht – dies erfordert eine Mitwirkung bei und eine Abstimmung mit Prozessen der Jugendhilfeplanung (→ Kapitel 30).

13.5 Hilfeplanung in Spannung zu anderen methodischen Vorgehensweisen?

Mittlerweile sind für die Erziehungshilfe Verfahren und Organisationsformen entwickelt worden, die in einem engen fachlichen Bezug stehen zu Vorgängen der Hilfeplanung und Auswirkungen auf diese haben, aber doch wiederum nicht mit der Hilfeplanung identisch sind. Die aus anderen Motiven entstandenen Ansätze thematisieren Aspekte, die auch für die Hilfeplanung relevant sind, erzeugen aber dadurch Irritationen, dass sie die Logik der Hilfeplanung, wie sie im SGB VIII konstruiert ist, nicht gänzlich nachvollziehen und damit zumindest Spannungspunkte erzeugen, die in der Fachdebatte ausgeleuchtet und verarbeitet werden sollten. Angesichts des zur Verfügung stehenden Platzes können diese Bezüge hier nur stichwortartig benannt werden.

Sozialraumbudget

Das Konzept eines Sozialraumbudgets, das von einem trägerübergreifenden Team (Jugendamt gemeinsam mit einem oder einigen wenigen für den Sozialraum ausgewählten Träger / n) „bewirtschaftet" wird, durchbricht partiell das für die Hilfeplanung konstitutive Dreiecksverhältnis von Leistungsgewährer, Leistungserbringer und Leistungsnehmer (→ Kapitel 28). Aus diesem Dreiecksverhältnis kann allzu leicht ein faktisch zweiseitiger Bezug werden: zwischen den Leistungssteuerungsorganisationen (Jugendamt und Leistungserbringer) auf der einen Seite und Leistungsnehmer bzw. Leistungsadressaten auf der anderen Seite. Damit verbunden wäre eine Interaktionsdynamik, die in dieser Form in § 36 SGB VIII nicht vorgesehen ist (Merchel 2008c, 44 ff.).

Familiengruppenkonferenz-Verfahren

Verfahren der Familiengruppenkonferenz (Hansbauer et al. 2009) werden gelegentlich als eine besonders intensive Form der Adressatenbeteiligung charakterisiert und damit als besonders geeignet zur Einlösung der Beteiligungsanforderung bei der Hilfeplanung gepriesen. Dieses unzweifelhaft vorhandene Potenzial solcher Verfahren gerät jedoch in Spannung zu einem anderen elementaren Verfahrensprinzip der Hilfeplanung: dem ebenfalls entscheidungsrelevanten Zusammenwirken mehrerer Fachkräfte. Die in § 36 SGB VIII angelegte Balance zwischen einer Adressatenorientierung und einer – durch Fachkollegialität angereicherten – Expertenorientierung kann nicht mehr gehalten werden (vgl. Merchel 2009b).

Hilfeplanung als Case Management

In mehreren Jugendämtern ist die Methode des Case Management eingeführt worden – teilweise missverstanden und unangemessen verkürzt, wie die Analysen zum Fall des getöteten Kindes Kevin in Bremen gezeigt haben (Hoppensack 2008), teilweise in einer fachlich sorgsamen und dem Konzept angemessenen Form (Löcherbach et al. 2009; → Kapitel 15). Zu konstatieren sind allerdings Differenzen zwischen einem auf standardisierte Instrumente setzenden Case Management einerseits und einem auf hermeneutische Vorgehensweisen ausgerichteten sozialpädagogischen Fallverstehen andererseits. Case Management konstituiert die Fallbearbeitung nicht so sehr als einen pädagogischen Prozess, sondern als einen Vorgang der kompetenten Überleitung in angemessene Hilfen und setzt daher auf eine Standardisierung von Abläufen. Demgegenüber wird bei einem sozialpädagogischen Fallverstehen bereits die Konstituierung der Hilfe als ein verstehender, konstruierender pädagogischer Prozess angelegt, der im Hinblick auf die Biographie der Adressaten neue Orientierungen ermöglichen und den Blick auf veränderte Strategien zur Alltagsbewältigung öffnen soll (Ader et al. 2009). Ob und wie sich dementsprechend Hilfeplanung als Case Management profilieren kann und soll, ist bei dem augenblicklichen Stand der Debatte offen.

14 Sozialpädagogische Diagnosen und sozialpädagogisches Fallverstehen

Von Christian Schrapper

- *Sozialpädagogische* Diagnostik und Fallverstehen sind auf Prozesse der Erziehung und Bildung von Kindern bezogen – also darauf, welche Bilder von sich selbst und von der Welt sich Kinder aneignen konnten bzw. ihnen von Erwachsenen vermittelt wurden. Diese Selbst- und Weltbilder sind zentrale Anknüpfungspunkte für Angebote und Leistungen der „Hilfe zur Erziehung" für Eltern ebenso wie für eine Unterstützung und Förderung der Selbstbildung junger Menschen.
- Zu verstehen und zu durchblicken ist dabei oft auch problematisches, schwieriges und störendes Verhalten von Kindern und Jugendlichen. *Sozialpädagogische* Diagnostik und Fallverstehen haben hier vor allem den „Sinn im Unsinn" verständlich zu machen, also Fragen nach Funktionen und Eigen-Sinn problematischer Handlungen oder Handlungsorientierungen in der Entwicklung und in der Lebens- und Bildungsgeschichte eines Kindes zu beantworten. Die Widersprüche, Spannungen und Brüche in der Lebens- und Lerngeschichte eines Menschen zu verstehen, ist die wesentliche Aufgabe *sozialpädagogischer* Diagnosen in Ergänzung und ggf. auch im Widerspruch zu anderen diagnostischen Zugängen.
- Damit sozialpädagogische Diagnostik und Fallverstehen gelingen können, müssen die beteiligten Fachkräfte sich der eigenen Beteiligung und Verstrickung bewusst sein. Sie müssen ihre persönliche Sensibilität und Empfindlichkeit aufgrund eigener lebens- und berufsgeschichtlicher Prägungen kennen und bereit sein, diese als „diagnostisches Material" reflexiv einzubeziehen.
- Sozialpädagogische Diagnostik darf nicht allein den Blick auf „die Familie" richten, sondern sie muss sich orientieren am eigenständigen Recht der Kinder auf gute Entwicklung und förderliche Erziehung. Die Kinder müssen als eigenständige Persönlichkeiten mit eigenen Entwicklungen und Bedürfnissen, mit ihrer jeweils besonderen Lebenssituation in den Blick kommen, sie bedürfen einer eigenständigen Beachtung durch die Fachkräfte.
- Sozialpädagogische Diagnostik bedeutet, zwei unterschiedliche Perspektiven in eine Balance zu bringen: verstehender Zugang und Dialogbereitschaft auf der einen sowie distanzierendes Abwägen und eigenständige Bewertung auf der anderen Seite.
- Sozialpädagogische Diagnostik bedeutet, Arrangements für Perspektivenwechsel zu ermöglichen und zu fördern. Gegenstand der aus verschiedenen Perspektiven erfolgenden Erörterungen sind die Erkundung eigener „Lösungsideen" und die Suche nach Quellen für Energie und Willen (Ressourcen) von Kindern, Jugendlichen und Eltern.
- Sozialpädagogische Diagnostik erfordert eine Haltung, die geprägt ist vom Respekt gegenüber den Weltsichten und Deutungen, dem Eigensinn und den Anstrengungen der Eltern und Kinder.
- Sozialpädagogische Diagnostik benötigt ein spezifisch sozialpädagogisch geprägtes Wissen zur Bedeutung und zu Gefährdungen gesunder kindlicher Entwicklung, zum Stellenwert sozialer Bezüge etc. – kurz: ein umfassendes Wissen zu Entwicklung und Sozialisation von Kindern und Jugendlichen, um daraus die Grundlagen für Verstehen und Interpretieren schöpfen zu können.
- Sozialpädagogische Diagnostik hat zur Voraussetzung die Bereitschaft und Fähigkeit der Fachkräfte, in Hypothesen zu denken: Hypothesen zu formulieren, zu prüfen und ggf. zu verwerfen. Statt des Rückzugs auf einen Expertenstatus bedarf es der Bereitschaft, sich irritieren zu lassen.

- Sozialpädagogische Diagnose realisiert sich in einem prozesshaften Vorgehen, dessen zentrale Aufgaben sich bündeln lassen in: Fakten sammeln und ordnen, Perspektiven wechseln, Hypothesen prüfen.

In vier Fragen gegliedert soll hier zum einen erläutert werden, was als sozialpädagogische Diagnosen und sozialpädagogisches Fallverstehen zu verstehen ist und wie diese Arbeitsweisen methodisch gestaltet werden können:

- Was sind sozialpädagogische Diagnostik und sozialpädagogisches Fallverstehen und warum kann beides für die Arbeit im ASD bedeutsam sein (→ 14.1)?
- Welches methodische Vorgehen ist für Sozialpädagogische Diagnosen und Fallverstehen erforderlich (→ 14.3)?

Zum andern soll skizziert werden, welche besonderen Herausforderungen und Schwierigkeiten dabei in der Arbeit im ASD entstehen und wie diese produktiv bearbeitet werden können:

- Was sind die besonderen Herausforderungen sozialpädagogischer Diagnose- und Verstehensarbeit im ASD (→ 14.2)?
- Mit welchen Schwierigkeiten ist zu rechnen, wenn in der skizzierten Weise im ASD sozialpädagogisch durchblickt und verstanden werden soll (→ 14.4)?

Bearbeitet werden diese Fragen ausschließlich mit Bezug auf das Handlungsfeld der Kinder- und Jugendhilfe als dem bedeutsamsten Aufgabenbereich des ASD.

14.1 Sozialpädagogische Diagnostik und Fallverstehen und ihre Bedeutung für die Arbeit im ASD

Sozialpädagogische Diagnostik und Fallverstehen (Schrapper 2004/2010/2013a) umfassen ein Bündel von Arbeitsweisen (Methoden, Instrumente und Verfahren), begründenden Konzepten für Wahrnehmung und Deutung sowie von Bezügen zu relevanten Gegenstandstheorien, z. B. für menschliche Entwicklung und Gesundheit, Erziehung und Bildung, Folgen von Armut und Gewalt, Geschlechterrollen und -differenzen etc. Bedeutsam ist dieses Bündel vor allem aus zwei Gründen:

- zur Begründung und Legitimation professioneller Urteilskompetenz sozialpädagogischer Fachkräfte nach innen (wie kommen wir als Sozialpädagoginnen und Sozialarbeiter zu unseren Urteilen?) und nach außen (womit begründen wir unsere Urteilskompetenz und was können wir beurteilen, was andere nicht können?);
- als Grundlage für die Prüfung und Entscheidung von Sozialleistungsanträgen und -ansprüchen, hier insbesondere für Leistungen nach dem SGB VIII, aber auch in der Mitwirkung in gerichtlichen Verfahren nach dem JGG und FamFG.

Zentrale konzeptionelle Bezugspunkte für Diagnostik und Fallverstehen in der Kinder- und Jugendhilfe sind die in den Verfahrensregeln des § 36 SGB VIII formulierten Eckpunkte einer „Mitwirkung und Beteiligung von Kindern und Eltern" einerseits und des „Zusammenwirkens mehrerer Fachkräfte" andererseits. Wie diese beiden Anforderungen, Eltern und Kinder konstruktiv und wirkungsvoll zu beteiligen und als Fachkräfte produktiv und kompetent zusammenzuwirken, in Prozessen der Entscheidungsfindung methodisch konkret gestaltet und in die administrativen Strukturen und Bedingungen jugendamtlicher Arbeit hinreichend stabil „eingebaut" werden können, waren und sind die zentralen Fragen und Herausforderungen dieser Entwicklungsarbeiten für ein Konzept „Sozialpädagogischer Diagnostik und Fallverstehen" in der Kinder- und Jugendhilfe (zusammenfassend DJI 2006).

Wesentlich für eine Konzeption *sozialpädagogischer* Diagnose- und Verstehensarbeit ist es zudem, ihren Gegenstand und ihre Fragestellungen auch aus dem Gegenstandsbereich und Wissenschaftsverständnis der Sozial-Pädagogik zu bestimmen:

1. Eine genuin **sozialpädagogische** Anstrengung, zu durchblicken und zu verstehen, muss vor allem auf Prozesse der Erziehung und Bildung von Kindern bezogen sein, nicht zuerst auf soziale Probleme Erwachsener oder psychosoziale Auffälligkei-

ten von Kindern und Jugendlichen. Dies bedeutet nicht, dass z. B. die materiellen Lebensbedingungen einer Familie oder die psychischen Erkrankungen von Eltern nicht auch wichtige Bedingungen elterlicher Erziehungsanstrengungen und kindlicher Bildungsprozesse sind, die von Sozialpädagoginnen eingeschätzt werden müssen. Aber (sozial-)pädagogisch können Handlungen und Vorstellungen von Kindern und Jugendlichen vor allem über ihre Funktion in der Lebenspraxis und über ihre Lerngeschichte verstanden werden. Pädagogisch zu durchblicken und zu verstehen sind z. B. solche Handlungen wie Stehlen, Weglaufen, aggressives Reagieren oder Lügen vor allem so, dass deutlich wird, welche Funktionserwartungen damit in der Überlebensidee und im dazugehörigen Handlungsrepertoire eines (jungen) Menschen verbunden werden. Hier wird es wichtig zu erfahren, dass es für ein Kind z. B. überlebensnotwendig war, sich schnell alles Greifbare anzueignen und nicht höflich abzuwarten, bis der Andere ihm etwas zuteilt, oder nicht abzuwarten, bis das Gegenüber ausgeredet hat, sondern zuerst zuzuschlagen, weil es nicht sicher sein kann, eine „zweite Chance" zu bekommen.

2. In einer **(sozial-)pädagogischen** Diagnostik ist vor allem die Frage in den Mittelpunkt zu stellen, welche Funktionen und welcher Eigen-Sinn verstanden werden kann, den auch problematische Handlungen oder Handlungsorientierungen in der Entwicklung und in der Lebens- und Bildungsgeschichte eines Kindes oft schon sehr früh hatten. Sozialpädagogen sind nicht selten damit konfrontiert, dass solche Handlungen und Haltungen zu anderen Zeiten (Kinder werden älter) und an anderen Orten (vor allem in der Schule) nicht mehr funktional und sinnhaft sind, sondern als abweichend, störend und kriminell bezeichnet werden. Aber sie wären von jungen Menschen nicht entwickelt und angeeignet worden, wenn sie nicht zu einer bestimmten Zeit und an einem bestimmten Ort funktional und sinnvoll, also für ihr (Über-)Leben erfolgreich erschienen wären. Solche Widersprüche, Spannungen und Brüche in der Lebens- und Lerngeschichte eines Menschen zu verstehen, ist der entscheidende Zugang einer sozial-**pädagogischen** Diagnostik.

3. Pädagogische Prozesse der Erziehung und Bildungsunterstützung können letztlich nur an den Selbsterklärungsideen und Selbstbildungskräften der Kinder und Jugendlichen ansetzen, nicht an ihren Störungen und Defiziten. Allerdings müssen auch Pädagogen ggf. die Un-Normalität kindlicher Handlungen und Orientierungen bewerten können. Dazu ist es notwendig, eigene Vorstellungen von Normalität z. B. gesunder Entwicklung, ausreichender Versorgung oder sozial akzeptabler Konfliktlösung erarbeitet zu haben und solche Normalitätsvorstellungen immer wieder kritisch zu reflektieren. Nicht Normalitätserwartungen an sich sind problematisch, sondern ihr verdeckter, nicht offengelegter Einfluss auf Einschätzungen und Beurteilungen.

4. Dabei kann auch sozialpädagogisches Verstehen und Durchblicken kindlicher und familiärer Handlungen und Vorstellungen nicht auf eigene Deutungen und Hypothesen sozialpädagogischer Fachkräfte verzichten. In den sozialpädagogischen Handlungsfeldern der Jugendhilfe müssen professionelle Einschätzungen erarbeitet und z. B. Gefährdungen oder Entwicklungspotenziale beurteilt werden, die sich nicht nur auf die Selbstauskünfte und Selbstdeutungen der Kinder und Eltern stützen können.

5. Verstanden und durchblickt werden müssen im Rahmen professionellen sozialpädagogischen Handelns vor allem „Fälle", d. h. eine spezifische Melange aus akuter Situation, individuellen Biographien und institutionellem Rahmen. Regelhaft sind die „zwei Seiten" eines Falles in den Blick zu nehmen, die biographische Seite kindlicher und familiärer Lebensgeschichten sowie die institutionelle Seite der Fallgeschichte mit ihren professionellen Wahrnehmungen, administrativen Interventionen und Hilfeverläufen. Auf der Basis einer solchen Differenzierung sind dann die Bezüge und Beziehungen zwischen Hilfe- und Klientensystem, ihre Interaktionen und Dynamiken zu untersuchen und zu verstehen.

6. Diese Rahmungen und Anforderungen können Konzepte und Methoden sozialpädagogischen Fallverstehens / Diagnostik dadurch aufnehmen und ausbalancieren, dass
    a. der „subjektive Faktor", d. h. die persönliche und berufliche Biographie der verstehenden Professionellen reflexiv einbezogen wird;
    b. der institutionelle und organisatorische Kontext in seiner eigen-sinnigen Logik zugänglich wird, nicht nur als bedingender Rahmen und institutionelle Struktur;

c. die Wechselwirkungen, Abhängigkeiten und Übertragungen zwischen Klienten und Fachkräften und ihren Systemen besonders beachtet werden;
d. die schützende und kontrollierende Leistung reflektierter Gruppen genutzt wird.

Die theoretischen Bezüge dieser Konzeption sind deutlich erkennbar in geisteswissenschaftlicher Hermeneutik und Psychoanalyse sowie Systemtheorie und Konstruktivismus zu verorten (ausführlich: Ader 2006, 236–242; Ader et al. 2009).

14.2 Herausforderungen sozialpädagogischer Diagnose- und Verstehensarbeit im ASD

Sozialpädagogisches Diagnostizieren und Verstehen muss als dreifach unsicher angesehen werden:

1. Durchblickt und verstanden werden sollen soziale Beziehungen und Verhältnisse, die in mehrfacher Hinsicht als unsicher gelten müssen: unsicher darin, was aus der sozialen Welt überhaupt der Wahrnehmung zugänglich ist, und zudem unsicher im Einfluss, den die Beobachter selbst auf ihre Beobachtungen haben.
2. Erarbeitet und belegt werden sollen prognostische Einschätzungen und nicht nur Beschreibung und Feststellungen von Sachverhalten; in die Zukunft blicken ist immer unsicher.
3. Entwickelt und begründet werden sollen Unterstützungs- und Hilfeleistungen, die Menschen befähigen wollen, ihre Angelegenheiten (wieder) selbstständig zu regeln. Wie solche Angebote angenommen und genutzt werden, ist ebenfalls in erheblichem Maß unsicher.

Die zentrale Herausforderung ist daher, auf dieser mehrfach unsicheren Basis hinreichend sichere Einschätzungen zu erarbeiten, um folgenreiche Entscheidungen genügend begründen zu können. Die grundsätzliche Antwort auf diese Unsicherheitsherausforderung liegt darin, sich bewusst zu sein, dass alle Einschätzungen nur Vermutungen sind, die jederzeit geändert werden müssen, weil sich die zugrunde liegenden Wahrnehmungen und Deutungen geändert haben können. Nur durch eine hypothesengeleitete Arbeitsweise und vor allem durch Reflexion und Vergewisserung kann immer wieder die Frage bearbeitet, aber nie abschließend beantwortet werden: „Könnte es nicht auch ganz anders sein?"

Die zweite, sich daraus ergebende Herausforderung kann als „Reflexionsparadox" bezeichnet werden: Die benannten Anstrengungen der Vergewisserung werden zuerst irritieren und zunächst zu einer größeren Verunsicherung führen. Nur wenn die Frage ernsthaft erwogen wird, ob es nicht auch anders sein könnte, kann schließlich das Ergebnis zu größerer Gewissheit führen, aber niemals zu abschließender Sicherheit. Erst die Bereitschaft zu größerer Verunsicherung kann schließlich zu größerer Versicherung führen, aber niemals zu einer abschließenden Sicherheit.

Beide Herausforderungen sind für die Anforderungen, denen sich die ASD-Fachkräfte in ihrer Arbeit gegenübersehen, ausgesprochen störend und anstrengend, geht es doch gerade in diesen Arbeitsfeld darum, in möglichst kurzer Zeit zu möglichst abgesicherten Entscheidungen zu kommen. Nicht primär der vielfach beschriebene Arbeitsdruck fordert dies, sondern vor allem der Gegenstand: die Entwicklung von Kindern und ihre möglichen Gefährdungen. Diese widersprüchlichen Anforderungen und Erwartungen können nur durch qualifiziertes methodisches Arbeiten ausgehalten und gestaltet, aber wohl niemals gelöst werden.

14.3 Methodisches Vorgehen für sozialpädagogische Diagnosen und Fallverstehen

Zusammenfassend sind es vier Spannungsfelder, die durch methodisch angeleitetes, d. h. strukturiertes, systematisches und reflektiertes Vorgehen balanciert werden müssen:

- aus mehreren Perspektiven auf den Fall blicken;
- sowohl Daten und Fakten systematisch zusammentragen und auswerten als auch subjektive Sichtweisen und Vorstellungen hören und verstehen;
- die eigene Beteiligung und die des Helfersystems kritischer Selbstreflexion unterziehen;
- eine eigene Interpretation und Position als professioneller Experte entwickeln und zugleich dialogbereit um Verständigung mit den Adressaten bemüht sein.

14.3.1 Themen und Fragestellungen

In jeder sozialpädagogischen Diagnose – auch im Kinderschutz – sind dazu immer *drei* Themen und Fragestellungen zu bearbeiten:

1. **Welche Daten und Fakten geben Auskunft über aktuelle Lebenslagen und hierfür prägende Lebensgeschichten? Dabei sind zu unterscheiden:**
   a. Daten und Fakten insbesondere zu aktuell kritischen Lebensereignissen; Familien- und lebensgeschichtliche Ereignisse und Verläufe, sozio-ökonomische Verhältnisse und Bedingungen; Beeinträchtigungen und Gefährdungen; Ressourcen und Potenziale.
   b. Aufzunehmen und zu ordnen sind ebenfalls Aufträge und Erwartungen von Eltern und Kindern, anderen Bezugspersonen in Familie und sozialem Netz ebenso wie die anderer Institutionen und Fachpersonen.
2. **Wie sehen und verstehen Kinder und Eltern selbst ihre aktuelle Situation und was wünschen und befürchten sie, wenn das Jugendamt tätig wird bzw. sich „einmischt"?** Die subjektiven Erfahrungen, Sichtweisen und Einschätzungen der Mütter und Väter, ihrer Kinder sowie anderer Schlüsselpersonen aus den Familien und dem Umfeld sind anzuhören, aufzunehmen und zu verstehen. Dabei ist es von zentraler Bedeutung, Kinder und Eltern anzuregen, von ihren Sichtweisen, Wünschen und Befürchtungen zu erzählen, ohne dass diese nach den Kriterien Wahrheit und Realitätstauglichkeit bewertet werden.
3. **Welche Erfahrungen haben Kinder und Eltern bisher mit öffentlicher Hilfe und Einmischung machen können und welche Erfahrungen haben die beteiligten Helfer mit dieser Familie gemacht?** Die bisherige Hilfegeschichte muss erfasst und interpretiert werden, um zu verstehen, welche Vorstellungen und Erwartungen das Bild der Helfer von der Familie prägen, und welche Auffassungen der Helfer von den Angeboten, die in der Familie wirksam werden, zum Tragen kommen. Hierzu zählen vor allem:
   a. bisherige Maßnahmen,
   b. Übergänge, Brüche und Wechsel,
   c. Diagnosen und Interventionen,
   d. Kooperationen und Konflikte,
   e. Erfolge und Misserfolge.

Auf Material und Erkenntnissen zu allen drei Themenfeldern fußt eine sozialpädagogische Diagnose. Bedeutsam ist in der weiteren Bearbeitung dieses Materials vor allem, wie die Bezüge und Wechselwirkungen zwischen (1) „Faktenlage", (2) subjektiven Erfahrungen sowie (3) Hilfegeschichten verstanden werden können und welche Ansatzpunkte für Unterstützung und Hilfe sich daraus für alle Beteiligten akzeptabel begründen lassen.

14.3.2 Instrumente und Vorgehensweisen

Eine fundierte sozialpädagogische Diagnose erfordert – wie aus Abbildung 1 ersichtlich – sechs unterschiedliche Perspektiven auf einen Fall; für jede dieser Perspektiven wird ein Basis-Instrument angeboten.

Die für die Bearbeitung dieser sechs Perspektiven vorgeschlagenen *Basis-Instrumente* sind weder neu noch exklusiv, sondern entstammen dem großen Fundus systemischer (Genogramm, Ressourcen- und Netzwerkkarte) und psychoanalytischer (szenisches Fallverstehen) Methodenkonzepte Sozialer

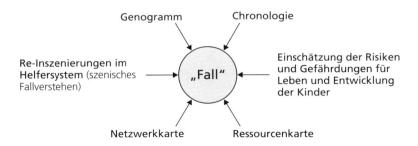

Abb. 1: Sechs Perspektiven – ein Fall: Standard-Instrumente für ein sozialpädagogisches Verstehen und Durchblicken

Arbeit. Das „Sozialpädagogische" in der Arbeit mit diesen Instrumenten ist neben dem systematischen „Perspektivenwechsel" der Wahrnehmungs- und Erkenntnisperspektiven vor allem die dabei methodisch gestaltete Balance von professioneller Expertise und respektvoller Verständigungsbereitschaft. Weitere Instrumente sind denkbar und ggf. auch sinnvoll. Entscheidend ist, dass sie die jeweilige Perspektive eröffnen und hilfreich sind bei der Beantwortung der zu bearbeitenden Fragen.

Genogramm

Mittels eines Genogramms werden Informationen über die Abstammungsgeschichte einer Familie strukturiert abgebildet. Ähnlich einem Stammbaum werden dazu für mindestens drei Generationengruppen (Großeltern, Eltern, Kinder) Beziehungen und Elternschaften verzeichnet. Drei Generationen sind wichtig, um ggf. erkennen zu können, ob Strukturen und Themen im aktuellen Eltern-Kind-Generationenverhältnis schon in der vorherigen Generation bedeutsam waren. Über die grafische Abbildung von Familiengruppen und Abstammungsverhältnissen können so Muster, Konfliktwiederholungen und Brüche deutlich werden. Als eigenständige Arbeitsform findet die Genogrammarbeit vor allem in familientherapeutischen Settings sowie in Ausbildungsgruppen für Beratung und Therapie, aber auch in Medizin oder Sozialer Arbeit Verwendung (Hildenbrand 2011; Roedel 2009). Auch im ASD kann im Gespräch zusammen mit der Familie ein Stammbaum der Familienangehörigen erarbeitet werden, um gemeinsam einen Überblick und ggf. auch einen Einstieg in vertiefende Gespräche zur Bedeutung einzelner Familienbeziehungen für die konkrete Situation zu gewinnen.

Chronologische Gegenüberstellung von Familien- und Hilfegeschichte

In einer auf einem Zeitstrahl chronologisch geordneten Gegenüberstellung von Familien- und Hilfegeschichte werden alle vorhandenen Informationen und Erkenntnisse so zusammengetragen, wie sie der verantwortlichen ASD-Fachkraft zum gegebenen Zeitpunkt verfügbar sind. Diese Fakten und Informationen werden dahingehend geordnet, dass sie in einer Spalte Auskunft geben über Ereignisse und Abläufe in den Lebens- und Familiengeschichten der beteiligten Väter, Mütter und Kinder. In einer anderen Spalte werden die Ereignisse öffentlicher Hilfe und Intervention für diese Menschen und ihre Familien zeitlich zugeordnet. In der Gegenüberstellung von Familien- und Hilfegeschichten können Zusammenhänge und Muster deutlich werden, es kann aufgezeigt werden, wie Gefährdungen entstehen, welche Anstrengungen Eltern und Kinder unternehmen, sich davor zu schützen und welche Eingriffe und Hilfen Kinder und Eltern bisher auf welche Weise erleben konnten.

Netzwerkkarten

Netzwerkkarten versuchen, die Verortung von Beziehungen, Konflikten und Unterstützungspotenzialen in einem sozialen Netz für eine selbstreflexive ebenso wie für eine diagnostische Bearbeitung durch Visualisierung zugänglich zu machen. Dabei werden junge Menschen oder Eltern jeweils einzeln aufgefordert, Personen z. B. aus ihrem familiären Umfeld, Freunde und Bekannte, Menschen in Nachbarschaft und Sozialraum sowie aus Ämtern und Institutionen nach der Nähe und Bedeutung ihrer Beziehung in konzentrischen Kreisen um die eigene Person in der Mitte einzuzeichnen. Auch für dieses Instrument gibt es verschiedene Formate und Entwicklungen, die vor allem aus Forschungsmethoden der Netzwerkanalyse entwickelt und übertragen wurden (Hollstein/Strauss 2006; Stegbauer/Häußling 2010; Strauss 2010, 527 ff.; Stimmer 2000, 132 ff.).

Ressourcenkarten

Die Ressourcenkarten schließlich sind ebenfalls eine einfache Technik, mit der materielle und immaterielle Potenziale und Zugänge schon im Prozess der Erarbeitung mit jungen Menschen und/oder Familien visualisiert werden können. Je nach Technik werden Bereiche oder Sektoren unterschieden z. B. persönliche, materielle, familiäre und soziale Quellen (Herwig-Lempp 2007, 207–226; Herwig-Lempp 2009, 243–254). Komplexere Verfahren beziehen sozialräumliche Strukturen und Unterstützungspotentiale umfangreicher ein und kombinieren sie mit den skizzierten Perspektiven einer Netzwerkanalyse (Budde / Früchtel o. J.).

Diagnose-Instrument zur Gefährdungseinschätzung bei Kindeswohlgefährdung

Sozialpädagogische Diagnosen im ASD sind nicht zwangsläufig, aber häufig und regelmäßig damit konfrontiert, Gefährdungen des Wohls von Kindern und Jugendlichen einschätzen zu müssen (→ Kapitel 21). Für solche Aufgaben muss ein qualifiziertes und sicher beherrschtes Diagnoseinstrument zur Gefährdungseinschätzung im Kinderschutz (Kinderschutzbogen) zur Verfügung stehen. Vier Funktionen muss die Arbeit mit einem solchen Instrument erfüllen können:

1. die systematische Erfassung aller relevanten Daten und Bewertungen zur Beurteilung einer Gefährdungsmeldung;
2. eine strukturierte und systematische Arbeitsweise der Gefahrenabwehr anleiten und kontrollieren;
3. eine laufende Dokumentation der Arbeitsschritte und Einschätzungen ermöglichen und
4. die institutionelle Absicherung der verantwortlichen Fachkräfte unter aktiver Einbeziehung der Leitung.

Für diese Aufgaben existieren zwar viele Instrumente und Verfahren, aber nur sehr wenige, die einer eingehenden Prüfung und Evaluation unterzogen wurden. Exemplarisch soll hier auf das *„Diagnoseinstrument zur Gefährdungseinschätzung im Kinderschutz"* (Düsseldorf-Stuttgarter-Kinderschutzbogen) als das zur Zeit am weitesten entwickelte, wissenschaftlich fundierte, in der konkreten Praxis der ASD-Arbeit umfangreich erprobte Instrument und Verfahren zur Gefährdungseinschätzung in Kindeswohlgefährdungsfällen in Deutschland hingewiesen werden. Als einziges Instrument bietet es nicht nur eine systematische Erfassung und Bewertung aller relevanten Aspekte einer Kindeswohlgefährdung, sondern auch einen verbindlich strukturierten Arbeitsablauf der Erfassung und Bewertung durch die Fachkräfte sowie eine verbindliche Unterstützung und Kontrolle dieses Prozesses in der Organisation. Nur diese Verbindung von qualifizierter Erfassung und verbindlicher Prozessgestaltung ermöglicht einen zuverlässigen Kinderschutz. Zudem ist dieses Diagnoseinstrument zur Gefährdungseinschätzung im Kinderschutz z.Zt. auch als einziges wissenschaftlich vom Deutschen Jugendinstitut evaluiert (Kindler et al. 2008). Das *Diagnoseinstrument zur Gefährdungseinschätzung* besteht aus *12 Modulen*, die je nach Stand der Bearbeitung und Fragestellung genutzt werden:

1. Meldebogen
2. Familienbogen
3. Erscheinungsbild des Kindes / Jugendlichen, spezifiziert nach Altersgruppen
4. Eltern-Kind-Interaktion
5. Grundversorgung und Schutz
6. Sicherheitseinschätzung
7. Risikoeinschätzung
8. Ressourcen und Prognosen
9. Erziehungsfähigkeit
10. Gesamteinschätzung der Kindeswohlgefährdung
11. Hilfe- und Schutzkonzept
12. Vereinbarungen mit den Sorgeberechtigten

Zudem bietet das Instrument einen umfangreichen Orientierungskatalog mit Hinweisen zu allen relevanten Phänomenen des Erscheinungsbildes und der Grundversorgung des Kindes oder Jugendlichen sowie der Interaktion mit den Eltern, die eingeschätzt werden müssen. Auf dem jeweils aktuellen Stand wissenschaftlicher Erkenntnisse können sich die Fachkräfte hier informieren, wie konkrete Ausprägungen und Situationen jeweils mit Blick auf das Gefährdungsrisiko beurteilt werden müssen. Alle Module werden EDV-gestützt bearbeitet, Dokumente für die Aktenführung oder zur Besprechung mit Eltern können jederzeit ausgedruckt werden.

Solche Instrumente zur Gefährdungseinschätzung im Kinderschutz sollten jedoch nicht isoliert genutzt, sondern in eine qualifizierte sozialpädagogische Diagnostik, wie hier dargestellt, integriert werden. Diese Integration der Kinderschutzdiagnostik ist insbesondere deswegen bedeutsam, weil auf eingeschätzte Gefährdungsrisiken für das Wohl von Kindern in der Regel mit einer Mischung aus Hilfe- und Schutzauflagen für Eltern geantwortet werden muss, ggf. auch im Anschluss an eine sofortige Inobhutnahme. Um aber die Chancen und Ansatzpunkte für solche Hilfen und vor allem die Tragfähigkeit von Schutzkonzepten zuverlässig einschätzen zu können, ist in jedem Kinderschutzfall mehr erforderlich als eine isolierte Gefährdungseinschätzung.

Szenisches Fallverstehen

Mithilfe des szenischen Fallverstehens sollen abschließend aus den Re-Inszenierungen von Resonanzen und Gegenübertragungen im Helfersystem wichtige Hinweise auf wirksame Beziehungsdynamiken in und zwischen Klienten- und Helfersystem erarbeitet werden. Dieses Konzept speist sich, wie die meisten sozialpädagogischen Methoden, in seinen theoretischen Begründungen und methodischen Orientierungen aus verschiedenen Quellen. Für das szenische Fallverstehen sind dies zum einem Konzepte einer psychoanalytisch fundierten und angeleiteten Beratungsarbeit für helfende Berufe, wie sie vor allem in *Balint-Gruppen*, benannt nach Michael Balint, einem ungarischen Arzt und Analytiker, entwickelt wurden (Balint 2001; Roth 1984). Zum anderen sind es Erfahrungen und Konzepte aus der psychoanalytischen Pädagogik, die vor allem die Übertragungs-Gegenübertragungs-Phänomene zu einem besseren Verstehen kindlicher Sichtweisen in Beziehungskonflikten nutzen wollen (Trescher 2001). Ausgehend von Konzepten der kollegialen Beratung (Fallner / Grässlin 1990) und im Kontext von Forschungsprojekten zur Analyse „schwierige Fälle" in der Jugendhilfe (Henkel et al. 2002; Ader 2006, 57 ff.) sowie zahlreicher Fortbildungs- und Beratungsvorhaben in Jugendämtern und sozialen Einrichtungen ist ein Konzept der fallverstehenden Beratung in Gruppen erarbeitet und erprobt worden (Schattenhofer / Thiesmeier 2001; Ader 2004; Schrapper / Thiesmeier 2004). In diesem Konzept ist der Kern die diagnostische Re-Inszenierung, die nach eingehender Vorstellung und Fallbeschreibung mit einer aktuellen Beratungsfrage an die Kollegengruppe. Hier werden die beteiligten Personen im Familiensystem möglichst vollständig und im Helfersystem die zentralen Akteure in verteilten Identifikationen in einer kurzen Gruppensequenz repräsentiert. Eine geschulte Moderation muss darauf achten, dass einerseits Assoziationen unbewertet gesagt werden können, sich aber andererseits keine eigene „Rollenspieldynamik" entfaltet. Zweck ist es, die im Helfersystem repräsentierten Gegenübertragungen stellvertretend für die jeweils fallführenden Kollegen mit verteilten Rollen auszusprechen und so als diagnostisches Material zugänglich zu machen. Erschlossen werden können so prägende Bilder, Befürchtungen und Hoffnungen der fallverantwortlichen Fachkräfte, nicht der Kinder und Eltern. Anschließend können mit diesem Material die Wahrnehmungen und Deutungen der fallverantwortlichen Fachkräfte reflektiert und zu weiterführenden Vorstellungen über „nächste Schritte" in der Verständigung mit Kindern und Eltern verdichtet werden.

14.3.3 Zwischenfazit

Das hier als grundlegender Standard vorgeschlagene Konzept einer sozialpädagogischen Diagnostik für die Aufgaben im Kinderschutz zeichnet sich durch folgende Faktoren aus:

1. Es handelt sich um ein klar strukturiertes Gesamtkonzept mit drei Materialzugängen für jede Diagnostik: Fakten, subjektive Sichtweisen, Reflexion der Hilfegeschichte.
2. Es ist anschlussfähig an vorhandene Instrumente und Verfahren, auch für den Kinderschutz.
3. Es fordert den immer unverzichtbaren Perspektivenwechsel heraus:
   a erster Blick: Was läuft falsch / stört / gefährdet? Was begründet die Hilfe / Intervention?
   b zweiter Blick: Was wird gewollt und gekonnt? Welcher Ansatz für Hilfe und (Re-)Aktivierung kann gefunden werden?
4. Verbindliche Prüfungsfragen **vor** jeder Entscheidung werden vorgegeben und müssen bearbeitet werden.
5. Es fordert Beteiligung von Eltern und Kindern heraus und unterstützt einen konstruktiven Dialog mit Eltern auch in Krisen und Belastungssituationen.
6. Es ermöglicht, dass akzeptierte Kriterien für fallbezogene Überprüfung ebenso wie für Evaluationen oder das Fach- und Finanzcontrolling erarbeitet werden.

14.3.4 Diagnostik unter Zeitdruck?

Erheblicher Zeitdruck ist ein durchgängiges Moment der Arbeit im ASD – auch wenn nicht selten paradox auf diesen Druck reagiert werden muss –, reduzierte Fallberatungen und Reflexionen erschweren die Arbeit deutlich, mangelnder Überblick erhöht die Gefahr, dass unter wachsender Anstrengung wiederholte, aber wirkungslose Aktionen durchgeführt werden, Kinder geraten aus dem Blick und damit erheblich in Gefahr usw. Dieser Teufelskreis von Druck und Gegendruck scheint nur schwer zu durchbrechen, die Isolation einzelner Fachkräfte in ihrer Fallbearbeitung erhöht den Druck ggf. noch um ein Vielfaches. Verbindliche Orte, Zeiten und Arbeitsweisen für Diagnostik und Reflexion werden zwar immer wieder gefordert, aber nur teilweise zur Verfügung gestellt und genutzt.

Um den Aufwand für eine nach den geforderten Standards fundiert erarbeitete sozialpädagogische Diagnostik einschließlich einer Gefährdungsdiagnostik einschätzen zu können, müssen typische Zeitaufwendungen für die einzelnen Arbeitsschritte aus den praktischen Erfahrungen der Fachkräfte zusammengestellt werden. Im konkreten Einzelfall können diese erheblich abweichen, aber solche Verständigungen über notwendige Zeitbudgets sind eine unverzichtbare Grundlage, den „ewigen" Streit um die Arbeitsbelastung im ASD auf eine nachvollziehbare empirische Basis zu stellen (ZBFS 2010; → Kapitel 33). Für eine sozialpädagogische, verstehende Diagnostik in den hier vorgeschlagenen Schritten ist für einen Einzelfall ein Zeitbedarf von ca. 7 bis 10 Stunden einzukalkulieren.

14.4 Schwierigkeiten bei der Umsetzung sozialpädagogisch verstehender Diagnostik im ASD

Drei grundlegende Schwierigkeiten sind es wohl, mit denen diagnostische und fallverstehende Arbeit im ASD „zu kämpfen" hat:

1. Ständiger Zeit- und Arbeitsdruck verleitet zu unterkomplexen Wahrnehmungen und segmentierten Einschätzungen; der notwendige Überblick und damit eine alle relevanten Aspekte ordnende Gesamteinschätzung, ein „roter Faden" können kaum gewonnen werden. Fehleranalysen von Kinderschutzfällen haben das erhebliche Risiko solcher unterkomplexen Einschätzungsstrategien deutlich gemacht (Merchel 2008a / Schrapper 2013b).
2. Die Fallarbeit im ASD ist in mehrfacher Hinsicht auf die Verständigung mit Erwachsenen konzentriert: Mit ihnen, meist den Eltern, müssen Vereinbarungen getroffen, sie müssen für die Zusammenarbeit gewonnen oder zu Veränderungen bewegt werden. Die Kinder geraten dabei schnell aus dem Blick: je kleiner sie sind, desto eher – auch dies zeigen Fallanalysen deutlich (Fegert et al. 2008; Schrapper / Schnorr 2012).
3. Klienten, die eigene Organisation und kooperierende Arbeitsbereiche sind vor allen an Lösungen interessiert, nicht an komplexen Erklärungsversuchen, insbesondere dann nicht, wenn diese mehr Fragen aufwerfen als beantworten. Allerdings zeigen auch hier Analysen problematischer Fallverläufe im Kinderschutz und in der Arbeit mit sogenannten „schwierigen Kindern", dass Problemhintergründe und Verursachungskontexte, die „nicht verstanden" wurden, nicht nur unbeachtet bleiben, sondern dass auf einer solchen mangelhaften Grundlage ungeeignete Lösungsversuche entstehen, die die Problemsituationen und Gefährdungen der betroffenen Kinder, Jugendlichen und Familien erheblich verschärfen.

In der Spannung zwischen pragmatischer Lösungsorientierung und unverzichtbarer Verstehensanstrengung liegt die besondere Herausforderung diagnostischer Arbeitsweisen im ASD:

- Weder ist es die Aufgabe und das Recht der Fachkräfte im ASD, den Problemen ihrer Klienten „auf den Grund" zu gehen. Das mit jeder Verstehensanstrengung verbundene Eindringen in Privatsphäre und Intimität ist nur soweit zulässig, wie es zur sachgerechten Einschätzung sozialrechtlicher Leistungsansprüche erforderlich ist.
- Noch ist es ausreichend und sachgerecht, aufgrund weniger Problemanzeigen zu üblichen Standard(Schubladen-)lösungen zu kommen. Vielmehr ist die besondere Erwartung an einen ASD immer, differenzierte Unterstützungs- und Hilfekonzepte für den Einzelfall zu entwickeln. Die hierzu

erforderliche Problemeinschätzung ebenso fachlich fundiert wie verständlich und akzeptabel für Eltern und Kinder zu erarbeiten, ist die spezifische Herausforderung einer sozialpädagogischen Diagnosearbeit im ASD.

Die spezifische Qualität und das besondere Profil des ASD zeigen sich nicht nur, aber wesentlich auch in seiner diagnostischen *und* fallverstehenden Arbeit.

15 Case Management im ASD

Von Ingrid Gissel-Palkovich

- Case Management (CM) ist ein fallbezogenes Handlungskonzept mit dem Ziel einer kooperativen, effektiven und effizienten Hilfeleistung.
- Es verknüpft methodische Elemente der personenbezogenen Beratung und Unterstützung mit Elementen des fallbezogenen Managements (Fallsteuerung).
- Darüber hinaus verbindet es die fallbezogene Arbeit mit fallübergreifenden Maßnahmen u. a. der Netzwerkarbeit (Systemsteuerung).

- Seine Einführung erfordert Prozesse der Organisationsentwicklung unter Beteiligung der Mitarbeiter und der internen und externen Kooperationspartner des ASD.
- CM beinhaltet Risiken und Chancen für eine adressatenorientierte, die Fachlichkeit und Professionalität des ASD stärkende Soziale Arbeit, die bei der Entwicklung von ASD-spezifischen CM-Konzepten und bei deren Umsetzung zu berücksichtigen sind (kritische Erfolgsfaktoren).

Case Management (nachfolgend: CM) ist ein einzelfallbezogenes Handlungskonzept mit dem Ziel einer kooperativen, effektiven und effizienten Hilfeleistung. Dies soll erreicht werden, indem ein zielgerichtetes, fallbezogenes System der Zusammenarbeit und Koordination der unterschiedlichen Akteure verbindlich organisiert wird. Es verknüpft Fallberatung mit *Fallsteuerung* und eignet sich daher besonders als methodische Grundlage für Soziale Arbeit in komplexen Fallkonstellationen mit hoher Akteursdichte sowie mit einer Lotsen- und Steuerungsfunktion der CM durchführenden Stelle, wie sie im ASD gegeben ist.

15.1 Einbindung von CM in das Methodenspektrum

CM stellt – wie andere einzelfallbezogene Methodenansätze auch (z. B. systemische Beratungsansätze, Mediation) – sowohl eine Ausdifferenzierung als auch eine Weiterentwicklung der klassischen Einzelfallhilfe dar. Seine Nähe zur psychosozialen Einzelhilfe führt dazu, dass es auf den ersten Blick als „alter Wein in neuen Schläuchen" erscheinen kann. Bei genauerer Kenntnis des Ansatzes werden jedoch Unterschiede zu sonstigen Handlungskonzepten der einzelfall- und familienbezogenen ASD-Arbeit deutlich. Charakteristische Merkmale von CM zeigen sich bspw. in der Lotsen- und Steuerungsfunktion der Sozialarbeiter, die sie als Case Manager in einem komplexen Fallgeschehen einnehmen, sowie in der Verbindlichkeit des Verfahrens. Des Weiteren ist CM nicht allein eine Methode der Fallbearbeitung, sondern unterscheidet sich von anderen Konzepten der sozialen Einzelhilfe durch eine systematisierte Verknüpfung der fallbezogenen Ebene mit der strukturbildenden Systemebene (Systemsteuerung). Auch liegt sein Schwerpunkt nicht auf einer psychosozialen, oftmals (eher) therapeutisch orientierten Begleitung der Adressaten, sondern auf der Planung, Koordination, Steuerung und Überprüfung komplexer Hilfeprozesse. Dementsprechend verbinden sich in seiner Methodik Anteile der klassischen sozialen Einzelhilfe (Beratung, Anamnese, Diagnose) mit Elementen des fallbezogenen Managements wie der Planung, Steuerung und Kontrolle von Prozessen (z. B. fallbezogene Zielvereinbarungen, Kontrakte, Netzwerkmanagement). Koproduktive Prozesse im CM erfordern die Kooperationsbereitschaft der Adressaten. Daher stellt die Bereitschaft der Adressaten, sich auf diesen Prozess einzulassen, eine wesentliche Voraussetzung von CM dar; seine Anwendung in Zwangskontexten ist problematisch (Hansen 2009, 514 ff.). Dieser Aspekt erhält durch § 8a SGB VIII für den Kinderschutz Relevanz, da in diesem Zusammenhang zunehmend Kinderschutzfachkräfte nach diesem Handlungskonzept geschult werden.

CM ist methodenintegrativ, d. h. es werden Methoden, Instrumente, Techniken und Verfahren z. B. der Gesprächsführung, Geno- und Soziogrammarbeit, Netzwerkarbeit (wie Netzwerkkarten, Helferkonferenzen) in die einzelnen Verfahrensschritte integriert. Verbindliche Dokumentation und Evaluation stellen integrale Bestandteile von CM dar. Mit anderen Worten: *CM verknüpft methodische Elemente personenbezogener psychosozialer Beratung und Unterstützung mit Elementen des fallbezogenen Managements (Fallsteuerung).*

15.2 Herkunft und Entwicklung von CM

CM hat sich in den 1970er Jahren in den USA entwickelt und wurde in den 1980er Jahren für die Soziale Arbeit in Deutschland unter dem Begriff des „Unterstützungsmanagements" als methodisches Konzept einer verbesserten Vernetzung von sozialen Dienstleistungen im Einzelfall „entdeckt" (Wendt 1991). Angesichts des in den 1980er Jahren bestehenden „Psychobooms" in der Sozialen Arbeit kann es als ein Gegenmodell zu den von therapeutischen Schulen geprägten Methodenansätzen gesehen werden, die in dieser Zeit dominant waren (Ewers / Schaeffer 2005, 12).

Befördert von lauter werdenden Effizienzforderungen an die Soziale Arbeit, nahm seine Ausarbeitung in den 1990er Jahren tendenziell eine sozialwirtschaftliche Ausrichtung an. Bis in die erste Dekade des 21. Jahrhunderts hinein fand CM vor allem in Modellprojekten und einigen Nischen der Sozialen Arbeit Anwendung. Erst der aktivierende Sozialstaat des beginnenden 21. Jahrhunderts gab ihm weitere Impulse. CM wurde vor dem Hintergrund der sozialstaatlichen Paradigmen des „Forderns und Förderns" und im Rahmen der Zusammenlegung der Sozial- mit der Arbeitslosenhilfe unter dem Begriff des Fallmanagements, *das* leitende – wenngleich umstrittene – Handlungskonzept des neuen Sozialstaatsmodells (zur möglichen Differenzierung zwischen Fallmanagement und CM s. Michel-Schwartze 2008). Die Folgezeit führte zu seiner Ausdifferenzierung und Interprofessionalisierung. Heute boomt CM in den Arbeitsfeldern der Pflege und im Gesundheitswesen. Während es für diese Anwendungsfelder und für die entsprechenden Berufsgruppen zunehmend als Methodenkonzept an Attraktivität gewinnt, stehen nicht wenige Sozialarbeiter seiner managementorientierten Ausrichtung eher kritisch gegenüber. Aber auch in Feldern der Sozialen Arbeit erfährt CM sukzessive einen Bedeutungsgewinn, nicht zuletzt durch sozialpolitisch initiierte Steuerungsmaßnahmen. Beispielsweise wurde es infolge des im Jahr 2005 in Kraft getretenen Zuwanderungsgesetzes in der Migrationserstberatung als Handlungskonzept implementiert, und in der Eingliederungshilfe nach SGB XII werden auf seiner Grundlage Menschen mit Behinderungen fachlich begleitet und unterstützt.

15.3 CM als Fall- und Systemsteuerung

15.3.1 Fallsteuerung

CM beinhaltet eine strukturierende Verfahrensweise der *Fallsteuerung* und Koordination der einzelnen Hilfen. Im Fachdiskurs hat sich bisher keine einheitliche Bezeichnung der einzelnen Handlungsphasen durchgesetzt. Aufgrund der angelsächsischen Herkunft des Ansatzes sind auch im deutschen Fachdiskurs englischsprachige Begriffe vorherrschend. Unabhängig von der Verwendung unterschiedlicher Begriffe in den Publikationen und in der Praxis und einer möglicherweise auch kritischen Bewertung des angelsächsischen Begriffsmonopols geht es inhaltlich im Wesentlichen um die in Abbildung 1 dargestellten Verfahrensschritte (exemplarisch: Wendt 2001; Riet van / Wouters 2002; Neuffer 2007).

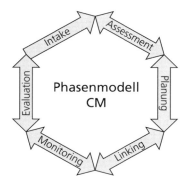

Abb. 1: Phasenmodell

Intake (Falleingangs- und Erstklärungsphase)

Das „Intake" ist den weiteren CM-Phasen vorgeschaltet. Es bezeichnet die Art und Weise des Falleingangs, beinhaltet die Klärung der Zuständigkeit und sonstiger Voraussetzungen für CM, und endet mit der Fallübernahme.
Der *Falleingang* ist in den einzelnen ASD unterschiedlich geregelt (→ Kapitel 2). Traditionell erfolgt er direkt über die zuständigen Bezirkssozialarbeiter. Im Rahmen von CM werden in der Regel auf der Systemebene strukturelle Rahmenbedingungen der „Falleingangssteuerung" bzw. des „Falleingangsmanagements" geschaffen, indem beispielsweise der Fallzugang über eine „Falleingangsstelle" gesteuert wird. Diese dient als Informations- und Weitervermittlungsstelle. Sie stellt die Erreichbarkeit des ASD sicher, gibt Informationen, für die keine umfassende Beratung notwendig ist, nimmt Informationen (Anliegen, Daten) auf und eine erste Situationsklärung vor (oftmals mit Unterstützung eines [teil-]standardisierten Aufnahmebogens), prüft die sachliche und örtliche Zuständigkeit und vermittelt ggf. an eine Stelle außerhalb des ASD bzw. an die zuständige Fachkraft im ASD.
Zunehmend entwickeln sich im ASD Ansätze der Zugangssteuerung über eine *Fallklassifizierung*. In diesen Modellen werden Fälle nach bestimmten Kriterien Zugangs-/Fallgruppen zugeordnet, z. B. der Fallgruppe 1 – Fälle mit einem begrenzten Unterstützungsbedarf und einer einfachen Bearbeitungstiefe –, oder Fallgruppe 2 – Fälle mit einem umfassenden Unterstützungsbedarf und einer intensiven Bearbeitungsnotwendigkeit, für die

ein Fall-/Case Management notwendig erscheint. Diese Modelle werden bereits in anderen Feldern der Humandienstleistungen (z. B. in der medizinischen Versorgung; Frommelt 2006, 126 f.) angewendet. Sie beinhalten jedoch für eine professionelle Leistungserbringung einige Gefahren. Beispielsweise können sie im Zusammenhang mit einer verstärkten Ausrichtung auf konditionalprogrammatische Lösungswege und einem Ausbau von standardisierten Steuerungs- und Messinstrumenten stehen (Dahme/Wohlfahrt 2006, 73 f.).

Assessment (Situations-/Bedarfseinschätzung)

In der Phase des Assessments erfolgen die Erfassung, Analyse, fachliche Beurteilung der aktuellen Situation der Adressaten (Hypothesenbildung) sowie die Herausarbeitung des Bedarfes der Adressaten. Es werden Informationen gesammelt, vorhandene Ressourcen der Adressaten und ihres sozialen Umfeldes in den Blick genommen und der Unterstützungsbedarf herausgearbeitet. Hierzu gehört auch das Erkennen der formellen und informellen Netzwerke der Adressaten. Dabei können methodische Instrumente der Netzwerkarbeit und –steuerung (z. B. Netzwerkkarten) zum Einsatz kommen (vgl. Bullinger/Nowak 1998).
Die Funktion des Case Managers liegt in dieser Phase u. a. in der Herstellung von Transparenz in Bezug auf unterschiedliche Sichtweisen und Einschätzungen der Beteiligten sowie in der Förderung eines gemeinsamen Verständnisses der Situation und des Unterstützungsbedarfs.
Diagnoseprozesse in der Sozialen Arbeit sind eine anspruchsvolle und komplexe Aufgabe. Hierfür liegen unterschiedliche Konzepte vor: die aus einem hermeneutischen Kontext stammenden Konzepte der sozialpädagogischen Diagnose (→ Kapitel 14) und das in einem eher managerialen Kontext beheimatete Assessment. Während sich in der CM-Praxis „Mischformen" finden lassen, standen sich beide Ansätze in ihrer theoretischen Positionierung lange Zeit eher konträr gegenüber. Mittlerweile erfolgt jedoch eine Suche nach Gemeinsamkeiten, die eine Bereicherung und Weiterentwicklungsoptionen für beide Seiten verspricht (Ader et al. 2009).

(Hilfe-)Planung

Im Rahmen der Planungsphase erfolgen die Abstimmung und Regelung der Aufgabenverteilung. Es werden gemeinsame Ziele vereinbart, Kooperationsabsprachen getroffen, Verantwortlichkeiten definiert und in einem Hilfeplan dokumentiert.
Die Hilfeplanung nach § 36 SGB VIII und die hierfür in den ASD etablierten Verfahren weisen Übereinstimmungen mit dem CM auf, sind jedoch nicht mit diesem gleichzusetzen (→ Kapitel 13). Während das Hilfeplanverfahren den erzieherischen Bedarf und die erzieherische Hilfe in den Mittelpunkt stellt, ist CM nicht auf erzieherische Hilfen beschränkt und berücksichtigt darüber hinausgehende Ressourcen und Bedarfe. Aufgrund der Tatsache, dass die Mehrheit der ASD im Wesentlichen Aufgaben der Kinder- und Jugendhilfe wahrnimmt, wird die Planung der erzieherischen Hilfen in vielen ASD jedoch den Kernprozess des CM bilden, ebenso wie im Rahmen seiner Implementierung an die vorhandenen Strukturen der Hilfeplanung angeknüpft werden kann.

Linking (Umsetzung des Hilfeplans)

Die Phase des „Linkings" bezieht sich auf die Umsetzung des (Hilfe-)Plans durch die Erschließung und Bereitstellung der Hilfeleistungen und somit auf den Beginn der Hilfedurchführung. Hierzu gehören z. B. die Kontaktaufnahme des Case Managers mit den infrage kommenden Leistungserbringern und die Absprache mit diesen, ferner das gegenseitige Kennenlernen von Adressat und Leistungserbringer, die Vereinbarung des konkreten Hilfebeginns sowie einzelfallspezifische Absprachen zwischen Leistungserbringer, Adressat und Sozialarbeiter.
Der Zeitpunkt der Einbeziehung der Leistungserbringer kann in den Praxiskonzepten unterschiedlich geregelt sein (exemplarisch: Tenhaken 2009, 109). Spätestens in der Phase des Linkings wird jedoch Netzwerkarbeit und -steuerung zu einer zentralen Aufgabe im CM. In ihrem Rahmen arbeiten die Case Manager mit Trägern und Berufsgruppen aus unterschiedlichen gesellschaftlichen Teilsystemen zusammen (z. B. mit freien Trägern, Kinder- und Jugendpsychiatrie, Polizei; Tenhaken 2010, 92 ff.).

Monitoring (Begleitung und Steuerung des Prozesses)

In der Phase des Monitorings stehen die Begleitung und Steuerung des Prozesses im Mittelpunkt. Hierzu nehmen die Case Manager die Rolle kritischer Prozessbeobachter ein, z. B. in Bezug auf die Leistungen, deren Angemessenheit und Wirksamkeit, Qualität und Ergebnisse. Sie halten regelmäßig Kontakt zu den Nutzern und Leistungserbringern, überwachen die Einhaltung des Hilfeplans und die damit verbundenen Vereinbarungen und mahnen ggf. deren Einhaltung an (operatives Controlling). Spätestens im Monitoring wird deutlich, inwieweit ein Re-Assessment durchzuführen ist und der Hilfeplan überarbeitet werden muss.
Besonders in dieser Phase kommt zum Tragen, dass der CM durchführende Träger eine Steuerungsfunktion gegenüber dem im Einzelfall involvierten leistungserbringenden Träger hat. Diese ist durch Kontraktvereinbarungen auf der Trägerebene zu regeln. Damit erhält der ASD im System der Kooperationspartner eine exponierte Bedeutung, die aufgrund seines Auftrages notwendig ist, jedoch seitens der leistungserbringenden Träger kritisch gesehen werden kann (Gissel-Palkovich 2010b, 131 f.); dies vor allem deswegen, weil der ASD Teil des öffentlichen Trägers und damit des Kostenträgers ist (Hansen 2005, 111).

Evaluation und Beendigung

Die Überprüfung der Ergebnisse und der Zielerreichung ist Kern der Evaluationsphase. Sie erfolgt verbindlich und systematisiert. Evaluation im CM richtet sich im Wesentlichen auf

a. den Hilfeplan und die Erreichung der darin festgehaltenen Ziele,
b. die Qualität und konkrete Form der Hilfeprozesse,
c. die Wahrnehmung bzw. Zufriedenheit der Adressaten sowie
d. die Wahrnehmung bzw. Zufriedenheit weiterer am Prozess in relevantem Maße beteiligter Personen.

Evaluation kann während (formativ) und am Ende des CM (summativ) stattfinden. Nach einem kasuistischen Verständnis sollte sie als Selbstevaluation gestaltet sein, kann aber durch Fremdevaluation ergänzt werden (→ Kapitel 36).

Neben der Überprüfung der Ergebnisse stehen in der letzten Phase des CM die *Beendigung* des Prozesses und die Verabschiedung der Klienten im Mittelpunkt. In der Regel erfolgt die Beendigung von CM entweder

a. mit der formalen Übergabe des Falls an einen anderen ASD bzw. an eine andere Stelle, beispielsweise aufgrund eines Wohnungswechsels der betreuten Familie an ein anderes Jugendamt, oder
b. mit Beendigung der Beratung und Begleitung durch den ASD aufgrund des Kontaktabbruchs seitens der Klienten oder
c. durch Beendigung der Hilfe, da kein weiterer Hilfebedarf oder keine Hilfemöglichkeit gesehen wird.

Untersuchungen zeigen, dass die Fallausgangssteuerung, also die systematische Beendigung von Hilfeprozessen, eine Schwachstelle in der Arbeit des ASD darstellt.
So wurde im Kontext der Hilfeplanung nach § 36 SGB VIII deutlich, dass die Jugendämter die Einleitung einer erzieherischen Hilfe in der Regel „gut im Blick haben", während sich mit zunehmender Dauer der Hilfen und vor allem bei ihrer Beendigung „blinde Flecken" ergeben (Pluto et al. 2007, 428). Anders ausgedrückt: *Zu Beginn einer Hilfe zur Erziehung übernimmt der ASD deutlich die Fallführung und Fallsteuerung, nach der Planungs- und Anlaufphase gibt er sie mehr oder weniger aus der Hand und beschränkt sich auf das Notwendige, um sich am Ende wenig mit der Beendigung der Hilfe zu befassen.* Im Rahmen von CM ist die Begleitung und Steuerung des *Gesamtprozesses*, einschließlich einer systematisierten Gestaltung seiner Beendigung, Aufgabe des ASD.

15.3.2 Systemsteuerung

Die Methodik des CM bezieht sich nicht allein auf die Fallbearbeitung, sondern ebenso auf die Arbeit in und mit den Systemen. Dieses wird im CM als *Systemsteuerung* bezeichnet, ohne dass damit innerhalb des Fachdiskurses ein eindeutiges Verständnis verbunden wäre (exemplarisch Faß/Kleve 2010). Die Darstellung diesbezüglicher Diskussionen und Unklarheiten würde den gegebenen Rahmen sprengen, daher hat die nachfolgende Skizzierung der Systemsteuerung rudimentären Charakter und erfolgt unter dem Vorbehalt der Vorläufigkeit.
Mit dem Begriff der Systemsteuerung werden alle Aktivitäten verstanden, die auf die Gestaltung, Anregung, Verbesserung und Gewährleistung der Versorgungs- und Leistungsprozesse sowie der entsprechenden Strukturen ausgerichtet sind und über den Einzelfall hinaus Wirkung entfalten (vgl. Faß 2010, 69). Die direkte Arbeit im Klientensystem bzw. dessen Umweltsysteme finden nach dieser Lesart auf der Ebene der Fallsteuerung statt. Sie ist allerdings dann für die Ebene der Systemsteuerung relevant, wenn damit über den Einzelfall hinausgehende Ziele und Wirkungen auf das Leistungsbzw. Hilfesystem verbunden sind. Aktivitäten in diesem Sinne finden somit zwar auf der Systemebene statt, stehen aber immer im Zusammenhang mit der Fallebene (→ Abb. 2). Diese steht im Mittelpunkt, auf sie richtet sich die Perspektive, und diese gilt es im Rahmen der Systemsteuerung zu gestalten. Mit anderen Worten: Systemsteuerung im CM geht von der Fallebene bzw. dem Einzelfall aus, richtet sich auf fallübergreifende struktur- und infrastrukturbildende Ziele, die dann auf der Fallebene ihre Wirkung entfalten (können).
Zur Differenzierung der Systemsteuerung im CM werden nachfolgend die Ebenen (a) Netzwerkbildung und -steuerung und (b) Organisation unterschieden, wobei die damit verbundenen Faktoren nicht trennscharf sind.

Zu (a): ‚Netzwerken', verstanden als ein Suchen, Analysieren, Planen, Herausbilden, Pflegen und Weiterentwickeln von Strukturen und Kulturen zur Förderung von kooperativen Arrangements unterschiedlicher Personen und Institutionen (Santen van / Seckinger 2003, 29), ist ein wesentlicher Bestandteil von CM. Mit der Implementierung von CM in den ASD wird Vernetzung zur professionellen und institutionellen Pflichtaufgabe. Seine Einführung und netzwerkorientierte Ausgestaltung führen zu einer verbindlichen und systematischen Entwicklung, Steuerung und Weiterentwicklung von Vernetzungsprozessen, die aufgrund des Systembezugs der Methodik nicht auf die fallbezogene Ebene beschränkt bleiben. Netzwerkbildung und –steuerung auf der fallbezogenen Ebene wäre die Unterstützung der Adressaten bei dem Aufbau, der (Weiter-)Entwicklung und der Nutzung ihrer formellen und informellen Netzwerke. Diese findet im Rahmen der Fallsteuerung statt. Damit einzelfallbezogene Vernetzung gelingen kann, sind jedoch fallübergreifende Vernetzungsaktivitäten notwendig, die dann auf der Ebene der Fallsteuerung aktiviert werden können. Dabei stehen der Ausbau und die Ausgestaltung der Netzwerke im Sozialraum und über den Sozialraum hinaus sowie deren Pflege und Weiterentwicklung im Mittelpunkt. Netzwerkarbeit im Rahmen des CM bedeutet die Initiierung und Moderation der Zusammenarbeit von Akteuren aus unterschiedlichen Organisationen und Tätigkeitsfeldern (Leistungserbringer, Schulen, Kindertagesstätten, Polizei, Gerichte), aber auch aus der eigenen Organisation (z. B. des Sachgebiets „Wirtschaftliche Jugendhilfe" oder der Jugendhilfe- und Sozialplanung). Diese erfolgt bspw. in Stadtteilkonferenzen, kriminalpräventiven Räten und sonstigen Arbeitsgruppen. Leitfragen im Rahmen der Netzwerkarbeit bzw. des Netzwerkmanagements können sein: Wer sind im CM unsere organisationsinternen und regionalen Netzwerkpartner, wie müssen und können wir kooperieren, wo gibt es Veränderungs- bzw. Verbesserungsbedarf (→ Kapitel 24)?

Zu (b): Systemsteuerung in Bezug auf die *Organisation* hat eine inner- und interorganisatorische Dimension (Faß / Kleve 2010, 23) und steht oftmals in engem Zusammenhang mit Vernetzungsaktivitäten. Sie richtet sich auf die Schaffung, Erhaltung und Weiterentwicklung CM-förderlicher Strukturen. Aktivitäten in diesem Sinne beziehen sich auf die Beteiligung an Maßnahmen der Entwicklung und Gewährleistung CM-förderlicher Rahmenbedingungen wie z. B. die Implementierung von verbindlichen qualitätssichernden Verfahren in den ASD (u. a. methodisch fundierter kollegialer Beratung oder regelmäßiger Supervision). Auch das Einwirken auf Qualifizierungsmaßnahmen ist hierunter zu subsumieren. Inner- und interorganisatorische Systemsteuerung kann die Gestaltung von internen Prozessabläufen (z. B. des Intakes) oder von organisationsübergreifenden Prozessen (z. B. Beteiligung der Leistungserbringer an der Hilfeplanung) zum Gegenstand haben. Ein weiteres wichtiges Element in der Methodik des CM in diesem Zusammenhang ist das Einwirken auf die Entwicklung einer den Adressaten angemessenen Angebotsstruktur. Hierzu benötigt es eine strukturell abgesicherte Beteiligung der Case Manager an der fallübergreifenden Angebots- und Infrastrukturplanung, sollten sie im Rahmen des fallbezogenen CM Angebotslücken identifizieren (→ Kapitel 30).

Auf der Ebene der Systemsteuerung werden fallübergreifende strukturbildende Maßnahmen aus dem CM heraus angeregt und mitentwickelt (→ Abb. 2). Hierzu benötigen die im CM tätigen Fachkräfte umfassende Handlungs- und Entscheidungsautonomie, die nicht immer mit dem Regelungsbedarf der Verwaltung in Einklang stehen dürfte. Vielleicht liegt darin ein Grund dafür, dass die Ebene der Systemsteuerung in der CM-Praxis eher vernachlässigt wird (Arnold et al. 2009, 147 ff.).

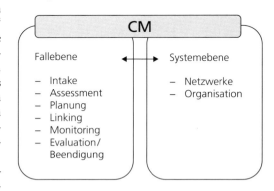

Abb. 2: CM als Fall- und Systemsteuerung

15.4 Die Funktion der Leitungskräfte im CM

Während CM im ASD (in der Regel) auf Fachkräfteebene angesiedelt ist, wird mit Blick auf die Leitung die Schnittstelle zum Sozialmanagement skizziert. Im Kontext des Sozialmanagements, verstanden als das Leiten und Gestalten von privaten und öffentlichen Einrichtungen der Sozialen Arbeit (Merchel 2009a, 24 ff.), sind die Rahmenbedingungen von CM und damit verbundene Gestaltungsmöglichkeiten zu definieren. Die Einführung von CM erfordert eine Leitungsentscheidung. Diesbezügliche Entscheidungen werden auf der jeweiligen Leitungsebene (Dezernats-, Amts- und Abteilungsleitung) im Austausch und mit intensiver Beteiligung der Fachkräfteebene getroffen. Hier entscheidet es sich z. B., ob den im CM tätigen Fachkräften die nötigen Handlungs- und Entscheidungsspielräume eröffnet werden.

Die Bedeutung der Leitungskräfte und deren Konzepte ist daher für ein gelingendes CM evident. Leitungskräfte definieren den Rahmen, in dem sich im CM tätige Sozialarbeiter bewegen (können). Sie haben

- Initiativfunktion, d.h. sie können verbindliche Prozesse der (Weiter-)Entwicklung und Umsetzung von CM initiieren;
- Vorbildfunktion, d.h. sie vertreten und symbolisieren die Werte, Inhalte und Fachlichkeit von CM;
- Dienstleistungsfunktion, d.h. sie sind für die Bereitstellung geeigneter Ressourcen zuständig und unterstützen die CM durchführenden Fachkräfte in ihrer Tätigkeit.

Eine der grundlegenden Aufgaben von Leitung ist die Gewährleistung einer ausreichenden Zeit- und Personalausstattung sowie die Qualifizierung von Fachkräften im Rahmen einer qualifizierten Weiterbildung (nach den Standards der Deutschen Gesellschaft für Care und Case Management, DGCC, www.case-manager.de; 25.04.2012). Darüber hinaus sind weitere Aufgaben der Leitung:

- Die Ebene der Netzwerkarbeit verweist auf definierte und akzeptierte Zuständigkeiten und Verantwortlichkeiten zwischen den Kooperationspartnern und dem ASD in Form von Vereinbarungen, sowie auf eine Kultur der trägerübergreifenden Vernetzung und Kooperation. Die hierfür notwendigen strukturellen Voraussetzungen sind auf Leitungs- und Trägerebene durch fallübergreifende Kooperations- und Kontraktvereinbarungen zu schaffen (Kontraktmanagement).
- Eine weitere Leistungsaufgabe ist die Gewährleistung der Durchlässigkeit zwischen CM und der infrastrukturellen Planungsebene (Jugendhilfe- und Sozialplanung). Die damit verbundenen Schnittstellen sind so zu gestalten, dass auf der einzelfallbezogenen Handlungsebene deutlich werdende Bedarfe im Rahmen der Systemsteuerung in systematisierter Weise in die Infrastrukturplanung einfließen (können) und so zu einer Weiterentwicklung der fallübergreifenden Angebotsplanung beitragen.
- Die Einführung von CM erfordert einen Prozess der Organisationsentwicklung (Brinkmann 2010), der sich nicht auf die interne Organisation begrenzt. Zu betonen ist dabei nochmals, dass der ASD aufgrund der bestehenden Strukturen und Arbeitsweisen vielerorts bereits gut ausgebildete CM-Teilstrukturen aufweist, die er entsprechend

weiterentwickeln kann. Bei einer Implementierung von CM in den ASD muss daher das Rad nicht neu erfunden werden, sondern es kann an bestehende Strukturen angeknüpft werden. Im Rahmen der Organisationsentwicklung sind alle relevanten Akteure, insbesondere Fachkräfte und Kooperationspartner des ASD, einzubeziehen. Deren frühzeitige Beteiligung, z.B. an der Entwicklung von CM-Konzepten bis hin zur Teilnahme an Qualifizierungsmaßnahmen, ist für die Einlösung des CM-Anspruchs auf der Ebene der Systemsteuerung und damit für das Gelingen von CM auf der Fallebene unabdingbar.

15.5 Bedeutung von CM für den ASD

CM im ASD bzw. in der Kinder- und Jugendhilfe ist nicht unumstritten (u.a. Hansen 2009, 510 ff.; Galuske 2007, 201 ff.). Insbesondere die Vorkommnisse in Bremen im Zusammenhang mit dem Tod des zweijährigen Kevins werden angesprochen, wenn auf die damit verbundenen Gefahren hingewiesen werden soll (Hansen 2009, 510 f.); CM war in der Bremer Sozial- und Jugendverwaltung eine der Handlungsgrundlagen. In der Tat zeigt dieses prominente Beispiel (vgl. hierzu den Untersuchungsbericht: Mäurer 2006; Backer 2007), dass nicht überall, wo CM draufsteht, auch CM drin ist; das Beispiel markiert die Gefahren, wenn der Handlungsansatz zu einem ökonomisch-technokratischen Instrument mutiert. Eine damit verbundene Pauschalkritik an CM vernachlässigt jedoch, dass die Ausgestaltung und Anwendung von CM-Konzepten im Hinblick auf die zeitlichen Ressourcen, Qualifizierung, Fachcontrolling weitgehend in der Hand der Anwender liegt. Es ist zu hoffen, dass einzelne Abschreckungsbeispiele nicht dazu führen, bereits bestehende Vorurteile gegen CM zu verfestigen, sondern eine konstruktiv-kritische Auseinandersetzung mit CM unterstützen.
Für die Einführung von CM in den ASD spricht, dass die Praxis des ASD durch gestiegene Anforderungen einerseits und abnehmende bzw. stagnierende Ressourcen andererseits und demgemäß durch kleiner werdende Gestaltungsspielräume geprägt ist. Die Gewährleistung einer theoriebasierten und methodisch fundierten Aufgabener-

füllung wird vor dem Hintergrund der oftmals unzureichenden Ressourcen zu einem Balanceakt zwischen Fachlichkeit und Effizienz und führt den ASD nicht selten an seine Leistungsgrenzen (Gissel-Palkovich 2007). Neben angemessenen Strukturen in Form von Rahmenbedingungen, die dem Fachkontext des Arbeitsfeldes entsprechen und die Gewährleistung sozialpädagogischer Fachstandards sichern, benötigt der ASD auf der methodischen Ebene daher Konzepte, die seine professionelle Handlungsfähigkeit und sein fachliches Niveau auch in ökonomisch schwierigen Zeiten sichern und erhalten. Darüber hinaus benötigt der ASD aufgrund seiner Koordinationsaufgaben in komplexen Fällen Methoden der systematischen Vernetzung und Kooperation.

Vor diesem Hintergrund erhält CM für den ASD Bedeutung. Auf seiner Grundlage kann eine fachlich angemessene Gestaltung des Hilfeprozesses mit dem Ziel einer effizienten Prozessgestaltung verknüpft, und es können verbindliche und systematische Kooperationen entwickelt und gewährleistet werden. Für den ASD, der in der Gemengelage der Leistungserbringer für die Adressaten als Lotse fungiert und eine Vermittler- und Steuerungsfunktion erfüllt, liegt die Bedeutung von CM daher – neben Effizienz- und Effektivitätsüberlegungen – auch in der methodischen Fundierung und handlungstheoretischen Konturierung dieser Funktionen.

15.6 Kritische Erfolgsfaktoren

Nachfolgend werden einige kritische Erfolgsfaktoren für die Entwicklung ASD-spezifischer CM-Konzepte und deren Implementierung skizziert. Darunter werden Aspekte verstanden, die für eine adressatenorientierte, die Professionalität stärkende ASD-Arbeit auf der Grundlage der Methodik des CM wesentlich erscheinen. Angesichts der gebotenen Kürze ist die Darstellung auf ausgewählte Faktoren der Prozessgestaltung begrenzt, da diese angesichts wahrnehmbarer Tendenzen im ASD als besonders aktuell erscheinen (zu weiteren kritischen Erfolgsfaktoren Gissel-Palkovich 2010b, 126 ff. und 2010a, 8 ff.).

15.6.1 Zergliederung von Leistungsprozessen

Neuere Untersuchungen belegen eine Tendenz zur Zerlegung der Leistungsprozesse im ASD in Teilprozesse und eine zunehmende Standardisierung der Prozessabläufe (Gissel-Palkovich / Schubert 2010, 50). Dies geschieht, indem ein Eingangsmanagement etabliert wird, das für (Erst-)Beratung und Information zuständig ist und die eingegangenen Anliegen sozialpädagogisch bewertet, ggf. an andere Stellen innerhalb oder außerhalb der Behörde weiterleitet oder aber in das Fallmanagement überführt. In das (möglicherweise) personell vom Eingangsmanagement getrennte Fallmanagement gelangen Fälle, die einen umfassenderen Bearbeitungsbedarf erwarten lassen, d. h. im Eingangsmanagement nicht abschließend bearbeitet oder nicht weitergeleitet werden können. Kritisch zu hinterfragen ist dabei, ob die Zergliederung von Beratungs- und Unterstützungsprozesse des ASD in Teilprozesse eine adressatenorientierte ASD-Arbeit gewährleisten kann, insbesondere dann, wenn die einzelnen Teilprozesse für die Adressaten mit unterschiedlichen Personen verbunden sind.

15.6.2 CM (auch) als Beratung, Fallbegleitung oder (nur) Fallvermittlung?

In der Frage der *Fallführung* haben sich im ASD verschiedene Modelle herausgebildet, die Landes zwischen zwei Polen verortet und wie folgt beschreibt:

„Auf der einen Seite der Skala stehen Konzepte des Fallmanagements, in denen sich der ASD nur noch als Bescheid erteilende und administrierende Instanz versteht: Ein Hilfesuchender wird nur eine sehr begrenzte Zeit im ASD begleitet und sobald als möglich mit einem Hilfeplan versehen an einen Leistungserbringer vermittelt […]. Demgegenüber steht ein ASD, in dem Fälle möglichst lange ‚gehalten' werden. Der Hilfesuchende wird wenig eingriffsintensiv beraten und begleitet. Statt formell eine Hilfe zur Erziehung bei einem externen Leistungserbringer einzuleiten, werden informelle Unterstützungssettings konstruiert. Dem ASD obliegt weiterhin die Fürsorge […] für den Hilfesuchenden sowie die Entscheidung, ob oder wann eben doch eine formelle Hilfe eingeleitet werden soll" (Landes 2010, 145).

CM als methodische Grundlage für ASD-Arbeit betont die Vermittlungs- und Steuerungsfunktion des ASD und fundiert diese methodisch. Dabei bleibt der ASD verantwortlich für den Gesamtprozess: Er vermittelt, wenn es sinnvoll und notwendig erscheint, berät, hält Kontakt zu den Adressaten und Leistungserbringern, u. a. auch über regelmäßig stattfindende Hilfekonferenzen und Rückmeldeverfahren, wie sie auf der Systemebene in den Kooperationsvereinbarungen abgestimmt wurden. Seine damit verbundenen Funktionen und Handlungsweisen sind somit nicht gleichzusetzen mit einer „Wegvermittlungsarbeit" wie sie unter dem Begriff des Fallmanagements im obigen Sinne skizziert wurde.

Gleichwohl verweisen die obigen Ausführungen auf die Notwendigkeit einer ausgewogenen Gewichtung von CM in Bezug auf Beratung, Fallbegleitung und Fallvermittlung. CM auf ein reines Vermittlungsmanagement zu reduzieren wird dem Ansatz und den Aufgaben des ASD nicht gerecht. Sowohl auf der konzeptionellen als auch auf der organisatorischen Ebene sind daher Beratungs- und Begleitungsanteile in die CM-Verfahren einzubeziehen. Bspw. müssen zeitliche Spielräume für eine kurz- bis mittelfristige Begleitung der Adressaten auch ohne Vermittlung an eine andere Stelle sowie für Beratungsarbeit zur Verfügung stehen und die Fachkräfte in Beratungsmethoden geschult sein. Andernfalls wird der ASD seine Steuerungsverantwortung für den Gesamtprozess nicht wahrnehmen können und ist eine fachlich qualifizierte Einzelhilfe nicht denkbar.

15.6.3 Autonomie der Fachkräfte und Standardisierungsgrad von CM

Als Konzept einer methodisch fundierten Fallarbeit und Prozesssteuerung beinhaltet CM eine Verfahrensweise und versucht über die verbindliche Anwendung von Instrumenten und Methoden, eine gewisse Einheitlichkeit und Nachvollziehbarkeit des fachlichen Handelns zu gewährleisten. Festzustellen sind allerdings unterschiedliche Regulierungs- und Standardisierungsgrade von CM-Konzepten. Die einen beinhalten quantitativ-formelle Instrumente. Sie verfolgen einen hohen Strukturierungs- und Standardisierungsgrad, z. B. durch weitgehend festgelegte Prozessabläufe, durch Zeitvorgaben für einzelne CM-Phasen, strukturiertes Feedback, den Einsatz von standardisierten Dokumentationssystemen. Hierzu zählen Fallerhebungsbögen, Check-Listen, Skalen, Prozessbögen. Diese werden mit quantitativen Erhebungen von Fallzahlen, Verweildauer und Auslastung kombiniert und nicht selten von (inflexiblen) computergestützten Dokumentationsverfahren flankiert.

Andere lassen Raum für eine flexiblere Anpassung der Prozessgestaltung an die Notwendigkeiten des Einzelfalls und der Situation durch die Fachkräfte. Sie legen den Schwerpunkt weniger auf standardisierte Instrumente, sondern auf eher offene, qualitative-informelle Formen der Prozesssteuerung und Qualitätssicherung, wie persönliche Gespräche, Hausbesuche, Konferenzen, Telefonate, reflexive Verfahren, wie kollegiale Beratung und Supervision (Riet van / Wouters 2002, 229 ff.).

Bei Implementierung und Anwendung von CM im ASD ist daher der Grad der damit verbundenen Standardisierung und Regulierung in den Blick zu nehmen. Es ist auszutarieren, inwieweit standardisierte Verfahren mit einer subjekt- und lebensweltorientierten ASD-Arbeit vereinbar sind. Darüber hinaus sind die mit Standardisierungs- und Regulierungsbestrebungen verbundenen Auswirkungen auf die Handlungs- und Entscheidungsautonomie der Fachkräfte und damit auf die Professionalität des Handlungsfeldes in den Blick zu nehmen. So kann der Ausbau standardisierter Verfahren Prozesse der Deprofessionalisierung in Gang setzen bzw. verstärken. Dies geschieht, wenn zunehmend fachfremdes Personal die damit verbundenen standardisierten Aufgaben übernehmen kann. Grundsätzlich und insbesondere bei der Anwendung von CM gilt es daher auszutarieren, wie viel Standardisierung von Verfahren und Instrumenten notwendig ist, um eine hinreichend flexible, einzelfallspezifische und wirksame Leistungserbringung des ASD zu ermöglichen. Spielräume hierfür bietet das CM.

16 Beratung im Allgemeinen Sozialen Dienst

Von Renate Zwicker-Pelzer

- Beratung als soziale Dienstleistung ist im ASD ein ergänzendes Konzept des professionellen Handelns. Sie bewegt sich zwischen Freiheit und Freiwilligkeit einerseits und Verpflichtung und Eingrenzung andererseits. Die Ergebnisse von Beratung sind nur kooperativ erreichbar; sie beinhaltet eine personen- und strukturbezogene Hilfeleistung.
- Im ASD bieten sich genügend Beratungsanlässe. Beratung findet faktisch in den Arbeitsvollzügen des ASD an verschiedenen Stellen der alltäglichen Arbeit statt. Beratung ist ein funktionales Element in der Arbeit des ASD. Die Grenzen solcher, in den Alltag des ASD eingebundener Beratungsformen sind jedoch zu beachten.
- Beratung als methodisch gestaltete Intervention auf der Grundlage entsprechender Standards für Beratungen lässt sich angesichts der Organisations- und Arbeitsstrukturen nur begrenzt realisieren. Anlässe und Gründe für solche Beratungen sind vorhanden, jedoch müssen entsprechende Markierungen für solche Beratungsmöglichkeiten gesucht sowie neue zeitliche und räumliche Korridore für Beratung geöffnet werden.
- Auf Dauer kann qualifizierte und reflektierte Beratung ein lohnender Weg sein, um Menschen in prekären Lebenssituationen auf dem Weg zu ihrer alten wie neuen Eigenmächtigkeit gut zu begleiten.

Beratung ist eine soziale Dienstleistung, sie ist sowohl ein eigenständiges Konzept und Produkt des ausschließlichen Beratens oder als auch ein ergänzendes Konzept innerhalb des professionellen sozialen Handelns.

In der professionellen Sozialen Arbeit wird die Tätigkeit im ASD fokussiert und im „doppelten Mandat" dargestellt: das Mandat für den betroffenen Klienten, das Klientensystem auf der einen Seite und auf der anderen Seite das Mandat des Staates in seinem Wächteramt. Diese Widersprüchlichkeit und Doppelbödigkeit spiegeln sich in der Beziehung von ratsuchendem Menschen oder Familie und dem Berater als Gegenüber wider. Beratung bewegt sich innerhalb des ASD zwischen Freiwilligkeit und Zwang. Als VertreterIn des Jugendamtes kann die BeraterIn sich nicht einfach freimachen vom Kontrollauftrag. Nur wenige beraterischen Tätigkeiten – meist im Rahmen der gefragten Hilfen zur Erziehung – sind auf der Klientenseite wirklich freiwillig. D. h. die Freiheit und die Chance, die Beratung innerhalb und durch den ASD bieten kann, ist deutlich eingebettet in die rechtlichen Rahmungen, die im Übrigen auch für den Vertrauensschutz von Beratung notwendig sind. So ist der Ort ASD hinsichtlich der Beratung von Familien auch immer dann eine heikle Angelegenheit, wenn sie unmittelbar von den Amtsvertretern wahrgenommen wird. Es öffnet sich insbesondere ein Spannungsfeld zwischen Schweigepflicht und Datenschutz einerseits und der notwendigen Hilfe zur Verhinderung der Kindeswohlgefährdung andererseits. Beratung eröffnet den MitarbeiterInnen im ASD gleichzeitig neue gezielte Strategien der Hilfegewährung, weil sie fokussiert und zielorientiert neue Wege eröffnen kann.

Die psychosoziale Beratung ist im Laufe der Zeit aus einem schwerpunktmäßig therapeutischen Umfeld herausgetreten in die Welt unterschiedlicher Beratungskonstellationen in der Sozialen Arbeit. Beratung ist demzufolge subjekt-, aufgaben- und kontextbezogen. Sie ist eingebettet in institutionelle, rechtliche, ökonomische und berufsethische Rahmenbedingungen, innerhalb derer die anstehenden Aufgaben, Probleme und Konflikte dialogisch bearbeitet und geklärt werden.

„Ein Ergebnis des Beratungsprozesses ist nur kooperativ erreichbar. Beratung ist eine personen- und strukturbezogene soziale Dienstleistung. Sie setzt somit eine gemeinsame Anstrengung und Leistung aller Beteiligten (BeraterIn/Beratene und ggf. Kostenträger) und klare Zielvereinbarungen voraus. Beratung grenzt sich von anderen professionellen Interventionsformen ab... Abhängig von den zu bewältigenden Anforderungen, Problemlagen und Krisensituationen, in denen sich die Ratsuchenden befinden, kann Beratung Ressourcen aktivieren, gesundheitsfördernd, präventiv, kurativ und rehabilitativ sein". (DGfB 2004, 7 ff.)

16.1 Orte von Beratung im ASD

Viele professionelle Tätigkeiten im ASD sind sozialarbeiterischer Natur und weniger ausdrücklich beratend im Sinne klassischer Beratungskonstellationen. Beratung ist meist nicht das „Hauptgeschäft", d. h. der Schwerpunkt der Dienstleistung, sondern eine Teilleistung des professionellen sozialen Handelns. Einige markante Zugänge und Orte von Beratung können dennoch ausgemacht werden:

- die Fallberatung
- die Hilfeplanung
- Mitarbeiterberatung
- die Beratung der ASD-angrenzenden Dienste
- die Beratung der Familien selbst

Zu (a) Fallberatung: Als ein- oder mehrmaliger Prozess beraten sich KollegInnen gegenseitig oder die Vorgesetzte ihre „fallführende" Mitarbeiterin. Diese Beratung kann effizient erfolgen, wenn

- es Rahmenvorgaben für die Fallpräsentation gibt;
- gute diagnostische Kompetenzen zum schwierigen System (Fall) darin ihren Ausdruck finden;
- zielführende Fragestellungen der Personen, die den Fall einbringen, klar benannt werden können;
- wertschätzende Hypothesen gebildet und die Ressourcen sowohl der am Fall Beteiligten als auch der den Fall einbringenden Personen nutzbar gemacht werden.

Zu (b) Hilfeplangespräche als Beratung:
Zielorientierte Gesprächsstrategien mit Einbezug der einzelnen Mitglieder der Klientenfamilie, mit der Herausforderung zu deren Selbsttätigkeit und Selbstwirksamkeit, und die gemeinsame Entwicklung von Verhaltensstrategien mit den am Fall tätigen Fachkräften setzen hohe beraterische Kompetenzen voraus (→ Kapitel 13).

Zu (c) Mitarbeiterberatung: Durch manche Spontankrisen in Familien fühlen sich die Mitarbeiter des ASD zum sofortigen Handeln gedrängt. Handlungsdruck, enge Zeitvorgaben für bestimmte Abläufe, komplizierte und oft zeitaufwendige Verwaltungsprozesse, Qualitätsmanagement-Prozesse, kollegiale Engpässe und Vertretungsnotwendigkeiten machen oft Beratung von Mitarbeitern notwendig. Eine hohe Sensibilität für den Verantwortungsdruck der Mitarbeiter durchzieht und kennzeichnet das Beratungsgeschehen. Auch manch ein Zweifel an der eigenen Professionalität ist Gegenstand innerhalb der Mitarbeiterberatung.

Zu (d) – Beratung der an den ASD angrenzenden Dienste: Schon lange nicht mehr arbeiten Fachkräfte im ASD nur für sich und fernab der Welt anderer Fachdienste und Fachkräfte. Freie Anbieter mit exklusiven Angeboten (z. B. aufsuchende Familientherapie u. a.), aber auch andere Dienste, die eine belastete Familie oder einzelne Familienmitglieder nutzen, machen Absprachen und Kooperationen notwendig. Als Experten werden ASD-Mitarbeiter in den Familienzentren, den Kindertageseinrichtungen, bei Jugendhilfeträgern in deren Entwicklungsaufgaben einbezogen und als Berater im Sinne der Früherkennung und des Krisenmanagement herausgefordert. Diese Aufgaben haben häufig beraterischen Charakter und sind selten einmalige Begegnungen (Zwicker-Pelzer 2002).

Zu (e) Familienberatung: Die ASD-Mitarbeiter geraten oft in ein Dilemma. Einerseits sollen und müssen sie in den Prozess der defizitären familialen Entwicklung eintauchen, andererseits sollen sie die Familien aktivieren und in ihren Ressourcen bestärken. Und scheinbar nebenbei werden sie in Tür-und-Angel-Situationen um Rat gebeten: Beratung zwischen allen Stühlen, im Stehen und ohne einen Auftrag, in knapper Zeit und mit sich in Sekunden ausweitenden komplexen Thematiken; so stellt sich der direkte familienberaterische Anteil der sozialen Familienarbeit oftmals dar. Ethik und Recht, Vertraulichkeit und Schweigepflicht: Eine Gemengelage von vielen oft zuwiderlaufenden Dingen drängt nach Unterscheidungen von Beratung und sozialer Hilfe im Geschehen des Hilfeprozesses. Mit etwas kontinuierlicheren und vorbereiteten Beratungsanlässen und Settings ist die Beratung von Pflegeeltern verbunden. Eine eher bekannte Konstellation von Erwachsenen hat die jeweilige Dienstleistungsaufgabe meist klar und bestärkt sich in den Entwicklungsprozessen. Sozialarbeiter und Pflegeeltern diagnostizieren gemeinsam das Referenzsystem Kind(er), sie vereinbaren Entwicklungsziele und gemeinsame Beratungsaufträge.

16.2 Die Besonderheit von Beratung als Dienstleistung

„Psychosoziale Beratung kann hilfreich werden, wenn die entsprechenden sozialen Ressourcen fehlen in der Unterstützung von kognitiven emotionalen und handlungsorientiertem Risiko-, Konflikt- und Problembewältigungsanstrengungen, vor allem aber in der Förderung von Chancennutzung und der Unterstützung von Motivation und Fähigkeit zur Ausgestaltung neuer Erfahrungsräume des einzelnen und der sozialen Gruppen". (Nestmann 1998, 419)
Oftmals ist Beratung informationsbezogenes Rat-Geben; in diesem Falle hat Beratung eine Qualität eigener Art neben der psychosozialen Beratung.
Wenn man sich an den Merkmalen von Beratung orientiert und von deren zugeordneten Rollen (präventiv, entwicklungs- und wachstumsfördernd, kreativ-heilend) ausgeht, so geht es im ASD um die *Entwicklungsförderung* und bestenfalls noch um Prävention, häufig aber um Krisenintervention. Im Zentrum stehen immer notwendige Veränderungen und erste dringend notwendige Schritte zur Veränderung von Personen, Interaktionen und deren Umgebung.
Beratung – wenn man sie psychosozial begründet – ist stark vom Freiwilligkeitsprinzip geprägt. Im Gefüge ASD ist Beratung für die Familien nicht immer freiwillig, sie hat für die betroffenen Familien meist einen hohen Verpflichtungscharakter (→ Kapitel 22). Pflicht zur Beratung, Verpflichtung zur Veränderung: Dies sind Ausgangspunkte für einen oftmals schwierigen Prozess, der beratend begleitet werden kann, den es nach gemeinsamen Aufträgen zu untersuchen und zu realisieren gilt. „Von der Pflicht zur Selbstverpflichtung", vom Zwang zur Ressource für Autonomie: Darin liegt die Hauptherausforderung von Beratung im ASD. Beratung im ASD vollzieht sich in unterschiedlichen Konstellationen und Settings: in eher freiwillig gesuchten Beratungen im Bereich der Hilfen zur Erziehung, im Führen von zielorientierten Hilfeplangesprächen bis zu der verpflichtenden Trennungsberatung und in all deren Zwischenräumen. Es kommt einem Spagat gleich zwischen Freiwilligkeit und Zwang. Für die Theorieentwicklung zur Beratung ist die Frage offen, wie viel Freiwilligkeit für Beratung wirklich konstitutiv sein mag; der beratungsfachliche Diskurs ist jedenfalls entfacht. Beratung im ASD vollzieht sich weit weg vom geordneten Beratungsstellen–Setting mit dem Charakter einer formellen Beratung (Nestmann 2004, 556), und doch handelt es sich hier um Varianten einer als „Beratung" zu kennzeichnenden Interaktion zwischen Fachkräften und Adressaten.
Beratung im zugehenden, aufsuchenden Kontext verlangt von den Fachkräften höchste Passung an die lebensweltlichen Rahmenbedingungen. Meist gibt es kein festes Setting, es geht eher um das Herstellen von Settings, dazu eine satte Vielfalt von Problemlagen und vielen Verwobenheiten. Dies prägt die Beratung mit Familien im ASD-Kontext. Die Familiengeschichten im ASD sind meist zu Akten geworden, die sich immer erneut verlebendigen und dennoch manchmal intergenerationeller Art sind: Sie stellen häufig eine harte Konfrontation dar mit dem Nichtgelingen Sozialer Arbeit. Es geht in ihrem Kern um die gemeinsame Ressourcensuche (von BeraterIn und Familie) trotz des vielfachen Nicht-Gelingens vorangegangener Bemühungen. Gefordert ist die Kompetenz der Ressourcendiagnostik und Ressourcensensibilität:

„Ressourcendiagnostik (d.h. Erfassung persönlicher Stärken, Netzwerkkarten und Unterstützungsanalysen, Organisations- und Institutionsdiagnosen) steht gleichberechtigt neben Problemdiagnostik. BeraterInnen müssen lernen, Bewältigungs- und Entwicklungspotentiale der materiellen Lebenswelt, der objektiven Lebensbedingungen und -umstände und ihrer kognitiven und emotionalen Repräsentation, der Energieressourcen in und zwischen Personen und Kontexten ebenso aufmerksam zu analysieren wie ressourcenreiche persönliche Merkmale der Betroffenen und ihrer Netzwerkmitglieder (Selbstwertgefühl, Bewältigungsoptimismus. Kontrollbewusstsein)". (Nestmann 1998, 423)

16.3 Merkmale von Beratung

Wenn es nun fachlich darum geht, die Besonderheit der beraterischen Leistung zu markieren, dann müssen wir typische Merkmale von Beratung ausmachen können:

- den beiderseitigen Willen des Beratungsnehmers und des Beratungsgebers;
- den geschützten Raum, d.h. der Umgang miteinander und die Informationspflicht muss auf einem beiderseitigen Schutz und einer Vereinbarung beruhen;
- die äußere und innere Ordnung des Beratungsgeschehens;
- die Ziel- und Auftragsklärung;
- Veränderungen brauchen Zeit;
- Vertrauensschutz;
- Grenzen erkennen und überleiten.

Natürlich ist es nicht einfach, diesen Merkmalen im Ambiente des ASD gerecht zu werden. Dennoch bemühen sich Fachkräfte, sich den beraterischen Standards – soweit es in den jeweils besonderen Interaktionskonstellationen im ASD-Alltag möglich ist – anzunähern.

Den beiden erstgenannten Merkmalen galten die vorangegangen Ausführungen; die anderen Merkmale werden im Folgenden näher erläutert.

16.3.1 Äußere Ordnung

Als äußere Ordnung ist der Rahmen der Beratung zu verstehen: die Institution, die Beratung anbietet, der Ort, an dem sie stattfindet, der Raum, die Sitzordnung etc. Im systemischen Zusammenhang bezeichnet man diesen Rahmen als „Setting". Das „Setting von Beratung" ist für Beratung bewusst zu nutzen. Indem der Berater „bewusst gestaltend" vorgeht, interveniert er bereits; das Setting kann bereits eine erste Intervention darstellen. Das Setting hat zwei zentrale Inhalte: Es ist ein Regelwerk, welches den Rahmen der Zusammenarbeit im beraterischen Handeln regelt, und es gibt die Bedingungen im Raum und in der Zeit vor (Sitzordnung, Zeitangabe, weitgehend störungsfreier Ort, alleine oder als Co-Beratung, Einzel-, Gruppen- oder Familienberatung u.a.m.).

Zum Setting gehört wesentlich die räumliche Gestaltung:

- gleiche Höhe (Augenhöhe), face to face;
- aufrechte Sitzposition (nicht unbedingt die gemütliche Couch);
- kein Kaffee, Tee oder Essen (allenfalls Wasser);
- nicht zu viele persönliche Gegenstände im Raum und trotzdem nicht zu nüchtern (ggfs. Bild, Vase, Pflanze);
- leere Stühle für weitere Personen, die als Nichtanwesende auf diesem Wege anwesend werden.

Die Person des Beraters ist ein elementarer Teil des Settings, d.h.:

- er/sie sollte nicht abgehetzt und aus vielen (vielleicht gar diffusen) Zusammenhängen und mit vollem Tempo in die Beratung oder die Beratungssequenz kommen oder gehen, eine kleine Pause vorab einlegen;
- eine „einladende" Sprache haben;
- im Blick zugewandt sein („in die Augen sehen") und den Blickkontakt halten können;
- Sprechmelodie und Sprachtempo angemessen gestalten können;
- den Redeanteil der BeraterIn angemessen praktizieren: Dieser sollte unter 50% liegen, deshalb sind gute explorierende Fragen wichtig. Der zu Beratende oder Ratsuchende soll arbeiten, denken, reden, experimentieren. Die BeraterIn ist nur die Anstifterin in diesem Prozess und gibt Hilfe bei der Lenkung auf Veränderungen hin.

16.3.2 Innere Ordnung

Beratungs*prozesse* folgen einer inneren Prozesslogik. Jede Beratung hat einige gleich bleibende Teile, die eine „innere Ordnung" markieren. So

Innere Ordnung des Beratungsprozesses:	Definieren des Problems	Formulieren des Ziels	Intervenieren auf Ziele hin
Beziehungs-gestaltung:	(bei Bedarf:)	(bei Bedarf:)	Abschluss:
Vorbereitung Ankommen Anwärmen	Klärung von Situation/ Beziehung	Klärung von Situation/ Beziehung	Zusammenfassen Feedback Komplimente Vereinbarung

Abb. 1: Prototypischer Ablauf von Beratungsgesprächen Herbert Eberhart (Bürgi/Eberhart 2004)

ist Beratung ein methodisch geleitetes Tun in der Logik des Prozesses, sie folgt einem prototypischen Ablauf und kann ihre Wirksamkeit in einem zeitlich weitgehend strukturierten Ablauf verdichten.

16.3.3 Ziel- und Auftragsklärung

Beratung basiert – mehr noch als andere Hilfemodalitäten – auf den Zielen und den Aufträgen des beraterischen Gegenübers. Die Auftragsklärung ist ein markanter Punkt der Beratung im Unterschied zu den anderen Handlungen der Sozialen Arbeit, der Pädagogik, der Schulung, Anleitung und Information. Aufträge können zudem verdeckt oder offen sein, sie sind in den ersten Gesprächen herauszuarbeiten. Dieser Klärungsprozess gehört als „systemische Intervention" in die Startphase eines jeden beraterischen Prozesses. Beratung ohne Auftrag ist nicht nur wirkungslos, sondern sie entmündigt das beratende Gegenüber und trägt nicht zur Subjektstellung und Autonomie bei.

In der Sozialen Arbeit haben wir es neben offenen und verdeckten Aufträgen mit zwei weiteren Arten von Aufträgen zu tun: mit direkten und indirekten Aufträgen. Direkte Aufträge sind z.B. Jugendamtsaufträge, medizinische Aufträge, etc. Indirekte Aufträge sind z.B. die inneren und verinnerlichten Aufträge von Personen: die eigenen kritischen und unterstützenden Anteile der BeraterIn, die herauszufinden sind und der Reflexion bedürfen (die Anwältin des Kindes, die Frauenrechtlerin u.a., kreative Anteile).

Nach der Klärung des Anlasses und der verschiedenen Anliegen der Systemmitglieder beginnt die Auftragsklärung für die Beratung. Der Prozess der Auftragsklärung wirkt oft wie ein Sammelsurium vieler Wünsche und bedarf einer sorgfältigen Sortierung. Die Aufträge sind zu ordnen: als Arbeitsaufträge der beteiligten Institutionen, der Angehörigen und des Finanzierungsträgers. Auch die Qualität der Aufträge ist danach zu prüfen, ob es sich um widersprüchliche Aufträge handelt und welche Aufträge als handlungsleitend anzusehen sind. Fragen für eine beraterische Auftragsklärung sind:

1. Welche Aufträge sehe ich?
2. Welche sind worin widersprüchlich?
3. Was wären geeignete Kompromissaufträge?

Aufträge können erkannt werden durch die eigene Wahrnehmung, den eigenen Eindruck und durch das, was Einzelne tun oder die Familie tut, was die helfende Institution tut, durch das, was man denkt, fühlt (eigenes Bewusstsein und das der anderen, Gedanken, Gefühle...). Aufträge gehören in den kritischen Diskurs von Berater und dem zu Beratenden. Beide Seiten prüfen die Klarheit des Ziels, die Offenheit für Veränderung und die Relevanz des beraterischen Hilfeangebotes. Die Subjektivität des Klienten, der Familie oder der Mitarbeiter wird damit deutlich herausgefordert und in ihrer Entwicklung unterstützt. Genau dies fordert das SGB VIII: mitgestaltende Eltern und Kinder/Jugendliche, die auf Dauer bereit und in der Lage sind, wieder die volle eigene Verantwortung für ihr Leben und ihre Familie zu übernehmen.

16.3.4 Veränderungen brauchen Zeit

Nicht das Tempo des Jugendamts, des jeweiligen Fachdienstes, sondern das Tempo des Klientensystems ist die für Beratung die relevante Maßeinheit. Das Tempo der Beratung meint den Umgang mit der Zeit einerseits und den Umgang mit den Vorgängen von Veränderung andererseits. Darin zeigt sich ein für Beratung sensibler Aspekt, z. B. in der Frage: Wer beschleunigt in welcher Weise Vorgänge, wer bremst sie auf welche Weise ab? Das Sprechtempo (z. B. „Schnellreden") kann unterschiedliche Bedeutungen haben: Es kann helfen, die Wichtigkeit und Bedeutsamkeit herunterzuspielen; Schnellreden kann aber auch Ausdruck sein von geringer Selbstachtung, es kann suggerieren, Prozesse zu beschleunigen und vorschnell auf Lösungen hin zu drängen.

So gilt es, einen (eher intuitiv geleiteten) Mittelweg zwischen den gedachten Zielen und Aufträgen des Klienten und dessen sprachlichem Ausdruck zu finden. Der sprachliche Ausdruck ist keineswegs Garant und vermittelt auch nicht immer das notwendige Tempo für Veränderung. Eine große Kompetenz von Beratung ist es, die Interdependenz des Beobachteten, des Gedeuteten mit scheinbar abgeklärten Zielen und Aufträgen gut begleiten zu können. Diese Sensibilität erfordert eine hohe Beobachtungsfähigkeit, genaues Hinhören auf den sprachlichen Ausdruck und auf die nichtsprachlichen Signale des Gegenübers, geschicktes Unterbrechen und Nachfragen. Auch Spiegeln der beobachteten Differenzen kann im beraterischen Prozess sehr förderlich sein.

16.3.5 Vertrauensschutz

Beratung erfolgt auf der Grundlage eines rechtlich geschützten Vertrauensverhältnisses (Schutz des Privat-geheimnisses und Datenschutz). Die Vertrauensbeziehung zwischen Beratern und Ratsuchenden sollte durch ein Zeugnisverweigerungsrecht besser rechtlich geschützt werden (nicht nur im Rahmen der Zivilprozessordnung, sondern auch für Strafverfahren). Berufs- und beratungsrechtliche Kenntnisse sind integrale Bestandteile des fachlichen Handelns. Fachkräfte sind verpflichtet, mit in der Beratungsbeziehung entstehenden Abhängigkeiten sorgsam umzugehen. Die fortlaufende Analyse der Beziehungen, der Verhaltensweisen und der Interaktionen im Beratungsprozess sind ein wesentlicher Bestandteil der Beratung.

Der Vertrauensschutz ist ein Ausfluss des notwendigen Vertrauensverhältnisses in der Beratungsbeziehung. Gemeint ist damit wesentlich mehr als eine vertrauliche Interaktion und ein von Empathie geleitetes Verhältnis von Berater und Ratsuchenden. Die Herstellung eines Vertrauensverhältnisses und die Gewährleistung des Vertrauensschutzes verlangen vom Berater einen präzisen Umgang mit Wissens- und Informationskontexten aus dem Beratungsverhältnis: die Fähigkeit, Wissen von / über Personen in keinen anderen Kontext – auch nicht verdeckt – zu transportieren. Nur so kann die Würde der Person des zu Beratenden wirklich geschützt sein. In Beratungsstellen, die ausschließlich auf Beratung ausgerichtet sind, ist dieses Gütekriterium sicher leichter zu gewährleisten. In den beruflichen Kontexten mit Beratungs*anteilen* wird es schwieriger, diesen Schutz sicherzustellen.

Wenzel (2009) fordert einen besonderen Vertrauensschutz auch für die Beratung bei solchen Leistungen, bei denen die Beratung einen für die Betroffenen verpflichtenden Charakter hat. Er bezieht sich auf Leistungen nach SGB II (Leistungen der Agentur für Arbeit), jedoch lassen sich seine Ausführungen auch auf Beratungen im Kontext des ASD übertragen. So sind gem. § 61 SGB II Träger von Leistungen zur Eingliederung in Arbeit (Träger von Bildungsmaßnahmen, Schuldnerberatung Suchtberatung) verpflichtet, Auskünfte zu erteilen über Sachverhalte, „die Aufschluss darüber geben, ob und inwieweit Leistungen zu Recht erbracht worden sind oder werden". Daraus leiten einige Agenturen für Arbeit die Berechtigung ab, sogar Inhalte aus der Beratung erfahren zu dürfen. Oftmals enthalten individuelle Leistungsvereinbarungen pauschale Schweigepflichtentbindungen, die rechtswidrig und damit unwirksam sind (Wenzel 2009). Die Konfliktlage ist dem ASD immanent, sie wird meist und letztlich auf den Schultern von Berater- und Klientensystem ausgetragen. Vereinbarungen zwischen öffentlicher Jugendhilfe und freien Trägern in Bezug auf das informationelle Selbstbestimmungsrecht der Betroffenen müssen transparent gestaltet werden. Verdeckte Kontrollaufträge würden dabei nicht nur gegen den fachlichen Grundsatz der Vertraulichkeit verstoßen, sondern sie sind rechtlich problematisch (§ 203

StGB „Verletzung von Privatgeheimnissen"). Auskünfte aus Beratungsprozessen an ASD-Fachkräfte sind lediglich in begrenzten Ausnahmefällen ohne die Zustimmung durch die Betroffenen rechtskonform. Entsprechend sind die Klienten überall kooperativ in den Informationsfluss einzubinden, wo dies sinnvoll möglich ist (www.vertraulichkeit-datenschutz-beratung.de; 17.10.2014).

16.3.6 Grenzen erkennen und Überleitung in andere Hilfen ermöglichen

Jenseits aller Allmachtsphantasien hinsichtlich der Wirksamkeit von Beratung sind Grenzen, Begrenztheiten der Personen selbst, ihres Umfelds und der strukturellen Gegebenheiten zu respektieren. Aber auch gegenüber den Zielen und Anliegen von Klienten gilt es, Grenzen wahrzunehmen und mit ihnen umgehen zu können. Nicht jedes Anliegen hat bei jedem Berater seinen richtigen Platz. Es geht demnach um Grenzen unterschiedlicher Art und um die Fähigkeit des Beraters, diese zu erkennen, sie immer wieder neu zu identifizieren und so gegebenenfalls der eigenen gedachten Expertenschaft Grenzen zu setzen und an eine andere Stelle oder an einen anderen Fachdienst weiterzuverweisen. Erst der reflektierte Umgang mit Grenzen zum Anliegen, zur Person und ihren Lebensumständen, zum Denken und Handeln aller im Beratungsprozess involvierten Menschen ermöglicht ein konkretes Erfahren und Gewahrsein der „Würde des Menschen".

16.3.7 Umgang mit dem Druck zu schnellen Entscheidungen

Schnell kritische und krisenhafte Lebensumstände erkennen und beraterisch zu intervenieren, ist ein hoher Stressfaktor für die Fachkräfte im ASD. Gute diagnostische Kompetenzen sind notwendig, um die Lage umfassend zu erfassen und die vielen mitwirkenden Faktoren in neue Handlungsstrategien einbeziehen zu können. Diagnostik ist auf dieser Veränderungsgrundlage kein einmaliger Akt, sondern ein komplexer Prozess, der selbst bereits verändernd wirken kann. Es eignen sich systemisch-diagnostische Varianten, weil sie die Komplexität des Umfeldes deutlich einbeziehen und Ressourcen suchend und aktivierend fokussieren. Systemische Diagnose ist dabei ein zirkulärer Prozess und keine statische oder lineare Angelegenheit. (→ Kapitel 14)

16.4 Beratung als zirkulärer Prozess von Diagnostizieren, Hypothesenbildung und Intervention

Je besser der Berater das intervenierende System durchschauen kann, desto verlässlicher werden die Voraussagen über seine Reaktionsweise auf bestimmte Störungen. Diagnose und Intervention sind aufeinander bezogene Vorgehensweisen, die eingeschlossen sind im Vorgang des Hypothetisierens (→ Abb. 2).

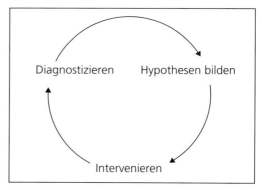

Abb. 2: Der zirkuläre Prozess

Beratung basiert auf fachlich fundierten diagnostischen Einschätzungen, die sich als Prozess und selten statisch darstellen. Die Beratung selbst – als Perturbation verstanden – kann irritieren, sie ist eine Intervention, ein „Dazwischen-Handeln". Beide Vorgänge, Diagnostizieren sowie Intervenieren, sind aufeinander bezogen, sie verketten sich miteinander im Vorgang des Hypothesenbildens. Sicherlich sind für den Beratungsvorgang Statusdiagnostik und Bedarfsdiagnostik hilfreich, einen besonderen Stellenwert nimmt jedoch die Prozessdiagnostik ein:

- Diagnostisches Erkennen ist der Prozess des Gewinnens gleicher Augenhöhe von Klient und Berater.
- Diagnostisches Erkennen wird durch den Berater

im Beratungsprozess erzeugt. Es geht dabei nicht um falsch oder richtig, sondern um hilfreich oder weniger hilfreich, immer bezogen auf Neu- und Weiterentwicklung.
- Diagnostisches Erkennen erfolgt kontinuierlich, es durchzieht den gesamten Beratungsprozess.

Systemische Diagnostik in Sozialer Arbeit bedeutet immer auch Kontextklärung, denn Kontexte geben den Rahmen von Wahrnehmung und Kommunikation. Praktische Schritte zur Kontextklärung beziehen sich auf institutionellen Kontext, Motivations-Kontext, Lehr-Lern-Kontext, historischer Kontext, zeitlicher Kontext, Anspruchskontext (Erwartungen), Ziel-Kontext und Adressaten-Kontext (Kleve et al. 2003, 97–109).

Beratungsdiagnostik ist berufsethischen Prinzipien verpflichtet. Denn der Ratsuchende ist vor allem Subjekt des Beratungsprozesses. Entsprechend seiner Subjektstellung sind Befunde und diagnostische Ergebnisse dem Ratsuchenden transparent zu machen und seiner Kontrolle auszusetzen. Die Berater müssen lernen, auf welche Weise Beratungsdiagnostik dem Klienten eigene Beurteilungen ermöglichen kann. Ein wesentlicher Teil ist die selbstkritische Reflexion des Beraters in seiner diagnostischen Funktion. Da in der Beratung die Person des Beratenden das zentrale Medium des Erkennens und Handelns ist, ist die Frage stets aktuell, wieweit die momentane diagnostische Arbeit durch eigene Bedürfnisse, Voreinstellungen und Interessen beeinflusst oder gar verzerrt wird.

Der oben zur Kennzeichnung des Charakters von Beratung verwendete Begriff „Perturbation" wird in der Systemtheorie im Sinne des Verstörens eines Systems verwandt. Das Ziel der Verstörung ist, eine Öffnung des Systems für Veränderung in Gang zu bringen und auf diese Weise neues Verhalten zu aktivieren. Hosemann/Geiling charakterisieren Perturbation als

„eine Verstörung, Irritation durch Ereignisse in der Umwelt eines Systems, auf welche das System entsprechend seiner Eigengesetzlichkeit reagiert. In der Systemtheorie wird davon ausgegangen, dass es in der System-Umwelt-Beziehung keine Einflussfaktoren gibt, welche die Reaktionen des Systems zwingend bestimmen (determinieren). In diesem Sinne können die Kräfteverhältnisse in der Umwelt eines Systems dieses nicht direkt beeinflussen, weil das System die Umwelt nicht in deren Logik ‚versteht'. Für das System stellen sich lediglich Anregungen und Irritationen dar, auf die dieses aufgrund seiner Eigengesetzlichkeit und Struktur reagiert. Perturbationen lösen Zustandsveränderungen im System aus." (Hosemann/Geiling 2005, 292)

Diesen Perturbationen ergänzend sind Interventionen zu verstehen als

„das Bemühen, in die Fremdbezüglichkeit (Fremdreferenz) eines anderen Systems Informationen einzustellen, die für dieses intervenierte System einen Unterschied machen, der einen Unterschied macht und Möglichkeiten erweitert (…) Systemische Interventionen erfordern daher – um Aussicht auf gewünschte Wirkungen zu haben – die Respektierung der Strukturen des intervenierten Systems." (Hosemann/Geiling 2005, 286)

Intervention ist wie ein Geheimnis der Veränderung, sie ist das, was eigentlich wirksam ist und erscheint als Konglomerat aus unterschiedlichen Elementen wie

- Persönlichkeit des Beraters,
- Übereinstimmung mit Klient und Klientensystem,
- Tagesform,
- beraterische/professionelle und persönliche Erfahrungen,
- institutionelle Rahmenbedingungen,
- soziale Schicht,
- Beziehungen zwischen Berater und Klient.

Die Zusammenarbeit mit Familien und deren Hilfekontexten braucht Spielregeln und Vertrauen. Familien sind wie Unternehmen und benötigen eine systemische Intervention bzw. ein Interventionspaket. Dies ist

- gestützt/abgesichert durch einen Basis-Kontrakt;
- kontextbezogen, d.h. berücksichtigt die spezifischen Rahmenbedingungen;
- zielt auf die explizite und implizite Ebene;
- entsteht aus dem System und nicht von außen (Berater, die außen vor bleiben, bewegen nichts);
- arbeitet an den einzelnen Systemelementen (Strukturen, Menschen…), ihren Merkmalen und ihren Verbindungen – kurz: am Muster;
- arbeitet konstruktiv mit Koalitionen und Allianzen (indem es sie bewusst macht, herstellt, auflöst, hinterfragt);

- begreift Widerstände als Ziel, nicht als Hindernis;
- ist gezielt energiezuführend (pushend) oder energiereduzierend (bremsend);
- macht Regeln, Normen, Mythen und Tabus eines Systems bearbeitbar und damit änderbar;
- berücksichtigt, dass jede Intervention das System destabilisiert, und arbeitet mit diesem Effekt;
- arbeitet an den Zielkonflikten, die jedes System in der Dialektik der Pole (zum Beispiel Offenheit / Geschlossenheit, Stabilität / Anpassungsfähigkeit) und in seinen Widersprüchlichkeiten hat und zum Überleben braucht;
- ist sich der Wahrscheinlichkeit von Nebenwirkungen bewusst und antizipiert Kettenreaktion;
- bietet neue Rahmen für Realitätsbetrachtungen an und hilft, sie zu nutzen.

Eine sorgfältige Prüfung der eigenen Erwartungen als Fachkräfte an die Familie ist notwendig. Oft werden Familien unterschwellig mit Erwartungen der Helfer konfrontiert. Sie spüren dann Druck und Ohnmacht zu den unpräzisen Wünschen ihrer Begleiter, ohne aber den ersten Schritt bei sich zu kennen und zu spüren. Ohnmacht, Druck usw. potenzieren sich in diesem Vorgang und das dysfunktionale System Familie setzt im Zweifelsfall seine vorhandene Dysfunktionalität fort. Um die Kundigkeit der Familien zu nutzen und das Helfersystem produktiv in einen abgestimmten Prozess des gemeinsamen Einwirkens auf das Familiensystem zu bringen, sind kontinuierliche Supervision und Intervision nötig. Die Pendelbewegung von lösungsorientierter und lösungsmentaler Haltung ist nur unter guter Begleitung leistbar. Sowohl hinsichtlich der Familie als „Fall der Hilfe" als auch im Zusammenwirken der verschiedenen Helfersysteme können eigene selbstkritische Reflexionsfragen dienen, so insbesondere (Hargens 2000, 185 ff.):

- Welche vergangenen Erfahrungen gibt es mit den bisherigen Helfersystemen?
- Welche davon waren hilfreich / nicht hilfreich?
- Wer hat sie hilfreich gefunden und was genau hat geholfen?
- Wer hat sie am wenigsten hilfreich gefunden?
- Welche Helfersysteme sind aktuell beteiligt?
- Wie definieren die einzelnen Beteiligten (Helfer und Familienmitglieder) das Problem?
- Wer hat welche Lösungsvorstellungen?

- Wer von allen Beteiligten (Helfer und Familienmitglieder) ist am meisten an Veränderungen interessiert?
- Wer von allen Beteiligten ist derzeit am meisten bemüht, diese Veränderungen zu bewirken?
- Angenommen, die Schwierigkeiten würden über Nacht verschwinden, welche Auswirkungen hätte das auf Ihren Kontakt mit dem einzelnen Helfer?
- Für wen wären diese Auswirkungen wünschenswert und für wen nicht?
- Was glauben Sie, denken die Helfer über Sie? Angenommen, es würde sich etwas verändern, würde das das Bild der Helfer eher bestätigen oder widerlegen? (Hargens 2000, 185 ff.)

Für die professionellen Hilfen ist der Schritt vom einfachen, einer „Reparatur" der Familie dienenden Hilfeangebot zu einer reflektierenden Hilfegestaltung sehr wichtig. Die reflektierende Hilfegestaltung gibt den Professionellen einerseits eine stärkere Distanz zum System Familie und andererseits eine größere fachliche und menschliche Nähe. In guter Kenntnis der systemimmanenten Prozesse in der Familie und in den systemdiagnostischen Beobachtungen können Interventionen produktiver von der Familie aufgenommen und umgesetzt werden. Die in der Familientherapie entwickelten differenzierten Verfahren der Intervention können als systemische Grundlagen für Diagnose und Intervention in der Sozialen Arbeit gut genutzt werden. Auch wenn die ASD-Fachkräfte keine therapeutischen Interventionen im engeren Sinne vornehmen können und sollen, so können sie sich doch in ihren Beratungsprozessen von den in der systemischen Familientherapie erworbenen Erfahrungen und Erkenntnissen anregen lassen und diese auf das beraterische Handeln in ihrem Handlungsfeld transferieren.

Perturbation geschieht durch die Intervention mittels systemischer Methodik und Technik. Gleichzeitig sind systemische Interventionen auch ein Mittel der Diagnostik, die zu verstehen ist als ein dauernder Prozess, nicht als eine einmalige Angelegenheit. Die systemische Intervention ist gebunden an und verbunden mit der Verpflichtung zur Wertschätzung. Sie reflektiert die zu beratenden Systeme, z. B. nach diesen Referenzpunkten:

- Wie respektiert die Intervention die Autonomie des Einzelnen?

- Wie trägt sie zum Bedürfnis nach Kontrolle bei?
- Wie werden die Systemgrenzen eingehalten, gegeben bzw. respektiert?
- Wo ist die Kommunikation nicht förderlich? Geht sie angemessen mit Verschiedenheit und Gemeinsamkeiten um?
- Welche Regeln zeigt, welche braucht das System?
- Wie wird im System mit „Veränderung" umgegangen? Wie mit Homöostase?
- Kräfte und Ressourcen: Werden sie genügend herausgefordert und wertgeschätzt?
- Welches Geschlechterverhältnis zeigt sich / wie partnerschaftlich kann Begegnung erfolgen?
- Welche Bedeutung hat die „Herkunft" für die Gegenwartsbewältigung? Wie kann das förderliche Potential aus diesen Zusammenhängen herausgefunden werden?
- Geschwisterdynamik
- Grenzen / Räume
- Mehrgenerationenperspektive
- Geheimnisse
- Kontenbegleichung (Gerechtigkeitsfrage)
- Triangulation

Beim genauen Hinschauen in das System werden einige dieser Dimensionen fokussiert und in den Diagnose-Prozess besonders einbezogen.

Der Beratung im Allgemeinen Sozialen Dienst fehlen nicht die Anlässe für Beratung. Beratung vollzieht sich faktisch im Zusammenhang mit der Hilfeplanung und in verschiedenen Gesprächskonstellationen mit Kindern, Jugendlichen, Eltern(-teilen) und mit Personen aus anderen Institutionen (Schulen, Kindertageseinrichtungen etc.).

Ferner ergeben sich immer wieder Ansätze und Anlässe der „formlosen Beratung / Betreuung" von Adressaten und der Erörterung von schwierigen Lebenssituationen und entsprechenden Lösungsperspektiven. „Beratung" ist also einerseits ein fester Bestandteil der Tätigkeit der ASD-Fachkräfte. Andererseits müssen aber auch die Grenzen solcher Beratungsmodalitäten in den Blick genommen werden. Der Handlungsrahmen in den meisten ASD setzt deutliche Grenzen für methodisch gestaltete Beratungsprozesse, wie sie in den vorangegangenen Ausführungen charakterisiert wurden. Diese Differenz und die damit einher gehenden Begrenzungen dürfen nicht außer Acht gelassen werden, wenn man von „Beratung im ASD" spricht.

Beratung als methodisch gestaltete Intervention braucht einen eigenen Raum, der auch Überlegungen zu den Schnittstellen mit den anderen Aufgaben des ASD und zu den möglichen Spannungen zu anderen Aufgaben des ASD einschließt. Hier ist wünschenswert, dass neue Markierungen für Beratung im ASD gesucht sowie zeitliche und räumliche Korridore für Beratung geöffnet werden. Auf Dauer kann eine qualifizierte und reflektierte Beratung ein lohnender Weg sein, um Menschen in prekären Lebenssituationen auf den Weg zu ihrer Eigenmächtigkeit rückzuführen.

Beratungskompetenz in einem so komplexen Arbeitsfeld entwickeln und aufrecht erhalten zu können ist auf Dauer zudem nur möglich, wenn die ASD-Fachkräfte in permanenter Selbstreflexion ihres Handelns stehen, was wiederum auf die Notwendigkeit begleitender Supervision verweist.

17 Trennungs- und Scheidungsberatung sowie Zusammenarbeit mit dem Familiengericht gemäß FamFG

Von Wolfgang Rüting

- Formen familialer Lebensgestaltungen sind nicht statisch. Die gesellschaftlichen Prozesse haben ein sehr heterogenes und wechselhaftes Bild von Familie produziert. Familiale Lebensgemeinschaften bestehen nicht mehr nur ein Leben lang. Zyklen unterschiedlicher Partnerschaften und Familienkonstellationen wechseln sich im Lebensverlauf von Menschen ab. Die sich hieraus ergebenden Bedarfslagen sind von der Jugendhilfe offensiv aufzugreifen. Ihnen ist leistungsorientiert zu begegnen.
- Für Kinder und Jugendliche, die in Familienkonstellationen mit Trennung und Scheidung aufwachsen, kann dies mit der Anforderung einhergehen, wechselnde Beziehungserfahrungen und innerfamiliäre Konflikte bewältigen zu müssen. Dies spitzt sich insbesondere dann zu, wenn der Trennungs- und Scheidungskonflikt eskaliert oder sich chronifiziert. Gleichwohl ist das Ereignis Trennung und Scheidung nicht per se eine „Katastrophe". Die Normalität dieses Ereignisses ist stets zu betonen. Beim sozialpädagogischen Umgang mit diesem Phänomen geht es nicht um Defizitvermeidung, sondern um die Hilfe zur Bewältigung und zum Umlernen in krisenhaften Lebensphasen.
- Die Jugendhilfe trägt mit geeigneten Beratungs- und Unterstützungsangeboten dazu bei, Familien in dieser Lebensphase früh zu erreichen. Beratung und Unterstützung in Fragen der Trennung und Scheidung erlangt damit den Status einer frühen Hilfe. Niedrigschwellige Informations- und Kontaktmöglichkeiten sowie entsprechende Beratungsangebote müssen regional im Kontext der sozialen Infrastruktur vorhanden sein. Ein Qualitätsmerkmal ist dabei die Trägervielfalt mit Blick auf Konzepte und Angebotsdifferenzierung.
- Das Ereignis Trennung und Scheidung einer Familie steht oftmals in einem engen Zusammenhang mit einem Verfahren vor dem Familiengericht. Der ASD hat in diesem Zusammenhang weitergehende Beratungs- und Unterstützungspflichten, sowohl mit Blick auf die betroffenen Familien als auch auf das Familiengericht. Dies setzt die Aneignung fundierter Kenntnisse des Familienverfahrensrechtes (FamFG) und dessen Anwendung durch den ASD voraus.
- Der ASD leistet gegenüber dem Familiengericht keine „untergeordnete Zuarbeit". Familiengericht und ASD begegnen sich im Verfahren „auf Augenhöhe". Dabei erbringt der ASD eine wichtige Unterstützungsleistung für das Gericht, die im Kontext des FamFG als sozialpädagogische Kompetenz ausdrücklich erwartet wird. Hierdurch wird das Gericht in Kindschaftssachen befähigt, die Situation des Kindes umfassend zu beurteilen. Ferner basieren darauf die Vermittlungsbemühungen des Gerichts in der Auseinandersetzung mit den betroffenen Eltern, am Ende aber auch eine fundierte Beschlussfassung. Alles in allem erfüllt der ASD damit eine wichtige und verantwortungsvolle Funktion im Familiengerichtsverfahren.
- Der ASD ist wesentlicher Bestandteil oder Netzwerkpartner in der sich im regionalen Zusammenhang generierenden „Verantwortungsgemeinschaft" im familiengerichtlichen Verfahren. Familiengericht und ASD sollten sich dabei als Kristallisationspunkt und Initiatoren dieser Verantwortungsgemeinschaft verstehen. Über den Einzelfall hinaus sind daher Kooperations-

bezüge und Professionen übergreifende fachliche Austauschbeziehungen zu initiieren und als dauerhafter Bestandteil der Beratungsinfrastruktur zu pflegen.

17.1 Trennung und Scheidung als gesellschaftliche Realität – Gestaltungsaufgabe für die Jugendhilfe (ASD)

Trennung und Scheidung verheirateter oder nicht miteinander verheirateter Paare stellt längst eine gesellschaftliche Realität und Normalität dar. In den Lebenskonzepten vieler Menschen finden sich Zyklen mit verschiedenen Partnern wieder. Die lebenslange Beziehung ist nicht mehr das dominierende Modell der Paarbeziehung. In der Folge ist auch das klassische Bild der Familie kein selbstverständliches mehr, sondern mindestens seit Mitte des letzten Jahrhunderts in seinen Erscheinungsformen erheblichen Wandlungen und Differenzierungen unterworfen.

Es gibt längst nicht mehr „die Familie". Stattdessen bilden sich familiale Lebensformen heraus, die der Biographie, den Erfahrungen und psycho- und soziokulturellen Prägungen der Partner entsprechen. Familie entwickelt sich überall dort, wo Eltern für Kinder und Kinder für Eltern Verantwortung tragen. Das sind Ehepaare mit ehelichen, nicht ehelichen, adoptierten Kindern oder Pflegekindern, erwachsene Kinder, die sich um Eltern kümmern, alleinerziehende Mütter und Väter (Einelternfamilien) mit Lebenspartner und Lebenspartnerschaften mit Kindern. Wesentliche strukturelle Merkmale von Familie sind die (Mehr-)Generationenperspektive (Eltern–Kind–Ebene) und die Gewissheit, dass Menschen in Familien sich in ihrer psychosozialen Bedürftigkeit ergänzen, bzw. voneinander profitieren (Austauschbeziehungen). Hinzu kommt der Faktor Familie als wirtschaftliche Bedarfsgemeinschaft. Alles in allem bildet sich im Kontext Familie die primäre Lebensform und gleichzeitig die zentrale Sozialisationsinstanz für Menschen ab.

So elementar wie sich der Lebensraum Familie für Menschen, insbesondere junge Menschen darstellt, so angreifbar und störanfällig kann sich dieser Lebensraum zeigen. Wie jedes System reagiert Familie auf und in Krisen. Die drohende oder tatsächliche Trennung und Scheidung der Partner (Eltern) löst in der Regel eine solche Krise aus. Damit steigt das Risiko destruktiver innerfamiliärer Konfliktverläufe.

Seit Mitte der 1950er Jahre steigt der Anteil von Ehen, die in Scheidung enden, stetig an. Schätzungen zufolge werden 42 % aller Ehen der aktuellen Heiratsjahrgänge in Deutschland vor dem Scheidungsrichter enden (Walper 2011). In Deutschland verzeichnen wir im Jahr 2009 103.827 Sorgerechts- und Umgangsregelungsverfahren vor dem Familiengericht. Weiterhin blicken wir auf ca. 15.300 Verfahren zum Entzug des elterlichen Sorgerechtes (Statistisches Bundesamt 2010). Hinter jedem Verfahren stehen Schicksale, insbesondere die der involvierten Kinder und Jugendlichen.

Sowohl die gesetzgebenden und rechtsprechenden Instanzen als auch die Praxis der Jugendhilfe haben sich seit Anfang der 1970er Jahre intensiv mit den Folgen von Trennung und Scheidung befasst. In verschiedenen Gesetzgebungsstufen wurde das Familien- und Kindschaftsrecht seither reformiert. Zu verweisen ist auf die Kindschaftsrechtsreform aus dem Jahre 1998. Schwerpunkte dieser Reform waren das Recht der elterlichen Sorge – gemeinsames Sorgerecht als Regelfall (1771 BGB) –, das Umgangsrecht als Recht des Kindes bzw. Pflicht der Eltern (§ 1784 BGB) sowie das Verfahrenrecht in Familiensachen zur Förderung einvernehmlicher elterlicher Regelungen (Proksch 2004). Nach weiteren elf Jahren hat sich die Reform des Familienverfahrensrechts dieser Entwicklung angeschlossen (FamFG 01.09.2009), u. a. mit den Schwerpunkten Scheidungsfolgesachen und Kindschaftssachen. Abgelöst wurde hierdurch das Gesetz über die Angelegenheiten der freiwilligen Gerichtsbarkeit (FGG). Die schon 1998 definierten Reformziele werden damit nochmals präzisiert und sollen durch eine deutliche Veränderung des familiengerichtlichen Verfahrens gefördert und präzisiert werden.

Die Praxis der Jugendhilfe entwickelt seit den 1980er Jahren konzeptionelle Schwerpunkte mit dem Ziel, Familien in Trennungs- und Scheidungssituationen mittels sozialpädagogischer und therapeutischer Hilfen und mit Unterstützungsangeboten in entsprechenden Konfliktlagen anzusprechen und zu begleiten. Diese Praxis der Kinder-Jugendhilfe findet ab 1991 mit Inkrafttreten des Kinder- und Jugendhilfegesetzes eine entsprechende leistungsrechtliche Normierung. Geregelt wird in §§ 16, 17 und 18 SGB VIII der Anspruch betroffener Eltern bzw. Personensorgeberechtigter auf Beratung und Unterstützung in Fragen der Erziehung, der Personensorge und der Bewältigung der Trennungs- und Scheidungsfolgen sowie auf Beratung im Umgang mit Partnerkonflikten in Familien. Hierbei steht das Ziel im Mittelpunkt, schwierige Verläufe konflikthafter Entwicklungen in Familien und in Trennungs- und Scheidungsverläufen mit den Betroffenen frühzeitig und lösungsorientiert zu bewältigen. Es geht dabei um die Entwicklung eines Konzepts zur nachehelichen Elternschaft, um die Befriedung der Paarbeziehung als wesentliche Grundlage für die Entwicklung dauerhafter elterlicher Verantwortung im Sinne eines gemeinsamen und abgestimmten Handelns. Der Leitsatz ist hierbei stets „Eltern bleiben Eltern" (v. Eckardstein et al. 2009). Die Betroffenen haben auf diese Hilfen einen Rechtsanspruch. Insofern war und ist die Jugendhilfe gefordert, hierfür Konzepte und eine entsprechende Infrastruktur in Form von Beratungseinrichtungen bedarfsgerecht vorzuhalten. Hierzu hat sich im jetzt 20-jährigen Entwicklungsverlauf des SGB VIII eine differenzierte (gem. Wunsch- und Wahlrecht) und gut qualifizierte Praxis entwickelt. Insbesondere die Träger der freien Jugendhilfe halten Beratungseinrichtungen vor. Aber auch die Arbeit des ASD umfasst maßgebliche Anteile der Trennungs- und Scheidungsberatung, wobei diese häufig verortet wird als Angebot im Kontext familiengerichtlicher Aktivitäten (§ 50, 2 SGB VIII). Der öffentliche Träger der Jugendhilfe hat im Rahmen seiner Gesamtverantwortung (§ 79 SGB VIII) darauf zu achten, dass Beratungsangebote zur Thematik Trennung und Scheidung ausreichend zur Verfügung stehen (Quantität) und den Anforderungen entsprechen (Qualität). Entscheidend ist dabei, dass die Angebote im Bedarfsfall rechtzeitig zur Verfügung stehen und von den Betroffenen auch erreicht werden können (barrierefrei). Ein wesentliches Gestaltungsmerkmal einer rechtzeitigen und nachhaltigen Beratung in Fragen zu Trennung und Scheidung ist die Einbettung in das regionale Konzept der Frühen Hilfen. Wie zu zeigen sein wird, entspricht gerade dieses Ziel dem Zweck des Familienverfahrensrechts (FamFG) und der fachlichen Intention der Jugendhilfe. Es geht darum, die Trennungs- und Scheidungsfolgen insbesondere für die betroffenen Kinder und Jugendlichen frühzeitig aufzufangen, zu mindern und damit Spätfolgen entgegenzuwirken.

17.2 Psychosoziale Dimensionen des Trennungs- und Scheidungskonfliktes in Familien

Konflikte können als Ausdruck von Beziehungsstörungen verstanden werden, die zwischen Beteiligten (Einzelpersonen, Gruppen, Organisationen etc.) innerhalb eines Systems auftreten. Familie ist als ein solches System zu verstehen (von Schlippe 1986, 51 ff.). Konflikte können entweder als Chance zur Veränderung der Beziehungsstruktur in Paar- und Familienbeziehungen wahrgenommen werden, oder aber sie können bei Verdrängung und Aufrechterhaltung gestörter Interaktionsprozesse zur Eskalation und Destruktion des gesamten Systems führen (Koerner / Engel 2001, 9). In Verbindung mit dem Konfliktbegriff ist das Ereignis „Krise und Kommunikation" zu sehen. Krise bezeichnet eine problematische, sich zuspitzende Entscheidungssituation im Lebenszyklus eines Menschen oder des gesamten familialen Systems. Merkmal einer Krise ist oftmals der unter hohem emotionalem Druck aufkommende Verlust des seelischen Gleichgewichts, den die Betroffenen mit eigenen erlernten Bewältigungsmöglichkeiten selbst nicht mehr beheben können (Deutscher Verein 2007, 601). Krisen werden durch innere oder äußere Ereignisse ausgelöst, mit unmittelbarer Wirkung auf das Familiensystem. Auslöser einer Krise im Lebenszyklus von Familien sind Krankheiten, Lebensumbrüche, Tod, Verlusterfahrungen, Neuorientierung und eben auch die Erfahrung einer Trennung und Scheidung der Partner (Eltern) sowie die hiervon ausgehenden Wirkungen auf das familiale Lebenskonzept. Die Fähigkeit zur Bewältigung einer innerfamiliären Krise ist abhängig vom Kommunikationsvermögen der Mitglieder einer Familie.

Die Auswirkungen von Trennung und Scheidung mit Blick auf die Folgen für Erwachsene und Kinder können ein durchaus unterschiedliches Bild aufweisen. Für einige Menschen ergeben sich im

Wege der Trennung und Scheidung Vorteile, z. B. Entlastung und Beruhigung nach Jahren der Auseinandersetzung und des Kampfes. Andere leiden nur temporär unter einer zeitweiligen Beeinträchtigung ihres Wohlbefindens. In Extremfällen wird mit Blick auf den Lebensverlauf Betroffener ein Abwärtstrend eingeleitet, von dem sie sich nie wieder richtig erholen (BMFSFJ 2006, 118). In jedem Fall bedeutet Trennung und Scheidung in der Regel ein krisenhaftes Ereignis im Lebenszyklus Einzelner und Familien. Diese Lebenserfahrung geht einher mit Gefühlen des Zorns, (Verlust-)Ängsten, Trauer, Verzweifelung bis hin zur völligen Desorientierung. Das Bewältigungsrisiko der Folgen von Trennung und Scheidung steigt mit schwächer ausgeprägten individuellen Dispositionen der Betroffenen (soziale und psychische Kompetenzen).

Luxenburg/Koenig (2008) beschreiben hierzu ein Verlaufsphasenmodell von Trennung und Scheidung. Entwicklungsstufen sind demnach die Isolationsphase (Verleugnung), die Zornphase (Widerstand und Aggression), die Phase des Verhandelns (Schadensbegrenzung), Depression und Resignation (Hilflosigkeit und Verzweifelung) sowie die Phase der Versöhnung und der sozialen Integration (Akzeptanz und Neuorientierung). Diese Phasen eines Trennungs- und Scheidungsverlauf sind idealtypisch dargestellt. Die zeitlichen Verläufe stellen sich von Fall zu Fall sehr unterschiedlich dar, bis hin zu jahrelangen Zermürbungsprozessen. Oft treten keine „glatten" Verläufe auf, d. h. die einzelnen Phasen werden nicht bewältigt mit der Konsequenz der Stagnation und des Verharrens. Die Erwachsenen (Eltern) sind im Verlauf des Trennungs- und Scheidungsprozesses über lange Zeiträume sehr mit sich selbst beschäftigt und damit, sich ein neues Leben aufzubauen bzw. sind sie auf sich selbst konzentriert. Elternschaft, ausgesetzt den Einflüssen und der Auswirkung von Trennung und Scheidung, entwickelt sich dann häufig weniger stabil, weniger verlässlich und protektiv für Kinder (Wallerstein u. a. 2002). Die Bedürfnisse von Eltern und Kindern stimmen oft noch Jahre nach dem Scheitern der Ehe nicht mehr überein. Vielfach werden die Bedürfnisse der Kinder in diesem Lebens- und Entwicklungszyklus der Familie gar nicht erst richtig verstanden und wahrgenommen. Bisweilen ist angenommen worden, dass der Konflikt der Eltern auch der Konflikt der Eltern bleibt und die Ebene und das Erleben der Kinder nicht berührt. Demgegenüber steht heute die Erkenntnis, dass Kinder die Belastung des Trennungs- und Scheidungskonfliktes in jeder Beziehung und Entwicklungsphase negativ erleben, so wie die Erwachsenen auch. Je nach der aktuellen Entwicklungsphase des betroffenen Kindes besteht ein hohes Belastungs- und Traumatisierungsrisiko. Dabei sind nicht nur das unmittelbare Konfliktgeschehen zum Zeitpunkt des Trennungskonflikts relevant, sondern insbesondere auch die Zeit und die Entwicklungen danach. Gestalten Eltern, die auch nach der Trennung aktive Eltern bleiben, die nachpartnerschaftliche Lebensphase im Sinne einer gemeinsamen Eltern- und Erziehungspartnerschaft oder sind ihre Kinder einem chronifizierten Konfliktverlauf mit allen daraus resultierenden Folgen über Jahre weiter ausgesetzt? Letzteres drückt sich u. a. aus im gegenseitigen Misstrauen der Erwachsenen zueinander, nicht verarbeiteten Kränkungen und dem Empfinden, Verlierer des Trennungs- und Scheidungskonfliktes zu sein. Die Resultate sind oft wenig verlässliche Absprachen der Erwachsenen, ein wenig ausgeprägter Blick auf Regelungen im Interesse der Kinder, mühsam konstruierte Umgangsregelungen und immer wieder neue Re-Inszenierungen des Konfliktgeschehens. Die Belange und Interessen der Kinder geraten dabei schnell aus dem Blick der Eltern. Im Extrem bilden sich psychopathologische Verlaufsformen des Konfliktes heraus, die die involvierten Kinder erheblich schädigen können. Bekannt geworden ist dies insbesondere durch die Diskussion zur PAS-Problematik (Parental Alienation Syndrom). Dabei wird das Kind einer massiven Manipulation oder „Programmierung" durch einen Elternteil ausgesetzt. Ein Elternteil ist bestrebt, das Kind gegen den anderen Elternteil einzusetzen. Das Kind spaltete in der Folge seine Eltern in Gut und Böse auf. Es wird zum Aggressionsträger des verletzten Erwachsenen-Ichs (vgl. Dettenborn 2014).

Wie auch immer sich die Verlaufsform eines Trennungs- und Scheidungskonflikts darstellt: Das Vertrauen der Kinder in die Eltern als sicherer Hafen kann dabei sehr schnell erheblich erschüttert werden (Walper, 2011).

Nicht jeder Verlauf einer Trennungs- und Scheidungssituation muss eine solche extreme Form annehmen. Die Trennung der Eltern und die Überleitung in eine andere Form des familialen Zusammenlebens können auch als richtige Schritte verstanden und gestaltet werden, um Konflikte zu entzerren, die Krise zu bewältigen und den Übergang in eine veränderte familiale Lebensform zu finden. Als gesicherte Erkenntnis dürfte allerdings gelten, dass eine Scheidung der Eltern in der Regel beträchtliche Veränderungen und Stressoren für die betroffenen Kinder impliziert (vgl. BMFSFJ 2006, 119). Dabei dürfte es nicht die Trennung per se sein, die den Kindern die größten Probleme bereitet. Es sind eher die Erfahrungen des Verlaufs des Trennungsprozesses und die sich danach ggf. einstellenden jahrelangen Konflikte und Streitigkeiten der Eltern.

Dabei ist zwischen kurz- und langfristigen Scheidungsfolgen zu differenziert. Die betroffenen Kinder sind in der Regel nicht auf das Ereignis der Trennung und Scheidung der Eltern vorbereitet. Emotionale Belastungen und Überforderungslagen sind die Folge. Je nach Entwicklungsalter der Kinder sind schulische Probleme zu beobachten sowie negative Beeinflussungen des Selbstwertempfindens und der sozialen Kompetenz. Eine positive, reflektierte Bewältigung der ersten Zeit im Verlauf der Trennung der Eltern kann zum Abklingen der Beeinträchtigungen führen. In Gegensatz hierzu können sich aber längerfristige Folgen negativer Art im Entwicklungsverlauf des Kindes einstellen, sofern es bei einem hohen elterlichen Konfliktniveau bleibt (vgl. BMFSFJ 2006, 120). Verschärft werden kann dieser Prozess, sofern Kinder aus einer Trennungs- u. Scheidungssituation weiteren Risiken ausgesetzt sind, u. a. einer Armutsentwicklung, der Krankheit der Eltern, eigenen gesundheitlichen Belastungen, Lern-Leistungsstörungen, ungünstigen Wohnlagen und Umwelteinflüssen.

So wird deutlich: Die Erfahrung einer Trennung und Scheidung stellt für die ganze Familie fast immer eine Zäsur dar, besonders für die betroffenen Kinder. Dies bedarf der Aufmerksamkeit der verantwortlichen Personensorgeberechtigten, aber auch staatlicher Dienstleistungsinstanzen (Jugendamt/ASD). Es geht darum, die Folgen für die Betroffenen abzumildern, wobei die Interessen des Kindes im Mittelpunkt stehen.

17.3 Zur Praxis der Trennungs- und Scheidungsberatung

Trennungs- und Scheidungsberatung ist ein wesentlicher Bestandteil des Leistungsangebotes der Kinder- und Jugendhilfe. Betroffene haben auf diese Sozialleistung einen Rechtsanspruch, den sie gegenüber dem Träger der öffentlichen Jugendhilfe (Jugendamt) geltend machen können. Mütter und Väter können Beratung in Fragen der Partnerschaft in Anspruch nehmen, wenn sie für ein Kind oder einen Jugendlichen zu sorgen haben (§ 17, Abs. 1 SGB VIII). Das gleiche gilt für den Fall der Trennung und Scheidung der Eltern unter angemessener Beteiligung der betroffenen Kinder. Ziel ist es, ein einvernehmliches Konzept für die Wahrnehmung des gemeinsamen Sorgerechtes zu entwickeln (§ 17, Abs. 2 SGB VIII.) Im Falle der Unterstützung bei der Ausübung des Umgangsrechtes (§ 1684 BGB) können Eltern und Kinder gleichfalls Beratungsleistungen der Jugendhilfe in Anspruch nehmen (§ 18, Abs. 3 SGB VIII). Beratungsangebote dieser Art werden sowohl vom Jugendamt selbst – in der Regel vom ASD – angeboten als auch von Beratungsdiensten in freier Trägerschaft.

Zumindest die Beratungstätigkeit des Jugendamtes korrespondiert mit dem Verfahren vor dem Familiengericht dann, wenn ein Verfahren zur Klärung sorge- und umgangsrechtlicher Fragen auf Betreiben der Betroffenen oder von Amts wegen eingeleitet wird. Das Jugendamt unterstützt im Verfahren das Familiengericht bei allen Maßnahmen, die die Sorge für Kinder oder Jugendliche betreffen (§ 50, 1). Mit Blick auf die Intention des Familienverfahrensrechts (FamFG; „Schlichten statt Richten") kommt der Trennungs- und Scheidungsberatung eine besondere verfahrensrechtliche Bedeutung zu. Freie Träger der Jugendhilfe können im Rahmen ihrer konzeptionellen Ausrichtung gleichfalls in diesem Kontext tätig werden.

Doch auch unabhängig von der verfahrensrechtlichen Bedeutung sind Familien im Kontext einer Trennung und Scheidung der Eltern häufig auf professionelle Begleitung und Beratung angewiesen. Die Anforderung an die Beratung im Kontext von Trennung und Scheidung lässt sich phasenspezifisch sortieren. Aus Sicht der Jugendhilfe ist dabei relevant, wie Eltern in die Lage versetzt bzw. dabei unterstützt werden, das Geschehen mit Blick auf die Bedürfnisse der betroffenen Kinder zu bewältigen (Fthenakis 1991, 119 ff.):

- **Ambivalenzphase (im Vorfeld):** Diese Phase kann sich über lange Zeiträume erstrecken, geprägt durch die Auseinandersetzung mit dem Trennungskonflikt und der Akzeptanz des Geschehens. Eltern und Kinder benötigen auf der Paar- und Familienebene Aufarbeitung und Klärung. Es geht darum, mit dem Ereignis der Trennung „Frieden zu schließen" und den Blick nach vorne zu gewinnen. Gerade in der Ambivalenzphase bekommt der Grundsatz der frühen Hilfen eine eigene Bedeutung. Je eher Kontakte hergestellt werden und Beratung für die Betroffenen möglich wird, desto geringer entwickelt sich das Risiko komplexerer Scheidungsfolgewirkungen, insbesondere für die betroffenen Kinder. Die Beratung zielt darauf ab, Betroffene auf der emotionalen und auf der sachlich pragmatischen Ebene zu befähigen, die belastenden Prozesse der Trennung zu bewältigen.
- **Trennungs- und Scheidungsphase (akuter Verlauf):** In dieser Phase geht es schwerpunktmäßig darum, konkrete Konzepte der nachehelichen Elternschaft zu entwickeln. Insbesondere hier gilt der Grundsatz „Eltern bleiben Eltern". Aus Sicht der betroffenen Kinder und Jugendlichen verändert sich die Alltagsrealität der Familie. An die Stelle des bisher Gewohnten treten neue Formen des Umganges miteinander, ggf. neue Beziehungen und veränderte Zeiten der Kommunikation. Kinder brauchen in dieser Phase vor allem das Gefühl der Verlässlichkeit und der Sicherheit, getragen durch Eltern, die zwar noch Erziehungspartner, aber keine Lebenspartner mehr sind.
- **Nachscheidungsphase (Reorganisation des Alltags und Normalisierung):** Die in der Trennungsphase erarbeiteten Regeln und Absprachen sind im Alltag der Nachscheidungsfamilie als Routinen zu pflegen. Vor allem braucht es trag- und belastungsfähige Formen der Kommunikation und der Konfliktbewältigung. Eltern müssen gerade in der Nachscheidungsphase gut differenzieren können zwischen den Angelegenheiten ihrer Kinder und ggf. doch noch aufkeimenden Kränkungen aus der Vergangenheit der Paarbeziehung.

Aus dem Blickwinkel der Jugendhilfe sind Eltern in ihrer Rolle und Verantwortung als Eltern zu stärken, um den Blick auf das, was Kinder brauchen, nicht zu verlieren. Hilfreich ist, wenn die Betroffenen bald die Phase der Ambivalenz hinter sich lassen können und Alltagsnormalität entwickeln. So wird es für die betroffenen Kinder am ehesten möglich, Stabilität und Orientierung zu erlangen sowie Sicherheit und Vertrauen zu gewinnen für die Gestaltung der neuen Lebensphase. Dies sind wesentliche Faktoren, um die mit Trennung und Scheidung einhergehende Krise gut bewältigen zu können und damit eine Grundlage zu schaffen für eine gesunde Weiterentwicklung der betroffenen Kinder und Jugendlichen.

Auftrag des ASD ist es, Familien im Trennungs- und Scheidungskonflikt schon früh möglichst im Entstehungsprozess Unterstützung und Beratung zugänglich zu machen. Trennungs- und Scheidungsberatung ist insofern auch Teil einer offensiven Sozialen Arbeit. Nur so ist frühzeitige Intervention möglich. Der ASD führt die Beratung im Rahmen seiner eigenen Kompetenzentwicklung eigenverantwortlich durch. Er fungiert aber vor allem als eine erste Informationsplattform und als Vermittlungsinstanz zu weitergehenden Beratungsangeboten.

Beratungsträger sind u. a. Erziehungsberatungsstellen, Ehe-, Familien- und Lebensberatungsstellen sowie spezielle Beratungsangebote freier Träger und gewerblicher Anbieter. Gängige Beratungsformen sind dabei die Paarberatung (Elternebene), systemische Familienberatung und insbesondere mediative Vermittlungsformen (Mediation). Mediation versteht sich dabei als ein Konfliktregelungsverfahren zur Förderung von Kommunikation und Kooperation. Ziel ist die Erreichung einer stabilen und sicheren gemeinsamen Handlungsebene der Partner für die Zukunft (Proksch 1998). Zudem erweisen sich Elterntrainings für Eltern in Trennungs- und Scheidungsphasen als besonders hilfreich. Hierbei handelt es sich um ein Verfahren der Familienbildung. Elterntrainings fördern die Sensibilisierung der Erwachsenen für die Bedürfnisse der betroffenen Kinder. Zudem erfolgt die Einübung angemessener Haltungen und erzieherischer Vorgehensweisen.

17.4 Das Verfahren in Kindschaftssachen § 151 ff. FamFG – Chancen zur Schlichtung und Entwicklung

Das neue Familienverfahrensrecht (FamFG) als Nachfolger des Gesetzes über Angelegenheiten der freiwilligen Gerichtsbarkeit (FGG) ist seit dem 01.09.2009 in Kraft. Dieser Gesetzesreform ging ein langjähriger Reformprozess voraus. Das FamFG folgte mit seinen verfahrensrechtlichen Normierungen dabei im Wesentlichen der Praxisentwicklung im Umgang mit Familien und Kindern/Jugendlichen in Trennungs- und Scheidungssituationen und in den Verfahren des Schutzes Minderjähriger gem. § 1666 BGB.

Leitideen des familiengerichtlichen Verfahrens gem. FamFG (Begründung d. Bundesregierung zum FamFG) sind insbesondere:

- Stärkung der konfliktvermeidenden und konfliktlösenden Elemente im familiengerichtlichen Verfahren;
- Beschleunigung von Verfahren im Umgangs- und Sorgerecht;
- Verstärkung der Beteiligungs- und Mitwirkungsrechte betroffener Kinder und Jugendlicher.

Insofern setzt das FamFG mit seinen Regelungs- und Gestaltungsmöglichkeiten Eckpunkte zu einer veränderten Praxisentwicklung im Kontext des familiengerichtlichen Verfahrens. Dabei steht das Kind – dessen Wohl, Schutz und Förderung – im Mittelpunkt des professionellen Interesses und aller Bemühungen. Von den beteiligten Institutionen und Berufsakteuren wird eine veränderte Qualität von Kooperation verlangt. Diese zielt darauf ab, nach Möglichkeit lösungsorientiert (Win–win–Situation) mit Blick auf den jeweiligen Einzelfall zu agieren. Im Unterschied hierzu stehen finale familiengerichtliche Entscheidungen (Gewinner–Verlierer–Situation). Das Win-win-Prinzip wird unterstützt durch die im Verfahren angelegte Vermittlungslogik (sozialpädagogische Handlungselemente). Familiengerichte müssen prozessorientiert arbeiten und damit die sozialpädagogisch–systemische Denk- und Handlungsweise in die Überlegungen zur Verfahrensführung einbeziehen (Flemming 2009).

Getragen werden die skizzierten Grundsätze durch das Vorrang- und Beschleunigungsgebot (§ 155 FamFG), das Hinwirken auf Einvernehmen (§ 156 FamFG), sowie auf die Möglichkeit des Familiengerichtes zur Erörterung der Kindeswohlgefährdung mit den Eltern (§ 157 FamFG). Das Vorrang- und Beschleunigungsgebot dient nicht allein zur raschen Bearbeitung des Verfahrens, sondern es geht vor allem darum, möglichst früh im Entstehensprozess des Trennungs- und Scheidungskonfliktes mit den betroffenen Familien Lösungen zu erarbeiten. Zudem soll durch das Vorziehen der kindschaftsrechtlichen Angelegenheiten vermieden werden, dass eine zu lange Verfahrensdauer zu weiteren Belastungen der betroffenen Kinder und Jugendlichen führt. Nach wie vor ist weiterhin eine Verfahrensdauer in Kindschaftssachen von sechs bis neun Monaten zu verzeichnen, was je nach Alter des Kindes in dessen Zeiterleben eine lange Dauer darstellt. In allen Phasen des familiengerichtlichen Verfahrens wird das Gericht bemüht sein, Einvernehmen im Sinne der betroffenen Kinder herzustellen. Untersuchungen belegen, dass stets diejenigen Verfahren eine langfristige und stabile nacheheliche Betreuungs- und Erziehungsperspektive erzeugen, in deren Verlauf es den betroffenen Eltern gelingt, Einigung in der Frage herzustellen, wie nach der Ehe der Erziehungsalltag gestaltet werden soll (Proksch 2004). Letztendlich gelingt es aber auch hier besser, den akuten familialen Scheidungs- und Trennungskonflikt zu befrieden.

Das Gericht kann auf Beratungsmöglichkeiten hinweisen, das Verfahren hierzu zeitlich unterbrechen (Aussetzung des Verfahrens), ggf. sogar die Teilnahme an einer entsprechenden Beratung anordnen (§ 156, Abs. 1 FamFG). Lediglich für den Fall, dass keine Einigung erzielt werden kann, ist eine Beschlussfassung (richterliche Entscheidung) erforderlich. Wie tragfähig diese mit Blick auf die Interessen der betroffenen Kinder und des elterlichen Verhaltens sein kann, bleibt allerdings offen. In der Regel bilden sich im Verfahrensverlauf folgende Kernelemente ab (Hornung et al. 2011):

1. Versuch der Herbeiführung einer außergerichtlichen Einigung durch Beratung des Jugendamtes im Zusammenwirken mit Beratungsangeboten entsprechender Fachdienste, ggf. unter Einbezug der Rechtsanwälte der betroffenen Ehepartner. Ziel ist es, ein familiengerichtliches Verfahren zu vermei-

den. Aspekte des Kinderschutzes sind dabei vom Jugendamt im Sinne des § 8a SGB VIII besonders zu beachten.
2. Im Falle des Scheiterns einer außergerichtlichen Einigung erfolgt ein Hinweis bzw. ein Antrag an das Familiengericht. Das Gericht eruiert den geschilderten Sachverhalt im Rahmen seines Amtsermittlungsauftrages (§ 26 FamFG) und leitet entsprechende Verfahrensschritte ein.
3. In den Regelverfahren wird eine einvernehmliche Regelung angestrebt. Ein früher erster Termin wird anberaumt. Die hierfür grundlegenden Regeln und Absprachen sind mit den Akteuren abgestimmt.
4. In jedem Fall gilt: die persönliche Anhörung des Kindes hat zu erfolgen, wenn das Kind das 14. Lebensjahr vollendet hat (§ 159 FamFG). In der Regel hören die Gerichte die Kinder entsprechend ihres Entwicklungsstandes schon in einem weitaus jüngerem Alter an. Die Anhörungspflicht gilt für die Eltern gleichermaßen (§ 160 FamFG)
5. Verfahrensende: Im Sinne einer einvernehmlichen Regelung strebt das Gericht in den Regelverfahren eine entsprechende Regelung oder einen Vergleich an. Gelingt dies nicht, bedarf es eines gerichtlichen Beschlusses. Den Beteiligten steht das Rechtsmittel der Beschwerde zu.

17.5 Die Zusammenarbeit des Jugendamtes mit dem Familiengericht im Netzwerk der Verantwortungsträger

Bei Verfahren in Kindschaftsangelegenheiten kann das Jugendamt als Primärpartner des Familiengerichts bezeichnet werden. Dies beginnt bereits bei der Frage nach der Beteiligtenstellung. Gem. § 162 Abs. 1 FamFG hat das Gericht das Jugendamt in Verfahren, die die Person des Kindes betreffen, grundsätzlich anzuhören. Die Kompetenz der sozialpädagogischen Fachbehörde Jugendamt im familiengerichtlichen Verfahren soll hierdurch für das Verfahren genutzt werden. Weiterhin ist das Jugendamt gemäß § 162 Abs. 2 FamFG am Verfahren auf dessen Antrag hin zu beteiligen. Diese „erweiterte" Beteiligtenstellung erhöht die Verpflichtung des Familiengerichts zur umfassenden Information und Anhörung bzw. Stellungnahme des Jugendamtes in allen Phasen des Verfahrens. So sind in diesem Fall alle Schriftsätze im Verfahren zu übersenden und stets rechtliches Gehör zu gewähren.

Daraus ergibt sich die Möglichkeit des Jugendamtes als Fachbehörde zur Antragstellung in Sach- und Verfahrensfragen (z. B. Verpflichtung der Eltern zur Inanspruchnahme von Beratungsleistungen; Beweisanträge etc.). Dem Jugendamt werden damit Einflussmöglichkeiten auf den Verfahrensverlauf eröffnet. Zudem kann ein gerichtlich gebilligter Vergleich zwischen den Beteiligten nur mit Zustimmung des Jugendamtes geschlossen werden (Heilmann 2010). In der Regel dürfte es allerdings geboten sein, dass seitens der sozialpädagogischen Fachbehörde Jugendamt ein Antrag auf Beteiligung in Kindschaftssachen gestellt wird. Letztlich wird das Jugendamt erst hierdurch in die Lage versetzt, zum Zweck des Kindeswohls rechtlich auf das Verfahren und dessen Ausgang Einfluss ausüben zu können. Mit einer formalen Beteiligung am Verfahren übernimmt das Jugendamt eine verfahrensrechtliche Verantwortung. Wird kein Antrag auf formale Beteiligung gem. § 162 Abs. 2 FamFG gestellt, gilt das Jugendamt als nicht Beteiligter, mit nachteiligen Folgen für die Mitwirkung am Verfahren.

Das jugendhilferechtliche Pendant zur Beteiligungsregelung im FamFG ergibt sich für das Jugendamt aus § 50 SGB VIII. Unabhängig von der formellen Verfahrensbeteiligung wirkt das Jugendamt im familiengerichtlichen Verfahren grundsätzlich mit. Oft schon weit im Vorfeld eines familiengerichtlichen Verfahrens hat es Kontakt zu den betroffenen Familien, kennt Hintergründe, Bedarfslagen der Kinder sowie bereits erbrachte Beratungsleistungen und deren Erfolge oder Misserfolge. Das Familiengericht ist auf diese Informationen und deren fachliche Beurteilung durch das Jugendamt im Rahmen der eigenen Ermittlungen angewiesen. Das Jugendamt als sozialpädagogische Fachbehörde muss sich stets vor Augen halten, dass die eingebrachten Informationen tauglich und zweckmäßig sein müssen, um das Familiengericht zu einer klaren Situationseinschätzung zu befähigen. Hierfür ist es erforderlich, dass die aktuelle Faktenlage zur Situation der Familie und der betroffenen Kinder/Jugendlichen präzise beschrieben und aufgearbeitet wird (→ Kapitel 21).

Jugendamt/ASD und Familiengericht begegnen sich im familiengerichtlichen Verfahren mit einer jeweils eigenständigen, weisungsunabhängigen Auftrags- und Rollenausstattung. Das Familiengericht steuert das Verfahren im Rahmen der verfahrensrechtlichen Regelungen des FamFG. Es hat letztlich dafür zu sorgen, dass alle Aspekte Berücksichtigung finden, die nach Möglichkeit am Ende des Verfahrens zu einer befriedigenden und nachhaltigen Lösung insbesondere für die betroffenen Kinder und Jugendlichen führen. Das Jugendamt als staatliche Kindeswohlinstanz (Artikel 6 GG, Abs. 2) hat ein unmittelbares Interesse daran, tragfähige und stabile Lebensverhältnisse für die Familien, vor allem für die betroffenen jungen Menschen zu erreichen. Familiengericht und Jugendamt bilden das Kerntandem einer Kooperation im familiengerichtlichen Verfahren, in dessen Mittelpunkt das Kind steht.

Über das Kerntandem Familiengericht und Jugendamt hinaus begegnen sich im Verfahren weitere relevante Partner. Zur Kennzeichnung dieses Kooperationsgebildes hat sich der Begriff der Verantwortungsgemeinschaft im familiengerichtlichen Verfahren herausgebildet. Zu nennen sind in diesem Zusammenhang:

- **Rechtsanwälte:** Diese vertreten die Interessen ihrer Mandantschaft im Verfahren. Sie haben eine wichtige Position, da sie auf Grund ihrer Vertrauensstellung in allen Phasen des Verfahrens mäßigend auf den Konflikt einwirken können und kindeswohlorientierte Einsichten bei den Eltern fördern. Für den Vermittlungsprozess ist das außerordentlich wichtig.
- **Gutachter:** Diese werden vom Gericht bestellt (§§ 402 ff. ZPO u. § 163 FamFG). Sie sind nicht Verfahrensbeteiligte im rechtlichen Sinne. Gutachten auf der Basis wissenschaftlich fundierter Verfahren und Methoden dienen der Erkenntnisgewinnung im Verfahren und einer Objektivierung von Sachverhalten. Gutachten orientieren sich an der vom Gericht gestellten erkenntnisleitenden Fragestellung im Einzelfall. Damit wird unabhängige Sachkunde für das Gericht zur Verfügung gestellt, und es werden vertiefende Erkenntnisse und Verständnis für den Einzelfall erzeugt.
- **Verfahrensbeistand:** Der „Anwalt des Kindes" ist ausschließlich an dessen Interessen und Willen orientiert (§ 158 FamFG). Diese hat er im Verfahren zur Geltung zu bringen. Er begleitet das Kind/den Jugendlichen im Verfahren und stellt Sachverhalte und Ereignisse dem Kind/dem Jugendlichen verständlich dar. Für das Kind/den Jugendlichen ist der Verfahrensbeistand Partei. Die Rolle des ASD grenzt sich hiervon also deutlich ab. Der ASD ist zunächst an den Interessen und dem Wohl der ganzen Familie orientiert, dies allerdings mit Blick auf die betroffenen Kinder. Einen Rechtsanspruch auf Hilfe können nur die Eltern als Personensorgeberechtigte geltend machen (§§ 16 und 27 ff. SGB VIII).
- **Beratungsstellen:** Diese haben für den erfolgreichen Verlauf und den Ausgang eines strittigen familiengerichtlichen Verfahrens einen besonderen Stellenwert. Wenn Schlichtung und Konfliktminderung im Mittelpunkt stehen, bedarf es professioneller Beratungskompetenz. Diese muss geeignet sein, um in der virulenten Konfliktphase einen Zugang zu den Familien zu finden. Zudem erfolgt die Beratung ggf. auch in einem Zwangskontext (Anordnung gem. §§ 156 Abs. 1, 157 Abs. 1 FamFG). Darüber hinaus dürfen Beratungsstellen keine Berührungsängste im Umgang mit dem familiengerichtlichen Verfahren entwickeln und müssen sich dort als verlässliche Partner einbringen (Berichterstattung und Begleitung im Verfahren).

Diese „Verantwortungsgemeinschaft" im Kontext des familiengerichtlichen Verfahrens versammelt vielfältige Kompetenzen und Sachkunde. Die Akteure handeln fachlich eigenverantwortlich, aber nicht unabhängig voneinander. Gelingt ein gutes kooperatives Zusammenwirken im regionalen Bezug, profitieren Familien im Trennungs- und Scheidungskonflikt hiervon. Dem Jugendamt als Experte für Sozialraum- und Netzwerkarbeit obliegt dabei eine wichtige koordinierende und erhaltende Funktion.

18 Begleiteter Umgang

Von Jutta Möllers

- Dieses Kapitel befasst sich mit dem begleiteten Umgang nach Trennung und Scheidung. Zunächst wird die rechtliche Ausgangslage erläutert und eine Abgrenzung zur Umgangspflegschaft vorgenommen. Der begleitete Umgang als Jugendhilfeangebot wird mit seinen Zielen, in seinen unterschiedlichen Leistungs- und Organisationsformen dargestellt.
- Auf die Aufgaben des Jugendamtes u. a. im Hinblick auf die Planung bedarfsgerechter Angebote, die leistungsbezogene Fallsteuerung, die Aushandlung von Leistungs-, Entgelt- und Qualitätsvereinbarungen wird ebenso eingegangen wie auf die Rolle und Funktion der Fachkräfte der Jugendämter/ASD im familiengerichtlichen Verfahren.
- Das Thema Kooperation der am begleiteten Umgang beteiligten Institutionen und Professionen schließt das Kapitel ab.

Kinder haben ein Recht auf eine eigene positive Beziehung zu beiden Elternteilen. Eltern haben das Recht und auch die Pflicht zum Kontakt mit ihren Kindern. Der hohe Stellenwert des Umgangs der Kinder auch mit dem Elternteil, bei dem sie nach der Trennung bzw. Scheidung nicht leben, oder mit anderen wichtigen Bezugspersonen, wie beispielsweise den Großeltern, wurde mit dem Kindschaftsreformgesetz aus dem Jahr 1998 erstmalig vom Gesetzgeber explizit anerkannt.

Im Vorfeld der Gesetzesreform hatte es eine Fülle von Befunden unterschiedlicher wissenschaftlicher Disziplinen gegeben (Entwicklungspsychologie, Bindungsforschung), die alle die hohe Bedeutung des Umgangs eines Kindes zu beiden Eltern für dessen gedeihliche Entwicklung herausstellten. Der begleitete Umgang ist nun eine Möglichkeit für Eltern und Kinder, dieses beidseitige Recht auch unter schwierigen Bedingungen auszuüben.

Je nach Ausgangslage kommen unterschiedliche Formen der Umgangsbegleitung in Betracht. Es werden der unterstützte Umgang, der begleitete Umgang im engeren Sinne und der beaufsichtigte Umgang unterschieden. Hierbei stehen Schutz und Wohl des Kindes im Mittelpunkt. Entscheidend ist, ob und welche Risiken für das Kind ersichtlich sind bzw. ob eine Gefährdung für das Kind indirekt oder akut nicht ausgeschlossen werden kann. Hier ist das Jugendamt/der ASD gefordert, im Zusammenwirken mit den anderen Beteiligten (Eltern, Leistungserbringer, ggf. Familiengericht und weitere Beteiligte) die passgenaue Hilfeform unter Berücksichtigung des Kindeswohls zu entwickeln. Dies entspricht auch der Intention des am 1. September 2009 in Kraft getretenen neuen Gesetzes über das Verfahren in Familiensachen und in den Angelegenheiten der freiwilligen Gerichtsbarkeit (FamFG), in dem vor allem konfliktvermeidende und konfliktlösende Elemente im familiengerichtlichen Verfahren betont wurden und die Rolle des Jugendamtes/ASD deutlich gestärkt wurde.

Zu beachten ist der quantitative Umfang der familienrechtlichen Verfahren, in die der ASD zu einem erheblichen Anteil einbezogen ist. Das Justizministerium in Nordrhein-Westfalen beispielsweise veröffentlicht regelmäßig die Zahl der erledigten Verfahren in Familiensachen. Im bevölkerungsreichsten Bundesland mit ca. 18 Millionen Einwohnern wurden in den Jahren 2007, 2008 und 2009 (Jahr 2009 = Januar bis August) insgesamt 164.293 Scheidungsverfahren (57.942 / 63.102 / 43.249) durchgeführt. Davon ging es als Scheidungsfolgesache in insgesamt 7.394 Fällen (2.426 / 2.842 / 2.126) um die Übertragung und Entziehung der elterlichen

Sorge und in 1.812 Verfahren (640/667/505) um die Regelung des Umgangs.
Verfahren über allein anhängige andere Familiensachen betrafen im Jahr 2007 in 19.393 Fällen, im Jahr 2008 in 23.927 Fällen und im Jahr 2009 (Januar bis August) in 16.885 Fällen die Übertragung oder Entziehung der elterlichen Sorge. Die Regelung des Umgangs mit dem Kinde war im Jahr 2007 in 9.540 Fällen, in 2008 in 11.884 Fällen und im Jahr 2009 (Januar bis August) in 8.410 Fällen Gegenstand des Verfahrens (JMBL.NRW 2010 Nr. 13, 203).
Mit diesen Zahlen ist die quantitative Dimension nicht vollständig erfasst, da es sich ausschließlich um erledigte gerichtliche Verfahren in Familiensachen handelt; d.h. hier ist auf Antrag eines Elternteils entschieden oder von Amts wegen ein Verfahren eingeleitet worden, z.B. im Rahmen der Kindeswohlgefährdung. In wie vielen Fällen im Vorfeld durch Unterstützung und Beratung freier und/oder öffentlicher Träger der Jugendhilfe eine einvernehmliche Regelung zur Ausübung des Umgangsrechtes in Form des begleiteten Umgangs erarbeitet und eine gerichtliche Entscheidung entbehrlich wurde, kann hier nicht belegt werden.

18.1 Rechtliche Ausgangslage

Gemäß § 18 Abs. 3 SGB VIII haben Kinder und Jugendliche ebenso wie Eltern und andere nach Maßgabe der §§ 1684, 1685 BGB umgangsberechtigte Personen (Großeltern, Geschwister, Stief- und Pflegeeltern sowie Personen, in deren Obhut sich das Kind befindet) einen Anspruch auf Beratung und Unterstützung sowie in geeigneten Fällen auf Hilfestellung bei der Ausübung des Umgangsrechts, zum Beispiel in Form des begleiteten Umgangs.
Sind Eltern willens und in der Lage, alles zu unterlassen, was das Verhältnis des Kindes zum jeweils anderen Elternteil beeinträchtigt oder die Erziehung erschwert (§ 1684 Abs. 2 BGB) und konstruktiv zusammenzuwirken, kann oftmals eine dem Kindeswohl entsprechende Umgangsregelung getroffen werden.
Ist dies jedoch aufgrund des hohen Konfliktniveaus nicht möglich, kann das Familiengericht auf Antrag eines Elternteils die Befugnis zum Umgang regeln (§ 1628 BGB).

Das Familiengericht kann somit das Umgangsrecht regeln, aber auch einschränken oder ausschließen, soweit dies für das Wohl des Kindes erforderlich ist (§ 1684 Abs. 4 S. 1 BGB). Eine Einschränkung oder der Ausschluss des Umgangsrechtes auf längere Zeit oder Dauer ist aber nur dann möglich, „wenn andernfalls das Kindeswohl gefährdet wäre" (§ 1684 Abs. 4, S. 1 BGB), beispielsweise bei anhaltender Weigerung des Kindes, den umgangsberechtigten Elternteil zu sehen, bei offenkundiger psychischer Belastung des Kindes durch den Umgang, bei Androhung von Gewalt oder Gewalthandlungen, häuslicher Gewalt oder nachgewiesenem sexuellem Missbrauch (Güthoff 2008, 23).
Das Familiengericht kann ferner anordnen, dass der Umgang nur in Anwesenheit eines „mitwirkungsbereiten" Dritten stattfindet (§ 1684 Abs. 4 S. 3 und 4 BGB). Gleiches gilt auch für die Ausübung des Umgangs nach § 1685 BGB. Hier kommt dann das Angebot des begleiteten Umgangs als Beratungs- und Unterstützungsleistung der Jugendhilfe in Betracht (1684, Abs. 4 BGB). Welche der drei bereits erwähnten Leistungsformen des begleiteten Umgangs in Frage kommt, hängt davon ab, ob und welche Risiken für das Kind ersichtlich sind bzw. ob eine Gefährdung für das Kind indirekt oder akut nicht ausgeschlossen werden kann (→ Tab. 1).

Abgrenzung zur Umgangspflegschaft

Die Umgangspflegschaft stellt eine Form der Ergänzungspflegschaft dar. Sie ist seit Inkrafttreten des FamFG am 01. September 2009 hinsichtlich des Umgangs zwischen Eltern und Kind in § 1684 Abs. 3 BGB spezialgesetzlich geregelt. Wie für alle Teilbereiche der elterliche Sorge kann, nachdem das Sorgerecht (teilweise) entzogen wurde, auch der Bereich der Umsetzung einer Umgangsregelung auf einen Pfleger übertragen werden. Voraussetzung war nach altem Recht – wie bei jedem (Teil-)Entzug der elterlichen Sorge – der Nachweis einer Kindeswohlgefährdung im Sinne des § 1666 BGB wegen des fehlenden Umgangs mit dem getrennt lebenden Elternteil. Darauf hat der Gesetzgeber in Bezug auf die Eltern verzichtet, nicht aber in Bezug auf weitere Umgangsberechtigte.
Nun kann das Gericht bei fortgesetztem Verstoß gegen die sogenannte Wohlverhaltensklausel („Die

Eltern haben alles zu unterlassen, was das Verhältnis des Kindes zum jeweils anderen Elternteil beeinträchtigt oder die Erziehung erschwert.", § 1684, Abs. 2 BGB) eine Pflegschaft für die Durchführung des Umgangs anordnen (Umgangspflegschaft).

Die Umgangspflegschaft umfasst gemäß § 1684 Abs. 3 Satz 4 BGB das Recht, die Herausgabe des Kindes zur Durchführung des Umgangs zu verlangen und für die Dauer des Umgangs dessen Aufenthalt zu bestimmen. Der Umgangspfleger erhält somit eigene Rechte, die es ihm ermöglichen sollen, auf den Umgang hinzuwirken. Er kann bei der Vorbereitung des Umgangs, bei der Übergabe an den Umgangsberechtigten und bei der Rückgabe vor Ort sein sowie über die konkrete Ausgestaltung des Umgangs bestimmen. Bei Meinungsverschiedenheiten der Eltern kann er vermitteln und von seinem Bestimmungsrecht Gebrauch machen. Das Sorgerecht wird so weit eingeschränkt, wie der Aufgabenbereich des Umgangpflegers reicht (Willutzi 2009, 282). Wird eine Umgangspflegschaft installiert, sollte innerhalb einer festgelegten Frist überprüft werden, ob sie das geeignete Mittel ist, den Umgang herbeizuführen. Bei Aussicht auf Erfolg ist eine Verlängerung der Frist möglich. Der Umgangspfleger berichtet dem Familiengericht (→ Kapitel 8).

18.2 Begleiteter Umgang als Jugendhilfeangebot

Der begleitete Umgang stellt ein zeitlich begrenztes Angebot der Jugendhilfe an Kinder und Jugendliche und für diejenigen Eltern dar, die sich getrennt haben, den Kontakt und die persönliche Beziehung zu dem Kind aufrechterhalten wollen, aber ohne Unterstützung durch qualifizierte Fachkräfte nicht in der Lage sind, dies umzusetzen. Der begleitete Umgang bietet die Möglichkeit, dass notwendige Absprachen an den Bedürfnissen und Interessen des Kindes/des Jugendlichen orientiert getroffen werden können und die Begegnung mit dem umgangsberechtigten Elternteil in einem geschützten Rahmen erprobt und reflektiert werden kann. Gefühle wie Ängste, Enttäuschung, Wut und gar Hass können in der Zusammenarbeit mit qualifizierten Fachkräften in einem anderen Licht erscheinen und aus der Gestaltung des Umgangs mit dem Kind herausgehalten werden. Dies ermöglicht positive Erfahrungen im Miteinander auf Elternebene und auf der Ebene Kind/umgangsberechtigter Elternteil. Der begleitete Umgang kann somit eine Chance sein, neue Optionen der einvernehmlichen Wahrnehmung der elterlichen Verantwortung zum Wohl des Kindes zu erarbeiten (Güthoff 2008, 2). Weitere Hilfen, die bei Bedarf den begleiteten Umgang ergänzen, ergeben sich aus § 16 SGB VIII (Allgemeine Förderung der Erziehung in der Familie), § 17 SGB VIII (Beratung in Fragen der Partnerschaft, Trennung und Scheidung), § 18 SGB VIII (Beratung und Unterstützung bei der Ausübung der Personensorge und des Umgangsrechts) und § 28 SGB VIII (Erziehungsberatung).

18.2.1 Ziele des begleiteten Umgangs

Der begleitete Umgang dient dem Recht des Kindes auf Umgang in Sicherheit und unter Bedingungen, die seine Entwicklung fördern. Demzufolge ergeben sich die Zielsetzungen zuerst aus dem Wohl und der Perspektive der Kinder. Dies bedeutet unter anderem:

- Ausschluss des Risikos einer (erneuten) Traumatisierung des Kindes vor der Kontaktaufnahme;
- vorrangige Wahrung der Interessen und Bedürfnisse des Kindes gegenüber den Elterninteressen;
- Abbruch des begleiteten Umgangs bei übermäßiger Belastung des Kindes (BMFSFJ 2008, 20).

Um eine nachhaltige Konfliktlösung zum Wohl des Kindes zu erzielen, ist die Berücksichtigung der Bedürfnisse der Eltern gleichfalls wichtig (BMFSFJ 2008, 20 f.). Insbesondere bei Familien mit vielfältigen, starken Belastungen ist dies unter Umständen nur im Rahmen eines längerfristigen Prozesses mit entsprechendem Ressourceneinsatz und mit einer Bereitschaft zum kontinuierlichen Engagement der Beteiligten erreichbar. In einzelnen Fällen gelingt es nicht einmal dann.

Das Ziel des begleiteten Umgangs besteht letztlich darin, Eltern (wieder) zu befähigen, selbstständig zum Wohle des Kindes den Umgang zu regeln, zu gestalten und damit ihrer Elternverantwortung gerecht zu werden. Dazu gehört die Anbahnung in den Fällen, in denen es über längere Zeit keinen Kontakt zum Kind gab, und die Erneuerung oder die Fortführung von Umgangskontakten zwischen dem Kind und dem Elternteil, bei dem das Kind nicht seinen Lebensmittelpunkt hat.

Für das Kind bietet der begleitete Umgang die Möglichkeit, dass sein kindlicher Wille wahrgenommen und berücksichtigt wird. Die Erwachsenen, Eltern wie auch Fachkräfte, werden angeleitet, den Willen des Kindes ernst zu nehmen, sich mit seinem Erleben der Trennungs- und Scheidungssituation, seinen Loyalitätskonflikten auseinanderzusetzen und das Kind bei der Planung von Umgangsregelungen einzubeziehen, ohne es zu überfordern. Kinder sollten eine Unterstützung erfahren, die ihnen Selbstsicherheit vermittelt und dem Gefühl von Ohnmacht und Alleingelassensein entgegen wirkt. In dem geschützten Rahmen der Umgangsbegleitung kann das Kind positive Erfahrungen mit dem umgangsberechtigten Elternteil machen, daraus für sich einen emotionalen Gewinn ziehen und dadurch seine Persönlichkeit entfalten.

Eine Differenzierung der Ziele je nach Leistungsform ist notwendig, da sie sich an der Ausgangslage orientieren. In Tabelle 1 sind die jeweiligen Ziele nach Leistungsform aufgeführt.

18.2.2 Leistungsformen der Umgangsbegleitung

Die Leistungsformen sind zu differenzieren in den unterstützten, den im engeren Sinne begleiteten, und den beaufsichtigten Umgang. Die damit einhergehenden Anforderungen an die Durchführung und die Qualifikation der Umgangsbegleiterinnen und -begleiter sowie das Erfordernis flankierender Maßnahmen müssen genau wie die Ausgangslage berücksichtigt werden.

Sozialpädagogische Diagnostik

Um einschätzen zu können, welche der Leistungsformen in Betracht kommt, muss eine sozialpädagogische Diagnostik inklusive einer Einschätzung des Konflikt- und Gefährdungsniveaus vorgenommen werden. Das Projekt „Kinderschutz bei hochstrittiger Elternschaft" hat als ein Ergebnis hervorgehoben:

„[…], dass das Konfliktniveau maßgeblich dafür ist, welche Interventionen den größten Erfolg versprechen: Mediation oder gewöhnliche Scheidungs- und Trennungsberatung scheinen am ehesten bei niedrigem Konfliktniveau angezeigt. Elternkurse und spezifische Formen von Beratung und Mediation sind besser geeignet für Fälle mit höherem Konfliktniveau. Umgangsbegleitung mit flankierender Konfliktberatung ist in vielen Fällen für noch höhere Konfliktniveaus angemessen. Einen stärkeren Eingriff bei höchstem Konfliktniveau stellen schließlich lösungsorientierte Begutachtung und Einrichtung einer Umgangspflegschaft dar. Schließlich gibt es auch Fälle, bei denen nur in Kombination von gerichtlichen Entscheidungen, einstweiligen Anordnungen und psychosozialen Hilfen eine Konfliktreduzierung möglich ist" (Dietrich et al. 2010, 58).

Ferner muss unterschieden werden zwischen strittigen, schwierigen Fällen und den Fällen, in denen häusliche Gewalt und Gewalt gegen Kinder eine Rolle spielt. Denn während in strittigen bzw. auch manchen hochstrittigen Fällen von einem wechselnden Machtgefälle innerhalb der Eltern- bzw. Paarbeziehung auszugehen ist, sind im Kontext häuslicher Gewalt die Machtverhältnisse häufig über Jahre hinweg in aller Regel zu Ungunsten der Frauen und der Kinder verschoben. Hier hat sich ein Elternteil über einen längeren Zeitraum in gewalttätiger Weise über die Grenzen des anderen Elternteils hinweg gesetzt, was dann meistens irgendwann ursächlich für die Trennung ist. Nicht zu unterschätzen ist das Risiko der Eskalation von Gewalttaten bis hin zur Tötung bei Äußerung der Trennungsabsicht oder der Trennung selbst (Schüler 2011, 31). „Die Regelvermutung der Kindeswohldienlichkeit von Umgang (§ 1626 Abs. 3 BGB) kann in Fällen von häuslicher Gewalt und/oder bei fortwährendem hohem elterlichem Konfliktniveau keine Geltung beanspruchen" (Schüler 2011, 32). Nicht jeder Fall von häuslicher Gewalt bedeutet eine Kindeswohlgefährdung. Hier spielen Faktoren wie Häufigkeit, Dauer, Intensität der Gewalthandlungen, Beendigung der Gewalt durch Trennung oder gerade deren Eskalation in dieser Phase sowie die Schutz- und Risikofaktoren, die im Lebensumfeld vorhanden sind, eine Rolle. Häusliche Gewalt weist aber immer auf riskante Bindungserfahrungen hin und kann eine Kindeswohlgefährdung bedeuten, die bei einer Entscheidung über Sorge- und Umgangsrecht zu prüfen ist. Eine gute Übersicht über die unterschiedlichen Leistungsformen der Umgangsbegleitung, die darin unterstützen können, persönliche Eltern-Kind-

Kontakte auch unter schwierigen Bedingungen zu ermöglichen, gibt die nachfolgende Tabelle in Anlehnung an die Deutschen Standards zum begleiteten Umgang 2008.

Umgangsbegleitung erfordert ein hohes Maß an fachlicher Kompetenz (u. a. Beratungskompetenz, Kompetenz in Fragen des Kinderschutzes und des Gewaltschutzes) und bedarf daher eines der jeweiligen Umgangsform entsprechenden angemessenen Personaleinsatzes. Anzustreben ist eine fallbezogene personelle Kontinuität. Fachlich geboten ist sowohl beim begleiteten Umgang im engeren Sinne als auch beim beaufsichtigten Umgang der Einsatz von qualifizierten Fachkräften. Beim unterstützten Umgang ist der Einsatz von privaten Personen möglich, die jedoch eine fachliche Anlei-

Tab. 1: Formen des begleiteten Umgangs (BMFSFJ 2008, 21 ff.)

Umgangsform	unterstützt	begleitet (im engeren Sinne)	beaufsichtigt
Ausgangslage	Dysfunktionale Situationen, in denen keine unmittelbare Risiken für das Kind ersichtlich sind	Indirekte Gefährdung seitens des umgangsberechtigten Elternteils sind nicht ausgeschlossen, zum Beispiel vor dem Hintergrund hochstrittiger Elternkonflikte	eine direkte und akute Gefährdung des Kindes kann nicht ausgeschlossen werden (psychische Beeinträchtigung, sexuelle und psychische Gewalt, häusliche Gewalt, Entführungsgefahr)
Ziele	▪ (Wieder-) Herstellung von Eltern-Kind-Kontakt ▪ (Wieder-) Aufbau Beziehungsqualität ▪ Entwicklung kompetenten Elternverhaltens ▪ Abschluss Elternvereinbarung bei Bedarf **Fortsetzungsleistung nach einer der anderen Formen** ▪ Erhalt positiver Eltern-Kind-Kontakte trotz Restrisiko ▪ Beendigung, wenn sich Kind Kontaktfortführung ohne Begleitung zutraut	▪ Ermöglichen von Eltern-Kind-Kontakt trotz Elternstreit ▪ Verbesserung der Beziehungsqualität ▪ Verbesserung Kommunikation und Kooperation der Eltern in Bezug auf ihr Kind ▪ Stabilisierung der familialen Beziehungssituation ▪ Abschluss einer Elternvereinbarung	▪ Ermöglichen von Eltern-Kind-Kontakt trotz Risiken ▪ Leistungsabbruch wenn Kindeswohl gefährdet ▪ Abbau von Ängsten und Misstrauen beim betreuenden Elternteil, wenn Kontakte positiv verlaufen ▪ Abschluss Elternvereinbarung ODER Kontakterhalt über unterstützten Umgang als längerfristige Hilfe bei Restrisiko, wenn ansonsten positiver Verlauf
Durchführung	▪ Umgangsbegleitung als Schwerpunkt bei ständiger Verfügbarkeit der Begleitperson	▪ kurze Abwesenheit der Begleitung im Einzelfall nach Absprache mit der Fachkraft möglich	▪ Ständige Anwesenheit und Beaufsichtigung durch Begleitperson ▪ Aktives Eingreifen (Schutz, Anleitung), falls nötig
Begleitperson/ Qualifikation	▪ Verwandte, andere Dritte ▪ angeleitete Laienkräfte mit professioneller Begleitung	▪ Fachkraft (Koordination und Beratung) ▪ angeleitete Laienkraft (Umgangsbegleitung, Vor- und Nachbereitung mit dem Kind)	▪ Fachkraft (Koordination und Beratung) ▪ angeleitete Laienkraft (Umgangsbegleitung, Vor- und Nachbereitung mit dem Kind)
Flankierende Maßnahmen	Beratung, wenn die Fallumstände sie erfordert	i. d. R. mit flankierender Beratung der Eltern	▪ Flankierende Beratung der Eltern ▪ i. d. R. zusätzliche Leistungen weiterer Fachdienste

tung durch das Jugendamt/den Leistungserbringer erhalten müssen.

Die Dauer des begleiteten Umgangs ist je nach Umgangsform unterschiedlich. Beim beaufsichtigten Umgang ist regelmäßig von 12 Monaten und mehr, beim begleiteten Umgang im engeren Sinne von 6 bis 12 Monaten und beim unterstützten Umgang von mindestens 3 bis zu 6 Monaten auszugehen. Der Einzelfall ist entscheidend.

18.2.3 Phasen des begleiteten Umgangs

In der Praxis des begleiteten Umgangs hat sich unabhängig davon, ob der öffentliche oder der freie Träger die Leistung erbringt, nachfolgende Einteilung in Phasen als wirksam erwiesen:

Vorbereitungsphase

- Prüfung über die Annahme des Falles, Klärung der Modalitäten mit den beteiligten Institutionen.
- Gespräche mit den Beteiligten, in denen ein kooperatives Arbeitsbündnis hergestellt, ein Vertrag ausgehandelt beziehungsweise eine Vereinbarung zum begleiteten Umgang getroffen wird. Je nach Umgangsform wird die Kontrollfunktion der Umgangsbegleitung deutlich gemacht und im Vertrag fixiert.
- Klärung der Motivation, der genauen Leistungserbringung, des Zeitablaufes.
- Entscheidungsfindung für die Durchführung.
- Bekanntmachen des Kindes mit der Umgebung und Kontaktaufbau zu der Begleitperson.

Durchführungsphase

- Entsprechend den Vereinbarungen finden die Kontakte statt.
- In den meisten Fällen hält sich die Fachkraft/die Begleitperson im Hintergrund und unterstützt in Situationen, in denen es nötig beziehungsweise hilfreich im Sinne der getroffenen Vereinbarung ist. In Fällen des beaufsichtigten Umgangs ist eine durchgängige Anwesenheit der begleitenden Fachkraft erforderlich (Sicherheitskonzept).
- Die Fachkraft/die Begleitperson sorgt dafür, dass die getroffenen Absprachen eingehalten werden.

- Parallel zu den Umgangsterminen sollte den Beteiligten die Möglichkeit zu (Reflexions-)Gesprächen mit der Fachkraft/der Begleitperson angeboten werden.
- Vor- und nachbereitende Gespräche mit dem Kind.

Abschlussphase

- Nach und nach können Schritte zum eigenverantwortlichen Umgang erarbeitet werden, bis schließlich die Unterstützung nicht mehr erforderlich ist. Im Idealfall steht am Ende eine eigenständige Regelung für die Fortsetzung des Umgangs.
- Im Falle eines Abbruchs der Umgangsbegleitung ist ein Abschlussgespräch anzustreben, um den Verlauf zu reflektieren. Die Nachbereitung sollte in jedem Fall durch Fachkräfte erfolgen.
- Berichterstattung seitens des Leistungserbringers an Jugendamt/Familiengericht unter Beachtung der Datenschutzbestimmungen (Güthoff 2008; Schüler 2011, 35).

Eine Nichtaufnahme beziehungsweise ein Abbruch des begleiteten Umgangs ist aus unterschiedlichen Gründen möglich, beispielsweise:

- Die Sicherheit des Kindes, der Bezugsperson oder der Umgangsbegleitung kann nicht gewährleistet werden.
- Das Kind wird vorhersehbar anhaltend psychisch belastet sein infolge der Begegnung mit dem umgangsberechtigten Elternteil.
- Es besteht die Gefahr einer sekundären Traumatisierung des Kindes, zum Beispiel bei vorangegangener Kindesmisshandlung, sexuellem Missbrauch, (mit)erlebter häuslicher Gewalt durch den umgangsberechtigten Elternteil.
- Vereinbarte Regeln und Absprachen werden nicht eingehalten.
- Das Kind spricht sich vehement und anhaltend gegen den Umgangskontakt aus.
- Gerichtliche Vorgaben werden nicht eingehalten.

Kommt ein begleiteter Umgang – im Kontext häuslicher Gewalt immer ein beaufsichtigter Umgang – mit entsprechender Sicherheitsprüfung für in der Regel die Mutter und das Kind in Betracht, müssen folgende Grundsätze auf allen Interventionsebenen (Familiengericht, Jugendamt, Umgangsbegleitung und Beratung beim Leistungserbringer) handlungsleitend sein:

- „Maßnahmen, die das Kindeswohl zum Ziel haben, dürfen nicht die Mutter gefährden.
- Das Recht von Vätern auf Umgang mit ihren Kindern darf das Wohl der Kinder, ihre Sicherheit und die der Mutter nicht beeinträchtigen.
- Schutz- und Unterstützungsangebote für die Mütter dürfen die Interessen und Bedürfnisse der Kinder nicht vernachlässigen" (Kavemann, zitiert nach Schüler, 2011, 33).

Um dem Schutz der Betroffenen in diesen Fällen gerecht zu werden, ist ein Stufenverfahren erforderlich, in dem mehrere Entscheidungsprozesse, Interventionen und zusätzliche Maßnahmen weiterer Fachdienste parallel oder nacheinander ablaufen (Schüler 2011, 34); denn in Fällen, in denen der Umgangskontakt mit dem Umgangsberechtigten hohe Risiken für das Kind bergen kann, haben die beteiligten Institutionen ein hohes Maß an Schutzverantwortung für das Kind.
In einem ersten Schritt sollte eine (vorläufige) Kontaktsperre von drei bis sechs Monaten verfügt werden; denn die Betroffenen (i. d. R. Mutter und Kind), die sich aus der Gewaltbeziehung gelöst haben, benötigen zunächst Schutz und Sicherheit. Sie brauchen Distanz und Ruhe, um sich stabilisieren zu können, die Gewalterlebnisse zu verarbeiten, und Zeit für intensive Beratung als Entscheidungshilfe für die weitere Lebensperspektive für sich und die mitbetroffenen Kinder. Daher stehen häufig zunächst nicht die Regelung von Umgangs- und Sorgerechtsfragen im Hinblick auf den gewalttätigen Elternteil im Vordergrund. Hier könnte sogar eine Konkurrenz zwischen Gewaltschutz und Kindschaftsrecht entstehen, wenn Umgangs- und Sorgerechtsfragen bevorzugt (Beschleunigungsgebot) bearbeitet werden (Hecht 2011, 28).
Die Zeit der Kontaktsperre ermöglicht dem gewalttätigen Elternteil, sein Verhalten zu reflektieren und eine Verhaltensänderung herbeizuführen, indem er bestimmte Beratungsangebote annimmt (Güthoff 2008, 23; Heynen 2007, 78).
In einem zweiten Schritt muss dann geprüft werden, ob eine solche Einstellungs- bzw. Verhaltensänderung auch tatsächlich eingetreten ist, die Bereitschaft zur Verantwortungsübernahme besteht und die in der Folge stattgefundenen begleiteten Umgänge mit dem Kind positiv verlaufen sind. Andernfalls sollte seitens des Jugendamtes/ASD in Absprache mit dem Leistungserbringer dem Familiengericht konkret empfohlen werden, den Umgangskontakt auf unbestimmte Zeit auszuschließen.

18.2.4 Leistungsbezogene Fallsteuerung durch das Jugendamt

Das Jugendamt/ASD hat im Rahmen seiner Gesamt- und Planungsverantwortung (§§ 79, 80 SGB VIII) dafür Sorge zu tragen, dass bedarfsgerecht fachlich qualifizierte Angebote vorgehalten werden (§ 79 Abs. 2 SGB VIII); denn der Leistungsanspruch richtet sich an den jeweiligen örtlichen Träger der öffentlichen Jugendhilfe (§§ 85 Abs. 1., 69 Abs. 2 SGB VIII).
Ferner obliegt dem Jugendamt die leistungsbezogene Fallkoordination; diese umfasst

- die Unterstützung der Eltern bei der Suche nach einer einvernehmlichen Lösung,
- die differenzierte Risiko- und Gefahreneinschätzung,
- die Indikationsstellung,
- die Berücksichtigung des Entwicklungsstandes des Kindes und der Bindungsqualitäten der Eltern-Kind-Beziehung sowie der Erziehungsfähigkeit eines bzw. beider Elternteile,
- die Entscheidung über Eignung und Bewilligung der Leistung,
- die Auswahl des Leistungserbringers,
- die Konkretisierung der Leistung,
- die Kostenübernahme,
- die Mitwirkung im familiengerichtlichen Verfahren einschließlich der Vorbereitung der gerichtlichen Entscheidung,
- die Evaluation und Weiterentwicklung der Leistungen.

Dabei sollte das Jugendamt seine entscheidungsvorbereitenden und fallsteuernden Aufgaben im Zusammenwirken mit allen Beteiligten (Eltern, Kind, Leistungserbringer und andere Beteiligte) wahrnehmen. Nicht rechtlich verpflichtend, aber sinnvoll erscheint hier die Erstellung eines Hilfeplans entsprechend der Hilfeplanung bei den erzieherischen Hilfen (§ 36 SGB VIII) (→ Kapitel 13) und der Einbezug des Wunsch- und Wahlrechts bei der Auswahl des Leistungserbringers gemäß § 5 SGB VIII. Hierbei ist der Vorrang der Elternverantwortung zu beachten, solange die elterliche Sorge nicht entzogen ist. Ferner sollten bei der Erstellung und Fortschreibung des Hilfeplans die Leistungserbringer beteiligt werden. Darüber hinaus ist eine enge Abstimmung mit anderen Beteiligten, wie gerichtlich bestellten Verfahrensbeiständen, die für die Interessensvertretung der Kinder zuständig sind, unerlässlich.

18.2.5 Organisationsformen des begleiteten Umgangs

Möglich sind unterschiedliche Organisationsformen des begleiteten Umgangs. Entweder nimmt das Jugendamt selbst die Aufgabe wahr, oder sie wird an freie Träger der Jugendhilfe (z. B. Beratungsstellen) delegiert. Die Frage, ob die Leistung „begleiteter Umgang" ganz, teilweise oder nicht delegiert werden sollte, hängt von unterschiedlichen Faktoren ab: insbesondere von der Anzahl der Fälle, von der fachlichen Kompetenz der Fachkräfte sowie von der personellen und räumlichen Ausstattung des öffentlichen Trägers. Darüber hinaus ist zu bedenken, wie „verträglich" die Beratungsleistung mit anderen zu erbringenden Leistungen des Jugendamtes/ASD ist, zum einen mit Blick auf die Organisationsmodalitäten des Jugendamtes und aus der Adressatenperspektive; „denn Rollenkonfusionen und daraus resultierende Rollenkonflikte sind zu vermeiden" (BMFSFJ 2008, 29). Hier muss organisationsintern im ASD und gegenüber anderen Beteiligten geklärt sein, wie eine Rollenklarheit gewährleistet werden kann.

Die Mehrzahl der Fälle, insbesondere der beaufsichtigten und der begleiteten im engeren Sinne, werden aufgrund des gebotenen Personaleinsatzes an freie Träger der Jugendhilfe zu delegieren sein, auch um sicherzustellen, dass Umgangsbegleitung und Beratung von einer Stelle – jedoch personell getrennt – erbracht werden.

Wenn das Jugendamt die Aufgabe delegiert, muss es mit den Anbietern der Leistung entsprechende Leistungs-, Entgelt und Qualitätsvereinbarungen treffen, die folgende Aspekte umfassen:

Strukturqualität

- Fachliche Qualifikation (sozialpädagogische Fachkraft mit Fachhochschulstudium oder vergleichbare Qualifikation, spezifische Fortbildung für die Aufgabe);
- bei Mitwirkung Ehrenamtlicher: Sicherstellung einer professionellen Begleitung der Hilfe;
- Supervision und kollegiale Beratung;
- Vorhandensein eines differenzierten Konzepts zu den unterschiedlichen Leistungsformen;
- personelle Trennung von Umgangsbegleitung und Beratung;
- räumliche Ausstattung kindgerecht, nach Möglichkeit ohne Raumwechsel;
- Vorhandensein eines Sicherheitskonzepts;
- Vorhandensein von Einwegscheibe oder Videoüberwachung.

Prozessqualität

- Auftragsannahmeverfahren, Kriterien für/gegen die Annahme eines Auftrags;
- Auftragsklärung mit den Eltern (in ggf. mehreren Einzelgesprächen) oder mit anderen Umgangsberechtigten;
- Kontrakt, der die konkreten Bedingungen des Umgangs festlegt;
- Durchführung des begleiteten Umgangs;
- je nach Fallgruppe Begleitgespräche mit den Eltern;
- Vor- und Nachbereitungsgespräche mit dem Kind.

Ergebnisqualität

- Im günstigsten Fall Abschluss einer einvernehmlichen Umgangsregelung für die Zukunft;
- Abschlussgespräche mit den Eltern/mit dem Kind, insbesondere bei Abbruch des begleiteten Umgangs;
- Zwischen- und Abschlussbericht des freien Trägers an den ASD/das Jugendamt bzw. an das Familiengericht unter Beachtung der Datenschutzbestimmungen und vereinbarter Rückmeldeverfahren.

Das Jugendamt hat verschiedene kostenrelevante Punkte zu regeln, und zwar im Hinblick auf

- die gewährte Leistung: begleiteter Umgang in einer bestimmten Form;
- die Leistungserbringer: Angaben zum Leistungserbringer, (ein Fachdienst oder eine Privatperson); bei Tätigkeit von zwei Leistungserbringern Angabe, welche Aufgabe jeweils wahrgenommen wird verbunden mit dem Hinweis auf das Gebot der Kooperation;
- die zeitliche Spezifizierung: Leistungsdauer, Anzahl und Dauer der jeweiligen Umgangstermine, Festlegung einer Frist, bis wann der erste Termin zu erfolgen hat;
- die inhaltliche Spezifizierung: Erfordernis der Beratung bei unterstütztem Umgang, ggf. der Leistungsort und die Gewährleistung der Einhaltung des Sozialdatenschutzes;
- ein geeignetes Rückmeldeverfahren des Leistungserbringers gegenüber dem Jugendamt bzw. Familiengericht unter Berücksichtigung der Datenschutzbestimmungen (Übermittlungsbefugnis § 69 Abs. 1 Nr. 1 und 2 SGB X bzw. Einwilligung der Eltern § 65, Abs. 1 Nr. 1 SGB VIII) und vorhandener vereinbarter Rückmeldeverfahren (BMFSFJ 2008, 79).

Die Leistungsqualität ist auf dieser Grundlage fortlaufend zu reflektieren und weiterzuentwickeln. Voraussetzung hierfür ist die sorgfältige Dokumentation eines jeden Einzelfalles.

18.3 Das aktive Jugendamt im familiengerichtlichen Verfahren – Rolle und Funktion

Die Fachkräfte der ASD sind mit dem Inkrafttreten des Gesetzes über das Verfahren in Familiensachen und in den Angelegenheiten der freiwilligen Gerichtsbarkeit (FamFG) im familiengerichtlichen Verfahren als Verhandlungspartner auf Augenhöhe angesprochen. Dazu gehört auch im Rahmen des frühen Termins eine aktive Einmischung in Sach- und Verfahrensfragen mit dem Ziel, die Interessen und Bedürfnisse der Kinder zur Geltung zu bringen (LWL-Landesjugendamt Westfalen 2011, 12 f.).
Der Status des Jugendamtes unterscheidet sich gemäß § 162 FamFG danach, ob es gemäß Abs. 1 mitwirkt oder sich auf Grund seines Antrages gemäß Abs. 2 formell beteiligt. Die Optionsbeteiligung des Jugendamtes gemäß § 162, Abs. 2 in Verbindung mit § 7 Abs. 2 Nr. 2 FamFG stellt gegenüber der früheren Rechtslage eine eindeutige Stärkung und Klärung der Rolle in Richtung eines aktiven und initiativ tätig werdenden Jugendamtes dar. Beteiligung bedeutet verfahrensrechtlich Verantwortungsübernahme und unter Umständen Kostenbeteiligung. Das Ermessen, sich im Sinne des § 162, Abs. 2 FamFG aktiv zu beteiligen, sollte jedoch nicht aus Kostenerwägungen getroffen werden, sondern mit Blick auf das Wohl des Kindes. Ist das Jugendamt formell verfahrensbeteiligt hat es unter anderem ein Recht auf Akteneinsicht. Es kann Anträge zur Sache und Anträge zum Verfahren stellen.
Sachanträge können beispielsweise beinhalten, dass das Gericht Eltern verpflichten soll,

- Angebote der Jugendhilfe in Anspruch zu nehmen,
- an einem Elterntraining teilzunehmen,
- den Umgang auszuschließen,
- den Umgang mit einer dritten Person anzuordnen,
- eine Umgangspflegschaft einzurichten.

Verfahrensanträge haben das Ziel, auf den Prozess der Entscheidungsfindung Einfluss zu nehmen, z. B.

- dem Kind einen Verfahrensbeistand beizuordnen (§ 158 FamFG),
- Beweisanträge zu stellen,
- weitere Ermittlungen durchzuführen, Zeugen zu hören oder Sachverständige hinzuziehen.

Oder sie zielen auf die Entscheidungsform ab, z. B. darauf,

- eine abschließende oder vorläufige Entscheidung zu treffen,
- gegenüber den Eltern eine Beratung anzuordnen (§ 156 Abs. 1 Satz 2 FamFG),
- das Verfahren auszusetzen (§ 21 FamFG), um das Ergebnis der Beratung / Mediation / eines ersten Umgangskontakts abzuwarten (Müller-Magdeburg 2009, 320 f.).

Ob Mitwirkung oder Beteiligung ist eine Einzelfallentscheidung. In der Regel kann das Jugendamt im Rahmen der Mitwirkung seinen Auftrag erfüllen. In Einzelfällen mag eine formelle Beteiligung aus Verantwortung für das Kind und damit im Sinne einer Verantwortung für die Fallsteuerung sinnvoll sein.

18.4 Kooperation der am begleiteten Umgang beteiligten Institutionen – Verantwortungsgemeinschaft für das Kind

Eine gute Kooperation der am Verfahren beteiligten Institutionen und Professionen ist von zentraler Bedeutung für eine dem Kindeswohl entsprechende Verfahrensgestaltung.

Voraussetzung hierfür ist im Interesse des Kindes, dass die Zusammenarbeit ohne Reibungsverluste und effizient funktioniert. Daher ist es wichtig, dass die beteiligten Institutionen und Professionen koordiniert und vernetzt vorgehen. Rollen, Aufträge und Arbeitsabläufe sollten untereinander bekannt sein, um Missverständnisse zu vermeiden und eventuell vorhandene Hürden abzubauen.

In vielen Kommunen gibt es zwischenzeitlich sogenannte „Runde Tische" zu Trennungs- und Scheidungsfragen, oder sie sind im Aufbau begriffen. In diesem Rahmen getroffene klare Absprachen und regelmäßiger Erfahrungsaustausch erleichtern das Verständnis für die Arbeit des anderen und fördern die interdisziplinäre Kooperation zum Wohle der Kinder. Gegenseitige Wertschätzung, eine hohe Motivation zur Zusammenarbeit bei gleichzeitiger Rollenklarheit stellen die Basis für eine „gemeinsame Verantwortungsübernahme" für ein dem Kindeswohl entsprechendes Verfahren und Ergebnis dar.

Regelmäßig sind das Jugendamt, der Leistungserbringer mit seinen Fachkräften (Beratung und Begleitung), das Familiengericht von Amts wegen oder auf Antrag eines Elternteils an der Entscheidung und Durchführung von begleitetem Umgang beteiligt. Nur in den Fällen, in denen sich die Eltern direkt an eine Beratungsstelle wenden, ohne dass es einen Kontakt zum ASD gab, bedarf es in der Regel keiner Kooperation – außer in den Fällen, in denen eine Kindeswohlgefährdung festgestellt wird oder eine solche droht.

Die überwiegende Zahl der Arbeitsbeziehungen im Kontext Trennung und Scheidung sowie begleitetem Umgang ist gesetzlich geregelt. Dies betrifft die Zusammenarbeit zwischen:

- Familiengericht und Jugendamt: §§ 50, 79 SGB VIII, §§ 7, 155 Abs. 2, 162 FamFG
- Jugendamt und Leistungserbringer: §§ 17, 18, 27, 28, 65 SGB VIII, 203 StGB
- Familiengericht und Verfahrensbeistände: § 158 FamFG
- Familiengericht und Leistungserbringer: §§ 50, 65 SGB VIII, § 203 StGB
- Familiengericht und psychologischen Sachverständigen: § 163 FamFG, §§ 402 ff. ZPO
- Familiengericht und Rechtsanwältinnen und Rechtsanwälten: §§ 10, 11, 114, 270 FamFG

Wichtig ist, dass Umgangsbegleitung, Verfahrensbeistandschaft und Umgangspflegschaft nicht miteinander konkurrieren, sondern sich aufgrund unterschiedlicher Rollenzuweisungen und Aufgaben ergänzen.

19 Hausbesuche

Von Ulrike Urban-Stahl

- Hausbesuche sind seit über 150 Jahren ein zentrales Element der Arbeit sozialer Dienste. Sie stellen eine besondere fachliche Herausforderung dar: Stets geht es bei Hausbesuchen um die Verbindung von Informationsermittlung mit der Gestaltung der Helfer-Klient-Beziehung. Die Fachkraft besucht Bürger in professioneller Funktion und in gesellschaftlichem Auftrag, muss aber dabei die Rolle des Gastes einnehmen und die Grenzen der Familien wahrnehmen und wahren. Gleichzeitig erfüllt sie einen gesellschaftlichen Kontrollauftrag, der es erfordern kann, gerade diese Grenzen zu überschreiten.
- Rechtlich bewegt sich der Hausbesuch dabei zwischen dem Grundrecht auf Unverletzlichkeit der Privatsphäre, dem Schutzbedürfnis von Kindern und datenschutzrechtlichen Fragen.
- Konzeptionell und methodisch bestehen bei Hausbesuchen große Gestaltungsspielräume. Es gibt jedoch systematische Hinweise zu Leitlinien der Vor- und Nachbereitung sowie zur Qualitätssicherung im ASD.

Hausbesuche stellen eine wichtige Handlungsweise in der Sozialen Arbeit, aber auch in medizinischen, psychiatrischen und psychotherapeutischen Arbeitsfeldern dar.

Im Grundsatz bezeichnet der *Hausbesuch* das Aufsuchen von Menschen in ihrer Wohnung oder in ihrem Haus durch professionelle Personen im Kontext helfender, pflegender, kontrollierender und ermittelnder Aufgabenstellungen. Er stellt insofern ein „Setting" dar, konkretisiert aber nicht das methodische Vorgehen. Hausbesuche unterscheiden sich von anderen Formen des Besuchs, etwa dem privaten, durch den institutionellen Kontext des Besuchenden und durch die Gebundenheit an einen entsprechenden Auftrag sowie eine daraus resultierende gezielte Absicht.

Das Eindringen in die Privatsphäre von Bürgern stellt einen sensiblen Bereich fachlichen Handelns dar (→ 19.1), der die Rollen der Beteiligten verändert: Klienten werden zu Gastgebern, Helfer zu Gästen (→ 19.2). Hausbesuche eröffnen damit eine besondere Möglichkeit zum Aufbau bzw. zur konstruktiven Festigung und Gestaltung der Helfer-Klient-Beziehung. Gleichzeitig bieten sie Zugang zu Informationen, die auf anderen Wegen nicht oder schwer zu ermitteln sind, und beinhalten immer auch einen Kontrollaspekt (→ 19.3). Dies ist eines von mehreren Spannungsfeldern, in denen Hausbesuche stattfinden (→ 19.4).

Rechtlich betrachtet stellen Hausbesuche ein Eindringen in die verfassungsrechtlich geschützte Privatsphäre von Bürgern dar, und sie eröffnen Fachkräften einen von den Betroffenen kaum zu kontrollierenden Zugang zu Informationen. Daher werfen Hausbesuche sowohl verfassungsrechtliche als auch datenschutzrechtliche Fragen auf (→ 19.5). In methodischer Hinsicht eröffnen Hausbesuche Fachkräften eine große Vielfalt. Neben den im folgenden Artikel ausgeführten Hinweisen über die Durchführung von Hausbesuchen gibt es jedoch konzept- und methodenübergreifende Leitlinien für die Vor- und Nachbereitung (→ 19.6). Die Qualität von Hausbesuchen ist darüber hinaus im Rahmen von Qualitätsentwicklungskonzepten des ASD zu sichern (→ 19.7). Hausbesuche werden in der Öffentlichkeit derzeit primär im Kontext des staatlichen Wächteramts und dabei einseitig und verkürzt als Element staatlicher Kontrolle diskutiert. Die Fachdebatte hingegen hatte das Thema lange Zeit vernachlässigt. Daher ist es dringend notwendig, die fachliche Auseinandersetzung zu qualifizieren, um die Chancen, die in Hausbesuchen liegen, nutzen zu können und öffentlichen Instrumentalisierungsbestrebungen entgegenzutreten (→ 19.8).

Der Hausbesuch ist seit etwa 150 Jahren ein selbstverständliches Vorgehen in der Sozialen Arbeit. Vor diesem Hintergrund ist es erstaunlich, dass in der Fachliteratur über einen langen Zeitraum kaum Auseinandersetzungen mit dieser Handlungsform stattfanden. Erst seit wenigen Jahren entwickelt sich hierzu eine breitere Fachdebatte (z.B. Forum Erziehungshilfe 1/2009: Themenheft Hausbesuche, darin u. a. Urban-Stahl 2009a; Müller/Bräutigam 2011).

19.1 „Hausbesuch" oder „Heimsuchung"?

Fachkräfte dringen bei Hausbesuchen in die höchstpersönliche, private Sphäre von Klienten ein. Das „Heim" – das eigene Zimmer, die eigene Wohnung oder das eigene Haus – gilt als Symbol der Sicherheit und Geborgenheit. Dies wird beispielsweise in dem Begriffspaar „anheimelnd" (gemütlich, Vertrautheit und Sicherheit vermittelnd) und „unheimlich" (unangenehm, unbekannt und Unsicherheit vermittelnd) deutlich. Wände und Dächer signalisieren Grenzen. Sie haben unter anderem den Zweck, den Menschen gegen das Außen abzuschirmen, ihn selbst entscheiden zu lassen, wen er hineinlässt – und wen nicht. Die eigene Wohnung oder das eigene Haus hat daher eine hohe Bedeutung für das emotionale Gleichgewicht und die persönliche Autonomie (Simmon-Kaiser 1968, 40 ff.; Stoffels/Kruse 1996, 14 ff.).

Hausbesuche stellen vor diesem Hintergrund immer, unabhängig von der Motivation der Beteiligten, einen besonders sensiblen Bereich fachlichen Handelns dar.

19.2 Die „Haltung" der Fachkraft beim Hausbesuch

Der Hausbesuch ist für die Helfer-Klient-Beziehung etwas Ungewöhnliches: Er verändert bzw. erweitert die Rollen der Beteiligten. Üblicherweise kommen Bürger zu den Vertretern von sozialen Diensten und Trägern, z. B. dem ASD, in die Dienststelle. Die Fachkräfte empfangen die Hilfesuchenden in ihren dienstlichen Räumen, sind Gastgeber und bewegen sich in vertrauter Umgebung, in der sie das Hausrecht ausüben und die Regeln definieren. Der Hausbesuch dreht dieses Verhältnis um: Die Klienten werden zu Gastgebern, und die Helfer werden zu Gästen. Dies ist wohl das grundlegendste und wichtigste Kriterium eines fachlich qualifizierten und wertschätzenden Hausbesuches: die Haltung der Fachkraft als Gast – „Ich bin Gast im Hause des anderen. Ich wurde hinein gebeten und habe mich als guter Gast zu verhalten – egal weshalb ich hier bin." Dazu gehört es beispielsweise, um Erlaubnis zu fragen, bevor man sich setzt oder in der Wohnung bewegt und neue Räume betritt. Fachkräfte sollten sich respektvoll verhalten und die Grenzen der Familienmitglieder beachten – ebenso, wie Fachkräfte das Verhalten von Gästen in ihren Räumen erwarten. Zeigen Gäste unangemessenes Verhalten, so ist es eine berechtigte Reaktion der Gastgeber, sich hiergegen zu verwehren.

Der Besuch durch Mitarbeiter des ASD erfolgt allerdings in professioneller Funktion und in gesellschaftlichem Auftrag. Auch wenn die Klienten zwar einen „Heimvorteil" und die Gastgeberrolle nutzen können (vgl. hierzu auch Simmon-Kaiser 1968, 24) bleibt die Grundstruktur der Helfer-Klient-Beziehung daher bestehen. Die Mehrzahl der Bürger kennt sich mit den fachlichen und rechtlichen Regeln des Jugendamts nicht aus. Im Gegensatz zu den Fachkräften des ASD haben sie wenig Wissen über bestehende Hilfsmöglichkeiten (und deren Grenzen), über das Hilfeplanungsverfahren und über ihre persönlichen Rechte darin. Über die Befugnisse, Möglichkeiten und Grenzen der Fachkräfte können sie nur spekulieren. Während Fachkräfte den Status der Profession nutzen können, der nicht nur Fachwissen und Definitionsmacht, sondern auch einen Vorsprung an Orientierung, Information und Rollensicherheit beinhaltet, hat die Mehrzahl der Klienten einen geringeren sozialen Status als die Fachkräfte und ein geringeres sprachliches und intellektuelles Vermögen. Fachkräfte entscheiden über die Verteilung von Ressourcen, vermögen den Klienten zu Leistungen zu verhelfen oder können ihnen Unterstützung verwehren. Und während sich Klienten in einer psychosozialen Belastungssituation befinden, die den Inhalt der

Interaktion mit den Fachkräften darstellt, agieren Fachkräfte in ihrer beruflichen Rolle, in der ihre Persönlichkeit, ihre Probleme, Unzulänglichkeiten etc. nicht thematisiert werden. Mit Norbert Elias gesprochen stellt die Helfer-Klient-Beziehung daher eine asymmetrische Machtbalance dar (vgl. Wolf 1999; Urban-Stahl 2009b und 2010).

Es ist eine Herausforderung für Fachkräfte bei Hausbesuchen, die mit dieser Grundstruktur verbundene Verantwortung zu erfüllen und gleichzeitig eine wertschätzende Haltung gegenüber den Klienten auch in ihrer Rolle als Gastgeber zu verdeutlichen. Für das Selbstwertgefühl der Betroffenen in der Helfer-Klient-Interaktion sind beispielsweise die konkreten Umstände des Besuchs mitentscheidend: Welche Möglichkeit hatten die Beteiligten jeweils, sich darauf einzustellen? Was wissen die Beteiligten über den Zweck des Besuchs? Wer entscheidet über Zeit und Dauer? Welche Konsequenzen kann der Besuch haben? Können die Beteiligten mögliche Konsequenzen überhaupt einschätzen? Welches Wissen haben die unterschiedlichen Beteiligten über die Entscheidungskompetenzen der jeweils anderen?

Hausbesuche erfordern also einerseits die Wahrnehmung und Wahrung der Grenzen der Familie. Dem steht jedoch andererseits der gesellschaftliche Kontrollauftrag gegenüber, der es erfordert, diese Grenzen nötigenfalls zu überschreiten. Um die Balance zwischen diesen beiden Erforderlichkeiten zu halten, brauchen Fachkräfte eine innere Klarheit und Bewusstheit für den Übergang zwischen Grenzwahrung und Grenzüberschreitung. Eine solche Haltung setzt voraus, dass Fachkräfte sich selbst gut kennen, zu sich selbst in Distanz treten können und sich ihrer eigenen Motive bewusst sind. Vor diesem Hintergrund ist es möglich, den Anderen in seiner Eigenlogik wahrzunehmen und wertzuschätzen – auch wenn seine Sichtweise nicht geteilt und das Verhalten nicht gutgeheißen wird (vgl. Simmon-Kaiser 1968, 16 ff.).

19.3 Informationsgewinnung und Beziehungsgestaltung

Ein Hausbesuch durch Fachkräfte des ASD kann unterschiedliche Ziele verfolgen. Ein Ziel ist die Informationsermittlung im Rahmen diagnostischer Prozesse und Bedarfsfeststellung. So kann die Kenntnis der räumlichen Verhältnisse entscheidend sein, um beispielsweise Familiendynamiken, Erziehungsprobleme oder Geschwisterrivalitäten zu verstehen und eine angemessene Hilfe zu entwickeln. Dies sind meist beraterische und erzieherische Hilfen, je nach Bedarf auch materielle Hilfen oder organisatorische Unterstützung, etwa durch Vermittlung einer größeren Wohnung. Jede Diagnostik beinhaltet aber auch das Element der Kontrolle (→ Kapitel 14). Besonders deutlich wird das doppelte Mandat der Sozialen Arbeit bei der Aufgabenstellung der Gefährdungseinschätzung, beispielsweise im Kinderschutz. Fachkräfte besuchen in diesen Fällen die Familien, um sich einen unmittelbaren Eindruck von dem Kind und von seiner persönlichen Umgebung zu verschaffen (→ Kapitel 22). Hausbesuche sollen damit zur genaueren Einschätzung einer möglichen Kindeswohlgefährdung und damit gegebenenfalls zur Durchsetzung von Interventionen und rechtlichen Konsequenzen gegen den Willen der Personensorgeberechtigten beitragen (→ Kapitel 10). Als Anzeichen für eine Kindeswohlgefährdung können beispielsweise gesundheitsgefährdende hygienische Verhältnisse, fehlende Spielanregungen für Kinder oder eine Unterernährung von Kindern sichtbar werden. Während diese Beispiele wichtige Anhaltspunkte für eine Mögliche Gefährdung geben, können Hausbesuche umgekehrt Fachkräften jedoch keine Gewissheit über die Gewährleistung des Kindeswohls verschaffen, denn viele Formen der Kindeswohlgefährdung, beispielsweise im Bereich psychischer und sexueller Gewalt, sind keineswegs offensichtlich.

Für die Betroffenen ist dieser Kontrollaspekt des Hausbesuches in der Regel deutlich wahrnehmbar. Sie reagieren darauf z. B. durch Aufregung, Skepsis, Zurückhaltung oder Überschwänglichkeit. Die Wahrnehmung von Besuchen als Kontrolle kann dazu führen, dass die Besuchten versuchen, ein möglichst gutes Bild zu vermitteln und Schwierigkeiten nicht sichtbar werden zu lassen. Dies wird umso stärker der Fall sein, je unklarer den Betroffenen der Zweck des Besuches und die von den Fachkräften angelegten Kriterien zur Einschätzung der Situation sind.

Ein zweites Ziel von Hausbesuchen ist die Förderung einer tragfähigen Helfer-Klient-Beziehung. Gute Hausbesuche können diese wie kaum ein anderes Vorgehen festigen und voranbringen. Sie können ein

Zugehen der Fachkraft auf die Betroffenen und ein Zeichen der Wertschätzung darstellen. Einige Menschen begegnen Fachkräften gern bei sich zu Hause in ihrer vertrauten Umgebung, weil diese ihnen Sicherheit vermittelt. Sie sind Gastgeber und können die Situation selbstbestimmt gestalten. Auch zeigen Fachkräfte schon dadurch, dass sie sich auf den Weg zu ihnen machen, Interesse an dem häuslichen Lebensumfeld der Klienten, das – kommt es nicht als Kontrolle und Bevormundung daher – von diesen als wohltuend erlebt werden kann. Schließlich, und auch dies ist förderlich für die Helfer-Klient-Beziehung, ist die Kontaktaufnahme zu Kindern im häuslichen Umfeld häufig einfacher und natürlicher möglich als in einem Amt.

Neben diesen beiden inhaltlichen Zielen der Informationsermittlung und des Beziehungsaufbaus kann es auch praktische Gründe dafür geben, einer Familie einen Hausbesuch anzubieten, etwa um diese von Fahrwegen zu entlasten, weil man sowieso gerade in der Gegend ist oder weil es den Betroffenen aufgrund ihrer häuslichen Verpflichtung, z. B. der Versorgung mehrerer Kinder, nur schwer möglich ist, einen Termin im Amt wahrzunehmen. Unabhängig davon, welche praktischen Notwendigkeiten und/oder inhaltlichen Überlegungen zu einem Hausbesuch geführt haben: Im Idealfall stellen die ersten beiden Aspekte – die Informationsermittlung und die Förderung einer tragfähigen Helfer-Klient-Beziehung – Elemente eines jeden Hausbesuchs dar (Urban 2004, 111, 189 f.). Der Einblick in die Lebenszusammenhänge der Klienten ist beim Hausbesuch noch stärker als in anderen Settings immer verbunden mit dem Aufbau und der Gestaltung der Helfer-Klient-Beziehung. Bei einem Hausbesuch, der auf einer Einladung der Betroffenen beruht oder zum Kennenlernen der Kinder initiiert wurde, beobachten Fachkräfte dennoch sorgfältig die Situation und erhalten Informationen und Einblicke in die Privatsphäre der Gastgeber, die sie in der Dienststelle nicht erhalten würden. Und dies gilt ebenso umgekehrt: Auch dann, wenn ein Hausbesuch explizit erfolgt, um Informationen zu ermitteln oder gar Gefährdungslagen einzuschätzen, wird eine qualifizierte Fachkraft gleichzeitig als Gast auftreten, der Familie Wertschätzung und Respekt entgegenbringen und sich um den Aufbau einer konstruktiven Helfer-Klient-Beziehung bemühen. Dies kennzeichnet die Doppelstruktur von Hausbesuchen durch Fachkräfte des ASD zwischen Informationsgewinnung und Beziehungsgestaltung – eine Struktur, die jeder Helfer-Klient-Beziehung innewohnt (Müller 1993/1997), die beim Hausbesuch jedoch eine spezifische Bedeutung erhält.

In der Alltagspraxis ist dieses nicht immer gegeben. Seien es Zeitdruck, Handlungsdruck oder Qualifikationsbedarf: Es gibt eine Vielzahl von Gründen, die dazu führen können, dass der Komplexität des Hausbesuchs nicht in vollem Umfang entsprochen werden kann. Erscheint es beispielsweise in Eile erforderlich, einen Sachverhalt zu klären, kann dabei die Konzentration auf diese Dringlichkeit gegenüber dem Hinein-Denken in die Betroffenen dominieren und den Beziehungsaufbau in den Hintergrund treten lassen. Vielleicht gelingt es auf diese Weise, die gewünschten Informationen zu erhalten. Eine tragfähige Grundlage für eine eventuell erforderliche längerfristige Zusammenarbeit wird auf diese Weise jedoch nicht geschaffen; mehr noch, den Betroffenen würde mit einem solchen Vorgehen signalisiert, dass *ihre* Anliegen und Wahrnehmung für die Fachkräfte zweitrangig sind. Umgekehrt birgt aber auch die einseitige Konzentration auf die Beziehungsarbeit Risiken, laufen Fachkräfte doch dabei Gefahr, wichtige Informationen und Hinweise zu übersehen. Die in Hausbesuchen liegenden Chancen sind also keineswegs voraussetzungslos und auch nicht eindeutig, sondern stets in Spannungsfelder eingebunden.

19.4 Ambivalenzen des Hausbesuchs

Diese Verbindung der beiden Dimensionen *Information* und *Beziehung* kennzeichnet bis heute die Struktur des Hausbesuchs zwischen *Hilfe* und *Kontrolle*. Die Durchführung von und die Reflexion über Hausbesuche erfordert daher die Auseinandersetzung mit Ambivalenzen (Bräutigam et al. 2011, 25 ff.). Einige dieser Ambivalenzen und Spannungsfelder wurden bereits genannt, sie sollen an dieser Stelle gebündelt und ergänzt werden.

Der Hausbesuch bewegt sich in der Grundambivalenz zwischen kontrollierendem Eindringen einerseits und der Chance zum Abbau von Expertenhierarchie zugunsten lebensweltnahen Verstehens andererseits (Walter 2011, 324). Dieses lebensweltnahe Verstehen erfordert jedoch mehr als ‚hingucken' und beobachten. Hausbesuche erleichtern es keineswegs, die ‚Wirklichkeit' zu sehen. Hargens weist sogar darauf hin, dass er beim Hausbesuch mehr über seine eigenen Vorurteile als über die Wirklichkeit der Klienten erfahre. Es bestehe die Gefahr, dass „der Raum der KundIn bei mir viel eher *meine eigenen Vorannahmen* aktiviert und mich leichter glauben macht, ich wüsste ‚tatsächlich', wie die Welt der KundInnen aussähe" (Hargens 1993, 246). Hausbesuche ermöglichen demnach einen direkten Zugang zu den eigenen Vorurteilen, was sinnvoll in die diagnostische Arbeit einbezogen werden kann, wenn es sorgfältig reflektiert wird. Der Hausbesuch zeigt aber nicht, wie es bei den Klienten ‚wirklich ist'.

Es ist durchaus fraglich, ob der Einblick in alltägliches Leben der Klienten und damit in viele Kontextinformationen durch einen Hausbesuch grundsätzlich positiv zu bewerten ist. Eine solche Form der Informationssammlung ist durch die Klienten nicht steuerbar. Sollten Klienten nicht selbst entscheiden können, was Helfer wissen und was nicht? Hausbesuche geben Klienten durchaus einen ‚Heimvorteil', der Fachlichkeit etwas entgegenzusetzen, aber sie lassen ihnen auch keinen Raum mehr, sich der Sozialarbeit zu entziehen. Insofern bedeuten Hausbesuche für die Betroffenen sowohl Kontrollgewinn als auch Kontrollverlust (Ruback 1985, 50). Zudem bleibt die doppelte Rolle als Gastgeber und Hilfenehmender ambivalent: Gastgeber definieren Spielräume und entscheiden, wer wie lange am Gespräch teilnimmt, bleibt oder geht. Als Hilfesuchende hingegen herrscht bei vielen eher Unklarheit über ihre Handlungsspielräume – auch im Rahmen von Hausbesuchen, bei denen sie die Gastgeberrolle haben.

Hausbesuche können einen leichteren Kontakt zu Menschen ermöglichen, die aufgrund von Ängsten und Vorbehalten, aber auch aufgrund praktischer Schwierigkeiten den Zugang zu helfenden Institutionen nicht finden. Das Gespräch im privaten Raum kann die persönliche Öffnung der Klienten aber auch erschweren: Manche Menschen erleben fremde Örtlichkeit als Distanz bietenden Schutzraum, in dem sie sich leichter öffnen können als im sozialen Nahraum. Viele Familien schätzen den persönlichen Aufwand, den Helfer für den Hausbesuch auf sich nehmen, und nehmen dies als erhöhtes Interesse wahr. Der Zugang von Helfern zur persönlichen, privaten Umgebung der Klienten birgt aber auch die Gefahr, die professionelle Distanz zu verlieren. Dies gilt insbesondere für Fachkräfte, die nicht im Team arbeiten und keine regelmäßige Reflexionsmöglichkeit mit anderen nutzen. Schließlich, und dies wurde in Abschnitt 19.2 bereits angeführt, erfordert der Hausbesuch von Fachkräften eine hohe Sensibilität für die Grenzen der Familie, die im Spannungsfeld steht zur Notwendigkeit, diese Grenzen im Rahmen von Kontrollaufträgen erforderlichenfalls zu überschreiten. Der Hausbesuch erfordert Respekt gegenüber den Deutungs- und Lebenswelten der Klienten, und gleichzeitig müssen Fachkräfte – insbesondere bei Kindeswohlgefährdung – nach davon unabhängigen, klar begründeten Kriterien handeln (auch wenn diese sich in der Praxis selten in dieser Klarheit darstellen).

Für den Umgang mit diesen Spannungsfeldern gibt es keine schematische Lösung. Fachkräfte können nur reflexiv mit den Herausforderungen umgehen: Sie müssen

„sich mit aller Authentizität, Persönlichkeit und spezifischen Fachlichkeit […] einbringen […], um eine Beziehung aufzubauen, die den Vertrauensvorschuss, den die Besuchten den Besuchern entgegenbringen, indem sie sie über die Türschwelle lassen, rechtfertigt, und andererseits den Fremdenstatus höflich und mit aller Standhaftigkeit […] wahren" (Bräutigam et al. 2011, 27).

19.5 Rechtliche Aspekte von Hausbesuchen

Haus und Wohnung gelten als besonders schützenswerte Zone. Das Grundgesetz erkennt dies als Freiheits- und Autonomierecht der Bürger an und schützt in Artikel 13 Abs. 1 GG die Unversehrtheit der Wohnung. Es handelt sich dabei um ein Abwehrrecht von Bürgern gegen das Eindringen des Staates in die Privatsphäre. Hausbesuche in der Sozialen Arbeit stellen ein solches Eindringen des Staates in die Privatsphäre der Bürger dar und erfordern daher eine Legitimation. Die Einwilligung der Betroffenen in das Betreten der Wohnung durch die Fachkräfte stellt eine solche Legitimation dar. Rechtlich problematisch sind jedoch die Fälle, in denen Hausbesuche von den Betroffenen verweigert werden. Hier schließt die Frage an, ob Fachkräfte berechtigt sind, den Hausbesuch zu erzwingen, und wenn ja, wie sie dies tun können (vgl. Ollmann 2001; DIJuF 2008).

Dabei ist zu unterscheiden, ob es um eine Leistung oder um die Ausübung des staatlichen Wächteramts, um sogenannte *Andere Aufgaben* geht. Nach den verwaltungsrechtlichen Vorgaben des SGB X ist die Behörde zur Ermittlung der Tatsachen verpflichtet, die für eine Verwaltungsentscheidung über eine Leistung erforderlich sind (§ 20 SGB X). Dazu kann ein Hausbesuch („Inaugenscheinnahme") gehören (§ 21 SGB X). Dieser ist jedoch nicht zwingend, sofern die erforderlichen Informationen auch anders ermittelt werden können. Erst wenn dies nicht möglich ist, erfolgt in der Wahl der Erhebungsmethode eine Ermessensreduzierung auf Null (Ollmann 2001, 1 f.). Lassen die Betroffenen den Hausbesuch nicht zu, obwohl er für die Entscheidung über eine Leistung erforderlich ist, so müssen sie mit einer Ablehnung der Leistung rechnen. Ein Erzwingen des Hausbesuchs ist hier jedoch nicht möglich. Geht es hingegen um die Einschätzung einer Kindeswohlgefährdung, also um die Wahrung der Rechte von Dritten, müssen die Fachkräfte abschätzen, ob die Gefährdungslage den Hausbesuch unverzichtbar macht.

In keinem Fall sind Fachkräfte jedoch dazu berechtigt, Zwangsmittel einzusetzen. Ist der Hausbesuch zur Sicherung des Kindeswohls erforderlich und wird er durch die Personensorgeberechtigten oder andere das Hausrecht ausübende Personen verweigert, so müssen Fachkräfte die Polizei hinzuziehen, um den Zugang zu erzwingen. Diese Eingriffsschwelle ist sehr hoch. Die Zulässigkeit des polizeilichen Eingreifens ist unter anderem abhängig von der Schwere des Verdachts und der erkennbaren Gefahr im Verzuge, was im Rahmen von Gefährdungsabklärung in der Regel noch nicht vorliegt (DIJuF 2008, 6; Ollmann 2001). Es stellt sich bei der Hinzuziehung von Polizei aber nicht nur die rechtliche Frage, ob das polizeiliche Eingreifen verhältnismäßig und erforderlich ist, sondern auch die fachliche Frage, welche Konsequenzen ein solches Vorgehen für den Aufbau einer Hilfebeziehung mit der Familie nach sich zieht. Eine solche „geballte Demonstration staatlicher Kontrolle" (DIJuF 2008, 6) würde bei den Betroffenen Abwehr und Rückzug erzeugen und damit – sofern sie nicht durch eine akute Gefährdung erforderlich ist – keinen sinnvollen Einstieg in eine Zusammenarbeit darstellen.

Neben dem Grundrecht auf Unverletzlichkeit der Wohnung ist auch der Datenschutz bei Hausbesuchen besonders zu berücksichtigen. Fachkräfte werden bei Besuchen in der Wohnung durch Beobachtung und Gespräche eine Vielzahl von Informationen sammeln. Im Rahmen von Verwaltungsverfahren dürfen jedoch nur solche Tatsachen ermittelt werden, die für die Entscheidungsfindung relevant sind. Erfolgt der Hausbesuch als „Gespräch am anderen Ort", bei dem Informationen erhoben werden, die sonst z. B. bei einem Gespräch im Amt erfragt worden wären, so wird sich hier kein Problem ergeben. Erfolgt jedoch der Hausbesuch zum Zweck der Datenerhebung durch Beobachtung, dann ist die Frage, welche Beobachtungen die Bindung an die Erforderlichkeit erfüllen und wann Daten erhoben werden, die hierdurch nicht mehr gedeckt sind (Ollmann 2001, 1).

Daran schließt sich die Frage an, wie die Betroffenen die Erhebung und den Umgang mit ihren Daten kontrollieren können. Der theoretische Fall, dass ein Hausbesuch ausschließlich als „Gespräch am anderen Ort" ohne zusätzliche Beobachtungen erfolgt, ist in der Praxis kaum möglich. Es ist gerade eine Besonderheit des Hausbesuches, dass Dinge sichtbar werden, dass die Fachkraft Einblick in Kontextinformationen erhält, die sie anders eben nicht erhalten hätte. Fachkräfte müssen sich dieser besonderen Qualität der Informationen sowie der damit verbundenen datenschutzrechtlichen Probleme bewusst sein und einen begründeten, transparenten Umgang damit entwickeln.

Eine rechtliche Frage, die in der Praxis zunehmende Bedeutung erlangt, ist das Anliegen von Eltern, Bild- oder Tonaufzeichnungen von Hausbesuchen anzufertigen, und zwar insbesondere bei Hausbesuchen, in denen es um eine mögliche Kindeswohlgefährdung, Einschränkung oder Ausschluss von Umgangskontakten und ähnliche konflikthafte Auseinandersetzungen geht. In einem Rechtsgutachten des Deutschen Instituts für Jugendhilfe und Familienrecht (DIJuF 2010) wird darauf hingewiesen, dass solche Aufnahmen und deren Veröffentlichung gegen den Willen der Fachkräfte nicht zulässig sind. Fachkräfte können jedoch ihrerseits den Zugang zur Wohnung nicht erzwingen, es sei denn, es liegt akute Gefahr vor und die Polizei wird hinzugezogen. Wenn ein Hausbesuch also an Bild- und Tonaufnahmen geknüpft wird, müssen Fachkräfte die Dringlichkeit der Durchführung des Hausbesuchs und die mit den Aufnahmen verbundenen Risiken abwägen. Besteht kein akuter Handlungsbedarf, so können vor einer weiteren Klärung der Lebenssituation zunächst Gespräche über das Misstrauen und die Befürchtungen der Betroffenen stattfinden, um nach Lösungen zu suchen, Vereinbarungen zum weiteren Vorgehen zu treffen und damit eine tragfähige Grundlage für die weitere Zusammenarbeit zu entwickeln. Gelingt dies nicht oder ist der Hausbesuch zur Abklärung der Situation unverzichtbar, müssen Fachkräfte jedoch die Risiken abwägen. Auch wenn sie die Aufnahmen tolerieren, haben sie die Möglichkeit, die Veröffentlichung explizit zu untersagen. Werden die Aufnahmen dennoch veröffentlicht, steht der Fachkraft der Klageweg offen (DIJuF 2010).

19.6 Methodische und organisatorische Aspekte

Der Hausbesuch ist ein Setting: die Wahl eines Ortes, durch den die gewohnten Rollen, Regeln und Verhaltensweisen in Helfer-Klient-Beziehungen verändert werden bzw. ihre Selbstverständlichkeit verlieren. Konzeptuell und methodisch gibt der Hausbesuch jedoch weder Vorgaben noch Einschränkungen vor: Es kann mit Einzelnen, Familien und Gruppen gearbeitet werden, und das Hinausgehen in den Stadtteil eröffnet sogar Möglichkeiten der gemeinwesenorientierten Arbeit, der Einbeziehung sozialer Netzwerke, des Aufspürens von sozialräumlichen Problemkonstellationen und Ressourcen. In der Regel werden beim Hausbesuch Beratungsgespräche geführt (→ Kapitel 16). Der konzeptionelle Hintergrund ist dabei offen: personenzentrierte und systemische Grundsätze sind ebenso möglich wie psychoanalytische oder gestalttherapeutische. Neben Beratungsgesprächen können aber auch gemeinsames Handeln und kreative Methoden genutzt werden. Ebenso kann der Hausbesuch in allen Phasen des Hilfeprozesses – Anamnese, Diagnose, Intervention und Evaluation – sinnvoll sein.

Unabhängig von den konkreten konzeptionellen und methodischen Arbeitsansätzen gibt es jedoch übergreifende Leitlinien für die Vorbereitung, Durchführung und Nachbereitung von Hausbesuchen. In den bisherigen Ausführungen wurde vor allem die Durchführung thematisiert, im Folgenden werden systematische Hinweise zur Vor- und Nachbereitung gegeben sowie auf die übergreifende Notwendigkeit der Qualitätssicherung hinsichtlich der Aufgabenstellung Hausbesuch im ASD eingegangen.

19.6.1 Die Begründung von Hausbesuchen

Die Durchführung von Hausbesuchen kann nicht pauschal als richtig oder falsch, notwendig oder überflüssig beurteilt werden. Dies kann nur im Rahmen einer fachlichen Einschätzung des Einzelfalls beurteilt werden (vgl. Hargens 1993; Stoffels/Kruse 1996, 39 ff.; Campbell/Märtens 2011, 147 f.). In der Entscheidung sind wie bei jeder anderen Diagnose auch Chancen und Risiken abzuwägen: Werden Hausbesuche unüberlegt oder ausschließlich zum Zweck der formalen und rechtlichen Absicherung von Fachkräften in Kinderschutzfällen durchgeführt, können sie durchaus auch kontraproduktiv sein (Stoffels/Kruse 1996, 39 ff.). Die Betroffenen werden auf einen solchen Hausbesuch, der nicht zumindest auch die Zusammenarbeit mit ihnen zum Ziel hat, skeptisch reagieren und es vermeiden, Probleme sichtbar werden zu lassen. Insbesondere bei Familien, in denen es Gewalt gegen Kinder oder Partnerinnen gibt, ist es möglicherweise einfacher, diese an einem Ort zu thematisieren, wo sie nicht ausgeübt wird (Hargens 1993).

Bei der Entscheidung über die Durchführung von Hausbesuchen sollten nach der *Klärung der Zielstellung* folgende Leitfragen beantwortet werden (Campbell/Märtens 2011, 148 f.):

- **Erforderlichkeit:** Erfordert der Beratungsauftrag wirklich einen Hausbesuch, kann man nur dort die erforderlichen Informationen erhalten?
- **Chancen-Risiken-Abwägung:** Ist das Verhältnis zwischen erwarteten positiven Effekten und möglichen negativen Folgen – für die Klienten und weitere Bezugspersonen, aber auch für die Fachkräfte und für die Helfer-Klient-Beziehung – angemessen?
- **Handlungsmotive:** Welche Motivationen der Fachkraft liegen dem Hausbesuch tatsächlich zugrunde? Welche Rolle spielen fachliche Motive und welche Rolle spielen allzu menschliche Motive wie Neugier?

19.6.2 Vorbereitung von Hausbesuchen

Ist die Entscheidung für einen Hausbesuche gefallen, geht es in der Vorbereitung darum, günstige Rahmenbedingungen für Familien und Fachkräfte zu schaffen, um den Hausbesuch konstruktiv nutzen zu können.

Planung des Settings: Wer führt den Hausbesuch durch, gibt es eine Wahlmöglichkeit, gibt es Personen, die in diesem Fall mehr oder weniger gut geeignet sind? Welche Zeit, welcher Rahmen eignet sich für einen Hausbesuch; wer soll da sein (oder gerade nicht da sein), welche Tagessituation der Familie ist günstig und welchen Eindruck macht mein Besuch auf die Umgebung?

Anmeldung: Im Regelfall ist die Anmeldung zum Hausbesuch ein Gebot der Höflichkeit und bereits das erste Signal an die Betroffenen, in dem die Haltung des Besuchenden deutlich wird. Es ist daher eine sinnvolle „Investition", Form, Inhalt und Ton der Anmeldung sorgfältig zu überdenken. Hinzu kommen praktische Erwägungen wie die Berücksichtigung der Lebensumstände der Betroffenen bei der Terminplanung. Im Einzelfall, insbesondere bei Hinweisen auf akute Gefährdungslagen, kann auch ein unangemeldeter Hausbesuch erforderlich sein.

Vorinformationen: Vor einem Hausbesuch ist zu klären, welche Vorinformationen vorliegen und welche Qualität diese haben. Dazu gehören die Fragen, von wem die Information stammt, wie sie erlangt wurde und wie die Eigeninteressen der Informationsgeber eingeschätzt werden. Insbesondere in Krisenfällen und bei Meldungen, die eine kurzfristige Überprüfung möglicher Kindeswohlgefährdungen erforderlich machen, ist es wichtig, zwar zu handeln, dabei aber Besonnenheit zu wahren und zwischen dem mit Hinweisen häufig verbundenen Handlungsdruck der Meldenden und den zugrunde liegenden Anlässen und Sachverhalten zu unterscheiden.

Rollenklärung: Eine vorherige Auseinandersetzung mit der Aufgabe und der Rolle im konkreten Fall trägt zur inneren Klarheit im Umgang mit Ambivalenzen und Spannungsfeldern bei. Sind mehrere Fachkräfte am Hausbesuch beteiligt, ist es sinnvoll vorher zu klären, wer die Gesprächsführung übernimmt und welche Rolle den anderen Fachkräften zukommt, welche Vereinbarungen es über Interventionen gibt etc.

Organisatorisches: Die organisatorische Vorbereitung von Hausbesuchen zielt zum einen auf die Bereitstellung und Mitnahme gegebenenfalls erforderlicher Unterlagen und Gegenstände wie Dienst- und Personalausweis, Visitenkarten, Handy, Kalender, Schreibunterlagen und wichtige Telefonnummern. Darüber hinaus können weitere Materialien erforderlich sein. Ist ein Gespräch zu bestimmten Themen oder Problematiken zu erwarten, können entsprechende Broschüren oder Informationsmaterialien sinnvoll sein, z. B. zu Angeboten der beruflichen Bildung, Elterntrainings oder Beratungsangeboten bei häuslicher Gewalt. Wird eine Kindeswohlgefährdung in Betracht gezogen, können Erhebungsbögen zur Gefährdungseinschätzung oder die Abklärung der Verfügbarkeit von Transportmöglichkeiten und Kindersitzen erforderlich sein. Ebenso kann jedoch bei einem ersten Besuch nach einem Umzug ein kleines, vielleicht nur symbolisches Gastgeschenk angemessen sein.

Zur organisatorischen Vorbereitung gehört auch ein Bereich, der als Selbstschutz bei Hausbesuchen diskutiert wird. Hierzu gehört die Absicherung der eigenen Sicherheit durch die Mitnahme von Kollegen, die Information der Kollegen über Zeit und Ort des geplanten Hausbesuches, aber auch das Aufladen des Handy-Akkus und – insbesondere im ländlichen Gebiet ein wichtiger Aspekt – ein voller Tank. Neben diesen organisatorischen Aspekten werden in der Fachliteratur gesundheitliche Vorsorgemaßnahmen, insbesondere Impfung sowie Hände waschen vor und nach dem Besuch thematisiert (Ehlers 2011).

19.6.3 Durchführung

Zur Durchführung von Hausbesuchen wurden bereits Ausführungen gemacht. Hinweise hierzu müssen notwendigerweise allgemein bleiben. Ausgehend von einer angemessenen Haltung als Gast und der inneren Klarheit über Anliegen und Ziel des Hausbesuches werden Fachkräfte sich um Transparenz im Verhalten und um eine positive Gesprächsatmosphäre bemühen und auf die jeweiligen Reaktionen der Klienten eingehen.

19.6.4 Nachbereitung und Reflexion

Hausbesuche sind sorgfältig schriftlich zu dokumentieren. Die Nachbereitung des Hausbesuches muss eingeplant und gezielt hergestellt werden, sowohl in Hinsicht auf die Deutung und das weitere Vorgehen im Fall als auch in Hinsicht auf die Reflexion des eigenen Vorgehens bei Hausbesuchen. Werden Besuche zu zweit durchgeführt, so ist dies eine ideale Voraussetzung für Nachbesprechungen und Reflexionen. Diese können aber auch im Team oder in der Supervision stattfinden, wenn der Hausbesuch allein erfolgte.

19.7 Qualitätssicherung von Hausbesuchen

Je sensibler ein Handlungsbereich ist, umso sorgfältiger muss das Handeln darin begründet und reflektiert werden. Fachkräfte brauchen Regeln, Verfahren, Standards und entsprechende Fortbildungen für diese Aufgabe. Die Durchführung von Hausbesuchen findet derzeit in der Ausbildung von Sozialarbeitern und Sozialpädagogen wenig Aufmerksamkeit. Es gibt allerdings zunehmend Fortbildungen, die es Fachkräften ermöglichen, sich in diesem Bereich weiterzuentwickeln.

Eine systematische Verankerung der Qualitätssicherung von Hausbesuchen im ASD bezieht unterschiedliche Ebenen ein. Grundlegend sind die Erarbeitung von und die Einigung auf allgemeine Regeln zur Vorbereitung und Durchführung von Hausbesuchen. Fachkräfte brauchen hierfür u. a. eine Klärung der Rechtslage bei Hausbesuchen in unterschiedlichen Problemkonstellationen, die Reflexion der Rolle als Gast bei Hausbesuchen und daraus resultierender Verhaltensregeln sowie Vereinbarungen über Kriterien zur Dokumentation von Hausbesuchen. Einige dieser Elemente finden sich beispielsweise in einem Rundschreiben der Senatsverwaltung für Bildung, Wissenschaft und Forschung Berlin über „Hausbesuche und ihre Durchsetzbarkeit durch den Regionalen Sozialpädagogischen Dienst (RSD) der Jugendämter im Rahmen des Netzwerkes Kinderschutz" (2007) und dem „Leitfaden für Hausbesuche und Krisenintervention" der Behörde für Soziales, Familie, Gesundheit und Verbraucherschutz der Freien und Hansestadt Hamburg (2008).

Weniger Aufmerksamkeit findet bisher die Frage, welche Form der Rückmeldung Bürger den Fachkräften des ASD zu ihrem Erleben der Hausbesuche geben können und welche Beschwerdemöglichkeiten es für Betroffene gibt, wenn sie entsprechende Kritik am Vorgehen von Fachkräften äußern möchten. Dies wäre Aufgabe von Beschwerdestellen, die bei Trägern der Jugendhilfe einzurichten wären und die Bürgern die Möglichkeit eröffnen, sich über das Verhalten von Fachkräften bei Hausbesuchen zu beschweren. Allerdings müssen Betroffene über diese Möglichkeit informiert werden. Sinnvoll wäre es etwa, wenn Betroffene beim ersten Kontakt mit Fachkräften eine ansprechend gestaltete Information mit Ansprechpartner und Telefonnummer erhielten für Feedback, Fragen und Beschwerden. Darüber hinaus ist die Sicherstellung der in 19.6.4 bereits benannten Reflexion anzustreben. Es sind Verfahren zu implementieren, mit denen Fachkräfte Rückmeldungen von anderen Fachkräften zu ihrem Handeln bei Hausbesuchen einholen können, sei es im Rahmen kollegialer Fallberatungen oder im Rahmen direkten Feedbacks, wenn mehrere Fachkräfte gemeinsam einen Hausbesuch durchführen.

19.8 Der Hausbesuch als Kontrollinstrument? Zur Notwendigkeit der fachlichen Qualifizierung

In den vergangenen Jahren wurde in den Medien zahlreich über Kinder berichtet, die in der Obhut ihrer Eltern, Stiefeltern oder Pflegeeltern grausame Gewalt erlebten und teilweise daran starben. Unter dem Eindruck dieser bestürzenden Berichte führten politische Überlegungen über eine Stärkung des Kinderschutzes zu verschiedenen Entwürfen für ein Bundeskinderschutzgesetz. Ein solches Gesetz ist zum 01.01.2012 in Kraft getreten. In diesem Gesetz wird dem Hausbesuch des ASD eine zentrale Rolle bei der Einschätzung von Kindeswohlgefährdungen zugesprochen. Demzufolge „hat das Jugendamt die Erziehungsberechtigten sowie das Kind oder den Jugendlichen in die Gefährdungseinschätzung einzubeziehen und, sofern dies nach fachlicher Einschätzung erforderlich ist, sich dabei einen unmittelbaren Eindruck von dem Kind und von seiner persönlichen Umgebung zu verschaffen" (§ 8a Absatz 1 Satz 2 SGB VIII), soweit damit der wirksame Schutz dieses Kindes oder dieses Jugendlichen nicht in Frage gestellt wird.

Zwar ist damit die in einem Entwurf aus dem Jahr 2009 enthaltene Verpflichtung zur Durchführung von Hausbesuchen deutlich abgeschwächt. Eine fachliche Kritik an dieser Regelung von Hausbesuchen im Rahmen des Gesetzes bleibt jedoch erhalten. Der Hausbesuch wird im Gesetz ausschließlich als Instrument zur Einschätzung von Kindeswohlgefährdungen betrachtet und somit vom Kontext der Beziehungsgestaltung und weiterer fachlicher Fragen isoliert. Zudem regelt diese Vorgabe den Kinderschutz primär aus der Sicht des Schutzes von Kleinkindern und Säuglingen sowie unter dem Eindruck der öffentlich diskutierten Fälle. Diese sind jedoch keine repräsentativen Fälle. Im Gegenteil: Dass Kindeswohlgefährdungen in Form von Unterernährung und eindeutigen Wunden sichtbar – ‚offen sichtlich' – werden, stellt in der Arbeit des ASD die Ausnahme dar. Wesentlich verbreiteter sind demgegenüber unklare Fälle, in denen eine enge Zusammenarbeit mit der Familie und sorgfältige Fallreflexionen erforderlich sind, um Kindeswohlgefährdungen überhaupt einschätzen zu können. Viele der für diese Einschätzung wichtigen Aspekte des Risikos sind über Hausbesuche nicht zu klären (Urban-Stahl 2009a; Die Kinderschutz-Zentren 2008; DIJuF 2008).

Die öffentliche Instrumentalisierung des Hausbesuches als zentrales Element fachlichen Handelns wird vereinfacht durch die geringe Aufmerksamkeit, die diesem Setting in der Fachwelt lange Zeit zuteil wurde. Die schmale Literaturlage ist ein Zeichen dafür. Erst nach der Zunahme des öffentlichen Interesses werden nun Veröffentlichungen publiziert und Leitlinien und Empfehlungen veröffentlicht. Wenn es keine oder zu wenig fachliche Auseinandersetzung über die Komplexität des Hausbesuchs gibt, ist die Gefahr groß, dass er undifferenziert als ‚in die Wohnung gehen und gucken' behandelt wird. Das darin enthaltene fachliche Vorgehen, die notwendige fachliche Qualifizierung und eine zu entwickelnde Kontrolle des fachlichen Handelns in der Privatsphäre der Bürger werden ausgeblendet.

Hier ist eine Weiterentwicklung dringend nötig. Der Hausbesuch ist ein wichtiger und wertvoller Bestandteil der Arbeit des ASD, aber er ersetzt nicht die Beziehungsarbeit, die Anamnese, die kollegiale Beratung über eine Diagnose und geeignete Hilfemöglichkeiten. Er kann sie bereichern, stellt dabei aber hohe Ansprüche an fachliches und authentisches Handeln. In dieser Perspektive wird deutlich, dass der Hausbesuch in der Fallarbeit nicht pauschal das „richtige" Vorgehen darstellt. Er stellt eine von mehreren Möglichkeiten dar, die es qualifiziert zu nutzen gilt.

20 Krisenintervention und Inobhutnahme

Christine Gerber

- Sowohl die Entscheidung als auch die Durchführung einer Inobhutnahme ist eine anspruchsvolle Aufgabe, die neben dem Schutz immer auch ein Risiko für das Kind darstellt.
- Die Fachkräfte müssen in der Lage sein abzuwägen, ob die Maßnahme im Verhältnis zur Gefahr steht, und dann eine potenziell traumatische Situation so gestalten, dass weder das Kind Schaden nimmt noch der Kontakt zu den Eltern über das notwendige Maß hinaus belastet wird und eine weitere Zusammenarbeit möglich ist.
- Kinder sind auf eine persönliche und feinfühlige Begleitung, verständliche und umfassende Erklärungen sowie angemessene Beteiligung an Entscheidungen durch die Fachkräfte des ASD angewiesen.
- Eltern brauchen von den Fachkräften nachvollziehbare Erklärungen, Begleitung in der Situation sowie konkrete Beratung und Unterstützung bei der Entwicklung einer Perspektive.
- Fachkräfte brauchen eine auf die besonderen Anforderungen abgestimmte Aus- und Fortbildung, die Bereitstellung der notwendigen Ressourcen, Rückhalt durch die Organisation, ein gutes und kollegiales Klima, zeitliche Ressourcen für die kollegiale Beratung und Co-Arbeit sowie Supervision.
- Darüber hinaus braucht es kompetente Kooperationspartner, gute Kooperationsbeziehungen und zuverlässige Strukturen. Denn nur wenn alle Beteiligten Verantwortung für das Kind, seine Eltern und die Kooperation übernehmen, können die Eltern und das Kind erfolgreich durch eine schwierige und bedrohliche Lebenssituation begleitet werden.

20.1 Krisenintervention

20.1.1 Belastungen und Risiken

Krisenintervention ist Teil des Aufgabenprofils des Allgemeinen Sozialen Dienstes (ASD). Krisen im Klientensystem gehören – auch wenn sie nicht täglich auftreten – zum Arbeitsalltag des ASD. Dennoch stellt jede Krise die Fachkraft vor individuelle und unvorhersehbare Herausforderungen. Krisen verursachen nicht nur bei Klienten, sondern auch auf Seiten der Fachkräfte häufig Stress. Der kurzfristige Klärungs-, Entscheidungs- und Handlungsbedarf, der mit einer Krise einhergeht, hat zur Folge, dass die Fachkräfte ihren geplanten Tagesablauf innerhalb kürzester Zeit umorganisieren müssen.

Interventionen zur Bewältigung einer Krise können sowohl in Familien, die dem ASD bekannt sind, als auch in Familien, zu denen bisher noch kein Kontakt bestand, notwendig werden. Der ASD kann durch die Familie selbst auf eine Krise aufmerksam gemacht werden, z. B. wenn sich eine Mutter eines Säuglings wegen akuter Überforderung an den ASD wendet. Ebenso können Krisen durch andere Institutionen, wie zum Beispiel die Polizei, die Schule oder eine ambulante erzieherische Hilfe an den ASD herangetragen werden. In jedem Fall ist die Information über eine Krise damit verbunden, dass sich die Fachkraft kurzfristig ein Bild von einer u. U. unerwarteten Entwicklung oder einer ihr unbekannten Familie machen und trotz des hohen Zeitdrucks eine Entscheidung von möglicherweise großer Tragweite treffen muss.
In Krisensituationen wird den Fachkräften die Ver-

antwortung, die sie in ihrem Alltag tragen, häufig besonders bewusst. Einerseits müssen sie, meist auf der Grundlage begrenzter Informationen, einschätzen, welche ggf. auch kurzfristig zu leistende Intervention sowohl als Hilfe für die Familie als auch zum Schutz des Kindes geeignet und v. a. verhältnismäßig ist. Andererseits verlassen sich in Krisen sowohl die Kooperationspartner als auch die Familien ganz besonders auf die Fachkräfte des öffentlichen Trägers. Nicht selten wird die Verantwortung für alle weiteren Schritte gänzlich dem ASD übergeben. Die damit verbundene hohe Erwartungshaltung gegenüber den Kompetenzen und den Fähigkeiten der Fachkräfte erzeugt weiteren Druck, der durch den eigenen Anspruch und das Bewusstsein, der / die „Letztverantwortliche" zu sein, zusätzlich erhöht werden kann. In der Folge steigt auch die Angst, Fehler zu machen. Insbesondere bei unerfahrenen Fachkräften oder bei Fachkräften, die von Seiten ihrer Organisation nicht ausreichend Rückhalt erfahren, kann dann die Sorge um den Schutz des Kindes durch das persönliche Bedürfnis nach Absicherung überlagert werden. In der Folge besteht das Risiko, dass die Interventionen nicht im Verhältnis zur konkreten Gefahr stehen und Maßnahmen ergriffen werden, die unnötige Belastung oder gar Schaden beim Kind verursachen. Sind die Fachkräfte dagegen regelmäßig mit Krisen konfrontiert, besteht das Risiko eher darin, dass Routinen entwickelt und Erfahrungen aus früheren Krisen unbewusst oder leichtfertig übertragen werden. Die Konsequenz kann dann sein, dass eine Situation unterschätzt wird und die Intervention hinter dem für den Schutz des Kindes Notwendigen zurück bleibt.

Krisen stellen insofern nicht nur die Fachkräfte in ihrem Arbeitsalltag vor Herausforderungen, sondern auch die Institution ‚ASD' vor strukturelle Anforderungen. Denn ob es gelingt, in Krisen gemeinsam mit den Betroffenen die geeigneten, notwendigen und verhältnismäßigen Entscheidungen zu treffen, wird maßgeblich durch die organisatorischen Rahmenbedingungen beeinflusst. Co-Arbeit in Krisen, kurzfristige Möglichkeiten der Reflexion oder schnell und unbürokratisch zur Verfügung stehende Fachberatung sind dabei ebenso Beispiele qualitätssichernder Maßnahmen wie ein gutes kollegiales Klima und eine Arbeitsatmosphäre, in der die Fachkräfte eventuelle Unsicherheiten oder Sorgen offen thematisieren können.

20.1.2 Interventionen in der Krise

Die Palette der fachlichen Interventionsmöglichkeiten bei Krisen in Familien mit Kindern ist groß. Im folgenden Abschnitt soll zunächst auf zwei Maßnahmen genauer eingegangen werden:

a. kurzfristige Anpassung des Betreuungskonzeptes;
b. Hinzuziehung anderer Leistungsträger, der Einrichtungen der Gesundheitshilfe oder der Polizei.

Die Inobhutnahme als ultima ratio und massivster Eingriff zum Schutz von Kindern wird ausführlich im zweiten Teil behandelt.

Zu (a) – kurzfristige Anpassung des Betreuungskonzeptes: Da Hilfe u. a. dem Ziel folgt, die Eskalation von Situationen zu verhindern, sollten Krisen im Kontext betreuter Familien stets als Irritationen bestehender Einschätzungen und Prognosen begriffen werden: Wie konnte es trotz des bestehenden Betreuungskonzeptes zu der Krise kommen? Was sind die Auslöser und Gründe für die Krise? Aus welchen Gründen sind wir nicht frühzeitig auf die Entwicklung aufmerksam geworden? Zur Beantwortung dieser Fragen müssen das bisherige Betreuungskonzept und die vorgenommene Gefährdungseinschätzung kritisch reflektiert werden. Diese Schritte bilden die Grundlage, um das Schutz- und das Betreuungskonzept, im Sinne der Verbesserung von Hilfe und Krisenprävention, anpassen zu können.

Sind andere Einrichtungen und Institutionen, wie z. B. freie Träger der Erziehungshilfe, Familienhebammen, Substitutionsärzte oder Beratungsstellen Teil des Betreuungskonzeptes der Familie, bedarf es einer gemeinsamen Reflexion und Beurteilung der Krisensituation und einer Abstimmung im Helfersystem über die notwendigen Hilfen oder Schutzmaßnahmen. Zentrale Fragen dabei können sein: Wie erfolgreich war die bisherige Hilfe? Was haben wir ggf. übersehen oder unterschätzt? Hätten wir durch einen besseren Austausch und bessere Kooperation früher aufmerksam werden können? Was lernen wir aus dieser Krise und der Arbeit mit der Familie über unsere Kooperation? Welche Hilfen und Maßnahme zum Schutz des Kindes sind geeignet, notwendig und verhältnismäßig?

Um einen Austausch über diese Fragen zu ermöglichen, sollten Krisen als Anlass für eine Helferkonferenz genommen werden. Sie bietet die Zeit und den Ort, um die Krise und die aktuelle Situation gemeinsam zu bewerten und die nächsten Schritte zu beraten. Darüber hinaus ermöglichen sie, dass bestehende Unterschiede in der Einschätzung und Lücken in der Kommunikation, die zu Risiken für das Kind und die Familie werden können, deutlich werden.

Für eine qualifizierte Reaktion auf Krisen in Familien insbesondere im Kinderschutz bedarf neben qualifizierten Fachkräften auch institutioneller Rahmenbedingungen, die den Aufwand einer differenzierten, interinstitutionellen Neubewertung der Situation möglich machen. Dazu gehört, dass alle beteiligten Institutionen im Hilfenetzwerk ggf. kurzfristig für eine persönliche Abstimmung im Rahmen einer Helferkonferenz zur Verfügung stehen und ihren Beitrag zur qualifizierten Bewältigung der Krise leisten.

Zu (b) – Hinzuziehung anderer Leistungsträger, der Einrichtungen der Gesundheitshilfe oder der Polizei: § 8a Abs. 3 SGB VIII verpflichtet das Jugendamt, zur Abwendung einer Kindeswohlgefährdung, bei Bedarf auch andere Leistungsträger, Einrichtungen der Gesundheitshilfe oder die Polizei hinzuzuziehen. Andere Leistungsträger im Sinne des Gesetzestextes sind Träger der Sozialhilfe (SGB XII), z. B. im Falle einer akuten materiellen Notlage der Familie oder die für die Grundsicherung für Arbeitssuchende gemäß SGB II zuständigen Jobcenter. Niedergelassene Ärzte, die Gerichtsmedizin, Einrichtungen der Erwachsenen- sowie der Kinder- und Jugendpsychiatrie sollten einbezogen werden, wenn sie zur Abwendung der Kindeswohlgefährdung oder zur medizinischen Diagnostik als Teil der Gefährdungseinschätzung beitragen können.

Obwohl der Gesetzgeber dem Jugendamt in § 8a Abs. 3 SGB VIII die Möglichkeit gibt, im Notfall (bei akuten Gefahren für das Wohl des Kindes) die jeweiligen Institutionen selbst einzubeziehen, hat auch in Krisen das Tätigwerden oder zumindest die Einwilligung der Eltern Vorrang. Die Hinzuziehung Dritter sollte zunächst mit den Eltern beraten werden, damit diese entweder eigenständig oder in Begleitung tätig werden.

Das Tätigwerden der Eltern oder zumindest ihre Zustimmung hat aus fachlichen Gründen Vorrang. Denn schließlich ist jede Auseinandersetzung mit den Eltern über die Frage, welche Hilfe, Unterstützung oder Behandlung für sie und ihre Kinder sinnvoll wäre, auch Teil eines Beratungsprozesses, der die Eltern in der Wahrnehmung ihrer erzieherischen Verantwortung unterstützt. Darüber hinaus können sich Entscheidungen, die gegen den Willen oder gar ohne Wissen der Eltern getroffen werden, belastend auf die weitere Zusammenarbeit sowie auf die Möglichkeiten der hinzugezogenen Stelle auswirken, z. B. indem diese sowohl gegenüber dem Jugendamt als auch gegenüber der hinzugezogenen Stelle (z. B. dem Arzt) die Zusammenarbeit verweigern. Insofern gilt, trotz des hohen Entscheidungs- und Handlungsdrucks, auch in Krisen, dass die Eltern, Kinder und Jugendliche an den einzelnen Entscheidungen beteiligt und über die konkreten Schritte, die ggf. ohne ihre Zustimmung eingeleitet werden müssen, vorab informiert werden. Davon abgesehen werden kann nur, wenn dadurch der wirksame Schutz des Kindes gefährdet würde.

20.2 Inobhutnahme

Die kurzfristige Herausnahme eines Kindes aus seinem gewohnten Umfeld (Inobhutnahme) ist der schwerwiegendste und mit vielen Risiken behaftete Eingriff, der den Fachkräften zur Bewältigung einer Krise zur Verfügung steht. Für eine differenzierte Betrachtung wird die Inobhutnahme im folgenden Abschnitt in Arbeitsphasen unterteilt:

1. Entscheidung
2. Vorbereitung
3. Durchführung
4. Während der Unterbringung

Die folgenden Ausführungen beziehen sich in erster Linie auf Kinder bis zu 14 Jahren. Es wird bewusst immer von ‚dem Kind' (in Singular) gesprochen. Auf diesem Wege soll verdeutlicht werden, dass – auch wenn es um mehrere Kinder geht oder Geschwisterkinder beteiligt sind – jedes Kind individuell betrachtet und versorgt werden muss.

20.2.1 Entscheidung zur Inobhutnahme

Eine Inobhutnahme, d. h. eine kurzfristige und vorübergehende Unterbringung eines Kindes, ist nicht nur ein massiver Eingriff in ein verfassungsrechtlich geschütztes Elternrecht, sondern immer auch mit erheblichen Belastungen für das Kind verbunden (Scheuerer-Englisch 2010).

Die Entscheidung, ob ein Kind in Obhut genommen wird, ist eine hoheitliche Aufgabe des Jugendamtes und kann nicht an freie Träger delegiert werden. Zu einer Inobhutnahme bedarf es entweder einer entsprechenden Entscheidung (= Verwaltungsakt i. S. v. § 31 SGB X) des Jugendamtes oder aber, sofern dieses z. B. am Wochenende oder nachts nicht zu erreichen ist, einer vorläufigen Entscheidung der mit den notwendigen Rechten ausgestatteten Polizei (Schindler 2006).

Im Gegensatz zur Entscheidung über die Inobhutnahme kann die Durchführung einer Inobhutnahme vom Jugendamt an einen freien Träger delegiert werden (Trenczek 2013, 469 RN 65). So ist z. B. denkbar, dass sich ein Jugendamt der Einschätzung der Fachkraft des Freien Trägers anschließt, die Entscheidung über die Inobhutnahme trifft und dann eine Sozialpädagogische FamilienhelferIn damit beauftragt, das Kind in die entsprechende Einrichtung zu begleiten.

Sowohl bei unbegleiteten minderjährigen Flüchtlingen als auch bei einem Kind das selbst um Inobhutnahme bittet (sog. Selbstmelder), bedarf es keiner Entscheidung des Jugendamtes, um die Aufnahme in einer entsprechenden Einrichtung zu ermöglichen. Diesem Kind kann das Jugendamt die Unterbringung nicht verwehren, da schon das Erfüllen der entsprechenden Voraussetzungen (Bitte um Inobhutnahme oder Aufenthalt in Deutschland ohne Begleitung durch Personensorgeberechtigte) eine Inobhutnahme rechtfertigt. Ebenso darf das Jugendamt Minderjährigen die Unterbringung in einer Einrichtung nicht verweigern mit Begründungen, dass sie zum wiederholten Male um Aufnahme bitten oder dass sie besondere Merkmale aufweisen (z. B. den Konsum von Drogen) oder dass sich der / die Minderjährige weigert seinen / ihren Namen anzugeben. All dies sind Fragestellungen, die es – z. B. im Rahmen der Unterbringung – pädagogisch zu lösen gilt.

Gemäß § 8a Abs. 2 SGB VIII ist das Jugendamt, resp. der ASD von sich aus verpflichtet, ein Kind in Obhut zu nehmen, wenn eine dringende Gefahr für das Wohl des Kindes besteht und eine Entscheidung des Familiengerichts nicht abgewartet werden kann. Sowohl das Kriterium der ‚dringenden Gefahr' als auch die Entscheidung, ob ein familiengerichtlicher Beschluss abgewartet werden kann, sind Entscheidungen, die das Jugendamt im Rahmen eines fachlich qualifizierten Abklärungsprozesses treffen muss (→ Kapitel 22; Kindler 2006, Trenczek 2009a).

Die für die Entscheidung zu klärenden zentralen Fragen lassen sich wie folgt zusammenfassen:

1. Worin genau besteht die Gefahr (Konkretisierung des Gefährdungstatbestandes) und mit welchen Folgen für das Kind ist (in welchem Zeitraum) zu rechnen (Prognose)?
2. Aus welchen Gründen wird von anderen, weniger massiven Maßnahmen, z. B. der Erarbeitung einer Entscheidung zur Fremdunterbringung gemeinsam mit den Eltern, abgesehen?
3. Aus welchem Grund kann eine familiengerichtliche Entscheidung nicht abgewartet werden?
4. Steht die Maßnahme der Inobhutnahme im Verhältnis zur Gefahr, bzw. rechtfertigt die Gefahr diese Art des Eingriffs und die damit verbundenen Belastungen für das Kind?

Nicht nur weil sowohl die Entscheidung für oder gegen eine Inobhutnahme ein erhebliches Risiko für das Kind darstellt, sondern auch weil sich die oben aufgeführten Fragen häufig weder einfach noch eindeutig beantworten lassen, gilt für diesen Klärungs- und Abwägungsprozess der Standard des „Zusammenwirkens mehrerer Fachkräfte" (§ 8a Abs. 1 SGB VIII) ganz besonders. Die kollegiale Beratung soll v. a. dazu beitragen, dass unterschiedliche Perspektiven auf „den Fall" möglich und bestehende Einschätzungen hinterfragt werden. Darüber hinaus leistet sie einen wichtigen Beitrag, um von Aktionismus geprägte Entscheidungen, die v. a. von der Sorge um die persönliche Absicherung der Fachkraft geprägt sind, zu verhindern.

Die Bedingungen, unter denen die Entscheidung über eine Inobhutnahme getroffen werden muss, erschweren häufig einen ausführlichen kollegialen Beratungsprozess. Es kann sein, dass die Entscheidung während eines Hausbesuches akut wird oder aber aufgrund eines gescheiterten Kontaktes zur Familie als Fragestellung auftaucht. Ebenso kann es sein, dass sich der Kindergarten oder die Schule meldet und kurzfristig entschieden werden muss, ob das Kind den Eltern übergeben werden kann. Insofern bedarf es in Krisen bei allen beteiligten

Fachkräften einer hohen Sensibilität für das eigene Verhalten und Reaktionsmuster in Krisensituationen sowie klarer Vorstellungen darüber, wie Entscheidungsprozesse trotz hohem Handlungsdruck qualifiziert gestaltet werden können. Ein Minimum an zeitlichen Ressourcen für eine Beratung und Reflexion sollte sichergestellt werden. Darüber hinaus sollten kritische Gespräche oder Hausbesuche, die in einer Inobhutnahme münden könnten, stets zu zweit oder zumindest unter vorheriger Absprache einer Rufbereitschaft durchgeführt werden, um eine kurzfristige Beratung zu ermöglichen.

20.2.2 Vorbereitung einer Inobhutnahme

Wichtiger Teil der Vorbereitung einer Inobhutnahme ist die Wahl einer geeigneten Einrichtung sowie die Klärung verfügbarer Platzkapazitäten. Zur Art der Einrichtung schreibt der Gesetzgeber lediglich vor, dass die Einrichtung (Person, Einrichtung oder sonstige Wohnform) geeignet sein muss (§ 42 Abs. 1 SGB VIII), und überlässt es damit den Fachkräften, in eigenem Ermessen eine Wahl zu treffen (Trenczek 2013, 461 RN 26). Neben den gängigen Kriterien (Alter, Geschlecht) gehören zu den fachlichen Auswahlkriterien v. a. die spezifischen Kompetenzen und Angebote der Einrichtung. Einzuschätzen sind insbesondere die Fähigkeit zum qualifizierten Umgang mit einem stark belasteten oder gar traumatisierten Kind sowie Erfahrung in der Begleitung und Unterstützung von Eltern in Krisen. Diese Kriterien gelten auch für Bereitschaftspflegestellen. Dementsprechend kommen für die Aufnahme von in Obhut genommenen Kindern regelmäßig nur Familien in Frage, bei denen mindestens ein Elternteil über eine entsprechende Ausbildung oder (Zusatz-)Qualifikation verfügt (Blüml 2006c). Grundsätzlich kritisch zu betrachten ist die Bereitstellung von Krisenplätzen in Regelgruppen in Heimeinrichtungen, da die Betreuung eines in Obhut genommenen Kindes sowohl die Möglichkeiten der Gruppe übersteigt als auch eine zusätzliche Belastung der anderen Kinder darstellt.

Trotz der in der Regel geringen zeitlichen Möglichkeiten sind in der Situation der Inobhutnahme weitere Planungen erforderlich. Im Mittelpunkt dieser Vorbereitungen steht das Ziel, die Belastungen für das Kind so gering wie möglich zu halten und eine Situation zu schaffen, in der auch die Eltern die notwendige Unterstützung erfahren und eine Eskalation verhindert wird. Da jeder Fall einzigartig ist, lassen sich die dazu relevanten Fragestellungen im Rahmen dieses Handbuches nicht abschließend beschreiben. In der Praxis empfiehlt es sich sogar, die zu erwartende Situation vorab mit Kolleginnen und Kollegen durchzuspielen, um sensibel für mögliche Schwierigkeiten oder für Risiken beim Kind zu werden. Um einen Eindruck zu vermitteln, welche Aspekte bei der Vorbereitung besonderer Aufmerksamkeit bedürfen, werden im Folgenden einige exemplarische Fragestellungen skizziert:

- Inobhutnahme in einer Einrichtung: Wird ein Kind bei Dritten, z. B. in der KiTa, der Schule oder in einer Klinik in Obhut genommen, so sollte die Einrichtung und v. a. das dort arbeitende Personal informiert, vorbereitet und einbezogen werden. Fragen und Diskussion der (Hinter-) Gründe einer Inobhutnahme sollten ebenso (ggf. auch kurzfristig) in einem Gespräch zwischen den Fachkräften geklärt werden wie der konkrete Ablauf. Dadurch können widersprüchliche Signale gegenüber der Familie und dem Kind sowie Auseinandersetzungen in Anwesenheit der Betroffenen verhindert werden. Gleichzeitig kann vorab geklärt werden, welche Ressourcen zur Unterstützung des Kindes und seiner Eltern aktiviert werden können. Ebenso sollten in einem gemeinsamen (ggf. telefonischen) Vorgespräch die Örtlichkeiten geklärt und ggf. notwendige Maßnahmen zur Bereitstellung (geschützter) Räumlichkeiten getroffen werden. Auf jeden Fall jedoch sollte vermieden werden, dass sowohl unvorbereitete Fachkräfte als auch andere Kinder, Jugendliche und Eltern in der Einrichtung Zeugen oder Beteiligte einer Herausnahme werden.
- Inobhutnahme unter Beteiligung der Polizei: Wenn davon auszugehen ist, dass der Einsatz der Polizei notwendig werden könnte, z. B. weil die Eltern den Zutritt zur Wohnung verweigern oder weil das Risiko gewalttätiger Übergriffe gegenüber den Fachkräften besteht, sollten die Fachkräfte sich mit den Beamten vor Ort über den genauen Ablauf des Einsatzes abstimmen und sich nicht nur auf telefonische Absprachen verlassen. Dabei ist insbesondere zu besprechen, wie eine Eskalation der Situation vermieden werden kann und welche Maßnahmen zum Schutz des Kindes vor (körperlichen und psy-

chischen) Gefahren durch die Situation der Inobhutnahme getroffen werden können. Grundsätzlich ist zu beachten, dass die Polizei und der ASD unterschiedliche Aufträge haben und die Polizei nicht im Auftrag des ASD tätig wird, sondern immer im eigenen Auftrag. Dies kann u. U. zu Missverständnissen oder gar zu Konflikten führen, die in der Situation selbst zu einer zusätzlichen Belastung werden können. Insofern ist es sinnvoll, gemeinsame Einsätze im Rahmen fallunabhängiger Kooperationstreffen grundsätzlich zu besprechen und die notwendigen Vereinbarungen für den „Ernstfall" zu treffen (Gerber 2006).

- Abstimmung von Rolle und Auftrag bei Co-Arbeit: Die Unterbringung eines Kindes sollte stets in Co-Arbeit (mit zwei Fachkräften) durchgeführt werden. Dies ermöglicht nicht nur die Aufteilung von Rollen und Aufträgen, sondern sichert auch kollegiale Unterstützung in einer für alle Beteiligten schwierigen und u. U. belastenden Situation. Die Fachkräfte sollten vorab besprechen, wer welche Aufgaben und ggf. welche Rolle übernimmt. Insbesondere sollten sie sich darüber verständigen, wer mit den Eltern spricht und wer die Begleitung des Kindes und seiner Geschwisterkinder während der gesamten Zeit sicherstellt. Da das gemeinsame Auftreten von zwei oder mehr Personen sowohl auf die Eltern als auch auf das Kind einschüchternd und bedrohlich wirken kann, sollte vorbereitend überlegt werden, auf welche Weise zusätzliche Belastungen oder eine Eskalation der Situation vermieden werden können.

- Hinzuziehung unterstützender Dienste: Auch wenn die Inobhutnahme den Schutz des Kindes zum Ziel hat, so tragen die Fachkräfte dennoch in der Situation auch Verantwortung für das Wohl der Eltern. Insofern kann die Hinzuziehung weiterer Dienste (z. B. eines psychiatrischen Notdienstes) zur Unterstützung, Begleitung und Versorgung der Eltern notwendig werden, insbesondere dann, wenn nach bisherigen Anzeichen in der Situation mit einer massiven Überforderung der Eltern zu rechnen ist.

- Last but not least sind einige praktische Vorbereitungen zu treffen, die der Vollständigkeit halber an dieser Stelle kurz benannt werden sollen: Klärung des Transportmittels (Fahrdienst, Dienstwagen, ggf. Kindersitz, Vermeidung öffentlicher Verkehrsmittel); Bereitstellung eines Mobiltelefons sowie der entsprechenden Notfallnummern; vorherige Abklärung der Verfügbarkeit eines Platzes in einer geeigneten Einrichtung inklusive der Absprache zur Gestaltung der Aufnahme; Vorbereitung von Kontaktadressen, Ansprechpartnern, Unterlagen und Informationsmaterialien für die Eltern.

Inobhutnahmen sind Krisensituationen. Ihr tatsächlicher Verlauf lässt sich daher meist weder im Detail vorhersehen noch steuern. Insofern dient die Vorbereitung einer Inobhutnahme vor allem dazu, das Ausmaß des Unvorhergesehenen und Unvorbereiteten zu reduzieren. Gleichzeitig müssen sich die Fachkräfte jedoch ein hohes Maß an Sensibilität und Flexibilität bewahren. Denn schließlich können sich in der Situation und im Kontakt mit den Beteiligten Dinge ergeben, die vorher getroffene Entscheidungen und den geplanten Ablauf nicht mehr sinnvoll und im Interesse des Kindes geeignet und stattdessen situativ reflektierte Anpassungen als notwendig erscheinen lassen.

20.2.3 Durchführung einer Inobhutnahme

Während einer Inobhutnahme sind einige Aspekte zu beachten, die jeweils aus der Perspektive des Kindes und seiner Eltern beschrieben werden können.

Perspektive: Kind

Die Reaktion des Kindes auf die Trennung von seinen Eltern ist je nach Alter, Entwicklungsstand, Temperament, Bindung und Beziehung zu den Eltern sehr unterschiedlich. Manche Kinder reagieren erleichtert und sind froh, dass Dritte ihnen zu Hilfe kommen. Einige reagieren aggressiv, weigern sich oder haben Angst um ihre Eltern. Andere wiederum verstummen in der Situation, reagieren eingeschüchtert, verängstigt und lassen die Dinge „mit sich geschehen". In jedem Fall aber ist eine Inobhutnahme für ein Kind ein massiver Einschnitt, der neben dem Ziel des Schutzes und der Hilfe immer auch das Risiko von Sekundärschäden beinhaltet (Scheuerer-Englisch 2011).
Das Kind ist sich meist der Gefahren seiner Lebenssituation nicht bewusst. Trotz der Misshandlung und Vernachlässigung sind die Eltern seine wich-

tigsten (mitunter einzigen) Bindungs- und / oder Bezugspersonen. Insofern muss bedacht werden, dass die Trennung von den Eltern, veranlasst durch fremde Personen, von dem Kind in den meisten Fällen als massive Bedrohung und als gewalttätiger Übergriff erlebt wird.

Um das Risiko einer seelischen Verletzung des Kindes zu reduzieren, müssen die Fachkräfte in der Situation einer Inobhutnahme, in der häufig die Eltern und erwachsenen Bezugspersonen viel Aufmerksamkeit binden, besonders sensibel und achtsam gegenüber dem Kind und seinen Bedürfnissen sein. Dazu muss eine Fachkraft abgestellt werden, die das Kind während der gesamten Situation begleitet und bei Bedarf auch dessen Schutz vor physischen Auseinandersetzungen sichert (Scheuerer-Englisch 2011). Insbesondere sind bei der Begleitung des Kindes folgende Aspekte bedeutsam (Blüml 2006d):

- Bereitstellung eines geschützten Raumes für das Kind: Zur Entlastung und zum Schutz des Kindes vor verbalen oder körperlichen Auseinandersetzungen und vor hoch emotionalen Reaktionsweisen der Eltern sollte das Kind umgehend in einen geschützten Raum begleitet werden. Die Fachkräfte sollten – sofern möglich – darauf hinwirken, dass dies mit Zustimmung oder in Begleitung der Eltern erfolgt.
- Betreuung des Kindes: Zur Unterstützung des Kindes muss eine Fachkraft während der gesamten Dauer der Inobhutnahme an dessen Seite bleiben und dem Kind so viel Sicherheit wie möglich vermitteln. Ihre Aufgabe besteht v. a. darin, das Kind feinfühlig zu begleiten, ihm die Möglichkeit zu geben, seine Gefühle (Ärger, Angst, Unsicherheit, Trauer etc.) zum Ausdruck zu bringen und es in seinen elementaren Bedürfnissen zu versorgen. Neben dem ASD kommt dafür auch eine Fachkraft der Inobhutnahme-Einrichtung oder die zukünftige Pflegemutter einer Bereitschaftspflegestelle in Frage. Das Kind erfährt dadurch bei all dem Fremden ein Stück Kontinuität. Die spätere Betreuungsperson erhält dadurch außerdem einen persönlichen Eindruck von der konkreten Trennungssituation, was wiederum hilfreich sein kann, um das Kind bei der Verarbeitung dieser Situation zu unterstützen. Bei der Fahrt in die Einrichtung kann das Kind von seinen Eltern vor allem dann begleitet werden, wenn die Eltern der Unterbringung zustimmen und emotional so stabil sind, dass sie ihr Kind unterstützen und entlasten können.
- Eine dem Alter und Entwicklungsstand entsprechende Aufklärung: Hierzu gehört, dass sich die Fachkraft dem Kind als Person und mit seiner Aufgabe vorstellt. Anschließend bedarf es in geeigneter Form einer Erklärung zur Situation und zu den Hintergründen, ohne dass dabei die Eltern angegriffen oder abgewertet werden. Obwohl es je nach Alter und Entwicklungsstand zu viel erwartet wäre, dass das Kind die Situation im Detail versteht, kann eine in ruhiger Art vorgetragene Erklärung zumindest ein Mindestmaß an Sicherheit und Vertrauen vermitteln.
- Einfluss und Beteiligung an den Geschehnissen: Für das Kind entlastend ist, wenn es an geeigneten Stellen die Möglichkeit hat, Kontrolle und Einfluss auszuüben. Dazu gehört z. B., dass es sich aussuchen kann, was es für den Zeitraum der Unterbringung einpacken will (Kleidung, Spielsachen, Kuscheltiere oder Bilder). Angesichts des plötzlichen Verlustes des vertrauten Kontextes ermöglichen vertraute Gegenstände dem Kind eine gewisse Form von Kontinuität zu erleben (Scheuerer-Englisch 2011).
- Informationen über das weitere Verfahren: Das Kind braucht Informationen und Erklärungen zu dem, was geschehen wird, wohin es gebracht wird und was mit seinen Eltern passiert. Vor allem Unsicherheiten bezüglich des Wiedersehens und der Kontaktmöglichkeiten zu seinen Eltern können zur Bedrohung werden und Angst auslösen. Unabhängig davon, ob das Kind aktiv nachfragt oder nicht, sollte mit ihm daher besprochen werden, wann es die Eltern wieder sehen wird und ggf. warum auch nicht. Anstelle von Versprechen, die nicht eingehalten werden, sollten zuverlässige Aussagen über den baldigen Besuch der Fachkraft in der Einrichtung getroffen werden, anlässlich dessen das Kind genauere Informationen erhält. Grundsätzlich sollte gelten, dass die Fachkräfte das Kind (ab dem 6. Lebensmonat) am Tag nach der Inobhutnahme in der Einrichtung besuchen, sofern altersmäßig möglich mit ihm und den verantwortlichen Fachkräften die Situation besprechen sowie unter Berücksichtigung der altersgemäßen und individuellen Bindung zu den Eltern Vereinbarungen zu den Besuchskontakten treffen (zu den Folgen von Trennung und Verlust von Bindungspersonen siehe auch Scheuerer-Englisch 2011).

- Hinzuziehung einer Person ihres Vertrauens (§ 42 Abs. 2 SGB VIII): Der Gesetzgeber schreibt vor, dass dem Kind „unverzüglich Gelegenheit zu geben [ist], eine Person seines Vertrauens zu benachrichtigen". Ziel dieser Vorgabe ist nicht in erster Linie die Information an sich, sondern v. a. die Unterstützung und Entlastung des Kindes durch eine ihm vertraute Person. Im Interesse und zum Wohle des Kindes sollte geprüft werden, ob die Hinzuziehung einer vertrauten Person (z. B. der Großeltern) bereits zur Begleitung in die Einrichtung sinnvoll sein könnte. Auf jeden Fall jedoch muss das Kind spätestens bei Aufnahme in der Einrichtung (= „unverzüglich") (Trenczek 2009a) gefragt werden, ob es jemanden und ggf. wen es verständigen möchte.

Perspektive: Eltern

Bei den allermeisten Eltern löst die Entscheidung des Jugendamtes, dass ihr Kind (zumindest vorübergehend) in einer Einrichtung oder bei einer Pflegefamilie untergebracht wird, eine Krise aus. Neben Gefühlen wie Schuld und Scham, weil man ihnen die Sorge um ihr Kind nicht länger zutraut, reagieren viele Eltern mit Wut und Ärger, weil gegen ihren Willen oder ohne ihre Beteiligung eine schwerwiegende Entscheidung getroffen wird. Andere Eltern wiederum reagieren mit Verzweiflung, weil sie z. B. selbst als Kind in schwierigen Verhältnissen aufgewachsen sind. Die Wegnahme ihres Kindes kann für sie bedeuten, dass sie in ihren Vorsätzen, ihren Kindern „bessere Eltern" sein zu wollen, gescheitert sind. Vielleicht verstehen sie die Gründe für die Unterbringung des Kindes nicht, weil sich ihre Vorstellungen von Erziehung am Modell der eigenen Eltern orientieren und daher für sie nicht nachvollziehbar ist, warum ihre familiäre Situation eine so gravierende Maßnahme rechtfertigt.
Die Fachkräfte sollten daher auf unterschiedliche Reaktions- und Verhaltensweisen der Eltern vorbereitet sein, um situationsadäquat reagieren zu können. Dazu gehört, dass sie verbale Angriffe ebenso wie Widerstand und Aggression im Kontext der persönlichen Not und Krise der Eltern verstehen und über geeignete Strategien der De-Eskalation und Unterstützung verfügen. Darüber hinaus bedarf es einer erhöhten Sensibilität gegenüber Anzeichen einer psychischen Krise, die die Eltern u. U. nicht allein und ohne Hilfe durch andere Familienmitglieder, Freunde oder professionelle Unterstützung bewältigen können.
Bei Bedarf sollten andere Institutionen oder Professionen hinzugezogen werden. Bei Eltern(-teilen), die verzweifelt sind und durch den Eingriff in eine akute psychische Krise geraten, kann es notwendig sein, einen psychiatrischen oder medizinischen Notdienst zu rufen. Reagiert ein Elternteil dagegen aggressiv und gewalttätig, so kann es zum Schutz des Kindes, der Fachkräfte oder auch der Eltern selbst angesagt sein, die Polizei zu rufen. Um Schwierigkeiten bei einer kurzfristigen Hinzuziehung anderer Dienste zu vermeiden, sollten entweder im Vorfeld konkrete Absprachen getroffen oder fallunabhängig ein Procedere für solche Situationen mit dem jeweiligen Dienst vereinbart werden.
Grundsätzlich wichtig für die Gespräche mit den Eltern in der Situation einer Inobhutnahme sind darüber hinaus folgende Punkte (Blüml 2006b):

- Hinzuziehung eines Dolmetschers: Ist bekannt oder besteht die begründete Annahme, dass die Eltern über keine oder nur wenig Deutschkenntnisse verfügen, sollte zur Inobhutnahme ein professioneller Dolmetscher hinzugezogen werden, der sowohl als Sprach- als auch Kulturmittler fungieren kann. Der Dolmetscher sollte entweder über Erfahrungen im Feld verfügen oder aber in einem ausführlichen Gespräch auf die (rechtlichen) Hintergründe, die zu erwartende Situation sowie seine Rolle und seinen Auftrag vorbereitet werden. Ältere Geschwisterkinder oder andere Familienangehörige eignen sich grundsätzlich nicht als Übersetzer.
- Aufklärung über die Gründe: Auch wenn aus der Sicht der Fachkräfte der Grund für die Inobhutnahme auf der Hand zu liegen scheint, haben die Eltern dennoch einen Anspruch darauf, dass ihnen die genauen Gründe erklärt werden. Die Erklärung soll für die Eltern konkret und nachvollziehbar sein. Insofern reicht die bloße Mitteilung, dass es sich um eine Kindeswohlgefährdung handelt, nicht aus. Vielmehr brauchen die Eltern eine ausführliche Erklärung, welche konkreten Belastungen oder welche Umstände aus welchem Grund als gefährdend für das Kind eingestuft werden und warum eine kurzfristige Trennung des Kindes von der Familie als notwendig erachtet wird. Das Gespräch mit den Eltern dient dabei nicht nur der reinen Information,

sondern ist bereits ein erster Schritt in der weiteren sozialpädagogischen Beratungsarbeit. Schließlich ist eine Inobhutnahme nur als vorübergehende Unterbringung des Kindes gedacht, die stets die Erarbeitung der weiteren Perspektive gemeinsam mit den Betroffenen zur Folge hat.

- Klärung der Frage, ob die Eltern der Unterbringung zustimmen oder nicht: Eine Inobhutnahme mündet nicht zwingend in ein familiengerichtliches Verfahren. So schreibt der Gesetzgeber vor, dass das Familiengericht nur dann anzurufen ist, wenn die Eltern der Unterbringung widersprechen oder wenn die Eltern nicht erreichbar sind und somit mit ihnen nicht über ihre Einwilligung gesprochen werden kann (§ 42 Abs. 2 SGB VIII). Gelingt es also, mit den Eltern gemeinsam eine Perspektive für das Kind zu entwickeln, entfällt die Anrufung des Gerichtes. Die Frage, ob die Eltern einer vorübergehenden Unterbringung zustimmen oder nicht, ist somit sowohl für die Fachkräfte als auch für die Eltern eine wichtige Frage, die bereits in der Situation der Herausnahme, spätestens jedoch am nächsten Tag mit den Eltern zu klären ist. Die Entscheidung der Eltern sollte schriftlich dokumentiert und von den Personensorgeberechtigten unterzeichnet werden.
- Aufklärung über das Verfahren sowie ihre Rechte und Möglichkeiten: Mit einer Inobhutnahme ist stets ein staatlicher Eingriff in die Privatsphäre und die persönlichen Rechte der Eltern verbunden. Insofern sind die Eltern umgehend (= sofort) über die Unterbringung ihres Kindes (§ 42 Abs. 3 SGB VIII) und das Verfahren zu informieren. Dazu gehört, dass sie sowohl über die gesetzlichen Grundlagen und die konkreten Schritte im Verfahren als auch über ihre Rechte und Möglichkeiten aufgeklärt werden.
- Information über den Verbleib und erste Absprachen: Auch wenn die Eltern nach einer Inobhutnahme ihre Rechte nach Art. 6 Abs. 2 GG zunächst nicht mehr ohne weiteres ausüben können, bleiben sie dennoch Inhaber dieser Rechte. Insofern haben die Eltern einen Anspruch auf ausführliche Informationen über den Ort, das Setting und die Versorgung ihres Kindes. Darüber hinaus stehen den Eltern verbindliche und zuverlässige Informationen über ihre Ansprechpartner (Jugendamt und Inobhutnahmestelle) und deren Kontaktdaten zu. Die konkrete Adresse der Einrichtung oder Pflegefamilie kann den Eltern nur verweigert werden, wenn dies zur Abwendung einer Kindeswohlgefährdung notwendig ist. Da in der Krise der Inobhutnahme nicht alle Fragen geklärt werden können, sollte mit den Eltern bereits bei der Herausnahme des Kindes ein erster zeitnaher Gesprächstermin im ASD vereinbart werden.

Die Inobhutnahme eines Kindes ist in der Regel nicht das Ende, sondern ein (Neu-)Anfang in der sozialpädagogischen Arbeit mit den Eltern. Daher sollte die Situation der Inobhutnahme stets von dem Bemühen geprägt sein, eine Balance zwischen dem Wohl und dem Schutzbedürfnis des Kindes sowie den Wünschen und dem Wohl der Eltern zu finden. Gelingt es in der akuten Krisensituation, mit den Eltern die oben genannten Punkte offen zu erörtern, so ist ein erster wichtiger Schritt für die weitere Beratungsarbeit und für die Unterstützung des Kindes durch die Eltern getan. Um eine angemessene Gesprächsatmosphäre herzustellen, braucht es – trotz der Krise – ausreichend Zeit und ein geeignetes Setting. Faktoren, die Zeitdruck erzeugen, (u. a. wartende Taxis, Anschlusstermine, fixe Uhrzeiten für die Aufnahme in der Einrichtung) sollten vermieden werden.

20.2.4 Während der Unterbringung

Mit der Inobhutnahme ist der akute Schutz des Kindes oder Jugendlichen sichergestellt. Dennoch muss die sozialpädagogische Arbeit mit dem Kind und der Familie weitergehen – auch dann, wenn die Eltern ihre Zustimmung zur Unterbringung verweigern und das Jugendamt das Familiengericht angerufen hat. Die zentralen Aufgaben und Verantwortlichkeiten des Jugendamtes für die Dauer der Unterbringung sind:

- Elternarbeit während der Inobhutnahme: Egal ob die Eltern der Unterbringung zustimmen oder nicht, die Inobhutnahme muss zeitlich eng begrenzt bleiben. Sie dient lediglich dazu, den Schutz des Kindes für die Zeit der Klärung geeigneter, notwendiger und verhältnismäßiger Maßnahmen zu gewährleisten. Eine längere Unterbringung eines Kindes in einer von Krisen und Wechseln geprägten Gruppe und mit unklarer Perspektive ist dem Wohle des Kindes grundsätzlich nicht dienlich. Insofern sind die ASD-Fachkräfte verpflichtet, so schnell wie möglich mit allen Beteiligten die Situa-

tion zu erörtern und ggf. notwendige Hilfen zu vermitteln. Dieser Klärungsprozess stellt hohe Anforderungen an die beraterischen Kompetenzen der Fachkräfte. Denn es geht darum, die Eltern zu unterstützen, sich mit der Situation auseinanderzusetzen, konkrete Veränderungsvorstellungen zum Wohle ihres Kindes zu entwickeln und sich ggf. auf weiterführende Hilfen einzulassen.
- Anrufung des Familiengerichtes: Stimmen die Eltern der vorübergehenden Unterbringung nicht zu, so ist das Jugendamt verpflichtet, umgehend (= sofort) das Familiengericht anzurufen (§ 42 Abs. 3 SGB VIII). Gemäß § 50e Abs. 1 FGG, hat das Gericht das Verfahren vorrangig und beschleunigt zu behandeln. Insbesondere hat es unverzüglich, den Erlass einer einstweiligen Anordnung zu prüfen (§ 50e Abs. 4 FGG) und spätestens einen Monat nach Beginn des Verfahrens, einen Erörterungstermin im Gericht anzuberaumen (§ 50e Abs. 2 FGG). Ziel dieser gesetzlichen Vorgabe ist es, unnötige Verzögerungen im Hilfeprozess und unklare Situationen für das Kind zu verhindern.
- Begleitung, Information und Beratung des Kindes: Im Rahmen des Forschungsprojekts „Pflegekinder kommen zu Wort" wurden Pflegekinder befragt, wie sie den Übergang von der Herkunftsfamilie in die Pflegefamilie erlebt haben (Sandmeir 2008). Die im Rahmen einer Inobhutnahme von der Herkunftsfamilie getrennten Kinder schilderten die Situation der Trennung in erster Linie dramatisch. Sie gaben an, dass ihnen von den Fachkräften weder der Vorgang der Inobhutnahme erklärt wurde, noch dass sie an dem weiteren Entscheidungsprozess beteiligt worden sind. Insofern ähneln ihre Erzählungen insgesamt eher einer Entführung als einer Aktion zu ihrem Schutz (Sandmeir 2011). Die Ergebnisse der Befragung deuten darauf hin, dass die Notwendigkeit einer qualifizierten Begleitung der Kinder durch den ASD unterschätzt wird. Die Gespräche, die Beratung sowie die Begleitung eines Kindes dürfen nicht allein an die Inobhutnahme-Einrichtung delegiert werden. Vielmehr sollte auch der ASD während der Unterbringung engen Kontakt zum Kind halten. Denn die Fachkräfte des öffentlichen Trägers, müssen als federführende Stelle über detaillierte Informationen zum aktuellen Stand des Verfahrens verfügen, um das Kind angemessen aufklären zu können. Die Verantwortung des Jugendamtes gegenüber dem Kind für die Dauer der Inobhutnahmen hat der Gesetzgeber dezidiert in § 42 Abs. 2 SGB VIII festgelegt.
- Arbeit mit den Vertrauenspersonen der Kinder: Dem Kind muss gemäß § 42 Abs. 2 SGB VIII umgehend die Gelegenheit gegeben werden, eine Person seines Vertrauens hinzuzuziehen. Die dem Kind vertraute Person kann v. a. dann eine gute Unterstützung sein, wenn sie dem Kind hilft, die Situation zu verstehen, und wenn sie ihm ein Gefühl von Sicherheit und Kontinuität vermitteln kann. Signalisiert die Person dagegen eher Ratlosigkeit und Unverständnis, so wirkt sich dies auf das Kind zusätzlich verunsichernd und belastend aus. Daher sollte der ASD den Kontakt zu diesen Personen suchen, sie über anstehende Entscheidungen und Schritte informieren und sie im Kontakt mit dem Kind unterstützen. Im Hinblick auf die Vermeidung datenschutzrechtlicher Unsicherheiten empfiehlt es sich, mit den Eltern die Situation zu erörtern und ihre Einwilligung dazu einzuholen.
- Regelung der Besuchskontakte: Trotz einer Inobhutnahme haben Eltern und Kinder weiterhin eine Anspruch auf persönlichen Kontakt. In welchem Umfang und in welchem Setting (evtl. begleitet), ist Teil eines fachlichen Klärungsprozesses, der den Eltern und dem Kind transparent gemacht und in den sie einbezogen werden müssen. Der Kontakt zum Kind darf nur dann unterbrochen werden, wenn dadurch eine weitere Kindeswohlgefährdung verhindert wird. Pauschale Regelungen wie z. B. Kontaktsperren mit dem Argument, dem Kind die Eingewöhnung in der Einrichtung zu erleichtern, sind weder im Interesse noch zum Wohle des Kindes. Wird der Kontakt zum Kind gänzlich ausgesetzt, so bedarf es einer familiengerichtlichen Entscheidung (§ 1684 BGB; Trenczek 2009a).
- Berücksichtigung des Willens der Personensorgeberechtigten: Das Jugendamt übt während der Inobhutnahme (also vor einer gerichtlichen Entscheidung) vorübergehend „treuhänderisch" das Elternrecht aus (Trenczek 2009a). Verbunden mit diesem Recht ist gleichzeitig die in § 42 Abs. 2 SGB VIII festgeschriebene Verpflichtung, den Willen der Personensorge- und Erziehungsberechtigten angemessen zu berücksichtigen. Die enge Zusammenarbeit mit den Eltern ist jedoch nicht nur im Hinblick auf die Wahrung der Elternrechte von Bedeutung, sondern ist v. a. ein wichtiger Bestandteil des sozialpädagogischen Abklärungs- und Beratungsprozesses. Immerhin steht nur in seltenen

Fällen bereits frühzeitig fest, ob auch langfristig eine Rückführung des Kindes ausscheidet. Insofern ist die Beteiligung der Personensorgeberechtigten ein wesentlicher Bestandteil der Elternarbeit, um die Eltern in der Wahrnehmung ihrer erzieherischen Verantwortung zu unterstützen und zu stärken. Dies gilt im Übrigen auch dann, wenn sich die Eltern z. B. vorübergehend in einer Klinik zur stationären Behandlung aufhalten. Auch dann sollte das Jugendamt den Kontakt halten und mit ihnen die Situation des Kindes besprechen und sie so gut wie möglich an den Entscheidungen teilhaben lassen.

21 Berichte / Dokumentation / Aktenführung

Von Hans-Jürgen Schimke

- Dokumentationen erfüllen in der Sozialen Arbeit wesentliche Zwecke: Sie sind Tätigkeitsbeleg, Grundlage für Berichte, Stellungnahmen und wissenschaftliche Zwecke, sie legitimieren die Arbeit der Fachkräfte.
- Dokumentationen sollen schriftlich und vollständig sein, Fakten von Bewertungen trennen und die Sichtweisen der Betroffenen berücksichtigen.
- Die Aktenführung im ASD unterscheidet sich von der allgemeinen Aktenführung in der Verwaltung durch die spezifische Form der Hilfeleistung in der Jugendhilfe und durch die Berücksichtigung der Vorschriften des Datenschutzes im SGB VIII.
- Danach müssen Akten im ASD nach den Aufgabenbereichen getrennt geführt und bestimmte Teile vertraulich aufbewahrt werden.
- Im Kinderschutz bestehen besondere Anforderungen an die Dokumentation: Der Beratungsprozess der Risikoabschätzung muss transparent dargestellt und mit Fakten belegt werden.
- Gutachtliche Stellungnahmen sind der zutreffende Ausdruck für die Äußerungen des ASD gegenüber den Gerichten, sie werden im Lebensraum der Betroffenen und in Kooperation mit diesen erstellt.
- Gutachtliche Stellungnahmen sollten eine klar strukturierte, verständliche, subjektive, nachvollziehbare Beschreibung von Sachverhalten in Verbindung mit einer fachlichen und rechtlichen Bewertung und einem Entscheidungsvorschlag enthalten.

Die Haltung von Fachkräften der Sozialen Arbeit zu den schriftlichen Aspekten ihrer Arbeit ist zwiespältig: Die Rede ist von einem Bündnis wider Willen. Nach wie vor ist die Analyse von Fieseler / Herborth zutreffend, dass soziale Fachkräfte aus drei Gründen eine Abwehrhaltung zu behördlicher Aktenführung haben:

1. Wegen der Verfügungsbefugnis des Arbeitgebers über den Inhalt der Akten sehen soziale Fachkräfte das Vertrauensverhältnis zu ihrer Klientel gefährdet.
2. Akten geben nicht nur Einblick in die Lebenswelt der Klienten, sondern auch in die Arbeitsvollzüge der Fachkräfte, deren Vorgehensweise und eventuell deren Fehler, ohne dass die wichtigen Aspekte der Interaktion mit den Klienten hinreichend erkennbar sind; soziale Fachkräfte fürchten also, dass ein „schiefes Bild" entsteht.
3. Dokumentation und Aktenführung werden als „Papierkram" angesehen, der für „eigentliche" Soziale Arbeit keinen Raum lässt (Fieseler / Herborth 2010, 233).

Demgegenüber weist Geiser zutreffend darauf hin, dass Aktenführung in ihrer Bedeutung als sozialarbeiterische Tätigkeit unterschätzt und im Allgemeinen zu wenig professionell geleistet wird. Gerade unter dem Diktat des Zeitdrucks und der knappen Mittel sei in der Sozialen Arbeit die Zeit zum Nachdenken über Aktenführung gefragt. Gute Dokumentationen bildeten zentrale Voraussetzungen für die systematische Bewertung sozialarbeiterischen Handelns und damit für die Weiterentwicklung des Berufs (Brack / Geiser 2009, 47). Die Forschung und Lehre an den Fachhochschulen und Ausbildungsstätten in der Sozialen Arbeit hat wenig zu einer solchen Weiterentwicklung beigetragen. Es gibt nur marginale Hinweise in der Fachliteratur auf die Bedeutung schriftlicher

Dokumentationen, die wenigen systematisch aufgebauten Werke stammen aus den 1980er Jahren und sind noch geprägt von den Ausbildungsinhalten der höheren Fachschulen. Oberloskamp u. a. weisen für den wichtigen Teilbereich der gutachtlichen Stellungnahmen darauf hin, dass das dafür benötigte Know-how an vielen Hochschulen nur teilweise oder überhaupt nicht gelehrt wird und deshalb den Berufsanfängern oft nur die Vorlagen der Kollegen als einzige Lernhilfe bleiben. Dadurch entstehe die Gefahr, dass weder fachlichen und methodischen Erkenntnissen noch den Erfordernissen der Praxis und ebenso wenig dem Berufsauftrag und den Bedürfnissen der Klienten entsprochen werde (Oberloskamp 2009, 3).

Vor diesem Hintergrund sollen im folgenden Dokumentation, Aktenführung und gutachtliche Stellungnahmen in drei Schritten untersucht werden: die Dokumentation als Grundlage und Inhalt der Akte (→ 21.1), die Grundsätze der Aktenführung als Ausdruck der gesammelten Dokumente (→ 21.2) und schließlich die gutachtliche Stellungnahme als das schriftliche Ergebnis der Aktenführung (→ 21.3). In einem Exkurs soll kurz die Dokumentation im Kinderschutz mit ihren speziellen Erfordernissen beleuchtet werden.

Ziel ist dabei, einen Beitrag zur Entwicklung von Standards in der Dokumentation zu leisten und damit die Dokumentation als Teil der Fachlichkeit Sozialer Arbeit zu etablieren. Dadurch soll auch die Haltung der sozialen Fachkräfte in diesem Bereich verändert werden. Es soll keine Formularkunde im Sinne perfekter Vorlagen angestrebt werden; dies zu erarbeiten ist Aufgabe der Praxis mit den unterschiedlichen Bedürfnissen der einzelnen Ämter.

21.1 Die Dokumentation als Grundlage und Inhalt der Akte

Unter Dokumentation versteht man die Sammlung von unterschiedlichen Dokumenten in einem sozialen Dienst (Brack / Geiser 2009, 27). Dokumente sind standardisierte Schriftstücke, die in bestimmten Formaten auftreten. Zu ihnen gehören z. B. Aktennotizen, Fallberichte, Verträge, Entwürfe, Vermerke, Protokolle, Statistiken, Jahresberichte, Urteile, Briefe, Gutachten. Denkbar sind als Dokumente auch Fotos und Filme und elektronisch gespeicherte Daten. Es empfiehlt sich, die anfallenden Dokumente nach Kriterien zu ordnen, die folgendermaßen grob unterschieden werden können:

1. die **klientenbezogene Dokumentation** mit Informationen zu den Betroffenen einer Hilfeleistung mit den Elementen Personalien, Erstgespräch, Beratungsplan, Hilfeplan, Überprüfung der Zielerreichung in der Hilfe;
2. die **organisationsbezogene Dokumentation** mit Gesprächsvermerken, Niederschriften von Teamsitzungen, internen Richtlinien und Einzelanweisungen;
3. die **Korrespondenzen** mit Berichten anderer Hilfeinstitutionen, Briefen der Klienten, Arztberichten, Gutachten, Urteilen etc.

Die Anfertigung und Aufbewahrung von Dokumenten dient wichtigen Zwecken der Sozialen Arbeit sowohl im Einzelfall als auch für die Weiterentwicklung der Profession. Die Dokumentation ist Tätigkeitsbeleg für die sozialen Fachkräfte, sie hat damit Legitimierungsfunktion gegenüber Betroffenen, Vorgesetzten und Prüfinstanzen. Dokumente dienen als Grundlage für Berichte und gutachtliche Stellungnahmen. Zudem werden sie als Beweismittel in gerichtlichen Verfahren verwendet. Oft vernachlässigt wird die Bedeutung der Dokumentation für die Nachfolge und Vertretung auf einer Personalstelle und damit für die Wahrung von Kontinuität in den Arbeitsvollzügen trotz hoher Fluktuation des Personals.

Schließlich ist die Dokumentation eine Grundlage für die Supervision und Evaluation, aber auch für die wissenschaftliche Begleitung der Sozialen Arbeit. So wird eine Qualifizierung der Sozialen Arbeit im Kinderschutz ohne hinreichende Dokumentation der Arbeitsprozesse nicht möglich sein, weil man nur auf dieser Basis aus Fehlern lernen kann (Fieseler / Herborth 2010, 233).

Dokumentationen sollten möglichst einheitlichen Kriterien genügen, um einen vergleichbaren Standard sicherstellen zu können. In der Literatur werden hier die Schriftlichkeit und Vollständigkeit der Dokumentation genannt (Müller 1980, 37). Eines der wichtigsten Prinzipien ist zudem die Trennung von Fakten und Bewertungen. Schriftliche Texte sollten durch diese Trennung das Zustandekommen von Urteilen über Menschen zumindest transparent machen und die tatsächlichen Grundlagen der Bewertungen offenlegen. Es ist fraglich, ob in diesem Zusammenhang „Objektivität" der Dokumentation angestrebt oder behauptet werden sollte. Dokumente sind immer Ausschnitte aus einer größeren Realität; die Wahl der Ausschnitte, d. h. der erheblichen Fakten für eine Bewertung, kann nicht in einem objektiven Sinn wahr oder richtig sein, sie ist immer vom Interesse des Auswählenden geleitet. Vor diesem Hintergrund ist als Standard für Dokumente eher Nachvollziehbarkeit und Transparenz anzustreben als Wahrheit und Objektivität.

Ein schwieriges Problem ist die Standardisierung von Dokumenten im Sinne von vorgefertigten Formularen. In einer Bürokratie sind Formulare unverzichtbar, um Gleichmäßigkeit und Berechenbarkeit des Verwaltungshandelns sicherzustellen. Andererseits engen Formulare die Wiedergabe differenzierter Wahrnehmungen ein und unterwerfen sie einem möglicherweise schädlichen Muster. Die Lösung wird hier in einer Teil-Standardisierung zu finden sein, die zwar formularmäßige Vorgaben macht, aber durch hinreichend offene Antwortmöglichkeiten den Spielraum der bearbeitenden Fachkräfte nicht zu sehr einengt (Brack/Geiser 2009, 62).

Schließlich ist ein Element spezifisch für die Dokumentation von Tatsachen in der Sozialen Arbeit. Jede Dokumentation sollte wegen der Besonderheit der Entscheidungsfindung in der Sozialen Arbeit auch die Erwartungen der Betroffenen und deren Sichtweise auf die Situation aufnehmen. Dieses Kriterium weist über die Formalitäten der Anfertigung von Dokumenten hinaus und macht die ethische Dimension der schriftlichen Darstellung von Lebenssachverhalten deutlich.

21.2 Die Aktenführung in sozialen Diensten

Akten sind „unter sachlichen und/oder chronologischen Gesichtspunkten angelegte Sammlungen von Einzeldokumenten" (Müller 1980, 21). Die Bedeutung von Akten in der allgemeinen Verwaltung liegt darin, dass sie die Berechenbarkeit und justizielle Überprüfung des Verwaltungshandelns sicherstellen. Deshalb ist das Prinzip der Schriftlichkeit und der Vollständigkeit von Akten von besonderer Bedeutung. Akten sind das „Gedächtnis der Verwaltung" (Fieseler/Herborth 2010, 232); sie bilden die Sachverhalte und Bewertungen, die Informationsquellen und die Diskussionen ab, die zu einer Entscheidung der Verwaltung geführt haben. Dies ergibt sich aus dem Prinzip der „Aktenmäßigkeit der Verwaltung": quod non est in actis, non est in mundo („was nicht in den Akten ist, ist nicht in der Welt"; Müller 1980, 37). Akten lassen sich nach vier Merkmalen klassifizieren (zum Folgenden Müller 1980, 22 ff.):

1. Der erste Gesichtspunkt bezieht sich auf den Geltungsbereich der Akten: Danach unterscheidet man (a) **Hauptakten** (Schriftgut von allgemeiner Bedeutung wie Gesetzte, Verordnungen, Erlasse etc.), in denen die rechtlichen und organisatorischen Rahmenbedingungen für das Verwaltungshandeln zusammengefasst sind, (b) **Einzelakten**, die das Schriftgut über gleichartige, einzelfallbezogene Vorgänge enthalten und (c) **Weglegesachen**, in denen nachgeordnete Informationen gesammelt werden, die für die Entscheidung keine Bedeutung haben und deshalb nur kurzfristig aufzubewahren sind (Einladungen zu Veranstaltungen, Verlagshinweise, Werbebroschüren etc.).
2. Ein zweiter Gesichtspunkt zur Einteilung der Akten besteht in der Unterscheidung von Serie und Sachakten. Die Serie war eine frühere Form der Aktenführung, die nach der Bürokratisierung der Verwaltung überholt ist. In Serien wurden alle Ausgänge und Eingänge der Verwaltung getrennt nach chronologischen Gesichtspunkten aufbewahrt. An die Stelle der gegliederten Serie ist heute die Sachakte getreten, die alle Schriftstücke eines bestimmten Sachverhalts (früher: dem Betreff) zusammenfasst. Um Sachakten ordnungsgemäß anlegen und auswerten zu können, werden sie auf der Basis eines Aktenplans geordnet. Die meisten Kommunen verwenden dafür den Aktenplan der Kommunalen Gemeinschaftsstelle für Verwaltungsvereinfachung (KGSt-Bericht B3/2003: Kommunaler Aktenplan).
3. Weiterhin können Akten nach der Art des in ihnen enthaltenen Schriftguts klassifiziert werden. Hier kann zwischen dem Eingang, dem Innenlauf und dem Ausgang unterschieden werden. Der Eingang umfasst alle Schriftstücke, die bei der aktenführenden Stelle einlaufen; als Innenlauf werden alle „im Hause" entstandenen und verbleibenden Schriftstücke bezeichnet; der Ausgang umfasst das gesamte ausgehende Schriftgut.
4. Von besonderer Bedeutung ist die verwaltungsrechtliche Bewertung einzelner Schriftstücke in den

Akten. Hier ist vor allem zwischen Vermerken und Niederschriften zu unterscheiden. **Vermerke** fassen wesentliche Inhalte von Gesprächen, Vorgängen oder Mitteilungen zusammen. Sie haben die Bedeutung einer Gedächtnisstütze für die Mitarbeiter bzw. der Sicherung von Ergebnissen und Folgerungen von Gesprächen, Treffen etc. Jeder Vermerk sollte Ort, Zeit, Beteiligte und Thema deutlich machen, eine zusammenfassende Darstellung der Thematik enthalten und vom Verfasser unterschrieben sein. Vermerke geben die Sichtweise der Verwaltung auf Vorgänge und Entwicklungen wieder. Das unterscheidet sie von **Niederschriften** oder **Protokollen**, die einen ungleich höheren Beweiswert und Anspruch auf Verbindlichkeit haben. Zweck eines Protokolls ist die verbindliche Fixierung von Beschlüssen eines Gremiums, mit der Personen oder Institutionen beauftragt und damit legitimiert werden, bestimmte Handlungen zu vollziehen. Aus dieser Funktion folgt die Bedeutung von Protokollen. Sie sollten als Bestandteil der Sitzungsleitung gesehen werden, die lediglich die Protokollführung delegiert, im Übrigen aber das Zustandekommen des Protokolls in ihrer Hand hat. Protokolle sollten immer nur Ergebnis- und nicht Verlaufsprotokolle sein, und die Ergebnisse sollten bereits während der Sitzung so weit gesichert sein, dass die folgenden Beschlüsse nicht missverständlich sind. Wenn Teilnehmer der Sitzung Wortbeiträge im Protokoll wiederfinden wollen, müssen sie diese schriftlich einreichen. Das Protokoll wird von der Protokollführung und der Sitzungsleitung unterschrieben und von den Teilnehmenden der Sitzung genehmigt. Vorher hat es keine Beschlusswirkung.

Für die *Aktenführung im ASD* können diese allgemeinen Prinzipien keine uneingeschränkte Geltung beanspruchen. Die Erbringung von Jugendhilfeleistungen ist so eng mit persönlichen Beziehungen zwischen Leistungserbringer und Leistungsempfänger verknüpft, dass sich ihre Darstellung in schriftlichen Texten dem Anspruch auf Objektivität, Vollständigkeit und Richtigkeit zumindest zum Teil entzieht. Dies bedeutet nicht, dass auf schriftliche Aktenführung verzichtet werden kann, sie muss vielmehr mit den Prämissen der Fachlichkeit in der Sozialen Arbeit in Einklang gebracht werden. An erster Stelle steht hier der Respekt vor den Betroffenen, über die in den Akten ein Bild entworfen wird. Mit den Worten von Mörsberger:

„Wenn […] Respekt und Vertrauen eine maßgebliche Arbeitsgrundlage darstellen, dann muss sich dieses Postulat auch in der Art und Weise widerspiegeln, wie mit Akten – genauer: wie mit den Betroffenen in Akten – umgegangen wird" (Wiesner / Mörsberger 2006, Rdn. 2 zu § 63).

Sinnfälliger Ausdruck dieses Respekts sind die Vorschriften über die Speicherung von Daten (§ 63 SGB VIII) und den besonderen Schutz von persönlich anvertrauten Daten (§ 65 SGB VIII) in der Jugendhilfe. Sie bieten die Grundlage für die Aktenführung im ASD.

Danach ist der ASD zunächst verpflichtet, nur diejenigen Daten in die Akte aufzunehmen, die für seine Aufgabenerfüllung erforderlich sind (§ 63 Abs. 1 SGB VIII). Hier ist vor allem darauf zu achten, dass nicht schon bei Beginn einer Hilfebeziehung Daten „auf Vorrat" gespeichert werden, die für die Aufgabenerledigung im konkreten Einzelfall gar nicht nötig, sondern z. B. einem standardisierten Formular geschuldet sind. Nach § 63 Abs. 2 SGB VIII ist davon auszugehen, dass Akten grundsätzlich als Einzelakte für eine bestimmte Aufgabe geführt und nur in besonderen Einzelfällen wegen des Sachzusammenhangs verbunden werden dürfen. Als Einzelfall ist immer die Hilfeleistung an eine bestimmte Person oder eine Personengruppe (z. B. Eltern) auf der Grundlage einer Vorschrift (z. B. der Gewährung einer bestimmten Hilfe zur Erziehung) zu verstehen. Diese ist nur dann mit einer Hilfeleistung an eine andere Person zu verbinden, wenn diese in einer unmittelbaren Beziehung stehen. Dies wird man im Allgemeinen bei Familienmitgliedern annehmen können (vgl. Wiesner / Mörsberger 2006, Rdn. 13 zu § 63 mit weiteren Beispielen).

Eine strengere Trennung nimmt § 63 Abs. 2 Satz 2 SGB VIII für die Unterscheidung von Daten vor, die zu Leistungszwecken erhoben werden, und denen, die der Erfüllung anderer Aufgaben dienen. Hiermit ist vor allem die Trennung zwischen den Daten aus der Kooperation mit den Familiengerichten nach § 50 SGB VIII und den Leistungsdaten der §§ 27 bis 41 SGB VIII gemeint. Schließlich verpflichtet § 65 SGB VIII die Mitarbeiter im ASD, zwischen solchen Daten zu unterscheiden, die ihnen persönlich anvertraut sind, und den allgemeinen Leistungsdaten, die der Verwaltung zum Zweck der Erlangung einer Hilfeleistung zur Verfügung gestellt werden.

Aus diesen Vorschriften lassen sich Prinzipien für die Aktenführung im ASD ableiten. Die Sachakten im ASD sind grundsätzlich als Einzelakten zu führen. Innerhalb der Einzelakte zu einer Hilfeleistung ist eine *getrennte Aktenführung* zu organisieren (zum Folgenden s. die Empfehlungen des Deutschen Vereins zur Aktenführung NDV 1990, 335 ff.; auch Wiesner / Mörsberger 2006, Rdn. 17 zu § 63). Die Akten sollten gegliedert werden in

- eine **Leistungsakte**, aus der sich die Daten für die allgemeine Leistungsbeziehung ergeben,
- eine **Gerichtsakte**, die die Informationen zu evtl. laufenden Gerichtsverfahren und die Mitwirkung des Jugendamts nach § 50 SGB VIII enthält und
- eine **Arbeitsplatz- oder Betreuungsakte**, in der die Daten aufbewahrt sind, die der Betroffene nur dem Inhaber der Stelle anvertrauen wollte, die mit seiner Person befasst sind. Innerhalb dieser Betreuungsakte können dann noch einmal gesonderte **Notizen** für besonders anvertraute Informationen nach § 65 SGB VIII gesondert geheftet und so gegenüber dem Zugriff Dritter geschützt werden.

Von besonderer Bedeutung ist in diesem Kontext der Inhalt der Leistungsakte. In ihr sollte sich der Hilfeprozess vollständig abbilden. Deshalb sollte jede Leistungsakte grundsätzlich die Elemente Erstmeldung, Situationsanalyse, Beratungsplan, Besprechungsdokumentation und Ergebnisdokumentation beinhalten (Fieseler / Herborth 2009, 236). Wenn die Erbringung der Leistung von einem Hilfeplan nach § 36 SGB VIII abhängt, sollte auf dieses wichtige Instrument der Dokumentation besonderer Wert gelegt werden. Unabhängig von den zahlreichen Vorlagen zu Hilfeplänen, die in der Jugendhilfe entwickelt wurden, sind folgende Qualitätskriterien für den Hilfeplan zu beachten (Harnach 2007, 41):

- Dokumentation aller (und nur der) erforderlichen Informationen;
- klare Gliederung, die das Lesen und Auffinden von Informationen unterstützt;
- angemessener Detaillierungsgrad der Handlungsanweisungen (Grobstrukturierung ohne „Bevormundung" der Leistungserbringer);
- nicht diskriminierende sprachliche Formulierung; Zufriedenheit der Betroffenen (Eltern und Minderjährige) mit der Darstellung ihrer Sichtweisen.

Eine reflektierte und an den verschiedenen Aufgaben des ASD orientierte Aktenführung ist von besonderer Bedeutung für die Einsicht Dritter in die Akten. Vorgesetzte, Aufsichtsbehörden, Prüfinstanzen, Gerichte begehren Einsicht in die Akten. Die Beteiligten des Verwaltungsverfahrens haben nach § 25 SGB X Anspruch auf Akteneinsicht. Zudem muss das Jugendamt bedenken, dass unter bestimmten Umständen Rechte auf Löschung oder Sperrung bestimmter Daten bestehen (§ 84 SGB X). Diesen Anforderungen kann der ASD nur fachlich angemessen und rechtlich korrekt begegnen, wenn bereits bei der Aktenführung evtl. Ansprüche auf Einsicht in die Akten oder deren Veränderung berücksichtigt werden.

Exkurs: Dokumentation und Aktenführung im Kinderschutz

Mit Inkrafttreten des § 8a SGB VIII im Jahr 2005 hat die Aufgabe des Kinderschutzes im ASD eine neue Qualität bekommen. Zahlreiche Jugendämter entwickelten in der Folge Verfahrensstandards zur Bearbeitung von Kinderschutzfällen, zu denen auch Dokumentationsvorschriften gehörten.
Nach Nüsken sollte sich aus der Dokumentation im Kinderschutz ergeben, dass nach der Fallaufnahme eine inhaltliche Auseinandersetzung mit den Beteiligten und den Fachkräften über Art, Umfang und Notwendigkeit einer Hilfe stattgefunden hat. Weiterhin muss erkennbar sein, von welcher Faktenlage das Jugendamt bei der Risikobetrachtung ausgegangen ist und welche Bewertungen es bei der Risikoeinschätzung vorgenommen hat. Letztlich sollen die Überlegungen und Entscheidungen zum konkreten Schutzkonzept für das betroffene Kind dargestellt werden (Nüsken 2008a, 125; s. auch Blüml / Lillig 2006, 45–1; → Kapitel 22).
Ein besonderes Augenmerk ist im Kinderschutz auf die Tätigkeit der insoweit erfahrenen Fachkraft nach § 8a Abs. 2 SGB VIII, der sog. Kinderschutzfachkraft, zu legen. Zwar ist diese nur zur Beratung der Mitarbeiter bei freien Trägern aufgerufen, dennoch hat die Dokumentation ihrer Tätigkeit auch Bedeutung für den ASD. Zentraler Punkt in der Dokumentation der Kinderschutzfachkraft ist die Darstellung der kollegialen Beratung. Ohne eine qualifizierte Dokumentation des fachlich anspruchsvollen Beratungsprozesses kann die Tätig-

keit der Kinderschutzfachkräfte nicht evaluiert und weiterentwickelt werden. In ihr müssen zunächst die Ausgangsdaten für die Beratung (Personalien, Familienzusammenhänge etc.), die Vorstellung des Falls durch die fallführende Fachkraft und ihr Beratungsanliegen festgehalten werden. Kernpunkt der Dokumentation ist die Abschätzung des Gefährdungsrisikos zwischen der fallverantwortlichen Fachkraft und der Kinderschutzfachkraft. Hier müssen die Sichtweisen der Fachkräfte und die der Eltern deutlich werden. Den letzten Teil der Dokumentation bilden die Entscheidung und die Vereinbarung von Maßnahmen sowie die Verabredung zur Überprüfung der Entscheidung.

Die Aktenführung im Kinderschutz muss der besonderen Sensibilität auf diesem Gebiet gerecht werden. So bietet es sich an, Vorgänge nach § 8a SGB VIII in gesonderten Akten zu führen und nicht mit der Sachakte über die Leistungsbeziehung zu vermischen.

21.3 Die gutachtliche Stellungnahme im ASD

Mit der gutachtlichen Stellungnahme (abgekürzt: Stellungnahme) tritt der ASD in den fachlichen Diskurs mit den kooperierenden Institutionen (vor allem den Gerichten) ein. Über den Einzelfall hinaus wird damit ein Bild von der Fachlichkeit im ASD und damit von seinem Stellenwert in der Zusammenarbeit zwischen verschiedenen Professionen gezeichnet. Vor diesem Hintergrund sind die Qualifizierung der gutachtlichen Stellungnahmen und die Entwicklung eines Grundstandards für diese Texte von großer Bedeutung für die Fachkräfte in der Sozialen Arbeit. Umso bedauerlicher ist die geringe Bedeutung, die diesem Thema in Aus- und Fortbildung beigemessen wird (s. Anmerkungen zu Beginn dieses Beitrags und Oberloskamp 2009, 42).

Das wichtigste Arbeitsfeld für Stellungnahmen im ASD ist die Kooperation mit dem Familiengericht auf der Basis der §§ 50 und 8a SGB VIII sowie der §§ 151, 155–157, 162 FamFG, früher als Familiengerichtshilfe bezeichnet. Deshalb beziehen sich die folgenden Ausführungen im Wesentlichen auf die Äußerungen des ASD im familiengerichtlichen Verfahren.

Der Begriff der gutachtlichen Stellungnahme ist nicht fest definiert. Weder wird er in Gesetzen durchgängig verwendet, noch ist er wissenschaftlich beschrieben. Die Bezeichnung ist vielmehr aus der Praxis gewachsen und stellt den Versuch dar, zwischen den Begriffen des *Berichts* und des *Gutachtens* die Bezeichnung für eine Textgattung zu finden, die den spezifischen Bedingungen der Sozialen Arbeit gerecht wird.

Unter einem Bericht wird in der Tradition der Sozialen Arbeit die Darstellung eines Sachverhalts verstanden, der von Fachkräften im Lebensraum der Betroffenen ermittelt wurde. Der Bericht ist die überkommene Bezeichnung für die schriftlichen Texte sozialer Fachkräfte (dazu ausführlich und instruktiv Timms 1974, insbes. 70 ff.). Der Berichtende verzichtet bei dieser Form weitgehend auf eigene fachliche Bewertungen seiner Ermittlungen, sondern überlässt dies im Wesentlichen der Institution, die den Bericht angefordert hat. Dieses Verhältnis war lange Zeit prägend für die Berichte der sozialen Fachkräfte in der Familiengerichtshilfe. Die soziale Fachkraft war Hilfs- und Ermittlungsperson für das Familiengericht, das die gelieferten Fakten selbstständig bewertete. Erst mit der Reform des Kindschaftsrechts im Jahr 1998 wurde die Stellung des Jugendamts als im Gerichtsverfahren mitwirkende Fachbehörde gesetzlich beschrieben.

Demgegenüber ist das Gutachten die mit wissenschaftlichen Methoden begründete Beantwortung einer Beweisfrage des Gerichts durch fachlich ausgewiesene Sachverständige (Oberloskamp 2009, 28). Das Gutachten ermittelt Sachverhalte unter Verwendung anerkannter Testverfahren und bewertet sie mit dem Anspruch der „Validität" und „Objektivität". Auch wenn dieser Anspruch vor allem in der familienpsychologischen Begutachtung zunehmend auf Kritik stößt (Harnach 2007, 290), begründet er dennoch den Charakter des Gutachtens. Auf der Basis seiner Ermittlungen und Bewertungen beantwortet das Gutachten die Frage des Gerichts, ohne einen eigenen Entscheidungsvorschlag zu machen. Das Gericht bleibt in der Verantwortung für die endgültige und rechtsverbindliche Entscheidung über den Sachverhalt (vgl. schon BGHSt 7, 239).

Die *gutachtliche Stellungnahme* entspricht ihrem Wesen nach weitgehend einem Gutachten; sie unterscheidet sich von diesem durch die Stellung der Fachkräfte, die sie verfassen, und durch die

Anwendung der fachlichen Methoden bei ihrer Erstellung. Soziale Fachkräfte im ASD sind keine Sachverständigen im Sinne der gerichtlichen Verfahrensregeln; deshalb haben ihre Stellungnahmen auch nicht die Beweiskraft eines Gutachtens. Vor allem aus diesem Grund sehen sich die Familiengerichte veranlasst, bei gravierenden, in die Grundrechte der Betroffenen eingreifenden und umstrittenen Fragestellungen ein Gutachten zu bestellen, obwohl dessen Aussagekraft oft die der Stellungnahme des ASD nicht überschreitet.

Die gutachtliche Stellungnahme beruht zudem nicht auf der Anwendung wissenschaftlicher Methoden wie Testverfahren u. ä., sondern auf der Ermittlung des Sachverhalts im Lebensraum der Betroffenen. Dabei geht es weniger um die Diagnostik oder Exploration von Familien und deren Situation, sondern um ein Zusammenwirken der Beteiligten beim Herausfinden der besten Lösung für das weitere Geschehen. Bei dieser Suche stehen sich die Betroffenen und die Fachkraft zwar nicht gleichberechtigt gegenüber, ohne die Kooperation mit und ohne den Respekt vor den Betroffenen kann aber eine Stellungnahme in der Sozialen Arbeit nicht angefertigt werden (vgl. die Auseinandersetzung um „Aushandeln" und „Diagnostik" bei Harnach 2007, 42). Damit ist aber der Anspruch auf Objektivität in der gutachtlichen Stellungnahme nicht aufrechtzuerhalten (Schrapper 2005b, 195). An ihre Stelle tritt der Wert der Nachvollziehbarkeit und Transparenz. Soziale Fachkräfte müssen in ihren Stellungnahmen deutlich machen, wie sie im Dialog mit den Betroffenen zu ihrer Beurteilung gekommen sind, und vor allem, auf welcher tatsächlichen Basis sie ihre Bewertungen getroffen haben.

Anders als Gutachten enthalten gutachtliche Stellungnahmen aufgrund der gesetzlichen Grundlagen neben den Fakten und den Bewertungen im Allgemeinen auch Entscheidungsvorschläge für das Gericht. Dies ergibt sich aus dem Begriff der Mitwirkung in § 50 SGB VIII, die mehr ist als Anhörung und die dem ASD die Aufgabe zuschreibt, sich an der gerichtlichen Entscheidungsfindung als Fachbehörde zu beteiligen. Auch das Familienverfahrensrecht von 2009 schreibt dem ASD eine Rolle im Gerichtsverfahren zu, die weit über die reine Anhörung hinausgeht und den ASD zu einem gleichwertigen Verfahrensbeteiligten macht (vgl. § 162 FamFG).

Zusammengefasst enthält die gutachtliche Stellungnahme eine auf einem dialogischen Verfahren mit den Betroffenen und der Sachverhaltsermittlung im Lebensraum beruhende Darstellung von Tatsachen, deren fachliche und rechtliche Bewertung und einen Entscheidungsvorschlag für das Gericht.

Die Kompetenz der Fachkräfte im ASD, gutachtliche Stellungnahmen zu schreiben, ist angesichts der Mängel in Aus- und Fortbildung nicht durchgehend gesichert. Entsprechend ist das Echo auf die von ihnen verfassten Stellungnahmen oft kritisch. Die wesentlichen Kritikpunkte hat Kolodziej schon 1982 zusammengefasst, vieles davon hat bis heute Gültigkeit. Danach

- werden oft vorschnell Etiketten wie debil, haltlos, auffällig und aggressiv benutzt;
- verbergen psychologische, pädagogische oder soziologische Äußerungen unbekannte Werthaltungen der Autoren;
- werden oft undifferenziert schlagwortartige Beurteilungskriterien aus Vorberichten und alten Akten übernommen;
- ist die Sprache oft abstrakt und formelhaft;
- enthalten viele Stellungnahmen keine nachvollziehbare Gliederung (Kolodziej 1982, 44).

Um dieser Kritik beggnen zu können, ist es erforderlich, Kriterien oder Standards für Stellungnahmen zu entwickeln, die eine Antwort auf die Frage erlauben, was eine fachlich angemessene Stellungnahme ist, und so einen Beitrag zur Qualitätssicherung zu leisten. Folgende Eigenschaften einer Stellungnahme sind dabei von besonderer Bedeutung (vgl. zum folgenden Crefeld / Schimke 1995, 227):

- Die Stellungnahme muss **nachvollziehbar** und hinsichtlich ihrer **Schlussfolgerungen überzeugend** sein. Das Ziel der Stellungnahme kann nicht Wahrheit oder Richtigkeit der Darstellung sein, sondern das Gericht und die Betroffenen müssen in der Lage sein nachzuvollziehen, wie die Fachkraft zu ihrer Beurteilung gekommen ist.
- Das wichtigste Mittel zur Erreichung dieses Ziels ist die konsequente **Trennung von Fakten und Bewertungen**, die die subjektive Sichtweise der Fachkraft auf die Situation offenlegt und dadurch eine Auseinandersetzung mit den getroffenen Beurteilungen ermöglicht.

- Die Stellungnahme muss dem **Beratungsbedarf des Gerichts** entsprechen. Von zentraler Bedeutung ist dabei die Orientierung an der gerichtlichen Fragestellung oder der Rechtsnorm, auf der die Stellungnahme basiert. Nach Maßgabe der vom Gericht gestellten Frage muss die Darstellung auf das für die gerichtliche Entscheidung Wesentliche fokussiert sein; gefragt sind nicht enzyklopädische Abhandlungen und inhaltsleere Sprechhülsen scheinbarer Fachlichkeit, sondern auf die Entscheidung konzentrierte Beratung.
- Dazu gehört auch, dass die Stellungnahme **aus sich selbst heraus verständlich** ist und die notwendigen Tatsachen **vollständig** darstellt, ohne auf fremde Quellen zu verweisen. Auch wenn die Fachkräfte des ASD nicht auf die Methoden wissenschaftlicher Diagnostik zurückgreifen, sollte die Stellungnahme fachlich verlässlich und nicht willkürlich sein.
- Es entspricht den ethischen Postulaten Sozialer Arbeit, dass die Stellungnahme **engagiert für das Wohl der Betroffenen** – und hier vor allem der betroffenen Kinder – ist.
- Schließlich sollte die Stellungnahme rücksichtsvoll in der Ausdrucksweise sein und Respekt vor den Betroffenen und ihrer speziellen Situation haben. Dazu gehört, dass diese mit ihrem **Namen** benannt und angesprochen werden und nicht durch Funktionsbezeichnungen ersetzt werden („Kindesmutter").
- Dem entspricht, dass die Fachkraft sich nicht hinter bürokratischen Formulierungen versteckt („wir", „die Unterzeichnerin", „von hiesiger Seite"), sondern die Stellungnahme in der **Ich-Form** abfasst, auch wenn dies in manchen Organisationen untersagt ist. Texte, die sich von einer Person an eine andere Person wenden, sind im Ausdruck konsensfähiger und begründen ein Verhältnis „auf Augenhöhe" statt bürokratischer Distanz. Rechtliche Bedenken dagegen gibt es – trotz immer wieder geäußerter Gegenmeinungen – nicht. Auch das Gerichtsverfahren kann im Übrigen vollständig mit den Namen der Beteiligten durchgeführt werden, ohne die Bezeichnungen Antragsteller, -gegner etc. zu verwenden (dies beruht auf einem Hinweis aus dem „Cochemer Modell" zur Reform des familiengerichtlicher Verfahrens, in dem das mit Erfolg praktiziert wird).
- Die Stellungnahme sollte in ihrem Aufbau grundsätzlich dem Gutachtenprinzip folgen, d. h. von der Fragestellung zum Ergebnis führen und dieses nicht vorwegnehmen. Dies entspricht der Aufgabenverteilung zwischen Gericht und ASD, das Gericht stellt eine Frage oder bittet um Mitwirkung, die Fachkraft klärt die Voraussetzungen zur Beantwortung der Fragestellung und formuliert dann das Ergebnis und den daraus folgenden Entscheidungsvorschlag. Eine gewisse Ausnahme ergibt sich, wenn der ASD (z. B. bei einer Anrufung nach § 8a SGB VIII) selber aktiv wird. Dann wird die Stellungnahme mit der Anregung des ASD (kein Antrag, s. § 24 FamFG) beginnen, dass das Gericht tätig werden soll, um dann wiederum gutachtlich zu begründen, warum das so ist und welchen Entscheidungsvorschlag der ASD macht.

Die *generelle Struktur* gutachtlicher Stellungnahmen sieht nach diesen Überlegungen folgendermaßen aus:

- **Quellen**: Die Stellungnahme beginnt mit einer Offenlegung der Quellen, auf denen sie beruht. Das sind im Wesentlichen die Gespräche mit den Betroffenen mit Zeit und Ort (Hausbesuch? Gespräch im Büro?) und die Erkenntnisse anderer Personen und Institutionen.
- **Fragestellung**: Dieser Punkt wird oft unterschätzt, es ist wichtig, die Fragestellung, die der Stellungnahme zugrunde liegt, genau zu benennen, um ein Prüfkriterium für Inhalt und Aufbau der Stellungnahme zu haben (habe ich die Frage wirklich beantwortet?).
- **Sachverhalt**: Auf die Fragestellung folgt die Zusammenstellung der entscheidungserheblichen Tatsachen in chronologischer Reihenfolge. Als Ordnungsprinzip ist die Chronologie der oft gewählten Vorgehensweise nach Personen überlegen, weil so die Orientierung an den Fakten und nicht an den Personen geschieht. Die Sichtweise der Betroffenen sollte anhand der mit ihnen geführten Gespräche in dieser Reihenfolge dokumentiert werden. Das vermeidet Zusammenfassungen ohne genaue Quellenangaben und die Vorwegnahme von Bewertungen.
- **Fachliche und rechtliche Bewertung:** Hier werden die Beobachtungen und Feststellungen auf die Fragestellung hin fachlich und rechtlich interpretiert. Auch wenn das Gericht die letztlich verbindliche Rechtsentscheidung trifft, sollte der ASD als mitwirkende Fachbehörde auch seine rechtliche

Sichtweise deutlich machen. Das Gericht wird sich dann mit dieser Wertung auseinandersetzen müssen (so auch Oberloskamp 2009, 35).
- **Ergebnis:** In diesem Teil der Stellungnahme werden das Ergebnis der Sachverhaltsdarstellung und dessen Bewertung noch einmal kurz zusammengefasst und in Bezug zur Fragestellung gebracht. Hier besteht für die Fachkraft noch einmal die Möglichkeit, die Logik der Stellungnahme und die Überzeugungskraft der Schlussfolgerung zu überprüfen.
- **Entscheidungsvorschlag:** Abgesehen von Ausnahmefällen sollte die Stellungnahme einen Entscheidungsvorschlag enthalten. Nur dies wird der Stellung des ASD als Fachbehörde gerecht und trägt seiner Rolle im Verfahren Rechnung. Wenn die Beteiligten sich z. B. bei Trennungskonflikten auf eine Lösung verständigt haben, wird der Entscheidungsvorschlag in der Übernahme dieser Lösung bestehen, wenn sie mit dem Wohl des Kindes vereinbar ist.

Eines der Ziele von Stellungnahmen sollte sein, dass sie verständlich geschrieben sind. Häufig wird die These vertreten, *Verständlichkeit* hänge von der Fähigkeit des Lesers oder der Leserin ab, komplexe Zusammenhänge zu verstehen, die Fachsprache zu kennen etc. Daraus wird der Schluss gezogen, dass die Stellungnahme sich am Verständnishorizont des Lesers orientieren und daher je nach angesprochener Leserschaft unterschiedlich formuliert werden müsste. Bezogen auf den Leserkreis der Richterschaft wird daraus der fachlich höchst problematische Schluss gezogen, man müsse so schreiben, wie das Gericht es erwarte, um die mit der Stellungnahme verfolgten Ziele zu erreichen. Dies ist zwar in der Praxis oft sehr angenehm („mein Richter und ich – wir verstehen uns gut"), führt jedoch zu einer professionellen Unterordnung der Fachkräfte im ASD gegenüber dem Gericht und ist als eine Art „Geheimcode" auch gegenüber den Betroffenen nicht zu vertreten. Verständliche Texte sind vielmehr Ausdruck einer eigenen Fachlichkeit der Sozialen Arbeit.

Langer et al. (2011) haben dazu Kriterien entwickelt, die für jeden Text und jeden Leserkreis gelten. Hierzu einige Hinweise: Ein Text ist verständlich, wenn er in Inhalt, Sprache und Optik bewusst gestaltet ist. Bei der *Sprache* sind einfache Sätze notwendig und die Vermeidung von Passiv-Konstruktionen, weil diese zu einer Häufung von Nomina führen, die im Allgemeinen schwerer verständlich sind als Verben. Die Wortwahl sollte sich der Alltagssprache bedienen, Fachwörter sollten – wenn sie überhaupt nötig sind – erklärt werden, die Sprache sollte konkret und anschaulich sein. Der *Inhalt* sollte dadurch gekennzeichnet sein, dass nur das Wesentliche mitgeteilt, folgerichtig aufgebaut und einfach dargestellt wird. Die *Optik* von Texten wurde in der Praxis der behördlichen Sozialarbeit häufig vernachlässigt. Jugendamtsstellungnahmen erschienen in früheren Jahren oft in den Akten als einzeilig geschriebene, ungegliederte „Bleiwüsten". Mit den elektronischen Textverarbeitungsprogrammen ist dies zwar besser geworden, dennoch werden wichtige Gestaltungsprinzipien oft außer Acht gelassen. Ein optisch verständlicher Text ist vor allem gegliedert und die Absätze sind durch Überschriften gekennzeichnet. Die Struktur der Stellungnahmen sollte sich also in den Überschriften wiederfinden. Weiterhin sollte der Text übersichtlich geordnet und Wesentliches durch Hervorhebungen gekennzeichnet sein.

Zusammengefasst ist es das Ziel einer qualifizierten Stellungnahme, eine klar strukturierte, verständliche, subjektive, nachvollziehbare Beschreibung von Sachverhalten in Verbindung mit einer fachlichen und rechtlichen Bewertung und einem Entscheidungsvorschlag zu erarbeiten.

22 Einschätzung von Gefährdungsrisiken im Kontext möglicher Kindeswohlgefährdung

Von Reinhold Schone

- Der Begriff der Kindeswohlgefährdung bezeichnet keinen Sachverhalt, sondern ein rechtliches und normatives Konstrukt. Rechtlich geht der Begriff zurück auf Art 6 Abs. 2 Satz 2 Grundgesetz und § 1666 BGB. Hier markiert er den rechtlichen Rahmen für die Grenzen des Elternrechts bzw. für eine Eingriffsverpflichtung des Staates, wenn Eltern ihren Kindern erhebliche Schädigungen zufügen oder diese vor solchen Schädigungen nicht schützen können oder wollen. Normativ ist der Begriff insofern, als es keine objektiven Schwellen gibt und geben kann, die eine gefährdende von einer nicht-gefährdenden Lebenssituation trennen, sondern dieser Zuschreibung immer ein Prozess gesellschaftlich legitimierter und normativ begründeter fachlicher Einschätzungen zugrunde liegt.
- Da der Begriff der „Gefährdung" nicht mit dem Begriff der „Schädigung" identisch ist, sondern vorrangig auf die Prognose zukünftiger schädigender Entwicklungen zielt, hat das Konstrukt der Kindeswohlgefährdung zwangsläufig einen hypothetischen Charakter. Das bedeutet, dass er – mit Ausnahme bei eher seltener vorkommenden eindeutigen Fällen – komplexe Aushandlungsprozesse zwischen Fachkräften und betroffenen Familienmitgliedern über die Bewertung von Situationen und Sachverhalten erforderlich macht.
- Ausgangspunkt für die Begründung einer Kindeswohlgefährdung ist die konkrete, durch belegte Sachverhalte beschriebene Lebenssituation eines Kindes oder Jugendlichen. Bezugspunkte zur Bewertung dieser Lebenssituationen sind dann einerseits die Erheblichkeit der drohenden Schädigung und die zu begründende Wahrscheinlichkeit des Schadenseintritts (Prognose). Eine solche Einschätzung begründet die Pflicht zur Hilfe. Erst wenn Eltern nicht bereit oder in der Lage sind, solche Hilfen zur Abwendung der Gefährdung anzunehmen, ist ein Eingriff in die elterliche Sorge zulässig.
- Der Prozess der Gefährdungseinschätzung durch den ASD und die von ihm daraus abgeleiteten Handlungsschritte sind immer mit dem Risiko einer Fehleinschätzung verbunden. Für den ASD ist das „Handeln mit Risiko" damit unausweichlicher Bestandteil seiner Arbeit im Kinderschutz. Zentrale Aspekte sozialpädagogischer Fachlichkeit im Umgang mit diesen Risiken sind einerseits das Zusammenwirken mehrerer Fachkräfte (kollegiale Beratung) und andererseits die Einbeziehung der Perspektive der betroffenen Familienmitglieder (Eltern und Kinder / Jugendliche). Diese schon im § 36 SGB VIII definierten Basiselemente sozialpädagogischer Diagnose und Entscheidungsfindung werden in § 8a SGB VIII folgerichtig auch als zentrale Eckpunkte einer qualifizierten sozialpädagogischen Gefährdungs- und Risikoeinschätzung normiert.
- Indikatorengestützte Instrumente zur Erfassung von Gefährdungssituationen stellen eine wertvolle Unterstützung bei der gezielten Beobachtung und Beschreibung von einzuschätzenden Lebenssituationen von Kindern und Jugendlichen dar. Sie können helfen, Sachverhalte klarer zu erfassen und blinde Flecken zu vermeiden. Ihre Bedeutung liegt in der problemangemessenen Dokumentation von einschätzungsrelevanten Sachverhalten. Werden solche Instrumente – wie dies in der Praxis immer häufiger zu beobachten ist – jedoch als Messinstrumente (mit vorgegebenen Bewertungsskalen auf der Basis zu addierender Punktwerte) und darauf aufbauend als automatisierte Handlungsempfehlung (durch die Vorgabe von Standardprozes-

sen bei Erreichen einer bestimmten Punktzahl) genutzt, laufen sie den komplexen professionellen sozialpädagogischen Anforderungen an eine Gefährdungseinschätzung zuwider.
- Ziel der Einschätzung von Gefährdungsrisiken ist es, Kinder und Jugendliche vor Gefahren für ihr Wohl zu schützen. Dies sollte immer zuerst dadurch geschehen, dass den Eltern und ggf. den Kindern/Jugendlichen direkt Hilfen zur Überwindung gefährdender Krisensituationen angeboten werden. Die Gefährdungseinschätzung ist dabei nur ein Bezugspunkt solcher Strategien. Die andere Aufgabe liegt darin, bei einem im Gefährdungsfall immer gegebenen Hilfebedarf Prozesse der Hilfe und Unterstützung für die Familie bzw. Familienmitglieder zu initiieren und zu begleiten. Die Einschätzung von Gefährdungsrisiken, um die sich dieser Beitrag dreht, ist also nur ein spezifischer Baustein, eingelagert in einem in der Regel komplizierten und manchmal für alle Beteiligten nervenaufreibenden Geschehen zur Gewährleistung angemessenen Schutzes und angemessener Hilfen für Kinder und Jugendliche.

Seit dem Jahr 2005 hat der Gesetzgeber durch das KICK (Kinder- und Jugendhilfeweiterentwicklungsgesetz) die immer schon bestehende Aufgabe der Jugendhilfe, Kinder und Jugendliche vor Gefahren für ihr Wohl zu schützen, noch einmal hervorgehoben. Insbesondere durch die Einfügung des § 8a SGB VIII wird der Schutzauftrag bei Kindeswohlgefährdung präzisiert (Handlungspflichten, Verfahrensabläufe, Kooperationspflichten und Anrufungsmodalitäten des Familiengerichts), und es werden zudem freie Träger der Jugendhilfe über Vereinbarungen in die Verantwortung für den Kinderschutz eingebunden. Trotz dieser Einbindung bleibt der ASD als Wahrnehmer hoheitlicher Aufgaben des öffentlichen Trägers eine zentrale Instanz im Kinderschutz. Seine Bedeutung in dieser Rolle wächst eher noch an, je mehr auch andere Handlungssysteme (Gesundheitswesen, Schule etc.) Kinderschutzfunktionen zugewiesen bekommen. Denn jeweils am Ende der Handlungsmöglichkeiten der anderen Systeme ist der ASD einzubeziehen; auf diesem Wege erreichen vermehrt Kinderschutzmeldungen den ASD, die allesamt durch diesen geprüft und qualifizierten Entscheidungen zugeführt werden müssen.

Dass das Gesetz erhebliche Auswirkungen auf die Praxis entfaltet hat, dokumentiert sich in der nach dem Jahr 2005 deutlich ansteigenden Zahl der Anrufungen des Familiengerichtes durch die Jugendämter aufgrund von Kindeswohlgefährdungen (von 9.724 im Jahr 2005 auf 12.319 im Jahr 2008 [+ 53,8 %]) und eine mit einiger Verzögerung ebenfalls zu beobachtende deutlich höhere Zahl an gerichtlichen Eingriffen in das elterliche Sorgerecht (von 8.686 im Jahr 2005 auf 12.319 im Jahr 2008 [+ 41,8 %]) (Statistisches Bundesamt 2009). Die Frage des Umgangs mit Risiko- und Gefährdungseinschätzungen und mit den ihnen zugrunde liegenden Instrumenten und Maßstäben stellt daher eine zunehmende fachliche Herausforderung für den ASD dar.

22.1 Rechtlicher Ausgangspunkt

Seinen Ausgangspunkt findet das staatliche Wächteramt in Art. 6 Abs. 2 GG: „Pflege und Erziehung der Kinder sind das natürliche Recht der Eltern und die zuvörderst ihnen obliegende Pflicht. Über ihre Betätigung wacht die staatliche Gemeinschaft." Mit dieser Rechtsnorm, welche wortgleich in § 1 Abs. 2 SGB VIII wiederholt wird, schützt das Grundgesetz das Elternrecht auf Pflege und Erziehung der Kinder als Grundrecht. Jedoch können Eltern, die die Verantwortung für Pflege und Erziehung ihrer Kinder nicht tragen können oder sich ihr entziehen, nicht unter Hinweis auf ihr Elternrecht staatliche Eingriffe zum Wohle des Kindes abwehren. Das Kind hat als Grundrechtsträger Anspruch auf den Schutz des Staates, der Staat ist zum Schutze des Kindes verpflichtet (BVerfGE 24, 119, 135 ff.).

§ 1666 BGB konkretisiert dieses staatliche Wächteramt: „Wird das körperliche, geistige oder seelische Wohl des Kindes oder sein Vermögen gefährdet und sind die Eltern nicht gewillt oder nicht in der Lage, die Gefahr abzuwenden, so hat das Familiengericht die Maßnahmen zu treffen, die zur Abwendung der Gefahr erforderlich sind" (§ 1666 Abs. 1 BGB). Die Neuregelung der Bundesregierung zur Erleichterung familiengerichtlicher Maßnahmen bei Gefährdung des Kindeswohls hat im

Jahr 2009 die erst im Jahr 1980 in § 1666 BGB aufgenommenen Tatsachenmerkmale bzw. Gefährdungsursachen (missbräuchliche Ausübung der elterlichen Sorge, Vernachlässigung des Kindes, unverschuldetes Versagen der Eltern, Verhalten eines Dritten) ersatzlos gestrichen. Dadurch soll der Blick ausschließlich auf das Wohl des Kindes/Jugendlichen gerichtet werden und sich nicht länger auf mögliches elterliches Fehlverhalten fixieren. Außerdem sieht das Gesetz in § 1666 Abs. 3 BGB eine Konkretisierung von (auch früher schon möglichen; Münder et al. 2000) Rechtsfolgen vor. Ebenso werden im neuen Gesetz über Verfahren in Familiensachen (FamFG; als Nachfolgegesetz des FGG) ein Vorrang- und Beschleunigungsgebot und eine besondere Rolle der Richter bei der Erörterung der Kindeswohlgefährdung verankert. Damit wird einerseits die Schwelle der Eingriffsbefugnisse des Staates gesenkt, andererseits erwachsen daraus aber auch neue Interpretationsspielräume und -notwendigkeiten.

Es ist in erster Linie Aufgabe des Jugendamtes und der dort mit der Wahrnehmung des staatlichen Wächteramtes beauftragten Fachkräfte des ASD, diese Normen in rechtliche und fachliche Bewertungen von Lebenssituationen von Kindern und Jugendlichen und darauf aufbauend in praktisches sozialpädagogisches Handeln umzusetzen.

22.2 Kindeswohl und Kindeswohlgefährdung als auslegungsbedürftige Begriffe

Die zentrale Frage, um die der Kinderschutz und damit auch der Schutzauftrag des ASD kreist, ist die Unterscheidung nach „normalen" – also das Kindeswohl gewährleistenden –, belastenden und gefährdenden Lebenslagen von Kindern. Eine positive Bestimmung dessen, was Kindeswohl ist, lässt sich praktisch nicht vornehmen. Was als gut für Kinder gilt, was also ihrem Wohl entspricht, ist nicht allgemeingültig bestimmbar. Es gibt divergierende Vorstellungen von Eltern, wie sie die Erziehung ihrer Kinder gestalten wollen, und der Staat gesteht allen Eltern grundgesetzlich das Recht zu, ihre Kinder nach ihren Vorstellungen zu erziehen. Was das Kindeswohl ist, definieren die Eltern für sich und ihre Kinder eigenständig – und das oft sehr unterschiedlich (Münder et al. 2000).

Wie aber lässt sich nun der komplementäre Begriff der Kindeswohlgefährdung, der schließlich Grundlage staatlicher Eingriffsmöglichkeiten mit erheblicher Tragweite für Kinder und Eltern darstellt, angemessen und vor allem handlungsorientierend definieren? Die grundsätzliche Schwierigkeit ist dabei, dass es sich hier ebenfalls um einen unbestimmten Rechtsbegriff handelt. Obwohl sich viele Extremsituationen vorstellen lassen, in denen im Falle von Vernachlässigungen oder Misshandlungen sofort Konsens herstellbar wäre, dass das Wohl des Kindes gefährdet ist (z. B. wenn eine allen ersichtliche unmittelbare Gefahr für Leib und Leben des Kindes besteht), sind Eindeutigkeiten selten vorzufinden und die Interpretationsspielräume groß. Wann schlägt überstrenges Erziehungsverhalten in körperliche und seelische Misshandlung um? Wann wird eine sehr ärmliche Versorgung in materieller und emotionaler Hinsicht zur Vernachlässigung? An welcher Stelle wird dann die Schwelle zur Kindeswohlgefährdung überschritten, die ein unbedingtes Einschreiten auch gegen den Willen der Eltern erlaubt bzw. erfordert?

Die Rechtsprechung versteht unter Gefährdung „eine gegenwärtige in einem solchen Maße vorhandene Gefahr, dass sich bei der weiteren Entwicklung eine erhebliche Schädigung mit ziemlicher Sicherheit voraussehen lässt" (BGH FamRZ 1956, 350 = NJW 1956, 1434). Als gefährdet im Sinne von § 1666 Abs. 1 BGB ist das Kindeswohl also dann anzusehen, wenn sich bei Fortdauer einer identifizierbaren Gefahrensituation für das Kind eine erhebliche Schädigung seines körperlichen, geistigen oder seelischen Wohls mit hoher Wahrscheinlichkeit annehmen und begründen lässt.

Diese Definition macht deutlich, dass es bei einer Kindeswohlgefährdung nicht allein um Sachverhalte geht, sondern vor allem um Bewertungen von Lebenssituationen und um Prognosen über die weitere Entwicklung von Kindern. Insofern handelt es sich bei einer Kindeswohlgefährdung um ein rechtliches und normatives Konstrukt, basierend auf dem Bestehen objektiver, beobachtbarer Fakten (Kind ist unterernährt, Kind hat blaue Flecken etc.) und einer Bewertung dieser Fakten hinsichtlich ihres Schädigungspotentials. Es geht um die Identifizierung von Schwellen, an denen von Eltern nicht angenommene bzw. eingelöste Rechtsansprüche auf Hilfen in Eingriffsverpflichtungen des Staates zum Schutz der Kinder umschlagen und die daher einen Eingriff erfordern. Solche Schwellen lassen sich nicht abstrakt fixieren, sondern sie sind aufgrund der Komplexität kindlicher und familialer Lebenslagen und aufgrund der Unbestimmtheit der Rechtsbegriffe für jeden Einzelfall neu festzulegen. Tatbestände sprechen in solchen Fällen selten für sich, sondern sind hinsichtlich der Auswirkungen auf das konkrete Kind zu bewerten, und es sind Prognosen aufzustellen, ob eine Gefährdung in dem Sinne besteht, dass Schäden zu erwarten sind.

Da die Eingriffsschwelle des Staates in der Rechtsprechung so weit gefasst ist, dass eine „erhebliche" Schädigung mit „hoher" Wahrscheinlichkeit prognostiziert werden muss, ist deutlich, dass die Misshandlungen und Vernachlässigungen erst eine bestimmte Intensität erreicht haben müssen, um eine Kindeswohlgefährdung im so verstandenen rechtlichen Sinne darzustellen. Die in der Alltagssprache gebräuchliche Gleichsetzung der Begriffe Kindesmisshandlung, Kindesvernachlässigung (die mit hoher Sicherheit einen Hilfebedarf nach § 27 SGB VIII begründen) mit dem Begriff der Kindeswohlgefährdung (der eine Eingriffsverpflichtung des Jugendamtes nach § 1666 BGB begründet) trägt zur Diffusität öffentlicher Erwartungen bei und macht es Jugendämtern schwer, ihren diesbezüglichen Schutzauftrag und dessen Grenzen nachvollziehbar zu kommunizieren (Schone 2008).

22.3 Bezugspunkte des Bewertungsprozesses zur Feststellung von Kindeswohlgefährdung

Wenn Bewertungsvorgänge über die Lebenslage von Kindern und das Erziehungsverhalten von Eltern notwendig werden und wenn hierfür objektive Maßstäbe fehlen, dann gilt es genauestens zu betrachten, wie und auf welcher Grundlage solche Bewertungen zustande kommen.

„Zu bestimmen, welches die ‚Gefährdungsschwelle' ist, stellt die Fachkräfte des Jugendamtes bzw. den Richter vor die Aufgabe, auf einem Kontinuum einen Grenzpunkt (‚cut off point') zu lokalisieren. Verhaltensweisen respektive Bedingungen, die – wie die Höhe der Quecksilbersäule im Thermometer – in der Realität fortlaufend variieren können (z. B. von ‚sehr fördernd' bis ‚extrem hemmend'), werden an einem bestimmten Punkt – gleichsam der Null-Grad-Linie – gedanklich voneinander geschieden, so dass sie danach in zwei qualitativ unterschiedliche Kategorien (‚gefährdend' – ‚nicht gefährdend') fallen. Es wird an dieser Stelle ein qualitativer und nicht nur ein quantitativer Sprung von einer bloß ‚miserablen Erziehung' zur ‚Gefährdung' gesehen. Dabei müssen zahlreiche Faktoren in ihrem Zusammenwirken beurteilt werden. Neben Stärke und Dauer des schädlichen Einflusses spielen auch ‚moderierende Bedingungen' eine Rolle, wie z. B. Alter und Geschlecht des Kindes, seine Persönlichkeit, insbesondere seine Verletzlichkeit, schichtspezifische Merkmale und kompensierende Gegebenheiten im Umfeld" (Harnach-Beck 2003, 181).

Es geht bei der Feststellung einer Kindeswohlgefährdung um die fachliche Bewertung beobachtbarer, für das Leben und die Entwicklung von Kindern und Jugendlichen relevanter Sachverhalte und Lebensumstände im Hinblick auf

- mögliche Schädigungen, die die Kinder in ihrer weiteren Entwicklung aufgrund dieser Lebensumstände erfahren können;
- Erheblichkeit der Gefährdungsmomente (Intensität, Häufigkeit und Dauer des schädigenden Einflusses) bzw. der Erheblichkeit des erwarteten Schadens;
- den Grad der Wahrscheinlichkeit eines Schadenseintritts (Beurteilung möglicher Folgen, vor denen das Kind zu schützen ist).

Ziel ist eine (zwangsläufig hypothetische) Prognose bezüglich angenommener bzw. befürchteter Entwicklungen des Minderjährigen durch die dafür berufenen Fachkräfte (Kindler 2005, 385; Deegener/Körner 2006). Die Zuschreibung der Kindeswohlgefährdung geschieht erst in diesem Prozess. Fälle von Kindeswohlgefährdungen zeigen sich damit als komplexe „Ermessensprobleme" (Rietmann 2007).

Die Hilfsangebote der Jugendhilfe haben sich darauf auszurichten, durch Abwendung der Gefährdungssituation dazu beizutragen, dass negative Prognosen (hohe Wahrscheinlichkeit erheblicher Schädigungen) nicht eintreten. Darüber hinaus sind weitere entwicklungsfördernde Angebote in der Regel angeraten und notwendig.

Wenn die Situation eintritt, dass Eltern solchen

Maßnahmen nicht zustimmen und auch nicht dafür gewonnen werden können, sind weitere Einschätzungen erforderlich zur *Fähigkeit* und zur *Bereitschaft* der Eltern(teile), die Gefahr abzuwenden bzw. die zur Abwendung der Gefahr erforderlichen Maßnahmen zu treffen. Auch hier geht es um zum Teil schwierige Beurteilungsfragen, insbesondere z. B. bei sich hochgradig ambivalent verhaltenden Eltern oder bei solchen psychisch kranken Eltern, deren Bereitschaft und Fähigkeit zur Gefährdungsabwehr mit episodenhaft verlaufenden Erkrankungen schwankt (Schone, 2008).

22.4 „Gefährdungsrisiko": zum Verhältnis von Risiko und Gefahr

Die in der Diskussion häufig synonym verwendeten Vokabeln Risiko und Gefahr/Gefährdung sind nicht identisch und verweisen – mit unterschiedlicher Tragweite – auf unterschiedliche Facetten des Problems einer Kindeswohlgefährdung.

Der Begriff Risiko ist im sprachlichen Gebrauch nicht gleichbedeutend mit Gefahr, denn während Gefahren subjektunabhängige Bedrohungen darstellen, die grundsätzlich negativ bewertet werden, können Risiken nicht nur als Bedrohung, sondern auch als Chance verstanden werden. Der Begriff Risiko beinhaltet demnach sowohl eine negative als auch positive Konnotation (Hensen/Schone 2009, 150 ff.). So wird z. B. in der Betriebswirtschaft von einem Risiko dann gesprochen, wenn es um Entscheidungen geht, in deren Folge die Wahrscheinlichkeit des Misserfolgs zwar gegeben, der zu erzielende Gewinn aber ungleich bedeutender eingeschätzt wird. Auch in der Technik geht es z. B. bei der Abschätzung der Risiken der Atomkraft um eine Abwägung von Gefahren (potentiell drohende Schäden für das Leben vieler Menschen) und gesellschaftlichem Nutzen dieser Technologie. Beim Begriff der Gefährdung hingegen geht es um den Blick auf die unmittelbare Gefahr, die dem Kind oder dem Jugendlichen droht. Der Begriff der Gefährdungseinschätzung hat daher eher einen Bezug zur konkreten Situation und zu den Auswirkungen dieser Situation auf das Kind. Er berücksichtigt wesentlich stärker die unmittelbare Sicherheitssituation des Kindes und hebt auf die Frage des ggf. zu erwartenden Schadens ab.

Der Begriff des Gefährdungsrisikos enthält also zwei Komponenten: Die Gefahr, welche einem Kind/Jugendlichen durch eine spezifische Erziehungssituation droht, und das Risiko, welches eher die Folgen eines bestimmten Handelns oder Nicht-Handelns von Fachkräften in den Blick nimmt. Beim Begriff des „Gefährdungsrisikos" werden also gleichzeitig zwei, im ASD immer präsente Ebenen des Problems in einem Begriff verhandelt: zum einen die Gefahr für das Kind und zum anderen die Risiken sozialarbeiterischen Handelns.

Dabei ist zu beachten, dass das Entscheiden ebenso wie das Unterlassen von Entscheidungen gleichermaßen riskant ist, was bedeutet, dass stets die Entscheidung zwischen zwei Risiken und nicht die Vermeidung von Risiken zur Wahl steht (Hensen/Schone 2009). Für den ASD ist diese Situation unausweichlich. Wolf charakterisiert auf dieser Grundlage Organisationen des Kinderschutzes, zu denen der ASD in erster Reihe gehört, als „risikogefährdete Kinderschutzorganisation" (Wolff 2007; zur Bedeutung, die eine solche Wahrnehmung für die Organisationsgestaltung hat, siehe Merchel 2008a).

Der Begriff des Risikos setzt Entscheidungen voraus, die mit unsicheren Folgen verbunden sind. Die analytische Trennung der Begriffe Risiko und Gefahr macht deutlich, dass solche (Risiko behafteten) Entscheidungen eher im Jugendamt getroffen werden als in den Familien. So spricht das Kinderschutz-Zentrum Berlin in diesem Zusammenhang auch von den Risiken für Professionelle, die es insbesondere in den Bereichen personelle Ausstattung, Qualifikation, medialem und politischem Handlungsdruck und persönliche Ambivalenz der Fachkräfte verortet (Kinderschutz-Zentrum Berlin 2009, 88 f.). Familien in prekären Lebenslagen haben oft nur sehr geringe Entscheidungsspielräume. Sie und ihre Kinder sind aber z. T. erheblichen Gefahren ausgesetzt (Hensen/Schone 2009).

In der Jugendhilfe spricht man mitunter von Risikofamilien und meint damit spezifische Konstellationen von Familien, die gekennzeichnet sind durch z. B. Armut, soziale Isolation, Krankheit oder Behinderung von Eltern, eigene Deprivationserfahrungen von Eltern u. a. m. Hier geht es um Zuschreibungen *potenzieller* Gefahren für Kinder in solchen Familien (Bastian 2011, 502 ff.). Diese Sicht mag Vorteile bei der Bündelung von Aufmerksamkeiten auf spezifische Familienkonstellationen – z. B. im Kontext einer Ressourcenbündelung im Kontext früher Hilfen – haben, unmittelbare Gefährdungen für Kinder lassen sich daraus nicht ableiten. Bei einer Gefährdungseinschätzung hat man es immer mit einer konkreten Lebenssituation eines Kindes zu tun.

22.5 Beurteilung von Gefährdungsrisiken

Situationen der Kindeswohlgefährdung sind prinzipiell eher amorphe Situationen (multifaktorielle Verursachungs- und Kontextbedingungen), die stets aktuell gesehen und beurteilt werden müssen und die daher flexible Handlungsstrategien (Hilfe- und Kontrollstrategien) erfordern. Sie entziehen sich fast immer linearen Erklärungsmöglichkeiten, weil eindeutige Ursache- Wirkungsbeziehungen in den realen Lebensverhältnissen nicht existieren. Sozialpädagogische Interventionen basieren auf mehr oder weniger stichhaltigen Hypothesen zu solchen familiären Problemlagen (Schrapper 2005a).

Der ASD muss mit dieser Ungewissheit umgehen und geeignete Strategien und Methoden realisieren, um diese Ungewissheit angemessen zu bewältigen und um die jeweilige Situation zu strukturieren. Insofern ist die Kernfrage des ASD, wie angesichts komplexer, nie ganz zu durchschauender Lebensverhältnisse und angesichts der strukturellen Unsicherheiten sozialpädagogischer Prognosen und Prozesse dennoch ein zuverlässig fachlich begründetes Handeln möglich gemacht werden kann.

22.5.1 Instrumente zur Einschätzung von Gefährdungsrisiken

Der Zwang zur Bewertung solcher schwierig zu erfassender Lebenssituationen von Kindern und Familien erzeugt aufseiten der Fachkräfte einen verstärkten Ruf nach Instrumenten zur Komplexitätsreduktion und zur Bewältigung riskanter Entscheidungen (Hensen / Schone 2009). Dabei entsteht immer wieder der Wunsch, die Grenze zur Kindeswohlgefährdung anhand von Skalen quantifizieren und belastbare Kriterien benennen zu können. Von der Definition solcher Kriterien erhoffen sich Fachkräfte die Fixierung verbindlicher Schwellen, die bestimmte Reaktionen (Hilfs-angebote, Interventionen etc.) zur Folge haben müssten.

Es existiert derzeit eine fast unüberschaubare Anzahl von standardisierten Verfahren und Instrumenten, die sich der Einschätzung von Gefährdungsrisiken widmen. Metzner / Pawils (2011, 256) bekamen bei einer in den Bereichen Jugendhilfe und Gesundheitswesen im Jahr 2009 durchgeführten Erhebung allein 138 verschiedene, als praxisrelevant eingestufte Instrumente genannt (erhoben in 89 Behörden und Projekten). Jugendämter verfügen z.T. schon seit vielen Jahren über spezifische Risikoinventare (stellvertretend: Landeshauptstadt München 2000; Stadt Recklinghausen 2000, Stadt Stuttgart 2002; Freie und Hansestadt Hamburg 2004).

Dennoch haben sich in der deutschen Jugendhilfepraxis einheitliche und standardisierte Verfahren für Risikoeinschätzungen noch nicht herauskristallisieren und erst recht nicht durchsetzen können. Kindler (2011, 195) weist darauf hin, dass die große Mehrzahl aller in Deutschland eingesetzten Verfahren zur Risiko- und Gefährdungseinschätzung keinerlei wissenschaftlicher Bewertung und Überprüfung unterzogen worden sind. Das bedeutet, dass allenfalls Alltagserfahrungen einzelner Fachkräfte im ASD, aber keine gesicherten Erkenntnisse über Wirkungen und Nebenwirkungen solcher Risikoinventare vorliegen.

Dessen ungeachtet erscheint es sinnvoll, Instrumente einzusetzen, um die Basis von Entscheidungsprozessen zu verbreitern und so einer rein subjektiven Beliebigkeit im Entscheidungsprozess entgegenzuwirken. Auch wenn die Praxis von fachlich begründeten konsensualen Instrumenten noch weit entfernt ist, kann die Entwicklung von spezifischen Beobachtungs- und Dokumentationsinstrumenten durch den Rückgriff auf spezifische Kategorienraster für die ASD-Fachkräfte eine orientierende und zugleich eine die Wahrnehmung differenzierende Funktion erfüllen. Solche Instrumente verbessern durch die Definition von (Gefährdungs-)Indikatoren die Genauigkeit von Beobachtungskategorien und schaffen damit eine bessere Basis für die Entwicklung sozialpädagogischer Handlungsstrategien. Durch Rückgriff auf das verfügbare fachliche Wissen (Kindler 2005; Deegener / Körner 2006) sind solche Indikatoren für eine Kindeswohlgefährdung zu definieren, die die Genauigkeit von Beobachtungen schärfen und die damit die Verlässlichkeit individueller Einschätzungen der Fachkräfte erhöhen. Wünschenswert sind Instrumentarien, welche die Fachkräfte darin unterstützen, auf der Grundlage beobachtbarer Sachverhalte (Indikatoren) fundierte Einschätzungen zur Lebenssituation von Kindern und Jugendlichen abzugeben, diese Einschätzungen fachlich plausibel zu begründen und sie so in die kollegialen Beratungsprozesse einzubringen. Indikatorengestützte Instrumente folgen damit dem Ziel,

- relevante Faktoren einer Kindeswohlgefährdung beschreiben zu können,
- eine gezielte Wahrnehmung zu solchen Faktoren zu ermöglichen und die Genauigkeit von Beobachtungen zu schärfen,
- durch den Zwang zum Dokumentieren zentraler Merkmale blinde Flecken zu vermeiden und
- die sachliche Basis für einzelfallbezogene Einschätzungen zu verbreitern (Schone 2008, 37 f.).

Solche Instrumente und Checklisten sind *keine Messinstrumente*, die Sachverhalte „objektiv" darlegen und eine eigene Bewertung der Situation durch die Fachkräfte überflüssig machen würden. Sie sind lediglich Hilfsmittel zur Strukturierung von Wahrnehmungs- und Bewertungsprozessen. Sie können dazu beitragen, Fakten und Informationen zu sortieren, zu systematisieren, zu vervollständigen und ggf. zu gewichten. Auf ihrer Grundlage können unmittelbare Gefahren für Kinder/Jugendliche erkannt und benannt werden und damit erste Gefährdungs- und Sicherheitseinschätzungen erfolgen (Kindler 2005; Kindler/Lillig 2006).

Problematisch sind dagegen aber solche, in der Praxis nicht gerade selten vorzufindenden Instrumente, die beobachtete Sachverhalte (liegt vor/liegt nicht vor) mit Punktzahlen versehen und die bei der Ansammlung einer bestimmten Punktzahl ein bestimmtes Verhalten für Fachkräfte im Sinne von Standardprozessen verbindlich vorschreiben. So schrieb beispielsweise das Kinderschutz-Zentrum Berlin unter ein quantifizierbares Bewertungsraster, welches durch Addition und Division von Einzelwerten eine „Risikorate" ermittelt, die Empfehlung: „Bei einer Rate, deren Wert größer als 4 ist (nicht ausreichend), ist eine Inobhutnahme bzw. Fremdunterbringung angeraten" (Kinderschutz-Zentrum Berlin 2000, 112). Hier ist eine bedenkliche Nähe zum Verständnis des Instrumentes als eines vermeintlich „objektiven" Messinstruments gegeben. Das Problematische an solchen Instrumenten ist die Verführung zur Arithmetisierung von Entscheidungsverantwortung (Delegation an das Ergebnis der Aufsummierung von Punkten). Auch verantwortliche Fachkräfte können sich einer solchen Dynamik kaum entziehen, da im Fall der Schädigung eines Kindes auf solche „Befunde" des Instrumentes zurückgegriffen und der Fachkraft somit ein nicht regelkonformes Verhalten vorgeworfen werden kann.

Auch wenn die Ableitung von „Standardprozessen" aus quantifizierenden „Diagnoseinstrumenten" angesichts solcher Dynamiken kritisch gesehen werden sollte, sind die Notwendigkeit und der Nutzen von Richtlinien und Arbeitshilfen zum Umgang mit Situationen des Kinderschutzes unbestritten (vgl. exemplarisch die „Handlungsempfehlungen zum Umgang mit der „Garantenstellung" des Jugendamtes bei Kindeswohlgefährdung" der Behörde für Soziales und Familie Hamburg; Freie und Hansestadt Hamburg 2004 oder die Empfehlungen der Bundesvereinigung der kommunalen Spitzenverbände 2009). Allerdings existiert auch hier eine Vielzahl unterschiedlicher Formulierungen solcher Standards, die in aller Regel bislang wenig evaluiert worden sind.

Festzuhalten ist, dass alle Instrumente nur unterstützenden Charakter haben können. Sie können nur Hilfsmittel sein, die die sozialpädagogische Diagnostik bzw. das sozialpädagogische Fallverstehen befruchten und anreichern. Sie stellen ihre Bedeutung und ihren Nutzen dann unter Beweis, wenn es durch sie gelingt, die kollegiale Beratung in den Einzelfällen zu qualifizieren. Sie sind aber dann mit äußerster Vorsicht zu behandeln, wenn sie so weit gehen, aus einzelnen Befundbestandteilen zwingende Bewertungsvorgaben oder gar eindeutige Handlungsfolgen vorzuschreiben. In diesen Fällen würden Fachkräfte ihrer Verantwortung für eine differenzierte Beurteilung der Lebenssituation eines Kindes/Jugendlichen nicht mehr gerecht.

22.5.2 Zusammenwirken mehrere Fachkräfte

Da die zu treffenden Entscheidungen gravierende Folgen für die Adressaten haben können, ist es nur konsequent, dass der Gesetzgeber in § 8a SGB VIII das Instrument der kollegialen Beratung auch für den Prozess der Gefährdungseinschätzung zwingend vorschreibt.

„Risikoinventare können Fachkräfte bei der Risikoeinschätzung unterstützen. Die Art und Weise der Erhebung, die letztendliche Bewertung des Gesamtrisikos und die Ableitung geeigneter verhältnismäßiger Hilfe / Intervention erfolgt jedoch integriert in einem Beratungsprozess zwischen Fachkräften, Eltern, Kindern und Jugendlichen" (Gerber 2011, 311).

Die Einschätzung von Gefährdungsrisiken ist eine der komplexesten und folgenreichsten Entscheidungsaufgaben im ASD. Aufgrund der vielfältigen Wechselwirkungen zwischen den Familien und den ASD-Fachkräften und aufgrund der Verstrickungen der Fachkräfte in solchen Konstellationen ist hier in besonderer Weise die Notwendigkeit gegeben, bei der Einschätzung der Lebenslage der Kinder / Jugendlichen Perspektivenvielfalt herzustellen. Es geht darum, die Komplexität von Entscheidungshandeln zu systematisieren und Risiken, die häufig auch durch das Interventionssystem selbst erzeugt werden, zu minimieren (vgl. Rietmann / Hensen 2007).

Schon Münder et al. (2000) haben festgestellt, dass über drei Viertel der Familien, bei denen seitens des ASD das Gericht angerufen wurde, dem Jugendamt bereits mehr als sechs Monate bekannt waren; in etwa der Hälfte der Fälle kannte das Jugendamt die Familie schon über zwei Jahre.

„Im Kern kann man [...] davon ausgehen, dass die Jugendämter eher eine hohe Kontaktdichte zu den Familien haben, bei denen sich eine Kindeswohlgefährdung so zuspitzt, dass ein Gericht eingeschaltet werden muss. [...] In fast drei Viertel aller Fälle war die Einschaltung des Gerichtes denn auch Folge sich zuspitzender Kindeswohlgefährdungen, die durch die Aktivitäten der Jugendhilfe nicht aufzuhalten waren, oder geschahen auf der Grundlage der Einschätzung, dass alle pädagogischen Versuche bei einer schon länger faktisch bestehenden Kindeswohlgefährdung endgültig fehlgeschlagen waren" (Münder et al. 2000, 149).

Allein vor diesem Hintergrund ist davon auszugehen, dass die kollegiale Beratung zur Gefährdungseinschätzung nicht selten in einen Prozess der kollegialen Beratung im Kontext der Hilfen zur Erziehung eingebunden ist.

„Bei einer Gefährdungseinschätzung handelt es sich nicht um einen einmaligen, zeitlich begrenzten Arbeitsschritt an einer bestimmten Stelle eines Gesamtprozesses. Vielmehr ist die Einschätzung des Gefährdungsrisikos ein integrierter und laufend reflektierter Bestandteil eines Beratungsprozesses, der Hand in Hand mit der konkreten Hilfe für die Familie verläuft. Mit jedem Kontakt mit den Eltern und Kindern und mit jeder neuen Information muss die Bewertung des Gefährdungsrisikos überprüft und kritisch hinterfragt werden, ob die durchgeführten und geplanten Schritte noch verhältnismäßig, geeignet, ausreichend bzw. notwendig sind" (Gerber 2011, 302).

Der Prozess der Einschätzung von Gefährdungsrisiken ist also ein Spezialfall einer sozialpädagogischen Diagnostik bzw. des sozialpädagogischen Fallverstehens im Rahmen der Hilfeplanung, der sich auf die Grenzziehung zwischen einer bloßen „Nicht-Gewährleistung einer dem Wohl des Kindes oder Jugendlichen entsprechenden Erziehung" (§ 27 SGB VIII) und einer „Gefährdung des Kindeswohls" (§§ 8a SGB VIII, 1666 BGB) bezieht. Dabei geht es um die Frage, welche Folgen ein Fortbestand einer bestimmten Lebenssituation haben würde und welche Interventionen der Gefährdung ggf. am nachhaltigsten abhelfen würden. Die große Nähe zur Hilfeplanung ist dabei nur konsequent, da es auch im Falle einer Gefährdungseinschätzung und einer darauf aufbauenden Intervention vorwiegend um eine Leistungserbringung zugunsten des Kindes / Jugendlichen – ggf. gegen den Willen der Eltern – geht.

22.5.3 Beteiligung von Eltern und Kindern / Jugendlichen an der Einschätzung von Gefährdungssituationen

Neben der Verpflichtung zum Zusammenwirken mehrerer Fachkräfte legt der Gesetzgeber als Verfahrensanforderung fest, dass zunächst die Eltern bzw. Personensorgeberechtigten an der Gefährdungseinschätzung zu beteiligen sind. Dies ist schon allein deswegen nötig, weil Recherchen hinter dem Rücken von Eltern die Möglichkeit untergraben würden, in schwierigen und ggf. gefährdenden Situationen zunächst die Eltern als potentielle Partner oder Koproduzenten der Hilfe zu gewinnen. Darüber hinaus muss man sich auch bei einer Gefährdungseinschätzung mit ihnen über die Tragfähigkeit / Richtigkeit der in der Einschätzung verhandelten Sachverhalte verständigen. Insofern sind Eltern immer im Rahmen einer „gemeinsamen Problemkonstruktion" (Kinderschutz-Zentrum Berlin 2009) einzubeziehen.

Zentrale Aspekte, die im engeren Kontext einer Kindeswohlgefährdung hierbei eine Rolle spielen, sind

1. **die Problemakzeptanz:** Sehen die Sorgeberechtigten und die Kinder selbst ein Problem?
2. **die Problemkongruenz:** Stimmen die Sorgeberechtigten und die beteiligten Fachkräfte in der Problembeschreibung überein?
3. **die Hilfeakzeptanz:** Sind die betroffenen Sorgeberechtigten und Kinder bereit und in der Lage, die ihnen gemachten Hilfeangebote anzunehmen und zu nutzen (Kinderschutz-Zentrum Berlin 2009; Bundesvereinigung der kommunalen Spitzenverbände 2009)?

Einen guten Weg zu einer Einbeziehung von Instrumenten (s. o.) in die Gefährdungseinschätzung weist Wulfhild Reich, die bezogen auf den Stuttgarter Kinderschutzbogen anmerkt:

„Der ASD wird ermutigt, den Kinderschutzbogen, bzw. einzelne Themenbereiche mit der Familie auszufüllen. Rückmeldungen von Eltern machen deutlich, wie wichtig ein transparentes Vorgehen im Kinderschutz ist. Eltern sind interessiert, zu wissen, worauf die Fachleute achten. Zwar geht die Bewertung von Sachverhalten auseinander, jedoch schafft die Transparenz der Einschätzung und der Indikatoren eine höhere Kooperationsbereitschaft, Angstabbau und Problembewusstsein. Beim gemeinsamen Ausfüllen, etwa im Rahmen von Hilfen zur Erziehung führen unterschiedliche Einschätzungen zu einer konstruktiven Auseinandersetzung um die Situation des Kindes. Die Beteiligten erlangen mehr Sicherheit in der Einschätzung der Gefährdung" (Reich 2005, 515).

Neben den Eltern spielt auch der Einbezug von Kindern in die Risikoeinschätzung eine Rolle; dies nicht nur, weil der Gesetzgeber dies in § 8a Abs. 1 SGB VIII ebenfalls vorsieht. Gespräche mit den Kindern / Jugendlichen sind schon deshalb wichtig, weil bestimmte Lebenssituationen und problematische Außeneinflüsse von diesen je nach Alter, Entwicklungsstand und ggf. Geschlecht unterschiedlich wahrgenommen werden und verarbeitet werden können. So sollte auch für ein Kind oder einen Jugendlichen nachvollziehbar sein, warum man seine Situation als potenziell gefährdet interpretiert; das Kind / der Jugendliche muss Einfluss auf diese Interpretation nehmen können. Dies ist erforderlich, damit Kinder und Jugendliche durch das Handeln des ASD nicht mehr als ggf. nötig belastet werden und evtl. notwendige Kinderschutzmaßnahmen (z. B. Inobhutnahmen, Fremdunterbringungen) nicht zusätzliche Traumatisierungen auslösen. Außerdem darf man die Fähigkeit von Kindern und Jugendlichen als Experten ihrer eigenen Lebenssituation nicht unterschätzen; sie sind häufig in der Lage, eigene Wege zur Beendigung der Gefährdung oder eigene Auswege aus der Situation zu benennen. Wie allerdings das Forschungsprojekt „Aus Fehlern lernen. Qualitätsmanagement im Kinderschutz" zeigt, ist die Praxis im Kinderschutz von einer solchen Sichtweise noch weit entfernt (Ackermann et al. 2010).

22.6 Fazit

Ziel von Risikoeinschätzungen ist es, Kinder und Jugendliche vor Gefahren für ihr Wohl zu schützen. Dies sollte immer zuerst dadurch geschehen, dass den Eltern und ggf. den Kindern / Jugendlichen direkt Hilfen zur Überwindung gefährdender Krisensituationen angeboten werden. Die Gefährdungseinschätzung ist dabei nur ein Bezugspunkt solcher Strategien. Der andere ist, bei einem im Gefährdungsfall immer gegebenen Hilfebedarf Prozesse der Hilfe und Unterstützung für die Familie bzw. Familienmitglieder zu initiieren und zu begleiten. Die Risikoeinschätzung, um die sich dieser Beitrag dreht, ist also nur ein spezifischer Baustein, eingelagerte in einem in der Regel komplizierten und manchmal für alle Beteiligten nervenaufreibenden Geschehen zur Gewährleistung angemessenen Schutzes und angemessener Hilfen für Kinder und Jugendliche.

23 „Unmotivierte" und unfreiwillige Klienten im ASD

Von Marie-Luise Conen

- Für viele Klienten stellt die Kritik eines Jugendamtes an ihrem Erziehungsverhalten eine Einmischung dar, die sie nicht selten ignorieren würden, hätte es nicht ggfs. negative Aufmerksamkeit bis hin zu Sanktionen durch das Jugendamt zur Folge. Die Klienten bagatellisieren oder verleugnen daher mögliche Probleme in der Erziehung mit ihren Kindern. Wenn jedoch eine Institution, die den gesellschaftlichen und gesetzgeberischen Auftrag hat, auf das Wohl der Kinder zu achten, Eltern kritisiert, so können sie diese nicht ohne weiteres bei Seite schieben – sondern müssen sich mit dieser Kritik auseinandersetzen. Wenn sie selbst kein Problem in ihrem Verhalten gegenüber den Kindern sehen und daher der Problemdefinition des Jugendamtes nicht folgen wollen, so haben die Eltern jedoch zumindest das Problem, dass eine Institution, die vom Gesetzgeber beauftragt wurde, das Kindeswohl zu sichern, eine andere Auffassung, sprich Probleme, benennt. Daher gilt es mit Klienten dahingehend zu arbeiten, dass sie sich mit der Zuschreibung von Problemen durch diese Institution Jugendamt auseinandersetzen.
- In der Arbeit mit unmotivierten Klienten ist es notwendig, deren Selbstbild weitgehend so zu stärken, dass sie sich selbst als wirksam und gestaltend in ihrem Leben (wieder) erfahren. Erst wenn es gelingt, bei den Klienten selbstwirksamkeitsbezogene Überlegungen auf- bzw. auszubauen, können Klienten (wieder) Hoffnung für sich finden und Veränderungsprozesse angehen.
- Das Jugendamt stellt an die Klienten Anforderungen zur Verhaltensänderung, wofür es Hilfen für erforderlich hält. Der Klient widersetzt sich in einer Anzahl von Fällen dieser Anforderung, indem er die Zumutung einer Hilfe innerlich ablehnt; er möchte das Jugendamt und möglicherweise die Hilfe leistende Institution loswerden. Die mit der Familie direkt arbeitende Fachkraft eines die Leistung erbringenden Dienstes oder einer Einrichtung steht in dem Auftrag, dem Klienten bei der Änderung seines Verhaltens zu helfen; sie kann eine vermittelnde und lösungsbezogene Funktion wahrnehmen.
- Neben der Kontrolle müssen ASD-Sozialarbeiter vor dem Hintergrund eines damit einhergehenden Veränderungsdrucks ein Minimum an Zusammenarbeit mit den Klienten herstellen. Verbunden mit der Drohung von Sanktionen oder Entzug von Privilegien können den Klienten Hilfen angeboten werden, die andernfalls von ihnen nicht angenommen würden. ASD-Sozialarbeiter müssen bereit sein, die Klienten mit ihrem Problemverhalten zu konfrontieren. Will man unmotivierte Klienten für eine Mitarbeit gewinnen, ist es unabdingbar, dass ASD-Mitarbeiter die Rolle des „Schwarzen Peters" einnehmen. Der Erfolg der Arbeit mit unfreiwilligen Klienten steht in engem Zusammenhang mit der Bereitschaft der ASD-Sozialarbeiter, auch Druck auszuüben und Veränderungen einzufordern.
- Praxismodelle und Forschungserkenntnisse haben gezeigt, dass Klienten nicht nur oberflächliche oder nicht anhaltende Veränderungen vornehmen. Es existiert kein linearer Zusammenhang zwischen Anfangsmotivation und positivem Endergebnis. Motivation verändert sich offensichtlich während einer Hilfemaßnahme.

23.1 Einflussnahme

Jede Intervention eines Sozialarbeiters beinhaltet einen Widerspruch, da sie einem doppeltem Zweck dienen: Sie ist einerseits durch Fürsorge und Hilfe geprägt und andererseits hält sie das Machtgefüge aufrecht, denn Klienten sollen einem „Normalisierungsprozess" zugeführt werden, sodass allgemeine Ordnungs- und Wertvorstellungen von diesen eingehalten werden. Dieser Doppelauftrag von Hilfe und Kontrolle ist sowohl Aufgabe als auch Problem, und es wäre notwendig, diesen gegenüber den Klienten offenzulegen (vgl. Wendt 1997; Peters 2002, 143).

Die meisten psychosozialen Fachkräfte fühlen sich sicherlich in einer angenehmeren Position, wenn sie gegenüber ihren Klienten einen partnerschaftlichen Umgang pflegen, Unterstützung anbieten und Ratgeber sein können. Ist es jedoch notwendig, im Interesse Dritter wie z. B. Kindern und Jugendlichen Verantwortung und Mitwirkung von Klienten einzufordern, gilt es, Einfluss zu nehmen und sich für diejenigen in einer schwächeren Position einzusetzen. Die Klienten werden dabei unabhängig von ihrer materiellen und sozialen Situation sowie ihren eigenen erschwerten Sozialisationsbedingungen aufgefordert, Verantwortung für ihre Entscheidungen und die Wirkungen ihrer Handlungen zu übernehmen. Diese Verantwortung ist es letztlich, die es legitimiert, Druck und Zwang auf Klienten auszuüben und ihre Anpassung an sozial erwünschteres Verhalten einzufordern. Dabei versucht Soziale Arbeit – und darin liegt ein in der Funktion Sozialer Arbeit liegender Widerspruch –, gesellschaftlich bedingte Probleme durch auf den Einzelnen bezogene Lösungsversuche zu bewältigen.

> „Die jeweils auf den einzelnen Klienten gerichteten Lösungsbemühungen stellen einen Versuch dar, bei ihm angesichts gesellschaftlicher Ausgrenzungsprozesse und Lebensprobleme besser gelingende Formen von Leben zu ermöglichen" (Conen/Cecchin 2007, 46).

Institutionen der sozialen Kontrolle, wie sie u. a. Polizei, Schulen, Justizbehörden darstellen, sind an einer gewissen Vorhersagbarkeit des Verhaltens von Menschen interessiert. Diese Intention steht im Gegensatz zu den Zielen von Mitarbeitern psychosozialer Einrichtungen, die den Klienten eher ermöglichen wollen, Zugang zu einem Leben mit höherer Komplexität und neuen Handlungsmöglichkeiten zu finden, d. h. die Autonomie zu stärken. Sie wollen also die Unvorhersagbarkeit der Klienten fördern und sind bereit, dabei Risiken einzugehen (Haley 1992, 2 ff.).

Insbesondere in der Arbeit mit marginalisierten Klienten zeichnet sich immer wieder ab, dass bei Mitarbeitern ein „normatives Ideal" an Funktionieren und Verhalten besteht. Dabei werden die Probleme der Klienten nicht in Bezug gesetzt zu ihrem Leben unter Armutsbedingungen und damit einhergehenden Beschränkungen und Schwierigkeiten. Mitarbeiter greifen in das alltägliche Leben ein, ohne sich einer potenziellen Kolonisation mit ihren eigenen Normen und Werte bewusst zu sein (McCarthy 1995, 97). Die paternalistischen Annahme, dass man schon weiß, welche Ziele zum Wohle der Person erreicht werden sollen, führt dazu, Klienten in ihren Freiheiten und ihrer Autonomie einzuschränken. Soziale Kontrolle geschieht jedoch nicht aus einem Selbstzweck heraus, sondern im Interesse möglicher Betroffener. Soziale Arbeit ist im Unterschied zu anderen Instanzen sozialer Kontrolle darauf bedacht, so wenig Repression wie möglich auszuüben und strebt eher ein Einvernehmen mit den Klienten an (Peters 2002, 179).

Soziale Arbeit ist geprägt davon, dass sie Einfluss auf Klienten nehmen will. Dabei ist es nicht möglich mit Klienten „wertfrei" zu arbeiten. Der Versuch der Einflussnahme ist Grundbestandteil der Arbeit; ohne Einfluss wäre es sinnlos, mit Klienten zu arbeiten (Cecchin et al. 1993; Senour 1982, 346). Deswegen ist es gerade notwendig, sich mit der Macht von Mitarbeitern auseinanderzusetzen, die konformes Verhalten oder Sanktionen ausüben können, um so die Einhaltung von Normen, Werten und Regeln einzufordern. Mitarbeiter psychosozialer Einrichtungen – vor allem im ASD – haben aufgrund ihrer Funktion eine Machtposition gegenüber den Klienten; ihnen wird schon durch den Kontext Macht verliehen (Boscolo/Bertrando 1997, 92 ff.). Wird die Macht, die in der Arbeit mit Klienten ausgeübt wird, verleugnet, besteht die Gefahr, dass diese von den Klienten als nicht kontrollierbar und damit auch nicht verhandelbar erlebt wird. In der daraus resultierenden Verleugnung werden Konflikte zwischen Mitarbeitern und Klienten vermieden, die Klienten können sich schwerer dagegen wehren als gegenüber der nicht verschleierten Machtausübung von Justiz und Verwaltung.

23.2 Autonomie und Widerstand

Menschen sind darauf bestrebt, ihre Autonomie in größtmöglichem Umfang zu behaupten. Dies hat Konsequenzen für ihren Umgang mit der Anforderung, sich in ihrem Verhalten zu verändern – vor allem, wenn sie selbst glauben, dass ihr eigenes Verhalten angemessen ist. Die Wahrnehmung dessen, ob Menschen ein Problem „haben", hängt in großem Maße von der eigenen Sichtweise, Interpretation und Weltsicht ab (Conen/Cecchin 2007, 47). Diese Wahrnehmung kann sich bei Klienten selbstverständlich von der Sicht derer unterscheiden, die soziale Kontrolle ausüben. Die Definition dessen, was ein Problem sein kann, ist kontextabhängig. Problembeschreibungen von Klienten beziehen sich eher direkt auf ihren Alltag und werden anderen Personen und äußeren Bedingungen zugeordnet. Wenn allerdings ein Problem als durch Andere verursacht wahrgenommen wird, stellt sich die Frage, warum die Klienten Veränderungen vornehmen sollen (Hepworth et al. 2002, 201).

Menschen ist es allgemein zu eigen, Veränderungen eher ambivalent gegenüber zu stehen. Das Neue ruft Neugier hervor, aber eben auch Ängste. Das Gewohnte gibt Sicherheiten, jedoch werden gleichzeitig Veränderungen aktiv bewirkt. Von außen heran geführte Anforderungen, sich zu ändern, werden jedoch von den meisten Menschen als Eingriff in ihre Autonomie erlebt und eher abgelehnt. Wird eine Hilfe an Klienten herangetragen, reagieren diese auf die implizit darin enthaltene, jedoch von außen gesetzte Veränderungsaufforderung: „etwas stimmt nicht – also ändere Dich". Die häufig zu verzeichnende Reaktion ist eher Ablehnung und Abwehr oder zumindest Zurückhaltung – meist als „Widerstand" bezeichnet.

Motivierte Klienten, die zielstrebig an notwendigen Veränderungen arbeiten, sind – wie in vielen anderen psychosozialen Arbeitsfeldern – in den Jugendämtern eher seltener zu finden. Dennoch wird vielfach von einer Arbeitsgrundlage ausgegangen, dass Klienten ihre Probleme beschreiben und Ziele formulieren können. Zahlreiche Hilfeplanverfahren basieren darauf, dass Klienten von sich aus veränderungsinteressiert sind. In vielen psychosozialen Einrichtungen stellt die Einsicht der Klienten, dass sie ein Problem haben, eine wichtige Voraussetzung für ihre Arbeit dar. Erst dann – so die Annahme – können die Probleme angegangen werden.

Da Menschen häufig eigene, andere Wahrnehmungen von ihrem Verhalten haben, sind vor allem ASD-Sozialarbeiter gefordert, dennoch Wege zu finden, die Klienten zu sozial erwünschtem Verhalten und Einstellungen zu bringen. Für die Klienten stellen der Druck und die Aufforderung zur Veränderung häufig das zentrale Problem im Umgang mit dem Jugendamt dar. Die Mitarbeiter müssen ihre methodischen Vorgehensweisen so gestalten, dass die Problemsicht der Klienten für die Arbeit genutzt wird.

Aus systemischer Perspektive ist die Definition der Probleme oder auch deren Entstehung, also Problemursachenanalyse, nicht Ausgangspunkt für die Arbeit, sondern Teil eines Aushandlungsprozess zwischen den Sozialarbeitern und den Klienten. In dieser Vorgehensweise bildet die Wahrnehmung des Problems durch die Klienten den Ausgangspunkt. Die Problemdefinition des Klienten wird als richtungsweisend für die Arbeit an der Lösung des Problems betrachtet (Boscolo/Bertrando 1997). Nicht nur das „was" das Problem ist, ist dabei wichtig, sondern auch „inwiefern" das Problem ein Problem darstellt ist von Bedeutung. Für viele Klienten treffen die Sichtweisen von Mitarbeitern der Jugendämter und anderer psychosozialer Einrichtungen für sie eigentlich nicht zu. Denn für sie besteht eher das Problem darin, dass sie die Institution, die von ihnen Veränderungen einfordert, loswerden wollen. Wenn sie also gegebenenfalls ein Hilfeangebot überhaupt nutzen wollen, dann für dieses Ziel (Conen 1999; Conen/Cecchin 2007).

23.3 Motivation

Oftmals werden Klienten als nicht motiviert beschrieben, weil sie Termine nicht einhalten, Unwillen zeigen, keine Problemeinsicht haben, sich nicht an Gesprächen beteiligen, Anforderungen ablehnen, Kontakte abbrechen, Aufgaben nicht wahrnehmen u. a. m. Die Motivation ist jedoch kein Merkmal von Personen an sich, sondern stets kontextabhängig, also auch abhängig von den jeweiligen Interpretationen der Beteiligten. Oftmals sind solche Verhaltensweisen Ausdruck von Bestrebungen, die eigene Autonomie in irgendeiner Weise zu behaupten.

Nicht selten wird versucht, durch methodische „Tricks" und manipulative Steuerungsversuche Einfluss auf die Motivation der Klienten zu nehmen. Wenn Klienten als nicht motiviert erlebt werden, wird auch in Form von Appellen, strategischem Agieren und gutem Zureden versucht, eine Motivation herbeizuführen. Oftmals führen diese Vorgehensweisen dazu, dass sich Ablehnung und Widerstand eher verschärfen. Insgesamt wird oft davon ausgegangen, dass es nur der richtigen Methode und Technik bedarf, die Klienten zu motivieren. Die Feststellung einer vermeintlich nicht vorhandenen Motivation wird dann auch gegebenenfalls genutzt, um die Zusammenarbeit mit den Klienten nicht (mehr) zu suchen und sie von Hilfen „auszuschließen".

Klienten haben jedoch meist – aus ihrer Sicht – berechtigte Gründe, sich nicht für die geforderten Veränderungen zu erwärmen. Häufig haben Klienten eine pessimistische Haltung gegenüber Hilfeangeboten, da sie davon ausgehen, dass diese ihnen nicht helfen werden, alles sowieso nichts bringt, und sie sich machtlos fühlen. Ebenso tragen langjährige Erfahrungen mit der Aneinanderreihung von Hilfen mit geringen Erfolgen zu einer solchen skeptischen Einschätzung der Klienten bei. Außerdem gehen sie häufig von der Annahme aus, dass Veränderungen generell sowieso nur negative Auswirkungen haben und unbekannte Gefahren und Risiken mit sich bringen werden. Sich zu verändern setzt also ein gewisses Maß an Vertrauen in sich selbst voraus. Dies ist bei Klienten in der Jugendhilfe häufig nicht oder nur eingeschränkt der Fall (Willshire/Brodsky 2001, 4).

Deswegen zeigen in der Jugendhilfe manche Klienten Verhaltensweisen, die dazu führen, dass sich „Dritte" einmischen und Veränderungen bei den Klienten einfordern. Dies führt zu einer Dynamik, wodurch andere die Probleme der Klienten als solche definieren und Lösungsideen vorschlagen, die zunächst entlastend auf die Klienten wirken können. Dadurch, dass „Dritte" den Klienten eine Hilfe „aufzwingen", wahren die Klienten ihr Gesicht, da andere Probleme definieren, die nicht die ihren sind. Sie müssen sich dann nicht der möglichen Kränkung aussetzen, einzugestehen, dass sie Probleme haben und Hilfe benötigen. Vielmehr können sie ihre eigenen Ideen einbringen wie z. B. „Ich brauche eine größere Wohnung, dann geht es besser mit den Kindern". Ferner sind manche Klienten so ungehalten über die angebotene Hilfe und die damit einhergehende Zuweisung, ein Problem zu haben, dass sie sich entschlossen dagegen wehren.

Die Klienten können eine Position beziehen, die sie von der Verantwortung für von ihnen geforderte Veränderungen „befreit". Gelingt nämlich eine Hilfe, können die Klienten die Verantwortung dafür der Arbeit den Fachkräften zuschreiben und den eigenen Einfluss verleugnen. Die Klienten müssen sich dann nicht mit ihrer als gering erlebten Selbstwirksamkeit auseinandersetzen. Führt die Hilfe nicht zu dem gewünschten Ergebnis, können sie ihren bisweilen auch nützlichen Pessimismus (Norem 2001) aufrechterhalten und die Haltung beibehalten: ‚Es nützt sowieso nichts, auch die schaffen es nicht'.

23.4 Freiwilligkeit – Hoffnung auf Veränderungen

Carl Rogers Konzept der „Selbstbestimmung" ist für viele psychosoziale Fachkräfte richtungsweisend, um die Anwendung von Druck und Zwang auf Klienten als ethisch nicht vertretbar zu betrachten. Doch bereits 1957 formulierte die damals bekannte US-amerikanische Sozialarbeiterin Helen Perlman ihr Unbehagen daran. Sie wies auf die sekundäre Motivation vieler Klienten u. a. in der Jugendhilfe hin, dass diese doch zumindest mögliche Konsequenzen ihres Tuns verhindern wollen. Dieser Art von Motivation wurde in den Jahrzehnten danach jedoch immer ein Misstrauen entgegengebracht. Die daraus resultierende Forderung nach Freiwilligkeit und Eigenmotivation stellt allerdings in vielen Arbeitsfeldern Sozialer Arbeit ein Ideal und nicht die Realität dar. Gleichzeitig zeigen Fachkräfte eher Zurückhaltung, entsprechenden Druck auf die Klienten auszuüben, ein Hilfeangebot anzunehmen. Oftmals fehlt es an Konzepten, die diese Prozesse in eine konstruktive Richtung von Veränderungen führen.

Denn: Es gibt meist gute Gründe, dass Klienten nicht mit einem eigenen Anliegen Hilfe suchen.

Angesichts der geringen Hoffnungen auf Verbesserung ihrer Lebenssituation und Perspektiven sehen sie wenig Nutzen darin, ihre Ängste vor Veränderungen zu überwinden sowie die Anstrengungen und Mühen auf sich zu nehmen – „es bringt ja eh nichts". Hoffnung impliziert, dass die Möglichkeit besteht, ein Ziel zu erreichen (Stotland 1969). Zu hoffen bedeutet, dass sich etwas zum Positiven hin verändern könnte.

Ist es für Klienten möglich, deutlicher ihre eigenen bisherigen Bewältigungsleistungen wahrzunehmen, können sie zunehmend ihre eigenen Möglichkeiten erweitern. Jedoch ist es für Menschen nicht ohne Weiteres aushaltbar, ihre Möglichkeit zu erkennen, ein Ziel zu erreichen (Oxley 1981, 290 ff.). Vor allem dann, wenn sie zunehmend Wertschätzung erfahren, werden Ängste vor einem erneuten Versagen aktiviert (Smaldino 1975, 328). Nicht selten ist gerade in einer solchen Arbeitsphase zu beobachten, dass Klienten Hilfen abbrechen oder es zu erneuten Problemen kommt, die man als überwunden ansah. Zu oft wurden in der Vergangenheit Hoffnungen auf positive Veränderungen enttäuscht. Daher ist es besonders wichtig, das Misstrauen vieler Klienten gegenüber den Fachkräften und ihren Hilfeangeboten auch als einen Ausdruck des Schutzes vor erneuten Enttäuschungen zu sehen. Das allseitige Durchdringen ihrer Probleme in jedem Aspekt ihres Lebens führt dazu, dass Verleugnung, Feindseligkeit und vor allem Hoffnungslosigkeit ihre Haltung bestimmen. Fachkräfte versuchen, dieser Hoffnungslosigkeit nicht selten mit „gutem Zureden" und Appellen an die Einsicht zu begegnen, was jedoch eher kontraindiziert ist. Hilfreich ist vielmehr, die pessimistischen Vorstellungen zu hinterfragen und sie in Bezug zu setzen zu vergangenen Erfahrungen, also die Klienten auf ihre „guten Gründe" hinzuweisen, skeptisch zu sein, und ihnen diese Skepsis zu lassen.

Psychosoziale Fachkräfte sind im Allgemeinen eher von einer anderen Haltung geprägt: Sie gehen davon aus, dass sich Menschen zum Positiven hin verändern können; sie haben Hoffnung und sind optimistisch. Damit stehen sie oft in einem starken Gegensatz zu den Lebenserfahrungen von Klienten, die gezwungenermaßen mit ihnen zusammenarbeiten müssen. Zu wenig realisieren Fachkräfte, was sie an Dynamiken und inneren Prozessen bei den Klienten auslösen: Die Hoffnung und der Optimismus der Fachkräfte konfrontieren die Klienten mit ihren zutiefst vergrabenen Wünschen, Sehnsüchten und Träumen, die sie scheinbar aufgegeben haben. Die „neu entfachten" Hoffnungen durch die Fachkräfte lassen den Klienten noch einmal deutlich werden, was sie an alten Erwartungen nicht realisieren konnten. Dies ist meist ein so schmerzlicher und verletzender Prozess, dass nachvollziehbar wird, wenn Klienten diesen optimistischen Fachkräften erst einmal mit Zurückhaltung, Vorsicht und Skepsis begegnen. In Reaktion auf die positive Haltung der Fachkräfte stellen sie u. a. ihren Mangel an eigenen Fähigkeiten in den Vordergrund, aktivieren Krisen, um Fachkräfte mit Krisenbewältigungen zu „beschäftigen". Dadurch gelingt es ihnen, grundlegende Muster ihrer bisherigen Bewältigungsstrategien weiter aufrechtzuerhalten. Sie fordern in solchen Situationen pathologieorientierte Sichtweisen und Diagnosen von Experten geradezu heraus. Sie „testen" in vielfacher Weise den Optimismus der Fachkräfte und schauen, ob auch bei „Rückfällen" die Hoffnungen der Mitarbeiter bestehen bleiben. Nicht selten bestehen jedoch die Fachkräfte dieses „Austesten" nicht und stimmen der pessimistischen Haltung der Klienten zu: Positive Veränderungen sind wohl doch nicht möglich. Sie leiten dann entsprechende Maßnahmen ein mit teilweise für das Familienleben sehr weitreichenden Konsequenzen: Entzug der elterlichen Sorge, Heimunterbringung des Kindes usw. Geschieht dies, ist es in gewisser Weise den Klienten damit gelungen, die Fachkräfte dazu zu verführen, sie aufzugeben und nicht mehr an ihre Stärken, Ressourcen und Fähigkeiten zu glauben. Damit werden die Klienten wiederum in ihrem Pessimismus bestätigt: „Es lohnt sich eh nicht" (Conen / Cecchin 2007, 68 ff.).

Klienten sind besonders sensibel gegenüber der „erspürten" Hoffnungslosigkeit von Fachkräften, wenn diese nicht genügend die Unzulänglichkeiten des Lebens und die kleinen Fortschritte erkennen und damit der Hoffnung den notwendigen Raum für ihre Entwicklung geben. Daher ist es in der Arbeit mit unmotivierten Klienten notwendig, diese in einem Selbstbild zu stärken, dass sie Einfluss haben, Dinge verändern können und wirksam sind, sodass sie wieder Hoffnung für sich finden und auch zulassen können. Gelingt es, den Klienten zu vermitteln, sich als Personen wahrzunehmen, die Dinge beeinflussen und verändern können, entwickeln sie von sich ein Bild der Selbstwirksamkeit, das grundlegender Bestandteil ist für eine positive Entwicklung bei ihnen selbst und in der Erziehung ihrer Kinder.

23.5 Veränderungsdruck und Zwang

In jeder Gesellschaft stellt sich die Frage, wie sie mit Kritik an abweichenden Verhaltensweisen umgeht. Menschen, die deviante Verhaltensweisen zeigen, müssen damit rechnen, dass sie von Institutionen der sozialen Kontrolle kritisiert oder auch negativ sanktioniert werden. Exzentrische und fremde Verhaltensweisen können dazu beitragen, dass Menschen in ihrem Verhalten etikettiert – und je nach Kontext – diagnostiziert werden (Cecchin et al. 2006, 156 ff.). Meist sind sie zu irgendeiner Form der Zusammenarbeit bereit, wenn ihnen Sanktionen für dieses Verhalten drohen.

Aufgezwungene Hilfen schränken nicht selten Rechte von Klienten ein und müssen daher Kriterien und Bedingungen erfüllen, die diese Einschränkungen rechtfertigen. Die Gefährdung eines Dritten (Kindeswohl) oder der eigenen Person sind Gründe, um Freiheitsrechte zu beschneiden.

Daher versuchen psychosoziale Fachkräfte über motivierende Arbeit zunächst, Klienten zu einer „freiwilligen" Verhaltensänderung zu bewegen. Kommt es nicht zu der erwünschten Veränderung im Verhalten, wird von Jugendamtsmitarbeitern, aber auch anderen Fachkräften Druck aufgebaut, und mittels Vorgaben werden notwendige Veränderungen eingefordert. Zuletzt zwingen allerdings erst die gerichtlichen Entscheidungen zu Veränderungen und es werden negative Sanktionen als Konsequenzen bei Beibehaltung von unerwünschtem Verhalten ausgesprochen. Aber auch das Gericht kann Klienten nicht verpflichten, Hilfe in Anspruch zu nehmen. Letztlich besteht für die Klienten immer die „Freiheit", Hilfeangebote abzulehnen – wenn sie bereit sind, die Konsequenzen zu tragen, was jedoch vielfach Klienten nicht wollen. Daher stimmen viele Klienten einer „freiwilligen" Hilfe zu (Conen 1990; Conen / Cecchin 2007).

„Zwang kann helfen,
a   Klienten für Hilfen zu erreichen, die sie sonst nie erhalten hätten;
b   einen Einstieg in die Arbeit mit einem Klienten überhaupt zu ermöglichen;
c   bei Klienten eine Motivation aufzubauen;
d   eine beraterische oder therapeutische Arbeit mit Klienten zu ermöglichen;
e   die Bereitschaft für Veränderungen zu erhöhen;
f   Klienten, die sonst hoffnungslos ausgegrenzt wären, für eine Zusammenarbeit zu „gewinnen";
g   Klienten mit der Verleugnung zu konfrontieren;
h   auch die Klienten zu erreichen, die auf Grund ihrer Hoffnungslosigkeit nie den Weg von sich aus finden würden, eine Hilfe anzunehmen" (Conen / Cecchin 2007, 74).

Eine konstruktive Nutzung von Zwang in der Arbeit mit Klienten impliziert vielleicht die Idee, dass sich Menschen aufgrund von Druck und Zwang verändern. Prägend – vor allem für systemisch orientierte Fachkräfte – ist jedoch die von Maturana formulierte Prämisse, dass Menschen in ihren inneren Zuständen, Gedanken, Wahrnehmungen, Prozessen und Haltungen nicht instruierbar sind. Eine einseitige Kontrolle ist nur mit Hilfe von Machtmitteln möglich: Menschen kann man verführen, erziehen, bedrohen, einschüchtern oder gar einsperren, um sie zu einem bestimmten Verhalten zu bringen. Dies ist aber nur möglich, solange diese Machtmittel angewandt werden. Ist man darauf ausgerichtet – wie systemisch orientierte Fachkräfte dies tun – einseitige Kontrollversuche zu unterlassen, bewegt man sich zwischen den beiden Polen: „Klient soll unerwünschtes Verhalten beenden" und „Klient will sich nicht ändern".

Klienten verlieren sich immer wieder in Kämpfen mit Anderen um die richtige Problemdefinition. Nicht wenige hoffen, sich mit einer Unterschrift unter einer Hilfeplanvereinbarung freikaufen zu können. Sie verstehen oft nicht, dass sie sich in einem Beziehungsnetz bewegen und andere, mächtige und einflussreichere Kontexte sich in ihre Lebensbezüge einmischen können, wenn sie sozial unerwünschtes Verhalten zeigen. Sie müssen vielfach erst lernen, dass sie sich in Bezug zu Anderen betrachten müssen und dass Andere von ihnen Veränderungen einfordern können. Dennoch: Letztlich entscheiden die Klienten, ob sie sich „angemessen" verhalten (wollen) oder nicht. Wenn sie nicht das von Anderen als notwendig betrachtete soziale Verhalten zeigen, wird ihnen deutlich gemacht, dass sie mit den daraus resultierenden Konsequenzen leben müssen. Letztlich entscheiden die Klienten dies – und die beteiligten Systeme haben nur begrenzt Einfluss auf diese Entscheidung.

Damit Klienten überhaupt ihre Optionen sehen können, ist es allerdings notwendig, die Klienten darin zu unterstützen, diese Möglichkeiten überhaupt wahrzunehmen. Sie können meist erst Optionen erkennen, wenn sie ausreichend in ihren Fähigkeiten und Ressourcen gestärkt sind. Erst auf dieser Basis können sie entscheiden, inwieweit sie manche ihrer Eigenwilligkeiten beibehalten wollen oder sie sich auf die Anforderungen einlassen, um weitere Eingriffe in ihre Lebenswelt zu verhindern. Mittels Druck und Zwang ist es lediglich möglich, Klienten dazu zu bringen, zunächst einmal physisch anwesend zu sein und sich an „einen Tisch" mit den Fachkräften zu setzen. Um diese Ausgangssituation positiv nutzen zu können, bedarf es eines Konzeptes, das konstruktiv diese Sachlage nutzt.

23.6 Das Dreieck Fachkraft – Klient – ASD-Mitarbeiter

23.6.1 Rolle der beauftragten Fachkraft

In Situationen, in denen Druck und Zwang auf Klienten ausgeübt wird, verfügen die beauftragten Fachkräfte über erheblichen Einfluss auf das Leben der Klienten. Die psychosozialen Fachkräfte können in einem Kontext, der die Klienten zu Verhaltensänderungen zwingt, selbst auch nicht wählen: Sie müssen den Anforderungen des Jugendamts nachgehen und auf die Ablehnung der Klienten reagieren. Sie nehmen dazu verschiedene Rollen ein: Es ist ihre Aufgabe, dafür zu sorgen, dass die Klienten das unerwünschte Verhalten nicht (mehr) zeigen. Darüber hinaus sind sie für die Klienten Vertrauensperson und vermitteln zwischen den Klienten und den Verhaltensänderungen einfordernden Institutionen. Sie können einen Zugang zu den Ressourcen dieser Institutionen vermitteln, wodurch die Klienten in einem hohen Maße auf die Qualität der Arbeit der Fachkräfte angewiesen sind.

Eine der wichtigsten Voraussetzungen für die Arbeit mit unmotivierten Klienten ist es, dass die Fachkräfte gelernt haben, die Ablehnung und Feindseligkeit der Klienten nicht persönlich zu nehmen, sondern diese als Ausdruck ihrer Situation als unfreiwillige Klienten zu sehen. Sicherlich ist ein nicht unbeträchtlicher Teil positiver Entwicklungen im Zusammenhang mit der Kompetenz der Fachkräfte zu sehen, diese Konstellation konstruktiv zu nutzen. Letztlich haben aber die Klienten einen erheblichen Anteil daran, dass bzw. ob die angestrebten Veränderungen erfolgen.

Eine Arbeit mit unmotivierten Klienten bringt für die Fachkräfte häufig starke Emotionen mit sich. In Anbetracht der oftmals vorzufindenden (auch sexuellen) Gewalt und anderen gefährdenden Verhaltensweisen ist es bisweilen schwierig, nicht den eigenen strafenden oder ablehnenden Impulsen gegenüber den Klienten nachzugehen. Deutlich die zu kritisierenden Verhaltensweisen anzusprechen, Tacheles zu reden und klare Ansagen zu machen, stellt für nicht wenige Fachkräfte einen Widerspruch dar zu ihrem Anspruch, zugewandt und empathisch mit Klienten umzugehen. Diesen vermeintlichen Gegensatz gilt es zu überwinden, will man konstruktiv einen Zwangskontext nutzen.

Wie die Fachkräfte mit den kritisierten Verhaltensweisen der Klienten umgehen, ist entscheidend bei der Entwicklung eines tragfähigen Arbeitsbündnisses zwischen Klienten und Fachkräften. Um dieses Arbeitsbündnis herstellen zu können, ist es sicherlich hilfreich, nicht bereits zu Beginn die Einhaltung von Bedingungen zu fordern. Eckpfeiler der Arbeit ist es, die Arbeit mit den unfreiwilligen Klienten dort zu beginnen, wo sich die Klienten befinden (West 1975, 48). Letztlich ist ausschlaggebend, ob die Fachkräfte glaubwürdig Hoffnung auf positive Veränderungen vermitteln können (Conen 2002, 42 ff.).

Aus der Sicht der Klienten entsteht ein Arbeitsbündnis, wenn die Fachkräfte Anteilnahme, Hilfsbereitschaft und die angebotenen Probleme der Klienten aufgreifen. Klienten wollen auch die Erfahrungen und Wirkungsmöglichkeiten der Fachkräfte nutzen können. Ferner muss es ihnen gelingen, Störungen im Arbeitsbündnis zu überwinden. Klienten bevorzugen eher klare Ansprachen, Direktheit, Entschlossenheit und klares Grenzen-Setzen sowie direkte Ratschläge. Dies bedeutet, dass Fachkräfte eine Verbindung von Empathie und Entschiedenheit an den Tag legen sollten. Bewertungen von Klientenverhalten sollten sie eher außen vor lassen, allerdings dennoch ihre sie selbst leitenden Werte deutlich machen, wie z. B. Ablehnung von Gewalt und sexuellem Missbrauch von Kindern. Diese Einstellungen sollten Klienten vermittelt, aber nicht ständig vorgehalten werden. Es geht also letztlich darum, ob es den Fachkräften gelingt, die Wahlmöglichkeiten von Menschen zu respektieren: Jeder hat das Recht sich exzentrisch zu verhalten, jedoch muss er auch bereit sein, die Konsequenzen daraus zu tragen (Cecchin 2006 et al.).

23.6.2 Rolle der Klienten

Wichtigster Aspekt in der Arbeit mit unfreiwilligen Klienten ist es, zu realisieren, dass die Arbeit mit ihnen eben nicht auf einer – oftmals erwarteten – Kooperationsbereitschaft basiert, sondern auf einem Konflikt. Das Hilfeangebot steht nicht an vorderster Stelle, sondern die politische Dimension: Der Klient soll sozial erwünschteres Verhalten zeigen, und dies schließt auch Sanktionen ein. Es geht also nicht um eine Vertrauensbeziehung. Ausgangspunkt ihrer Arbeit sollte für die beteiligten Fachkräfte nicht die sonst übliche Annahme sein, dass die Klienten um Hilfe gebeten haben – unfreiwillige Klienten haben nicht um Hilfe gebeten. Die Fachkräfte müssen sich ehrlich damit auseinandersetzen, dass es zwischen ihnen und den Klienten Interessenskonflikte gibt. Die Fachkräfte sind Teil der sozialen Kontrolle, und dies ist gegenüber den Klienten nicht zu leugnen. Ausschlaggebend ist, dass die Fachkräfte die Klienten damit konfrontieren, dass sie dennoch ein Problem haben, auch wenn sie für sich keines sehen: Institutionen, die dazu vom Gesetzgeber befugt sind, sehen in dem Verhalten der Klienten ein Problem.

Die Botschaft der Fachkräfte an die Klienten verdeutlich den Widerspruch in ihrer Arbeit: „Ich zwinge Sie; ich nehme Ihre Freiheit weg, um Sie zu einer unabhängigen Person zu machen" (Cecchin et al. 2006, 156). Damit die Fachkräfte von der Rolle des Beauftragten der Institutionen der sozialen Kontrolle zu einer Rolle des Beauftragten der Klienten wechseln können, ist es notwendig, den Klienten die Kultur und das Denken dieser Institutionen sowie die eingeforderten Veränderungen zu vermitteln.

In der Regel müssen unfreiwillige Klienten erst lernen, die Erwartungen der Institutionen herauszufinden. Sie müssen mit Unterstützung der Fachkräfte Kenntnisse und Wissen erwerben, um kompetent ihre Interessen selbst vertreten zu können. Angeregt durch die Fachkräfte können Klienten über ihre eigene Situation, Bedürfnisse und Muster nachdenken. Oftmals fehlt ihnen ein Bewusstsein für die eigenen Beeinflussungsmöglichkeiten, die es ihnen vor allem zukünftig ermöglichen, nicht mehr zu einer Zusammenarbeit gezwungen zu werden. Dazu gehört insbesondere, dass sie ein Gefühl für ihre eigene Wirksamkeit entwickeln – und dies nicht nur in ihren Kontakten mit dem Jugendamt, sondern auch in anderen Bereichen ihres Lebens.

In einem Zwangskontext überwiegt bei den Klienten zunächst das Gefühl, der Situation ausgeliefert zu sein. Sie verfügen auch meist über keine oder unklare Vorstellungen davon, was ihnen die Hilfe oder Beratung bringen kann. Indem es ihnen gelingt, die Fachkräfte in eine Ratgeberrolle zu drängen, weichen sie aus und kommen nicht dahin, ihre eigenen Möglichkeiten zu erkunden. Obwohl paradoxerweise Klienten im Allgemeinen mehr Ratschläge wollen als sie tatsächlich meist erhalten (Ewalt / Kutz 1976, 14), ist für die Haltung der Fachkräfte wichtig, nicht daraus abzuleiten, dass Klienten Ratschlägen folgen werden. Für die Zufriedenheit der Klienten ist nämlich nicht ausschlaggebend, ob Ratschläge hilfreich sind oder nicht. Fachkräfte, die Ratschläge geben, werden einfach als hilfreicher erlebt als solche, die keine geben. Daher ist es wichtig, dass Fachkräfte eine Vielzahl, d. h. ein Bouquet von Ideen und Ratschlägen vermitteln, sodass es nicht nur *einen* „besserwissenden" Rat gibt, sondern die Klienten erfahren, dass eine Vielzahl von Optionen und Möglichkeiten bestehen. Es gilt: Die Fachkraft schlägt vor, der Klient entscheidet.

Von besonderer Bedeutung ist, dass die Fachkräfte den Klienten als Personen gegenüber Wertschätzung und Anerkennung zum Ausdruck bringen, jedoch nicht gegenüber deren Verhalten. Die Wut, Ablehnung und andere negative Gefühle, die die Klienten zum Ausdruck bringen, sollten als berechtigt anerkannt werden – auch dann, wenn sie nicht in angemessener Form gezeigt werden. Erst wenn Klienten erfahren, dass sie auch mit diesen „hässlichen" Seiten respektiert werden und die Fachkräfte ihnen ein wirkliches Gegenüber sind, kann ihrerseits Vertrauen entstehen.

Offenheit in Bezug auf die eigenen Vorannahmen

der Fachkräfte stellt einen weiteren wichtigen Baustein dar; Klienten können durch die Fachkräfte erfahren, dass es eher um eine Sowohl-als-auch-Position geht als um ein Entweder-oder. Insbesondere diese Offenheit trägt erheblich dazu bei, dass unfreiwillige Klienten Zugang zu sich und ihren Stärken finden können. Die Fachkräfte sind diejenigen, die den Klienten helfen, den Anforderungen nachzukommen, die aus Sicht des Jugendamts, des Familiengerichts oder anderen Institutionen (Schulen etc.) formuliert werden. Sie helfen den Klienten, persönlich Verantwortung zu übernehmen und sind somit zunächst keine Beauftragten der Klienten. Klienten, die zu Hilfen gezwungen werden, verstehen häufig nicht, dass Jugendamtsmitarbeiter nur die von ihnen erwarteten Aufgaben wahrnehmen. Sie erleben diese als eine unmittelbare Gefahr oder Bedrohung, von der sie glauben, sich vor ihr schützen zu müssen.

Immer wieder ist zu beobachten, wie es Klienten gelingt, andere dazu zu bringen, für sie Entscheidungen zu treffen. Die Fachkräfte sehen dabei nur unzureichend, dass Klienten durch ihr verantwortungsloses Verhalten gegenüber sich selbst und Dritten sich machtvoll verhalten und auf oft negative Weise „gestaltend" die Situation „definieren".

„Indem sie schweigen, wenig sprechen oder sich sehr zurückhaltend zeigen, ‚verführen' Klienten oftmals professionelle Helfer dazu, sie zu überreden. Dadurch entsteht eine Dynamik, die nicht hilfreich ist, da der professionelle Helfer in gewisser Weise dann die Verantwortung für Veränderungen auf sich lädt" (Conen/Cecchin 2007, 114).

In dem daraus resultierenden Interaktionsmuster nehmen die Klienten eine passive Kontrolle über die Beziehung ein. Dadurch gewinnt der Klient jedoch nichts. Klienten „kontrollieren" – nicht selten machtvoll – jedoch auch durch aktives Verhalten die Situation und halten Distanz durch offen aggressives Verhalten, Beschuldigungen, Lügen, Verleugnen, Nicht-Einhalten von Terminen. Die Fachkräfte sollten den Klienten helfen, auch in solchen Situationen das Gesicht zu wahren. Deswegen ist es sehr wichtig, dass die Fachkräfte ein in sich stimmiges, glaubhaftes und aktives Interesse an den Klienten zeigen und ihre Glaubwürdigkeit mehr und mehr aufbauen (Moore-Kirkland 1981, 37 ff.). Unterbrechungen und Abbrüche werden oft als mangelndes Interesse oder als Widerstand der Klienten angesehen und nicht im Zusammenhang mit der oftmals schwierigen Bewältigung des Alltags.

23.6.3 Rolle des ASD-Mitarbeiters

Wenn ASD-Mitarbeiter feststellen, dass die elterliche Praxis der Erziehung in Spannung steht zum Wohl des Kindes, und im Rahmen bestimmter Abläufe feststellen, dass die Familie eine Hilfe benötigt, werden psychosoziale Fachkräfte eingeschaltet, um im Namen des Staates eine entsprechende Hilfe zu leisten. Die beauftragten Fachkräfte bringen damit soziale Kontrolle und eine Hilfestellung für die Klienten zusammen. Für die Klienten sind allerdings die ASD-Mitarbeiter zunächst von größerer Bedeutung als die Fachkräfte, die direkt mit den Klienten arbeiten (sollen). Die ASD-Sozialarbeiter sind oft diejenigen, die die Klienten seit vielen Jahren oder sogar seit Generationen betreuen. Oftmals verhalten sich ASD-Sozialarbeiter und Klienten in einer komplementär verfestigten Kollusion, die Schuldzuweisungen beinhalten.

Die Schwierigkeiten, die zwischen Jugendamt und Klienten sowie anderen Institutionen und Klienten bestehen, erweisen sich immer wieder als bedeutende Einflussfaktoren, die auf den Verlauf und das Ergebnis der Hilfe erhebliche Auswirkungen haben. Störungen in der Zusammenarbeit zwischen den psychosozialen Fachkräften und den Klienten, die aus den direkten Kontakten resultieren, haben weitaus weniger Einfluss. Deswegen ist es unbedingt erforderlich, dass die Fachkräfte ihre Aufmerksamkeit auf die Beziehungen zwischen den jeweiligen Institutionen und deren Auswirkungen auf ihre Arbeit mit den Klienten richten (Carl/Jurkovic 1983, 450).

Das Jugendamt stellt eine Institution der sozialen Kontrolle dar, die vom Gesetzgeber das Mandat zu einer weitreichenden Kontrolle über Eltern und ihre Kinder erhalten hat. Es ist legitimiert, sozial erwünschteres Verhalten zu bewirken. Es besteht ein *Dreiecksverhältnis:*

- Das **Jugendamt** stellt die Anforderung, dass der Klient sich bzw. sein Verhalten ändern soll. Es hält die Hilfe für erforderlich.
- Der **Klient** widersetzt sich in einer Anzahl von Fällen dieser Anforderung; er will sich nicht ändern,

er möchte möglicherweise keine Hilfe. Sein Anliegen kann darin liegen, das Jugendamt und möglicherweise die Hilfe leistende Institution wieder loszuwerden.
- Die **Fachkraft** eines die Leistung erbringenden Dienstes oder einer Einrichtung steht im Auftrag, dem Klienten bei der Änderung seines Verhaltens zu helfen. Sie kann eine vermittelnde und lösungsbezogene Funktion wahrnehmen: „Wie kann ich Ihnen helfen, mich und das Jugendamt wieder loszuwerden?"

Andere Institutionen bzw. deren Vertreter haben eine eindeutigere Rolle gegenüber den Klienten: Richter stellen durch ihre Funktion eine Sanktionsmacht dar, Lehrern ist ebenfalls eine recht klare Rolle gegenüber ihren Schülern zugeordnet, jedoch ist die Rolle von ASD-Mitarbeitern eher offener definiert. Ihre Aufgabe ist es, sowohl Hilfen und Beratung anzubieten als auch das Mandat der sozialen Kontrolle (Wächteramt) in Bezug auf das elterliche Aufziehen der Kinder auszuüben (→ Kapitel 10).

Die Berufsvorstellungen von Sozialarbeitern sind geprägt von der Idee „zu helfen", dies trifft auch für ASD-Sozialarbeiter zu. Damit geht einher, dass die Rolle des „Wächters" zumeist eher zwiespältig angenommen wird. Dies hängt zusammen mit den doppelschichtigen Erwartungen, die auch das Bild der Öffentlichkeit von Jugendämtern prägen: Entweder werden ASD-Sozialarbeiter kritisiert, weil sie Kinder aus den Familien herausnehmen („Kinderklauer") oder weil sie zu spät in den Familien eingreifen. Was immer der Sozialarbeiter tut: Es ist entweder zu spät, zu früh oder falsch (Conen / Cecchin 2007, 123). ASD-Sozialarbeiter, die dazu tendieren, diesen Kontroll- und Schutzauftrag zu leugnen oder zu minimalisieren, zeigen sich nur eingeschränkt bereit, gegenüber ihren Klienten direkt und ausreichend klar eine Rolle einzunehmen, in der sie Veränderungen einfordern. Setzt der Sozialarbeiter in endlosen Bemühungsschleifen auf Einsicht und sucht die Klienten auf freiwilliger Basis zu einer Zusammenarbeit zu bewegen, bewegt er sich an der Wahrnehmung vieler Klienten vorbei, die die Kontrollrolle des ASD-Sozialarbeiters gleichwohl wahrnehmen und dem Hilfeangebot erst einmal misstrauisch gegenüber stehen.

Notwendig wäre es, dass ASD-Sozialarbeiter die Kontrollrolle einnehmen und, aus dem Veränderungsdruck herleitend, ein Minimum an Zusammenarbeit mit den Klienten herstellen. Verbunden mit der Drohung von Sanktionen oder Entzug von Privilegien können den Klienten Hilfen angeboten werden, die andernfalls von ihnen nicht angenommen würden. Dazu ist es jedoch notwendig, dass ASD-Sozialarbeiter diese Kontrollrolle aktiv gestalten und konstruktiv für ihre Arbeit mit den Klienten nutzen.

Das Anliegen vieler Klienten liegt bisweilen nicht darin, die ihnen zugeschriebenen Schwierigkeiten und Probleme zu verändern, sondern angesichts ihrer eigenen Wahrnehmung zur Situation nichts mit den sie kritisierenden Institutionen zu tun haben zu wollen. Ihr Anliegen ist es, die Institution Jugendamt loszuwerden. Jedoch können sie die Institution Jugendamt mit ihrer „Problem-Feststellung" nicht ignorieren. Auch wenn die Klienten kein eigenes Problemverständnis haben, so haben sie jedoch zumindest das Problem, dass das Jugendamt bzw. das Gericht, die sie negativ sanktionieren können, Probleme sehen. Sie müssen sich nunmehr damit auseinandersetzen, dass andere Problemdefinitionen als ihre eigenen im Raum stehen. Diese Problemdefinition stellt den zentralen Ansatzpunkt für die Arbeit mit unfreiwilligen Klienten dar.

Den Klienten werden Sanktionen, Auflagen und Weisungen angedroht mit dem Ziel, bei den Klienten erwünschteres Verhalten zu erreichen. Die Klienten können sich zu jedem Zeitpunkt während einer Hilfe entscheiden, diesen Anforderungen nachkommen zu wollen und damit die angedrohten Sanktionen verhindern oder eben auch nicht. Mit der Entwicklung eigener Handlungsspielräume können sie diese vermehrt nutzen.

Für die Klienten stellt es eine wesentliche Hilfestellung dar, möglichst konkrete, operationalisierte und für sie nachvollziehbare Kriterien zu entwickeln, an denen gemessen werden kann, ob sie den Anforderungen nunmehr genügen. Beispiel: Innerhalb der nächsten vier Wochen der Familienhilfe darf das vierjährige Kind nur dreimal im Kindergarten fehlen. Nach einem Jahr Schulschwänzen soll der 13-jährige Junge in den nächsten vier Wochen mindestens acht Tage in der Schule gewesen sein. Wenn relativ klare Vorgaben und Kriterien bestehen, kann sich die Familie, vor allem die Eltern, an diesen orientieren und als Maßstab betrachten, wann die angedrohten Sanktionen nicht mehr im Raum stehen.

Seitens der ASD-Sozialarbeiter ist es notwendig,

dass sie bereit sind, die Klienten mit ihrem Problemverhalten zu konfrontieren. Delegieren sie diese Kritik an die beauftragten Fachkräfte, verpufft dies, denn die Klienten wissen, dass letztlich nur die überweisende Stelle (Jugendamt) ausschlaggebend ist. Will man unmotivierte Klienten für eine Mitarbeit gewinnen, ist es unabdingbar, dass ASD-Mitarbeiter die Rolle des „Schwarzen Peters" oder des „Bad Cop" einnehmen.

Diese Rolle nehmen ASD-Sozialarbeiter vor allem dann eher ohne Zögern ein, wenn sie eine gewisse Anerkennung dafür erhalten. Daher ist es notwendig, dass die beauftragten Fachkräfte ihre Wertschätzung für die Einnahme dieser Kontrollrolle zum Ausdruck bringen. Ihnen muss deutlich sein, dass sie mit den Klienten nur etwas erreichen können, wenn die ASD-Sozialarbeiter den Veränderungsdruck aufbauen, um so die Klienten „an einen Tisch" mit den Fachkräften zu bringen. Der Erfolg der Arbeit mit unfreiwilligen Klienten steht in engem Zusammenhang mit der Bereitschaft der ASD-Sozialarbeiter, diesen Druck auszuüben und Veränderungen in aller Deutlichkeit einzufordern.

Die meisten ASD-Sozialarbeiter sind bestrebt, Eingriffe wie die Inobhutnahme eines Kindes eher zu vermeiden. Diese Intervention ist für die Mitarbeiter im Jugendamt oftmals mit einem Gefühl des Scheiterns verbunden. Sie haben zuvor meist nach Wegen gesucht, diesen Eingriff nicht durchführen zu müssen, und haben um die Eltern geworben, konnten aber nicht die erforderlichen Veränderungen herbeiführen. Befragt man ASD-Sozialarbeiter danach, wer ihre erste Familie war, in der sie ein Kind herausgenommen haben, können sie sich alle an den Namen, Ort und die näheren Umstände der Herausnahme genau erinnern. Die nicht selten sich sehr emotional gestaltenden Abläufe zeigen, dass nicht nur die Eltern und Kinder dies als traumatische Erfahrung betrachten, sondern auch die ASD-Sozialarbeiter.

Diese Erfahrung trägt oft dazu bei, dass Sozialarbeiter in den Jugendämtern sich nicht unbedingt darum drängeln, solche Interventionen häufig anzuwenden. Darüber hinaus erleben sie, dass nach der Inobhutnahme eines Kindes die Eltern bzw. die Familie in der Folgezeit nur schwer für eine weitere Zusammenarbeit zu gewinnen ist. Dies ist jedoch mit Blick auf weitere in der Familie verbliebene Kinder oder auch in Bezug auf angedachte Rückführungen notwendig. Das Erleben, dass nach einer solchen Intervention die Kooperation eher erschwert ist, stellt ein weiteres Hindernis dar, den Eltern mit Sanktionen zu drohen.

Ferner erleben ASD-Sozialarbeiter, dass Mitarbeiter in anderen psychosozialen Einrichtungen ihnen nicht nur keine Anerkennung für diese Rolle vermitteln, sondern nicht selten erleichtert sind, dass sie diese „Schmutzarbeit" nicht machen müssen; sie also froh sind, dass diese Arbeit von anderen gemacht wird. Dabei lassen diese psychosozialen Fachkräfte außer Acht, dass der Erfolg und die Entwicklung eines konstruktiven Arbeitsbündnis mit den Klienten oftmals nur dann möglich ist, wenn ASD-Sozialarbeiter diese Bad-Cop-Rolle einnehmen und Veränderungsdruck auf die Klienten ausüben.

Wenn es ASD-Sozialarbeitern gelingt, eine positivere Haltung gegenüber ihrem Wächteramt einzunehmen, können sie die für eine konstruktive Arbeit im Zwangskontext notwendige Zusammenarbeit zwischen beauftragten Fachkräften und Klienten herstellen. Immer wieder ist zu beobachten, dass Sozialarbeiter nach positiven Erfahrungen mit der Ausgestaltung des oben skizzierten Dreiecksmodells bereit sind, den notwendigen Veränderungsdruck auf Klienten auszuüben und entsprechende Arbeitsaufträge an die Klienten und die Fachkräfte zu formulieren. Arbeiten die beauftragten Fachkräfte in dem durch Druck hergestellten Auftragsdreieck, erleben ASD-Sozialarbeiter häufig positive Veränderungen in den Familien, die sie bis dahin nicht für möglich gehalten haben. Dazu ist es notwendig, dass sich ASD-Sozialarbeiter von der Idee verabschieden, dass eine Arbeit mit unmotivierten Klienten nicht erfolgreich sein kann.

23.7 Effektivität

Die Einschätzung, dass es sich nur um oberflächliche und nicht anhaltende Veränderungen handeln kann, wenn die Klienten nicht ausreichend veränderungsmotiviert sind, hat sich durch Praxismodelle und durch Nachweise in der Forschung überholt. Forschungsergebnisse zeigen, dass es keinen Zusammenhang gibt zwischen Anfangsmotivation und einem positiven Endergebnis. Motivation ist ein Aspekt, der sich offensichtlich während einer Hilfemaßnahme verändert (Lehmer 1986, 17; O'Hare 1996 417 ff.; Goldsmith / Latessa 2001,

662). Es gibt sogar Studien (u. a. Egg 1986) mit Hinweisen darauf, dass die Beratung von unfreiwilligen Klienten mindestens gleich erfolgreich, wenn nicht sogar erfolgreicher ist, wenn sie zu einer Behandlung gezwungen werden, da sie wegen drohender Sanktionen Hilfen nicht so schnell abbrechen können. Auch wenn die Zahl von Effektivitätsstudien zur Arbeit mit unfreiwilligen Klienten noch relativ gering ist, so zeichnet sich doch seit geraumer Zeit ab, dass die Arbeit mit unfreiwilligen Klienten effektiv und sinnvoll ist.

Im Alltag von ASD-Sozialarbeitern macht sich dieser Effekt oftmals deutlich bemerkbar darin, wie die Klienten mit ihnen in der Folgezeit umgehen. Haben die beauftragten Fachkräfte das „Dreieck" entsprechend genutzt, gelangen die Klienten recht schnell in eine Auseinandersetzung über ihr Verhalten gegenüber dem Jugendamt und anderen Institutionen. Mit Unterstützung der Fachkräfte ist es ihnen zunehmend möglich, ihre eigene Rolle, das Verständnis des ASD-Mitarbeiters sowie die Arbeitsaufträge der beteiligten anderen Einrichtungen zu verstehen und die Interaktionen zunehmend als selbst gestaltbar zu erleben. Hilflose unangemessene Verhaltensweisen (Schreien, Toben, Drohen u. ä. m.) bleiben aus, da die Klienten, vereinfacht gesagt, verstehen: wie man in den Wald hineinruft ... Ausgangspunkte für eine solche Entwicklung sind:

1. Der ASD-Mitarbeiter ist bereit, konstruktiv den Veränderungsdruck herzustellen und konkrete Verhaltensveränderungen zu benennen bzw. zu erarbeiten.
2. Die mit der Hilfeleistung beauftragte Fachkraft nutzt diesen Druck, um mit den Klienten ihre Handlungsmöglichkeiten angesichts dieser Veränderungsaufforderungen zu erkunden sowie mittels Stärkung, Wertschätzung und Ressourcenorientierung mit den Klienten ihre Optionen zu erweitern.
3. Die mit der Hilfeleistung beauftragte Fachkraft weiß um die Wichtigkeit der Herstellung des Dreiecks durch den ASD-Sozialarbeiter und bringt diesem eine entsprechende Wertschätzung und Anerkennung entgegen.
4. Der ASD-Sozialarbeiter ist bereit, Krisen und erneutes Auftreten von Problemen als Testversuche zu betrachten und bleibt – bei aller möglicherweise berechtigten Veränderungsskepsis – am Ball und kann positive Veränderungen wahrnehmen.

Letztlich sollte die Arbeit darin einmünden, dass in erneuten Krisensituationen und Lebensphasen, die zusätzliche Anstrengungen mit sich bringen können, sich die Klienten selbst an Institutionen wenden können. Das Ziel besteht darin, dass die Klienten in die Lage versetzt werden, in schwierigen Situationen selbst auf Einrichtungen zuzugehen und Hilfestellungen einzufordern, mit denen sie diese schwierigen Situationen bewältigen können – ohne dass sie jedoch bei den Institutionen (ASD und Einrichtungen/Dienste) erneut als „Fall" markante Zweifel an ihren Kompetenzen und Fähigkeiten aufkommen lassen. Die sozialen und materiellen Rahmenbedingungen werden es bei vielen Jugendhilfefamilien notwendig machen, dass sie weitere Unterstützung benötigen. Dann jedoch möglichst, indem sie selbst darum ersuchen.

24 Fachkonzept Sozialraumorientierung: Grundlagen und Methoden der fallunspezifischen und fallübergreifenden Arbeit

Von Maria Lüttringhaus

- Der Kerngedanke sozialraumorientierten Handelns besteht darin, Lösungsansätze im Gemeinwesen zu eröffnen, dabei zwar die „Fixierung" auf den Einzelfall zu verlassen, aber ohne die Fallarbeit zu vernachlässigen. Vielmehr lassen sich gemeinwesenorientierte Handlungsansätze systematisch in die Fallarbeit integrieren: Es geht darum, den „Fall im Feld" zu bearbeiten.
- Bei der Suche nach Lösungswegen muss der erste Blick immer den Ressourcen der Klienten und dann im Weiteren den Ressourcen des sozialen Umfelds gelten. Hier wird der Kerngedanke der Sozialraumorientierung integriert, indem nach Möglichkeiten der Nutzung von Ressourcen des Sozialraumes gesucht wird, die in der Regel die „normaleren" (lebensweltorientierteren) Lösungswege eröffnen im Vergleich zu den „künstlicheren" institutionellen Hilfen.
- Sozialraumorientierte Arbeit des ASD integriert die drei Eckpunkte: fallunspezifische Arbeit, fallübergreifende Arbeit, Netzwerkarbeit.
- Fallunspezifische Arbeit bedeutet: Fachkräfte suchen ohne einen spezifischen einzelfallbezogenen Anlass im Sozialraum den Kontakt zu Menschen und Institutionen, um für die zukünftige Fallarbeit mögliche nutzbare Hilfen und nützliche Tipps verfügbar zu haben. Einen allgemeinen Überblick zu erhalten zu Angeboten und Möglichkeiten im Sozialraum reicht nicht aus; vielmehr müssen ASD-Fachkräfte ein Gespür dafür entwickeln, welche spezielle Ressourcenqualität für welche Personengruppe sich mit einem Angebot verbindet.
- Fallübergreifende Arbeit bedeutet: Wenn Ressourcen im Sozialraum fehlen oder deren Qualität für den entsprechenden Personenkreis nicht stimmt, setzen sich ASD-Fachkräfte dafür ein, dass künftig entsprechende Angebote vorgehalten werden. Fallübergreifende Arbeit resultiert also aus der direkten Fallarbeit.
- In den verschiedenen Foren der Netzwerkarbeit werden zum einen Informationen über Ressourcen ausgetauscht und zum anderen solche Themen erörtert, die in gemeinsame institutionenübergreifende Projekte münden können. Zentraler Aspekt ist die institutionenübergreifende Arbeit: mit Einrichtungen der Jugendarbeit, Schulen, Projekten Früher Hilfen, Kindertagesstätten und vielen anderen.
- Sozialraumorientierung markiert einen bestimmten methodischen Blick, mit dem die alltägliche Fallarbeit im ASD angereichert werden kann. In vielen kleinen, alltäglichen methodischen Zugangsweisen kann die Perspektive auf den Sozialraum in die praktischen Handlungsvollzüge des ASD integriert werden.

„Jetzt mal ehrlich: Wie viel Sozialraumorientierung geht im ASD" – so lautete das Tagungsmotto der ASD-Tagung der Bundesarbeitsgemeinschaft ASD/KSD und der Landesjugendämter Westfalen und Rheinland. Sollten da etwa Zweifel aufkommen? Karl Materla, Vertreter der Bundesarbeitsgemeinschaft ASD/KSD und stellvertretender Jugendamtsleiter in Münster mutmaßte in seiner Analyse:

„Wenn die Sozialraumorientierung in Zweifel gerät, dann weil wir ASD's dies selbst zulassen! Bundesweit ist die ASD-Arbeit als sozialräumlich geprägt akzeptiert:
- ob als Bestandteil eines Personalberechnungsverfahrens,
- ob als einer der konzeptionellen Anker (Merkmal) der ASD-Arbeit
- ob als Stadtteilarbeit, Netzwerkarbeit oder Kooperationspflicht im Arbeitskreis praktisch erwünscht.

In kaum einer Kommune wird die Sozialraumorientierung grundsätzlich in Frage gestellt" (Materla 2011).

Aber er stellte mit Blick auf die Praxis auch fest:

„Sozialraumarbeit ist in der Konkurrenz zu den alltäglichen Belastungen der ASD / KSD:
- eine „pauschale Größe" (Ressource zwischen 5–15 %?),
- eine kollektive und individuelle Pufferzone,
- ist kaum standardisierbar als „Produkt",
- ist als Handlungsfeld finanziell verwaist (das Geld folgt nur dem Fall..),
- und ist in seiner Ergebnisqualität schwer messbar" (Materla 2011).

Zudem stehe die Sozialraumorientierung immer wieder in der Kritik:

- „Sozialraumarbeit ist ein sozialstaatliches Alibi: wo gespart wird da soll Selbsthilfe wachsen (Selbst-Hilfe),
- Sozialraumarbeit beschneidet Trägerinteressen (Wettbewerbsfreiheit)
- Sozialraumarbeit ist als Methode / Konzept nicht leistbar (Überforderung Allmachtsfantasie)
- Sozialraumarbeit können andere besser (Wohnungsbaugesellschaften, Stadtentwickler usw.),
- Sozialraumarbeit frisst nur Geld – was macht Sozialarbeit damit?
- Sozialraumarbeit verspricht Wirkungen (z. B. Kompensation) – aber die Fallzahlen steigen weiter!" (Materla 2011)

Aber für den Sprecher der Bundesarbeitsgemeinschaft ASD / KSD gibt es nur den Weg in die eine Richtung:

„Die Fixierung auf den Einzelfall aufgeben und im Zuge dessen:
- präventions-, zielgruppen- und sozialraumorientiert denken,
- die Helfer besser vernetzen,
- die Ressourcen es verstärkt für präventive Arbeit bündeln,
- aus unverbindlichen Arbeitskreisen verbindliche Kooperationen entwickeln,
- Projekte im Sozialraum aus der Fallarbeit heraus entwickeln,
- Regeleinrichtungen im Stadtteil mehr denn je als Angebotspartner gewinnen!" (Materla 2011)

In den folgenden Ausführungen soll – ganz im Sinne dieser Analyse und dieses Plädoyers für den Ausbau sozialraumorientierter Ansätze – vor allem verdeutlicht werden, dass bei dem Kerngedanken, Lösungsansätze im Gemeinwesen zu eröffnen, zwar die „Fixierung" auf den Einzelfall verlassen werden soll, aber ohne die Fallarbeit aufgegeben oder zu vernachlässigen. Vielmehr wird aufgezeigt, wie sich gemeinwesenorientierte Handlungsansätze systematisch in die Fallarbeit integrieren lassen. Es geht also nicht darum, „vom Fall zum Feld" zu wechseln (wie es früher oftmals postuliert wurde), sondern den „Fall im Feld" zu bearbeiten. In den nächsten Abschnitten werden Begrifflichkeiten nur knapp erläutert; der Schwerpunkt dieses Beitrags liegt in der Vermittlung von praxistauglichen Tipps zur Umsetzung (zu den theoretischen Grundlagen s. Hinte / Treeß 2011) – und dies insbesondere für das Arbeitsfeld des Allgemeinen Sozialdienstes (ASD) und den Bereich der Hilfen zur Erziehung.

24.1 Das Fachkonzept Sozialraumorientierung

Das Fachkonzept Sozialraumorientierung (Hinte / Treeß 2011) ist kein Spezifikum für einen bestimmten Bereich Sozialer Arbeit. Es kann in jedem Arbeitsfeld Sozialer Arbeit wertvolle Impulse geben. Somit ähnelt es in seiner Anlage dem „Arbeitsprinzip Gemeinwesenarbeit", durch das Boulet et al. (1980) vor allem die theoretische Diskussion prägten. Heute finden wir diese Kerngedanken des Arbeitsprinzips GWA verstärkt in der praktischen Umsetzung – z. B. in der Jugendhilfe, der Behindertenhilfe, der Wohnungslosenhilfe oder der Eingliederungshilfe. Hinte schlägt zur Herstellung sprachlicher Klarheit folgende Abgrenzung vor:

„GWA ist heute (im Jahr 2010) ein bedeutsames (und quantitativ viel zu spärliches) Arbeitsfeld Sozialer Arbeit, und gleichzeitig liegt als wesentliches Ergebnis der sprachlichen praktischen und sprachlichen Suchbewegungen der GWA aus den 1970er und 1980er Jahren das heutige Fachkonzept Sozialraumorientierung vor" (Hinte 2010, 86).

Sozialraumorientierung ist also das systematisch praktizierte Arbeitsprinzip GWA (Hinte 2010, 86 f.). In seiner systematischen Umsetzung hat das Fachkonzept Sozialraumorientierung in der Fallarbeit der Jugendhilfe in den letzten Jahren besonders an Bedeutung gewonnen und hat die Übertragung auf andere Felder stark beeinflusst (vgl. Hinte 2010, 86; Hinte/Treeß 2011; Hinte 2006c; Deutschendorf et. al. 2006; Merchel 2001).

24.1.1 Sozialraumorientierung als Eckpfeiler der Ressourcenorientierung

Die Auslöser für den Kontakt mit dem ASD sind in der Regel persönliche und soziale Probleme sowie diagnostizierte Defizite im Zusammenleben von Familien. Sie begründen das Handeln des ASD. Aufgabe des ASD ist es, darauf aufbauend Lösungswege mit den Klienten zu entwickeln und zu gestalten, die an dem (Kooperations-)Willen und an dem Lebensumfeld der Personen „andocken". Dem zufolge gilt es, Unterstützungssettings zu schaffen, die so viel wie möglich lebensweltnahe Ressourcen und so wenig wie nötig professionelle Ressourcen beinhalten. Der Blick der Fachkräfte richtet sich dementsprechend zunächst auf die Ressourcen, die im Umfeld der Klienten liegen, damit sie genutzt oder ggf. mobilisiert werden können (→ Abb. 1).

Bei der Suche nach Lösungswegen gilt der erste Blick im Case Management (→ Kapitel 15) immer den Ressourcen der Klienten. Im Rahmen der Etablierung der systemischen Herangehensweisen geht dann im Weiteren der Blick auf die Ressourcen des sozialen Umfelds (Freunde, Familie…). Auch hier wird der Kerngedanke der Sozialraumorientierung integriert, indem nach Möglichkeiten der Nutzung von Ressourcen des Sozialraumes gesucht wird. In diesen Ressourcen liegen in der Regel die „normaleren" (lebensweltorientierteren) Lösungswege als in den „künstlicheren" institutionellen Hilfen. Die Potenziale im Sozialraum sind in der Regel auch denn noch verfügbar, wenn die professionelle Hilfe beendet ist. Statt mit einem Jugendlichen im Rahmen einer Erziehungsbeistandschaft im Einzelfallcoaching zu trainieren, wie er auf dem Schulhof cool bleiben kann, wenn er beschimpft wird, ist es in diesem Sinne „normaler", die neuen Kompetenzen im Rahmen eines Anti-Aggressions-Trainings bzw. Coolnesstrainings in einer Gruppe mit weite-

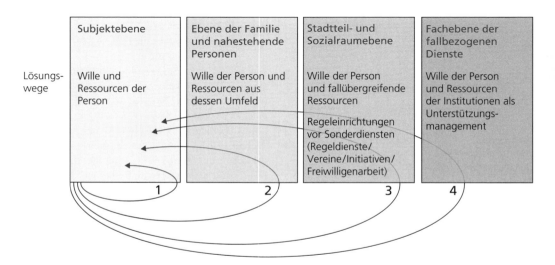

Abb. 1: Ressourcenorientierung im Case Management (Lüttringhaus/Streich 2007a)

ren Jugendlichen zu erlernen – und dann im Sinne von Prävention auch mit denen, die in angespannten Situationen derzeit noch „cool" bleiben können. Noch besser, weil lebensweltlich verankert, wäre jedoch die Integration in einem ortsnahen Boxclub: Das verhilft dem Jugendlichen zu einem „coolen" Image, er kann dort länger bleiben als in einer Maßnahme der Erziehungshilfe, und vor allem lernt er in seinem Alltag, auch bei Konfliktsituationen die Hände in den Taschen zu behalten und nur unter Regeln zu kämpfen.

Lösungen im Sozialraum sind also Lösungen, die auf Angebote zurückgreifen, die von breiteren Teilen der Bevölkerung genutzt werden (Sportvereine, Jugendarbeit, Moscheevereine, Kirchengemeinden, die Erziehungsberatungstelle, Familienbildungsstätten, Selbsthilfeinitiativen, Freiwilligenagenturen, Patenschaftsmodelle etc.). Als relativ „normal" kann in diesem Zusammenhang auch die Nutzung von Gruppenangebote gelten (Elterntraining, Elternabende, Wohntrainings, Kochclubs, Entspannungskurse usw.). Die tatsächlich Nutzung von Ressourcen für Lösungswege in der Fallbearbeitung nennt man im Fachkonzept Sozialraumorientierung: „fallspezifische Ressourcenmobilisierung" (Hinte/Treeß 2011). Die in diesem Konzept enthaltene Anforderung zur Aktivierung der Ressourcen des Sozialraums gehört jedoch vielerorts noch zu den vernachlässigten Handlungsanforderungen in der Arbeit des ASD, oder sie wird einseitig als eine reine Kostensparmaßnahme betrachtet. Es ist sicherlich zu begrüßen, wenn sozialraumbezogene Lösungen auch unter dem Aspekt des Kostenbewusstseins in Erwägung gezogen werden. Aber im Mittelpunkt des Fachkonzepts Sozialraumorientierung stehen das Leitprinzip der Lebensweltorientierung und die Orientierung am Willen der Personen und nicht eine einseitige Ausrichtung am Interesse der Kostenersparnis, was bisweilen zur Folge hat, dass Sozialraumorientierung weniger in ihren fachlichen Herausforderungen zur Kenntnis genommen wird, sondern als bloße Legitimationsformel für fachlich wenig fundierte Einsparungsaktivitäten benutzt wird.

24.1.2 Drei Eckpunkte für die Umsetzung der Sozialraumorientierung: fallunspezifische Arbeit, fallübergreifende Arbeit, Netzwerkarbeit

Eckpunkt 1 für sozialräumliches Arbeiten lautet: Man kann nur die Ressourcen aktivieren und nutzen, die man kennt! Ohne konkretes Wissen über die Ressourcen eines Sozialraumes können Fachkräfte nur bedingt lebensweltnahe Hilfen entwickeln. Immer dann, wenn Fachkräfte ohne einen spezifischen einzelfallbezogenen Anlass im Sozialraum Kontakt zu Menschen und Institutionen suchen, um für die zukünftige Fallarbeit mögliche nutzbare Hilfen und nützliche Tipps verfügbar zu haben, nennt man dies „fallunspezifische Arbeit" (zuerst entwickelt von Hinte in KGSt 1998). Es geht jedoch nicht nur darum, sich einen allgemeinen Überblick zu verschaffen zu Angeboten und Möglichkeiten im Sozialraum, sondern sich darüber hinaus – oftmals durch einen direkten Kontakt mit den Anbietern – ein Gespür dafür zu entwickeln, welche spezielle Ressourcenqualität sich mit einem Angebot verbindet: Bei welchem Angebot wird welcher Personenkreis angesprochen oder kann welcher Personenkreis einbezogen werden? Welche Akteure haben (mit welchen Angeboten) einen Zugang zu genau den Personen oder Adressatenkreisen, mit denen es der ASD in seiner Fallarbeit zu tun hat? So eignet sich z. B. das Elterntraining, in dem Kärtchen geschrieben und „geclustert" werden, eben nicht für alle Eltern! Nicht alle Trainer kommen mit „extrem coolen" Jugendlichen zurecht! Und wenn in einem Müttertreff vorwiegend die über 40-jährigen Mütter einen Anlaufpunkt haben, so ist dies eben nicht unbedingt etwas für die gerade 18-jährige Mutter, mit der man gerade ein für sie passendes soziales Netzwerk aufbauen will! Die klassischen Wegweiser im Stil der „Wer-Wo-Was-Broschüren" in einer Tradition der „Gelben Seiten" sind also nur bedingt nutzbar, wenn nicht nur Anzahl und Orte der Angebote erkundet werden sollen, sondern genauer eingeschätzt werden soll, was für welche Adressatengruppe brauchbar ist und was insbesondere für das spezifische Klientel im Bereich der Hilfen zur Erziehung als Unterstützungsmöglichkeit empfohlen und eingesetzt werden kann. Eine fehlende Einschätzung kann hier fatale Auswirkungen haben:

Wer sich als Klient auf den Weg macht auf das – für ihn oft unvertraute – Terrain eines Angebotes im Sozialraum und sich dann erneut als „am Rand stehend" erlebt, wird nicht nur nicht mehr dorthin gehen, sondern auch der Fachkraft verdeutlichen, dass sie solche Tipps zukünftig gleich bleiben lassen soll: „Ich geh nie mehr zu so was – ich komm jetzt lieber wieder nur zu Ihnen!" (s. Lüttringhaus 2010, 85 f.)

Eckpunkt 2 für sozialräumliches Arbeiten lautet: Tatsachen sind veränderbar – sie sind eine Sache der Tat! Immer dann, wenn Ressourcen im Sozialraum fehlen oder die Qualität für den entsprechenden Personenkreis nicht stimmt, sollten sich ASD-Fachkräfte dafür einsetzen, dass künftig entsprechende Angebote vorgehalten werden. Wo Mitarbeitern der Sozialen Dienste bestimmte Themen und Anforderungen häufiger begegnen und es sinnvoll und effektiv wäre, diese in anderer Form, nämlich „gebündelt" zu bearbeiten, spricht man von der Umsetzungsebene der „fallübergreifenden Arbeit" (erstmals Hinte in KGSt 1998). Fallübergreifende Arbeit resultiert also aus der direkten Fallarbeit. Es handelt sich nicht um die Umsetzung von Projektideen, die man selbst „irgendwie pädagogisch gut fand" (die dann am „Grünen Tisch" geplant wurden, weil man meinte, die „braucht" die Klientel). Es handelt sich immer um Themen, die von der Fallarbeit und vom Willen dieser Klienten ausgehen (vgl. Lüttringhaus 2010, 87 f.). Solche, an die konkreten Personen und Vorgänge in „Fällen" angebundenen sozialraumorientierten Projekte werden nicht als Projektidee aus anderen Kontexten kopiert, sondern situationsspezifisch immer wieder neu erfunden.

Handeln nach diesem Grundsatz entspricht dem von Materla (s. einleitender Absatz) geforderten politischen Gestaltungsauftrag des ASD. Der ASD setzt sich selbstbewusst ein bei anderen Institutionen, damit dort Angebote verbessert werden oder fehlende Angebote entwickelt und neu vorgehalten werden. Eigene Angebote von ASD und / oder Trägern der Erziehungshilfe werden nur dann und nur gelegentlich aufgebaut, wenn ein spezifisches Erfordernis dies wirklich gebietet. Mit der engen Bindung an situationsspezifische Erforderlichkeit verhindert man das Entstehen eines „Krankheitsbildes", das man aufgrund des vielerorts inflationären Booms eigener Projekte als „Projektitis" bezeichnen kann. Wenn der ASD unter dem Etikett „Sozialraumorientierung" zu schnell und zu umfangreich eigene Projekte aufbaut, verbraucht er zum einen schnell und dauerhaft die eigenen Ressourcen, und zum anderen entlastet er damit andere Anbieter von der Anforderung, die eigenen Angebote flexibel den Anforderungen anzupassen.

Eckpunkt 3: Wer vernetzt ist, erschließt sich Wissen um Ressourcen (fallunspezifische Arbeit) und Ko-

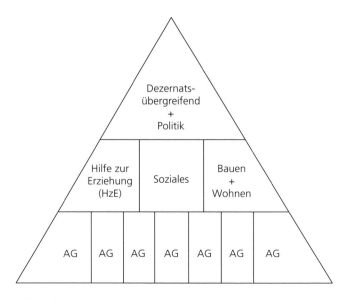

Abb. 2: Ebenen der Vernetzung im Sozialraum (Lüttringhaus 2007a)

operationspartner für die fallübergreifende Arbeit! In den verschiedenen Foren der Netzwerkarbeit werden nicht nur Informationen über Ressourcen ausgetauscht, hier werden auch die Themen besprochen, die in gemeinsame institutionenübergreifende Projekte münden können. Schließlich gibt es jede Menge Herausforderungen in der Arbeit des ASD, die auch die Jugendarbeit, Schulen, Projekte Früher Hilfen, die Kindertagesstätten und viele andere mehr betreffen. Und nicht selten zeigen sich Schnittstellen in den Themen von Familien mit Themen der Seniorenarbeit, der Eingliederungshilfe, des Quartiermanagements etc. (→ Kapitel 29). Die Formen der Vernetzung können in drei Ebenen unterteilt werden (→ Abb. 2).

Im Zentrum steht oftmals die mittlere Ebene: Arbeitskreise, die in der Regel auf bestimmte Arbeitsfelder ausgerichtet sind (Soziales, Schule, Bauen und Wohnen, Hilfen zur Erziehung). Dort, wo das Interesse und der Zulauf zu den Gremien der mittleren Ebene sehr groß und diese Ebene dadurch tendenziell arbeitsunfähig wird, bildet sich die obere Ebene der Pyramide aus: Es werden dann Konferenzen mit größerer Personenzahl durchgeführt (häufig lediglich zwei oder drei in einem Jahr), um allen einen breiten Informationsaustausch und eine Beteiligung zu ermöglichen. Wichtig ist die untere Ebene der Projekt- oder Arbeitsgruppen: Erst durch sie kommt es zu konkreten Veränderungen in der Lebenswelt der Menschen, hier werden Schritte zur konkreten Umsetzung fallübergreifender Vorhaben geplant. Bei vermeintlichem Zeitmangel für die praktisch bedeutsame „untere Ebene" können die Treffen der mittleren Ebene, die vorwiegend informatorischen Charakter haben (Informationsaustausch) reduziert werden (s. Lüttringhaus 2010, 91 f.).

24.2 Der Fall im Feld: Es kommt darauf an, was man daraus macht!

Wie kann die Umsetzung des Fachkonzepts Sozialraumorientierung mit seinen Bestandteilen der fallunspezifische Arbeit, der fallübergreifende Arbeit und der Vernetzung praktisch aussehen? Die dafür verwendeten Methoden sollen im Folgenden am alltagspraktischen Beispiel einer Teamsitzung aufgezeigt werden. Anhand eines fingierten „Protokolls" einer Teamsitzung wird aufgezeigt, dass im Alltagshandeln eines ASD-Teams möglicherweise auch dort Sozialraumorientierung „drinstecken" kann, wo es nicht explizit „draufsteht". Die Umsetzung des Fachkonzepts Sozialraumorientierung zeigt sich nicht nur in entsprechenden konzeptionellen Debatten und Proklamationen und nicht nur in „besonderen" Projekten, sondern vor allem in einer Vielzahl von (oft kleinen) Facetten (mit zum Teil großer Wirkung), die in einer Teamsitzung (und in deren entsprechender Vorbereitung) zu praktischem sozialraumorientierten Denken und Handeln führen können (weitere Erläuterungen zum Folgenden auch in Lüttringhaus 2010). In der hier gewählten Form des „Protokolls" wird Vielfältiges zusammengebunden, wodurch die Darstellung sicherlich einen idealisierenden Charakter erhält, was in einer komprimierten Darstellung nicht ganz vermeidbar ist. Der in der Tagesordnung markierte Aufbau soll aufzeigen, an welchen Stellen sich die Ebenen der fallspezifischen Ressourcenmobilisierung, der fallunspezifischen Arbeit und der fallübergreifenden Arbeit (inkl. der Netzwerkarbeit) im Praxisalltag wiederfinden. Zu jedem Tagesordnungspunkt finden sich Erläuterungen oder methodische Hilfsmittel oder auch Hinweise für die Umsetzung.

▪▪▪▪ Protokollnotizen einer Teamsitzung eines sozialräumlich ausgerichteten Teams

TOP 1: Tipps und Themen

Tipps

Sabine berichtet von einem neuen privaten Schwimmkurs, der günstige Tarife anbietet; Thomas hörte im Rahmen eines Hilfeplangesprächs, dass im Kletterkurs XY ab April wieder kostengünstige Plätze frei werden und dass für die Ferienfreizeit des Kiwi e.V. Bildungschecks beantragt werden können; Olaf weist daraufhin, dass das Spülmobil der AWO kostenlos zur Verfügung gestellt werden kann, Karin berichtet von einer interkulturellen Mädchengruppe, die direkt nach der Schule stattfindet – vom Jugendtreff organisiert, aber in den Räumen der ARCHE, …

Themen

Olaf stellt fest, dass vermehrt zeitintensive Anrufe eingehen aus dem Gesundheitsbereich, vor allem von Ärzten mit Methadonpatienten mit Nachfragen zum Bundeskinderschutzgesetz. Er fragt sich, ob es sinnvoll wäre, dies als Initiative aufzugreifen und eine Informationsveranstaltung vor Ort durchzuführen.

Erläuterung zu TOP 1

Man kann als einzelne Fachkraft nicht die Qualität aller Angebote des Sozialraumes selbst kennen. Es ist immer die Gesamtaufgabe eines Sozialraum-Teams, dieses Wissen zu bündeln. Als Möglichkeit dafür werden hier in der Teamsitzung als erster Tagesordnungspunkt „Tipps und Themen aus dem Sozialraum" aufgerufen: Jedes Teammitglied kommt im Rundlaufverfahren verpflichtend (!) an die Reihe. Es sind nur Kurzinformationen in einem Zeitraum bis zu höchstens einer Minute erlaubt (nachgefragt werden kann an anderer Stelle, oder es wird für die nächste Sitzung ein entsprechender Tagesordnungspunkt beantragt): Erfahrungen, Neuigkeiten über Angebote im Sozialraum, die als Tipps für andere interessant sein können (vor allem auch solche, die sich aus laufenden Hilfen bewähren); Themen aus der Fallarbeit; Mitteilungen über fehlende Angebote oder negative Erfahrungen, für die im Sozialraum neue bzw. verbesserte Angebote geschaffen werden müssten, um die Einzelfallarbeit zu „normalisieren" und auch zu effektivieren. Dieser Tagesordnungspunkt sollte zu Beginn der Teamsitzung platziert werden, um auf diese Weise alle „ins Boot" zu holen und man vermeidet so die Leere, die sich am Ende einer Teamsitzung nach mehreren hochkonzentrierten fokussierten Fallbesprechungen einstellt und den Beteiligten auf die Frage der Moderation, was es denn Neues aus dem Sozialraum gebe, nichts mehr einfällt.

TOP 2: Kurztipps zum Sozialraum aus abgeschlossenen Fällen

Sabine verweist im abgeschlossenen Fall Yussuf auf die gute Erfahrung mit dem Offenen Ganztag der Herbertschule und auf deren guten Umgang mit türkischen Eltern und warnt vor dem Fussballverein XY (wenn Eltern keine Fahrdienste am Wochenende übernehmen können zu Spielen, dürfen die Kinder/Jugendlichen nicht mitfahren zu Turnieren).

Erläuterung zu TOP 2

In der Regel werden in den Teams im Rahmen der Verlängerung von Hilfen zur Erziehung nur die eher problematischen „Fälle"/Fragestellungen vorgestellt; beim Abschluss werden Erfahrungen meist gar nicht mehr thematisiert. Dabei kann sich gerade bei der Reflexion von abgeschlossenen Fällen die Nützlichkeit bestimmter sozialräumlicher Angebote bzw. Ressourcen zeigen. Deshalb ist es hilfreich, einen entsprechenden Tagesordnungspunkt fest in jeder Teamsitzung zu verankern, um solche Informationen nicht aus dem Blick zu verlieren und weiterzugeben: Was zeigte der Abschlussbericht, welche Ressourcen im Sozialraum waren hilfreich?

TOP 3a: Kollegiale Beratungen

Der neue Fall XY wird beraten. Die offene Fragestellung dazu: „Welche Ideen habt ihr, wie XY ihre Ziele (oder Auflagen/Aufträge) erreichen kann?"

Erläuterung zu TOP 3a

In den Kommunen, die nach dem Fachkonzept Sozialraumorientierung arbeiten, existieren in der Regel Geschäftsordnungen, nach denen alle „Fälle" des ASD, bei denen eine Hilfe zur Erziehung genehmigt werden soll, im Team beraten werden müssen. Die klassische Frage „Welche Hilfe ist die richtige und geeignete?" ist für den Beratungsverlauf problematisch, weil sie schnell das Augenmerk der beteiligten Fachkräfte auf vorhandene, bereits institutionalisierte Hilfemöglichkeiten richtet. Sie sollte daher als eine der „verbotenen Fragen" behandelt und ersetzt werden durch die oben genannte. Denn: Wie man in den Wald hineinruft, so schallt es bekanntlich heraus. Nur bei der oben genannten Frage wird das Team explizit aufgefordert, sich Gedanken zu machen, alle Ressourcenebenen in die Reflexion möglicher Lösungswege einzubinden (→ Abb. 1). Der Blick geht nur bei dieser Frage auf das gesamte Spektrum der Ressourcen einschließlich der hilfreichen Angebote im Sozialraum. Dabei sind entsprechend den vier Pfeilern in Abbildung 1 folgende Unterfragen implizit enthalten:

- Welche Ideen habt Ihr, was der Klient selbst tun kann?
- Wer kann ihn dabei unterstützen?
- Welche Angebote/Möglichkeiten im Sozialraum können hilfreich sein?
- Erst dann folgt der Blick auf die vierte Säule: Wie kann ein Unterstützungssetting konkret für die Erreichung der Ziele/Aufträge/Auflagen aussehen?

Die Fachkräfte werden bei dieser offenen Frage dafür sensibilisiert, auch in den weiteren Fallberatungen ihr Wissen über mögliche und passende Sozialraumressourcen einzubringen und entsprechende Ideen für eine lebensweltnahe Hilfegestaltung zu entwickeln (Modell der ressourcenorientierten kollegialen Beratung; ausführlich in Lüttringhaus/Streich 2011). Es erfolgt die Fallpräsentation durch die Fachkraft mit Darstellung der Ressourcen anhand der Ressourcenkarte (→ Abb. 3).

Durch die in der Hilfeplanung eingesetzte Ressourcenkarte (Lüttringhaus/Streich 2007b) werden die ASD-Fachkräfte explizit aufgefordert, die Ressourcen des Sozialraums zu reflektieren und zu benennen. Um solche Ressourcenkarten für den kollegialen Beratungsprozess zu nutzen, sollten sie so konkret wie möglich auf Ziele, Aufträge oder Auflagen bezogen werden, damit daraus greifbare und umsetzbare Ideen für eine lebensweltnahe Unterstützung im Sozialraum entwickelt werden können (s. Lüttringhaus/Streich 2011).

Die Teammitglieder nutzen für die Fallberatung ressourcenorientierte Fragen, auch solche, mit deren Hilfe sie die Möglichkeiten sozialraumbezogener Lösungsansätze abklären.

Ideen für Lösungswege werden im Rahmen der kollegialen Beratung aus Ressourcen „gebastelt". Möglicherweise noch „versteckte" ungenannte Ressourcen können an dieser Stelle der Fallberatung noch erfragt werden. Denn Ressourcen werden in einer Fallberatung selten vollständig präsentiert; die Fachkraft, die „ihren" Fall einbringt, ist in diesem Sinne immer ‚betriebsblind'. In der Regel sind Teammitglieder eher geübt in diagnostischen Fragestellungen im Sinne des Fallverstehens, die sie tendenziell problemorientiert erörtern: Woran liegt es, dass die Mutter sich so schwer tut? Was sind die Gründe dafür, dass die Kinder nicht auf die Mutter hören? Ressourcenorientierte Fragen fordern demgegenüber Ideen heraus, die auf individuelle Potenziale und lebensweltnahe Unterstützungsmöglichkeiten aufbauen. Fragen zu den Sozialraumressourcen sind zu berücksichtigen: Inwieweit ist die Mutter erfahren, Gruppen zu besuchen? Zu welchen Institutionen hat die Mutter einen guten Draht? Zu welchen Personen dort hat die Mutter eher Zutrauen? Welchen Interessen geht sie nach? Wohin geht sie gern?

TOP 3b: Abschlussfrage zur kollegialen Beratungen

Die Ideen zur Fragestellung und das Ergebnis der Beratung werden festgehalten. Es folgt die Abschlussfrage zum Sozialraum. Im Ergebnis kann festgehalten werden:

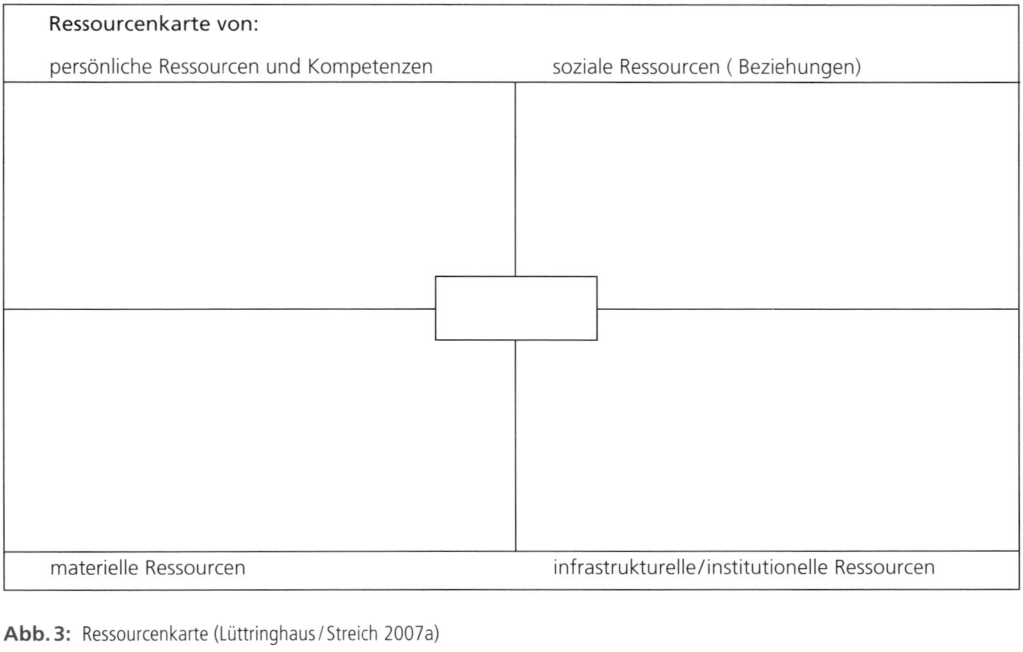

Ressourcenkarte von:	
persönliche Ressourcen und Kompetenzen	soziale Ressourcen (Beziehungen)
materielle Ressourcen	infrastrukturelle/institutionelle Ressourcen

Abb. 3: Ressourcenkarte (Lüttringhaus/Streich 2007a)

Hilfreich erscheinen in diesem Fall die perspektivische Nutzung des Kindertreffs Möwe, der Ämterlotsendienst des Brücke e.V. sowie verstärkte Elterngespräche der Schulsozialarbeit. Was fehlt, aber hier notwendig wäre: die Möglichkeit eines Kindergartenplatzes außerhalb der regulären Einstiegszeiten.

Erläuterung zu TOP 3b

In den Ergebnisprotokollen der kollegialen Beratung sollten die Mitarbeiter nach dem Beschluss über eine mögliche Hilfe zwei Fragen beantworten:

1 Welche Sozialraumressourcen können in diesem Fall nützlich sein?
2 Welche Sozialraumressourcen wären künftig erforderlich, damit die soeben beschlossene Hilfe lebensweltorientierter gestaltet werden könnte, in Art und Umfang reduziert werden könnte oder gar überflüssig würde?

Die Fachkräfte werden durch diesen festen „Strukturpflock" immer wieder aufgefordert, den Blick abschließend vor dem Hintergrund des konkreten Einzelfalls auf die Ressourcen des Sozialraums zu richten. So werden nützliche Ressourcen rund um den Bereich Hilfe zur Erziehung stärker beachtet, und fehlende Potentiale werden identifiziert.

TOP 4: Bericht von Aktivitäten der Stadtteilerkundung

a) Bericht von der Aktion Stadtteilspaziergang

Der erste Sonntagsspaziergang auf Initiative des Jugendhilfenetzwerks und des ASD hat stattgefunden. Thema war: der Stadtteil aus der Sicht von Eltern und Kindern. Es wird berichtet, dass man viel Interessantes erfahren hat über Treffpunkte, barrierefreie Orte (für Kinderwagen) u.v.m. Beim Gang zur Westerwiese: Interesse für eine Initiative zur Beseitigung von Schlaglöchern des Bolzplatzes wurde angeregt. Danach Kuchen von der Tafel; gute Stimmung. Lockerer Kontakt zu vielen Klienten und gute Darstellung des Jugendamtes (beiläufig!). Den nächsten Spaziergang organisiert der Seniorentreff ohne unsere Kooperation. Thema: der Stadtteil mit Hund.

Erläuterung zu TOP 4a

Besuche der Fachkräfte vor Ort ermöglichen es, die lokalen Ressourcen „greifbar" zu erfassen – beispielsweise durch solche Stadtteilspaziergänge (z. B. geführt durch Kinder), Besuche und Sitzungen bei anderen Institutionen, in Foren oder Versammlungen (z. B. Treffen der Trainer des Sportvereins; Pfarrgemeinderat; Teilnahme an Festen; Durchführung von Ressourcenbörsen, bei der die Institutionen ihre Angebote präsentieren).

b) Bericht Ressourcencheck im 10 Minuten-Gespräch zu vereinbarten Themen

Ausgangspunkt: Vor vier Wochen wurde im Team festgestellt, dass immer wieder Tipps fehlen zu kostengünstigen Angeboten für Familien am Wochenende, und es wurde vereinbart, dass jeder nach ihren Möglichkeiten nachfragt, was es gibt. Die Ergebnisse der unterschiedlichen Recherchen (insbesondere bei Klienten über die Methode des 10-Minuten-Gesprächs) wurden zusammengetragen. Sie werden abschließend in einer Handreichung stichwortartig allen per Mail zugesandt.

Erläuterung zu TOP 4b

Nur wenigen Mitarbeitern der fallorientierten Dienste ist bewusst, dass gerade die alltägliche Beratungstätigkeit zahlreiche Möglichkeiten bietet, sich ohne großen Zeitaufwand den Themen eines Quartiers zu nähern. Anders als Fachkräfte, deren Arbeitsalltag in hohem Maße von Organisationstätigkeiten geprägt ist (etwa Quartiermanager oder Stadtteilarbeiter), haben sie den Vorteil, dass sie ohnehin täglich im Kontakt mit denjenigen Menschen sind, die andere Professionelle erst für eine aktivierende Befragung (Lüttringhaus/Richers 2003) aufsuchen müssen. Mitarbeiter der Sozialen Dienste haben die Möglichkeit, die Themen aus dem Sozialraum ihrer Adressaten unkompliziert abzufragen. Hier bietet sich an, das Verfahren „10 Minuten nach dem Beratungsgespräch" einzusetzen (Lüttringhaus/Streich 2004). Dabei werden im Anschluss an ein Beratungsgespräch Fragen zu den Ressourcen und zu den Problemlagen im Gebiet gestellt. Auf diese Weise können die Fachkräfte ihr Wissen über den Sozialraum erweitern, indem sie Fragen zu einzelnen Aspekten stellen, zu denen sie mehr Wissen benötigen, um gute Tipps weitergeben zu können. Die Fragen können bestimmte Themen fokussieren: z. B. „Was wissen Sie über die Angebote für Kinder bis 6 Jahren hier im Stadtteil? Was finden Sie hier gut? Was finden Sie nicht so gut? Welche Ideen zur Veränderung haben Sie dazu?" Zudem erfährt man die Themen, die die Menschen beschäftigen, direkt von ihnen und kann so verhindern, dass die fallübergreifende Arbeit lediglich auf Vermutungen und/oder Interpretationen der Fachkräfte aufgebaut wird.

c) Bericht vom Arbeitskreis Soziales

Sabine berichtet

- über die Vorstellung des Gesundheitsberichtes des Gesundheitsamtes mit drastisch verschlechterten Daten für den Stadtteil (erneuter Anstieg der Quote von Kindern mit Mangelernährungserscheinungen; Bericht ist im Umlauf);
- über Kürzungspläne für die Erziehungsberatungsstelle und nennt Termin für ein Interventionstreffen;
- dass sie am Rande der Sitzung im AK nachgefragt hat, wer möglicherweise einen Koch kennt für die Männer-Koch-AG. Leider konnten keine Hinweise gegeben werden. Es wurde jedoch darauf hingewiesen, dass die Ehrenamt-Agentur hier evtl. die richtige Adresse sein könnte;
- dass in den Räumen der Freikirche XY getagt wurde und es dort einen Musikraum und eine transportable Musikanlage gibt, welche genutzt werden können.

Erläuterung zu TOP 4c

Das Einholen von Daten aus dem kommunalen Sozialbericht, aus Gesundheitsberichten, der Kriminalitätsstatistik, dem Armutsbericht etc. kann den Blick schärfen bzw. auftauchende Phänomene in der Fallarbeit erklären. Hinweise auf Ursachen können die Dringlichkeit der fallübergreifenden Bearbeitung dieser Themen unterstreichen.

d) Bericht aus laufenden Sozialraum(kooperations)projekten

Der Frühstückstreff des Jugendhilfenetzwerks wird weiter gut angenommen. Derzeit sind dort keine Mütter aus laufenden Fällen von Hilfen zur Erziehung, aber zwei Mütter, bei denen die Hilfe früher beendet werden konnte, weil sie durch das Angebot weiterhin wöchentlich eine Ansprechpartnerin aus dem Bereich der Familienhilfe haben.
Die letzte Sonntagsöffnung des Jugendtreffs besuchten 50 Jugendliche. Zunehmend auch mit kleinen Geschwistern. Als ein Grund wird vermutet, dass es hier auch am Monatsende durch das Buffet der Tafel etwas zu essen gibt. Nach wie vor bestreiten studentische Honorarkräfte die Sonntagsöffnung. Zur Erinnerung: Ziel des Angebotes „Happy Sunday" war es, die belastende Situation an Sonntagnachmittagen in Familien zu entschärfen und Jugendlichen Rückzugsmöglichkeiten zu bieten. Unter dem Motto „Tupperware-Parties sind out – Supernanny-Party ist in" werden derzeit durch die Erziehungsberatungsstelle Elterntrainings durchgeführt: Auf Einladung und anhand von Filmen werden mit mehreren Eltern/-teilen in privaten Wohnräumen Erziehungsfragen besprochen. Weiteres Angebot: Die Erziehungsberatungsstelle hat für alle Kitas aus dem Kreis ihrer Mitarbeiter Paten benannt, die in Fragen zur Erziehung, aber auch bei Fragen zum Kindesschutz vorrangig angerufen werden sollen.

TOP 5: Verschiedenes

a) Einladungen zu anderen Institutionen

Der Sportverein Rot-Weiß lädt ein zur Sitzung mit den Trainern. Vom Jugendhilfenetzwerk geht Thomas Schmidt hin, um auch für uns zu checken, wer gute Angebote für „unsere" Jugendlichen macht. Wer konkrete Anliegen/Fragen hat, soll ihn anrufen.

b) Planungen

Nächste Teamsitzung: Diskussion über eine mögliche Informationsveranstaltung zum Bundeskinderschutzgesetz für relevante Institutionen im Bereich Gesundheitswesen

Erläuterung zu TOP 5

Unter dem oben bereits erwähnten Punkt „Tipps und Themen" können Themen auftauchen, die an dieser Stelle in die weitere Planung einfließen können. Es sollte regelmäßig in den Teamsitzungen abgefragt werden: Was ist uns in der letzten Zeit in der Fallarbeit häufiger aufgefallen, das gebündelt in Form einer Gruppe oder Initiative effektiver und lebensweltnäher bearbeitet werden könnte? ■ ■ ■ ■

Anhand dieses fiktiven und gebündelten „Protokolls" einer Teamsitzung im ASD soll nachvollziehbar werden, dass Sozialraumorientierung einen bestimmten methodischen Blick markiert, mit dem die alltägliche Fallarbeit im ASD angereichert werden kann, und dass in vielen kleinen methodischen Zugangsweisen die Perspektive auf den Sozialraum in den Alltag der ASD-Arbeit integriert werden kann. In Fortbildungen wird von Fachkräften oftmals geäußert: „Sozialraumorientierung: nett in der Theorie, aber unsere Praxis ist anders ...; wir haben nicht die Zeit dazu." Dennoch sollen mit diesem Beitrag ASD-Fachkräfte und ASD-Leitungen ermutigt werden, die vielen kleinen Ansatzpunkte

Möglichkeiten der Umsetzung des Fachkonzeptes deutlicher wahrzunehmen. Manche Ansatzpunkte sind nicht besonders neuartig, aber sie sind den Akteuren nicht so bewusst, und sie gehen schnell im Alltag unter, wenn man nicht sorgsam auf sie achtet. Deshalb sollte dieser Beitrag als ein Plädoyer dafür gelesen werden, dass feste „Strukturpflöcke" wie z. B. die skizzierten Tagesordnungspunkte und oder andere organisatorische Hilfsmittel immer wieder als Krücken genutzt werden, um über diesen Weg das Fachprinzip „Sozialraumorientierung" methodisch kontinuierlich im Alltag zu etablieren. Nach dem Leitmotiv: Tatsachen sind veränderbar – sie sind eine Sache der Tat.

25 Unterstützung des beruflichen Handelns durch den Einsatz von Informationstechnologien

Von Wolfgang Tenhaken

- IT-Unterstützung im ASD ist unter Einbindung der aktuellen quantitativen und qualitativen Anforderungen an die Fachkräfte faktisch unumgänglich, dennoch teilweise auf Mitarbeiterebene in der Praxis der ASD immer noch mit Ressentiments besetzt. Als zentrales Argument wird nahezu durchgängig die Komplexität sozialpädagogischer Prozesse, die Besonderheit des Einzelfalls angeführt, die sich aus Sicht der Fachkräfte schwierig clustern lassen. Diese Befürchtungen stehen in Konkurrenz zu den fachlichen Notwendigkeiten, die sich aus Organisations– und Qualitätsentwicklung im Arbeitsfeld ASD ergeben und die IT-Unterstützung dringend benötigen.

- Der ASD muss insofern den Technikeinsatz partizipativ und den Mehrwert für Organisation und Mitarbeiter transparent gestalten. Letztlich geht es auch darum, dass die Fachkräfte akzeptieren, IT-gestützte Kontrolle des beruflichen Handelns als konstitutives Element in das Berufsverständnis zu integrieren.

- Die Durchdringung aller Lebenswelten mit IT stellt somit die Fachkräfte für die Zukunft nicht nur innerorganisatorisch vor neue Herausforderungen, sondern verlangt auch mittelfristig eine Anpassung traditioneller Kommunikationsformen für die Generation der „Digital Natives".

Computernutzung in der Sozialen Arbeit ist ein seit vielen Jahren kontrovers diskutiertes Themenfeld, wobei die Diskussion weitgehend bestimmt ist durch die Tatsache, dass technische Systeme bisher nicht zwingend notwendig für die Fallbearbeitung und „unternehmerisches Überleben" nicht von ihnen abhängig ist. Auch im Arbeitsfeld des Allgemeinen Sozialen Dienstes (ASD) ist dieser Diskurs seit vielen Jahren in unterschiedlicher Intensität zu finden.

Gegenstand der folgenden Ausführungen soll somit nicht die Beantwortung der Fragestellung sein, welche Fachsoftware die Arbeitsbezüge des ASD am besten unterstützt, sondern es soll aufgezeigt werden, wo Chancen, aber auch Grenzen technologischer Unterstützung für dieses Feld zu verorten sind. Der Fokus richtet sich auf Informationstechnologie als unterstützendes Instrument der methodischen Arbeit der ASD-Mitarbeiter, das Fachlichkeit ggf. forcieren hilft und Prozessabläufe im administrativen Bereich vereinfachen und transparenter gestalten kann, Controlling sowie Fach- und Ressourcenverantwortung unterstützt. Bereits hier wird der enge Zusammenhang zu Prozessen der Organisationsentwicklung und -gestaltung deutlich.

Weiter ist zu beachten, dass der ASD ein Dienstleister mit sehr vielen Kooperationsbezügen in der Sozialen Arbeit ist. Für eine konsequente Nutzung von IT wird sich daher auch die Frage stellen, wie eine IT-gestützte Kommunikation zwischen ASD und Kooperationspartnern technisch abgebildet werden kann.

Ferner wird die rasante Entwicklung des Internets eine veränderte Angebotsstruktur des ASD in absehbarer Zeit möglich erscheinen lassen. Themen wie Online-Beratung, E-Government und die zunehmende Durchdringung des Alltags der Adressaten durch neue Technologien müssen somit wahrscheinlich auch vom ASD aufgegriffen werden.

25.1 Informationstechnologie – Begriffsbestimmung

Seit Anfang der 1980er Jahre gibt es Berührungspunkte zwischen Sozialer Arbeit und elektronischer Datenverarbeitung (EDV). Der Begriff EDV greift heute mit Blick auf die Vielfalt der EDV-Anwendungsmöglichkeiten zu kurz und ist insofern durch den Begriff Informationstechnologie abgelöst worden. Damit ist die Entwicklung und Einführung neuer Methoden der Informationsverarbeitung gemeint, die maßgeblich durch die Informatik und Telekommunikation bestimmt werden. Das Spektrum der EDV ist heute um ein Vielfaches breiter, durchdringt alle beruflichen Tätigkeitsfelder und auch in großer Vielfalt den privaten Bereich. Insofern wird nahezu durchgängig von Informationstechnologien (IT) gesprochen, in letzter Zeit oft auch erweitert zu Informations- und Kommunikationstechnologien (IuK / IKT). Damit meint man die Gesamtheit der zur Speicherung, Verarbeitung und Kommunikation zur Verfügung stehenden Ressourcen sowie die Art und Weise, wie diese Ressourcen organisiert sind (Krcmar 2005, 30).

IuK-Technologien bilden somit die Gesamtheit der technologischen Unterstützung und Kommunikation ab, die im Sozialwesen allgemein und im ASD speziell Anwendung finden kann.

25.2 Technologienutzung im Sozialwesen – eine kurze historische Einordnung

Informationstechnologie hatte ihren Anfang im Sozialwesen mit Einführung der PCs in den 1980er Jahren. Kreidenweis (2011, 15 ff.) definiert drei Entwicklungsphasen. Am Anfang stand die Unterstützung bei administrativen Standardprozessen. Dem folgten Mitte der 1990er Jahre (Phase 2) erste Fachsoftware-Lösungen, die ihren Schwerpunkt in der Falldokumentation und in der statistischen Auswertung von Fallzahlen mit betriebswirtschaftlichem Charakter hatten. Diese Softwareprodukte sind überwiegend Insellösungen, die eine Einbindung in eine IT-Infrastruktur nicht vorsehen. In der dritten Phase – seit Anfang dieses Jahrtausends – sind die zentralen Themen der IT-Entwicklung die Dokumentation und die Evaluation sowie die Prozessunterstützung bei der Fallbearbeitung.

Im Bereich der öffentlichen Verwaltung kommen bereits seit Anfang der 1960er Jahre EDV-Systeme als Großrechner- Terminalsysteme u. a. im Bereich des Meldewesens zum Einsatz. Ab 1985 wird diese bis dahin vorherrschende Großrechnerarchitektur der öffentlichen Verwaltung sukzessive durch PCs in der allgemeinen Verwaltung abgelöst, die zentrale Aufgaben wie Finanzbuchhaltung, Gehaltsabrechnung, Klientenverwaltung und Leistungsabrechnung unterstützen. Auch der administrative Teil des Jugendamts wird hier durchgängig einbezogen.

Nach wie vor ist der Grad der IT-Unterstützung im Sozialwesen, auch im ASD, sehr heterogen. Für das nächste Jahrzehnt ist zu erwarten, dass sich die IT-Infrastruktur insgesamt homogener entwickeln wird. Die sich verändernden gesellschaftlichen Rahmenbedingungen und insbesondere die intensive Nutzung des Internets durch die Adressaten Sozialer Arbeit werden vermutlich einen weiteren Ausbau technikgestützter Verfahren bewirken. Allein im Bereich der Onlineberatung sind enorme Wachstumsraten zu verzeichnen.

25.3 Zur IT-Infrastruktur Sozialer Organisationen

Der IT-Report für die Sozialwirtschaft 2011 (Kreidenweis / Halfar 2011) stellt eine regelmäßige IT-Nutzung im Sozialwesen bei 60 % aller Mitarbeiter fest. Für jeden dritten Mitarbeiter ist somit ein PC-Arbeitsplatz vorhanden. Der Anteil an PC mit Zugang zum Internet steigt stetig und liegt bei nahezu 100 %. E-Mail wird von 91 % der Fachkräfte genutzt, Tendenz steigend.

Die technische Ausstattung an den Arbeitsplätzen sieht i. d. R. den Desktop-PC als Standard vor, knapp 20 % arbeiten mit „Mini-PCs" sowie 12 % der Befragten mit Notebooks. Kreidenweis / Halfar (2011) gehen davon aus, dass der Trend ähnlich wie im Profitbereich auch im Sozialwesen in Richtung mobiler Geräte geht. Diese Entwicklung wird aber deutlich langsamer verlaufen, da Investitionen in die IT-Infrastruktur im Sozialwesen, gemessen am

Umsatz, bisher marginal sind (ca. 1% des Brutto-Umsatzes).
Neben der IT-Ausstattung der Arbeitsplätze ist die IT-Infrastruktur der Organisationen ein zentrales Element, wenn es um technologische (Weiter-)Entwicklungen geht. Insgesamt scheinen soziale Organisationen sich auch hier auf den Weg zu begeben, neue technische Verfahren intensiver in ihre IT-Infrastrukturen einzubinden. Server-based Computing, ein technisches Verfahren, bei dem alle Daten von einem leistungsfähigen Server bezogen werden, erfreut sich auch in den IT-Abteilungen sozialer Organisationen zunehmender Beliebtheit. Gerade im Hinblick auf Dezentralität und Datenschutz bietet diese Infrastruktur deutliche Vorteile gegenüber den bisher üblichen lokalen Installationen (Kreidenweis/Halfar 2011, 14 ff.).

25.4 Die zentralen Funktionen von IT im Sozialwesen

Bei der näheren Analyse möglicher Anwendungsfelder für IT im Sozialwesen ist zunächst festzuhalten, dass die Heterogenität der Arbeitsfelder und die unterschiedlichen Arbeitsformen keine gute Grundlage für verallgemeinernde Aussagen zur IT-Nutzung sind. Kreidenweis (2011, 21) differenziert bei der IT-Nutzung im Sozialwesen zwischen drei zentralen Anwendungsfeldern:

- Basissysteme (Office-Software, Kommunikations- und Internetsoftware, Intranet u. a.);
- Fachsoftware (Rechnungswesen, Lohn- und Gehaltsabrechnung etc.);
- Managementinformationssysteme (Leistungsabrechnung, Planung und Dokumentation von Hilfen, Dienst-/Einsatzplanung).

Unbestritten ist heute Textverarbeitung die zentrale IT-Nutzung des Sozialwesens, und auch E-Mailing gehört zu einem der Standardprozesse, wobei die sich daraus ergebenden Datenschutzprobleme bisher nur in Ansätzen gelöst sind. Ferner werden heute viele administrative Verfahren mit hohem Standardisierungsgrad in den sozialwirtschaftlichen Feldern elektronisch abgebildet.
Anders verhält es sich mit der Nutzungsintensität von IT in Prozessen, die qualitative fachliche Unterstützung zum Ziel haben. Umfang und Nutzungsintensität sind hier von vielen Variablen abhängig; der Zusammenhang zu fachlichen Erfordernissen ist nicht immer ersichtlich.
Was ist nun der Grund dafür, dass der IT-Nutzungsgrad im Sozialwesen allgemein und im ASD speziell diese heterogenen Strukturen aufweist? Ohne dass es hierzu gesicherte Untersuchungen gibt, lassen sich vier Dimensionen bestimmen, mit denen erklärt werden kann, warum die Zielsetzungen der IT-Nutzung zwischen Profit- und Non-Profit-Bereich weiterhin deutlich variieren:

- IT-Lösungen werden im Profitbereich mit dem Ziel eingesetzt, Effektivität und Effizienz der Prozessabläufe zu bewirken und damit für Kostensenkung, Steigerung der Wirtschaftlichkeit und somit letztlich auch des Gewinns Sorge zu tragen. Diese Zielsetzung wird im Sozialwesen zwar auch häufiger benannt, der Nachweis für solche Wirkungen fehlt aber. Zentrale Motivation für die IT-Nutzung im Sozialwesen sind heute Steuerungs-, Controlling- und Qualitätsaspekte.
- Soziale Arbeit ist nicht in dem Maße von IT abhängig, wie das für die Prozessabläufe in Profit-Unternehmen gilt. Viele Prozesse in sozialpädagogischen Arbeitsfeldern sind maßgeblich durch eine individualisierte Fallbearbeitung gekennzeichnet, deren Standardisierungsgrad eher gering ist, sodass technische Lösungen nur begrenzt sinnvoll sind.
- Es gibt Gründe, die mit der Berufsrolle und dem Berufsverständnis zu tun haben, die weiterhin für eine eher skeptische Grundhaltung sozialpädagogischer Fachkräfte gegenüber technischen Unterstützungssystemen stehen. Techniknutzung wird hier häufig eher unter Kontrollaspekten wahrgenommen.
- Sozialpädagogische Fachkräfte sehen nur begrenzt die Chance, dass Standardisierung von Prozessabläufen für eine qualifizierte Fallbearbeitung nützlich sein kann.

Andererseits ist bei sozialpädagogischen Fachkräften, die IT nutzen, zunehmend festzustellen, dass sie durchaus einen Mehrwert für ihren beruflichen Alltag sehen. Gleichwohl fühlen sich auch diese oft in der Gestaltung ihres methodischen Handelns durch die Nutzung von Fachsoftware fachlich eingeengt, können für sich selber nur begrenzt Positives ableiten.

25.5 Anforderungen an Technologieunterstützung im ASD heute

Die bisher geringe technische Durchdringung der Arbeitswelt sozialpädagogischer Fachkräfte ist ein Grund dafür, dass Vorbehalte gegenüber technologischer Unterstützung zumindest für viele ältere Fachkräfte überwiegend fortbestehen. Dabei verfügen über 80 % der Jugendämter nach einer Untersuchung des DJI über EDV-gestützte Systeme zur Dokumentation und Bearbeitung sowie zur Erfassung statistischer Daten (van Santen 2004). Gleichzeitig erlebt jedoch mehr als die Hälfte der sozialpädagogischen Fachkräfte die Einführung von EDV nicht als Entlastung (Seckinger et al. 2008, 36).

Die Leitungsebene fordert dagegen die Einführung elektronisch gestützter Fallbearbeitung (Wiedermann 2008, 48; Verein für Kommunalwissenschaften 2008, 89), gleichzeitig sieht man sich aber auch mit den Widerständen der sozialpädagogischen Fachkräfte konfrontiert (Wiedermann 2008, 39). Wie lassen sich nun diese scheinbaren Widersprüche erklären? Das Arbeitsfeld des ASD ist heute in vielen Gebietskörperschaften durch einen eher geringen Anteil an standardisierten Prozessabläufen gekennzeichnet. Softwareentwicklungen, die für dieses Arbeitsfeld zur Verfügung stehen, versuchen, dem einerseits in der Softwareumsetzung durch einen hohen Grad nicht standardisierter Items (Datenfelder) Rechnung zu tragen, andererseits erfordert die elektronische Aktenführung vergleichbare Items, um eine fallbezogene Auswertung zu ermöglichen.

60 % und mehr der ASD-Tätigkeit sind laut DJI-Studie Einzelfallarbeit, 20 % der Arbeitszeit ist Verwaltungs- und Organisationsarbeit inkl. Fallmanagement (Seckinger et al. 2008, 26). Beratungsarbeit mit all ihren Facetten macht den Schwerpunkt der ASD-Tätigkeit aus. Inwieweit ist diese nun kompatibel mit einer fachlich sinnvollen IT-Unterstützung?

In Annäherung an Parallelen der IT-Nutzung im Sozialwesen und im Profitbereich lassen sich verschiedene Felder, die Abbildung 1 zu entnehmen sind, identifizieren, die für eine IT-Unterstützung im ASD besonders geeignet scheinen.

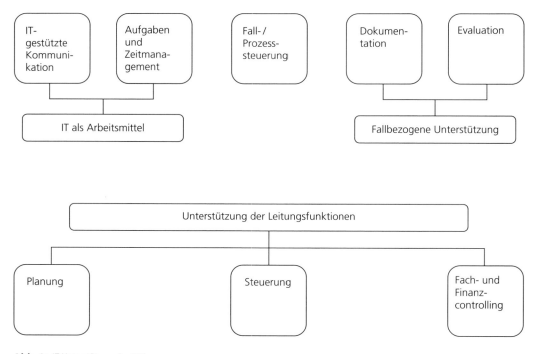

Abb. 1: IT-Unterstützung im ASD

25.5.1 IT-gestützte Kommunikation

Bereits heute ist das Telefon eines der zentralen Werkzeuge der ASD-Fachkraft. Über dieses Medium werden Informationen vermittelt und eingeholt, Beratungen durchgeführt, Kooperationspartner informiert, Sachstände abgefragt etc. Mit IT-gestützter Kommunikation ist die Bandbreite elektronischer Kommunikation deutlich zu erweitern. Einfache Formen von Video- bzw. Telefonkonferenzen ermöglichen eine gemeinsame Diskussion mehrerer Teilnehmer. Im Alltag des ASD binden insbesondere Fachgespräche mit Kooperationspartnern, die nicht vor Ort sind, häufig viel Zeit. Notwendige Fahrzeiten, insbesondere bei den ASD der Landkreise, und Dauer der Gesprächsfrequenzen stehen häufig nicht in einem vertretbaren Zeitaufwand. Mit technisch geringem Aufwand lassen sich hier effektivere Kommunikationsformen finden.

Zentrales IT-Kommunikationsmittel ist jedoch die E-Mail. Mit ihm wird heute ein Großteil der schriftlichen Kommunikation, sofern datenschutzrechtlich erlaubt, zwischen ASD, freien Trägern und weiteren Kooperationspartnern durchgeführt. E-Mails würden klassische Korrespondenzformen nahezu gänzlich ersetzen, wenn zwei zentrale Probleme gelöst werden könnten:

1. die datenschutzrechtlichen Fragestellungen (Verschlüsselung von E-Mail-Korrespondenz etc.),
2. die Verfügbarkeit aller notwendigen Dokumente (z. B. Gutachten, Entwicklungsberichte etc.) in einem standardisierten elektronischen Format.

Nur wenige Jugendämter nutzen bisher elektronische Verfahren, die diese beiden Aspekte berücksichtigen. Die IT-Sicherheit, die unabdingbar für die Nutzung elektronischer Systeme im ASD vonnöten ist, scheint aber nicht einfach und vor allen Dingen nicht kostengünstig herzustellen zu sein, sodass gerade in diesem Feld die technischen Rahmenbedingungen zunächst geschaffen werden müssen. Auch die Ergebnisse im IT-Report 2011 deuten darauf, dass IT-Sicherheitskonzepte eine zentrale Baustelle der sozialen Organisationen sind (Kreidenweis/Halfar 2011, 27 ff.). Ferner ist zu berücksichtigen, dass die IT-Systeme der einzelnen Gebietskörperschaften in Bezug auf die Datenformate Standardisierungen voraussetzen, da in vielen Fällen die Kooperationspartner mehrere Gebietskörperschaften bedienen. Unterschiedliche Standards in der Datenweitergabe der IT-Systeme würde die Einführung solcher Verfahren ad absurdum führen.

25.5.2 Aufgaben- und Zeitmanagement

Terminabsprachen und Koordinierung sowohl mit internen wie externen Partnern, einzelfallbezogen wie einzelfallübergreifend, gehören zu den zentralen und zeitraubenden Organisationsaufgaben jedes ASD-Mitarbeiters. Spezielle Softwarelösungen, Groupware (Software, die die Zusammenarbeit in Gruppen über zeitliche und/oder räumliche Distanz unterstützt; z. B. Microsoft Outlook/Exchange, Lotus Notes, Novell Groupwise, BSCW, eGroupware, etc.) werden bei den Gebietskörperschaften bereits häufig angewandt. Zentrale Vorteile dieser Systeme sind Terminabsprachen auch ohne persönliche Kontaktierung, da die Fachkraft freie Zeitfenster der Beteiligten schnell recherchieren kann. Häufig verbunden sind diese Systeme mit einem Aufgabenmanagement, einem digitalen Adressbuch und Ressourcenmanagement (z. B. Verfügbarkeit von Dienstwagen). Neben der Zeitersparnis bei der gemeinsamen Terminfindung ist die reduzierte Datenredundanz (damit ist das mehrfache Führen der gleichen Daten gemeint) ein zentraler Vorteil solcher Systeme, d. h. alle Daten stehen nach Aktualisierung allen Zugriffsberechtigten in aktualisierter Form zur Verfügung.

Die effiziente Nutzung solcher Systeme gelingt allerdings nur, wenn alle Beteiligten diese Systeme auch für das Termin- und Aufgabenmanagement nutzen. Offen bleibt auch hier, wie die Kooperationspartner in solche Systeme eingebunden werden können. Gerade für die ASD der Landkreise, die häufig längere Fahrzeiten auf sich nehmen, um Beratung und Fallbearbeitung durchführen zu können, sind solche Systeme von unschätzbarem Wert, wenn sie auch dezentral genutzt werden können.

25.5.3 Fallsteuerung und Prozesssteuerung

Ging es bisher um technische Unterstützungssysteme mit eher allgemeinerem Charakter, d. h. diese Technologien sind heute in vielen Arbeitsfeldern so oder ähnlich zu finden, wird nun die IT-Unterstützung für die Fall- und Prozesssteuerung näher beleuchtet. Dies gelingt am besten über eine Orientierung an den Arbeitsschwerpunkten des ASD. Einen Großteil der einzelfallbezogenen Dienstleistung erbringt die ASD-Fachkraft für:

- Hilfeplanung,
- Gefährdungseinschätzung bei möglicher Kindeswohlgefährdung sowie
- Trennungs- und Scheidungsberatung.

Analysiert man die Prozessabläufe für die Beratungsfelder des ASD auf der Ebene des Einzelfalls, sind Übereinstimmungen festzustellen. Für die Fallbearbeitung

- müssen immer die Stammdaten der Beteiligten erfasst werden,
- werden biografische, soziale und materielle Rahmenbedingungen beschrieben,
- erfolgt i. d. R. eine Auftragsklärung,
- werden Informationen vermittelt,
- erfolgt ggf. eine Antragstellung,
- werden Beratungsergebnisse dokumentiert,
- erfolgen Vereinbarungen über zu leistende Hilfen, rechtlich folgende Schritte etc.
- wird ein Zeitplan für Überprüfung, Wiedervorlage u. ä. für Hilfen festgelegt,
- soll eine Evaluation des Beratungsprozesses erfolgen.

Diese zentralen Prozessschritte finden sich in allen ASD wieder, allerdings existieren teilweise keine verbindlichen Verfahrensschritte und auch keine konzeptionellen Vorgaben in der Umsetzung. Insofern muss eine technische Abbildung solcher Prozesse auf die jeweilige Organisationseinheit angepasst werden; die Lösung für die Kommune A muss angesichts konzeptionell divergierender Vorstellungen der Fallbearbeitung nicht die Lösung für die Kommune B sein. Somit ist eine der zentralen Fragen, wie weit standardisierte Prozessabläufe in dem jeweiligen ASD institutionell gewollt und umgesetzt sind. Diese eher der Organisations- und Qualitätsentwicklung zuzuschreibende Aufgabe ist unabdingbare Voraussetzung für eine gelingende Integration von Fachsoftware in den ASD.

Heute steht eine Vielzahl von Fachsoftwareangeboten mit unterschiedlicher Funktionsbreite zur Verfügung (Hinweise zu Fachsoftwareprodukten für den ASD finden Sie unter www.sozialinformatik-ms.de, 05.09.2012). Die Entwicklung solcher prozessorientierter Softwarelösungen ist i. d. R. in Kooperation mit der Praxis entstanden. Die Anbieter sind in den meisten Fällen Unternehmen, die bereits andere Bereiche der Gebietskörperschaften mit IT-(Software-)Produkten bedienen und wo aus dem Wunsch nach ganzheitlichen IT-Lösungen entsprechende Entwicklungen für das gesamte Spektrum behördlicher Jugendhilfe entstanden sind.

Hier gibt es nun eine weitere Besonderheit für das Arbeitsfeld. Durch die Einbindung in die Gesamt-IT der Gebietskörperschaft machen Insellösungen – damit sind Softwareprodukte gemeint, die sich nicht in die ansonsten bestehende IT-Infrastruktur einer Organisation einbinden lassen – keinen Sinn. Das führt u. a. dazu, dass die Softwareanbieter, die bereits andere Aufgabenfelder des öffentlichen Jugendhilfeträgers oder aber auch andere Abteilungen der Gebietskörperschaft bedienen, mit ihren IT-Lösungen dort stärker vertreten sind, allerdings nicht immer mit dem fachlich qualifiziertesten Produkt. Aber der IT-Integrations- und Migrationsaspekt in die Gesamt-IT ist unter Planungs- und Steuerungsaspekten ein zentraler Faktor, sodass solche Lösungen für Entscheidungsträger häufig nahe liegen. Dies hat bei vielen Gebietskörperschaften zur Folge, dass (notgedrungen) eigene Wege gegangen werden. Der Kinder- und Jugendhilfebereich hat aktuell bei Softwareprodukten einen Anteil von 44 % an Eigenlösungen (Kreidenweis / Halfar 2011, 18), ein im Vergleich zu anderen Arbeitsfeldern hoher Wert. Vermuten lässt sich, dass die Einführung von fall- und prozessorientierter Fachsoftware nicht nur durch die Vorbehalte der Fachkräfte schwierig erscheint, sondern auch durch eine insgesamt sehr heterogene Fachsoftware-Landschaft, wo im Einzelfall immer wieder darüber gestritten wird, wie die IT-gestützte Fallbearbeitung optimal zu gestalten ist. In der Konsequenz heißt das für den ASD, dass zunächst zu klären ist, ob standardisierte Verfahren zur Fallbearbeitung fachlich gewollt sind. Somit ist die Entscheidung für Fachsoftware auch eine Entscheidung im Rahmen der Organisationsentwicklung. Als Best Practice sei auf ein Forschungsprojekt (www.cm4Ju.de; 05.09.2014) verwiesen, das eine IT-gestützte Fallsteuerung für das Hilfeplanverfahren mit dem Case-Management-Konzept umgesetzt hat. Fachkräfte der Jugendämter und der Informatik haben die notwendigen Prozessschritte zunächst gemeinsam analysiert, die dann im nächsten Schritt technisch abgebildet wurden (Arnold et al. 2011, 105 ff.). Der Gesamtprozess der Hilfeplanung, von der Auftragsklärung über die Hilfedurchführung bis zur Evaluation des Einzelfalls (Poguntke-Rauer et al. 2009, 163 ff.) ist elektronisch abgebildet und bietet den ASD-Fachkräften ein Gerüst, das eine vergleichbare Fallbearbeitung ermöglicht und somit Adressaten die Sicherheit bietet, dass für zentrale Prozessschritte vergleichbare Standards gelten und somit die personale Komponente, d. h. der Arbeitsaufwand der Fachkraft strukturell reduziert wird. Dies ist nicht unbedingt nur durch den IT-Einsatz zu erreichen, gleichwohl bewirkt die Strukturierung durch ein Softwareprodukt einen höheren Verbindlichkeitsgrad; die Individualität der Fallbearbeitung wird somit deutlich reduziert, was unter Qualitätsaspekten nicht nur nachteilig einzuschätzen ist.

25.5.4 Dokumentation

Die Notwendigkeit der fallbezogenen Dokumentation wird im ASD heute kaum noch in Frage gestellt (→ Kapitel 20), wenn auch Argumente wie Zeitverlust für die eigentliche Arbeit oder der Hinweis auf die Gefahr von Reduktion und Verfälschung komplexer Lebenswelten nach wie vor von den Fachkräften als Gründe für einen reduzierten Umgang mit Dokumentation angeführt werden. Dokumentation ist aber notwendigerweise für eine fachliche sowie verwaltungsrechtliche Rekonstruktion des Einzelfalles notwendig, ist trotz des Formalisierungsgrades für die Darstellung des fachlichen Verständnisses unentbehrlich (Leitner 2007, 216 f.). Allerdings gibt es auch für den ASD keine einheitlichen bzw. verbindlichen Dokumentationsstandards, wissenschaftlich abgesicherte Kategoriensysteme fehlen.
So wird das Dilemma für eine IT-gestützte Dokumentation deutlich: Dokumentation dient zwar unter fachlichen Aspekten der wissenschaftlichen Kontrolle, Aufklärungsqualifizierung und Innovation (von Spiegel 1993, 220), gleichwohl ist es bisher nicht gelungen, ein verbindliches, wissenschaftlich abgesichertes Kategoriensystem für die Falldokumentation im ASD wie auch für fast alle anderen Arbeitsfelder der Sozialen Arbeit zu entwickeln. Das führt die Frage nach geeigneter elektronischer Dokumentation fast ad absurdum.
IT-gestützte Dokumentation ist unproblematisch für alle Items im Bereich der Verwaltung und Abrechnung einzuführen, für die pädagogische Dokumentation des beruflichen Handelns scheinen IT-gestützte Verfahren bisher weniger geeignet, trotz anders lautender Einschätzungen aus Kreisen der Wissenschaft (Axhausen 2005). Somit sind IT-gestützte Auswertungen über Problemlagen der Adressaten und sich daraus ergebende fachliche Handlungsnotwendigkeiten nur für die jeweilige Gebietskörperschaft möglich.
Insofern steigt die Neigung zu IT-gestützter Dokumentation trotz steigender Computerkompetenzen der pädagogischen Fachkräfte kaum. Eher besteht die Sorge, dass sich die Fachkraft dem Computer und seinen Vorgaben anzupassen hat, dass Dateneingaben zwingend erforderlich werden, dass die Komplexität von Lebenslagen und Hilfeverläufen sowieso nicht in elektronischen Systemen abzubilden ist etc. All das sind Befürchtungen, die zu einer eher ablehnenden Haltung gegenüber diesen Systemen führen.
Andererseits existieren gute Gründe, Beratungsprozesse IT-gestützt zu dokumentieren. Will man Aussagen zur Qualität, Effektivität und Effizienz von Hilfeverläufen verallgemeinernd machen, sind für die Steuerungsebene die sozialräumliche Auswertung sowie interkommunale Vergleiche von hohem Wert. Dies bedarf aber einer vergleichbaren Datenlage, was nur mit IT-gestützten Verfahren gelingen kann. Andere denkbare Auswertungsverfahren können kaum in den zeitlich engen Berufsalltag der ASD-Fachkräfte integriert werden.

25.5.5 Fallevaluation

Die Evaluation von Maßnahmen, Angeboten oder Interventionen erhält zunehmend Bedeutung in der Sozialen Arbeit. Gründe dafür sind der Erkenntnisgewinn für Steuerungsentscheidungen sowie für die Legitimation und Kontrolle durchgeführter Maßnahmen (Merchel 2010d, 33). Merchel betont, dass Evaluation zu den Grundprinzipien sozialpädagogischen professionellen Handelns gehört und der professionellen Autonomie dient

(Merchel 2010d, 35 ff.). Gleichwohl ist unbestritten, dass Evaluationsverfahren eine zusätzliche zeitliche Belastung für die Fachkräfte beinhalten. In neuerer Zeit sind hier nun erste Überlegungen zu IT-gestützter Evaluation aus der Forschungs- in die Praxisphase überführt worden. Ohne den fachlichen Diskurs zur Wirkungsmessung in der Jugendhilfe inhaltlich führen zu können, soll hier auf die technische Umsetzung eines Evaluationstools hingewiesen werden (vgl. WIMES). Die Besonderheit dieses Tools ist, dass hier erstmalig die Möglichkeit besteht, den gleichen Fall aus der jeweiligen Perspektive der Beteiligten (Jugendamt / ASD, Jugendhilfeträger, der die Maßnahme durchführt, und Klient) bewerten zu lassen. Ziel soll eine verbesserte Steuerung der Hilfen zur Erziehung sein. Unabhängig von der kontroversen Diskussion, ob Wirkungsmessung tatsächlich gelingen kann, erscheint der Weg durchaus interessant. Zwar werden sich komplexe Zusammenhänge

„von Ursachen und kurz- oder langfristigen Wirkungen der Koproduktion mit den Empfängern über einen längeren Zeitraum und innerhalb sich wandelnder sozialer und professioneller Systeme erbrachten Leistungen [...] auch mithilfe IT gestützter Dokumentationssysteme nur begrenzt ermitteln lassen. Dennoch: der Sozialen Arbeit ist angesichts der heute oft mehr als dürftigen Datenlage schon mit wesentlich weniger anspruchsvollen, aber konsistenten Auswertungen [...] innerhalb von Maßnahmen geholfen" (Kreidenweis 2004, 5).

Auch die Sorge, dass Evaluation bei unterschiedlichen Interessenträgern nur schwer gelingt, da sie mit unterschiedlichen Erwartungen verbunden ist, dass sie häufig überladen und zu komplex konzipiert ist (Merchel 2010d, 33), kann über ein solches Instrument praxistauglich aufgefangen werden.

25.5.6 Sach- & Finanzcontrolling

Seit vielen Jahren wird für den ASD die Zusammenführung von Fach- und Ressourcenverantwortung gefordert. Merchel betont, dass „fachliche Entscheidungen auch im Bewusstsein ihrer ressourcenbezogenen Auswirkungen getroffen und reflektiert werden" (Merchel 2010e, 35). Technische Systeme können diese Anforderung unterstützen, ressourcenbezogene Auswirkungen werden für die ASD-Fachkraft bei der Entscheidung für Hilfeformen deutlich und können sachgerecht einbezogen werden. Ferner benötigt die Leitungs- und Steuerungsebene Informationen für das Finanz- und Fachcontrolling auf der Basis einer vereinheitlichten Datenverwaltung, die über technische Systeme einfach abzubilden ist.

25.5.7 Planung und Steuerung

Für die Leitungsebene sind die Schwerpunkte der IT-Unterstützung im ASD eher auf Normierung von Beratungs- / Prozessabläufen und Controlling ausgerichtet; gleichzeitig sind Schnittstellen zu anderen technischen Verfahren der Organisationseinheiten von Bedeutung. Steuern lässt es sich aber nur, wenn man auch über eine ausreichende Datenbasis verfügt, die zeitnah zur Verfügung steht und auch eine entsprechende Detailtiefe beinhaltet (Kreidenweis 2002, 38). Trotz aller Skepsis gegenüber der Quantifizierung sozialpädagogischer Entscheidungsprozesse durch den Versuch, pädagogisches Handeln z. B. durch Einführung von Kennzahlensystemen vergleichbar zu machen (Merchel 2010e, 68 ff.), benötigt Leitung auch unter dem Aspekt, dass es hier um die Verwaltung knapper Güter geht, allein aus Legitimationsgründen die Möglichkeit, quantitatives Datenmaterial reflektiert einzubringen.

25.6 Technologiennutzung im ASD und Datenschutz

Gesetzlich eindeutige Regelungen zum Datenschutz und das berufliche Selbstverständnis der sozialpädagogischen Fachkräfte stellen den sensiblen Umgang mit personenbezogenen Daten in den Mittelpunkt der Einzelfallarbeit. Junge Menschen und deren Eltern als Anspruchsberechtigte haben ein im SGB VIII verbrieftes Recht auf Schutz der personenbezogenen Daten durch die Fachkräfte. Das Grundrecht auf informationelle Selbstbestimmung und die sich daraus ableitende Verpflichtung zur Datensparsamkeit (§§ 62 Abs. 2 SGB VIII und 67a Abs. 1 SGB X) stehen in Konkurrenz zu den Interessen der Organisation, Daten zu Planungs- und Steuerungszwecken zu erfassen und auszuwerten. IT-gestützte Datenerfassung ist nun nicht ursächlich für diesen Konflikt verantwortlich, aber die technische Auswertung erfordert eine noch höhere Sensibilität bei den datenschutzrechtlichen Bestimmungen, da die IT Datenschutzbestimmungen exakt abbilden muss.

Der Grundsatz der Zweckbestimmung der Datenerhebung steht somit in Konkurrenz mit dem Interesse an der Erhebung möglichst vieler qualitativer, personenbezogener Daten zu Auswertungszwecken. Dieses Dilemma kann dadurch aufgelöst werden,

- dass Adressaten darüber aufgeklärt werden, inwieweit und mit welchem Ziel zur Verfügung gestellte Daten elektronisch ausgewertet werden;
- dass die Fachsoftware die Möglichkeit bietet, personenbezogene Daten zu Auswertungszwecken zu pseudonymisieren, was einen unmittelbaren Rückschluss auf Personen verhindert;
- dass Adressaten das ausdrückliche Recht eingeräumt wird, einer Datenspeicherung über die Basisdaten hinaus zu widersprechen.

Technisch kann durch hierarchisch strukturierte Datenerfassungszweige die geforderte Differenzierung in der Datentiefe ermöglicht werden. Die sozialpädagogische Fachkraft muss somit zur Fallbearbeitung nur so viele Daten eingeben, wie sie für eine qualitative Bearbeitung benötigt, und die Daten des Klienten werden auch nur in der von ihm gewünschten Tiefe elektronisch erfasst. Aus dem Bereich der Suchthilfe sind entsprechende Verfahren seit vielen Jahren im Einsatz und ermöglichen entsprechende Auswertungsverfahren.

25.7 Zukünftige Anforderungen an Technologieunterstützung im ASD

Die IT-Nutzung im ASD steht trotz der hohen IT-Verbreitung qualitativ eher am Anfang. Die Komplexität der abzubildenden Prozesse führt zu einem Time Lag (Verzögerungseffekt) gegenüber anderen Arbeitsfeldern. Neben den aufgezeigten Unterstützungsfeldern für IT werden in den nächsten Jahren weitere Themen dazukommen, die Fachlichkeit, Effektivität und Effizienz fördern. IT-gestütztes Wissensmanagement, IT-Vernetzungsstrukturen zwischen öffentlichen und freien Trägern und weiteren Kooperationspartnern (Gericht, Kliniken etc.) sind derzeit eine Vision der Zukunft, da es hier u. a. auch um die Vereinheitlichung von Schnittstellen geht. Die elektronische Fallakte, die den Medienbruch aufheben wird, der nicht zu Unrecht häufig für Mehrarbeit bei der Fallbearbeitung verantwortlich gemacht wird, wird noch länger auf sich warten lassen. Die Investitionskosten sind doch ganz erheblich, und der Mehrwert ist aus heutiger Perspektive, zumindest kurz- bis mittelfristig, nur begrenzt sichtbar.

Allerdings führt die Durchdringung der Lebenswelten der Adressaten mit neuen Technologien zu neuen Anforderungen für den ASD. Die Digital Natives (Personen, die bereits mit digitalen Technologien groß geworden sind) werden erwachsen. Dies führt mit hoher Wahrscheinlichkeit auch für den ASD zu einer veränderten Inanspruchnahme seiner Dienste, insbesondere mit Blick auf das Informationsmanagement. Für die Klientel relevante Daten werden zukünftig verstärkt auch über das Netz abgerufen werden. Das Beziehungsmanagement der Digital Natives findet schon heute immer mehr über internetgestützte Dienste wie Facebook etc. statt – mit deutlich steigendem Trend. Viele Beratungsdienste der freien Träger der Jugendhilfe bieten heute bereits Online-Beratungen an – mit exponentiell wachsender Nachfrage. Auch wenn Online-Beratung heute als Einstiegsberatung verstanden und innerhalb der Profession mit Blick auf ihren Nutzen unterschiedlich diskutiert wird, wird sich angesichts der Nachfrage der Digital Natives der ASD diesen Anforderungen an niedrigschwellige Online-Beratung mittelfristig nicht verschließen können.

Ferner werden unter dem Stichwort E-Government in naher Zukunft verstärkt Dienste im Internet zur Verfügung gestellt, die der Vereinfachung der Kommunikation zwischen behördlichen Institutionen und den Bürgern dienen soll. Auch der ASD wird sich hier nicht verschließen können.

25.8 Fazit

Maßgeblich beeinflusst wird IT-Nutzung als fachliches Unterstützungsinstrument durch die Praxis der Organisationsentwicklung und durch den Qualitätsdiskurs in den jeweiligen Gebietskörperschaften. IT baut i. d. R. auf standardisierte Verfahren auf, was in den meisten Fällen eine Abkehr von den bisher wenig standardisierten Verfahrensabläufen beinhaltet. Das bedeutet für viele ASD einen Paradigmenwechsel, das bisherige berufliche Selbstverständnis wird dadurch zum Teil in Frage gestellt. Auf Leitungsebene ist diese Veränderung gewünscht (Rodenbüsch/Herglotz 2010; Wiedermann 2008), doch auf der Mitarbeiterebene wird dies nicht immer einfach umsetzbar.

Wie lassen sich diese unterschiedlichen Interessen zusammenführen? Voraussetzung für eine gelingende IT-Einführung ist die Schaffung von drei weitgehend nachweisbaren Anwendungserfahrungen der Nutzer (→ Abb. 2).

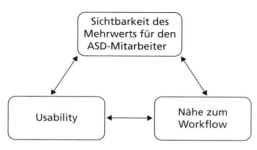

Abb. 2: Zentrale Faktoren für die Akzeptanz von IT-Unterstützung im ASD durch Mitarbeiter

An erster Stelle muss der erkennbare, auf das Arbeitsfeld bezogene Mehrwert für den ASD-Mitarbeiter stehen – nicht zu verwechseln mit einem persönlichen Mehrwert, der häufig bei der IT-Nutzung unterschwellig erwartet wird. Als Organisationsmitglied muss der Mitarbeiter nachvollziehen können, dass die Abbildung und Unterstützung durch IT dem Erreichen der Organisationsziele dienlich ist und dass auch die Klientel durch vergleichbare Standards etc. gewinnen kann.

Weiter müssen IT-Installationen den Workflow der Nutzer – die Orientierung an den tatsächlichen Aktivitäten der Arbeitsabläufe – bei den Anwendungen abbilden, was sicherlich eine der größeren Herausforderungen für die IT-Fachkräfte ist. Die Usibility (Benutzerfreundlichkeit) der zum Einsatz kommenden IT-Systeme ist dann der Faktor, der letztlich die Akzeptanz bei den Fachkräften zusätzlich steigern kann.

Für alle Beteiligten muss allerdings von Anfang an klar sein, dass der technologischen Unterstützung im ASD Prozesse der Organisations- und Qualitätsentwicklung vorausgehen müssen; die IT ist und bleibt nur ein Werkzeug zur Umsetzung. Die IT könnte allerdings als Instrument ihren Beitrag dazu leisten, den ASD und seine qualifizierte Arbeit aus der Legitimationsdefensive und aus dem virulenten Kostendruck zu befreien, da durch verlässliche und vergleichbare Steuerungsdaten gesellschaftliche Entwicklungen, die sozialpolitisches Handeln erforderlich machen, qualifizierter zu belegen sind.

26 Fachliches Handeln und Finanzsteuerung

Von Joachim Merchel

- Der ASD ist konfrontiert mit der Anforderung, mit dem Spannungsfeld umzugehen zwischen im Grundsatz budgetsprengenden Leistungsansprüchen von Adressaten einerseits und begrenzten, in Budgets gefasste Haushaltsmittel andererseits.
- Ein Blick in die Entwicklung des Hilfebedarfs bei den Erziehungshilfen in den letzten zehn Jahren zeigt einen Anstieg, der veränderte Lebensbedingungen von Familien widerspiegelt. Auch in naher Zukunft wird nicht mit einem Rückgang, sondern eher mit einem weiteren Anstieg zu rechnen sein.
- ASD-Leitungen und ASD-Mitarbeiter stehen bei ihren Bemühungen um Steuerung der Ausgaben vor einem Steuerungsparadoxon: Trotz des Wissens um die begrenzten Steuerungsmöglichkeiten bei den Kosten für Erziehungshilfen müssen sie Steuerungshoffnungen aufrechterhalten und mit reflektierten Aktivitäten eines bewussten Umgangs mit knappen Ressourcen solche Hoffnungen immer wieder bestätigen.
- Ansatzpunkte für eine Steuerung mit Auswirkungen auf die Ausgabenentwicklung ergeben sich bei der Entscheidung zur Erforderlichkeit einer Hilfe, bei der Gestaltung der Hilfeplanung und bei der Überprüfung der Hilfeverläufe und der Finanzierungsentscheidungen (Controlling).
- Die Qualifizierung der Hilfeplanung bildet den zentralen Ansatzpunkt für kostenbewusste Entscheidungen im ASD (vgl. Landes 2011; Schröer 2007b). Es geht um den zielgerichteten Einsatz von Finanzmitteln durch die sorgfältige Konstituierung einer dem Einzelfall angemessenen Hilfe und durch das Herstellen von Leistungstransparenz bei der Auswahl von und in der Aushandlung mit Leistungserbringern.
- Eine nachgehende einzelfallbezogene Überprüfung und das Controlling ermöglichen es, künftige Steuerungsoptionen herauszufinden. Solche Vorgänge müssen systematisch im Jugendamt verankert werden.
- Die Konzepte der Finanzsteuerung über Sozialraumbudgets, wirkungsorientierte Finanzierungsmodalitäten oder die Initiierung eines verstärkten Wettbewerbs bei den Leistungsanbietern sind nur wenig Erfolg versprechend bzw. stoßen auf rechtliche Bedenken oder sind mit fachlich bedenklichen Nebenfolgen verbunden.
- Der verantwortliche Umgang mit den fachlichen und finanzbezogenen Steuerungsanforderungen im ASD und mit dem damit einhergehenden Steuerungsparadox ist eng verknüpft mit Fragen der Strukturgestaltung („dezentrale Verantwortung einschließlich Ressourcenverantwortung") und mit einer entsprechenden Organisationskultur im ASD (→ Kapitel 3).

Der ASD hat die Aufgabe, eine fachlich angemessene Hilfegewährung und eine der Hilfeplanung entsprechende Durchführung der Hilfe zu gewährleisten. Der Rechtsanspruch der Leistungsadressaten auf eine geeignete und notwendige Hilfe (§ 27, 1 SGB VIII) und auf andere, im SGB definierte Unterstützungen ist vom ASD in einer Weise einzulösen, die dem Stand der fachlichen Erkenntnisse („State of the Art") entspricht. Auch wenn der individuelle Rechtsanspruch auf eine Hilfe im Grundsatz nicht an Grenzen des kommunalen Finanzhaushalts gekoppelt werden darf (Wiesner 2006, 432) und somit Rechtsansprüche immer als Budget sprengend angesehen werden müssen (Münder 2001, 30), so dürfen jedoch das Faktum begrenzter kommunaler Haushaltsmittel und der

Tab. 1: Fallzahlentwicklung bei den Hilfen zur Erziehung 2000 bis 2009 (Lotte/Pothmann 2010, 3)

	Erz.beistandschaft		Soz.päd. Fam.hilfe		Tagesgruppe		Vollzeitpfege		Heimerziehung	
	abs.	Index	abs.	Index	abs.	Index	abs.	Index	abs.	Index
2000	20.115	100	31.232	100	22.296	100	57.862	100	95.070	100
2005	26.636	132	48.302	155	23.513	105	59.407	103	85.900	90
2008	32.456	161	81.164	260	24.951	112	66.069	114	86.163	91
2009	36.322	181	93.360	299	26.162	117	69.972	121	91.395	96

von den finanziellen Restriktionen ausgehende Steuerungsdruck nicht unberücksichtigt bleiben.

Ein ASD, der mit dem Hinweis auf die individuellen Leistungsansprüche eine Diskussion über die Kostenentwicklung bei den regionalen Erziehungshilfen abwehren wollte, würde sich nicht nur politisch delegitimieren, sondern er würde sich auch in fachliche Schwierigkeiten bringen. Denn eine explizite oder implizite Weigerung, finanzbezogene Steuerungskalküle in das ASD-Handeln einzubeziehen, würde schnell zu administrativen Interventionen der Verwaltungsleitung führen, die den fachlichen Handlungsspielraum des ASD massiv einschränken würden – mit problematischen Folgen für die fachlichen Handlungsmöglichkeiten und für eine angemessene Hilfegestaltung mit den Adressaten. Ein ASD muss mit dem Widerspruch umgehen zwischen dem budgetsprengenden Charakter individueller Rechtsansprüche einerseits und andererseits der Tatsache, dass kommunale Finanzkapazitäten begrenzt sind. In diesem Spannungsfeld müssen sich die Bemühungen zur Finanzsteuerung im ASD bewegen. Die Frage, um die es in diesem Beitrag geht, lautet daher: *Worauf hat sich der ASD einzustellen im Bereich der Kostenentwicklung und welche Möglichkeiten des Finanzmanagements sind im ASD vorhanden bzw. können umgesetzt werden – mit welchen möglichen Folgen und Nebenfolgen?*

Die Anforderungen zur Kostensteuerung sind spätestens seit den 1990er Jahren ein Dauerthema für die kommunale Jugendhilfe. Die kontinuierlich angestiegenen und weiterhin ansteigenden Kosten bei den Hilfen zur Erziehung führen unweigerlich zu Projekten, in denen Schritte zur „Versöhnung" zwischen fachlicher und finanzbezogener Steuerung versucht werden (Schrapper 1998a) und zu weiteren Bestrebungen, die Entwicklung in der Erziehungshilfe und deren finanzielle Auswirkungen „in den Griff zu bekommen" (Merchel 2003 und 2004). Dass es dabei nicht zu allgemein verwendbaren Lösungen gekommen ist, ist angesichts der Verschiedenartigkeit der jeweiligen örtlichen Konstellationen, der begrenzten Kalkulierbarkeit von Erziehungshilfebedarf auslösenden Problemen und angesichts des komplexen institutionellen Gefüges, in dem sich erzieherische Probleme entwickeln, nur allzu gut erklärbar. Dennoch ist es erforderlich, diejenigen Stellen in den Verfahrensabläufen im ASD genauer in den Blick zu nehmen, an denen Reflexionen zur Finanzsteuerung ansetzen können. Zur Verdeutlichung des Problems sollen zunächst einige Daten aus der Kinder- und Jugendhilfestatistik herangezogen werden, aus denen die Kostenentwicklung hervorgeht, die sich als Anforderung zur Finanzsteuerung im ASD niederschlägt und voraussichtlich auch künftig weiterhin niederschlagen wird.

26.1 Kostenentwicklung im Bereich der Hilfen zur Erziehung

Ein Blick in die Kinder- und Jugendhilfestatistik verdeutlicht, dass trotz vielfältiger Bemühungen der Kommunen um Kostenbegrenzung sowohl die Fallzahlen als auch die Ausgaben bei den Hilfen zur Erziehung über einen langen Zeitraum kontinuierlich gestiegen sind. Die Steigerungsraten bei den Ausgaben für die Kinder- und Jugendhilfe gehören im Vergleich zu anderen kommunalen Ausgabenbereichen bundesweit zu den höchsten: Zwischen den Jahren 1992 und 2007 sind die Ausgaben für die Kinder- und Jugendhilfe um 65 % gestiegen, während der Durchschnitt aller Aufgabenbereiche die Steuerungsrate bei 32 % liegt (Schilling 2011a, 74). Diese Entwicklung hielt auch nach 2007 an: Von 2008 auf 2009 stiegen die Ausgaben für die Kinder- und Jugendhilfe erneut um 9,4 % (Schilling 2011b, 11). Neben den Ausgaben für Kindertageseinrichtungen und Kindertagesbetreuung weisen die Ausgaben für die Hilfen zur Erziehung, die ein Viertel (25,4 %) der Jugendhilfe-Ausgaben ausmachen, markante Steigerungsraten auf. Im Jahr 2009 betrugen die Ausgaben für die Hilfen zur Erziehung insgesamt 6,8 Mrd. Euro; dies ist eine Steigerung von 11,4 % gegenüber dem Jahr 2008 (Schilling 2011b, 13). Die steigende Ausgabenentwicklung setzt sich auch bis zum Jahr 2011 fort: Die Ausgaben für Hilfen zur Erziehung stiegen im Jahr 2010 im Vergleich zum Jahr 2009 um 4,7 % sowie im Jahr 2011 gegenüber dem Jahr 2010 um weitere 3,4 % (Schilling 2012 und 2013). Die Ausgabensteigerungen sind primär auf die Zunahme der Fallzahlen, also auf eine zunehmende Inanspruchnahme der Leistungen zurückzuführen. Der Zuwachs beim Hilfebedarf ist deutlich erkennbar in Tabelle 1 dargestellt. Er zeigt sich auch, wenn man die Entwicklung der Hilfequoten betrachtet: Betrug diese Quote im Jahr 2008 noch 276,2 Hilfen zur Erziehung (ohne Erziehungsberatung) pro 10.000 Personen unter 21 Jahren, so stieg diese Hilfequote bis zum Jahr 2011 auf 346,3 Hilfen pro 10.000 Personen unter 21 Jahren (Fendrich / Pothmann / Tabel 2012, 6).

Insbesondere bei den ambulanten Erziehungshilfen zeigen sich markante Steigerungsraten. Auffällig ist die Entwicklung bei der Heimerziehung: Nach einem Rückgang der Hilfen nach § 34 SGB VIII nahmen diese Hilfen ab 2005 und insbesondere dann von 2008 auf 2009 wieder deutlich zu. Bemerkenswert sind dabei zum einen eine Zunahme der Heimunterbringungen auch bei unter 6-jährigen Kindern (von 3.130 im Jahr 2005 auf 4.811 im Jahr 2009; Anstieg um 54 %) und zum anderen der relativ hohe Anteil von Kindern aus Familien mit Transfergeldbezug (Fendrich / Wilk 2011). Der Anstieg der Erziehungshilfen verweist also auf einen wachsenden Hilfebedarf, der in Zusammenhang steht mit einem Zuwachs an Erziehungsproblemen in Familien, die wiederum zu einem nicht unerheblichen Teil als arm gelten oder von Armut bedroht sind. In den Blick zu nehmen sind auch die Fallzahlsteigerungen bei den Eingliederungshilfen gemäß § 35a SGB VIII: Im Jahr 2009 lagen diese mit fast 50.000 Hilfen deutlich oberhalb der Anzahl der Erziehungsbeistandschaften und der Hilfen in Tagesgruppen; ihre Steigerungsquote im Vergleich zum Jahr 2008 betrug 14 % (Lotte / Pothmann 2010, 3). Auch diese Steigerungsquote bleibt

für die Jahre 2010 und 2011 oberhalb von 10 %: Im Jahr 2010 erweiterten sich die Hilfen für seelisch behinderte junge Menschen gegenüber 2009 um 14,7 % und im Jahr 2011 gegenüber 2010 in Westdeutschland um 10,3 % und in Ostdeutschland um 13,6 % (Schilling 2012 und 2013). Festzuhalten bleibt also:

- Trotz der prekären kommunalen Haushalte und des damit einhergehenden Spardrucks auf die Jugendämter sind die Ausgaben für die Erziehungshilfen kontinuierlich gestiegen.
- Die Kostensteigerungen gingen einher mit einer deutlichen Fallzahlsteigerung, also mit einem zunehmenden Hilfebedarf.
- Die Ausgaben sind gestiegen trotz der Bemühungen der Jugendämter, die Hilfen im Einzelfall in ihrem Umfang zu begrenzen: So sind die monatlichen durchschnittlichen Fallkosten in der Sozialpädagogischen Familienhilfe (SPHF) zwischen 2000 und 2008 um 25 % zurückgegangen, was auf eine reduzierte Anzahl der gewährten Fachleistungsstunden pro Fall schließen lässt (Schilling 2011a, 78); in der Heimerziehung hat sich die Aufenthaltsdauer verkürzt (Fendrich / Wilk 2011, 19 f.).
- Es ist nicht damit zu rechnen, dass sich in naher Zukunft der Hilfebedarf nennenswert reduzieren wird. Es sind keine gesellschaftliche Entwicklungen auszumachen, die eine nachdrückliche Veränderung der bisherigen Trends bei den Fallzahlen und den Kosten wahrscheinlich machen.

26.2 Zur Steuerbarkeit bei den Erziehungshilfen

Der Hinweis auf den in der Statistik sichtbaren gewachsenen Hilfebedarf und auf die damit einhergehende Ausgabenentwicklung kann nun nicht den Verzicht auf Steuerungsbemühungen bedeuten. Auch in der Vergangenheit sind in Jugendämtern Aktivitäten entfaltet worden, die auf eine Begrenzung des Kostenanstiegs ausgerichtet waren (Beispiele in Schrapper 1998a, Merchel 2004, Schröer 2007b). In der Bundesstatistik sind solche Steuerungsbemühungen erkennbar: so z. B. die höhere Inanspruchnahme ambulanter Erziehungshilfen, die Anwerbung von Pflegeeltern, die Reduktion des durchschnittlichen Leistungsumfangs bei der SPFH, die Verkürzung der Aufenthaltsdauer in der

Heimerziehung. Gleichzeitig berichtet die Statistik aber auch von den Grenzen solcher Steuerungsaktivitäten: Trotz des auf die Jugendämter wirkenden Spardrucks und trotz der Aktivitäten zur Begrenzung des Kostenanstiegs ließ sich eine deutliche Ausgabensteigerung nicht verhindern. Sind Erziehungshilfen und deren Kosten überhaupt steuerbar? Die Akteure in Jugendämtern befinden sich hier in einem Dilemma:

- Einerseits wäre ein fatalistisches Hinnehmen der Entwicklung mit dem Hinweis auf gesellschaftliche Entwicklungen weder innerhalb der Kommunalverwaltung legitimierbar, noch würde es den Fachkräften innerhalb des Jugendamtes Orientierungen für einen angemessenen Umgang mit materiellen Ressourcen vermitteln.
- Andererseits wäre ein Optimismus nach dem Muster einer Erwartung der „zielgenauen Steuerung" verfehlt. Betrachtet man die Bedingungen in den Lebensverhältnissen der Adressaten und die unterschiedlichen regionalen Akteure innerhalb und außerhalb der Jugendhilfe, die die regionale Erziehungshilfe beeinflussen, so wäre angesichts dieses komplexen Bedingungsgefüges (Merchel 2003) ein weitgehender Steuerungsoptimismus nur noch als naiv zu charakterisieren.

Jugendamtsakteure können diesem Dilemma nicht ausweichen, sie müssen mit diesem Steuerungsparadox umgehen: Trotz des Wissens um die begrenzten Steuerungsmöglichkeiten müssen sie Steuerungshoffnungen aufrechterhalten und diese mit reflektierten Aktivitäten eines bewussten Umgangs mit knappen Ressourcen immer wieder bestätigen. Insbesondere Leitungspersonen sind gefordert, reflektierte Steuerungserwartungen für sich selbst herauszubilden, solche Erwartungen in der Organisation zum Tragen zu bringen und diese wiederum sensibel nach außen vermitteln. Die Versuche gezielter Steuerung, die immer wieder evaluiert werden müssen, müssen an das Wissen um die Grenzen der Steuerungsmöglichkeiten gekoppelt sein; diese Begrenzungen müssen glaubhaft nach innen und außen kommuniziert werden, ohne dass dabei die eigenen Steuerungsaktivitäten desavouiert werden. Gefordert ist ein balancierendes Umgehen mit Steuerungserwartungen – im Bewusstsein, dass das Halten von Balance immer wieder eine unsichere, von Misslingen bedrohte Aufgabe darstellt.

26.3 Ansatzpunkte für Steuerung

Mit dem Wissen um die Begrenztheit der Steuerungsoptionen sind diejenigen Ansatzpunkte auszumachen, die Perspektiven für eine fachlich verantwortbare Steuerung der finanziellen Folgen eröffnen. Dazu sind diejenigen Entscheidungsabläufe systematisch in den Blick zu nehmen, in denen kostenrelevante Erwägungen stattfinden (→ Abb. 1).

Die Steuerungsentscheidungen in der Erziehungshilfe lassen sich grob in drei Elemente bzw. Stadien aufteilen:

1. Das „Eingangstor" zu den Hilfen bildet die Entscheidung, dass die Lebenssituation eines Kindes/Jugendlichen so beschaffen ist, dass eine Hilfe als erforderlich angesehen wird.

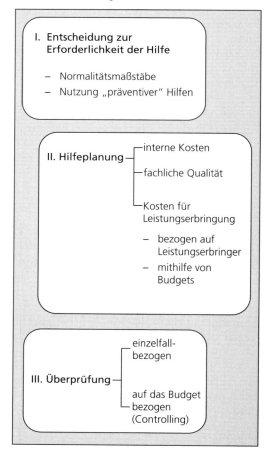

Abb. 1: Entscheidungsstadien mit Kostenrelevanz

2. Wenn das „Eingangstor durchschritten" ist, folgt die Hilfeplanung, bei der darüber entschieden wird, welche Hilfe in der jeweiligen Situation als geeignet erscheint, welcher Leistungserbringer für die geeignete Hilfe in Frage kommt und mit welchem Auftrag dieser Leistungserbringer die Hilfe gestalten soll.
3. Prozessbegleitend sowie am Ende bzw. im Nachgang zu den Hilfen erfolgt eine Überprüfung, ob die vorhergehenden Entscheidungen der Hilfeplanung angemessen waren. Eine solche Überprüfung soll Anhaltspunkte für weitere Entscheidungen liefern: zum einen im Hinblick auf die Angemessenheit der Hilfe für den jeweiligen Einzelfall (ist bzw. war die Hilfe effektiv? Soll die Hilfe beendet werden oder soll ein Wechsel in eine andere Hilfeform erfolgen?) und zum anderen im Hinblick auf das Budget (Auswirkungen der Entscheidungen auf die verfügbaren finanziellen Ressourcen).

Zu 1: Entscheidung zur Erforderlichkeit einer Hilfe

Zunächst muss eine Situation im Hinblick darauf eingeschätzt werden, ob eine Hilfe zur Erziehung überhaupt erforderlich ist. Dabei sind insbesondere zwei Aspekte von Bedeutung:

- die Frage nach den Normalitätskriterien bzw. der eingeschätzten Bandbreite von Normalität, gegenüber der die Lebenssituationen eines Kindes oder Jugendlichen als so abweichend eingeschätzt wird, dass eine (helfende und/oder kontrollierende) Intervention des Jugendamtes für erforderlich gehalten wird;
- die Einschätzung, ob andere Hilfen „im Vorfeld der Hilfen zur Erziehung" genutzt werden können, um die als tendenziell problembehaftet eingeschätzte Lebenssituation des Kindes oder Jugendlichen zu verbessern.

Dass sich Normalitätsstandards als Folie für die Definition von Auffälligkeit und für das Feststellen von institutionellem Handlungsbedarf („Erziehungshilfebedürftigkeit") verändern, ist angesichts der Dynamik gesellschaftlicher Normentwicklungen selbstverständlich. Die gesellschaftliche Offenheit mit ihrem Wertepluralismus findet ihren Niederschlag auch in den Normalitätsannahmen, auf deren Basis Fachkräfte zu der Annahme finden, dass in einem konkreten Fall „etwas fehlt" (Brumlik/Keckeisen 1976) und daher sozialpädagogisches Handeln erforderlich ist. In vielen Jugendamtsbezirken lassen sich Verschiebungen im „Normalitätsspektrum" konstatieren; dies erfolgt häufig wenig bewusst und mit wenig gemeinsamer Reflexion, man kann dies aber auch als Ausdruck von Prioritätensetzungen interpretieren, mit deren Hilfe man Budgetvorgaben einhalten bzw. nur geringfügig überschreiten will. Dabei besteht auch die Gefahr, in eine Entscheidungspraxis hineinzugleiten, die in die Nähe von Hilfeverweigerung geraten kann. Die ASD-Mitarbeiter sollten

- sich der meist implizit erfolgenden Verschiebung von Normalitätskriterien bewusst sein;
- kritisch erörtern, an welchen Stellen eine solche Verschiebung fachlich verantwortbar ist und an welchen Stellen sie möglicherweise in die Nähe einer „Hilfeverweigerung" gerät;
- sich dabei aber auch fragen, ob die von ihnen bei der Konstituierung eines Hilfebedarfs zugrunde gelegten Normen einer Reflexion des Verständnisses von angemessener Erziehung und dem Kindeswohl angemessenen Lebensverhältnissen standhalten.

Im Vorfeld einer jeden Erziehungshilfe ist ebenfalls zu fragen, ob Hilfen außerhalb der Erziehungshilfe und Hilfepotenziale in der Lebenswelt des Kindes/Jugendlichen ausreichend in den Blick genommen wurden. Für einen sparsamen Umgang mit knappen Budgets sollte es selbstverständlich sein zu prüfen, ob Unterstützungsmöglichkeiten im institutionellen Umfeld oder im Lebensfeld einer Familie existieren bzw. aktiviert werden können, die eine formelle Hilfe zur Erziehung nicht erforderlich machen. Ein solcher Blick ist sicherlich in der Regel im ASD vorhanden; er sollte aber auch bewusst gepflegt und insofern ausgebaut werden, als systematisch darauf zu achten wäre, ob in der Kooperation mit Trägern im Sozialraum Angebote angeregt werden können, die für einen Teil der vom ASD beratenen Adressaten genutzt werden und eine solche „präventive" Wirkung entfalten könnten („fallunabhängige Tätigkeit"; → Kapitel 24 und 28).

Zu 2: Hilfeplanung

Im Entscheidungsverfahren der Hilfeplanung (→ Kapitel 13 und 14) sind zunächst die internen Kosten zu betrachten. Die Versuche, die ASD-internen Kosten dadurch zu reduzieren, dass der Personalumfang im ASD gering gehalten wird, haben insofern problematische Effekte, als sich dadurch ein sogenannter Bugwellen-Effekt ergibt:

„Unterausstattung an Personal führt [...] aufgrund von kontraproduktiven Bewältigungsstrategien zu einem unverhältnismäßig größeren Anstieg der Leistungskosten" (Landes 2011, 225).

Die Einsparung bei den ASD-internen Ausgaben wird überkompensiert durch Ausgabensteigerungen im Leistungsbereich, z. B. durch Auslagerung des Fall-Clearings an einen Dienst der Sozialpädagogischen Familienhilfe, mangelndes Eruieren unterstützender Hilfemöglichkeiten, mangelnde Passgenauigkeit der Hilfen infolge nicht hinreichend sorgfältiger Hilfeplanung etc.

Der andere, hinsichtlich der Ausgabenhöhe bedeutsamere Teil der Hilfeplanung richtet sich auf die Auswahl der Hilfe: auf deren fachliche Qualität und auf die Auswahl des Leistungserbringers. Die Prozesselemente der Hilfeplanung, in denen Entscheidungen mit Kostenrelevanz getroffen werden, sind in Abbildung 2 dargestellt.

Bei der Hilfeplanung werden die Kosten einer Hilfe zur Erziehung vornehmlich durch die Entscheidungen über deren Dauer und Intensität beeinflusst. Im Prozess der Fortschreibung des Hilfeplans ist die Bewertung der Wirkungspotenziale ein wichtiges Kriterium für die Fortsetzung – oder Beendigung – der Hilfe. Diese Entscheidungen richten sich nach zwei zentralen Punkten:

- die Anforderung, die für den Einzelfall „richtige", also Erfolg versprechende Hilfeform zu konstituieren;
- die Aufgabe, den für die Hilfe fachlich angemessenen und wirtschaftlich akzeptierbaren Leistungserbringer zu finden und mit diesem über die erforderlichen Leistungskonstellationen zu verhandeln.

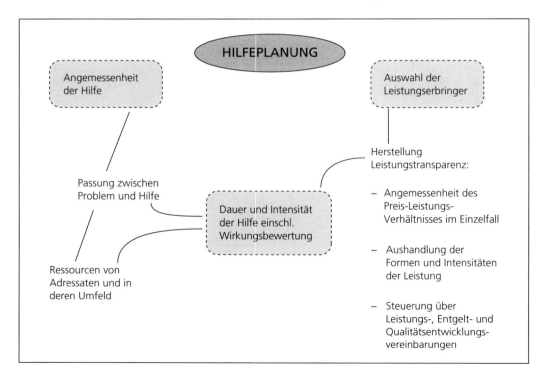

Abb. 2: Ausgabenrelevante Entscheidungen in der Hilfeplanung

Bei der Entscheidung zur Angemessenheit der Hilfe geht es um Fragen, die die Effektivität betreffen:

- Wie genau ist das Problem, das mit einer Hilfe bearbeitet werden soll, von den Fachkräften analysiert und verstanden worden (→ Kapitel 14)? Hilfen können nur dann effektiv eingesetzt werden, wenn das Problem vorher ausreichend verstanden worden ist und auf der Grundlage eines solchen Verständnisses die für den jeweiligen Einzelfall Erfolg versprechende Hilfekonstellation gefunden werden kann.
- Entspricht die ausgewählte Hilfemodalität den „verstandenen" Problemen, ist die Hilfekonstellation auf diese Probleme ausgerichtet? Wie lassen sich die einzelnen Hilfemodalitäten im Hinblick auf die Probleme oder Problembestandteile der Adressaten begründen? Ist der Hilfe-Auftrag, mit dem ein Leistungserbringer beauftragt wird, konkret formuliert, auf die Probleme im Fall bezogen und allen Beteiligten transparent?
- Sind bei den Erwägungen zu angemessenen Hilfemodalitäten die Ressourcen der Adressaten, die Aktivierungspotenziale bei den Adressaten und in deren sozialem Umfeld systematisch erfasst und in die Hilfegestaltung einbezogen worden (→ Kapitel 24)? Dabei geht es neben einer vordergründigen Kostenfrage auch um die Lebensweltnähe und Akzeptierbarkeit der Hilfen für die jeweiligen Adressaten, was dann allerdings wiederum die Effektivität der Hilfen verbessert und somit kostenrelevant wirkt.
- Werden im Hilfeverlauf die Wirkungspotenziale einzelner Hilfebestandteile erörtert und wird damit eine Grundlage geschaffen, um zielorientiert Korrekturen an der Hilfegestaltung vorzunehmen?

Bei diesen Fragen wird offenkundig, dass Kostensteuerung bei den Hilfen zur Erziehung zu einem erheblichen Teil identisch ist mit der Frage nach der Qualität der Hilfeplanung (→ Kapitel 13). Eine gute Hilfeplanung verbessert die Zielgenauigkeit des Hilfe-Einsatzes, erhöht also das Effektivitätspotenzial der Hilfen und sorgt auf diese Weise auch für eine kostenbewusste Praxis der Hilfegewährung: Der ASD gibt sich Rechenschaft über die mit der Hilfe verbundenen Nutzenerwartungen, der Ressourceneinsatz kann dynamisch dem Hilfeverlauf angepasst werden, und der Anteil derjenigen Hilfen, die entweder langfristig konzipiert werden müssen oder bei denen eine erneute Hilfebedürftigkeit der Adressaten zu erwarten ist, kann begrenzt werden.

Das zweite Entscheidungsbündel mit Kostenrelevanz innerhalb der Hilfeplanung ist die Auswahl der Leistungserbringer. Dabei geht es neben den fachlichen Absprachen zur Hilfegestaltung primär um das Herstellen von Leistungstransparenz:

- Es bedarf einer kritischen Überprüfung des Preis-Leistung-Verhältnisses: Ist der von einem Träger geforderte Preis im Hinblick auf das gebotene fachliche Qualitätsniveau – auch im Vergleich zu anderen Leistungsanbietern – plausibel?
- Es bedarf der genauen Absprache mit einem Leistungserbringer, welche genauen Hilfeformen erforderlich sind und in welcher Intensität die Hilfen erfolgen sollen. Dabei muss transparent werden, welche Leistungen über das Leistungsentgelt abgegolten sind und welche Leistungen, die möglicherweise im Einzelfall darüber hinaus notwendig sind, über zusätzliche Entgelte geregelt werden müssen.

Neben dieser einzelfallbezogenen Steuerung bei der Auswahl der Leistungserbringer muss die fallübergreifende Steuerung über die Leistungs-, Entgelt- und Qualitätsentwicklungsvereinbarungen („LEQ-Vereinbarungen"; §§ 78a-g SGB VIII) erfolgen. Auch hier gilt der Grundsatz der Leistungstransparenz: Die Verhandlungen sollten Klarheit darüber verschaffen, welche Leistungen für welches Entgelt von einem Träger erbracht werden, welche Leistungen im Entgelt enthalten sind (Leistungsabgrenzung) und welche Strukturqualität mit einem bestimmten Entgelt erwartet werden kann. Die ASD-Mitarbeiter sollten über solche Verhandlungsergebnisse informiert werden, damit sie zielgerichtet und kostenbewusst die entsprechenden Leistungen bei Trägern abfragen und dies zur Grundlage ihrer auf den Einzelfall bezogenen Aushandlung von Leistungen machen können.

Umgekehrt ist es hilfreich, wenn die ASD-Mitarbeiter ihre Wahrnehmungen zur Leistungsqualität, zur Leistungsabgrenzung und zur Preis-Leistungs-Relation eines Trägers an die Steuerungsakteure im Jugendamt weitergeben, damit diese solche Informationen in den nachfolgenden LEQ-Verhandlungen berücksichtigen können. Für einen wirtschaftlichen Umgang mit Erziehungshilfe-Entscheidungen bedarf es also neben einer guten Hilfeplanung, die als Basis für eine kostenbewusste Auswahl des jeweiligen Leistungserbringers fungiert, einer Verknüpfung der einzelfallbezogenen Steuerung mit der auf Leistungserbringer bezogenen Steuerung in LEQ-Verhandlungen.

Zu 3: Überprüfung

Das Entscheidungsstadium der Überprüfung ist der Hilfegewährung nachgelagert. Dieses Stadium umfasst zum einen die Überprüfung des Hilfeverlaufs im Einzelfall: Sind im Rückblick die Entscheidungen zum Einzelfall effektiv und wirtschaftlich gewesen? Welche Konsequenzen für die weitere Entscheidungspraxis können gezogen werden aus möglicherweise mangelnd effektiven Hilfeverläufen und mangelhaften Wirtschaftlichkeitskalkülen bei einem Einzelfall? Zum anderen richtet sich die Überprüfung auf den Umgang mit dem Budget „Hilfen zur Erziehung" (organisationsbezogenes Controlling):

- Haben die verantwortlichen ASD-Mitarbeiter ihre Entscheidungen im Bewusstsein der Auswirkungen auf das „HzE-Budget" getroffen?
- Ergeben sich markante Unterschiede zwischen den Umgangsweisen mit den Budgets in verschiedenen ASD-Teams? Worauf sind solche Unterschiede zurückzuführen, lassen sich plausible Erklärungen ausmachen (qualitatives Benchmarking)? Insbesondere bei kleineren Jugendämtern: Was ergibt ein Vergleich zwischen den HzE-Budgets und deren Handhabung in verschiedenen, strukturähnlichen ASD?
- Welche Problemkonstellationen sind mit einem besonders hohen Kostenaufwand verbunden? Lassen sich fachlich angemessene Hilfeperspektiven oder Weiterentwicklungen in der Leistungsinfrastruktur entwickeln, mit denen sich solche Problemkonstellationen kostengünstiger bearbeiten ließen?

Die einzelfallbezogene Überprüfung und das daran anschließende organisationsbezogene Controlling zielen auf eine systematisierte Reflexion des Umgangs mit dem HzE-Budget und auf das Erkunden von Steuerungsoptionen, die möglicherweise daraus gewonnen und erprobt werden können.

26.4 Sozialraumbudget, wirkungsorientierte Finanzierung, Wettbewerb: Potenziale und Nebenwirkungen

Die Frage der Kostensteuerung stellt schon seit vielen Jahren eine Herausforderung für die Jugendämter dar. Dabei sind neben eher hilflosen Versuchen der unmittelbaren Einflussnahme auf die Kostenentwicklung (z. B. Mitwirkung von Amtsleitungen in Hilfeplankonferenzen zum Zweck der Finanzsteuerung, Unterbringungen in Einrichtungen der Heimerziehung nur nach Genehmigung der Leitung etc.) auch Konzepte entwickelt und erprobt worden, in denen strukturelle Mechanismen eine Kostenbegrenzung bewirken sollten. Drei solcher Konzepte sollen hier kurz erwähnt und mit ihren Potenzialen und Nebenwirkungen charakterisiert werden.

Das bekannteste Konzept ist sicherlich das *Sozialraumbudget* (KGSt 1998; Hinte et al. 2003). Die in einem Sozialraum tätigen Träger und Einrichtungen (Jugendamt und freie Träger) sollen gemeinsam eine fachliche und ressourcenbezogene Steuerung der in dem jeweiligen Sozialraum erforderlichen Erziehungshilfen gewährleisten.

„Gefragt ist [...] ein transparentes und konstruktives gemeinsames Arbeiten an Lösungen im Verfahren des Kontraktmanagements, das die Qualität der Arbeit sichert und ihre kostengünstige Realisierung ermöglicht. Öffentliche und freie Träger müssen gemeinsam eine professionelle, Fach- und Finanzfragen integrierende Planungs-, Steuerungs- und Handlungsgrundlage schaffen. Leistungen, Qualität und Wirtschaftlichkeit aller Träger werden gleichermaßen transparent gemacht und dadurch die Schnittstellen der gemeinsamen Zuständigkeiten von öffentlichen und freien Trägern vergrößert" (KGSt 1998, 10).

Proklamiert wird eine „gemeinsame Verantwortung von Amt und Freien Trägern der Erziehungshilfe im Umgang mit knapper werdenden Finanzmitteln" (Budde/Früchtel 2005, 291); die Steuerung des Sozialraumbudgets soll in gemeinsamer Verantwortung erfolgen. Mit der Einbindung von Leistungserbringern in die Steuerungsverantwortung geht eine faktische Entdifferenzierung zwischen

Leistungsgewährer und Leistungserbringer einher, auch wenn dem öffentlichen Träger eine formale „Regiekompetenz" bzw. „Letztentscheidung" zugestanden wird (Hinte et al. 2003, 89 f.). Die Kritik am Sozialraumbudget entzündet sich vor allem an drei Aspekten (Merchel 2008c):

- Rechtliche Bedenken richten sich u.a. auf die mangelnde Berücksichtigung des Spannungsfeldes zwischen Budgetvorgaben und Rechtsansprüchen, auf die Privilegierung bestimmter Träger bei gleichzeitigem Ausschluss anderer Träger, auf Unklarheiten bei der Wahrnehmung der rechtlich dem öffentlichen Träger zugeschriebenen Gesamtverantwortung (Münder 2001, 2005; Wiesner 2006, 1433 ff.).
- Die Verkoppelung von ASD-Mitarbeitern und Mitarbeitern freier Träger in Sozialraumteams erzeugt eine Gruppendynamik der Teambildung, bei der differenzierte Verantwortlichkeiten des „Leistungsgewährers" und des „Leistungserbringers" tendenziell verloren gehen. Die Dynamik der Teambildung erzeugt Unklarheiten bei der Verantwortung für die Ressourcensteuerung. Es werden Rollenunklarheiten hinsichtlich politischer und administrativer Zuständigkeiten erzeugt.
- Die Dynamik der Entdifferenzierung ist problematisch für die Qualität der einzelfallbezogenen Hilfeplanung, weil diese auf eine Rollendifferenzierung angewiesen ist, die auch für die Hilfe-Adressaten präsent wird. Die Qualität von Hilfeplanung ist u.a. gebunden an Prozesse, in denen Bewertungsdifferenzen nicht nur möglich sind, sondern herausgefordert werden. Eine Voraussetzung dafür liegt in der Aufrechterhaltung von Rollendifferenzierung, bei der die Fachkraft des Jugendamtes eine andere Rolle einnimmt als die Fachkräfte des Leistungserbringers (→ Kapitel 13). Es geht also bei der Kritik an Konzepten des Sozialraumbudgets auch um die Dynamik und die sozialpädagogische Qualität von Hilfeplanung.

Mit einer zunehmenden *Wettbewerbsorientierung* in der Sozialen Arbeit (Hensen 2006; Dahme et al. 2005; Merchel 2009a, 60 ff.) wird bisweilen auch in den Jugendämtern erwogen, ob über die Installierung von Marktmechanismen Kostensenkungen zu erreichen seien. Im Bereich des ASD sind zwei Formen der Installierung von Wettbewerb denkbar: eine Aktivierung des Wettbewerbs zwischen Leistungserbringern (wer bietet eine Leistung zum günstigsten Preis) und ein Wettbewerbsverfahren für die Übernahme einer Leistung im Einzelfall (wer übernimmt eine Leistung für einen bestimmten Adressaten zu einem möglichst günstigen Preis). Die einzelfallbezogene Variante des Wettbewerbs widerspricht dem in § 36 SGB VIII konzipierten Charakter von Hilfeplanung als einem prozesshaften Aushandlungsgeschehen, bei dem die Adressaten als Koproduzenten mitwirken (müssen). Ferner wäre die Ausschreibung einer einzelfallbezogenen Leistung unter ethischen Gesichtspunkten mit dem Subjektstatus des Adressaten nicht vereinbar; auf den Einzelfall bezogene Ausschreibungen von Leistungen machen den Adressaten zum Objekt der Hilfe, was weder ethisch verantwortbar ist noch in fachlicher Hinsicht seiner Rolle als Koproduzent der Hilfe gerecht wird.

Bei der Aktivierung des Wettbewerbs zwischen Leistungserbringern ist es sicherlich sinnvoll, die Leistungen verschiedener Träger im Hinblick auf das Preis-Leistungs-Verhältnis zu vergleichen und über solche Vergleiche die Träger zu motivieren, ihre eigenen Kostenstrukturen zu überprüfen und Wirtschaftlichkeitspotenziale zu entfalten. Jedoch sollte bei der Suche nach einem günstigen Kosten-Qualität-Verhältnis als nicht erwünschte Nebenfolge bedacht werden, dass Träger animiert werden könnten zu einem Preisdumping mit deutlich nachteiligen Folgen für die Qualität der Leistungserbringung (z. B. Absenkung der Qualifikation bei Mitarbeitern in ambulanten Erziehungshilfen, Absenkung von fachlich anerkannten Standards wie z. B. regelmäßige Supervision etc.). Solche Nebenfolgen wären auch unter wirtschaftlichen Kriterien kontraproduktiv, weil aus einer geringeren Qualität der Leistungserbringung wahrscheinlich ein geringeres Maß an Zielerreichung mit der Folge einer längeren Hilfedauer resultieren würde; der Einsparungseffekt würde überkompensiert durch die nachfolgende höhere Aufwendungen. Beim Wettbewerb ist also auf die fachliche Qualität der Leistung zu achten, um nicht in eine Dynamik des Preisdumpings abzugleiten; im 11. Kinder- und Jugendbericht ist dies mit der Formel des „fachlich regulierten Qualitätswettbewerbs" zu fassen versucht worden (BMFSFJ 2002, 256 ff.).

Eine stärker *mit Wirkung verkoppelte Finanzierung* sollte im Bundesmodellprojekt zur „wirkungsorientierten Jugendhilfe" entwickelt und erprobt werden. Die ursprüngliche Intention des Modellprojektes, die Finanzierung von Teilen der Leistung stärker zu verbinden mit der erreichten Wirkung und mit der Zeit, die für das Erzielen von Wirkungen in Anspruch genommen wurde (Nüsken 2008; Plaßmeyer/Kohlmeyer 2009), ließ sich nicht realisieren. Das Projekt hat dazu geführt, die Dimension der Wirkung stärker in der Hilfeplanung auszudifferenzieren und zur Geltung zu bringen, jedoch konnten die zunächst angezielten finanzbezogenen Steuerungswirkungen nicht so wie von den Projektinitiatoren gewollt in den Mittelpunkt des Projekts gestellt werden (Albus et al. 2010; ISA/Universität Bielefeld 2009). Finanzielle Anreizsysteme, die aus dem Faktor Wirkung resultieren, haben für die Erziehungshilfe keine maßgeblichen Steuerungseffekte bzw. können nicht als fachlich tragfähig eingeschätzt werden. Eine wirkungsbezogene Finanzierung, wonach ein bestimmter Teil des Leistungsentgelts an den Nachweis erreichter Wirkung gebunden würde oder die Leistungsfinanzierung mit Bonus-Malus-Regelungen verknüpft wird, wäre zum einen rechtlich problematisch (Gerlach 2008). Zum anderen würde – trotz der Tatsache, dass Leistungserfolg in der Verantwortung mehrerer Kooperationsakteure liegt und dabei auch die Kooperationsbereitschaft der Adressaten zu berücksichtigen ist –, einseitig der Leistungserbringer mit Risiko belastet. Zum Dritten steht eine solche Praxis in Spannung zur Komplexität von Hilfeprozessen: Die Logik des Vorher-Nachher bildet nicht die Dynamik der Zielentwicklung bei Hilfeprozessen ab, wonach sich Ziele innerhalb des Hilfeverlaufs markant verändern oder verschieben können, und bei der anfänglichen Zieldefinition könnte die fachliche Logik durch strategische Kalküle überlagert werden, z.B. das Leistungsentgelt zu sichern durch intensivere Problemzuschreibungen oder durch weniger anspruchsvolle Zieldefinitionen. Eine mit dem Faktor „Wirkung" verkoppelte Finanzierungsmodalität lässt sich mit dem fachlichen Charakter der Hilfeplanung nicht in Übereinstimmung bringen und ist somit als Element einer Kostensteuerung nicht praktikabel.

V ASD als Teil der kommunalen Infrastruktur

27 Der ASD im Kontext kommunaler Sozialpolitik

Peter-Ulrich Wendt

Im Sinne einer den aktuellen Stand der Transformation andeutenden (Zwischen-)Bilanz lassen sich zur sozialpolitischen Rahmung des ASD vier Aspekte festhalten:

- Auch wenn die Relevanz der Aktivierungskonzeption aktuell noch für andere Handlungsfelder der Sozialen Arbeit von größerer Bedeutung sein mag: Frühe Hilfen und vergleichbare Konzepte deuten die schrittweise, sozialpolitisch intendierte weitere Neubestimmung von Zielen, Aufgaben und Tätigkeiten auch des ASD bereits deutlich an; zum Teil sind die entsprechenden Implementierungsprozesse längst im Vollzug. Wenn der neo-soziale Aktivierungsstaat nur noch Kernaufgaben erledigt und bisher öffentlich erbrachte Aufgaben durch Dritte erledigen lässt, dann kommt dem ASD künftig eine stärkere Koordinationsfunktion (z. B. in Form von Fall-/Case Management) zu. Die zivilgesellschaftliche Aktivierung, zu der Soziale Arbeit verpflichtet wird, verlangt zudem eine weitere Öffnung im Blick auf die Aktivierung und Einbindung neuer Akteure. Auch weitaus intensivere Kooperationsformen mit anderen Aktivierungsagenturen (ARGEn, Jobcenter u. a.) werden sich ergeben.
- Daher ist eine Klärung der Funktion des ASD im kommunalen (sozialpolitischen) Geflecht spezialisierter Dienste und eine (fachliche) Definition seiner zentralen Aufgaben erforderlich: „Der kontinuierliche Abbau der direkten Arbeit mit den Adressaten zu Gunsten des Fall-Management, bzw. eine fachlich unangemessene Technokratisierung und Überregulierung der Arbeit im Rahmen eines als ‚Case Management' missverstandenen Handlungsansatzes ist ebenso kritisch zu analysieren, wie die Verlagerung originärer Aufgaben des ASD/KSD. Es gilt (1) eine gelingende Balance zwischen adressatenbezogener Beratung und Unterstützung und der Wahrnehmung der Vermittlungs- und Steuerungsfunktion zu finden und (2) zu klären, welche Leistungen (Beratung, Therapie, Diagnostik, Krisendienste) unverzichtbar für eine integrierte Aufgabenverantwortung sind und daher nicht an Dritte ausgelagert werden dürfen. Eine genaue Bestimmung von Arbeits- und Organisationsprinzipien (wie Case Management, Sozialraumorientierung, Ko-Produktion, Prävention, nachgehende Betreuung und ihre methodische Umsetzung) muss diese Funktionsklärung ergänzen" (BAG ASD/KSD 2010, 4).
- Dabei handelt es sich um einen schleichenden Prozess mit einem tendenziell einheitlichen Grundmuster: „Schritt für Schritt werden die sozialpolitischen Instrumente fürsorglicher Betreuung und einer ‚generösen' Versorgung (d. h. einer Versorgung ohne Gegenleistungen) um Härteklauseln erweitert und arbeitsmarktpolitischen Kriterien untergeordnet" (Dahme/Wohlfahrt 2003, 91).
- Der ASD ist in den Prozess der Kommunalisierung des Sozialen unmittelbar eingeschlossen, dessen Ausgang noch offen ist. Die lokalen Bedingungen hierfür sind noch längst nicht abschließend ausgehandelt. Damit sind Gestaltungsoptionen auch für den ASD durchaus noch gegeben. Gefragt werden muss, ob die Fähigkeit zur kritischen Resonanz auf gesellschaftliche Zustände und Zumutungen Sozialer Arbeit abhanden zu kommen droht bzw. schon verloren gegangen sein könnte oder ob der ASD in der Lage ist, sich aktiv in die Gestaltung einzubringen.

Anonym schreibt ein/e Mitarbeiter/in aus einem Regionalen (Allgemeinen) Sozialen Dienst in dem von Mechthild Seithe und Corinna Wiesner-Rau (2013) herausgegebenen Band:

„Was heute so läuft, das ist einfach nur falsch, das läuft gegen die Wand. Das ist in meinen Augen keine Sozialarbeit mehr. Das geht schon seit 2005 so, denn damals ereilte uns unter dem Stichwort ‚Sozialraumorientierung' eine neue, als absolut verbindlich zu sehende Verfahrensstruktur"; dabei handele es sich „letztlich eigentlich nur um eine weitere Verschärfung der schon 1990 eingeführten Neuen Steuerung, die der Ökonomisierung und der Verbetriebswirtschaftlichung direkt in die Hand arbeitete". Was das mit Sozialraumorientierung zu tun haben solle, „das kann ich nicht nachvollziehen", denn „hier muss ich stur einem festgelegten Ablaufschema folgen. Man versucht den sozialpädagogischen Prozess durchschaubar, planbar und damit steuerbar zu machen, und kontrolliert ihn entsprechend" (Seithe/Wiesner-Rau 2013, 19ff).

Explizit werden die Arbeitsbedingungen thematisiert, unter denen Fachkräfte im ASD zu arbeiten haben; vordergründig geht es also um das Leiden unter den obwaltenden Rahmungen im Alltag des ASD. Implizit steht damit aber auch die sozialpolitische Rahmung in der Kritik der Fachkräfte, wobei eine spezifische Form von Verdeckungszusammenhang besteht, nachdem die vordergründigen Alltagspraxen (bürokratisierte Verfahrensabläufe, begrenzte Ressourcen, an der Komplexität des Falls erlebte Ohnmachtserfahrungen, beruflicher [Dauer-] Stress) das dahinter stehende sozialpolitische Prinzip verdunkeln und so – nolens volens – zu dessen Wirkmächtigkeit beitragen.

Darauf deutet auch der Umstand hin, dass die Eingebundenheit in das, was allgemein als sozialpolitische Neuprogrammierung im Kontext einer neoliberal ausgestalteten Wirtschaftsordnung diskutiert wird, zum Gegenstand einer kritischen Reflexion der Handlungswirklichkeit im ASD wird. So ist im Grundsatzpapier der Bundesarbeitsgemeinschaft ASD/KSD (2010) zu „Auftrag, Aufgaben und Zukunft des ASD/KSD" zwar davon die Rede, dass dem ASD eine sozialpolitische Funktion zukomme und er auf kommunaler Ebene zur Bearbeitung sozialer Probleme beitrage, doch finden hier Themen der sozialpolitischen Rahmung nur im Hinweis auf unterfinanzierte Kommunalhaushalte, Technokratisierung und Überlegung durch Case Management und im Aspekt der Sozialraumorientierung Eingang. Hat dieser Befund womöglich damit zu tun, dass die Veränderungen der sozialpolitischen Rahmungen „schleichend" erfolgten und stattdessen die Debatten allenfalls an der Einführung offen erkennbarer Instrumente der sogenannten „Neuen Steuerung" (KGSt 1993) entbrannten?

Da eine Analyse der lokal-/sozialpolitischen Rahmung des ASD offenbar fehlt und eher allgemeine Aussagen zur Sozialen Arbeit im ASD dominieren, wird es Aufgabe dieses Beitrages sein, aus dem Diskurs über die Neugestaltung des Sozialen abgeleitete Hinweise zu einer Entwicklung geben, die tatsächlich nur als schleichende Transformation der Gesellschaft und des Sozialstaates gelesen werden kann.

27.1 Sozialpolitische Rahmung

Geraume Zeit konnte man mit Hans Thiersch davon sprechen, dass Soziale Arbeit

„engagiert in Problemen [ist], die Menschen in sich und mit sich selbst haben, also in ihren Entwicklungs-, Lern- und Bewältigungsaufgaben; sie vermittelt zwischen Gesellschaft und Subjekt im Primat des Subjekts – sie ist erst in zweiter Linie engagiert in den Problemen, die die Gesellschaft mit Menschen in Schwierigkeiten hat" (Thiersch 2008, 34).

In diesem Verständnis bezeichnete der Begriff Wohlfahrtsstaat bislang einen Staat, der weitreichende Maßnahmen zur Steigerung des sozialen, materiellen und kulturellen Wohlergehens aller Bürger ergreift. Der Sozialstaat (insoweit als Teil des Wohlfahrtsstaates) verfolgte dagegen das Ziel, Menschen in (insbesondere unverschuldeten) Notlagen zu unterstützen, wenn diese aus eigener Kraft nicht mehr zur Selbsthilfe fähig sind, bzw. solchen Notlagen vorzubeugen. Sozialpolitik reagierte in diesem Sinne „auf die spezifischen Risiken und Unsicherheit, die eine industriell-kapitalistische Marktgesellschaft produziert"; ihre Entwicklung folgte „dem Prinzip der ‚Inklusion'. Damit ist die systematische Einbeziehung tendenziell aller Bevölkerungsgruppen in das sozialpolitische Leistungssystem gemeint" (Sachße/Tennstedt 1996, 551). Kommunale Sozialpolitik bedeutet in diesem Verständnis

„primär die Planung und Bereitstellung von Hilfen für benachteiligte Bevölkerungsgruppen, um sie aus der Benachteiligung herauszuführen bzw. zu verhindern, dass Gruppen sozial benachteiligt werden" (Dahme et al. 2008, 25).

Sie ist damit insbesondere „Implementationspolitik", die der Sicherstellung einer sozialgesetzlich definierten sozialen Infrastruktur auf kommunaler Ebene dient (Dahme et al. 2008, 25).

Kommunale Sozialpolitik reflektiert als kommunales Politikfeld also sämtliche Rahmungen, die sich aus gesetzgeberischem Handeln (auf Bundes- oder Landesebene) objektivieren oder als Reflex gesellschaftlicher Prozesse ergeben und die damit (un-)mittelbar auch den ASD als Sozialen Dienst schrittweise verändern.

Sozialpolitische Veränderungen, wie sie sich auch in Deutschland in den zurückliegenden beiden Dekaden vollzogen haben, als Wirkung einer sogenannten „Globalisierung" beschrieben werden und doch nur Teil einer neoliberalen Modernisierung sind, folgen dem Prozess der generellen gesellschaftlichen Umstrukturierung nach den Prinzipien des Marktes und führen zu einer Neubewertung der ursprünglichen Verhältnisbestimmung von „Wohlfahrtsstaat", „Sozialstaat" und „kommunaler Sozialpolitik". Deutschland befinde sich, lautet die Argumentation, in einem (ökonomisch kaum bestreitbaren) internationalen Standortwettbewerb, den mit Erfolg zu bestehen auch eine grundlegende Überprüfung des zuvor entwickelten Sozialstaats verlange. Dieser Sozialstaat wird als bevormundend und vor allem unfinanzierbar bezeichnet; gesellschaftlich nach innen gerichtet lähme er deren Selbständigkeit und hemme ihre Leistungsbereitschaft, nach außen gefährde er die Rentabilität der Volkswirtschaft. So eingestimmt wurde der Sozialstaat in der seit Ende der 1970er Jahre pointiert formulierten neoliberalen Kritik als grundlegendes Hemmnis einer auf Wachstum orientierten Volkswirtschaft dargestellt:

„Soziale Gerechtigkeit spielt entweder gar keine Rolle mehr, man begreift sie als ‚Standortrisiko' oder verkürzt sie auf Leistungs-, Chancen- bzw. Generationengerechtigkeit" (Butterwegge 2010, 58).

Es gehe nunmehr darum, die Ansprüche auf die Leistungen des Sozialstaates den Erfordernissen des Standortwettbewerbs unterzuordnen. Zu teuer etikettierte Sozialleistungen seien dabei ein Hindernis. In der Sprachregelung der politischen Elite (z. B. Schröder und Merkel) handelt es sich beim Um- und Rückbau des Sozialstaates folglich um einen alternativlosen Anpassungsprozess (Butterwegge 2010, 50 f., 69; Dollinger 2006, 11). Dahme und Wohlfahrt sprechen in diesem Zusammenhang sogar von einer

„quasi-religiös fundamentierte(n) Entschiedenheit, mit der Gestaltungs- und Strukturprinzipien des bundesrepublikanischen Sozialstaats als überholt deklariert und die Heilsversprechen eines einseitig ökonomisierten Umbaukurses propagiert werden" (Dahme/Wohlfahrt 2003, 75).

Ziel – so das Theorem – ist es nun, ein System zu entwickeln, das einerseits leistungsfähiger sei und andererseits weniger kosten soll und dabei zugleich auch noch bürgernäher sei. Damit hat sich seit den 1990er Jahren der seinerzeit präferierte „schlanke Staat" sukzessive – Paten für diesen Prozess standen z. B. die „Enabling State"-Konzeption Bill Clintons oder der „Dritte Weg" von New Labour – in einen neuen „Effizienzstaat" gewandelt, der sich von der Idee des „New Public Management" – auf der kommunalen Ebene in der Regel als „Neue Steuerung" vermittelt – leiten lässt (Dahme/Wohlfahrt 2009, 82 ff.).

Der Sozialstaat ist hier „bestenfalls ein notwendiges Übel" (Butterwegge 2010, 51), das es abzustellen und dessen Programm es neu zu gestalten gilt: Im Kern gelten die Bedingungen internationaler Konkurrenzfähigkeit nun auch nach innen; folglich werden die Mechanismen und Verfahren des Marktes (genereller Wettbewerb, Orientierung an den Kunden, Effizienz und Effektivität, Flexibilität, Qualität) auf alle Strukturen des Staates und auch des Sozialen übertragen. Unter der Chiffre des New Public Management wird ein Managerialismus implementiert, der den Einsatz betriebswirtschaftlicher Instrumente begünstigt, die die Effektivität und Effizienz des Verwaltungshandelns steigern und die Neu- bzw. Umstrukturierung staatlicher Verwaltung forcieren und in deren „Windschatten" neue Organisationsformen und Handlungsansätze (z. B. Sozialraumorientierung, Fallmanagement und Wirkungsorientierung) propagiert bzw. verstärkt eingeführt werden konnten

(Otto / Ziegler 2006, 96; Butterwegge 2010, 50 f., 60 f.; Michel-Schwartze 2010, 18).

Solidarität und soziale Gerechtigkeit als sozialstaatliche (Grund-)Konzeptionen werden durch die der „neo-sozialen Neu-Ordnung" (Otto / Ziegler 2006, 96) eigenen „Leitideen Leistungsbereitschaft und Eigenverantwortung" (Weyers 2006, 217) entwertet. Jetzt fällt dem Individuum die Hauptverantwortung für die Bewältigung defizitärer Lebenslagen zu. Der Staat garantiert folglich nur noch unumgehbare Sachleistungen und Transferzahlungen und tritt damit als Gewährleistungsstaat, nicht aber länger als Sozialleistungsstaat in Erscheinung (Schönig 2006, 27; Dahme / Wohlfahrt 2003, 75, 85; Butterwegge 2010, 64).

Der neue Sozialstaat stellt stattdessen die Beschäftigungsfähigkeit seiner Bürger (codiert als „Employability") in den Mittelpunkt und widmet Sozialtransfers alten Typs als „Sozialinvestitionen" (Giddens 1999) um, die der Wiederherstellung verloren gegangener Beschäftigungsfähigkeit und der Re-Integration in den Arbeitsmarkt dienen sollen. Gefördert zu werden verdient nur noch derjenige, der unmittelbar zum Wachstum der Volkswirtschaft beiträgt. Ehedem als sozialpolitisch intendierte Leistungen werden damit folgerichtig zu „Bildungsinvestitionen", die die Anpassung der Menschen an die Erfordernisse der globalen Marktwirtschaft fördern sollen. Dies erklärt auch die Fokussierung der Sozialpolitik auf Kinder und Familie sowie die Konzentration auf solche Sozialinvestitionen, die dem Ziel ökonomischer Konkurrenzfähigkeit nach innen (im Wettbewerb auf dem heimischen Arbeitsmarkt) und außen (im internationalen Wettbewerb) dienen (Seithe 2010, 177; Dahme et al. 2008, 13; Michel-Schwartze 2010, 15) – ein Prinzip, das unter dem Begriff Workfare rubriziert: Workfare bezeichnet ein zunächst vor allem arbeitsmarktpolitisches Konzept, das Sozialtransfer direkt an die Verpflichtung zur Arbeitsaufnahme bindet. Workfare-Politik kennzeichnet damit erstens eine „Selektionsfunktion, da nur diejenigen unterstützt werden, die wirklich bedürftig sind", und zweitens eine „Investitionsfunktion, da durch Weiterbildung das Humankapital (Arbeitnehmer) qualifiziert werden soll und dadurch vor zukünftiger Arbeitslosigkeit geschützt sein soll" (Dahme et al. 2008, 14).

Diese Selektionsfunktion verweist direkt auf das Konzept der durchgehenden Aktivierung, die im Mittelpunkt aller Überlegungen steht. Fördern und Fordern wird zum Markenkern dieser neo-sozialen Ordnung.

„Der Staat ist ‚diskursiv' und ‚fördert' weiterhin (nicht nur mit Transfer- und neuen Realleistungen), ‚fordert' aber gleichzeitig auch eine Gegenleistung und verabschiedet damit ganz bewusst das Versorgungsmodell des Keynsianischen Wohlfahrtsstaates" (Dahme/Wohlfahrt 2003, 83).

Aktivierung wurde in den 1990er Jahren „zu einem zentralen Leitbild der Transformation der westlichen Wohlfahrtsstaaten" (Opielka 2003, 113), was es rechtfertigt, vom neo-sozialen Staat als dem Aktivierungsstaat zu sprechen: Den Aktivierungsstaat kennzeichnet, dass er

„zwar an einer umfassenden öffentlichen Verantwortung für gesellschaftliche Aufgaben festhält, jedoch nicht alle Leistungen selbst erbringen muss. Seine Aufgabe ist es vielmehr, die Gesellschaft einschließlich der Beschäftigten des öffentlichen Dienstes zu aktivieren, zu fordern und zu fördern, sich selbst als Problemlöser zu engagieren" (Bandemer / Hilbert 2001, 29).

Das Programm des Aktivierungsstaats ist nicht mehr (im Sinne des eingangs erinnerten Verständnisses einer lebensweltorientierten Sozialen Arbeit) an der Förderung einer gelingenderen Lebens- und Alltagsbewältigung ausgerichtet, sondern lediglich an der Beschäftigungsfähigkeit der Hilfeempfänger interessiert. „Im Sinne einer ‚aktivierenden', die ‚individuelle Verantwortung stärkenden' Handlungsstrategie" (Dahme / Wohlfahrt 2003, 77) haben sie als Bürger „ihrer allerersten Staatsbürgerpflicht, der Erwerbsarbeit", nachzugehen (Dahme / Wohlfahrt 2003, 92; Galuske / Rietzke 2008, 405).

Dieser Modus der individuellen Aktivierung korrespondiert unmittelbar mit dem Modus gesellschaftlicher Aktivierung: Der Aktivierungsstaat setzt grundsätzlich auf weniger staatliche Regulierung, auf mehr Markt und Konkurrenz und damit zugleich auf die Forderung nach und die Förderung von mehr Selbstverantwortung der Bürger und Selbstregulierung der Gesellschaft. Angestrebt wird, dass durch Formen der Verantwortungsteilung zwischen Staat und freien Trägern, mehr aber noch privat-gewerblichen Anbietern, Akteuren der Zivilgesellschaft (Vereine, Initiativen) oder einzelnen Bürgern gewährleistet wird, staatliche Aufgaben durch Dritte erbringen zu lassen, die diese besser als der Staat selbst erfüllen können. Es geht also nicht um eine grundsätzliche Verneinung der Erbringung dieser Leistungen durch den Staat, wie das für die neo-konservative Lesart der Modernisierung im Anschluss an Milton Friedman gelten mochte, sondern lediglich um die Annahme, dass diese durch den Staat weniger gut zu erbringen seien. Auf dieser prinzipiellen Grundlage soll es zu einer Dialogorientierung und Koproduktion zwischen Staat und Bürgern, staatlichen und nicht-staatlichen Akteuren kommen. Es geht nicht nur darum, die Fixierung der sozialstaatlichen Leistungserbringung auf staatliche oder staatlich finanzierte Systeme zu überwinden, sondern zugleich auch die Nutzung dieser Leistungen durch eine (implizit im Modus der Konkurrenz hervorgerufene) Steigerung der Produktivität und Qualität wirkungsvoller auszugestalten (Fretschner et al. 2003, 42 f.). Damit steht eine Umgestaltung sozialer Dienste zur „Gewährleistungsagentur" (Fretschner et al. 2003, 47) auf der Agenda. Der traditionelle „Verwaltungsstaat" entwickelt sich so zum „Verhandlungsstaat" (Heinelt, zit. nach Flösser / Oechler 2010, 59), der im demokratischen Diskurs entscheidet, wie sein Leistungsvolumen bestimmt und folglich auch reduziert werden kann (Kessl / Otto 2011, 397; Dahme / Wohlfahrt 2003, 82).

Erfolg vermag diese Konstruktion freilich nur dann zu versprechen, wenn sich eine neue „Governancestruktur des Wohlfahrtsstaates" (Zimmer / Nährlich zit. nach Flösser / Oechler 2010, 57) entwickelt, die sich namentlich in der Dezentralisierung bzw. Kommunalisierung sozialpolitischer Kompetenzen abbildet. Unter Kommunalisierung werden zunächst Prozesse beschrieben, bei denen sozialstaatliche Aufgaben von den Ländern auf die Kommunen übertragen werden; die Kommunen erhalten die Steuerungsaufgabe einschließlich der Kontrolle der Leistungserbringung, staatliche Finanzen werden an die vor Ort tätigen Anbieter übertragen. Ziel ist es damit auch, Ressourcen zu bündeln und wirkungsvollere Formen der Problembearbeitung zu entwickeln. Die Kommunalisierungspolitik hat auf lokaler Ebene Dezentralisierungsprozesse zur Folge (z. B. Sozialraumorientierung; → Kapitel 28), die der Zielsetzung folgen, „lokale Akteure einschließlich der Bürgerschaft für kommunale Aufgaben zu aktivieren und zivilgesellschaftliche Organisationen und Sozialorganisationen in die Durchführung der kommunalen Selbstverwaltungsaufgaben einzubeziehen" (Dahme et al. 2008, 176). Soziale Dienste sollen auch deswegen dezentralisiert werden, weil das Gemeinwesen als „Ort sozialer Inklusion" (Dahme / Wohlfahrt 2009, 88) gilt, mithin Kommunalisierung eine bessere Nachhaltigkeit sozialpolitisch motivierter Interventionen verspricht.

Kommunalisierung und das Konzept *Local Governance* sind damit eng verkoppelt. *Governance*

„ist auf die Restrukturierung des Außenverhältnisses der Kommunalverwaltung zur lokalen Gesellschaft und Wirtschaft gerichtet, meint eine Modernisierungsstrategie des Regierens, die sowohl die Verwaltung wie auch deren wichtigste Partner in Wirtschaft und Zivilgesellschaft umfasst" (Dahme et al. 2008, 178).

Local Governance stellt eine Steuerungsform dar,

„bei der sich die Kommunalverwaltung im Rahmen ihres Strategischen Managements als ein Akteur unter anderen versteht und beansprucht, lediglich eine planende und koordinierende, manchmal auch nur eine moderierende und makelnde Funktion ausüben zu wollen" (Dahme et al. 2008, 180).

Mit dem Konzept Local Governance wird demnach das Ziel verfolgt, Bürger, zivilgesellschaftliche Organisationen und Organisationen des Sozialen in die Verwirklichung staatlicher Aufgaben auf dem Sektor kommunaler Selbstverwaltungsaufgaben einzubeziehen. Damit hat sich Dezentralisierung als umfassende Strategie staatlicher und gesellschaftlicher Modernisierung entwickelt und ist nicht nur auf das Soziale beschränkt. Es wird ein genereller Mechanismus implementiert, der einer effektiveren Koordination zwischen Staat, Wirtschaft und Gesellschaft dient und dabei zugleich eine sozialpolitische Entlastungsfunktion entfaltet, indem Verantwortung nach unten delegiert, die Zivilgesellschaft direkt in die Bewältigung sozialer Probleme eingebunden und so die Nutzung sozialpolitischer Ressourcen optimiert wird. Im Bereich der kommunalen Beschäftigungsförderung ist dieser Prozess bereits weit vorangeschritten, die arbeitsmarktpolitische Aktivierung der Kommunen zeigt sich in der Entwicklung lokaler (Sozial-)

Ökonomien (z. B. Sozialkaufhäusern), sozialräumlich konzipierten Beschäftigungsmöglichkeiten und regionalen Netzwerke, die den Übergang Jugendlicher in Ausbildung und Beruf begleiten (Dahme / Wohlfahrt 2003, 79 ff.; 2009, 88). Das kommunal realisierte BMFSFJ-Programm „Kompetenzagenturen" diente zum Beispiel geradezu musterhaft dieser Strategie; es aktivierte die kommunale Jugendsozialarbeit in der Kooperation mit den örtlichen Niederlassungen der Bundesagentur für Arbeit und den lokalen Arbeitsgemeinschaften (ARGEn) und band zivilgesellschaftliche Akteure (z. B. Sportvereine, Jugendverbände) sowie allgemein- wie berufsbildende Schulen und Einrichtungen der Wirtschaft systematisch ein.

Zusammenfassend lassen sich somit Aktivierung und Kommunalisierung als Ökonomisierung der sozialpolitischen Akteure und Zielgruppen beschreiben. Die Erbringer sozialer Leistungen stehen miteinander ebenso im Wettbewerb und müssen sich gegenseitig als konkurrenzfest erweisen, ebenso wie die Hilfeempfänger, die darin zu fördern sind, sich diese Konkurrenzfähigkeit (wo immer erforderlich) anzueignen, einzusetzen und sich als wettbewerbshart zu erweisen.

Damit justiert das Konzept des aktivierenden Staates das Verhältnis von Bürgern und Sozialstaat neu. Der fordernde und fördernde Sozialstaat stellt klar, dass Hilfeleistungen „ihre Selbstverständlichkeit verlieren und an Gegenleistungen geknüpft werden. Das Recht bzw. der Anspruch auf Hilfe setzt die Erfüllung von Pflichten voraus" (Weyers 2006, 217), es wird keine Leistung ohne Gegenleistung gegeben; erst diese Bereitschaft zur Gegenleistung führt zur staatlichen Leistungspflicht. Schärfer noch: „Wer Leistungen nachfragt, kann nicht länger darauf vertrauen, Rechte und legitime Ansprüche mit erwartbarem Ergebnis einzulösen"; es entspricht der „Aktivierungsrationalität", dass sie „Gegenleistungen verlangt, ohne der die Ressourcenzugang verschlossen bleibt oder merklich reduziert wird" (Dollinger 2006, 9).

Die Bewertungen in der Diskussion um Aktivierung fallen entsprechend aus: Trube (2006, 42) charakterisiert den neo-sozialen Staat als „Konditionalstaat repressiven Typs", Butterwegge (2010, 66) nennt dies eine „restriktiv-punitive Ausrichtung" des Aktivierungskonzept, und Kessl (2006, 34) spricht vom „autoritär reformulierten Prinzip der Hilfe zur Selbsthilfe". Soziale Arbeit ist damit endgültig nicht länger als generelle Unterstützung der Lebensbewältigung zu verstehen, wie Thiersch postulierte. Im Rückgriff auf die Workfare-Konzeption und das neue Interesse am Gemeinwohl soll Soziale Arbeit nun aktiv ihren Beitrag leisten, Hilfeempfänger zu bestimmten Verhaltensweisen anzuhalten (aktivierungstheoretisch codiert als „Motivation" zur „gelingenden Lebensführung"). Aktivierungspolitik ist somit als verhaltens- und nicht mehr als verhältnisorientiert zu klassifizieren: Kulturen der Abhängigkeit hat sie zu bearbeiten, und entsprechendes Anspruchsdenken soll Gegenstand geeigneter Entscheidungshilfen für eine angemessene Lebensführung werden. Jedenfalls geht es darum, „im Wissen um die ‚gute' Gesellschaft schädlichen Verhaltenstendenzen von Gruppen oder Einzelnen rigoros entgegenzutreten" (Dahme / Wohlfahrt 2003, 94).

Voraussetzung hierfür ist wiederum ein Subjekt, das sich selbst vor allem als aktiver eigenverantwortlicher und selbstorganisierter ökonomischer Akteur begreift, was es ihm erst erlaubt, ein selbständiges Leben zu führen. Erleichtert wird dies, weil die sozialen Sicherungen, die vermeintlich Aktivität hemmen, gelockert bzw. aufgehoben werden. Wer aber als Resultat mangelnder Selbständigkeit scheitert, der wird für die Konsequenzen selbst verantwortlich gemacht. Es zählt auch zu den erzieherischen Botschaften der Aktivierungskonzeption, dass Misserfolge und gesellschaftliche Marginalisierung als selbst verschuldet „privatisiert" werden (Prinzip „Blaming the Victim") und als Konsequenz mangelbehafteter persönlicher Leistungsbereitschaft, Flexibilität und Anpassungsfähigkeit anzusehen sind (Ziegler 2005a, 116 f.; 2005b, 64; Seithe 2010, 170 ff.; Michel-Schwartze 2010, 16; Galuske / Rietzke 2008, 403; Dollinger 2006, 12). Mührel verweist darauf, dass der „Imperativ der Eigenverantwortung vereinzelt und entsolidarisiert. Er hinterfragt gar nicht, welche Bedingungen gegeben sein müssen, damit Menschen überhaupt Verantwortung für sich selbst und auch andere übernehmen können" (Mührel 2005, 679). Dort, wo auch diese „(Sozial- oder Aktivierungs-) Pädagogik" (Kessl / Otto 2011, 396) nicht trägt, werden Kontrolle, Sanktionen und Zwang zu Instrumenten der Aktivierung (Lutz 2010). Sukzessive sind die Zwang ermöglichenden Instrumente ausgebaut worden: Die Kürzung bzw. Streichung des ALG-II-Regelsatzes bei mangelnder Mitwirkung junger Menschen unter 25 Jahren illustriert, wie der aktivierende Sozialstaat Pflichten und Sanktionen verkoppelt und soziale Inklusion an Verhaltenskonformität bindet (Galuske/Rietzke 2008, 404; Dollinger 2006, 10; Weyers 2006, 217; Ziegler 2005a, 118).

Daneben stellt die möglichst umfassende Einbindung der Zivilgesellschaft für die Zwecke des neosozialen Staates ein weiteres Markenzeichen der Aktivierungskonzeption dar. Es ist geradezu die „Mission (Handlungsauftrag) des aktivierenden Staates, Bürger und Gesellschaft sowie Verbänden und Institutionen im Interesse des Gemeinwohls Wandel ‚zuzumuten' bzw. Anpassung ‚abzuverlangen'‚" (Dahme/Wohlfahrt 2003, 82). Mit der Ausgestaltung des Aktivierungsstaates gehen daher Maßnahmen einher, die die gesellschaftlichen Eigenverantwortungskräfte mobilisieren sollen, zum Beispiel die Förderung des „Ehrenamtes", also die Forderung an die Adresse der Bürger, sich freiwillig im Interesse eines im Aktivierungsstaat definierten Gemeinwohls zu engagieren und „ihre Verantwortung für gesellschaftliche Belange tatkräftig in die eigene Hand" zu nehmen (Dahme/Wohlfahrt 2003, 87) – Anforderungen, die sich der Bürger als gestaltender Citoyen (Böhme 1998) selbstverständlich (und gerne) stellt.

Aber: Ein solches aktives Gemeinwesen, das Bürger als aktive Gestalter des Sozialen hervorbringt, ist längst keine Selbstverständlichkeit: Das umfassend aktive Gemeinwesen bleibt noch ein Ziel, denn es wird im Sinne des Aktivierungsstaates als verkümmert wahrgenommen und muss deshalb selbst erst wiederbelebt werden. Insoweit stellen die Bürger – aktivierungskonzeptionell gesprochen – aktuell bloß passives soziales Kapital dar, das für eine Verwertung des in ihm eingelegten (kalkulierbaren) sozialstaatlichen Kostenvorteils erst noch erschlossen werden muss (was sich u. a. in der immer wieder neuen medialen Inszenierung bürgerschaftlichen Engagements äußert, das es in Form von „Best-Practice"-Beispielen vorzustellen und zu Nachahmung zu empfehlen gilt). Wenn also am „Internationalen Tag der Familie" die Bundesinitiative „Lokale Bündnisse für Familie" unter dem Motto „Mitgedacht, mitgemacht – für die Vereinbarkeit von Familie und Beruf" dazu aufruft, Projekte auch der Zivilgesellschaft zu präsentieren, die die Vereinbarkeit von Familien mit schulpflichtigen Kindern und Beruf erleichtern, und zum Beispiel in Leipzig dabei „Privatpersonen, Teams, Abteilungen in Unternehmen oder Familien gewürdigt (werden), die sich mit besonders hohem persönlichem Engagement für mehr Familienfreundlichkeit einsetzen" (BMFSFJ 2011), dann verwirklicht sich an dieser Stelle der Aktivierungsanspruch gegen die Zivilgesellschaft exemplarisch. Auch die Projekte von Jugendverbänden und Sportvereinen in der Kooperation mit Ganztagsschulen und zur Sicherstellung nachmittäglicher Angebote und Arbeitsgemeinschaften gehören systematisch in diesen Kontext eingeordnet. Freizeit, Phasen beruflicher Inaktivität und Ruhestand sollen sinn- und niveauvoll durch bürgerschaftliches Engagement in sozialen Projekten ausgefüllt werden. Freilich stehen dabei nicht Konzepte im Mittelpunkt, die demokratietheoretischen oder emanzipatorischen Zielsetzungen verpflichtet sind, wie sie zum Beispiel Roth (2011) nahelegt, sondern Nutzungsabsichten, die den Sozialstaat entlasten:

„Brach liegendes soziales Kapital im Gemeinwesen soll nicht verantwortungslos vor sich hin leben, sondern für gesellschafts- und sozialpolitische Zukunftsinteressen in die Verantwortung genommen werden" (Dahme/Wohlfahrt 2009, 84).

27.2 Konsequenzen für die Soziale Arbeit und den ASD

Die „workfare-politische Indienstnahme der Sozialen Arbeit" (Wolf 2007, 1167) kennzeichnet fünf Prozesse:

- Erstens erfolgt eine begriffliche Umorientierung: Schon 2003 machten Dahme und Wohlfahrt darauf aufmerksam, dass im angloamerikanischen Raum unter den Stichworten **New Paternalism, Life Politics, Help and Hassle oder Tough Love** längst eine Diskussion über die Rückwirkungen der Aktivierungskonzeption auf die Soziale Arbeit geführt wurde (Dahme/Wohlfahrt 2003, 93). Diese auch begriffliche Ehrlichkeit lässt der Diskurs in Deutschland vermissen. Konsequenterweise erfolgt die Neuausrichtung Sozialer Arbeit hierzulande als unterschwellige „Modernisierung", und dies zunächst in Form der Fachsprache durch fachfremde betriebswirtschaftliche Begriffe und durch die Sinnverstellung der Aktivierung mit Hilfe einer "emanzipatorischen Semantik" (Ziegler 2005b, 63). Die dem Aktivierungskonzept eigene Begriffswelt (Eigeninitiative, Selbstvorsorge, ergebnisorientierte Beratung, Eigenverantwortung etc.) schließt konsequent an zentrale Kategorien der Sozialen Arbeit an (Dollinger 2006, 8). Es scheint daher sehr gerechtfertigt, von einer Form begrifflicher Enteignung zu sprechen, die weitreichende kulturelle Folgen (z. B. in Bezug auf emanzipatorische Haltungen und subjektorientierte Praxis) haben kann. So degeneriert z. B. das Konzept Empowerment zu einer neo-sozialen Erwartung, die nicht den Aspekt der Be- und Ermächtigung autonomer Subjekte betont, sondern sanktionsbewährte Aktivierung begrifflich als „Empowerment" umetikettiert. Aber: „Aktivierung im Sinne des aktivierenden Staates und Aktivierung im Sinne der professionellen Sozialen Arbeit sind nicht das Gleiche" (Seithe 2010, 180 f.). Ähnlich verhält es sich mit dem Rekurs auf das Gemeinwesen, das als Ort der Aktivierung und als Ressourcenpool der vorhandenen Kräfte zur Aktivierung von Bewohnern, nicht als Lebenswelt handlungskompetenter Bürger verstanden wird. Fast scheint es, als bahne sich eine „Revitalisierung des Community-Gedankens" bzw. die „(Wieder-)Entdeckung der gemeinwesenbezogenen, emanzipatorischen Sozialen Arbeit" an, wenn nicht deutlich wäre, „dass die Feier des Gemeinwesens sich der Zielsetzung verdankt, sozialstaatliche Zielsetzungen zu verändern und dabei Kosten senken zu wollen" (Dahme/Wohlfahrt 2009, 83 f.). Dollinger spricht deshalb auch von einer „Partizipationssemantik"; den sozialpädagogischen Begriffen und Semantiken werde generell im Aktivierungsdiskurs „eine modifizierte sozialpolitische Bedeutung unterlegt" (Dollinger 2006, 17 f.). Michel-Schwartze (2010, 18) bezeichnet diese Aneignung und Umwidmung als „Worthülsen ihrer Fachtermini mit deformiertem Inhalt."

- Zweitens verbindet sich mit dieser Umwertung zugleich eine **Kontrolllogik**, die in der Sozialen Arbeit eine unmittelbar instrumentalisierbare Kompetenz erkennt. Grundsätzlich ist Aktivierung auch für Soziale Arbeit nichts Fremdes: Aktivierung ist ein wichtiges Element sozialarbeiterischen Handelns. Historisch gesehen hat es damit schon immer ermächtigende wie repressive, befähigende wie kontrollierende Momente. Aktivierung wird seit der Begründung Sozialer Arbeit im 19. Jahrhundert gefordert und praktiziert (Dollinger 2006, 14 ff.; Weyers 2006, 218). Ebenso selbstverständlich sind Programme und Instrumente wie die Sozialpädagogische Familienhilfe, die Förderung von Selbsthilfegruppen oder die Selbstorganisationsförderung in der Offenen Jugendarbeit schon seit geraumer Zeit integrales Element Sozialer Arbeit und zielen auf Aktivierung als subjektzentriertem Aspekt von Empowerment. Die Aktivierung des neuen Stils ist dagegen an den Modernisierungsverlierern (insbesondere ALG-II-Empfängern) orientiert und reklamiert dafür Soziale Arbeit nicht als befähigend, sondern als ausführendes Organ im Sinne der Aktivierungslogik (Dahme/Wohlfahrt 2003, 90). Dennoch etabliert sich sukzessive in der Sozialen Arbeit die neue, andere Kontrolllogik: So verbindet zum Beispiel das SGB II die im „Fallmanagement" begrifflich anders und neu gedeutete Steuerung sozialer Leistungen unmittelbar mit der Androhung und Anwendung von Sanktionen. Mehr noch: Die Nutzung der Beratungskompetenzen Sozialer Arbeit dient der Erwartung, dass primär ökonomisch determinierte Problemlagen (Arbeitslosigkeit, Armut etc.) und ihre Folgewirkungen (Sucht, Gewalt, Misshandlung etc.) durch persönlichen Einsatz, Selbststeuerung und Aktivierung individueller Ressourcen zu lösen seien (Trube 2005, 10; Schönig 2006, 29). Soziale Arbeit erlebt durch ihre In-Dienst-Nahme für den aktivierenden Staat damit ein „Comeback der ‚fürsorglichen Belagerung' als methodisches Prinzip", eine „Rückkehr zu fürsorglich-belagernden, autoritären Handlungsmustern" (Galuske/Rietzke 2008, 404 f.).
- Drittens bilden **Kommunalisierung und zivilgesellschaftliche Aktivierung** notwendigerweise eine Einheit. Das liegt auch methodisch nahe, denn z. B. quartiersorientierte Interventionsprogramme (z. B. das Programm „Soziale Stadt") stellen auf dezentrale Ressourcenorientierung und -verantwortung, Vernetzung und Selbstorganisation ab und rekurrieren damit auf zentrale Überlegungen der Sozialraumorientierung (Merten 2002; Fehren 2011; → Kapitel 28). So soll es, aktivierungstheoretisch buchstabiert, möglich werden, Ressourcen (als soziales und kulturelles Kapital) im Quartier oder Stadtteil bzw. im Sozialraum (z. B. als Mitwirkung und tätige Unterstützung örtlicher Sportorganisationen, Vereine und Initiativen) für „passgenaue Lösungen" im Prozess der individuellen Aktivierung zu erschließen (u. a. Dahme et al. 2008, 181). Merchel beschreibt die Attrak-

tivität des Sozialraumansatzes für die Sozialpolitik folgerichtig zum einen als Hoffnung auf „eine verbesserte Effektivität durch die Überwindung der Effektivitätsgrenzen, die mit einer bisher fast ausschließlich fallbezogenen, individuell ausgerichteten Sozialen Arbeit einhergehen. Die Veränderung der Lebensbedingungen im Sozialraum soll sich insgesamt entweder präventiv problemverhindernd bzw. problementschärfend auswirken, oder es sollen in Gruppenformen gemeinschaftliche Hilfemöglichkeiten geschaffen werden. Zum anderen sollen Effektivierungsreserven bei der Hilfegestaltung erschlossen werden, indem durch Aktivierung des sozialen Umfeldes kostengünstige und adressatennahe Problemlösungs- und Hilfemöglichkeiten geschaffen, Unterstützungspotenziale im sozialen Nahraum gezielter genutzt, Möglichkeiten des Einsatzes anderer Institutionen besser geprüft werden etc. Zum Dritten erhofft man sich von einer Verlagerung der Steuerungsverantwortung durch Budgetvergabe an basisnähere Organisationseinheiten einen zielgerichteteren und sparsameren Umgang mit dem Budget" (Merchel 2001, 374; dazu auch Strutwolf 2007).

- Viertens folgt die **Neuorganisation des kommunalen Dienstleistungsmarktes**: Neuregelungen im Sozialrecht (z.B. die sozialwirtschaftliche Ausgestaltung der Pflege, die Strukturreformen im Gesundheitswesen, in der Sozialhilfe und der Kinder- und Jugendhilfe (hier §§ 77 ff. SGB VIII) haben das bislang gültige Prinzip der (rückwirkenden) Kostendeckung aufgegeben. Stattdessen erfolgt nun die Vergütung von Leistungen durch die Soziale Arbeit – und damit die Steuerung der konkurrierenden Leistungserbringer – prospektiv im Wege von Fachleistungsstunden, Pflegesätzen und andere, die in Form von Rahmenvereinbarungen und Leistungsverträgen mit dem Instrument des Kontraktmanagements vereinbart werden (Flösser/Oechler 2010, 58 f.). Dies hat es zugleich erleichtert, die bis in die 1990er Jahre hinein exklusive privilegierte Stellung der freien Träger der Kinder- und Jugendhilfe zu beschränken (Dahme et al. 2008, 10). Systematisch (z.B. im Rekurs auf die Gebote des grenzüberschreitend freien Verkehrs von Waren und Dienstleistungen in der Europäischen Union) wird gewerblich tätigen Anbietern die Möglichkeit eröffnet, sich als Anbieter in der Sozialen Arbeit zu betätigen und die Trägerkonkurrenz wird gefördert. Damit entsteht ein gleichsam staatlich organisierter Markt konkurrierender sozialer Dienstleistungen, der (noch verborgene, unentwickelte) Potenziale der Träger (z.B. über die Preisgestaltung) „gemeinwesenorientiert" aktiviert. Dieser „Zusammenbruch des kommunalen Korporatismus" führt nicht nur dazu, dass „alte Claims neu abgesteckt" werden (Schönig 2006, 37), sondern er zwingt mehr noch die Kommunen und die Leistungsanbieter in das Prokrustesbett der gemeinsamen Verantwortung für innovative Formen der Aktivierung.

- Fünftens droht eine neue **Standardisierung**: Diese Innovationsdynamik wird auch im Aspekt der sogenannten Wirkungsorientierung besonders offensichtlich, der (alten) Frage also, was Soziale Arbeit bewirkt und wie dies im Handeln der beteiligten Fachkräfte sichergestellt werden kann. Sie stellt ein weiteres zentrales Element betriebswirtschaftlicher Herangehensweise an die Soziale Arbeit dar. Bei der Ökonomisierung geht es im Wesentlichen – neben der Reduktion der Kosten – darum, nur das zu finanzieren, was einen nachweisbaren und offensichtlichen Effekt hat, was lohnt, was einen Nutzen bringt. Sogenannte „What-Works-Programme" ordnen die spezifischen Handlungszugänge Sozialer Arbeit – die wiederholt als professionelle Kunst diskutiert wurde (z.B. Müller 1997) – unter Funktionalitäts- und Nützlichkeitserwägungen standardisierbaren Handlungsabläufen unter, die z.B. als vereinheitlichte Kompetenzfeststellungsverfahren oder diagnostisch-orientierte Prozeduren im Rahmen des „Fallmanagements" daherkommen und die Praxis der Sozialen Arbeit „manualisieren". Die Attraktivität evidenzbasierter Konzepte mit ihren im Rückgriff auf wissenschaftliche Analysen als wahrscheinlich – bei zugleich minimalem Mitteleinsatz – „wirksamsten" Verfahren ausgewiesenen Programmen und Prozeduren (einheitliche Diagnose-, Assessment- und Profilinginstrumente) verdeutlicht dies (Seithe 2010, 147 ff.).

Für die Soziale Arbeit haben diese Prozesse durchaus ambivalente Folgen. „Klassische" Zugangsweisen verlieren einerseits an Bedeutung. Kasuistik, (hermeneutisches) Fallverstehen oder Lebensweltorientierung drohen irrelevant zu werden; die Fallbearbeitung wird auf vorgegebene Programme und methodische Prozeduren (z.B. Fallmanagement) fokussiert und ihres Charakters professioneller Autonomie beraubt. Andererseits aber führt die

Aktivierungskonzeption zugleich zu dem skizzierten Bedeutungszuwachs von Sozialinvestitionen und damit derjenigen Professionen, die mit deren Einsatz, Steuerung und Kontrolle beschäftigt sind (Dahme/Wohlfahrt 2003, 94f.; Schönig 2006, 24). Auch „vergisst" der Aktivierungsstaat nicht, die zivilgesellschaftliche Aktivierung nötigenfalls auch indirekt zu erzwingen, wenn die Finanzierung und das Aufrechterhalten sozialer Dienste „nur durch die Einspeisung von Freiwilligenarbeit" (Dahme/Wohlfahrt 2009, 86) möglich bleibt, also die Akquise solcher Ressourcen zugleich zur Voraussetzung zivilgesellschaftlicher Mobilisierung wird.

Soziale Dienste wie der ASD stehen damit langfristig im Fokus einer sozialpolitischen Neuprogrammierung. Schönig betont, es sei wichtig,

„die langfristigen strukturellen Entwicklungen nicht aus dem Blick zu verlieren. Vieles, was sich der Praxis akut als rapider Niedergang darstellt, ist aus sozialpolitischer Sicht Teil des langfristigen Strukturwandels und der mit ihm verbundenen Ambivalenz" (Schönig 2006, 28).

Das Aktivierungstheorem kommt also keineswegs einem (wie umfangreich auch immer denkbaren) Verzicht auf soziale Dienste gleich – im Gegenteil: Abnehmender professioneller Autonomie steht eine wachsende Verantwortung für gelingende Aktivierung gegenüber.

Wie erwähnt: Es zählt eigentlich zu den Aufgaben des ASD, Lösungswege zu finden, die an dem (Kooperations-)Willen und am Lebensumfeld der Subjekte anschließen. Es gilt, Unterstützungssettings zu gestalten,

„die so viel lebensweltnahe Ressourcen wie möglich und so wenig professionelle Ressourcen wie nötig beinhalten. Der Blickpunkt der professionellen Kräfte richtet sich dementsprechend zunächst auf die Ressourcen, die im Umfeld der Klienten liegen, damit sie genutzt oder ggf. mobilisiert werden können" (Lüttringhaus 2010, 80).

Der ASD vermittelt dabei „zwischen gesellschaftlichen Erwartungen und Anforderungen auf der einen Seite und den Bedürfnissen, Zielvorstellungen und Potentialen der Adressaten auf der anderen Seite" (BAG ASD/KSD 2010, 1). Dabei bleibt es weiterhin richtig, dass der ASD dabei hilft, deren Schwierigkeiten innerhalb ihrer Alltagswelt zu bewältigen. Dessen ungeachtet aber schreibt die punitive Ausrichtung des neuen Sozialstaates auch dem ASD – gleichsam im Subtext – die neue Aktivierungsfunktion zu.

Wenn es also darum geht, soziales Kapitel als sozialräumliches Engagement zu erschließen, dann wird das für den ASD bedeuten, auch zivilgesellschaftlich verfügbare Ressourcen zu aktivieren und für die Kooperation im kommunalen Netz zu mobilisieren. Der Handlungskomplex „Frühe Hilfen – Kinderschutz" scheint beispielhaft für eine aktivierungstheoretische Interpretation geeignet. Helming nennt als Ziel früher Hilfen, die Eltern zu „unterstützen, ihre Kinder auf feinfühlige und respektvolle Art adäquat zu versorgen, ihre Sicherheit zu garantieren, ihr Bindungsstreben zu beantworten und ihre Motivation zum Lernen zu fördern" (Helming 2010, 178f.). Wenn damit unbestritten dem Gelingen von Erziehung und gesellschaftlicher Integration gedient wird, aktualisiert sich doch zugleich an dieser Stelle der Aktivierungsdiskurs: Frühe Hilfen, die Ausweitung des Kinderschutzes oder das aktivere Heranführen an Prozesse einer frühen Bildung in Kindertagesstätten sind auch stets einzuordnen in umfassende Bemühungen, Kinder zu schützen und aufzuschließen für vielfältige (Bildungs-)Zugänge, die langfristig darauf abzielen, umfassende Beschäftigungsfähigkeit herzustellen. Böllert bezeichnet diesen Prozess als zunehmende „Familialisierung und Kindorientierung in der Kinder- und Jugendhilfe": Den sozialpolitisch geforderten verstärkten „Investitionen in Kinder, Frauen und Familien", denen eine Rentabilität in Bezug auf verbesserte „Teilhabechancen durch Schaffung von Bildungskapital" unterstellt werde, stehe die Erwartung gegenüber, „deren lohnende Inanspruchnahme an Eigenleistungen und eine Zunahme von Kontrolle familialer Erziehungs- und Versorgungskompetenzen" (Böllert 2009, 96) zu knüpfen. Auch dem ASD fällt damit perspektivisch deutlicher und stärker die Aufgabe zu, der „Revitalisierung sozialer und zivilgesellschaftlicher Bindungsstrukturen" durch die Aktivierung des unmittelbaren Umfelds betroffener Familien zu dienen, wodurch die „Abhängigkeit von staatlicher Zuteilung sozialer Hilfe abnehmen oder sich allmählich erübrigen soll" (Kurzke-Maasmeier 2006, 115). Der Beitrag des ASD wird es dann sein, in Gestalt der Kinder- und Familienhilfen im Bereich der Frühförderung (z. B. durch den Auf- und Ausbau von Familienzentren, Entwicklung von Angeboten der Familienbildung, Aufbau von Netzen ehrenamtlicher Erziehungshelfer) oder im Kinderschutz (z. B. durch Screeningverfahren) Leistungen zu etablieren, anzuregen oder zu fordern, die auf Selbstaktivierung seiner Zielgruppen abstellen; zugleich geht es darum, insbesondere im Kinderschutz den Erfolg oder den Vollzug der eingeleiteten Maßnahmen zu kontrollieren, womit die Kinder- und Jugendhilfe „auf die längst überwunden geglaubte Funktion einer kontrollierenden, obrigkeitsstaatlich geprägten Eingriffsbehörde zurückgedrängt wird" (Böllert 2009, 97). Eine von Flad et al. (2008) durchgeführte Untersuchung reflektiert die Relevanz der Setzungen im Konzept des aktivierenden Sozialstaats, die sich zwischenzeitlich im professionellen Selbstverständnis der Fachkräfte auf der lokalen Ebene und in ihrem praktischen Handeln vollzogen haben. Damit werden die Spannungen und Verwerfungen erkennbar, die sich zwischen der fachlichen Autonomie einerseits und den wachsenden Problemen für die Lebensbewältigung der Adressaten sowie ökonomischen Engführungen und Überformungen für die auch im ASD tätigen Mitarbeiter andererseits ergeben. „Bemerkenswert" sei es, dass die Konsequenzen der neo-sozialen Sozialpolitik „zwar bisweilen Kritik auslösen, aber keine massiven Gegnerschaften thematisiert werden. Sich schon noch zu arrangieren wissen – dies scheint die gut fundierte Grundeinstellung zu sein" (Flad et al. 2008, 241). Was folgt aus solchen Feststellungen? Kann der ASD aktiv an der Mitgestaltung und Veränderungen der sozialpolitischen Rahmungen mitwirken. Dabei wird zunächst grundsätzlich einschränkend zu sagen sein, dass das Setting, in dem der ASD eingebunden ist (Verwaltungsstrukturen und -regularien, Disziplinierungsmechanismen der Arbeitsrechts u. ä.), wenig Spielraum aufscheinen lässt. Optionen erschließen sich, indem diese Begrenzungen verlassen werden, die sozialpolitischen Aktivitäten von ASD-Mitarbeitern sich auf die Bedingungen der Gestaltung Sozialer Arbeit insgesamt bezieht. Damit konfiguriert sich eine Art strategisches Dreieck:

- Erstens wird zunächst die Diskrepanz zwischen fachlich guter Sozialer Arbeit und deren neo-sozialer Überformung im Zeichen von Prozessen der Solidarisierung zu reflektieren und die Praxis des ASD als kritische Sozialarbeit zu reformulieren sein. Mechthild Seithe sieht die berufliche Praxis selbst gefordert, die sich sonst „Schritt für Schritt in eine Dienstleistung für die Zwecke des aktivierenden Staates verwandeln" werde (Seithe 2013, 28 ff.). Zum Merkmal dieser Solidarisierung wird der offensive Widerspruch, also „die andere Seite mit den eigenen Vorstellungen, mit Kritik und Forderungen zu konfrontieren": „Widerstand leisten gegen neoliberale Zumutungen fängt direkt bei der Arbeit mit den Klient/inn/en an"; es zeige sich z. B. darin, dass gesellschaftliche Rahmenbedingungen in Hilfeplänen, Klientengesprächen und Berichten nicht ausgeklammert, sondern bewusst und ausdrücklich thematisiert und problematisiert würden, und es gehe darum, „die Verantwortung für unzureichende Bedingungen oder fachlich nicht zu vertretende Entscheidungen an die ‚Auftraggeber' (Träger, Verwaltung) zurück zu geben" und die Folgen „unangemessener Anweisungen oder Rahmenbedingungen" zu veröffentlichen (Köhn/Seithe 2012, 19).

- Zweitens stellt sich damit die Frage nach dem „Ort" der politischen Einmischung. Das Forum Kritische Sozialarbeit ruft u. a. dazu auf, „problematische Entwicklungen" zu veröffentlichen, Ursachen und Hintergründe zu benennen und Politik und Öffentlichkeit aktiv „über gegenwärtige Entwicklungen in unserer Gesellschaft" zu informieren; die Rede ist von einer offensiven (organisierten, vernetzten) Einmischung „in die politische Auseinandersetzung", die Träger der Sozialen Arbeit sollen sich „als fachliche und sozialpolitische Interessenvertretung" profilieren (Berliner Arbeitstagung 2012, 135). Damit kommen der Jugendhilfeausschuss und die Jugendhilfeplanung (wieder) ins Gespräch. Nicht nur Joachim Merchel berichtet davon, dass der ASD „tendenziell in eher geringem Umfang in die Jugendhilfeplanung einbezogen" sei (Merchel 2012, 72). Ähnliches ist für Diskussion in den Jugendhilfeausschüssen (JHA) anzunehmen (Merchel/Reismann 2004). Der JHA kann als Arena der Debatte über (sozial-) politische Grundsatzfragen, die gerade den ASD betreffen, stärker genutzt werden. Auch könnten sich hier kritische Zugänge für den ASD erschließen lassen, z. B. im solidarisierenden Zusammenspiel von hinzu gewählten JHA-Mitgliedern (z. B. den in der Kinder- und Jugendhilfe erfahrenen Männern und Frauen) und den Vertretern freier Träger. Möglicherweise lässt sich über den JHA eine mediale Repräsentanz herstellen, die dem ASD sonst eher verschlossen bleibt. Erforderlich sind dazu fachliche Inputs aus dem ASD, um den JHA und die Jugendhilfeplanung für eine aktivere (Um-) Gestaltung der kommunalen Sozialpolitik nutzen zu können.

- Drittens kommen damit auch Formen medialer Thematisierung (und auch Skandalisierung) ins Gespräch. Die als „neue Standardisierung" beschriebene Entwicklungslinie läuft auf eine weitere Bürokratisierung der Abläufe und Kontrolle der Fachkräfte der Sozialen Arbeit insgesamt hinaus – oder mit den Worten eines/einer anonymen ASD-Mitarbeiters/Mitarbeiterin: „Das Ganze ist denkbar umständlich, unflexibel und standardisiert mein Tun immer mehr. Der Blick auf den einzelnen Menschen geht verloren. Eine Analyse der Problemhintergründe findet nicht statt"; und: Diese „aufwendigen Geschichten... verbessern weder die Zusammenarbeit mit den Klienten noch unter uns Kollegen. Sie erhöhen die Motivation unserer Adressaten mitzuarbeiten nicht. Sie verhindern keine Kindeswohlgefährdung. Und sie machen es uns immer schwerer, unsere Arbeit – trotzdem – im fachlichen und menschlichen Sinne gut zu machen" (Seithe/Wiesner-Rau 2013, 22). An solchen Bruchstellen von (neo-sozialen) Ansprüchen und (kritischer) ASD-Praxis könnte der mediale Transfer vor Ort ansetzen, als Arenen politischen Diskurses reaktivierte Jugendhilfeausschüsse dafür genutzt und die beschriebenen neo-sozialen Dilemmata veröffentlicht, transparent gemacht und lokal gestaltet werden.

28 ASD und Sozialraumkonzepte

Von Herbert Schubert

- Die Netzwerk- und Sozialraumorientierung des ASD steht erst am Anfang; weitere Schritte der Organisationsentwicklung scheinen geboten, um sie breiter zu institutionalisieren.
- Für die fallbezogene Sozialraumorientierung stehen Ressourcen aufdeckende Methoden und Verfahren wie das Case Management zur Verfügung (→ Kapitel 15).
- Der Ansatz, Ressourcen des Sozialraumes in der Hilfeplanung zu nutzen, wurde erfolgreich etabliert und findet sowohl innerhalb als auch außerhalb des ASD Akzeptanz.
- Die fallunspezifische und fallübergreifende Sozialraumorientierung zur breiten Erkundung der Potenziale und zum vielfältigen Beziehungsaufbau im Sozialraum ist noch unterentwickelt und wird wahrscheinlich in großen Teilen unsystematisch angewendet, weil die zeitlichen Ressourcen für Erkundungen und fallübergreifende Netzwerkbildung fehlen.
- Die Methodensammlungen der fallspezifischen und fallübergreifenden Arbeit tendieren eher in Richtung ‚Sozialplanung' und erfordern eine spezifische Qualifikation sowie einen hohen professionellen Arbeitsaufwand.
- Perspektivisch ist über die Spezialisierung von Fachkräften des ASD auf fallspezifische Sozialraumarbeit und fallübergreifende Vernetzung im Sozialraum als systematischer Bestandteil der ASD-Praxis nachzudenken.
- Zu klären ist auch, ob die Sozialraumorientierung zukünftig nicht allein beim ASD, sondern im Netz der lokalen Institutionen und Organisationen verankert sein sollte – koordiniert durch eine sozialräumliche Instanz der Jugendhilfeplanung.

Die Orientierung am Sozialraum repräsentiert einen zentralen Aspekt des Wandels der sozialen Dienste im Laufe der Dekaden vor und nach dem Jahr 2000. In den Fachzeitschriften der Sozialen Arbeit fand im Fachdiskurs zu Beginn des 21. Jahrhundert die Sozialraumorientierung besondere Beachtung und wurde erst um das Jahr 2008 vom Thema der Kindeswohlsicherung als neuem thematischen Fokus abgelöst (Gissel-Palkovich et al. 2010).

Die Vor- und Nachteile einer sozialräumlichen Ausrichtung wurden zu Beginn des neuen Jahrhunderts intensiv diskutiert (u. a. Hinte 2000; Merchel 2001; Faltermeier 2002; Deinet 2002; Schröder 2003; Wabnitz 2003). Die inhaltlichen Schwerpunkte des Diskurses waren die sozialräumliche Ausrichtung der Hilfen zur Erziehung sowie das Erfassen der Präventionsmöglichkeiten im Sozialraum. Im Rahmen eines zielgruppen- und bereichsübergreifenden Arbeitsansatzes werden dabei die konsequente Orientierung am Willen der Betroffenen, die Konzentration auf die lebensweltlichen Ressourcen der Menschen in ihrem geografischen Nahraum und die Kooperation zwischen den Institutionen gefordert. Einerseits wurden in den einschlägigen Fachzeitschriften neue Perspektiven der Zusammenarbeit zwischen öffentlicher und freier Jugendhilfe diskutiert, andererseits fand ein erhöhtes Konfliktpotenzial Beachtung – etwa die Existenzängste der freien Träger im Rahmen der stellenweisen Einführung von Sozialraumbudgets. Der verstärkte Wettbewerb und die Vergabe von Leistungsaufträgen durch die öffentlichen Träger bestimmten ebenfalls die Fachdiskussion. Neben den kritischen Positionen gab es auch befürwortende Hinweise, dass die sozialräumliche Budgetierung helfe, Ressourcen zu sparen und flexibilisierend auf den sozialräumlichen Mitteleinsatz zu wirken. Vor diesem divergierenden Hintergrund wird die Sozialraumorientierung ambivalent bewertet: Dem Verdacht, Einsparungen im sozialen Bereich zu verfolgen und als Folge des Effizienzdenkens an fachlicher Qualität einzubüßen, steht die Hoffnung einer verbesserten Mobilisierung von sozialräumlichen Ressourcen gegenüber.

Im Diskurs der Nullerjahre kristallisierte sich der Tenor heraus, dass die Sozialraumorientierung in das Leitbild der lebensweltorientierten Jugendhilfe eingebettet werden muss. In der Tendenz dominierte zu Beginn der 2010er Jahre eine positive Sichtweise: Durch den Einbezug der Quartiersbewohner, ihrer Potenziale und ihres impliziten Wissens über den Sozialraum könne der ASD den kleinräumig verteilten Lebenslagen in einem überschaubaren Gebiet differenzierter und wirkungsvoller gerecht werden (Noack 2003).

28.1 Definitionen: Sozialraum und Sozialraumorientierung

28.1.1 Sozialraum

Es gibt nur wenige Begriffe, die in der Sozialen Arbeit im Laufe der vergangenen Dekaden einen ähnlichen Aufstieg vollzogen haben wie der Begriff des „Sozialraums". In der Kinder- und Jugendhilfe hat er sich sogar zu einem Leitbegriff entwickelt, der aus paradigmatischen Positionen des zu Anfang der 1990er Jahre in Kraft getretenen Kinder- und Jugendhilfegesetzes abgeleitet wurde. So heißt es in §1 Absatz 3 SGB VIII (KJHG), die Jugendhilfe solle dazu beitragen, eine kinder- und familienfreundliche Umwelt zu erhalten oder zu schaffen. Verstärkt wird diese Orientierung in §80 SGB VIII, in dem eine sozialräumliche Ausrichtung der Jugendhilfeplanung als Standard gesetzt wird. Denn die Einrichtungen und Dienste sollen so geplant werden, dass junge Menschen und Familien in gefährdeten Lebens- und Wohnbereichen besonders gefördert werden.

Der Begriff des Sozialraums ist eine Übersetzung des Terminus „Social Area", der in den 1920er Jahren von der Chicagoer Schule entwickelt worden war (Riege/Schubert 2012, 4). In der ursprünglichen Konzeption wurde er als analytisches Instrument genutzt, um die Verteilung sozialer Aggregate und ihrer Lebenspraktiken (Cultural Area) in einem geografisch definierten Raum (Natural Area) zu betrachten. Aus diesem Blickwinkel lassen sich soziale Strukturmuster und Entwicklungsprozesse – wie zum Beispiel Segregation, Konzentration, Integration, Differenzierung, Invasion, Sukzession – in und zwischen Stadträumen empirisch abbilden. In dieser soziologischen Tradition wird das Profil eines Sozialraumes empirisch als räumlich eingegrenzte soziale und kulturelle Struktur konstruiert, indem Bezug genommen wird auf Raumeinheiten der ‚Administration'. Denn die betreffenden sozioökonomischen Indikatoren liegen in der Regel nur für die teilräumliche Untergliederung der städtischen Verwaltung vor. Der Raum beziehungsweise die jeweilige Raumeinheit wird dabei als Hülle oder „Container" aufgefasst, in dem sich Soziales abbildet und ereignet (Läpple 1991).

In der jüngeren raumsoziologischen Diskussion wird das Raumverständnis weiter gefasst: Löw definiert Raum als „relationale (An-)Ordnung sozialer Güter und Menschen (Lebewesen) an Orten" (Löw 2001, 224 ff.). Unter sozialen Gütern werden vor allem materielle, platzierbare Objekte verstanden, deren Verortung (d. h. Vermessung, Planung, Errichtung) – in der Relation zu anderen Platzierungen – systematisch einen Ort als Raum erzeugt (Spacing), sozial aneignungsfähig macht und symbolisch markiert. Die Konstituierung des Raumes erfolgt nach diesem Verständnis dual in einem wechselseitigen Zusammenspiel von Handlung und Struktur: Räumliche „Strukturen sind Regeln und Ressourcen, die rekursiv in Institutionen eingelagert sind" (Löw 2001, 226) und im Handlungsverlauf von Alltagsroutinen interaktiv (re-)konstruiert werden. Die räumliche Anordnung bzw. Ordnung der Objekte und Subjekte löst individuelle Handlungsmuster und Synthesen aus, die im Rahmen von Wahrnehmungen, Erinnerungen und Vorstellungen geleistet werden (Löw 2001, 17). Die alltägliche Lebensbewältigung wird dabei mit den institutionalisierten Strukturen und Ressourcen im Raum kongruent gemacht.

In der Sozialen Arbeit wird der Sozialraumbegriff vorrangig unter einer Steuerungsperspektive angewandt; denn er repräsentiert prinzipiell ein geografisch und territorial – zu benachbarten Arealen – abgegrenztes Gebiet (Schönig 2008, 16).

Diese Konstruktion unterscheidet sich signifikant vom Konzept der „Lebenswelt", das aus der Lebensphilosophie stammt und für die mikrosoziale Annäherung an die Alltagssituation der Adressaten operationalisiert wurde. Eine Renaissance des „Lebenswelt"-Begriffs von Husserl und Schütz fand in den 1970er und 1980er Jahren statt; das hatte auch Auswirkungen auf das Raumverständnis in der Sozialen Arbeit. Mit dem Begriff der Lebenswelt werden besonders die sekundären Qualitäten des sozialen Raumes beleuchtet, also Eigenschaften, die Dinge nur haben, wenn sie von Menschen wahrgenommen werden. Es geht um die Frage, welche Merkmale und Potenziale des lebensweltlichen Bezugsraumes – der Stadt- und Wohnquartiere – von den Menschen aus ihrer jeweiligen individuellen Sicht erfasst und mit relevanten Bedeutungen aufgeladen werden. Der Sinn sozialräumlicher Phänomene wird aus den subjektiven Sinnzusammenhängen der sie konstituierenden Handelnden erklärt. Die alltägliche Lebenswelt ist eine soziokulturell überformte Umwelt und damit eine sprachlich verfasste Wirklichkeit. Empirisch handelt es sich um den Raum, wie er individuell oder gruppenspezifisch als je eigener gegeben ist. Methodologisch wird dabei die Subjektivität betont und konsequent eine Verstehensmethodologie gefordert, damit Soziale Arbeit anschlussfähig sein kann (vgl. Deinet / Krisch 2012).

Vom geografisch gefassten, quasi Top-down definierten Sozialraum als ‚Steuerungseinheit' ist daher die alltagsweltliche Konstruktion von individuellen Lebenswelten durch subjektive Interpretation und soziale Interaktion zu unterscheiden. Dieses Raumverständnis beinhaltet die fachlich relevante Einheit für die operative Soziale Arbeit. Lebenswelten werden quasi Bottom-up – konträr zur sozialräumlichen Setzung – aus den Interdependenzen, Netzwerken und aktionsräumlichen Bezügen der Bewohner konstituiert. Daher ist prinzipiell die Strukturperspektive des Sozialraums von der Verhaltens- und Handlungsperspektive der Lebenswelten zu unterscheiden. Unter einer lebensweltlichen Perspektive muss das professionelle Handeln die individuellen oder gruppenspezifischen Handlungen und Motivationen als erklärende Merkmale berücksichtigen. Die Konstruktion eines Sozialraumes bildet demgegenüber nur den geografischen Kontext, in dem die operative Soziale Arbeit organisiert wird, um die Motivationen und Denkweisen der Subjekte anzuerkennen und an sie Anschluss zu gewinnen. Dieses Verständnis hat Thiersch mit dem Begriff der „lebensweltorientierten Jugendhilfe" zusammengefasst: Sie

„inszeniert soziale Beziehungen in der Nachbarschaft, unter Kollegen, unter Menschen, die in gleiche Probleme involviert sind; sie arrangiert Räume, Situationen und Gelegenheiten für Kinder und Heranwachsende; sie engagiert sich in den Anstrengungen um lebensweltliche Erfahrungen und Räume in Institutionen und sozialen Netzen, auch im Stadtteil, in der Stadt, in der Region" (Thiersch 2009, 26 f.).

An einer unreflektierten Verwendung des Sozialraumbegriffs macht sich fundierte Kritik fest. Bourdieu (1997, 159) insistierte zum Beispiel auf ein umfassenderes gesellschaftliches Verständnis des Sozialraumes. Die in konkreten, abgrenzbaren geografischen Räumen erkennbaren Sozialstrukturen, Lebensverhältnisse, Nutzungs- und Wahrnehmungsmuster konstituieren sich nicht in diesen konkreten Näräumen selbst, sondern sie sind vielmehr Ausdruck gesellschaftlicher Ungleichheits- und Machtverhältnisse, der Positionierung von Personen und Gruppen im gesellschaftlichen Raum. In der kleinräumigen Perspektive des physisch-geografisch lokalisierbaren Sozialraums bilden sich Bewegungs-, Nutzungs- und Wahrnehmungsmuster ab, die im gesellschaftlichen Raum – auf der Grundlage von ökonomischem, sozialem und kulturellem Kapitalbesitz – konstituiert werden. Die gesellschaftliche Teilhabe – in positiven wie negativen Ausprägungen (Inklusion und Exklusion) – nimmt an den konkreten Orten mikrosozial nur Gestalt an; grundlegend wird sie aber makrosozial im gesellschaftlichen Raum gebildet und ist auch nur dort wirklich beeinflussbar (Kessl et al. 2012, 152 ff.).

28.1.2 Sozialraumorientierung

Im Konzept der Sozialraumorientierung vermischen sich sozialpolitische, verwaltungstechnische und gemeinwesenbezogene Ansätze: Unter der Perspektive lokaler Sozialpolitik symbolisiert die Sozialraumorientierung den örtlichen Handlungsrahmen für eine Soziale Arbeit nach den Prinzipien des aktivierenden Sozialstaats. In der

Perspektive des Sozialmanagements repräsentiert die Sozialraumorientierung eine räumlich fokussierte Reorganisation der Sozialen Arbeit, die die Verwaltungsmodernisierung des sogenannten Neuen Steuerungsmodells fortsetzt. Und aus der Perspektive der Gemeinwesenarbeit zielt die Sozialraumorientierung auf eine Stärkung des Partizipationsansatzes lebensweltlicher Netzwerke in definierten Siedlungsräumen. Das Verhältnis der drei Perspektiven ist nicht reibungsfrei: Auf der einen Seite steht die Kontradiktion von räumlicher versus sozialer Fokussierung und auf der anderen Seite der Kontrast von Steuerung aus Top-down-Sicht versus Aktivierung aus Bottom-up-Sicht.

Die Grundsätze der Gemeinwesenarbeit orientieren sich im Wesentlichen am Willen und an den Bedürfnissen der Bewohner im Quartier. Im Vordergrund steht nicht die Dienstleistungsorientierung für die Bewohnerschaft, sondern die Aktivierung und Selbsthilfe der Bewohner. Während dieses Prozesses werden einerseits die persönlichen Ressourcen der Bewohnerschaft des Wohnquartiers aufgedeckt und andererseits die überindividuellen Ressourcen im Quartier – als definiertem Sozialraum – erschlossen. Hinte (2007, 62) grenzt diese Strategie von der klassischen Sozialen Arbeit ab, die auf die Defizite der Menschen fokussiert sei. Die aus der Gemeinwesenarbeit hervorgegangene „stadtteilorientierte Arbeit" folgt daher dem Paradoxon, dass sich auch in Defiziten Stärken finden lassen (Hinte 2007, 77).

Die Partizipationsorientierung des Ansatzes der Gemeinwesenarbeit wird an der relationalen Raumperspektive ausgerichtet, um an die Lebenswelten anschlussfähig zu sein. Die anderen beiden Ansätze der Sozialraumorientierung – lokale Sozialpolitik und Reorganisation Sozialer Arbeit – zielen demgegenüber eher auf ‚Containerräume'. Die Raumzustände und Raumprozesse von Stadtgebieten werden dabei auf zwei Wegen erschlossen: Einerseits wird ein Raum anhand vorgefundener physischer Barrieren geografisch abgegrenzt: zum Beispiel Flüsse, Wälder, Berge, Bahnlinien oder Autobahntrassen, die Ränder eines Sozialraumes bilden und somit seine Zugänglichkeit bedingen. Andererseits werden Sozialräume aus den Administrationsräumen anhand ihrer rechtlichen Verfasstheit – zum Beispiel Stadtteil, Viertel usw. – und nach der Zuständigkeitslogik der öffentlichen Verwaltung konstruiert. In diesem Verständnis findet eine Verschiebung von einer sozialen zu einer räumlichen Definition sozialer Entwicklung statt. Der Blick richtet sich nicht mehr auf Zielgruppen und deren wohlfahrtsstaatlichen Unterstützungsbedarf, sondern verschiebt sich hin zu Räumen. Die Ressourcen und die professionellen Interventionen werden auf bestimmte soziale Gruppen gerichtet, die zusammen mit ihrem geografischen Standort, mit ihrer Nachbarschaft und mit Strukturmerkmalen ihres Quartiers als sozialräumlicher Bedarfskontext definiert werden. Dieses raumfokussierte Verständnis der Sozialraumorientierung dient vor allem Steuerungszwecken. Nach einer Top-down-Logik werden Zuständigkeitsbereiche des professionellen Handelns der Sozialen Arbeit nach administrativen Gesichtspunkten zugeschnitten. Eine dezentrale Verlagerung des Managements von Zielen und Ergebnissen in Sozialräume als fachlich handlungsrelevante Territorien der Sozialen Arbeit soll ein effizienteres und zugleich auch effektiveres Erbringen der Dienstleistungen in den alltäglichen Lebensbereichen ermöglichen (vgl. Schubert 2005).

Der soziale Raum wird im steuerungsfokussierten Ansatz also nicht aus den sozialen Potenzialen, aktionsräumlichen Verhaltensweisen und Nutzungsroutinen der Bewohnerschaft abgeleitet, sondern für eine geografisch definierte Zone interventionistisch auf diese bezogen. Im Vordergrund steht der administrative Bezug, weil die Raumdefinition allein über Verwaltungsgrenzen erfolgt und erst nachrangig innerhalb dieses Definitionsrahmens quantitativ soziografisches Datenmaterial sowie qualitativ erfasste subjektive Perspektiven der im Sozialraum handelnden Subjekte berücksichtigt werden (Merchel 2001, 372).

Auch dafür steht der Begriff der „Sozialraumorientierung" und setzt die Tradition der ‚Neuorganisation sozialer Dienste' fort. Dabei werden – auf der Grundlage sozialstruktureller Profile – spezifische Areale des Siedlungsraums als administrative Raumeinheit genutzt, um darin – je nach Bewertung des Profils – professionelle Interventionen zu realisieren. Die Sozialraumorientierung kann als ein professionelles Verfahren verstanden werden, die Rahmenbedingungen der Intervention in einem Administrationsraum mit rationalen Mitteln integriert zu gestalten. Verknüpft wird die Intervention mit sektorenübergreifenden, die bestehende Versäulung überbrückenden Netzwerkansätzen,

wenn die verschiedenen Akteure aus Verwaltung, Bildungswesen, Gesundheitswesen, Sozialer Arbeit und Kultur raumbezogen kooperieren (vgl. Schubert 2008).
Folglich geht das Konzept der Sozialraumorientierung nicht von den Individuen und ihren Lebenswelten aus, sondern von der infrastrukturellen Ausstattung als räumlich-administratives Bezugssystem. Jordan et al. (2001, 17) differenzieren dabei drei unterschiedliche Ebenen:

1. die Struktur eines Sozialraumes unter administrativen Gesichtspunkten, abgebildet durch eine Sozialberichterstattung;
2. das Handlungssystem eines Sozialraums, repräsentiert von den Infrastruktureinrichtungen, Organisationen und Praxiselementen ihrer Akteure;
3. erst nachrangig werden die Lebenswelten der Bewohnerschaft im Allgemeinen und spezifischer Zielgruppen im Besonderen genannt, die professionell zu ‚bearbeiten' sind.

Im Mittelpunkt dieses Konzepts stehen die soziale Dienstleistungsinfrastruktur und ihre Produkte. Um die Infrastruktur im Sozialraum vernetzt steuern zu können, wird eine spezifische Aufbauorganisation von Agenturen und Gremien implementiert; nach der Bestandsaufnahme der Infrastruktur und nach der Bewertung der Lebenssituation von Bevölkerungs-/Zielgruppen wird der fachpolitische Handlungsbedarf unter aktiver Beteiligung von Betroffenen formuliert und damit zum Abbau von Problemen und Defiziten im Sozialraum beigetragen.
Kritische Stimmen bemängeln, die Bedeutung der Sozialraumorientierung für die sozialen Dienste werde überschätzt. So sei die Sozialraumorientierung nicht hinreichend für die konkrete Praxis vor Ort operationalisiert worden und streue daher in einer breiten Vielfalt von Handlungsansätzen (Merchel 2001; Schippmann 2002). Von der Praxis wird das bestätigt: Denn in vielen Kommunen existieren eine Vielzahl von Konzepten nebeneinander, die alle das Attribut „sozialraumorientiert" tragen. Das Spektrum der Aufbauorganisation sozialräumlicher Arbeit reicht von der Institutionalisierung regelmäßig stattfindender Gesprächsrunden im Stadtteil über die Vernetzung von sozialen Diensten mit Bildungseinrichtungen bis hin zum neuen Finanzierungssystem des ‚Sozialraumbudgets'. Nach Figiel/Meyer fehlt eine einheitliche Definition, was unter Sozialraumorientierung sowohl im Allgemeinen als auch im Besonderen zu verstehen ist (Figiel/Meyer 2002, 56) und was sie konkret für die Kinder- und Jugendhilfe bedeutet (Reutlinger 2007, 104f.). Auch Merchel (2001, 372) weist kritisch darauf hin, dass lediglich räumliche Strukturen und die Gestaltung der infrastrukturellen Ausstattung im Vordergrund der Sozialraumorientierung stehen. Nach Hamberger (2000, 25) müssen dagegen die Ortsbindungen der Bewohnerschaft mehr in den Fokus gerückt werden. Wegen dieser Dominanz der Steuerungsperspektive fehlt dem Konzept der Sozialraumorientierung oftmals die Tiefenschärfe: Die subjektive Aneignung des Sozialraums findet dann zu wenig Beachtung.
Diese Unschärfe zeigt sich besonders auch bei der Frage, wie groß ein Sozialraum sein soll. Hinte (2007, 250) geht allgemein von einer Steuerungsgröße von 4.000 bis 10.000 Einwohnern aus. Jordan et al. (2001, 63) differenzieren die sozialräumlichen Ebenen nach der administrativen Logik von Bezirk, Stadtteil und Quartier und setzen die Untergrenze bei 5.000 Einwohnern. In der Jugendhilfeplanung wurden die verschiedenen Perspektiven der Sozialraumorientierung integriert; folglich fällt die geografische Variabilität sehr breit aus (Hopmann 2006, 122ff.):

1. der „Sozialraum als Ressource" umfasst ca. 200 bis 3.000 Einwohner;
2. der „Sozialraum sozialer Dienstleistungen" hat einen Rahmen von rd. 1.500 bis 8.000 Einwohnern;
3. der „Sozialraum als Ort der Bürgernähe und Partizipation" kann sich von 1.000 bis 10.000 Einwohnern erstrecken;
4. der „Sozialraum als Steuerungseinheit" liegt bei 5.000 bis 30.000 Einwohnern;
5. der „Sozialraum als Budgetgröße" fällt mit 15.000 bis 30.000 Einwohnern relativ komplex aus.

Mit der geografischen Definition eines Sozialraums wird ein Rahmen für die Ressourcenverteilung und für den lokalen Handlungsraum der Dienste gesetzt. Auf der Basis bestehender Verwaltungsgrenzen ergeben sich Versorgungsräume, die mit der Wahrnehmung und den Aktionsräumen der Bewohner selten kongruent sind. Kessl (2001, 50) warnt vor kontraproduktiven Effekten einer

Ausrichtung des Raumzuschnitts an administrativ begründeten Belastungsfaktoren, weil das die Benachteiligung im Wohnquartier verfestigt statt sie zu verringern. Als Gegenmodell wird propagiert, den Zuschnitt des Sozialraums durch die Bewohnerschaft selbst durchführen zu lassen (Deinet 2005); dieses Verständnis findet in der kommunalen Verwaltung wegen des erhöhten Aufwands aber keine Anerkennung. Denn im Kern der Sozialraumorientierung geht es um die soziale Kontrolle und Veränderung der Infrastruktur in Stadtgebieten, für die ein entsprechender Interventionsbedarf diagnostiziert worden ist (Deinet/Krisch 2002, 14).

In der Gegenstrom-Perspektive ermöglicht die Sozialraumorientierung eine Dezentralisierung der sozialen Dienste in den Stadtteilen und Quartieren (Merchel 2001, 376), sodass die fachlichen und finanziellen Entscheidungen (Top-down) an den Bedarfen vor Ort anknüpfen können (Bottom-up). Wenn dadurch niedrigschwellige Angebote gewährleistet werden, gelingt der Sozialraumorientierung in der lokalen Praxis der Anschluss an die Lebenswelten; dann sind die Sozialraumorientierung und die Lebensweltenorientierung kompatibel. Einerseits sind die sozialen Dienste in den Lebenswelten der Menschen präsent und andererseits orientiert sich die Soziale Arbeit an den sozialen Lebenslagen im Wohnquartier (Lüttringhaus 2007, 298).

Sozialräumliche Ansätze sind in der Umsetzung oft überfordert, da die Verknüpfung der Verwaltungsressorts zur Verbesserung der Bildungsangebote, der Arbeitsmarktpolitik, der Sozialhilfepolitik und der kulturellen Integration misslingt und der sozialräumliche Ansatz die grundsätzlichen Defizite der Versäulung dieser Handlungsfelder lokal nicht kompensieren kann (vgl. Empirica 2003). Es fehlt auch der Nachweis, ob die Aktivierung der Adressaten im gewünschten Maß gelingt und ob sich die sozialräumlichen Strukturen nachhaltig verbessern. Einen Nutzen zeigt sie vor allem als territoriales Steuerungsmodell für die Umsetzung der dezentralen Fach- und Ressourcenverantwortung, wenn beispielsweise sozialräumliche Aktivitäten der intermediären Organisationen vor Ort über ein Kontraktmanagement der Kommune gesteuert werden. Der soziale Wirkungsradius adressatennaher und nachbarschaftsorientierter Aktivierungsmaßnahmen bleibt durch die kontraktierten Budgets allerdings relativ beschränkt. Mayer (2003) kritisiert, die intermediären Organisationen der Sozialen Arbeit würden sich dabei zu Dienstleistungsagenturen entwickeln, die frühere Ansprüche, Problemgruppen zu „Empowerment" zu verhelfen, zugunsten eigener Reproduktionsinteressen in der neuen Steuerungslogik tendenziell aufgeben.

28.2 Exemplarische Sozialraumkonzepte

Im Rahmen des Forschungsprojektes „Der Allgemeine Soziale Dienst (ASD) im Wandel- ein Praxisvergleich" wurden u.a. Beratungsinstitutionen erhoben, die Kommunen bei der Umstellung des ASD auf eine Sozialraumorientierung häufig beraten und begleiten (vgl. Gissel-Palkovich et al. 2010). In einer vertiefenden Fallstudie hat Mausolf (2010) einige dieser Konzepte unter die Lupe genommen:

- **Institut für Stadtteilentwicklung, Sozialraumorientierte Arbeit und Beratung e.V. (ISSAB):** Das ISSAB verbindet in seinem Konzept der Sozialraumorientierung die Ansätze der Gemeinwesenarbeit, der Lebensweltorientierung, des Empowerment und der Sozialökologie (Hinte 2002, 2004, 2006). Als Leitprinzip gilt, dass sich der ASD konsequent am Willen und an den Rechten der Familien orientieren soll und sie aktiv am Prozess der Hilfegestaltung beteiligt, damit die Familien lernen, ihre prekären Lebensbedingungen eigenverantwortlich zu verbessern (Hinte 2006, 22). Das Konzept ist dabei nicht allein auf den konkreten Einzelfall fokussiert, sondern hebt besonders das Ressourcenpotenzial des sozialen Umfeldes hervor. Als geografischen Bezugsrahmen hat das ISSAB ein Wohngebiet mit ca. vier- bis zehntausend Einwohnern definiert. Die erforderlichen finanziellen Mittel stehen in einem Sozialraumbudget zur Verfügung, das auf der Grundlage von Belastungsindikatoren (Indikatoren der Sozialstruktur) räumlich differenziert berechnet wird. Über Netzwerke zwischen den sozialräumlichen Institutionen und Agenturen sollen die Ressourcen des Sozialraumes erschlossen werden. Der Blick ist dabei über den Fall hinaus gerichtet, denn neben fallspezifischer, sollen vor allem auch fallunspezifische und fallübergreifende Arbeit geleistet werden, damit im Fall einer konkreten Hilfeerbringung auf Ressourcen im Sozialraum zurückgegriffen werden kann (→ Kapitel 23). Die fachliche Steuerung ist in den jeweiligen Sozialraumteams vor Ort verankert, denen die öffentlichen und freien Träger angehören. In den Sozialraumteams werden die Fallarbeit, die Sozialraumarbeit, die fallunspezifische Arbeit und die kollegiale Beratung gestaltet und beraten.

- **Institut für Soziale Arbeit e.V. (ISA):** In dessen Modell wird der Sozialraum einerseits politisch-administrativ definiert, andererseits aber auch als Lebensraum des Alltags aufgefasst (vgl. Jordan et al 2001, 16). Im Vordergrund steht die infrastrukturelle Ausstattung als räumliche Struktur, die an die Lebenswelten der Bewohner ankoppelt. Als Bezugsrahmen werden bestehende Verwaltungsräume und ihre Infrastrukturausstattung sowie die lebensweltliche Nutzung in drei unterschiedliche Typen von Planungsräumen kategorisiert, denen in ihren unterschiedlichen Größenordnungen unterschiedliche Planungsaufgaben zugeordnet werden: von der Planung nach umfassenderen Strukturprinzipien (Ressourcensteuerung, überregionale Angebote etc.) über die Planung einer kleinräumigen sozialen Infrastruktur bis hin zur Planung spezieller zielgruppenspezifischer Angebote. Die Finanzierung der Leistungen erfolgt auch hier aus einem Sozialraumbudget, das Flexibilität bieten und eine bedarfs- sowie nachfrageorientierte Steuerung ermöglichen soll. Nach dem Konzept des ISA wird die strategische Entwicklung der Sozialen Arbeit in den Sozialräumen bei der Jugendhilfeplanung angesiedelt.
- **Koblenzer Institut für sozialpädagogische Forschung und Beratung e.V. (KISO):** Nach diesem Konzept werden die biographischen und strukturellen Merkmale des Einzelfalls in den Mittelpunkt gestellt, aber eingebettet in den sozialräumlichen Kontext betrachtet (Schrapper 2006). Dabei werden die Entwicklungen im Sozialraum und die lokalen Ursachen des Hilfebedarfs als Kontextmerkmale besonders berücksichtigt (vgl. Kalter/Schrapper 2006, 11). Das Grundverständnis der Sozialraumorientierung besteht auch hier darin, die Ressourcen des Sozialraums in die Hilfeplanung einzubeziehen. Eine regelmäßige Sozialberichterstattung liefert die Informationen über die soziale Situation von Kindern, Jugendlichen und deren Familien sowie über die Ressourcen und Probleme im Sozialraum (Kalter/Schrapper 2006, 279).

Um den ASD zu unterstützen, werden verbindliche ressortübergreifende Netzwerke zwischen Jugendhilfe und dem Bildungs-, Gesundheits- sowie Kultursektor hergestellt. In der Zusammenarbeit sollen fallbezogene Aufgaben und Leistungen in interdisziplinärer Kooperation gestaltet werden. Unter dem Begriff des Sozialraums wird ein Stadtgebiet (Stadtteile, Stadtteilbereiche, Wohnsiedlungen) so gegliedert, dass die Lebenswelten der Bewohner hinreichend repräsentiert werden. Die Gesamtsteuerung liegt bei der Bezirksstelle des ASD. Kooperationsverträge zwischen öffentlichem Träger und freien Trägern werden mit einem Schwerpunktträger im Sozialraum geschlossen, der für die ambulanten flexiblen Hilfen verantwortlich ist und weitere Kooperationsverträge mit anderen Trägern aus dem Sozialraum oder Nachbarräumen schließt. Die Angebote vor Ort sind lebensweltlich orientiert und integrieren die Ressourcen der Familie und des Sozialraumes in die konkrete Fallarbeit.

- **Institut für Sozialplanung und Organisationsentwicklung (INSO):** Im INSO-Konzept wird die Sozialraumorientierung fachlich eng mit der Jugendhilfeplanung verknüpft und der Aufbau lokaler Netzwerkstrukturen zwischen dem öffentlichen und den freien Trägern in den Mittelpunkt gestellt (Szlapka/Fink 2005, 112f.). Der Ansatz konzentriert sich auf die Vernetzung der administrativen Struktur in einem als Sozialraum deklarierten Siedlungsbereich, um die dort vorhandenen Ressourcen effektiv nutzen können. Ein geografischer Bezugsradius des Wohngebiets wird nicht definiert; die Sozialräume sollen aus der administrativ gegebenen örtlichen Situation und der Lebenswirklichkeit der Menschen heraus individuell abgegrenzt werden (Nikles/Szlapka 1997, 17). Der Sozialraum wird in einer Mehr-Ebenen-Perspektive differenziert: Es wird ein sozialökologischer, ein sozialplanerischer, ein sozialpolitischer und ein sozialpädagogischer Kontext formuliert (Nikles/Szlapka 1997, 6ff.). In dem Modell spielt die Beteiligung der freien Träger eine wichtige Rolle, die Gesamtsteuerung bleibt dem öffentlichen Träger vorbehalten. Die Finanzierung der erbrachten Leistungen erfolgt auch im INSO-Konzept über Sozialraumbudgets, die dezentral vor Ort im Sozialraum bewirtschaftet werden. Die Verantwortung für die gezielte und passgenaue Leistungserbringung liegt bei den Sozialraumteams des ASD. Damit die Mitarbeiter des ASD über ein umfassendes quartier-

und milieuspezifisches Wissen verfügen, werden Sozialraumanalysen zur Beschreibung der örtlichen Lebenslagen im Rahmen der kommunalen Sozialberichterstattung durchgeführt.

Die Ergebnisse der Studie von Mausolf (2010) verdeutlichen, dass die konzeptionellen Differenzen zwischen den vier Konzepten nicht grundlegender Art sind, sondern sich nur in Nuancen bzw. durch die jeweiligen Kombinationen oder die Gewichtung der Elemente unterscheiden. Der ‚rote Faden' wird von den Aspekten (a) Dezentralität, (b) Pluralität der Angebotsstruktur, (c) Vernetzung der Träger sowie (d) lokales Steuerungs- und Finanzierungssystem geprägt.

Die Dezentralisierung des ASD setzt auf die räumliche Nähe im Sozialraum und eröffnet den Mitarbeitern sowie den Familien einen einfacheren Zugang zum Quartier. Die Zielgruppen können die dezentral in den Stadtteil verlagerten Räumlichkeiten des ASD besser erreichen, und sie finden niedrigschwellige und frühzeitige Hilfeleistungen in der Nähe ihrer Wohnung vor. Ob das wirklich neu ist, wird teilweise bestritten, weil der ASD nach den Prinzipien der Bezirkssozialarbeit traditionell dezentral ausgerichtet ist. Aber für die Ressourcenorientierung und das Ziel der Aktivierung vor Ort impliziert die Nähe Vorteile.

Über die Pluralität der Angebotsstruktur werden eine bedarfsgerechte Vielfalt an Hilfeleistungen für die Bedarfsgruppen sichergestellt und Benachteiligungen kompensiert. Durch institutionenübergreifende Angebote können Familien besser in den Stadtteil integriert und schwierige Situationen im Sozialraum (z. B. Kindeswohlgefährdung) bewältigt werden. Die fortlaufende fallübergreifende Weiterentwicklung der lokalen Infrastruktur und ihrer Angebote führt zu einem sukzessiven Abbau der bestehenden Angebotslücken und zu einer Anpassung an den Bedarf. Durch die präventive Ausrichtung der Angebote und Unterstützungsleistungen im Sozialraum können stationäre Hilfen zur Erziehung vermieden werden.

Grundlegend ist in den sozialraumorientierten Konzepten auch die lokale Vernetzung der lokalen Dienste und Einrichtungen. Die Folge ist eine Entlastung der operativen, strategischen und normativen Ebene der Kommune, weil die Verantwortung sowohl von der politischen Ebene als auch vom öffentlichen Träger und schließlich auch von den freien Trägern im Sozialraum mitgetragen wird. Im Rahmen der Kooperationen wird eine solide Infrastruktur aufgebaut, die passgenaue Hilfen anbieten kann, und die Bedarfssituation wird lückenlos aufgeklärt.

Schließlich implizieren die sozialräumlichen Konzepte auch eine Bedeutung für die Steuerungs- und die Finanzierung des ASD. Es zeichnen sich Chancen einer qualitativen Verbesserung der Fachlichkeit und eine Verringerung der Kosten ab (Mausolf 2010, 120).

28.3 Praktische Perspektiven auf die Sozialraumarbeit des ASD

28.3.1 Sozialraumpraxis in der Perspektive der Fachkräfte

Eine Grundbedingung der Sozialraumorientierung ist, dass der ASD die Schnittstellen zu anderen Akteuren und Systemen im Sozialraum aktiv entwickelt und gestaltet. Neben der engen und möglichst reibungslosen Kooperation zwischen öffentlichem Träger und freien Trägern spielt die Vernetzung mit anderen Ämtern und Institutionen eine große Rolle (vgl. Tenhaken 2010, Trede 2010; siehe auch Pluto et al. 2007, 593 ff.). Diese Institutionen können maßgeblich zum Erkenntnisgewinn und zu einer richtigen Einschätzung des Falles beitragen.

In der Studie „Der Allgemeine Soziale Dienst (ASD) im Wandel – ein Praxisvergleich" wurden u. a. Fachkräfte sowie Leitungskräfte von ASD befragt (Gissel-Palkovich et al. 2010). Sie wurden beispielsweise gefragt, wer die Kooperationspartner des ASD im Sozialraum sind. Ein sehr hoher Stellenwert wird den Schulen und der Schulsozialarbeit zugeschrieben. In der Relevanzskala folgen die ‚engeren Verbündeten' der Jugendhilfe wie die freien Träger und die Kindertageseinrichtungen im Sozialraum. Relativ bedeutsam werden auch Kooperationspartner aus dem Gesundheitswesen eingeschätzt; hier sind besonders Hebammen und Hausärzte im Sozialraum zu nennen. Eine mittlere Position nehmen örtliche Beratungsstellen und die Polizei ein. Selten aufgeführt werden die Familienbildung, die Suchthilfe, die Altenhilfe, das Frauenhaus und örtliche Vereine.

Die befragten Mitarbeiter sollten auch einschätzen, wie zufrieden die Kooperationspartner mit der Arbeit des ASD sind. Im Allgemeinen wird davon ausgegangen, dass die Zufriedenheit der engeren Kooperationspartner im Sozialraum – von der Schule über die freien Träger bis hin zur Polizei – gut ausfällt (Note: 2,0). Die Zufriedenheit mit dem ASD unter den politischen Gremien – z. B. Jugendhilfeausschuss, unter den kommunalpolitischen Akteuren und unter der Bewohnerschaft im Sozialraum – wird demgegenüber niedriger eingeschätzt (Noten: 3 und schlechter).

Zur Sozialraumarbeit des ASD gehört auch die Mitwirkung in lokalen Gremien. Regelmäßiges Engagement wird vor allem in themenfokussierten Arbeitskreisen gezeigt – in jüngerer Zeit besonders zur Zusammenarbeit zwischen Schulen und Jugendhilfe sowie zur Kriminal- und Schulverweigerungsprävention im Sozialraum. Als weitere wichtige Gremien wird auf Stadtteilrunden und Stadtteilarbeitskreise verwiesen, die thematisch offen angelegt sind. Genannt wurden auch regionale Planungsgruppen der Jugendhilfeplanung.

Für die fallunspezifische Arbeit im Sozialraum werden allerdings im Durchschnitt nur rund 5 % der Arbeitszeit aufgewendet; für die fallübergreifende Kooperation und Vernetzung im Schnitt etwa 10 %. Das entspricht etwa dem Zeitanteil, der für Verwaltungsaufgaben und organisatorische Belange verbraucht wird (ca. 15 %). Die Einzelfallarbeit (rd. 39 %), ihre Dokumentation (ca. 25 %) und ihre interkollegiale Reflexion (rd. 10 %) dominieren die alltägliche Arbeit im ASD; diese Tätigkeiten umfassen fast drei Viertel der täglichen Arbeitszeit.

Vor diesem Hintergrund ist es nicht verwunderlich, dass die fallbezogenen Vernetzungsaufgaben auf einer Notenskala von 1 bis 5 einen höheren Zufriedenheitswert erlangen als die fallunspezifische und fallübergreifende Vernetzungsarbeit. Die befragten Mitarbeiter geben der fallbezogenen Netzwerkarbeit die Zufriedenheitsnote 3,1; die fallunspezifische und die fallübergreifende Arbeit erreichen demgegenüber nur die Note 3,5.

Es liegt nahe, in diesem Zusammenhang nach der persönlichen Belastung zu fragen: Die sozialraumbezogenen Aktivitäten gehören im ASD nicht zu den Aufgaben, die eine sehr hohe und hohe persönlich Belastung verursachen. Im Gegenteil: Die fallunspezifischen und fallübergreifenden Tätigkeiten werden im Durchschnitt als niedrige Belastung bezeichnet. Die fallbezogene Vernetzungsarbeit wird demgegenüber zwischen hoher und eher niedriger Belastung eingeordnet, ist also vom Einzelfall abhängig.

Als Fazit lässt sich daraus ableiten: Die wichtigsten Kooperationspartner des ASD im Sozialraum sind Schule, Jugendhilfeträger und -einrichtungen, Hebammen, Beratungsstellen sowie die Polizei. Es wird eingeschätzt, dass diese Gruppen allgemein mit der Arbeit des ASD relativ zufrieden sind, was z. B. politischen Gremien und Kommunalpolitikern nicht unterstellt wird. Der ASD engagiert sich regelmäßig in Sozialraumgremien. Allerdings wird für die fallunspezifische Arbeit und für die fallübergreifende Vernetzung im Sozialraum nur wenig Zeit aufgewendet. Das liegt an den geringen zeitlichen Ressourcen, die dafür zur Verfügung stehen. Die ASD-Fachkräfte sind daher mit den zeitlichen Ressourcen für fallunspezifische Arbeit tendenziell unzufrieden.

Die Folge ist, dass die Gremien- und Vernetzungsarbeit sowie fallspezifische Aktivitäten im Sozialraum eher nebenher erledigt werden. Die Aktivitäten scheinen sich vor allem auf die Teilnahme an Sitzungen zu beschränken. Die Belastung wird als niedrig empfunden, weil die Sozialraumarbeit wegen fehlender Ressourcen keine Herausforderung darstellt. Die fallunspezifische und fallübergreifende Sozialraumarbeit fristet ein randständiges Schattendasein im ASD – im Gegensatz zur fallbezogenen Vernetzungsarbeit, deren Belastungspotential auch höher eingestuft wird.

Unter einer kritischen Perspektive kann vermutet werden, dass die Sozialraumorientierung in vielen ASD den Charakter einer ‚Sprechblase' aufweist, die konzeptionell verankert wurde, in der Realität der alltäglichen Praxis aber nicht die konzeptionell zugeschriebene Rolle spielen kann. Möglicherweise liegt der Fokus der Vernetzung im Sozialraum für viele schwerpunktmäßig auf der fallbezogenen Ressourcenmobilisierung.

Vor diesem Hintergrund bedarf es zukünftig der Klärung, welche zeitlichen Ressourcen zur Verfügung stehen müssen, um dem Anspruch einer fallunspezifischen sowie fallübergreifenden Sozialraumarbeit gerecht werden zu können. Dabei muss auch aufgeklärt werden, ob es perspektivisch günstiger ist, wenn sich einzelne erfahrene Fachkräfte des ASD auf fallunspezifische Sozialraumarbeit und fallübergreifende Vernetzung im Sozialraum als systematischen Bestandteil der ASD-Praxis spezialisieren. In den Blick genommen muss aber auch die breitere Perspektive einer systemischen Organisationsentwicklung der Jugendhilfe im Sozialraum: Anstatt die Sozialraumorientierung nur beim ASD zu verorten, könnte sie alternativ im Netz mehrerer lokaler Institutionen und Organisationen verankert werden, koordiniert z. B. von der Jugendhilfeplanung.

28.3.2 Reorganisationsprinzipien der Sozialraumorientierung

Damit ASD die Sozialraumorientierung realisieren kann, bedarf es organisatorischer Anpassungen. In der Studie von Gissel-Palkovich und Schubert wurden die Linien der Umgestaltung abgebildet (vgl. Gissel-Palkovich et al. 2010); sie lassen sich zu drei Prinzipien der Restrukturierung des ASD zusammenfassen:

1. **Horizontale Bündelung von Ressorts:** Bereits bestehende Ressorts werden vielerorts horizontal gebündelt. Die interdisziplinäre Arbeitsteilung über die Ressorts hinweg ist ein Qualitätsmerkmal der Sozialraumorientierung. Die Umsetzung erfolgt in vielfältigen Konstellationen, die thematisch, organisatorisch oder auch in der personellen Zusammensetzung variieren. So entstehen z. B. Fusionen mit der ARGE oder mit Akteuren des Gesundheitswesens, multiprofessionelle Teams werden gebildet, oder es werden enge Kooperationen mit der Erziehungsberatung eingegangen.
2. **Horizontale Dekonzentration:** Diese stellt das Kernmerkmal der Sozialraumorientierung dar: Denn der ASD wird dezentral in Sozialräumen bzw. Regionen platziert. Die Umsetzung dieses Prinzips setzt eine enge Vernetzung des ASD mit zentralen Organisationseinheiten des Jugendamtes voraus.
3. **Begleitende Projekte:** In vielen Fällen werden die Sozialraumarbeit begleitende und unterstützende, thematisch vielfältige Projekte installiert. Häufige Themenbereiche solcher Projekte sind z. B. Prävention, Kindeswohlsicherung, Angebote für Familien mit Migrationshintergrund, AGen zu Fachthemen oder Projekte im Rahmen des Bundesprogramms Soziale Stadt.

Exemplarisch wird dies im Folgenden an zwei Praxisbeispielen veranschaulicht.

▪▪▪▪ **Praxisbeispiel I: Sozialraumorientierung im Kontext früher Förderung**

Die sozialräumliche Vernetzung wurde in diesem Beispiel-ASD insbesondere durch Kooperationen mit Einrichtungen früher Förderung ausgebaut. Hierfür wurden weitere Institutionen herangezogen, die an der Entwicklung der Programme beteiligt bzw. für deren Ausführung verantwortlich sind (z. B. freie Träger, Schulen, Kitas, Hebammen, Kinderärzte, Logopäden). Innerhalb des Netzwerkes findet eine enge und regelmäßige Kooperation statt, die von einer Fachkraft koordiniert wird. Diese Fachkraft arbeitet nicht mehr im alltäglichen ASD-Dienst, sondern widmet sich ganz der Koordinationstätigkeit, der konzeptionellen Entwicklung und deren Umsetzung. Neu entstanden sind beispielsweise Sprachförderprogramme, an denen Kinderärzte, Logopäden, das Familienzentrum und der ASD beteiligt sind.

Um die Vergabe von Hilfen zur Erziehung durch niedrigschwellige und effektivere Hilfen zu ergänzen oder zu reduzieren und um die Prävention voranzutreiben, werden Kooperation und Vernetzung als notwendige und wesentliche Bausteine des ASD betrachtet. Als wichtigste Kooperationen wird die Zusammenarbeit mit dem System Schule, einer regionalen ‚Unterstützungsstelle für Schulen', mit Akteuren der sozialräumlichen Angebotsentwicklung und mit der Kinder- und Jugendpsychiatrie genannt. Sie werden im Rahmen von gemeinsamen Projekten, Stadtteilkonferenzen, Arbeitskreisen, Sozialraumteams und weiteren Gremien aufrechterhalten.

In den Sozialraumteams, die von der Dezernats- und Fachamtsebene mit der Unterstützung des Jugendhilfeausschusses in allen ASD initiiert wurden, werden fallübergreifend neue Projekte für den Sozialraum entwickelt. Vorrangiges Ziel ist eine Überleitung von Fällen in diese Projekte und in frühe Hilfen. Die Kriterien zur Projektentwicklung, -bewertung und -laufzeit werden fortwährend an den Bedarf angepasst. Sinnvolle, als wichtig erachtete Projekte mit inhaltlicher Nähe zu den Hilfen zur Erziehung werden in Regelangebote übergeleitet und aus dem Budget für Hilfen zur Erziehung finanziert. Auf diese Weise werden Innovationen der sozialräumlichen Angebotsentwicklung dauerhaft gesichert und genutzt.

Außerdem spielen zwei weitere Elemente bei der sozialräumlichen Angebotsentwicklung eine Rolle: die regionale Lenkungsgruppe und ein amtsinternes Gremium, die sich in zweimonatigem Rhythmus treffen. Der regionalen Lenkungsgruppe gehören zwei Delegierte der Sozialraumteams und die Leitungskräfte des Jugendamtes an; ihre Aufgabe liegt in der Entwicklung, Planung und Reflexion von Bewilligungskriterien. In diesem Gremium werden abschließende Entscheidungen zur sozialräumlichen Angebotsentwicklung getroffen. Am amtsinternen Gremium nehmen Mitarbeiter des Jugendamts inklusive der strategischen und operativen Leitung teil, um Prozessbesprechungen, Reflexionen und die Planung der sozialräumlichen Angebotsentwicklung durchzuführen.

Als Ergebnis benennt der ASD einen hohen Vernetzungs- und Kooperationsgrad mit guten Kooperationsbeziehungen in allen Stadtteilen. Über die bestehenden Netzwerke werden laut Aussage der ASD-Akteure fast alle Adressaten erreicht. Die niedrigschwelligen Hilfen und Projekte haben zu einem früheren Kontakt mit den Adressaten geführt. Als Folge werden ambulante Hilfen schneller und gezielter eingesetzt und stationäre vermieden. Dies spiegele sich auch in den Zahlen zur Entwicklung der Hilfen zur Erziehung wider: Im Vergleich zu nicht sozialraumorientiert strukturierten Stadtteilen wurden die stationären Hilfen in den Stadtteilen des untersuchten ASD um ein Viertel reduziert; die Anzahl ambulanter Hilfen entwickelte sich im Vergleich zu diesen jedoch ähnlich und veränderte sich kaum. ▪▪▪▪

▪▪▪▪ **Praxisbeispiel II: Sozialraumorientierung über wohnungsnahe Außenstellen**

Um die Erreichbarkeit des ASD und seine Nähe zu den Bürgern zu verbessern, gab die politische Ebene in dieser Beispielkommune bereits Ende der 1990er Jahre den Impuls, die Sozialen Dienste unter Beibehaltung der zentralen Finanzverwaltung zu dezentralisieren. Es wurden Außenstellen in den Stadtteilen eingerichtet, die die Bereiche Arbeit und Soziales in einem Haus vereinen und von einer Doppelspitze kooperativ geleitet werden. Der Bereich Arbeit umfasst die Bereiche Arbeitslosengeld II (ALG II), Arbeitsvermittlung, Arbeitgeberservice und Beschäftigungsförderung. Der Bereich Soziales ist gegliedert nach sozialpädagogischen und finanziellen Leistungen, die zusätzlich von einem psychologischen Dienst unterstützt werden; zu Ersterem zählen der ASD, die Vermittlungsstelle Hilfen zur Erziehung, die Fachstelle häusliche Versorgung, die interne Fachberatung sexueller Missbrauch, die Betreuungsstelle, die Kindertagespflege in Familien und die Intensivbetreuung. Den finanziellen Leistungen sind beispielsweise die wirtschaftliche Jugendhilfe, die Sozialhilfe, der Unterhaltsvorschuss und Asylbewerberleistungen zugeordnet. Die Mitarbeiter im ASD arbeiten nach dem Prinzip der Allzuständigkeit. Dieser generalistische Ansatz sieht vor, dass alle sozialen Belange im Sozialraum bearbeitet werden bzw. – wenn möglich und erforderlich – an die zuständigen Stellen weitergeleitet werden. Die Kommune verfügt über ein Organisationskonzept, in dem das Profil des ASD und die zu erbringenden Aufgaben detailliert beschrieben werden. Erläutert werden darin: Zielgruppen, Kernfunktionen und das produktspezifische sowie produktübergreifende Anforderungsprofil. Die Konzeption bildet die Grundlage für die strategische Umstrukturierung und Weiterentwicklung des ASD. Darüber hinaus sind die Themen Kooperation und Vernetzung in den Außenstellen von besonderer Bedeutung, damit ein abgestimmtes Dienstleistungsangebot entstehen kann.

Die Kooperationen in den Außenstellen werden als Netzwerke bezeichnet, weil mehrere Dienste unter einem Dach arbeiten und verschiedene Themen abdecken. Konkrete Zusammenarbeit findet in der Fallarbeit statt, wenn sich thematische Bereiche überschneiden. Dies betrifft in erster Linie das Zusammenwirken der Bereiche Arbeit und ASD. Die Fallzuordnung erfolgt in allen Abteilungen nach dem Prinzip der Meldeadresse des jeweiligen Adressaten. Das Eingangsmanagement übernehmen für alle Fachbereiche die Servicekräfte an der Infothek im Eingangsbereich; sie nehmen die Anfragen detailliert auf und leiten sie an die zuständigen Sachbearbeiter weiter. Die Fallverantwortung trägt jeweils die Sachbearbeitung, die die Hauptproblematik des Klienten als Kernprozess bearbeitet. Die Fallverantwortung kann je nach Entwicklung der Adressaten nach Absprache im multiprofessionellen Team wechseln, das sich regelmäßig in regionalen Fachteams unter Beteiligung der freien Träger trifft. Das einheitliche System der Fallbearbeitung über alle Fachbereiche hinweg ermöglicht laut Aussagen eine schnelle Absprache und Kontaktaufnahme. ▪▪▪▪

29 Kooperation im ASD

Von Eric van Santen und Mike Seckinger

- Der ASD ist aus fachlichen und rechtlichen Gründen zur Erfüllung seiner Aufgaben auf interinstitutionelle Kooperationen angewiesen. Der ASD und seine Mitarbeiter müssen sich deshalb mit den Vor- und Nachteilen von Kooperationen, mit den Herausforderungen, die für ihr Gelingen zu bewältigen sind, und mit der Eigendynamik von Kooperationszusammenhängen auseinandersetzen. Gut zu kooperieren will schließlich sowohl als Organisation wie als Fachkraft gelernt sein.
- Kooperation ist ein wirkmächtiges Verfahren zur Bearbeitung komplexer Problemstellung, stellt aber an sich keinen Wert dar. Selbstverständlich gibt es Problemstellungen, deren kooperative Bearbeitung nicht effektiv ist oder sogar Risiken für die Adressaten oder auch die beteiligten Organisationen und Institutionen birgt.
- Das Vertrauen der Adressaten, dass der ASD im Sinne ihres Wohles agiert, gehört mit zu den wichtigsten Voraussetzungen einer gelingenden Unterstützung für junge Menschen und ihre Familien. Deshalb muss reflektiert werden, wie eine Kooperation das Vertrauen in das Hilfesystem beeinflusst. Denn je nach Fallkonstellation kann die Zusammenarbeit mit spezifischen Stellen von Adressaten als Vertrauensbruch gewertet werden.
- Es gibt, das zeigen die empirischen Befunde, noch viele Möglichkeiten, Kooperationen zu verbessern und auszubauen. Dies liegt einerseits wahrscheinlich an der Arbeitsbelastung und andererseits an der nicht sonderlich gepflegten und entwickelten Kooperationskompetenz. Der Beitrag liefert neun Anregungen, wie diese Kompetenz weiterentwickelt werden kann.
- Innerhalb des pluralisierten, ausdifferenzierten und spezialisierten Hilfesystems wird Kooperation trotz unbestrittener fachlicher und rechtlicher Notwendigkeiten noch zu wenig als eigenständige Managementaufgabe des ASD wahrgenommen. Kooperation wird noch zu oft in die Eigenverantwortung einzelner engagierter Mitarbeiter gelegt. Soll Kooperation aber nachhaltige, von Personen unabhängige Effekte entfalten, ist eine organisatorische Verankerung und damit eine Integration von Kooperation in das Verfahrensrepertoire der Organisation unabdingbar.

Der Allgemeine Soziale Dienst (ASD) kooperiert in vielfältiger Weise mit anderen Behörden, Gerichten, Diensten, Einrichtungen, freien Trägern und Adressaten. Dieser Beitrag referiert empirische Daten zur Zusammenarbeit zwischen dem ASD und anderen Institutionen und gibt Hinweise darauf, wie gelingende Kooperationen möglich werden. Im ersten Teil des Beitrags wird begründet, warum Organisationen der Sozialen Arbeit zur Erfüllung ihres Auftrages zunehmend auf Kooperationen angewiesen sind. Eine Definition von Kooperation als Verfahren wird im zweiten Abschnitt eingeführt. Im dritten Abschnitt wird dem oft gehörten Ruf nach mehr, besserer und intensiverer Kooperation eine kritische Sichtweise gegenübergestellt, um so unrealistischen Erwartungen an Kooperation entgegenzuwirken. Im vierten Abschnitt werden empirische Daten zu Kooperationsbeziehungen des ASD dargestellt. Im abschließenden fünften Abschnitt werden die Voraussetzungen für Kooperation an Hand konkreter Beispiele aus der Arbeit des ASD beleuchtet. Damit werden Anregungen für eine Reflexion bestehender Kooperationsbeziehungen und Hinweise für eine qualifizierte Planung neuer Kooperationen gegeben.
Die Grundlage für die Ausführungen bilden haupt-

sächlich diverse eigene empirische Studien zum Thema Kooperation. Zu nennen sind hier insbesondere die qualitative Untersuchung zur Praxis der Kooperation in der Kinder- und Jugendhilfe (van Santen/Seckinger 2003) sowie diverse Erhebungen bei Jugendämtern, Einrichtungen und Trägern der Kinder- und Jugendhilfe, in denen Kooperation mit dem Jugendamt und dem ASD zum Thema gemacht wurden (vgl. www.dji.de/jhsw; 08.05.2012). Auch die Begleitung von Forschungsprojekten, die sich mit Kooperationen an den Schnittstellen zwischen verschiedenen gesellschaftlichen Funktionssystemen befassen, hat zum diesbezüglichen Wissen beigetragen. Nicht zuletzt sind auch berichtete Erfahrungen und Reaktionen der Praxis auf Vorträge zum Thema Kooperation im folgenden Text eingeflossen.

29.1 Warum ist Kooperation für den ASD notwendig?

Die Kinder- und Jugendhilfe ist für eine erfolgreiche Bearbeitung ihrer Aufgaben, also bei der passgenauen Unterstützung in Einzelfällen, bei der Bereitstellung von Infrastrukturangeboten und bei der Erfüllung ihres politischen Auftrags, auf eine entwickelte interinstitutionelle Kooperationskultur angewiesen. Hierfür lässt sich eine Vielzahl von Gründen anführen. Auf vier wichtige Gründe wird hier kursorisch eingegangen.
Der erste zu nennende Grund ist die Notwendigkeit, bei der Bearbeitung von Einzelfällen sowohl über vertieftes Spezialwissen als auch über eine generalistische Perspektive verfügen zu können. Die besondere Herausforderung für die Dienste und Einrichtungen der Kinder- und Jugendhilfe besteht darin, eine Balance zu finden zwischen notwendiger Spezialisierung und den damit verbundenen spezifischen Kompetenzen sowie einer ausreichend breiten Zuständigkeit, die dazu beiträgt, dass die Familien sich an möglichst wenige Fachdienste wenden müssen. Je stabiler interinstitutionelle Netzwerke sind, je routinierter Kooperationen bezogen auf konkrete Aufgabenstellungen eingesetzt werden können, desto eher gelingt es, diese Balance zu halten, sich nicht im Spezialistentum oder im generalistischen Dilettantismus zu verlieren. Insbesondere der ASD ist gefordert, mit dieser Spannung umzugehen, da er der zentrale Ort für die Organisation der Unterstützungsangebote ist.
Ein zweiter Grund ergibt sich aus dem Subsidiaritätsgebot. Dieses erfordert auch innerhalb der Kinder- und Jugendhilfe Formen der partnerschaftlichen Zusammenarbeit zwischen freien und öffentlichen Trägern (§ 4 SGB VIII). Angesichts der Autonomie der Träger können die für die Erfüllung der Aufgaben nach dem SGB VIII notwendigen Weichenstellungen und Aktivitäten nur kooperativ getroffen werden.
Als dritter Grund lässt sich anführen, dass die Kinder- und Jugendhilfe ihren Auftrag, in allen Lebensbereichen für förderliche Bedingungen des Aufwachsens zu sorgen, nur erfüllen kann, wenn sie Schnittstellen mit vielen anderen Systemen und Akteuren aktiv gestaltet. Sie muss im Interesse ihrer Adressaten beispielsweise mit dem Schulsystem, der Sozialhilfe, der Eingliederungshilfe, den Akteuren auf dem Arbeitsmarkt, dem Gesundheitssystem oder der Justiz Netzwerkstrukturen entwickeln und für Kooperationen nutzen. Es ist deshalb auch folgerichtig, dass das SGB VIII etliche Regelungen zur Zusammenarbeit zwischen freien und öffentlichen Trägern der Kinder- und Jugendhilfe sowie anderen Behörden und Stellen enthält (§ 81 SGB VIII). Auch in Artikel 1 des Bundeskinderschutzgesetzes sind explizite Regelungen zur Kooperation enthalten. Dort wird ein Netzwerk mit verbindlichen Formen der Zusammenarbeit als notwendige Voraussetzung für die Sicherung des Kindeswohls rechtlich normiert. Da die Aktivitäten an den Schnittstellen in der Regel aber weder durch Hierarchie – schließlich handelt es sich um unabhängige Partner – noch durch Marktmechanismen – die Bedürfnisse der Kinder und Jugendlichen, die die Zusammenarbeit erforderlich machen, sind nicht marktgängig – gesteuert werden können, bleibt als einziger Erfolg versprechender Steuerungsmechanismus die interinstitutionelle Kooperation.
Schließlich hat sich viertens in vielen sozialpsychologischen Studien gezeigt, dass es bestimmte Typen von Aufgabenstellungen gibt, die sich in Kooperation besser lösen lassen als durch Einzelpersonen, seien diese auch noch so qualifiziert (z. B. Hofstätter 1972).
Interinstitutionelle Kooperationen sind also nicht nur eine angemessene Reaktion auf die stetige Ausdifferenzierung moderner Gesellschaften und die Anwendung geltenden Rechts, sondern auch

Ausdruck kluger Handlungsstrategien. Dies gilt im Prinzip für alle Bereiche, und insofern überrascht es nicht, dass es keinen Bereich Sozialer Arbeit gibt, in dem nicht mindestens eine gesetzliche Regelung zur Zusammenarbeit oder zumindest eine Kooperationsempfehlung existiert.

29.2 Interinstitutionelle Kooperation und ihre Definition

Die leichtfertige Rede von Kooperation und Netzwerk macht es erforderlich, sich zu vergewissern, was mit den Begriffen jeweils beschrieben werden soll. In der Literatur finden sich viele, manchmal auch etwas widersprüchliche Verwendungen dieser Begriffe (für einen Überblick van Santen / Seckinger 2003). In diesem Text werden Kooperation, Koordination und Vernetzung nicht synonym verwendet. Unter *Vernetzung* wird die Herausbildung, Aufrechterhaltung und Unterstützung einer Struktur verstanden, die der Förderung von kooperativen Arrangements unterschiedlicher Personen oder Institutionen dienlich ist. Beispiele hierfür sind Einladungen zu Festen und Tagen der offenen Tür oder auch der Smalltalk am Rande von Tagungen und ähnlichen Anlässen.
Koordination ist nach unserem Verständnis ein Abstimmungsprozess, bei dem die Optimierung von Verfahrens- und Organisationsabläufen im Vordergrund steht. Die Bestrebungen innerhalb eines Jugendamtsbezirks, verbindliche Festlegungen zwischen Gutachtern und Jugendamt hinsichtlich der Ausgestaltung der für Hilfen nach § 35a SGB VIII notwendigen Dokumente zu treffen, könnte man beispielsweise als Koordinationsprozess bezeichnen.
Kooperation schließlich ist ein Verfahren der intendierten Zusammenarbeit – also kein inhaltlich definierbarer Handlungsansatz –, bei dem im Hinblick auf geteilte oder sich überschneidende Zielsetzungen durch Abstimmung der Beteiligten eine Optimierung von Handlungsabläufen oder eine Erhöhung der Handlungsfähigkeit bzw. Problemlösungskompetenz angestrebt wird (van Santen / Seckinger 2003, 29). Diese Definition verdeutlicht, dass Kooperation kein Selbstzweck sein kann. Vielmehr handelt es sich dabei um eine Methode, deren Anwendung jeweils begründbar sein muss durch sich überschneidende Zielsetzungen. Die Orientierung an Zielsetzungen eröffnet auch die Möglichkeit, Kooperationen zu beenden, um so Ressourcen für neue Kooperationen freizusetzen. Im Folgenden wird der Terminus *Kooperationszusammenhang* als Bezeichnung für die praktische Konkretisierung des Verfahrens Kooperation verwendet. Darüber hinaus wird an der Definition von Kooperation auch deutlich, dass mit Kooperation nicht die Zusammenarbeit mit den Adressaten der sozialen Dienste gemeint ist. Die Zusammenarbeit mit den Klienten sollte als *Partizipation* gefasst werden. Dies erscheint notwendig, um ein wenig begriffliche Klarheit zu erlangen, da es sich bei Partizipation um andere Anforderungen handelt wie bei der Kooperation (zu den besonderen Anforderungen hinsichtlich Partizipation vgl. Pluto 2007).

29.3 Der Kooperationsdiskurs

Die Erwartungen, die mit Kooperation verbunden werden, sind vielfältig und fast immer positiv besetzt. Die Forderung nach Kooperation wird durch die fast beliebige Verwendung nahezu inhaltsleer. Kooperation ist genauso wie auch andere Schlagwörter, z.B. Prävention oder Effizienz, fast per Definition positiv besetzt. Sowenig wie es in unserer Gesellschaft möglich erscheint, von sich zu behaupten, keine Effizienzsteigerung anzustreben oder Prävention für nicht so wichtig zu finden, so unklug erscheint es, ein Image als unkooperativer Akteur aufzubauen. Kooperation wird zu einem Wundermittel der sozialen Arbeit stilisiert, obwohl sich damit nicht alle Herausforderungen der Sozialen Arbeit besser bewältigen lassen. Dies ist im Bereich der Betriebswirtschaft nicht grundsätzlich anders (vgl. z. B. Sydow 2003), allerdings gibt es in Managementdiskursen auch immer wieder Phasen, in denen größere Hoffnungen auf Fusionen als auf Kooperationen gelegt werden. Diese Hoffnungen werden meist schnell von den nicht erfüllten Erwartungen (Kummer 2008) zerstört. Eine solche Überhöhung der Handlungsstrategie Kooperation hat häufig aber auch zur Folge, dass die damit verbundenen Risiken und Nebenwirkungen nicht kritisch reflektiert werden. Es lohnt sich deshalb, der Frage nachzugehen, ob mit Kooperation nicht auch negative Effekte verbunden sein können. Der Blick auf mögliche negative Effekte eröffnet

Perspektiven auf Handlungsmöglichkeiten, diese Effekte zu vermeiden bzw. zu minimieren. Regelmäßig auftretende unintendierte und meist unreflektierte Folgen sind (1) Exklusion potenzieller Partner, (2) Verfilzung, (3) unangemessene Handlungsstrategien, (4) Konkurrenz um Nicht-Zuständigkeit sowie (5) die Entpolitisierung gesellschaftlicher Probleme.

1. Die Zusammenarbeit von mehreren Akteuren führt notwendigerweise zu einem Ausschluss bzw. einer Abgrenzung von anderen Akteuren, denn ein Kooperationszusammenhang wird selten alle prinzipiell möglichen Kooperationspartner umfassen können. Dies setzt nicht nur Grenzen gegenüber möglichen funktional äquivalenten Partnern, sondern auch gegenüber Partnern, die die Problemlösungskompetenz eines Kooperationszusammenhangs erhöhen könnten. Hier existiert fast immer ein Spannungsverhältnis zwischen Offenheit einerseits und der Herstellung von Gemeinsamkeiten und Verbindlichkeiten sowie Steuerungsproblemen andererseits.
2. Abgrenzungstendenzen eines Kooperationszusammenhangs gegenüber anderen potenziellen Kooperationspartnern können zu einer Verfilzung, zur Intransparenz sowie zur Verselbständigung von Abläufen führen, die sich den Steuerungsbemühungen der Steuerungsinstanzen der Sozialen Arbeit verschließen können. Kooperation kann so auch zu ineffektiven Ergebnissen führen. Grabher (1993, 24) beschreibt das Entstehen eines Tunnelblickes innerhalb einer Kooperation: „strongly embedded regional networks insidiously turned from ties that bind into ties that blind". Hier wird das Phänomen umschrieben, dass in Kooperationen eingebundene Personen und Organisationen eine geringe Tendenz haben, sich jenseits eines bestehenden Kooperationszusammenhangs Partner für die Bearbeitung von Problemen zu suchen. Dies gilt auch dann, wenn der bestehende Kooperationszusammenhang für diese konkrete Aufgabe nicht geeignet ist. Je ausgeprägter der Zusammenhalt eines Kooperationszusammenhanges ist, desto geringer wird die Bereitschaft, zu reflektieren, ob die etablierten Arbeitsformen den u. U. veränderten Anforderungen der Umwelt noch angemessen sind. Der kürzere Weg innerhalb bestehender Kooperationen mag in vielen Fällen der schnellste Weg sein, aber nicht immer der beste sein, weil möglicherweise die spezifische Problemlösungskapazität verringert und die Interessen der Adressaten negiert werden.
3. Die Betonung von Effektivität als Hauptziel von Kooperation sowie der sich aus der Eigendynamik professionellen Handelns entwickelnde Anspruch auf umfassende Information über die Lebenssituation der Adressaten führen nicht nur zu einer genauer an den Hilfebedürfnissen orientierten Angebotsstruktur, sondern auch zu einer Verdichtung von Kontrollmomenten, die den „gläsernen Adressaten" zum Ergebnis haben könnten. Kooperation ist dann gut, so formulierte es zum Beispiel ein Staatsanwalt in unserer Studie, wenn Datenschutzbestimmungen zugunsten einer schnelleren Fallbearbeitung umgangen werden können. In diesem Fall werden durch Kooperationen funktionale Hürden abgebaut, die durchaus einen eigenen Stellenwert haben.
4. Kooperationen werden manchmal auch zur Verschleierung von Verantwortung und Zuständigkeit genutzt. Das offizielle Kooperationsziel ist die Lösung eines komplexen Problems, de facto aber werden einige unbeliebte, schwierige oder überfordernde Aufgaben quasi „kollektiviert", indem sie zum Gegenstand von Kooperationen zwischen Organisationen gemacht werden.
5. Die Diskussion über Kooperation und Vernetzung kann dazu führen, die Sicht auf die eigentlichen Probleme, deren Lösung soziale Dienste unterstützen soll, zu verschleiern. Die Diskussion um Kooperation suggeriert, dass die Probleme moderner Gesellschaften überwiegend organisatorischer Art sind und, dass man quasi mit einer Technologie, wie Kooperation, die gesellschaftlichen Probleme lösen kann. In dieser Betrachtungsweise ist Kooperation Bestandteil einer technokratischen Ideologie, die die politische Dimension von Problemlagen ausblendet und damit Problemlösungsmöglichkeiten negiert (Benson 1982, Weiss 1981).

29.4 Interinstitutionelle Kooperation und der ASD

Der ASD als sozialer Dienst mit einem generalistischen Aufgabenprofil, das bei einem kleinen Anteil der Kommunen bis hin zur Allzuständigkeit von der Wiege bis zur Bahre reicht (Seckinger et al. 2008), kann seine Aufgaben nicht allein erfüllen. Tenhaken führt insbesondere die Felder „interne Kooperationspartner", „Gesundheit", „Justiz", „Bildung" und „Soziale Sicherung/Beruf" als Handlungsfelder an, mit denen ein ASD zusammenarbeiten muss (Tenhaken 2010, 93). Der ASD ist allein schon aufgrund seiner Stellung auf interinstitutionelle Kooperationen angewiesen. Er braucht Kooperationspartner, um seinen Aufgaben in der individuellen Fallbearbeitung gerecht werden zu können, ebenso wie für die Weiterentwicklung der regionalen Jugendhilfelandschaft. Die Relevanz, die Kooperation als Handlungsstrategie für den ASD hat, lässt sich exemplarisch an einigen aktuellen Themen demonstrieren.

Durch eine Reform des Kindschaftsrechts und des Gesetzes über die Angelegenheiten der freiwilligen Gerichtsbarkeit (FGG), aufgrund der zum Teil als überfordernd erlebten Fälle hochstrittiger Trennungen von Eltern (Fichtner et al. 2010) sowie einer wachsenden Anzahl von Studien über die Folgen solcher Trennungen (Stett 2009), sind in den letzten Jahren angelehnt an dem Cochemer Modell (z. B. Hornung/Rüting 2009) regionale Handlungsstrategien entstanden, um mithilfe von Kooperationen zwischen Familiengerichten, Beratungsstellen und dem ASD eine Deeskalation solcher Konstellationen zu erreichen. Aus der Analyse des „Kinderschutzes bei hochstrittiger Elternschaft" ist jedoch auch bekannt, dass lokale Arbeitskreise durch ihre Verfahren Abläufe beschleunigen und dadurch zur Eskalation schwieriger Situationen beitragen können. Durch die Zusammenarbeit in Arbeitskreisen werden auch die Anforderungen erhöht, „die Unterschiedlichkeiten gerade zwischen Beratung und Recht zu organisieren und nicht zu planieren" (Fichtner et al. 2010, 276). Interinstitutionelle Kooperationen werden in diesem Feld also dann zu einem Problem für die sich in Trennung befindlichen Familien, wenn es den Kooperierenden nicht gelingt, ihrer Funktion angemessen zu handeln und das Spezifische ihres Handlungsauftrags in die Kooperation einzubringen. Die Gefahr besteht darin, sich als Kooperierende gegen die Adressaten zu verbünden, indem man sich darüber einigt, dass der Konflikt für Außenstehende keine nachvollziehbare Grundlage hat.

Ein anderes Beispiel dafür, dass Kooperation eine wichtige Handlungsstrategie für den ASD darstellt, ist der Unterstützungsbedarf von kleinen Kindern mit Beeinträchtigungen. Die Abgrenzungen zwischen dem System der Frühförderung und dem der Kinder- und Jugendhilfe erscheinen häufig eher willkürlich bzw. sind allein Finanzierungslogiken geschuldet. Schließlich gibt es in den jeweiligen Hilfesystemen unterschiedliche Kostenträger. Um den komplexen Bedürfnislagen von Kindern mit Beeinträchtigungen und ihren Familien gerecht zu werden, sind deshalb Formen institutionalisierter Zusammenarbeit erforderlich (Höfer/Behringer 2009), die auch genutzt werden (Pluto et al. 2007). Die Sicherung des Kindeswohls fällt in den Aufgabenbereich vieler unterschiedlicher Institutionen und Organisationen, weshalb eine funktionierende Zusammenarbeit der Institutionen und ihrer jeweiligen Fachkräfte von großer Bedeutung ist. Insofern überrascht es nicht, dass es auch gesetzlich zu einer Ausweitung von Kooperationspflichten gekommen ist. Von diesen gesetzlichen Regelungen ist insbesondere der ASD betroffen. In neu geschaffenen Ländergesetzen wurden die Kooperationsanforderungen präzisiert, indem z. B. die Bildung von lokalen Netzwerken vorgeschrieben wird (vgl. die Übersicht zu den Inhalten der Landesgesetze bei Schöllhorn et al. 2010, 39). Allerdings – wie auch in zahlreichen Stellungnahmen zu den entsprechenden Gesetzesvorschlägen kritisiert – werden diese meist nur als einseitige Verpflichtungen für die Kinder- und Jugendhilfe formuliert. Eine positive Ausnahme bildet hier das Kinderschutzgesetz aus Rheinland-Pfalz, mit dem nicht nur das Landesausführungsgesetz zum SGB VIII verändert wurde, sondern auch Änderungen im Landesgesetz über den öffentlichen Gesundheitsdienst, im Heilberufsgesetz, im Landeshebammengesetz, im Landeskrankenhausgesetz und im Schulgesetz vorgenommen wurden. Der Monitoringbericht zur Umsetzung des rheinland-pfälzischen Kinderschutzgesetzes zeigt, wie vielfältig und damit auch wie komplex die entstandenen Netzwerke sind, die die Basis für konkrete Kooperationen im Einzelfall stellen (Müller et al. 2010, 43).

Infolge von § 8a SGB VIII (Schutzauftrag bei Kindeswohlgefährdung) steigen auch die Kooperationsanforderungen an die Jugendämter und insbesondere an die Fachkräfte des ASD: Einerseits, da sie nicht selten als insoweit erfahrene Fachkraft für Einrichtungen des öffentlichen Trägers und zum Teil auch freier Träger zur Verfügung stehen, und andererseits, weil sie mit mehr und anders qualifizierten Meldungen von Kindeswohlgefährdungen durch pädagogische Fachkräfte konfrontiert werden und diese zu bearbeiten haben. Bei der Bearbeitung dieser Einzelfälle sind sie wiederum auf Kooperationen angewiesen. Da in jedem Einzelfall die Kooperationspartner etwas variieren, steigert sich die Komplexität zusätzlich, mit der Fachkräfte konfrontiert sind. Dies verweist auch auf die Notwendigkeit, fallübergreifende Vereinbarungen zu treffen, die Orientierung für die Kooperation im Einzelfall geben können.

Das neue Kinderschutzgesetz kodifiziert auch einen Beratungsanspruch von Personen und anderer Organisationen bei Verdachtsfällen von Kindeswohlgefährdung. Dieser Anspruch wird zu einer weiteren Erhöhung der Außenkontakte zu anderen Organisationen führen, die sich zu Kooperationen entwickeln können, falls fallunabhängige Absprachen für Fallbearbeitungen angestrebt werden.

Der ASD hat aufgrund seiner vielfältigen Funktionen also sowohl hinsichtlich seines Auftrags der Sicherung des Kindeswohls also auch hinsichtlich seiner anderen Aufgaben, insbesondere der Unterstützung der Eltern bei der Erziehung ihrer Kinder, viele Anlässe und Notwendigkeiten, mit anderen innerhalb und außerhalb der Kinder- und Jugendhilfe zu kooperieren. Er ist mal als Moderator und Entscheider tätig (bei Hilfeplankonferenzen nach § 36 SGB VIII; vgl. Abschnitt 4.3), mal eher in der Rolle, Innovationen anzutreiben (bei der Entwicklung passgenauer Hilfen) oder auch mit der Aufgabe betraut, Qualitätsentwicklung voranzutreiben oder einzufordern. Eine genauere Beschreibung der unterschiedlichen Kooperationsaufgaben mit freien Trägern liefert Trede (2010). Auch die spezifische gesellschaftliche Rollenzuweisung an die Jugendhilfe und insbesondere den ASD als letztzuständige Instanz erzeugt Kooperationsbedarf (Krieger 1994).

29.4.1 Kooperation des ASD innerhalb der Kinder- und Jugendhilfe

Kooperationsbeziehungen mit Einrichtungen und Institutionen vereinfachen dem Sozialdienst die Kontaktaufnahme mit dem jungen Menschen und seiner Familie und können erheblich dazu beitragen, dass der ASD seiner Aufgabe gerecht wird, die Erziehungsfähigkeit der Eltern zu fördern und das Kindeswohl zu schützen. Vonseiten der Einrichtungen und Institutionen erscheint eine Zusammenarbeit mit dem ASD unter anderem deshalb erstrebenswert, weil hierdurch die Wege in Krisensituationen kürzer werden, neue Ressourcen erschlossen werden können und möglicherweise ein größerer jugendhilfepolitischer Einfluss, z. B. im Rahmen der Jugendhilfeplanung, entsteht. Im Vordergrund der Kooperation steht der Nutzen für alle Beteiligten, d. h. für die einzelnen Fachkräfte wie die Familien selbst.

Betrachtet man die wenigen empirischen Ergebnisse, die sich auf die hier thematisierten Kooperationen beziehen, so zeigt sich eine wenig ausgeprägte Kooperation zwischen den sozialen Diensten und pädagogischen Einrichtungen der Kindertagesbetreuung und Jugendarbeit: Der niedrige Anteil (28,4 %) von Kindertagesstätten, die das Jugendamt als einen der drei wichtigsten Partner nennt (Peucker et al. 2010, 151), lässt sich zum Teil mit den durch eine engere Zusammenarbeit verbundenen Vorbehalten erklären. In den im Rahmen der Kooperationsstudie durchgeführten Interviews (van Santen / Seckinger 2003) zeigte sich immer wieder, dass es Mitarbeiterinnen von Einrichtungen der Kindertagesbetreuung oder auch der Jugendarbeit wichtig ist, eine Distanz zum ASD zu haben. Sie befürchten nach eigenen Angaben bei ihren Adressaten einen Vertrauensverlust, wenn diese bemerken, dass die Einrichtung gute Kontakte zum ASD unterhält. Hier wirkt sich das Image des Jugendamtes als Eingriffsbehörde negativ auf die Kooperationsbereitschaft aus. Dies gilt auch für den Bereich der Jugendarbeit. Die stärkere Orientierung am behördlichen Vorgehen aufseiten des ASD und die im Falle einer Kindeswohlgefährdung zum Teil schon fast aufdeckend anmutende Haltung von ASD-Mitarbeitern steht in einem Gegensatz zu der sich stärker mit den Jugendlichen solidarisierenden Arbeitsweise der offenen und verbandlichen Jugendarbeit.

Probleme des Datenschutzes, ob real oder nur befürchtet, sind ein weiterer Grund, warum gerade in Krisensituationen die Zusammenarbeit zwischen ASD und Einrichtungen der Kindertagesbetreuung und der Jugendarbeit erschwert werden. Der ASD ist zurückhaltend mit seinen Informationen gegenüber seinen Partnern im Feld, um nicht gegen Datenschutzbestimmungen zu verstoßen und damit das gesamte Vorgehen zu gefährden. Die Mitarbeiter der genannten pädagogischen Institutionen wiederum haben Bedenken, Informationen weiterzuleiten, weil sie zum einem denken, dass dies Datenschutzbestimmungen widersprechen könnte, und sie zum anderen nicht wissen, ob diese Informationen vielleicht ihr Vertrauensverhältnis zu den Familien bzw. Jugendlichen gefährden könnten.

Kooperationsbeziehungen werden in der Regel umso schwieriger, je mehr sie von unmittelbarem Handlungsdruck oder je weniger sie von wechselseitiger Freiwilligkeit und Unabhängigkeit bestimmt werden. Bei der Inobhutnahme von Kindern und Jugendlichen bzw. bei einer engen Zusammenarbeit zwischen ASD und einer institutionellen Einrichtung der Fremdunterbringung (Schutzstellen, Heime) im Zusammenhang von vermuteter Kindeswohlgefährdung treffen beide Faktoren zu. In diesem Zusammenhang stellt sich die Frage, wie Kooperationsbeziehungen so gestaltet werden können, dass sie trotzdem unkompliziert und für alle Beteiligten zufrieden stellend verlaufen.

Um in Situationen mit hohem Handlungsdruck schnell und adäquat handeln zu können, ist es von großer Bedeutung, dass die Rahmenbedingungen und Abläufe der Krisenintervention geklärt und von allen Beteiligten geteilt werden. Kriseninterventionen bieten keinen Raum, grundsätzliche, über den einzelnen Fall hinausgehende Aushandlungsprozesse zu gestalten. Diese müssen vielmehr fallunabhängig bereits im Vorfeld stattfinden, damit bei einer akuten Kindeswohlgefährdung dem Kind oder Jugendlichen schnell und ohne weitere Komplikationen geholfen werden kann. Die fallspezifische Arbeit der Krisenintervention ist daher noch viel stärker, als dies bei anderen Kontexten der Zusammenarbeit zutrifft, auf fallunspezifische Kooperation angewiesen, die es im Vorfeld zu organisieren gilt (→ Kapitel 24).

29.4.2 Kooperationspartner des ASD bezogen auf § 8a SGB VIII

Verschiedene empirische Studien haben kooperationsförderliche und -hinderliche Faktoren spezifisch für den Kinderschutz herausgearbeitet. Beispielsweise konnte bei der Analyse problematischer Kinderschutzverläufe gezeigt werden, dass problematische Verläufe durch unzureichende Kooperationen in Krisenfällen verfestigt wurden. Dies war wiederum mit verursacht durch eine mangelnde Zusammenarbeit in Nicht-Krisen-Zeiten (Fegert et al. 2008). Reibungsverluste entstehen beispielsweise durch „eine Gemengelage aus gegenseitiger Unkenntnis, unklaren Verfahrensabläufen, motivationalen Aspekten und Kostendruck" (Ziegenhain et al. 2010). So begegnen sich in der Kooperation unterschiedliche berufliche Selbstverständnisse, unterschiedliche Sprachen, unterschiedliche institutionelle Aufträge, die auf jeweils anderen gesetzlichen Grundlagen beruhen, und beeinflussen so auch die Kooperationsbeziehungen.

Es liegen verschiedene Erhebungen vor, die der Frage nachgegangen sind, wie und mit wem der ASD bei der Abwendung von Kindeswohlgefährdungen zusammenarbeitet (Jammerthal 2009; Landua et al. 2009; Fegert et al. 2008; Ziegler et al. 2010). Die Einführung des § 8a SGB VIII hat neben der Pflicht, mit freien Trägern Vereinbarungen zum Umgang mit Verdachtsfällen zu treffen, zu weiteren Kooperationen angeregt. Jammerthal kann dies in ihrer bundesweiten Studie bei Jugendämtern zeigen (Jammerthal 2009, 47): Am häufigsten werden mit Schulen Kooperationen begonnen. Auch im Projekt „Jugendhilfe und sozialer Wandel" des Deutschen Jugendinstituts, das als Dauerbeobachtung der Kinder- und Jugendhilfe angelegt ist und seit 1992 regelmäßige Befragungen bei öffentlichen und freien Trägern sowie verschiedenen Einrichtungen der Kinder- und Jugendhilfe durchführt, wurden Jugendämter, Kindertagesstätten und stationäre Einrichtungen der Kinder- und Jugendhilfe danach gefragt, mit wem sie im Kontext des Kinderschutzes kooperieren (vgl. Pluto et al. 2012). In der Erhebung der Jugendämter wurde diesen eine Liste mit möglichen Kooperationspartnern vorgelegt und diese sollten angeben, wie häufig sie mit diesen kooperieren (→ Tabelle 1).

Im Kontext von § 8a-Fällen (§ 8a SGB VIII) ist zu erwarten, dass Polizei, Familiengericht, Schulen und Institutionen bzw. Einrichtungen und Personen des Gesundheitswesens von der Mehrzahl der Jugendämter als jugendhilfeexterne Kooperationspartner genannt werden: Polizei, Schulen und die Ansprechstellen im Gesundheitswesen, weil sie ebenfalls unmittelbar mit den Familien oder einzelnen Familienmitgliedern zu tun haben, und die Familiengerichte, weil sie für die rechtliche Absicherung und Durchsetzung der geplanten

Tab. 1: Anteil der Jugendämter, die mit den Behörden / Einrichtungen bezogen auf § 8a SGB VIII kooperieren (DJI-Jugendamtserhebung 2009)

	keine Kooperation	sporadische Kooperation	regelmäßige Kooperation
Familiengericht	9 %	18 %	74 %
Polizei	3 %	29 %	69 %
Schulen	14 %	30 %	56 %
Gesundheitsamt	16 %	39 %	45 %
Kinderpsychiatrie	18 %	41 %	41 %
Hebammen	13 %	50 %	38 %
Kinderärzte	13 %	54 %	34 %
Frühförderung	20 %	48 %	33 %
Jugendgericht	31 %	36 %	33 %
Schulamt	34 %	38 %	29 %
Geburtskliniken	15 %	61 %	24 %
Berufsschulen	41 %	43 %	16 %
Umsetzende Stelle für SGB II	39 %	48 %	14 %
Erwachsenenpsychiatrie	41 %	48 %	11 %
Sozialamt	40 %	51 %	9 %
Ordnungsamt	51 %	40 %	9 %
Arbeitsagentur	55 %	39 %	6 %
Justizvollzug	64 %	30 %	6 %
Frauenärzte	31 %	64 %	5 %
Wohnungsamt	73 %	24 %	4 %
Gewerbeaufsichtsamt	94 %	6 %	0 %

Interventionen erforderlich sind. Aber wie Tabelle 1 bereits auf einen ersten Blick verrät, wird diese Erwartung enttäuscht. Das Familiengericht wird „lediglich" von drei Vierteln der Jugendämter als regelmäßiger Kooperationspartner in diesen Fällen benannt. Die anderen Institutionen sind für noch weniger Jugendämter ein regelmäßiger Kooperationspartner. Es bieten sich mehrere Erklärungen für diesen Befund zu ungenutzten Kooperationsmöglichkeiten an. Eine erste ist, dass von Praktikern Kooperationen oft nur dann als Kooperationen definiert werden, wenn sie in einer positiven, konfliktfreien Atmosphäre ablaufen und das Ergebnis den Ergebniserwartungen entspricht. Legt man diese alltagsnahe Vorstellung von Kooperation zugrunde, dann wird deutlich, warum ein höherer Anteil an Jugendämtern, die regelmäßig mit den aufgelisteten Organisationen zusammenarbeiten, eher unwahrscheinlich ist. Ein weiterer Grund ist darin zu finden, dass nicht jedes professionelle Zusammentreffen als Kooperation gewertet werden sollte, möchte man den Kooperationsbegriff nicht verwässern. Am Beispiel des Familiengerichts lässt sich dies gut verdeutlichen: Eine Anwesenheit im Gerichtsverfahren und die Abgabe einer Stellungnahme werden noch nicht als Kooperation gesehen werden. Folgendes Zitat verdeutlicht den Unterschied, der in den ausdifferenzierten Aufgaben besteht:

„Das Familiengericht kontrolliert dabei nicht die Arbeit des Jugendamtes, ebenso wenig ist es der Büttel des Jugendamtes, sondern es trifft auf der Grundlage seiner Ermittlungspflicht (§ 12 FGG) eine eigenständige zukunftsgerichtete Entscheidung zum Schutz des Kindes" (Wiesner 2007, 7).

Bei den je nach Perspektive erstaunlich niedrigen (weil Misshandlungen häufig zuerst im Gesundheitssystem bekannt werden dürften) oder hohen (weil die Systeme über Jahrzehnte hinweg strikt auf Nicht-Kooperation geachtet haben) Anteilen von Jugendämtern, die mit dem Akteuren aus dem Gesundheitsbereich zusammenarbeiten, ist auch zu beachten, dass der Aufbau von Netzwerken im Rahmen der frühen Hilfen möglicherweise dominanter ist als eine Zusammenarbeit unter der Überschrift § 8a-Fälle. Darauf verweisen die Fortschritte im Ausbau der Kooperationen bei Netzwerken früher Hilfen (Sann/Landua 2010) und die hohe Bedeutung, die dieser Kooperation zugemessen wird (Renner 2010). Am Beispiel der öffentlichen Gesundheitsdienste wird dies besonders deutlich, denn diese sind sehr oft in Netzwerken früher Hilfen aktiv (59 %, vgl. Sann/Landua 2010, 1021), und sie sind in vielen Bundesländern in die Meldeverfahren der Früherkennungsuntersuchungen involviert (vgl. Thaiss et al. 2010). Auch die Kooperation mit Familienhebammen ist erst über diesen Weg ausgebaut worden.

Unter Kinderschutzgesichtspunkten ist erstaunlich, dass zwei von fünf Jugendämtern gar nicht mit der Erwachsenenpsychiatrie kooperieren. Empirische Ergebnisse vorangegangener Erhebungen zeigen (Pluto et al. 2007, 598), dass es in vielen Regionen keine ausgebaute Kooperation mit der Erwachsenenpsychiatrie gibt. Aber hinsichtlich der Zusammenarbeit mit der Erwachsenenpsychiatrie hat sich in den letzten Jahren viel entwickelt. So kann gezeigt werden, dass der Anteil an Jugendämtern, die mit Einrichtungen der Erwachsenenpsychiatrie unabhängig von § 8a SGB VIII kooperieren von 2004 (49 %) bis 2009 (72 %) erheblich angestiegen ist. Diese Entwicklung ist für den Kinderschutz möglicherweise wichtiger als eine Zunahme von Kooperationsvereinbarungen, die die Zusammenarbeit auf § 8a-Fälle beschränken.

Vor dem Hintergrund, dass Gefährdungssituationen oft in Zusammenhang mit Armutslagen stehen, ist der niedrige Anteil von Jugendämtern, die mit der umsetzenden Stelle für SGB II, dem Sozialamt, der Arbeitsagentur und dem Wohnungsamt zusammenarbeiten, als sehr niedrig einzuschätzen. Ein Grund für den niedrigeren Anteil könnte darin liegen, dass nicht in allen Kommunen jede dieser Institutionen vorhanden ist. Ein anderer Grund könnte schlicht in der Arbeitsüberlastung der jeweiligen Institution liegen.

Die Ergebnisse zeigen, dass noch ungenutztes Kooperationspotenzial besteht, zumindest, wenn man die in den Fachdiskussionen und Gesetzestexten enthaltenen Vorstellungen zugrunde legt. Deren unmittelbare Umsetzung ist jedoch angesichts der hohen Arbeitsbelastung im ASD (Seckinger et al. 2008) auch nicht zu erwarten.

Die Bewertung der Kooperation steht in einem engen Zusammenhang mit der Häufigkeit der Kooperation (z. B. Peucker et al. 2010). Die Zusammenarbeit mit der Polizei wird am besten von allen abgefragten Akteuren bewertet. Dieser zumindest mit Blick auf die sehr verschiedenen Rollen und Handlungslogiken von Polizei und Jugendamt erstaunliche Befund ist jedoch nicht neu (vgl. Pluto et al. 2007). Dieses Ergebnis ist auch insofern interessant, als in der Literatur zur Kooperation die Ähnlichkeit von Kooperationspartnern als wichtiges, eine Kooperation förderndes Merkmal beschrieben wird (z. B. van Santen/Seckinger 2003). Die gute Bewertung der Polizei als Kooperationspartner deutet daraufhin, dass bei der Bewertung der Kooperation nicht nur die Häufigkeit der Kooperation und die Ähnlichkeit, sondern auch die Klarheit der Verfahren und der jeweiligen Zuständigkeiten eine Rolle spielen.

Auch die Zusammenarbeit mit den Jugendgerichten wird gut bewertet. Dies ist vermutlich nicht nur ein Resultat der Zusammenarbeit im engeren Kontext des Kinderschutzes. Es ist bekannt, dass die Zusammenarbeit zwischen Jugendämtern (speziell der Jugendhilfe im Strafverfahren) und den Jugendgerichten häufig gut funktioniert (vgl. Arbeitsstelle Kinder- und Jugendkriminalitätsprävention/Projekt „Jugendhilfe und sozialer Wandel" 2011) und somit auch für Kinderschutzfragen auf diese bewährte Kooperation zurückgegriffen werden kann.

29.4.3 Hilfeplanverfahren als Ort der Kooperation

Ein Hilfeplan dient als Grundlage zur Bestimmung eines Hilfebedarfs sowie zur Ausgestaltung einer erzieherischen Hilfe, wenn die Hilfe voraussichtlich für eine längere Zeit zu leisten ist. Der Gesetzgeber hat in § 36 SGB VIII festgelegt, dass die Feststellung über den Bedarf sowie die Art und Ausgestaltung der Hilfen im Zusammenwirken mehrerer Fachkräfte und in Zusammenarbeit mit den Personensorgeberechtigten und dem Kind/Jugendlichen oder jungen Volljährigen zu entwickeln ist. Somit ist die Erstellung des Hilfeplans als kooperativer Akt gesetzlich normiert, der in regelmäßigen Abständen wiederholt werden soll (→ Kapitel 13). Die Umsetzung des § 36 SGB VIII wird in der Praxis unterschiedlich gehandhabt; es gibt gelungene Hilfeplanungsprozesse, qualifizierte Konzepte und tragfähige Strukturen, aber vielerorts fehlen auch verbindliche Verfahren, die angeben, wann, unter welcher Federführung und mit wessen Beteiligung der Hilfeplan erarbeitet wird (Pies / Schrapper 2003).

Um die Entscheidung über eine geeignete Hilfe nach § 36 SGB VIII kooperativ treffen zu können, ist – wie für jede andere Kooperationsform – zu klären, wer die Verantwortung für das Verfahren übernimmt. Diese Person ist somit für die Beteiligung der Adressaten und für das Zustandekommen eines abgestimmten, fachlichen Ergebnisses verantwortlich. Sie entscheidet letztendlich, wer einbezogen wird und mit wem bzw. mit welchen anderen Abteilungen das fachliche Ergebnis des Hilfeplans gegebenenfalls abgesprochen werden muss. In der Regel übernimmt die fallzuständige Fachkraft die Moderation und informiert über denkbare Hilfemöglichkeiten. Andere Modelle der Verantwortungsübertragung finden sich in einem Drittel der Jugendämter, wobei bei einem geringeren Anteil dieser Jugendämter die Verantwortung bei einem Fachkräfteteam liegt. Ein geringfügig größerer Anteil legt die Verantwortung für die Federführung in die Hände der zuständigen Fachkraft des ASD gemeinsam mit einer weiteren Fachkraft des Jugendamts (Pluto et al. 2007, 393).

Obwohl Hilfeplanung gesetzlich als kooperativer Akt normiert ist, zeigt sich im Alltag des ASD, dass zumindest die Vertreter freier Träger bei der Beratung und Entscheidungsfindung häufig nicht beteiligt sind. Der Kontakt zwischen Jugendamt und Einrichtungen wird vielfach auf die Erörterung von Finanzfragen reduziert (Pies / Schrapper 2003). Bei einem Viertel der Jugendämter sind hin und wieder auch Schulvertreter an der Erstellung eines Hilfeplanes beteiligt und bei 31 % der Jugendämter sonstige Personen (Pluto et al. 2007, 395). Zu den sonstigen Personen zählen zum Beispiel Fachkräfte der Jugendhilfe, die schon Kontakt zu den Kindern haben, Psychologen oder Ärzte. Nur von 1 % der Jugendämter werden wichtige Personen aus Sicht des Kindes benannt. Dieses Ergebnis ist erstaunlich, wenn man bedenkt, dass im Hilfeplangespräch für die Adressaten wichtige und weitreichende Entscheidungen getroffen werden. Pluto (2007) zeigt in ihrer qualitativen Studie zur Partizipation in den Hilfen zur Erziehung, dass sich eine höhere Teilnehmerzahl aus Adressatenperspektive sehr unterstützend auswirken kann, wenn in der Gesprächssituation mehrere Personen die Betroffenenperspektive einnehmen. Es gibt also aus der Sicht der Adressaten kein prinzipielles Argument gegen eine Erfüllung des gesetzlichen Kooperationsgebots. Wichtig ist für die Adressaten weniger die Anzahl der am Hilfeplanverfahren beteiligten Personen, als dass sie von den Fachkräften ernstgenommen werden und ihre Argumente für das Ergebnis der Hilfeplanung von Bedeutung sind.

Dem Konzept der Hilfeplanung liegt die Idee zugrunde, nach regelmäßigen Zeitabständen zu überprüfen, ob die bisher getroffenen Entscheidungen über die Hilfeform verändert werden müssen. Hierbei ist derselbe Personenkreis wie bei der ersten Erstellung eines Hilfeplans zu beteiligen; dieser Kreis kann um weitere Personen ergänzt werden. Die Unterschiede bestehen darin, dass selbstverständlich nun immer eine Fachkraft der Einrichtung an einer Fortschreibung teilnimmt und die Schule sehr viel häufiger beteiligt ist. Auch die „sonstigen" Personen werden gegenüber einer Hilfeplanerstellung mehr als doppelt so häufig an einer Hilfeplanfortschreibung beteiligt (Pluto et al. 2007, 398). Offensichtlich gelingt es also besser, die Hilfeplanfortschreibung als kooperativen Akt zu gestalten. Allerdings sind die Daten insofern zurückhaltend zu interpretieren, als es sich auch bei den Fortschreibungen um rein formale Kooperationen handeln kann, also die Kooperation auf das Einsammeln von Berichten, Stellungnahmen etc. beschränkt bleiben kann.

Hilfeplanung ist auch deshalb ein gutes Beispiel für die komplexen Kooperationsanforderungen an den ASD, weil das Hilfeplanverfahren nicht nur Kooperationen mit externen Partnern auslöst, sondern auch jugendamtsintern zur Kooperation zum Zwecke der Absicherung der getroffenen Entscheidung führt. Unter welchen Bedingungen und ob und mit wem das Ergebnis des Hilfeplans weiter verhandelt wird, unterscheidet sich zwischen den Jugendämtern. Am häufigsten ist ein Beratungsgremium die Instanz, mit der in den Jugendamtsbezirken die Hilfeplanentscheidung abgeklärt werden muss. Das im Gesetz vorgeschriebene Zusammenwirken mehrerer Fachkräfte wird also in der Regel realisiert. Insbesondere ein fehlender fachlicher Konsens oder Kosten für eine Hilfe, die eine bestimmte Ausgabenhöhe überschreiten, sind Gründe, um weitere Personen in die Entscheidungsfindung einzubeziehen. Je nach Grund werden unterschiedliche weitere Personen oder Dienststellen innerhalb des Jugendamtes einbezogen (Pluto et al. 2007, 400 ff.).

29.5 Voraussetzungen für Kooperationen

Kooperationen sind voraussetzungsvolle Handlungsstrategien, die von den sozialen Diensten in vielfältigen Kontexten eingesetzt werden müssen. Das Risiko, damit zu scheitern, ist relativ groß. Kooperationen sind nicht nur mit komplexen sozialen Prozessen verbunden, sondern stellen auch inhaltlich und kommunikativ hohe Anforderungen an die handelnden Organisationen und Personen, weil funktionierende Kommunikationen und Beziehungen zwischen den drei an der Kooperation beteiligten Ebenen, also der Organisation, den handelnden Personen und dem Kooperationszusammenhang gestaltet werden muss (vgl. van Santen / Seckinger 2005).

Zudem erfordern sie ein großes Maß an Vertrauen, das sich nicht durch Kontrolle ersetzen lässt (van Santen / Seckinger 2011). Im Folgenden werden auf der Basis empirischer Forschungsergebnisse entwickelte Prüfkriterien für die Gestaltung guter Kooperationsbeziehungen vorgestellt. Manche davon erscheinen trivial, werden aber in der Praxis, wie die Empirie zeigt, vielfach nicht berücksichtigt. Ein Grund liegt darin, dass die Gestaltung von Kooperationen noch immer zu wenig als Managementaufgabe begriffen wird.

29.5.1 Klärung von Erwartungen und Ressourcen

Das Risiko, dass an die Zusammenarbeit gerichtete Erwartungen enttäuscht werden, lässt sich verringern, indem zu Beginn und im Verlauf von Kooperationsbeziehungen immer wieder Phasen der Selbstvergewisserung des Kooperationszusammenhangs über die Ziele und Absichten der Zusammenarbeit erfolgen. Auch bei Krisenintervention sind konkrete Absprachen über die nächsten Schritte und die damit verbundenen Ziele möglich und nötig. Potenzielle Ziele oder Mittel einer langfristigen Zusammenarbeit zwischen ASD und den Einrichtungen der Kindertagesbetreuung sind z. B. regelmäßige, gemeinsam organisierte Informationsabende für Eltern zur erfolgreichen Bewältigung von Erziehungsproblemen oder zu den Unterstützungsmöglichkeiten durch den Sozialdienst, um so Hemmschwellen und Vorurteile sowohl bei den Mitarbeiterinnen in den Einrichtungen als auch bei den Eltern abzubauen. Auch die Entwicklung von Formen einzelfallbezogener Zusammenarbeit in Krisensituationen könnte ein solches Ziel sein.

Zielfestlegungen sollten dokumentiert, schriftlich fixiert und in die jeweils an der Kooperation beteiligten Organisationen rückgekoppelt werden, ohne dabei jedoch durch Überregulierung und Detailversessenheit über das Ziel hinauszuschießen (z. B. Ariely 2011). Eine realistische Arbeitsplanung, in der sowohl die anstehenden Aufgaben als auch die damit beabsichtigten Wirkungen bzw. Effekte beschrieben werden, kann zur Klärung von Erwartungen bezüglich des Nutzens bzw. der Erträge der für die Kooperation bereitgestellte Ressourcen beitragen.

29.5.2 Ergebnissicherung

In vielen Kooperationen gewinnt man den Eindruck, dass immer wieder Antworten auf dieselben Fragen gesucht werden. Es wird um Lösungen gerungen, die eigentlich bereits gefunden wurden, aber wieder in Vergessenheit geraten sind. Ein wesentlicher Grund liegt in der unzureichenden Ergebnissicherung. Ein in der Studie gefundenes Beispiel beschreibt dies anschaulich: In einer Region wurden anonyme Fallbesprechungen zwischen Justiz, Ärzten, dem Pflegepersonal im Krankenhaus und dem Jugendamt bei Verdachtsfällen von Kindeswohlgefährdung vereinbart. Dennoch besteht jedes Mal, wenn eine Krankenschwester oder eine Ärztin den Wunsch nach einer anonymen Fallbesprechung hat, Unsicherheit darüber, ob dies möglich ist, da die getroffene Regelung nur den Personen bekannt ist, die Mitglied im Arbeitskreis waren. Dies ist ein typisches Beispiel dafür, dass in der Kooperation zu wenig Aufwand in die

Verbreitung und Sicherung der Ergebnisse in den jeweiligen Herkunftsorganisationen der Kooperationspartner betrieben wird. Eine systematische Rückkopplung spielt hierbei eine wichtige Rolle.

29.5.3 Systematische Rückkopplung

Sowohl die Person, die eine Organisation in einem Kooperationszusammenhang vertritt, als auch die Organisation selbst haben dafür Sorge zu tragen, dass die Ergebnisse der Kooperation in die Organisation hineingetragen werden. Es nützt nichts, wenn z. B. in vielen Stunden eine Vereinbarung zwischen Jugendamt und Krankenhaus getroffen wird, wie man bei Verdachtsfällen von Kindeswohlgefährdungen vorgehen möchte, wenn diese Vereinbarung auf den Stationen des Krankenhauses und in den Abteilungen des Jugendamtes jedoch nicht bekannt ist. Die Gestaltung der systematischen Rückkopplungsprozesse ist ein Schritt über die reine Ergebnissicherung hinaus, die Aufgabe des Kooperationszusammenhangs selbst ist. Die Organisation dieser Prozesse ist Aufgabe der beteiligten Organisationen. Wie man systematische Rückkopplungsprozesse am besten organisiert, lässt sich auf einer allgemeinen Ebene nicht abschließend beurteilen. Es wäre zum Beispiel möglich, auf Teamsitzungen den Bericht aus Kooperationsgremien als festen Tagesordnungspunkt zu etablieren, Protokolle allen zugänglich zu machen, eine Ansprechperson für bestimmte Fragen zu benennen etc.

29.5.4 Doppelte Zielkongruenz und multiple Adhärenz

Ein Grund, warum Kooperationen am Ende nicht erfolgreich sind, liegt darin, dass eine Übereinstimmung der Ziele zwischen den an der Kooperation beteiligten Organisationen und ihren Vertretungen sowie zwischen den jeweiligen Vertretungen und dem Kooperationszusammenhang aktiv hergestellt werden müsste (doppelte Zielkongruenz), dies aber nicht geschieht. Die Organisationen selbst müssten die Verantwortung für diesen Prozess übernehmen. An einem Beispiel soll dies verdeutlicht werden: Das Jugendamt, also die Leitung des Jugendamtes, möchte gemeinsam mit Schulen und Jurastudenten Projekttage an Schulen zum Thema Kinderrechte durchführen. Dies soll die Kinder für ihre Rechte sensibilisieren und sie ermutigen, sich Beistand für die Durchsetzung ihrer Rechte zu suchen. Die damit beauftragte Mitarbeiterin des Jugendamts will aber eigentlich eine Fortbildung für Lehrer organisieren. In der Regel bleibt dieser Dissens individualisiert und es liegt am strategischen Geschick der einzelnen Mitarbeiterin,

- ob es ihr gelingt, gemeinsam mit den Kooperationspartnern ihr Ziel (Fortbildung für Lehrer) zu erreichen,
- ob die Kooperation scheitert, weil sie sich nicht auf das Ziel des Jugendamts einlässt oder
- ob tatsächlich Projekttage an Schulen durchgeführt werden.

Mit multipler Adhärenz wird der möglicherweise auftretende Loyalitätskonflikt für Mitarbeiter beschrieben. Sie sind einerseits ihrem Arbeitgeber und seinen Zielen verpflichtet, und andererseits kann in der Kooperation ein neues Ziel definiert werden, das nicht den Interessen des Arbeitgebers entspricht. Der Einzelne fühlt sich nun beiden verpflichtet. Multiple Adhärenz beschreibt das Problem der Zielübereinstimmung aus der Perspektive der handelnden Person. Wird das Problem der multiplen Adhärenz nicht aktiv und reflexiv aufgegriffen, erwachsen daraus meist Probleme für die weitere Kooperation. Auch dies lässt sich an einem Beispiel veranschaulichen:

▪▪▪▪ Eine Arbeitsgruppe befasst sich mit der Frage, wie man sogenannte Risiko-Familien dazu motivieren kann, Hilfe in Anspruch zu nehmen. Die an der Kooperation beteiligte Familienhebamme sieht sich in der Kooperation einem erheblichen Druck ausgesetzt, einen Teil der sozialpädagogischen Aufgaben zu übernehmen, da sie ja bereits so nahe an der Familie dran sei. Der Zusammenschluss der Familienhebammen in der Region, den sie in diesem Kooperationszusammenhang vertritt, hat jedoch die Position entwickelt, dass die Übernahme sozialpädagogischer Aufgaben nicht zum Tätigkeitsspektrum der Hebammen gehört. Diese Leistungen sind nicht abrechenbar, die Hebammen sind dafür nicht qualifiziert, es besteht eine rechtliche Unsicherheit darüber, wer was wie tun dürfe, und die Hebammen fürchten, durch die Übernahme solcher Aufträge ihre Vertrauensbasis bei den Familien zu verlieren. Die Familienhebamme steht somit in einem Loyalitätskonflikt zwischen dem Kooperationszusammenhang und ihrer Institution. Sie fühlt sich beiden verpflichtet, zu beiden Positionen hingezogen. Ihr Verhalten wird entscheidend davon abhängen, wie offen sie mit den Widersprüchen umgehen darf, die sich aus der multiplen Adhärenz ergeben. Möglicherweise führt dieses Adhärenzproblem auch zu einer Blockade für weitere Kooperationen, weil ein wichtiger Partner in der Kooperation nicht in der Lage ist, eine Entscheidung zu treffen. ▪ ▪ ▪ ▪

29.5.5 Wissen über die Kooperationspartner

In Punkt 29.4 wurde gezeigt, dass der ASD vielfältige Kooperationsbeziehungen zu einem weiten Spektrum von Behörden und Diensten außerhalb der Kinder- und Jugendhilfe unterhält. Ein ausreichendes Wissen über die Kooperationspartner ist nicht selbstverständlich vorhanden.

Eine effektive organisationsübergreifende Kooperation setzt allerdings voraus, dass die Kooperationspartner über eine klare Vorstellung der Aufgaben und des Angebotsprofils der Kooperationspartner verfügen. Aufgabe wird hier verstanden als inhaltliche Zielrichtung des Handelns, während die Zuständigkeit die (unter Umständen räumlich und altersspezifisch eingegrenzte) Zielgruppe festlegt. Seine Kooperationspartner zu kennen und zu verstehen, bezieht sich im Falle einer interinstitutionellen Kooperation nicht nur auf die einzelnen Interaktionspartner, sondern auch auf die durch sie vertretene Organisation. Mangelndes Wissen über die Institutionen der Kooperationspartner in der Kinder- und Jugendhilfe ist vor allem deshalb problematisch, weil die Kenntnisse der eigenen Organisation selten Schlüsse auf die Organisationen der Kooperationspartner erlauben, wie dies z. B. der Fall ist, wenn mit Organisationen innerhalb der Kinder- und Jugendhilfe zusammengearbeitet wird. Diese sind derselben sozialpädagogischen Handlungslogik verpflichtet, was ein Verständnis und die Nachvollziehbarkeit der Handlungen für die Kooperationspartner erleichtert. Für den ASD sind jedoch Kooperationen mit Institutionen nicht selten, die anderen Funktionsbereichen der Gesellschaft angehören, deren Handlungslogik durch andere Aufgaben, Funktionen, Erfahrungshorizonte, Denkmuster, berufliche Sozialisationen geprägt wird, wie zum Beispiel die Schule, die Polizei, das Gesundheitsamt, das Sozialamt, das Arbeitsamt, die Staatsanwaltschaft (Krieger 1994, oder auch 29.4). In solchen Kooperationen hilft es den jeweiligen Kooperationspartnern nicht weiter, von der eigenen Institution auf andere zu schließen. Im Gegenteil: Dies kann die Kooperation sogar beeinträchtigen, weil unter Umständen Erwartungen gehegt werden, die nicht erfüllbar sind. Es bedarf des Wissens über die Anderen hinsichtlich deren Zuständigkeiten, Handlungsmöglichkeiten, internen Kommunikations- und Ablaufstrukturen, Entscheidungsautonomie und -kompetenzen sowie der jeweiligen Handlungslogik.

Sich ein Bild über die Zuständigkeiten der Kooperationspartner zu verschaffen, erscheint zwar naheliegend, doch oft begnügen sich die Kooperationspartner mit ihren nicht überprüften Vorannahmen. Auch die institutionelle Zuständigkeit für den Kooperationsgegenstand ist häufig nicht geklärt.

Das Ausmaß an Handlungsmöglichkeiten und Handlungsspielräumen stellt für Institutionen einen wesentlichen Faktor dar, der Einfluss darauf hat, wie erfolgreich und umfassend sie ihre Aufgaben erfüllen können. Die Praxis zeigt immer wieder, dass falsche und erfahrungsresistente Vorstellungen im Hinblick auf die Handlungsmöglichkeiten der Jugendämter existieren. Beispielsweise dergestalt, dass Jugendämter mehr oder weniger nach eigenem Gutdünken in der Lage seien, z. B. den Unterricht störende und mit familiären Problemen behaftete Kinder und Jugendliche aus der Familie herauszunehmen und sie anschließend stationär unterzubringen. Auch wenn eine Institution einer Aufgabe verpflichtet ist, folgt hieraus nicht automatisch, dass diese Institution – und dies gilt natürlich nicht nur für die Jugendämter, sondern für alle Behörden – mit allen hierzu notwendigen Handlungsmöglichkeiten ausgestattet ist. Eine andere Herausforderung für Kooperationen besteht darin, dass die Grenzen der Handlungsmöglichkeiten gesetzlich festgeschrieben und damit mitunter gar nicht direkt beeinflussbar bzw. veränderbar sind. Kenntnisse über die Handlungsmöglichkeiten und Handlungsspielräume der Kooperationspartner können helfen, falsche Erwartungen in Kooperationen abzubauen und eine an den gegebenen Realitäten ausgerichtete Basis für Kooperation zu schaffen.

Einen weiteren wichtigen und förderlichen Aspekt interinstitutioneller Kooperation stellt die Kenntnis der internen Organisations- und Ablaufstrukturen der Kooperationspartner dar. Bearbeitungszeiten oder Verzögerungen in der Bearbeitung bei den Kooperationspartnern werden durch solche Kenntnisse besser nachvollziehbar, erhöhen die Toleranzschwelle und führen zu größerem Verständnis unter den Kooperationspartnern. Auch das Wissen um die Personalressourcen der Kooperationspartner kann das Bewusstsein für das Mögliche und Unmögliche innerhalb einer interinstitutionellen Beziehung sensibilisieren und diese von unnötigen Irritationen entlasten. Selbstverständlich wird auch während einer bestehenden Kooperation das Wissen über die jeweils anderen an der Kooperation beteiligten Partner erweitert.

Eine nach Kooperationspartnern differierende Entscheidungsbefugnis, wie sie z. B. oft bei einer Kooperation zwischen Schule und Kinder- und Jugendhilfe gegeben ist (Olk et al. 2000), behindert eine effektive Kooperation. Dies kann z. B. der Fall sein, wenn die Entscheidungs- und Handlungsebene der beteiligten Organisationen eines Kooperationszusammenhangs unterschiedlichen hierarchischen Ebenen zugeordnet sind, die Kooperierenden aber in etwa der gleichen Hierarchieebene angehören oder die Zuständigkeiten auf regionaler Ebene divergieren. Bekanntestes Beispiel für Letzteres ist hier die Länderzuständigkeit für die Schule und die kommunale Selbstverantwortung der Kinder- und Jugendhilfe, was dazu führt, dass auf gleicher regionaler Ebene keine Kooperationspartner mit Entscheidungskompetenzen vorhanden sind. Ein weiterer organisatorischer Aspekt bezieht sich auf das Ausmaß der Hierarchisierung und Zentralisierung von Entscheidungskompetenzen, was eine unterschiedliche Distanz der Kooperationspartner von der Handlungsebene impliziert. Zu Beginn einer Kooperation müssen daher die Entscheidungskompetenzen der Beteiligten expliziert werden, damit die mögliche Verbindlichkeit von Kooperationsergebnissen geklärt ist.

Je mehr also die jeweilige Entscheidungskompetenz unterschiedlichen Ebenen zugeordnet ist, desto geringer ist der Handlungsspielraum in Kooperationen. Für eine interinstitutionelle Kooperation des ASD bedeutet dies eine Komplexitätssteigerung, die möglicherweise das Nutzen-Aufwand-Verhältnis verschlechtert. Setzt man diese Konstellation in Beziehung zur Idee einer Zusammenarbeit möglichst aller involvierten Akteure und Institutionen, so erfährt dieses Anliegen eine nicht zu unterschätzende Relativierung. Dies wiederum wird sich negativ auf Kooperationserwartungen und Handlungsmöglichkeiten auswirken. Möglichkeiten und Grenzen einer Kooperation zwischen verschiedenen Institutionen gilt es also realistisch einzuschätzen.

29.5.6 Vertrauensbildung

Die Herausbildung von Vertrauen zwischen den Kooperierenden ist notwendig. Denn die Prozesse der Zusammenarbeit sind überaus komplex. Die einzelne Institution, also z. B. der ASD, der Kindergarten bzw. der Träger des Kindergartens oder das Jugendzentrum, muss sich darauf verlassen können, dass die Mitarbeiterin, die stellvertretend für ihre Organisation kooperiert, sich an den Interessen der Organisation orientiert. Diejenigen, die unmittelbar miteinander zusammenarbeiten, müssen darauf vertrauen können, dass die getroffenen Absprachen eingehalten und die übernommenen Aufgaben erledigt werden. Auch ist es für eine gelingende Kooperation konstituierend, dass ein wechselseitiges Vertrauen in die Fachlichkeit des jeweils Anderen entsteht. Die Entwicklung von Vertrauen in den oder die Kooperationspartner stellt eine effiziente und effektive Strategie dar, den Kooperationsaufwand zu reduzieren. Eine typische Situation, in der es sehr darauf ankommt, wie vertrauensvoll sich eine Kooperationsbeziehung entwickelt hat, ist beispielsweise der Bericht einer sozialpädagogischen Familienhelferin über die erzielten Veränderungen der ambulanten erzieherischen Hilfen. Wenn durch entwickelte Kooperationsbeziehungen Vertrauen hinsichtlich der fachlichen Einschätzung entstanden ist, kann viel schneller und angemessener reagiert werden. Zeitverzögerungen durch die genaue Überprüfung dieser Mitteilung können so vermieden werden.

Wie aber soll Vertrauen entstehen, wenn in der Regel die Kooperationsbeziehungen auf krisenhafte Einzelfälle beschränkt sind, in denen unter hohem Zeitdruck gearbeitet werden muss? In Krisensituationen, z. B. bei konkreten Kindeswohlgefährdungen, kommt es häufig zu überhöhten Erwartungen an die Kooperationspartner, und damit sind Enttäuschungen vorprogrammiert. Die Erwartungen werden auch im Krisenfall realistischer, wenn die jeweiligen Aufträge, Beweggründe und Handlungsmöglichkeiten für die Kooperationspartner nachvollziehbar dargestellt werden. Wichtig für die Vertrauensbildung ist es auch, die Grenzen des eigenen Handelns zu verdeutlichen und zu erklären, warum für die Erreichung bestimmter Ziele mehr Zeit notwendig ist, als ursprünglich geplant wurde.

29.5.7 Zeitliche und persönliche Kontinuität

Gerade angesichts der hohen Arbeitsbelastung ist eine Einigung über eine angestrebte Dauer der Zusammenarbeit hilfreich. Hierzu wieder ein Beispiel:

▪▪▪▪ An einem Arbeitskreis mit der Aufgabe zur Entwicklung eines präventiven Modellprojekts sind beteiligt:

- eine Fachberaterin eines Trägers von Kindertageseinrichtungen, die aufgrund der angestrebten Integration der im Bildungsplan festgehaltenen Bildungsziele in die Konzepte der Einrichtungen und aufgrund der notwendigen Veränderungen für die Umsetzung bereits an ihrer Belastungsgrenze steht,
- eine Mitarbeiterin aus der Bezirkssozialarbeit, die neben diesem Modellprojekt noch Veränderungen bei der Hilfeplanung nach § 36 SGB VIII, die Förderung der Elternarbeit in stationären Jugendhilfeeinrichtungen sowie eine erhöhte Fallzahl in ihrem Bezirk zu bearbeiten hat,
- ein Mitarbeiter der Erziehungsberatungsstelle, der aufgrund der Auflage, die langen Wartezeiten zu verkürzen, eigentlich keine Kapazitäten mehr für fallübergreifende Aktivitäten hat,
- eine Mitarbeiterin ambulanter erzieherischer Hilfen, die für fallunabhängige Arbeit aufgrund veränderter Entgelte nicht mehr bezahlt wird.

Legt man sich gemeinsam darauf fest, nach einem halben Jahr und fünf Treffen die Sinnhaftigkeit des gemeinsamen Unternehmens zu überprüfen, dann ist die Wahrscheinlichkeit, dass die Kooperation mit Leben erfüllt wird, erheblich angestiegen. ▪▪▪▪

Ein zweiter Aspekt ist ebenfalls von großer Bedeutung für die Qualität von Kooperationsbeziehungen. Wenn man sicher sein kann, dass mehrere Entscheidungen getroffen werden, dann wächst auch die Bereitschaft sich auf Kompromisse einzulassen, weil die Hoffnung besteht, bei der nächsten Entscheidung seine eigenen Interessen besser vertreten zu können. Personelle Kontinuität hilft, Kooperationsbeziehungen stabil zu halten. Es wird ein mühsamer Kooperationsprozess, wenn die beteiligten Organisationen sich alle vier Wochen treffen, aber immer durch andere Personen vertreten werden. So kann keine inhaltliche Weiterentwicklung stattfinden. Erreichte Zwischenschritte werden immer wieder infrage gestellt. Nicht zuletzt auch deshalb, weil sich auf der Ebene des Kooperationszusammenhangs die Gruppe immer wieder neu konstituieren muss.

29.5.8 Institutionelle Verankerung der Kooperation

Insbesondere bei fallübergreifenden Kooperationen besteht bei den involvierten Organisationen eine Skepsis hinsichtlich des tatsächlichen Nutzens. Synergieerwartungen sind nicht immer vorhanden, die Aufwand-Nutzen-Abwägung findet vor dem Hintergrund der individuellen Arbeitsbelastung und nicht im Hinblick auf den Ertrag für den ASD oder den Adressaten statt. Merchel et al. (2012) zeigen in diesem Zusammenhang, dass Kooperationen von manchen als Entlastung und von anderen als (zusätzliche) Belastung erlebt werden. Zum einen zeigt dies, dass die Zusammenarbeit nicht immer als eigentliche Aufgabe verstanden wird, und zum anderen, dass der Zeitaufwand manchmal als unangemessen hoch im Verhältnis zur Ergebniserwartung bewertet wird. Dies ist beispielsweise bei der spezifischen Situation von Inobhutnahmen gut erkennbar. Diese erscheint aus der Perspektive des Jugendamts häufig so, als ob die aufnehmende Institution einfach tun müsse, was zu tun ist, und eine Pflege von Kooperationskontakten überflüssig sei. Wenn allerdings die Art der Zusammenarbeit konstruktiv und von gegenseitigem Vertrauen geprägt ist, können Missverständnisse vermieden, Beziehungsabbrüche zu den Adressaten verhindert und das Schutzbedürfnis besser verwirklicht werden. Die Gestaltung von Kooperationsbeziehungen ist deshalb eine originäre Aufgabe der beteiligten Organisationen und nicht nur der im konkreten Fall handelnden Personen. ASD, Heime und Schutzstellen müssen ihren Fachkräften genügend Zeit zur fallübergreifenden Arbeit zur Verfügung stellen und diese Tätigkeiten in den Stellenbeschreibungen verankern. So wird deutlich, dass Kooperation als Organisationsaufgabe betrachtet wird und nicht allein der persönlichen Verantwortung der Handelnden obliegt.

29.5.9 Erkennbares Kooperationsprofil

Eine Möglichkeit, dem schlechten Image von Kooperation entgegenzuwirken, besteht darin, ein klares und auch für Nicht-Beteiligte erkennbares Kooperationsprofil in den Kooperationszusammenhängen zu entwickeln. Dies erhöht die Identifikation innerhalb des Kooperationszusammenhangs und die Legitimation der Zusammenarbeit. An einem Negativbeispiel wird das Potenzial, das in einem Profil liegen kann, deutlicher:

▪▪▪▪ In der Zusammenarbeit einer erwachsenenpsychiatrischen Klinik, dem Jugendamt und der örtlichen Erziehungsberatungsstelle wird ein Angebot für Kinder psychisch erkrankter Eltern entwickelt, um so frühzeitig mögliche negative Folgen für die Kinder minimieren zu können. Eine Krankenschwester leitet in der Klinik eine Kindergruppe, die Psychologin der Erziehungsberatung bietet Supervision für die Krankenschwester, und das Jugendamt bezahlt die Gruppe. In der Außendarstellung der Klinik wird die Etablierung der Kindergruppe als Beweis für die Fortschrittlichkeit der Klinik gewertet. Das Jugendamt reklamiert für sich, das Krankenhaus von der Notwendigkeit einer Gruppe überzeugt zu haben, und die Erziehungsberatungsstelle nimmt für sich die inhaltliche Ausgestaltung des Angebots in Anspruch. In keiner der drei Selbstdarstellungen findet man einen Verweis auf den erfolgreichen Kooperationsprozess, der die Grundlage für die Etablierung dieses Gruppenangebotes bildet. So entwerten alle drei Kooperationspartner die geleistete gemeinsame Arbeit. Dies wird sich auf eine zukünftige Zusammenarbeit höchstwahrscheinlich negativ auswirken. ▪▪▪▪

30 ASD und Jugendhilfeplanung – der Allgemeine Sozialdienst als Subjekt und als Objekt der Planung kommunaler Jugendhilfe

Von Reinhold Schone

- Nur wenn der ASD sich originär sowohl als Subjekt als auch als Gegenstand der Planung versteht, sich also der Gesamt- und Planungsverantwortung für die Aufgabenwahrnehmung der Jugendhilfe in vollem Umfang stellt, ist sichergestellt, dass sich Jugendhilfeplanung nicht auf eine Rumpfplanung reduziert. Jugendhilfeplanung kann auf die Einbindung des ASD als umfassende Dienstleistungs-, Steuerungs- und Wächterinstanz nicht verzichten.
- Eine Jugendhilfeplanung, die den ASD nicht aktiv (nicht nur als Datenlieferanten, sondern auch als Teilnehmer am Diskurs über notwendige und geeignete Angebote der Jugendhilfe und darüber hinaus) einbinden würde, wäre schlecht beraten, da sie wertvolle Erfahrungen eines zentralen Gewährleisters von Leistungen für junge Menschen und Familien nicht angemessen berücksichtigte. Ein ASD, der seinerseits nicht aktiv seine Beteiligung an der Jugendhilfeplanung – nicht nur im Bereich der Hilfen zur Erziehung – einfordert und sich hier nicht aktiv einbringt, vernachlässigt einen zentralen Bestandteil seiner Aufgaben.
- Der ASD muss sich dabei auch selbst – als Teil der Infrastruktur – kritisch auf den Prüfstand stellen (lassen). So sehr die Aussage stimmt, dass ein ASD nur so gut sein kann wie die Infrastruktur, die zur Bewältigung von Problemen und Krisen zur Verfügung steht, so sehr gilt auch der Satz, dass die beste Infrastruktur nicht angemessen zur Geltung kommt, wenn im ASD nicht ausreichend qualifizierte Entscheidungen gewährleistet sind. Eine gute, an konkreter Praxisentwicklung orientierte und interessierte Jugendhilfeplanung erfordert die intensive Beteiligung der Fachkräfte der Jugendhilfe mit ihren Wissens- und Erfahrungshintergründen. Dies gilt in besonderer Weise auch für den ASD.
- Es ist eine wichtige Aufgabe der Jugendhilfeplanung, zu einer qualifizierten Fachlichkeit im ASD beizutragen. Da der ASD Sensor sozialer Lebens- und Problemlagen ist, und er am intensivsten mit den Bedürfnislagen Betroffener konfrontiert ist, kann er einer der Aktivposten einer qualifizierten und umsetzungsorientierten Jugendhilfeplanung sein.
- Auch wenn die Zielbestimmung der Jugendhilfe immer auch aus fachlichen und politischen Überzeugungen gespeist wird, so muss sie sich dennoch – um handlungswirksam zu sein – auf konkrete Aufgaben, Lösungsversuche und Handlungsstrategien der Fachkräfte beziehen. Diese – und hier allen voran die Fachkräfte des ASD – wiederum müssen es als ihren fachlich-sozialarbeiterischen Auftrag ansehen, ihre Problemerkenntnis zu verknüpfen mit planerisch-politischen Problemlösungsstrategien und damit die kommunale Jugendhilfeplanung und -politik zu befruchten und ggf. herauszufordern.

Jugendhilfeplanung und Bezirkssozialarbeit – zunächst erscheinen die damit assoziierten Arbeitsfelder sehr weit auseinanderzuliegen und wenig miteinander zu tun zu haben. Geht es im ersten Fall doch darum, eine bedarfsgerechte Jugendhilfe-Infrastruktur zu gewährleisten und im zweiten Fall vorwiegend darum, einzelnen jungen Menschen und Familien die zur Bewältigung von Problemlagen und Krisensituationen erforderliche Hilfe zu leisten bzw. zu vermitteln. Auf den zweiten Blick wird aber erkennbar, dass diese beiden Aufgabenfelder sogar in besonderer Weise wechselseitig aufeinander angewiesen sind, wenn sie ihre Aufgaben auf einem fachlich guten Niveau lösen wollen. Die Diskussion dieser wechselseitigen Angewiesenheit ist Gegenstand dieses Beitrages.

Zunächst ein Blick in ein altes Dokument: In seinen Empfehlungen zur Organisation des kommunalen Allgemeinen Sozialdienstes formuliert der Deutsche Verein für öffentliche und private Fürsorge vor knapp 30 Jahren unter dem Stichwort „Allgemeine Grundsätze":

„Der Allgemeine Sozialdienst ist der am umfassendsten angelegte soziale Dienst der Kommunen, der ganzheitliche und einheitliche Hilfe leisten und sicherstellen (Hervorhebung R.S.) muß und der die Verhältnisse in seinem örtlichen Bereich am genauesten kennt" (Deutscher Verein 1983, 15).

Im Aufgabenkatalog im Anhang zu diesen Empfehlungen steht unter der Rubrik „Weitere Aufgaben" die „Mitwirkung bei der Sozialplanung" an erster Stelle (Deutscher Verein 1983, 28).

Also schon zu einer Zeit, als die Jugendhilfeplanung in Deutschland erst sehr sporadisch (und zumeist als Planung durch Experten) entwickelt war und nur etwa die Hälfte aller Jugendämter sich überhaupt mit diesem Thema beschäftigte (Kreft/Lukas 1990), wurde vom Deutschen Verein die besondere Bedeutung des ASD für die Planung bereits hervorgehoben.

30.1 Jugendhilfeplanung: Worum geht es?

Die Träger der öffentlichen Jugendhilfe haben die Gesamtverantwortung einschließlich der Planungsverantwortung dafür, dass für alle Leistungen der Jugendhilfe die „erforderlichen und geeigneten Einrichtungen, Dienste und Veranstaltungen den jeweiligen Grundrichtungen der Erziehung entsprechend rechtzeitig und ausreichend zur Verfügung stehen" (§79 SGB VIII). Die Begriffe „erforderlich", „geeignet", „rechtzeitig" und „ausreichend" werden im Gesetz nicht näher definiert. Es liegt also in der Verantwortung der öffentlichen Träger der Jugendhilfe, diese Vorgaben für ihren jeweiligen Zuständigkeitsbereich anhand der vor Ort bestehenden Lebens- und Problemlagen von Menschen und anhand von fachlichen und politischen Begründungen zu füllen und zu interpretieren.

§ 80 SGB VIII benennt die Bestandserhebung, die Bedarfsermittlung (unter Berücksichtigung der Wünsche, Bedürfnisse und Interessen der jungen Menschen und der Personensorgeberechtigten) und die Maßnahmeplanung als die zentralen Schritte.

Jugendhilfeplanung ist damit

„ein Instrument zur systematischen, innovativen und damit zukunftsgerichteten Gestaltung und Entwicklung der Handlungsfelder der Jugendhilfe mit dem Ziel, positive Lebensbedingungen für junge Menschen und ihre Familien zu erhalten oder zu schaffen (§ 1 SGB VIII) und ein qualitativ und quantitativ bedarfsgerechtes Jugendhilfeangebot rechtzeitig und ausreichend bereitzustellen (§ 79 SGB VIII)" (Schnurr et al. 2010, 91).

Als Fachplanung geht es bei der Jugendhilfeplanung um die Entwicklung von Strategien zur Lösung der komplexen Aufgaben der Jugendhilfe. Dazu gehören quantitative und qualitative Bestands-, Bedarfs-, Sozialraum- und Zielgruppenanalysen, aufgaben- und organisationskritische Bewertungen der Ist-Situation, konkrete Vorschläge zur Ausgestaltung und zur Qualifizierung der Angebote der Jugendhilfe, Prioritätensetzungen für die Umsetzung sowie deren Überprüfung. Es geht darum, auf einer verlässlichen empirischen Basis zu einer angemessenen Einschätzung der verfügbaren Angebotsstrukturen in allen Feldern der Jugendhilfe (Bestandserhebung) zu kommen sowie aus einer Einschätzung des Bedarfs an Angeboten (Einrichtungen, Diensten und Veranstaltungen; Bedarfsermittlung) Aussagen über quantitative und qualitative Maßnahmen zur Sicherung und Weiterentwicklung der benötigten Angebotsstruktur (Maßnahmeplanung) abzuleiten. Es gilt, die im Gesetz formulierten unbestimmten Rechtsbegriffe angemessen zu füllen und aus Bewertungsprozessen Konsequenzen für politische und fiskalische sowie fachliche und organisationsbezogene Steuerungsmaßnahmen zu ziehen. Damit zielt Jugendhilfeplanung auf die Erreichung einer bestimmten Qualität öffentlicher Daseinsvorsorge und wird zum zentralen

Instrument zur Gestaltung der kommunalen Infrastruktur der Jugendhilfe.

Die Worte „Einschätzung" und „Bewertung" machen an dieser Stelle schon deutlich, dass es sich nicht nur um die Tätigkeit weniger „Jugendhilfeplanungsexperten" handeln kann, sondern dass hier Diskurse darüber zu führen sind, was jeweils vor Ort notwendig und geeignet, rechtzeitig und ausreichend sein soll. An diesem Diskurs – wie explizit oder formell er auch immer in den verschiedenen Jugendämtern gestaltet ist – sind nicht nur kommunale Jugendhilfepolitiker (Jugendhilfeausschuss) beteiligt, sondern auch und vor allem jene Fachkräfte beim öffentlichen Träger und bei freien Trägern, die die Aufgaben und Anforderungen der Jugendhilfe im Alltag zu bewältigen haben.

Angesichts der unbestimmten Rechtsbegriffe, die im Planungsprozess gefüllt werden müssen – und dabei, wie die vielfältige Praxis in Deutschland zeigt, auch völlig unterschiedlich gefüllt werden können –, ist es nicht verwunderlich, dass sich Jugendhilfeplanung sinnvoll nur als Aushandlungsprozess über institutionelle Lösungen für soziale Fragestellungen und Probleme organisieren lässt. Jugendhilfeplanung als fachlicher und politischer Willensbildungs- und Aushandlungsprozess ist eine Reaktion darauf,

- dass sich für die Ausgestaltung der Jugendhilfe wenig objektive Kriterien benennen lassen, sondern erhebliche Gestaltungsspielräume, aber auch Gestaltungsverpflichtungen bestehen;
- dass Jugendhilfeplanung keine „endgültigen" Lösungen bieten kann, sondern immer eine Suchbewegung nach „besseren" Lösungen darstellen muss;
- dass unter diesen Bedingungen der Sachverstand vieler Personen notwendig ist, um fachlich begründete Strategien zu entwerfen;
- dass größtmögliche Plausibilität der Planungsvorhaben gegenüber den Betroffenen, den Beteiligten und den Entscheidungsträgern hergestellt werden muss, um die so gewonnenen Strategien in der Praxis umsetzen zu können.

Wird Jugendhilfeplanung nun als (im besten Fall kontinuierlicher) Aushandlungsprozess in dem Bemühen um eine Qualifizierung der Aufgabenwahrnehmung in der Jugendhilfe und um die Bereitstellung der hierfür notwendigen Ressourcen angesehen, erfordert dies eine dem Planungsverständnis adäquate Form der Planungsorganisation. Will Jugendhilfeplanung als Fachplanung eine spezifische sozialpädagogische Perspektive entwickeln, muss sie die Alltagspraxis sozialpädagogischer Fachkräfte in doppelter Hinsicht einbeziehen. Einerseits müssen die Jugendhilfefachkräfte als Sensoren und Experten für konkrete Bedürfnis- und ggf. Not- und Mängellagen von jungen Menschen und ihren Familien gesehen und in Anspruch genommen werden; andererseits ist zu berücksichtigen, dass sozialpädagogische Programme auch für die Fachkräfte plausibel und nachvollziehbar sein müssen, um zu gelebter Praxis werden zu können.

Bezogen auf den ASD heißt dies einerseits, dass dieser in den diskursiven Prozess um die Gestaltung einer bedarfsgerechten Jugendhilfe-Infrastruktur einzubinden ist, dass aber auch sein Handeln und seine Handlungsmöglichkeiten selbst zum Gegenstand dieses Diskurses werden müssen. Jugendhilfeplanung realisiert sich so einerseits im Diskurs *mit* dem ASD, aber auch im Diskurs *über* den ASD (Schone/Rüting 1993). Dies soll im Folgenden näher begründet werden.

30.2 Berührungspunkte: Warum ist der ASD für die Jugendhilfeplanung so zentral?

Der ASD ist – wie in diesem Handbuch deutlich wird – von seinem Aufgabengebiet her der umfassendste soziale Dienst in den Kommunen. Er stellt im Bereich der Jugendhilfe so etwas wie den Basis-Sozialdienst einer Kommune dar. Folglich ist sein Arbeitsbereich durch ein breites Spektrum von häufig komplex miteinander verbundenen Problemen und Hilfebedürfnissen von Menschen gekennzeichnet.

Der ASD ist aufgrund seines umfassenden Auftrages zuständig für alle jungen Menschen (Kinder, Jugendliche und Heranwachsende) und ihre Familien in schwierigen Lebenslagen. Er leistet selbst Beratung und Unterstützung und er nimmt dort, wo er Personen nach Prüfung ihrer Anspruchsberechtigung an spezifische Angebote der Jugendhilfe/Erziehungshilfe vermittelt, eine Drehpunktfunktion zwischen den Adressaten und den Fachkräften der

Hilfe leistenden Institutionen der Jugendhilfe ein. Da der ASD als sozialpädagogischer Fachdienst das wichtigste Bindeglied zwischen den biographischen Bewältigungsanforderungen von Menschen und der Gestaltung von bedarfsgerechten Hilfen ist, sind seine Ausgestaltung und seine Aufgabenwahrnehmung ein zentrales Thema für die Jugendhilfeplanung. Der ASD verkörpert als Teil des öffentlichen Trägers mit seinem spezifischen Auftrag zwei zentrale Sichtweisen, die beide für die Jugendhilfeplanung von nicht zu unterschätzender Bedeutung sind. Zum einen hat er einen Blick auf die Lebensbedingungen von Menschen. Der Bezirkszuschnitt der Bezirkssozialarbeit erlaubt hier auch Aussagen zu sozialräumlich verursachten, konzentrierten und ggf. kumulierten Problemen, aber auch zu Ressourcen, über die der Sozialraum und die in ihm lebenden und wirkenden Menschen und die hier tätigen Institutionen verfügen. Zum anderen hat er aber auch einen Blick darauf, welche Angebote notwendig sind und welche Infrastruktur an Hilfen erforderlich ist, um den Problemen der Menschen angemessen begegnen zu können. Hier geht es um seine unmittelbaren Handlungsmöglichkeiten im Kontext der Ermittlung und Befriedung des erzieherischen Bedarfs, der in der individuellen Hilfeplanung festgestellt wird.

Das komplexe Aufgabenprofil des ASD und die Möglichkeiten zur adäquaten Bewältigung dieser Aufgaben sind geprägt durch zwei elementare Bedingungen:

- einerseits durch die jeweilige Problemstruktur von Familien, Kindern, Jugendlichen und jungen Erwachsenen im jeweiligen Sozialraum, die beratende, vermittelnde oder eingreifende Tätigkeiten erforderlich machen,
- andererseits durch die jeweilige Infrastruktur, die zur fachlichen Bearbeitung dieser Problemlagen zur Verfügung steht, bzw. unter Berücksichtigung begrenzter finanzieller Ressourcen aktiviert werden kann.

Der ASD hat dabei auf vielfältige Veränderungen in seiner Umwelt (wachsender Hilfebedarf durch Armut, veränderte Erziehungssituationen, Migration, etc; veränderte Ansprüche von Adressaten und politischer Öffentlichkeit an den ASD; rechtliche und organisatorische Veränderungen) zu reagieren. Dabei ist er als „sozialer Basisdienst" darauf angewiesen, sich in Beziehung zu den anderen Angeboten Sozialer Arbeit (insb. der Jugendhilfe) zu positionieren und auszurichten. Das Leistungsprofil des ASD hängt in einem entscheidenden Maße von den mit diesen Institutionen gepflegten Kooperationsformen ab. Dies gilt sowohl in Bezug auf den Zugang zum ASD (welche Institutionen verweisen Eltern und Kinder in welcher Form auf welchen Wegen und mit welchen Vorstellungen und Vorinformationen an den ASD?) als auch in Bezug auf die Möglichkeit des ASD zur Vermittlung von spezifischen Hilfsangeboten (welche Institutionen können im Rahmen ggf. komplexer Betreuungssettings welche Aufgaben zu welchen Konditionen übernehmen?).

Widersprüche zwischen dem *Bedarf* an notwendigen und geeigneten Hilfen im Einzelfall (§§ 27, 35a, 41 SGB VIII) und der rechtzeitigen und ausreichenden *Bereitstellung* von notwendigen und geeigneten Hilfsangeboten (§ 79 SGB VIII) werden zuerst im ASD sichtbar. Die verfügbare Infrastruktur ist dabei nicht als statisch oder ausschließlich fremdbestimmt anzusehen, sondern sie ist ihrerseits auf wirkungsvolle Impulse aus dem ASD angewiesen. Insofern kommt dem ASD eine Rolle als Mit-Initiator für eine geeignete Infrastruktur zu. Es ist seine Aufgabe, im Rahmen der kommunalen, ggf. sozialräumlichen Angebotsentwicklung seine gebündelten Erfahrungen systematisch in die Diskussion einzubringen, um auf dieser Grundlage bei regionalen Sozialplanungen dazu beizutragen, eine ortsnahe problemadäquate Infrastruktur im Stadtteil mitzugestalten. Dies muss geschehen in enger Kooperation mit den dort tätigen Trägern der Jugendhilfe und versteht sich als dialogisches Verfahren der Angebotsentwicklung in den Bezirken bzw. Regionen.

30.3 ASD als Sensor für soziale Problemlagen und Impulsgeber für Infrastrukturgestaltung

Durch seine spezifische Organisation als Bezirkssozialdienst – seien es nun Einzelbezirke oder Großbezirke in Zuständigkeit von Teams – kommt der ASD mit den Lebensbedingungen der Menschen in ihren Sozialräumen unmittelbar in Berührung.

Er erlebt im Umgang mit Jugendlichen in Konfliktsituationen eine gute oder schlechte Jugendarbeit unmittelbar. Er sieht in seinen Beratungen unmittelbar, wenn es nicht genügend oder fachlich unzureichende Betreuungsmöglichkeiten im Vorschulalter oder im Schulalter gibt. Er ist konfrontiert mit der Frustration von Jugendlichen und Eltern, wenn der Umstieg von der Schule in den Beruf an mangelnden Lehrstellen scheitert. Er erlebt, wie gut oder schlecht Menschen in Armutssituationen zurechtkommen. Er hat also zumeist einen unmittelbaren Eindruck von den Lebensbedingungen und vom Lebensumfeld der Adressaten. Damit wird der ASD zu einem wichtigen Sensor für soziale Lebens- und Problemlagen. Bei ihm laufen Informationen über Lebenssituationen und Bewältigungsstrategien junger Menschen und ihrer Familien zusammen. Hier können die Informationen registriert und gebündelt werden. Damit ist der ASD so etwas wie eine registrierende Instanz für das Funktionieren oder Versagen der sozialen Infrastruktur (nicht nur der Jugendhilfe) und in besonderer Weise für das Entstehen individueller und struktureller Problem- und Krisenlagen in einer Kommune.

All dies macht den ASD im Rahmen einer diskursiven Jugendhilfeplanung zu einem wertvollen Gesprächspartner bezüglich der Frage, welche Angebote notwendig und geeignet sind bzw. wären, um Familien bei ihren Sozialisations- und Erziehungsaufgaben angemessen zu unterstützen. In solchen Diskussionen gibt es – wie viele solcher Planungsdiskurse zeigen – häufig „Übergriffe" auf andere Lebensbereiche, die der Jugendhilfe nicht unmittelbar zugänglich sind (Verkehrssituation, gesundheitliche Versorgung, Wohnungsmarkt, Grundsicherung u. a. m.). Auch diese Aspekte sind in einer Jugendhilfeplanung aufzugreifen, zu benennen und an die dafür zuständigen Institutionen (Sozialplanung) weiterzuleiten, wenn die häufig als Einmischungsauftrag bezeichnete Aufgabe der Jugendhilfe, „positive Lebensbedingungen für Kinder und ihre Familien zu erhalten oder zu schaffen" (§ 1 Abs. 2 SGB VIII), ernst genommen werden soll. Die Diskussionsbeiträge des ASD sind genau für diese Zielsetzung in ihrer Bedeutung nicht zu unterschätzen.

Insofern sollte der ASD in die Planung anderer Arbeitsbereiche der Jugendhilfe (und darüber hinaus) eingebunden werden. Aufseiten des ASD braucht es dafür den Willen und die Bereitschaft, sich in solche Diskussionen einzubringen (was ein gewisses Selbstverständnis des ASD als Lobby für junge Menschen und Familien voraussetzt). Dies geschieht im Übrigen nicht uneigennützig. Auch für den ASD selbst ist die Beschaffenheit der allgemeinen sozialen Infrastruktur im Bezirk von erheblicher Bedeutung, nicht nur im Hinblick auf die Entstehung von Problemen, sondern auch für Strategien ihrer Bearbeitung. Im Verständnis einer sozialraumorientierten Sozialarbeit werden die Handlungsspielräume für eine einzelfallbezogene Ressourcenmobilisierung zentral vom Bestehen einer solchen allgemeinen sozialen Infrastruktur (z. B. durch Angebote mobiler Jugendarbeit oder durch die Existenz von Familienzentren) mitbestimmt.

Es wird deutlich, dass der ASD auch in eher allgemeinen Fragen der Jugendhilfe ein unverzichtbarer Diskurspartner in einem auf Bewertung und Aushandlung basierenden Planungskonzept sein dürfte, der wichtige Aussagen zur Tragfähigkeit der bestehenden Infrastruktur beitragen kann. Von den ASD-Fachkräften sind Beiträge zu erwarten, die dabei helfen, die Datenlage zu den einzelnen Handlungsfeldern mit „Leben zu füllen", indem sie die von den Adressaten subjektiv erlebten Auswirkungen von häufig nüchtern klingenden Daten über Lebenslagen von Familien (Arbeitslosigkeit, Hartz IV-Bezug, Ein-Eltern-Familien etc.) in die Diskussion einbringen können.

30.4 ASD als Planungsinstanz für die Hilfen zur Erziehung

Die bis hierhin beschriebene Bedeutung des ASD für die Planung der verschiedenen Handlungsfelder der Jugendhilfe erfährt für den Bereich der Hilfen zur Erziehung durch die direkte Eingebundenheit des ASD in dieses Arbeitsfeld noch einmal eine deutliche Intensivierung. Bezogen auf den engeren Bereich der vom Jugendamt zu gewährleistenden Hilfen zur Erziehung (§ 27 SGB VIII), Eingliederungshilfen für seelisch behinderte oder von Behinderung bedrohte Kinder und Jugendliche (§ 35a SGB VIII) und Hilfen für junge Volljährige (§ 41 SGB VIII) sowie zum Schutz von Kindern und Jugendlichen vor Gefahren für ihr Wohl (§§ 8a und 42 ff SGB VIII) ist die Notwendigkeit der Beteiligung des ASD unstrittig. Dabei handelt es sich hier um denjenigen Handlungsbereich der Jugendhilfe, bei dem Jugendhilfeplanung am schwierigsten zu realisieren ist.

Im Unterschied zur Jugendarbeit und zu Teilen der Förderung der Erziehung in der Familie, bei denen die Entscheidung für eine bestimmte Angebotsstruktur Ergebnis fachpolitischer Diskussionen ist und auch im Unterschied zur Planung im Bereich der Kindertageseinrichtungen, bei der für bestimmte Altersgruppen voraussetzungslose Rechtsansprüche bestehen und realisiert werden müssen, sind im Bereich der Hilfen zur Erziehung sowohl die Anspruchsgrundlagen („wenn eine dem Wohl des Kindes oder des Jugendlichen entsprechende Erziehung nicht gewährleistet ist", § 27 SGB VIII), als auch die Art der zu gewährenden Hilfe („und wenn die Hilfe für seine Entwicklung geeignet und notwendig ist", § 27 SGB VIII) stark interpretationsbedürftig. Kaum anders verhält es sich bei den anderen genannten Rechtsgrundlagen (§§ 35a, 41 SGB VIII). Entscheidungen über eine konkrete Hilfe unterliegen einer doppelten Hypothesenbildung:

- zum einen im Hinblick auf die Interpretation der zugrunde liegenden Problemlage und das Vorliegen eines begründeten und begründbaren Rechtsanspruchs (sozialpädagogisches Fallverstehen);
- zum anderen im Hinblick auf die mit dem Einsatz der gewährten Hilfe erwarteten (zukünftigen) Wirkungen auf die Erziehungssituation (Maßnahmeentscheidung).

Die Verantwortung für die hiermit verknüpften fachlichen Entscheidungen und damit die Verantwortung für die Steuerung solcher Hilfeprozesse liegen beim ASD. Damit ist offensichtlich, dass damit implizit auch eine Steuerung bezogen auf die Angebotsstruktur verbunden ist. Im Rahmen individueller Hilfeplanungen werden Anforderungen an die Leistungserbringer formuliert. Hier hängt viel davon ab, wie offensiv ein ASD solche Ansprüche auch gegenüber den Trägern vertritt und durchsetzt. Die erhebliche Ausdifferenzierung der Erziehungshilfelandschaft in den letzten 20 Jahren ist daher – so lässt sich vermuten – auch weniger eine Folge gezielter Planung der Erziehungshilfeinfrastruktur, als vielmehr ein Ausdruck dafür, dass – ganz im Sinne des Gesetzes – für jeden Einzelfall spezifische Anforderungen an das Hilfesetting gestellt werden. Die Träger stellen sich seit vielen Jahren auf diese Individualisierung und Flexibilisierung von Hilfen ein, was bis heute zu einer nachhaltigen Veränderung der Angebotsstrukturen sowohl traditionell ambulanter als auch traditionell stationärer Hilfen geführt hat. Die Grenzen zwischen stationären und ambulanten Angeboten werden immer fließender. Der Einfluss des ASD auf diese Entwicklung ist – so er denn offensiv wahrgenommen wird – beträchtlich, wobei nicht bestritten werden kann, dass auch und gerade die Träger durch die Realisierung flexibler Erziehungshilfen diese Dynamik mit erzeugt haben und mit befördern.

Dies bedeutet aber nicht, dass der „Markt" im Sinne von Angebot und Nachfrage automatisch zu einer guten Infrastruktur führt und dass Jugendhilfeplanung für den Bereich der Erziehungshilfen überflüssig wäre. Die hier beschriebenen Prozesse ergeben sich nicht zwangsläufig und nicht überall. Der Jugendhilfeplanung kommt die Funktion zu, solche Prozesse zu beobachten, aufzubereiten und – gemeinsam mit dem ASD und den freien Trägern – strategisch zu verarbeiten.

Tatsache bleibt, dass Bedarfe im Arbeitsfeld der Hilfen zur Erziehung, die unter Beteiligung der Adressaten erst im Hilfeplanungsprozess selbst herausgearbeitet und definiert werden müssen, immer erst im Nachhinein deutlich werden. Gleichwohl muss der öffentliche Träger der Jugendhilfe im Rahmen seiner Gesamtverantwortung und Planungsverpflichtung dafür Sorge tragen, dass die notwendigen und geeigneten Einrichtungen und Dienste rechtzeitig und ausreichend zur Verfügung stehen (§ 79 SGB VIII). In der Regel basiert die Infrastruktur dabei auf Erfahrungen aus den vorausgehenden Jahren, was allerdings ein grundsätzlich eher konservatives (rückblickendes) Planungsverständnis zeigt. Die ASD-Fachkräfte entwickeln ihre Vorschläge für Erziehungshilfen nicht selten aus dem „verfügbaren Angebot". Innovative, über die bestehenden Möglichkeiten hinausgehende Ideen und Vorschläge werden so mitunter schon gedanklich blockiert und oft in der Hektik des Alltags gar nicht erst entwickelt. Die Träger wiederum erhalten durch diese Dynamik wenig Impulse, neue Angebote zu kreieren.

Um einen stärker prospektiven Blick zu bekommen, sind die Träger daher auf eine innovative

Jugendhilfeplanung, und diese ist wiederum auf wichtige Impulse aus dem Alltag des ASD angewiesen. Erst über eine Feststellung und Analyse der Gesamtheit der „geeigneten und notwendigen" (§ 27 SGB VIII) Hilfen im Einzelfall, über die im Rahmen der Hilfeplanung Entscheidungen durch die ASD-Fachkräfte getroffen werden, lassen sich Aussagen zur „erforderlichen und geeigneten" (§ 79 SGB VIII) Infrastruktur einer Kommune im Bereich der Erziehungshilfen gewinnen.

Um in dieser besonderen Situation den Anspruch auf eine aktiv gestaltende Planung nicht aufzugeben und um angesichts sich verändernder Problemlagen von Familien und einem sich beschleunigenden demographischen Wandel (Bürger / Schone 2010) nicht in einer unbeweglichen Struktur (als Fortschreibung des Gestern) verfangen zu bleiben, schlägt Merchel (2006; 2010 f.) eine Verknüpfung von individueller Hilfeplanung und Jugendhilfeplanung vor. Er regt an, bei einer Entscheidung über eine konkrete Hilfe systematisch zu dokumentieren, ob eine andere – aber in der Situation nicht verfügbare – Hilfe fachlich angemessener oder geeigneter gewesen wäre. Diese systematische Sammlung von Daten (Diskrepanzen zwischen fachlich gewünschter und tatsächlich realisierter Hilfe, bzw. Differenzen zwischen dem Bestand an Hilfen und den Bedarfsanmeldungen des ASD) können von der Jugendhilfeplanung ausgewertet und gemeinsam mit dem ASD (und ggf. den freien Trägern) im Rahmen von Planungsgremien (z. B. nach § 78 SGB VIII) diskutiert werden (Merchel 2006, 128 ff.; 2010 f, 212 f.). Damit wird die Aufgabenwahrnehmung des ASD im Rahmen der Hilfeplanung unmittelbar relevant für die Jugendhilfeplanung.

Eine solche, an die Differenzmeldungen anschließende Diskussion vermittelt (nicht zuletzt an die Träger der Hilfsangebote) wertvolle Planungsimpulse, die über das bestehende Angebot hinausweisen können. Dies könnte zu einer Schwerpunktverlagerung der realisierten Hilfen (z. B. zur Stärkung flexibler Betreuungssettings in den ambulanten Hilfen), aber auch zur Entwicklung neuer Angebote führen. So lässt sich vorstellen, dass im Rahmen einer solchen Diskussion – wie mancherorts schon praktiziert – Angebote der allgemein fördernden Jugendhilfeleistungen in Hilfesettings integriert werden (offener Ganztag, Familienzentren, soziale Gruppenarbeit im Jugendhaus). Hier erweist sich die Teilnahme des ASD an der Planung der allgemein fördernden Angebote (s. o.) als mögliche Brücke. Ein solcher dynamischer Planungsansatz unter enger Anbindung an den ASD kann eine Reihe wertvoller Anregungen und Anstöße für freie Träger erzeugen, sich mit ihren Angeboten der Diskussion einer Weiterentwicklung zu stellen.

So in Jugendhilfeplanung eingebunden, wird der ASD zu einem zentralen Planungssubjekt. Er generiert einerseits planungsrelevante Daten und Informationen und beteiligt sich andererseits an der Bewertung dieser Daten und an der Ableitung von Schlussfolgerungen (Handlungsempfehlungen für Politik und Träger). Aus der Sicht der Jugendhilfeplanung ist der ASD an dieser Stelle als aktiver Partner unverzichtbar, da die Hilfeplanung der zentrale Ort ist, wo aus einer Vielzahl von Einzelfällen übergreifend Anforderungen an die Infrastruktur definiert werden und damit auch offensiv kommuniziert werden können. Die Herausforderung an die Jugendhilfeplanung ist es, diese Diskussion zu begleiten und planerisch zu verarbeiten. Eine – heute leider noch allzu oft vorkommende – ausschließliche Fortschreibung der Daten aus zurückliegenden Perioden würde die Jugendhilfeplanung eher zum Dokumentar und Archivar zurückliegender Entscheidungen und Entwicklungen degradieren.

30.5 Der ASD als Gegenstand der Jugendhilfeplanung

Bisher wurde nur der Blick des ASD auf die Jugendhilfeplanung bzw. auf die Infrastruktur der Jugendhilfe thematisiert. Bedeutsam ist aber auch die Umkehr der Blickrichtung, d. h. die Wahrnehmung des ASD als Teil der Infrastruktur der Jugendhilfe. Als Basissozialdienst stellt er selbst mit seiner regionalen / bezirklichen Zuständigkeit, seiner eigenen Beratungs-, Entscheidungs- und Vermittlungstätigkeit und seiner Wächterfunktion einen zentralen Baustein kommunaler Jugendhilfe dar. Von seiner fachlichen und organisatorischen Ausrichtung / Ausstattung hängt es u. a. ab,

- wie bürgerfreundlich der Zugang von Familien mit Kindern zu Hilfen geregelt ist,
- wie qualifiziert Hilfeprozesse gesteuert werden,
- wie wirksam Kinderschutz verantwortet, koordiniert und gestaltet wird,

- wie gut es gelingt, über den Einzelfall hinaus auch sozialraumorientierte Aktivitäten zu entfalten.

Intrakommunale Vergleiche (Ausstattungsstandards, Fallzahlen, Verhältnis ambulant-stationär, Altersstruktur der Kinder etc.) fördern z. T. gravierend unterschiedliche Handlungsstrukturen von unterschiedlichen ASD-Teams innerhalb eines Jugendamtes zutage. Nicht immer sind diese Unterschiede durch sozialstrukturelle Besonderheiten zwischen den regionalen Bezirken zu erklären. Damit richtet sich der Blick auf die Handlungsstrukturen des ASD selbst, bzw. auf die unterschiedlichen Formen der Aufgabenwahrnehmung durch verschiedene Teams.

Die Daten der Inanspruchnahme der Hilfen zur Erziehung sind nicht nur Ausdruck eines Hilfebedarfs von Bürgern, sondern auch und vor allem Ausdruck einer Bewilligungspraxis durch den ASD. Der erzieherische Bedarf konstituiert sich erst als Ergebnis der Hilfeplanung. Insofern kann Jugendhilfeplanung hier nicht einfach die Daten nutzen, ohne gleichzeitig ihren Entstehungskontext zu reflektieren, und dieser Entstehungskontext wiederum ist hochkomplex und unterliegt hohen fachlichen Anforderungen.

An dieser Stelle wird deutlich, dass Jugendhilfeplanung auch die „Produktionsbedingungen" von Jugendhilfeleistungen, also die Art der Aufgabenwahrnehmung durch den ASD (Organisation, Ressourcen, Aufgabenverteilung etc.) in den Blick nehmen muss. Eine Planung der Infrastruktur für individuelle Hilfeleistungen ohne eine kritische Diskussion der bestehenden Organisationsprinzipien und Entscheidungsverfahren, die dieses Feld prägen, kann ihren Auftrag nicht angemessen erfüllen.

Es muss das Ziel der Jugendhilfeplanung sein, Überlegungen anzustellen zur Optimierung und Effektivierung von Arbeitsabläufen, zum rationaleren Einsatz von Ressourcen, zur Qualifizierung von Personal und diese in den Diskussionsprozess einzuspeisen. Dabei werden Themen angestoßen, die sowohl Struktur und Ausstattung des ASD betreffen (personelle und finanzielle Ausstattung, Bezirksgrößen und -zuschnitte, Gestaltung von Teamarbeit, Ausmaß der Spezialisierung im ASD, Qualifikation und Qualifizierung der Fachkräfte durch Fort- und Weiterbildung, Verfügbarkeit von Supervision u. a. m.) als auch die Qualität der Verfahren (kollegiale Beratung, Adressatenbeteiligung, Hilfeplangestaltung, Kooperation mit freien Trägern, z. B. im Kinderschutz) in den Blick nehmen.

„Bei der Planung wird zu erörtern sein, ob zum einen die Verfahrensweisen bei der Hilfegewährung in geeigneter Weise die Elemente von Fachlichkeit und Adressatenbeteiligung, wie sie in § 36 KJHG gefordert werden, aufgreifen und ob zum anderen die Kooperation zwischen Jugendamt und Einrichtungen/Diensten sowohl im Hinblick auf die Hilfegestaltung im Einzelfall als auch im Hinblick auf die Infrastrukturgestaltung angemessen entwickelt ist. Angesichts der zentralen Bedeutung der Strukturierung und der praktischen Verfahrensweisen der Hilfeplanung sowohl für die fachliche als auch für die ressourcenbezogene Steuerung der Erziehungshilfen bedarf es im Rahmen der Jugendhilfeplanung einer besonders intensiven Auseinandersetzung mit diesem Aspekt. Bei der Diskussion über Hilfeplanung werden nicht nur Fragen der Kooperation der Mitarbeiter des Jugendamtes und der freien Träger angesprochen, sondern bei einer Auseinandersetzung mit den Anforderungen des § 36 KJHG stellen sich elementare organisationsstrukturelle Fragen wie z. B. nach der Zusammenführung von Fach- und Ressourcenverantwortung, nach dem Verhältnis von kollegialer Beratung und Entscheidung, nach der Strukturierung und Ausübung von Leitung, nach der Integration von Spezialdiensten (u. a. Pflegekinderdienst, Jugendgerichtshilfe) in den ASD, nach den Mechanismen teamorientierter Arbeitsweisen u. a. m. [...] Bei der Überprüfung und Gestaltung der Hilfeplanung wird der Bezug zwischen Jugendhilfeplanung und Organisationsentwicklung überaus deutlich" (Merchel 2000, 428).

Der ASD ist ein zentraler Teil der Infrastruktur im Bereich der Hilfen zur Erziehung und im Bereich des Kinderschutzes, auch wenn Leistungen zumeist eher von freien Trägern erbracht werden. Die Beschäftigung mit Infrastruktur im Rahmen der Jugendhilfeplanung kann der Frage nicht ausweichen, wie Entscheidungsstrukturen gestaltet sind. Dies betrifft sowohl die Entscheidungen im Einzelfall nach § 36 SGB VIII – hier werden einerseits durch die Entscheidungen der Fachkräfte des ASD bis zu einem Viertel des gesamten Jugendamtsetats verantwortet und andererseits sind hier zentrale Forderungen der Mitwirkung und Beteiligung junger Menschen und Familien einzulösen – als auch die Auswahl von und Kooperation mit den Trägern, die die bewilligten Leistungen zu erbringen haben.

Schnurr (2006) hebt denn auch die Rolle der Jugendhilfeplanung selbst für Fragen der Personalausstattung und Personalplanung im ASD hervor.

„Es handelt sich hier um einen Planungsprozess, der nicht nur auf der Ebene der Arbeitsorganisation einer Kommunalverwaltung abgehandelt werden kann, sondern bei dem eine Vielzahl von fachlich-qualitativen Aspekten Sozialer Arbeit berücksichtigt werden müssen. Die Frage, wie viele Personalstellen in einem ASD zur Verfügung stehen, wo und wie die Mitarbeiter(innen) eingesetzt werden, kann nicht nur vom Personalamt bzw. von der Organisationsabteilung einer Kommunalverwaltung beantwortet werden, sondern sie ist abhängig von weit reichenden Strategieentscheidungen, die unter anderem in den Aufgabenbereich der Jugendhilfeplanung fallen" (Schnurr 2006, 179).

Da es sich bei der Entscheidung über wichtige Eckpfeiler des Personalprofils und der Personalzumessung um eine grundlegende Frage der Qualitätsentwicklung im ASD handele, müsse diese mit Bezug zur Jugendhilfeplanung „in einem diskursiven Prozess zwischen Leitungsebene und Mitarbeiterebene ausgehandelt werden" (Schnurr 2006, 182).

„Als zentrale Schaltstelle für das kommunale Jugendhilfesystem ist der ASD von so entscheidender Bedeutung, dass die Jugendhilfeplanung gar nicht umhin kann, sich mit der Ressourcenplanung in diesem Bereich zu befassen" (Schnurr 2006, 189).

Die Qualität der Infrastruktur im Bereich der Erziehungshilfe entscheidet sich auch und vor allem an der Frage, ob die organisationsbezogenen und fachlichen Voraussetzungen in diesem Arbeitsfeld problemangemessene Entscheidungen ermöglichen. Anliegen der Jugendhilfeplanung ist es somit, auf die Schaffung, den Erhalt und/oder die Weiterentwicklung solcher Bedingungen hinzuwirken und diese (z. B. durch den Transfer von Themen in die Arbeitsgemeinschaften nach § 78 SGB VIII oder in das politische Entscheidungsgremium Jugendhilfeausschuss) zu begleiten und zu unterstützen.
Das bedeutet, dass Jugendhilfeplanung (und das gilt insbesondere für den Bereich der Einzelfallhilfen und des Kinderschutzes) nur dann als ein qualifizierter Prozess zu gestalten ist, wenn es ihr gelingt, Impulse zur Organisationsentwicklung im Jugendamt, speziell im ASD zu entfalten. Es geht dabei um die Thematisierung von Strukturen und Abläufen im ASD, die durch die Jugendhilfe-Daten möglicherweise sichtbar werden.

„Jugendhilfeplanung kann nur dann wirkungsvoll zur Organisationsentwicklung und zur fachlichen Weiterentwicklung beitragen, wenn sie über eine reine Sozialberichterstattung hinaus zu fachlichen Bewertungen vordringt und dadurch fachpolitische Auseinandersetzungen in der Region befördert" (Merchel 1998, 419 f.).

Leider findet dieser Aspekt in der Praxis der Jugendämter und in der Praxis der Jugendhilfe bislang nur eine sehr marginale Aufmerksamkeit.

30.6 Anforderungen an die Planungsorganisation

Die aktive Einbindung des ASD in verschiedene Planungsgremien (AG nach § 78 SGB VIII, Planungsgruppen, Runde Tische etc.) stellt eine wichtige Voraussetzung für die fachliche Weiterentwicklung der Jugendhilfe im Sinne der Jugendhilfeplanung dar. Planung erfolgt nicht von außen, sondern beginnt mit der realen Arbeitssituation der Fachkräfte und endet mit der Umsetzung der Planungsergebnisse. Durch die Beteiligung von Mitarbeitern des ASD und der speziellen sozialen Dienste geht praktisches Wissen über die Lebenssituation von Betroffenen und über die Wirkung von (schon bestehenden) Angebotsprogrammen in die Planung ein. Durch die fachlich verantwortliche Mitarbeit in der Planungsgruppe ist ein hohes Maß an Transparenz gewährleistet. Hierdurch steigt die Akzeptanz von Planungsergebnissen bei den Fachkräften, womit verbesserte Umsetzungschancen gegeben sind. Kritische Aufgabenreflexion ist gleichzeitig kritische Praxisreflexion (hierzu: Jordan/Schone 2010, 117 f.).
Der angemessene Einbezug des ASD in Planungsgremien stellt einen Versuch dar, von der Bearbeitung von Einzelfällen zur grundsätzlichen Thematisierung von Lebensbedingungen junger Menschen und zur Identifizierung struktureller Mängellagen vorzudringen. Jugendhilfeplanung wird auf der Basis einer solchen Organisationsform zu einem Spezialfall der häufig erhobenen Forderung nach der Umorientierung der Sozialarbeit „vom Fall zum

Feld". Sie stellt für die Fachkräfte eine konsequente Fortführung der nach § 36 SGB VIII geforderten Hilfeplanung und Betroffenenbeteiligung im Einzelfall auf der Ebene der Gesamtverantwortung des Jugendamtes und der allgemeinen Gestaltung der Jugendhilfe dar. Eine Planungsbeteiligung im Rahmen der Jugendhilfeplanung ermöglichen es dem ASD, individuelle sozialarbeiterische Problembearbeitungen mit fachplanerischen Problemlösungsstrategien zu verknüpfen und fallübergreifende Probleme jeweils auf der Ebene zu thematisieren, auf der sie sinnvollerweise bearbeitet werden können. Ein Kompetenzgewinn für die einzelne Fachkraft und für die kommunale Jugendhilfe ist im Rahmen eines solchen entwicklungsorientierten Planungsprozesses wahrscheinlich.

Die Realisierung der Jugendhilfeplanung nach dem hier skizzierten Konzept ist allerdings an notwendige Voraussetzungen gebunden:

- Im Jugendamt und im ASD müssen ein grundsätzlich planungsinteressiertes und innovationsoffenes Klima sowie ein gewisses Maß an produktiver Diskussionskultur zwischen den Fachkräften bestehen, an das die Planungsarbeit anknüpfen kann.
- Den Fachkräften müssen zeitliche Freiräume für Planungsaufgaben zugestanden werden, d. h. Planung muss als Teil des sozialpädagogischen Stellenprofils anerkannt werden.
- Eine hauptamtliche Planungsfachkraft sollte die Arbeit der Planungsgruppen vorbereiten, mit Datenmaterial versorgen, moderieren, koordinieren, dokumentieren etc. und letztendlich die Vorlage eines Planungsberichts sicherstellen.

VI Mitarbeiter im ASD

31 Anforderungen und Belastungen der Fachkräfte im ASD

Von Joachim Merchel

- Anders als manche Veröffentlichungen der Arbeits- und Organisationspsychologie und der Arbeitssoziologie wird hier der Begriff *Arbeitsbelastung* im Einverständnis mit einer der Alltagssprache entsprechenden Konnotation verwendet: Mit *Arbeitsbelastung* wird ein von den Arbeitsaufgaben ausgehender subjektiv empfundener Arbeitsdruck angesprochen, der sich für das jeweilige Subjekt belastend auswirkt. Mit Arbeitsbelastung wird also eine psychische Beanspruchung markiert, die für das betroffene Individuum beeinträchtigend wirkt.
- Der Begriff *Arbeitsbelastung* markiert ein mehrdimensionales Konstrukt, bei dem mehrere Faktorenbündel aufeinander einwirken und sich zu einer individuellen psychischen Beanspruchung mit unterschiedlich intensivem Belastungspotenzial verdichten. Einzubeziehen sind: psychisches Belastungspotenzial der Arbeitsaufgaben, individuelles Anspruchsniveau und Bewältigungsressourcen des Mitarbeiters, Strukturen und sozialer Kontext der Arbeitsumgebung bzw. der Organisation.
- Die im Zuge der öffentlichen Kinderschutzdebatten erfolgte Erweiterung des Personalbestandes im ASD hat mit dem quantitativen Aufgabenzuwachs (Anzahl der Fälle und von vielen Mitarbeitern als zusätzlich empfundene Aufgaben) nicht Schritt gehalten. Quantitativ hat eine Erweiterung der Anforderungen an die ASD-Mitarbeiter stattgefunden.
- Die Arbeitsaufgaben im ASD enthalten ein handlungsfeldspezifisches Belastungspotenzial, in dem sich außerordentlich anspruchsvolle Anforderungen bündeln. Die Arbeitsaufgaben sind mit einem hohen Grad an Unsicherheit verbunden, Entscheidungen gehen aufgrund ihrer Tragweite für die betroffenen Adressaten mit einem hohen persönlichen Verantwortungsdruck einher, und die Aufgabenerfüllung ist in eine Reihe von Widersprüchen eingewoben, die nicht aufgelöst werden können, sondern in einer stets gefährdeten Balance gehalten werden müssen.
- In der Komplexität der Anforderungen enthält der ASD-Arbeitsplatz Belastungsoptionen, die diesen Arbeitsplatz gegenüber anderen Anforderungs- und Arbeitskonstellationen der Sozialen Arbeit hervorhebt. Mit dieser Konstellation kann man von einer besonderen, fast „einzigartigen" Belastungssituation sprechen.
- Der Umgang mit Arbeitsbelastung markiert eine kontinuierliche, von Leitungspersonen aktiv wahrzunehmende Aufgabe. Bei Überlegungen zur Bewältigung von zunehmender Arbeitsbelastung können mitarbeiterbezogene und organisationsbezogene Entlastungsstrategien mit jeweiligen Maßnahmen erwogen werden.
- Bei den Erwägungen zur Arbeitsbelastung und zu Bewältigungsmöglichkeiten sind nicht nur die Belastungen einzubeziehen, denen sich die ASD-Mitarbeiter ausgesetzt fühlen. Wenn über Belastungsdruck im ASD gesprochen wird, sind auch Faktoren der psychischen und sozialen Belastung wahrzunehmen und einzubeziehen, die auf die Leitungspersonen einwirken.

Konzepte für das Personalmanagement in einer konkreten Organisation müssen immer mindestens zwei Perspektiven beinhalten:

- Es müssen Erwägungen angestellt werden zu der generellen Frage, wie sich die stets vorhandene Spannung zwischen Individuum und Organisation auswirkt und mit welchen Instrumenten oder Handlungsweisen dieser Spannung begegnet werden bzw. diese Spannung eingegrenzt und auf einem produktiven Level gehalten werden kann (Merchel 2010a, 96 ff.). Hier bietet der Blick auf Vorgehensweisen und Instrumente des Personalmanagements, wie sie in der Betriebswirtschaftslehre entwickelt worden sind (vgl. Kolb et al. 2010; Hölzle 2006; von Eckardstein 2007), Anregungen zur Übertragung auf Einrichtungen der Sozialen Arbeit.

- Um für die spezifischen Gegebenheiten in einer Organisation möglichst wirksame Konzepte entwerfen zu können, bedarf es der genaueren Analyse der Handlungsbedingungen in einem konkreten Praxisfeld. Daraus sind Maßnahmen abzuleiten im Sinne einer handlungsfeldspezifischen Ausgestaltung des Personalmanagements.

Zu betrachten sind somit auch die jeweiligen handlungsfeldspezifischen Arbeitsanforderungen und die Belastungen, die aus den konkreten Handlungsbedingungen des ASD resultieren (Petry 2013).
Hinsichtlich der Handlungsbedingungen im ASD ist in den letzten Jahren nachdrücklich von Anforderungen und Bedingungen berichtet worden, die auf eine *Über*lastung der ASD-Mitarbeiter hinweisen (vgl. Gissel-Palkovich 2007; Seckinger 2008). Solche Überlastungen können zum einen aus der quantitativen Zunahme von Arbeitsanforderungen resultieren, z. B. aus einem Anstieg der Fallzahlen ohne eine entsprechende Ausweitung des Personalbestandes. Zum anderen können sie aber auch qualitativ-strukturelle Ursachen haben in der Art und der Dynamik der Aufgaben in einem Arbeitsfeld. Dann wäre in der Aufgabenstruktur des Arbeitsfeldes bereits der Keim einer potenziellen Überlastung der Mitarbeiter gelegt, das Arbeitsfeld wäre in qualitativ-struktureller Hinsicht überlastungsanfällig. Beide mögliche Ursachenbündel, quantitative und qualitativ-strukturelle, können sich ergänzen bzw. gegenseitig verstärken.
In diesem Beitrag sollen die *handlungsfeldspezifischen Anforderungen und Belastungspotenziale beim ASD* in den Blick genommen werden. Dies ist wichtig, um sensibel zu werden für eine Beobachtung der Belastungsentwicklungen und zielgerichtet Maßnahmen zum Umgang mit solchen Beobachtungen ableiten zu können. Die daraus folgenden Maßnahmen werden allerdings nicht allein Maßnahmen des Personalmanagements

sein können. Die Konsequenzen aus den Beobachtungen beziehen ebenfalls Überprüfungen und Maßnahmen zur Organisationsgestaltung ein (→ Kapitel 3 und 4). Der Beitrag ist in vier Argumentationsschritte gegliedert:

1. Zunächst ist genauer zu erörtern, was mit dem Begriff Arbeitsbelastung gemeint ist.
2. In einem zweiten Schritt werden Anhaltspunkte für die quantitative Entwicklung der Arbeitsbelastung im ASD benannt.
3. Es folgen Ausführungen zu Arbeitsanforderungen, die die qualitative Dimension von Arbeitsbelastung im ASD markieren.
4. Der Beitrag schließt mit einigen kurzen Hinweisen zum Umgang mit Arbeitsbelastungen der ASD-Fachkräfte als Leitungsaufgabe.

31.1 Zum Begriff Arbeitsbelastung

Der Begriff *Arbeitsbelastung* wird in der Arbeits- und Organisationspsychologie und in der Arbeitssoziologie nicht einheitlich verwendet. Zumeist wird unterschieden zwischen *Arbeitsbelastung*, womit neutral die Arbeitsanforderungen an die Mitarbeiter in einem Berufsfeld gekennzeichnet werden, und *Beanspruchung*, womit das Empfinden des jeweiligen Mitarbeiters im Hinblick auf diese Anforderungen ausgedrückt wird (Joiko 2008; Böhle 2010); *Belastung* erscheint dann als ein indifferenter Begriff ohne eine positive oder negative Bewertung (Rudow 2010, 12). Eine solche Differenzierung wird jedoch in der Alltagssprache nicht nachvollzogen. Wenn alltagssprachlich von *Arbeitsbelastung* die Rede ist, so wird damit eine bestimmte Bewertung verbunden: Die zugemuteten Aufgaben werden als etwas Belastendes, als eine Last empfunden, die einer Person auferlegt wird und die diese Person drückt. *Beanspruchung* klingt demgegenüber in der Alltagssprache neutraler.
Im Folgenden wird der Begriff *Arbeitsbelastung* im Einverständnis mit einer der Alltagssprache entsprechenden Konnotation so verwendet, dass damit ein von den Arbeitsaufgaben ausgehender subjektiv empfundener Arbeitsdruck angesprochen wird, der sich für das jeweilige Subjekt *belastend* auswirkt. *Mit Arbeitsbelastung wird hier also eine psychische Beanspruchung markiert, die für das betroffene Individuum beeinträchtigend wirkt.*

Mit dieser Begriffsverwendung wird die Bedeutung des subjektiven Faktors beim Entstehen von Arbeitsbelastung ersichtlich: Eine bestimmte Arbeitsanforderung oder ein bestimmter Kontext, in dem die Arbeitsanforderung erledigt werden muss, wird von jedem Individuum gleichermaßen bzw. in gleicher Intensität als belastend und damit als eine nachdrückliche Beeinträchtigung empfunden. Ob eine Person eine Arbeitsanforderung oder die gesamte Arbeitssituation als belastend erlebt, hängt u. a. davon ab,

- wie intensiv sich die mit der Anforderung oder Arbeitssituation verbundene Beeinträchtigung auswirkt;
- in welcher persönlichen (psychischen, privaten, gesundheitlichen) Situation sich jemand befindet;
- welche individuellen Ressourcen ein Mitarbeiter subjektiv aktivieren kann;
- welche Bewältigungsressourcen die Organisation zur Verfügung stellt bzw. für das jeweilige Individuum eröffnen kann;
- wie sich die subjektiv erlebten Arbeitsbedingungen auf den Intensitätsgrad der Beeinträchtigung auswirken.

Mit dem Verweis auf die subjektiven Faktoren beim Zustandekommen von Arbeitsbelastung ist eines von mehreren Faktorenbündeln benannt. Schon der Hinweis auf die Eröffnung von Bewältigungsressourcen durch die Organisation lässt erkennbar werden, dass weitere Faktoren auf das Entstehen und die Intensität von Arbeitsbelastung einwirken. Arbeitsbelastung kann entstehen

a. **durch die Arbeitsaufgaben:** Bedeutsam sind insbesondere der Umfang, die Dauer, die mit der Aufgabe verbundene zeitliche und sachliche Druckintensität sowie die Komplexität der Aufgaben.
b. **durch die Strukturen der Organisation, in der die Aufgaben definiert und an die Personen herangetragen werden:** Hier ist nach Formen der Arbeitsteilung und der Integration von geteilten Aufgabensegmenten zu fragen, nach Strukturen, in denen die Aufgabenbewältigung stattfindet (Eindeutigkeit von Vorgaben und Verfahrensabläufen, Transparenz der Arbeitsabläufe und Zuständigkeiten, geregelte sachbezogene Kommunikationsmodalitäten etc.), nach der sachlichen Ausstattung der für die Aufgabenbewältigung zuständigen Arbeitsplätze, nach organisational verankerten Unterstützungsmöglichkeiten bei der jeweils individuellen Aufgabenbewältigung und nach dem Vorhandensein von und der Klarheit über individuelle Entscheidungsspielräume.
c. **durch den sozialen Kontext, in dem die Aufgaben zu bearbeiten sind:** Hier sind die eher informellen Faktoren der Arbeitsumgebung in den Blick zu nehmen, u.a.: das soziale Klima in der Organisation und im jeweiligen Team, die Zugewandtheit und Unterstützungsbereitschaft von Kollegen und Leitungspersonen, das Gefühl der vorhandenen oder mangelnden Anerkennung für die geleistete Arbeit, das Empfinden von Verständnis zu den Spezifika der Arbeitsaufgaben auf den unterschiedlichen Ebenen der Organisation.

Die Stichworte zu den Organisationsstrukturen und zum sozialen Kontext der Aufgabenbewältigung lassen erkennen, dass in diesen Faktoren sowohl belastende als auch entlastende Potenziale enthalten sind. Mangelnde Transparenz der Strukturen kann ein Belastungsfaktor für das betroffene Individuum sein, während sich eine Klarheit darüber, wie weit man selbst entscheiden kann und welche Entscheidungen in den Kompetenzbereich der Leitungsperson fallen und bei welchen Entscheidungen eine vorgesetzte Person zu konsultieren ist, als ein wichtiges Ordnungskriterium für die Gestaltung eines Arbeitsablaufs empfunden und damit als tendenziell entlastend wahrgenommen werden kann.

Ein latent oder offen feindseliges Klima in einem Team oder starke Konflikte mit der Leitung können belastend bei der Aufgabenbewältigung wirken. Während eine Person, die sich in einer Organisation gut aufgehoben fühlt, weil Kollegen und Vorgesetze die Komplexität der Aufgabe nachempfinden und würdigen und als aufrichtig empfundene Signale zur Hilfsbereitschaft aussenden, auch schwierigere Aufgaben möglicherweise als nicht so sehr belastend, sondern als eine positive Herausforderung an die eigene Person erlebt.

Arbeitsbelastung erweist sich somit als ein mehrdimensionales Konstrukt, bei dem mehrere Faktorenbündel aufeinander einwirken und sich zu einer individuellen psychischen Beanspruchung mit unterschiedlich intensivem Belastungspotenzial verdichten. In Abbildung 1 sind die einzelnen Faktorenbündel graphisch zusammengefügt.

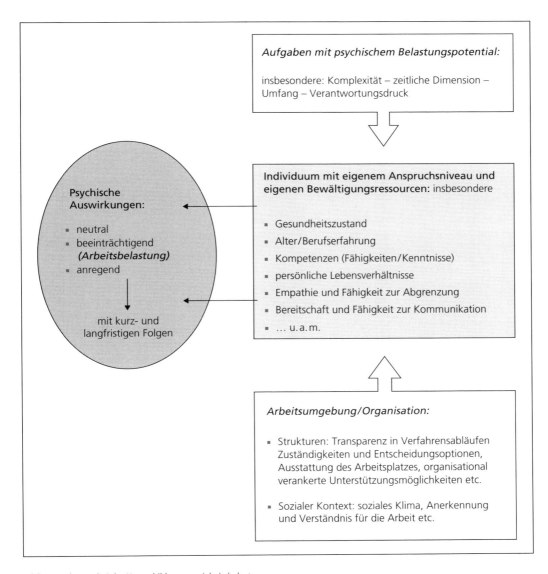

Abb 1: Faktoren bei der Herausbildung von Arbeitsbelastung

Ob und wie eine Aufgabe oder ein Aufgabenbündel für die einzelne Person zu einer Belastung (im Sinne einer psychischen Beanspruchung mit beeinträchtigenden Auswirkungen) wird, hängt von der individuellen Verarbeitung der mit der Aufgabe verbundenen Anforderungen ab, die wiederum geprägt oder beeinflusst wird

- vom individuellen persönlichen Zustand, dem eigenen Anspruchsniveau, das eine Person an eine Aufgabe heranträgt und damit Erwartungen an die eigene Arbeit formuliert (Beckmann et al. 2009), und den persönlich verfügbaren Bewältigungsressourcen;
- von der Art der Aufgabe und dem in der Aufgabe enthaltenen psychischen Belastungspotenzial;
- von den strukturellen und sozialen Zuständen in der Organisation, in der die Aufgabe bewältigt werden muss.

Die mit der Aufgabe verknüpfte und individuell verarbeitete psychische Beanspruchung kann als neutral, belastend oder auch als anregend erlebt werden. Arbeitsbelastung ist also eine von mehreren möglichen Ausprägungen der individuellen Verarbeitung von Anforderungen und von deren Kontexten; sie kann unterschiedlich intensiv erfahren werden. Das Empfinden des Belastungscharakters einer Aufgabe oder eines Aufgabenbündels kann zeitlich je nach der Dynamik des individuellen Zustands oder der Verhältnisse in der Arbeitsumgebung variieren. Etwas, was zu einem bestimmten Zeitpunkt als indifferent erlebt wird, kann zu einem späteren Zeitpunkt, wenn sich die Befindlichkeit eines Mitarbeiters oder die organisatorischen und sozialen Konstellationen der Arbeitsumgebung – manchmal auch nur leicht – verändert haben, mit einem stärkeren Belastungserleben verbunden sein.

Bei den psychischen Auswirkungen (Belastungserleben) sind kurz- und längerfristige Folgen zu beobachten. Auch hier können positive Effekte einer als anregend empfundenen psychischen Beanspruchung die Folge sein: Motivationsschub, größere Identifikation mit dem Handlungsbereich und/oder mit der Organisation, höherer Grad an Bereitschaft zur Übernahme von Entscheidungen und Verantwortung etc. Aus dem negativen Erleben von starker Beeinträchtigung können kurz- und/oder längerfristig Folgen resultieren, die sowohl für die Person als auch für die Organisation problematisch sind: vom geringeren Engagement („Dienst nach Vorschrift") über einen partiellen Rückzug (durch mehr Krankheitstage, durch deutlichere Trennung von vermeintlichen Pflicht- und vermeintlichen Zusatzaufgaben etc.) über Ermüdungsphänomene bis hin zu lang andauernden dramatischen Erschöpfungszuständen mit psychosomatischen Reaktionen, die einen längerem Rückzug aus dem Arbeitskontext zur Folge haben (das sogenannte Burn-out; Röhrig/Reiners-Kröncke 2009, Schmitz 1998).

Einzelne Faktoren können in ihren Effekten für Arbeitsbelastung ambivalent sein. Je nach Situation und individuellen Dispositionen kann z.B. ein Entscheidungsspielraum ein als positiv empfundenes motivierendes Arbeitselement sein oder den Entscheidungsdruck vergrößern und damit als Belastungselement empfunden werden. Ähnlich ist es beispielsweise mit dem Alter eines Mitarbeiters: Es kann ein entlastendes Moment sein, weil Routinen entwickelt worden sind und die Erfahrung von ungewöhnlichen oder unsicheren Situationen ein gewisses Maß an Gelassenheit bei komplizierten Arbeitsanforderungen erzeugt; es kann aber auch ein Auslöser für belastende Beanspruchungen sein, wenn die Leistungsfähigkeit mit zunehmenden Berufsjahren geringer und die Anfälligkeit für gesundheitliche Einschränkungen größer werden. Auch bei den Verhältnissen in der Organisation können sich solche Ambivalenzen im Hinblick auf Arbeitsbelastung ergeben. So kann z.B. die Anforderung, kollegiale Fallberatung im Team regelhaft zu praktizieren, als Unterstützung mit psychisch entlastender Wirkung empfunden werden. Allerdings kann von dieser Regel für einen Mitarbeiter auch ein Druck mit dem Effekt einer intensivierten Arbeitsbelastung ausgehen, weil er Schwierigkeiten hat, Fälle für die Teambesprechung adäquat aufzubereiten, und er die Teamberatung daher als eine Prüfungssituation erlebt oder weil er aufgrund der sozialen Teamsituation die Beratung im Team eher als Kontrolle und weniger als fachliche Unterstützung wahrnimmt.

Eine Analyse der Arbeitsbelastung muss also mit mehreren Dimensionen umgehen und darüber hinaus sowohl die jeweiligen Konstellationen in einer Organisation als auch die Zustände und Voraussetzungen bei einzelnen Mitarbeitern differenziert in den Blick nehmen. Was Arbeitsbelastung ist, kann in jeder Organisation, in jedem Team und bei jedem Mitarbeiter etwas anderes bedeuten.

31.2 Hinweise zu quantitativen Aspekten der Arbeitsbelastung im ASD

Ein elementarer Aspekt bei der Entwicklung von Arbeitsbelastung liegt im Anwachsen des Aufgabenumfangs. Wenn das Anwachsen des Aufgabenumfangs nicht ausreichend kompensiert werden kann durch einen entsprechenden Zuwachs an Personal, muss das erweiterte Aufgabenvolumen vom bestehenden oder von einem geringfügig erweiterten Personalbestand bewältigt werden, was eine erhöhte Arbeitsbelastung bis hin zu einem intensiven Empfinden von Überlastung zur Folge haben kann.

Repräsentative Organisationsbefragungen von Jugendämtern haben ergeben, dass in einem Großteil der ASD in den letzten Jahren eine zum Teil markante Ausweitung des Personalbestandes durch neue Stellen stattgefunden hat. Der überwiegende Teil der ASD hat in den Jahren 2006 bis 2009 einen Personalzuwachs erhalten; im Durchschnitt betrug der Stellenzuwachs in Vollzeitäquivalenten ca. 19%. Nur 3,8% der befragten ASD hatten einen Personalabbau zu verkraften. Bei weiteren 12,1% wurde im Ergebnis keine Veränderung des Personalbestands angegeben (Merchel et al. 2012, 152 ff.). Die öffentlichen Diskussionen im Zuge der Kinderschutzfälle und die dadurch stärker zutage getretenen schwierigen Aufgaben des ASD haben offensichtlich die Bereitschaft in den Kommunen erhöht, zusätzliches Personal für den ASD zur Verfügung zu stellen.

Dieses auf den ersten Blick positive Bild relativiert sich jedoch, wenn man Erkenntnisse zur Entwicklung des Aufgabenumfangs im ASD dagegenstellt. Fallzahlsteigerungen sind sowohl bei den Hilfen zur Erziehung als auch bei den Sorgerechtseinschränkungen und bei den Inobhutnahmen zu verzeichnen, also bei den Hilfen, bei denen man davon ausgehen muss, dass mit der Hilfegewährung bzw. mit der Intervention ein erheblicher Aufwand und eine besondere Sorgfalt (auch im Hinblick auf Dokumentation etc.) verbunden ist. Die Hilfen zur Erziehung gem. §§ 30–34 SGB VIII haben zwischen den Jahren 2005 bis 2009 um insgesamt 30,1% zugenommen (Lotte/Pothmann 2010). Gestiegen ist auch die Zahl der Eingliederungshilfen gem. § 35 SGB VIII: „Ihre Gesamtzahl belief sich im Jahr 2009 auf immerhin knapp 50.000; das sind 14% mehr als im Vorjahr" (Lotte/Pothmann 2010, 3); auch in den Jahren 2010 und 2011 haben sich hier Steigerungsraten ergeben, die sich in einem Kostenzuwachs von jeweils oberhalb der 10%-Marke abbilden (Schilling 2012 und 2013). Von 2005 bis 2008 ist die Anzahl der Sorgerechtseinschränkungen bundesweit um 41% angewachsen (Pothmann/Wilk 2011, 98). Die Inobhutnahmen hatten sich bundesweit seit 2000 zunächst stabil, dann bis 2005 leicht sinkend entwickelt; ab 2005 erweiterten sich die Inobhutnahmen bis zum Jahr 2009 um 29,2%, wobei der Anteil der Inobhutnahmen wegen Gefährdung (im Vergleich zu den Inobhutnahmen auf eigenen Wunsch) von 70,1% im Jahr 2005 auf 75,6% im Jahr 2009 anwuchs (Pothmann/Wilk 2011, 97). Die ambulanten und teilstationären Leistungen der Jugendhilfe stiegen zwischen 2005 und 2009 von 10,7 auf 18,1 pro 1000 junge Menschen unter 21 Jahren; die Hilfen in Vollzeitpflege und Heimerziehung erweiterten sich im gleichen Zeitraum von 8,3 auf 9,9 pro 1000 junge Menschen unter 21 Jahren (Pothmann/Wilk 2011, 93; ergänzend und mit Hinweisen zu möglichen Ursachen der Fallzahlsteigerungen s. Tabel et al. 2011). Schon diese auf Grundlage der bundesweit erhobenen Daten der Kinder- und Jugendhilfestatistik feststellbaren Steigerungsquoten machen eine Zunahme der Fallzahlen deutlich, die in vielen Jugendämtern über die durch Stellenzuwachs geschaffenen Arbeitspotenziale hinausgeht. Nimmt man als Berechnungsgrundlage die Fallzahlen in einem Jugendamtsbezirk, so können in einzelnen Jugendämtern durchaus Steigerungsquoten zwischen 50 und 100% zu verzeichnen sein (Merchel et al. 2012, 152 ff.) Pothmann/Tabel (2012) fassen die quantitative Entwicklung in der Formel zusammen: „Mehr Personal – aber keine Entlastung".

Bei der Erörterung von quantitativen Aspekten zur Arbeitsbelastung müssen neben den Fallzahlsteigerungen auch Erweiterungen in den Arbeitsanforderungen vermerkt werden, die in der vorhandenen Arbeitszeit zu bewältigen sind. Hier werden von ASD-Leitungen häufig insbesondere genannt: Anforderungen durch das FamFG und durch andere gesetzliche Neuregelungen, vermehrte Aktivitäten im Bereich der „Frühen Hilfen", Zunahme von Meldungen nach § 8a SGB VIII, intensivierte fallbezogene Steuerungsanforderungen durch § 8a SGB VIII, sozialräumliche Aktivitäten, erweiterte Dokumentationsanforderungen (Merchel et al. 2012, 102 ff.; Seckinger et al. 2008, 34 ff.). Auch wenn man bei dem einen oder anderen Aspekt die sachliche Notwendigkeit konstatieren wird und möglicherweise darauf verweisen kann, dass solche oder ähnliche Anforderungen in vorhergehenden Jahren ebenfalls existierten und daher nicht als völlig neu zu bezeichnen seien, so wird man doch feststellen, dass die Intensität, mit der diese Anforderungen eingebracht werden, von den ASD-Mitarbeitern als eine quantitative Ausweitung im Vergleich zu früheren Anforderungen erlebt wird. Ob und wie intensiv solche Ausweitungen in den Anforderungen als eine drückende Arbeitsbelastung empfunden werden, steht auch in Verbindung zu der Komplexität der Arbeitsaufgaben im ASD. Die (qualitative) Komplexität der Aufgaben wird in einigen ASD von den Mitarbeitern als so belastend empfunden, dass auch solche quantitativen Ausweitungen der Arbeitsanforderungen, die möglicherweise von außen als nicht umfangreich eingeordnet würden, von den betroffenen ASD-Mitarbeitern als ein markanter zusätzlicher Arbeitsdruck wahrgenommen werden.

31.3 Die qualitative Dimension von Arbeitsbelastung im ASD

Jedes Handlungsfeld in der Sozialen Arbeit ist mit einer spezifischen Konstellation von Arbeitsanforderungen ausgestattet, die wiederum unter jeweils spezifischen organisationalen Bedingungen und unter spezifischen Umweltbedingungen von den Mitarbeitern zu realisieren sind. Daraus ergibt sich ein handlungsfeldspezifisches Profil von Belastungspotenzial des Arbeitsplatzes, das auf den einzelnen Mitarbeiter einwirkt und von diesem verarbeitet werden muss.

Das handlungsfeldspezifische Belastungspotenzial im ASD sieht Rudow darin, dass ASD-Tätigkeit vor allem „Emotionsarbeit" sei:

„Der Sozialarbeiter soll seine Gefühle mit dem Ziel der ‚guten' Aufgabenerfüllung stets bewusst steuern und kontrollieren, sie allen Arbeitssituationen, egal ob leicht oder schwierig, anpassen. Es wird erwartet, dass man überwiegend positive Gefühle besonders gegenüber der schwierigen Klientel zeigt, beziehungsweise negative Gefühle unterdrückt, unabhängig davon, ob man sie tatsächlich so erlebt. Demgemäß stellt diese Arbeit eine überwiegend psychisch belastende Tätigkeit dar" (Rudow 2010, 10 f.).

Diese Charakterisierung beschreibt die Anforderung des Umgangs mit eigenen Gefühlen im Arbeitsprozess recht undifferenziert und spricht darüber hinaus Anforderungen an, die für einen Großteil der Handlungsfelder Sozialer Arbeit gelten und nicht als typisch für den ASD gelten bezeichnet werden können. Neben diesem vermeintlichen Merkmal führt Rudow (2010,19) die psychische Belastung der ASD-Mitarbeiter auf weitere Aspekte zurück:

1. Mehrfachbelastung durch mehrere gleichzeitig zu erledigende Aufgaben;
2. Zeitdruck bei der Erfüllung von fachlichen und Verwaltungsaufgaben;
3. hohe Komplexität, Intransparenz und Unvorhersehbarkeit der zu lösenden Fälle;
4. fehlende Anerkennung der Arbeit durch Arbeitgeber, Vorgesetzte, Politik und Öffentlichkeit.

Bei der Analyse von qualitativen Belastungsfaktoren im ASD sind zwei Sachverhalte in den Blick zu nehmen und voneinander zu unterscheiden:

1. die Struktur der Aufgaben: Mit welchen Belastungsfaktoren für einen Mitarbeiter sind die normalerweise in einem Handlungsfeld zu bewältigenden Arbeitsaufgaben verbunden? Welches Belastungspotenzial ist in der Art der Arbeitsaufgaben enthalten?
2. die Veränderungen oder Entwicklungstendenzen in den Aufgaben und in den Rahmenbedingungen, die durch die Entwicklungsdynamik in der Umwelt des Handlungsfeldes bzw. der Organisation und innerhalb der Organisation an die Mitarbeiter herangetragen werden.

Zu 1: Struktur der Aufgaben

Die Aufgaben im ASD sind von ihrer Struktur her deswegen besonders anspruchsvoll, weil

- sie sowohl im Hinblick auf die Ausgangssituation eines Falls als auch hinsichtlich der im Einzelfall möglicherweise angemessenen Handlungsweisen mit einem hohen Grad an Unsicherheit verbunden sind,
- Entscheidungen mit großer biografischer Tragweite für die davon Betroffenen zu treffen sind und daher der persönliche Verantwortungsdruck hoch ist,
- die Aufgabenerfüllung von einer Reihe markanter Widersprüche durchzogen ist, die vom ASD-Mitarbeiter nicht ignoriert oder zu einer Seite hin aufgelöst, sondern nur durch das Herstellen von Balancen adäquat gehandhabt werden können.

Alle drei Aspekte der Aufgabenstruktur – relativ hohes Maß an Unsicherheit aufgrund von Komplexität der Aufgaben und Abhängigkeit von der Koproduktionsbereitschaft der Adressaten, hoher persönlicher Verantwortungsdruck und strukturell bedingte Widersprüchlichkeiten in den Arbeitsanforderungen – sind bei der Charakterisierung von Personal als entscheidendem Qualitätsfaktor bereits angesprochen worden (→ Kapitel 32). Die Aufgabenstruktur des ASD ist mit markanten Belastungsoptionen für die Mitarbeiter verknüpft:

1. Während sich in vielen Handlungsfeldern der Sozialen Arbeit das Verhältnis von routinisierbaren, Sicherheit vermittelnden und unklaren, Unsicherheit erzeugenden Aufgabenbestandteilen einigermaßen die Waage hält und somit von Mitarbeitern mit entsprechenden Kompetenzen „relativ gelassen" verarbeitet werden kann, ist beim ASD der Anteil von routinisierbaren Aufgabenbestandteilen vergleichsweise niedrig und das Ausmaß der mit Unsicherheit verbundenen Aufgabenbestandteilen deutlich größer.
2. Im Verantwortungsdruck, der sich bei Fällen möglicher Kindeswohlgefährdung besonders drastisch zeigt (→ Kapitel 9), aber im Grundsatz jedem Fall inhärent ist, sind zum einen eine persönliche, ethisch geprägte Komponente für die ASD-Mitarbeiter enthalten und zum anderen der Umstand, dass den Mitarbeitern bewusst ist, dass sie bei einem besonders negativ verlaufenden Fall sowohl strafrechtlich als auch gegenüber der Organisationsleitung und gegenüber der Öffentlichkeit einem hohen Legitimationsdruck ausgesetzt werden.
3. Die Widersprüche, die vom ASD-Mitarbeiter in eine Balance gebracht und in dieser gehalten werden müssen, wirken sich nicht nur deswegen als Belastung aus, weil Balancen immer gefährdet sind und es deswegen kontinuierlicher Aufmerksamkeit bedarf, um sie einigermaßen halten zu können; sie entfalten durch ihre Mehrdimensionalität (Hilfe vs. Schutz/Eingriff; Einzelfall vs. Sozialraum; Rechtsanspruch auf Hilfe vs. Begrenzung durch knappe Finanzressourcen; Fallverantwortlichkeit vs. Koordinationsfunktion; advokatorisches Selbstverständnis vs. restringierendes/kontrollierendes Handeln gegenüber dem Adressaten) einen besonderen Belastungsdruck.

Zu 2: Veränderungen oder Entwicklungstendenzen

Dass sich die Aufgaben für den ASD verändern und dass diese Veränderungen mit als höher empfundenen qualitativen Anforderungen verbunden sind, haben ASD-Leitungen in Befragungen deutlich geäußert. Die fallspezifischen Anforderungen werden als höher erlebt, der ASD sieht sich höheren Qualitätserwartungen ausgesetzt als in früheren Zeiten, und die Zunahme des Anteils von „Multiproblemfamilien" wird mit einem deutlich steigenden Belastungsdruck in Verbindung gebracht. Dementsprechend wird die psychische Belastung der ASD-Mitarbeiter von den ASD-Leitungspersonen als aktuell problematisch und perspektivisch als zunehmend bewertet (Merchel et al. 2012, 106 ff.).

Auch die immer deutlicher artikulierten Anforderungen an Kooperation und „Vernetzung" mit anderen Organisationen (Tenhaken 2010) erweitern die Komplexität des Aufgabenfeldes und tragen zu einer qualitativen Belastungsdynamik in den Arbeitsanforderungen bei. Neben den Entwicklungen bei den Arbeitsaufgaben und den Erwartungen der Umwelt an den ASD können auch organisationsinterne Dynamiken als ein möglicher qualitativer Belastungsfaktor wirken. Die in den letzten Jahren häufigen Organisationsveränderungen können insofern als ein qualitativer Belastungsfaktor angesehen werden, als sie zum einen bisherige, zumindest partiell Sicherheit erzeugende Routinen durchbrechen und neue Orientierungen erfordern, und zum anderen zu ihrer Bewältigung einen Teil der Arbeitskraft der Mitarbeiter absorbieren, der ihnen ansonsten für ihre „normalen" Aufgaben zur Verfügung steht (Seckinger et al. 2008, 45).

Ferner muss sich der ASD mit Entwicklungen auseinandersetzen, die darauf hinweisen, dass sich die Grenzziehungen zwischen dem privaten familiären Raum und öffentlichem Raum verschieben und der ASD in diesem Kontext veränderte „Strategien der Sensibilität" finden muss, in denen Hilfe und Kontrolle neu justiert werden müssen (dazu ausführlicher Kurz-Adam 2009). Solche Aufgaben der Neuorientierung können in besonderer Weise mit Belastungsdruck verbunden sein: Die Mitarbeiter ahnen diffus, dass solche Verschiebungen in ihrer Umwelt und bei ihrem „Arbeitsgegenstand" stattfinden, können diese aber noch nicht genau einordnen; die Suche nach einer Problembenennung und nach Perspektiven zum Umgang mit diesem Problem ist eine Phase der Unsicherheit, bei der das Fehlen von Orientierungen als ein diffuses Unbehagen erlebt wird.

Insgesamt kann man die These wagen, dass der Arbeitsplatz im ASD eine strukturelle Belastung aufweist, die nur bei wenig anderen Handlungsfeldern der Sozialen Arbeit zu finden ist. Der ASD-

Arbeitsplatz weist eine Belastungsstruktur auf, die gekennzeichnet ist durch Mehrdimensionalität, durch ein hohes Maß der Inanspruchnahme der eigenen Person (Verantwortungsübernahme, eigene Emotionalität, Reflexion eigener Normen) und durch mehrfache Widersprüche, die in Balance gehalten werden müssen. In dieser Komplexität der Anforderungen enthält der ASD-Arbeitsplatz Belastungsoptionen, die ihn gegenüber anderen Anforderungs- und Arbeitskonstellationen der Sozialen Arbeit hervorhebt.

31.4 Umgang mit Arbeitsbelastungen der ASD-Fachkräfte als Leitungsaufgabe

Wenn es um den Umgang mit Arbeitsbelastung im ASD geht, hat die Leitung (Amtsleitung; ASD-Leitung) eine elementare Strukturierungs- und Schutzfunktion. Sicherlich hat auch der einzelne ASD-Mitarbeiter die Verantwortung für sich und für die Gestaltung der eigenen Arbeitsbedingungen, aber es wäre angesichts der strukturellen Belastungsaspekte verfehlt, primär den einzelnen Mitarbeiter in das Zentrum von Bewältigungsstrategien stellen zu wollen – nach dem Motto: Sorge für Dich und pass darauf auf, dass Du selbst nicht untergehst (so aber die Tendenz bei Blüml 2006)! Schon allein zur Gewährleistung einer fachlich adäquaten Aufgabenbewältigung ist die Leitung aufgefordert, den Umgang mit Arbeitsbelastung nicht zu privatisieren, sondern dies als eine Anforderung an die Organisation und damit als eine Anforderung an Leitungshandeln zu verstehen.

Die traditionelle Form, in der Leitung sich der Frage *Umgang mit Arbeitsbelastung* annimmt, ist das Ermöglichen von Supervision: Mit Supervision soll ein Raum geschaffen werden, in dem fallbezogene und teambezogene Belastungen zur Sprache gebracht und bearbeitet werden können, um entlastende Lösungsperspektiven zu finden. Supervision soll helfen, durch Verbesserung der Reflexions- und Handlungsfähigkeit bei der Fallbearbeitung ein größeres Maß an Sicherheit zu erlangen und Spannungen im Team aufzulösen, was insgesamt den auf den einzelnen Mitarbeiter einwirkenden Belastungsdruck reduzieren soll. Dass Leitung in diesem Sinne für eine regelmäßige Supervision sorgt, die neben ihrem fachlich qualifizierenden Gehalt auch subjektiv empfundene Entlastungswirkungen erzeugt, ist hilfreich und notwendig, reicht aber bei Weitem nicht aus für eine verantwortungsvolle Leitungsstrategie im Umgang mit Arbeitsbelastung der ASD-Mitarbeiter.

Generell ist Leitung aufgefordert, das Thema Umgang mit Arbeitsbelastung nicht erst bei akuten Überlastungsphänomenen einzelner Mitarbeiter, sondern kontinuierlich in den Blick zu nehmen. Denn schließlich handelt es sich um ein Arbeitsfeld mit strukturell hoher Belastungsanfälligkeit, was eine entsprechend beständige Aufmerksamkeit gegenüber solchen Phänomenen zur Folge haben muss. Als wichtige Randbedingungen im Hinblick auf den Umgang mit Arbeitsbelastung, die daher durch Leitungshandeln zu fördern sind, werden von Leitungspersonen genannt: Verständnis für die Aufgaben des ASD bei der Verwaltungsleitung (neben Amtsleitung; Dezernenten / Beigeordnete, Verwaltungsvorstand) und Politik (Jugendhilfeausschuss) und gutes Teamklima, durch das sich die Mitarbeiter aufgehoben fühlen, gerade in schwierigen Fällen und Situationen (Merchel et al. 2012, 102 ff.). Beide Aspekte richten sich auf das Vermeiden von Isolation und verweisen auf Phänomene der Organisationskultur, in die der einzelne Mitarbeiter sich als eingebettet erlebt (→ Kapitel 3).

Bei den spezifischen Maßnahmen zum Umgang mit Belastungsdruck ist zunächst auf die Bedeutung der Besetzung vorhandener Stellen zu verweisen. Jede Stellenbesetzung, die nicht im unmittelbaren Anschluss an den Zeitpunkt des Frei-Werdens oder eher zeitnah erfolgt, erzeugt eine Arbeitsbelastung für die Mitarbeiter über das Maß an Aufwand hinaus, das durch eine sorgfältige Einarbeitung des neuen Mitarbeiters erforderlich wird. Jede Wiederbesetzungssperre und jede administrative Verzögerung der Wiederbesetzung (durch verspätete Stellenausschreibungen, Arbeitsverzögerungen in der Personalverwaltung etc.) erhöht den Belastungsgrad für die ASD-Mitarbeiter. Die Anforderung an Leitung lautet: Durch entsprechende Maßnahmen und Verhandlungen im Vorfeld keine oder möglichst kurze Stellenvakanzen aufkommen lassen!

Hinsichtlich konkreter Maßnahmen lassen sich mitarbeiterbezogene und organisationsbezogene Entlastungsstrategien unterscheiden (Merchel et al. 2012). *Entlastungsstrategien, die sich auf einzelne Mitarbeiter beziehen,* sind – neben der Möglichkeit zur Einzelsupervision und Maßnahmen der

Personalentwicklung (Qualifizierung, Fortbildung) – insbesondere:

1. **belastungsbezogene Einzelgespräche:** Anlässe für solche Gespräche sind konkrete Überlastungen, die ein Mitarbeiter zur Sprache bringt oder die eine Leitungsperson bei einem Mitarbeiter beobachtet hat, oder besondere Situationen (z. B. Eingliederung nach längeren Krankheitsausfällen). Die Gespräche dienen zur Analyse der Belastungssituation des jeweiligen Mitarbeiters und zu Absprachen hinsichtlich des Umgangs mit der Situation. Häufigere Einzelgespräche verweisen auf mögliche organisationsbezogene Ursachen des Belastungsproblems.
2. **neue Aufgabenverteilung für einen überbelasteten Mitarbeiter:** Eine Veränderung des Aufgabenzuschnitts kann sich sowohl auf einzelne Aufgaben oder Fallkonstellationen beziehen, von denen ein Mitarbeiter sich überfordert fühlt, oder auf eine – in der Regel für einen begrenzten Zeitraum geltende – Modifizierung des Arbeitsumfangs. Für solche Veränderungen ist allerdings eine Akzeptanz im Team erforderlich, weil dies in der Regel Auswirkungen auf andere Teammitglieder hat.
3. **anlassbezogene Stellenrotation:** Hier geht es vor allem um einen Stellenwechsel einer Fachkraft, die vor dem Hintergrund einer längeren Erkrankung aufgrund einer andauernden Belastungssituation den Einsatz in einem anderen Aufgabengebiet wünscht bzw. der ein Wechsel von der ASD-Leitung nahegelegt wird.

Als *organisationsbezogene Entlastungsstrategien* kommen insbesondere in Betracht:

1. **Neueinteilung der Zuständigkeitsbezirke und des Aufgabenzuschnitts:** Dies kommt einer „internen Personalbemessung" nahe. Dabei geht es um eine zyklische Überprüfung des Aufgabenumfangs zwischen Teams oder zwischen einzelnen Mitarbeitern mit der Möglichkeit veränderter Aufgabenzuteilungen.
2. **Überprüfung der und Diskussion über Qualitätsstandards:** Die Frage, ob angesichts des vorhandenen Aufgabenumfangs die (formell oder informell) geltenden Qualitätsmaßstäbe bei der Aufgabenbewältigung eingehalten werden können, wird nicht dem einzelnen Mitarbeiter zugeschoben, sondern in der Organisation thematisiert mit dem Zweck, den Mitarbeitern organisational geltende und legitimierte Orientierungen zum Umgang mit Qualitätsmaßstäben (ggf. auch zur Reduzierung wünschbarer Qualität) zu geben.
3. **Verlagerung von ASD-Aufgaben nach außen:** Hier wird erwogen, ob Aufgabenbestandteile (z. B. Teile der „sozialpädagogischen Diagnostik", Aufgaben im Rahmen der Trennungs- und Scheidungsberatung) an freie Träger oder Einzelpersonen außerhalb des ASD abgegeben und die ASD-Mitarbeiter dadurch entlastet werden können. Allerdings entstehen dabei in der Regel neue, organisationsinterne und -externe Schnittstellen, die den Kommunikationsaufwand für die Fachkräfte erhöhen und mit Reibungsverlusten einhergehen können, deren Bearbeitung wiederum Arbeitsaufwand erfordert. Wie groß die Entlastungswirkung also faktisch sein wird, ist bei jeder einzelnen Aufgabenauslagerung möglichst realistisch abzuschätzen. Aufgabenverlagerungen nach außen können ferner das fachliche Profil eines ASD verändern; über sie ist daher im Kontext der gesamten fachlichen Steuerung zu entscheiden.
4. **regelmäßige Stellenrotation:** Hier handelt es sich um die Organisationsentscheidung, dass Fachkräfte im ASD in relativ regelmäßigen Abständen (z. B. alle fünf Jahre) ihren Einsatzort wechseln. Dabei existieren verschiedene Varianten. Zum einen kann das eine Stellenrotation zwischen ASD und anderen Arbeitsplätzen außerhalb des ASD sein (z. B. im Pflegekinderdienst oder ambulante Erziehungshilfe etc.). Dies ist selten, weil – neben anderen fachbezogenen Gründen – in der Regel in einem Jugendamt nicht so viele Stellen außerhalb des ASD vorhanden sind, dass eine solche allgemeine Regelung realisiert werden könnte; eine solche Stellenrotation wäre eher dann eine Option, wenn allen klar und weitgehend akzeptiert wäre, dass nur ein begrenzter Teil der Mitarbeiter daran partizipieren könnte. Zum anderen kann die Stellenrotation auch innerhalb eines ASD praktiziert werden, indem z. B. nach einigen Jahren die Mitarbeiter einem anderen ASD-Bezirk zugeteilt werden; auf diese Weise müssten nicht die Mitarbeiter kontinuierlich einem als besonders schwierig geltenden ASD-Bezirk zugeordnet werden, sondern alle Mitarbeiter könnten in längeren Zyklen in die Arbeit in solchen besonderen Belastungskonstellationen einbezogen werden.

Bei allen diesen und weiteren möglichen Maßnahmen zum Umgang mit Belastungssituationen im ASD sind stets neben den beabsichtigten Folgen auch die unbeabsichtigten Nebenfolgen zu beachten: die Auswirkungen auf die Teamstrukturen, die Belastungen für andere Mitarbeiter, Auswirkungen auf die fachliche Qualität der Leistungserbringung, Auswirkungen auf das fachliche Profil des ASD u. a. m. In der Regel haben die Maßnahmen ambivalente Folgen: Eine anlassbezogene Stellenrotation kann z. B. für eine besonders belastete Person gut sein, aber sich demotivierend auf andere ähnlich belastete Mitarbeiter auswirken, bei denen diese Maßnahme nicht realisiert werden kann; eine Verlagerung von Aufgaben nach außen kann mit einer Erweiterung und Verkomplizierung von Kommunikationsabläufen einhergehen; eine Veränderung bei den Qualitätsmaßstäben kann zu nachdrücklichen Irritationen bei Kooperationspartnern (Familiengericht, freie Träger etc.) führen u. a. m.

Nicht unerwähnt bleiben soll die Belastung der Leitungspersonen selbst. Mit der Komplexitätsausweitung des ASD und mit der strukturellen Belastungsintensität des Handlungsfeldes ASD steht auch die ASD-Leitung vor komplexen Steuerungsaufgaben: Verknüpfung von fachlichen mit finanzbezogenen und personenbezogenen Steuerungsaufgaben, Initiierung und Aufrechterhaltung fachlich und organisatorisch angemessener Handlungsstrukturen, Erzeugen eines Verständnisses für ASD-Arbeit innerhalb der Kommunalverwaltung und bei politischen Akteuren und vieles anderes mehr (→ Kapitel 4). Dies kann zu einem markanten Belastungs- oder gar Überlastungsempfinden bei Leitungspersonen führen. Tatsächlich gaben in einer Befragung 74 % der ASD-Leitungen an, sich überlastet zu fühlen (Merchel et al. 2012, 109 f.). Erforderlich sind hier zum einen adäquate organisatorische Regelungen, die die Realisierung der Leitungsaufgaben auch möglich machen (gestufte Leitungsstruktur von Abteilungs- bzw. Sachgebietsleitung und Teamleitung, adäquate Leitungsspanne, transparente Zuordnung von Leitungsaufgaben etc.) und zum anderen Angebote zur persönlichen Unterstützung und Beratung der Leitungsperson bei der Bewältigung ihrer Leitungsaufgaben und der damit einhergehenden Spannungsfelder (Einzelsupervision; Coaching).

32 Personalmanagement und Qualität der Arbeit des ASD

Von Joachim Merchel

- Der ASD als eine Organisation, die soziale Dienstleistungen erbringt und den Zugang zu weiteren sozialen Dienstleistungen ermöglicht, entspricht dem Typus der „Front-Line-Organizations", bei denen sich die Qualität der Leistung letztlich im unmittelbaren Kontakt mit den Leistungsadressaten herausbildet. Die Qualität solcher Organisationen hängt entscheidend ab von der Qualifikation, der Kompetenz und der Leistungsbereitschaft der in „vorderster Reihe tätigen" Mitarbeiter.
- In solchen Organisationen werden Personen zur entscheidenden Nahtstelle, an der die Organisation sich als mehr oder weniger fähig erweist, mit Unsicherheit und Nichtwissen produktiv umzugehen und damit Qualität ihrer Leistungen zu erzeugen. Die Steuerung der Leistungsqualität muss insbesondere über Impulse zur Motivierung und Qualifizierung derjenigen Personen erfolgen, die die Leistung erstellen.
- Da Personal ein zentraler Qualitätsfaktor im ASD ist, kommt dem Personalmanagement eine entscheidende Funktion zu: Die Organisation sorgt für eine Passung zwischen Aufgabenstruktur einerseits und Haltungen, Wissen und Fertigkeiten potenzieller Mitarbeiter andererseits (Personalrekrutierung), sie beobachtet und gestaltet den Prozess des Hineinwachsens der Mitarbeiter in die Organisation (Personaleinarbeitung), sie beobachtet und bewertet die Motivation und die Kompetenzen der Mitarbeiter und entfaltet reflektierte Impulse zu deren Weiterentwicklung (Personalentwicklung).
- Die Arbeit im ASD ist mit spezifischen Anforderungen verbunden, die „typisch" für das Arbeitsfeld sind und in dieser Form in anderen personenbezogenen Dienstleistungen nicht zu konstatieren sind. Daher bedarf es im ASD eines konzeptionell ausgearbeiteten, kontinuierlichen Personalmanagements und dabei eines besonderen Augenmerks für die „Sorge um Mitarbeiter" (Personalentwicklung).
- Mittlerweile hat offensichtlich ein erheblicher Teil der Jugendämter zu Verfahrensweisen gefunden, mit denen eine kriterienbasierte Personal*bemessung* erfolgen kann – bisweilen mit Unzulänglichkeiten in der Kommunalverwaltung hinsichtlich der Umsetzung der Ergebnisse in einen entsprechenden Stellenplan. Demgegenüber scheinen in der Personal*entwicklung* noch deutliche Lücken zu existieren, die zur Gewährleistung einer qualitativ guten Arbeit im ASD bearbeitet werden müssen.

Das Handlungsfeld Allgemeiner Sozialer Dienst (ASD) wird hinsichtlich der dort erzeugten Güter und Leistungen dem Bereich der personenbezogenen, sozialen Dienstleistungen zugeordnet (Hartmann 2011). Eine Zuordnung des ASD zum Dienstleistungsbegriff mag zunächst irritieren, weil der Begriff eine Freiwilligkeit der Inanspruchnahme assoziieren lässt, während im ASD doch eine Vielzahl von Interaktionen stattfindet, die auf Phänomene des Eingriffs, der Kontrolle und des Zwangs verweisen. Sicherlich stellt das Changieren zwischen helfenden und kontrollierenden Interventionen, das Ineinandergreifen beider Interventionsmodalitäten sowie das Strukturelement Macht in den Interaktionen die beruflich Handelnden gerade im ASD vor besondere Herausforderungen, jedoch ist damit nicht nur eine strukturelle Herausforderung des ASD, sondern im Grundsatz der gesamten Sozialen Arbeit markiert – je nach Arbeitsfeld in verschiedenartigen Konstellationen und Verkoppelungen (Heiner 2010, 101 ff.; Bommes / Scherr 2000, 220 ff.; Hörster / Müller 1996). Dennoch lässt sich Soziale Arbeit sowohl hinsichtlich einer ökonomischen, managementorientierten Betrachtung (Arnold 2009; Horcher 2008) als auch unter programmatischen Aspekten als eine personenbezogene, also soziale Dienstleistung konzipieren (Schaarschuch 1999; zur Dienstleistungsdiskussion in der Sozialen Arbeit vgl. Olk / Otto 2003; Oechler 2011).

32.1 Zur Bedeutung von Personalmanagement bei sozialen Dienstleistungen

Soziale Dienstleistungen weisen Charakteristika auf, die bereits auf den ersten Blick den Stellenwert des Faktors Personal erkennbar werden lassen (vgl. Arnold 2009, 439 f.):

- Die Kernleistungen bei Dienstleistungen sind weder sichtbar noch greifbar **(Immaterialität / Intangibilität)**. Der Adressat oder Nutzer der angebotenen Leistung kann sich zwar eine Vorstellung machen von dem, was er sich bei der Leistung wünscht und wie die Leistung möglicherweise gestaltet wird, jedoch kann er die Leistung vor ihrer Erstellung nicht genau einschätzen. Auch wenn er sich mit Hilfe des Berichts anderer Personen, die die Leistung bereits erhalten haben, ein Bild machen will von der Leistung, so kann er nicht verlässlich kalkulieren, ob die Leistung in seinem Fall ähnlich erfolgen wird und ob er die Leistung ähnlich wahrnehmen wird wie die berichtenden Personen. Eine soziale Dienstleistung ist damit ein Vertrauensgut, bei dem das Vertrauen immer wieder durch die Art der Interaktion bestätigt werden muss.
- Bei sozialen Dienstleistungen erfolgen Produktion und Konsum in einem Vorgang **(Unteilbarkeit; Uno-actu-Prinzip)**. Die Rollen von Erzeuger und Konsument sind nicht mehr eindeutig voneinander zu trennen: Die Nutzer einer Leistung sind gleichzeitig Mitproduzenten. Ohne ihre Mitwirkung kann eine effektive Leistung nicht zustande kommen.
- Wenn der Nutzer gleichzeitig zum Mitproduzenten wird, kommt es darauf an, eine koproduktive Haltung aufseiten der Leistungsempfänger hervorzurufen und aufrechtzuerhalten **(Integration des externen Faktors)**. Dies bedarf eines methodischen Geschicks der jeweiligen Fachkraft.
- Soziale Dienstleistungen dürfen nicht weitgehend standardisiert und an einem „durchschnittlichen Interaktionsverlauf" ausgerichtet sein, sondern sie müssen variabel sein für unterschiedliche Bedürfnisse und unterschiedliche Lebenssituationen der Nutzer. Sie weisen daher in ihrer Ausführung individuelle Qualitäten auf **(Individualität)**. Es kommt also darauf an, dass die Fachkräfte der Lage sind, die Ausgangssituationen und den Prozess der Leistungserbringung individuell zu interpretieren und auszurichten und eine flexible, auf den Einzelfall passende Leistungserstellung zu ermöglichen.

Interaktionen bilden die „Kernoperationen bei sozialen Dienstleistungsorganisationen" (Klatetzki 2010, 16 f.). Je stärker die Aufgaben und die damit einhergehenden Handlungen auf Veränderungen im Verhalten und in den Einstellungen von Personen abzielen und je stärker dementsprechend die Interaktionen die Persönlichkeit der Adressaten in den Fokus nehmen, desto anspruchsvoller werden die Anforderungen an die von den Organisationsmitgliedern zu gestaltende Kommunikation. Die kontinuierliche Bereitschaft und Fähigkeit der Organisationsmitglieder zur Kommunikation wird in besonderer Weise herausgefordert bei Organisationen, bei denen die Qualität der Leistung in hohem Maß von der Bereitschaft der Leistungsadressaten abhängt, koproduktiv an der Leistungserstellung mitzuwirken, und bei denen daher die Fähigkeit der Mitarbeiter, die Adressaten zur Koproduktion zu motivieren, maßgeblich die Leistungsqualität bestimmt; dies ist bei sozialen Dienstleistungsorganisationen der Fall.

Organisationen des Sozialbereichs entsprechen dem Typus der „Front-Line-Organizations", bei denen sich die Qualität der Leistung letztlich im unmittelbaren Kontakt mit den Leistungsadressaten herausbildet (Smith zit. nach Klatetzki 2010, 17). Die Qualität solcher Organisationen hängt entscheidend ab von der Qualifikation, der Kompetenz und der Leistungsbereitschaft der in „vorderster Reihe tätigen" Mitarbeiter. Dabei finden die Handlungen zwischen Personal und Leistungsempfängern relativ weit entfernt von den Aktivitäten der Leitung statt, sodass die Leitung zur Information über das, was „an der Front" geschieht, angewiesen ist auf Mitteilungen der Mitarbeiter. Die Steuerung der Qualität der Leistung bedarf also zum einen einer intensiven Kommunikation mit den Mitarbeitern und zum anderen eines Vertrauens in die Wahrnehmungsbereitschaft und die Wahrnehmungskompetenz der Mitarbeiter.

Für Organisationen Sozialer Arbeit ist charakteristisch, dass die Ausgangssituationen, die zum Anlass für Handeln werden, und die darauf ausgerichteten Handlungsprogramme mit einer relativ großen Unsicherheit belastet sind. Was jeweils das Problem ist und mit welchen Handlungen auf ein Problem erfolgversprechend reagiert werden kann, ist unbestimmt und muss in vielfältigen Kommunikationsschleifen erkundet werden. Die Organisation kann hier zwar einen förderlichen Rahmen für Handeln der Mitarbeiter setzen, diese in ihrem Verhalten aber nicht zielgerichtet und verlässlich über Programme steuern. Denn Programme können „überall dort sinnvoll eingesetzt werden, wo die Organisation weiß, was sie zu erwarten hat [...] In Bereichen, in denen die Organisation überwiegend mit Nichtwissen konfrontiert ist, ist der effektivste Weg, Personen ein hohes Maß an Verantwortung zu geben" (Simon 2007, 74). Personen werden also zur entscheidenden Nahtstelle, an der die Organisation sich als mehr oder weniger fähig erweist, mit Unsicherheit und Nichtwissen produktiv umzugehen und damit Qualität ihrer Leistungen zu erzeugen. Die Steuerung der Leistungsqualität muss also insbesondere über Impulse zur Motivierung und Qualifizierung derjenigen Personen erfolgen, die die Leistung erstellen. Programme wie z. B. fachliche Weisungen, Checklisten, festgelegte Handlungsabfolgen bei bestimmten Problemsituationen etc. können zwar einen Teil der Unsicherheit absorbieren, aber es bleibt immer ein markanter Rest an Unsicherheit, der so groß ist, dass die Organisation auf die Verantwortungsbereitschaft und die Kompetenz zur Verantwortungsübernahme bei Mitarbeitern setzen muss, um eine angemessene Entscheidungspraxis erzeugen zu können. *Ein hohes Maß an Verantwortung geben* heißt nicht, naiv auf eine unterstellte Motivation und eine vermutete Kompetenz der Personen zu vertrauen, sondern vielmehr diese sorgfältig zu beobachten, sie im Hinblick auf die Anforderungen zu bewerten und mit entsprechenden Impulsen (Maßnahmen, Angeboten) zur Weiterentwicklung anzuregen.

Soziale Dienstleistungen, die die Lebenssituation von Adressaten wirkungsvoll verbessern sollen, sind häufig nicht allein durch das Handeln einer einzigen Organisation herzustellen, sondern Einrichtungen der Sozialen Arbeit müssen vielfach

- bei der Leistungserstellung mit anderen Organisationen kooperieren und dabei die eigenen Leistungen auf die Leistungsanteile der anderen Organisation abstimmen oder
- über kooperative Strategien Einfluss nehmen auf andere Organisationen, damit diese ihr Organisationshandeln im Einzelfall oder einzelfallübergreifend in einer bestimmten Weise ausgestalten oder modifizieren.

Um im Sinne einer guten Leistungsgestaltung Einfluss nehmen zu können auf andere Organisationen, bilden wiederum die Organisationsmitglieder eine entscheidende Stelle der Verkoppelung: Sie müssen zum einen das Selbstverständnis der eigenen Organisation präsent und bei der Kooperation im Blick haben, und zum anderen müssen sie die Logik der anderen Organisation verstehen als Voraussetzung dafür, dass ihre Kommunikationen anschlussfähig sind und es zu kooperativen Kommunikationen zwischen verschiedenen Organisationen mit ihren je eigenen Organisationskulturen und Kommunikationsmustern kommen kann (Simsa 2001). Auch solche Mitarbeiterfähigkeiten, auf die Organisationen Sozialer Arbeit bei ihrer Leistungserstellung angewiesen sind, sind nicht ohne weiteres vorauszusetzen, sondern müssen beobachtet und dynamisch weiterentwickelt werden.

Unter solchen Konstellationen kommt dem Personalmanagement eine entscheidende Funktion zu als eine – bezogen auf das Organisationshandeln – indirekte Steuerungsmodalität: Die Organisation sorgt für eine Passung zwischen Aufgabenstruktur einerseits und Haltungen, Wissen und Fertigkeiten potenzieller Mitarbeiter andererseits (Personalrekrutierung), sie beobachtet und gestaltet den Prozess des Hineinwachsens der Mitarbeiter in die Organisation (Personaleinarbeitung), sie beobachtet und bewertet die Motivation und die Kompetenzen der Mitarbeiter und entfaltet reflektierte Impulse zu deren Weiterentwicklung (Personalentwicklung).

32.2 Personal als entscheidender Qualitätsfaktor im ASD

Konkretisiert man die allgemeinen Hinweise zur Bedeutung des Faktors Personal bei sozialen Dienstleistungen im Hinblick auf den Allgemeinen Sozialen Dienst (ASD), so wird auch für dieses Handlungsfeld schnell erkennbar, dass die Arbeitsanforderungen und die Konstellationen, in denen die ASD-Mitarbeiter handeln müssen, ein gut konzipiertes, kontinuierliches und reflexives Personalmanagement erforderlich machen:
Die Leistungsfähigkeit der Organisation bzw. des Organisationssegments ASD ist hochgradig abhängig von den kommunikativen Fähigkeiten der Mitarbeiter und von deren Fähigkeit zu adäquaten Situationsbewertungen. Dabei sind die auf die adressatenbezogenen kommunikativen Kompetenzen mit besonderen Herausforderungen verbunden: Das – zumindest latente – Vorhandensein einer grundlegenden Koproduktionsbereitschaft kann bei den Adressaten nicht immer vorausgesetzt werden; sie muss häufig durch sozialpädagogische Interventionen mühsam erzeugt werden. Ein Teil der adressatenbezogenen Interventionen im ASD bewegt sich sehr nahe an Zwangskontexten, in denen die Klienten in der Regel wenig eigene Motivation aufweisen bzw. sogar Aversionsverhalten gegenüber den Impulsen der ASD-Mitarbeiter zeigen (Conen / Cecchin 2011; → Kapitel 23).
Es besteht ein *hoher Anteil von Nichtwissen und demgemäß von Unsicherheit sowohl in der Einschätzung von Situationen als auch im Hinblick auf die Wirkung von bestimmten Interventionen* in der jeweils gegebenen Lebenssituation und vor dem Hintergrund der Biographie der Adressaten. Das Handeln der Fachkräfte im ASD ist zu charakterisieren als eine risikobehaftete Tätigkeit mit hohen Anforderungen im Hinblick auf Entwicklungsprognosen in den Lebensverhältnissen von Eltern und Kindern (Merchel 2005a) mit einer relativ hohen, persönlich als Belastung empfundenen, letztlich auch strafrechtlich relevanten Verantwortlichkeit (Meysen 2008; Meysen et al. 2009). Die Möglichkeiten der Organisation, für den einzelnen Mitarbeiter Nichtwissen und Ungewissheit zu reduzieren und über Handlungsprogramme „richtiges" Verhalten vorzugeben, sind sehr begrenzt. Die im Bereich des Kinderschutzes erarbeiteten Richtlinien, Einschätzungsbögen, Checklisten, Verfahrensvorgaben etc. (Beispiele u.a. Kindler / Reich 2007; Freie und Hansestadt Hamburg 2006) können zwar Orientierungen geben, jedoch bleibt – vor allem in Fällen möglicher Kindesvernachlässigung – ein erhebliches Maß an Unsicherheit, das von den Individuen methodisch bewältigt werden muss (Schrapper 2008b), und für dessen Bewältigung die Organisation günstige Bedingungen schaffen und aufrechterhalten muss durch die Installierung einer reflexiven Organisationskultur mit Mechanismen, die das organisationale Lernen herausfordern (Merchel 2008a). Nichtwissen und Unsicherheit bleiben ein markantes Thema, mit dem die Organisation ASD bei der Realisierung ihrer Aufgaben konfrontiert ist.

Der ASD ist angewiesen auf die Kooperation mit anderen Organisationen sowohl für die Leistungserstellung im Einzelfall als auch für sozialraumbezogene Entwicklungsaktivitäten (Tenhaken 2010). Gerade der ASD mit seiner zentralen Stellung im kommunalen System sozialer Hilfen muss mit Organisationen des Gesundheitswesens, mit Gerichten, mit Polizei mit dem Schulwesen, mit der ARGE (Arbeitsgemeinschaft nach § 44 SGB II) u.a. kooperieren, was mit besonderen Anforderungen an die ASD-Mitarbeiter mit sich bringt, deren Bewältigung die Organisation ASD in den Blick nehmen muss.

Der ASD ist zwar in seinem Bestand gesichert, aber nicht nur für eine fachgerechte Bewältigung seiner einzelfallbezogenen Aufgaben, sondern sowohl im Hinblick auf seine Legitimation (gegenüber der Kommunalpolitik und bei seinen Interorganisationsbeziehungen) als auch hinsichtlich seiner Aktivitäten im Sozialraum benötigt er ein gewisses Maß an *organisationaler Lernfähigkeit,* für deren Herausbildung er auf die individuellen Beobachtungs- und Lernpotenziale der Mitarbeiter und auf deren individuelle Irritierbarkeit angewiesen ist (→ Kapitel 36)

Für eine adäquate Aufgabenbewältigung benötigt der ASD Organisationsmitglieder (Mitarbeiter), die mit strukturellen Ambivalenzen, denen der ASD in stärkerem Maß als andere Organisationen der Sozialen Arbeit ausgesetzt ist, umgehen können. Im ASD müssen von den einzelnen Fachkräften Spannungsfelder ausgehalten und bearbeitet werden, ohne dass diese Spannungen aufgelöst werden können („in Balancen leben"). Solche Spannungsfelder sind insbesondere:

- **Die Spannung zwischen Hilfe**, die den Aufbau eines möglichst akzeptierenden Verhältnisses zum Hilfeadressaten erfordert, **und Schutz/Eingriff**, wodurch eine auf Ungleichgewicht und Macht bestimmte Interaktion mit Adressaten in Gang gesetzt wird, die nur sehr begrenzt mit Akzeptanz in Übereinstimmung gebracht werden kann; darin einbezogen ist die zu bewältigende Spannung zwischen einer dienstleistungsorientierten Programmatik des Jugendamtes (mit einer entsprechenden Ausrichtung in der Außendarstellung) einerseits und dem mit Kontrollinterventionen verbundenen Schutz- und Normalisierungsauftrag an das Jugendamt andererseits.
- **Die gleichermaßen bedeutsame Ausrichtung auf den Einzelfall**, bei dem die Fachkraft sich den spezifischen Konstellationen, dem Hilfebedarf und den persönlich geprägten Interaktionen des Falles und der darin einbezogenen Personen widmet, **und dem Handeln im Sozialraum**, bei dem über den Einzelfall hinaus und zum Teil völlig abgelöst vom Einzelfall Hilferessourcen in einem sozialen Raum erkundet, aktiviert oder neu geschaffen werden sollen („fallunspezifische Arbeit"; Lüttringhaus 2010, 83 ff.).
- **Die Ambivalenz zwischen Rechtsanspruch auf die im Einzelfall erforderliche und „angemessene Hilfe"** (§ 27 SGB VIII) **und den Begrenzungen**, die von knappen Haushaltsressourcen und der Notwendigkeit des Haushaltens mit Budgetvorgaben und Budgetgrenzen ausgehen (→ Kapitel 26).
- **Die Balance im Hilfeverständnis**, einerseits Einzelfallhilfe zu leisten, bei der die Fachkräfte sich auf eine den Hilfeprozess begleitende Funktion ausrichten und sich für diesen Hilfeprozess letztlich in einer markanten Verantwortlichkeit empfinden; andererseits Case Management, das methodisch stärker auf eine koordinierende, verteilende Funktion der Fachkraft ausgerichtet ist und bei die Fachkraft sich vor allem auf Steuerungsfragen konzentriert (Löcherbach et al. 2009), ohne ein markantes Empfinden von persönlicher Verantwortlichkeit herausbilden zu müssen.
- **Der Widerspruch zwischen einem aus der Professionsethik wachsenden advokatorischen Selbstverständnis und Handeln im Adressateninteresse** einerseits (Thiersch 2011; Martin 2001) und der Notwendigkeit, sowohl aus Gründen der rechtlich und administrativ einwandfreien Hilfegewährung als auch vor dem Hintergrund begrenzter und begrenzender Finanzressourcen **restringierend und kontrollierend gegenüber dem Adressaten handeln zu müssen**.

Die Mitarbeiter des ASD sehen sich also komplexen Aufgaben und komplexen Handlungssituationen ausgesetzt, die ein sorgfältiges Personalmanagement erfordern: zur Gewährleistung einer guten Realisierung der an die Organisation gestellten Anforderungen, zur Förderung einer qualitätvollen Leistungserstellung für die Adressaten, zur Aufrechterhaltung der Arbeitsfähigkeit (Motivation, Kompetenzen, Gesundheit) der Mitarbeiter.

Die Arbeit im ASD ist mit spezifischen Anforderungen verbunden, die „typisch" für das Arbeitsfeld sind und in dieser Form in anderen personenbezogenen Dienstleistungen nicht zu konstatieren sind. Daher bedarf es im ASD neben einer guten Organisation (adäquate Ablaufstrukturen, geregelte Zuordnung von Verantwortlichkeiten, funktionierendes Qualitätsmanagement etc.) eines konzeptionell ausgearbeiteten, kontinuierlichen Personalmanagements und dabei einer besonderen Aufmerksamkeit für die „Sorge um Mitarbeiter" (Personalentwicklung). Personalentwicklung steht dabei im Schnittpunkt von Personenbezug (Aktivitäten, die darauf zielen, dass Mitarbeiter mit den fachlichen Anforderungen und psychosozialen Belastungen umgehen können) und Organisationsbezug („Mitarbeiter als Ressource zur Realisierung von Organisationszielen" – Gewährleistung von Organisationszielen mit dem „Mittel Mitarbeiter"). Die Organisation Jugendamt/ASD darf die durch die komplexen Anforderungen und Spannungsfelder erforderliche Problembewältigung nicht primär auf die Mitarbeiter verlagern oder die Schwierigkeiten ausschließlich als individuelle Belastungselemente verstehen, zu deren individueller Bewältigung die Organisation allenfalls durch Bereitstellung von ‚Supervision als Modus einer Psychohygiene' beiträgt.

Vielmehr muss die Organisation diese Anforderungen und Belastungen breiter in den Blick nehmen als elementares Problem des Arbeitsfeldes und sich darauf mit umfassenden Aktivitäten der Organisation einstellen. Insbesondere müssen die skizzierten Anforderungen erkannt werden als Bezugspunkte für das Personalmanagement – und zwar nicht nur als eine auf die Einarbeitung von Mitarbeitern begrenzte Anforderung, sondern auch kontinuierlich / im ‚laufenden Prozess' („Personalpflege / Personalentwicklung"). Das Personalmanagement wird zu einer elementaren Managementaufgabe für das Jugendamt bzw. den ASD.

32.3 Zum Begriff Personalmanagement

Mit dem Begriff Personalmanagement wird die Gesamtheit der auf die Mitarbeiter einer Organisation bezogenen Steuerungsaktivitäten bezeichnet. Die mitarbeiterbezogene Steuerung stellt neben der fachlichen Steuerung, der ökonomischen Steuerung, der organisationsbezogenen Steuerung und der Gestaltung von Bezügen zur Umwelt einen zentralen Managementbereich dar (Merchel 2010a, 23 ff.). Die Aufgaben des Personalmanagements sind zum einen die Definition des für die Zielerreichung der Organisation erforderlichen Personals in quantitativer und qualitativer Hinsicht sowie zum anderen die Gewinnung, die Entwicklung und die Bindung der entsprechenden Mitarbeiter. Das Personalmanagement zielt gleichermaßen auf das Verhalten der Mitarbeiter („Verhaltenssteuerung") wie auf Entscheidungen, die mit einer mitarbeiterbezogenen Steuerungsabsicht strukturell in der Organisation verankert werden („Systemgestaltung"; z. B. Qualifikationsrahmen, Entlohnungssysteme, Muster der Einarbeitung etc.; vgl. Hölzle 2006, 17 ff.). Das Personalmanagement ist verknüpft mit den anderen Bereichen des Managements (z. B. über die Personalbedarfs- und Personalkostenplanung mit der ökonomischen Steuerung, über Modalitäten der Teamzusammensetzung, der Leitung oder der Organisationsentwicklung mit der organisationsbezogenen Steuerung, über die Bewertung des qualitativen Gehalts der Arbeit mit der fachlichen Steuerung etc.), aber die Konzentration auf die Personen bzw. Mitarbeiter und deren Dispositionen und Qualifikationen macht die spezifische Steuerungsrichtung aus, die dem Personalmanagement eine eigene Aufmerksamkeit und eine eigene Bedeutung innerhalb des Managements verleiht. Personalmanagement sollte strategisch ausgerichtet sein, indem es eingebettet wird in eine umfassende Managementstrategie der Organisation.

Personalmanagement lässt sich grob aufteilen in die beiden Bereiche *Management des Personalbedarfs* und *Personalentwicklung* (→ Abb. 1) und der darin einbezogenen *Personalbeurteilung*.

Management des Personalbedarfs

Das Management des Personalbedarfs richtet sich auf die Analyse des vorhandenen Personalbestandes, auf die Definition des für die Aufgabenbewältigung und für die Zielerreichung der Organisation erforderlichen Personals (Personalbemessung), auf den Abgleich zwischen dem vorhandenen und für notwendig erachteten Personalbestand (Personalbestandsanalyse), auf die Gewinnung von Mitarbeitern (Personalbeschaffung) sowie auf den zeitlich und sachlich angemessenen Einsatz von Mitarbeitern (Personaleinsatz). Die Personalauswahl und der zeitliche und sachliche Personaleinsatz reichen in das Feld der Personalentwicklung hinein und markieren einen Überhang zwischen den beiden Feldern. Bei der Steuerung des Personalbedarfs werden nicht nur quantitative Größenordnungen (Umfang der Aufgaben und des Arbeitsvolumens), sondern auch qualitative Kriterien (Qualifikation) zugrunde gelegt.

Personalentwicklung

Die Personalentwicklung nimmt die vorhandenen Mitarbeiter mit ihren Motivationen und Qualifikationen in Bezug auf deren Aufgaben in den Blick. Personalentwicklung ist traditionell derjenige Teilbereich des Personalmanagements, der sich vor allem auf die Qualifikationen der in der Organisation tätigen Mitarbeiter bezieht: die Erkundung des Qualifikationspotenzials der Mitarbeiter, den Abgleich zwischen notwendiger und vorhandener Qualifikation sowie die Entwicklungsmaßnahmen zur besseren Ausrichtung der Qualifikationen an den Erfordernissen der Organisation – wobei hier Qualifikation umfassend zu verstehen ist: Kenntnisse, Fähigkeiten und Einstellungen / Haltungen sowie die zugrunde liegende Motivation und Handlungsbereitschaft der Mitarbeiter. Über diese anpassungsorientierte Ausrichtung hinaus sollte Personalentwicklung jedoch auch den Qualifizierungsbedürfnissen der Mitarbeiter Rechnung tra-

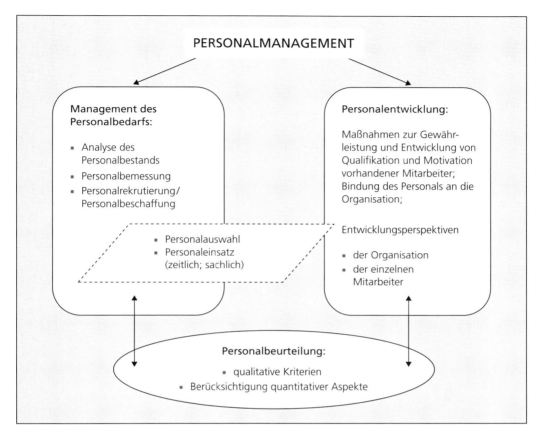

Abb. 1: Bestandteile des Personalmanagements

gen. Nicht nur die Qualifizierungsanforderungen der Organisation, sondern auch die eigenen Entwicklungsvorstellungen der Mitarbeiter sind einzubeziehen, weil ansonsten Motivation und Engagement leiden, was sich letztlich sowohl zum Schaden der Adressaten als auch zum Schaden der Organisation auswirkt. Personalentwicklung hat also auch einen Ausgleich von Organisationszielen und Individualzielen im Blick. Vor diesem Hintergrund lässt sich Personalentwicklung definieren als „die systematische und erfolgsorientierte Förderung der Anlagen und Fähigkeiten der Mitarbeitenden in aktiver Abstimmung mit ihren eigenen beruflichen Erwartungen, mit den Erfordernissen der Arbeitsaufgaben und mit den Geschäftszielen des Unternehmens" bzw. mit den Organisationszielen der Einrichtung (Schöni, zit. nach Hölzle 2006, 64). Maßnahmen der Personalentwicklung führen im erfolgreichen Fall zu einer inneren Bindung der Mitarbeiter an die Organisation – ein Effekt, der zum einen für die Verarbeitung des strukturell angelegten Spannungsverhältnisses zwischen Individuum und Organisation bedeutsam ist (Puch 1994, 124 ff.) und der zum anderen insbesondere in solchen Arbeitsfeldern erstrebenswert erscheint, in denen es schwierig wird, frei gewordene Stellen adäquat zu besetzen.

Personalbeurteilung

Grundlage sowohl für das Management des Personalbedarfs als auch für die Personalentwicklung sind Vorgänge der *Personalbeurteilung*. Beim Management des Personalbedarfs sind Bewertungen hinsichtlich des vorhandenen Personalbestands, der Eignung von Mitarbeitern zur Bewältigung bestimmter Aufgaben im Rahmen des Personaleinsatzes, zur Qualifikation von Bewerbern im Rahmen der Personalbeschaffung etc. erforderlich. Auch für Maßnahmen der Personalentwicklung bildet irgendeine Art von Personalbeurteilung immer die Grundlage. Beurteilungen dienen als Planungsgrundlage für Fort- und Weiterbildungen sowohl im Hinblick auf Individuen als auch im Hinblick auf Gruppen/Teams. Durch Beobachtung von Leistungen und arbeitsbezogenen Verhaltensweisen verschafft sich Leitung ein Bild von den Stärken und Schwächen eines Mitarbeiters, wertet diese aus im Hinblick auf mögliche oder anzustrebende Entwicklungsperspektiven und gestaltet auf dieser Grundlage die Beurteilungs- und Personalentwicklungsgespräche mit den Mitarbeitern. Die Sichtweisen und Vorstellungen von Leitung und Mitarbeiter bilden die Basis zur Verabredung von Personalentwicklungsmaßnahmen. Dieses das gesamte Personalmanagement durchziehende Element der Bewertung bzw. Beurteilung ist deswegen ins Bewusstsein zu heben, weil damit Interaktionsanforderungen einhergehen, die von Leitungspersonen bisweilen als unangenehm empfunden werden und denen sie dann auszuweichen versuchen. Man kann die Formen der Personalbeurteilung verschiedenartig gestalten (hierarchisch oder gegenseitig rückkoppelnd, in einem einseitig proklamierenden oder in einem beteiligungsorientierten Gesprächsstil, in offenen Einzelgesprächen oder in eher verdeckten Hinweisen im Rahmen von Teamgesprächen etc.), aber an der Notwendigkeit von Personalbeurteilung als eine Funktion und eine Grundlage von Personalmanagement führt kein Weg vorbei.

32.4 Zur Praxis des Personalmanagements im ASD

Eigentlich hätte spätestens mit der Modernisierung der Kommunalverwaltung, die unter dem Etikett *Neue Steuerungsmodelle* initiiert worden war, das Thema Personalmanagement in breitem Umfang praktisch durchgesetzt sein müssen. Der konzipierte Übergang von einer bürokratisch geprägten Behörde zu einem „Dienstleistungsunternehmen Kommunalverwaltung" (KGSt 1993) war und ist ohne eine Veränderungen in den Haltungen und in den fachlichen Kompetenzen der Mitarbeiter nicht zu realisieren. Dementsprechend war eine Intensivierung des Personalmanagements ein wichtiger Bestandteil in den Konzepten der Neuen Steuerung (Reichard 2005; auch Empfehlungen der KGSt zur Personalentwicklung 1996a, 2000 und weitere). Im Vergleich zur vorherigen Praxis, die eher auf Vorgänge der Personalverwaltung bezogen war, wurden Ansätze der Personalentwicklung konzipiert und implementiert, jedoch wird bei allen diesbezüglichen Bemühungen für die Praxis des öffentlichen Personalmanagements ein insgesamt noch defizitärer Zustand diagnostiziert (Reichard 2005, 231) – eine Diagnose, die in den insgesamt ernüchternden Blick auf die Ergebnisse der Reformbemühungen eingebettet ist, ernüchternd zumindest vor dem Hintergrund der anfänglich proklamierten Reformerwartungen (Bogumil et al. 2007; zusammenfassend auch Merchel 2008b, 59 ff.).

Die im Gefolge der Verwaltungsreform konzipierten Ansätze der Personalentwicklung bezogen jedoch das Jugendamt und hier insbesondere den ASD allenfalls am Rande ein; beim ASD kamen solche Impulse aus der Personalverwaltung nur sehr zögerlich und zum Teil kaum an. Die spezifischen Probleme und Anforderungen eines quantitativen und qualitativen Personalmanagements im ASD wurden erst im Gefolge der medial aufbereiteten „Kinderschutz-Fälle" und der damit ausgelösten Debatte um die Personalausstattung im ASD thematisiert.

Der verstärkte Blick auf das Personalmanagement im ASD erfolgte zunächst unter dem Blickwinkel „Personalausstattung", also in der quantitativen Betrachtung des Personalproblems. Die Bemühungen richteten sich auf die Erarbeitung von Konzepten zur Personalbemessung (vgl. u. a. Verein für Kommunalwissenschaften 2008; ZBFS 2010). Nach den Ergebnissen eines Forschungsprojekts (Merchel et al. 2012, 174 ff.) hat ein erheblicher Teil der Jugendämter zu Verfahrensweisen gefunden, mit denen eine kriterienbasierte Personalbemessung erfolgen kann – auch wenn in der Kommunalverwaltung eine solche Personalbemessung nicht immer ohne Weiteres in einen entsprechenden Stellenplan transferiert wird. Demgegenüber bestehen hinsichtlich der Personalentwicklung noch deutliche Lücken; hier stehen viele Jugendämter erst am Beginn einer konzeptbasierten, kontinuierlichen Praxis der Personalentwicklung (→ Kapitel 33 und 34).

33 Personalbemessung im bzw. für den ASD

Von Adam Khalaf

- Für ein professionelles Management ist es unabdingbare Handlungsgrundlage, das Verhältnis zwischen vorhandener Arbeitskraft und den anfallenden Aufgaben zu kennen. Dies leisten Verfahren der Personalbemessung.
- Die Arbeitsprozesse und Arbeitsinhalte im ASD sind komplex. Ein angemessenes Verfahren der Personalbemessung sollte diese Komplexität nicht ausblenden, sondern muss sie abbilden können. Kriterienbasierte Verfahren sind daher den eindimensionalen Verfahren vorzuziehen.
- Komplexe Verfahren der Personalbemessung erfordern immer die Mitwirkung der Beschäftigten und sind daher auf deren Akzeptanz angewiesen. Das Verfahren der Personalbemessung sollte daher mit Rücksicht auf die Organisationskultur gestaltet werden.
- Die Fortschreibung der erhobenen Daten sollte mit geringem Aufwand möglich sein, um auf Veränderungen, welche die Arbeitsbelastung oder den Personalbestand betreffen, zeitnah reagieren zu können.
- Ein transparentes, d. h. nachvollziehbares und in der Komplexität angemessenes Verfahren der Personalbemessung trägt entscheidend dazu bei, den Fachkräftebedarf nach außen wirksam zu rechtfertigen und die Arbeit innerhalb der Belegschaft fairer zu verteilen. Eine Schätzung kann dies nicht leisten. Kriterienbasierte Personalbemessung ist daher als Fundament professionellen Personalmanagements unverzichtbar.

Personalbemessung – auch Personalbedarfsplanung, Personalbedarfsbestimmung oder Stellenbemessung genannt (http://www.olev.de/p/persbed.htm; 10.05.2012) – bezeichnet im hier vorgestellten Zusammenhang den Prozess, auf Grundlage einer mehr oder weniger komplexen Berechnung den aktuellen Bedarf an Personal zu bestimmen, bzw. den zukünftigen Bedarf abzuschätzen (Schilay et al. 2009, 10). Es geht in diesem Beitrag also nicht um die Frage, wie man vorhandenes Personal innerhalb der Organisation aufteilen sollte. Personalbemessung ist ein ständiges Thema für den Allgemeinen Sozialen Dienst (ASD/KSD), und die möglichen Formen ihrer Umsetzung wurden und werden laufend weiterentwickelt. Die Implementierung eines Bemessungsverfahrens ist eine klassische Managementaufgabe und kann – je nach Größe der Organisation und Komplexität der Berechnung – von der Leitungsperson selbst oder von einer eigenen Abteilung innerhalb der Organisation entwickelt und/oder durchgeführt werden. Im Bereich der Sozialen Arbeit bieten auch verschiedene Institute (Institut für Soziale Arbeit – ISA, Institut für Sozialplanung und Organisationsentwicklung – INSO, u. a.) Unterstützung bei der Entwicklung eines Personalbemessungskonzeptes im Rahmen einer Organisationsberatung an. Neben diesen speziell auf die jeweilige Zielorganisation bezogenen Lösungen gibt es in zunehmendem Maße auch Bestrebungen, interkommunale Vergleichbarkeit zumindest auf Ebene der Bundesländer herzustellen. Projekte wie die Integrierte Berichterstattung Niedersachsens (IBN) oder die Personalbemessung in Bayern (PEB) setzen diese Idee um, indem daran gearbeitet wird, vergleichbare Kriterien für die Personalbemessung innerhalb eines Bundeslandes aufzustellen (ZBFS 2010).

Die Notwendigkeit einer allgemeinen, systematischen Personalbemessung ergibt sich immer dann, wenn eine Organisation ihre Mitarbeiter möglichst optimal auslasten möchte, also Über- und Unterbelastung vermeiden will. In den Industriebetrieben waren und sind die Tätigkeiten häufig bis in kleinste Arbeitsschritte unterteilt und deutlich voneinander abgegrenzt. Ein solcher hochstandardisierter Prozess erlaubt es, genaue Berechnungen darüber anzustellen, wie viele Arbeitskräfte für einen bestimmten Ausstoß an Produkten (Output) notwendigerweise gebraucht werden. Soziale Arbeit, und damit auch die Arbeit in den Allgemeinen Sozialdiensten ist jedoch in diesem Sinne unvergleichbar mit industriellen Kontexten. Prozesse und Outputs in der sozialen Arbeit sind komplex und vielschichtig. Die Arbeitsinhalte Sozialer Berufe so zu operationalisieren, dass sie in einem rechnerischen Modell abzubilden sind, welches angemessenere Ergebnisse liefert als eine bloße Schätzung, ist daher eine Herausforderung.

Im ASD war die Personalbedarfsplanung daher für lange Zeit vor allem von Schätzungen auf Basis der Erfahrung von Fachkräften und Leitung abhängig (ZBFS 2010, 5). Auch im Jahr 2010 bemisst noch etwa ein Drittel aller deutschen ASD ihr Personal nach eigener Aussage entweder gar nicht oder eben durch erfahrungsbasierte Einschätzung (Merchel et al. 2010a, 22). Lösungen, die auf Erfahrungswissen der Beteiligten beruhen und Personalstellenveränderungen auf Basis von direkten Aushandlungen der zuständigen Personen festmachen, können – vor allem in kleineren, familiäreren ASD – möglicherweise eine Weile lang gut funktionieren. Personal wurde und wird gerade in kleineren Ämtern mit überschaubarer Personal- und Fallzahl oft auf der Grundlage der Erfahrung aller Beteiligten bemessen, oder steigernder Personalbedarf wird notfalls durch Überlastungsanzeigen deutlich gemacht. Schwierig wird dieses Verfahren, wenn sich entweder die an den Personalstellenverhandlungen beteiligten Personen untereinander nicht (mehr) so gut verstehen oder externer Druck also insbesondere Sparbemühungen und Sparzwänge eine zunehmende Rolle spielen. Der ASD läuft dann Gefahr, dass nach Kassenlage entschieden wird (Seckinger et al. 2008, 32). Es ist nicht schwer zu erkennen, dass ein solches Vorgehen ein sehr intransparenter Mechanismus ist, dessen Erfolg oder dessen Passgenauigkeit stark von einzelnen Akteuren und Rahmenbedingungen vor Ort abhängig ist. Die Aufgaben, welche der ASD wahrnimmt, sind aber zum größten Teil unaufschiebbar, denn für seine Kerntätigkeiten gibt es nicht nur eine fachliche und ethische Notwendigkeit, sondern auch schlicht gesetzliche Ansprüche der Adressaten.

Die erfahrungsbasierte Personalbemessung ist daher auf dem Rückzug, seitdem der finanzielle Druck in den Kommunen zunehmend eine Diskussion um Personaleinsparungen mit sich bringt. Der weit überwiegende Anteil der ASD greift heutzutage bereits auf kriterienbasierte Berechnungsverfahren zurück (Merchel et al. 2010a, 22). Wir sprechen von kriterienbasierten Messverfahren, wenn die Personalbemessung an bestimmte Messkriterien gekoppelt ist.

Die kriterienbasierte Personalbemessung im ASD nahm ihren Anfang in den 1980er Jahren, als die ersten Verfahren speziell für das Arbeitsfeld entwickelt wurden (KGST 1985). Maßgeblich waren zu jener Zeit die Veröffentlichungen der KGSt. Man musste jedoch feststellen, dass eine Formel, welche Gültigkeit für alle ASD hat, wünschenswert sei, jedoch Personalbemessung nicht ohne Berücksichtigung der jeweiligen spezifischen Besonderheiten der einzelnen Organisation funktionieren könne (KGSt 1996b, 26; Landes 2006). Seither war die Entwicklung von Personalbemessungsverfahren auch immer die Suche nach der einen Formel, welche durch aufwendige Rechnungen alle Eventualitäten im Vorhinein *einzuschließen* versucht. Dieses Vorgehen hat sich jedoch als nicht zielführend erwiesen. In jüngerer Zeit erhalten daher zunehmend jene Verfahren einen hohen Stellenwert, die für jede Eventualität *offen* sind.

Die Frage nach einer angemessenen Personalbemessungsgrundlage stellt immer eine gewisse Herausforderung dar und erfordert seitens der Organisation einigen Zeit- und damit auch Ressourcenaufwand. Vieles spricht also dafür, sich im Vorfeld einer Personalbemessung genau zu überlegen, welche Modalitäten das Verfahren kennzeichnen sollen und welche Ergebnisse man zu erreichen wünscht. Der folgende Beitrag soll die Entwicklung und die Unterschiede der Verfahren beleuchten und dabei helfen, über den angemessenen Einsatz kriterienbezogener Personalbemessungsverfahren zu entscheiden und so die damit verbundenen Effekte beleuchten.

Exkurs: Organisationskultur und Mitarbeiterbeteiligung

Wenngleich in diesem kurzen Artikel nicht ausführlich darauf eingegangen werden kann, so sollten doch die Aspekte von Organisationskultur und Mitarbeiterbeteiligung nicht unerwähnt bleiben. Beides hat in nicht zu vernachlässigender Weise Einfluss auf Verfahren und Ergebnis von Personalbedarfsfeststellung und sollte in angemessener Weise bei der Konzeption eines Verfahrens berücksichtigt werden.

Unter Organisationskultur oder auch Arbeitskultur versteht man die bewussten und unbewussten Abläufe, Gewohnheiten und Arbeitsweisen, welche sich in jeder Organisation mit der Zeit herausbilden. Auf diese Besonderheiten der Organisation kann man nur in begrenztem Maße gezielt Einfluss nehmen. Zum einen liegt dies daran, dass viele Vorgänge unbewusst geschehen und entweder gar nicht (mehr) wahrgenommen werden, oder als vollkommen normal gelten und daher nicht hinterfragt werden. Wenn man an Personalbemessung denkt, wird man dies nicht zuerst in Verbindung mit der Frage nach der Organisationskultur bringen. Und doch ist es hilfreich, sich gezielt darüber Gedanken zu machen, wenn man über Personalbemessung nachdenkt, denn die eigene Organisationskultur ist mitbestimmend, wenn es um den Erfolg des Bemessungsverfahrens geht. Allein die Entscheidung, ob überhaupt Personalbemessung stattfindet, ist zum Teil abhängig von der Organisationskultur im ASD und auch von jener in der den ASD umgebenden Organisation (Jugendamt, gesamte kommunale Verwaltung). Denn es gilt, dass „Maßnahmen zur Gestaltung der formalen Organisationsstrukturen nur begrenzt wirksam sind, wenn nicht gleichzeitig auch der Sinn dieser Maßnahmen von den Mitarbeitern aufgenommen und umgesetzt wird" (Merchel 2010a, 89). Gibt es innerhalb der eigenen Organisation möglicherweise eine Abneigung gegenüber bestimmten Verfahren zur Personalbemessung, kann jedes noch so gute Verfahren in der Umsetzung auf Ressentiments stoßen, welche den Erfolg eines jeden Personalbemessungsverfahrens zu gefährden in der Lage sind. Um zu vermeiden, dass diese Ressentiments im offenen oder versteckten Boykott eines Verfahrens münden oder die Teamatmosphäre negativ beeinflussen, sollten sie im Vorhinein ausgesprochen werden (Schilay et al. 2009, 18 f.). Tatsächlich herrscht nachweisbar ein Zusammenhang zwischen einer mitentscheidenden Beteiligung der Mitarbeiter und der allgemeinen Zufriedenheit mit der Durchführung und dem Ergebnis einer Personalbemessung (Merchel et al. 2010b, 76).

33.1 Warum Personalbemessung?

Die Mitarbeiteranzahl, welche notwendig ist, um die vor Ort anfallende Arbeit jederzeit qualitativ mindestens akzeptabel zu erfüllen, anhand von Kriterien und Formeln zu berechnen, wurde innerhalb des Arbeitsfeldes häufig zunächst als Zumutung, als ‚BWL-isierung' des Arbeitsfeldes (miss-)verstanden. Eine Berechnung impliziert die Forderung nach Quantifizierbarkeit Sozialer Arbeit und somit auch die Einführung betriebswirtschaftlicher Messgrößen. Dies kann zunächst Skepsis hervorrufen (Schilay et al. 2009, 18 f.; ZBFS 2010, 6). Tatsächlich lässt sich aber theoretisch wie auch praktisch zeigen, dass Personalbemessung das Potenzial birgt, eine Vielzahl positiver Effekte für den ASD freizusetzen, die sich unter den folgenden Punkten zusammenfassen lassen:

1. Personalbemessung als Basis aller Steuerungsaufgaben;
2. Personalbemessung zur Sicherstellung einer adäquaten Personalausstattung;
3. Personalbemessung als Anlass zur Reflexion der eigenen Organisationsabläufe, Aufgabengestaltung und Arbeitskultur.

Zu 1: Grundsätzlich besteht in jedem Arbeitsfeld die Notwendigkeit festzustellen, wie viele Arbeitskräfte für die anfallenden Aufgaben benötigt werden. In der Sozialen Arbeit, insbesondere im Sozialen Dienst, besteht dafür sogar eine erhöhte Priorität, da die Arbeit häufig nicht verschoben oder aufgeschoben werden kann. Mit den Fachkräften der Sozialen Dienste steht und fällt in allen sozialen Berufen in besonderem Maße die Qualität der geleisteten Arbeit. Die konkrete Tätigkeit – die Arbeit mit Menschen – ist es, welche das Berufsfeld kennzeichnet und in ganz unmittelbarer Weise Resultate hervorruft (Merchel et al. 2010a, 6). Die Fachkräfte im Sozialen Dienst sind dabei einer Vielzahl von belastenden Situationen und Einflüssen ausgesetzt (Merchel et al. 2010a, 27 f.).

Überarbeitung und Überforderung der Fachkräfte als eine direkte Folge bei Unterbesetzung wirkt sich in der Sozialen Arbeit immer unmittelbar und sofort auf die Qualität der geleisteten Arbeit und entsprechend auch auf die Qualität der zu erwartenden Resultate aus. Den Leitungspersonen steht eine Vielzahl differenzierter Instrumente zur Verfügung, um die Belastungssituation so erträglich wie möglich zu gestalten (Merchel et al., 2012). Diese können aber nur dann nachhaltig wirken, wenn eine grundlegende Bedingung erfüllt ist: das Vorhandensein einer akzeptablen Anzahl von Personalstellen für den Sozialen Dienst. Nur wenn die Fachkräfte in ausreichender Zahl zur Verfügung stehen, können Steuerungsmechanismen und entlastende Maßnahmen darauf aufsetzen, um die Aufgabenerfüllung sicherzustellen und die Arbeitsergebnisse positiv zu beeinflussen. In einer Situation chronischer Unterbesetzung hingegen können auch Eingriffe der Leitung häufig nur noch punktuell und kurzfristig erfolgen. Eine angemessene Erfüllung der Aufgaben ist dann gefährdet (Merchel et al. 2011, 29 f.). Ausreichend qualifiziertes Personal für alle anfallenden Aufgaben zu haben, ist daher nicht nur wünschenswert, sondern gerade in diesem Handlungsfeld, in dem Akten nicht beliebig lange liegen gelassen und Prozesse nicht beliebig unterbrochen werden können, die erste Bedingung für eine funktionierende Aufgabenerfüllung. Um sicher sein zu können, dass ausreichend Personal für alle anfallenden Aufgaben zur Verfügung steht, muss es Kriterien geben, welche diesen Zustand anzuzeigen vermögen. Die Feststellung des Personalbedarfes ist demnach ein Dreh- und Angelpunkt funktionierender und aktiver Organisationsgestaltung.

Zu 2: Im vorherigen Absatz wurde in den Vordergrund gestellt, dass eine Organisation sich Klarheit darüber verschaffen muss, wie viel Personal für die Aufgabenerfüllung notwendig ist. Das Wissen um die notwendige Personalausstattung führt jedoch nicht automatisch auch zur Bereitstellung der erforderlichen Ressourcen durch die Kommunalverwaltung. Eine kriterienbasierte Personalbemessung, die von der Personalverwaltung bzw. den entsprechenden Entscheidungsträgern anerkannt wird, kann als Argumentationshilfe in Personalstellenverhandlungen dienen. Die Anerkennung des Verfahrens durch alle Beteiligten (Mitarbeiter, Leitungskräfte, Personalverwaltung und ggf. die Verwaltungsspitze) steht bei diesem Aspekt im Vordergrund. Die überwiegende Anzahl von ASD ist in Kommunen beheimatet, die einem gewissen Haushaltsdruck unterliegen (Merchel et al. 2010b, 33 f.) und in denen daher die Einrichtung jeder neuen, häufig auch schon die Erhaltung jeder frei werdenden Stelle eine möglichst objektive Begründung verlangt. Es geht also darum, objektivierte Kriterien zu finden, welche es erleichtern, zu übereinstimmenden Einschätzungen der Personalsituation zu kommen. Dies entlastet nicht zuletzt auch die mittlere Führungsebene, welche infolge einer solchen festen Absprache nicht mehr um jede Wiederbesetzung erneut kämpfen muss. Gerade diejenigen ASD, welche sich durch geeignete Verfahrensstandards und feste Absprachen mit der Kommune Handlungsspielraum (zurück) holen und/oder bewahren können, verfügen auch unter erschwerten Bedingungen noch über eine akzeptable Personalausstattung (Merchel et al. 2012). Die Zielvorstellung übereinstimmender Einschätzungen lässt sich am besten dann erreichen, wenn für alle Beteiligten möglichst transparent gemacht wird, warum wie viel Personal benötigt wird. Nur wenn alle Beteiligten einen gemeinsamen Kenntnisstand haben, besteht auch eine faire Verhandlungsgrundlage. Fehlentscheidungen, die aus unzureichendem Wissen getroffen werden, können vermieden werden. Das Stichwort lautet also *Transparenz*. Unter Transparenz soll in diesem Kontext die Offenlegung aller impliziten und expliziten Arbeitsaufgaben, –routinen und –wege verstanden werden. Dies wird in vielen ASD bereits durch ein sogenanntes Qualitätshandbuch mehr oder weniger aktiv umgesetzt. Ein Qualitätskatalog, der die Arbeit umfassend beschreibt, ist aber nur dann sinnvoll, wenn er mit dem Wissen um die jeweils notwendige Arbeitszeit verknüpft wird. Je direkter diese Verknüpfung stattfindet, desto einfacher ist es in der Folge, die Übersicht darüber zu wahren, welchen Zeitaufwand bestimmte Arbeitsschritte und Qualitätsstandards erfordern. Zum anderen kann auf Basis einer solchen direkten Verknüpfung nach außen deutlich gemacht werden, für welche speziellen Aufgaben der Personalumfang nicht ausreicht, welche direkten Folgen also die Personalpolitik hat (Schilay 2010, 18 f.).

Zu 3: Kriterienbasierte Personalbemessung ist nicht nur Basis des Personalmanagements und Grundlage für die Rechtfertigung einer bestimmten Anzahl von

Personalstellen. Einige Verfahren der Personalbemessung fordern die Reflexion über Arbeitsweisen und Arbeitsstrukturen heraus. Die Personalbemessung kann Anlass sein, die eigenen, unhinterfragten und teils unbewussten Arbeitsweisen bewusst zu machen und einer kritischen Prüfung zu unterziehen. Bei einigen Bemessungsverfahren werden Arbeitsinhalte und -wege zwangsläufig explizit. Damit werden viele unbewusste und unbewusst gewordene Verhaltensweisen der Organisation und ihrer Mitglieder sichtbar und können zum Gegenstand einer kritischen Betrachtung werden. Unbewusste Verhaltensweisen, die der Organisation nicht (mehr) förderlich sind, weil sie beispielsweise aus längst überholten Rahmenbedingungen entstanden sind, werden deutlich und können verändert werden. Personalbemessung kann somit im positiven Sinne als Irritation und damit als Chance zur sonst häufig im Alltag untergehenden Reflexion betrachtet werden (ZBFS 2010, 6 f.).

33.2 Vorstellung und Diskussion gängiger Verfahren der Personalbemessung

Entscheidet man sich für eine kriterienbasierte Personalbemessung, so steht man als nächstes vor der Frage, welches Verfahren zur Anwendung kommen soll. Die gängigen Verfahren unterscheiden sich darin, welche Hinweis gebende Messgrößen verwendet werden, um Rückschlüsse auf die Anzahl des benötigten Personals zu ziehen. Zwischen ähnlichen Verfahren bestehen zusätzlich noch Unterschiede in der Komplexität der Berechnung. Im Folgenden werden die gängigen Verfahren dargestellt und diskutiert. In der Diskussion liegt der Fokus auf der Frage, wie gut die jeweiligen Verfahren in der Lage sind, die beschriebenen positiven Effekte freizusetzen und den zu diesem Zweck notwendigen Kriterien zu genügen, ohne dabei mehr als notwendig in den Arbeitsalltag einzugreifen.

33.2.1 Varianten mit einer einzelnen Messgröße

Ein übliches Verfahren ist die Bemessung von Personal anhand der *Einwohnerzahl* bzw. der Jugendeinwohnerzahl im Zuständigkeitsbereich des ASD. Im Jahr 2010 gaben 35 % der ASD an, auf diese Messgröße zurückzugreifen (teils in Verbindung mit weiteren Indikatoren; Merchel et al. 2010a, 22 f.). Die Anzahl der (Jugend-)Einwohner einer Kommune hat aber nur einen begrenzten Aussagewert für die Personalbemessung, da die Bevölkerungsstruktur in dieser einfachen Variante der Berechnung nicht berücksichtigt wird. Unterschiede der Sozialstruktur – und damit verbunden der unterschiedliche Hilfebedarf bzw. das unterschiedliche Fallaufkommen – sowohl innerhalb einer Kommune als auch über den Zeitverlauf und im interkommunalen Vergleich können in dieser Berechnung nicht ohne weiteres einbezogen werden. Deshalb kann ein Jugendeinwohnerwert allenfalls angereichert mit viel Erfahrung oder mit einer langen Reihe von Vergleichswerten eine gewisse Aussagekraft erhalten. Wird nur die Einwohnerzahl statt der Jugendeinwohnerzahl herangezogen, kommt es zu noch größeren Unwägbarkeiten, da das Personal dann anhand einer Größe bemessen wird, die, bezogen auf die Aufgaben des ASD, nicht in direkter Weise relevant ist.

Ein noch häufiger anzutreffendes Verfahren ist die Personalbemessung anhand der *Fallzahlen* und deren Umrechnung auf eine Vollzeitstelle. Dies ist bundesweit das gängigste Verfahren. Fast 60 % der ASD gaben 2010 an, dieses Kriterium zur Personalbemessung heranzuziehen (teils in Verbindung mit weiteren Kriterien; Merchel et al. 2010a, 22 f.). In der einfachsten Variante wird dazu lediglich die Anzahl der Fälle pro Vollzeitstelle gezählt und mit einem festgelegten Richtwert für die maximal zumutbare Anzahl verglichen. Die zumutbare Anzahl an Fällen kann entweder aus der Erfahrung innerhalb der Organisation abgeleitet worden sein oder gründet sich auf entsprechenden Empfehlungen aus der Organisationsberatung oder aus einem interkommunalen Vergleich. Dieses Verfahren eignet sich unter bestimmten Voraussetzungen, um die Aufteilung der Arbeit innerhalb des ASD zu steuern und die Fallbelastungen aller Mitarbeiter ähnlich hoch zu halten. Für eine Personalbemessung in dem hier vertretenen Sinn ist es jedoch nur sehr eingeschränkt geeignet. Durch die Berechnung anhand des eindimensionalen Kriteriums Fallzahl bzw. Einwohnerzahl wird in beiden Verfahren die Komplexität der Arbeit im ASD zu stark reduziert. Dies ist in mehrfacher Hinsicht problematisch (Schnurr / Leitner 2008, 9 ff.):

- Die Messgrößen selbst tragen keine Information über die tatsächlich zu leistende Arbeit in sich, denn ein bestimmter Wert dieser Größen lässt nur mit viel Erfahrung und nur bezogen auf den konkreten Arbeitszusammenhang des jeweiligen ASD (durch Interpretation) einen Rückschluss auf den damit verbundenen Arbeitsaufwand bzw. den zu erwartenden Verbrauch von Arbeitszeit zu. Schlüsse auf die Arbeitsintensität können aus der reinen Anzahl der Fälle nicht gezogen werden. In der Praxis kennen die Organisationsmitglieder zwar meist die Spezifika einzelner Stadtteile, und durch entsprechende Erfahrung und Kommunikation finden sich in der Praxis Modi, um die Ergebnisse der Berechnungen zu interpretieren. Wenn aber letztlich die Erfahrung und darauf basierende Interpretationen im Einzelfall darüber entscheiden, wie die Ergebnisse zu bewerten sind, dann wird dies dem Sinn kriterienbasierter Bemessung nicht gerecht. Damit sollte deutlich geworden sein, dass jegliche Personalbemessung, welche nur über die Erhebung von Fallzahlen funktioniert, der Vielfalt der Aufgabeninhalte nicht gerecht werden kann.
- Wenn sich der tatsächliche Arbeitsaufwand nicht direkt aus den Messgrößen ableiten lässt, besteht die Gefahr, dass die Richtwerte für Fall- und Einwohnerzahlen, die pro Mitarbeiter zu bewältigen sind, willkürlich festgelegt werden und nicht am realen Handlungsbedarf ausgerichtet, sondern der Kassenlage angepasst werden. Fall- und Einwohnerzahlen eignen sich daher aufgrund der Offenheit für Interpretationen nicht als ‚hartes' Kriterium in Verhandlungen.
- Die unterschiedlichen Arbeitskulturen (s. u.) und das unterschiedliche Fallverständnis der einzelnen deutschen ASD führen zu einer Unvergleichbarkeit der Personalbemessung auf Grundlage der genannten Messgrößen. Dennoch wird dieser Vergleich auf der politischen Ebene gerne gezogen. Ohne die spezifische Fachkenntnis, warum ein Einwohner- oder Fallzahlenvergleich eine nur begrenzte Aussagekraft hat, können solche Zahlen schnell als Argumentationsgrundlage gegen einen notwendigen Personalzuwachs im ASD eingesetzt werden.
- Die Fokussierung auf Fall- oder Einwohnerzahlen vernachlässigt alle weiteren, fallübergreifenden oder fallunabhängigen Arbeitsinhalte (Systemzeiten) der ASD-Fachkräfte.
- Die Erhebung von Fall- oder Einwohnerzahlen bietet keinen besonderen Anlass zur Reflexion der eigenen Arbeit. Wenngleich Reflexion nicht erster Grund für Personalbemessung ist, so kann ein solcher positiver Nebeneffekt in anderen und präziseren Verfahren doch besser genutzt werden.

33.2.2 Varianten mit mehreren Messgrößen

Dem Problem der Eindimensionalität wird in der Weiterentwicklung der vorher genannten Verfahren begegnet, indem weitere Messgrößen hinzugefügt werden. So entstehen Formeln, welche die Fall- oder Einwohnerzahlen nach sozialstrukturellen Gesichtspunkten einzelner Bezirke gewichten (vgl. dazu insb. Jordan / Schone 1998, 346). Fallübergreifende und fallunabhängige Arbeitsinhalte (Systemzeiten) werden einbezogen, indem der Berechnung pauschale Zeitkontingente hinzugefügt werden. Die Erhebung der Sozialstruktur ist jedoch ein sehr arbeitsaufwendiger Prozess, der zudem von der Frage abhängt, inwieweit standardisiert verfügbare Daten zur Sozialstruktur überhaupt einen Rückschluss auf das Fallaufkommen zulassen (Bruckner 2009). Schnurr / Leitner stellen dazu fest:

„Der Sozialraumindex kann nur dazu verwendet werden, um eine gegebene Menge von Personal bedarfsgerecht auf kleinere Zuständigkeitsbereiche zu verteilen. Er kann jedoch keine Aussage darüber liefern, wie viel Arbeitszeit für die Erledigung einer bestimmten Aufgabenmenge in einem gesamten Jugendamtsbezirk tatsächlich erforderlich ist" (Schnurr / Leitner 2008, 40).

Umfangreiche Sozialstrukturanalysen, die zudem regelmäßig erneuert werden müssen, erscheinen für die Praxisanwendung nur eingeschränkt geeignet. Die Umrechnung von Sozialstrukturdaten in Gewichtungsfaktoren zur Personalbemessung bleibt trotz aller statistisch messbaren Zusammenhänge letztlich unscharf. Ebenso unscharf sind pauschale Zeitkontingente zur Berücksichtigung der Systemzeiten. Die genannten Verfahren und ihre zahlreichen Variationen haben zwei wichtige Gemeinsamkeiten: Sie versuchen, aus externen Messgrößen einen (zukünftigen) Bedarf zu antizipieren, und keines der Verfahren ist dazu geeignet, daraus Richtwerte für den tatsächlichen Arbeitsumfang abzuleiten. Der Rückbezug auf die Arbeit der Fachkräfte geschieht einzig durch Erfahrungswerte, also durch mehr oder weniger willkürliche Festlegungen und kann nicht direkt an bestimmte Inhalte der Qualitätsstandards gekoppelt werden.

33.2.3 Zeitbasierte Modelle

Den im vorhergehenden Absatz geschilderten Problemen begegnen neuere Modelle, indem sie nicht äußere Größen zählen, sondern aus der tatsächlichen Zeit, welche zur Erledigung aller denkbaren Arbeitsschritte jeweils erforderlich ist, den Personalbedarf zur Erledigung aller anfallenden Aufgaben ermitteln. Auf diese Weise kann die Frage nach dem zu leistenden Aufwand pro Fall oder Arbeitsschritt realitätsbezogen beantwortet werden. Bereits in den 1980er Jahren veröffentlichte die KGSt Richtwerte für die mittlere Fallbearbeitungszeit (KGST 1985). In Multiplikation mit der Gesamtzahl der Fälle würde sich somit auf einfache Weise die erforderliche Personalstundenzahl ergeben. Es zeigte sich jedoch, dass die Vorstellung einer universell gültigen mittleren Bearbeitungszeit aufgrund der Tatsache, dass jeder ASD ein bisschen anders ist, sich nicht praktisch umsetzen ließ. Zudem wurde lediglich die fallbezogene Arbeit berücksichtigt, welche im Durchschnitt aber nur zwischen 50 % und 60 % der Arbeitsinhalte ausmacht (vgl. Schnurr/Leitner 2008, 26; Merchel et al. 2010a, 17). Daher konnte sich der Gedanke der mittleren Bearbeitungszeiten zunächst nicht durchsetzen, wurde aber in der Folge regelmäßig wieder aufgegriffen. Die modernen Ansätze beziehen zur Bemessung der mittleren Bearbeitungszeiten alle Tätigkeiten ein, welche im ASD anteilig auftreten, also auch die Systemzeiten, und sie berücksichtigen die Bandbreite unterschiedlicher Fallintensitäten. Notwendigerweise erfordert dieses Vorgehen eine Auseinandersetzung mit allen vor Ort üblicherweise auftretenden Arbeitsprozessen und deren durchschnittlicher Dauer. Damit sind diese Verfahren relativ komplex. Die Entwicklung der Personalbemessung im ASD hat aber gezeigt, dass nur komplexe Verfahren in der Lage sind, die vielschichtige Arbeit auch angemessen abzubilden.

Zeitbasierte Bemessungsverfahren unterscheiden sich vor allem hinsichtlich der Frage, ob 1. die Arbeitszeit

- kontextbasiert oder
- tätigkeitsbasiert

kategorisiert wird, sowie hinsichtlich der Frage, wie 2. die erforderlichen Zeitkontingente festgestellt werden, ob sie also

- durch die Fachkräfte geschätzt,
- durch Leitungspersonen festgeschrieben,
- durch Dokumentation ermittelt,
- auf Basis veröffentlichter Richtwerte (vgl. z. B.: ZBFS 2010) übernommen werden.

Zu 1.: Im Rahmen kontextbasierter Arbeitszeitunterteilung werden die Arbeitsinhalte in Fallgruppen unterteilt. Der Auflösungsgrad ist dabei variabel. Denkbar ist eine relativ grobe Unterteilung nach ambulanten und stationären Fällen, Vormundschaften, Beratungen und Familiengerichtsfällen (Schnurr 2003) bis hin zu einer sehr fein strukturierten Aufteilung, wie sie für die Personalbemessung in Bayern (PeB) vorgenommen wurde, welche die Tätigkeiten in elf Kernprozesse und diese wiederum in Teilprozesse aufgliedert (ZBFS 2010). In jedem Fall werden dieser Rechnung noch Zeitkontingente für fallübergreifende und fallunabhängige Tätigkeiten hinzugefügt (für eine Aufstellung dieser „Systemzeiten": ZBFS 2010).

Im Gegensatz zur kontextbasierten Bemessung wird beim tätigkeitsbasierten Ansatz nicht nach den Arbeitsanlässen unterschieden, sondern eben nach Tätigkeiten. Tätigkeitsbasierte Verfahren zielen darauf ab, die Gesamtheit aller auszuführenden Tätigkeiten zeitlich zu erfassen, unabhängig davon, aus welchem Anlass sie ausgeführt werden. Auch bei diesen Verfahren ist der Auflösungsgrad variabel. Denkbar sind sowohl eher grobe Unterteilungen, welche beispielsweise alle Klientenkontakte in einer Kategorie zusammenfassen (Lammerding/Szlapka 2008), wie auch eine sehr fein aufgegliederte Erfassung, bei der einzelne Tätigkeiten wie Dokumentation, Telefongespräche, Gerichtstermine, Fahrzeiten, Adressatengespräche, Arbeitsplatzorganisation etc. differenziert werden (Meyer/GEBIT 2009). Die tätigkeitsbasierte Erfassung von Arbeitszeit hat den Vorteil, dass sie kleinteiliger gestaltet werden kann als die kontextbasierte Erhebung. Die gewonnenen Daten können bei entsprechender Vorbereitung nachträglich in unterschiedlichen Kontexten zusammengestellt werden.

Zu 2.: Was die Erfassung der erforderlichen Zeitkontingente betrifft, so bestehen in den Verfahren hauptsächlich Unterschiede bezüglich des zur Feststellung erforderlichen Aufwands. Daneben spielen aber auch die lokalen Rahmenbedingungen (z. B. Arbeitskultur und Aushandlungsprozesse mit der Personalverwaltung) eine Rolle. Am wenigsten aufwendig in der Umsetzung sind sicherlich die Verfahren, welche auf Basis bereits erarbeiteter Richtwerte Festlegungen treffen. In einigen Kommunen mag es wiederum nicht anders möglich sein, als sich gewissen Festschreibungen zu unterwerfen, welche bestenfalls in einem Aushandlungsprozess zwischen Leitung, Personalverwaltung und Mitarbeitern erarbeitet werden. Denkbar sind hier auch Verfahren, die eine Mischung aus Selbsteinschätzung der Fachkräfte, Aushandlungen mit den Leitungskräften und einem Vergleich mit bereits veröffentlichten Richtwerten bilden. Davon abgehoben ist das deutlich aufwendigere, aber genaue Verfahren der eigenen Erhebung durch Dokumentation aller Arbeitsschritte innerhalb eines überschaubaren Zeitraumes von einigen Wochen. In diesem Fall dokumentieren entweder eine Teilgruppe oder alle Mitarbeiter des ASD jegliche geleistete Arbeit entweder kontext- oder tätigkeitsbasiert unter Angabe der dafür benötigten Zeit über einen gewissen Zeitraum. Die Ergebnisse dieser Erhebung können dann verallgemeinert und fortgeschrieben werden. Zeitbasierte Personalbemessung stellt die derzeitige ‚Spitze' der Entwicklung passgenauer Verfahren dar. Auch die weniger hochauflösenden Varianten dieses Verfahrens sind immer noch eine bessere Wahl als die klassischen eindimensionalen Verfahren. Der höhere Aufwand, der im Vergleich mit eindimensionalen Verfahren für die Durchführung veranschlagt werden muss, dürfte sich für die meisten ASD am Ende auszahlen. Dafür sprechen mehrere Gründe:

- Zeitbasierte Bemessungsverfahren schließen immer auch eine mehr oder weniger fein strukturierte Beschreibung der Aufgaben ein und erfüllen damit die beschriebene Anforderung, die Organisation nach innen und außen transparent zu machen. Die Ergebnisse kommen auf eine transparente Weise zustande und lassen eine objektivierte Bewertung zu.
- Insbesondere wenn der Zeitbedarf durch eine eigene Erhebung oder zumindest durch eine Schätzung der Mitarbeiter festgestellt wird, ist dies auch ein guter Anlass, eigene im Alltag unbewusste Arbeitsweisen zu reflektieren und infolge dessen Organisationsevolution anzustoßen.
- Die erhobenen Zeiten für Arbeitskontexte oder -tätigkeiten können in direkte Verbindung zu einem vorhandenen oder im Zuge dessen erarbeiteten Qualitätsmanagement gebracht werden. Dies gibt der ASD-Leitung einerseits die Möglichkeit, beispielsweise in Zeiten besonderer Belastung vorübergehend gezielt einzelne Qualitätsanforderungen zu senken. Ein solcher temporärer ‚Rückzug auf die Kernaufgaben' ermöglicht die passgenau zugeschnittene Entlastung einzelner oder aller Mitarbeiter, bis die Unterbesetzung behoben ist. Andererseits kann auch gegenüber der Personalverwaltung und der Verwaltungsspitze explizit deutlich gemacht werden, welche unmittelbaren Qualitätseinbußen personelle Vakanzen nach sich ziehen.
- Systemzeiten wie z. B. Fahrzeiten und Zeiten für niederschwellige Beratungsangebote fließen in die Berechnung mit ihrer tatsächlichen Dauer ein und basieren nicht auf pauschalen Schätzungen.
- Wenn die durchschnittlichen Zeiten für alle Arbeitsschritte erhoben wurden und ein System zur Berechnung erst einmal steht, so sollte dies ohne großen Aufwand fortgeschrieben werden können, um die positiven Effekte mit geringem Aufwand möglichst langfristig aufrecht zu erhalten.

33.3 Fazit

In der Sozialen Arbeit stoßen Instrumente, die an betriebswirtschaftliche Verfahren erinnern, noch immer vielerorts auf Widerstände. An dieser Stelle ist es die Aufgabe der ASD-Leitungen, aufzuklären. Personalbemessung im ASD führt, wenn sie durchdacht und unter Einbezug aller Beteiligten und Betroffenen durchgeführt wird, nicht etwa zu einer im negativen Sinne vollkommen durchstrukturierten Fließbandarbeit. Das Fachwissen und die Kompetenz der Fachkräfte erfahren vielmehr dann gerade eine Würdigung, wenn faire und realistische Zielvorgaben gefunden und über Qualitäts- und Verfahrensstandards umgesetzt werden. Ein qualifiziertes ‚Durchwursteln' erscheint den Handelnden möglicherweise auf den ersten Blick selbstbestimmter, da die Grenzen der eigenen Handlungen und die zugrundeliegenden Bedingungen nicht klar festgelegt sind. Diese Unbestimmtheit birgt aber gerade unter schlechten Finanzbedingungen die Gefahr, dass dem ASD Beschränkungen von außen auferlegt werden. Tatsächlich schützt daher ein gutes Management, welches allen Entscheidungen möglichst transparente und durch messbare Daten unterlegte Argumente zugrunde legt, den ASD und die Mitarbeiter. Ein klar definierter Handlungsspielraum wirkt also zwar zunächst begrenzend, lässt sich jedoch – um im Bild zu bleiben – an diesen Grenzen auch viel besser verteidigen. Es sollte deutlich geworden sein, dass eine angemessene Personalbemessung zur Etablierung und zum Erhalt eines solchen Handlungsspielraumes beitragen kann.

Das Potenzial von Personalbemessung wird aber nur dann ausgeschöpft, wenn das Verfahren systematisch, durchdacht und zielorientiert ausgesucht und durchgeführt wird. *Personalbemessung muss ein Ziel haben.* Nur wenn im Vorfeld allen Beteiligten klar ist, welche Ausgangslage vorliegt und welche Zielvorstellung existiert, kann das Verfahren auch auf die individuellen Bedürfnisse der eigenen Organisation ausgerichtet und in diesem Sinne angepasst werden. Der Prozess der Personalbemessung lässt sich dabei in gewisser Weise als Spezialfall einer Evaluation verstehen. Bei der Konzeption einer Evaluation versucht man, unter einer klaren Zielstellung Messgrößen (Kriterien mit entsprechenden Indikatoren) zu finden, welche fortlaufend oder summativ Auskunft über die Zielerreichung geben (Merchel 2010d, 40 ff.). Personalbedarfsplanung versucht, unter der Maßgabe des Ziels einer adäquaten Personalausstattung Kriterien zu deren Bemessung zu finden. Für die Kriterien der Personalbemessung sollten daher dieselben Maßstäbe angelegt werden wie bei einer Evaluation. *Die Kriterien müssen so beschaffen sein, dass die Ergebnisse valide, objektiv und reliabel sind.* Eindimensionale Verfahren – das sollte deutlich geworden sein – sind dazu nicht in der Lage. Vielmehr bedarf es eines Verfahrens, welches alle relevanten Aspekte der jeweiligen Organisation abzubilden vermag. Viele wesentliche Punkte für die Errechnung der erforderlichen Personalstellen liegen außerhalb der HzE-Fallbearbeitung. Diese *Systemzeiten müssen berücksichtigt werden.* Schließlich gilt noch: *Das Verfahren sollte zukunftstauglich sein.* Die Ergebnisse der Personalbemessung sollten unter konstanten Bedingungen mit wenig Aufwand fortgeschrieben werden können.

34 Personalentwicklung im ASD

Von Hildegard Pamme

- Personalentwicklung kann nur dann einen substanziellen Beitrag zur adäquaten Aufgabenerfüllung im ASD leisten, wenn sie als kontinuierlicher, aktiv zu gestaltender Entwicklungsprozess verstanden wird. Die Richtung für die Veränderung wird in den nachfolgenden Leitsätzen deutlich.
- PE im ASD ist nicht allein eine Frage der Anwendung einer Vielzahl von Maßnahmen. Kennzeichnend für eine gelingende PE ist vielmehr ein Verständnis, bei dem Antworten für die spezifischen Herausforderungen im ASD gefunden werden.
- Ausgangspunkt für eine gelingende PE im ASD sollte ein auf den ASD als Handlungsfeld ausgerichtetes Kompetenzprofil sein (Pamme/Merchel 2014).
- Zu den Herausforderungen der ASD-Tätigkeit zählt eine spezifische Form von Arbeitsbelastung, die in Qualität und Quantität zunimmt (Merchel et al. 2012; Seckinger et al. 2008, 34 f.). Gelingende PE im ASD setzt einen aktiven Umgang mit Fragen von Arbeitsbelastung voraus (→ Kapitel 31).
- Dabei werden Maßnahmen der PE allein kaum in der Lage sein, adäquate Antworten auf die spezifischen Herausforderungen der ASD-Arbeit zu finden. Sie sind als Teil von Personalmanagement vielmehr in ein umfassendes Konzept einer fachlichen Gesamtsteuerung des ASD einzubetten.
- Angesichts der Tatsache, dass immer mehr Berufsanfänger Tätigkeiten im ASD übernehmen, ist eine strukturierte Einarbeitungsphase, für die der ASD als Organisation eine Gewährleistungspflicht hat, ein „Muss" in der Personalentwicklung.
- Sollen eher arbeitsfeldbezogene Praktiken wie die kollegiale Beratung, Supervision und/oder Coaching für die PE genutzt werden, stehen Leitungskräfte vor der Herausforderung, diese gezielt für die Aufrechterhaltung und Weiterentwicklung der Qualifikation der Fachkräfte zu nutzen. Kollegiale Beratung und Supervision allein zusätzlich zu ihren fachlich-methodischen Zielsetzungen auch mit Funktionen der PE zu etikettieren, reicht nicht aus.
- Umgekehrt stehen Leitungskräfte im Hinblick auf Maßnahmen der PE, die betriebswirtschaftlichen Managementmodellen entstammen, vor der Notwendigkeit, diese an die spezifischen Herausforderungen der Aufgabenerledigung im ASD anzupassen. Die privatwirtschaftliche Betonung von Leistungsdifferenzierung, Erfolgsorientierung und Karriereplanung vermag der sozialpädagogischen Profession nur dann Impulse zu verleihen, wenn diese aus der Logik der Profession angewendet werden.
- Die Identifizierung von erfolgreichen Praktiken der PE in der einen Kommune ist per se keine Erfolgsgarantie für andere Kommunen. Unterschiedliche Modelle fachlich-konzeptioneller Steuerung, unterschiedliche Organisationsstrukturen, -kulturen und die schlichte Anzahl der Mitarbeiter im ASD machen es nötig, PE-Strategien für einzelne ASD zu entwickeln, sie kommunikativ zu etablieren und für ihre kontinuierliche Weiterentwicklung zu sorgen.

„Personalentwicklung" ist ein weites Feld und eine viel verwendete und uneinheitlich benutzte Vokabel. Was im Einzelnen genau unter Personalentwicklung (künftig: PE) verstanden wird, liegt daran, wer darüber in welchem Zusammenhang spricht oder schreibt. Im Folgenden sollen unter PE alle Dimensionen des Organisationshandelns verstanden werden, die geeignet sind, die Handlungskompetenz der Mitarbeiter weiterzuentwickeln, zu erhalten und ständig zu erneuern. PE in diesem Sinne verfolgt das Ziel, die Qualifizierung der Mitarbeiter zu gewährleisten und kontinuierlich aufrechtzuerhalten (Merchel 2010a, 80 ff.; zur Übersicht: Becker 2013). Um Kompetenzen von Fachkräften angemessen in den Blick zu nehmen, müssen sich Leitungskräfte vor Ort darüber klar werden, was ihre Fachkräfte und Teams „können sollen". Über ein spezifisch für den ASD entwickeltes Kompetenzprofil lassen sich Basiskompetenzen, notwendige Kompetenzen und Bonuskompetenzen identifizieren, die für die konkrete Arbeit vor Ort entscheidend sind. Über die Beobachtung und Bewertung dieser Kompetenzen im Laufe der Berufsbiographie kann ein Kompetenzprofil zu einem nützlichen Steuerungsinstrument werden (Pamme / Merchel 2014).

PE fängt bereits mit der Personalbeschaffung, -auswahl und Einarbeitung an. Aus der Vielfalt konkreter PE-Maßnahmen werden in diesem Beitrag beispielhaft Arbeitsformen des Arbeitsfeldes ASD, die auch zur PE genutzt werden können (kollegiale Beratung, Supervision, Coaching) und typische Instrumente betriebswirtschaftlicher Managementmodelle (Zielvereinbarung, Mitarbeiterentwicklungsgespräche und leistungsbezogene Bezahlung) vertiefend vorgestellt. Ausführungen zu Fort- und Weiterbildungen als PE i. e. S. werden vorangestellt. Die konzeptionelle Vorstellung dieser konkreten Maßnahmen und ihre Bewertung vor dem Hintergrund einer gelingenden PE stehen dabei im Mittelpunkt der Betrachtung (zum Begriff des Gelingens: Gissel-Palkovich et al. 2010, 35 ff.).

Dazu wird auf ausgewählte empirische Ergebnisse aus dem Forschungsprojekt „Personalmanagement im ASD" (Merchel et al. 2012) zurückgegriffen. Bei der Befragung von 224 bundesdeutschen ASD hat sich gezeigt, dass arbeitsfeldbezogene Maßnahmen der PE und Fort- und Weiterbildungen in der Einschätzung der befragten ASD-Leitungen besonders häufig angewendet und auch für wichtig erachtet werden. Zielvereinbarungen, Mitarbeitergespräche und die leistungsbezogene Bezahlung werden eher von Vorreitern genutzt. Die empirischen Ergebnisse waren Ausgangspunkt für das Praxisentwicklungsprojekt „Personalentwicklung im ASD", das zwischen 2011 – 2013 zusammen mit insgesamt 15 Jugendämtern aus Nordrhein-Westfalen und Schleswig-Holstein durchgeführt wurde. Durch die zusätzliche Unterstützung der beteiligten Landesjugendämter konnten hier an der Schnittstelle zwischen Wissenschaft und Praxis zahlreiche konkrete konzeptionelle Herangehensweisen und Arbeitshilfen entwickelt werden (Pamme / Merchel 2014).

Weiterführende konzeptionelle Überblicke von Maßnahmen zur PE in der Sozialen Arbeit finden sich in (Friedrich 2010, 82 ff.; Hölzle 2006, 75 ff.). Insgesamt gibt (Becker 2013) eine fundierte und ausgewogene Einführung aus betriebswirtschaftlicher Sicht.

34.1 Generelle Maßnahmen der Personalentwicklung

34.1.1 Personalbeschaffung und Personalauswahl

Die Qualität der Aufgabenerfüllung im ASD hängt wesentlich davon ab, ob die Stellen im ASD mit Fachkräften besetzt sind, die fachlich und persönlich in der Lage sind, die anspruchsvollen Aufgaben zu erledigen. Personalbeschaffung und Personalauswahl für den ASD werden derzeit von folgenden Entwicklungen beeinflusst:

- Die seit 2005 geltenden Tarifbestimmungen des Tarifvertrages für den öffentlichen Dienst (künftig: TVÖD) haben es für erfahrene Fachkräfte finanziell unattraktiv gemacht, von einem ASD in einen anderen zu wechseln. Bei einem Wechsel verlieren insbesondere erfahrene Fachkräfte ihre Einstufung bzw. den bei der Überführung des im Bundesangestelltentarifvertrages (BAT) erreichten Besitzstand. In der Konsequenz werden freie Stellen häufig mit Fachkräften besetzt, die gerade erst ihre Ausbildung abgeschlossen haben.
- ASD können in unterschiedlichem Maße geeignete Bewerber auf sich aufmerksam machen und an sich binden. Im besten Fall liegt ein ASD in einer Stadt mit einer Ausbildungsstätte, kann freigewordene Stellen extern besetzen und mit unbefristeten Stellen, die mit S 14 dotiert sind, locken. Deutlich schwieriger wird es in ländlichen Gebieten oder geographischen Randlagen, die gerade für Berufsanfänger als nicht attraktiv gelten.
- Bei prekären Haushaltslagen dürfen freie Stellen

im ASD nicht mehr extern ausgeschrieben werden, sondern müssen intern besetzt werden. Da es in Kommunalverwaltungen kaum Sozialpädagogen gibt, sind ASD häufig solange es geht von der Verpflichtung zur internen Einstellung ausgenommen. Spitzen sich prekäre Haushaltslagen weiter zu, werden über längere Vakanzen – sogenannte Wiederbesetzungssperren – Personalkosten eingespart. Ausnahmen sind für den ASD möglich und überaus sinnvoll. Ist auch der ASD von Wiederbesetzungssperren betroffen, können besorgniserregende Rückkopplungen einsetzen: Steigende Vertretungsnotwendigkeiten erhöhen das Risiko für mittel- bzw. langfristige Krankheitsausfälle, die zu neuen Vakanzen, weiter steigendem Vertretungsdruck und steigender Arbeitsbelastung führen.

- Die Ausbildung in der Sozialen Arbeit an Hochschulen, Fachhochschulen und Berufsakademien hat sich spezialisiert. Und auch die Studierenden mit Spezialkompetenzen im Bereich Kinder- und Jugendhilfe brauchen ein für den ASD charakteristisches Qualifikationsprofil. Sie müssen „Spezialisten fürs Allgemeine" sein. ASD-Fachkräfte brauchen einen allgemeinen, handlungsorientierten Überblick über konkurrierende konzeptionelle Ansätze, Methoden und Vorgehensweisen, den sie mit Blick auf die Erfordernisse und Notwendigkeiten eines konkreten Einzelfalles aktualisieren und anwenden können.

- In der Vergangenheit wurde daher häufig das verpflichtende Berufsanerkennungsjahr genutzt, um die ASD-spezifische Qualifikation von Fachkräften auszubilden und die Eignung von Bewerbern einzuschätzen. Durch diese am Ende des Studiums platzierte, einjährige Praxisphase gab es die Möglichkeit, in der Praxis nach und nach Verantwortung zu übernehmen und gleichzeitig in der Betreuung der Ausbildungsstätte zu bleiben. Hatten sich die Berufsanerkennungspraktikanten bewährt, wurden sie auf frei werdende Stellen übernommen. Mit der Abschaffung des Berufsanerkennungsjahres in der Mehrzahl der Bundesländer fehlt dem ASD diese Form von Ausbildung und Eignungstest. Die mittlerweile in die BA-Studiengänge integrierten Praxissemester vermitteln zwar Praxiserfahrungen. Durch die kürzere Laufzeit und die noch nicht abgeschlossene Ausbildung haben diese Praktikanten aber schwerpunktmäßig den Status von Lernenden und nicht von potenziellen Berufsanfängern. Grundsätzlich kann der Wegfall des Berufsanerkennungsjahres zum Teil durch einen aktiveren Umgang mit der halbjährlichen Probezeit, eine strukturierte Einarbeitungsphase (→ 34.1.2) oder durch sogenannte Traineeprogramme aufgefangen werden. Diese Praxis ist jedoch für die PE im ASD mit einem höheren Aufwand verbunden.

- Bei der konkreten Auswahl geeigneter Bewerber überwiegen klassische Auswahlinterviews. Wenn Auswahlinterviews gut vorbereitet werden und passende Fragetechniken zum Einsatz kommen, sind sie für den Auswahlprozess überaus hilfreich. In der Regel wollen Leitungskräfte nicht auf sie verzichten. Gerade in größeren ASD, die regelmäßig mehrere Stellen zu besetzen haben, kommen auch mehrdimensionale Auswahlverfahren in Betracht. Dazu können Auswahlinterviews z. B. um Fallbeispiele, Gruppenaufgaben und Arbeitsproben ergänzt werden. Möglich ist es, die Bearbeitung z. B. eines Fallbeispiels in der Gruppe diskutieren zu lassen. Die Diskussion findet dann unter Beobachtung des Auswahlgremiums statt. Diese in anderen Zusammenhängen gerne auch als Teil eines „Assessment-Centers" etikettierte Form des Auswahlprozesses ist für den ASD überaus vorteilhaft: Kompetenzen wie Team- und Kommunikationsfähigkeit, Entscheidungsfähigkeit unter Druck und die konkrete Anwendung konzeptionellen Wissens werden für die Leitungsebene beobachtbar. Wertvolle Hinweise für die konkrete Ausgestaltung von Personalauswahlverfahren in ASD mit unterschiedlichen Voraussetzungen finden sich in (Pamme/Merchel 2014). Ausgewählt werden die Bewerber, die dem Kompetenzprofil für die Personalauswahl am nächsten kommen.

34.1.2 Einarbeitung

Personen, die neue Aufgaben übernehmen, brauchen eine Einarbeitung. Dies gilt besonders für den ASD, der mit steigenden Ansprüchen an die Organisation als Ganzes und an die Leistungsfähigkeit der einzelnen Fachkräfte konfrontiert ist. Erst im Organisationsalltag ist erfahrbar, in welcher Weise professionsbezogenes Wissen in einer Organisation gelebt wird. Umgekehrt eröffnet der „fremde Blick" des Neulings auch Lernpotentiale für die Organisation. Wissen und Kompetenzen selbstständig in die Organisation einzubringen und sich innerhalb der zum Teil unterschiedlichen oder sogar widersprüchlichen Erwartungen der Organisation, der Vorgesetzten und Kollegen zu positionieren, ist ein wechselseitiger Orientierungs- und Anpassungsprozess. Durch eine strukturierte Einarbeitungsphase kann dieser Prozess deutlich gefördert werden. Einarbeitung wird dadurch aus drei Gründen unerlässlich:

1. Die Qualifikation als „Spezialist fürs Allgemeine" kann man letztlich nur „On the Job" lernen. Die Fähigkeit, breites Überblickswissen für einen konkreten Einzelfall zu aktualisieren, bedarf der berufsfeldspezifischen Sozialisation.
2. Junge Fachkräfte im Alter um die 25 Jahre verjüngen ASD-Teams. ASD-Leitungen schildern ihre Bereitschaft und Sicherheit im Umgang mit computerbasierten Unterstützungen der ASD-Arbeit und begrüßen den der Lebensphase eigenen Optimismus für Veränderungen. Gleichzeitig ist für die Anforderungen der Tätigkeiten im ASD auch eine gewisse „Lebenserfahrung" notwendig. Leitungskräfte sehen die Vielzahl junger Bewerber im Rahmen ihrer Fürsorgepflicht mit Sorge. In ASD mit gelingender Personalentwicklung antworten sie mit einer strukturierten Einarbeitungsphase auf diese Herausforderung.
3. Die psychische Beanspruchung im ASD ist hoch. Helfer und staatlicher Wächter von Kindern und Jugendlichen in krisenhaften Lebensphasen zu sein, ist auch für professionell ausgebildete Fachkräfte emotional hoch belastend. Ziel von Einarbeitung sollte es daher auch sein, Fähigkeiten auszubilden, mit der für die ASD-Tätigkeit spezifische Belastung konstruktiv umzugehen. Eine Forderung, die auch für etablierte Fachkräfte und eine gelingende PE insgesamt gilt.

Vor diesem Hintergrund darf es angesichts von Personalknappheit und Arbeitsbelastung nicht dazu kommen, dass neue Fachkräfte sich selbst überlassen werden oder über Verfahrensvorschriften und Qualitätsstandards gleichsam durch „Learning by Doing" in die Arbeit eines ASD integriert werden. Dabei gibt es keinen „One Best Way" für eine strukturierte Einarbeitung, sondern vielmehr ein Set von geeigneten Praktiken, die an die jeweiligen Voraussetzungen in einem konkreten ASD anzupassen sind. Entscheidend ist, dass die Einarbeitung für die neuen Kräfte verpflichtend ist. Die Verantwortung für die Einarbeitung ist eine organisationsbezogene Gewährleistungspflicht und liegt nicht in der Verantwortung der einzelnen jungen Fachkräfte. Dazu können anhand von Einarbeitungskonzepten konkrete Einarbeitungspläne aufgestellt werden. Hier werden die inhaltliche Reichweite und Zielsetzung und die konkrete kommunikative Verankerung festgelegt (Pamme/Merchel 2014). Unabhängig vom konkreten Setting dieser einzelnen Praktiken setzt eine strukturierte Einarbeitung voraus, dass die neuen Fachkräfte zu Beginn ihrer Tätigkeit geschont werden, indem sie noch keine komplexen schwierigen Fälle erhalten oder sogar nur ein reduziertes Aufgabenspektrum zu bearbeiten haben (geringere Anzahl von Fällen, eher wenig problematische Sozialräume oder räumlich kleinere Aufgabengebiete).

34.1.3 Fort- und Weiterbildungen

Fort- und Weiterbildungen (künftig: FuW) gehören wie alle anderen Formen des systematischen Wissenserwerbs zur PE im engeren Sinne. Dabei ist Fortbildung eher als Vertiefung und Erneuerung von Wissen- und Kompetenzen nach abgeschlossener Berufsausbildung zu verstehen, während Weiterbildung eine berufliche Veränderung und Neuorientierung ermöglicht (Becker 2013, 306 ff.). Aus organisationaler Perspektive macht es Sinn, beide Begriffe synonym zu verwenden.

Der Fort- und Weiterbildungsmarkt für Sozialpädagogen ist groß und unübersichtlich. Welche inhaltliche Ausrichtung und welche Institutionen für einen spezifischen ASD passend sind, ist stark von örtlichen Bedingungen abhängig (z.B. Höhe des Fort- und Weiterbildungsbudgets und der regionalen und überregionalen Angebotsstruktur). Entscheidender für die inhaltliche Ausrichtung von FuW im ASD ist vor dem Hintergrund einer gelingenden PE, ob zwischen dem Organisationsbedarf und dem Interesse der Fachkräfte an neuem Wissen und Kompetenzen eine Abwägung stattfindet. Die Interessen der Organisation können z.B. über eigene Projektgruppen zur PE oder über eine eher leitungsbezogene Fortbildungsplanung entwickelt werden. Andere ASD setzen bestimmte FuW als Standards voraus. Wie auch immer der Abstimmungsprozess erfolgt: Ein ASD kann den Nutzen von FuW optimieren, wenn eine explizite Steuerung stattfindet (Pamme/Merchel 2014).

Der Nutzen einer solchen Steuerung für den ASD ist dabei umso höher, je eindeutiger ein fachliches Gesamtkonzept im ASD kommuniziert und „gelebt" wird.

Neben der inhaltlichen Ausrichtung von FuW ist die Form des Angebots danach zu unterscheiden,

1. ob Fort- und Weiterbildungen intern oder extern angeboten werden,
2. ob die Fortbildung vom eigenen Fachpersonal oder extern durchgeführt wird.

Interne ASD-Fortbildungen haben den Vorteil, dass die Organisationsmitglieder, die auch für die Anwendung und Umsetzung von Wissen verantwortlich sind, sich gemeinsam in einen Lernprozess begeben. Die FuW kann „maßgeschneidert" an die konkreten Erfordernisse vor Ort angepasst werden. Der Wissenstransfer wie z. B. bei gesetzlichen Neuregelungen oder bei innovativen fachlichen Konzepten wird in der Logik der Organisation „verhandelt". In einigen ASD werden interne Fortbildungen gemeinsam mit freien und/oder gewerblichen Trägern angeboten. So kann gemeinsam an inhaltlichen oder methodischen Konzepten gearbeitet und gleichzeitig das Vertrauen der Kooperationsbeziehungen gestärkt werden. Interne FuW können allerdings den Nachteil haben, dass die bestehenden Kommunikationsmuster und Rollendefinitionen lediglich verstetigt werden. Innovative Ideen und Vorschläge können „versacken", weil Fachkräfte ihnen im Kontext der Organisation kaum Zukunftschancen einräumen. Losgelöst vom eigenen Organisationsgefüge können Fachkräfte in externen FuW eigene Ideen und Interessen unabhängiger weiterverfolgen. Sie erarbeiten zunächst ein eigenes professionelles „Standing".

Ist ein Transfer des extern erworbenen Wissens beabsichtigt, so ist dies als eine aktive und gestaltungsbedürftige Phase von FuW zu betrachten. Organisationslernen funktioniert nicht „einfach so". Die Systemgrenzen zwischen den Fachkräften sowie zwischen Fachkraft und Organisation sind kommunikativ organisiert herzustellen (Pamme 2004, 122 ff., Pamme / Merchel 2014). Einen interessanten Transferansatz haben ASD mit als zu gering empfundenen Fort- und Weiterbildungsetats gefunden: Bei Bedarf treten Fachkräfte, die eine externe FuW besucht haben, im eigenen ASD als Multiplikatoren auf. Eine andere Möglichkeit besteht darin, die neuen Wissensbestände in die kommunikative Willensbildung und Entscheidungsfindung des ASD zu integrieren und im Rahmen der organisationseigenen Entscheidungsfindung über den weiteren Transfer / Nicht-Transfer zu entscheiden.

Die kursorische Abwägung unterschiedlicher Formen von FuW macht implizit auf einen konzeptionellen Unterschied aufmerksam: FuW kann einerseits verstanden werden als „traditionelle Wissensverkündigung" von Experten. Lern- und Arbeitsfeld sind dann voneinander getrennt. Fachkräfte erwerben Wissen weitgehend ohne direkten Bezug zu konkreten Anforderungen der eigenen Organisation nach der angebotsorientierten Logik des Weiterbildungsmarktes. Andererseits kann FuW sich nachfrageorientiert an konkreten Veränderungsbedarfen in Organisationen koppeln und hier Lernprozesse anstoßen. Derjenige, der die Fortbildung durchführt, ist nicht nur fachlicher Experte, sondern auch für die Gestaltung und Organisation des Lernprozesses verantwortlich. Die Vorgehensweise ist teilnehmerzentriert, und die Grenzen zur Organisationsentwicklung verschwimmen. Fort- und Weiterbildung ist „Training on the Job".

Die Ergebnisse des Forschungsprojekts (Merchel et al. 2012, 235 ff.) haben gezeigt, dass FuW in bundesdeutschen ASD mehrheitlich als „traditioneller Wissenserwerb" verstanden wird. Gleichzeitig zeigte sich aber auch, dass Vorreiter FuW als „Training on the Job" anwenden.

34.2 Arbeitsfeldbezogene Maßnahmen der Personalentwicklung

34.2.1 Kollegiale Beratung

Kollegiale Beratung ist keine originäre Maßnahme der PE, sondern eine Arbeitsform, die aus der Fallarbeit pädagogischer Berufsfelder stammt (vgl. z. B. Fallner / Grässlin 1990; Schmid et al. 2013). Konzeptioneller Kern des Ansatzes ist die gegenseitige Beratung von Fachkräften, die es ermöglicht, über eine strukturierte Vorgehensweise Perspektivenvielfalt herzustellen. Die strukturelle Unsicherheit sozialpädagogischen Entscheidens wird hier in einem intersubjektiven Reflexions-, und Entscheidungsprozess zusammengeführt (→ Kapitel 13 und 14). In der Praxis existieren zahlreiche unterschiedliche Konzepte, die die Kernidee durch mehr oder weniger leicht abgewandelte methodische Zugänge adaptiert und modifiziert haben. Das Potential und auch das Nicht-Potential von kollegialer Beratung für die PE wird durch einen Blick auf die Praxis deutlich: Das Etikett „Kollegiale Beratung" findet in der Einzelfallarbeit im ASD weite Verbreitung. Was darunter im Einzelnen verstanden wird, muss jedoch offen bleiben. Kaum eindeutig geklärt werden kann, welche konkreten konzeptuellen Ansätze sich durchgesetzt haben. Wahrscheinlich ist auch, dass unter dem Begriff Praktiken subsumiert werden, die letztlich allenfalls als unstrukturierte Gesprächsrunden unter Kollegen bezeichnet werden müssten.

Und auch bei der Anwendung strukturierter Vorgehensweisen, kann die Arbeitsform in Erfüllung ihres fachlichen Auftrags dysfunktional wirken. Zwei Beispiele:

- In der Alltagspraxis kann aus der aktiven Herstellung von Perspektivenvielfalt Routine werden. Aufgrund von Zeit- oder Handlungsdruck kann ein eingebrachter Fall ohne ernsthafte Reflexion „durchgewunken" werden (Merchel 2008a, 94).
- Die Idee gleichberechtigter Kommunikation, die der kollegialen Beratung zu Grunde liegt, kann über formale oder informale Hierarchien und dominante Machtzuschreibungen unterwandert werden (empirisch: Pothmann/Wilk 2009, 41).

Jenseits von bloßer Etikettierung und organisationaler Aufweichung ist eine gelingende kollegiale Beratung also aktiv herzustellen (vgl. ausführlich: Merchel 2006, 87 f.). Dann ergeben sich folgende Ansatzpunkte für PE:

- Berufsanfänger im ASD werden mit Blick auf den Kompetenzerwerb in kollegialen Beratungsprozessen zur aktiven Teilnahme ermuntert und konkret eingebunden. Um zu vermeiden, dass die informellen Normen berufserfahrener Fachkräfte unhinterfragt als „herrschende" Interpretationen übernommen werden, sollten „Neulinge" systematisch zu Einschätzungen und Interpretationen aufgefordert werden, ihren Äußerungen wertschätzend begegnet werden und explizit geprüft werden, ob und wie ggf. ungewöhnliche Sichtweisen und Bewertungen in die Entscheidungen integriert werden können.
- Qualifizierenden Charakter kann die kollegiale Beratung aber auch für berufserfahrene Fachkräfte haben. Hier geht es darum, Erfahrungen und Kompetenzen, die sich im Laufe der Jahre zu einem „festen" Wissensbestand gefügt haben, wieder zu „verflüssigen", d. h. zu hinterfragen, distanziert zu betrachten und ggf. neue Einsichten zu integrieren oder sogar eigene Normen und Haltungen zu revidieren.
- Kollegiale Beratungen können darüber hinaus zur Transferstelle werden, um neues Wissen und neue Kompetenzen aus organisationsexternen Fort- und Weiterbildungen in den Organisationskontext zu transferieren.
- Schließlich kann die stattfindende Rollenklärung und die Herstellung eines vertieften Problemverständnisses auch eine stark entlastende Funktion für Fachkräfte haben.

Kollegiale Beratung wird also nicht „automatisch" zu einer Maßnahme von PE. Wenn dort neben der fachlichen Arbeit auch an der Qualifikation der Mitarbeiter gearbeitet werden soll, müssen Lernprozesse aktiv initiiert und systematisch reflektiert werden.

34.2.2 Supervision und Coaching

Die Beratungsformate Supervision und Coaching haben sich in der Beratungspraxis weitgehend einander angenähert. Wie die konkrete beraterische Tätigkeit in einzelnen ASD etikettiert wird, ist daher überwiegend auswechselbar (vgl. Schreyögg et al. 2010; Kühl 2008a). Aus der Perspektive der Aufgabenerfüllung im ASD liegt der Begriff Supervision durch die vielfältigen Bezüge zur systemischen Familienberatung etwas näher.

Supervision und Coaching gibt es für alles und jeden, allein, im Team, in der Organisation, auf unterschiedlichen Führungsebenen genauso wie unter Mitarbeitern, in Unternehmen, Verwaltungen und Non-Profit-Organisationen. Beide Beratungsformate können sich dabei an verschiedenen psychotherapeutischen Schulen orientieren und sich aus unterschiedlichsten Methodenkoffern bedienen. Da die Protagonisten hier und da aber auch ihre Differenzen betonen, seien diese hier kurz skizziert: Supervision richte sich mehr auf die operative Ebene, die einfachen Mitarbeiter, während durch Coaching die Management- und Steuerungsfunktionen von Führungskräften angesprochen werden. Und folgerichtig: Supervision initiiere die Veränderung „von unten", während Coaching einen Veränderungsprozess „von oben" anstoße. Dementsprechend folgten Supervisoren eher einem reflexiven und emanzipatorischen Verständnis, während sich ein Coach eher in seiner Dienstleistungsfunktion für die Führungskraft wahrnehme (Kühl 2008b, 13 ff.).

Inhaltlich ist für den ASD zwischen Fallsupervisionen und Supervisionen und/oder Coachings zur Teamentwicklung bzw. Organisationsentwicklung zu unterscheiden. In Fallsupervisionen werden Belastungs- oder Konfliktsituationen, die eigene berufliche Rolle oder der Umgang mit Klienten reflektiert. Über die methodisch geleitete Reflexion mit externen Dritten soll auch in der Einzel- oder Teamsupervision die strukturelle Unsicherheit Sozialer Arbeit zu einem angemessenen Problemverständnis, zu eigener Rollenklärung und zu einer ausgewogenen Entscheidung führen. Supervisionen und/oder Coachings werden darüber hinaus für Teamentwicklungen oder Organisationsberatungen eingesetzt. In Projekt- und Arbeitsgruppen werden dann Qualitätsstandards, neue fachliche Konzepte, veränderte Kooperationsformen und/oder Arbeitsprozesse oder Perspektiven für Umstrukturierungen entwickelt. Auch Führungskräftecoachings oder Konfliktklärungen sind möglich.

Die Befragung von 224 ASD-Leitungen zeigt, dass Teamsupervisionen – wohl auch aus Kostengründen – häufiger angewendet werden als Einzelsupervisionen. Dabei werden Einzelsupervisionen als überaus wichtige Maßnahme zur PE betrachtet – die ASD-Leitungen meinen, dass sie noch häufiger angewendet werden könnten (Merchel et al. 2012). An diesem Punkt verweisen bereits die quantitativen Daten auf einen Aspekt, den auch die geführten Interviews zu Tage gefördert haben: Supervisionen werden im ASD häufig als „Breitbandantibiotikum" zur Entlastung von Fachkräften und Teams eingesetzt. Die zahlreichen positiven Effekte und die fachliche Notwendigkeit von Supervision für die ASD-Arbeit stehen hier außer Frage. Aus organisationssoziologischer Perspektive und unter den Vorzeichen von PE wird die Erwartung an Supervision jedoch bisweilen überzogen.

Angesichts des häufig reflexartigen Einsatzes von Supervision ist immer wieder kritisch zu überprüfen, inwieweit nicht andere organisationsbezogene oder mitarbeiterbezogene Entlastungsstrategien sinnvoll sind.

Organisationsbezogene Entlastungsstrategien jenseits von kollegialer Beratung oder Supervision können z.B. der flexible Umgang mit fachlichen Standards, die Anpassung der Bezirksgrößen im ASD, die Aufgabenauslagerung oder eine regelmäßige Stellenrotation sein. Mitarbeiterbezogene Entlastungsstrategien können konkrete Aufgaben- und Fallumschichtungen auf Ebene von Fachkräften, belastungsbezogene Gespräche, Unterstützung in Fragen des Zeitmanagements oder die anlassbezogene Jobrotation sein (Pamme/Merchel 2014). Supervision kann als ein gezieltes Mittel eingesetzt werden, um einzelne Fachkräfte und Teams in besonders herausfordernden Situationen zu unterstützen und ihre Selbstorganisationsfähigkeit und Selbsthilfe wieder neu anzuregen. So verstanden, wird Supervision zu einem unverzichtbaren Teil von PE.

34.3 Personalentwicklungsmaßnahmen aus betriebswirtschaftlichen Managementmodellen

Mit dem Einzug des New Public Management in die Kommunalverwaltung (vgl. zur Übersicht Bogumil 2001; Pamme 2004, 74 ff.) und des Sozialmanagements in die Einrichtungen der Sozialen Arbeit (Merchel 2009a) finden sich bei einigen ASD auch PE-Maßnahmen, die ursprünglich betriebswirtschaftlichen Managementmodellen entstammen. Dazu gehören insbesondere Zielvereinbarungen, Mitarbeiterentwicklungsgespräche oder auch Elemente leistungsbezogener Bezahlung. Diese drei Maßnahmen weisen untereinander enge Bezüge auf:

Zielvereinbarungen können Bestandteil von Mitarbeiterentwicklungsgesprächen sein und tauchen als mögliche Form der Leistungsmessung im Bereich der leistungsorientierten Bezahlung auf. Im Folgenden werden die drei Maßnahmen kurz einzeln vorgestellt.

34.3.1 Zielvereinbarungen mit Mitarbeitern / Teams

Zielvereinbarungen (künftig: ZV) konkretisieren, was Mitarbeiter bzw. Teams in einem festzulegenden Zeitrahmen erreicht haben sollen. Der Gegenstand der zu vereinbarenden Ziele ist offen. Auf Mitarbeiterebene können z. B. nachzuholende Kompetenzen, konkrete Fortbildungen oder die Übernahme zusätzlicher (konzeptioneller) Aufgaben als Ziele festgelegt werden. Auf der Ebene von Teams können Aspekte der Aufgabenerfüllung und -verteilung oder der Zusammenarbeit Gegenstand von ZV sein. (vgl. auch: Becker 2013, 570 ff.; Merchel 2010c, 93 ff.). Leiten über ZV erfüllt zum einen eine Integrationsfunktion zwischen Organisationseinheiten, Teams oder Fachkräften, den Organisationszielen und – Last but not Least – der Organisationskultur. Zum anderen werden auch die Perspektiven und Interessen der Mitarbeiter stärker in den Prozess der Aufgabenerledigung integriert. Schließlich ist die mit ZV einhergehende Leistungsmotivation nicht außer Acht zu lassen. Entscheidender aus Leitungsperspektive ist, dass in der strukturellen Unsicherheit der ASD-Tätigkeit Ziele nicht als einfache technokratisch-bürokratische, objektivierbare Sollvorgaben verstanden werden. In Jugendämtern werden Ziele zwischen Politik und Verwaltung, Führungskraft und Fachkraft, Fachkraft und Klient dialogisch entwickelt und mehrperspektivisch verstanden. Bei personenbezogenen Dienstleistungen und in komplexen Arbeitssituationen, wie sie im ASD-Alltag vorherrschen, ist das Erreichen von Zielen nur begrenzt messbar und Gegenstand konkurrierender Wirklichkeitskonstruktionen. Dies ändert nichts an der Tatsache, dass die Ziele entlang des Akronyms „SMARTH" (**s**pezifisch, **m**essbar, **a**kzeptabel, **r**ealistisch, **t**erminiert und **h**erausfordernd) zu formulieren sind. Und doch: Sollen die Potenziale von ZV mit Einzelnen oder Teams realisiert werden, müssen Leitungskräfte sinnvoll und wertschätzend mit Mehrdeutigkeiten, Widersprüchlichkeiten und Zieldynamiken umgehen. Ziele sollten Teil der multiperspektivischen Subjektivität der ASD-Tätigkeit werden und in ASD-eigene Zielkaskaden und in ASD-bezogene Führungskonzepte eingebettet werden (Kühl 2007).

34.3.2 Mitarbeiterentwicklungsgespräche

Mitarbeiterentwicklungsgespräche (künftig: MEG) sind periodische Vier-Augen-Gespräche zwischen Führungskraft und Fachkraft, die ein- bis zweimal im Jahr stattfinden und im umfassenden Sinn Rückmeldungen geben. Ziel ist es, eine vom Organisationsalltag abgehobene Perspektive auf die Potenziale von einzelnen Fachkräften zu entwickeln (Merchel 2010a, 85 ff.; Pamme/Merchel 2014). Rückmeldungen betreffen die Leistungen, Verhalten, Stärken und Schwächen sowie Potenziale der Fachkräfte. Auch die Wahrnehmung von Wünschen und Zielen sowie weitere, zukünftige PE-Maßnahmen können im Dialog zwischen Führungskraft und Fachkraft entwickelt werden. Im Vergleich zu „reinen" ZV nehmen MEG die persönliche Dimension des Gesprächs deutlicher in den Blick. Von den PE- Maßnahmen betriebswirtschaftlicher Herkunft werden MEG in den 224 befragten ASD am häufigsten eingesetzt und von den ASD-Leitungen auch als wichtig eingeschätzt (Merchel et al. 2012, 241 ff.). Dabei finden regelmäßige, unabhängig von konkreten Anlässen stattfindende Gespräche neben eher reaktiven Vorgehensweisen, bei denen die Fachkräfte auf die Leitung zukommen, verstärkt Anwendung. Nimmt auch die ASD-Leitung die Arbeitsbelastung als problematisch oder sogar dramatisch wahr, fallen MEG jedoch dem akuten fachlichen Handlungsdruck zum Opfer. Themen sind dann Fragen der Arbeitsbelastung und der konkreten Alltagsorganisation. Inwiefern aber der Inhalt der Gespräche tatsächlich auch abgehoben vom konkreten Arbeitsalltag Perspektiven für die Fachkräfte eröffnet, bleibt fraglich; entsprechende Aussagen wurden in den Befragungen nur selten explizit geäußert. Insgesamt wird deutlich, dass die professionelle Qualität der Gespräche sich im Sinne einer gelingenden PE im ASD noch weiter vertiefen kann.

34.3.3 Leistungsorientierte Bezahlung (LOB)

Die Leistungsorientierte Bezahlung (LoB) ist zum 01.01.2007 durch § 18 des TVöD (VKA) auf kommunaler Ebene eingeführt worden (Trittel et al. 2010; Seidler 2009). Die konkrete Umsetzung für einzelne Kommunen erfolgt durch eine vor Ort ausgehandelte Dienstvereinbarung. Leistungsbezogene Entgelte auf kommunaler Ebene wurden im Rahmen der von uns interviewten Kommunen als Leistungsprämie ausgezahlt, ein Trend, der für NRW insgesamt auch empirisch belegt ist (Trittel et al. 2010, 104). Eine Leistungsprämie ist eine einmalige Zahlung, bei der die Höhe der LoB auf Grundlage einer Leistungsmessung – in Form einer Zielvereinbarung oder einer systematischen Leistungsbewertung – festgelegt wird.

Dass die LoB im ASD zum Einsatz kommt, ist tariflich vorgegeben. Wie dies geschieht, entscheidet sich auf der Gesamtebene der Kommunalverwaltung. Die leistungsbezogene Bezahlung findet in ca. 60 % der von uns befragten ASD Anwendung. Die 224 von uns befragten ASD-Leitungen schreiben ihr allerdings nur eine untergeordnete Wichtigkeit zu (Merchel et al. 2012). Die Interviewaussagen zeigen, warum: LoB ist auf zahlreichen Ebenen höchst umstritten und wird vom Verband kommunaler Arbeitgeber (VKA), den Gewerkschaften, Personal- und Betriebswirten, Pädagogen und eben auch Jugendamtsleitern, ASD-Leitungen, Personalverantwortlichen und Mitarbeitervertretungen stark kontrovers diskutiert:

- Befürworter halten den Ansatz hoch als einen Beitrag zur Einführung des Leistungsgedankens in den öffentlichen Dienst. Kritiker befürchten, dass eine Betonung materieller Leistungsanreize die für eine effektive Aufgabenerfüllung notwendige intrinsische Motivation verdrängt.
- Befürworter loben die Möglichkeit, außergewöhnliche Leistungsbereitschaft und Motivation finanziell wertschätzen zu können. Kritiker weisen auf die geringe Höhe des Auszahlungsbetrags hin.
- Befürworter verweisen auf zahlreiche differenzierte Ansätze, durch die erwartete Leistungen transparent und messbar werden und Leistungsdifferenzierung möglich wird. Kritiker machen darauf aufmerksam, dass Bewerten auch ein sozialer Prozess ist, dass also „objektives" Bewerten unmöglich ist.

In der Kontroverse werden glühende Befürworter zu überzeugten Gegnern von LoB. ASD-Leitungen, die die aufwändige Einführung gescheut haben, sind heute über positive Impulse für Leistung und Motivation der Fachkräfte überrascht. Zu einem Zeitpunkt, an dem die Umsetzung der LoB insgesamt (Trittel et al. 2010; Seidler 2009) wie auch eine angepasste Konzeption für die Soziale Arbeit (Kühl 2007) noch in den Kinderschuhen steckt, fällt eine eindeutige Empfehlung schwer. Und doch: Es gibt ASD, in der die „Quadratur des Kreises" gelungen scheint: LoB wird als Kommunikationsanlass genutzt, um über Leistungsfähigkeit und Motivation zu sprechen. LoB wird z. B. genutzt, um kräftezehrende Vertretungssituationen zu honorieren oder konzeptionellen Einsatz wertzuschätzen. Aber: Eine adäquate Aufgabenerfüllung im ASD – so zeigen die empirischen Befunde immer wieder – erhält wesentliche Entlastungsimpulse vor allem durch eine kollegiale und stützende Arbeitsatmosphäre. In diese mit den geringen Mitteln der LoB leistungsdifferenzierende „Unterschiede" einzufügen, kann sich genauso gut als kontraproduktiv erweisen. LoB hat dann eher bürokratisierende als motivierende Wirkung.

VII Der ASD im Licht
  der Öffentlichkeit

35 Jugendamt und ASD in den Medien – zwischen Überforderung und Untätigkeit?

Von Sonja Enders

- Die aufgezeigten ‚Bad News', die aus Sicht der Medien ‚Good News' sind, sind in der Darstellung der Jugendämter eindeutig als ein negatives Bild einer überlasteten, überforderten oder auch untätigen Behörde zu identifizieren, der es von außen betrachtet nicht gelungen ist, junge Menschen vor Gefahren für ihr Wohl zu schützen. Jugendämter können hier nicht nicht öffentlich sein, auch wenn sie sich zu diesen Fällen nicht äußern, stehen sie im Mittelpunkt der Kritik. Hier bedarf es einer grundständig fachlich profilierten Öffentlichkeitsarbeit, die den Handlungsprinzipien der Kinder- und Jugendhilfe entspricht und damit neben den zentralen Anforderungen und Herausforderungen auf eine Krise vorbereitet.
- Abseits der Diskussionen negativer Wahrnehmung und Diskussion, gibt es bereits andere Bilder von Jugendamt und ASD in den Medien, die positive und neutrale Aspekte der Arbeit thematisieren und über die Arbeit aufklären. Sie bieten Anknüpfungspunkte sowohl für die kommunale Öffentlichkeitsarbeit als auch für bundesweite Kampagnen, wie sie kürzlich von der Bundesarbeitsgemeinschaft der Landesjugendämter unter dem Leitspruch „Das Jugendamt. Unterstützung die ankommt" initiiert, geplant und umgesetzt wurde. Eine solche Kampagne ist begrüßenswert und erforderlich. Denn in der Öffentlichkeit überwiegt die allgemeine Typisierung von ‚dem Jugendamt', einem Konstrukt, zu dem Information und Aufklärung in der Bevölkerung schon lange überfällig sind. Jedoch sind Images nur schwer und langfristig zu ändern, sodass offen bleiben muss, ob das Aufmerksamkeitsfenster, welches dem Jugendamt und ASD derzeit zukommt, weiterhin genutzt werden kann und wird.
- Es bedarf einer langfristig und kontinuierlich angelegten Strategie, um durch Information, Aufklärung, Kommunikation und Vertrauensbildung an dem öffentlichen Bild von Jugendamt und ASD zu arbeiten. Dazu ist es u. a. erforderlich, sich Kenntnis zu verschaffen von den Fremdbildern der realen und potenziellen Adressaten, die diese vom Jugendamt haben, um darüber einen Anknüpfungspunkt für eine gezielte Öffentlichkeitsarbeit zu gewinnen.

Assoziationen und Gedanken zu ‚Jugendamt und ASD in den Medien' gehen häufig in eine negative Richtung. Hierbei scheint es unnötig, zur Veranschaulichung einzelne Schlagzeilen herauszugreifen, die in den letzten Jahren, Monaten oder Tagen in den Medien auftauchten. Auch auf aktuellen Fachtagungen und in Veröffentlichungen sind diese Aspekte Thema. Nicht zuletzt aufgrund der enormen Forschungsdefizite auf diesem Themenfeld müssen diese Einschätzungen zunächst als ‚gefühlte' Annahmen charakterisiert werden.

Gleichzeitig prägen diese sowohl die Fremdbilder von Jugendamt und ASD sowie die Mitarbeiter selbst, wenn beispielsweise die negative Wahrnehmung in den Medien und der Bevölkerung von Jugendamt und ASD als belastend herausgestellt wird. Auch die Konsequenzen der Darstellung dramatischer Einzelfälle auf das gestiegene Meldeverhalten der Bevölkerung werden im Hinblick auf die Überlastung in Jugendamt und ASD diskutiert (z. B. zum ‚Bugwellen-Problem' Landes 2009, 117 f.). Demgegenüber stehen positive Effekte, die auch auf die hohe (medien-)öffentliche Aufmerksamkeit zurückzuführen sind: „Das Missverhältnis von Anforderungen und Ausstattung wurde von der Kommunalpolitik nachvollzogen" (ISS 2010, 4). Konsequenzen waren z. B. höhere Personalzuweisungen in vielen ASD, die Frage nach Kosten rückte teilweise in den Hintergrund. Auch führte nicht zuletzt die vertiefende Betrachtung der durch die Medien öffentlich gewordenen Fälle zu der Einführung von Standards im Kinderschutz (ISS 2010, 17).

Dieser Beitrag soll zum einen das Spannungsfeld zwischen gefühlter Einschätzung bzw. subjektiver Wahrnehmung und empirischer Basis ausloten. Zum anderen werden die Begriffe ‚Öffentlichkeit' und ‚Öffentlichkeitsarbeit' skizziert, aktuelle Diskussionen und Forderungen aufgegriffen und Anforderungen an eine Öffentlichkeitsarbeit der Jugendämter deutlich gemacht. In einem abschließenden Fazit können Hinweise für die Öffentlichkeitsarbeit der Jugendämter gegeben werden.

35.1 Zwischen gefühlten Annahmen und empirischen Befunden

Mehr als 10 Jahre nach der von Hamburger und Otto getroffenen Feststellung, dass die Forschungslandschaft zum Verhältnis von Sozialpädagogik und Öffentlichkeit „weniger als einen Flickerlteppich" (Hamburger/Otto 1999, 8) bildet, ist dieser auch heute nichts entgegenzusetzen. Für das Bild der Jugendämter in der Öffentlichkeit ist sie sogar noch verstärkt zutreffend. Man könnte behaupten, dass es bis vor einigen Jahren nicht einmal einen „Flickerlteppich" gab. Es liegen lediglich einige explorative Studien vor, die jedoch mehrheitlich die Jugendhilfe oder die Soziale Arbeit insgesamt, nicht jedoch speziell das Jugendamt betreffen (Enders 2013, 90 ff.).

Aktuelle Forschungsprojekte gehen eher randständig auf Öffentlichkeitsarbeit in Jugendamt und ASD ein. Hier wird z. B. im Jugendhilfebarometer herausgestellt, dass das negative Bild der Arbeit, der Druck durch die Medien und die fehlende Anerkennung besonders belastend für die Mitarbeiter sind (Seckinger et al. 2008, 44). Die einzige empirische, explorative Untersuchung schwerpunktmäßig zur Öffentlichkeitsarbeit und Selbsteinschätzung der Medienrepräsentanz von Jugendämtern liegt aus dem Jahr 2007 vor. Insgesamt wurden neun leitfadengestützte Experteninterviews mit Mitarbeitern unterschiedlicher Jugendämter durchgeführt und im Rahmen einer qualitativen Inhaltsanalyse ausgewertet (Enders 2007 und 2008). Die Auswertung von neun Experteninterviews zeigt, dass alle befragten Jugendämter in den Medien präsent sind, und zwar sowohl mit Themen, die die Angebote und Leistungen der Kinder- und Jugendhilfe betreffen, als auch mit einzelfallbezogenen Berichten. Die Darstellung von Angeboten erscheint meist sachlicher und genauer, wohingegen Einzelfälle oftmals mit einer dramatisierenden oder skandalisierenden Berichterstattung einhergehen. Die Berichterstattung über Einzelfälle ist neben dem dramatischen Ereignis auch oftmals an ein Bild vom Jugendamt gebunden, das entweder nichts tut oder der Familie das Kind wegnimmt. Hier wird stark polarisiert. Insgesamt wird der Einfluss auf die Medien insbesondere in den Städten höher eingeschätzt, in denen Öffentlichkeitsarbeit etabliert ist und professionell gestaltet wird und dieser nicht nur dann Beachtung geschenkt wird, wenn das Jugendamt ‚ins Kreuzfeuer' gerät.

Damit nicht nur Angebote und Leistungen des Jugendamtes in der Zeitung stehen, sondern diese auch dem Begriff ‚Jugendamt' als zugehörig auftauchen, bedarf es zwei zentraler Komponenten. Zum einen ist eine interne Öffentlichkeitsarbeit sowie ein relativ einheitliches Auftreten aller Mitarbeiter nach außen vonnöten, da es ansonsten schwierig ist, ein einheitliches und glaubwürdiges Bild zu vermitteln. Zum anderen erschwert der Weg durch die Verwaltung oftmals die Darstellung positiver Ereignisse, wobei bisweilen politische Kalküle der Verwaltung eine Rolle spielen.

„Da steht manchmal bei positiven Sachen nicht mehr ‚Jugendamt'. Das ist für uns dann immer ein bisschen schade, weil es einfach auch so ist, wenn negative Berichterstattung ist, das ist logischerweise so, dann muss das Jugendamt sich da positionieren, dann ist es nicht mehr die Stadt" (Interview E, Z.232-236, zit. n. Enders 2007, 64).

In den Interviews wurde deutlich, dass eine Rückmeldung zur öffentlichen Darstellung des Jugendamtes aus der Bevölkerung stattfindet. Diese beinhaltet sowohl Lob, Begeisterung und Interesse als auch vermehrte Hinweise auf mögliche Kindeswohlgefährdungen. Zudem ist die Medienpräsenz von Jugendamtsthemen ein Konjunkturgeschäft. So hat das Jugendamt in den Sommermonaten größere Chancen, eigene Themen zu platzieren (Projektgruppe Öffentlichkeitsarbeit 1997; Hamburger 1999b). Darüber hinaus zeigen sich nicht planbare Themenkonjunkturen, wenn zum Beispiel ein Fall von Kindeswohlgefährdung auf bundesweiter Ebene beschrieben wird. Eine solche Themenkonjunktur muss sich jedoch nicht negativ auswirken, da sie auch genutzt werden kann, um über die Arbeit vor Ort zu berichten und aufzuklären. Insgesamt zeigt sich in den Interviews, dass Öffentlichkeitsarbeit in Jugendämtern nicht allein und nicht überwiegend situativ eingesetzt wird. Allerdings gibt es auffallende Unterschiede in Bezug auf die Ausgestaltung von Öffentlichkeitsarbeit, wie die graphisch dargestellte Bündelung der Experteninterviews in drei Gruppen zeigt (→ Abb. 1).

Abschließend sollen die Adressaten der Jugendhilfe in den Blick genommen werden. Eine Stigmatisierung der Adressaten in den Medien deutet sich insbesondere dann an, wenn es um Einzelschicksale geht: „Hilfen zur Erziehung, das sind die Anderen, damit haben wir *[hier: die Bevölkerung; d.V.]* nichts zu tun, […] Kindertagesbetreuung, da ist jeder irgendwie betroffen. Als Mutter, Großmutter oder als Kind" (Interview C, Z.281-284; zit. n. Enders 2007, 66). Hier wird erkennbar, welche zwei Klientel-Typen in den Medien Hamburger herausgearbeitet hat. Zum einen erscheint Sozialpädagogik als selbstverständliche Dienstleistung in den Medien – über die allgemeinen Adressatengruppen „Jungen", „Mädchen", „Frauen" und „Familien" vermittelt – „als Element moderner Sozialisations- und Freizeitkultur" (Hamburger 2002, 766f.). Zum anderen kann anhand qualitativer Fallstudien herausgearbeitet werden, dass einzelne Hilfeempfänger als besondere Gruppen – wie Ausländer, Flüchtlinge, Arbeitslose, Sozialhilfeempfänger – in Erscheinung treten. Diese bilden dann in den Medien die Außengruppe „zum ‚Wir' der Gesellschaft, die Außenseiter, Randgruppen, selbstverschuldet Isolierten und die gelegentlich bedrohlich oder gefährlich Abweichenden" (Hamburger 2002, 767). Studien, die zum *Fremdbild* des Sozialarbeiters oder der Jugendhilfe vorliegen (Skiba 1972; Flösser 1994), geben Hinweise darauf, dass die vielfältigen Angebote und Leistungen der Bevölkerung nicht bekannt und in den Medien nicht präsent sind. Dies bestätigen auch weitere explorative Untersuchungen der letzten Jahre (Projektgruppe Öffentlichkeitsarbeit 1997; Hamburger 1999b; Straub 2004; Puhl 2002b; Puhl 2004). Deutlich wird hier darüber hinaus, dass sich häufig andere Professionen zu Wort melden, wenn es um Kinder- und Jugendhilfe geht. Zum Jugendamt kann lediglich

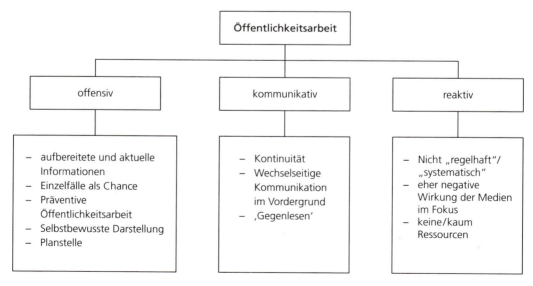

Abb. 1: Drei Gruppen der Ausgestaltung von Öffentlichkeitsarbeit

ein „Spotlight" darauf geworfen werden, wie das Mannheimer Jugendamt von der Bevölkerung gesehen wird: „Nur acht Prozent geben an, viel Wissen über die Einrichtung zu haben" (Straub 2010b, 213), gleichzeitig weist das Jugendamt – im Vergleich zu anderen Einrichtungen / Institutionen der Kinder- und Jugendhilfe – in der Bevölkerung den höchsten Bekanntheitsgrad auf (Flösser 1994, 50). Weitere Hinweise gibt eine Studie der Bundesarbeitsgemeinschaft der Kinderschutzzentren, die sich mit „Schwierigkeiten beim In-Kontakt-Kommen zu Familien" (Die Kinderschutzzentren 2010, 1) beschäftigt. Hierzu wurden 223 fallverantwortliche Fachkräfte aus den Hilfen zur Erziehung befragt. Den 1. Rangplatz in der Auflistung der unterschiedlichen Schwierigkeiten belegt die Nennung Angst „vor dem Jugendamt als Institution". Es spricht nahezu jede fünfte Fachkraft (19,5 %) an, „dass Eltern Angst vor der Herausnahme der Kinder aus der Familie haben" (Die Kinderschutzzentren 2010, 1). Umfassend dargestellt ist ein ähnlicher Befund bei Schone und Wagenblass – hier bezogen auf die Kooperation von Jugendhilfe und Psychiatrie (Schone / Wagenblass 2010, 148 ff.). Die Negativ-Wahrnehmung der Jugendhilfe und insbesondere des Jugendamtes als Kinder-Wegnehm-Amt ist nicht nur bei den betroffenen Eltern mit psychischer Erkrankung festzustellen, sondern auch bei den Mitarbeitern der Erwachsenenpsychiatrie. Das Image des ‚Kinder-Wegnehm-Amts' verhindert eine frühzeitige Inanspruchnahme von präventiven Angeboten. Die negativen Vorstellungen vom Jugendamt erfüllen sich dann aber genau wie erwartet, wenn sich die Probleme so weit zuspitzen, dass ambulante oder teilstationäre Hilfen nicht mehr ausreichen. So bestätigt sich im schlimmsten Fall die negative Erwartung, dass das Jugendamt ‚die Kinder klaut' (Schone / Wagenblass 2010, 149 f.). Damit schließt sich der Teufelskreis des negativen Images.

Zum Jugendamt im Spiegel der Medien als ein (mediales) Fremdbild liegen zwei Untersuchungen vor. Hier soll zunächst mit Blick auf die Berichterstattung in Krisen eine explorative Untersuchung zum „Fall Kevin" angeführt werden (Enders 2007). Mittels qualitativer Inhaltsanalyse wurden 91 Zeitungsartikel zum Fall ausgewertet. Zunächst fiel auf, dass das Versagen sowohl einzelner Mitarbeiter als auch des gesamten Jugendamtes eindeutig im Vordergrund der Artikel steht. Hier üben zahlreiche Seiten – Politik, freie Träger, Justiz – Kritik. In der Darstellung der Medien kommen diejenigen Personen zu Wort, die Kevin zu retten versuchten: Polizisten, der Heimleiter und Bremens Bürgermeister. Sie werden in den Artikeln nicht kritisiert und zum Teil mit ihrer Kritik am Jugendamt zitiert. Zudem wirken sie insgesamt kompetenter als das Jugendamt, da ihre Einschätzungen im Fall Kevin nicht infrage gestellt werden. Die Maßnahmen nach dem Tod werden hauptsächlich von politischer Seite, insbesondere von Bremens Bürgermeister vorgestellt. Das Jugendamt erscheint in den ausgewählten Artikeln nicht als ein Akteur, von dem selbst Maßnahmen und Vorschläge benannt werden, um den Kinderschutz zu verbessern. Obwohl in den Artikeln keine Aussagen von einem Sprecher des Jugendamtes zu Maßnahmen zu finden sind, obwohl das Jugendamt also nicht direkt kommuniziert, be- und verurteilen die Medien die Maßnahmen. So werden beispielsweise die Genauigkeit der Überprüfung der Krisenfamilien sowie die Stellenausschreibungen infrage gestellt.

Als Schlussfolgerung ist zu formulieren: *Das Jugendamt kann – insbesondere in Krisen – nicht ‚nicht öffentlich sein'*. In Krisen recherchieren Medienvertreter außerhalb des Jugendamtes; das Thema bleibt auch in den Folgemonaten und -jahren berichtenswert, insbesondere dann, wenn Gerichtsverhandlungen und -urteile anstehen. Dabei greift ein Mechanismus der öffentlichen Verarbeitung: Damit schlimme Fälle von Kindesvernachlässigung und -misshandlung in der Gesellschaft überhaupt erst verarbeitbar sind, müssen „zumindest Personen oder Organisationen präsentiert werden können, denen man Schuld zuweisen kann. Das Jugendamt mit seinen Ambivalenzen im Hinblick auf sein öffentliches Image bietet sich für solche Schuldzuweisungen geradezu an" (Merchel 2007a, 509).

Bei der bisher einzigen quantitativen Untersuchung zur Medienpräsenz des Jugendamtes (Enders 2013) wurden über 1.800 Zeitungs- und Zeitschriftenartikel regionaler und überregionaler Reichweite ausgewertet, die im Zeitraum vom 1.1.2006 bis zum 31.12.2008 mit dem Schlagwort ‚Jugendamt' erschienen sind. Aus der umfassenden Untersuchung mit über 40 Variablen sollen hier lediglich drei Aspekte herausgegriffen werden. Hinsichtlich dramatischer Einzelfälle zeigt sich eine deutliche Zunahme der Berichterstattung in den Monaten, in denen die jungen Menschen aufgefunden worden sind; im Oktober 2006 – der Monat, in dem Kevin (Bremen) tot aufgefunden wurde – war in den ausgewählten Medien ein Anstieg von über 200 % im Vergleich zum Vormonat zu verzeichnen. Ein solcher Anstieg lässt sich auf die Jahre verteilt nicht so deutlich konstatieren (2006: 27 %; 2007: 36 %; 2008: 37 %). Die vielfach diskutierte Annahme, dass das Jugendamt in Bezug auf Einzelfälle in den Medien negativ dargestellt werde, lässt sich in der Untersuchung nicht bestätigen. Vielmehr wird das Jugendamt nicht allein negativ, sondern ebenso positiv oder neutral in den Artikeln angeführt. Gleichwohl gilt aber: Wenn das Jugendamt negativ dargestellt wird, so geht es überwiegend um Einzelfälle.

Ausgewertet wurde auch, inwieweit Jugendämter nach örtlicher Zuständigkeit, also in ihrer konkreten örtlichen Gestalt differenziert angeführt werden oder ob eher übergreifend von ‚dem' Jugendamt, also von Jugendamt als einem Typus die Rede ist. Das Ergebnis muss insbesondere im Hinblick auf die regionalen Tageszeitungen verwundern: In über zwei Drittel der Fälle wird im Hinblick auf das jeweilige örtliche Jugendamt nicht differenziert berichtet. ‚Das' Jugendamt überwiegt damit deutlich, und zwar in den überregionalen und regionalen Zeitungen als Konstrukt. Dieser Befund hat möglicherweise Konsequenzen für das Jugendamtsbild bei den Adressaten und für die Jugendämter selbst. So steht den Adressaten letztlich in vielen Fällen ein allgemeines Konstrukt bzw. ein übergreifendes Image gegenüber; die Eigenheiten und Besonderheiten des jeweils für sie zuständigen Jugendamtes bleiben ihnen unerschlossen. Das einzelne Jugendamt wird immer wieder mit dem Konstrukt des Typus Jugendamt durch Medien, Adressaten und auch Angehörige der Disziplin konfrontiert; eine Abgrenzung gegenüber oder eine Zuordnung zu diesem Konstrukt muss immer neu erfolgen.

Um in der Vielzahl von Aspekten untersuchen zu können, ob es ein Bild bzw. Bilder von Jugendämtern und ASD in den Medien gibt, wurde eine Clusteranalyse durchgeführt (für weiterführende methodische Hinweise und Anlage der Untersuchung s. Enders 2013, 110 ff.). Im Ergebnis zeigen sich fünf Cluster zum Jugendamt im Spiegel der Presse, die hier kurz skizziert werden sollen:

- Mit 18 % der Fälle kann mit Cluster 4 ein Bild vom jeweils örtlichen Jugendamt nachgezeichnet werden, welches ‚live' und vor Ort für alle Kinder und Jugendliche in allen Lebenslagen verfügbar ist. Spezielle Angebote oder Leistungen für spezielle Gruppen von Adressaten und Hilfebedarfe treten in Cluster 4 vollkommen in den Hintergrund, ebenso die Darstellung als ‚Typus' Jugendamt. Vielmehr wird das zuständige Jugendamt positiv, als aktives Amt dargestellt, das vor allem in der Jugendarbeit präsent ist und in hohem Maße personifiziert durch den engagierten Einsatz der Mitarbeiter in Erscheinung tritt.
- Mit 22 % der Fälle ist in Cluster 2 ebenfalls überwiegend das örtliche Jugendamt vertreten, im Mittelpunkt stehen Informationen zu zahlreichen Leistungen des Amtes sowohl für die Adressaten als auch für andere Institutionen. Es zeichnet sich ein Bild eines (relativ) freundlichen Dienstleisters ab, der überwiegend neutral und positiv besetzt für einzelne gefährdete Kinder und Jugendliche mit Hilfebedarf sorgt, für verschiedene Adressaten in Kooperation mit anderen spezielle Angebote schafft bzw. koordiniert und für zahlreiche Finanzierungs- und Förderungsaufgaben zuständig ist.
- Mit 17 % der Fälle kann Cluster 3 resümierend als das (zuständige) Jugendamt, überwiegend mit den Aufgaben des ASD, beschrieben werden. Hier stehen vor allem Ambivalenzen von ‚richtigem' und ‚falschem' Handeln, von anerkennender und kritisierender Haltung und Bewertung in Bezug auf Einzelfälle im Vordergrund, die sich gegenseitig nicht ausschließen. Auch die Frage nach der Informiertheit des Jugendamtes ist ein zentrales Thema: Geht es einerseits um von außen als erfolglos bewertete, weitergeleitete Informationen, auf deren Basis das Jugendamt nichts unternahm, zeigt sich andererseits, dass das Jugendamt nach Hinweisen und Meldungen handelt und hier zuständig ist. Das Jugendamt tritt jedoch überwiegend passiv in Erscheinung, was sich unter anderem auch daran zeigen lässt, dass andere Institutionen Verbesserungsvorschläge und Ansatzpunkte im Kinderschutz und der Vernetzung einbringen.
- Cluster 1 (28 % der Fälle) kann zusammenfassend als ‚das' Jugendamt in der Bundesrepublik, also als ein Typus beschrieben werden. Es tritt als neutrale und schemenhafte Randkategorie für ‚Randgruppen' mit Problemen in umfangreichen Artikeln in Erscheinung. Die Arbeit des Amtes bleibt hier diffus, wobei auch die Ohnmacht und (zu große) Macht des Amtes thematisiert werden. Die Tätigkeiten und

Aufgaben anderer Institutionen werden demgegenüber recht umfassend dargestellt; im Verhältnis zum Jugendamt stehen eher sachliche Informationen im Vordergrund, u.a. um von außen Klarheit in die Aufgaben des Jugendamtes zu bringen.

- Cluster 5 mit 15% der Fälle zeigt das Jugendamt als ein Amt, das nichts oder nicht das ‚Richtige' tut. Die Unrichtigkeit des Handelns wird sowohl von der Öffentlichkeit als auch von anderen Institutionen bewertet. Es wird auch gegen das Jugendamt bzw. einzelne Mitarbeiter ermittelt oder Anklage erhoben. Gleichzeitig steht das Jugendamt hier recht isoliert dar, sodass kaum Kooperationspartner genannt werden. Es steht in Bezug auf Einzelfälle in der (heftigen) Kritik und negativ im Mittelpunkt.

Werden diese Ergebnisse der vermeintlichen negativen Präsenz von Jugendämtern in den Medien gegenübergestellt, zeigt sich, dass in der (Fach)Öffentlichkeit vor allem das kleinste Cluster dieser Untersuchung – das Cluster 5 – wahrgenommen und diskutiert wird. Die Bilder von Jugendämtern als freundliche Dienstleister und als in der Kommune und Stadt präsente engagierte Mitarbeiter verschwinden in einer Art ‚Filter' (→ Abb. 2) und sind in den aktuellen Diskussionen kaum erkennbar. Cluster 1 und 3 durchdringen in der öffentlichen Diskussion gelegentlich diesen Filter, z.B. wenn es um Gesetzesänderungen oder um Klärung von Zuständigkeiten geht. Cluster 5 ist letztlich das einzig dauerhaft sichtbare, was auch aufgrund des immens hohen Nachrichtenwertes dramatischer Einzelfälle dauerhaft sichtbar bleiben wird. Dies allerdings in Zyklen, wie exemplarisch erkennbar wird anhand der deutlichen prozentualen Zunahmen der Artikel in den Monaten, in denen sich das mediale Interesse auf diese Einzelfälle richtet.

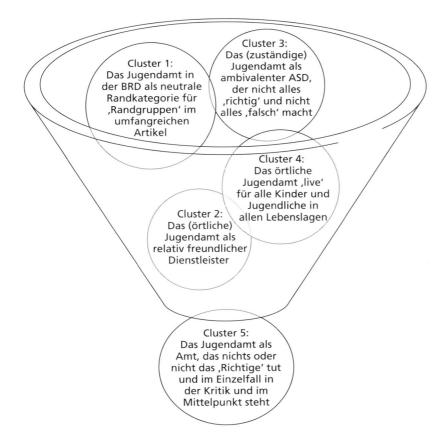

Abb. 2: Filter-Modell der öffentlich wahrgenommenen Bilder des Jugendamtes

35.2 Wie öffentlich ist das Jugendamt?

Wie die Ergebnisse der Clusteranalyse gezeigt haben, sind Jugendamt und ASD insbesondere dann sehr öffentlich, wenn sich dramatische Einzelfälle ereignen und ‚richtiges' und ‚falsches' Handeln öffentlich verhandelt werden. Mit Blick auf die Adressaten scheint das Jugendamt wenig öffentlich zu sein, wenn es um die Kenntnis der umfassenden Angebote und Leistungen geht. Auch sprechen das bis zum Fall Kevin in Bremen weithin attestierte Schattendasein der Jugendämter gegenüber der Öffentlichkeit (vgl. u. a. Gissel-Palkovich 2007, 19) und die wenigen Ansätze zu einer fundierten und aktiven Öffentlichkeitsarbeit zunächst nicht für ein offensives Heraustreten und Sichtbar-Machen der Arbeit seitens der Jugendämter selbst. Die Auffassung „soziales Tun habe im Stillen zu wirken" (Puhl 2004, 89) bestimmt mindestens seit den fünfziger Jahren die Grundauffassung Sozialer Arbeit. Diesem stillen Wirken kann der Begriff des ‚Öffentlichen' gegenüber gestellt werden:

„Der private Bereich des Individuums und der Familie unterliegt einer autonomen Kontrolle und persönlichen Entscheidungsfreiheiten, die selbst wiederum staatsrechtlich und verfassungsmäßig – und insofern öffentlich – definiert und respektiert werden. Der öffentliche Bereich ist dagegen derjenige der Kritik und Auseinandersetzung, der Meinungsbildung und Entscheidungsfindung, an denen alle privat-autonom konstituierten Subjekte partizipieren (sollen). Öffentliches und Privates sind insofern dialektisch aufeinander bezogen, das Eine kann aus dem Anderen nicht deduziert werden und doch sind sie beide untrennbar aufeinander bezogen" (Hamburger 2002, 758).

Die Arbeit von Jugendamt und ASD vollzieht sich dabei vorwiegend und insbesondere in direktem Kontakt mit den Adressaten nicht öffentlich und teilweise sogar im privaten Raum der Klienten selbst, geht es bspw. um Hausbesuche oder spezielle Hilfeformen (z. B. Sozialpädagogische Familienhilfe). Gerade weil sich viele Entscheidungen der Jugendamtsarbeit und des ASD nicht öffentlich vollziehen, müssen sie in der im SGB VIII begründeten öffentlichen Verantwortung „potentiell legitimierbar und öffentlich begründbar" bleiben (Hamburger 2002, 760). Kommunikation mit den Adressaten oder Klienten auf Basis des Vertrauens- und Datenschutzes ist in der Sozialen Arbeit geschützt. Dies gilt sowohl für mediale Kommunikation (z. B. Telefonseelsorge) als auch für direkt-personale. Die Adressaten werden jedoch dann Kommunikatoren im öffentlichen Raum, wenn sie über ihre Erfahrungen mit diesen Einrichtungen oder Angeboten berichten. Dies geschieht in der Regel direkt-personal und in einer begrenzten Öffentlichkeit. Es wird damit Hilfe oder auch Kontrolle außerhalb des Angebots und der Leistung kommuniziert, was somit zum Image einer Einrichtung und letztlich auch zu Zugang und Wirksamkeit beiträgt (vgl. Hamburger 2002, 762). Hier nutzen einerseits gelegentlich Adressaten der Jugendhilfe die Medien, um auf ein in ihren Augen übergriffiges oder schuldhaftes Agieren der Jugendämter aufmerksam zu machen. Zudem greift andererseits das, was als Wächteramt der Medien bezeichnet wird (Pleiner / Heblich 2009, 35) und auch als ‚Vierte Gewalt' mit Hinweis auf die Kritik- und Kontrollfunktion der Medien häufig Erwähnung findet (Beck 2007, 94 f.). Artikuliert werden im Sozialen Bereich nicht nur veruntreute Spendengelder, sondern in den letzten Jahren besonders deutlich dramatische Einzelfälle, in denen insbesondere sehr junge Kinder zu Schaden kamen und teilweise gegen Jugendamtsmitarbeiter ermittelt wurde: *Das Wächteramt der Medien greift insbesondere dann, wenn Jugendämter in der Beurteilung von außen ihr eigenes Wächteramt nicht oder nicht rechtzeitig wahrnehmen.* Hierzu werden ebenso die Einschätzungen von dem Jugendamt und ASD nicht zugehörigen Personen genutzt und herangezogen, um fehlerhaftes oder nicht vorschriftsmäßiges Handeln zu dokumentieren. Diese gesteigerte Aufmerksamkeit entspricht sowohl der Funktionsweise und dem Auftrag der Medien als auch dem berechtigten Informationsanspruch der Bevölkerung.

Um sich im Folgenden einer Betrachtung aus Sicht der Jugendämter in diesem Spannungsverhältnis zu nähern, die Hinweise und Ansatzpunkte für eine Öffentlichkeitsarbeit zulässt, sollen zunächst zentrale Begrifflichkeiten definiert und dargestellt werden.

35.3 Wer oder was ist die relevante Öffentlichkeit aus Sicht der Jugendämter?

Die sozialpädagogische Rezeption des Begriffs Öffentlichkeit orientiert sich insbesondere an Habermas und Luhmann (vgl. u. a. Puhl 2004; Hamburger 2002; Richter 1999; Müller-Schöll 1999). In den 1990er Jahren treten Managementkonzepte in den Vordergrund, in denen Öffentlichkeitsarbeit vor dem Hintergrund von Vermarktlichung und Marketing behandelt wird (Hamburger 2011, 1031; Puhl 2004, 13 ff.).

„Öffentlichkeit kann verstanden werden als eine Arena, in der Akteure Informationen herstellen, kommunizieren und konsumieren" (Hamburger / Otto 1999, 2). Basis ist das Modell der Arena, welches von Neidhardt (1994) begründet wird. Das Arena-Modell (Neidhardt 1994, 7 ff.; Puhl 2004, 37 ff.) ermöglicht als Bild für Öffentlichkeit – insbesondere im Hinblick auf Öffentlichkeitsarbeit – eine Verbindung der verschiedenen Positionen, da es die Adressaten und ihren Einfluss auf öffentliche Themen ebenso in den Blick nimmt wie „politische, ökonomische und sogar ethische Interessen der Öffentlichkeitsakteure" (Puhl 2004, 37). Hier wird Öffentlichkeit als ein frei zugängliches Kommunikationsfeld gesehen, in dem sich alle diejenigen versammeln, die „etwas sagen oder das, was andere sagen, hören wollen" (Neidhardt 1994, 7). Es treffen ‚Sprecher', ‚Kommunikatoren' und ein ‚Publikum' aufeinander. Dabei regulieren zum einen die Bedürfnisse nach Unterhaltung und Orientierung des Publikums und zum anderen die Interessen der Öffentlichkeitsakteure die Kommunikation.

Unter dem *Publikum* können hier die unterschiedlichen Rezipienten der medialen Berichterstattung über das Jugendamt verstanden werden: Adressaten der Jugendhilfe, Interessierte und Betroffene, die national, regional oder lokal in irgendeiner Form beteiligt sind. Das Publikum stellt insofern überhaupt erst die Bezugsgruppe der beiden folgenden Gruppen dar, die für Öffentlichkeitsarbeit bestimmend sind: Ihm steht die öffentliche bzw. vorherrschende Meinung gegenüber, wenn sich in der öffentlichen Arena bestimmte Themen häufen oder es zu übereinstimmenden Meinungsäußerungen kommt. Allerdings ist heute öffentliche Meinung „weitgehend ‚veröffentliche Meinung'" (Faulstich 2000, 55); insbesondere die Massenmedien nehmen in der Massenkommunikation eine immer größere Rolle ein. Diese steht der Bevölkerungsmeinung gegenüber. Das Publikum kann zwar die Themenfokussierung der Öffentlichkeitsakteure wahrnehmen, diese muss aber mit ihrer nicht zwangsläufig deckungsgleich sein (Neidhardt 1994, 7). In der Sozialen Arbeit ist das Publikum darüber hinaus auch anhand unterschiedlicher Rollen eingebunden. Zunächst können alle Zuschauer sein; dies ist besonders der Fall, wenn es um Themen wie Kriminalität und Gewalt geht. Stehen die „universalisierten sozialpädagogischen Funktionsbereiche der vorschulischen Einrichtungen, der Elterninformation oder der Betreuung im Alter" im Vordergrund, ist das Publikum je nach Situation und Thema aber nicht nur Zuschauer, sondern auch Beteiligter oder Adressat (Hamburger / Otto 1999, 13).

Die *Sprecher* bzw. *Akteure* sind in diesem Modell beispielsweise die einzelnen Jugendämter, deren Leiter und Mitarbeiter, Öffentlichkeitsarbeiter oder Menschen, die mit der Institution oder dem entsprechenden Personenkreis zu tun haben und sich gleichzeitig zu Wort melden. Voraussetzung ist, dass die Arena für sie als Sprecher überhaupt zugänglich ist. Auch können Differenzierungen nach unterschiedlichen sozialräumlichen Ebenen vorgenommen werden: auf kleinster Ebene das einzelne Jugendamt bis hin zu den Landesjugendämtern oder bundesweit – wenn es dies analog zu den großen Verbänden gäbe – einer zentralen Stelle für Öffentlichkeitsarbeit der Jugendämter (vgl. Hamburger / Otto 1999, 11; zu einer solchen Konzeption am Beispiel des Deutschen Caritasverbandes s. Hamburger 2002, 771).

Die *Kommunikatoren* können anhand der Medien mit lokaler, regionaler und nationaler Reichweite und ihrer Akteure (Journalisten) beschrieben werden. Zudem ist die Medienart ein weiteres Kriterium zur Differenzierung. Sofern Verbands- und Mitarbeiterzeitschriften herausgegeben werden, sind die Akteure selbst Kommunikatoren. Zum einen vermitteln Kommunikatoren die Themen zwischen Sprechern und Publikum, zum anderen greifen sie aber auch in den Prozess öffentlicher Kommunikation ein, indem sie selektieren und bewerten oder auch „durch Fokussierung […] Themen machen" (Puhl 2004, 41). Typischerweise treten die Massenmedien als große Öffentlichkeiten in den Vordergrund, das Publikum ist hingegen als nicht zu organisierender Akteur Adressat verschiedener Sprecher (zur Differenzierung in verschiedene Teilöffentlichkeiten Straub 2001, 269 ff.; Pleiner/Heblich 2009, 47 f.; Abbrederis 2002, 32). Dabei werden die Chancen, in dieser Arena sprechen zu können, sowohl durch eine hohe Konkurrenzsituation als auch durch Strategien und Kompetenzen der Sprecher geprägt. Weiterhin ist die Meinung des jeweils spezifischen Publikums nicht nur abhängig von der öffentlichen Meinung, die sich als Übereinstimmung öffentlicher Meinungsäußerungen zeigt. Daneben haben interpersonelle Informationsnetzwerke einen deutlichen Einfluss auf die Meinungsbildung (Hamburger/Otto 1999, 10). Statt direktiver Kommunikationsformen geht es im Idealfall vielmehr um Austauschprozesse, in denen durch Beobachtung der jeweils anderen Schlussfolgerungen für eigene Aktivitäten gezogen werden (vgl. Hamburger/Otto 1999, 11); so nehmen z. B. die Medien als Kommunikatoren nicht nur einen Sachverhalt, sondern beschäftigen sich mit der Rezeption durch das Publikum und recherchieren auf der Ebene der Akteure. Umgekehrt leiten die Akteure nicht nur Informationen weiter, sondern evaluieren die Wirkung und „analysieren die Informationspraktiken beim Publikum" (Hamburger/Otto 1999, 11).

Für das Verhältnis der Jugendämter zur Öffentlichkeit trifft zusammenfassend das zu, was Puhl für die Soziale Arbeit insgesamt charakterisiert:

„Wenn man Öffentlichkeit versteht als Arena, in der Akteure Informationen herstellen, kommunizieren und konsumieren, und wenn man die öffentliche Meinung versteht als ‚Konsonanz öffentlicher Meinungsäußerungen' so setzt sich Soziale Arbeit zu beiden Systemen kaum in Bezug: nicht zur (politischen) Öffentlichkeit und nicht zur öffentlichen Meinung. In den Debatten ihrer Disziplin wird die Thematisierung des Verhältnisses von Sozialer Arbeit zur Öffentlichkeit entweder gar nicht vorgenommen oder aber so gut wie nicht aufgegriffen und verfolgt" (Puhl 2002a, 16).

35.4 Öffentlichkeitsarbeit als Marketingstrategie oder als eine zentrale Gestaltungsaufgabe?

Aktuelle, umfassende Konzeptionen und veröffentlichte Arbeitshilfen speziell zur Öffentlichkeitsarbeit in Jugendämtern sind derzeit nicht bekannt. Wenn überhaupt, so werden allgemeine Handreichungen zur Öffentlichkeitsarbeit in der Sozialen Arbeit angewendet, ohne dass ein genauer Bezug zum Jugendamt hergestellt wird (z. B. BAG Landesjugendämter 2011). Insbesondere seit den 1990er Jahren sind zahlreiche Praxisratgeber, Arbeitshilfen und Leitfäden erschienen, die als „ABCs, A & Os" mit einer Themenpalette von „A bis Z, von ‚Auskunftspflicht' über ‚Fundraising', ‚Imagepflege', ‚Medienkontakte' und ‚Sozialmarketing' bis ‚Zeilenhonorar', praktische Hinweise zur Öffentlichkeitsarbeit geben wollen (Pleiner/Heblich 2009, 27). Für eine Öffentlichkeitsarbeit der Jugendämter sind jedoch solche Publikationen nicht weiterführend, denn Anliegen der Jugendämter müssen vielmehr „langfristige und systematische Kommunikationsprozesse zwischen den Adressatengruppen Klient, Sozialarbeiter, Träger und der Öffentlichkeit" sein (Puhl/Thorun 2007, 680). Als zentrale Aufgaben einer solchen systematischen Öffentlichkeitsarbeit können unter Rückgriff auf Puhl und Thorun benannt werden:

- **Kommunikative Vernetzung:** „einen Informationsaustausch zwischen den Adressatengruppen" gewährleisten
- **Informationsvermittlung:** die Adressaten sowohl über die Rechtslage als auch über Angebotsstrukturen und Maßnahmen zu informieren
- **Selbsthilfeförderung:** Klienten „in deren eigenem Interesse Hilfen zur Herstellung von Öffentlichkeit zu geben"
- **Interne Kommunikation:** für eine Verständigung innerhalb der Organisation sorgen
- **Rechenschaftspflicht:** Soziale Arbeit „als legitimationspflichtigen öffentlichen Dienst zu kommunizieren"
- **Sozialpolitisches Wächteramt:** Beteiligung am fachöffentlichen und sozialpolitischen Diskurs
- **Öffentlichkeitswirksame Präsenz:** allgemeine

öffentliche Aufmerksamkeit sozialer Themen erzeugen (Puhl / Thorun 2007, 680)

Voraussetzungen, die für die umfassenden Formen direkter und indirekter Kommunikation zu schaffen sind, sind „personell durch einen Beauftragten oder Referenten der Jugend- und Sozialämter (eventuell in Kooperation mit dem kommunalen Presse- und Informationsamt); materiell durch die Ausstattung mit entsprechenden finanziellen, technischen und zeitlichen Ressourcen" (Puhl / Thorun 2007, 681) zu ermöglichen. Darüber hinaus sind organisatorisch (Anbindung an Leitung), inhaltlich (Corporate Identity, Corporate Design), systematisch (Konzeption) und ethisch zahlreiche Anforderungen umzusetzen. Öffentlichkeitsarbeit soll angesichts seiner Bedeutung nicht nur situativ als Reaktion auf Legitimationsdruck und kurzfristig instrumentell eingesetzt, sondern kontinuierlich und strategisch ausgerichtet werden (vgl. Puhl / Thorun 2007, 681).

Gesetzlich geregelt ist nach den Pressegesetzen der Länder die Verpflichtung der Behörden, „den Vertretern der Presse die der Erfüllung ihrer öffentlichen Aufgabe dienenden Auskünfte zu geben" (Puhl / Thorun 2007, 681). Darüber hinaus regelt § 13 SGB I, dass die Bevölkerung über die Rechte und Pflichten des Gesetzes im Rahmen der Zuständigkeiten der Sozialleistungsträger aufzuklären ist; darin sind die Leistungen nach dem Kinder- und Jugendhilfegesetz eingeschlossen. Der öffentlichen Jugendhilfe obliegt es nach § 17 SGB I, „dem Hilfesuchenden die ihm zustehenden Jugendhilfeleistungen in zeitgemäßer Weise, umfassend und schnell zuzuteilen und den Zugang zur Jugendhilfe möglichst einfach zu gestalten" (Freitag 2002, 50). Dies wird teilweise schon durch das Nicht-Auffinden des Jugendamtes im Telefonbuch unter dem Buchstaben ‚J' – sondern unter ‚A' wie ‚Amt für Soziale Dienste' oder anderen Bezeichnungen – für den Jugendhilfesuchenden vor allem in Notsituationen erschwert.

Umfassende Forderungen nach verstärkter *Öffentlichkeitsarbeit* und einer etablierten Praxis sind nicht neu. Sie zeichnen sich auch für die Jugendämter schon in den 1950er und 1960er Jahren ab. Diese wirken noch heute überraschend aktuell und sollen daher anhand einiger zentraler Aspekte kurz skizziert werden.

Im Rahmen der Novellierung des JWG im Jahr 1961 wird mit dem § 23 Nr. 1 die folgende Soll-Vorschrift festgelegt: „Die Jugendämter, Landesjugendämter und obersten Landesbehörden sollen die Öffentlichkeit über die Lage der Jugend und über Maßnahmen der Jugendhilfe unterrichten." Die rückblickende Bewertung der Einführung des § 23 JWG durch Walter Thorun kann noch heute als zentral gelten:

„Schließlich war längst überall bewusst, dass die gesellschaftliche Randstellung der Jugendhilfe und die zum Teil recht negativen Vorstellungen in der Bevölkerung über das Jugendamt nicht zuletzt die Folge einer völlig unzulänglichen Öffentlichkeitsarbeit waren" (Thorun 2006, 173).

Dass Öffentlichkeitsarbeit trotzdem bisher nicht fest etabliert ist, kann neben der Tatsache, dass eine vergleichbare Vorschrift im SGB VIII nicht enthalten ist, auf Hindernisse in den Einstellungen von Jugendamtsakteuren zurückgeführt werden. Im „Dormagener Qualitätskatalog der Jugendhilfe" (Stadt Dormagen 2001, 229) wird angeführt, dass aufgrund der staatlichen Finanzierung der öffentlichen Jugendhilfe (die nicht auf Umsatz, sondern auf Kostendeckung ausgerichtet ist) Informationen zu Angeboten und zur Legitimation der Arbeit in der Öffentlichkeit für nicht erforderlich gehalten werden (Stadt Dormagen 2001, 232f.). Darüber hinaus ist angesichts der Aufforderungen zu Kosteneinsparungen die Verbreitung von Informationen zu Angeboten und Leistungen nicht gewünscht, da dies zunächst sowohl mehr Arbeit („Überlastung") als auch mehr Ausgaben bedeuten könnte (vgl. Straub 2005, 17).

Die fehlende strategisch ausgerichtete Öffentlichkeitsarbeit der Jugendämter und entsprechende Empfehlungen zur Verbesserung der Öffentlichkeitsarbeit werden bereits im Dritten Jugendbericht aus dem Jahr 1972 angesprochen (BMJFG 1972). Weiterhin werden immense Unterschiede zwischen den Jugendämtern attestiert: „Generell gesehen ist die Öffentlichkeitsarbeit vor allem bei den kleineren Jugendämtern sehr stark unterentwickelt und trägt mit Schuld an dem unscharfen und häufig falschen Bild der Jugendamtsarbeit in der Öffentlichkeit" (BMJFG 1972, 74). Weitere Schlaglichter sind der 66. Deutsche Fürsorgetag in Essen (Deutscher Verein für öffentliche und private Fürsorge 1970), in dem sich eine Arbeitsgruppe mit dem Thema „Jugendhilfe im öffentlichen Meinungsbild" befasst sowie die im Jahr 1987 erschienene Arbeitshilfe 5 des Deutschen Instituts für Urbanistik (Thorun 1978), die m. E. die einzige öffentlich zugängliche Arbeitshilfe zur Öffentlichkeitsarbeit für Jugendämter bis heute darstellt. *Gemeinsam* scheint den Veröffentlichungen dieser Jahre und den aktuellen Debatten zu sein, dass der Stellenwert von Öffentlichkeitsarbeit weithin konzeptionell sehr hoch eingeschätzt wird, dass aber der Praxis attestiert wird, sich mit einer offensiven Umsetzung zurückzuhalten, vor allem weil es ohne eigens hierfür ausgebildete und eingestellte Mitarbeiter nicht möglich sei, eine strategische Öffentlichkeitsarbeit wirksam zu gestalten. Hier zeigen sich Diskrepanzen in den Kommunikationspotenzialen: einerseits Mitarbeiter mit hoher Fachkompetenz in der Jugendhilfe und mit geringen Kompetenzen in der Öffentlichkeitsarbeit, andererseits Sprecher der Verwaltung, die zwar erfahren im Umgang mit Medienvertretern sind, die sachlichen Bezüge der Jugendhilfe aber nur unzureichend aufgrund mangelnden Wissens darstellen können (vgl. Stadt Dormagen 2001, 232 f.). *Neu* in den Debatten um Öffentlichkeitsarbeit der Jugendämter sind vor allem das Thema ‚Arbeitsbelastung / Überlastung' (infolge der medialen Aufmerksamkeit zum Thema ‚Kinderschutz') und das Thema ‚Öffentlichkeitsarbeit in Krisen'. Diese Themen können als Motor dienen, sich dem Thema Öffentlichkeitsarbeit insgesamt stärker zuzuwenden.

35.5 Öffentlichkeitsarbeit in Krisen

Wird auf Krisen Bezug genommen, stehen in zahlreichen Beiträgen die dramatischen Einzelfälle im Vordergrund, in denen Jugendämtern vorgeworfen wird, im Kinderschutz versagt zu haben. „Immer wieder kommt es zu Kindsmisshandlungen, im schlimmsten Fall zu Kindstötungen, die unmittelbar zu der Frage nach dem Schuldigen führen" (Neujahr / Wienand 2009, 37). Diese Themen haben, insbesondere wenn es um (kleine) Kinder geht, aufgrund der hohen emotionalen Komponente einen hohen Nachrichtenwert (Konken 2009, 39). Neujahr und Wienand arbeiten heraus, dass es in der Krise zunächst zu einem Vertrauensverlust und zum Verlust an Glaubwürdigkeit kommt. Aufgrund des hohen Drucks und der Debatte um die Schuldfrage kann es zum Verlust der Handlungsfähigkeit kommen. Um dieses Risiko zu verringern oder es nicht erst entstehen zu lassen, bedarf es einer professionellen Krisenvorbereitung (vgl. Neujahr / Wienand 2009, 37). Zwischen den Situationen des betroffenen Jugendamts und den Medien bestehen grundlegende Unterschiede: Während die Krise für das betroffene Jugendamt eine Ausnahmesituation darstellt, sind „für Medien krisenhafte Ereignisse der ‚Normalfall'" (Neujahr / Wienand 2009, 38). Als „Anwalt und als Mahner der Öffentlichkeit" gehört es zum Selbstverständnis der Medien („Wächteramt"), über ‚Bad News' zu berichten und die Kommunikation über diese mitzugestalten (Neujahr / Wienand 2009, 38).

Stehle (2002) spricht sich für eine offensive und kontinuierliche Öffentlichkeitsarbeit als Basis einer Öffentlichkeitsarbeit in Krisensituationen aus. Dies wird vor allem dann nachvollziehbar, wenn die Phasen der Berichterstattung in Krisen betrachtet werden:

1. In der ersten Phase (12 bis 24 Stunden) ist schnelles Handeln unabdingbar. Konken (2009, 41) verweist darauf, dass ‚schnell' aus Sicht der Journalisten nicht innerhalb eines Tages bedeutet, sondern im Falle einer Krise nur eine Chance besteht, die Diskussion mitzubestimmen, wenn innerhalb eines Zeitfensters von 45 Minuten bis zu zwei Stunden informiert wird. Andernfalls recherchieren Journalisten außerhalb der betroffenen Institution, und die Chance nimmt ab, Mutmaßungen und Gerüchte einzudämmen und Faktenwissen selbst einzubringen. Als zentral wird angesehen, dass der Kommunizierende in der Krise genau informiert ist, kompetent wirkt und initiativ ist (vgl. dazu ausführlich Konken 2009, 39 f.).

2. In der zweiten Phase stehen nicht mehr Informationen, sondern die Suche nach den Ursachen für die Krise und damit Hintergründe im Mittelpunkt. Häufig werden neutrale Dritte einbezogen, die das Geschehen bewerten und eventuell Versagen der Institution nachweisen. Daher ist es in dieser Phase bedeutsam, eigene Ideen zur Ursachenbeseitigung oder auch erste Schritte zur Wiedergutmachung einzubringen (vgl. Konken 2009, 41). Konken gibt eine Dauer von zwei bis drei Tagen an, Stehle (2002, 138) nennt hier ein Zeitfenster von drei bis sieben Tagen.

3. Die dritte Phase (fünf bis 14 Tage) ist durch Abklingen der Aufmerksamkeit gekennzeichnet, bei der Zusatzinformationen vorwiegend in den lokalen Medien publiziert werden (vgl. Konken 2009, 41.). Es kann jedoch jederzeit zu einem neuen Höhepunkt der Krise kommen, wenn z. B. vergleichbare Fälle bekannt werden. Zudem treten teilweise durch Medien, die in größeren Abständen erscheinen, noch einmal andere Sichtweisen oder Diskussionen in den Mittelpunkt; wenn sich Gerichte mit diesen Fällen befassen, werden diese wieder interessant und berichtenswert (vgl. Konken 2009, 41). Vermieden werden sollten die Eindrücke:

„dass kein Grund zur Aufregung bestehe, weil das Unglück nicht so schlimm sei und dass man die Sache schon im Griff habe (was die Öffentlichkeit dem Verursacher der Krise ohnehin nicht abnehmen würde) [...] Geben Sie positive Botschaften! [...] Die emotionale Botschaft: Uns ist es beileibe nicht egal, was gerade passiert ist [...]. Die sachliche Botschaft: Wir bleiben aktiv handelnd und zwar mit aller Macht. Schließlich liegt bei uns die größte Kompetenz für die Lösung des Problems" (Stehle 2002, 140).

Angesichts der engen Zeitfenster in Krisenzeiten und mit Verweis auf die zahlreichen Grundregeln der Kommunikation wird erkennbar, warum eine etablierte Öffentlichkeitsarbeit Voraussetzung ist, um eine Krise aktiv bewältigen zu können. Zudem erhöhen sich die Anfragen an Behörden in Zeiten der Krise mindestens um den Faktor 30 (vgl. Stehle 2002, 138; dazu ausführlich – auch zu einem Krisen-Kommunikationsplan – BAG Landesjugendämter 2011, 52 ff.).

35.6 Was braucht es für eine fachlich profilierte Öffentlichkeitsarbeit?

Anforderungen und Positionen zur Öffentlichkeitsarbeit in Jugendämtern können mit den Schlagworten ‚Balanceakte', ‚Paradoxien' und ‚Herausforderungen' zusammenfassend gekennzeichnet werden.
Balanceakte sind insbesondere darin begründet, dass das Verhältnis der Jugendämter zur Öffentlichkeitsarbeit als ein besonderes zu kennzeichnen ist. Es soll nicht ein Produkt beworben und verkauft werden, sondern es soll Vertrauen in sozialarbeiterisches Tun aufgebaut werden. Will die Kinder- und Jugendhilfe in den Vordergrund treten, muss sie sich an der Kommunikation beteiligen, aber auch im Sinne der Handlungsmaxime Partizipation und Ressourcenorientierung die Nutzer dieser Leistungen einbeziehen (Straub 2001, 264 f.). So entstehen vor allem Balanceakte auf Basis der teilweise „entgegengesetzten" Funktionslogiken von Kinder- und Jugendhilfe und Medien: „Zählt für die Medien Tagesaktualität und Ereignischarakter und ist interessant, was von der Normalität abweicht, baut Soziale Arbeit auf Langfristigkeit und Kontinuität" (Straub 2010b, 206). Einerseits soll Öffentlichkeit informiert und aufgeklärt werden, andererseits müssen Klienten geschützt und dürfen nicht zusätzlich stigmatisiert werden (vgl. u. a. Schulze-Krüdener / Ballof 2010, 66). Soziale Arbeit braucht ein Wissen um die Medienlogik und muss einen bestimmten Nachrichtenwert erfüllen, damit sie für die Medien berichtenswert ist. Die Konsequenz darf aber nicht sein, dass Themen aufgrund ihrer Marktgängigkeit im Sinne von Effekthascherei verkauft werden (vgl. Puhl 2002a, 21).
Der Grat zwischen Aufklärung und Stigmatisierung ist jedoch schmal. Zum einen kann erhöhte Berichterstattung dazu beitragen, existierende Stigmatisierungen abzubauen und über Bedarfe sowie Lebenssituationen der Betroffenen aufzuklären, zum anderen kann jedoch, gerade in Zusammenhang mit dramatisierenden und personalisierenden Darstellungsformen, eine erhöhte Stigmatisierung eintreten. Hamburger beleuchtet dies besonders kritisch in Bezug auf Fallstudien über die Klientel Sozialer Arbeit. Die „Außenseiter, Randgruppen, selbstverschuldet Isolierten und die gelegentlich bedrohlich oder gefährlich Abweichenden" (Hamburger 2002, 767) bilden in den Medien die Außengruppe zum ‚WIR' der Gesellschaft. Insbesondere die Jugendhilfe, die in den Medien oftmals als Instrument zur Sicherung von Ruhe und Ordnung gesehen wird, ist die Institution, die es „mit Outsidern zu tun hat" (Kupffer 1999, 20). Zur Marginalisierung trägt Soziale Arbeit unter Umständen bei und zwar gerade dann, wenn „ihre eigene Existenz mit der besonderen Hilfsbedürftigkeit oder Gefährlichkeit" (Hamburger 2002, 767) ihrer Klienten begründet wird und entsprechende Bilder in den Medien erzeugt bzw. veröffentlicht werden.
Paradoxien bestehen vor allem mit Blick auf das Verhältnis von Öffentlichkeitsarbeitern und Medi-

envertretern. Eine etablierte Öffentlichkeitsarbeit weiß um die Medienlogik, bezieht den Nachrichtenwert ein und verfügt in der Regel über einen langfristig angelegten Kontakt zu Medienvertretern. Hier kann das ‚was nachher in der Zeitung steht', selbstkritisch eingeschätzt werden. Wird Öffentlichkeitsarbeit in einzelnen Aktionen nebenbei betrieben, wird in der Regel auch die Berichterstattung negativer bzw. enttäuschender erlebt, weil die Funktionslogiken der beiden Systeme nicht aufeinander abgestimmt sind (Enders 2013). Dies spitzt sich in der Krise zu: Während Jugendämter mit einer etablierten Öffentlichkeitsarbeit bereits eine Grundlage für eine gelingende Krisen-PR geschaffen haben, sind gerade die Jugendämter, in denen Personalressourcen knapp sind oder keine festen Kapazitäten für Öffentlichkeitsarbeit zur Verfügung stehen, auch diejenigen, die in einer Krise die Handlungsfähigkeit zu verlieren drohen. Dies hat zur Konsequenz, dass in der öffentlichen Darstellung andere kompetenter wirken und die Arbeit des Jugendamtes beurteilen. Letzteres geschieht auch bei funktionierender Krisen-PR, doch tritt das Jugendamt dann nicht in Erscheinung als ‚Amt, das schweigt', sondern als ein Jugendamt mit dem Potenzial, sich an der Diskussion um die Lösung des Problems, um Wiedergutmachung oder um Weiterentwicklung aktiv zu beteiligen.

Das Wächteramt der Medien kann im Hinblick auf die Öffentlichkeitsarbeit der Jugendämter als eine Art Motor für fachlichen Austausch und als Anstoß für aktives und offensives Handeln angesehen werden. Gleichermaßen ist dieses Wächteramt nicht nur kritisch im Hinblick auf eine negative Darstellung der Jugendämter zu interpretieren, sondern es ist auch zu bemerken, dass die Arbeit der Jugendämter ‚im Lichte der Öffentlichkeit' mit einer höheren Aufmerksamkeit versehen wird, die positiv genutzt werden kann. Auch können mit den dadurch angestoßenen Debatten um Kinderschutz, Personalaufstockungen und Kosten für die Kinder- und Jugendhilfe positive Effekte dieser hohen Aufmerksamkeit bilanziert werden.

Doch wie in der Auswertung des Falls Kevin gezeigt, können Jugendämter „nicht Nichtkommunizieren" (Watzlawick zit. n. Dederichs 1997, 17) und daher nicht nicht öffentlich sein. Insofern bestimmen Jugendamt und ASD ihr öffentliches Bild mit, auch wenn sie sich zurückhalten: die Definitionsmacht über angemessenes Handeln wird aus der Hand gegeben (vgl. Puhl 2002a, 20). *Es stellt sich damit im Prinzip nicht abschließend die Frage, inwieweit Jugendämter öffentlich sind, sondern vielmehr, ob sie sich an der Erzeugung ihres öffentlichen Bild beteiligen können und wollen. Denn: Die Spannungen und Widersprüche, mit denen Jugendämter in ihrem Verhältnis zur Öffentlichkeit umzugehen haben, machen deutlich, dass ein im umfassenden Sinne ‚öffentliches' Jugendamt nicht ohne eine professionelle und etablierte Öffentlichkeitsarbeit präsent und aktiv sein kann.*

35.7 Hinweise zu einer ‚guten' Öffentlichkeitsarbeit

Öffentlichkeitsarbeit der Jugendämter muss zentrale Gestaltungsaufgabe sein, sie stellt zugleich eine Herausforderung dar. Ansatzpunkte für die praktische Ausgestaltung sind aktuell eher auf die Öffentlichkeitsarbeit in der Kinder- und Jugendhilfe insgesamt ausgelegt (vgl. BAG Landesjugendämter 2011). Eine umfassende Auseinandersetzung damit, welche Hemmschwellen und Schwierigkeiten seitens der Jugendämter identifiziert werden können und was hinsichtlich Ansatzpunkten und Hinweisen für eine grundständige Etablierung erforderlich und wünschenswert ist, müsste umfassend evaluiert und noch genauer diskutiert werden.

Angesichts der Heterogenität in der Ausgestaltung der kommunalen Arbeit können und müssen die im KJHG markierten Prinzipien und Leistungsansprüche, aber auch die Spannungsfelder auf allen Ebenen kommuniziert werden. Sie sind Informationsgrundlage – modern ausgedrückt: Teil der Corporate Identity – und sind zugleich Gegenstand des Informationsanspruchs realer und potenzieller Adressaten. Direkt bezogen auf die Jugendamtsarbeit stellt Straub heraus, dass es bereits ein geeignetes Instrument zur Öffentlichkeitsarbeit gibt:

„Jugendhilfeplanung als öffentlicher, unter größtmöglicher Beteiligung verlaufender Prozess der Willensbildung sowie der Aushandlung von Interessen und Problemdefinitionen bedeutet, in einen Dialog mit allen Beteiligten einzutreten" (Straub 2005, 17).

Jugendhilfeplanung ist ein kommunikativer Prozess und in diesem Sinne ‚Öffentlichkeitsarbeit'.

VIII Qualität und Qualitätsentwicklung im ASD

36 Qualitätsmanagement und Organisationslernen: Zur Förderung von Lernbereitschaft und Entwicklungsfähigkeit im ASD

Von Joachim Merchel

- Der ASD kann sich sowohl aus Gründen der Glaubwürdigkeit als auch vor dem Hintergrund seiner professionellen Vorgehensweise der Anforderung, Qualitätsentwicklung zu praktizieren, nicht entziehen.
- Qualitätsentwicklung und Organisationslernen sind insofern miteinander verknüpft, als sie auf das Installieren organisationsbezogener Reflexionsprozesse zielen. Sie entstammen jedoch verschiedenen theoretisch-pragmatischen Kontexten und sollten daher mit ihren jeweiligen Anregungen für professionelle Reflexion im ASD differenziert gewürdigt werden.
- Qualitätsmanagement vollzieht sich in einer organisierten und gemeinsam zwischen Organisationsmitgliedern stattfindenden Suche nach der Antwort auf die Fragen „Wann ist unsere Arbeit gut?" und „Was können wir tun, um die Wahrscheinlichkeit einer guten Leistungserbringung zu gewährleisten und kontinuierlich weiterzuentwickeln?".
- Für den ASD existieren (noch) keine auf das Arbeitsfeld bezogenen methodischen Konzepte der Qualitätsentwicklung. Für ein Konzept der Qualitätsentwicklung im ASD, das Elemente der Qualitätsdefinition (Qualitätskriterien), der Qualitätsbewertung und der daraus abgeleiteten Impulsgebung zur Weiterentwicklung von Qualität einschließt, können Anregungen aus vier methodischen Zugängen genutzt werden: Standardisierung von Verfahrensabläufen, systematisierte Selbstbewertung der eigenen Arbeit, systematisierter Vergleich des eigenen Handelns und der eigenen Strukturen mit denen in anderen ASD (Benchmarking) sowie an ausgewählten Qualitätskriterien ausgerichtete Evaluationen.
- Weil der ASD in individualisierten und komplexen Lebenswelten von „Betroffenen" tätig werden muss und sich daher die Handlungsprogramme nur sehr begrenzt vorprägen lassen, bedarf es eines achtsamen, die externen Konstellationen und die internen Bearbeitungsmechanismen sensibel beobachtenden Jugendamtes. Das entsprechende Leitbild ist das der „lernfähigen Organisation".
- „Organisationale Lernfähigkeit" in einem ASD bedeutet, dass die Organisation bestrebt ist, die individuellen Informations-, Erfahrungs- und Lernvorgänge der ASD-Leitungen und ASD-Mitarbeiter miteinander zu verknüpfen, und dass der ASD seine Bereitschaft erweitert und durch Arbeitsweisen gezielt fördert, sich in seinen bisherigen Sichtweisen, Gewohnheiten und Routinen irritieren zu lassen und solche Irritationen für die weitere Gestaltung von Strukturen und Abläufen im ASD zu verarbeiten. Dazu lassen sich mehrere methodische Ansatzpunkte finden, die im Alltag des ASD gut realisiert werden können.

36.1 Qualität und organisationale Lernbereitschaft – bedeutsame Themen für den ASD

Mit dem Thema „Qualität" und mit der damit einhergehenden Anforderung, eine qualitativ angemessene Leistungserbringung bzw. Fallbearbeitung zu gewährleisten, wird der ASD an mehreren Stellen konfrontiert, insbesondere:

- Wenn es um Fälle eines „fehlgelaufenen" Kinderschutzes geht, wenn also ein Kind aufgrund von Vernachlässigung oder Misshandlung zu Tode oder zu gesundheitlichen Schäden gekommen ist, so wird in der öffentlichen Diskussion sehr schnell über mögliche Qualitätsmängel im ASD debattiert. Zur Diskussion steht, ob nicht nur der einzelne Mitarbeiter versagt hat, sondern ob die organisatorischen und fachlichen Abläufe im ASD nach den Regeln des „fachlich Angesagten" gestaltet waren (am Beispiel Bremen vgl. Hoppensack 2008).
- Im Hinblick auf die Anforderung des § 78b SGB VIII, der den Abschluss einer Qualitätsentwicklungsvereinbarung mit den Trägern der ambulanten und stationären Erziehungshilfe fordert, muss das Jugendamt – und hier insbesondere der ASD als diejenige Organisationseinheit, die in Einzelfällen Anforderungen an die Leistungserbringer stellt – eigene Vorstellungen zur Qualität der Leistungserbringer entwickeln und darüber hinaus Formen zur systematischen Überprüfung der Qualität bei eigenen Handlungsweisen (z. B. zur Hilfeplanung) erarbeiten und praktizieren. Denn die im Gesetz geforderte „Vereinbarung" zwischen zwei Partnern setzt voraus, dass nicht nur die eine Organisation die andere überprüft, sondern dass eine Qualitätsbewertung „auf Augenhöhe" stattfindet, was eine Bewertung des Handelns beider Seiten einbezieht (Wiesner 2011, § 78b Rdnr. 14).
- Durch das Bundeskinderschutzgesetz sind alle Träger der Jugendhilfe – also selbstverständlich auch der Träger der öffentlichen Jugendhilfe – zu „einer kontinuierliche Qualitätsentwicklung verpflichtet" (§§ 79 Abs. 2 Nr. 2 und 79a SGB VIII). Man kann sicherlich Bedenken anmelden wegen des überzogenen Steuerungsoptimismus, der mit dieser wie mit einigen anderen Regelungen des Bundeskinderschutzgesetzes verbunden ist (Merchel 2011b). Aber wenn der Träger der öffentlichen Jugendhilfe künftig glaubwürdig von den freien Trägern die Erarbeitung und Anwendung von Qualitätsentwicklungsverfahren fordern soll, so wird er nicht daran vorbei kommen, dies zunächst für seine eigenen Arbeitsbereiche zu realisieren. Der ASD bildet eine Schlüsselstelle für Qualität in der kommunalen Kinder- und Jugendhilfe und sollte daher in den Prozessen der Umsetzung des § 79a SGB VIII eine hervorgehobene Bedeutung einnehmen (ausführlicher dazu und zu Verfahren der Umsetzung des § 79a SGB VIII s. Merchel 2013).

Neben diesen drei Konstellationen, die vom ASD eine intensivere Auseinandersetzung mit dem Qualitätsthema erfordern, kommt ein weiterer Aspekt hinzu, der in Kapitel 3 angesprochen wurde: die Tendenz in Organisationen – insbesondere in solchen, deren Bestand im Grundsatz garantiert ist –, Routinen zu stabilisieren und diese gegen Irritationen aus der Umwelt oder interne Störungen abzuschotten. Gerade in solchen Organisationen ist es erforderlich, Irritationen nicht nur zuzulassen, sondern durch systematische Reflexionsverfahren die alltägliche Praxis auf den Prüfstand zu stellen, die Qualität des Handelns und der Strukturen zu bewerten und auf diese Weise mehr oder weniger latente Störpotenziale zutage zu fördern und für gezielte Weiterentwicklungsimpulse zu nutzen.

Es existieren also gute Gründe, dass der ASD sich systematisch mit Qualitätskriterien und Qualitätsbewertungsverfahren auseinandersetzt: sowohl im Hinblick auf Träger, die er einzelfallbezogen in Anspruch nimmt bzw. (gemeinsam mit den Leistungsadressaten) mit Leistungen beauftragt, als auch im Hinblick auf die eigenen Abläufe und fachlichen Handlungsmodalitäten. Die in der Fachdiskussion dafür verwendeten Chiffren sind (a) „Qualitätsmanagement" und (b) „lernfähige Organisation". Beide Begriffe verweisen aufeinander, entstammen jedoch unterschiedlichen Fachzusammenhängen. Das Qualitätsmanagement nimmt seinen Ausgangspunkt bei der Erstellung einer Leistung bzw. eines Produkts. Die Kernfrage des Qualitätsmanagements lautet: Was kann in einer Organisation getan werden, um ein möglichst gutes Produkt bzw. eine möglichst gute Leistung zu erzeugen bzw. kontinuierlich zu gewährleisten (Merchel 2010e)? Demgegenüber ist das Diktum von der „lernfähigen Organisation" in den Diskursen um Organisationsentwicklung bzw. Organisationsgestaltung verankert; es zielt auf eine dynamische Gestaltung von Prozessen in Organisationen, wodurch diese ihre Strukturen und Abläufe an sich verändernde Bedingungen und Anforderungen kontinuierlich anpassen bzw. innovativ beeinflussen kann (Schiersmann/Thiel 2009). Hier lautet die Kernfrage: Wie können in der Organisation Mechanismen installiert werden, die eine relativ kontinuierliche Wahrnehmung und Auswertung interner und externer Prozesse herausfordern und die dadurch ein bewusstes sich Verändern-(oder sich nicht Verändern-)Wollen der Organisation herausfordern (Merchel 2005b, 143 ff.)? Beide „Traditionen" sind jedoch insofern miteinander verknüpft, als sich die Qualität von Organisationen in ihrer Reflexionsfähigkeit zeigt, also in ihrer Bereitschaft und ihrer Fähigkeit, ihre Strukturen und ihre Handlungsweisen kritisch zu bewerten und infrage zu stellen; Lernbereitschaft und Qualitätsreflexion werden also zu einem miteinander verwobenen Qualitätskriterium für Organisationen. Zum anderen ist ein systematisches Qualitätsmanagement ein wichtiges Verfahrenselement, um Impulse für Organisationslernen zu setzen und eine kontinuierliche organisationale Lernbereitschaft zu erzeugen. Auch wenn beide Aspekte aufeinander verweisen, so können sie jedoch nicht als identisch betrachtet werden. Deswegen werden sie im Folgenden getrennt behandelt und auf ihre Bedeutung für den ASD befragt. Die Darstellung richtet sich allein auf Vorgänge des Qualitätsmanagements und der Förderung des Organisationslernens *innerhalb* des ASD; die Frage, wie der ASD Vorstellungen zur Qualität in Einrichtungen entwickeln und diese in die Infrastrukturgestaltung vermitteln kann (→ Kapitel 28 und 30), bleibt an dieser Stelle ausgespart.

36.2 Qualitätsentwicklung im ASD

Beim Qualitätsmanagement geht es um die in einer Organisation verankerte Reflexion und Bewertung der eigenen Arbeit unter bestimmten Qualitätskriterien bzw. Qualitätszielen mit dem nachfolgenden systematisierten Bemühen, Schritte auf dem Weg des Verbesserns der eigenen Arbeit zu definieren und umzusetzen sowie diese Schritte wiederum systematisch auszuwerten. Qualitätsmanagement vollzieht sich in einer organisierten und gemeinsam zwischen Organisationsmitgliedern stattfindenden Suche nach der Antwort auf die Fragen „Wann ist unsere Arbeit gut?" und „Was können wir tun, um die Wahrscheinlichkeit einer guten Leistungserbringung zu gewährleisten und kontinuierlich weiterzuentwickeln?" (hierzu und zum Folgenden vgl. Merchel 2010e). Der im SGB VIII verwendete Begriff der Qualitätsentwicklung setzt insofern einen speziellen Akzent, als dadurch das Prozesshafte und das Diskursive in der Bearbeitung des Qualitätsthemas akzentuiert werden; dies wird sowohl dem pluralen Trägerfeld der Jugendhilfe als auch dem fachlichen Charakter eines den sozialpädagogischen Konstellationen der Jugendhilfe entsprechenden Qualitätsverständnisses eher gerecht (Bohler/Schierbaum 2010). Damit setzt sich das SGB VIII gegenüber Formulierungen der „Qualitätsüberprüfung" oder der „Qualitätssicherung" in anderen Büchern des SGB ab.

In einigen Arbeitsfeldern der Sozialen Arbeit sind arbeitsfeldbezogene Methoden des Qualitätsmanagements erarbeitet worden (besonders umfassend z. B. für Kindertageseinrichtungen; Esch et al. 2006), für andere Handlungsfelder, so auch für behördlich geprägte wie den ASD, stehen solche Ausarbeitungen mit arbeitsfeldspezifischer Orientierung kaum zur Verfügung. Für ein Konzept der Qualitätsentwicklung im ASD, das Elemente der Qualitätsdefinition (Qualitätskriterien), der Qualitätsbewertung und der daraus abgeleiteten Impulsgebung zur Weiterentwicklung von Qualität einschließt, sind vor allem vier methodische Zugänge zu erörtern:

- Standardisierung von Verfahrensabläufen;
- systematisierte Selbstbewertung der eigenen Arbeit;
- systematisierter Vergleich des eigenen Handelns und der eigenen Strukturen mit denen in anderen ASD (Benchmarking);
- an ausgewählten Qualitätskriterien ausgerichtete Evaluationen.

Alle vier methodischen Zugänge können dazu dienen, dass sich die Akteure in einem ASD die Kriterien für die Qualität ihres Handelns bewusster machen, ihre Arbeit deutlicher an diesen Qualitätskriterien ausrichten sowie die Qualitätskriterien zum Anlass für Reflexion und als Grundlage für Überprüfung und Weiterentwicklung nehmen.

36.2.1 Verfahrensstandardisierung

Organisationen versuchen bisweilen, die Qualität von Prozessen dadurch zu gewährleisten, dass sie

- ein Muster für einen „guten Prozessablauf" entwerfen,
- die mit diesem Prozessablauf einhergehenden Verhaltensanforderungen an die unterschiedlichen Mitarbeiter definieren,
- das Einhalten der Verhaltensanforderungen durch die Mitarbeiter überprüfen,
- die Überprüfungsergebnisse daraufhin auswerten, in welcher Intensität die Handlungsanforderungen eingehalten worden sind und wie man künftig für eine bessere Einhaltung der Anforderungen sorgen kann.

Auf diese Weise sollen die Arbeitsabläufe und die Zuständigkeiten transparent und für alle Organisationsmitglieder verbindlich gestaltet werden. Die Verfahrensnormen vermitteln den Mitarbeitern, was sie zu tun haben und mit welchen Kategorien sie selbst und andere ihre Arbeit bewerten können. Die Organisation – also hier: der ASD – definiert, wie „qualitätvolles Handeln" aussieht, und durch Anweisung und Überprüfung der Mitarbeiter versucht die Organisation, bewusst ein solches Handeln als „Organisationsleistung" kalkulierbar zu machen. Jeder Mitarbeiter oder jedes Team bearbeitet die Aufgaben nicht nach jeweils eigenen Vorgehensweisen, sondern die Organisation gibt ein verlässliches Muster vor. Dadurch wird die Organisation als „Erzeuger" und „Sicherer" von Qualität erkennbar, und die Mitarbeiter erhalten eine Orientierung, was von ihnen erwartet wird. Die Wahrscheinlichkeit von Fehlern soll auf diese Weise reduziert werden.

Das traditionelle Muster, mit dem in Verwaltungen Verfahren standardisiert werden, ist die Dienstanweisung: Hier wird definiert, wie bei welchen Ereignissen zu verfahren ist. In diesem Duktus werden für den ASD viele administrative Vorgänge geregelt: einzelfallbezogene Zusammenarbeit zwischen verschiedenen Sachgebieten (z. B. „Wirtschaftliche Jugendhilfe" und ASD), Ereignisse, die ein Einschalten der ASD-Leitung oder der Jugendamtsleitung erforderlich machen etc. Im Zuge der intensivierten Kinderschutzdebatten ist in den ASD vermehrt auch das fachliche Handeln (Vorgehen bei möglicher Kindeswohlgefährdung, Hilfeplanung etc.) in solche Regelungsversuche einbezogen worden: Abläufe bei Meldungen zu möglicher Kindeswohlgefährdung sind definiert und verbindlich vorgeschrieben, Checklisten für Vorgehensweisen erstellt, Diagnosebögen als verbindlich anzuwendende Instrumente eingeführt und Ablaufschemata für die Kollegiale Beratung sind als Strukturierungsmittel vorgeschrieben worden etc. (→ Kapitel 22).

Bei dem Versuch, administrativ und fachlich gutes Handeln über die Definition von Verfahrensstandards und die Überprüfung von deren Einhaltung zu gewährleisten („Qualitätssicherung"), sind gleichermaßen Potenziale wie Begrenzungen in die Überlegungen einzubeziehen:

- Mit der Definition von Verfahrensstandards wird die Organisation Jugendamt/ASD ihrer Verantwortung gerecht, ein bestimmtes Maß an Fachlichkeit und angemessenem Handeln zu gewährleisten und dabei den Mitarbeitern eine Orientierung zu vermitteln, was von ihnen erwartet wird und sowohl intern als auch extern erwartet werden kann. Sie wird dadurch kalkulierbarer und gibt sich ein fachliches Handlungsprofil.
- Je sozialpädagogisch profilierter eine Aufgabe ist, desto schwerer wird eine Regelung und Überprüfung von Zielen und Handlungsvollzügen über Verfahrensstandards: Man kann z. B. versuchen, über die Definition von Handlungsanweisungen die Wahrscheinlichkeit einer Beteiligung der Adressaten bei der Hilfeplanung zu erhöhen (z. B. Regelungen zur frühzeitigen Einladung, Unterschrift aller Beteiligten unter das Hilfeplandokument, Zufriedenheitsabfrage in einem Erhebungsbogen etc.), aber dass bzw. ob die unterschiedlichen Leistungsadressaten tatsächlich ihre eigene Perspektive benennen und zur Geltung bringen konnten, lässt sich nicht durch formale Regelungen festlegen.
- Verfahrensstandards werden leicht zu unreflektierten Routinen: Man hält sich an einen vorgeschriebenen formalen Ablauf, ohne dabei den eigentlich angestrebten Sinn zu treffen (z. B. formale Unterschrift der Leistungsadressaten beim Hilfeplan, ohne reale Beteiligung erreicht zu haben; Durchlaufen der Phasen einer kollegialen Beratung, ohne tatsächlich Perspektivenvielfalt und ohne eine Trennung zwischen Problemverstehen und Maßnahme-Erörterung realisiert zu haben). Hinzu kommt das

Problem, dass eine allzu starre Ausrichtung an vorgegebenen Verfahrensregeln möglicherweise im Einzelfall erforderliche individuell angepasste sozialpädagogische Arrangements verhindern können. Die Mitarbeiter halten sich an formale Regeln (und fühlen sich dadurch „aus dem Schneider"), ohne dass sie die Bedeutung der formalen Regel für den Einzelfall überprüfen und diese ggf. sinnhaft variieren.

Daraus ist zu schließen, dass Standardisierungen von Verfahren immer der kritischen Beobachtung und Evaluation bedürfen: Es muss systematisch beobachtet und ausgewertet werden, welche Erfahrungen die Mitarbeiter mit den Verfahrensregelungen machen, ob sie ausdifferenziert werden müssen, welche Nebenfolgen sie nach sich ziehen (z. B. unreflektierte Routinehaftigkeit), ob der mit den Standards verfolgte Sinn noch realisiert wird, ob die Rahmenbedingungen das Einhalten der Standards ermöglichen etc. Ohne eine solche systematische Beobachtung und Evaluation drohen Verfahrensstandards zu einer Formalisierung zu werden, mit der die eigentlichen fachlichen Herausforderungen der ASD-Aufgaben allzu schnell verfehlt werden können.

36.2.2 Systematisierte Selbstbewertung

Ein ASD kann sich in der Qualität seines Handelns und seiner Strukturen überprüfen, indem er sich selbst einer systematischen Selbstbewertung unterzieht – systematisch zum einen im Hinblick auf die Festlegung von Kriterienbündeln, nach denen in der gesamten Organisation diese Selbstverwertung erfolgen soll, und zum anderen im Hinblick auf die verabredeten, geregelten Vorgehensweisen, in denen die Prozesse der Selbstbewertung erfolgen sollen. Für die Verwaltung ist mit dem *Common Assessment Framework* (CAF) ein Verfahren entwickelt worden, das eine solche systematisierte Selbstbewertung ermöglichen soll. Das CAF ist angelehnt an das Selbstbewertungsverfahren der „European Foundation for Quality Management (EFQM)" (Merchel 2010e, 80 ff.) und transferiert dieses Modell auf die Gegebenheiten in Verwaltungsorganisationen (Bundesverwaltungsamt 2006, 2009a, 2009b; Etscheid 2009). Allerdings verbleiben die Ausarbeitungen zum CAF auf der Ebene der Gesamtverwaltung. Eine themenspezifische Umsetzung für einzelne Aufgaben- oder Verwaltungsbereiche liegt (noch) nicht vor; sie müsste in einem Jugendamt bzw. einem ASD erarbeitet werden, damit ein solches Verfahren genutzt werden könnte.

Bei einem systematisierten Selbstbewertungsverfahren werden im ASD Bereiche abgesprochen, die Gegenstand der Bewertung durch die Organisationsmitglieder werden sollen: Prozessbereiche wie z. B. Leitung, Personalentwicklung, Kooperation mit anderen Organisationen, Hilfeplanung sowie Ergebnisbereiche wie z. B. Wahrnehmung des Jugendamtes in der Öffentlichkeit, bei Politikern und bei relevanten Interessengruppen, Zufriedenheit der Bürger mit der Leistungserbringung, Einhalten der politischen und der finanzbezogenen Vorgaben etc. Diese Bewertungsbereiche müssen durch verschiedene Items konkretisiert werden, die wiederum von den Organisationsmitgliedern nach einem einheitlichen quantitativen Muster bewertet werden und deren Bewertungen durch konkrete Beobachtungen plausibilisiert werden sollen. Im Diskurs über die Bewertungen werden verschiedene Wahrnehmungen zur Qualität der ASD-Arbeit erkennbar und zum Gegenstand von Erörterungen zur Weiterentwicklung. Die methodisch strukturierte Selbstbewertung markiert ein Innehalten der Organisation, eine „Auszeit", in der die Organisation ihre eigenen Strukturen und Verfahrensweisen zum Gegenstand der Reflexion und der Weiterentwicklung macht.

Die Chancen und Schwierigkeiten bei der Anwendung eines solchen Verfahrens der Qualitätsentwicklung im ASD lassen sich leicht charakterisieren. Produktiv an einem solchen methodischen Vorgehen ist zum einen der Lernimpuls, der durch den Einbezug der Mitarbeiter in die Bewertungsdiskurse in die Organisation hineingetragen wird. Zum anderen ist es möglich, die Spezifika des Arbeitsfeldes ASD in den Kriterienbündeln und in den konkretisierenden Items zur Geltung zu bringen. Damit ist aber auch die Schwierigkeit eines solchen Verfahrens angesprochen: Die bisherigen Ausarbeitungen zum CAF sind inhaltlich indifferent gegenüber spezifischen Aufgaben und Organisationsbereichen der Kommunalverwaltung. Der Bezug zum CAF schafft noch keine inhaltliche Orientierung; der konkretisierende Bezug zum ASD muss erst noch hergestellt werden, was mit einigem Aufwand verbunden sein dürfte. Als Material für eine solche Konkretisierung kann z. B. der „Dormagener Qualitätskatalog der Kinder- und Jugendhilfe" (Jugendamt Dormagen 2011) herangezogen werden, jedoch bedarf auch dieser umfassende Text der weiteren Bearbeitung, um daraus genauere Qualitätselemente mit entsprechenden Items und Bewertungsschemata herauszudestillieren. Ferner ist zu berücksichtigen, dass ein Verfahren der „Selbstdiagnose" nur dann produktiv praktiziert werden kann, wenn es (a) kontinuierlich bzw. zyklisch realisiert wird und eine Vorstellung von prozesshafter Qualitätsentwicklung damit verbunden wird und (b) die Bewertungsvorgänge in einem Organisationsklima der Offenheit, der Bereitschaft zur selbstkritischen Betrachtung und des diskurshaften Lernens erfolgen. Eine Selbstbewertung, bei der man sich vornehmlich gegenseitig versichern will, wie gut man allerseits arbeitet, und kritische Reflexion an den Rand drängt, lohnt den Aufwand des Verfahrens nicht und würde dessen Sinn verfehlen.

36.2.3 Systematisierter Vergleich mit anderen ASD

Anhand eines systematisierten Vergleichs mit anderen ASD Anhaltspunkte für einen Diskurs zur Qualität im eigenen ASD zu gewinnen, ist auf zwei Wegen möglich:

- über ein Benchmarking, wie es im Rahmen der Verwaltungsmodernisierung mit den „interkommunalen Netzen" (IKO-Netz) eingeführt wurde (von Bandemer 2005; Pothmann 2006; Merchel 2010e, 91 ff.);
- über Verfahren der „kollegialen Fremdevaluation", bei denen sich mehrere Jugendämter mit einer ähnlichen Struktur (ähnliche Größe und ähnliche Komplexität) zu einem „Vergleichsring" zusammenschließen und kollegiale Evaluationsverfahren zu vorher genauer abgesprochenen Themen und Qualitätskriterien realisieren (Bethlehem et al. 2001; Pauly/Gaugel 2008; Merchel 2010d, 51 ff.).

Ein systematisierter Vergleich soll eine Erörterung des Qualitätsstandes ermöglichen, bei der die eigenen Strukturen und Verfahrensweisen gespiegelt werden mit denen in anderen ASD. Auf diese Weise sollen Differenzen sichtbar werden, die der Begründung bedürfen und die möglicherweise aufgrund des anderen Blicks Anregungen zur Weiterentwicklung der eigenen Praxis geben. Das Benchmarking wird in der Regel auf der Grundlage quantitativer Vergleichsinstrumente (Kennziffern) realisiert, die die Basis für qualitätsbezogene Diskurse zum Leistungsvergleich bilden: Die Kennziffern können sich beziehen auf Haushaltsdaten, auf Quoten bei Hilfen zur Erziehung, auf das Verhältnis von ambulanten und stationären Erziehungshilfen, auf das Verhältnis von Heimerziehung und Erziehung in Pflegefamilien, auf die Fallbelastungen pro ASD-Mitarbeiter etc. – gespiegelt mit sozialstatistischen Daten z. B. zur Armutsquote bei Minderjährigen, Anteil von Kindern aus Migrantenfamilien, Bildungsstatus von Kindern/Jugendlichen/Familien in ASD-Betreuung oder mit Infrastrukturdaten zu regionalen Hilfeangeboten etc.

Die in den Kennziffern zum Ausdruck kommenden Differenzen sprechen jedoch nicht für sich, sondern bedürfen der Interpretation und Einordnung, bei der in gemeinsamen Diskussionsforen Erklärungen gesucht und mögliche schlussfolgernde Handlungsperspektiven erörtert werden. Ein rein quantitativer Vergleich ohne interpretierende qualitative Erörterung bleibt sinnlos und vermag kaum zu einer gehaltvollen Debatte über Qualitätsentwicklung beizutragen. Bei Kennzahlen-Konstruktionen besteht immer die Gefahr, dass gegenüber der „magischen Wirkung der Zahlen" die qualitative Einordnung und Interpretation zu kurz kommen. Eine Qualitätsentwicklung über Benchmarking hat den Vorteil, den Rahmen des eigenen ASD überschreiten und von der Praxis anderer ASD lernen zu können; damit dieser Vorteil zur Entfaltung kommen kann, muss im Verfahren gewährleistet sein, dass die Unterschiede in ihrem Bedeutungsgehalt gewürdigt und interpretiert werden und auf dieser Grundlage differenzierende Anregungen zur Qualitätsentwicklung im „eigenen" ASD erarbeitet werden können. Quantitativ basierte Vergleiche müssen in qualitativen Diskursen interpretativ verarbeitet werden, um eine tragfähige Qualitätsentwicklung realisieren zu können. Solche qualitativen Diskurse stehen im Mittelpunkt bei den Verfahren der kollegialen Fremdevaluation, die sich im Grenzbereich zwischen Evaluation und „kollegialer Organisationsberatung" bewegen. Das Vorgehen einer „kollegialen Visitation" (Bethlehem et al. 2001) kennzeichnet exemplarisch eine Verfahrensweise, bei der im Rahmen einer von der Teilnehmerzahl begrenzten „Qualitätsgemeinschaft" von verschiedenen ASD Vergleichsmaßstäbe konstituiert und in Qualitätsdiskurse umgesetzt werden. Der qualitative Teil des Vergleichs soll insbesondere durch „Visitationsteams" angeregt werden. Als „Visitatoren" fungieren Personen aus dem ASD, die die erforderliche Feldkenntnis mitbringen, aber aufgrund ihrer Nicht-Mitgliedschaft in dem besuchten ASD nicht von Betriebsblindheit beeinflusst sind. Sie besuchen einen ASD und bewerten ihn anhand eines vorher verabredeten Kriterien- und Verfahrenskatalogs. Die quantitativen und qualitativen (Zwischen-)Ergebnisse werden dann Gegenstand eines gemeinsamen, möglichst extern moderierten Auswertungsdiskurses. Durch solche oder ähnliche Verfahrensweisen ergeben sich Möglichkeiten, innerhalb eines strukturierten und durch Absprachen geschützten Rahmens Lern- und Veränderungsimpulse für die beteiligten ASD zu gewinnen.

36.2.4 An Qualitätskriterien ausgerichtete Evaluationen

Der ASD kann sich Impulse zur Qualitätsentwicklung verschaffen, indem einige elementare, für die Qualität der ASD-Arbeit besonders bedeutsame Qualitätskriterien benannt werden (z.B. „Die Arbeit des ASD ist dann gut, wenn es gelingt, die Leistungsadressaten in die Hilfeplanung differenziert einzubeziehen.") und anhand der ausgewählten, fachlich legitimierten Qualitätskriterien das eigene Handeln, die Strukturen und Abläufe im ASD zu evaluieren. Anders als die Auswertung, die mit dem Begriff Evaluation einen Bestandteil der Konzeption des Case Management darstellt (→ Kapitel 15), wird hier Evaluation vorgeschlagen als eine systematisierte und datenbasierte Überprüfung des ASD-Handelns anhand von einzelfallübergreifenden Qualitätskriterien (Merchel 2010d). Um über eine methodisch strukturierte Überprüfung (Evaluation) der eigenen Arbeit Ansatzpunkte zur Weiterentwicklung gewinnen zu können, sollen

a. Qualitätskriterien für die eigene Arbeit definiert werden;
b. einige, als besonders bedeutsam erachtete Qualitätskriterien für die Überprüfung der eigenen Arbeit ausgewählt werden;
c. Indikatoren (beobachtbare und/oder messbare Hinweise/Ereignisse) gefunden werden, mit deren Hilfe man sich über den Grad des Erreichens der Qualitätsmaßstäbe verständigen kann;
d. auf die Indikatoren ausgerichtete empirische Instrumente (Fragebögen/Einschätzungsbögen, Beobachtungsbögen, Auswertungsbögen für Dokumente etc.) konstruiert werden, in denen Daten zur Qualitätsbewertung erhoben werden;
e. die empirischen Instrumente angewendet und die entsprechenden Erhebungsergebnisse für einen Bewertungsdiskurs und für Schlussfolgerungen zur Veränderung von Strukturen und Prozessen genutzt werden.

Mit solchen Evaluationen kann z.B. untersucht werden,

- ob und in welchem Umfang Kinder, Jugendliche, Elternteile an der Hilfeplanung wirkungsvoll beteiligt werden konnten;
- ob durch die kollegiale Beratung die Perspektivenvielfalt im Verstehen eines Falles erweitert werden konnte;
- ob bzw. zu welchem Anteil die Zieldefinition bei der Hilfeplanung angemessen war;
- welches Profil und welches Image der ASD besitzt in den Augen wichtiger Kooperationspartner in der Region;
- ob und wie die Kooperation zwischen verschiedenen Akteuren beim Kinderschutz (§ 8a SGB VIII) gelingt (Beispiel: Merchel 2008a, 125 ff.);
- für wie präzise und wie fachlich hilfreich Familienrichter die Aktivitäten des ASD in Verfahren vor dem Familiengericht erachten;
- ob und in welcher Weise Konflikte zwischen ASD und Leistungserbringern transparent und lösungsorientiert gehandhabt werden etc.

Eine an Qualitätskriterien ausgerichtete Evaluation ermöglicht es dem ASD, praxis- und situationsnah diejenigen Aspekte der ASD-Tätigkeit auszuwählen, bei denen zum einen problematische Konstellationen vermutet werden, deren genauere Untersuchung Ansatzpunkte für eine merkliche Qualitätsverbesserung zutage fördern kann, und die zum anderen in der Sicht der beteiligten und interessierten Akteure einen zentralen Stellenwert für die

Qualität des ASD insgesamt markieren, denen also eine Schlüsselfunktion für den „Qualitätsstand" im ASD zugeordnet werden kann.

36.3 Der ASD als lernbereite und lernfähige Organisation

Auch wenn der ASD in seinem Bestand nicht gefährdet ist und auch wenn die Aufgabenbereiche des ASD eine relative Kontinuierlichkeit aufweisen, so ist der ASD aufgrund seines mehrdimensionalen Umweltbezugs, seiner widersprüchlichen Aufgaben, die Balancen erfordern, und der Veränderungen in den Rahmenbedingungen, in denen er handeln muss, aufgefordert, ein gewisses Maß an Lernoffenheit auszubilden.

Gerade weil der ASD in individualisierten und komplexen Lebenswelten von „Betroffenen" tätig werden muss und sich daher die Handlungsprogramme nur sehr begrenzt vorprägen lassen (→ Kapitel 3 und 31), bedarf es eines achtsamen, die externen Konstellationen und die internen Bearbeitungsmechanismen sensibel beobachtenden Jugendamtes (Böwer 2008; Merchel 2010g). Das Leitbild der „lernfähigen Organisation" bekommt auch für den ASD Bedeutung (zum Folgenden Merchel 2005b, 144 ff.): Die Organisation überlässt es nicht nur dem Zufall, ob Organisationsmitglieder (Mitarbeiter) neue Informationen und Erfahrungen in die Organisation einspeisen, wie Impulse aus der Umwelt in die Organisation gelangen und wie diese Impulse dann in der Organisation verarbeitet werden, sondern sie entwickelt Mechanismen, durch die individuelle Lernvorgänge der Organisationsmitglieder in der Organisation verkoppelt und durch solche Verknüpfungen Lernprozesse in der Organisation herausgefordert werden. Organisationale Lernfähigkeit bedeutet für ein Jugendamt bzw. einen ASD, dass

- die individuellen Informations-, Erfahrungs- und Lernvorgänge der ASD-Leitungen und ASD-Mitarbeiter miteinander verknüpft werden;
- die Organisation ihre Bereitschaft erweitert, sich in ihren Sichtweisen, Gewohnheiten und Routinen irritieren zu lassen;
- solche Irritationen nicht nur zugelassen, sondern bewusst und kontinuierlich herbeigeführt werden, indem individuelle und kollektive Reflexionsanlässe geschaffen werden;
- Irritationen für die weitere Gestaltung von Strukturen und Abläufen im ASD bewertet und verarbeitet werden.

Ein Bemühen um Verankerung von Lernbereitschaft in der Organisationskultur eines Jugendamtes bzw. eines ASD trifft auf Lernhindernisse: Sie müssen sich gegen Gewohnheiten und Routinen durchsetzen, Machtstrukturen und Informationsbarrieren verhindern Lernoffenheit, Fehler und Beschwerden (verstanden als Irritationen) werden nur ungern zugelassen. Doch es lassen sich auch *Ansatzpunkte* identifizieren, *um bewusst Impulse für eine Entwicklung und Förderung der organisationalen Lernbereitschaft im Jugendamt/im ASD zu setzen:*

1. **Sich ein gemeinsames Bild von „gelingender Praxis im ASD" verschaffen** – als Grundlage für Konzept- und Praxisreflexionen: In einem ASD existieren immer Vorstellungen darüber, was als „gelingende Praxis in einem guten ASD" angesehen werden kann – allerdings meist eher implizit als explizit und meist eher bei den einzelnen Mitarbeitern und weniger kommuniziert als ein Bild, das der ASD (als Organisation) für sich proklamiert. Dies hat den Nachteil, dass gemeinsame, diskutierte Urteile über den Zustand des eigenen ASD und des eigenen Handelns höchstens annäherungsweise existieren und somit gemeinsame Entwicklungsperspektiven nicht immer so produktiv angegangen werden, wie die Akteure das eigentlich wollen. Wenn in einem ASD eine gemeinsame Diskussion strukturiert wird über „gelingende Praxis" – mit Debatten über Differenzierungen zu elementaren, erforderlichen, erstrebenswerten, wünschbaren etc. Aspekten –, so kann ein ziel- und praxisbezogener Reflexionsprozess initiiert werden, der sich unterscheidet von den mühevollen und vielfach wenig praxisbedeutsamen „Leitbild-Debatten", die von vielen Organisationsberatern den Organisationen gebetsmühlenartig empfohlen werden.

2. **Konzeptreflexion**: Bisweilen handhaben Organisationen ihre Konzepte so, dass sie, wenn sie einmal erstellt sind, „abgelegt" und bei Bedarf zu Selbstdarstellungszwecken an externe Kooperationspartner gegeben werden, aber organisations-

intern weithin unbeachtet bleiben. Wenn demgegenüber Konzepte das Handeln bestimmen sollen, dann wird es erforderlich, in regelmäßigen Abständen die Konzeption im Hinblick auf die darin enthaltenen Annahmen und die mit ihr gemachten Erfahrungen zu reflektieren. Diese Reflexion bedarf, damit sie Bedeutung für die Organisation erhält, eines spezifischen Ortes bzw. sozialen Raumes innerhalb der Organisation sowie einer strukturierten Vorbereitung und Moderation.

3. **Systematische Nutzung der neuen beruflichen Kenntnisse, neuen Erfahrungen und neuen Sichtweisen bei neu in die Organisation eintretenden Mitarbeitern**: Der anfänglich distanzierte Blick von neuen Mitarbeitern ermöglicht eine kritische Betrachtung tradierter Routinen, Sichtweisen und normativen Anforderungen in der Organisation. Die andersartigen Interpretationen können bewusst erfragt und als Anstoß für Organisationslernen genutzt werden.

4. **Umgang mit Fehlern**: Fehler, die in Organisationen und somit auch im ASD immer passieren, sollten nicht nur als „bedauerliche Ausnahme" behandelt werden, sondern sie sollten auch daraufhin untersucht werden, ob möglicherweise mit dem System etwas nicht in Ordnung sein könnte. Die systematische Sammlung und Auswertung von Fehlern könnte bestimmte Fehlermuster erkennen lassen, die darüber nachdenken lassen, ob eine Fehlerkorrektur vielleicht besser an den Regelungsmechanismen und nicht primär an den Personen ansetzen sollte. „Achtsam sein gegenüber Fehlern" und „aus Fehlern lernen", ohne dass dabei Fehler verharmlost werden – wenn Organisationen diese Haltung annehmen und in Verfahren umsetzen, kann dies erheblich zur Erweiterung der organisationalen Lernfähigkeit beitragen. Dabei muss sich die lernförderliche Haltung zu Fehlern in zweierlei Hinsicht konkretisieren: in Verfahren der Sammlung und Auswertung von Fehlern sowie in einer Organisationskultur, die es den Organisationsmitgliedern möglich macht, Fehler wahrzunehmen und diese auch als solche zu benennen (vgl. Biesel 2011).

5. **Beschwerdemanagement**: Auch Beschwerden über die Leistungserbringung können wichtige Informationen enthalten über Probleme in den Abläufen und über die Wahrnehmung von Leistungsadressaten und Kooperationspartnern. Der geplante und zielgerichtete Umgang mit Beschwerden wird als Beschwerdemanagement bezeichnet: Damit wird ausgesagt, dass eine Organisation versucht, über Beschwerden etwas über sich zu erfahren, diese Beschwerden zum einen möglichst schnell und umfassend zur Zufriedenheit des Leistungsadressaten zu bearbeiten und sie zum anderen zu sammeln und zu analysieren, um aus ihnen Anhaltspunkte zur Reflexion bisheriger Arbeitsabläufe und Zuständigkeiten zu gewinnen. Die für Einrichtungen geltende Anforderung, zur Sicherung der Rechte von Kindern und Jugendlichen Beschwerdemöglichkeiten zu verankern (§ 45 Abs. 2 Nr. SGB VIII), sollte der ASD auch für sich selbst als eine Aufforderung ansehen: Er sollte die Anforderung im Sinne der §§ 79 Abs. 2 und 79a für sich selbst anwenden und darin eine Chance zum Organisationslernen sehen, indem Beschwerdemöglichkeiten nicht nur für Leistungsadressaten, sondern auch für Leistungserbringer und andere Organisationen (Schulen, Gerichte, Organisationen des Gesundheitswesens etc.) offensiv gehandhabt werden.

6. **Systematische Umweltbeobachtung**: Verschiedene Akteure des ASD nehmen Vielfältiges aus der für die Organisation relevanten Umwelt in ihrem Alltagshandeln wahr: in ihrer Arbeit mit Adressaten, in regionalen oder überregionalen Gremien (Ausschüssen, Arbeitskreisen, kollegialen Arbeitsgruppen etc.), bei Tagungen oder Fortbildungen. Lernfähige Organisationen sprechen den Umweltbeobachtungen ihrer Mitglieder Bedeutung zu und versuchen, die individuellen Umweltbeobachtungen und Erfahrungen aus Kontakten mit der Umwelt zusammenzuführen und die Art der Zusammenführung zu systematisieren, um die Kommunikation darüber nicht allein dem Zufall zu überlassen. Dies hat zur Voraussetzung, dass die Organisationsmitglieder sich ihrer Funktion als „Umweltbeobachter für den ASD" bewusst werden, sich in dieser Funktion als gefragt erleben und somit veranlasst sehen, mit einem höheren Maß an Aufmerksamkeit an die Umwelt heranzugehen und ihre Beobachtungen in den ASD hinein zu kommunizieren. Damit dokumentieren sie ihre Bereitschaft, sich als mitverantwortlich für die Entwicklung des ASD, dem sie angehören, zu begreifen.

7. **Nutzung von Fortbildungen und Fachpublikationen**: Die Teilnahme an Fortbildungen und Tagungen kann in Vorgänge des Organisationslernens eingebunden werden, indem die Organisation

ihren Lernbedarf erhebt und definiert und vor diesem Hintergrund geplant wird, welcher Mitarbeiter welche Veranstaltung besucht und in welcher Form die dabei gewonnenen Kenntnisse in die Bearbeitung des organisationalen Lernbedarfs einbezogen werden. Ein Ergebnis solcher Lernbedarfsüberlegungen können auch organisationsinterne Fortbildungsveranstaltungen („Inhouse-Seminare") sein, bei denen die Bedeutung der vermittelten und erarbeiteten Inhalte für das organisationale Lernen ein integrierter Bestandteil des Seminarverlaufs ist. Auch eine systematischere Auswertung und Nutzung von Fachpublikationen kann die organisationale Wissensbasis erweitern und Lernimpulse aus den Fachdebatten in den ASD hineinholen.

8. **Evaluation als Teil eines lebendigen Qualitätsmanagements**: Wie in Punkt 36.2 hervorgehoben, liegt ein wesentliches Element im Qualitätsmanagement in der Absicht, systematisch Daten zu erheben, die der Organisation einen reflektierenden Blick auf die eigene Handlungsstruktur, die eigenen Handlungsprozesse und Handlungsergebnisse ermöglichen. Dadurch verschaffen sich die Akteure in den Einrichtungen organisationale Lernmöglichkeiten: Die Erhebung, Auswertung und Reflexion von Daten vollziehen sich im Organisationskontext, sodass das organisationale Lernen bereits im methodischen Zugang angelegt ist.

Qualitätsmanagement ist also ein zentraler Bestandteil organisationaler Lernprozesse im ASD, aber Organisationslernen im ASD erschöpft sich nicht im Qualitätsmanagement, sondern darüber hinaus können weitere Ansatzpunkte genutzt werden, um eine lernförderliche Organisationskultur im ASD anzuregen und lebendig zu halten.

37 Qualitätskriterien: Was macht einen „guten ASD" aus?

Von Joachim Merchel

Am Ende eines Handbuchs, in dem unterschiedliche und vielfältige Facetten eines Handlungsfeldes erläutert worden sind, kann man zu Recht die Frage stellen: Und was – nach all den differenzierten Ausführungen in den einzelnen Beiträgen des Handbuchs – macht einen „guten ASD" aus? Welche Kriterien kann man anlegen, wenn man nach der Qualität in den Strukturen und im Handeln eines bestimmten ASD fragt? Anhand welcher Maßstäbe lassen sich verschiedene ASD miteinander vergleichen und in ihrer Qualität bewerten und zuordnen?

Die Frage ist offenkundig schwer zu beantworten. Es ist kein Zufall, dass lediglich in zwei etwas älteren Veröffentlichungen (Schrapper 1998a / 1998b) die Qualitätsfrage für den ASD angesprochen, dort aber auch – die Qualitätsdebatte in der Jugendhilfe stand noch in ihren Anfängen (!) – noch eher tastend und nicht sehr umfänglich bearbeitet wurde. Das, was als „Dormagener Qualitätskatalog der Kinder und Jugendhilfe" veröffentlicht ist (Stadt Dormagen 2011; der Vorläufer erschien im Jahr 2001), stellt eine nützliche Materialsammlung für die Beschäftigung mit der Qualitätsfrage im ASD dar, bedarf jedoch noch der Zuspitzung und Systematisierung, um für eine Qualitätsbewertung und für eine systematische Qualitätsentwicklung im ASD genutzt werden zu können. Ansonsten existieren bisher keine markanten Ausarbeitungen, die die Frage nach Qualitätskriterien explizit zum Thema machen. Sicherlich werden in einigen Veröffentlichungen implizit Aussagen mitgeliefert, die herausdestilliert und zu Qualitätskriterien verdichtet werden könnten. Doch auch wenn man diese Perspektive verfolgt, wird man einige Mühe haben, Qualitätsvorstellungen zum ASD zu präzisieren.

Dieser Zustand mag zum Teil mit den Besonderheiten des Gegenstands zu tun haben: Wie im Einleitungsbeitrag dieses Handbuchs bereits skizziert, ist der „Gegenstand ASD" nicht leicht zu fassen. Die bereits in unterschiedlichen Bezeichnungen zum Ausdruck gebrachte Vielfalt in Strukturen, Aufgabenzuordnungen und Arbeitsweisen macht es schwer, von einem verallgemeinerbaren und einigermaßen konkretisierbaren Qualitätsprofil *des* ASD auszugehen, denn: „Jeder ASD ist anders". Ein anderer Grund für die bisher lediglich ansatzweise vorhandenen Qualitätsbestimmungen zum ASD ist in der Vielgestaltigkeit und Widersprüchlichkeit seiner Aufgaben zu suchen: Wie kann bei so vielen und zum Teil widersprüchlichen Anforderungen ein einigermaßen konsistentes Profil von Qualität konstruiert werden?

Trotz solcher Erklärungen und der darin enthaltenen tatsächlichen Schwierigkeiten soll im letzten Beitrag des Handbuchs der Versuch unternommen werden, die Aussagen der Handbuch-Beiträge zu konzentrieren auf die Qualitätsfrage und daraus Qualitätskriterien zu formulieren. In den Handbuch-Beiträgen sind implizit immer wieder Aussagen zu Qualitätsanforderungen an den ASD formuliert worden. Unter Einbezug der o. g. Veröffentlichungen werden die Handbuch-Beiträge daraufhin untersucht, von welchen Vorstellungen zur Qualität im ASD sie ausgehen und wie sich die in den jeweiligen Beiträgen dargelegten Qualitätsvorstellungen in einer Formulierung von Qualitätskriterien zuspitzen lassen. Dabei entsteht ein Katalog von Qualitätskriterien, in dem sich ein bestimmtes Bild von einem „guten ASD" widerspiegelt – ein Bild, das genutzt werden kann als Reflexionsfolie für eine diskursive Bewertung zum Qualitätsstand des „eigenen" ASD, auf deren Grundlagen dann Prozesse zur Qualitätsentwicklung in einem ASD

konzipiert und umgesetzt werden können (→ Kapitel 37).
Im Mittelpunkt der in diesem Beitrag aufgeführten Qualitätskriterien stehen *nicht* individuelle Kompetenzmuster der ASD-Mitarbeiter oder der Leitungspersonen im ASD. Es geht ausdrücklich nicht um die Frage „Was müssen/sollen ASD-Mitarbeiter und ASD-Leitungspersonen wissen und können und mit welchen Haltungen sollen sie an ihre Arbeit herangehen, damit sie mit größerer Wahrscheinlichkeit ihre Arbeit gut machen?". Die Frage nach der Qualität thematisiert nicht so sehr die individuellen Kompetenzen der Organisationsmitglieder (obwohl selbstverständlich auch diese in einem Bezug zur Qualität stehen), sondern mit *Qualität* wird primär ein *Thema der Organisation* angesprochen: Anhand welcher Kriterien definiert die Organisation

- ihre Strukturen,
- ihr Handeln und
- die damit erreichten Ergebnisse

als „gut" – verbunden mit der daraus abzuleitenden Bewertung: Wie kann die Organisation ihre Strukturen/ihr Handeln/ihre Ergebnisse auf der Grundlage dieser Definition bewerten? Im Fokus steht also die Organisation und wie diese mit den individuellen Kompetenzen der Organisationsmitglieder umgeht, wie sie also die individuellen Kompetenzen im Organisationshandeln verarbeitet.
Der Katalog von Qualitätskriterien orientiert sich an drei – grob formulierten – Handlungsaufträgen, die für alle ASD gleichermaßen Gültigkeit haben (Schrapper 1998b). Die Handlungsaufträge bewegen sich in den Dimensionen:

- **gesetzlich:**
  - Kinder, Jugendliche, Eltern(teile) beraten, fördern, unterstützen;
  - für ein geringes Maß an Normabweichung, an „Störung" in der Gesellschaft sorgen;
  - dabei ähnlich rechtliche Maßstäbe zur Anwendung bringen.
- **professionell:**
  - fachliche Maßstäbe realisieren, nach den „Regeln der fachlichen Kunst" handeln;
  - methodisch möglichst wenig Fehler machen.
- **politisch/administrativ:**
  - für ein geringes Maß an Störungen gesellschaftlicher Normalitätsmaßstäbe sorgen;
- Förderung und Unterstützung mit möglichst geringen Kosten, mit einem günstigen Aufwand-Nutzen-Verhältnis realisieren;
- Maßnahmen nachvollziehbar und nach transparenten Kriterien entscheiden und gestalten.

Die Legitimation eines ASD hat sich entlang dieser Dimensionen des Handlungsauftrags zu bewegen, innerhalb derer die Qualitätskriterien herausgebildet werden können. Der ASD muss sich

- unter rechtlichen Gesichtspunkten und gegenüber den dort formulierten Ansprüchen der Leistungsadressaten,
- im Spiegel der Erkenntnisse und Methoden der Profession und
- vor dem Hintergrund der Anforderungen von Politik und Verwaltung legitimieren.

Darüberhinaus ist selbstverständlich insbesondere im Hinblick auf die politisch-administrative Dimension der Handlungsaufträge darüber zu debattieren, in welcher Weise und in welcher Intensität auch sozialpolitisch herausfordernde Erwartungen an den ASD zu richten sind: Beobachtung von Entwicklungstendenzen in den Lebensbedingungen der Adressaten und von Beobachtungen zu sozialräumlichen Entwicklungen, Einbringen solcher Beobachtungen in sozialpolitische Diskurse, Verdeutlichung der sozialen Folgen bestimmter sozialpolitischer Entscheidungen, kritische Begleitung der Umsetzung sozialpolitischer und kommunalpolitische Programme und Entscheidungen etc. (→ Kapitel 27 und 28). Damit würde eine weitere, sozialpolitisch konnotierte Qualitätsdimension eröffnet, deren Relevanz hier nicht bestritten wird, die jedoch zum einen eine Auseinandersetzung über die (sozial)politischen Handlungspotentiale des ASD erfordern würde und zum anderen im Hinblick auf die Legitimation des ASD im fachlich-organisationalen Kontext der Kommunalverwaltung eine nicht unbedingt konstitutive Bedeutung annimmt. Die Debatte um eine (sozial) politische Profilierung des ASD und daraus erwachsende „Qualitätskriterien" ist anders gelagert als die Qualitätsdebatte, wie sie u.a. im Zusammenhang des § 79a SGB VIII im Hinblick auf die „offiziellen" Aufträge an den ASD und auf damit einhergehende Qualitätskriterien geführt wird. Letzteres bildet den Fokus dieses Kapitels.

Versucht man, die Qualitätskriterien für einen „guten ASD" zu ordnen, so bieten sich zwei Gliederungsmuster an:

- **Gliederung nach der in der Qualitätsdebatte üblichen Aufteilung in Struktur-, Prozess und Ergebnisqualität** (Merchel 2010e, 42 ff.): Auch wenn diese Unterteilung nicht immer trennscharf ist, sondern Überlagerungen zwischen den drei Qualitätsebenen aufweist, hat sich die Differenzierung unter pragmatischen Gesichtspunkten als hilfreich erwiesen.
- **Aufteilung nach der Ausrichtung der Tätigkeiten im ASD:** Zu unterscheiden sind dann fallbezogene Aktivitäten, organisationsbezogene Aktivitäten (z. T. mit relativ direkten Auswirkungen auf die fallbezogenen Aktivitäten) und Aktivitäten, die sich auf die Organisationsumwelt (außerhalb des ASD) beziehen. Letztere beinhalten sowohl die Kooperation mit einzelnen Akteuren aus der Umwelt des ASD als auch die Aktivitäten, mit denen der ASD Einfluss nehmen will auf die Gestaltung der Infrastruktur in einem sozialen Raum. Auch diese Unterscheidung kommt selbstverständlich nicht ohne Überschneidungen aus, die aber pragmatisch gehandhabt werden können.

Verknüpft man die beiden Gliederungsmuster, gelangt man zu einer Neun-Felder-Tabelle (→ Tab. 1), mit deren Hilfe man die Vielfalt von Qualitätskriterien strukturieren kann.

Es versteht sich von selbst, dass der im Folgenden zusammengestellte und nach dem im Schaubild skizzierten Muster gegliederte Katalog von Qualitätskriterien für einen „guten ASD"

- nicht vollständig sein kann, sondern ergänzungsbedürftig ist,
- notwendigerweise subjektiv geprägt sein muss durch die Art, in der der Autor die Handbuch-Beiträge gelesen und interpretiert hat,
- durch regionale Besonderheiten ergänzt oder korrigiert werden muss,
- fachliche Entscheidungen beinhaltet, die sachlich und vor dem Hintergrund des Zustands einer bestimmten Organisation umstritten sein und jeweils kontrovers diskutiert werden können.

Es sei noch einmal hervorgehoben, dass weder die drei Qualitätsebenen noch die drei Aktivitätsbereiche trennscharf voneinander abgegrenzt werden können und dass dementsprechend einige der nachfolgend aufgeführten Qualitätskriterien und deren Zuordnung zu einer Qualitätsebene auch in andere Qualitätsebenen und in andere Aktivitätsbereiche hineinreichen. Ferner sei betont, dass Qualitätskriterien zusammengestellt worden sind, die noch durch Indikatoren konkretisiert werden müssen, um für die Bewertung der Qualität eines konkreten ASD handhabbar zu sein.

Die Aufzählung der Qualitätskriterien in diesem Beitrag erscheint apodiktisch: ohne genauere Erläuterung und ohne Begründung. Die Begründungen und differenziertere Ausführungen zum fachlichen Zusammenhang lassen sich jeweils in den einzelnen Beiträgen dieses Handbuchs finden. Dass die jeweiligen Qualitätskriterien so wie in den nachfolgenden Ausführungen formuliert sind und dass Kriterien in diesen Formulierungen aus den Beiträgen herausdestilliert wurden, hat selbstverständlich auch zu tun mit einem bestimmten fachlichen Verständnis des Autors. Andere Autoren wären möglicherweise zu anders

Tab. 1: Gliederungsmuster für ASD-Qualitätskriterien

	A Strukturqualität	B Prozessqualität	C Ergebnisqualität
1 fallbezogene Aktivitäten	A 1	B 1	C 1
2 organisationsbezogene Aktivitäten	A 2	B 2	C 2
3 umweltbezogene Aktivitäten	A 3	B 3	C 3

akzentuierten Qualitätskriterien gelangt. Hinzu kommt, dass jeder Beitrag in diesem Handbuch eine Fülle von möglichen Qualitätskriterien enthält, von denen jeweils lediglich einige als „zentral" erachtete Kriterien in diesen abschließenden Beitrag aufgenommen werden konnten. Die Auswahl bzw. Akzentsetzung erfolgte wiederum aus dem Blickwinkel von mir als Autor dieses abschließenden Beitrags. „Qualität" ist eben ein Konstrukt, das auf Diskurs angewiesen ist (Merchel 2010e, 36 ff.), was logischerweise auch auf den Vorschlag zu einem Katalog von Qualitätskriterien für den ASD zutrifft!

37.1 Fallbezogene Aktivitäten

37.1.1 Strukturqualität

Der ASD erhöht die Chance, gute Arbeit zu machen, wenn

- sich die Unterschiedlichkeit der Adressaten in einigen elementaren Merkmalen auch in der ASD-Mitarbeiterschaft abbildet (Männer/Frauen, Personen mit deutscher Herkunft und mit Migrationshintergrund, Nähe zu verschiedenen sozialen Milieus etc.) und dadurch angemessene Settings für Beratungsgespräche, Hilfeplanung etc. geschaffen werden können.
- Informationsmaterialien in verschiedenen Sprachen verfügbar sind.
- beim Umgang mit Migranten auf Übersetzungshilfen und auf „Kulturvermittler" als Brückenpersonen zurückgegriffen werden kann.
- die im Einzelfall erforderliche Hilfe- bzw. Unterstützungsmöglichkeit in der Region tatsächlich vorhanden und verfügbar ist.
- bei Situationen familiärer Gewalterfahrungen ein nach Geschlechtern differenzierendes Unterstützungsangebot für Mädchen und Jungen zur Aufarbeitung der mit den Erfahrungen verbundenen Traumatisierungen verfügbar ist.

37.1.2 Prozessqualität

Die Arbeit des ASD ist dann gut, wenn

- die materiellrechtlichen Ansprüche und die Verfahrensrechte der Leistungsadressaten im Blick behalten und beachtet werden.
- zwischen den schutzbedürftigen Rechtsgütern der Kinder/Jugendlichen und den Interessen/Rechten der Eltern gewissenhaft abgewogen wird.
- wenn der ASD im familiengerichtlichen Verfahren in einer klaren, den anderen Beteiligten transparenten Rolle agiert.
- ASD-Mitarbeiter ihre (ethische und rechtliche) Verantwortung und ihr strafrechtliches Risiko angemessen einschätzen können.
- trotz der elementaren Unsicherheit, die sozialen Situationen und Konstellationen anhaftet, strukturierte Instrumente zur Einschätzung von Risiken einer Kindeswohlgefährdung kompetent angewendet werden als Vorbereitung auf eine Gefährdungseinschätzung im kollegialen Zusammenhang und als Basis für daraus erwachsende Entscheidungen und sozialpädagogische Handlungsstrategien.
- häusliche Gewalt als ein „gewichtiger Indikator" für eine Kindeswohlgefährdung angesehen und dementsprechend gehandelt wird.
- in Fällen einer möglichen Kindeswohlgefährdung eindeutige sachliche und verfahrensbezogene Absprachen mit einem Leistungserbringer (freier Träger oder leistungserbringender Dienst des Jugendamtes) getroffen werden.
- bei Kindeswohlgefährdung in einem Schutzkonzept Hilfe- und Kontrollaspekte miteinander verknüpft werden.
- kontrollierende Interventionen des ASD, die zum Schutz von Kindern/Jugendlichen erforderlich sind, hinsichtlich der Ziele, Kriterien und Verfahren in einer für die Betroffenen transparenten Weise erfolgen.
- die Unterschiedlichkeit kultureller und sozialer Milieus (ethnische Herkunft, soziale Lage, rechtlicher Status, Wertvorstellungen, Lebensstile) in ihrer Bedeutung für das methodische Handeln reflektiert wird.
- ASD-Fachkräfte ihre eigenen kulturellen und wertbezogenen Orientierungen und deren Bedeutung für die Fallarbeit reflektieren.

- bei der Hilfeplanung die geschlechterbezogenen Determinanten in den Lebenslagen und Problemsituationen von Mädchen und Jungen berücksichtigt werden und die Hilfen auch vor dem Hintergrund geschlechterbezogener Erwägungen konzipiert werden.
- Entscheidungen zur Hilfegewährung vor dem Hintergrund eines Zusammenwirkens mehrerer Fachkräfte getroffen werden, dem der Stellenwert einer „kollegialen Beratung" zugesprochen werden kann.
- die kollegiale Beratung zu Einzelfällen (a) das methodisch strukturierte Fallverstehen zur Grundlage von Maßnahme-Entscheidungen macht und (b) die Interpretationsbreite sowohl im Hinblick auf das Fallverstehen als auch im Hinblick auf die Erörterung von Maßnahmen erweitert, also in methodischen Arrangements Perspektivenwechsel und Perspektivenvielfalt herausfordert.
- sowohl das/der betroffene Kind/Jugendliche als auch die Elternteile und weitere relevante Personen aus dem Lebensumfeld des Kindes/Jugendlichen differenziert am Hilfeplanungsgeschehen beteiligt werden.
- die ASD-Fachkräfte die Anforderung „Beteiligung der Adressaten" als Aufgabe der Befähigung und Motivierung zur Beteiligung verstehen und dementsprechend methodisch handeln.
- die ASD-Fachkräfte die Kommunikation mit den Adressaten in einer einfachen, verständlichen Sprache gestalten.
- neben der Wahrnehmung der Defizite/Mängel („etwas fehlt") der Blick gleichermaßen auf die Möglichkeiten („Ressourcen"; persönliche Ressourcen und Ressourcen im sozialen Umfeld) der Adressaten gerichtet wird.
- die ASD-Fachkräfte ein sozialpädagogisches Fallverstehen gestalten, bei dem sie sowohl die biographische Seite kindlicher und familiärer Lebensgeschichten als auch die institutionelle Seite der Fallgeschichte zusammen mit ihren Wahrnehmungen als professionelle Akteure, den administrativen Interventionen und Hilfeverläufen in den Blick nehmen.
- im Rahmen des sozialpädagogischen Fallverstehens die eigene Positionierung, die Urteile und Wahrnehmungen der ASD-Fachkräfte und die der beteiligten bzw. vorangegangenen Helfer/Einrichtungen einer kritischen (Selbst-)Reflexion unterzogen werden.
- Dialogbereitschaft und Bemühen um Verständigung mit den Adressaten einerseits mit einer eigenen Positionierung und Interpretation der ASD-Fachkräfte als professionelle Experten andererseits ausbalanciert werden.
- im Rahmen des diagnostischen Fallverstehens kulturelle Spezifika einbezogen werden.
- die für das Fallverstehen und die Hilfeplanung relevanten Institutionen/Organisationen mit Zustimmung der Adressaten in die Hilfeplanung einbezogen werden.
- der Hilfeplan regelmäßig (mindestens in jedem halben Jahr) auf der Grundlage eines zwischen den Beteiligten (ASD, leistungserbringender Dienst/Einrichtung, Kind/Jugendlicher, Elternteile) erfolgten Auswertungsgesprächs fortgeschrieben wird.
- der Prozess der Leistungserbringung durch die ASD-Fachkräfte aktiv beobachtet, begleitet und mitgesteuert wird.
- die ASD-Fachkräfte auch die Beendigung einer Hilfe aktiv steuern („Fallausgangssteuerung").
- ASD-Mitarbeiter in der Arbeit mit wenig motivierten oder unmotivierten Adressaten ihre Kontroll- und Unterstützungsrollen wahrnehmen und diese gestalten unter Einbezug der zueinander in Spannung stehenden Anforderungen von „Veränderungsdruck herstellen", „Gründe für die eingeschränkte Motivation des Adressaten erkunden", „Handlungsoptionen erschließen" und „trotz realistischer Einschätzung von Veränderungsmöglichkeiten positive Veränderungen wahrnehmen".
- die ASD-Fachkräfte sich reflektiert bewegen können in der Spannung zwischen individuellen Rechtsansprüchen auf Hilfe einerseits und den finanziellen Folgen der Hilfe-Entscheidungen andererseits.
- bei Kindschaftsangelegenheiten im familiengerichtlichen Verfahren das Jugendamt/der ASD in der Regel darauf hinwirkt, als formell Verfahrensbeteiligter mitzuwirken.
- in Fällen des begleiteten Umgangs die ASD-Fachkräfte sich des Typus/der Form des begleiteten Umgangs bewusst sind und ihr methodisches Handeln daran reflektiert ausrichten.
- vor einem Hausbesuch die Motive und Absichten geklärt sowie die Chancen und Risiken abgewogen werden.
- die Adressaten angemessen über Möglichkeiten der Rückmeldung, Fragen und Beschwerden zum

Verhalten der ASD-Mitarbeiter aufmerksam gemacht werden.
- in Dokumentationen und gutachtlichen Stellungnahmen zwischen Fakten und Bewertungen differenziert und dadurch das Zustandekommen von Urteilen nachvollziehbar gemacht wird.
- in Dokumenten und Akten die Erwartungen und Sichtweisen der Betroffenen möglichst authentisch zum Ausdruck gebracht werden.

37.1.3 Ergebnisqualität

Die Arbeit des ASD ist dann gut, wenn

- von Menschen unterschiedlicher sozialer und kultureller Herkunft der ASD als eine Stelle angesehen und akzeptiert wird, an die man sich bei Problemen in der Erziehung wenden kann, bzw. als eine Stelle, gegenüber der man sich (vorsichtig) öffnen kann.
- die Hilfeleistung aus einem Vorgang des sozialpädagogischen Fallverstehens plausibel abgeleitet ist und die Gründe für die dabei getroffenen hypothetischen Annahmen für Dritte nachvollziehbar dargestellt sind.
- die für das Kind/den Jugendlichen prognostizierten Entwicklungen eine hohe Übereinstimmung aufweisen mit den tatsächlichen Entwicklungen.
- für eine Hilfe Ziele vereinbart worden sind, die (a) von dem Kind/Jugendlichen und dessen Elternteilen inhaltlich mitvollzogen (verstanden und akzeptiert) werden, die (b) für alle Beteiligte hinreichend konkret und transparent sind und die (c) unter aktiver Beteiligung der Leistungsadressaten zustande gekommen sind.
- es gelingt, Hilfen so wirksam einzusetzen, dass familiengerichtliche Einschränkungen der Personensorge entweder vermieden werden können oder nach einem möglichst kurzen Zeitraum reduziert bzw. zurückgenommen werden können.
- durch eine präzise Aufarbeitung zur Situation der Familie und des Kindes/Jugendlichen das Familiengericht in die Lage versetzt wird, in Kindschaftsangelegenheiten eine für das Wohl des Kindes/Jugendlichen angemessene, längerfristig tragfähige Entscheidung zu treffen.
- wenn die ASD-Fachkräfte das Recht auf Umgang von Elternteilen mit den von ihnen getrennt lebenden Kindern den Elternteilen gegenüber so kommuniziert haben, dass das persönliche „Recht" auf Umgang von dem jeweiligen Elternteil als Teil seiner „Verantwortung" für das Kind verstanden und gehandhabt wird.
- in Fällen einer drohenden oder sichtbaren Kindeswohlgefährdung die in einem Schutz- und Kontrollkonzept enthaltenen Aussagen und Anforderungen von allen Beteiligten (ASD-Fachkräfte, Elternteile, beteiligte Fachkräfte aus Einrichtungen und Diensten, ggf. Kind/Jugendlicher) einheitlich verstanden und interpretiert werden.

37.2 Organisationsbezogene Aktivitäten

37.2.1 Strukturqualität

Der ASD erhöht die Chance, gute Arbeit zu machen, wenn

- für den ASD ein Konzept zum Personalmanagement existiert, realisiert, ausgewertet und fortgeschrieben wird, das gleichermaßen Themen des Managements, des Personalbedarfs, der Personalentwicklung und der Personalbeurteilung umfasst (ausführlicher zu den entsprechenden differenzierten Qualitätskriterien: Merchel et al. 2012).
- für den ASD ein transparentes, im Grundsatz in der Organisation (Jugendamt/ASD) und in der Gesamtverwaltung akzeptiertes und kontinuierlich praktiziertes Verfahren der Personalbemessung existiert.
- auf der Grundlage des Verfahrens zur Personalbemessung der ASD über eine quantitativ und qualitativ angemessene Personalausstattung verfügt.
- durch eine möglichst schnelle Wiederbesetzung frei werdender Stellen im ASD keine oder möglichst geringe Stellenvakanzen entstehen und dadurch zusätzliche Belastungen für ASD-Mitarbeiter gering gehalten werden.
- die Personalstellen im ASD zum größten Teil unbefristet und mit einer angemessenen Vergütung (in der Regel Vergütungsgruppe S 14 TVÖD/SuE) ausgestattet sind.
- ein ausreichendes und situationsbezogen differenzierbares Angebot an Supervision (Fall- oder Teamsupervision, Einzel- oder Gruppensupervision) zur Verfügung steht.

- regelhaft Möglichkeiten zur Einzelsupervision und/oder zum Coaching für Personen in Leitungspositionen gegeben sind.
- die Teilnahme an Supervisionen für alle ASD-Mitarbeiter verpflichtend ist (professionelle Selbstverständlichkeit) und alle Mitarbeiter regelmäßig an Fortbildungen teilnehmen.
- Angebote zur interkulturellen Qualifizierung der ASD-Fachkräfte vorhanden sind und die Mitarbeiter davon Kenntnis haben und diese nutzen.
- für die Arbeitsplätze im ASD transparente und sachlich aussagefähige Arbeitsplatzbeschreibungen existieren.
- Verantwortlichkeiten in einer für alle Beteiligten transparenten Weise zugeordnet sind.
- Leitungspositionen mit ihren Aufgaben und Kompetenzen transparent definiert und für die unterschiedlichen Leitungsebenen (Amt, Abteilung, Team) in ihren Zuständigkeiten und Verantwortlichkeiten transparent abgegrenzt sind.
- im Team eine Person mit den Steuerungsaufgaben einer Leitung betraut ist und die damit verbundenen Aufgaben für alle Beteiligten transparent definiert sind.
- organisatorisch angemessene und im Grundsatz bürgernahe Formen der dezentralen Ansiedlung des ASD geschaffen wurden.
- die dezentralen Organisationseinheiten durch transparente Regelungen mit der Zentrale verknüpft sind.
- die ASD-Teams im fachlichen Bereich ein hohes Maß an Entscheidungskompetenz, verbunden mit einer verkoppelten Fach- und Ressourcenverantwortung zugestanden bekommen.
- im Jugendamt ein transparentes Controlling existiert, auf dessen Grundlage die ASD-Teams ihre mit den Fach-Entscheidungen verkoppelte Finanzverantwortung wahrnehmen können.
- ASD-Teams eine (Mindest-)Größe haben, die ein regelhaftes Arbeiten „im Team" (z. B. kollegiale Beratung) und die Umsetzung von fachlichen Anforderungen (z. B. Hausbesuche zu zweit bei möglicher Kindeswohlgefährdung) ermöglicht.
- Handlungsprogramme im ASD verbindlich umgesetzt werden, jedoch Möglichkeiten der individualisierten Bearbeitung bestehen.
- der sachliche Regelungsgehalt von Strukturen eindeutig und transparent ist für alle Organisationsmitglieder.
- in der Aufgabenstruktur deutlich unterschieden wird zwischen situationsklärenden, leistungsgewährenden und leistungserbringenden Funktionen und wenn die leistungserbringenden Funktionen außerhalb des ASD realisiert werden.
- für eine maßvolle Fluktuation in den ASD-Teams gesorgt ist.
- für alle Fälle der Hilfen zur Erziehung die Hilfeplanung während des gesamten Hilfeprozesses in der Verantwortung des ASD bleibt.
- neben den fallsteuernden Aktivitäten auch ein Anteil von Beratungsleistungen durch ASD-Mitarbeiter ermöglicht werden kann.
- für den ASD transparente Regeln zur Dokumentation und Aktenführung existieren.
- eine auf die spezifischen Abläufe im jeweiligen ASD ausgerichtete Software existiert, die Dokumentation, Planung, Steuerung und Verwaltung von Hilfevorgängen erleichtert.

37.2.2 Prozessqualität

Die Arbeit des ASD ist dann gut, wenn

- ein Verfahren der Personalbemessung praktiziert wird, bei dem Erörterungen zur Personalausstattung verknüpft werden mit Reflexionen zu Arbeitsinhalten und Arbeitsmodalitäten im ASD.
- alle Verfahren der Personalrekrutierung und der Personalentwicklung auf der Grundlage eines expliziten, differenzierten, in der Organisation ASD/ Jugendamt abgesprochenen und transparenten Kompetenzprofils erfolgen.
- neue ASD-Mitarbeiter nach einem im ASD abgesprochenen Konzept, ergänzt durch individuelle Anforderungen und Wünsche, eingearbeitet und begleitet werden.
- bei der Planung, Gewährung und Durchführung von Fort- und Weiterbildungen gleichermaßen individuelle Wünsche der einzelnen Mitarbeiter und die Entwicklungsperspektiven der Organisation berücksichtigt werden.
- die Dynamik der Arbeitsbelastungen im ASD sowohl in quantitativer als auch in qualitativer Hinsicht sowie deren unterschiedliche Auswirkungen auf einzelne Mitarbeiter bzw. die Verarbeitung der Arbeitsbelastung durch einzelne Mitarbeiter kontinuierlich von der Leitung beobachtet werden.
- bei sichtbar werdendem Belastungsanstieg für ein-

zelne Mitarbeiter oder für eine Gruppe von Mitarbeitern gezielte individuums- und organisationsbezogene Entlastungsstrategien von der Leitungsebene erwogen und eingebracht werden.
- verbindliche Regelungen für Teamgespräche (Zeitpunkte, Zeitdauer, Ablauf, Moderation, Vor- und Nachbereitung etc.) abgesprochen und praktiziert werden.
- in der kollegialen Beratung durch eine entsprechende Methodik Perspektivdifferenzen zu den einzelnen beratenen Fällen erzeugt, sichtbar gemacht und verarbeitet werden.
- die kollegiale Beratung so strukturiert wird, dass zunächst die Phase des Fallverstehens (vorläufig) abgeschlossen wurde, bevor die Erörterungen zu möglichen Hilfeangeboten oder Maßnahmen beginnen.
- Handlungsprogramme (Vorgehensweisen, Konzepte etc.) das Handeln der ASD-Mitarbeiter prägen.
- Handlungsprogramme und deren Handhabung beobachtet und überprüft bzw. evaluiert werden.
- bei den im ASD realisierten Handlungsprogrammen den beteiligten Akteuren deren Sinn deutlich ist und wenn dementsprechend ein Abgleiten in äußerliche Routinehaftigkeit vermieden wird sowie Handlungsprogramme situationsflexibel umgesetzt werden.
- übergreifende Regelsysteme und gemeinsame Reflexionsmechanismen eine lebendige Anbindung der ASD-Teams an den Gesamt-ASD herzustellen vermögen.
- im ASD bzw. in ASD-Teams ein geregeltes, abgesprochenes System von individuell zugewiesenen fachlichen Schwerpunktgebieten als eine Möglichkeit zur gegenseitigen fachlichen Beratung praktiziert wird.
- zwischen ASD-Leitung und dezentralen ASD-Teams gegenseitig Reflexionsimpulse vermittelt werden.
- wenn sich sowohl Leitung als auch Teammitglieder des Sinns von und ihrer Erwartungen an Teamarbeit bewusst sind.
- im Team gleichermaßen Differenzen erzeugt werden können und Integrationsmechanismen zur Bearbeitung dieser Differenzen entwickelt und aufrechterhalten werden.
- die Erfahrungen mit den im ASD festgelegten Modalitäten der Hilfeplanung in regelmäßigen Abständen reflektiert bzw. systematisch überprüft

werden und die Ergebnisse dieser Reflexion in Absprachen zur Weiterentwicklung einmünden.
- im ASD allgemeine Regeln zur Vorbereitung, Durchführung und Dokumentation von Hausbesuchen erarbeitet worden sind, deren Handhabung erörtert und evaluiert wird.
- die Normen, die die ASD-Mitarbeiter bei der Annahme einer Kindeswohlgefährdung zugrunde legen, offengelegt und im ASD regelmäßig einer Reflexion unterzogen werden – wenn also beobachtet wird, auf welcher fachlichen und normativen Grundlage solche Bewertungen zur Kindeswohlgefährdung zustande kommen.
- die Beobachtung und Erschließung sozialräumlicher Ressourcen regelmäßig Gegenstand der Erörterungen im ASD-Team ist.
- die Hilfe-Entscheidungen unter Einbezug von Überlegungen zur Wirtschaftlichkeit und von Erörterungen zu den Auswirkungen auf das „HzE-Budget" getroffen werden.
- über eine systematische nachgehende einzelfallbezogene Überprüfung des Aufwand-Nutzen-Verhältnisses und über ein funktionierendes Controlling fachlich verantwortbare finanzbezogene Steuerungsoptionen erschlossen werden.

37.2.3 Ergebnisqualität

Die Arbeit des ASD ist dann gut, wenn

- Leitung und ASD-Mitarbeiter das Gefühl einer aufgabengerechten und den Möglichkeiten der Kommune entsprechenden Personalausstattung sowie einer fairen internen Personalverteilung haben.
- die ASD-Leitung gut über die Qualität der Aufgabenerfüllung in den dezentralen ASD-Teams informiert ist.
- in der Organisation formale Steuerungsintentionen und informelle, über Organisationskultur vermittelte Steuerungsprozesse sich in einer Balance befinden.
- wenn das „HzE-Budget" auf einer realistischen fachlichen Einschätzung des Bedarfs fußt und daher weitgehend eingehalten werden kann.

37.3 Umweltbezogene Aktivitäten

37.3.1 Strukturqualität

Der ASD erhöht die Chance, gute Arbeit zu machen, wenn

- regional ein differenziertes Hilfeangebot sowohl im Bereich der Hilfen zur Erziehung als auch in anderen Bereichen der Jugendhilfe sowie eine vielfältige Infrastruktur außerhalb der Jugendhilfe vorhanden sind, die als Unterstützungsarrangement im Einzelfall genutzt werden können.
- für Aufgaben, die bei der fallübergreifenden und fallunspezifischen Arbeit im Sozialraum anfallen, Zeitkontingente im Rahmen des verfügbaren Arbeitszeitvolumens kalkuliert sind.
- die interinstitutionellen Kooperationen auf der Grundlage der zeitlichen Überschaubarkeit und der personellen Kontinuität erfolgen.
- Konzepte zur Trennungs- und Scheidungsberatung und zur Unterstützung bei der Ausübung des Umgangsrechts zwischen dem ASD und freien Trägern abgesprochen sind und dafür eine Qualitätsvereinbarung zwischen ASD und freien Trägern existiert.
- eine kontinuierliche zielgruppenbezogene und allgemeine Öffentlichkeitsarbeit bzw. Darstellung des Jugendamtes/des ASD in der Öffentlichkeit auf der Grundlage eines in der Organisation abgesprochenen strategischen Konzepts zur Außendarstellung erfolgt.

37.3.2 Prozessqualität

Die Arbeit des ASD ist dann gut, wenn

- der ASD sich mit eigenen konzeptionellen und strategischen Vorstellungen an den Prozessen der Jugendhilfeplanung kontinuierlich beteiligt.
- der ASD seine Kenntnisse zu Lebenslagen von Adressaten, zu Quantität und Qualität von Unterstützungs- und Hilfeangeboten sowie zu Konstellationen im Sozialraum (einschließlich zu den im Sozialraum vorhandenen und erschließbaren Ressourcen) in die Prozesse der Jugendhilfeplanung aktiv einbringt.
- der ASD im Bereich der Hilfen zur Erziehung zwischen den in den Einzelfällen „eigentlich erforderlichen" Hilfen und den vorhandenen, tatsächlich genutzten Hilfen differenziert und solche Differenzen in die Jugendhilfeplanung einbringt.
- der ASD aufgrund seiner Analyse der Bedarfsentwicklung bei Unterstützungsangeboten und Hilfen zur Erziehung Impulse zur qualitativen Weiterentwicklung der Angebote an Träger und Einrichtungen der Jugendhilfe vermittelt.
- der ASD sich einer Bewertung seines eigenen Handelns im Rahmen einer diskursiven Jugendhilfeplanung öffnet und bei diesen Bewertungsdiskursen aktiv mitwirkt.
- im Sozialraum Ressourcen beobachtet, erschlossen und aktiviert werden, auf die für den Umgang mit Einzelfällen bzw. für einzelfallbezogene Unterstützungsarrangements zurückgegriffen werden kann.
- im Sozialraum fehlende Angebote erkannt und deren Realisierung bei im Sozialraum tätigen Akteuren angeregt wird.
- der ASD in Sozialraumgremien kontinuierlich und aktiv gestaltend mitwirkt.
- Kontakte zu relevanten ethnischen Communities gehalten werden.
- für eine Verkoppelung des Frauenschutzes (Frauenhäuser, Frauenberatungsstellen etc.) mit dem Kinderschutz (ASD) gesorgt wird.
- die interinstitutionelle Kooperation mit anderen Personen und Organisationen auf der Grundlage transparenter gegenseitiger Erwartungen und des Verständnisses zu den Handlungs- und Organisationslogiken der jeweils beteiligten Organisationen erfolgt.
- Kooperationen des ASD mit anderen Organisationen innerhalb des ASD organisational verankert sind (und nicht als eine persönliche Angelegenheit des jeweiligen Mitarbeiters behandelt werden).
- bei den Bemühungen um intensivierte interinstitutionelle Kooperation Datenschutzbestimmungen und das diesen zugrunde liegende Selbstbestimmungsrecht der Adressaten sensibel beachtet werden.
- sich der ASD an der Erzeugung seines Bildes in der Öffentlichkeit auf der Grundlage strategischer Überlegungen aktiv beteiligt.
- ein ASD-Mitarbeiter und/oder die ASD-Leitung mediale Darstellungen zum Jugendamt/ASD auswertet und diese Auswertung in zyklische Strategie-Überlegungen zur Öffentlichkeitsarbeit des Jugendamtes einbringt.

37.3.3 Ergebnisqualität

Die Arbeit des ASD ist dann gut, wenn

- bei den Kommunalpolitikern (zumindest bei den Mitgliedern des Jugendhilfeausschusses), bei den Mitgliedern des Verwaltungsvorstands und im Jugendamt eine elementare Sachkenntnis der komplexen und spannungsreichen Aufgaben, Anforderungen und Handlungsfeldern des ASD vorhanden ist.
- bei den regionalen Kooperationspartnern (insbesondere Schulen, Polizei, Familiengericht, Jugendgericht, Träger und Einrichtungen der Jugendhilfe) eine elementare Sachkenntnis der komplexen und spannungsreichen Aufgaben, Anforderungen und Handlungsfeldern des ASD vorhanden ist.
- die einzelfallbezogene Kooperation zwischen dem ASD und den Familiengerichten in Kindschaftsangelegenheiten auf der Basis übergreifender und abgesprochener Kooperationsmodalitäten erfolgt.
- es dem ASD gelingt, sein Angebot der Trennungs- und Scheidungsberatung so nach außen zu kommunizieren, dass möglichst früh im Entstehungsprozess von Trennungs- und Scheidungskonflikten die Beratung in Anspruch genommen wird.
- die ASD-Mitarbeiter (bzw. die ASD-Teams) gute Kenntnisse haben über die Inhalte und Methoden der Angebote der Träger/Einrichtungen Sozialer Arbeit und anderer relevanter Akteure im Stadtteil bzw. Sozialraum und wenn sie dementsprechend zielbezogen solche Angebote nutzen können.
- in Sozialraumgremien Repräsentanten aus Migranten-Communities regelmäßig beteiligt sind und mitarbeiten.
- die durch Jugendhilfeplanung erzeugte bzw. angeregte Infrastruktur an Hilfen und Angeboten differenziert dem im ASD sichtbar gewordenen Bedarf entspricht und der ASD zur Deckung des Hilfe- und Unterstützungsbedarfs auf regional vorhandene Hilfeangebote zurückgreifen kann.
- die Leitung des Jugendamtes/des ASD erreicht hat, dass in den lokalen Medien ein Grundverständnis zu Jugendamt und den Aufgaben des ASD existiert und in den Berichten/Artikeln grundlegende Aussagen zum Jugendamt/ASD ohne sachliche Fehler dargelegt werden.

Abschließende Anmerkungen

Der umfassende Katalog von Qualitätskriterien, der lediglich die *Schwerpunkte* von Qualität im ASD zu markieren vermag und der im Hinblick auf einzelne Handlungsfelder und einzelne Qualitätskriterien noch weiter ausdifferenziert werden kann (und sollte), vermittelt noch einmal ein Bild von der Komplexität des Handlungsfeldes ASD und von der Komplexität der Anforderungen, mit denen Leitung und Mitarbeiter im ASD konfrontiert sind. Wenn man unterschiedliche Qualitätskriterien zueinander in Beziehung setzt, werden auch die Spannungsfelder erkennbar, mit denen sich die Akteure im ASD auseinanderzusetzen haben und die wiederum die Qualitätsbewertung und die Qualitätsentwicklung im ASD zu einem komplexen Unterfangen machen. Die Fülle der Qualitätskriterien legt die Notwendigkeit nahe, sich für Vorgänge der systematischen Evaluation und Qualitätsbewertung und für Prozesse der Qualitätsentwicklung einige Qualitätskriterien auszuwählen und sich zunächst auf die ernsthafte Auseinandersetzung mit diesen zu beschränken. Sukzessiv im zeitlichen Verlauf können und sollten dann die Anzahl und der thematische Umfang der einbezogenen Qualitätsbereiche und Qualitätskriterien ausgeweitet werden.

Die Zusammenstellung eines Katalogs von Qualitätskriterien zum ASD am Ende dieses Handbuchs regt hoffentlich zur Diskussion über Qualität im ASD, zu Bewertungsdiskursen in der Praxis der ASD und zu Aktivitäten in Richtung Evaluation und Qualitätsentwicklung im ASD an. Würde diese Anregung an der einen oder anderen Stelle aufgenommen, so käme man damit einem Ziel näher, das bei der Herausgabe dieses Handbuchs im Blick war: der weiteren Professionalisierung des in der Sozialen Arbeit elementaren, aber strukturell komplexen und mit vielfältigen Spannungsfeldern durchzogenen Handlungsfeldes ASD.

Literatur

Abbrederis, F. (2002): Die Öffentlichkeit ist immer dabei. Praktische Öffentlichkeitsarbeit in sozialen Organisationen. Sozialmagazin 7–8, 30–37

Abraham, M., Büschges, G. (2004): Einführung in die Organisationssoziologie. 3. Aufl. VS-Verlag, Wiesbaden

Ackermann, T., Biesel, K., Brandhorst, F., Heinitz, S., Patschke, M., Flick, U., Wolff, R. (2010): Aus Fehlern lernen. Qualitätsmanagement im Kinderschutz – Kompaktbericht (unveröffentlichtes Manuskript). Alice Salomon Hochschule, Berlin

Ader, S. (2004): Strukturiertes kollegiales Fallverstehen als Verfahren sozialpädagogischer Analyse und Deutung. In: Heiner, M. (Hrsg.), 317–331

Ader, S. (2006): Was leitet den Blick? Wahrnehmung, Deutung und Intervention in der Jugendhilfe. Juventa, Weinheim / München

Ader, S., Löcherbach, P., Mennemann, H., Schrapper, Ch. (2009): Assessment im Case Management und sozialpädagogische Diagnostik. In: Löcherbach, P., Mennemann, H., Hermsen, Th. (Hrsg.), 56–83

Ader, S., Schrapper, C., Thiesmeier, M. (Hrsg.) (2001): Sozialpädagogisches Fallverstehen und sozialpädagogische Diagnostik in Forschung und Praxis. Votum, Münster

Albrecht, H.-J. (2004): Sozialarbeit und Strafrecht: Strafbarkeitsrisiken in der Arbeit mit Problemfamilien. In: Deutsches Institut für Jugendhilfe und Familienrecht (DIJuF) e. V. (Hrsg.): Verantwortlich handeln. Schutz und Hilfe bei Kindeswohlgefährdung. Saarbrücker Memorandum. Bundesanzeiger-Verlag, Köln, 183–228

Albus, St., Greschke, H., Klingler, B., Messmer, H., Micheel, H.-G., Otto, H.-U., Polutta, A. (2010): Wirkungsorientierte Jugendhilfe. Waxmann, Münster u. a.

Amthor, R. C. (2003): Die Geschichte der Berufsausbildung in der Sozialen Arbeit. Juventa, Weinheim / München

Aner, K., Hammerschmidt, P. (2010): Zivilgesellschaftliches Engagement des Bürgertums vom Anfang des 19. Jahrhunderts bis zur Weimarer Republik. In: Olk, T., Klein, A., Hartnuß, B. (Hrsg.): Engagementpolitik. Die Entwicklung der Zivilgesellschaft als politische Aufgabe. Springer VS, Wiesbaden, 63–96

André, G. (1994): Sozialamt. Eine historisch-systematische Einführung in seine Entwicklung. Beltz, Weinheim / Basel

Anhorn, R., Bettinger, F., Stehr, J. (Hrsg.) (2008): Sozialer Ausschluss und Soziale Arbeit. Positionsbestimmungen einer kritischen Theorie und Praxis Sozialer Arbeit. 2. überarb. und erw. Aufl. VS-Verlag, Wiesbaden

Arbeitsgemeinschaft für Jugendhilfe (AGJ) (2010): ASD – mehr als Kinderschutz! Ziele, Aufgaben, Methoden, Werte und Orientierung im Hinblick auf die Kinder- und Jugendhilfe. Positionspapier der AGJ vom 28. Oktober 2010. AGJ, Berlin

Arbeitsstelle Kinder- und Jugendkriminalitätsprävention / Projekt „Jugendhilfe und sozialer Wandel" (Hrsg.) (2011): Das Jugendgerichtshilfeb@rometer. Empirische Befunde zur Jugendhilfe im Strafverfahren in Deutschland. Deutsches Jugendinstitut, München

Archiv für Wissenschaft und Praxis der sozialen Arbeit 4 / 2010 (Hrsg.): Diagnose und Diagnostik in der Sozialen Arbeit. Deutscher Verein, Berlin

Ariely, D. (2011): Ein Lob dem Handschlag. Harvard Businessmanager 5 / 2011. In: www.harvardbusinessmanager.de/heft/artikel/a-757886.html, 29.05.2012

Arnold, J., Hermsen, T., Löcherbach, P. (Hrsg.) (2011): Erfolgreiche Hilfesteuerung im Jugendamt. Softwarebasiertes Case Management auf dem Prüfstand. Eos-Verlag, St. Ottilien

Arnold, J., Hermsen, T., Löcherbach, P. (2009): „Praxistest bestanden!" – Case Management in der Kinder- und Jugendhilfe. In: Löcherbach, P., Mennemann, H., Hermsen, T. (Hrsg.), 124–153

Arnold, U. (2009): Besonderheiten der Dienstleistungsproduktion. In: Arnold, U. / Maelicke, B. (Hrsg.), Lehrbuch der Sozialwirtschaft. 3. Aufl. Nomos, Baden-Baden, 438–457

Auernheimer, G. (1999): Notizen zum Kulturbegriff unter dem Aspekt interkultureller Bildung. In: Gemende, M., Schröer, W., Sting, S. (Hrsg.), 27–36

Axhausen, S.(2005): Einige Anmerkungen zu IT-gestützten Dokumentationssystemen in der Sozialen Arbeit. In: Kreidenweis, H., Ley, Th.: Sozialinformatik in Lehre und Forschung – von der Standortbestimmung zur Zukunftsperspektive. In: http://www.sozialinformatik.de / fileadmin / 1805 / pdf_documents / materialien / Kreidenweis__Ley_-_Sozialinformatik_Lehre_Forschung_2005.pdf, 29.05.2012

Backer, U. (2007): Zum Untersuchungsausschuss Kevin. Das Jugendamt 6 / 2007, 281–286

Baecker, D. (1994): Postheroisches Management. Ein Vademecum. Merve, Berlin

BAG ASD / KSD (Bundesarbeitsgemeinschaft Allgemeiner Sozialdienst / Kommunaler Sozialdienst) (2010): Auftrag, Aufgaben und Zukunft des ASD / KSD. Ms. Kiel

BAGLJÄ (Bundesarbeitsgemeinschaft der Landesjugendämter) (2008): Jugendhilfeausschüsse als zentrale Beteiligungsstrukturen der Kinder- und Jugendhilfe. Das Jugendamt 05 / 2008, 247–248

Baitsch, Ch., Nagel, E. (2009): Organisationskultur – Das verborgene Skript der Organisation. In: Wimmer, Meissner, J. O., Wolf, P. (Hrsg.), 219–240

Balint, M. (2001): Der Arzt, sein Patient und die Krankheit. 11. Aufl. Klett-Cotta, Stuttgart

Balloff, R. (2006): § 165 FamFG-Entwurf. Das Beschleunigungsgebot des Verfahrens aus psychologischer und sachverständiger Sicht. Kindschaftsrecht und Jugendhilfe 6/2006, 289–293

Bandemer, St. von (2005): Benchmarking. In: Blanke, Bandemer, St. von, Nullmeier, F., Wewer, G. (Hrsg.): Handbuch zur Verwaltungsreform. 3. Aufl. VS-Verlag, Wiesbaden, 444–451

Bandemer, St. von, Hilbert, J. (2001): Vom expandierenden zum aktivierenden Staat. In: Blanke, B., Bandemer, St. von, Nullmeier, F., Wewer, G. (Hrsg.): Handbuch zur Verwaltungsreform. 2. Aufl. Leske + Budrich, Opladen, 25–32

Barwig, K., Hinz-Rommel, W. (Hrsg.) (1995): Interkulturelle Öffnung sozialer Dienste. Lambertus, Freiburg

Bastian, P. (2011): Zum Verhältnis Früher Hilfen und der Erfassung von Kindeswohlgefährdung. In: Körner, W., Deegener, G. (Hrsg.), 494–514

Baum, D. (Hrsg.) (2007): Die Stadt in der Sozialen Arbeit. Ein Handbuch für soziale und planende Berufe. VS-Verlag, Wiesbaden

Baum, M. (1918): Aufgaben, Einrichtungen und Organe der Wohlfahrtsämter in Stadt- und Landkreisen. Soziale Praxis 20, 293–310

Baum, M. (1927a): Familienfürsorge. G. Braun Verlag, Karlsruhe

Baum, M. (1927b): Abgrenzung der Familienfürsorge gegen die Spezialfürsorge. Soziale Praxis 39, 961–1002

Baum, M. (1929): Familienfürsorge. In: Dünner, J. (Hg.): Handwörterbuch der Wohlfahrtspflege. 2. Aufl. Beck'sche Verlagsbuchhandlung, Berlin, 224–227

Baur, D., Finkel, M., Hamberger, M., Kuhn, A. D. (1998): Leistungen und Grenzen der Heimerziehung. Ergebnisse einer Evaluationsstudie stationärer und teilstationärer Erziehungshilfen. Kohlhammer, Stuttgart/Berlin/Köln

Bayerisches Landesjugendamt (Hrsg.) (2001): Sozialpädagogische Diagnose. Arbeitshilfe zur Feststellung des erzieherischen Bedarfs. Eigendruck, München

Beck, K. (2007): Kommunikationswissenschaft. UTB, Stuttgart

Becker, M. (2013): Personalentwicklung. Bildung, Förderung und Organisationsentwicklung in Theorie und Praxis. 6. aktual. und erw. Aufl. Schäffer-Poeschel, Stuttgart

Beckmann, Ch., Maar, K., Otto, H.-U., Schaarschuch, A., Schrödter, M. (2009): Burnout als Folge restringierender Arbeitsbedingungen? Ergebnisse einer Studie aus der Sozialpädagogischen Familienhilfe. In: Beckmann, Ch., Otto, H.-U., Richter, M., Schrödter, M. (Hrsg.), 194–207

Beckmann, Ch., Otto, H.-U., Richter, M., Schrödter, M. (Hrsg.) (2009): Neue Familialität als Herausforderung der Jugendhilfe. Verlag Neue Praxis, Lahnstein

Beese, B. (2007): Frauenverdienste – Männerverdienste: wie weit liegen sie auseinander? Oder: Wie breit ist der ‚gender pay gap' in Deutschland. STREIT 2/2007, 99

Behnisch, M. (2008): Jungen in Erziehungshilfen. In: Matzner, M., Tischner W. (Hrsg.): Handbuch Jungen-Pädagogik. Beltz, Weinheim und Basel, 170–183

Benson, J. K. (1982): A framework for policy analysis. In: Rogers, D. L. & Whetten, D. A. Interorganisational coordination: theory, research and implementation. Iowa State University Press, Iowa, 137–176

Bentheim, A., Sturzenhecker, B. (2006): Jungenarbeit – Entwicklung und Stand in Deutschland. In: Zander, M., Hartwig, L., Jansen, I. (Hrsg.), 153–169

Bereswill, M., Ehlert, G. 2011: Gender Mainstreaming. In: Ehlert, G., Funk, H., Stecklina, G. (Hrsg.): Wörterbuch Soziale Arbeit und Geschlecht. Juventa, Weinheim und München, 148–150

Berliner Arbeitstagung (2012): Kritische Soziale Arbeit – Resolution. In: Unabhängiges Forum kritische Soziale Arbeit (Hrsg.), Zukunftswerkstatt Soziale Arbeit. Rabenstück-Verlag, Berlin, 133–137

Berlit, U. (Hrsg.) (2013a): Existenzsicherungsrecht. Nomos, Baden-Baden

Berlit, U. (2013b): Abgrenzung der existenzsichernden Leistungssysteme: Grundsicherung für Arbeitsuchende, Sozialhilfe (Hilfe zum Lebensunterhalt) und der Grundsicherung im Alter und bei Erwerbsminderung. In: Berlit, U./Conradis, W./Sartorius, U. (Hrsg.): Existenzsicherungsrecht, 159 ff.

Berlit, U. (2013c): Obliegenheit zum Einsatz der eigenen Arbeitskraft. In: Berlit, U./Conradis, W./Sartorius, U. (Hrsg.): Existenzsicherungsrecht, 418 ff.

Bertelsmann Stiftung (Hrsg.) (2006): Interkulturelle Kompetenz – Schlüsselkompetenz des 21. Jahrhunderts. Thesenpapier der Bertelsmann Stiftung auf Basis der Interkulturellen-Kompetenz-Modelle von Dr. Darla K. Deardorff. Bertelsmann Stiftung, Gütersloh

Bethlehem, K., Erdelyi, P., Opitz, St. (2001): Qualitätsentwicklung durch kollegiale Visitationen. QS – Materialien zur Qualitätssicherung in der Kinder- und Jugendhilfe, Heft 33. BMFSFJ, Berlin

Biesel, K. (2011): Wenn Jugendämter scheitern. Zum Umgang mit Fehlern im Kinderschutz. transcript Verlag, Bielefeld

Bitzan, M. (2004): Gender in der Kinder- und Jugendhilfe. In: Glaser, E., Klika, D., Prengel, A. (Hrsg.): Handbuch Gender und Erziehungswissenschaft. Klinkhardt, Bad Heilbrunn, 461–476

Blandow, J. (2009): Mädchen und Jungen in Obhut „Vorläufige Schutzmaßnahmen" in geschlechtsspezifischer Perspektive. In: Lewis, G., Riehm, R., Neumann-Witt, A., Bohnstengel, L., Köstler, S., Hensen, G. (Hrsg.): Inobhutnahme konkret. Pädagogische Aspekte der Arbeit in der Inobhutnahme und im Kinder- und Jugendnotdienst. Eigenverlag der IGfH, Frankfurt/M., 193–221

Blüml, H. (2006a): Wie können längerfristige Überbelastungen von ASD-Kräften entstehen, wie zeigen sie sich und wie lassen sie sich vermeiden? In: Kindler, H., Lillig, S., Blüml, H., Meysen, Th., Werner, A. (Hrsg.), Kap. 124

Blüml, H. (2006b): Wie können Eltern im Prozess der Herausnahme unterstützt werden? In: Kindler, H., Lillig, S., Blüml, H., Meysen, T. & Werner, A. (Hrsg.), Kap. 89

Blüml, H. (2006c): Welche Hilfen stehen für den/die Minderjährige und seine/ihre Bezugsperson im Fall einer erforderlichen Notunterbringung zur Verfügung? In: Kindler, H., Lillig, S., Blüml, H., Meysen, T. & Werner, A. (Hrsg.), Kap. 91

Blüml, H. (2006d): Wie können Kinder im Prozess der Herausnahme unterstützt werden? In: Kindler, H., Lillig, S., Blüml, H., Meysen, T. & Werner, A. (Hrsg.), Kap. 88

Blüml, H., Lillig, S. (2006): Wie ist die Fallbearbeitung zu dokumentieren? In: Kindler, H., Lillig, S., Blüml, H., Meysen, Th., Werner, A. (Hrsg.), Kap. 45

BMJFG (Bundesministerium für Jugend, Familie und Gesundheit) (Hrsg.) (1972): Dritter Jugendbericht. Eigenverlag, Bonn

BMFSFJ (Bundesministerium für Familie, Senioren, Frauen und Jugend) (2011): Im Fokus (Online-Magazin) Nr. 35 vom 13. Mai 2011. In: www.bmfsfj.de/mag/root-mai-13,did=169128.html?print=true (29.05. 2012)

BMFSFJ (Bundesministerium für Familie, Senioren, Frauen und Jugend) (2002): Elfter Kinder- und Jugendbericht. Bericht über die Lebenssituation junger Menschen und die Leistungen der Kinder- und Jugendhilfe in Deutschland. Eigenverlag, Berlin

BMFSFJ (Bundesministerium für Familie, Senioren, Frauen und Jugend) (2000): Familien ausländischer Herkunft in Deutschland. Leistungen, Belastungen, Herausforderungen. Sechster Familienbericht. Berlin

BMFSFJ (Bundesministerium für Familie, Senioren, Frauen und Jugend) (Hrsg.) (2006): 4. Familienbericht. Eigenverlag, Berlin

BMFSFJ (Bundesministerium für Familie, Senioren, Frauen und Jugend) (Hrsg.) (2008): Deutsche Standards zum begleiteten Umgang. Empfehlungen für die Praxis. C.H.Beck, München

BMFSFJ (Bundesministerium für Familie, Senioren, Frauen und Jugend) (Hrsg.) (1998): Leistungen und Grenzen von Heimerziehung. Ergebnisse einer Evaluationsstudie stationärer und teilstationärer Erziehungshilfen. Kohlhammer, Stuttgart

Böhle, F. (2010): Arbeit und Belastung. In: Voß, G., Wachtler, G., Böhle, F. (Hrsg.): Handbuch Arbeitssoziologie. VS-Verlag, Wiesbaden, 451–481

Böhme, R. (1998): Auf dem Weg zur Bürgergesellschaft. Demokratische Gemeinde 10/1998, 37–38

Böhmert, V. (1886): Das Armenwesen in 77 deutschen Städten. Selbstverlag des Deutschen Vereins, Dresden

Böhnisch, L. (2010): Abweichendes Verhalten. Eine pädagogisch-soziologische Einführung. 4. Aufl. Juventa, Weinheim/München

Böllert, K. (2009): Zwischen Familialisierung und Kindorientierung – Jugendhilfe unter Druck. Der pädagogische Blick 2/2009, 93–106

Böttcher, J., Merchel, J. (2010): Einführung in das Bildungs- und Sozialmanagement. Barbara Budrich, Opladen/Farmington Hills

Böwer, M. (2008): Das achtsame Jugendamt. Ansatzpunkte und Rezeption des Achtsamkeitskonzepts im Kindeswohlschutzdiskurs. neue praxis 4/2008, 349–370

Böwer, M., Wolff, St. (2011): Führung in Zeiten enger(er) Kopplung. Über ‚Erfindungen' im Management Allgemeiner Sozialer Dienste. In: Göhlich, M., Weber, S. M., Schiersmann, Ch., Schröer, A. (Hrsg.): Organisation und Führung. VS-Verlag, Wiesbaden, 143–152

Bogumil, J. (2001): Modernisierung lokaler Politik. Kommunale Entscheidungsprozesse im Spannungsfeld zwischen Parteienwettbewerb, Verhandlungszwängen und Ökonomisierung. Nomos, Baden-Baden

–, Holtkamp, L. (2006): Kommunalpolitik und Kommunalverwaltung. VS-Verlag, Wiesbaden

–, Grohs, St., Kuhlmann, S., Ohm, A. K. (2007): Zehn Jahre Neues Steuerungsmodell. Eine Bilanz kommunaler Verwaltungsmodernisierung. Edition Sigma, Berlin

Bohler, K. F., Schierbaum, A. (2010): Professionelles Fallverstehen, fachliche Standards der Sozialen Arbeit im Hilfeverlauf und adäquate Rahmenbedingungen. Zeitschrift für Sozialpädagogik 1/2010, 61–97

Bothfeld, S., Klammer, U., Klenner, C., Leiber, S., Thiel, A., Ziegler, A. (2005): WSI FrauenDatenReport 2005, Handbuch zur wissenschaftlichen und sozialen Situation von Frauen. Edition Sigma, Berlin

Bommes, M., Scherr, A. (2000): Soziologie der Sozialen Arbeit. Juventa, Weinheim/München

Boscolo, L., P. Bertrando (1997): Systemische Einzeltherapie. Carl-Auer, Heidelberg

Boulet, J., Krauss, J., Oelschlägel, D. (1980): Gemeinwesenarbeit – eine Grundlegung. AJZ-Verlag, Bielefeld

Bourdieu, P. (1997): Das Elend der Welt. Zeugnisse und Diagnosen alltäglichen Leidens an der Gesellschaft. UVK, Konstanz

Brack, R./Geiser, K. (Hrsg.) (2009): Aktenführung in der Sozialarbeit. 4. Aufl. Haupt, Bern

Bräutigam, B., Müller, M. (Hrsg.) (2011): Hilfe, sie kommen! Systemische Arbeitsweisen im aufsuchenden Kontext. Carl Auer, Heidelberg

Bräutigam, B., Müller, M., Lüngen, S. (2011): Die Kunst, sich einzulassen und dennoch ein anderer zu bleiben – einleitende Gedanken zur aufsuchenden Arbeit. In: Bräutigam, B., Müller, M. (Hrsg.), 20–27

Brand, U., Raza, W. (Hrsg.) (2003): Fit für den Postfordismus? Theoretisch-politische Perspektiven des Regulationsansatzes. Westfälisches Dampfboot, Münster

Brandt, O., Cornelißen, W. (2004): Berufsfindung in einer geschlechterkodierten Welt. Zeitschrift für Frauenforderung & Geschlechterstudien 4/2004, 21–38

Bringewat, P. (2007): Schutz des Kindeswohls – eine Aufgabe des Strafrechts?! Zeitschrift für Kinder- und Jugendhilfe (ZKJ) 6/2007, 225–231

Bringewat, P. (2006): Schutzauftrag bei Kindeswohlgefährdung (§ 8a SGB VIII) und strafrechtliche Garantenhaftung in der Kinder- und Jugendhilfe. Zeitschrift für Kinder- und Jugendhilfe (ZKJ) 5/2006, 233–242

Bringewat, P. (2000): Sozialpädagogische Familienhilfe und strafrechtliche Risiken. Kohlhammer, Stuttgart

Bringewat, P. (1998): Kommunale Jugendhilfe und strafrechtliche Garantenhaftung. Neue Juristische Wochenschrift (NJW), 944–947

Bringewat, P. (1997): Tod eines Kindes. Soziale Arbeit und strafrechtliche Risiken. Nomos, Baden-Baden
Brinkmann, V. (Hrsg.) (2010): Case Management. Organisationsentwicklung und Change Management in Gesundheits- und Sozialunternehmen. 2.Aufl. Gabler, Wiesbaden
Bronner, K., Behnisch, M. (2007): Mädchen und Jungenarbeit in den Erziehungshilfen. Einführung in die Praxis einer geschlechterreflektierenden Pädagogik. Juventa, Weinheim / München
Bruch, R. von (Hrsg.) (1985): Bürgerliche Sozialreform in Deutschland vom Vormärz bis zur Adenauer Ära. C.H. Beck, München
Bruckner, E. (2009): Steuerungsmöglichkeiten in der Jugendhilfe in Niedersachsen 2005 bis 2007. In: http://neu.gebit-ms.de/fileadmin/Download/BerichtIBN2009.pdf, 29.5.2012
Brückner, M. (2009): Die Sorge um die Familie – Care im Kontext Sozialer Arbeit und öffentlicher Wohlfahrt. In: Beckmann, C. et al., 39–48
Brückner, M. (2008): Geschlechterverhältnisse und Soziale Arbeit: „De"- und „Re"-Gendering als theoretische und praktische Aufgabe. In: www.hawk-hhg.de/hochschule/media/satz_brueckner.pdf, 29.05.2012
Brückner, M. (2000): Sozialarbeit – ein Frauenberuf? neue praxis 6 / 2000, 539–543
Bruhns, K. (Hrsg.) (2004): Geschlechterforschung in der Kinder- und Jugendhilfe. Praxisstand und Forschungsperspektiven. VS-Verlag, Wiesbaden
Brumlik, M., Keckeisen, W. (1976 / 2000): Etwas fehlt. Zur Kritik und Bestimmung von Hilfsbedürftigkeit für die Sozialpädagogik. Kriminologisches Journal 4 / 1976, 241–262. Wieder abgedruckt in: Münder, J., Gintzel, U. (Hrsg.): Jahrbuch der Sozialen Arbeit 2000. Votum, Münster, 168–186
Bürgi, A., Eberhardt, H. (2004): Beratung als strukturierter und kreativer Prozess. Ein Lehrbuch für ressourcenorientierte Praxis. Vandenhoeck & Ruprecht, Göttingen
Budde, W., Früchtel, F. (2005): Sozialraumorientierte soziale Arbeit – ein Modell zwischen Lebens und Steuerung. Nachrichtendienst des Deutschen Vereins für öffentliche und private Fürsorge 7 / 2005, 238–242 (Teil 1) und 8 / 2005, 287–292 (Teil 2)
Budde, W., Früchtel, F. (o. J.): Eco-Maps und Genogramme als Netzwerkperspektive. In: www.sozialraum.de/eco-maps-und-genogramme-als-netzwerkperspektive.php, 29.05.2012
Budde, W., Früchtel, F., Hinte, W. (Hrsg.) (2006): Sozialraumorientierung. Wege zu einer veränderten Praxis. VS-Verlag, Wiesbaden
Bürger, U., Schone, R. (2010): Demographischer Wandel und Jugendhilfeplanung. In: Maykus, S., Schone, R. (Hrsg.): 245–256
Bürgi, A., Eberhardt H. (2004): Beratung als strukturierter und kreativer Prozess. Ein Lehrbuch für ressourcen-orientierte Praxis. Vandenhoeck & Ruprecht, Göttingen
Buestrich, M., Burmester, M., Dahme, H.-J., Wohlfahrt, N. (2008): Die Ökonomisierung Sozialer Dienste und Sozialer Arbeit. Entwicklung – Theoretische Grundlagen – Wirkungen. Schneider Hohengehren, Baltmannsweiler
Buestrich, M., Wohlfahrt, N. (2008): Die Ökonomisierung der Sozialen Arbeit. Aus Politik und Zeitgeschehen, 12-12 / 2008, 17–24
Bullinger, H., Nowak, J. (1998): Soziale Netzwerkarbeit. Eine Einführung. Lambertus, Freiburg
Bundesarbeitsgemeinschaft Landesjugendämter (2011): Handbuch Praktische Öffentlichkeitsarbeit in der Kinder- und Jugendhilfe. Eigendruck, Mainz
Bundesvereinigung der kommunalen Spitzenverbände (2009): Empfehlungen zur Festlegung fachlicher Verfahrensstandards in der Jugendhilfe bei Gefährdung des Kindeswohls (12.05.2009). In: www.staedtetag.de/imperia/md/content/beschlsse/10.pdf, 01.05.2011
Bundesverwaltungsamt (Hrsg.) (2009a): Selbstbewertung mit CAF – Leitfaden für die Praxis. Eigendruck, Köln
Bundesverwaltungsamt (Hrsg.) (2009b): CAF-Arbeitsbogen. Bewertungsmethode I. Eigendruck, Köln
Bundesverwaltungsamt (Hrsg.) (2006): Common Assessment Framework – Verbesserung der Organisation durch interne Qualitätsbewertung. Eigendruck, Köln
Butterwegge, Ch. (2010): Neoliberale Modernisierung, Sozialstaatsentwicklung und Soziale Arbeit. In: Michel-Schwartze, B. (Hrsg.), 49–88
Campbell, J. T., Märtens, M. (2011): Wer mag Hausbesuche (nicht)? Warum man manche Klienten lieber nicht besuchen sollte, andere aber schon: Eine Untersuchung mit SGB II-Leistungsempfängern. In: Bräutigam, B., Müller, M. (Hrsg.), 146–156
Carl, D. a. G. Jurkovic (1983): Agency Triangels: Problems in Agency-Family Relationships. Family Process 22, 441–451
Cecchin, G., Lane, G., Ray, W. (1993): Respektlosigkeit – Eine Überlebensstrategie für Therapeuten. Carl-Auer, Heidelberg
Cecchin, G., Lane, G., Ray, W. (2006): Exzentrizität und Intoleranz: Eine systemische Kritik. Zeitschrift für Systemische Therapie 3 / 2006, 156–165
Cierpka, M. (Hrsg.) (1996): Handbuch der Familiendiagnostik. Springer, Berlin / Heidelberg
Cleppien, G., Lerche, U. (Hrsg.) (2010): Soziale Arbeit und Medien. VS-Verlag, Wiesbaden
Conen, M.-L. (2002): Wo keine Hoffnung ist, muss man sie erfinden. Aufsuchende Familientherapie. Carl-Auer, Heidelberg
Conen, M.-L. (1999): „Unfreiwilligkeit" – ein Lösungsverhalten. Familiendynamik 3 / 1999, 282–297
Conen, M.-L. (1990): Familienhilfe zwischen helfen und helfen, zu verändern. Theorie und Praxis der Sozialen Arbeit 7 / 1990, 259–265.
Conen, M.-L., G. Cecchin (2007): Wie kann ich Ihnen helfen, mich wieder loszuwerden? Therapie und Beratung mit unmotivierten Klienten und in Zwangskontexten. Carl Auer, Heidelberg (3. Aufl. 2011)
Crefeld, W., Schimke, H.-J. (1995): Die Beratung des Gerichts in Betreuungssachen. In: Hirsch, R. D. (Hrsg):

Gerontopsychiatrie im Wandel: vom Defizit zur Kompetenz. Dokumentation der 1. Jahrestagung der Deutschen Gesellschaft für Gerontopsychiatrie und -psychotherapie. Bibliomed, Medizinische Verlagsgesellschaft, Melsungen, 227–234

Dahme, H.-J., Wohlfahrt, N. (2009): Bürgerschaftliche Sozialpolitik. Ein sozialstaatliches Projekt als Herausforderung gemeinwesenbezogener sozialer Arbeit. Der pädagogische Blick 2/2009, 81–92

Dahme, H.-J., Wohlfahrt, N. (2007): Vom Korporatismus zur Strategischen Allianz von Sozialstaat und Sozialwirtschaft: Neue „Sozialpartnerschaft" auf Kosten der Beschäftigten? In: Dahme, H. J., Trube, A., Wohlfahrt, N. (Hrsg.): Arbeit in Sozialen Diensten: flexibel und schlecht bezahlt? Schneider Hohengehren, Baltmannsweiler, 22–32

Dahme, H.-J., Wohlfahrt, N. (2006): Strömungen und Risiken der Verwaltungsmodernisierung in der Jugendhilfe. In: Hensen, G. (Hrsg.), 61–76

Dahme, H.-J., Wohlfahrt, N. (2005a): Sozialinvestitionen. Zur Selektivität der neuen Sozialpolitik und den Folgen für die Soziale Arbeit. In: Dahme, H.-J., Wohlfahrt, N. (Hrsg.) (2005b), 6–20

Dahme, H.-J., Wohlfahrt, N. (Hrsg.) (2005b): Aktivierende Soziale Arbeit. Theorie – Handlungsfelder – Praxis. Schneider Hohengehren, Baltmannsweiler

Dahme, H.-J., Wohlfahrt, N. (2003): Aktivierungspolitik und der Umbau des Sozialstaates. Gesellschaftliche Modernisierung durch angebotsorientierte Sozialpolitik. In: Dahme, H.-J., Otto, H.-U., Trube, A., Wohlfahrt, N. (Hrsg.), 75–100

Dahme, H.-J., Schütter, S., Wohlfahrt, N. (2008): Lehrbuch Kommunale Sozialverwaltung und Soziale Dienste. Juventa, Weinheim/München

Dahme, H.-J., Otto, H.-U., Trube, A., Wohlfahrt, N. (Hrsg.) (2003): Soziale Arbeit für den aktivierenden Staat. Leske + Budrich, Opladen

Dahme, H.-J., Kühnlein, G., Wohlfahrt, N. (2005): Zwischen Wettbewerb und Subsidiarität. Wohlfahrtsverbände unterwegs in die Sozialwirtschaft. Edition Sigma, Berlin

Dederichs, E. (1997): Anforderungen an eine zeitgemäße Öffentlichkeitsarbeit in der Jugendarbeit. In: Deutscher Bundesjugendring (Hrsg.), 16–28

Deegener, G., Körner, W. (Hrsg.) (2005): Kindesmisshandlung und Vernachlässigung. Ein Handbuch. Hogrefe, Göttingen

Deegener, G., Körner, W. (2006): Risikoerfassung bei Kindesmisshandlung und Vernachlässigung. Theorie, Praxis, Materialien. Pabst, Lengerich

Deinet, U. (2005): Sozialräumliche Jugendarbeit. Grundlagen, Methoden und Praxiskonzepte. 2. Aufl. VS-Verlag, Wiesbaden

Deinet, U. (2002): Der „sozialräumliche Blick" der Jugendarbeit ein Beitrag zur Sozialraumdebatte. Neue Praxis 3/2002, 285–296

Deinet, U., Krisch, R. (2002): Der sozialräumliche Blick der Jugendarbeit. Methoden und Bausteine zur Konzeptentwicklung und Qualifizierung. Leske + Budrich, Opladen

Deinet, U., Krisch, R. (2012): Konzepte und Methoden zum Verständnis der Lebensräume von Kindern und Jugendlichen. In: Riege, M., Schubert, H. (Hrsg.), 127–138

Deinet, U., Gilles, C., Knopp, R. (Hrsg.) (2006): Neue Perspektiven in der Sozialraumorientierung. Frank und Timme, Berlin

Dettenborn, H. (2014): Kindeswohl und Kindeswille. Ernst Reinhardt, München

Deutschendorf, R., Hamberger, M., Koch, J., Lenz, S., Peters, F. (Hrsg.) (2006): Werkstattbuch Integra. Grundlagen, Anregungen und Arbeitsmaterialien für integrierte, flexible und sozialräumlich ausgerichtete Erziehungshilfen. Juventa, Weinheim/München

Deutscher Bundesjugendring (Hrsg.) (1997): Reden ist Silber – Schweigen ist Schrott. Handbuch zur Öffentlichkeitsarbeit. 2. Aufl. Votum Verlag, Münster

Deutscher Städtetag (1926): Städte – Staat – Wirtschaft (Denkschrift des Deutschen Städtetages). Dt. Städtetag Verlag, Berlin

Deutscher Städtetag (1969): Empfehlungen für die Familienfürsorge. Dt. Städtetag Verlag, Köln

Deutscher Verein für öffentliche und private Fürsorge (2010): Empfehlungen des Deutschen Vereins zur erfolgreichen Integration von Menschen mit Migrationshintergrund durch die Kinder- und Jugendhilfe. Deutscher Verein, Berlin

Deutscher Verein für öffentliche und private Fürsorge (2008): Empfehlungen des Deutschen Vereins zur Gewährung von Krankenkostenzulagen in der Sozialhilfe. Deutscher Verein, Berlin

Deutscher Verein für öffentliche und private Fürsorge (Hrsg.) (2007): Fachlexikon der sozialen Arbeit. Nomos, Baden-Baden

Deutscher Verein für öffentliche und private Fürsorge (2006): Empfehlungen des Deutschen Vereins zur Weiterentwicklung der Hilfeplanung nach § 36 SGB VIII. Nachrichtendienst des Deutschen Vereins 7/2006, 343–354

Deutscher Verein für öffentliche und private Fürsorge (2002a): Profil für einen Kommunalen Sozialdienst. Deutscher Verein, Berlin

Deutscher Verein für öffentliche und private Fürsorge (2002b): Empfehlungen zur Teamarbeit und Teamentwicklung in der sozialen Arbeit. Deutscher Verein, Frankfurt/Main

Deutscher Verein für öffentliche und private Fürsorge (1994/1996): Empfehlungen zur Hilfeplanung nach § 36 KJHG – Vorbereitungen und Erstellung eines Hilfeplans. In: Nachrichtendienst des Deutschen Vereins 9/1994, 317–326. Ergänzungstext zu „§ 28 (Erziehungsberatung)". In: Nachrichtendienst des Deutschen Vereins 3/1996, 74

Deutscher Verein für öffentliche und private Fürsorge (Hrsg.) (1990): Aktenführung in der kommunalen Sozialverwaltung: Nachrichtendienst des Deutschen Vereins für öffentliche und private Fürsorge 1990, 335 ff.

Deutscher Verein für öffentliche und private Fürsorge (1983): Empfehlungen zur Organisation des kommunalen Allgemeinen Sozialdienstes. Eigenverlag, Frankfurt/M.

Deutscher Verein für öffentliche und private Fürsorge (Hrsg.) (1970): Die Fürsorge im sozialen Rechtsstaat. Standort, Forderungen und Möglichkeiten. Gesamtbericht über den 66. Fürsorgetag 1969 in Essen. Deutscher Verein, Frankfurt/M.

Deutscher Verein für öffentliche und private Fürsorge, Arbeitsgemeinschaft für Jugendhilfe (AGJ) (Hrsg.) (2001): Wächteramt und Jugendhilfe. Dokumentation einer Fachtagung. Eigenverlag des Deutschen Vereins, Frankfurt/M.

Deutsches Institut für Urbanistik/Arbeitsgruppe Fachtagungen Jugendhilfe (Hrsg.) (2009): Das Jugendamt im Spiegel der Medien. Hilfen und Hinweise im Umgang mit Medien, Krisenmanagement; Dokumentation der Fachtagung am 23. und 24. April 2009 in Berlin. Eigenverlag, Berlin

Die Bundesregierung (2007): Der Nationale Integrationsplan. Neue Wege – Neue Chancen. Berlin. In: http://www.bundesregierung.de/Content/DE/Publikation/IB/Anlagen/nationaler-integrationsplan,property=publicationFile.pdf, 25.04.2011

Die Kinderschutz-Zentren (2008): Stellungnahme der Kinderschutz-Zentren zum Referentenentwurf Änderungsvorschlag BMFSFJ/BMJ, Änderung des §8a – Schutzauftrag bei Kindeswohlgefährdung. Stellungnahme vom 23.5.2008. In: www.kinderschutz-zentren.de/ksz_news1.html, 30.05.2012

Die Kinderschutz-Zentren (2010): Schwierigkeiten beim In-Kontakt-Kommen zu Familien – Aussagen von fallverantwortlichen Fachkräften aus den Hilfen zur Erziehung. In: www.kinderschutz-zentren.org/pdf/2010_News_Schwierigkeiten_beim_In-Kontakt-Kommen_zu%20Familien_-_Untersuchungsergebnisse.pdf, 30.05.2012

Dietrich, P. S., Fichtner, J., Halatchewa, M., Sandner, E. (2010): Arbeit mit hochkonflikthaften Trennungs- und Scheidungsfamilien: Eine Handreichung für die Praxis. In: www.dji.de/bibs/458_12244_scheidungsfamilien.pdf, 30.05.2012

DIJuF (Deutsches Institut für Jugendhilfe und Familienrecht) (2010): Medienrecht. DIJuF-Rechtsgutachten vom 25.8.2010. Das Jugendamt 12/2010, 557—558

DIJuF (Deutsches Institut für Jugendhilfe und Familienrecht) (2008): Hinweise des Deutschen Instituts für Jugendhilfe und Familienrecht (DIJuF) e. V. vom 24. April 2008 zur Anfrage des Ministeriums für Arbeit, Soziales, Gesundheit, Familie und Frauen Rheinland-Pfalz vom 14. April 2008 zum Entwurf einer Änderung des §8a SGB VIII. Download unter: http://www.dijuf.de/de/online_service, 07.2011

DIJuF (Deutsches Institut für Jugendhilfe und Familienrecht) (2007): Mitarbeiter/innen der Sozialen Dienste des JA als „insoweit erfahrene Fachkräfte" i. S. d. § 8 a Abs. 2 S. 1 SGB VIII? Das Jugendamt 6-7/2007, 295–297

DIJuF (Deutsches Institut für Jugendhilfe und Familienrecht e.V.) (2005): Rechtliche Anmerkungen zu jugendamtlichen Standardisierungen der Risikoabschätzung im Handlungsfeld Kindeswohlgefährdung. Das Jugendamt 5/2005, 231–233

DGfB (Deutsche Gesellschaft für Beratung e. V.) (o. J.): Das Beratungsverständnis des DGfB. www.dachverband-beratung.de/beratungsv.php, 25.05.2012

DJI (Deutsches Jugendinstitut) (2006): Bausteine gelingender Hilfeplanung. Eigendruck, München

Dollinger, B. (2006): Zur Einleitung: Perspektiven aktivierender Sozialpädagogik. In: Dollinger, B., Raithel, J. (Hrsg.): Aktivierende Sozialpädagogik. VS-Verlag, Wiesbaden, 7–22

Drepper, Th. (2010): Soziale personenbezogene Dienstleistungsorganisationen aus neoinstitutionalistischer Perspektive. In: Klatetzki, Th. (Hrsg.), 129–165

Dutke, St., Wick, A. (2009). Personalentwicklung als Transformation mentaler Modelle. In: Arnold, R. (Hrsg.): Personalentwicklung in lernenden Unternehmen. Schneider Hohengehren, Baltmannsweiler, 110–126

Eckardstein, Dudo von (2007): Personalmanagement in NPOs. In: Badelt, Ch., Meyer, M., Simsa, R. (Hrsg.): Handbuch der Nonprofit Organisation. 4. Aufl. Schäffer-Poeschel, Stuttgart, 273–298

Eckardstein, O. L. von, Niesel, R., Salzgeber, J., Schönfeld, U. (2010): Eltern bleiben Eltern. Hilfen bei Trennung und Scheidung. 16. Aufl. Deutsche Arbeitsgemeinschaft für Jugend- und Eheberatung e. V., München

Edding, C. (2007): Teamstabilität und Teamleistung. Empirische Untersuchungen zu einem aktuellen Thema. In: Faßnacht, M., Kuhn, H., Schrapper, Ch. (Hrsg.): Organisation organisieren. Gruppendynamische Zugänge und Perspektiven für die Praxis. Juventa, Weinheim/München, 89–101

Egg, R. (1986): Zwangstherapie – Zur Bedeutung der Freiwilligkeit bei der Durchführung therapeutischer Maßnahmen. Verhaltenstherapie und psychosoziale Praxis 1/1986, 35–41

Ehinger, U. (2006): Überlegungen zur Verfahrensgestaltung in Umgangsregelungsfällen bei häuslicher Gewalt. Familie Partnerschaft Recht 5/2006, 171–176

Ehlers, C. (2011): Strategien und Instrumente in der aufsuchenden ressourcenorientierten Arbeit mit Familien. In: Bräutigam, B., Müller, M. (Hrsg.), 195–207

Elwert, G. (1982): Probleme der Ausländerintegration. Gesellschaftliche Integration durch Binnenintegration? Kölner Zeitschrift für Soziologie und Sozialpsychologie 4/1982, 717–731

Empirica (2003): Evaluation des Berliner Quartiersmanagements in der Pilotphase 1999–2002. Band 1: Zusammenfassung und Empfehlungen. Berlin, In: www.sozialestadt.de/gebiete/dokumente/DF8436-Band1.pdf, 30.05.2012

Enders, S. (2013): Das Jugendamt im Spiegel der Medien. Zerrbild zwischen Verantwortung und Versagen. Beltz Juventa, Weinheim/Basel

Enders, S. (2008): Wie öffentlich ist das Jugendamt? Befunde explorativer Studien zu Medienpräsenz im Fall Kevin und der Öffentlichkeitsarbeit in Jugendämtern. Zeitschrift für Kindschaftsrecht und Jugendhilfe (ZKJ), 3/2008, 494–499

Enders, S. (2007): Das Jugendamt im Spiegel der Medien.

explorative Studien zu Medienpräsenz und Öffentlichkeitsarbeit. Koblenzer Schriften zur Sozialpädagogik. Universität Koblenz-Landau, Koblenz

Esch, K., Klaudy, E. K., Micheel, B., Stöbe-Blossey, S. (2006): Qualitätskonzepte in der Kindertagesbetreuung. Ein Überblick. VS-Verlag, Wiesbaden

Etscheid, M. (2009): Die Lernfähigkeit der Organisation verbessern. Das Common Assessment Framework (CAF). OrganisationsEntwicklung 2/2009, 78–86

Evangelischer Erziehungsverband e. V. (Hrsg.) (2000): Jugendhilfe im Sozialraum. Lippenbekenntnis oder neue Verantwortung für die Sozialverwaltung und freie Träger der Jugendhilfe. EREV-Schriftenreihe 41. Schöneworth Verlag, Hannover

Evers, A., Heinze, R. G., Olk, Th. (Hrsg.) (2011): Handbuch Soziale Dienste. VS-Verlag, Wiesbaden

Ewalt, P. L., Kutz, J. (1976): An Examination of Advice Giving as a Therapeutic Intervention. Smith College Studies in Social Work 1/1976, 3–19

Ewers, M., Schaeffer, D. (Hrsg.) (2005): Case Management in Theorie und Praxis, 2. Aufl. Hans Huber, Bern

Fallner, H., Grässlin, H.-M. (1990): Kollegiale Beratung. Eine Systematik zur Reflexion des beruflichen Alltags. Busch Fachverlag, Hille

Faltermeier, J. (2002): Die Entwicklung des Jugendamts in der modernen Gesellschaft: Herausforderungen der Wissensgesellschaft an die Jugendhilfe. Das Jugendamt 7/2002, 278–284.

Faß, R. (2010): Systemsteuerung im Case Management. In: Brinkmann, V. (Hrsg.): Case Management. Organisationsentwicklung und Change Management in Gesundheits- und Sozialunternehmen, 2., aktual. u. überarb. Aufl., Gabler, Wiesbaden 39–80

Faß, R., Kleve, H. (2010): Systemsteuerung in der Sozialen Arbeit – ein Dialog. Case Management. Sonderheft Soziale Arbeit, 22–26

Faulstich, W. (2000): Grundwissen Öffentlichkeitsarbeit. Fink (UTB), München

Faust, Th. (2003): Organisationskultur und Ethik: Perspektiven für öffentliche Verwaltungen. Tenea, Berlin

Fegert, J. M., Schnoor, K., Kleidt, S., Kindler, H., Ziegenhain, U. (2008): Lernen aus problematischen Kinderschutzverläufen. Machbarkeitsexpertise zur Verbesserung des Kinderschutzes durch systematische Fehleranalyse. Bundesministerium für Familie, Senioren, Frauen und Jugend, Berlin

Fehren, O. (2011): Sozialraumorientierung sozialer Dienste. In: Evers, A., Heinze, R. G., Olk, Th. (Hrsg.), 442–457

Feldhoff, K. (2006): Soziale Arbeit als Frauenberuf – Folgen für sozialen Status und Bezahlung?! In: Zander, M. Hartwig, L., Jansen, I. (Hrsg.), 33–55

Feldhoff, K., Hansbauer, P. (2007): Evaluation des Gewaltschutzgesetzes im Raum Münster – Positive Effekte und weitere Herausforderungen für Polizei, Justiz, Jugendämter und Beratungsstellen. Familie Partnerschaft Recht 6/2007, 217–221

Fendrich, S., Pothmann, J. (2009): Gefährdungslagen für Kleinkinder in der Familie und die Handlungsmöglichkeiten der Jugendhilfe im Spiegel der Statistik. In: Beckmann, Ch., Maar, K., Otto, H.-U., Schaarschuch, A., Schrödter, M. 160–171

Fendrich, S., Pothmann, J. (2006): Ist das gerecht? Zur Geschlechterverteilung bei erzieherischen Hilfen. KOMDAT Jugendhilfe 2/2006, 3–4

Fendrich, S., Pothmann, J., Tabel, A. (2012): Monitor Hilfen zur Erziehung 2012. Eigenverlag Forschungsverbund DJI/TU Dortmund. Dortmund/München

Fendrich, S., Wilk, A. (2011): Heimerziehung – gestern, heute, morgen. KOMDAT 1 & 2/2011, 18–21

FEVS – Fürsorgerechtliche Entscheidungen der Verwaltungs- und Sozialgerichte

Fichtner, J. (2009): Brauchen Kinder „beide Eltern" oder „erstmal Ruhe"? – Hochkonfliktfamilien und FGG-Reform. Trialog 11/2009, 39–47

Fichtner, J., Dietrich, P. S., Halatcheva, M., Hermann, U., Sandner, E. (2010): Kinderschutz bei hochstrittiger Elternschaft. In: www.intern.dji.de/bibs/6_Hochkonflikthaftigkeit WissenschaftlicherAbschlussbericht.pdf, 30.05.2012

Fieseler, G., Herborth, R.(2010): Recht der Familie und Jugendhilfe – Arbeitsplatz Jugendamt/Sozialer Dienst, 7. Aufl. Luchterhand, Neuwied

Figiel, H., Meyer, O.C. (2002): Wege zur Sozialraumorientierung – Zur Situation des Strukturwandels in den Hilfen zur Erziehung. Theorie und Praxis der Sozialen Arbeit 1/2002, 56–60

Filsinger, D. (2011): Integration von Familien mit Migrationshintergrund. In: Fischer, V., Springer, M. (Hrsg.), 48–67

Finkel, M. (2000): Erziehungshilfe für Mädchen und Jungen aus Migrationsfamilien. Ergebnisse der JULE-Studie. Migration und Soziale Arbeit 1/2000, 60–64

Fischer, V. (2011): Interkulturelle Kompetenz. In: Fischer, V., Springer, M. (Hrsg.), 334–358

Fischer, V. (2005): Interkulturelle Kompetenz – ein neues Anforderungsprofil für die pädagogische Profession. In: Fischer, V., Springer, M., Zacharaki, I. (Hrsg.): Interkulturelle Kompetenz. Fortbildung – Transfer – Organisationsentwicklung. Wochenschau, Schwalbach, 33–47

Fischer, V., Springer, M. (Hrsg.) (2011): Handbuch Migration und Familie. Wochenschau, Schwalbach

Flad, C., Schneider, S., Treptow, R. (2008): Handlungskompetenz in der Jugendhilfe. Eine qualitative Studie zum Erfahrungswissen von Fachkräften. VS-Verlag, Wiesbaden

Flemming, W. (2009): Das aktive Jugendamt. Zeitschrift Kindschaftsrecht und Jugendhilfe 8-9/2009, 315–318

Flösser, G. (1994): Soziale Arbeit jenseits der Bürokratie. Über das Management des Sozialen. Luchterhand, Neuwied

Flösser, G., Oechler, M. (2010): Einführung in die Theorie sozialpädagogischer Dienste. Wissenschaftliche Buchgesellschaft, Darmstadt

Franzpötter, R. (1997): Organisationskultur – Begriffsverständnis und Analyse aus interpretativ-soziologischer Sicht. Nomos, Baden-Baden

Freie und Hansestadt Hamburg (Hrsg.) (2006): Handlungsempfehlungen zum Umgang mit der „Garantenstellung" des Jugendamtes bei Kindeswohlgefährdung. 2. Aufl. Eigenverlag, Hamburg

Freitag, H.-O. (2002): Das Jugendamt als Organ der Jugendhilfe, seine Öffentlichkeitsarbeit durch mediale Präsenz und der Informationsanspruch des Jugendhilfesuchenden. Archiv für Wissenschaft und Praxis der sozialen Arbeit 3/2002, 49–56

Frenzke-Kulbach, A. (2008): Zur neueren Entwicklung des Case-Managements im ASD: Statt vorbeugender Arbeit Krisenmanagement. Theorie und Praxis der sozialen Arbeit 3/2008, 172–178

Fretschner, R., Hilbert, J., Stöbe-Blossey, S. (2003): Der aktivierende Staat und seine Implikationen für die Soziale Arbeit. In: Dahme, H.-J., Otto, H.-U., Trube, A., Wohlfahrt, N. (Hrsg.), 36–65

Friedrich, A. (2010): Personalarbeit in Organisationen sozialer Arbeit. Theorie und Praxis der Professionalisierung. VS-Verlag, Wiesbaden

Friese, M., Thiessen, B. (2003): Kompetenzentwicklung im personenbezogenen Dienstleistungsbereich – Aufwertung und Entgendering Prozesse. In: Kuhlmann, E., Betzelt, E. (Hrsg.): Geschlechterverhältnisse im Dienstleistungssektor. Nomos, Baden-Baden, 65–78

Freie und Hansestadt Hamburg, Behörde für Soziales und Familie (2004): Handlungsempfehlungen zum Umgang mit der „Garantenstellung". In: www.hamburg.de/contentblob/117748/data/garantenstellung.pdf, 30.05.2012

Frommelt, M. (2006): Case Management im Praxisnetz: HomeCare Nürnberg. In: Wendt, W. R., Löcherbach, P. (Hrsg.): Case Management in der Entwicklung. Stand und Perspektiven in der Praxis. Economica, Heidelberg 113–133

Fthenakis, W. E.(Hrsg.) (1991): Trennung und Scheidung – Familie am Ende? Vektor-Verlag, Grafschaft

Gaitanides, S. (2006): Interkulturelle Öffnung sozialer Dienste. Otto, H.-U., Schrödter, M. (Hrsg.):Soziale Arbeit in der Einwanderungsgesellschaft. Multikulturalismus – Neo-Assimilation – Transnationalität. neue praxis, Sonderheft 8, 222–234

Galuske, M. (1998/2007): Methoden der Sozialen Arbeit – Eine Einführung. 7. Aufl. Juventa, Weinheim/München

Galuske, M., Rietzke, T. (2008): Aktivierung und Ausgrenzung – Aktivierender Sozialstaat, Hartz-Reformen und die Folgen für Soziale Arbeit und Jugendberufshilfe. In: Anhorn, R., Bettinger, F., Stehr, J. (Hrsg.): Sozialer Ausschluss und Soziale Arbeit. VS-Verlag, Wiesbaden, 399–416

Geißler, R. (2006): Die Sozialstruktur Deutschlands. Zur gesellschaftlichen Entwicklung mit einer Bilanz zur Vereinigung. 4. Aufl. VS-Verlag, Wiesbaden

Gemende, M., Schröer, W., Sting, S. (Hrsg.) (1999): Zwischen den Kulturen. Pädagogische und sozialpädagogische Zugänge zur Interkulturalität. Juventa, Weinheim/München

Gemende, M., Schröer, W., Sting, S. (1999): Pädagogische und sozialpädagogische Zugänge zur Interkulturalität. In: Gemende, M., Schröer, W., Sting, S. (Hrsg.), 7–24

Gender-Datenreport (2005): Kommentierter Datenreport zur Gleichstellung von Frauen und Männern in der Bundesrepublik Deutschland im Auftrag des Bundesministeriums für Familie, Frauen und Jugend. Erstellt durch das Dt. Jugendinstitut in Zusammenarbeit mit dem Statistischen Bundesamt, München

Gerber, C. (2013): Hochkonflikthafte Trennungen und Scheidungen aus Sicht des Jugendamtes. In: Walper, S., Fichtner, J., Normann, K. (Hrsg), 71–87

Gerber, C. (2011): Kinderschutz – von der Checkliste zur persönlichen Fall und Prozessverantwortung. In: Körner, W., Deegener, G. (Hrsg.), 294–327

Gerber, C. (2006): Was zeichnet eine funktionale Kooperation zwischen dem ASD und der Polizei bei einer vorliegenden Kindeswohlgefährdung aus? In: Kindler, H., Lillig, S., Blüml, H., Meysen, T. & Werner, A. (Hrsg), Kap. 113

Gerlach, F. (2008): Rechtliche Rahmenbedingungen wirkungsorientierter Kinder- und Jugendhilfe. Zeitschrift für Sozialhilfe und Sozialgesetzbuch 1/2008, 21–28

Giddens, A. (1999): Der dritte Weg. Die Erneuerung der sozialen Demokratie. Suhrkamp, Frankfurt/M.

Girschner, W. (1990): Theorie sozialer Organisationen. Eine Einführung in Funktionen und Perspektiven von Arbeit und Organisation in der gesellschaftlich-ökologischen Krise. Juventa, Weinheim/München

Gissel-Palkovich, I. (2011a): Lehrbuch Allgemeiner Sozialer Dienst – ASD. Rahmenbedingungen, Aufgaben und Professionalität. Juventa, Weinheim/München

Gissel-Palkovich, I. (2011b): Allgemeiner Sozialer Dienst (ASD). In: Bieker, R., Floerecke, P. (Hrsg.): Träger, Arbeitsfelder und Zielgruppen der Sozialen Arbeit. Kohlhammer, Stuttgart, 95–107

Gissel-Palkovich, I. (2010a): Pro Case Management in der Sozialen Arbeit – es gibt keine einfachen Antworten. Case Management: Sonderheft Soziale Arbeit, 8–10.

Gissel-Palkovich, I. (2010b): Case Management – Chancen und Risiken für die Soziale Arbeit und Aspekte seiner Implementierung in soziale Organisationen. In: Brinkmann, V. (Hrsg.), 121–142.

Gissel-Palkovich, I. (2010c): Die Sicherung des Kindeswohls. Überlegungen zu konzeptionellen und strukturellen Voraussetzungen für die Arbeit der öffentlichen Kinder- und Jugendhilfe. In: Schorn, A., Goldberg, B. (Hrsg.): Kindeswohlgefährdung: Wahrnehmen – Bewerten – Intervenieren. Barbara Budrich, Opladen/Farmington Hills, 103–141

Gissel-Palkovich, I. (2007): Der Allgemeine Soziale Dienst an seinen Leistungsgrenzen. Rahmenbedingungen und Fachlichkeit – zunehmend eine Paradoxie? Sozialmagazin 9/2007, 12–23

Gissel-Palkovich, I., Rädler, M., Schubert, H., Stegt, J. (2010): Der Allgemeine Soziale Dienst (ASD) im Wandel – ein Praxisvergleich. Untersuchung von Beispielen gelingender ASD-Praxis. Forschungsbericht, unveröffentlichtes Typoskript

Gissel-Palkovich, I., Schubert, H. (2010): Gelingende Praxis des ASD im Spannungsfeld zwischen Organisation und Interaktion. Standpunkt Sozial, Hamburger Forum für Soziale Arbeit und Gesundheit 2/2010, 43–51

Goerdeler, J., Wapler, F. (Hrsg.): SGB VIII Onlinekommentar. Wolters und Kluwer/Jurion, Köln (zitiert Goerdeler et al/Bearbeiter/in, 2011, § x Rdnr.y)

Goldbeck, L. (2013): Häusliche Gewalt. Psychische Folgen für Kinder. In: Walper, S., Fichtner, J., Normann, K. (Hrsg), 131–139

Goldsmith, J. R., Latessa, E. (2001): Coerced Treatment of Addictions in the Criminal Justice System. Psychiatric Annals 11/2001, 657–663

Grabher, G. (1993): Rediscovering the Social in the Economics of Interfirm Relations. In: Grabher, G. (Ed.): The Embedded Firm. On the Socioeconomics of Industrial Networks. Routledge, London, 1–31

Gragert, N. (2007): Bedingungen und Voraussetzungen für eine beteiligungsorientierte Hilfeplanerstellung. Ergebnisse einer bundesweiten Erhebung bei Jugendämtern. Zeitschrift für Kindschaftsrecht und Jugendhilfe (ZKJ) 7-8/2007, 277–281

Greese, D. (2005): Allgemeiner Sozialer Dienst (ASD). In: Otto, H.-U., Thiersch, H. (Hrsg.): Handbuch Sozialarbeit/Sozialpädagogik. 3. Aufl. Ernst Reinhardt, München/Basel, 7–10

Greese, D. (1994): Der ASD als „Organisationsproblem". In: Textor, M. R. (Hrsg.), 43–51

Greese, D., Güthoff, F., Kersten-Rettig, P., Noack, B. (Hrsg.) (1993): Allgemeiner Sozialer Dienst – Jenseits von Allmacht und Ohnmacht. Votum, Münster

Grunow, D. (2001): Soziale Infrastruktur und soziale Dienste (Westzonen). In: Bundesministerium für Arbeit und Sozialordnung und Bundesarchiv (Hrsg.): Geschichte der Sozialpolitik in Deutschland seit 1945. Hg. v. Bundesministerium für Arbeit und Sozialordnung und Bundesarchiv. Bd. 2/1: Die Zeit der Besatzungszonen. Sozialpolitik zwischen Kriegsende und der Gründung zweier deutscher Staaten. Nomos, Baden-Baden, 843–855

Grunwald, K. (2006): Zur Notwendigkeit des Managements von Dilemmata und Paradoxien in Organisationen der Sozialen Arbeit. neue praxis 2/2006, 186–201

Grunwald, K., Steinbacher, E. (2007): Organisationsgestaltung und Personalführung in den Erziehungshilfen. Juventa, Weinheim/München

Güthoff, F. (2008): Standards im Begleiteten Umgang: Eine fachliche Orientierung zum Schutz von Kindern. Deutscher Kinderschutzbund Landesverband NRW e. V., Wuppertal

Gunzert, R. (1959): Organisation und Tätigkeit der Jugendämter in der Bundesrepublik und West-Berlin 1957/1958. Institut für Sozialforschung, Frankfurt/M.

Gurlit, E. (2003): Konturen eines Informationsverwaltungsrechts. Deutsches Verwaltungsblatt 17/2003, 1119–1134

Haley, J. (1992): Compulsory Therapy for Both Client and Therapist. In: J. Carlson (Series ed.): Topics in Family Psychology and Counselling. Vol. 1 (2): Compulsory Family Therapy. Aspen Publications, Rockville/Frederick, MD, 1–7

Hamberger, M. (2000): Lebensweltorientierte Jugendhilfe und das Arbeitsprinzip der Sozialraumorientierung. Evangelischer Erziehungsverbands e. V. (EREV) (Hrsg.): Jugendhilfe im Sozialraum 1, 16–32

Hamburger, F. (2011): Öffentlichkeit(en). In: Otto, H.-U., Thiersch, H. (Hrsg.), 1030–1036

Hamburger, F. (2002): Soziale Arbeit und Öffentlichkeit. In: Thole, W. (Hrsg.), 755–777

Hamburger, F. (1999a): Von der Gastarbeiterbetreuung zur Reflexiven Interkulturalität. In: Migration und Soziale Arbeit, 3–4/1999, 33–39

Hamburger, F. (1999b): Sozialpädagogische Praxis im Licht der Medien. In: Hamburger, F., Otto, H.-U. (Hrsg.), 79–95

Hamburger, F., Otto, H.-U. (Hrsg.) (1999): Sozialpädagogik und Öffentlichkeit. Systematisierungen zwischen marktorientierter Publizität und sozialer Dienstleistung. Juventa, Weinheim

Hammerschmidt, P. (2012): Artikel: Armenfürsorge. In: Horn, K.-P., Kemnitz, H., Marotzki, W., Sandfuchs, U. (Hrsg.): Klinkhardt Lexikon Erziehungswissenschaft. Bd. 4, Sozialpädagogik. Verlag Julius Klinkhardt, Stuttgart, 66–67

Hammerschmidt, P. (2011): Kommunale Selbstverwaltung und kommunale Sozialpolitik – ein historischer Überblick. In: Dahme, H.-J., Wohlfahrt, N. (Hrsg.): Handbuch kommunale Sozialpolitik. VS-Verlag, Opladen, 21–40

Hammerschmidt, P. (2010a): Die bürgerliche Frauenbewegung und die Entwicklung der sozialen Arbeit zum Beruf. In: Engelfried, C., Voigt-Kehlenbeck, C. (Hrsg.): Gendered Profession. VS-Verlag, Wiesbaden, 23–40

Hammerschmidt, P. (2010b): Geschichte der Rechtsgrundlagen der Sozialen Arbeit bis zum 20. Jahrhundert. In: Thole, W. (Hrsg.): Grundriss Soziale Arbeit. 3. Aufl. VS-Verlag, Wiesbaden, 855–865

Hammerschmidt, P. (2010c): Soziale Altenhilfe als Teil kommunaler Sozial(hilfe)politik. In: Aner, K., Karl, U. (Hg.): Handbuch: Soziale Arbeit und Alter. VS-Verlag, Wiesbaden, 19–31

Hammerschmidt, P. (2006): Jugendhilfe vor dem Paradigmenwechsel? – ein historischer Rückblick. Zeitschrift für Sozialpädagogik 3, 305–321

Hammerschmidt, P. (2005a): Wohlfahrtsverbände im Nachkriegsdeutschland. Zur Reorganisation, Finanzierung und Steuerung der Wohlfahrtsverbände im Nachkriegsdeutschland von 1945 bis 1961. Juventa, Weinheim/München

Hammerschmidt, P. (2005b): Zur Rolle der Caritas bei der Neuformulierung des Subsidiaritätsprinzips im Bundessozialhilfegesetz und im Jugendwohlfahrtsgesetz von 1961. Zeitschrift für Sozialpädagogik 2/2005, 185–204

Hammerschmidt, P. (2003): Finanzierung und Management

von Wohlfahrtsanstalten 1920 bis 1936. Franz Steiner Verlag, Stuttgart
Hammerschmidt, P. (1999): Die Wohlfahrtsverbände im NS-Staat. Die NSV und die konfessionellen Verbände Caritas und Innere Mission im Gefüge der Wohlfahrtspflege des Nationalsozialismus. Verlag Leske + Budrich, Opladen
Hammerschmidt, P., Tennstedt, F. (2010a): Der Weg zur Sozialarbeit: Von der Armenpflege bis zur Konstituierung des Wohlfahrtsstaates in der Weimarer Republik. In: Thole, W.: Grundriss Soziale Arbeit. Ein einführendes Handbuch. 3. Aufl. VS-Verlag, Wiesbaden (Hrsg.), 73–86
Hammerschmidt, P., Tennstedt, F. (2010b): Sozialrecht und Sozialpolitik für das Alter – Entwicklungen bis Anfang der 1960er Jahre. In: Aner, K., Karl, U. (Hg.): Handbuch: Soziale Arbeit und Alter. VS-Verlag, Wiesbaden, 235–245
Handschuck, S. (2008a): Interkulturelle Qualitätsentwicklung im Sozialraum. Band 1: Konzeption. Ziel, Augsburg
Handschuck, S. (2008b): Interkulturelle Qualitätsentwicklung im Sozialraum. Band 2: Konzeptevaluation. Ziel, Augsburg
Handschuck, S., Schröer, H. (2011): Eigennamen in der interkulturellen Verständigung. Handbuch für die Praxis 2. überarb. u. erw. Aufl. Ziel, Augsburg
Handschuck, S., Schröer, H. (2002): Interkulturelle Orientierung und Öffnung von Organisationen. Strategische Ansätze und Beispiele der Umsetzung. neue praxis, Heft 5, 511–521
Handschuck, S., Klawe, W. (2010): Interkulturelle Verständigung in der Sozialen Arbeit. 3. Aufl. Juventa, Weinheim / München
Hansbauer, P., Hensen, G., Müller, K., von Spiegel, H. (2009): Familiengruppenkonferenz. Eine Einführung. Juventa, Weinheim / München
Hansen, E. (2009): Das Case Management als „Art" of the State'. neue praxis 5 / 2009, 507–522
Hansen, E. (2005): Das Case / Care Management. Anmerkungen zu einer importierten Methode. neue praxis 2 / 2005, 107–125
Hansen, E. (1991): Wohlfahrtpolitik im NS-Staat. Motivationen, Konflikte und Machtstrukturen im „Sozialismus der Tat" des Dritten Reiches. Maro-Verlag, Augsburg
Hargens, J. (Hrsg.) (2000): Klar helfen wir Ihnen! Wann sollen wir kommen? Systemische Ansätze in der Sozialpädagogischen Familienhilfe. Borgmann, Dortmund
Hargens, J. (1993): Haus und Wohnung der KundIn. Spielfeld oder Feindesland? Erste Reflexionen über Hausbesuche. Zeitschrift für systemische Therapie und Beratung 4 / 1993, 238–244
Harnach, V. (2007): Psychosoziale Diagnostik in der Jugendhilfe, 5. Aufl. Juventa, Weinheim / München
Hartmann, A. (2011): Soziale Dienste: Merkmale, Aufgaben und Entwicklungstrends aus der Perspektive soziologischer Theorien. In: Evers. A., Heinze, R.G., Olk, Th. (Hrsg.), 76–93
Hartwig, L. (2004): Erziehungshilfen in Zeiten des Gender Mainstreaming. In: Bruhns, K. (Hrsg.), 203–219
Hartwig, L. (2001): Mädchenwelten – Jungenwelten und Erziehungshilfen. In: Birtsch, V., Münstermann, K., Trede, W.: Handbuch Erziehungshilfen. Votum, Münster 46–69
Hartwig, L. (1990): Sexuelle Gewalterfahrungen von Mädchen. Konfliktlagen und Konzepte mädchenorientierter Heimerziehung. Juventa, Weinheim / München
Hartwig, L., Kriener, M. (2004): Geschlechtergerechte Hilfeplanung (§ 36 KJHG). Expertise im Auftrag des Bundesministeriums für Familie, Senioren, Frauen und Jugend im Rahmen des Modellprogramms zur Fortentwicklung des Hilfeplanverfahrens. Verlag Deutsches Jugendinstitut, München
Hartwig, L., Kriener, M. (2007): Mädchengerechte Hilfeplanung und Familialisierung der Jugendhilfe ein Widerspruch? Forum Erziehungshilfen 4 / 2007, 202–207
Hartwig, L., Kriener, M. (2008): Sexueller Missbrauch und Jugendhilfe. Möglichkeiten und Grenzen sozialpädagogischen Handelns im Kinderschutz. 2. Aufl. Juventa, Weinheim / München
Hartwig, L., Kriener, M. (2005): Was hat „Gender" mit Hilfeplanung zu tun? Perspektiven einer geschlechtergerechten Hilfeplanung. In: Sozialpädagogisches Institut im SOS-Kinderdorf e.V. (Hrsg.): Hilfeplanung reine Formsache? Eigenverlag SOS-Kinderdorf e.V., München, 178–200
Hartwig, L., Muhlak, K. (2006): Mädchenarbeit in Theorie und Praxis. In: Zander, M., Hartwig, L., Jansen, I. (Hrsg.), 86–118
Haselmann, S. (2010): Die neue Hilfeplanung in der Psychiatrie – Soziale Arbeit zwischen alten Spannungsfeldern und aktuellen Kontroversen. In: Michel-Schwartze, B. (Hrsg.): „Modernisierungen" methodischen Handelns in der Sozialen Arbeit. VS-Verlag, Wiesbaden, 231–278
Hecht, D. (2011): Häusliche Gewalt trifft auch Kinder. LWL-Landesjugendamt Westfalen (Hrsg.): Jugendhilfe aktuell 1 / 2011, 26–29
Heckmann, F. (1981): Die Bundesrepublik. Ein Einwanderungsland. Klett-Cotta, Stuttgart
Heilmann, S. (2010): Welche verfahrensrechtliche Folgen hat der (unterbliebene) Antrag auf Beteiligung in Kindschaftssachen? Zeitschrift für Familienrecht 17 / 2010, 1391–1394
Heiner, M. (Hrsg.) (2010): Soziale Arbeit als Beruf. Fälle – Felder – Fähigkeiten. Ernst Reinhardt, München / Basel
Heiner, M. (2004): Diagnostik und Diagnosen in der Sozialen Arbeit. Ein Handbuch. Eigenverlag des Deutschen Vereins, Berlin
Heinke, S. (2008): Umgangsrecht und Partnergewalt. In: Heiliger, A., Hack, E.-K. (Hrsg.): Vater um jeden Preis? Zur Kritik am Sorge- und Umgangsrecht. Frauenoffensive, München, 271–276
Heite, C. (2010): Soziale Arbeit – Post-Wohlfahrtsstaat – Geschlecht. Zum Zusammenhang von Professionalität und Politik. In: Böllert, K., Oelkers, N. (Hrsg.): Familienpolitik in Familienhand? Neue Verhältnisse in Konkurrenz, Autonomie oder Kooperation. VS-Verlag, Wiesbaden, 25–38

Hellinger, H. (1929): Innen- und Außendienst im städtischen Jugendamt. In: Polligkeit, W., Scherpner, H., Webler, H. (Hg.): Fürsorge als persönliche Hilfe. Carl Heymanns Verlag, Berlin, 110–118

Helming, E. (2010): Kontrollstrategien der Kinder- und Jugendhilfe am Beispiel der Entwicklung von Frühwarnsystemen und Frühen Hilfen. In: Michel-Schwartze, B. (Hrsg.), 173–204

Henkel, J., Schnapka, M., Schrapper, C. (Hrsg.) (2002): Was tun mit schwierigen Kindern? Sozialpädagogisches Verstehen und Handeln in der Jugendhilfe. Votum, Münster

Hensen, G. (Hrsg.) (2006): Markt und Wettbewerb in der Jugendhilfe. Juventa, Weinheim / München

Hensen, G., Schone, R. (2009): Familie als Risiko? Zur funktionalen Kategorisierung von „Risikofamilien" in der Jugendhilfe. In: Beckmann, C., Maar, K., Otto, H.-U., Schaarschuch, A., Schrödter, M., 149–160

Hepworth, D. H., Rooney, R. A., Larsen, J. A. (2002): Direct Social Work Practice: Theory and Skills. Brooks / Cole, Pacific Grove, CA

Hering, S., Münchmeier, R. (2000): Geschichte der Sozialen Arbeit. Juventa, Weinheim / München

Herriger, N. (2006): Empowerment in der Sozialen Arbeit: Eine Einführung. Kohlhammer, Stuttgart / Berlin / Köln

Hertz, W. (1926): Denkschrift über die Vermehrung des Fürsorgepersonals beim Jugendamt. Staatsarchiv Hamburg, Jugendbehörde I 97

Herwig-Lempp, J. (2009): Die VIP-Karte als ein „Kreagnose"-Instrument. In: Pantucek, P., Röh, D. (Hrsg.): Perspektiven Sozialer Diagnostik. Über den Stand der Entwicklung von Verfahren und Standards. Böhlau, Wien / Berlin, 243–254

Herwig-Lempp, J. (2007): Ressourcen im Umfeld: Die VIP-Karte. In: Michel-Schwartze, B. (Hrsg.): Methodenbuch Soziale Arbeit. VS-Verlag, Wiesbaden, 207–226

Heynen, S. (2007): Langzeitfolgen häuslicher Gewalt und Risiken des Umgangs zwischen gewalttätigem Vater und Kind. Kindesmisshandlung und –vernachlässigung. Interdisziplinäre Fachzeitschrift für Prävention und Intervention 2 / 2010, 65–85

Hildenbrand, B. (2011): Einführung in die Genogrammarbeit. 3. Auflage. Carl Auer, Heidelberg

Hinrichs, K. (2006): Jugendhilfe und verwaltungsgerichtliche Kontrolldichte – ein Überblick. Das Jugendamt 9 / 2006, 377–381

Hinte, W. (2010): Von der Gemeinwesenarbeit zum sozialräumlichen Handeln. In: Kreft, D., Müller, W. C. (Hrsg.): Methodenlehre in der Sozialen Arbeit. Ernst Reinhardt, München, 77–87

Hinte, W. (2007): Stadtteilbezogene Soziale Arbeit und soziale Dienste. Lebensweltbezug statt Pädagogisierung. In: Hinte, W., Lüttringhaus, M., Oelschlägel, D. (Hrsg.), 54–73

Hinte, W. (2006a): Sozialraumorientierung. Stand und Perspektiven. In: Kalter, B., Schrapper, C. (Hrsg.), 21–40

Hinte, W. (2006b): Sozialraumorientierung und Sozialraumbudgets – ein Plädoyer für begriffliche Klarheit. sozial extra 6 / 2006, 28–31

Hinte, W. (2006c): Was können Sozialarbeiterinnen und Sozialarbeiter. Fortbildung als Steuerungsinstrument in sozialen Institutionen. Nachrichtendienst des Deutschen Vereins für öffentliche und private Fürsorge 3 / 2006, 129–133

Hinte, W. (2004): Sozialraumorientierung, Budgets und die Praxis integrierter Erziehungshilfen. In: Peters, F., Koch, J. (Hrsg.), 57–73

Hinte, W. (2002): Fälle, Felder und Budgets. Zur Rezeption sozialraumorientierter Ansätze in der Jugendhilfe. In: Merten, R. (Hrsg.), 91–126

Hinte, W. (2000): Jugendhilfe im Sozialraum – Plädoyer für einen nachhaltigen Umbau. Der Amtsvormund 11 / 2000, 929–942

Hinte, W., Lüttringhaus, M., Oelschlägel, D. (2007): Grundlagen und Standards der Gemeinwesenarbeit. 2. Aufl. Juventa, Weinheim / München

Hinte, W., Groppe, J., Litges, G. (2003): Sozialräumliche Finanzierungsmodelle. Qualifizierte Jugendhilfe auch in Zeiten knapper Kassen. Edition Sigma, Berlin

Hinte, W., Kreft, D. (2005): Sozialraumorientierung. In: Kreft, D., Mielenz, I. (2005): Wörterbuch Soziale Arbeit. Juventa, Weinheim / München 869–872

Hinte, W., Treeß, H. (2011): Sozialraumorientierung in der Jugendhilfe. 2. Aufl. Juventa, Weinheim / München

Hinz-Rommel, W. (1994): Interkulturelle Kompetenz. Ein neues Anforderungsprofil für die soziale Arbeit. Waxmann, Münster / New York

Höfer, R., Behringer, L. (2009): Interdisziplinäre Frühförderung: Angebot und Leistungen. In: Sachverständigenkommission des 13. Kinder- und Jugendberichts (Hrsg.): Mehr Chancen für gesundes Aufwachsen. DJI Verlag, München, 257–310

Hölzle, Ch. (2006): Personalmanagement in Einrichtungen der Sozialen Arbeit. Grundlagen und Instrumente. Juventa, Weinheim / München

Hörster, R., Müller, B. (1996): Zur Struktur sozialpädagogischer Kompetenz. In: Combe, A., Helsper, W. (Hrsg.): Pädagogische Professionalität. Untersuchungen zum Typus pädagogischen Handelns. Suhrkamp, Frankfurt / M., 614–648

Hoffmann-Riem, W. (2002): Prinzipien des Verwaltungsverfahrensrechts. In: Hoffmann-Riem, W., Schmidt-Assmann, E. (Hrsg.): Verwaltungsverfahren und Verwaltungsverfahrensgesetz. Nomos, Baden-Baden

Hofstätter, P. (1972): Individuum und Gesellschaft. Das soziale System in der Krise. Ullstein, Frankfurt / Berlin / Wien

Hohloch, G. (2008): Wohnungszuweisung und Schutzanordnung bei Gewaltanwendung – insbesondere Vollstreckung. Familie Partnerschaft Recht 8-9 / 2008, 430–434

Hollstein B., Strauss, F. (Hrsg.) (2006): Qualitative Netzwerkanalyse. Konzepte Methoden Anwendungen. VS-Verlag, Wiesbaden

Hoppensack, H.-Ch. (2008): Kevins Tod – Ein Fallbeispiel

für missratene Kindeswohlsicherung. In: ISS (Hrsg.), 129–149

Hopmann, A. (2006): Sozialraumorientierung in der Jugendhilfeplanung. In: Deinet, U., Gilles, C., Knopp, R. (Hrsg.), 101–115

Horcher, G. (2008): Dienstleistung, soziale. In: Maelicke, B. (Hrsg.): Lexikon der Sozialwirtschaft. Nomos, Baden-Baden, 247–250

Hornikel, D. (2011 / 2013; 2. Aufl.): Hochkonflikthafte Familien im familiengerichtlichen Verfahren. In: Walper, S., Fichtner, J., Normann, K. (Hrsg.): Hochkonflikthafte Trennungsfamilien. Juventa, Weinheim / München, 55–69

Hornung, A., Rüting, W. (2009): Zusammenarbeit von Jugendhilfe und Justiz – Die Warendorfer Praxis. Jugendhilfe aktuell 2/2009, 2–9

Hornung, A., Kaufold, B., Rüting, W. (2011): Das Wohl des Kindes steht im Mittelpunkt. Frühe Kindheit 2/2011, 26–34

Hosemann, W., Geiling, W. (2005): Einführung in die systemische soziale Arbeit. Lambertus, Freiburg

Hottelet, H. (1996): Allgemeiner Sozialdienst. In: Kreft, D., Mielenz, I. (Hrsg.): Wörterbuch Soziale Arbeit, 4. Aufl. Beltz, Weinheim / Basel, 32–35

ISA (Institut für soziale Arbeit e.V.) (Hrsg.) (1991): ASD – Beiträge zur Standortbestimmung. Votum, Münster

ISA Planung und Entwicklung GmbH, Universität Bielefeld, Fakultät für Erziehungswissenschaft (2009): Praxishilfe zur wirkungsorientierten Qualifizierung der Hilfen zur Erziehung. Institut für Soziale Arbeit, Münster

ISS (Institut für Sozialarbeit und Sozialpädagogik e.V.) (Hrsg.) (Hrsg.) (2011): Der Allgemeine Soziale Dienst. Aufgaben, Zielgruppen, Standards. Ernst Reinhardt, München / Basel

ISS (Hrsg.) (2010): Fachtagung am 3. November 2009: „Was stärkt den ASD?". Organisationsanforderungen und Lösungskonzepte – Dokumentation. Frankfurt / M.

ISS (Hrsg.) (2008): Vernachlässigte Kinder besser schützen. Sozialpädagogisches Handeln bei Kindeswohlgefährdung. Ernst Reinhardt, München / Basel

Jammerthal, G. (2009): Von den Intentionen des Gesetzgebers zur kommunalen Wirklichkeit – personelle und strukturelle Konsequenzen für die öffentliche Jugendhilfe nach Einführung des § 8a SGB VIII. Diplomarbeit. Hochschule Mannheim

Joiko, K. (2008): Psychische Belastung und Beanspruchung im Berufsleben. Erkennen – Gestalten. Bundesanstalt für Arbeitsschutz und Arbeitsmedizin, Dortmund

Jordan, E., Schone, R. (Hrsg.) (1998): Handbuch Jugendhilfeplanung. Votum, Münster

Jordan, E., Schone, R. (2010): Jugendhilfeplanung als Prozess – Zur Organisation von Planungsprozessen. In: Maykus, S., Schone, R. (Hrsg.), 115–156

Jordan, E., Hansbauer, P., Merchel, J., Schone, R. (2001): Sozialraumorientierte Planung. Begründungen, Konzepte, Beispiele. Expertise des Instituts für soziale Arbeit e.V. im Auftrag der Regiestelle E & C der Stiftung SPI, Münster. In: www.eundc.de/pdf/00800.pdf, 30.05.2012

Jugendamt Dormagen (Hrsg.) (2011): Dormagener Qualitätskatalog der Kinder- und Jugendhilfe. Ein Modell kooperativer Qualitätsentwicklung. Barbara Budrich, Opladen / Farmington Hills

Jurczyk, K., Thiessen, B. (2011): Familie und soziale Dienste. In: Evers, A., Heinze, R. G, Olk, Th. (Hrsg.), 333–352

Kador, T. (2010): § 36 SGB VIII. In: Jung (Hrsg): SGB VIII – Kinder- und Jugendhilferecht. 2. Aufl. Haufe, Freiburg / Berlin

Kähler, H. (2013) Soziale Arbeit in Zwangskontexten – Wie unerwünschte Hilfe erfolgreich sein kann. Ernst Reinhardt, München / Basel

Kaiser, D., Schnitzler, K., Friederici, P. (Hrsg.) (2010): BGB Familienrecht. Band 4: §§ 1297–1921. 2. Auflage. Nomos, Baden-Baden (zitiert Kaiser et al. / Bearbeiter / in 2010, § x Rdnr. y)

Kalter, B., Schrapper, C. (Hrsg.) (2006): Was leistet Sozialraumorientierung? Juventa, Weinheim / München

Kappel, M., Straus, F., Weiterschan, W. (2004): Interkulturelle Aspekte bei der Durchführung des Hilfeplanverfahrens. Expertise im Auftrag des Deutschen Jugendinstituts. München

Kay, W. (2005): Polizeiliche Eingriffsmöglichkeiten bei häuslicher Gewalt. Familie Partnerschaft Recht 1-2/2005, 28–32

Kaufmann, F.-X. (1997): Herausforderungen des Sozialstaates. Suhrkamp, Frankfurt / M.

Kavemann, B. (2000): Kinder als Zeugen und Opfer häuslicher Gewalt. In: Das Frauenhaus macht neue Pläne. Dokumentation Fachforum Frauenhausarbeit vom 14.–16.11.2000 in Bonn, 32–42

Kavemann, B. (2000): Kinder und häusliche Gewalt – Kinder misshandelter Mütter. Kindesmisshandlung und Vernachlässigung 2/2000, 106–120

Kavemann, B., Kreyssig, U. (Hrsg.) (2013): Handbuch Kinder und Häusliche Gewalt. 3. Aufl. VS-Verlag, Wiesbaden

Kessl, F. (2001): Komm rein, dann kannst du rausschau'n! Zur Konjunktur sozialraumorientierter Präventionsstrategien. Widersprüche, Heft 82, 39–52

Kessl, F. (2006): Sozialer Raum als Fall? In: Galuske, M., Thole, W. (Hrsg.): Vom Fall zum Management. VS-Verlag, Wiesbaden, 37–54

Kessl, F., Otto, H.-U., Ziegler, H. (2012): Der Raum, sein Kapital und seine Nutzer. In: Riege, M., Schubert, H. (Hrsg.), 152–161

Kessl, F., Otto, H.-U. (2011): Soziale Arbeit und Soziale Dienste. In: Evers, A., Heinze, R. G., Olk, Th. (Hrsg.), 389–403

KGSt (Kommunale Gemeinschaftsstelle für Verwaltungsvereinfachung) (2003): Kommunaler Aktenplan, KGST-Bericht B 3/2003. Eigenverlag, Köln

KGSt (Kommunale Gemeinschaftsstelle für Verwaltungsvereinfachung) (2000): Personalentwicklung im Veränderungsprozess. Bericht 3/2000. Eigenverlag, Köln

KGSt (Kommunale Gemeinschaftsstelle für Verwaltungsvereinfachung) (1998): Kontraktmanagement zwischen öffentlichen und freien Trägern in der Jugendhilfe. Bericht 12/1998. Eigenverlag, Köln

KGSt (Kommunale Gemeinschaftsstelle für Verwaltungsvereinfachung) (1996a): Personalentwicklung im NSM. Anforderungen an vorrangige Zielgruppen. Bericht 6/1996. Eigenverlag, Köln

KGSt (Kommunale Gemeinschaftsstelle für Verwaltungsvereinfachung) (1996b): Integrierte Fach- und Ressourcenplanung in der Jugendhilfe. Bericht 3/1996. Eigenverlag, Köln

KGSt (Kommunale Gemeinschaftsstelle für Verwaltungsvereinfachung) (1993): Das neue Steuerungsmodell – Begründung, Konturen, Umsetzung. Bericht 5/93, Eigenverlag, Köln

KGSt (Kommunale Gemeinschaftsstelle für Verwaltungsvereinfachung) (1985): Organisation des Jugendamtes: Personalrichtwerte für den Allgemeinen Sozialen Dienst (ASD). Bericht 4/1985. Eigenverlag, Köln

KGSt (Kommunale Gemeinschaftsstelle für Verwaltungsvereinfachung) (1982): Organisation sozialer Dienste. Bericht 6/1982. Eigenverlag, Köln

KGSt (Kommunale Gemeinschaftsstelle für Verwaltungsvereinfachung) (1978): Organisation des Jugendamtes: Dekonzentration sozialer Dienste (Bericht Nr. 5/1978). Eigenverlag, Köln

KGSt (Kommunale Gemeinschaftsstelle für Verwaltungsvereinfachung) (1975): Organisation des Jugendamtes: Allgemeiner Sozialdienst. Bericht 6/1975. Eigenverlag, Köln

Kinderschutz-Zentrum Berlin (2009): Kindeswohlgefährdung – Erkennen und Helfen, Eigenverlag, Berlin

Kinderschutz-Zentrum Berlin (2000): Kindesmisshandlung – Erkennen und Helfen, Eigenverlag, Berlin

Kindler, H. (2013): Äpfel, Birnen oder Obst? Partnerschaftsgewalt, Hochstrittigkeit und die Frage nach sinnvollen Interventionen. In: Walper, S., Fichtner, J., Normann, K. (Hrsg) 111–130

Kindler, H. (2011): Denkfehler und andere Praxisirrtümer im Kinderschutz: Eine persönlich gefärbte Übersicht. In: Körner, W., Deegener, G. (Hrsg.), 174–200

Kindler, H. (2007): Partnergewalt und Beeinträchtigungen kindlicher Entwicklung. Ein Forschungsüberblick. In: Kavemann, B., Kreyssig, U. (Hrsg.), 36–52

Kindler, H. (2006): Wie kann die gegenwärtige Sicherheit des Kindes eingeschätzt werden? In: Kindler, H., Lillig, S., Blüml, H., Meysen, T. & Werner, A. (Hrsg.), Kap. 71

Kindler, H. (2005): Verfahren zur Einschätzung der Gefahr zukünftiger Misshandlung bzw. Vernachlässigung: Ein Forschungsüberblick. In: G. Deegener, G., Körner, W. (Hrsg.), 385–404

Kindler, H., Drechsel A. (2003): Partnerschaftsgewalt und Kindeswohl. Forschungsstand und Folgerungen für die Praxis. Das Jugendamt 5/2007, 217–222

Kindler, H., Lillig, S. (2006): Die Bedeutung von Risikofaktoren für die Gestaltung von Erziehungshilfen. Forum Erziehungshilfe 1/2006, 9–14

Kindler, H., Lillig, S., Blüml, H., Meysen, Th., Werner, A. (Hrsg.) (2006): Handbuch Kindeswohlgefährdung nach § 1666 BGB und Allgemeiner Sozialer Dienst (ASD). Deutsches Jugendinstitut, München

Kindler, H., Lukaszyk, P., Reich, W. (2008): Validierung und Evaluation eines Diagnoseinstruments zur Gefährdungseinschätzung bei Verdacht auf Kindeswohlgefährdung (Kinderschutzbogen). Zeitschrift für Kindschaftsrecht und Jugendhilfe 12/2008, 500–505

Kindler, H., Reich, W. (2007): Einschätzung von Gefährdungsrisiken (Instrumente und Hilfen) am Beispiel der weiterentwickelten Version des Stuttgarter Kinderschutzbogens. In: Verein für Kommunalwissenschaften e.V. (Hrsg.), Kinderschutz gemeinsam gestalten: § 8a SGB VIII – Schutzauftrag der Kinder- und Jugendhilfe. Eigenverlag, Berlin, 63–94

Kindler, H., Reinhold, C. (2007): Umgangskontakte: Wohl und Wille des Kindes. Familie Partnerschaft Recht 7–8/2007, 291–293

Klatetzki, Th. (Hrsg.) (2010): Soziale personenbezogene Dienstleistungsorganisationen. Soziologische Perspektiven. VS-Verlag, Wiesbaden

Klatetzki, Th. (2001): Kollegiale Beratung als Problem, sozialpädagogische Diagnostik ohne Organisation. In: Ader, S. Schrapper, C., Thiesmeier, M. (Hrsg.), 22–29

Klatetzki, Th. (1998): Qualitäten der Organisation. In: Merchel, J. (Hrsg.): Qualität in der Jugendhilfe – Kriterien und Bewertungsmöglichkeiten. Votum, Münster, 61–75

Klein, U., Wulf-Schnabel, J. (2007): Männer aus dem Weg aus der Sozialen Arbeit. WSI Mitteilungen 3/2007, 138–144

Kleve, H., Haye, B., Hampe-Grosser, A., Müller, M. (2003): Systemisches Case Management. Ibs-Verlag, Aachen

Klimecki, R. G., Probst, G. J. B. (1990): Entstehung und Entwicklung der Unternehmenskultur. In: Lattmann, Ch. (Hrsg.): Die Unternehmenskultur: ihre Grundlagen und ihre Bedeutung für die Führung der Unternehmung. Physika-Verlag, Heidelberg, 41–65

Koblank, E. (1961): Die Situation der sozialen Berufe in der sozialen Reform. [Schriften des Deutschen Vereins für öffentliche und private Fürsorge H. 218] Köln u.a.

Köhn, B., Seithe, M. (2012): „aufstehen … widersprechen … einmischen!" In: Unabhängiges Forum kritische Soziale Arbeit (Hrsg.), Zukunftswerkstatt Soziale Arbeit. Rabenstück-Verlag, Berlin, 12–20

Körner W., Deegener, G. (Hrsg.) (2011): Erfassen von Kindeswohlgefährdung in Theorie und Praxis. Pabst, Lengerich

Körner, S., Engel, M. (2001): Zivile Konfliktkultur und Konfliktmanagement. Verlag für Schule und Weiterbildung, Soest

Kohaupt, G. (2003): Wirkungen des Rechts auf Hilfebeziehungen im Kinderschutz. Das Jugendamt 12/2003, 567–572

Kolb, M., Burkart, B., Zundel, F. (2010): Personalmanagement: Grundlagen und Praxis des Human Resources Managements. 2. Aufl. Gabler, Wiesbaden

Kolodziej, V. (1982): Akten...muss das sein? Lambertus, Freiburg

Konken, M. (2009): Das Jugendamt aus Sicht der Medien. Was erwarten die Medienvertreter/innen von der Jugendhilfe? Wie kann Kommunikation in der Zusammenarbeit gelingen oder misslingen? In: Deutsches Institut für Urbanistik / Arbeitsgruppe Fachtagungen Jugendhilfe (Hrsg.), 32–49

Koselleck, R. (1989): Preußen zwischen Reform und Revolution. Allgemeines Landrecht, Verwaltung und soziale Bewegung von 1791 bis 1848. Klett, München

Kostka, K. (2008): Kinder brauchen beide Eltern – aber um jeden Preis? In: Heiliger, A., Hack, E.-K. (Hrsg.): Vater um jeden Preis? Zur Kritik am Sorge- und Umgangsrecht. Frauenoffensive, München, 69–74

Krause, H.-U. (Hrsg.) (1999): Das Bild der Jugendhilfe in den Medien. IGfH-Eigenverlag, Frankfurt / M.

Krcmar, H. (2005): Informationsmanagement. Springer, Berlin

Krebsbach, A. (1970): Die Preußische Städteordnung von 1808. Textausgabe. 2. erg. Aufl. Kohlhammer, Köln

Kreft, D., Lukas, H. (1990): Perspektivenwandel der Jugendhilfe – Berichte und Materialien aus der sozialen und kulturellen Arbeit, ISKA, Nürnberg

Kreidenweis, H. (2011): IT-Handbuch für die Sozialwirtschaft. Baden-Baden, Nomos

Kreidenweis, H. (2004): IT-gestützte Dokumentation – Entwicklungen, Chancen und Grenzen moderner Softwaresysteme. In: Stiftung SPI (Hrsg.): FSTJ-Newsletter, Berlin

Kreidenweis, H. (2002): Jugendamt und EDV? Anforderungen an moderne Jugendamts-Software. In: Landschaftsverband Westfalen-Lippe: EDV-Rundbrief

Kreidenweis, H., Halfar, B. (2011): IT-Report für die Sozialwirtschaft 2011. Kath. Universität Eichstätt, Eichstätt

Krems, B. (2009): Der Dienstweg in der Linienorganisation – Version 2.0. In: www.olev.de/d/dienstweg.pdf, 31.05.2012

Kreutzer, P. (1981): Neuorganisation der kommunalen Sozial- und Jugendhilfe, Bericht aus Trier 1962–1979. Deutscher Verein, Frankfurt

Kreutzer, P. (1975): Das Trierer Modell – Eine Bestandsaufnahme. Nachrichtendienst des Deutschen Vereins 3, 66–71

Kreutzer, P. (1970): Modelle einer wirksameren Organisation in der kommunalen Sozial- und Jugendhilfe. In: Deutscher Verein (Hrsg.): Die Fürsorge im sozialen Rechtsstaat, Gesamtbericht über den 66.Fürsorgetag 1969 in Essen. Deutscher Verein, Frankfurt, 106–129

Kreutzer, P. (1969): Zur Organisation der kommunalen Sozial- und Jugendhilfe. Nachrichtendienst des Deutschen Vereins 3, 71–75

Krieger, W. (1994): Der Allgemeine Soziale Dienst. Juventa, Weinheim / München

Kriener, M., Hartwig, L. (1997): Mädchen in der Erziehungs- und Jugendhilfe – Feministische Analysen und Ansätze für die Praxis. In: Friebertshäuser, B., Jakob, G., Klees-Möller, R. (Hrsg.): Sozialpädagogik im Blick der Frauenforschung. Beltz, Weinheim, 195–209

Krone, S., Langer, A., Mill, U., Stöbe-Blossey, S. (2009): Jugendhilfe und Verwaltungsreform. Zur Entwicklung der Rahmenbedingungen sozialer Dienstleistungen. VS-Verlag, Wiesbaden

Kruse, E. (2010): Professionalisierung durch Akademisierung? Hauptstationen der Entwicklung der Ausbildung für Soziale Arbeit. In: Hammerschmidt, P., Sagebiel, J. (Hrsg.): Zur Professionalisierungsdiskussion in der Sozialen Arbeit – Versuch einer Bilanz. AG Spak, Neu-Ulm 43–58

Kruse, E. (2004): Stufen zur Akademisierung. VS-Verlag, Wiesbaden

Krutzki, G (2013a): Behinderte Menschen. In: Berlit, U. / Conradis, W. / Sartorius, U. (Hrsg.): Existenzsicherungsrecht, 766 ff.

Krutzki, G (2013b): Pflegebedürftige Menschen. In: Berlit, U. / Conradis, W. / Sartorius, U. (Hrsg.): Existenzsicherungsrecht, 783 ff.

Kühl, St. (2008a): Coaching und Supervision. Zur personenorientierten Beratung in Organisationen. VS-Verlag, Wiesbaden

Kühl, St. (2008b): Die nur fast gelingende Schließung des Personalentwicklungszyklus. Organisationsberatung, Supervision, Coaching 2 / 2008, 137–155

Kühl, W. (2007): Leistungsbezogene Bezahlung nach TVöD. Erste grundlegende Überlegungen zur Implementierung einer Leistungsbewertung in der Sozialen Arbeit. Sozialmagazin, 5 / 2007, 12–23

Kühn, D. (1994): Jugendamt, Sozialamt, Gesundheitsamt. Entwicklungslinien der Sozialverwaltung in Deutschland. Luchterhand-Verlag, Neuwied / Kriftel / Berlin

Kühn, D. (1980): Historisch-systematische Darstellung von Neuorganisationsmodellen der kommunalen Sozialverwaltung. neue praxis Sonderheft 5, 90–106

Kühnlein, G. (2007): Auswirkungen der aktuellen arbeitsmarkt- und tarifpolitischen Entwicklungen auf die Arbeits- und Beschäftigungsverhältnisse von Frauen der Sozialen Arbeit. In: Dahme, H. J., Trube, A., Wohlfahrt, N. (Hrsg.): Arbeit in Sozialen Diensten: flexibel und schlecht bezahlt? Schneider Hohengehren, Baltmannsweiler, 35–45

Kumbier, D., Oske, I. (2010): Liebe allein genügt nicht. Vietnamesische Pflegekinder in einer deutschen Familie. In: Kumbier, D., Schulz von Thun, F.(Hrsg.): Interkulturelle Kommunikation: Methoden, Modelle, Beispiele. 4. Aufl. Rowohlt, Reinbek bei Hamburg, 108–130

Kummer, C. (2008): Menschen machen Fusionen und Akquisitionen zum Erfolg. Human Resource 01 / 2008, 16–17. In: www.imaa-institute.org/docs/kummer_menschen%20machen%20fusionen%20und%20akquisitionen%20M&A%20zum%20erfolg.pdf, 31.05.2012

Kunkel, P.-Chr. (2010): Jugendhilferecht. 6. Aufl. Nomos, Baden-Baden

Kunkel, P.-Chr. (Hrsg.) (2014): Sozialgesetzbuch VIII Kinder- und Jugendhilfe Lehr- und Praxiskommentar. 4. Auflage. Nomos, Baden-Baden (zitiert Kunkel / Bearbeiter / in 2011, § x Rdnr.y)

Kupffer, H. (1999): Probleme werden erfunden – Konstruktion und Vermittlung pädagogischer Konflikte. In: Krause, H.-U. (Hrsg.), 7–22

Kurz-Adam, M. (2009): Institutionen der Verletzlichkeit: Jugendhilfe im Spannungsfeld von Hilfe und Kontrolle für Familien. In: Beckmann, Ch., Maar, K., Otto, H.-U., Schaarschuch, A., Schrödter, M., 131–138

Kurzke-Maasmeier, S. (2006): Aktivierende Soziale Arbeit im reformierten Sozialstaat. In: Kurzke-Maasmeier, S., Mandry, C., Oberer, C. (Hrsg.): Baustelle Sozialstaat! Sozialethische Sonderungen in unübersichtlichem Gelände. Aschendorff, Münster, 111–128

Labisch, A., Tennstedt, F. (1985): Der Weg zum „Gesetz über die Vereinheitlichung des Gesundheitswesens" vom 3. Juli 1934. Entwicklungslinien und -momente des staatlichen und kommunalen Gesundheitswesens in Deutschland. Selbstverlag der Akademie für öffentliches Gesundheitswesen, Düsseldorf

Läpple, D. (1991): Essay über den Raum. Für ein gesellschaftswissenschaftliches Raumkonzept. In: Häußermann, H. u. a. (Hrsg.): Stadt und Raum: soziologische Analysen. Centaurus Verlagsgesellschaft, Pfaffenweiler, 157—207

Lammerding, F., Szlapka, M. (2008): Qualitative und quantitative Leistungsziele. Ein Modell zur Berechnung des Personalbedarfs in den Sozialen Diensten der Stadtgemeinde Bremen. Nachrichtendienst des Deutschen Vereins für öffentliche und private Fürsorge 2 / 2008, 67–72

Landes, B. (2011): Kostenmanagement in den Hilfen zur Erziehung. Nachrichtendienst des Deutschen Vereins für öffentliche und private Fürsorge 5 / 2011, 223–226 (Teil 1) und 6 / 2011, 277–281 (Teil 2)

Landes, B. (2010): Organisationsmodell und Personal. In: ISS (Hrsg.), 139–150

Landes, B. (2009): Das „Bugwellen-Problem" im ASD – Kurzfristige Bewältigungsstrategien führen zu extremen Steigerungen der Inanspruchnahme erzieherischer Hilfen. Das Jugendamt 3 / 2009, 117–122

Landes, B. (2006): Quantitative Personalbedarfsplanung in den sozialen Diensten der kommunalen Kinder- und Jugendhilfe. Nachrichtendienst des Deutschen Vereins für öffentliche und private Fürsorge 10 / 2006, 465–468

Landeshauptstadt München – Sozialreferat (Hrsg.) (2008): Ergebnisbericht Projekt: „Interkulturelle Öffnung des Hilfeplanverfahrens". München

Landua, D., Arlt, M., Sann, A. (2009): Ergebnisbericht (1. Teiluntersuchung) zum Projekt „Bundesweite Bestandsaufnahme zu Kooperationsformen im Bereich Früher Hilfen". In: www.fruehehilfen.de/fileadmin/user_upload/fruehehilfen.de/pdf/Difu-Ergebnisbericht_FH_end_final.pdf, 31.05.2012

Lang, R., Winkler, I., Weik, E. (2001): Organisationskultur, Organisationaler Symbolismus und Organisationaler Diskurs. In: Weik, E., Lang, R. (Hrsg.): Moderne Organisationstheorien. Eine sozialwissenschaftliche Einführung. Bd. 1. Gabler, Wiesbaden, 201–252

Langer, I., Schulz von Thun, F., Tausch, R. (2011): Sich verständlich ausdrücken. 9. Aufl. Ernst Reinhardt, München / Basel

Lehmann, S., Kolvenbach, F.-J. (2010): Erzieherische Hilfe, Migrationshintergrund und Transferleistungen im Jahr 2008. Wirtschaft und Statistik, Heft 9. Wiesbaden

Lehmer, M. (1986): Court-ordered Therapy: Making it Work. American Journal of Forensic Psychology 2 / 1986, 16–24

Leitner, H. (2007): Aktenführung. In: Leitner, H., Roth, K., Appel, K. (Hrsg.): Qualitätsentwicklung im Allgemeinen Sozialen Dienst. Aspekte eines Entwicklungsprozesses in der Jugendhilfe. Start gGmbH Eigenverlag, Oranienburg

Leyendecker, B. (2011): Sozialisation und Erziehung – der Stellenwert der Familie. In: Fischer, V., Springer, M. (Hrsg.), 240–249

Löcherbach, P., Mennemann, H., Hermsen, Th. (Hrsg.) (2009): Case Management in der Jugendhilfe. Ernst Reinhardt, München / Basel

Löw, M. (2001): Raumsoziologie. Suhrkamp, Frankfurt / M.

Lotte, J., Pothmann, J. (2010): Bedarf an Hilfen für Familien ungebrochen – Inanspruchnahme steigt auf über 1 Million junge Menschen. KOMDAT 2 / 2010, 2–4

Lüttringhaus, M. (2010): Handeln im Gemeinwesen oder „Der Fall im Feld". In: ISS (Hrsg.), 80–91

Lüttringhaus, M. (2007a): Institut LüttringHaus. Essen

Lüttringhaus, M. (2007b): Zusammenfassender Überblick: Leitstandards der Gemeinwesenarbeit. In: Hinte, W. Lüttringhaus, M., Oelschlägel, D., 263–267

Lüttringhaus, M., Richers, H.(2003): Handbuch aktivierende Befragung. Konzepte, Erfahrungen, Tipps für die Praxis. Stiftung Mitarbeit, Bonn

Lüttringhaus, M., Streich, A. (2004): Das aktivierende Gespräch im Beratungskontext – eine unaufwendige Methode der Sozialraum- und Ressourcenerkundung. In: Gillich, S. (Hrsg.) (2004): Gemeinwesenarbeit: Die Saat geht auf. Grundlagen und neue sozialraumorientierte Handlungsfelder. Triga-Verlag, Gelnhausen, 102–108

Lüttringhaus, M., Streich, A. (2011): Das Modell der ressourcenorientierten kollegialen Fallberatung in der Jugendhilfe. Jugendhilfe 1 / 2011, 397–415

Lüttringhaus, M., Streich, A. (2010) Kinderschutz durch den Allgemeinen Sozialen Dienst. In: ISS(Hrsg.), 124—138

Lüttringhaus, M., Streich, A. (2007a): ISSAB. Essen

Lüttringhaus, M., Streich, A. (2007b): Zielvereinbarungen in der Sozialen Arbeit: Wo kein Wille ist, ist auch kein Weg. In: Gillich, S. (Hrsg.): Nachbarschaften und Stadtteile im Umbruch. Triga-Verlag, Gelnhausen, 135–149

Luhmann, N. (1964): Funktion und Folgen formaler Organisation. Duncker und Humblot, Berlin

Lutz, T. (2010): Soziale Arbeit im Kontrolldiskurs. Jugendhilfe und ihre Akteure in postwohlfahrtsstaatlichen Gesellschaften. VS-Verlag, Wiesbaden

Luxenburg, H. von, Koenig, B. von (2008): Trennung und Scheidung einvernehmlich gestalten. 3. Aufl. Bundesanzeiger-Verlag, Köln

LWL-Landesjugendamt Westfalen (2011): Arbeitshilfe Trennungs- und Scheidungsberatung auf der Grundlage des FamFG – eine Arbeitshilfe aus der Praxis für die Praxis. Eigenverlag, Münster

Mäding, E. (1985): Entwicklung der öffentlichen Aufgaben. In: Jeserich, K. G. A., Pohl, H., Unruh, G. Ch. von (Hrsg.): Deutsche Verwaltungsgeschichte. Bd. 4: Das Reich als Republik und in der Zeit des Nationalsozialismus. Deutsche Verlags-Anstalt, Stuttgart, 92–110

Mäurer, U. (2006): Dokumentation über die Abläufe und Zusammenhänge im Todesfall Kevin K., Bericht vom 31. Oktober. Bremen

Maly, D. (2010): Der ASD heute: Ein sozialer Basisdienst zwischen Krisenhilfe und umfassender Beratung. In: ISS (Hrsg.), 16–30

Marquard, P. (2008): Nie genug und immer zu viel: Anforderungen an Leistungen und Personal im ASD. Das Jugendamt 11/2008, 509–515

Martin, E. (2001): Sozialpädagogische Berufsethik. Auf der Suche nach richtigem Handeln. Juventa, Weinheim/München

Marx, A. (2011): Familienrecht für soziale Berufe. Ein Leitfaden mit Beispielsfällen, Mustern und Übersichten. Bundesanzeiger-Verlag, Köln

Materla, Karl, Tagungsunterlagen Fachtagung „Jetzt mal ehrlich: Wie viel Sozialraumorientierung geht im ASD?". Unveröffentlichtes Skript, Köln 14. April 2011

Maurer, S. (2001): Soziale Arbeit als Frauenberuf. In: Otto, H.-U., Thiersch, H. (Hrsg.): Handbuch Sozialarbeit/Sozialpädagogik. 2. Aufl. Luchterhand, Neuwied/Kriftel/Berlin, 1598–1604

Mausolf, S. (2010): Analyse von Fachkonzepten der Sozialraumorientierung in der organisationalen Umsetzung des Allgemeinen Sozialen Dienstes. Master Thesis, Fachhochschule Köln

Mayer, M. (2003): Das Potenzial des Regulationsansatzes für die Analyse städtischer Entwicklungen am Beispiel territorialer Anti-Armutspolitik. In: Brand, U., Raza, W. (Hrsg.), 265–280

Maykus, S., Schone, R. (Hrsg.) (2010): Handbuch Jugendhilfeplanung. Grundlagen, Anforderungen und Perspektiven, 3. vollst. überarb. und aktual. Aufl. VS-Verlag, Wiesbaden

McCarthy, I. (1995): Der Missbrauch von Normen: Sozialhilfeempfangende Familien und Professionelle Intervention. Zeitschrift für systemische Therapie 2/1995, 84–89

Merchel, J. (2013): Qualitätsentwicklung in der örtlichen Kinder- und Jugendhilfe. Orientierungshilfe zur Umsetzung der Regelungen in §§ 79, 79a SGB VIII. Landschaftsverband Rheinland (LVR-Landesjugendamt)/ Landschaftsverband Westfalen-Lippe (LWL-Landesjugendamt), Köln/ Münster

Merchel, J. (2012): Profil der Jugendhilfeplanung zur Herausbildung einer „Eigenständigen Jugendpolitik" im kommunalen Bereich: Praxis und Handlungsoptionen der Jugendhilfeplanung in Jugendämtern. In: Bundesjugendkuratorium (Hg.): Neuaktivierung der Jugendhilfeplanung – Potenziale für eine kommunale Kinder- und Jugendpolitik. Deutsches Jugendinstitut, München, 19–75

Merchel, J. (2011a): Hilfeplanung § 36 SGB VIII: eine Erfolgsmodell, das eine Herausforderung bleibt. Forum Erziehungshilfen 3/2011, 147–151

Merchel, J. (2011b): Der „Kinderschutz" und das rechtliche Steuerungskonzept: Anmerkungen anlässlich des Regierungsentwurfs zu einem „Bundeskinderschutzgesetz". Recht der Jugend und des Bildungswesens 2/2011, 189–203

Merchel, J. (2010a): Leiten in Einrichtungen der Sozialen Arbeit. Ernst Reinhardt, München/Basel

Merchel, J. (2010b): Leitung in der Sozialen Arbeit. 2. Aufl. Juventa, Weinheim/München

Merchel, J. (2010c): Der Jugendhilfeausschuss als Zentrum kommunaler Jugendhilfepolitik. Themen und strategische Perspektiven. LWL-Landesjugendamt Westfalen (Hrsg.): Jugendhilfe aktuell, 1/2010

Merchel, J. (2010d): Evaluation in der Sozialen Arbeit. Ernst Reinhardt, München

Merchel, J. (2010e): Qualitätsmanagement in der Sozialen Arbeit. Eine Einführung. 3. Aufl. Juventa, Weinheim/München

Merchel, J. (2010f): Planung in den zentralen Leistungsfeldern der Kinder- und Jugendhilfe. In: Maykus, S., Schone, R. (Hrsg.), 189–220

Merchel, J. (2010g): Verbesserung der Beobachtungsfähigkeit und Entwicklung organisationaler Lernfähigkeit: eine strategische Anforderung an Jugendämter. Zeitschrift für Kindschaftsrecht und Jugendhilfe 12/2010, 440–446

Merchel, J. (2009a): Sozialmanagement. Eine Einführung in Hintergründe, Anforderungen und Gestaltungsperspektiven des Managements in Einrichtungen der Sozialen Arbeit. 3. Aufl. Juventa, Weinheim/München

Merchel, J. (2009b): Die Familiengruppenkonferenz im Kontext einer rechtlich-administrativen und fachlichen Verfahrensgestaltung bei den Hilfen zur Erziehung. In: Hansbauer, P., Hensen, G., Müller, K., von Spiegel, H., 77–105

Merchel, J. (2009c): Zur Debatte um „Sozialmanagement". Anmerkungen zu Bilanz und Perspektiven nach annähernd 20 Jahren. In: Grunwald, K. (Hrsg.): Vom Sozialmanagement zum Management des Sozialen? Eine Bestandsaufnahme. Schneider Hohengehren, Baltmannsweiler, 62–84

Merchel, J. (2008a): Kinderschutz: Anforderungen an die Organisationsgestaltung im Jugendamt. In: ISS (Hrsg.), 89–128

Merchel, J. (2008b): Trägerstrukturen in der Sozialen Arbeit. Eine Einführung. 3. Aufl. Juventa, Weinheim/München

Merchel, J. (2008c): Sozialraumorientierung: Perspektiven, Unklarheiten und Widersprüche einer Konzeptformel in der Jugendhilfe. Recht der Jugend und des Bildungswesens 1/2008, 33–51

Merchel, J. (2007a): Jugendamt und Organisationskultur: Gegen eine Vernachlässigung des Organisationskulturellen in der öffentlichen Jugendhilfe. Das Jugendamt 11/2007, 509–515

Merchel, J. (2007b): Mängel des Kinderschutzes in der Jugendhilfe. Sozialmagazin, Heft 2, 32, 11–18

Merchel, J. (2006): Hilfeplanung bei den Hilfen zur Erziehung § 36 SGB VIII. 2. Aufl. Boorberg, Stuttgart et al.

Merchel, J. (2005a): „Garantenstellung" und „Garantenpflichten": die Schutzfunktion des Jugendamtes zwischen Strafrecht, medialer Öffentlichkeit und fachlichen Konzepten. Recht der Jugend und des Bildungswesens 4/2005, 456–471

Merchel, J. (2005b): Organisationsgestaltung in der Sozialen Arbeit. Juventa, Weinheim/München

Merchel, J. (2004): Erziehungshilfen im Steuerungsdilemma. SozialExtra 5/2004, 28–33

Merchel, J. (2003): Steuerung der Erziehungshilfen im fachpolitischen Diskurs. Nachrichtendienst des Deutschen Vereins für öffentliche und private Fürsorge 7/2003, 314–319 (Teil 1) und 8/2003, 329–333 (Teil 2)

Merchel, J. (2002): Von der Defizit- zur Ressourcenorientierung in der Jugendhilfe: Ein realistisches Konzept? Soziale Arbeit 6/2002, 202–209

Merchel, J. (2001): Beratung im Sozialraum. Eine neue Akzentsetzung für die Verortung von Beratungsstellen in der Erziehungshilfe? neue praxis 4/2001, 369–387

Merchel, J. (2000): Jugendhilfeplanung in den einzelnen Arbeitsfeldern der Jugendhilfe. In: Jordan, E., Schone, R. (Hrsg.): Handbuch Jugendhilfeplanung – Grundlagen, Bausteine, Materialien. 2. Aufl. Votum, Münster, 389–436

Merchel, J. (1998): Qualitätsentwicklung durch Jugendhilfeplanung. In: Merchel, J. (Hrsg.): Qualität in der Jugendhilfe – Kriterien und Bewertungsmöglichkeiten. Votum, Münster, 411–431

Merchel, J., Pamme, H., Khalaf, A. (2012): Personalmanagement im Allgemeinen Sozialen Dienst. Standortbestimmung und Perspektiven für Leitung. Juventa, Weinheim

Merchel, J., Reismann, H. (2004): Der Jugendhilfeausschuss. Eine Untersuchung über seine fachliche und jugendhilfepolitische Bedeutung am Beispiel NRW. Juventa, Weinheim/München

Merchel, J., Pamme, H., Khalaf, A. (2012): Personalmanagement im Allgemeinen Sozialen Dienst (ASD): Standortbestimmung und Perspektiven für Leitung. Juventa, Weinheim/München

Merchel, J., Pamme, H., Khalaf, A. (2010a): Personalmanagement im ASD – erster Zwischenbericht. Kurzfassung. Münster

Merchel, J., Pamme, H., Khalaf, A. (2010b): Personalmanagement im ASD – erster Zwischenbericht. Unveröffentlichte Langfassung. Münster

Merchel, J., Pamme, H., Khalaf, A. (2011): Personalmanagement im ASD – Unveröffentlichter zweiter Zwischenbericht. Münster

Merkens, H. (2011): Neoinstitutionalismus in der Erziehungswissenschaft. Barbara Budrich, Opladen/Farmington Hills

Merkle, T. (2011): Milieus von Familien mit Migrationshintergrund. In: Fischer, V., Springer, M. (Hrsg.), 83–99

Merten, R. (Hrsg.) (2002): Sozialraumorientierung. Zwischen fachlicher Innovation und rechtlicher Machbarkeit. Juventa, Weinheim/München

Meßling, M./Sartorius, U. (2013a): Einsatz von Einkommen im SGB II und SGB XII. In: Berlit, U./Conradis, W./Sartorius, U. (Hrsg.): Existenzsicherungsrecht, 314 ff.

Meßling, M./Sartorius, U. (2013b): Einsatz von Vermögen. In: Berlit, U./Conradis, W./Sartorius, U. (Hrsg.): Existenzsicherungsrecht, 375 ff.

Metzner, F., Pawils, S. (2011): Zum Einsatz von Risikoinventaren bei Kindeswohlgefährdung. In: Körner, W., Deegener, G. (Hrsg.), 251–277

Meyer, F.-w., GEBIT (2009): Integrierte Berichterstattung Niedersachsen (IBN), Sonderprojekt Personalbemessung im ASD – Projektvorstellung. In: www.soziales.niedersachsen.de/ps/tools/download.php?file=/live/institution/dms/mand_1/psfile/docfile/66/IBNFachtag4c6bf8942182e.pdf&name=Personalbemessung_im_ASD&disposition=attachment, 31.05.2012

Meysen, T. (Hrsg.) (2014): Das Familienverfahrensrecht – FamFG. Praxiskommentar mit Einführung, Erläuterungen, Arbeitshilfen. 2. Aufl. Bundesanzeiger Verlag, Köln (zitiert Meysen/Bearbeiter/in 2009, § x Rdnr. y)

Meysen, T. (2008): Das Recht zum Schutz von Kindern. In: ISS (Hrsg.), S. 15–55

Meysen, T. (2011): Rechtsfolgen bei der Verletzung fachlicher Standards. In: Münder, J., Wiesner, R., Meysen, T. (Hrsg.): Kinder- und Jugendhilferecht. Handbuch. 2. Aufl. Nomos, Baden-Baden, 406–419

Meysen, T. (2006): In welcher straf- und haftungsrechtlichen Verantwortung stehen die MitarbeiterInnen im ASD bei einer Kindeswohlgefährdung? In: Kindler, H., Blüml, H., Meysen, Th., Werner, A. (Hrsg.), Kap. 40

Meysen, T. (2001): Kein Einfluss des Strafrechts auf die sozialpädagogische Fachlichkeit. Zentralblatt für Jugendrecht (ZfJ) 408–415

Meysen, T., Schönecker, L., Kindler, H. (2009): Frühe Hilfen im Kinderschutz. Rechtliche Rahmenbedingungen und Risikodiagnostik in de Kooperation von Gesundheits- und Jugendhilfe. Juventa, Weinheim/München

Michel-Schwartze, B. (2010): „Modernisierungen" methodischen Handelns in der Sozialen Arbeit: sozialpolitischer Imperativ, Steuerungsprozesse, Wirkungen. In: Michel-Schwartze, B. (Hrsg.), 7–30

Michel-Schwartze, B. (Hrsg.) (2010): „Modernisierungen" methodischen Handelns in der Sozialen Arbeit. VS-Verlag, Wiesbaden

Michel-Schwartze, B. (2008): Die strukturelle Devianz des beschäftigungsorientierten Fallmanagements: Wie viel Case Management steckt im Fallmanagement? In: Müller, M., Ehlers, C. (Hrsg.): Case Management als Brücke. Schibri, Uckerland, 66–86

Mörsberger, T. (2013a). Das Strafrecht als Prima Ratio des SGB VIII? Zu den andauernden Irritationen mit den Haftungsrisiken im Kinderschutz (Teil 1). Zugleich eine Erwiderung auf Bringewal, ZKJ 8/2012. In: Zeitschrift für Kindschaftsrecht und Jugendhilfe (ZKJ), 21–24

Mörsberger, T. (2013b). Das Strafrecht als Prima Ratio des

SGB VIII? Zu den andauernden Irritationen um die Haftungsrisiken im Kinderschutz (Teil 2). In: Zeitschrift für Kindschaftsrecht und Jugendhilfe (ZKJ), 61–67

Mörsberger, Th., Restemeier, Th. (Hrsg.) (1997): Helfen mit Risiko. Zur Pflichtenstellung des Jugendamtes bei Kindesvernachlässigung. Dokumentation eines Strafverfahrens gegen eine Sozialarbeiterin in Osnabrück. Luchterhand, Neuwied / Kriftel / Berlin

Moore-Kirkland, J. (1981): Mobilizing Motivation: From Theory to Practice. In: Maluccio, A. N. (ed): Promoting Competence: A new / old approach to social work practice. Free Press, New York, 27–54

Morgan, G. (1997): Bilder der Organisation. Klett-Cotta, Stuttgart

Mührel, E. (2005): Eigenverantwortung – Anmerkungen zur Ambivalenz einer neuen Kultur des Sozialen. neue praxis 6 / 2005, 676–681

Müller, B. K. (2004): Alltagsnahe Diagnosen und der „Allgemeine Soziale Dienst" (ASD). In: Grunwald, K., Thiersch, H. (Hrsg.): Praxis Lebensweltorientierter Sozialer Arbeit. Juventa, Weinheim / München, 41–53

Müller, B. K. (1993 / 1997): Sozialpädagogisches Können. Ein Lehrbuch zur multiperspektivischen Fallarbeit. (3. Aufl. 1997), Lambertus, Freiburg

Müller, H. (2008): „… und gäbe es den ASD nicht, so müsste man ihn erfinden!" Aufgaben, Rahmenbedingungen und Entwicklungsperspektiven eines zentralen Fachdienstes des Jugendamtes. Forum Erziehungshilfen 3 / 2008, 132–138

Müller, H., Michel-Schilling, A., Lamberty, J. (2010): Kinderschutz und Kindergesundheit in Rheinland-Pfalz Ergebnisse zur Umsetzung des Landesgesetzes zum Schutz von Kindeswohl und Kindergesundheit für das Berichtsjahr 2009. In: www.sozial.de/index.php?id=39 & tx_ttnews[tt_news]= 23727&cHash=d59f6c2f1ad8b271527d7229567c8c08, 31.05.2012

Müller, M., Bräutigam, B. (Hrsg.) (2011): Hilfe, sie kommen! Systemische Arbeitsweisen im aufsuchenden Kontext. Carl-Auer-Verlag, Heidelberg

Müller, S. (2001): Erziehen – Helfen – Strafen. Das Spannungsverhältnis von Hilfe und Kontrolle in der Sozialen Arbeit. Juventa, Weinheim / München

Müller, S. (1980): Aktenanalyse in der Sozialarbeitsforschung. Beltz, Weinheim / Basel

Müller, S., Otto, H.-U. (Hrsg.) (1980a): Sozialarbeit und Sozialbürokratie? Zur Neuorganisation sozialer Dienste. neue praxis Sonderheft 5

Müller, S. (1980b): Gesellschaftliche Bedingungen und Funktionsprobleme der Organisation sozialer Arbeit im Kontext staatlichen Handelns. In: Müller, S., Otto, H.-U. (Hrsg.): Sozialarbeit als Sozialbürokratie? Zur Neuorganisation sozialer Dienst. neue praxis Sonderheft 5, 5–28

Müller-Magdeburg, C. (2009): Die Beteiligung des Jugendamtes – Plädoyer für ein aktives Jugendamt. Zeitschrift für Kindschaftsrecht und Jugendhilfe 8-9 / 2009, 319–323

Müller-Schöll, U. (1999): Der „virtuelle" Raum des Öffentlichen in den Medien: nicht zuletzt eine pädagogische Herausforderung. In: Krause, H.-U.(Hrsg.), 32–42

Münder, J. (Hrsg.) (2011): Sozialgesetzbuch II – Grundsicherung für Arbeitsuchende. Nomos, Baden-Baden

Münder, J. Münder, J. (Hrsg.) (2008): Sozialgesetzbuch XII – Grundsicherung für Arbeitsuchende. Nomos, Baden-Baden

Münder, J. (2005): Sozialraumkonzepte auf dem rechtlichen Prüfstand. Zentralblatt für Jugendrecht 3 / 2005, 89–98

Münder, J. (2001): Sozialraumorientierung und das Kinder- und Jugendhilferecht. Rechtsgutachten im Auftrag von IGfH und SOS-Kinderdorf e. V. In: Sozialpädagogisches Institut im SOS-Kinderdorf e. V. (Hrsg.): Sozialraumorientierung auf dem Prüfstand. Eigenverlag, München, 6–124

Münder, J. (1991): Ansprüche auf Leistungen im Jugendhilferecht. Zentralblatt für Jugendrecht 8 / 1991, 285–292

Münder, J., Ottenberg, P. (1999): Der Jugendhilfeausschuss. Votum, Münster

Münder, J., Tammen, B. (2002): Einführung in das KJHG / SGB VIII, 3. Aufl. Votum, Münster

Münder, J., Ernst, R. (2009): Familienrecht. Eine sozialwissenschaftlich orientierte Darstellung. 6. Aufl. Luchterhand, Köln

Münder, J., Meysen, T., Trenczek, T. (Hrsg.) (2009): Frankfurter Kommentar zum SGB VIII. Kinder- und Jugendhilfe. 6. Aufl. Nomos / Juventa, Baden-Baden / Weinheim (zitiert Münder et al. / Bearbeiter / in 2009, § x Rdnr. y)

Münder, J., Meysen, T., Trenczek, T. (Hrsg.) (2013): Frankfurter Kommentar zum SGB VIII. Kinder- und Jugendhilfe. 7. Aufl. Nomos , Baden-Baden (zitiert Münder et al. / Bearbeiter / in 2013, § x Rdnr. y)

Münder, J., Baltz, J., Kreft, D., Lakies, T., Meysen, T., Proksch, R., Schäfer, K., Schindler, G., Struck, N., Tammen, B., Trenczek, T. (2006): Frankfurter Lehr- und Praxiskommentar zum KJHG / SGB VIII. 5. vollst. überarb. Aufl. Juventa, Weinheim / München

Münder, J., Wiesner, R. (Hrsg.) (2007): Kinder- und Jugendhilferecht. Nomos, Baden-Baden

Münder, J., Mutke, B., Schone, R. (2000): Kindeswohl zwischen Jugendhilfe und Justiz – Professionelles Handeln in Kindeswohlverfahren. Votum, Münster

Münder, J., Arborst, C., Berlit, U., Bieritz-Harder, R., Birk, U. A., Brühl, A., Conradis, W., Geiger, U., Hofmann, A., Krahmer, U., Niewald, S., Roscher, F., Schoch, D. (2008): Sozialgesetzbuch XII – Sozialhilfe. 8. Auflage, Baden-Baden (zitiert: Münder / Bearbeiter 2008)

Münsterberg, E. (1903): Das Elberfelder System. Festbericht aus Anlass des fünfzigjährigen Bestehens der Elberfelder Armenordnung. Bd. 63. Schriften des Deutschen Vereins für Armenpflege und Wohltätigkeit, Leipzig

Munro, E. (2011): The Munro Review of Child Protection. Final Report: A child-centred system, London

Munro, E. (2010): The Munro Review of Child Protection. Part One: A Systems Analysis, London

Nauck, B. (2007): Integration und Familie. Aus Politik und Zeitgeschehen, 22–23 / 2007, 169–25

Negt, O. (1994): Wir brauchen eine zweite, eine gesamtdeutsche Bildungsreform. In: Negt, O. (Hrsg.): Die zweite

Gesellschaftsreform. 27 Plädoyers. Steidl, Göttingen, 267–298
Neidhardt, F. (1994): Öffentlichkeit, öffentliche Meinung, soziale Bewegungen. In: Neidhardt, F. (Hrsg.): Öffentlichkeit, öffentliche Meinung, soziale Bewegungen. Westdeutscher Verlag (Kölner Zeitschrift für Soziologie und Sozialpsychologie Sonderheft 34), Opladen, 7–41.
Nestmann, F. (1998): Beratung als Ressource: Pädagogisches Forum 5/1998, 419–424
Nestmann, F., Engel, F., Sickendieck, U. (Hrsg.) (2004): Das Handbuch der Beratung, Bd. 1 + 2. DGVT-Verlag, Tübingen
Neubauer, W., Rosemann, B. (2006): Führung, Macht und Vertrauen in Organisationen. Kohlhammer, Stuttgart
Neuffer, M. (2007): Case Management. Soziale Arbeit mit Einzelnen und Familien, 3. Aufl. Juventa, Weinheim/München
Neujahr, E., Wienand, E. (2009): Sicher und souverän in der Krise. Mit professioneller Krisenprävention die gute Reputation erhalten. Jugendhilfe-Report 1/2009, 37–40
Nikles, B.W., Szlapka, M. (1997): Sozialraumorientierte Jugendhilfe: Anmerkungen zu einem Fachbegriff und Anregungen für die konzeptionelle Gestaltung von Angeboten. Tagungsdokumentation DiCV Paderborn, 5–27. In: www.inso-essen.de/downloads/Sozialraumorientierte_Jugendhilfe-Nikles-Szlapka.pdf, 01.06.2012
Noack, W. (2003): Sozialräumlicher Kinderschutz. Soziale Arbeit 4/2003, 171–179
Norem, J.K. (2001): The Positive Power of Negative Thinking. Using Defensive Pessimism to Harness Anxiety and Perform at Your Peak. Perseus, Cambridge, MA
Nothhafft, S. (2008): Kinder sind keine Inseln – Zur Synchronisierung des Gewaltschutzes im Familiensystem. Beitrag auf dem 7. Kinderschutzforum 2008. Forum 11: Haben die Gesetzesänderungen den Kinderschutz gestärkt? In: www.kinderschutz-zentren.org, 12.10.2008
Nüsken, D. (2008a): Regionale Disparitäten in der Kinder- und Jugendhilfe. Waxmann, Münster
Nüsken, D. (2008b): Wirkungsorientierte Qualifizierung. Hintergründe, Aspekte und Einblicke in das Bundesmodellprogramm Wirkungsorientierte Jugendhilfe. Zeitschrift für Kindschaftsrecht und Jugendhilfe 6/2008, 232–238
Oberloskamp, H., Borg-Laufs, M., Mutke, B. (2009): Gutachtliche Stellungnahmen in der Sozialen Arbeit, 7., überarb. Aufl. Luchterhand, Neuwied
Oechler, M. (2011): Dienstleistungsorientierung. In: Otto, H.-U., Thiersch, H. (Hrsg.), 258–267
O'Hare, B. (1996): Court-Ordered versus Voluntary Clients: Problem Differences and Readiness for Change. Social Work 4/1996, 417–422
Olk, Th., Bathke, G.-W., Hartnuß, B. (2000): Jugendhilfe und Schule: Empirische Befunde und theoretische Reflexionen zur Schulsozialarbeit. Juventa, Weinheim/München
Olk, Th., Otto, H.-U. (Hrsg.) (2003): Soziale Arbeit als Dienstleistung. Luchterhand, München 2003
Ollendorff, F. (1927): Zur Organisation der Familienfürsorge (unter besonderer Berücksichtigung großstädtischer Verhältnisse). In: Polligkeit, W. (Hrsg.): Familie und Fürsorge (Vortragsfolge). Hermann Beyer & Söhne, Langensalza, 141–151
Ollmann, R. (2001): Rechtsfragen im Zusammenhang mit einem Hausbesuch. Zentralblatt für Jugendrecht 1/2001, 1–7
Opielka, M. (2003): Aktivierung durch Verpflichtung? Von der Pflicht zur Erwerbsarbeit zur Idee eines Sozialdienstes. Vorgänge, Heft 164, 113–120
Ortmann, F. (2008): Handlungsmuster der Sozialverwaltung. neue praxis 4, 385–398
Ortmann, F. (1994): Öffentliche Verwaltung und Sozialarbeit. Juventa, Weinheim/München
Otto, H.-U. (2007): What works? Zum aktuellen Diskurs um Ergebnisse und Wirkungen im Feld der Sozialpädagogik und Sozialarbeit – Literaturvergleich nationaler und internationaler Diskussion. Arbeitsgemeinschaft für Jugendhilfe (AGJ), Berlin
Otto, H.-U., Thiersch, H. (Hrsg.) (2011): Handbuch Soziale Arbeit. 4. neu bearb. Aufl. Ernst Reinhardt, München/Basel
Otto, H.-U., Ziegler, H. (2006): Managerielle Wirkungsorientierung und der demokratische Nutzwert professioneller Sozialer Arbeit. In: Badawia, T., Luckas, H., Müller, H. (Hrsg.): Das Soziale gestalten. VS-Verlag, Wiesbaden, 95–112
Otto, H.-U., Polutta, A., Ziegler, H. (Hrsg.) (2010): What works – Welches Wissen braucht die Soziale Arbeit? Zum Konzept evidenzbasierter Praxis. Verlag Barbara Budrich, Opladen/Farmington Hills
Oxley, G. (1981): Promoting Competence in Involuntary Clients. In: Maluccio, A. (ed.): Promoting Competence in Clients: A New/Old Approach to Social Work Practice. Free Press, New York, 290–316
Pamme, H. (2004): Organisation lokaler Nachhaltigkeit. Beharrung und Wandel auf kommunaler Ebene aus strukturationstheoretischer Sicht. Dissertation Universität Duisburg. In: www.duepublico.uni-duisburg-essen.de/servlets/DerivateServlet/Derivate-5544/PammeDiss.pdf, 01.06.2012
Pamme, H., Merchel, J. (2014): Personalentwicklung im Allgemeinen Sozialen Dienst (ASD): Konzeptionelle Herangehensweisen und Arbeitshilfen. Eigenverlag des Deutschen Vereins für öffentliche und private Fürsorge e.V., Berlin
Pauly, J., Gaugel, W. (2008): Wie Kollegialität und Fremdheit in Evaluationen der Kinder- und Jugendhilfe zueinander ins Verhältnis gesetzt werden können – am Beispiel im Landkreis Böblingen praktizierter Qualitätsentwicklungsvereinbarungen. In: Projekt eXe (Hrsg.): Kollegiale Fremdevaluation in der Kinder- und Jugendhilfe. Perspektiven für ein neues Konzept. Deutsches Jugendinstitut, München, 37–47
Peter, C. (2010): Neo-Institutionalismus und Soziale Arbeit. Zeitschrift für Sozialpädagogik 2/2010, 156–168
Peters, F. (2009): Wie die Ökonomisierung pädagogischer Organisationen einen unangemessenen Erziehungsbegriff

rehabilitiert und Partizipation verhindert oder „Ich nehme teil. Du nimmst teil. Sie profitieren". In: Krause, H.-U., Rätz-Heinisch, R. (Hrsg.): Soziale Arbeit im Dialog gestalten. Verlag Barbara Budrich, Opladen/Farmington Hills, 217–238

Peters, F., Trede, W., Winkler, M. (Hrsg.) (1998): Integrierte Erziehungshilfen. Qualifizierung der Jugendhilfe durch Flexibilisierung und Integration. Eigenverlag der IGfH, Frankfurt/M.

Peters, F., Koch, J. (Hrsg.) (2004): Integrierte erzieherische Hilfen. Flexibilität, Integration und Sozialraumbezug in der Jugendhilfe. Juventa, Weinheim/München

Peters, H. (2002): Soziale Probleme und Soziale Kontrolle. Westdeutscher Verlag, Wiesbaden

Peters, K. (2013): Auszubildende. In: Berlit, U./Conradis, W./Sartorius, U. (Hrsg.): Existenzsicherungsrecht, 700 ff.

Petko, D. (2004): Gesprächsformen und Gesprächsstrategien im Alltag der Sozialpädagogischen Familienhilfe, Göttingen

Petry, U. (2013): Die Last der Arbeit im ASD. Belastungen und Entlastungen in der Sozialen Arbeit. Beltz Juventa. Weinheim/Basel

Peucker, C., Gragert, N., Pluto, L., Seckinger, M. (2010): Kindertagesbetreuung unter der Lupe. Befunde zu Ansprüchen an eine Förderung von Kindern. DJI Verlag, München

Pies, S., Schrapper, Ch. (2004): Hilfeplanung. In: Fegert, J., Schrapper, Ch. (Hrsg.), Handbuch Jugendhilfe – Jugendpsychiatrie. Interdisziplinäre Kooperation. Juventa, Weinheim/München, 101–110

Pies, S., Schrapper, Ch. (2003): Hilfeplanung als Kontraktmanagement? neue praxis 6/2003, 585–592

Plaßmeyer, F., Kohlmeyer, M. (2009): Finanzierungsmodelle im Kontext von Wirkungsorientierter Steuerung der Hilfen zur Erziehung. Bd. 7 der Schriftenreihe des ISA zur Qualifizierung der Hilfen zur Erziehung. Institut für Soziale Arbeit, Münster

Pleiner, G., Heblich, B. (2009): Lehrbuch Pressearbeit. Grundlagen und Praxismethoden für die Soziale Arbeit. Juventa, Weinheim

Pluto, L. (2007): Partizipation in den Hilfen zur Erziehung. Eine empirische Studie. DJI-Verlag, München

Pluto, L., Seckinger, M., Gadow, T., Peucker, C.(2012): Gesetzliche Veränderungen im Kinderschutz. Empirische Befunde zu §8a und §72a SGB VIII aus der Perspektive verschiedener Arbeitsfelder der Kinder- und Jugendhilfe. Unveröffentlichtes Manuskript

Pluto, L., Gragert, N., van Santen, E., Seckinger, M. (2007): Kinder- und Jugendhilfe im Wandel. Eine empirische Strukturanalyse. Verlag Deutsches Jugendinstitut, München

Poguntke-Rauer, M., Meyer, F.-W., Mennemann, H.(2009): IT-Anwendung: Anforderung an ein Case Management-orientiertes Softwaresystem. In: Löcherbach, P., Mennemann, H., Hermsen, Th. (Hrsg.), 154–178

Poller, S., Weigel, H.-G. (2010): Die Fallbearbeitung im Allgemeinen Sozialen Dienst. In: ISS (Hrsg.), 57–79

Pothmann, J. (2006): Interkommunale Vergleiche – eine Simulation von Markt und Wettbewerb. In: Hensen, G. (Hrsg.): Markt und Wettbewerb in der Jugendhilfe. Juventa, Weinheim/München, 111–126

Pothmann, J., Tabel, A. (2012): Mehr Personal – aber keine Entlastung. Die Entwicklung der Beschäftigten im Allgemeinen Sozialen Dienst (ASD). KOMDAT 1/2012, 12–13

Pothmann, J., Wilk, A. (2008a): Hinter die Kulissen geschaut – Personalstrukturen und Arbeitsweisen des Allgemeinen Sozialen Dienstes. Forum Erziehungshilfen 3/2008, 139–144

Pothmann, J., Wilk, A. (2008b): Erhalten Mädchen zu spät zu wenig Hilfe? Geschlechterdisparitäten bei der Inanspruchnahme von Leistungen der Hilfen zur Erziehung. Betrifft Mädchen 4/2008, 168–175

Pothmann, J., Wilk, A. (2011): Jugendhilfe zwischen Dienstleistungen und Intervention. Empirische Analysen zu den Hilfen zur Erziehung. In: Rauschenbach, Th. (Hrsg.): Kinder- und Jugendhilfereport 3. Bilanz der empirischen Wende. Juventa, Weinheim/München, 87–107

Pothmann, J., Wilk, A. (2009): Wie entscheiden Teams im ASD über Hilfebedarf? Untersuchung zur Gegenüberstellung von Strukturen, Prozessen und Ergebnissen des Fallmanagements kommunaler sozialer Dienste und sich daraus ergebende Konsequenzen für Praxisentwicklung. Abschlussbericht für die Stiftung Jugendmarke. Arbeitsstelle Kinder- und Jugendhilfestatistik, (Eigendruck), Universität Dortmund

Preisendörfer, P. (2005): Organisationssoziologie. Grundlagen, Theorien, Problemstellungen. VS-Verlag, Wiesbaden

Pries, L. (2011): Familiäre Migration in Zeiten der Globalisierung. In: Fischer, V., Springer, M.(Hrsg.), 23–35

Projektgruppe Öffentlichkeitsarbeit (1997): Sozialpädagogik und Öffentlichkeit. Schriftenreihe des pädagogischen Instituts der Johannes Gutenberg-Universität Mainz, Band 35, Mainz

Proksch, R.(Hrsg.) (1998): Mediation – Vermittlung in familiären Konflikten. ISKA Eigenverlag, Nürnberg

Proksch, R. (2004): Die Kindschaftsrechtsreform auf dem Prüfstand. Das Jugendamt 1/2004, 1–10

Puch, H.-J. (1994): Organisation im Sozialbereich. Eine Einführung für soziale Berufe. Lambertus, Freiburg

Puhl, R. (2004): Klappern gehört zum Handwerk. Funktion und Perspektive von Öffentlichkeitsarbeit in der Sozialen Arbeit. Juventa, Weinheim

Puhl, R. (2002a): Die Hassliebe. Vom schwierigen Verhältnis der Sozialen Arbeit zur Öffentlichkeit – und umgekehrt. Sozialmagazin 7-8(2002), 16–23

Puhl, R. (2002b): Von der „Bravo" bis zum „Spiegel". Die Popularisierung sozialpädagogischer Themen in Zeitschriften. In: Thole, W., (Hrsg.), 779–794

Puhl, R., Thorun, W. (2007): Öffentlichkeitsarbeit. In: Deutscher Verein für Öffentliche und Private Fürsorge (Hrsg.): Fachlexikon der sozialen Arbeit. 6 Aufl. Nomos, Baden-Baden, 680–681

Rabe, H. (2007): Rechtlicher Schutz für Kinder bei häuslicher Gewalt. In: Kavemann, B., Kreyssig, U. (Hrsg.), 125–146

Rauschenbach, T., Pothmann, J., Wilk, A. (2009): Armut, Migration, Alleinerziehend – Hilfen zur Erziehung in prekären Lebenslagen. KOMDAT Jugendhilfe 9–11

Rauschenbach, T., Pothmann, J. (2006): Geschlechtergerechtigkeit in der Jugendhilfe. Was erfasst die Statistik? Wie wird gemessen? KOMDAT Jugendhilfe 2/2006, 1–2

Rauschenbach, T., Züchner, I./Schilling, M. (2010): Die Bedeutung der Kinder- und Jugendhilfe in Deutschland. In: Münder, J., Wiesner, R., Meysen, T. (Hrsg.), 40–66

Rauschenbach, T., Schilling, M. (Hrsg.) (2011): Kinder- und Jugendhilfereport 3. Bilanz der empirischen Wende. Juventa, Weinheim/München

Reich, W. (2005): Erkennen – Bewerten – Handeln. Ein Diagnoseinstrument bei Kindeswohlgefährdung: Der Stuttgarter Kinderschutzbogen. In: Deegener, G., Körner, W. (Hrsg.) 2005, 511–532

Reichard, Ch. (2005): Personalmanagement. In: In: Blanke, Bandemer, St. von, Nullmeier, F., Wewer, G. (Hrsg.): Handbuch zur Verwaltungsreform. 3. Aufl. VS-Verlag, Wiesbaden, 229–234

Renner, I. (2010): Zugangswege zu hoch belasteten Familien über ausgewählte Akteure des Gesundheitssystems. Ergebnisse einer explorativen Befragung von Modellprojekten früher Hilfen. Bundesgesundheitsblatt 10/2010, 1048–1154

Rerrich, M. S. (2010): Soziale Arbeit als Frauenberuf: der lange Weg zur Gendered Profession. In: Engelfried, C. (Hrsg.): Gendered Profession. Soziale Arbeit vor neuen Herausforderungen in der zweiten Moderne. VS-Verlag, Wiesbaden, 91–105

Reutlinger, C. (2007): Die Stadt als sozialer Raum und die Raumbezogenheit sozialer Probleme in der Stadt. In: Baum, D. (Hrsg.), 94–110

Richter, H. (1999): Zur Rückgewinnung kommunikativer Macht gegenüber einer gesteuerten Nachfrage. In: Hamburger, F., Otto, H.-U. (Hrsg.), Weinheim, 19–35

Riege, M., Schubert, H. (Hrsg.) (2012): Sozialraumanalyse – Grundlagen, Methoden, Praxis. 3. Aufl. SRM-Verlag, Köln

Riet van, N., Wouters, H. (2002): Case Management. Ein Lehr- und Arbeitsbuch über die Organisation und Koordination von Leistungen im Sozial- und Gesundheitswesen. Interact, Luzern

Rietmann, S. (2007): Aushandlungen bei Kindeswohlgefährdung. Entscheidungsrationalitäten, Risikokommunikation, Interventionsstrategien. VDM Verlag Dr. Müller, Saarbrücken

Rietmann, S., Hensen, G. (2007): Komplexität bei Kindeswohlgefährdungen als Risiko. Hinweise für eine koordinierte Steuerung bei Einschätzung und Intervention. Kindesmisshandlung und -vernachlässigung. Interdisziplinäre Fachzeitschrift der DGgKV (2) 10, 24–41.

Rixen, S., Waschull, D. (2011): § 12; § 13; § 20 SGB X. In: Diering, B., Timme, H., Waschull, D. (Hrsg.): Sozialgesetzbuch 10 – LPK, 3. Aufl. Nomos, Baden-Baden

Rodenbüsch, U., Herglotz, P. (2010): Einführung eines elektronischen Fachverfahrens im Jugendamt. Praxisbericht aus dem Amt für Soziale Dienste in Bremen. Innovative Verwaltung, 7–8/2010, Wiesbaden

Roedel, B. (2009): Praxis der Genogrammarbeit: Die Kunst des banalen Fragens. 6. Aufl. Verlag Modernes Lernen, Dortmund

Röhrig, S., Reiners-Kröncke, W. (2009): Burnout in der Sozialen Arbeit. 2. Aufl. ZIEL, Augsburg

Roth, G. (1999): Die Institution der kommunalen Sozialverwaltung: Die Entwicklung von Aufgaben, Organisation, Leitgedanken und Mythen von der Weimarer Republik bis Mitte der neunziger Jahre. Duncker & Humblot Verlag, Berlin

Roth, J. K. (1984): Hilfe für Helfer: Balint-Gruppen. Piper, München

Roth, R. (2011): Bürgermacht. Eine Streitschrift für mehr Partizipation. Edition Körber Stiftung, Hamburg

Ruback, Ch. (1985): Der Hausbesuch. Ein Beitrag zum Praxisbezug in der Sozialarbeiterausbildung. Nachrichtendienst des Deutschen Vereins für öffentliche und private Fürsorge 2/1985, 50–51

Rudow, B. (2010): Überlastung im Amt. Macht Soziale Arbeit krank? Sozialmagazin 4/2010, 10–22

Rumpelt, A., Luppe, H. (1923): Arbeitshaus. In: Handwörterbuch der Staatswissenschaften. Bd.1. 4. Aufl. Fischer-Verlag, Jena, 742–746

Rupp, M. (Hrsg.) (2005): Rechtstatsächliche Untersuchung zum Gewaltschutzgesetz. Bundesanzeiger-Verlag, Bonn

Sachße, Ch. (2003): Subsidiarität – Leitidee des Sozialen. In: Hammerschmidt, P., Uhlendorff, U. (Hrsg.): Wohlfahrtsverbände zwischen Subsidiaritätsprinzip und EU-Wettbewerbsrecht. Universität Kassel, Kassel, 15–37

Sachße, Ch. (2002): Traditionslinien bürgerschaftlichen Engagements. In: Enquete-Kommission „Zukunft des Bürgerschaftlichen Engagements" Deutscher Bundestag (Hrsg.): Bürgerschaftliches Engagement und Zivilgesellschaft. Leske + Budrich, Opladen, 23–28

Sachße, Ch. (1986): Mütterlichkeit als Beruf. Suhrkamp, Frankfurt

Sachße, Ch., Tennstedt, F. (2005a): Der Deutsche Verein von seiner Gründung bis 1945. In: Deutscher Verein für öffentliche und private Fürsorge (Hrsg.): Forum für Sozialreform. 125 Jahre Deutscher Verein für öffentliche und private Fürsorge, Berlin, 17–115

Sachße, Ch., Tennstedt, F. (2005b): Sozialpolitik. In: Kreft, D., Mielenz, I. (Hrsg.): Wörterbuch Soziale Arbeit. 5. überarb. u. erw. Aufl. Juventa, Weinheim/München, 855–861

Sachße, Ch., Tennstedt, F. (1992): Der Wohlfahrtsstaat im Nationalsozialismus [Geschichte der Armenfürsorge Bd. 3] Kohlhammer, Stuttgart/Berlin/Köln

Sachße, Ch., Tennstedt, F. (1988): Fürsorge und Wohlfahrtspflege 1871 bis 1929 [Geschichte der Armenfürsorge Bd. 2]. Kohlhammer, Stuttgart/Berlin/Köln

Sachße, Ch., Tennstedt, F. (1996): Sozialpolitik. In: Kreft,

D., Mielenz, I. (Hrsg.), Wörterbuch Soziale Arbeit. 4. Aufl. Beltz, Weinheim / Basel, 550–554
Sachße, Ch., Tennstedt, F. (1998): Vom Spätmittelalter bis zum 1. Weltkrieg. [Geschichte der Armenfürsorge Bd. 1]. 2. Aufl. Kohlhammer, Stuttgart / Berlin / Köln
Sachverständigenkommission zur Erstellung des Ersten Gleichstellungsberichts der Bundesregierung / Fraunhofer-Gesellschaft zur Förderung der angewandten Forschung e. V. (Hrsg.) (2011): Neue Wege – Gleiche Chancen. Gleichstellung von Frauen und Männern im Lebenslauf. Essen / München
Salgo, L. (2008): Häusliche Gewalt und Umgang. In: Heiliger, A., Hack, E.-K. (Hrsg.): Vater um jeden Preis? Zur Kritik am Sorge- und Umgangsrecht. Frauenoffensive, München, 174–193
Salgo, L. (2001): Die Mitarbeiter der Kinder- und Jugendhilfe / des ASD im Spannungsfeld des Paradigmenwechsels „Sozialpädagogische Dienstleister und / oder hoheitliche Wächter des Kindeswohls". In: Deutscher Verein / AGJ (Hrsg.), 23–31
Salomon, A. (1926): Soziale Diagnose. Carl Heymann Verlag, Berlin
Sandmeir, G. (2008): Pflegekinder kommen zu Wort. In: Bulletin DJI, Heft 82, S. 15–18
Sandmeir, G. (2011): Die Perspektive der Pflegekinder. In: Kindler H., Helming E., Meysen T., & Jurczyk K. (Hrsg.), Handbuch Pflegekinderhilfe. Kapitel 6.1. Deutsches Jugendinstitut, München
Sann, A., Landua, D. (2010): Systeme Früher Hilfen. Gemeinsam geht's besser! Ergebnisse der ersten bundesweiten Bestandsaufnahme bei Jugend- und Gesundheitsämtern. Bundesgesundheitsblatt 10 / 2010, 1018–1028
Santen, van E. (2004): Was wissen wir über das, was wir tun? Informationssysteme in der Kinder- und Jugendhilfe. KomDAT 3 / 2004, 4
Santen, van E., Seckinger, M. (2005): Fallstricke im Beziehungsgeflecht – die Doppelebenen interinstitutioneller Netzwerke. In: P. Bauer, U. Otto (Hrsg.): Mit Netzwerken professionell zusammenarbeiten. Band II: Institutionelle Netzwerke in Steuerungs- und Kooperationsperspektive. DGVT, Tübingen, 201–219
Santen, van E., Seckinger, M. (2003): Kooperation: Mythos und Realität einer Praxis. Eine empirische Studie zur interinstitutionellen Zusammenarbeit am Beispiel der Kinder- und Jugendhilfe. Deutsches Jugendinstitut, München
Schaarschuch, A. (1999): Theoretische Grundelemente Sozialer Arbeit als Dienstleistung. Ein analytischer Zugang zur Neuorientierung Sozialer Arbeit. neue praxis 6 / 1999, 543–560
Schaefers, Ch. (2002): Der soziologische Neo-Institutionalismus. Eine organisationstheoretische Analyse- und Forschungsperspektive auf schulische Organisationen. Zeitschrift für Pädagogik 6 / 2002, 835–55
Schattenhofer, K. (2004): Selbststeuerung in organisationsgebundenen und in „freien" Teams". In: Velmering, C. O., Schattenhofer, K., Schrapper, Ch. (Hrsg.), 106–117
Schattenhofer, K., Velmering, C. O. (2004): Arbeit im Team oder Arbeit am Team? In: Velmering, C. O., Schattenhofer, K., Schrapper, Ch. (Hrsg.), 7–17
Schattenhofer, K., Thiesmeier, M. (2001): Kollegiale Beratung und Entscheidung – die Inszenierung einer Diagnose. In: Ader, S., Schrapper, Ch., Thiesmeier, M. (Hrsg.), 62–69
Schein, E.H. (2003): Organisationskultur – „The Ed Schein Corporate Culture Guide". Edition Humanistische Psychologie, Bergisch-Gladbach
Scheuerer-Englisch, H. (2011): Übergänge kindgemäß gestalten. In: Kindler H., Helming E., Meysen T., & Jurczyk K. (Hrsg.), Handbuch Pflegekinderhilfe. Kapitel 6.2. Deutsches Jugendinstitut, München
Schiersmann, Ch., Thiel, H.-U. (2009): Organisationsentwicklung. Prinzipien und Strategien von Veränderungsprozessen. VS-Verlag, Wiesbaden
Schilay, A., Schroll-Decker, I., Strobel, J. (2009): Zu viel Arbeit und zu wenige Mitarbeiter? Sozialmagazin 35, 9 / 2010, 10–20
Schilling, M. (2011a): Der Preis des Wachstums. Kostenentwicklung und Finanzierung der Kinder- und Jugendhilfe. In: Rauschenbach, Th., Schilling, M. (Hrsg.), 67–86
Schilling, M. (2011b): Die Dynamik der Ausgabensteigerungen in der Kinder- und Jugendhilfe wird anhalten. KOMDAT 1 & 2 / 2011, 11–15
Schilling, M. (2012): Jugendhilfeausgaben nehmen 2010 weiter zu. KOMDAT 1/2012, 5–7
Schilling, M. (2013): Anhaltender konstanter Ausgabenanstieg in der Kinder- und Jugendhilfe. KOMDAT 1/2013, 1–5
Schindler, G. (2006): Wann sind in Krisen andere Leistungsträger, Einrichtungen der Gesundheitshilfe oder die Polizei hinzuzuziehen? In: Kindler, H., Lillig, S., Blüml, H., Meysen, T. & Werner, A. (Hrsg.), Kap. 85
Schinkel, H. (1963): Armenpflege und Freizügigkeit in der preußischen Gesetzgebung vom Jahre 1842. Vierteljahrschrift für Sozial- und Wirtschaftsgeschichte. Bd. 50. Wiesbaden, 459–479
Schippmann, W. (2002): Sozialraumorientierung in der Jugendhilfe. Kritische Anmerkung zu einem (un-) zeitgemäßen Ansatz. In: Merten, R. (Hrsg.), 31–39
Schlippe, A. von (1986): Familientherapie im Überblick. Junfermann, Paderborn
Schmid, B., Veith, Th., Weidner, I. (2013): Einführung in die kollegiale Beratung. 2. Aufl. Carl Auer, Heidelberg
Schmid, H. (2004): Die Hilfeplanung nach § 36 SGB VIII. Eigenverlag des Deutschen Vereins, Frankfurt / M.
Schmidt, T. I. (2008): Zielvereinbarungen als Herausforderung des Allgemeinen Verwaltungsrechts. Die Öffentliche Verwaltung 18 / 2008, 760–765
Schmitz, E. (1998): Brennt wirklich aus, wer entflammt war? Eine LISREL-Analyse zum Burnout-Prozess bei Sozialberufen. Psychologie in Erziehung und Unterricht 4 / 1998, 129–142
Schnurr, J. (2006): Jugendhilfeplanung und Personalsteuerung im Allgemeinen Sozialen Dienst. In: Maykus, S. (Hrsg.): Herausforderung Jugendhilfeplanung – Stand-

ortbestimmung, Entwicklungsoptionen und Gestaltungsperspektiven in der Praxis. Juventa, Weinheim/München, 179–189

Schnurr, J. (2003): Bemessung und Verteilung des Personals in den Jugendhilfediensten der Stadt Dortmund. Projektbericht Institut für soziale Arbeit e. V., Münster

Schnurr, J., Jordan, E., Schone, R. (2010): Gegenstand, Ziele und Handlungsmaximen der Jugendhilfeplanung. In: Maykus, S., Schone, R. (Hrsg.), 91–156

Schnurr, J., Leitner, H. (2008): Standards für die Arbeit im ASD des Jugendamtes – zweites Update. Eigenverlag Start gGmbH, Oranienburg

Schöllhorn, A., Hartig, N., Knorr, C., Schönecker, L., Wettmann, D. (2010): Abschlussbericht der Evaluation des rheinland-pfälzischen Landesgesetzes zum Schutz von Kindeswohl und Kindergesundheit (LKindSchuG). In: www.msagd.rlp.de, 01.06.2012

Schönig, W. (2006): Aktivierungspolitik. Eine sozialpolitische Strategie und ihre Ambivalenz für soziale Dienste und praxisorientierte Forschung. In: Dollinger, B., Raithel, J. (Hrsg.): Aktivierende Sozialpädagogik. VS-Verlag, Wiesbaden, 23–39

Schönig, W. (2008): Sozialraumorientierung. Grundlagen und Handlungsansätze. Wochenschau Verlag, Schwalbach

Schone, R. (2008): Kontrolle als Element von Fachlichkeit in den sozialpädagogischen Diensten der Kinder- und Jugendhilfe. Expertise im Auftrag der Arbeitsgemeinschaft für Jugendhilfe. AGJ-Eigenverlag, Berlin

Schone, R. (2002): Hilfe und Kontrolle. In: Schröer, W., Struck, N., Wolff, M. (Hrsg.): Handbuch Kinder- und Jugendhilfe. Juventa. Weinheim/München, 945–958

Schone, R., Rüting, W. (1993): ASD und Jugendhilfeplanung – Der Allgemeine Sozialdienst als Subjekt und als Gegenstand der Planung kommunaler Jugendhilfe In: Greese, D. et al. (Hrsg.), 87–103

Schone, R., Hensen, G. (2011): Der Begriff der Kindeswohlgefährdung zwischen Recht und Praxis. In: Körner, W., Deegener, G. (Hrsg.), 13–28

Schone, R., Gintzel, U., Jordan, E., Kalscheuer, M., Münder, J. (1997): Kinder in Not – Vernachlässigung im frühen Kindesalter und Perspektiven sozialer Arbeit. Votum, Münster

Schone, R., Wagenblass, S. (2010): Wenn Eltern psychisch krank sind – Kindliche Lebenswelten und institutionelle Handlungsmuster. 3. Aufl. Juventa, Weinheim

Schrapper, C. (2013a): Geschwisterbeziehungen verstehen und durchblicken. Eine Übersicht gängiger diagnostischer Konzepte und Instrumente. Eigenverlag SOS-Kinderdorf e. V., München

Schrapper, C. (2013b): Betreuung des Kindes Anna. Rekonstruktion und Analyse der fachlichen Arbeitsweisen und organisatorischen Bedingungen des Jugendamtes der Stadt Königswinter im Fall „Anna", in: Das Jugendamt 1/2013, 2–15

Schrapper, C. (2008a): Keine Hilfe ohne Kontrolle? Keine Kontrolle ohne Hilfe! – Thesen zu einem Spannungsverhältnis sozialpädagogischer Kinderschutzarbeit. Soziale Arbeit, Heft 12/2008, 466–472

Schrapper, C. (2008b): Kinder vor Gefahren für ihr Wohl schützen – Methodische Überlegungen zur Kinderschutzarbeit sozialpädagogischer Fachkräfte in der Kinder- und Jugendhilfe. In: ISS (Hrsg.), 56–88

Schrapper, C. (2006): Grenzen und Perspektiven einer sozialraumorientierten Gestaltung der Jugend- und Erziehungshilfen. Oder: Warum ist so schwierig, was viele so gut finden? In: Kalter, B., Schrapper, C. (Hrsg.), 41–53

Schrapper, C. (2005a): Stichwort Diagnostik. In: Kreft, D., Mielenz, I. (Hrsg,): Wörterbuch der sozialen Arbeit. 5. Aufl. Juventa, Weinheim/München, 189–197

Schrapper, C. (2005b): Konzept und Bausteine einer sozialpädagogischen Diagnostik. In: Verein für Kommunalwissenschaften (Hrsg.), 127–139

Schrapper, C. (Hrsg.) (2004/2010): Sozialpädagogische Diagnostik und Fallverstehen in der Jugendhilfe. Juventa, Weinheim/München

Schrapper, C. (Hrsg.) (1998a): Qualität und Kosten im ASD. Konzepte zur Planung und Steuerung der Hilfen zur Erziehung durch kommunale soziale Dienste. Votum, Münster

Schrapper, C. (1998b): „Gute Arbeit machen" oder: „Die Arbeit gut machen"? Entwicklung und Gewährleistung von Qualitätsvorstellungen für die Arbeit im Allgemeinen Sozialen Dienst. In: Merchel, J. (Hrsg.): Qualität in der Jugendhilfe. Kriterien und Bewertungsmöglichkeiten. Votum, Münster, 286–31

Schrapper, C. (1997): … mit einem Bein im Gefängnis? In: Landesjugendamt Westfalen-Lippe (Hrsg.): Moderne Sozialarbeit – ein unkalkulierbares Risiko? Tagungsunterlagen. Münster

Schrapper, C., Schnorr, V. (2012): Risiko erkannt, Gefahr gebannt? Risikoanalyse als Qualitätsentwicklung im Kinderschutz. Mainz

Schrapper, C., Thiesmeier, M. (2004): Wie in Gruppen Fälle gut verstanden werden können. In: Velmering, C. O. et al. (Hrsg.), 118–132

Schreiber, Th. (2010): Individuelle Hilfeplanung in der Praxis. Psychiatrie-Verlag, Bonn

Schreyögg, A., Schmidt-Lellek, Ch. (Hrsg.) (2010): Die Organisation in Supervision und Coaching. VS-Verlag, Wiesbaden

Schreyögg, G. (2003): Organisation. Grundlagen moderner Organisationsgestaltung. 4. Aufl. Gabler, Wiesbaden

Schröder, J. (2003): Die Reize des Sozialraumbudgets. Fragen an ein fachlich motiviertes Konzept. Sozialmagazin 1/2003, 16–25

Schröer, H. (2011): Interkulturelle Orientierung und Diversity-Ansätze. In: Fischer, V., Springer, M.(Hrsg.), 307–322

Schröer, H. (2009): Interkulturelle Öffnung und Diversity Management – Ein Vergleich der Strategien. Migration und Soziale Arbeit, Heft 3–4, 203–211

Schröer, H. (2007a): Interkulturelle Orientierung und Öffnung: ein neues Paradigma für die soziale Arbeit. Archiv für Wissenschaft und Praxis der sozialen Arbeit Nr. 3, 80–91

Schröer, H. (2007b): Stationäre Hilfen zwischen Kindeswohl und Kostendruck aus der Perspektive eines öffentlichen Trägers. In: Sozialpädagogisches Institut im SOS-Kinderdorf e. V. (Hrsg.): Wohin steuert die stationäre Erziehungshilfe? Eigenverlag, München, 208–228

Schubert, H. (Hrsg.) (2008): Netzwerkmanagement. Koordination von professionellen Vernetzungen. Grundlagen und Beispiele. VS-Verlag, Wiesbaden

Schubert, H. (2005): Sozialmanagement. Zwischen Wirtschaftlichkeit und fachlichen Zielen. 2. Aufl. VS-Verlag, Wiesbaden

Schüler, A. (2011): Häusliche Gewalt trifft auch Kinder. Jugendhilfe aktuell (hrsg. vom Landesjugendamt Westfalen-Lippe), 1 / 2011, 30–37

Schulze-Krüdener, J., Balloff, J. (2010): Wer nichts tut, hat schon verloren. Öffentlichkeitsarbeit aus Sicht der Praxis. Sozialmagazin 7-8 / 2010, 62–76

Schumacher, S. (2002): Mehr Schutz bei Gewalt in der Familie. Das Gesetz zur Verbesserung des zivilgerichtlichen Schutzes bei Gewalttaten und Nachstellungen sowie zur Erleichterung der Überlassung der Ehewohnung bei Trennung. Zeitschrift für das Gesamte Familienrecht 10 / 2002, 648–660

Schuster, E.-M. (1997): Sozialpädagogische Familienhilfe (SPFH) – Aspekte eines mehrdimensionalen Handlungsansatzes für Multiproblemfamilien. Frankfurt / M.

Schwabe, M. – (2005a): Methoden der Hilfeplanung. Zielentwicklung, Moderation und Aushandlung. IGfH-Eigenverlag, Frankfurt / M.

Schwabe, M. (2005b): Subjektive Voraussetzungen für Zielformulierungen und Kontraktfähigkeit. In: Sozialpädagogisches Institut im SOS-Kinderdorf e. V. (Hrsg.): Hilfeplanung – reine Formsache? Eigenverlag, München, 216–231

Schwabe, M. (2000): Partizipation im Hilfeplangespräch – Hindernisse und wie sie gemeistert werden können. SOS-Dialog 2000. Fachmagazin im SOS-Kinderdorf e. V. Thema „Hilfeplanung", 11–17

Scott, W. R. (1986): Grundlagen der Organisationstheorie. Campus, Frankfurt / New York

Seckinger, M. (2008): Überforderung im ASD. Ungleichgewicht von Aufgaben und Ressourcen. SozialExtra 9-10 / 2008, 41–44

Seckinger, M., Gragert, N., Peucker, C., Pluto, L. (2008): Arbeitssituation und Personalbemessung im ASD. DJI, München

Seidler, B. (2009): Leistungsentgelt in der öffentlichen Verwaltung: eine Frage der Umsetzung. Erfahrungen und Empfehlungen. POEM Consult & Verlag, Kaiserslautern

Seithe, M. (2013): Zur Notwendigkeit der Politisierung der Sozialarbeitenden. Sozialmagazin 1–2 / 2013, 24–31

Seithe, M. (2010): Schwarzbuch Soziale Arbeit. VS-Verlag, Wiesbaden

Seithe, M., Wiesner-Rau, C. (Hrsg.) (2013): „Das kann ich nicht mehr verantworten!" Stimmen zur Lage der Sozialen Arbeit. Paranus Verlag der Brücke, Neumünster

Senour, M. N. (1982): How Counselors Influence Clients. Personnel and Guidance Journal 5 / 1982, 345–349

Senatsverwaltung für Bildung, Wissenschaft und Forschung Berlin (2007): Jugend-Rundschreiben Nr. 26 / 2007 über Hausbesuche und ihre Durchsetzbarkeit durch die Regionalen Sozialpädagogischen Dienst (RSD) der Jugendämter im Rahmen des Netzwerkes Kinderschutz, Berlin. In: www.kinderschutznetzwerk-berlin.de/ger/start/downloads/RSHausbesuche.pdf, 01.06.2012

Simmon-Kaiser, M. (1968): Besuch und Begegnung. Überlegungen zum Hausbesuch. Lambertus, Freiburg

Simon, F. B. (2007): Einführung in die systemische Organisationstheorie. Carl Auer Verlag, Heidelberg

Simons, G. (1927): Die Bedeutung der Familienfürsorge als verbindendes Prinzip der Gesundheits-, Wirtschafts- und Erziehungsfürsorge. In: Polligkeit, W. (Hrsg.): Familie und Fürsorge (Vortragsfolge). Hermann Beyer & Söhne, Langensala, 135–140

Simsa, R. (2001): Einflussstrategen von Non-Profit-Organisationen: Ausprägungen und Konsequenzen für das Personalmanagement. Zeitschrift für Personalforschung 3 / 2001, 284–305

Skiba, E.-G. (1972): Der Sozialarbeiter in der gegenwärtigen Gesellschaft. Empirische Untersuchung zum sozialen Fremdbild des Fürsorgers. 2. Aufl. Beltz, Weinheim / Basel

Smaldino, A. (1975): The Importance of Hope in the Casework Relationship. In: Social Casework 6 / 1975, 328–333

Spiegel, H. von (1993): Aus Erfahrung lernen. Qualifizierung durch Selbstevaluation. Votum, Münster

Staatsarchiv Hamburg (1927): Jahresbericht der Verwaltungsbehörden der Freien und Hansestadt Hamburg

Stadt Dormagen (2001): Dormagener Qualitätskatalog der Jugendhilfe. Ein Modell kooperativer Qualitätsentwicklung. Leske + Budrich, Opladen

Stadt Recklinghausen – Fachbereich Kinder, Jugend, Familie (Hrsg.) (2000): Qualitätsentwicklung im Allgemeinen Sozialen Dienst. (Broschüre) Recklinghausen

Stadt Stuttgart – Jugendamt (Hrsg.) (2002): Weiterentwicklung der Kinderschutzarbeit in den Sozialen Diensten des Jugendamtes Stuttgart von Oktober 2000 bis März 2002 – Projektabschlußbericht, Stand März 2002. (Broschüre) Stuttgart

Statistisches Bundesamt (2009): Statistiken der Kinder- und Jugendhilfe – Pflegschaften, Vormundschaften, Beistandschaften, Pflegeerlaubnis, Sorgerechtsentzug, Sorgeerklärungen (revidierte Ergebnisse). Wiesbaden

Statistisches Bundesamt (2010): Familiengerichte. Fachserie 10, Reihe 2.2, Wiesbaden

Staub-Bernasconi, S. (2003): Soziale Arbeit als (eine) Menschenrechtsprofession, In: Sorg, Richard (Hrsg.): Soziale Arbeit zwischen Politik und Wissenschaft, LIT, Münster, 17–54

Staub-Bernasconi, S. (1995): Ethnospezifische, interkulturelle, transkulturelle Soziale Arbeit–mehr als ein Verwirrspiel? In: Dies.: Systemtheorie, soziale Probleme und Soziale Arbeit: lokal, national, international oder: vom Ende

der Bescheidenheit. Paul Haupt, Bern/Stuttgart/Wien, 303–317
Stegbauer, C., Häußling, R. (Hrsg.) (2010): Handbuch Netzwerkforschung. VS-Verlag, Wiesbaden
Stehle, L. (2002): Zum Positiven wenden: Krisenmanagement unter den Augen der Öffentlichkeit, im Spiegel der Presse. In: VfK (Hrsg.), 126–149
Stett, D. (2009): Auswirkung des elterlichen Konfliktniveaus auf betroffene Scheidungskinder: Empirische Untersuchung anhand einer Scheidungskindergruppe. In: www.opus.bibliothek.uni-augsburg.de/volltexte/2009/1409/, 01.06.2012
Stieve, H. (1983): Tagebuch einer Fürsorgerin (mit einem Nachwort von Norbert Preußen). Beltz Verlag, Weinheim/Basel
Stimmer, F. (2000): Grundlagen des Methodischen Handelns in der Sozialen Arbeit. Kohlhammer, Stuttgart/Köln/Berlin
Stoffels, H., Kruse, G. (1996): Der psychiatrische Hausbesuch. Hilfe oder Überfall? Psychiatrie-Verlag, Bonn
Stotland, E. (1969): The Psychology of Hope. Jossey-Bass, San Francisco
Straßburger, G., Bestmann, S. (2008): Praxishandbuch für sozialraumorientierte interkulturelle Arbeit. Stiftung Mitarbeit, Bonn
Straub, U. (2010a): Social Soaps – Der Streetworker als Serienheld. Hilfe vor laufender Kamera. Sozialmagazin, 7-8/2010, 26–32
Straub, U. (2010b): Wer sich wie ein Bild macht. In: Cleppien, G., Lerche, U. (Hrsg.), 205–217
Straub, U. (2005): Zwischen Verharmlosung und Skandalisierung. Kinder- und Jugendhilfe braucht Öffentlichkeitsarbeit. Sozialextra 2-3/2005, 15–18
Straub, U. (2004): Jugendhilfe im Spiegel der (Lokal-)Presse. Sozialmagazin 4/2004, 30–36
Straub, U. (2001): Image und Öffentlichkeitsarbeit in der Jugendhilfe: Beziehungsarbeit mit der Öffentlichkeit. Forum Erziehungshilfen 5/2001, 264–272
Strauss, F. (2010): Netzwerkkarten – Netzwerke sichtbar machen. In: Stegbauer, C., Häußling, R. (Hrsg.), 527–538
Struck, N. 2007: Auftrag und Handlungsmöglichkeiten der Kinder- und Jugendhilfe zur Sicherung des Kindeswohls bei Gewalt in der Partnerschaft der Eltern – Kooperation mit dem Frauenschutz. Forum Jugendhilfe 4/2007, 59–64
Strutwolf, V. (2007): Auf der Suche nach wirksamer Steuerung. In: Krauß, E. J., Möller, M., Münchmeier, R. (Hrsg.): Soziale Arbeit zwischen Ökonomisierung und Selbstbestimmung. Eigenverlag Universität Kassel, Kassel, 571–589
Sydow, J. (2003): Management von Netzwerkorganisationen – Zum Stand der Forschung. In: J. Sydow (Hrsg.): Management von Netzwerkorganisationen. 3. Aufl. Gabler, Wiesbaden, 293–354
Szlapka, M., Fink, T. (2005): Sozialraumorientierung des Jugendamtes. Ein Praxisbericht zur sozialräumlichen Neuorganisation des Jugendamtes der Stadt Moers. Books on Demand, Norderstedt
Tabel, A., Fendrich, S., Pothmann, J. (2011): Warum steigen die Hilfen zur Erziehung? Ein Blick auf die Entwicklung der Inanspruchnahme. KomDat Jugendhilfe 3/2011, 3–6
Tenhaken, B. (2009): Case Management – Integration: Beispiel Greven. In: Löcherbach, P., Mennemann, H., Hermsen, T. (Hrsg.), 100–123
Tenhaken, B. (2005): Ein netzwerk- und sozialraumorientiertes Verfahren der Einleitung von Hilfen zur Erziehung beim Jugendamt der Stadt Greven. In: Ritscher, W. (Hrsg.): Systemische Kinder- und Jugendhilfe. Anregungen für die Praxis. Carl Auer, Heidelberg, 45–61
Tenhaken, W. (2010): Jugendhilfe und Dritte: (interinstitutionelle) Kooperation in der Arbeit des ASD. In: ISS (Hrsg.), 92–109
Tennstedt, F. (2004): Ausbildungen zur sozialen Arbeit in Kassel im 20. Jahrhundert. Ein Rückblick auf Inhalte, Personen, Praxisbedingungen. In: Tennstedt, F., Mayer, W. (Hrsg.): Praxislesebuch. Universität Kassel, Kassel, 9–47
Tennstedt, F. (2003): Geschichte des Sozialrechts. In: Maydell, B. B. von, Ruland, F.(Hrsg.): Sozialrechtshandbuch. 3. überarb. Aufl. Nomos, Baden-Baden, 24–80
Textor, M.R. (Hrsg.) (1994): Allgemeiner Sozialdienst. Beltz, Weinheim/Basel
Teubner, U. (2008): Beruf: Vom Frauenberuf zur Geschlechterkonstruktion im Berufssystem. In: Becker, R., Kortendiek, B. (Hrsg.): Handbuch zur Frauen- und Geschlechterforschung. 2. Aufl. VS-Verlag, Wiesbaden, 491–498
Thaiss, H., Klein, R., Schumann, E.C., Ellsäßer, G., Breitkopf, H., Reinecke, H., Zimmermann, E. (2010): Früherkennungsuntersuchungen als Instrument im Kinderschutz. Erste Erfahrungen der Länder bei der Implementation appellativer Verfahren. Bundesgesundheitsblatt 10/2010, 1029–1047
Thamer, H.-U. (2000): Der Citoyen und die Selbstverwaltung des 19. Jahrhunderts. In: Zimmer, A., Nährlich, S. (Hrsg.): Engagierte Bürgerschaft. Traditionen und Perspektiven. Leske + Budrich Verlag, Opladen, 289–302
Theißen, K., Schindler, G. (2012). Garantenstellung und Garantenpflichten von sozialpädagogischen Fachkräften. In: AWO Bundesverband e.V., Schriftenreihe Theorie und Praxis. 2012, Berlin
Thie, S. (2013): Leistungen zur Eingliederung in Arbeit. In: Berlit, U./Conradis, W./Sartorius, U. (Hrsg.): Existenzsicherungsrecht, 624 ff.
Thiersch, H. (2011): Moral und Soziale Arbeit. In: Otto, H.-U., Thiersch, H. (Hrsg.), 968–979
Thiersch, H. (2008): Lebensweltorientierte Soziale Arbeit. Aufgaben der Praxis im sozialen Wandel. 7. Aufl. Juventa, Weinheim/München
Thole, W. (Hrsg.) (2002): Grundriss soziale Arbeit. Ein einführendes Handbuch. Leske + Budrich, Opladen
Thorun, W. (2006): Jugendhilfe und Sozialarbeit im lebensgeschichtlichen Rückblick. Erinnerungen – Perspektiven. Books on Demand. Norderstedt

Thorun, W. (1978): Arbeitshilfe 5, Planung der Jugendhilfe. D III Öffentlichkeitsarbeit. Dt. Inst. für Urbanistik, Berlin

Timms, N. (1974): Der Bericht in der Sozialarbeit. Lambertus, Freiburg

Toprak, A. 2009: Stolpersteine und Türöffner. Hausbesuche bei Migranten aus der Türkei. Forum Erziehungshilfen 1/2009, 24–29

Trede, W. (2010): Der Allgemeine Soziale Dienst und seine Zusammenarbeit mit freien Trägern. In: ISS (Hrsg.), 110–122

Trenczek, T. (2013): Drittes Kapitel, Andere Aufgaben der Jugendhilfe, Inobhutnahmen von Kindern und Jugendlichen. In: Münder J., Meysen T., Trenczek T. (Hrsg.) Frankfurter Kommentar SGB VIII. 7. Aufl. Nomos, Baden-Baden.

Trenczek, T. (2009): Familiengerichtliches Verfahren und Mitwirkung der Jugendhilfe nach dem FGG-Reformgesetz. Kindschaftsrecht und Jugendhilfe 3, 97–106

Trenczek, T. (2009a): Muss ich, darf ich, kann man ... Frequently Asked Questions. In: Lewis, G., Riehm, R., Neumann-Witt, A., Bohnenstengel, L., Köstler, S., Hensen, G. (Hrsg.) Inobhutnahmen konkret, Internationale Gesellschaft für erzieherische Hilfen, Frankfurt am Main

Trenczek, T., Tammen, B., Behlert, W. (2014): Grundzüge des Rechts. 4. Aufl. Ernst Reinhardt, München/Basel

Trenk-Hinterberger, P. (2013): Hilfe zur Überwindung besonderer sozialer Schwierigkeiten. In: Berlit, U./Conradis, W./Sartorius, U. (Hrsg.): Existenzsicherungsrecht, 800 ff.

Trescher, H.-G. (2001): Handlungstheoretische Aspekte der psychoanalytischen Pädagogik. In: Muck, M., Trescher, H.-G. (Hrsg.): Grundlagen der psychoanalytischen Pädagogik. Matthias Grünewald Verlag, Gießen, 167–204

Trittel, N., Schmidt, W., Müller, A., Meyer, Th. (2010): Leistungsentgelt in den Kommunen. Typologie und Analyse von Dienst- und Betriebsvereinbarungen. Edition Sigma, Berlin

Trube, A. (2006): Vom Sozialstaat zum Konditionalstaat: Grundzüge des Umbaus und die Folgen für das gesellschaftliche Gefüge. In: Böhning, B., Dörre, K., Nahles, A. (Hrsg.): Unterschichten? Prekariat? Klassen? Verlag Sozialistische Politik und Wirtschaft, Dortmund, 34–45

Trube, A. (2005): Die modernisierte Sozialpolitik und die Soziale Arbeit. forum sozial 2/2005, 7–10

Trube, A. (2001): Organisation der örtlichen Sozialverwaltung und Neue Steuerung. Grundlagern und Reformansätze. Eigenverlag des Deutschen Vereins für öffentliche und private Fürsorge, Frankfurt/M.

Uhlendorff, U. (2010): Sozialpädagogische Diagnosen III. Ein sozialpädagogisch-hermeneutisches Diagnoseverfahren für die Hilfeplanung. 3. Aufl. Juventa, Weinheim/München

Uhlendorff, U. (2003): Geschichte des Jugendamtes. Entwicklungslinien der öffentlichen Jugendhilfe 1871–1929. Beltz Votum, Weinheim/Basel/Berlin

Uhlendorff, U. (1998): Das Leitbild öffentlicher Jugendfürsorge im Wilhelminischen Reich. Das Beispiel Mainz. Zeitschrift für Sozialpolitik 7, 494–516

Urban, U. (2004): Professionelles Handeln zwischen Hilfe und Kontrolle. Sozialpädagogische Entscheidungsfindung in der Hilfeplanung. Juventa, Weinheim/München

Urban-Stahl, U. (2010): Weil manchmal ist, was nicht sein darf. Ombuds- und Beschwerdestellen in der Jugendhilfe. Gemeinsames Sonderheft „Das Jugendamt"/„Zeitschrift für Kindschaftsrecht und Jugendhilfe" zum 65. Geburtstag von Reinhard Wiesner, 24–28

Urban-Stahl, U. (2009a): Der Hausbesuch zwischen fachlicher Notwendigkeit und öffentlicher Instrumentalisierung. Forum Erziehungshilfen 1/2009, 4–11

Urban-Stahl, U. (2009b): Nicht ob, sondern inwiefern: Soziale Arbeit braucht die Debatte um die Legitimation von Sozialer Kontrolle. Widersprüche Heft 113, 77–87

Uslucan, H.-H. (2011): Eltern-Kind-Beziehungen in (türkischen) Migrantenfamilien. In: Fischer, V., Springer, M. (Hrsg.), 250–260

Velmering, C. O., Schattenhofer, K., Schrapper, Ch. (Hrsg.) (2004): Teamarbeit. Konzepte und Erfahrungen – eine gruppendynamische Zwischenbilanz. Juventa, Weinheim/München

VfK (Verein für Kommunalwissenschaften e. V. – Arbeitsgruppe Fachtagungen Jugendhilfe) (Hrsg.) (2002): Die Verantwortung der Jugendhilfe zur Sicherung des Kindeswohls. Dokumentation der Fachtagung am 29. und 30. November 2001 in Berlin. Berlin

Verein für Kommunalwissenschaften e. V. (Hrsg.) (2008): Konzepte der Personalbemessung und Qualitätsstandards des ASD. Dokumentation der Fachtagung am 03. und 04. April 2008 in Berlin. Eigenverlag, Berlin

Verein für Kommunalwissenschaften e. V. (Hrsg.) (2005): Diagnostik in der Kinder- und Jugendhilfe – Vom Fallverstehen zur richtigen Hilfe, Aktuelle Beiträge zur Kinder- und Jugendhilfe. Eigenverlag, Berlin

Vergho, C. (2007): Die Vorbereitung auf einen begleiteten Umgang – Ein Praxismodell unter besonderer Berücksichtigung im Kontext familiärer Gewalt. Familie Partnerschaft Recht 7-8/2007, 296–301

Vogel, H.-Ch. (1991): Organisationen – Rationalistisches und Konstruktivistisches zum Planungsprozess. In: Bardmann, Th./Kersting, H.J./Vogel, H.-Ch./Woltmann, B., Irritation als Plan. Konstruktivistische Einredungen. Verlag des IBS, Aachen, 32–63

Vogel, M. R. (1960): Das Jugendamt im gesellschaftlichen Wirkungszusammenhang. Carl Heymanns Verlag, Köln, Berlin

Vogel, M. R. (1966): Die kommunale Apparatur der öffentlichen Hilfe. Ferdinand Enke, Stuttgart

Voigt, B. (2007): Team und Teamentwicklung. In: Velmering, C. O., Schattenhofer, K., Schrapper, Ch. (Hrsg.), 157–207

Wabnitz, R. J. (2014): Grundkurs Familienrecht für die Soziale Arbeit. 3. Auflage Ernst Reinhardt, München/Basel

Wabnitz, R. J. (2005): Rechtsansprüche gegenüber dem Träger der öffentlichen Kinder- und Jugendhilfe nach dem

Achten Buch Sozialgesetzbuch (SGB VIII). Eigenverlag Arbeitsgemeinschaft für Jugendhilfe (AGJ), Berlin

Wabnitz, R. J. (2003): Die Kinder- und Jugendhilfe im Spannungsfeld von Sozialraumorientierung, Wettbewerbsrecht und SGB VIII. Nachrichtendienst des Deutschen Vereins für öffentliche und private Fürsorge 4/2003, 141–146

Walgenbach, P. (2002): Institutionalistische Ansätze in der Organisationstheorie. In: Kieser, A. (Hrsg.): Organisationstheorien. 5. Aufl. Kohlhammer, Stuttgart, 319–353

Wallerath, M. (2009): Allgemeines Verwaltungsrecht, 6. Aufl. Erich Schmidt, Berlin

Wallerstein, J.S., Lewis, J.M., Blakeslee, S., Stopfel, U. (2002): Scheidungsfolgen – Die Kinder tragen die Last. Votum, Münster 2002

Walper, S.(2011): Die Folgen von Trennung und Scheidung für Kinder in Deutschland. Frühe Kindheit 2/2011, 6–11

Walper, S., Fichtner, J., Normann, K. (Hrsg) (2013): Hochkonflikthafte Trennungsfamilien. 2. Aufl. Beltz/Juventa. Weinheim/Basel

Walter, U. M. (2011): Bitte recht freundlich – Neues und Altes vom „Friendly Visiting" in den USA. In: Bräutigam, B., Müller, M. (Hrsg.), 324–332

Waschull, D. (2011a): Einführung in das SGB X. In: Diering, B., Timme, H., Waschull, D. (Hrsg.): Sozialgesetzbuch 10 – LPK. 3. Aufl. Nomos, Baden-Baden, 45–56

Waschull, D. (2011b): § 1 SGB X; § 40 SGB X; § 41 SGB X; § 42 SGB X; vor §§ 44–51. In: Diering, B., Timme, H., Waschull, D. (Hrsg.): Sozialgesetzbuch 10 – LPK, 3. Aufl. Nomos, Baden-Baden

Waschull, D. (2011c): Kinder- und Jugendhilferecht. In: Brandt, M. (Hrsg.): Sozialrechtspraxis, NJW-Schriftenreihe. 2. Aufl. C. H. Beck, München, 263–268

Waschull, D. (2011d): Verfahrensrecht. In: Brandt, M. (Hrsg.): Sozialrechtspraxis, NJW-Schriftenreihe. 2. Aufl. C. H. Beck, München, 305–340

Waschull, D. (2009): Kommunales Sozialrecht. In: Erlenkämper, F., Zimmermann, U. (Hrsg.): Rechtshandbuch für die kommunale Praxis. Nomos, Baden-Baden, 471–532

Waschull, D. (2008): Einführung Sozialverwaltungsverfahrensrecht. In: Fichte, W., Plagemann, H., Waschull, D. (Hrsg.): Handbuch Sozialverwaltungsverfahrensrecht. Nomos, Baden-Baden, 47–63

Wex, E. (1929): Die Entwicklung der Sozialen Fürsorge in Deutschland (1914 bis 1927). Wienand Verlag, Berlin

Weick, K. E. (1995): Der Prozess des Organisierens. Suhrkamp, Frankfurt/M.

Weiss, J. (1981): Substance versus Symbol in Administrative Reform: The Case of Human Services Coordination. Policy Analysis, 7, 21–45

Wendt, W. R. (Hrsg.) (2001): Case Management im Sozial- und Gesundheitswesen. Eine Einführung. Lambertus, Freiburg

Wendt, W. R. (1997): Neue Entschiedenheit. Der Zwang als Mittel zum Zweck? Sozialmagazin 1/1997, 14–19

Wendt, W. R. (1991): Unterstützung fallweise. Case Management in der Sozialarbeit. Lambertus, Freiburg

Wenzel, J. (2009): Schutz der Vertraulichkeit der Beratung durch verfassungsrechtliche, datenschutzrechtliche und strafrechtliche Schranken am Beispiel der §§ 16a, 61 SGB II. info also – Informationen zum Arbeitslosenrecht und Sozialhilferecht, Ausgabe 6/2009, 248–255

West, M. (1975): Building a Relationship with the Unmotivated Client. In: Psychotherapy: Theory, Research and Practice 12, 48-51

Wetterer, A. (1995): Dekonstruktion und Alltagshandeln. Die (möglichen) Grenzen der Vergeschlechtlichung von Berufsarbeit. In: Wetterer, A. (Hrsg.): Die soziale Konstruktion von Geschlecht in Professionalisierungsprozessen. Campus, Frankfurt/New York, 223–247

Weyers, S. (2006): Verantwortung/Eigenverantwortung. In: Dollinger, B., Raithel, J. (Hrsg.): Aktivierende Sozialpädagogik. Ein kritisches Glossar. VS-Verlag, Wiesbaden, 217–233

Wiedermann, H. (2008): Wie sie den ASD modernisieren können. Eingangs- und Fallmanagement als Organisationsprinzip. In: Verein für Kommunalwissenschaften (Hrsg.), 37–48

Wiesner, R. (Hrsg.) (2011): SGB VIII Kinder- und Jugendhilfe. Kommentar. 4.Auflage. C.H. Beck, München (zitiert Wiesner/Bearbeiter/in 2011, § x Rdnr.y)

Wiesner, R. (2007): Schutzauftrag des Jugendamtes bei Kindeswohlgefährdung. Familie, Partnerschaft, Recht 1-2/2007, 6–11

Wiesner, R. (2006): SGB VIII, Kinder- und Jugendhilfe, Kommentar. 3. Aufl. Verlag C. H. Beck, München

Wiesner, R. (2005): Das Hilfeplanverfahren als Steuerungsinstrument. In: Sozialpädagogisches Institut im SOS-Kinderdorf e. V. (Hrsg.): Hilfeplanung – reine Formsache? Eigenverlag, München, 8–26

Wiesner, R. (2004): Das Wächteramt des Staates und die Garantenstellung der Sozialarbeiterin/des Sozialarbeiters zur Abwehr von Gefahren für das Kindeswohl. Zentralblatt für Jugendrecht (ZfJ), 161–172

Will, A. (2004): Gewaltschutz in Paarbeziehungen mit gemeinsamen Kindern. Familie Partnerschaft Recht 5/2004, 233–238

Willshire, D., Brodsky, S.L. (2001): Toward a Taxonomy of Unwillingness: Initial Steps in Engaging the Unwilling Client. Psychiatry, Psychology and Law 2/2001, 154–160

Willutzki, Siegfried (2009): Die Umgangspflegschaft. ZKJ 7/2009, 281–284

Wilmers-Rauschert, B. (2004): Datenschutz in der freien Jugend- und Sozialhilfe, Boorberg, Stuttgart u. a.

Wimmer, R. (2009): Führung und Organisation – zwei Seiten einer Medaille. Revue für postheroisches Management 4/2009, 20–33

Wimmer, R. (2004): Organisation und Beratung. Systemtheoretische Perspektiven für die Praxis. Carl Auer, Heidelber

Wimmer, R., Meissner, J. O., Wolf, P. (Hrsg.) (2009): Praktische Organisationswissenschaft. Carl Auer, Heidelberg

Wolf, K. (1999): Machtprozesse in der Heimerziehung. Votum, Münster

Wolf, K. (o.J.): Forschungsprojekte zur SPFH und andere

ambulante Hilfen zur Erziehung in Familien. In: www.uni-siegen.de/fb2/mitarbeiter/wolf/files/download/forschung/spfh_forschung/spfh_anschlussprojekte.pdf, 01.06.2012

Wolf, M. (2007): Sozialpolitik und Soziale Arbeit jenseits des Wohlfahrtsstaats Leben auf eigenes Risiko. UTOPIE kreativ Heft 206, 1153–1170

Wolff, R. (2007): Demokratische Kinderschutzarbeit – Zwischen Risiko und Gefahr. Forum Erziehungshilfen 3/2007, 132–139

Wolff, St. (2010): Soziale personenbezogene Dienstleistungsorganisationen als lose gekoppelte Systeme und organisierte Anarchien. In: Klatetzki, Th. (Hrsg.), 285–335

Wrackmeyer-Schoene, A.:): Deckung des Gesundheitsbedarfs. In: Berlit, U./Conradis, W./Sartorius, U. (Hrsg.): Existenzsicherungsrecht, 668 ff.

Wüst, K., Burkart, B. (2010): Womit haben wir das verdient? Weniger Geld bei besserer Leistung. WSI Mitteilungen 6/2010, 306–313

Zacharaki, I. (2011): Sozialpädagogische Familienhilfe. In: Fischer, V., Springer, M. (Hrsg.), 375–385

Zander, M., Hartwig, L., Jansen, I. (Hrsg.) (2006): Geschlecht Nebensache? Zur Aktualität einer Gender-Perspektive in der Sozialen Arbeit. VS-Verlag, Wiesbaden

ZFBS (Zentrum Bayern Familie und Soziales – Bayerisches Landesjugendamt) (2010): Personalbemessung der Jugendämter in Bayern (PeB). Projektbericht und Handbuch. Eigenverlag, München

Zeitschrift für Sozialpädagogik 1/2011: Themenheft „Begründungen sozialpädagogischer Diagnostik"

Ziegenhain, U., Schöllhorn, A., Künster, A., Hofer, A., König, C., Fegert, J. M. (2010): Werkbuch Vernetzung. Chancen und Stolpersteine interdisziplinärer Kooperation und Vernetzung im Bereich Früher Hilfen und im Kinderschutz. Köln. In: www.fruehehilfen.de, 01.06.2012

Ziegler, A., Gartner, H., Tondorf, K. (2010): Entgeltdifferenzen und Vergütungspraxis. In: Projektgruppe GiB, Hans Böckler Stiftung: Geschlechterungleichheiten im Betrieb. Edition sigma, Berlin, 271–346

Ziegler, H. (2005a): Abweichung und Ordnung. In: Thole, W., Cloos, P., Ortmann, F., Strutwolf, V. (Hrsg.): Soziale Arbeit im öffentlichen Raum. VS-Verlag, Wiesbaden, 113–121

Ziegler, H. (2005b): Prävention im Aktivierenden Staat. In: Dahme, H.-J., Wohlfahrt, N. (Hrsg.), 5868

Ziegler, H., Derr, R., Sann, A., Gerber, C. (2010): Erreichen Frühe Hilfen ihre Zielgruppe. Diskussion erster Ergebnisse der Evaluation Sozialer Frühwarnsysteme in NRW und des Programms Schutzengel Schleswig-Holstein. IzKK-Nachrichten 1/2010, 12–17

Zielinski, H. (1997): Kommunale Selbstverwaltung im modernen Staat. Leske + Budrich, Opladen/Wiesbaden

Zitelmann, M. (2007): Kindeswohl und Kindesrechte in Gerichtsverfahren bei häuslicher Gewalt. In: Kavemann, B., Kreyssig, U. (Hrsg.), 147–156

Züchner, I., Cloos, P. (2010): Das Personal der Sozialen Arbeit. Größe und Zusammensetzung eines schwer zu vermessenden Feldes. In: Thole, W. (Hrsg.): Grundriss Soziale Arbeit. VS-Verlag, Wiesbaden, 933–954

Zwicker-Pelzer, R. (2010): Beratung in der sozialen Arbeit. UTB, Klinkhardt, Stuttgart/Bad Heilbrunn

Zwicker-Pelzer, R. (2002): Hilfen in familialen Krisen. Ein Plädoyer für die Vernetzung von Hilfsangeboten. In: KFH NW (Katholische Fachhochschule NW) (Hrsg.), Jahrbuch 2002. Eigendruck, Münster, 30–45

Zwicker-Pelzer, R., Geyer, E., Rose, A. (2011): Systemische Beratung in Pflege und Pflegebildung. Budrich, Opladen

Autorinnen und Autoren

Conen, Marie-Luise, Dr. phil., Dipl.-Psych., Dipl.-Päd., Master of Education (M.Ed.), Temple University Philadephia; Leiterin des Context-Instituts für systemische Therapie und Beratung Berlin; info@context-conen.de

Enders, Sonja, Dr. phil., Dipl.-Päd., Jhrg. 1983; wissenschaftliche Mitarbeiterin am Institut für Pädagogik an der Universität Koblenz-Landau, Arbeitsbereich Sozialpädagogik; sonja.enders@uni-koblenz.de

Feldhoff, Kerstin, Prof. Dr. jur., Jhrg. 1958; Professorin für das Lehrgebiet Rechtsgrundlagen der Sozialen Arbeit an der Fachhochschule Münster, Fachbereich Sozialwesen; k.feldhoff@fh-muenster.de

Gerber, Christine, Dipl.-Sozialpädagogin, Supervisorin (DGSv), Jhrg. 1968; wissenschaftliche Referentin am Deutschen Jugendinstitut e. V. München, Abteilung Familie; gerber@dji.de

Gissel-Palkovich, Ingrid, Prof. Dr. phil., Dipl.-Päd., Dipl. Sozialarbeiter; Professorin für Soziale Arbeit mit den Schwerpunkten „Konzepte und Methoden Sozialer Arbeit sowie Soziale Arbeit bei öffentlichen und freien Trägern" an der Fachhochschule in Kiel, Fachbereich Soziale Arbeit und Gesundheit; ingrid.gissel-palkovich@fh-kiel.de

Hammerschmidt, Peter, Prof. Dr. phil. habil., Dipl.-Päd., Dipl. Soz.-Päd. (FH), Jhrg. 1963; Professor für das Lehrgebiet „Grundlagen der Sozialen Arbeit" an der Hochschule München, Fakultät für Angewandte Sozialwissenschaften; Peter.Hammerschmidt@hm.edu

Hartwig, Luise, Prof. Dr. phil., Dipl.-Päd., Jhrg. 1955; Professorin für das Lehrgebiet „Erziehungswissenschaft – Familie und familienunterstützende Hilfen" an der Fachhochschule Münster, Fachbereich Sozialwesen; hartwig@fh-muenster.de

Keil, Eva, M.Sc. Haushalts- und Dienstleistungswissenschaften, Jhrg. 1980; Juniorberaterin in der ISS Beratungs- und Entwicklungs-GmbH in Frankfurt am Main; eva.keil@iss-ffm.de

Khalaf, Adam, M.A. Soziologie / Philosophie, Jhrg. 1981; wissenschaftlicher Mitarbeiter für Evaluation und wechselnde Forschungsprojekte an der Fachhochschule Münster, Fachbereich Sozialwesen; mail@adamkhalaf.com

Landes, Benjamin, Dipl. Sozialarbeiter und Dipl. Betriebswirt, Jhrg. 1977; Geschäftsführer der ISS Beratungs- und Entwicklungs-GmbH in Frankfurt am Main; benjamin.landes@iss-ffm.de

Lüttringhaus, Maria, Dr., Dipl.-Päd., Soz.-Päd., Jhrg. 1964; Geschäftsführerin des LüttringHaus: Institut für Sozialraumorientierung, Quartier- und Case Management (DGCC); ml@luettringhaus.info

Merchel, Joachim, Prof. Dr. phil., Dipl.-Päd., Jhrg. 1953; Professor für das Lehrgebiet „Organisation und Management in der Sozialen Arbeit" an der Fachhochschule Münster, Fachbereich Sozialwesen; jmerchel@fh-muenster.de

Meysen, Thomas, Dr. jur., Jhrg. 1967; fachlicher Leiter Deutsches Institut für Jugendhilfe und Familienrecht e. V. (DIJuF); thomas.meysen@dijuf.de

Möllers, Jutta, Dipl.-Päd., Familientherapeutin, Mediatorin in Strafsachen, Jhrg. 1960; Fachberaterin und Fortbildnerin im LWL-Landesjugendamt Westfalen, Referat Erzieherische Hilfen, Sachbereich Beratung, Planung, Förderung; jutta.moellers@lwl.org

Nonninger, Sybille, Dipl.-Päd., Jhrg. 1953; Grundsatzreferentin und stellvertretende Leiterin des Landesjugendamtes Rheinland-Pfalz in Mainz; Nonninger.Sybille@lsjv.rlp.de

Pamme, Hildegard, Dr. sc. pol., Politikwissenschaftlerin, M.A., Jhrg. 1969; wissenschaftliche Mitarbeiterin im Praxisentwicklungsprojekt „Personalentwicklung im ASD – Entwicklung, Erprobung und Evaluation" an der Fachhochschule Münster, Fachbereich Sozialwesen; pamme@fh-muenster.de

Rüting, Wolfgang, Dipl. Soz.-Päd., Supervisor DGSv, Jhrg. 1958; Leiter des Amtes für Kinder, Jugendliche und Familien des Kreises Warendorf, 2. Vorsitzender des Institutes für Soziale Arbeit e.V. (ISA), Lehrbeauftragter an der Katholischen Hochschule NW, Abt. Münster; wolfgang.rueting@kreis-warendorf.de

Santen van, Eric, Dr. phil., Dipl.-Soz., Jhrg. 1961; wissenschaftlicher Referent am Deutschen Jugendinstitut e.V., München, Abteilung Jugend und Jugendhilfe; santen@dji.de

Schimke, Hans-Jürgen, Prof. em., Dr. jur., Jhrg. 1947; Bürgermeister a.D., Vorsitzender des Instituts für Soziale Arbeit e.V. (ISA) Münster, stellv. Vorsitzender des Deutschen Kinderschutzbundes, Landesverband NRW; HSchimke@t-online.de

Schone, Reinhold, Prof. Dr. phil., Dipl.-Päd., Jhrg. 1953; Professor für das Lehrgebiet „Organisation und Management in der Sozialen Arbeit" an der Fachhochschule Münster, Fachbereich Sozialwesen; schone@fh-muenster.de

Schrapper, Christian, Prof. Dr. Phil, Dipl.-Päd., Sozialarbeiter grad., Jhrg. 1952; Professor für Pädagogik mit dem Schwerpunk Sozialpädagogik an der Universität Koblenz-Landau, Koblenz; schrappe@uni-koblenz.de

Schröer, Hubertus, Dr. jur., Jhrg. 1945; Geschäftsführer des Instituts Interkulturelle Qualitätsentwicklung München; hubertus.schroeer@i-iqm.de

Schubert, Herbert, Prof. Dr. phil. Dr. rer. hort. habil., Jhrg. 1951; Professor für Soziologie und Sozialmanagement an der Fakultät für Angewandte Sozialwissenschaften der Fachhochschule Köln, Direktor des Instituts für angewandtes Management und Organisation in der Sozialen Arbeit (IMOS) und des Forschungsschwerpunkts „Sozial Raum Management"; apl. Prof. an der Fakultät Architektur und Landschaft der Leibniz Universität Hannover; herbert.schubert@fh-koeln.de

Seckinger, Mike, Dr. phil., Dipl.-Psych., Jhrg. 1965; wissenschaftlicher Referent am Deutschen Jugendinstitut e.V., München, Abteilung Jugend und Jugendhilfe; seckinger@dji.de

Tammen, Britta, Ass. jur., Jhrg. 1965; Vertretungsprofessur für Sozialrecht und Verwaltungsrecht an der Hochschule Neubrandenburg, Fachbereich Soziale Arbeit, Bildung und Erziehung; tammen@hs-nb.de

Tenhaken, Wolfgang; Dipl. Sozialarbeiter, M.A. Medien und Bildung, Jhrg. 1961; Fachlehrer für das Lehrgebiet „Behördliche Sozialarbeit" an der Fachhochschule Münster, Fachbereich Sozialwesen; tenhaken@fh-muenster.de

Uhlendorff, Uwe, Prof. Dr. disc. pol., Magister Päd., Jhrg. 1961; Professor für Sozialpädagogik mit dem Schwerpunkt Fachdidaktik der Sozialpädagogik an der Technischen Universität Dortmund, Fachbereich Erziehungswissenschaft und Soziologie; uwe.uhlendorff@tu-dortmund.de

Urban-Stahl, Ulrike, Prof. Dr. phil., Dipl.-Päd., Jhrg. 1971; Professorin für Sozialpädagogik an der Freien Universität Berlin, Fachbereich Erziehungswissenschaft und Psychologie; ulrike.urban-stahl@fu-berlin.de

Waschull, Dirk, Prof. Dr. jur., Jurist, M.A. Organizational Management, Jhrg. 1968; Professor für das Lehrgebiet „Sozialrecht in der Sozialen Arbeit" an der Fachhochschule Münster, Fachbereich Sozialwesen; waschull@fh-muenster.de

Wendt, Peter-Ulrich, Prof. Dr. disc. pol., Dipl.-Sozialwissenschaftler, Jhrg. 1959; Professor für Soziale Arbeit (Lehrgebiete: Methoden der Sozialen Arbeit, Kinder- und Jugendhilfe) an der Hochschule Magdeburg/Stendal, Fachbereich Sozial- und Gesundheitswesen; peter-ulrich.wendt@hs-magdeburg.de

Zwicker-Pelzer, Renate, Prof Dr. phil., Dipl.-Päd., Soz.-Päd., Jhrg. 1951; Professorin für Erziehungswissenschaft und Beratungswissenschaft, Studiengangleiterin Master of Counseling am Fachbereich Gesundheitswesen der Katholischen Hochschule NRW; r.zwicker-pelzer@katho-nrw.de

Sachregister

Adoptionsvermittlung 56
Akteneinsicht 87
Aktenführung 38 f., 268–276, 447, 449
Aktivierung als sozialpolitisches Programm 333–340
Alleinerziehende 170 f.
Amtsvormundschaft 57
Arbeitsbelastung 380–390, 411, 428, 447 f.
Arbeitslosengeld II 110–114
Armenfürsorge 11–25
ASD
–, als Behörde 78 f.
–, als Sozialleistungsverwaltung 78 f.
–, Aufgaben des 88–93, 145–147
–, Definition 2–4, 155 f.
–, Einordnung in Ämterstrukturen 2, 39–42
–, Kooperation mit anderen Organisationen 353–368
–, Kooperation mit Familiengericht 127–133, 357, 359 f., 446 f.
Außendienst 10, 20, 25–28

Begleiteter Umgang 126, 237–246
Benchmarking 326, 437 f.
Beratung 89 f., 209, 217, 218–227, 232 f., 253
Berichtswesen 36
Beschwerdemanagement 440
Beteiligung von Adressaten 86 f., 90 f., 189 f., 272 f., 423, 434
Budget / Budgetierung 36, 197, 319 f., 323–328, 395, 449
Bundesagentur für Arbeit 104

Case Management 197 f., 209–217, 330, 395
Coaching 75, 390, 413 f., 446
Controlling 36, 197, 311, 316, 326, 448

Datenschutz 82 f., 223, 271 f., 316 f., 359, 450
Dezentralisierung 26, 36, 54, 58 f., 334, 347–349, 351, 448
Diagnose, psychosoziale 26, 224 f.
Diagnose, sozialpädagogische 165, 194, 199–208, 240 f., 283 f., 446

Dienstanweisung 50, 435
Dienstaufsicht 39
Dienstleistung, soziale 392 f.
Dienstrecht 37 f.
Dokumentation 269 f., 315, 447 f.

Einarbeitungsphase 410 f.
Ein-Euro-Job 109
Eingliederung in Arbeit 108–110
Eingliederungshilfe 96 f., 120, 193, 210
Einzelfallhilfe 209
Elberfelder System 10 f., 14 f.
Entscheidungen (im ASD) 48, 52, 54–56, 61, 69, 191 f., 129, 137, 148, 186, 192 f., 196, 253, 259–261 272, 281–284, 362, 376 f., 386, 444, 448
–, Entscheidungsautonomie 47, 214, 217, 365
–, Entscheidungsfindung 44, 92, 125, 192, 200, 252, 270, 362, 412
–, Entscheidungskompetenz / Entscheidungsbefugnis 14, 24, 29 f., 49, 53 f., 60, 125, 145, 366, 448
–, Entscheidungsmacht 55, 58, 102
–, Entscheidungsprozesse 54, 68, 83, 87, 90 f., 102, 186, 191, 243, 282, 322–325, 412 f.
–, Entscheidungsspielraum 16, 18, 232, 281, 382, 384
–, Entscheidungsstrukturen 72 f.
–, Entscheidungsvorschlag (für Familiengericht) 268, 273–276
–, im Team 59, 68, 70–72, 191 f.
–, über Hilfegewährung 13, 29, 79, 84 f., 91–93, 97, 121, 131, 189, 200–202, 324 f., 374 f., 445 f., 449
–, Ermessensentscheidungen 78
–, Organisationsentscheidungen 58–60, 70, 232, 314, 377, 382, 389
–, Verwaltungsentscheidungen 81, 252, 270
Erstkontakt 164
Erziehungsbeistand 94, 174, 193, 320 f.
Erziehungsberatung 89, 94, 132, 146, 156, 171, 233, 239, 368
Evaluation 212, 315 f., 436–441, 451

Sachregister

Fachaufsicht 39
Fallsteuerung 210–213, 243 f., 313–315, 446
Fallübergreifende Arbeit 166 f., 302 f., 350 f., 450
Fallunspezifische Arbeit 301 f., 323, 350, 395, 450
Fallverstehen 191, 194, 198, 199–208, 324 f., 445 f.
Familienfürsorge 10 f., 19–30
Familiengericht 104, 127–131, 195 f., 234–236, 238 f., 266, 271, 360, 446., 451
Familiengruppenkonferenz 197
Familienrecht 123 f., 229 f., 234–236, 238–240
Fehlermanagement 440
Finanzsteuerung 196 f., 319–328, 387, 446
Flüchtlinge, unbegleitete minderjährige 260
Fortbildung 411 f., 440 f., 448
Führungszeugnis 91

Garantenstellung des Jugendamtes 134 f.
Gender 168–183
Gender Mainstreaming 169
Genogramm 204, 210
Geschlechtergerechte Hilfeangebote 174 f., 181, 196, 445
Gesundheitsamt 21, 27
Gesundheitsfürsorge 16, 19
Gesundheitshilfe, Einrichtungen der ... 103, 259, 349, 357, 359–361
Gewaltschutz 130, 176
Gewaltschutzgesetz 175
Grundsicherung für Arbeitssuchende 106–115
Gutachtliche Stellungnahme 132 f., 273–276, 447

Hartz IV 105
Hausbesuch 108, 151, 247–256, 446, 4497
Heimerziehung 94, 99, 171, 261, 320 f., 385, 437
Hilfeplanung 50, 91–93, 149 f., 178–181, 186–198, 200, 212 f., 219, 272, 314 f., 322–327, 361–363, 374–376, 438, 445 f., 448 f.
Hilfe für junge Volljährige 97 f.
Hilfe zur Erziehung 94–96, 147–152, 320–322, 373–375, 385, 450 f.
Hilfe und Kontrolle/Schutz 145, 147–154, 189, 249–251, 283, 291–296, 387, 391, 395, 445

Informationstechnologien 303–318, 448
Innendienst 10, 20, 24, 28
Inobhutnahme 100–102, 259–267, 283, 296

Interkulturalität 157 f., 160–167, 196, 445–447
–, interkulturelle Öffnung 161 f.
–, interkulturelle Kompetenz 162 f.

Jugendamt
–, Ablauforganisation im Jugendamt 34
–, als Eingriffsbehörde (s. a. Hilfe – Kontrolle/Schutz) 245, 340, 358, 421
–, als Verfahrensbeteiligter in familiengerichtlichen Verfahren 123 f., 126–133, 235 f.
–, Aufbauorganisation im Jugendamt 34–41
–, Schutzauftrag 98–100, 395
–, und ASD: historische Aspekte 17, 21, 26, 28–31
–, Zweigliedrigkeit 34, 44–46
Jugendfürsorge 16
Jugendgericht 360 f., 451
Jugendgerichtshilfe 56, 146
Jugendhilfeausschuss 34, 36, 44–46, 340 f., 371, 377, 451
Jugendhilfeplanung 102 f., 215, 340, 346, 351, 369–378, 430, 451

KGSt (Kommunale Gemeinschaftsstelle für Verwaltungsvereinfachung) 29–31, 270, 398
Kinderschutz 51, 255 f., 272 f., 278
Kinder- und Jugendpsychiatrie 104, 193, 195 f.
Kindeswohl 278–280
Kindeswohlgefährdung 99 f., 126–130, 146, 173 f., 205 f., 252, 255 f., 257–267, 272 f., 277–285, 357 f., 387, 445, 447, 449
Kollegiale Beratung 51 f., 191 f., 283 f., 304–306, 384, 413, 435, 446, 449
Kommunale Selbstverwaltung 12 f., 35 f.
Kommunale Sozialpolitik 330–341
Kommunalverwaltung 34, 398, 436, 451
Kompetenzprofil 418
Konditionalprogrammierung 10, 211
Kooperation mit anderen Organisationen 103 f., 219, 353–368, 393 f., 450
Kostenentwicklung in der Jugendhilfe 320 f.
Krisenintervention 104, 112, 257–259, 359, 363

Leistungsbewilligung 84 f.
Leistungsentgelt 325, 327 f.
Leistungsorientierte Bezahlung (LOB) 416
Leitung 49 f., 53–55, 59–62, 214 f., 322, 390, 448–451
–, Aufgaben/Funktionen von 70–73, 388–390
–, Kompetenzen von 73–75

–, Leitungsstruktur 73, 390
–, Teamleitung 70–75
–, und Prozessverantwortung 55, 71, 73
Local Governance 334 f.

Macht / Definitionsmacht 189, 249, 287 f., 291–296, 391, 395
Medien 418–430
Migration 155–167, 173, 210, 72, 445
Mitarbeiterentwicklungsgespräch 415 f.
Multiperspektivische Sichtweise 195, 202

Netzwerk 103, 131, 145, 159, 165–167, 209, 211–215, 235 f., 253, 335, 344–348, 351 f., 355 f., 357, 361
Netzwerkarbeit / -steuerung 213 f., 301–303, 350
Netzwerkkarte 165, 203 f., 210 f., 220
Neue Steuerung 37, 324, 331, 398
Neuorganisation Sozialer Dienste 28–31

Öffentlichkeit / Öffentlichkeitsarbeit 7, 135, 295, 418–430, 450 f.
Organisation
–, Ablauforganisation 34, 37–39, 57
–, Arbeitsteilung 57
–, Aufbauorganisation 34–41
–, Dezentralität 54, 58 f., 65 f.
–, Formalisierung 53 f., 435 f.
–, Handlungsprogramme 49–52, 59, 393 f., 448 f.
–, Hierarchie 37, 49, 53
–, Informalität 50, 58–62
–, Kooperation innerhalb der 57
–, Organisationskultur 57, 62–64, 394, 401, 440 f., 449
–, Organisationsstrukturen 49, 52–55, 58 f., 391 f., 443–449
–, Organisationsziele 49, 52, 395, 397
–, und Umwelt 50 f., 440, 443 f., 450 f.
Organisationsentwicklung 215, 377, 433
Organisationslernen 394, 432–441

Personal im ASD
–, Männer / Frauen 181–183
–, Personalauswahl 396, 409 f.
–, Personalbedarf 396, 399, 447 f.
–, Personalbemessung 389, 396, 398, 399–407, 447 f.
–, Personalbeurteilung 397 f., 447
–, Personaleinarbeitung 393, 410 f., 448

–, Personalentwicklung 393, 395–398, 412–416, 447
–, Personalmanagement 380 f., 391–398, 447
–, Personalplanung 377, 399 f.
–, Personalrekrutierung 393, 396, 409 f.
–, Personalplanung 377, 399 f.
Personalsituation 384 f., 398
Polizei 104, 259, 261, 252, 349 f., 359–361, 451
Pflegekinder 16–18
Pflegekinderdienst 35, 40–43, 56, 193, 376, 389
Privatsphäre (von Klienten) 95, 142, 147, 150, 207, 247, 250 f.
Professionalisierung 16, 26 f., 451

Qualität / Qualitätskriterien 47, 49, 59, 62, 102, 155, 193, 228, 243 f., 255, 272, 322 f, 324 f., 327 f., 388 f., 391–395, 401–406, 433 f., 440, 442–451
Qualitätsentwicklungsvereinbarung 237, 243 f., 325, 433
Qualitätsmanagement / Qualitätsentwicklung 285, 432–441, 451
Qualitätssicherung 38, 99, 253, 255, 274, 435
Qualitätsstandards 389, 402, 405, 411, 414

Reichsfürsorgepflichtverordnung (RFV) 17 f.
Reichsjugendwohlfahrtsgesetz (RJWG) 17
Ressourcenorientiertes methodisches Handeln 204 f., 210 f., 300 f., 305 f., 324 f., 446
Ressourcensteuerung 196
Risiko 1, 51, 59, 69, 137, 240, 258, 263, 277, 281 f., 394, 445
Risikoeinschätzung (s. a. Kindeswohlgefährdung) 42 f., 151, 173, 176, 194, 205, 243

Schule 103, 195 f., 349 f., 359 f., 362, 451
Schulsozialarbeit 134, 349
Schutzkonzept / Kontrollkonzept bei Kindeswohlgefährdung 149 f., 205, 272, 445, 447
Selbstbewertung 436 f.
Soziale Gruppenarbeit 94, 375
Sozialgeld 110
Sozialhilfe 115–122
Sozialmanagement 7, 214, 396–398
Sozialpädagogische Familienhilfe 94 f., 150, 166, 320, 337, 424
Sozialraum 343 f., 347–349, 372 f., 450 f.
Sozialraumbudget 51, 60, 197, 326 f., 348
Sozialraumorientierung 51, 60, 213 f., 298–308, 331, 338, 342–352, 450 f.

Sozialverwaltungsverfahren 78 ff.
Spezialisierung von Aufgaben 42 f., 55 f.
Spezialisierung von Diensten 41–42, 55–57, 354
Standardisierung von Abläufen 52, 59, 137, 217, 270, 283, 314, 338 f., 341, 392, 434–436
Strafrechtliche Verantwortung 1, 134–138, 387, 394
Straßburger System 10, 14 f., 24
Subsidiaritätsprinzip 19, 24 f., 28
Supervision 388, 431 f., 447 f..

Team 59, 65–75, 384, 389, 448 f.
–, als Organisationsprinzip im ASD 41
–, Begriff / Definition 66 f.
–, Entscheidungen im 70, 191 f.
–, Gruppendynamik im 69 f., 327
–, Produktivität des 69 f.
–, Teamleitung 70–75
Trennungs- und Scheidungsberatung 124 f., 128, 175 f., 228–236, 389, 451

Umgangsrecht 125 f., 177 f.
Unsicherheit, strukturelle 52, 68, 153, 193, 202, 281 f., 386 f., 393 f.
Untätigkeitsklage 81 f.

Verantwortung 53, 135–137, 191 f., 196 f., 236, 246, 283, 289, 386 f., 393 f., 424
Verfahrensbeistand 131 f., 236, 244–246
Vertrauensschutz 85, 223 f.
Verwaltungsverfahren 76–86
Vormundschaft / Pflegschaft 152

Wächteramt der öffentliche Jugendhilfe 3 f., 144–147, 218, 278 f., 295, 375
Wettbewerb 327, 335
Widerspruchsverfahren 85 f.
Wirkungen von Hilfen 195, 212, 324, 327 f., 446 f.
Wunsch- und Wahlrecht 91, 165 f., 230

Zeitmanagement 323
Ziele von Hilfen 194 f.
Zielvereinbarungen 85, 209, 415 f.
Zwang 101, 104, 141, 152–154, 175 f., 210, 218–220, 236, 291–293, 336, 391, 394
Zweckprogrammierung 10

Leseprobe aus:

Corinna Scherwath / Sibylle Friedrich:
Soziale und pädagogische Arbeit bei Traumatisierung

1 Was ist ein Trauma?

Nicht nur in der gegenwärtigen Fachsprache der Pädagogik und Psychologie ist Trauma ein zunehmend häufig verwendeter Begriff. Auch alltagssprachlich wird er oft inflationär genutzt. Sätze wie „Die Mathearbeit gestern war voll das Trauma!" oder „Unser letzter Urlaub war wirklich traumatisch!" werden zum Ausdruck gebracht, um dem Gegenüber die Dramatik oder Schwere einer Situation zu verdeutlichen. Hierbei handelt es sich jedoch normalerweise um Situationen, die vom Erzählenden zwar als besonders konflikthaft, ärgerlich oder belastend wahrgenommen wurden, jedoch weder im Ereignis noch in seinen Folgen dem fachlichen Verständnis des Traumabegriffs entsprechen. Problematisch bei dieser umgangssprachlichen Begriffsverwendung ist gerade aus Sicht traumatisierter Menschen die Bagatellisierung dessen, was in ihrem eigenen Leben in höchstem Maße zu Zerrüttung mit häufig langfristigen bis lebenslangen Folgen geführt hat.

Ursprünglich kommt der Traumabegriff aus dem Altgriechischen und bedeutet Verletzung oder Wunde. Während sich diese Verwundung im medizinischen Feld zunächst auf eine Schädigung des Körpers bezieht, bezeichnet sie in der Psychologie die Verletzung der menschlichen Psyche, das sogenannte Psychotrauma.
Im klinischen Kontext wird das Traumaverständnis erst einmal über das ICD 10 (WHO/Internationale Klassifikation von Krankheiten) und das DSM-IV (US-amerikanisches – international genutztes – diagnostisches Handbuch für psychische Krankheiten) definiert.

So versteht das ICD 10 Trauma als „ein belastendes Ereignis oder eine Situation außergewöhnlicher Bedrohung oder katastrophenartigem Ausmaßes (kurz oder langhaltend), die bei fast jedem eine tiefe Verzweiflung hervorrufen würde" (WHO 2000, 169). Auffällig ist, dass in dieser Definition Trauma ausschließlich auf das Ereignis bezogen wird, während die Begriffsbestimmung des Traumas als Wunde ursprünglich deutlicher auf die Bedeutung und Folgen für den Betroffenen hinweist. In diesem Punkt wird das DSM-IV deutlicher, indem es Trauma definiert

als potenzielle oder reale Todesbedrohung, ernsthafte Verletzung oder eine Bedrohung der körperlichen Unversehrtheit bei sich oder bei anderen, auf die mit intensiver Furcht, Hilflosigkeit oder Schrecken reagiert wird (American Psychiatric Association 1996). Beide Definitionen werden in der modernen Traumaliteratur zwar als leitend aufgegriffen, aber entlang aktueller Forschungen und Erfahrungen auf dem Gebiet der Psychotraumatologie von führenden FachkollegInnen erweitert und modifiziert. Entsprechend beziehen wir uns im weiteren Verlauf des Buches vor allem auf die nachfolgenden definitorischen Aspekte.

Der Psychiater und Traumaexperte Lutz Besser bezeichnet Traumata als „plötzliche oder langanhaltende oder auch sich wiederholende objektiv und subjektiv existenziell bedrohliche und ausweglose Ereignisse, bei denen Menschen in die Schutzlosigkeit der ‚Traumatischen Zange' geraten" (Besser 2011, 22). Diese Definition verdeutlicht, dass ein Trauma sich aus der Korrelation objektiver Faktoren und subjektiver Wahrnehmungs-, Bewertungs- und Handlungsaspekte zusammensetzt. Mit einer deutlichen Akzentuierung auf die traumatische Erfahrung erläutern Fischer und Riedesser in ihrem Lehrbuch der Psychotraumatologie das psychische Trauma als „vitales Diskrepanzerleben zwischen bedrohlichen Situationsfaktoren und den individuellen Bewältigungsmöglichkeiten, das mit Gefühlen von Hilflosigkeit und schutzloser Preisgabe einhergeht und so eine dauerhafte Erschütterung von Selbst- und Weltverständnis bewirkt" (Fischer/Riedesser 2009, 84).

In Abgrenzung zu schweren oder belastenden Lebensereignissen kann eine traumatische Situation von dem betroffenen Menschen hiernach nicht mehr im Rahmen seiner üblichen Anpassungs- und Bewältigungsstrategien gelöst werden, sondern stellt für ihn ein Ereignis oder eine (Lebens)situation dar, die – von absoluter Unabsehbarkeit, Heftigkeit und Ausweglosigkeit geprägt – das übliche Selbstwirksamkeits- und Verarbeitungsvermögen außer Kraft setzt. Der menschliche Organismus hat in diesen Situationen nur die Wahl, auf diejenigen genetisch determinierten Notprogramme umzuschalten, die dem Überleben dienen. Das Auslösen und Aktivieren dieser Notprogramme bleibt jedoch häufig nicht ohne Folge und führt zu langfristigen Störungen in der neuronalen Hirnstruktur. Gerald Hüther, einer der führenden deutschen Hirnforscher, definiert Trauma entsprechend als

> *„eine plötzlich auftretende Störung der inneren Struktur und Organisation des Gehirns, die so massiv ist, dass es in Folge dieser Störung zu nachhaltgen Veränderungen der von dieser Person bis zu diesem Zeitpunkt*

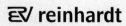

www.reinhardt-verlag.de

entwickelten neuronalen Verschaltung und der von diesen Verschaltungen ausgehenden und gesteuerten Leistungen des Gehirns kommt. Eine solche Traumatisierung kann durch physische oder psychische (psychosoziale) Einwirkungen ausgelöst werden" (Hüther 2002, 29).

Diese Erkenntnisse der neuen Hirnforschung heben die hirnorganische Bedeutung des Themas hervor und verdeutlichen, dass ein biografisch erlebtes Trauma nicht einfach vorbei geht, sondern neuronal verankert in uns liegt und so seine Spuren tief und weit in der Persönlichkeitsentwicklung hinterlässt.

Leseprobe (S. 17 – S. 19) aus:

Corinna Scherwath / Sibylle Friedrich
Soziale und pädagogische Arbeit bei Traumatisierung
2., überarb. und erw. Auflage 2014.
230 Seiten. 5 Abb. 7 Tab.
(978-3-497-02484-1) kt

www.reinhardt-verlag.de

Konflikt erkannt – Konflikt gebannt!

Franz Herrmann
Konfliktkompetenz in der Sozialen Arbeit
Neun Bausteine für die Praxis
2013. 258 Seiten. 10 Abb. 13 Tab. Mit 9 Arbeitshilfen.
(978-3-497-02361-5) kt

Fachkräfte der Sozialen Arbeit sind immer wieder mit unterschiedlichen Konflikten konfrontiert: Probleme zwischen KlientInnen, aber auch Konflikte im Kollegenteam, mit AnsprechpartnerInnen im Jugendamt etc. Es kommt darauf an, Konflikte zu erkennen und zu verstehen sowie konstruktiv und kompetent mit ihnen umzugehen. Neun Bausteine zur Selbst-, Fall- und Systemkompetenz in Konflikten bilden das Herzstück dieses Buchs. Grundlagen und Werkzeuge werden mit Hilfe von Fallbeispielen aus dem Allgemeinen Sozialen Dienst, der Offenen Jugendarbeit und der Schulsozialarbeit anschaulich dargestellt. Übungen und Arbeitshilfen erleichtern den Transfer in die Praxis.

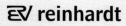

www.reinhardt-verlag.de

Führen und Leiten

Joachim Merchel
Leiten in Einrichtungen der Sozialen Arbeit
Hg. von Prof. Dr. Maja Heiner
2010. 147 Seiten.
(978-3-497-02123-9) kt

Damit Soziale Arbeit gut funktioniert, bedarf es nicht nur professioneller Fachkräfte für die Arbeit mit den KlientInnen, sondern auch kompetenter Leitungspersonen, die die Rahmenbedingungen entsprechend gestalten. „Leitung" weist sachbezogene, soziale, emotionale und organisationsbezogene Dimensionen auf, die in der Position zwischen Kollegialität, Leitungsanforderung und Organisationskontext oft nur schwer auszutarieren sind. Was kompetente Leitung in Einrichtungen der Sozialen Arbeit im Einzelnen ausmacht und welche Rahmenbedingungen dafür nötig sind, stellt dieses Buch dar.

www.reinhardt-verlag.de

Das große Standardwerk der Sozialen Arbeit

Hans-Uwe Otto / Hans Thiersch
Handbuch Soziale Arbeit
Grundlagen der Sozialarbeit und Sozialpädagogik
Herausgegeben unter Mitarbeit von K. Grunwald, K. Böllert, G. Flösser und C. Füssenhäuser.
5., erweiterte Auflage 2015. 1939 Seiten.
(978-3-497-02496-4) gb

- über 185 Beiträge zu den zentralen Themen des Fachs
- rund 200 Autoren auf mehr als 1.900 Seiten
- Themen von A wie „Abweichendes Verhalten" bis Z wie „Zivilgesellschaft"
- um 10 Beiträge erweitert, die bisher nur elektronisch zugänglich waren
- eigenes Onlineportal: www.handbuch-soziale-arbeit.de, persönlicher Zugangscode im gedruckten Buch

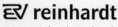 **reinhardt**
www.reinhardt-verlag.de

Bewährtes Lehrbuch in 4. Auflage!

Thomas Trenczek / Britta Tammen / Wolfgang Behlert / Arne von Boetticher
Grundzüge des Rechts
Studienbuch für soziale Berufe
(Studienbücher für soziale Berufe; 9)
4., vollst. überarb. und erw. Auflage 2014. 863 Seiten. 64 Abb.
UTB-L (978-3-8252-8611-8) kt

Das Standardwerk gibt einen umfassenden Überblick über die Grundlagen des Rechts und seine großen Teilgebiete, die für Studium und Praxis sozialer Berufe relevant sind.
Sowohl in der Abhandlung der allgemeinen juristischen Grundlagen als auch in den Schwerpunkten des Privatrechts, des Öffentlichen Rechts sowie des Strafrechts sind für die Autoren der geschulte juristische Blick und der Schutz der Rechtspositionen der Betroffenen leitend. Die verschiedenen Rechtsgebiete und Arbeitsfelder werden praxisorientiert und rechtswissenschaftlich zuverlässig, mit substantiellen Quellenangaben sowie Hinweisen auf Rechtsprechung und weiterführende Literatur dargestellt.

www.reinhardt-verlag.de

Unerwünschte Hilfe

Harro Dietrich Kähler / Patrick Zobrist
Soziale Arbeit in Zwangskontexten
Wie unerwünschte Hilfe erfolgreich sein kann
2., überarb. Auflage 2013. 133 Seiten. 5 Abb. 13 Tab.
(978-3-497-02375-2) kt

Häufiger als gemeinhin vermutet suchen KlientInnen Sozialdienste auf, weil sie von Angehörigen oder professionellen HelferInnen dazu gedrängt werden. Auch gesetzliche Vorgaben können der Grund für eine Kontaktaufnahme mit einem sozialen Dienst sein. Wie können SozialarbeiterInnen dennoch dazu beitragen, dass

- KlientInnen das Hilfsangebot nicht nur pro forma, sondern ernsthaft annehmen?
- die Beratung erfolgreich verläuft?
- KlientInnen ihren Alltag fortan besser bewältigen?

Die 2. Auflage wurde komplett überarbeitet und enthält zahlreiche Tipps und Praxisbeispiele.

 **reinhardt**
www.reinhardt-verlag.de

Sei dein eigener Coach!

Georg Vogel
Selbstcoaching konkret
Ein Praxisbuch für soziale, pädagogische und pflegerische Berufe
2013. 198 Seiten. 10 Abb.
(978-3-497-02355-4) kt

Menschen in sozialen, pädagogischen und pflegerischen Berufen sind häufig ganz besonderen Stresssituationen ausgesetzt. Das vorliegende Selbstcoaching-Programm bietet hier willkommene präventive Hilfe.

Der Autor präsentiert ein genau auf diese Zielgruppe zugeschnittenes Praxisbuch zum Selbstcoaching.

35 Übungen und Checklisten sowie viele anschauliche Praxisbeispiele ermöglichen den LeserInnen, herausfordernden Situationen im Arbeitsleben selbstbewusster und aktiver zu begegnen.

www.reinhardt-verlag.de

Systemisch, praktisch, gut

Wilfried Hosemann / Wolfgang Geiling
Einführung in die Systemische Soziale Arbeit
2013. 225 Seiten. 29 Abb. 5 Tab.
UTB-M (978-3-8252-4008-0) kt

In weiten Teilen der Sozialen Arbeit gilt es mittlerweile als Zeichen der Qualität, systemisch zu arbeiten. Der systemische Ansatz verhilft zu mehr Klarheit bei komplexen Ausgangslagen und Zuständigkeiten. Er ermöglicht mehr Sicherheit im Umgang mit vielfältigen Ansprüchen an die Soziale Arbeit.

Dieses Buch führt in die Grundbegriffe systemischen Denkens und Handelns ein und verknüpft diese mit der Praxis der Sozialen Arbeit.

ℝ/ reinhardt
www.reinhardt-verlag.de

Basiswissen Recht für die Soziale Arbeit

Jörg Reinhardt
Grundkurs Sozialverwaltungsrecht für die Soziale Arbeit
2014. 197 Seiten. Mit 22 Übersichten.
UTB-S (978-3-8252-4216-9) kt

Das Sozialverwaltungsrecht spielt für die Praxis der Sozialen Arbeit eine wichtige Rolle: Von der Begleitung Arbeitssuchender über die Jugendhilfe bis zur Tätigkeit im ASD überlagern behördliche Zuständigkeiten, Verfahrensfragen und Rechtsschutzmöglichkeiten immer wieder fachlich-inhaltliche Aspekte. Die Kenntnis des Sozialverwaltungsrechts ist hier und in vielen anderen Bereichen der Sozialen Arbeit unverzichtbar.

Der Grundkurs erleichtert den Einstieg mit vielen Beispielen, v.a. aus der Jugendhilfe. Mit Fällen und Musterlösungen!

www.reinhardt-verlag.de

Erziehungshilfe auf dem Prüfstand

Michael Macsenaere / Klaus Esser
Was wirkt in der Erziehungshilfe?
Wirkfaktoren in Heimerziehung und anderen Hilfearten
2012. 160 Seiten. 25 Abb.
(978-3-497-02325-7) kt

Welche Faktoren wirken in stationärer und ambulanter Erziehungshilfe?

Die Autoren stellen praxisrelevante Ergebnisse aus über 100 Wirkungsstudien übersichtlich dar und verdeutlichen deren Relevanz für die Arbeit in verschiedenen Settings. Sie beschreiben, was Wirkung in den Erziehungshilfen ist, wie sie gemessen werden kann und wie eine wirkungsorientierte Steuerung funktioniert.

Im Fokus stehen dabei sowohl übergreifende Erfolgsfaktoren, wie Passung, Indikation, Elternarbeit und Case Management, als auch spezifische Wirkmerkmale von Heimerziehung und anderen Hilfearten.

www.reinhardt-verlag.de